公司概述 | COMPANY SUMMARY

联塑集团始建于1986年，是中国知名的塑料管道及塑料挤出生产设备的制造企业之一。集团国内总部位于广东省佛山市顺德区龙洲路龙江段联塑工业村。集团的经营项目横跨塑料管道、塑料机器、化工原材料、建筑电器和国际投资等领域，业务和服务网络遍及中国各大城市和世界30多个国家和地区。

2005年6月“联塑”商标率先获得塑料管道行业“中国驰名商标”，同时被认定为“国家重点高新技术企业”2004年联塑集团获得了“国家免检产品”的荣誉并通过“国际质量ISO9001、环境ISO14001、职业健康安全OHSAS18001管理体系”认证，这些荣誉的取得见证了联塑辉煌的发展历程。

广东顺德塑胶生产基地
Shende plastic production base,Guangdong

广东鹤山生产基地
Heshan plastic production base,Guangdong

湖北武汉生产基地
Heshan plastic production base,Hubei

贵州贵阳生产基地
Guiyang plastic production base,Guizhou

广东顺德机械生产基地
Shende machine production base,Guangdong

广东郁南机器生产基地
Yunan machine production base,Guangdong

市政管道产品系列 MUNICIPAL PIPE PRODUCT SERIES

a1

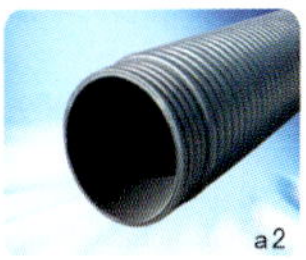
a2

a3

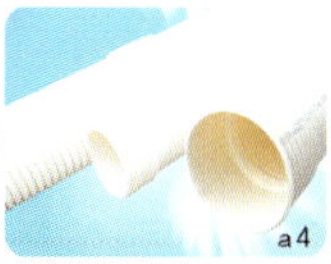
a4

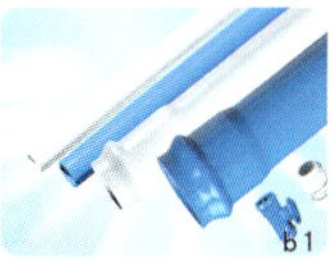
b1

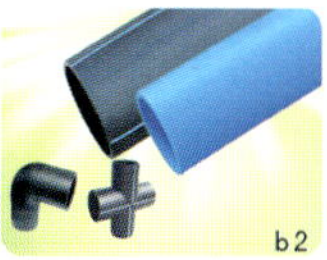
b2

c

市政工程排水用管 MUNICIPAL ENGINEERING DRAINAGE PIPE

a1.HDPE增强中空壁缠绕管　a2.HDPE双壁波纹管　a3.HDPE增强缠绕波纹管　a4.PVC-U双壁波纹管

市政工程给水用管 MUNICIPAL ENGINEERING WATER SUPPLY PIPE

b1.大口径 PVC-U 环保给水管　b2.大口径 PE 环保健康给水管

市政工程燃气用管 MUNICIPAL ENGINEERING GAS PIPE

c.PE 安全燃气管

建筑、民用产品系列 BUILDING AND CIVIL PRODUCTS SERIES

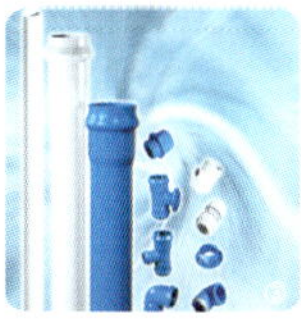
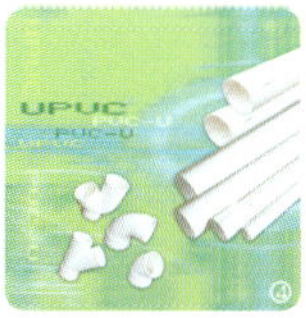

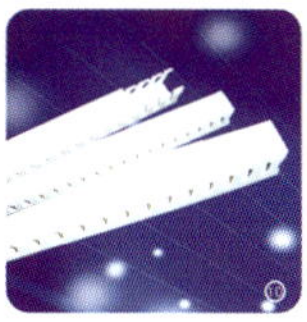
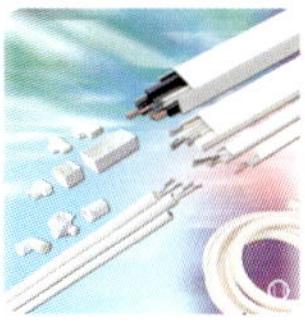

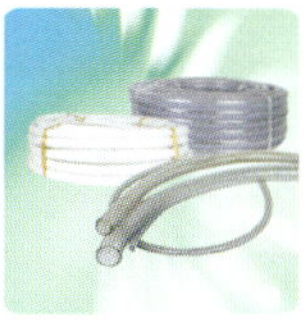

1.PE环保健康给水管　2.PE安全燃气管　3.PVC-U环保给水管　4.PVC-U 排水管　5.PVC-U方形雨落水管
6.PP-R 环保健康给水管　7.铝塑复合管　8.HDPE硅芯管　9.地下通信管道用管、埋地PVC-C电力电缆护套管
10.难燃绝缘PVC工业线槽　11.难燃绝缘PVC电线槽、电工套管　12.交联聚乙烯（PE-X）管
13.耐热聚乙烯（PE-RT）管　14.PVC软管

广东联塑科技实业有限公司 GUANGDONG LIANSU TECHNOLOGY INDUSTRIAL CO.,LTD.
顺德生产基地 - 广东省佛山市顺德区龙江镇联塑工业村　总机电话: 0757-23888333　客户服务热线:23888588　传真: 0757-23888555　邮编: 528318
武汉生产基地 - 武汉市东西湖区吴家山台商投资区新城十一路一号　服务热线: 027-83251268　传真: 027-83251267　邮编: 430040
贵阳生产基地 - 贵州省清镇市红枫湖镇梁家寨村（清镇市医药工业园区）　服务热线: 0851-2531111　传真: 0851-2531212　邮编: 551400
http://www.liansu.com　e-mail: liansu@liansu.com

长风助剂
涂料助剂
油墨助剂
塑料助剂
橡胶助剂
复合材料助剂
分子筛
www.shcfc.com
磁力+凝聚力=超强实力
www.shcfc.com
CHANGFENG长风
地址：上海市云岭东路971号
邮编：200062
电话：021-52500717
传真：021-52500717
信箱：zhy@shcfc.com

托普仪器有限公司

Specifications技术参数:

Sample Size样品量：10mg~20g

Resolution灵敏度：1 ppm（1 μg）

Moisture/Solids Range水份测定范围：10 ppm（10 μg）to 100%

Heating Range:温度范围：25~275℃

Test Parameter Memory测试程序贮存：102

Vapor Pro Moisture Analysis of Plastics and Resins

Vapor Pro 测定塑料和树脂中的水分，符合ASTM D7191-05国际标准

部分测定项目（标准测定程序）：

ABS
ABS+PC
POM
Acrylic
PA 6
PA 6/6
PBT
PC
PEI
PET
PPS
PS
PVC
TPE
TPU
VLDPE
Polyester
Polycabonate
Polyethylene
Polypropylene
Polyurethane
TPO
PC/ABS Blend
PET/PC Blend
PC/PBT Blend
Acetal
Melamine
PA 11
Polyester-PBT
Polyester-PET
Polyethylene-HDPE
Polystyrene
Polysulfone
PUR
EVOH
LLDPE
Nylon 12
PPA
PET Film
PEBA

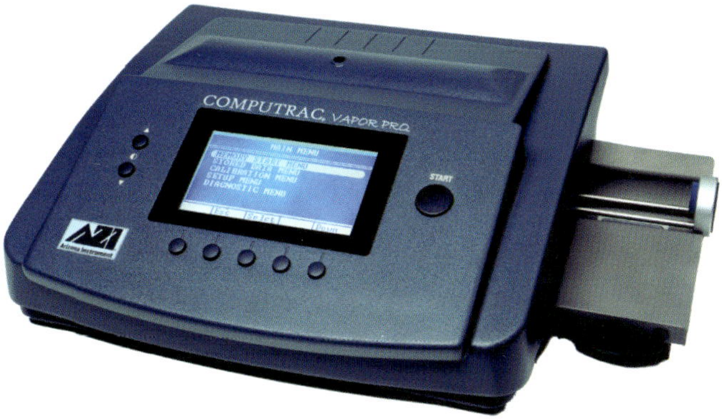

CT-3100 Computrac Vapor Pro
CT-3100-L Computrac Vapor Pro

Specifications技术参数:

Sample Size样品量：150mg~40g

Resolution灵敏度：水份0.001%；天平：0.0001g

Moisture/Solids Range水份测定范围：0.005%~100.000%

Heating Range:温度范围：25~275℃

Test Parameter Memory测试程序贮存：250 tests

Computrac MAX-2000XL Moisture Analysis of Plastics and Resins

Computrac MAX-2000XL测定塑料和树脂中的水分，符合ASTM D6980-04国际标准

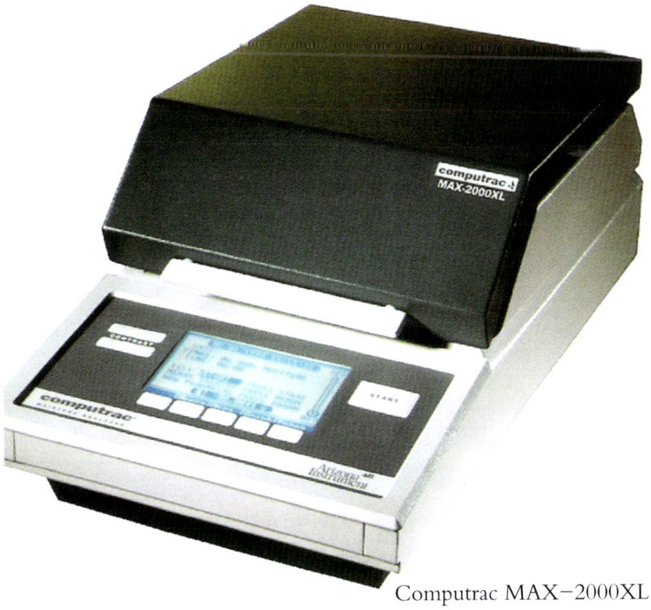

Computrac MAX-2000XL

地址：广州市荔湾路小梅大街33号 皇上皇大厦A栋506室 **邮编：**510170 **电话：**(020)81266502 81266503
传真：(020)81266502 **手机：**13602801724 E-mail:putin@china.com www.topper.cc www.topper-instrument.com
北京联络处：北京阜成路11号 **电话：**(010)68988056/57 68988029 **传真：**(010)68985546 E-mail:cp21@263.net

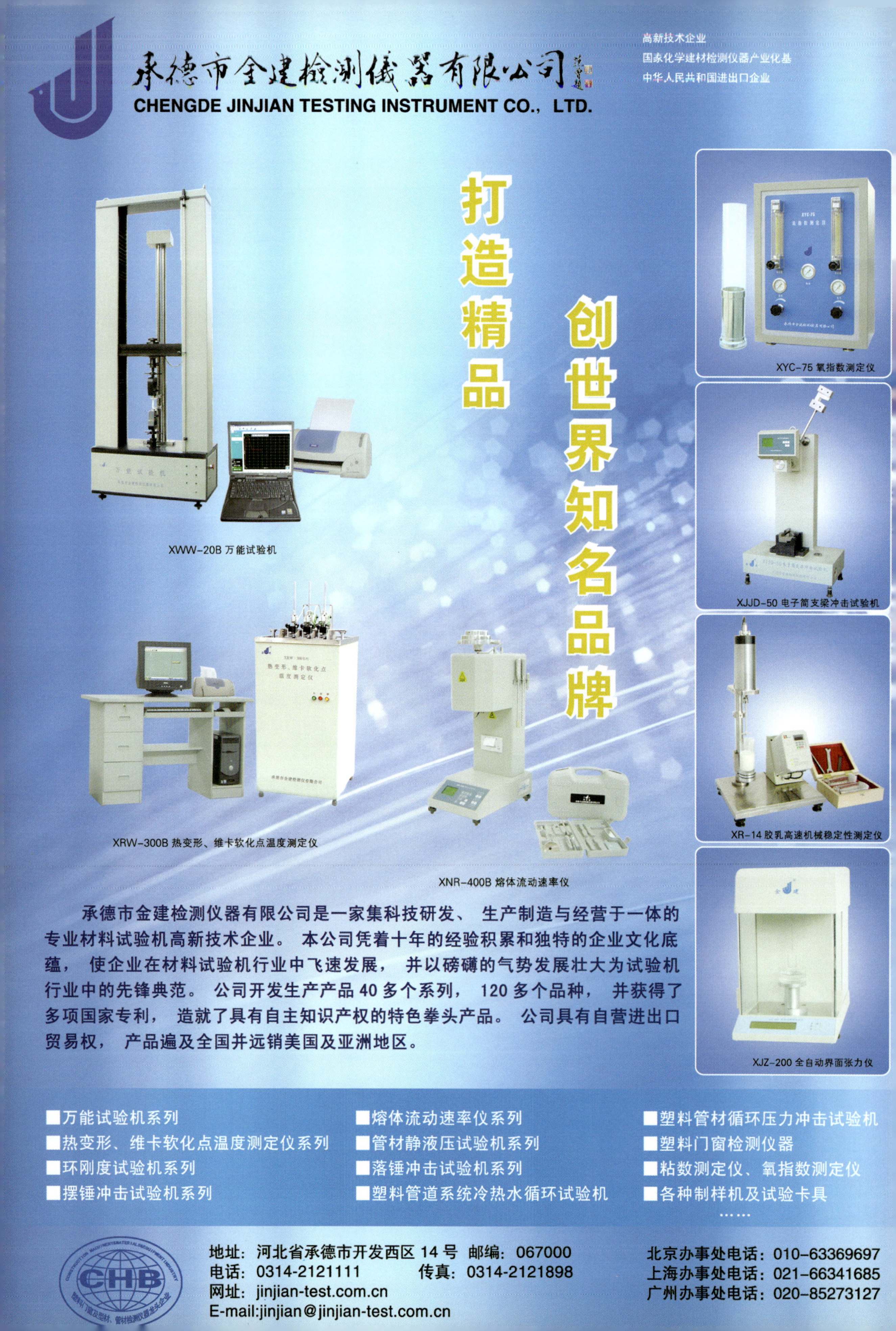
承德市金建检测仪器有限公司
CHENGDE JINJIAN TESTING INSTRUMENT CO., LTD.
高新技术企业
国家化学建材检测仪器产业化基
中华人民共和国进出口企业
打造精品
创世界知名品牌
XWW-20B 万能试验机
XYC-75 氧指数测定仪
XJJD-50 电子简支梁冲击试验机
XRW-300B 热变形、维卡软化点温度测定仪
XNR-400B 熔体流动速率仪
XR-14 胶乳高速机械稳定性测定仪
XJZ-200 全自动界面张力仪
承德市金建检测仪器有限公司是一家集科技研发、生产制造与经营于一体的专业材料试验机高新技术企业。本公司凭着十年的经验积累和独特的企业文化底蕴，使企业在材料试验机行业中飞速发展，并以磅礴的气势发展壮大为试验机行业中的先锋典范。公司开发生产产品 40 多个系列，120 多个品种，并获得了多项国家专利，造就了具有自主知识产权的特色拳头产品。公司具有自营进出口贸易权，产品遍及全国并远销美国及亚洲地区。
■万能试验机系列
■热变形、维卡软化点温度测定仪系列
■环刚度试验机系列
■摆锤冲击试验机系列
■熔体流动速率仪系列
■管材静液压试验机系列
■落锤冲击试验机系列
■塑料管道系统冷热水循环试验机
■塑料管材循环压力冲击试验机
■塑料门窗检测仪器
■粘数测定仪、氧指数测定仪
■各种制样机及试验卡具
……
CHB
地址：河北省承德市开发西区 14 号　邮编：067000
电话：0314-2121111　传真：0314-2121898
网址：jinjian-test.com.cn
E-mail:jinjian@jinjian-test.com.cn
北京办事处电话：010-63369697
上海办事处电话：021-66341685
广州办事处电话：020-85273127

中国塑料工业年鉴

CHINA PLASTICS INDUSTRY YEARBOOK

2006

中国塑料加工工业协会主办

化学工业出版社

·北京·

图书在版编目（CIP）数据

中国塑料工业年鉴.2006/中国塑料加工工业协会主办.
北京：化学工业出版社，2006.7
ISBN 7-5025-9049-8

Ⅰ.中…　Ⅱ.中…　Ⅲ.塑料工业-中国-2006-年鉴
Ⅳ.F426.7-54

中国版本图书馆CIP数据核字（2006）第083912号

中国塑料工业年鉴
CHINA PLASTICS INDUSTRY YEARBOOK
2006
中国塑料加工工业协会主办
责任编辑：白艳云
责任校对：蒋　宇
封面设计：潘　峰
*
化学工业出版社出版发行
（北京市朝阳区惠新里3号　邮政编码100029）
购书咨询：(010)64982530
(010)64918013
购书传真：(010)64982630
http://www.cip.com.cn
*
新华书店北京发行所经销
北京云浩印刷有限责任公司印刷
三河市万龙印装有限公司装订
开本787mm×1092mm　1/16　印张38½　字数1270千字
2006年9月第1版　2006年9月北京第1次印刷
ISBN 7-5025-9049-8
定　价：260.00元

京化广临字2006—27号

《中国塑料工业年鉴》（2006）编委会名单

孙惠德　浙江省塑料工业协会　名誉理事长
孙福荣　温州市合成革商会　会长
杨鸣波　四川大学高分子科学与工程学院　院长
杨桂生　上海杰世杰新材料股份有限公司　总经理
李　健　湖南嘉瑞新材料集团股份有限公司　董事长
李立新　浙江利时投资集团股份有限公司　董事长
李林楷　广东榕泰实业股份有限公司　董事长
李国俊　中国塑料加工工业协会　常务副会长
肖　衡　安徽国通高新管业股份有限公司　董事长
吴建安　中普科贸有限责任公司　经理
吴耀根　佛山塑料集团股份有限公司　总工程师
何骏星　天津市塑料集团有限公司　总经理
张小赧　三友控股集团有限公司　董事长
张建均　浙江永高塑业发展有限公司　董事长
张振綦　四川省塑料制品工业协会　理事长
张培尧　中国石化股份有限公司石油化工科学研究院　副院长
张富强　常州塑料集团公司　总工程师
陈　志　四川华塑建材有限公司　总经理
陈力辉　福建亚通创新集团公司　董事长
陈庆敏　山东华冠股份有限公司　董事长
林荣东　泉州三盛橡塑发泡鞋材有限公司　董事长
欧阳荣　广东联塑科技实业有限公司　副总裁
罗秋生　四川晨光工程设计院　院长
金导谟　青岛海尔工装研制有限公司　总经理
周　山　河北宝硕股份有限公司　总经理
郑松兴　华南国际工业原料城（深圳）有限公司　董事长
郑忠勋　安徽国风集团有限公司　董事长
房　琳　中国石油化工股份有限公司化工销售分公司树脂橡胶处处长
茹伯兴　百兴集团有限公司　董事长
祝月良　昆山协孚人造皮有限公司　总经理
钟　玉　北京康得投资（集团）有限公司　董事长

主　　编　廖正品

副 主 编　刘均科　许　琳

年鉴撰稿人名单（按姓氏笔画为序）

于桂亭	马榴强	王　岩	王　晶	王文广	王存吉
王克智	王保民	王浩江	王德禧	韦　华	文秀松
方　晖	方永钊	孔德海	古传明	史立科	付永彬
冯庶君	朱道峰	刘　敏	刘卫东	刘丰田	刘均科
刘英俊	刘秋晨	刘哲伟	刘福中	江　波	许　琳
许　榕	孙卫东	杜国田	杨卫民	杨忠民	杨育农
杨洪献	李　翱	李双全	李建军	李振军	吴精华
何骏星	佘　姗	邸　红	邹　奇	宋云鹤	张玉川
张玉英	张涌涛	张惠芳	陈国强	陈锡洪	邵　芳
季君晖	周永良	周永泰	周理水	郑天禄	郑笃权
赵红军	钟晓萍	侯树亭	姚　琼	贾卫平	顾大全
柴国樑	翁云煊	黄　萍	黄步明	黄险波	常　军
符　岸	盖作有	韩连贵	粟志彪	曾　琛	曾家华
富　岩	詹家驹	廖正品	蒯建政	潘小梅	潘庆功

出版说明

《中国塑料工业年鉴》由中国塑料加工工业协会主办，中国塑料加工工业协会和全国塑料加工工业信息中心承担组稿工作。本年鉴为第5卷，与前4卷在时间和内容上保持连续性。全面反映了2005年中国塑料工业的发展状况。

《中国塑料工业年鉴》坚持为整个塑料行业服务的宗旨，努力为合成树脂、助剂、塑料机械、模具和制品生产企业沟通信息、相互了解架起桥梁；为所有从事和涉及塑料工业的生产、销售和科研单位全方位地提供行业动态、市场和技术信息。

《中国塑料工业年鉴》（2006）设有专论、大事记、全国塑料工业生产经营情况统计、综述、各地区塑料工业情况、主要制品行业情况、上市公司、专利技术、重点企业、人物风采等栏目。

在“十一五”期间，全面落实“科学发展观”，构建和谐社会，推动循环经济发展，为塑料工业的发展提供了更好的发展机遇。我国塑料工业进入了新的发展时期。我们衷心地希望《中国塑料工业年鉴》的出版发行能够促进行业的健康发展。

在本年鉴的组稿、编辑和出版工作一直得到中国轻工业联合会，各省、市、自治区塑料行业协会，塑料公司及行业管理部门领导的关心和大力支持。中国塑料加工工业协会所属各专业委员会十分重视年鉴的编写工作，给予全力支持。国内许多著名专家关心年鉴的出版工作，在百忙之中，不辞辛劳，为年鉴撰稿、审稿。

在本期年鉴组稿、编辑、出版过程中，中国轻工业联合会、中国模具工业协会、中国机械工业塑料机械信息网、中国轻工业信息中心、化学工业出版社和轻工业塑料加工应用研究所以及全国塑料加工工业信息中心等单位领导与专家给予了大力支持。《中国塑料年鉴》编委会向所有关心、支持和参与年鉴撰稿、组织、筹划及宣传工作的领导、专家和朋友们一并表示衷心的感谢。诚请广大读者对本期《年鉴》编写、出版中的不足之处给予批评、指正。

《中国塑料工业年鉴》编辑委员会

2006年9月

目　录

专　论

大　事　记

政策法规

全国塑料工业生产、经营情况统计

进出口统计

综　述

各地区塑料工业

主要制品行业情况

上 市 公 司

专利技术

塑料制品国家标准及行业标准

重点企业介绍

人物风采

Contents

专　　论

中国塑料工业“十五”回顾与“十一五”发展思路

廖正品

前 言

中国塑料工业在“十五”期间随着国民经济持续繁荣和面向全球的快速稳定健康发展，已形成门类较完整的工业体系，成为与钢材、水泥、木材并驾齐驱的基础材料产业，作为既是新型材料又是性能优异的产品其应用领域已远远超越上述三大产业。中国塑料已步入世界塑料大国行列，塑料产业包括塑料机械与模具、塑料树脂与助剂、塑料制品与应用三个支柱产业已具备一定的实力参与国际竞争，面向未来，形势喜人。

随着中国经济整体稳定持续健康发展，中国塑料工业经过“十五”实现了跨越式的发展，以塑料制品业为核心的“朝阳工业”产业规模进一步扩大，连续八年主要经济指标逐年递增，全行业不断发展壮大，塑料加工机械、塑料制品、合成树脂产量已分别位居世界第一、第二、第三；行业技术创新能力得到进一步增强，企业技术研发中心数量不断增多，已构建成若干个区域性高新技术产业群；产业结构、企业结构和产品结构不断调整，产业集约度逐步升级；塑料工业的整体优势得到进一步提升和加强，与国际上发达国家的差距正在逐渐缩小，某些方面已达到世界上先进水平，正迎来可持续发展的从大国向先进强国迈进的“十一五”关键时期。

一、塑料工业“十五”回顾

（一）塑料工业实现跨越式发展

中国塑料工业是以塑料加工为核心，包括塑料合成树脂、助剂及添加剂、塑料加工机械与模具在内的一个整体。“十五”期间面向全球的中国塑料工业贯彻落实科学发展观，推进产业结构调整和优化升级，坚持走新兴工业化道路，全行业得到了蓬勃发展，在经济建设中发挥着越来越重要的作用，正在向逐步实现塑料工业由大国到强国的跨越式发展之路挺进。

1.“十五”期间塑料制品业基本现状

自1979年改革开放以来中国塑料制品产量以高于12%的年增长速度发展，几乎是同期GDP增长速度的1.5倍，远远高于世界塑料行业平均4%的增长速度。塑料制品业产量从改革开放初期1980年的114.4万吨增加到1985年的248.3万吨，年均增长率为16.8%；1985～1995年均增长率为15%；自1996年起塑料制品产量超过1 500万吨，跃居世界第二位。

（1）塑料制品行业主要经济指标以两位数递增　进入21世纪以来，中国塑料工业取得了令世人瞩目的成就，实现了主要经济指标两位数大幅度递增。2005年总产值位居轻工行业第二位，出口居第五位，已成为中国国民经济健康发展中的支柱产业。2000～2005年全部国有和销售收入500万元及以上非国有独立核算企业（以下简称规模以上企业）塑料制品主要经济指标和主要品种产量状况见表1和表2。2001～2005年塑料制品分品种产量分布见图1。

（2）塑料已成为家电第二大用材　塑料目前已经成为家电行业仅次于钢材的第二大类材料，也已成为家电领域应用量增长速度最快的产业，近几年平均增长速度达29.5%。如家电行

表 1　2000～2005 年塑料制品行业主要经济指标及增长情况

项　　目	2000 年	2001 年	2002 年	2003 年	2004 年	2005 年	年均增长率/%
塑料表观消费量/万吨	2 196.0	2 853.7	3 195.1	3 409.2	3 813.3	3 834.8	11.8
塑料制品产量①/万吨	1 035.8	1 185.3	1 400.5	1 650.5	1 846.6	2 198.6	16.2
塑料制品业总产值①/亿元	1 899.7	2 043.9	2 408.5	2 936.2	3 794.3	4 998.0	21.3
塑料制品业利润①/亿元	70.8	91.6	109.8	126.2	141.7	206.3	23.8
塑料制品业利税①/亿元	129.0	154.7	181.2	207.5	231.0	325.1	20.3
规模以上企业①/个	6 230	6 724	7 480	8 237	9 473	11 726	13.5
亿元以上企业①/个		360	397	527	704	937	27.0
亏损企业数①/个	1 381	1 403	1 394	1 461	1 718	2 015	7.8
年平均从业人数①/万人	111.4	115.8	123.6	140.9	152.2	179.3	10.0
海关出口量/万吨	510.6	535.8	720.8	879.3	1 078.4	1 228.5	19.2
海关出口额/亿美元	52.4	55.5	79.1	97.4	127.7	166.0	25.9
海关进口量/万吨	163.9	150.9	162.1	164.1	178.1	173.9	1.2
海关进口额/亿美元	38.9	38.4	45.2	55.2	70.7	82.9	16.3
废旧塑料进口量/万吨	200.7	222.5	245.8	302.4	409.6	495.7	19.8
废旧塑料出口量/万吨	1.0	2.3	2.9	3.0	4.0	4.44	34.7

① 表示规模以上企业统计数据。

表 2　2000～2005 年塑料制品业产量及增长情况　　单位：万吨

项　　目	2000 年	2001 年	2002 年	2003 年	2004 年	2005 年	年均增长/%
塑料制品	1 035.8	1 185.3	1 400.5	1 650.5	1 846.6	2 198.6	16.24
塑料薄膜	229.1	242.5	279.9	327.0	365.9	442.20	14.06
其中农用薄膜	81.3	81.7	80.9	81.1	72.9	87.31	1.44
型材(含板片材)	65.5	78.8	85.3	89.6	168.8	236.69	29.30
塑料管材(含棒材)	74.6	121.4	136.9	189.9	197.0	196.78	21.41
塑料丝及编织制品	143.6	148.2	160.7	184.1	202.4	236.86	10.53
人造革	41.0	43.4	44.5	55.2	66.0	67.33	10.43
合成革	13.2	11.2	28.0	32.8	34.6	51.42	31.25
泡沫塑料	36.14	54.0	66.9	85.9	85.95	111.25	25.22
塑料包装箱及容器	51.1	53.8	63.0	72.4	84.54	109.02	16.36
日用塑料制品	124.3	128.8	141.7	167.4	224.78	332.32	21.74
其他塑料制品	239.4	286.64	374.6	424.5	416.73	414.67	11.61

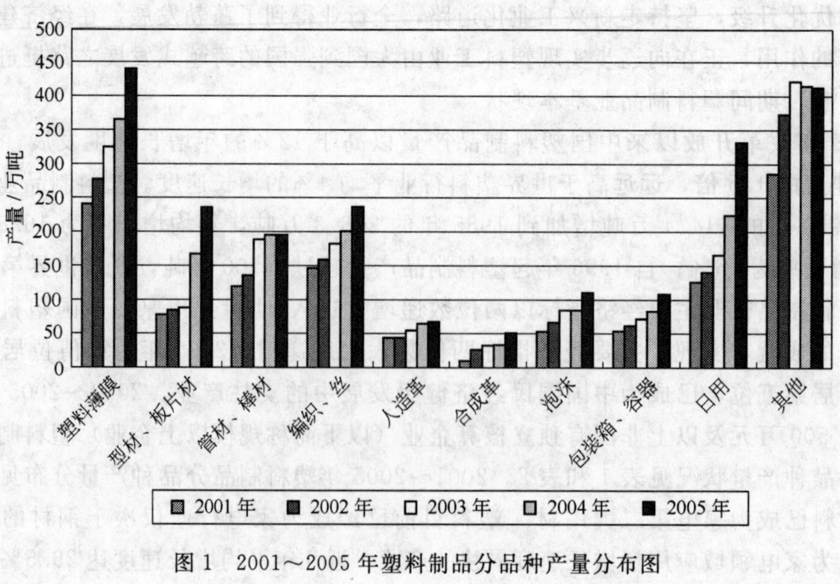

图 1　2001～2005 年塑料制品分品种产量分布图

业对 ABS/HIPS 的需求量从 2000 年的 35 万吨增长到 2004 年的 75 万吨。在家电及其他电子电器产品中，塑料用量一直在逐年快速增长（见表 3）。

表 3　塑料在电子电器产品中的应用

品　种	应 用 范 围
ABS/HIPS	电冰箱、洗衣机、空调器、电视机、电脑、吸尘器、电风扇、小家电
改性聚丙烯	洗衣机、吸尘器、电风扇、小家电
聚酯薄膜	电机
聚四氟乙烯	电熨斗、电加热器
聚氨酯	电冰箱、电冰柜、包装材料
聚甲醛	各种塑料传动件

塑料在家电及其他电子电器产品用材料之中，就其重量来说所占比重较大。如吸尘器、电冰箱所含塑料重量的百分比分别为总重量的一半左右，其他主要家电产品所含塑料重量也有相当大的份额（见表 4）。以吸尘器为例：塑料所占重量比重多达 60%，其组成：ABS 占 51%，PP 占 6%，其他占 3%。

表 4　主要家电电子电器产品所含塑料重量百分比

品　种	电视机	冰箱	空调器	洗衣机	台式电脑	吸尘器
百分比/%	25	40	11	36	22.9	60

（3）标准化工作促进塑料产业结构升级与国际接轨　全国塑料制品标准化技术委员会（SAC/TC 48）三个分技术委员会 SC_1（塑料制品）、SC_2（泡沫塑料）、SC_3（塑料管道、管件、阀门），积极采用国际标准和先进国家标准，标准化工作着力促进塑料制品产业升级，逐步与国际上先进国家水平缩小差距，有相当一部分产品国家标准、行业标准水平已与国际基本接轨。2005 年国家标准化管理委员会仍以国家标准清理为主，仅下达了 4 项塑料制品国家标准计划，国家发展和改革委员会及中国轻工业联合会下达了 2 项行业标准计划。鉴于标准项目工作有跨年度（非年初计划年底完成），其多项国家标准和行业标准计划建议已经上报，待批。

2005 年获得批准颁布的国家标准 13 项，国家标准修改单 1 项，行业标准 1 项。已完成审查，待批准颁布的国家标准和行业标准有 16 项。在 2005 年确认我 SAC/TC 48 共归口管理 156 项国家标准，其中强制性标准 9 项，推荐性标准 147 项；采用 ISO 标准的 78 项，采用其他先进标准的 33 项，未采标的 45 项。同时，SAC/TC 48 还归口管理 93 项行业标准（不含已列入计划但尚未批准的标准）。

在 2005～2007 年资源节约与综合利用标准发展规划中构建了塑料制品行业资源节约与综合利用标准体系基本框架，主要包括节能、节水、节材、环境管理、废塑料回收利用、清洁生产等方面。同时，具体提出 13 项塑料制品标准作为重点标准项目。提出推动塑料制品行业资源节约与综合利用标准化工作的建议。此外，在“十一五”规划中提出了 20 项塑料制品行业标准项目。

在“十一五”行业标准规划中提出了“十一五”期间塑料制品行业标准化工作的指导思想、工作目标，重点任务、重点领域及重点项目，提出了落实规划主要措施和建议，使之加速塑料产业结构升级与国际接轨。

另外，越来越多的企业通过质量管理体系认证获得证书。国家认证委 2005 年 6 月底全国发放质量管理体系 ISO 9001 证书 137 014 张，其中包括塑料橡胶行业 9 120 张。塑料橡胶行业在2003～2004年中ISO 9001证书增加2 000多张；截至2005年12月31日止，塑料橡胶行业发放质量管理体系ISO 9001证书9 613张，占总数的5.82%，在各类专业之中位列前6名。

（4）塑料管道产品质量提高，免检企业逐年增多　2004年、2005年国家质检总局发布塑料管道行业获得免检产品共计25个，其各免检企业名单见表5。

表5　2004年、2005年塑料管道行业获得免检产品企业名单

序　号	2004年获得免检产品企业	2005年获得免检产品企业
1	福建亚通新材料科技股份有限公司	亚大塑料制品有限公司
2	广东联塑科技实业有限公司	河北宝硕管材有限公司
3	广东顾地塑胶股份有限公司	江苏星河集团有限公司
4	佛山市日丰企业有限公司	安徽国风集团有限公司
5	浙江永高塑业发展有限公司	华亚芜湖塑胶有限公司
6	浙江中财管道科技股份有限公司	南亚塑胶管材（厦门）有限公司
7	临海市伟星新型建材有限公司	东营胜邦塑胶有限公司
8	金德管业集团有限公司	华亚（东营）塑胶有限公司
9	四川泰鑫实业发展有限责任公司	武汉金牛经济发展有限公司
10	佛山市顺德区雄塑实业有限公司	南塑建材塑胶制品（深圳）有限公司
11	四川康乐塑胶制品有限公司	中山环宇实业有限公司
12		南亚塑胶工业（重庆）有限公司
13		成都川路新型化学建材集团有限公司
14		崇州市岷江塑胶有限公司
15		西安高科塑业有限公司

（5）农用塑料呈现良好发展态势　农用塑料的主要品种农用薄膜（棚膜、地膜、牧草膜、养殖膜等）、塑料节水器材、农用塑料管材等支农产品，都是现代农业发展不可缺少的农业生产资料。

① 农用薄膜生产量稳中有升　中国农用薄膜产量居世界首位，是其他所有国家总和的1.6倍。据中国塑协农用薄膜专委会不完全统计，目前全行业拥有大小规模不等的农膜生产企业近700多家，生产能力200万吨以上，其中年生产能力超过万吨的约60家，大型骨干企业约30家，其生产能力和年产量均占全国总量的60%。在农用薄膜中，棚膜的耗用量已达65万吨，棚膜覆盖面积达3 800万亩；地膜年销量55万吨，地膜覆盖面积在2.2亿亩以上，农地膜实际消费量已经达到120万吨。

近几年农用薄膜生产量维持在80万吨左右，增长幅度不大，个别年份曾出现负增长。到2005年又呈现出增长幅度较大态势，同比增长达20.3%。而且农用薄膜在差别化方面仍然朝着薄型化和多功能化发展。同时，农膜生产企业还十分注重农用薄膜系列产品的开发以适应各类农牧业生产发展的多种需求。

② 乡镇农村塑料管应用日渐增多　塑料管道在城乡自来水、燃气、排水排污管网系统是各地方基础建设最重要的新型材料。2005年全国各种塑料管道生产企业达1 000多家，生产线达3 000多条，生产能力初步估计超过400万吨，生产量约为240万吨，其中PVC管占55%为132万吨、PE管占25%为60万吨、PP管占10%为24万吨、其他管占10%为24万吨。近年来，塑料管道产业发展很快，品种规格在不断增加，产品质量不断提高，企业规模在扩大。其中达万吨级产能的生产企业超过100家，达5万吨级的企业有30多家，达10万吨级的企业也有10多家。塑料管道应用领域不断扩展，除城市建筑业需要各种塑料管道大幅度增长外，

广大的乡镇农村塑料管道应用日渐增多。在“十一五”期间建设社会主义新农村将大量采用各种塑料管道，仅解决人畜饮水的引水工程用管材就相当可观。塑料管道既是建设现代城镇国家鼓励发展重要的新型建筑材料，又是建设新农村不可缺少的大宗产品，这已成为塑料管道应用领域中的亮点。

③ 塑料节水器材获得大面积推广应用　塑料节水器材灌溉技术在发达国家发展较早，中国微灌技术始于20世纪50年代。自1974年从墨西哥引进滴灌设备进入研制创新与开发应用，迄今已有30多年。到90年代中后期，随着中国塑料工业迅猛发展，农用塑料节水器材生产技术日趋成熟，使其古老的农业灌溉方式发生了根本性变革。至2000年全国节水灌溉工程面积已达1.5亿亩，占总灌溉面积的20%，需各种塑料节水灌溉器材达100万吨。据水利部门有关人士介绍，全国节水灌溉工程面积在2001年底达3亿亩的基础上，在“十五”期间达到4.5亿亩。2005年塑料节水器材试点面积2亿亩，其中山西5 000万亩、甘肃5 000万亩、宁夏3 000万亩和新疆7 000万亩。国家鼓励生产和使用节水产品还给予生产企业一定的补贴，继续推进西部大开发。因此，就华北、西北缺水干旱地区就需要大量塑料节水器材如各类管材与管件、灌水器、喷头、防渗用薄膜、土工布等二、三百万吨。塑料节水灌溉的推广应用，为稳定农业生产和提高产品产量、质量，降低生产成本，同时也为增加农民收入，发展农村经济提供了有力的支撑。

④ 蓬勃发展的超细纤维仿真革　中国的高仿真革生产是由烟台合成革总厂（后称万华超纤股份有限公司）于1983年引进日本可乐丽公司技术的基础上发展起来的。1997年自主开发了不同于引进技术的纤度为0.01den(1den＝10^{-3}g/m）不定岛型海岛超细纤维，1999年批量生产“大富革”光面类超细纤维仿真革，并于2003年进一步扩大生产能力，上了第三条仿真革生产线。

此外，山东同大海岛新材料有限公司于1995年在中国纺织大学（原北京服装学院）协助下，成功开发了不定岛超细仿真革，纤维细度最细可达到0.003～0.000 5den，具有自主知识产权。上海华峰集团不定岛超细仿真革，常熟贝斯特皮革有限公司定岛型超细纤维仿真革，温州人民人造革厂、温州黄河、莱芜东泰、浙江科艺、梅盛、温州革基布有限公司、山东金峰、淄博友谊机械、江苏双象集团无锡中进塑料有限公司等一批企业也都建成了生产线并已陆续投入生产。超细仿真革的生产主要集中在亚洲，韩国大成公司、科隆公司、东宇大进公司等企业，还有中国台湾省南亚、三芳、尚锋、吉发、信立、上曜等多家公司。最早用超细纤维生产的是南亚（1993年）和三芳（1995年）。

历年日本、中国大陆、中国台湾省、韩国及意大利超细纤维仿真革产量列于表6。

表6　超细纤维仿真革产量表　　单位：万平方米

年　份	1997年	1998年	1999年	2000年	2001年	2004～2005年
日本	2 159.6	2 263.9	2 381.5	2 453.5	2 622.6	3 688.2(2004年)
韩国	590	629	650	731	976	未见报道
中国台湾	300	323	392	485	585	未见报道
中国大陆	330	360	420	450	500	1 500(2005年)
意大利	450	610	660	700	770	未见报道
全球	3 829.6	4 185.9	4 503.5	4 792.5	5 453.6	约7 500～8 000

2. 塑料机械行业基本现状

进入新世纪以来，国家着力振兴装备制造业，促进塑料机械产业整体技术水平提升。产品在主要综合指标（包括温度控制精度、单位重量原料成型能源消耗、塑料成型精度和机器的生产效率）上取得了突破性进展。目前代表中国塑料机械制造水平的企业或产品，其制造技术已经接近国际先进水平。例如单螺杆挤出机的设计水平、机加工设备、材料处理和生产应用经验都已具备制造国际先进水平同类设备的能力；大型、精密塑料成型设备制造技术取得了显著进步；共挤出复合技术也正走向成熟。

(1) 专业化生产已有长足地发展　随着中国市场经济的不断发展，塑料机械制造业专业化生产已有长足地进步，业内骨干企业越来越重视技术自主创新上下功夫，制造技术水平普遍提高。20 世纪 80 年代的塑料机械辅助装置如上料装置、干燥料斗、冷却装置等已基本实现了专业化生产；90 年代专业化生产得到了进一步发展和提高，专业化生产已遍及螺杆、机筒、减速器和快速换网装置等塑料机械的核心或重要的零部件，塑料整机不仅满足了国内市场需求，还大批量地出口。部分专业生产企业年产值达一亿元以上，装备条件也有了明显改善。

例如，海天机械有限公司是世界上颇有名气的注射机设计制造厂家，产量世界第一，规模中国最大，技术国内领先，生产出亚洲最大的注射机，锁模力达 3 600 吨，注射量 50 000 克，重量 300 吨。又如，陕西秦川塑料机械厂自主开发出 6 层共挤中空成型机，广东泓利机械有限公司双动力模注射成型机和华南理工大学脉动压力诱导注射成型等技术都拥有自主创新知识产权，具有国际先进水平。

2000～2004 年塑料机械主要经济指标见表 7。

表 7　2000～2004 年塑料机械主要经济指标

经济指标	2000 年	2001 年	2002 年	2003 年	2004 年	年均增长/%
工业总产值/亿元	85.29	95.3	105.6	128.2	136.1	12.53
销售金额/亿元	72.66	86.9	101.7	122.1	129.3	15.64
利润/亿元	6.23	7.58	9.09	10.82	13.04	20.28
出口值/亿美元	2.42	3.12	7.37	5.83	9.16	50.34
进口值/亿美元	18.61	21.70	25.45	35.00	40.00	21.42

(2) 塑料机械产品结构　塑料机械在国内市场容量中，按台数或产能计，国产设备占 75%左右，进口设备占 25%左右；按金额计，进口设备占 75%左右，国产设备仅占 25%，且近几年还呈现下降的趋势。2004 年注射机、挤出机和吹塑机三大主导产品合计产量为 93 890 台，其中注射机占 76.14%，挤出机占 19.63%，中空吹塑机占 4.23%。2004 年塑料机械主要产品市场容量及构成见表 8，2000～2004 年塑料机械市场容量和构成见表 9，2004 年和 2005 年塑料机械产量及变动情况见表 10。

表 8　2004 年塑料机械主要产品市场容量及构成（按台计）

容量及构成		注射机	挤出机	中空吹塑机
市场容量		71 484	18 431	3 975
构成	国产	51 627	16 174	3 673
	占有率/%	72.2	87.8	92.4
	进口	19 857	2 257	302
	占有率/%	27.8	12.2	7.6

表 9　2000～2004 年塑料机械市场容量和构成（按金额计）

容量、构成		2000 年	2001 年	2002 年	2003 年	2004 年
市场容量/亿元		206.88	248.95	279.91	405.51	473.71
进口	金额/亿元	153.90	179.46	210.47	325.51	396.79
	所占比例/%	34.39	72.09	75.19	80.27	83.38
国产	金额/亿元	52.98	69.49	69.44	80.00	76.92
	所占比例/%	25.61	27.91	24.81	19.73	16.24

表 10　2004 年和 2005 年塑料机械产量及变动情况

项　目	2004 年产量/万吨	同比增长/%	2005 年产量/万吨	同比增长/%
塑料机械设备	42.47	10.62	35.32	-5.39

(3) 塑料机械市场及进出口情况　中国的塑料机械市场广阔，全国塑料加工业能力的快速增长增大对各种高性能塑料机械的需求相应增加；中国塑料机械的性能提高和价格的优势，为扩大出口提供了良好条件。2004 年出口金额占当年总产值的 48.86%。表 11 列出中国 2000～2004 年主要塑料机械品种产量和进出口情况。表 12 为 2005 年我国塑料机械进出口情况。

表 11　2000～2004 年塑料机械主要品种生产、销售、进出口情况表　单位：台

塑机品种		2000 年	2001 年	2002 年	2003 年	2004 年	年均增长/%
注塑机	产量	29 331	37 950	43 643	51 062	61 479	20.45
	销售量	27 629	35 629	41 685	50 023	60 567	17.48
	出口量	8 662	5 361	6 276	8 620	9 852	7.65
	进口量	16 025	13 938	14 524	19 149	19 857	6.68
挤出机	产量	7 784	9 880	12 350	14 752	18 254	23.78
	销售量	7 176	8 965	10 616	12 478	14 732	19.76
	出口量	1 317	1 589	2 260	2 210	2 080	13.33
	进口量	1 817	2 397	2 334	2 248	2 257	6.50
中空吹塑机	产量	1 425	2 179	2 739	3 405	3 793	28.58
	销售量	1 138	2 083	2 651	3 271	3 817	37.60
	出口量	126	169	276	233	300	27.65

表 12　2005 年我国塑料机械进出口情况①

名　称	出　口				进　口			
	数量/台套	增幅/%	金额/万美元	增幅/%	数量/台套	增幅/%	金额/万美元	增幅/%
注塑机	10 907	11.55	25 579	21.91	15 387	-57.10	91 094	-52.70
吹塑机	3 021	56.85	3 449	33.15	363	-55.07	8 080	-52.79
其他挤出机	2 710	77.94	7 592	83.92	1 194	-65.98	20 285	-73.12

① 海关统计数字。

中国塑料机械在低端产品领域竞争力不断增强，中国塑料机械在 186 亿欧元的世界市场所占份额由 2001 年的 6.4%增长到 2004 年的 10.2%。欧洲塑料机械市场各国所占份额见图 2；中国主要塑机产品市场容量见表 8、表 9。中国台湾省塑料机械近几年迅速发展，其市场主要是销往大陆。

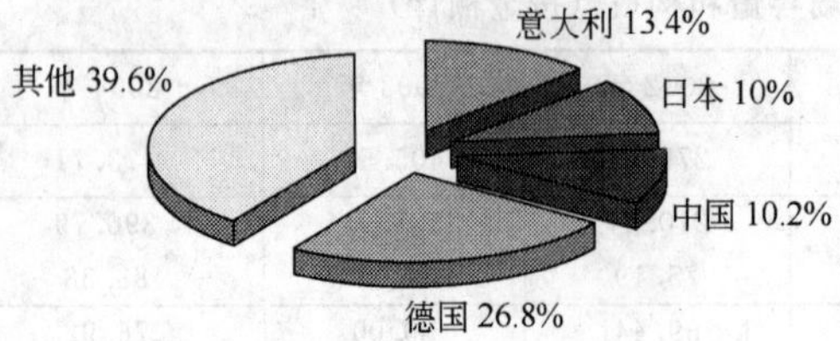

图 2　欧洲塑料机械市场各国所占比例图

（4）塑料机械制造技术水平进展

① 在先进程度上，取得了很大进步　高速、高效、高产能是近年国际塑料机械制造发展的趋势，如小型精密注射机空循环时间＜2s；单螺杆挤出机螺杆直径为 ϕ45mm 的最大塑化能力＞200kg/h。中国在跟踪这一趋势中也取得了显著成效。宁波方力实业有限公司制造的单螺杆挤出机是根据国产机组配置的现行产品，从设计水平、加工设备、材料处理和生产应用经验上已经具备了国际同类设备先进水平。

② 在控制精度上，取得了突破性进展　控制技术经历了继电器、接触控制器和专用计算机控制的发展过程。从简单的动作控制发展到包括熔体温度、注射压力、螺杆转速、注射速度、保压时间、冷却过程等多种参数的综合控制。注射机、挤出机的控制系统由开环控制，向闭环控制迅速发展。如广东某公司的吹膜生产线装有在线厚度检测回馈装置的销售量占全部设备的 50%以上；国内管材在线测径设备近年普及程度也有了很大提高。

③ 在节能技术方面取得了快速发展　降低能耗是中国塑料机械行业一直在努力追求的目标。从过去的流量比例和压力比例控制，发展到变量控制、变频控制和伺服控制。注射机的高效率主要体现在工作节拍快，制品周期短，普遍比过去提高 24%以上。总体上说，在塑料机械企业、科研单位和塑料制品企业的共同努力下，注射机、挤出机、中空吹塑成型机等领域各种节能技术都有相当快的发展。

④ 在其他制造技术水平，也都不同程度地提升　在大型、精密塑料成型设备制造上、在精密注塑机制造技术上取得了突破性进展；共挤出复合技术正走向成熟；生产线的配置技术不断完善；专业化生产已经形成规模经济并向着“专而精”的方向发展；在国内空白或高新技术领域的塑料加工设备研制上有了良好的开端。

（5）塑料机械拥有自主知识产权的成果在增多　中国具有全部知识产权的新产品新技术在不断涌现。被国外科学家誉为“真正的发明”的电磁动态挤出机，经以华南理工大学瞿金平教授为首的研究人员和业内广大工程技术人员坚持不懈的努力，在理论上得到进一步完善，不仅在注射、挤出和吹塑成型等技术上批量投向市场，而且在应用中得到了稳步扩展。广东泓利机械有限公司黄步明董事长经过多年潜心研制成功可批量生产从 10～1 000 吨四缸全液压中小型系列注射机，在欧美日等八个国家和地区注册了发明专利，结束了中国如视听光盘、仪器仪表等精密塑料件加工全部依赖进口设备的状态。北京化工大学江波教授和北京凤记塑料机械有限责任公司先后研制了磨盘式混炼挤出机，物粒通过螺杆传送，多级磨盘研磨，混合炼塑，同传统混炼设备比较，提高了物粒细化，分散等混炼效果。扩大了加工原料的适应范围，对于加工磁性、纳米等复合塑料具有显著的优势。近年研制成功、技术上有所突破的还有全电动注射机，无拉杆大型注射机、磁性注射机、木塑挤出生产线、超高分子量聚乙烯管材生产线等，其主要技术经济指标大多数达到或接近国际先进水平。

3. 塑料模具行业基本现状

（1）模具的重要性日益凸显　在中国，人们已经越来越认识到模具在装备制造业中的重要基础地位，认识到模具技术水平的高低，已成为衡量一个国家制造业水平高低的重要标志，并在很大程度上决定着产品质量、效益和新产品的开发能力。塑料工业的发展，加快了塑料模具行业的发展步伐，2004 年中国塑料模具拥有约 2 万家生产企业，总产值约 530 亿元，其中出口接近5亿美元，约合40亿元人民币，进口塑料模具18亿多美元，约合164亿元人民币，进口是出口的3.6倍，为世界模具净进口量最大的国家。表13列出了2000～2004年中国塑料模具生产及进出口情况。

表13 2000～2004年塑料模具产值、进出口情况表

年 份	2000年	2001年	2002年	2003年	2004年	年均增长率/%
产值/亿元	280	316	360	450	530	17.39
出口/万美元	17 374	18 775	25 234	33 680	49 100	30.43
进口/万美元	97 700	111 174	127 200	136 930	181 300	17.07

① 国内塑料模具市场以注塑模具需求量最大　注塑模具需求量大是与工程塑料的快速发展分不开的，其发展重点为工程塑料模具。进口模具中精密、大型、复杂、长寿命模具占多数。随着多品种、小批量产品时代的来临和模具对企业能保证新产品快速上市的要求，各种快速经济模具也随之应运而生。与此相关的快速原型制造技术及设备，也将得到快速发展。

② 进口的塑料模具以为重要产业配套为主　在进口的塑料模具中，主要是为汽车配套的各种装饰件模具、为家电配套的各种塑壳模具、为通信及办公设备配套的各种注塑模具、为建材配套的挤塑模具以及为电子工业配套的塑封模具等。出口的塑料模具以中低档产品居多。由于中国塑料模具价格较低，在国际市场中有较强的竞争力，所以出口增长速度保持较快水平。

(2) 塑料模具比例将稳步提升

① 注塑模具比重大　中国塑料工业高速发展对模具工业提出了越来越高的要求。2004年塑料模具在整个模具行业中所占比例已提升到30%左右，在未来几年中还将保持较高发展速度。国内塑料模具市场以注塑模具需求量最大，其中发展重点为工程塑料模具。有关数据表明，汽车工业近年来增长速度惊人，目前仅汽车行业就需要各种塑料制品36万吨/年。汽车、摩托车工业是中国国民经济五大支柱行业之一，2004年中国的汽车总产量已超过了507万辆，近4年平均增速达到25.87%，2005年汽车总产量为570万辆，同比增长速度较大，因此汽车模具潜在市场巨大。每一种型号的汽车都需要几千副模具，价值上亿元，每一型号的摩托车将近千幅模具，价值1 000多万元，据估计汽车、摩托车行业每年需要100多亿元的模具。

② 塑料管件模具增长快　建筑、建材行业由于国家已明令禁止使用铸铁管道，代之以塑料管材，塑料建材不仅能大量代钢、代木、替代传统建材，而且具有节能、节材、保护生态、改善居住环境、提高建筑功能与质量、降低建筑自重、施工便捷等优点，将在今后得到越来越多的应用，2005年建筑用塑料制品约占总产量16%，约400万吨，因此塑料建材件模具需求量将增长较快。

③ 家电精密模具有新要求　中国家电行业所需模具量年增长率约为10%，一台电冰箱约需模具350副，价值4 000万元；一台全自动洗衣机约需模具200副，价值3 000万元；一台空调器仅塑料模具就有20副，价值150万元；单台彩电大约共需模具约140副，价值约700万元。中国彩电每年生产量约4 000万台，按10万台需要一整套模具、价格约700万元计，则仅彩电模具每年就有约28亿元的市场。随着家电市场竞争的白热化，外壳设计成为重要的一环，对家电外壳的色彩、手感、精度、壁厚等都提出了新要求，因此大型、精密、设计合理（主要针对薄壁制品）的注塑模具将受到市场的欢迎。

④ 高档模具需求旺盛　中国大型精密模具的制造能力不足，目前中国中高档轿车的覆盖件模具几乎全部为进口产品。因此，发展科技含量高的大型精密汽车覆盖件模具是今后的重要

工作之一。热流道模具在塑料模具中的比重将逐渐提高，并且随着塑料成型工艺的不断改进与发展，气辅模具及适应高压注射成型等工艺的模具也将随之发展。另外，在未来的模具市场中，塑料模具和压铸模的发展速度将高于冲压模，在模具总量中的比例将逐步提高；精密、大型、复杂、长寿命高档模具的需求增速将高于模具总量发展速度。

（3）中国塑料模具技术水平与国际的差距　近年来，中国塑料模具制造水平已有较大提升：所生产的大型塑料模具的单套重量已达到 50 吨以上；精密塑料模具的精度已达到 3μm；多腔塑料模具方面已能生产一模多腔的塑封模具（塑封模具全称半导体集成电路电子塑料封装模具，属于固定加料腔式热固性塑料挤胶模类型，具有腔位多，精度高，寿命长等特点，是半导体集成电路后工序封装必备关键工艺装备之一）；高速模具方面已能生产挤出速度达 4m/min 以上的高速塑料异型材挤出模具及主型材双腔共挤模具，但大型、精密、复杂、长寿命的模具占总量比例还不足 30%。当前模具企业设备的数控化率已有较大提高，CAD/CAE/CAM 技术的应用面已大为扩展，高速加工及 RP/RT 等先进技术的采用已越来越多，模具标准件的使用覆盖率及模具的商品化率都已有较大幅度的提高，热流道模具的比例也有较大提高。另外，三资企业的蓬勃发展进一步促进了塑料模具设计制造水平及企业管理水平的提高。

目前深圳周边及珠江三角洲地区和浙江东部的余姚、宁海、黄岩、温州等地区已经成为中国模具工业最为发达、科技含量最高的区域。但就模具工业的整体水平来讲尚需进一步提高。就劳动生产率而言，每个模具职工平均年创造产值约合 1 万美元，距国际先进水平相差还较大。中国塑料模具生产水平与国际水平比较见表 14。

表 14　塑料模具生产水平与国际水平比较

项　目 ＼ 水　平	国外先进水平	国内综合水平
型腔精度表面粗糙度	0.005～0.01mm Ra 0.10～0.05μm	0.02～0.05mm Ra 0.20～0.40μm
生产周期(以中型塑料模具为例)	1 个月左右	2～3 个月左右
非淬火钢模寿命	10 万～60 万次	10 万～30 万次
淬火钢模寿命	200 万～500 万次	50 万～100 万次

4. 塑料合成树脂基本现状

（1）五大通用树脂占主导地位　中国合成树脂工业于 1958 年锦州建成第一套聚氯乙烯树脂生产装置起步，同样走过了从无到有、从小到大的快速发展历程。1975 年中国合成树脂产量仅为 33 万吨，1990 年增加到 226.8 万吨，占当年全世界合成树脂产量的 2.29%；1990～1999 年 10 年间，合成树脂的年平均增长率高达 15.34%，2000～2005 年均增长 11.8%，约为世界年平均增长率的 3 倍。在合成树脂品种上，五大通用树脂仍占据绝对主导地位，PE、PP、PVC、PS 和 ABS 的总产量约占全部合成树脂总产量的 90%。

（2）2005 年合成树脂生产保持高速增长，消费量与上年相比基本持平　塑料合成树脂的表观消费量由 2000 年的 2 196 万吨猛增至 2004 年的 3 813.3 万吨，年均增长 11.80%，人均消费塑料约 22kg。2005 年中国合成树脂产量创新高，达 2 142 万吨，比上年增长 19.6%，其中 PVC 最为迅猛，产量为 649.2 万吨，比上年同期增长 27.6%；2005 年表观消费量为 3 834.8 万吨，与上年基本持平，而主要通用合成树脂 PE、PVC、PP 消费量增长率分别为 14.2%、12.9%、7.6%，显示通用塑料市场需求仍在快速增长。进口依存度有所下降，其数量有所减少，比 2004 年的 55.9%降低 6.9 个百分点，为 49.0%；进口量减少了 11.8%（见表 15）。

表 15　2004 年、2005 年合成树脂产量、消费量平衡表　　单位：万吨

产品名称	年份/增长	产量	进口量	出口量	表观消费量	产量/表观消费量/%	进口量/表观消费量/%
合成树脂	2004 年	1 791.0	2 131.0	108.7	3 813.3	47.0	55.9
	同比/%	10.1	11.7	18.4	10.8	−0.3	0.5
	2005 年	2 142.0	1 878.8	185.9	3 834.8	55.8	49.0
	同比/%	19.5	−11.8	71.0	0.5	18.7	−12.3
聚乙烯(PE)	2004 年	441.3	479.7	2.0	919.0	48.0	52.2
	同比/%	5.2	2.3	37.9	3.6	0.7	−0.7
	2005 年	529.0	526.0	5.7	1049.3	50.4	50.1
	同比/%	19.9	9.7	185	14.2	5.0	−4.0
聚丙烯(PP)	2004 年	474.9	291.4	1.5	764.7	62.1	38.1
	同比/%	6.6	6.6	28.3	6.6	0.0	0.0
	2005 年	523.0	302.3	2.2	823.0	63.5	36.7
	同比/%	10.1	3.7	46.7	7.6	2.3	−3.7
聚氯乙烯(PVC)	2004 年	503.2	200.2	2.0	701.3	71.7	28.5
	同比/%	18.6	−9.2	−19.5	9.2	5.7	−5.8
	2005 年	649.2	155.1	12.5	791.8	82.0	19.6
	同比/%	29.0	−22.5	525	12.9	14.4	−31.2
聚苯乙烯(PS)	2004 年	148.0	138.3	3.3	283	52.3	48.9
	同比/%	13.7	−0.2	68.7	6.1	7.2	−5.9
	2005 年	114.0	142.1	12.6	243.6	46.8	58.33
	同比/%	−22.97	2.7	281.8	−13.9	−10.52	19.28
ABS	2004 年	91.5	196.3	1.6	286.2	32.0	68.6
	同比/%	17.5	9.7	−25.9	12.3	4.6	−2.4
	2005 年	119.5	198.7	1.4	314.5	38.0	63.2
	同比/%	30.6	1.2	−12.5	9.9	18.8	−7.9

现在，中国塑料合成树脂的种类与牌号基本上都符合加工业的要求，而且极大地缓减了始自 20 世纪 80 年代塑料制品加工原料奇缺的局面，为塑料制品加工业的发展创造了有利条件。

(3) 工程塑料一直强势增长　中国工程塑料从 1998～2002 年的 5 年间，通用五大工程塑料聚酰胺（PA）、聚碳酸酯（PC）、聚甲醛（POM）、聚苯醚（PPO）、聚酯（PBT）的主要应用市场份额约为电子电器 25%、汽车 22%、机械 20%、日用消费品 10%和其他 23%。近几年平均增幅约为 30%。国际上 PA 的应用量和产量居五大工程塑料之首，而在国内最大宗的产品是 PC，年平均增幅超过 40%，2002 年同比增长高达 57%。

2000～2005 年工程塑料在汽车、电子电器领域的应用见表 16。

表 16　2000～2005 年中国工程塑料需求情况　　单位：万吨

品种 \ 年份	2000 年	2001 年	2002 年	2003 年	2004 年	2005 年(估计)	年均增长/%
PA	8.23	12	13.8	16.11	19.22	22.5	22.85
PC	16.4	21.3	36	48.36	62.4	75	43.5
POM	9.6	10.7	13	15.84	18.7	21.8	18.65
PBT/PET	4.1	4.4	5.6	7.27	9.4	12	24.6
MPPO	0.98	1.5	1.8	2.4	3.3	4	25.6
合　计	39.4	50	70.2	89.98	113	135.3	30.3

（4）氟塑料　在工程塑料中，氟塑料树脂与制品的加工与应用已有长足的发展。氟塑料树脂的生产能力约 40 000 吨，产量约 30 000 吨。氟塑料加工企业 1 000 家左右，氟塑料年加工能力为 3 500 吨，以中小企业为主，其中年使用氟树脂量超过 200 吨的企业 30 家左右，年销售额百亿人民币。2004 年氟树脂消耗量约为 25 000 吨，氟塑料制品出口 3 900 吨。在国际市场上占有率逐年提升，其行业标准也将不断地向国际靠拢。

中国国内市场对氟塑料制品的需求量增长远高于全球平均水平。目前，世界氟塑料的年消费量约 11.5 万吨，主要品种聚四氟乙烯（PTFE）的产量超过 7 万吨。从产量与消费看，美国是以进口为主，日本是进出口国，欧洲与中国则部分进口，部分出口。

中国氟树脂工业和机械装备工业的迅速发展，将有力地带动和支撑氟塑料加工行业高速发展。目前虽然氟塑料加工尚处于较低水平阶段，PTFE 加工占氟树脂总量的 85%左右，平均每吨制品的进口价格是出口价格的 5.5 倍。今后几年，随着国产氟树脂质量的提高，加工企业管理、技术和设备投入的加大，在建筑、汽车、半导体、机械、环保以及医疗等领域，氟树脂产品与氟塑料制品的构成和用量将发生明显变化，技术水平大大提高。

5. 塑料助剂行业基本现状

中国是世界上最大的塑料制品生产和消费国，塑料助剂在中国有着广阔的市场和良好的发展前景。

（1）塑料助剂发展现状　目前塑料助剂生产的企业共计 700 多家，较大型的企业 100 多家，年产量 1 万吨以上的企业有 16 家，2 万吨的企业有 11 家，5 万吨的企业有 3 家。

中国塑料助剂生产能力为 120 万吨/年，消费量 72 万吨/年，近几年塑料助剂年均增长率保持在 10%左右，远远高于世界塑料助剂 4%的年均增长率。特别是随着材料革命的步伐加快，航天、电子、农业、建筑、汽车、包装以及高科技领域对塑料的需求日益增加，中国塑料助剂市场潜力巨大，前景十分广阔。

（2）塑料助剂发展前景　中国现在虽有增塑剂厂家 100 多家，但能够正常生产的只有 40 家，年产量 65 万吨，而中国每年消费量为 115 万吨，国内产量无法满足市场需求。

① 热稳定剂　中国热稳定剂消费量随着 PVC 工业快速发展而大幅度增加，产量年均增长率超过 12.5%，是塑料助剂行业中发展较快的门类之一，到 2010 年对热稳定剂的需求量预期将达到 16 万吨左右。

② 抗静电剂　抗静电剂也是近年来发展较快的一类品种，它可以帮助塑料加工成型厂家和塑料制品的使用者避免由于静电而引起的诸多麻烦甚至损失。近年来，永久性抗静电剂发展较为迅速，这主要是由电子及医疗等行业的迅速发展所带动。预计永久性抗静电剂的增长率将是迁移性抗静电剂的两倍。

③ 抗菌剂　抗菌剂在塑料中得到日益增长的应用，年增长率估计在 3.5%～4%。北美是使用抗菌剂（包括生物抑制剂）最多的地区，占全球总量的 40%；其次是日本，占 20%。而日本又是以人均抗菌剂使用量计最大的市场，远超北美和欧洲。中国抗菌剂近几年来得到快速发展，应用领域在不断拓宽。

④ 脱氧剂　近年来新出现的是用于包装特别是食品包装的脱氧剂添加剂类型，其“一枝独秀”、备受青睐。这种添加剂可以去除残留在包装里的氧气，达到延长货架寿命的目的。这种添加剂可以用于食品、药品、保健品及化妆品等领域。有关专家预计，在中国这类产品在今后几年内将有双位数字的增长。

(二)"十五"期间塑料制品业发展特点

中国塑料制品行业经过市场竞争逐步实现产业结构优化配置，其产业规模在逐步扩大，应用领域在进一步拓宽，不断提高规模经济水平，一直是中国制造业中发展最快的行业之一。

1. 规模企业不断增多

近5年来，中国塑料工业呈现明显的产业聚集发展态势，规模企业数量增长迅速。按照国家统计局统计数据，目前中国塑料行业企业有6万多家，规模以上企业从2000年的6 230家增加到2005年的11 726家，年均增长13.5%；2005年比2004年增加了2 253家，同比增长19.21%。由此可见，中国塑料制品企业在向规模化发展，行业整体水平在不断提高。

2005年塑料制品行业规模以上企业共计11 726个，实现销售收入4 846.91亿元，同比增长25.97%。其中销售收入亿元以上企业达到937个，占规模以上企业总数的8%，产品销售收入2 500.97亿元，占行业总销售收入的51.69%。2005年销售收入超过10亿元的企业共有29家，而2004年为24家、2003年为15家。据中国轻工业信息中心提供的数据显示：2005年销售收入位列前10名的企业的是：佛山塑料集团股份有限公司、浙江大东南集团有限公司、烟台万华合成革集团有限公司、申达集团有限公司、安徽国风集团有限公司、浙江鸿达集团有限公司、芜湖海螺型材科技股份有限公司、新疆天业股份有限公司、河北宝硕集团有限公司、明达塑胶（厦门）有限公司。

近几年来，随着国际宏观经济的发展，全国塑料制品业涌现出一大批综合经济实力较强的企业集团，其自身经济效益和社会效益显著，在全国塑料行业起到了举足轻重的作用。

2. 产值、产量、利润、利税逐年递增，五年内实现了翻番

进入21世纪以来，中国塑料工业的发展进入了快速发展轨道，已发展成为全球最大的塑料市场之一，成为亚洲最大的加工中心。行业统计显示，从2000年到2005年间，中国塑料工业规模以上企业塑料制品产量从1 035.8万吨增加到2 198.6万吨，年均增长16.24%；工业总产值从1 899.7亿元增加到4 998.0亿元，年均增长达21.3%，均实现了翻番，大大高于"十五"计划提出的年均增长率。2005年全国塑料制品行业主要经济指标情况见表17。

表17 2005年全国塑料制品行业主要经济指标情况表

主要经济指标名称	2005年		主要经济指标名称	2005年	
	金额/亿元	同比增长/%		金额/亿元	同比增长/%
总产值(现价)	5 011.38	25.81	利税总额	325.07	27.46
销售收入	4 846.91	25.97	利润总额	206.32	30.16

3. 产业集中度不断提升

引导产业集群化发展，发挥区域经济优势。塑料行业发达地区重点分布东南沿海省市，产业的集群效应十分明显。2005年广东、浙江、江苏三省塑料制品合计为1 221.33万吨，占塑料制品产量总计的55.55%（见图3）。塑料行业在各区域都有不同程度的增长，但是区域分布不平衡格局改变不大，能耗高、加工技术含量低、劳动密集型的产品逐渐流向经济欠发达地区。

各类制品的地域特色十分明显，各省塑料制品品种各有侧重。广东省的塑料棒管材、塑料包装箱及容器、日用塑料制品、其他塑料制品产量居全国首位；浙江省的塑料薄膜、塑料人造革位居全国之首；江苏省的泡沫塑料、塑料合成革产量为全国第一。同2004年相比，辽宁省的塑料型材产量超过了江苏和安徽省，跃居全国榜首；山东省的农膜、塑料编

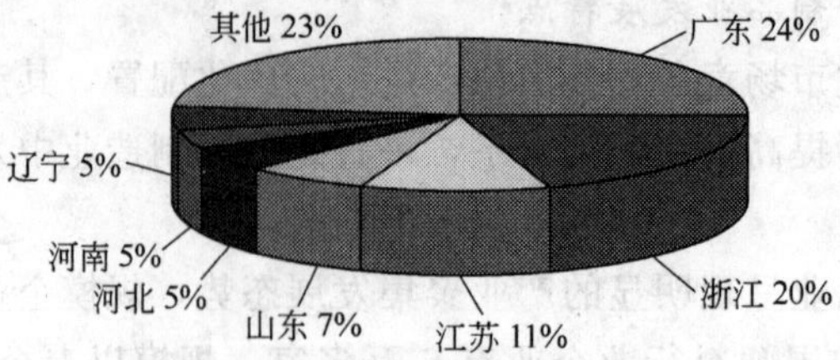

图 3　2005 年中国塑料制品产量地区分布图

织品居全国之首（见表 18）。

表 18　2005 年塑料制品分品种产量前三位的地区　　单位：万吨

行业名称	产品总产量	前三位地区产量合计占总产量比例/%	第一位		第二位		第三位	
			地区	产量	地区	产量	地区	产量
塑料制品	2 198.55	55.6	广东	551.28	浙江	439.68	江苏	230.37
塑料薄膜	442.2	56.6	浙江	101.21	广东	92.35	江苏	56.54
其中：农用薄膜	87.31	46.6	山东	15.94	河南	15.14	江苏	9.56
塑料型材（含板片材）	236.69	43.8	辽宁	40.53	江苏	31.39	安徽	31.22
塑料管材及附件	196.78	44.5	广东	32.61	浙江	32.07	福建	22.98
塑料编织制品	236.86	48.2	山东	51.58	浙江	37.47	河南	25.14
塑料人造革	67.33	79.6	浙江	32.41	广东	11.09	河北	10.08
塑料合成革	51.42	82.9	江苏	21.26	浙江	12.47	辽宁	8.88
泡沫塑料	111.25	81.3	江苏	42.9	广东	26.23	浙江	21.27
塑料包装箱及容器	109.02	48.3	广东	23.69	上海	14.97	浙江	14.00
日用塑料制品	332.32	73.5	广东	152.16	浙江	61.43	江苏	30.58
其他塑料制品	414.67	73.9	广东	168.43	浙江	111.84	山东	26.24

产业结构逐渐向规模化、集约化、合理化方向调整。销售收入亿元以上企业数量在大幅度增加，年均增长 27%；产业集约度有进一步集中的趋势，但集约度还不高；塑料制品行业产业规模在市场竞争中不断扩大和集中化，大中型企业比例逐渐增加。

4. 出口创汇大幅度增长

大力支持有条件的企业“走出去”，在国际市场竞争中发展壮大，带动国内产业发展。“十五”期间随着中国塑料加工能力的增大和技术水平的提升，中国塑料制品的出口增长十分迅速，出口量由 2000 年 510.55 万吨增加到 2005 年的 1 228.48 万吨，年均增长 19.2%；出口额由 52.37 亿美元增长到 166.04 亿美元，年均增长 26%；而进口的增长则远远低于出口的增长，2000 年塑料制品进口量为 163.86 万吨，金额为 38.68 亿美元，到 2005 年分别增长为 173.89 万吨和 82.90 亿美元，年均增长率分别为 1.2%和 16.5%。

5. 先进装备提升产业加工水平

塑料机械设备的先进与否，是塑料工业加工水平的关键因素。“十五”期间，随着塑料消费市场的快速增长，中国大量引进了国外一流设备，大幅提升了中国塑料加工业的技术水平。2001～2004 年四年间中国进口塑料机械的总额达 63.3 亿美元，在中国大型的塑料加工企业中几乎随处可见国际上先进设备的身影。以 BOPP 薄膜生产线为例，中国拥有国际上最先进的生产线，其中德国布鲁克纳公司的设备占 50%左右，薄膜宽度可达 10m，线速度最高达 600m/min，单线产能为 35 000 吨/年。塑料管材的挤出设备、复合膜的多层共挤设备、电子通讯等配件的精密注塑机也都是紧跟国际潮流。塑料制品行业整体加工技术水平和能力大幅度提高，与发达国家的差距正在逐渐缩小。

6. 向新兴工业纵深发展

进入21世纪，中国塑料产业的迅猛发展进一步促进全国科研机构和大专院校高分子材料专业的科研水平和实力大幅度提高。塑料制品随着相关工业领域的发展呈现出多元化、纵深化的发展趋势，其身份已经由日用品的主角向更广阔工业领域拓展，成为支撑中国现代高科技发展的重要的基础材料，这一特点在“十五”期间体现得更加明显。汽车、建筑、电子、通讯、信息技术、航空航天等高新技术领域在轻量化、高性能化、多功能化方面给塑料工业提出了越来越高的要求，引领着塑料工业向更高、更强的目标进发。

7. 行业在困境中保持快速增长

“十五”时期是不平凡的五年，中国的塑料工业在保持了快速发展的同时，也遭遇到了史无前例的困境。自2003年下半年开始的全球性石油涨价引发的塑料原料大幅攀升，给塑料行业带来了前所未有的困难，加上行业内部盲目投资造成的产能过剩、竞争激烈、市场秩序混乱等不利因素，使行业进步受到一定的阻碍。尽管如此，2000～2005年中国的塑料制品产量还是取得年均增长率16.24%的成就。

8. 塑料产品质量提高，名牌产品逐年增多

塑料制品质量大面积提高，名牌产品数量逐年上升。得益于中国市场经济不断开放向前发展，塑料制品行业通过ISO 9000系列标准认证的企业数量大幅度增加，这已成为打造知名品牌的企业的共识，市场上一些产品品牌知名度在区域甚至全国范围内逐渐得到提高，使得企业市场竞争力逐渐增强，企业实力得到稳步提升。中国名牌：2004年PE大棚膜4家，2005年合成革/人造革8家；塑料管道行业2004年有11家、2005年有15家企业获得了免检产品资格。大企业集团注重科研投入，纷纷建立技术研发中心，注重先进生产力开发方面的投入，注重网罗人才、注重品牌培育，其综合实力增长很快，其产品竞争力时时走强，由大集团主导市场的格局正在孕育。

总而言之，“十五”时期在中国塑料工业发展的历程中具有承前启后作用的重要历史阶段，在此期间中国塑料加工业完成了成长壮大的进程，成为仅次于美国的世界第二大塑料制品的生产、消费和进口大国，成就了世界塑料大国的梦想。同时面对各种发展机遇和挑战，五年来中国塑料工业在加工技术水平提升、应用领域拓展及应对原料暴涨等方面作出了突出的成就。

（三）塑料行业存在的主要问题与差距

中国塑料工业在“十五”时期的迅猛发展，整个塑料行业从产业规模、技术装备、加工技术和工艺水平、产品数量品质、从业人员素质等诸方面都得到大幅度提升，企业核心竞争力是技术创新，科研成果转化为生产力有新的起色。但是与发达国家的先进程度相比其差距也很明显，集中表现在自主创新能力不强、产品类同。应尽快采取措施，立足科学发展，着力自主创新，促进行业和谐发展，使中国塑料工业真正走上强国之路。当前行业亟待解决的突出问题如下。

1. 总体装备水平偏低、研究开发能力滞后

目前中国新建和扩建的一大批塑料加工骨干企业中先进设备的占有率仅有20%～30%，装备陈旧老化，技术性能落后的塑机仍占相当大的比重。高能耗、低产能的设备仍在大量使用，占全行业装备的20%以上。

缺乏自主知识产权技术，不少产品以仿制为主，或来样加工制造。迄今为止依靠自己的力

量研究成功并得到应用的加工工艺技术或开发的新型塑料制品不多。滚塑、气体辅助注塑等技术仅有少数企业掌握。自有知识产权的科技成果转化为生产力的比例偏低长期困扰行业的发展。

塑料加工企业以中小企业占绝大多数，未形成集约化规模生产。一些年产万吨以上的大中型制品加工企业占领了国内外市场的相当份额，这些企业的规模与国外同行企业相比集中度仍明显偏小，没有形成几个大企业左右市场竞争格局的态势，也还存在产品设计创新理念滞后和应用领域不宽的格局。

2. 企业产品品种类同，著名商标品牌很少

全国的塑料行业有 6 万多家，其中规模以上企业 2004 年为 9 473 家，2005 年为 11 726 家，其中很多企业实力强劲，已具备向国外大公司叫板的实力。然而必须清醒地看到，行业之中存在的突出问题：产品质量良莠不齐，竞争混乱无序；低价产品充斥市场，雷同产品居多，知名的名牌很少，例如：迄今为止，塑料制品行业中中国名牌仅仅有 12 个，其中聚乙烯大棚膜 4 个；合成革/人造革 8 个；企业规模与国外同行业相比仍然明显偏小，劳动生产率不高，差距较大；出口产品多为低端产品，换汇率仅占进口塑料制品的二分之一。

3. 塑料模具水平较低，影响产品质量提高

产品总体水平较低，其影响关键因素之一是模具的精度、型腔表面的粗糙度、生产周期、寿命等指标与国外先进水平相比尚有较大的差距。企业与企业之间协调能力差，难以合力利用社会资源承接较大的项目。之二是研发能力弱。模具企业多，但技术人员比例低，水平不够高，科研开发投入少，拓展国内外市场尚缺高端模具人才，适应模具行业的发展。之三是标准化率低。目前，塑料模具标准模架、标准推杆和弹簧等越来越广泛地得到应用，并且出现了一些国产的商品化的热流道系统元件。但模具标准件的使用覆盖率仅为 35%，提高模具标准件的使用覆盖率，增加标准件的品种是行业今后重要的努力方向。

4. 塑机装备能力欠强，影响加工水平提升

业内专家指出，塑料加工装备整体水平的提升需要和新技术为支撑的塑料机械来武装。目前，塑料制品加工企业的装备约 80%来源于国产塑料机械，但因塑料机械受困于核心技术，塑机市场国内产品以 80%的占有量所获得的销售收入（相对于进口设备的价值）只有 20%。2003 年塑料机械出口量 1.08 万套，价值 48.21 亿美元，同年进口量为 2.14 万套，价值 325.51 亿美元，显然进口产品不到两倍的数量获得了 6.75 倍的价值。同样的现实是拥有国产设备 80%的塑料加工企业其制品出口量获得的价值也仅为同样数量进口价值的 1/2 左右。

近年来，国内塑机企业重视技术创新，已拥有自主知识产权核心技术为支撑的塑机产品增多。虽然属原创性（核心技术的创新）的创新少，多数为继承性创新（局部的技术创新），但大量的塑机产品已开始走出国门，出口量日趋明显递增，且性价比颇受国外塑料加工企业看好。

不过就中国塑料加工企业来说，还需更多的先进的塑料机械取代现存的高耗能的陈旧设备，因飞速发展的塑机制造能力欠强，尚不能满足蓬勃发展的塑料制品业的需要，直接影响塑料制品业整体素质的提升。

塑料机械制造能力也有待增强，在国际、国内市场竞争力不够强，可参与国际市场和国内市场招标的企业不很多。目前 BOPP、BOPET、BOPA 生产设备以及宽幅四辊压延机等几乎全靠从国外成套引进。

5. 国产塑料原料供不应求，必须依赖大量进口

表 19 为 2000～2004 年中国五大通用塑料产能、产量和消费量。

表 19　2000～2004 年中国五大通用塑料产能、产量和消费量表　　单位：万吨

品　种		2000 年	2001 年	2002 年	2003 年	2004 年	年均增长/%
PVC	产能	320.0	423.5	425.5	485.0	660.0	20.72
	产量	245.6	287.7	338.9	400.7	503.2	19.69
	消费量	436.5	535.7	561.7	625.9	711.7	13.18
PE	产能	264.7	310.4	370.0	429.5	440.0	13.75
	产量	305.4	312.2	354.7	413.2	441.3	9.78
	消费量	624.7	748.9	844.0	815.7	848.0	8.30
PP	产能	315.8	337.1	396.0	426.0	456.8	9.76
	产量	303.8	322.5	374.2	426.8	474.9	11.88
	消费量	466.8	530.3	617.2	699.0	764.7	13.16
PS	产能	110.8	178.5	211.0	258.0	258.0	25.40
	产量	98.0	106.0	108.0	130.2	148.0	11.09
	消费量	221.3	239.6	251.5	266.8	283.0	6.35
ABS	产能	34.4	73.2	82.0	115.0	131.5	44.85
	产量	34.4	41.0	52.1	77.9	91.5	28.31
	消费量	178.6	180.7	213.9	254.8	286.2	12.75
合计	产能	1 057.8	1 322.7	1 479.6	1 672.1	1 946.3	13.65
	产量	987.2	1 069.4	1 227.9	1 448.8	1 658.9	13.91
	消费量	1 927.9	2 335.2	2 488.3	2 662.3	2 893.6	10.84

二、塑料工业“十一五”指导思路、发展目标和发展趋势

中国是拥有 13 亿人口的大国，塑料制品人均消费水平还不高，目前仅为 22kg。2005 年，全国塑料制品业已超额完成年产量 2 500 万吨的规划目标，仅占全国不到 20%的塑料制品规模以上企业年产量达 2 198.6 万吨。因此无论从“十 ·五”期间国民经济保持平稳较快发展上看，还是从“2015 年”远景规划的潜在市场上看，塑料制品的生产和消费都将需保持平稳较高增长速度发展。

（一）指导思想

在“十一五”期间，塑料工业要保持平稳高速增长发展，要坚持全面落实科学发展观，加快调整经济结构和转变经济增长方式，走可持续发展的道路；要立足科学发展，着力自主创新，加强对新技术、新设备、新材料、新工艺、新产品的研究开发；要坚持以人为本，转变发展观念，加倍努力做好工作，培育大型企业集团，打造中国名牌，积极参与国际市场竞争；要从推动科技进步、加强科学管理等有力措施降低物耗能耗、清洁生产，切实把塑料工业的发展转入全面协调可持续发展的轨道。

（二）发展目标

1. 总体发展目标

在“十一五”（2005～2010 年）期间，我们要推进产业结构优化升级，努力提高产业技术水平，塑料制品总产量的年增长率应为 10%，2010～2015 年间的年增长率应为 8%，相应地到 2010 年、2015 年塑料制品总产量应分别为 3 500 万吨和 5 000 万吨，实现用 10年时间在现有基础上塑料制品总产量达到翻番的宏伟目标。

2. 重点发展目标

（1）农用塑料（农地膜、节水农用器材等）及土工合成材料是国家全面建设小康社会、建设新农村重要的生产资料，应放到优先的位置，加大发展力度使之更进一步高性能化，以满足发展现代农业的需要。

（2）塑料包装材料和塑料建材是关系到13亿人民生活质量品位时尚和建设资源节约型、环境友好型社会鼓励快速增长的新型材料，要坚持节约、环保、安全发展方向，严格按产品标准生产、施工规程推广应用。

（3）高科技高附加值的工程塑料制品及复合材料应用领域随国民经济发展不断拓展，要大力提高原始创新能力、集成创新能力和引进消化吸收再创新能力。

（4）大宗塑料制品［管材及管件、异型材与门窗、注塑制品、压延制品、滚塑与中空制品、双向拉伸材料、塑料包装薄膜（袋）等］要着力打造自主品牌，提高质量，增加品种，满足多样化需求，扩大高端市场份额，生产逐步向高科技水平经济规模方向发展。

（5）提高塑料制品加工技术、工艺、节能降耗、清洁生产、产品档次水平和增加品种，须重视塑料机械和模具的设计与制造，用先进的塑料加工设备武装企业，提升装备制造业整体素质。

（6）健身器材、医用塑料、抗菌塑料、家庭日用塑料（包括塑料玩具、家用电子电器）等产品应达到安全卫生环保要求以及国际相关标准，对身心健康无害化，让人们放心使用。

（7）减少环境污染应加强废弃塑料回收处置及降解塑料的研究开发，注重能源资源节约和合理利用，在能耗降低、废弃塑料回收处置和环境保护等方面发挥其独特作用，大力发展循环经济。

（8）保护臭氧层、淘汰消耗臭养层物质（ODS），保护全球人类免遭紫外线对肌体的损害和各种疾病的发生，在“十一五”末实现对泡沫塑料生产无氟技术改造，完全做到中国政府对联合国签署的不再使用ODS做发泡剂的承诺。

（三）重点行业发展趋势

1. 农用塑料

农用塑料（如农用棚膜、地膜、饲草膜、养殖膜、灌溉塑料管、塑料节水器材等）要高性能化推广应用。根据国情决定了应把塑料工业重点行业中的农用塑料放在重中之重切实抓好，是解决“三农”问题十分必要的大政方针，作为农用塑料世界大国来讲过去、现在、将来都是中国现代化建设的重要生产资料。

一是中国水资源总量为28 000亿立方米，按1997年人口统计，人均水资源量为2 220立方米，目前全国实际年用水总量达5 500亿立方米，已占全国水资源总量的20%，预计到2030年人口增至16亿时，人均水资源量降到1 760m^3。大力推广农用塑料尤其是塑料节水器材，对促进农业的持续发展、保证农产品的增产、增加农民收入、保持社会稳定都具有十分重要的意义。

二是农业用水量占全国总用水量的88%，农业用水量中的95%属农用灌溉用水，长期以来其利用率只有45%，远远低于发达国家水平。农用薄膜（棚膜、地膜、青饲膜、遮阳网等）是当前（见表20、表21）及今后一个时期应用和发展的重要农用覆盖材料。

表20　2000～2005年农用塑料薄膜产量表

年　份	2000年	2001年	2002年	2003年	2004年	2005年	年均增长率/%
产量/万吨	81.3	81.7	80.9	81.1	72.9	87.3	1.43

表 21　2000～2005 年塑料薄膜产量、产值情况表

年　份	2000 年	2001 年	2002 年	2003 年	2004 年	2005 年	年均增长率/%
产量/万吨	229.1	242.5	279.9	327.0	365.9	442.2	14.06
产值/亿元	345.0	355.5	412.1	449.9	571.7	799.1	18.29

三是中国更是严重缺水的国家，人均量仅为世界的 1/4，位于世界的 109 位。节水灌溉在节水工作中占举足轻重的地位。为加大人畜饮水工程和灌区配套工程建设力度，要积极推行节水灌溉，采用渠道防渗、低压管道输水、喷灌与滴灌等塑料节水器材，不但能减少输水损失而且能减少田间灌水损失。输水用塑料管、喷灌、微灌、膜下滴灌用配套管材和管件，质轻而刚度大的塑料井管等将会得到更大的推广应用。

(1) 农用薄膜　农用薄膜中量大面广的系棚膜和地膜。据农业部门预计，至 2010 年全国园艺设施面积将增加到 3 800 万亩左右，耐候功能膜的年需求量增加到 30 万吨左右，约占棚膜年销量的 40%；地膜覆盖栽培面积将扩大到 3.1 亿亩，地膜的年耗用量将增加到 78 万吨左右；畜牧、水产专用暖棚面积扩大到 150 万亩左右，氨化、青贮、缠绕膜的年需求量将达到 30 万吨左右；除农用薄膜外，农产品贮藏保鲜和包装用膜及塑料容器的需求量将在“十五”的基础上翻两番。

(2) 塑料节水器材　全国农业用水量占全国总用水量的 88%，达 5500 亿立方米，占全国水资源总量的 20%。农业用水量的 95% 属农用灌溉用水，长期以来其有效利用率只有 45%，远远低于发达国际水平。作为世界上缺水的大国来讲，解决水的问题理应刻不容缓，发展塑料节水器材是行之有效的重大战略措施。

“十一五”期间全国计划发展农用节水灌溉面积 1.5 亿亩，其中的 1.3 亿亩是对现有灌溉面积进行节水技术改造，0.2 亿亩是新增节水型灌溉面积；发展 1.5 亿亩农用节水灌溉面积需投入 1 000 亿元，对节水灌溉产品、材料和制剂的投入约占总投入的 50%～70%。如今国家积极推行节水灌溉在全国范围使用塑料节水器材已成为推广农业节水灌溉技术的重要组成部分，且确实带来了明显的增产、增收、省工、省时、节水、节能效应，促进农业可持续发展。

2. 土工合成材料

土工合成材料（高分子防水卷材）通过技术开发和设备引进，生产水平得到长足进步，应用领域不断扩大，产品品种增多，配套材料施工机械种类齐全、基本形成了高中低档配套的较为完善的体系，为建筑业持续快速发展提供了强有力的保障。

土工合成材料是一种新型防水材料，主要是以聚氯乙烯（PVC）、氯化聚乙烯（CPE）等合成树脂、合成橡胶或其共混体为基材，加入助剂和填充料，通过压延、挤出、吹塑等加工工艺而制成的塑性可卷曲片状防水材料。

土工合成材料这种新型防水材料比传统的沥青、油毡系列卷材具有明显的优势。具有优良的耐水、耐高低温性能、还具有好的弹性、拉伸强度、耐候性以及耐腐蚀、抗老化性，使用寿命长达 50 年。在发达国家十分普遍，并且被认为是最佳选择之一。英国、德国、荷兰、西班牙、挪威、瑞士等国的高分子防水卷材市场份额多在 30% 以上，而且绝大部分是 PVC 防水卷材。日本高分子防水卷材年产量目前已超过 2 800 万平方米，从 20 世纪 80 年代末期以来一直稳定在这一水平。美国高分子防水卷材年产量目前在 1 亿平方米以上，以 PET 材料居多。现在，高分子防水卷材应用比例已成为一个国家建筑水平的象征。据业内人士预测，2005 年国内高分子防水卷材产量将达到 4 500 万平方米以上，占防水材料总量的 11%。其中，三元乙丙橡胶（EPDM）1 500 万平方米，PVC 1 000 万平方米，CPE 400 万平方米，各种防渗片 1 200

万平方米。高分子防水卷材正逐步取代传统苯乙烯-丁二烯嵌段共聚物（SBS）和 APP（无规聚丙烯）改性沥青防水材料，日益成为新型防水材料的生力军。

近年来国家建材部门曾多次强调，在建筑防水材料方面要逐步淘汰传统的纸胎油毡，大力发展高分子改性沥青油毡，积极推进高分子防水卷材的使用，在高分子防水卷材方面重点推广 EPDM 防水卷材。建设部则要求进一步推广应用建筑业十项新技术，其中对新型建筑防水材料应用技术提出了明确要求，在屋面防水中重点推广中高档 SBS、APP 高聚物改性沥青卷格和氯化聚乙烯橡胶共混卷材，其应用比例应逐年大幅度提高，是新型防水材料应用比例 2010 年达到 70%。届时，高分子防水卷材产量将达到 8 000 万平方米，占 19%，纸胎油毡所占比例进一步下降到 30%。

在“十一五”期间水利建设、公路建设、铁路建设、城市建设和机场建设等领域用各种土工合成材料，如土工膜、土工编织布及复合材料、土工膜与无纺布复合材料、土工单向及双向拉伸材料（土工格栅）等，也将得到广泛的应用。

3. 塑料包装

塑料包装材料主要包括塑料软包装、编织袋、中空容器、周转箱等，是塑料制品应用中的最大领域之一，2004 年塑料包装产量为 634 万吨，2005 年塑料包装超过 700 万吨，其使用量的增长大大超过其他传统包装材料。总产量约占包装材料总产量的 1/3，居各种包装材料之首。塑料包装材料主要产品产量及增长情况见表 22。

表 22　2004 年塑料包装材料主要产品产量及增长情况

塑料包装制品	2003 年/万吨	2004 年/万吨	同比增长/%	占总量的/%
软包装膜	220	255	16	40.2
其中：BOPP	64	74	16	
BOPET	12	14	16	
CPP	15	17.2	15	
复合膜(袋)	70	80	14.3	
其他	79	92	16.5	
编制制品	175	201	15	31.7
包装容器	95	110	16	17.3
其中：PET 瓶	25	30	20	
泡沫包装材料	32	36.4	14	5.7
包装片材	28	31.9	114	5
合　计	550	634.4	15.3	100

各种矿产品、化工产品、合成树脂、原盐、粮食、糖、棉花和羊毛等包装已大量采用塑料编织袋和重包装袋取代纸袋和黄麻袋，塑料包装作为主要包装材料是必然趋势。还有饮料、洗涤用品、化妆品、化工产品等在中国迅速发展，必不可少的复合膜、包装膜、容器、周转箱等塑料包装材料有很大的需求。

食品和药品包装需求十分旺盛。中国是 13 亿（7.6 亿为农业人口）人口大国，民以食为天，要健康的生活，食品和药品是国计民生大宗重要物资，随之不可缺少的包装需求十分旺盛。中国药用包装的增长速度位居世界八大药物生产国榜首。就品种而言，塑料泡罩式包装和塑料瓶包装需求量大幅增长。医用塑料制品正呈现快速发展趋势。据卫生部资料显示，2005 年中国医用塑料市场达到 60～100 亿元，市场潜力巨大。

农副产品所需包装日渐增多。世界上无论哪个国家农副产品都需大量塑料包装。据美国软包装协会（FDA）公布：2005年新鲜农产品将成为塑料软包装的主角。食品包装是塑料包装中所占份额超过半壁江山的重要应用领域。

此外，包装材料多年来纸塑之争从未休止过，各自都有发展空间，各有其长各得其所。美国市场研究企业 Freedonia 集团的研究表明：在纸与塑料相互竞争包装材料市场中到2008年塑料的占有率有望增加到50%（按重量计）。

4. 塑料建材

塑料建材是化学建材的重要组成部分，是继钢材、木材、水泥之后新兴的第四代新型建筑材料。主要包括塑料管、塑料门窗、建筑防水材料、隔热保温材料、装饰装修材料等。现在塑料建筑排水管、输水管、排污管等塑料管道已得到普遍的推广应用；塑料门窗等行业已进入产业化的发展阶段；新型防水材料发展迅速，产量逐渐增长。近年来，塑料管材、型材产能和产量基本情况见表23、表24。塑料建材在建筑工程、市政工程、村镇建设以及工业建设中用途十分广泛。

表23　2000～2004年管材产能、产量及进出口量

项　目	2000年	2001年	2002年	2003年	2004年	年均增长率/%
产量/万吨	74.6	121.4	136.9	189.9	197.0	29.49
出口量/万吨	4.66	5.28	6.80	8.72	12.12	27.33
出口额/亿美元	0.66	0.77	1.01	1.45	2.33	38.02
进口量/万吨	2.41	2.47	2.67	3.12	3.62	10.87
进口额/亿美元	0.99	1.18	1.41	1.77	2.54	26.93

表24　2000～2005年型材产能、产量

项　目	2000年	2001年	2002年	2003年	2004年	2005年	年均增长率/%
产能/万吨	150	180	220	300	350	400	23.81
产量/万吨	65.51	78.81	85.3	89.7	168.81	236.69	30.74
应用量/亿平方米	1.0	1.1	1.4	1.7	3.1	3.62	35.26

按照建设部“十一五”规划，5年内建筑节能要达到1.01亿吨标准煤，节能建筑总面积要超过21.6亿平方米，其中新建筑16亿平方米，改造现有建筑5.6亿平方米。中国有400亿平方米既有建筑，目前约有三分之一需进行节能改造，按照每平方米200元的改造标准，这部分建筑节能材料和技术在未来的市场容量可达2.6万亿元。对于具有节能、节材、节水、节地的塑料管道到2010年建筑给水和排水管道80%采用塑料管，建筑雨水排水管道70%采用塑料管。“十一五”期间，塑料管道工程用量平均每年将达200万吨，其中市政工程与建筑工程用量100万吨左右，工业和农业工程用量100万吨左右。对于综合成本较低、性能优越，其一次性投入稍高的塑料新型材料如PU、EPS、XPS、PP、PVC等发泡材料的应用前景潜力巨大，拓展领域十分广阔。

今后5～15年塑料建材将成为新的消费热点和新的经济增长点。随着塑料建筑制品的品种逐步系列化、配套化和标准化，环保节能的要求和推广应用的力度加大，需要各种塑料管、门窗、高分子防水材料、装饰装修材料、保温材料及其他建筑用塑料制品将有较大幅度增加。

5. 工程塑料

中国制造业的快速发展，工程塑料的应用领域日趋广泛，用量不断增加，尤其是汽车用、电子、电器、信息产业用的工程塑料制品的应用呈成倍增长之势。

对于通用工程塑料聚酰胺（PA）、聚碳酸酯（PC）、聚甲醛（POM）、聚苯醚（PPO）、聚酯（PBT）和特种工程塑料聚酰亚胺（PI）、聚酰胺酰亚胺（PAI）、聚芳酯（U-Polymer）、聚砜（PSF）、聚苯硫醚（PPS）、聚醚砜（PES）、聚醚醚酮（PEEK）等的发展和应用都有着广阔的前景。如PC随着中国电子、电器产品、信息存储类产品、邮电、办公设施、交通工具等现代化高科技产业的发展，各类通讯用、国防军工用等工程塑料件也将随着产业结构的调整有较大幅度增长。

应特别指出的是汽车工业特别是轿车工业在发达国家的经济起飞时期，都作为支柱产业。仅PP/EPDM在汽车保险杠、仪表板等方面的应用越来越广泛，PA11是汽车行业中有发展潜力的工程塑料，汽车用塑料制品不论在数量、用途、质量、性能等方面将有飞速提高。

6. 汽车用塑料

采用塑料制造汽车部件的最大好处是减轻了汽车重量，节省了成本和工序，提高了汽车某些性能，发达国家汽车用塑料平均已超过100kg，汽车报废将带来车用塑料资源再生利用和对环境合理处理问题。

2005年我国汽车产量已达570万辆，据汽车界权威专家预测，2006年汽车总需求量将达650万辆。我国汽车塑料平均使用量达70kg，年消费40多万吨。汽车用塑料品种有：PVC、PP、PE、PU、ABS、PA、POM及其他等。随着汽车报废量逐年增加，车用塑料和家电及电子电器塑料量稳步增加，其回收再生利用一样成为废塑料来源的重点，但处理原则类似。到2010年，我国的汽车塑料需用量将达80万吨左右。因此，对报废汽车塑料件的回收、再生利用来说任务将越来越艰巨。

7. 合成革

合成革包括PVC人造革、PU合成革和超纤仿真革三大类，在国内外市场中占有举足轻重的地位，广泛地应用于国民经济的各个部门之中。

（1）合成革/人造革　合成革/人造革广泛地应用于：

- 男女各类品种规格花色的鞋、运动鞋、休闲鞋、军需用品等鞋用材替代天然革；
- 箱包、手袋、工艺品包装等日用工业品；
- 服装、手套、腰带等时尚消费材料；
- 沙发、家具、装潢等室内装饰新型材料；
- 汽车坐垫、靠垫、头枕等汽车内饰件；
- 体育用品、文具、证件等器具文化用品。

随着国民经济的快速增长和市场国际化的进展加快，鞋用革、服装革、箱包革和家具与室内装饰用革等各种合成革/人造革需用量将保持稳定增长。中高档、高附加值的超细纤维鞋类合成革和透气服装类合成革将随其开发应用领域的不断拓展而快速增长。轿车工业配套车用内装饰材料也将得到长足发展。超细纤维合成革是今后发展的方向，并为高新技术改造传统产业提供了有效的途径。透气透湿PU革、超细纤维薄型合成革用于服装，耐水解的PU合成革用于制鞋，市场前景都很好。还有用于汽车内饰件、文体用品用的人造革、PU革与合成革的市场空间均相当大。

（2）超纤仿真革　超细纤维高仿真革以日本发展最早，早在1965年日本可乐丽公司就开始产业化生产，帝人、旭化成、三菱人纤、钟纺（后改为FILWEL）相继投入生产。当今，日本超纤高仿真革的产能、产量质量和品种比2003年有所增长，年产量为3 688.2万平方米。从表25可见：在日本仿真革在1999年后采用超细纤维制造的比重逐年提高每年提高5%左右。2004年为3 688.2万平方米，大约85%～90%是以超细纤维制成的。

表 25 日本超纤仿真革销售走向

年份	内销/万平方米	同比/%	出口/万平方米	同比/%	总计/万平方米	同比/%	其中超纤革/%
1999 年	1 404	9.5	1 949.4	0.4	3 353.4	4	71
					其中：超纤 2 381.5		
2000 年	1 455.4	3.7	1 781.2	8.6	3 236.6	3.5	75.1
					其中：超纤 2 453.5		
2001 年	1 395.9	−4.1	1 863.7	4.6	3 259.6	0.5	80.5
					其中：超纤 2 622.6		
2002 年	1 440.2	3.2	1 958.2	5.1	3 398.4	4.3	
2003 年	1 376.2	−4.4	2 134.6	9	3 501.8	3.3	
2004 年	1 336	−2.9	2 351.9	11.1	3 688.2	10.4	85～90

中国到2005年建成投产超细仿真皮革的企业有15个22条生产线（详见表26），以每条线的能力平均为200万平方米/年计总产能达到5 000万平方米。由于很多企业都在2005年中、年末投产，一部分企业还没有打开市场，2005年全国总的实际产量初步估算约1 500万平方米。

表 26 中国超细仿真皮革主要生产企业

生 产 厂 商	生产能力/万平方米	生产线数/条	纺丝形式
山东同大海岛新材料有限公司	800	4	共混纺丝
烟台万华超纤股份有限公司	600	3	共混纺丝
华峰集团上海有限公司	600	3	共混纺丝
温州黄河超纤皮革有限公司	200	1	共混纺丝
常熟贝斯特皮革有限公司	200	1	超细复合纺
山东金峰人造皮革有限公司	200	1	共混纺丝
浙江梅盛实业有限公司	200	1	超细复合纺
浙江禾欣可乐丽超纤有限公司	400	1	共混纺丝
浙江科艺皮革有限公司	200	1	共混纺丝
山东莱芜东泰皮革有限公司	200	1	
浙江大森合成革有限公司	200	1	共混纺丝
浙江永祥革业有限公司	200	1	共混纺丝
杭州科润超纤有限公司	200	1	共混纺丝
无锡双象超纤有限公司	200	1	共混纺丝
淄博友谊纺织机械有限公司	200	1	共混纺丝
合 计	4 600	22	

在中国，由于天然皮革资源有限，因此努力开发研制合乎要求的仿真革一直是人类孜孜不倦的追求。据有关资料显示：2000年世界牛、羊皮的年产量约14亿平方米，马和猪的革年产量约7亿平方米，即总的天然皮革年产量超过20亿平方米。而目前世界高仿真皮革的产量（用超细纤维制成）还只有几千万平方米。当然一般的“人造革”“合成革”产量很大，但这不能满足人类高标准的要求。现在，全国尚在建设中的还有20条生产线，如这些生产线也能正常运转则全国形成的生产能力可达到0.8～1亿平方米，将是全世界超细仿真革产能最大的国家。今后，无论从动物保护的观点以及饲养过多动物会影响生态环境问题来考虑，大力发展超细高仿真革都是十分需要的。中国是鞋类生产和出口大国，也是服装产量最多的国家，研制和开发高质量的超细高仿真革来满足市场需求更是目前急需解决的问题。

8. 医用高分子材料

医用高分子材料是指用于医学生命科学与生命体直接或间接接触的材料。主要分为人工器官和塑料医疗器具，为高附加值、高科技产品，在国内外发展较快，应用范围很广，消费量很大。医用高分子材料及制品在临床医疗中改变了传统的医疗模式。

医用高分子材料又称之为医用塑料，近 10 年来取得长足进步，应用领域从药品、药剂品包装和点滴瓶等一次性设备，延伸到了外科仪器等非一次性设备。2005 年中国医用塑料市场需求规模达 120 亿～150 亿元。“十一五”期间将步入高速发展时期，医用塑料制品随着国内医疗器械市场将大幅度扩展，医疗技术水平和医保逐步完善，适用范围越来越广，未来市场需求将提升至 200 亿～250 亿元。

中国对医用塑料及制品的研制和应用随着医疗技术和人民生活水平的提高，塑料人体器官、塑料医疗器具等作为高新材料领域重要的塑料制品其生产和使用范围也将大幅提高。

9. 塑料日用品

日用塑料制品涉及面更广，与人类生活的关系十分密切，因其花色种类繁多、轻捷方便、卫生舒适等优点，以各式各样的仿真塑料制品在越来越多的领域代替了传统的铁、木、竹、藤等传统材料。塑料鞋、塑料箱、包、印花薄膜、家庭及个人生活用品、街道社区、娱乐场所的各种健身器材、玩具、器具以及许许多多塑料日用品均已成为人类生活不可缺少的组成部分，在全新的领域服务于人类社会。今后的主要任务仍然是努力增加花色品种，开拓更多的功能并尽可能做到物美价廉、无毒无异味、绿色环保。

10. 功能性塑料

塑料合成树脂有卓越的物理力学性能应用十分广泛，然而多数塑料在电、热、光、磁、阻燃等方面并不一定具备人们使用时所需的性能，通过添加某些物质或者改变聚合物的结构，使塑料材料具备导电性、电磁屏蔽性、磁性、导热性、透光、感光性及阻燃性，是今后相当一段时期内重要发展方向。近年来塑料光导纤维得到迅速发展，以聚苯乙烯（PS）塑料为芯层、聚甲基丙烯酸甲酯（有机玻璃）为外皮的最简单的一种塑料光导纤维较之石英光导纤维显示出巨大优越性，如质轻、柔软、易加工、价廉等。在把电、磁、光、热等方面的性能赋予塑料以后，可进一步扩大塑料的应用领域，同时也能大大增强人类扩大活动范围、征服自然的能力，具有极为重要的意义。

11. 改性塑料

填充、共混、增强改性塑料是对通用塑料原料（基础树脂）性能某些方面不能满足使用要求的重要补充。基础树脂通过改性使其通用塑料实现高性能化和低成本化。随着人们对塑料制品性能、功能、使用范围等多方面要求的增多，填充、共混、增强改性塑料多功能母粒（包括色母粒）材料的需求将会迅速增加，在家电、电子电器、汽车、飞机、通讯、医用、玩具、工业配件等领域广泛应用。符合各种性能要求的改性塑料材料经过不断的研究更新，以塑代钢、以塑代木、以塑代替各种金属与非金属日益成为国际流行新趋势，人们熟知的填充、共混合增强改性已深入到几乎所有塑料制品的原材料与成型加工过程，也将极大地促进机械制造、助剂等行业的发展，无论从数量还是品种上将会取得长足发展，达到一个新水平。

12. 塑木复合材料技术及产业化发展

塑木制品大规模工业化始于 20 世纪 80 年代，90 年代以来，北美、欧洲的许多国家对塑木材料已进行了大量的研究。塑木材料最先使用的生产工艺是混炼，再热压（或发泡压制）成平板或模压成型材。现在的生产工艺以挤出成型为主，注射成型为辅。其设备与技术国产化水平已接近或达到国际先进国家的水平。尤其是微孔发泡挤出成型技术的广泛应用，不少的企业已大大节约了材料成本，同时密度也降低约 20%～35%，其技术可采用化学发泡和物理发泡，并以物理发泡为佳，即在机头模具注入超临界气体（如CO_2）而实现发泡。塑木制品中木粉等用量的提高已开发出木粉含量高达85%的同向平行双螺杆挤出机组，挤出速度已达3m/min，进一步改进后将达4m/min。塑木制品的注射成型技术也得到了发展。

近几年，随着人们环保意识的加强，要求保护森林资源，减少使用新木材的呼声日趋高涨，由木粉和其他天然纤维与塑料构成的塑木复合材料（WPC）不仅在环保、再生利用方面存在优势，并且作为一种具有新特性的新型材料而备受人们关注，可代替木材、钢材、塑料而被人们普遍接受，有良好的市场推广价值。据美国 Pricipia Partmers 咨询公司 2003 研究报告称，欧洲、北美是目前世界上塑木材料市场最大的地区，约为 60 万吨，其中北美市场约占85%，美国在开发和应用上走在最前列。还预测 2010 年之前欧洲、北美地区塑木复合材料将分别以 14%和 18%的年增长幅度继续增长。在亚洲，特别是日本，塑木复合材料应用需求也正在不断增长。

由于经济和加工工艺的原因，目前用量较大的是聚烯烃再生塑料及其复合物。塑木复合材料主要应用于护墙板、隔板、装饰板、建筑模板、高速公路噪声隔板、海边路板、码头站台板、铁路枕木、包装和物流用组合托盘、仓储架、栅栏、楼梯扶手、户外露台等，广泛应用于运输、建筑、公共设施等。塑木复合材料集木材和塑料的优点于一身，不仅有像天然木材那样的外观，而且克服了其不足之处，具有防腐、防潮、防虫蛀、尺寸稳定性高、不开裂、不翘曲等优点，比纯塑料硬度高，又有类似木材的加工性，可进行切割、黏结、用钉子或螺栓固定连接，可涂漆，也由于其优良的性价比，是环保理念的载体，使得人们热衷于其广泛使用，前景非常广阔。

三、中国塑料工业发展对策与建议

（一）实施上中下游协调发展战略，促进产业链整体水平提升

塑料制品业要进一步加强与国内外上游树脂企业、下游用户企业的沟通协作，促进相互协调同步健康发展。

(1) 塑料制品业的可持续发展，需要大量合成树脂及各种原辅材料。要加快发展上游石油化工，就是应加快合成树脂项目建设，提高国产合成树脂及原辅材料的自给率，逐步改变进口塑料树脂占一半的格局。

(2) 要适度发展中游塑料制品业，着力培育一批大中型骨干企业。就是应控制某些行业发展总量，缓解其部分产品产能过剩，提高行业整体盈利水平。一是应推动增量和存量两方面结构调整，坚持发展先进产能和淘汰落后产能，实施行业总量与行业健康有序发展；二是应加速推进行业内优胜劣汰的进程，促使企业间的横向兼并和纵向整合，提升规模化经营优势，不断提高行业集中度的水平；三是应坚持科技创新和管理创新，从粗放型发展向质量效益型发展转变，走扩大再生产的内涵发展之路。

(3) 要大力拓展下游用户，就是应密切注视用户产业发展趋势、做适应用户需求的产品开发，从而促进产业升级。一是通过产品延伸、战略协作等多种形式加强合作，开发新品推广应用；二是企业强强联合产品整合，实行一体化的研发、生产体系，形成对终端市场的快速反应机制，一条龙的服务；三是塑料制品业要加强与上游、下游行业部门互动共赢，针对小企业多的实际状况，引导产业集群化发展，提高企业规模经济水平和产业集中度，加快大型企业发展，培育一批主业突出、核心竞争力强的大公司和企业集团。

（二）努力加强技术创新，重视环境保护，节约能源和资源

要立足自主创新，从根本上提高竞争力，尚需进一步加大推进产品的技术创新和开发应用

的力度。不断提高产品的技术含量和附加值，为用户提供高档优质产品和绿色环保产品。

要重视环境保护工作，推行清洁生产，大力节约能源和资源，创建清洁生产、节约高效企业，完善塑料再生资源回收利用体系，强化对废弃塑料产品的回收利用（详见中国再生塑料回收利用行业状况及发展预测），应在回收技术的引进、开发和应用方面加大投入，努力提高再生利用产品的档次及拓宽应用范围，在保护环境的同时，节省更多的能源和资源，不断提升行业的整体综合素质，形成节约型增长方式。

（三）借鉴不同经济类型企业的经验，谋求不断提高适应市场的竞争力

塑料制品业系竞争性行业。市场经济条件下不同经济类型的企业都在市场竞争中角逐，客观上给企业家之间提供了彼此互相取长补短的机会。对于国有或国有控股企业要在保持发挥自身优势的同时，吸取民营企业之长，增强市场快速反应能力，建立精简效能高效的决策体系，学习三资企业先进的管理制度和科学的用人机制，向管理要效益。通过相互学习，扬长避短，自我优化，切实推进产业结构优化升级，不断提升企业在全球化、市场化和本土化的激烈碰撞中的综合素质和适应能力。

（四）重视信息化技术建设，充分利用信息化提高企业综合竞争力

信息化是当今世界经济和社会发展的大趋势，信息化建设是建立现代化企业制度、有效降低成本、加快技术进步、促进技术创新、改善管理体制等方面起着重要作用和产生深远影响，企业需要打好信息化建设的基础，努力提高企业生产过程中与产品售前、售中和售后的信息化水平。

（五）实施“走出去”战略，面向经济全球化的国内外市场

要继续实施“走出去”战略，促进国内产业结构升级。扩大具有自主知识产权、自主品牌的产品出口，是塑料行业持续快速稳定发展的客观需要，也是应对国外产品向中国倾销的必然选择，有步骤地实施“走出去”战略是“十一五”发展的重大战略举措，是发展对周边国家经济贸易的有效途径，一定要利用好国土邻国优势拓展国际市场。

（六）发挥区域经济特色，建立塑料集群基地

要调整区域产业布局，发挥区域经济特色，弘扬塑料工业特色区域的质量为根本、诚信为基础、发展为动力、效益为目标，大力树立塑料行业特色区域产品优良形象，起到示范作用、龙头效应和辐射功能，促进全行业健康发展，发挥区域经济特色，建立塑料集群基地，是“十一五”期间重要的举措之一。

塑料制品业已建立温州合成革之都、塑料编织制品之都和薄膜基地，高明合成革产业基地，还有各种塑料制品分布在全国各地，已形成专业化生产与销售拥有较大市场，各具特色的区域品牌，国内有知名度的龙头企业越来越向大规模化发展，各地区政府主管部门高度重视发展区域特色经济，一个又一个塑料产业集群日益增多。努力抓好塑料加工行业特色区域经济，在“十一五”期间将培育建立若干个各具特色命名的塑料集群基地，促进塑料行业健康有序发展。

（七）坚持以人为本，重视高级技工的培养

要在着重引进先进技术、设备的同时注意引进管理经验和高素质人才。以人为本、不断提高塑料行业员工整体素质显得非常迫切。塑料行业有大大小小的企业 6 万多家，规模企业 1 万余家，员工 260 余万人。据估计现有技术员工只占全部员工的 1/3 左右，而且多数是初级工，技工、技术员、工程师和高级工程师仅占 4%左右。许多企业引进世界上先进的技术和设备往往是把工人送到国外培训后才能投入生产，仅少数企业技术和管理人才较雄厚，直接影响到尽

快使塑料制品业缩小与先进国家的差距。

培养和造就塑料行业一大批高技能人才已成为中国塑料工业必须认真对待的问题。中国塑协现已与北京、天津、吉林、四川等省市相关院校合作建立塑料培训基地，增加职工中专的招生，设置多种工艺学科的专业，以及不定期地举办高级技工的培训，且与相关部门着手修改甚至新编不同专业学科工种的教材或培训讲义。

（八）加强行业管理，发挥行业协会的桥梁与纽带作用

要加强塑料行业管理，发挥行业协会在社会、经济活动中的桥梁与纽带。行业协会是机构改革与现代社会发展的产物，在国家有关政策的指引下，正逐渐成长，发挥其作用。中国加入WTO后，国际间的各种贸易摩擦的反倾销、反补贴和保障措施案例会不断增加，技术壁垒有增无减。面向世界的塑料工业，在经济全球化“熔炉”中生存发展，市场竞争将会更加激烈，企业需要联合起来，整合力量，自我保护，需要充分发挥行业协会的作用，促进行业不断发展。

塑料行业协会要加强自身建设和专业委员会的建设与领导，加强与各有关部门的密切配合，重点研究解决行业中的共性问题，抓住重点地区、重点产品和企业运行中的突出问题，并注重生产和市场中的热点、难点问题，做好综合协调、分类指导工作，充分发挥协会技术支持平台（专家委员会）和信息平台（刊物、网站等）的作用，积极为企业开展信息、咨询和技术服务等活动。

塑料行业协会要把握行业正确的发展方向并为政府决策提供依据，要利用各种现代知识传播的媒介——电视、报纸、新闻发布会等进行各种宣传工作，传播科学知识，捍卫行业的荣誉，要面向全社会，为行业和企业服务，为本协会会员单位和个人会员服务，为塑料行业发展争取更加适宜生存与发展的空间。

蓬勃发展的中国塑料工业在“十五”时期取得了辉煌的成就，跨进了世界塑料先进大国行列，为中国乃至世界经济的发展起到了应有的作用。“十一五”期间，我们要全面落实科学发展观，进一步转变经济增长方式，推进产业结构调整和优化升级，根据国民经济各部门发展对塑料制品的需求，保持塑料工业的平稳较高增长速度发展；适应经济全球化，积极参与国际竞争；要落实科学发展观，加倍重视人力资源开发，提高全行业员工整体素质；要立足自主创新，加快产业升级；要不断调整企业结构，提高加工装备技术水平与现代化管理水平；要实施名牌战略，打造中国名牌，铸造驰名商标，争取使更多的产品能够成为国家免检产品、中国名牌，甚至争创世界名牌；不断提高全国塑料产业的竞争实力，走从大国向强国迈进之路，在激烈的国内外市场竞争中立于世界之林。

（作者为中国塑料加工工业协会会长、全国塑料制品标准化技术委员会主任委员、
中国塑协专家委员会主任）

坚持科学发展观，推进人造革合成革工业特色区域建设

冯庶君

人造革合成革特色产业基地是在一定区域内以一批具有特色的人造革合成革企业并与上下游关联度大的企业，依当地市场特色资源优势建立起来的特色产业集群。这是人造革合成革行业落实科学发展观，推进行业技术进步，促进行业经济持续发展的重要增长点。

一、人造革合成革行业特色区域基本情况分析

自“七五”期间的合成革生产基地到2002年“中国合成革之都”在温州市诞生以来，已在浙江、广东、江苏、山东、福建、河北等6个省市地区形成人造革合成革特色产业基地与工业园区8家。大多数基地已形成或正在形成当地的优势产业，对地方经济发展发挥着越来越重要的作用。2005年的统计数据显示：8家特色产业基地共有企业近210家，800多条生产线，实现工业总产值两百多亿元，占了全国的70%。

下面分析研究中国人造革合成革区域分布以及经济发展状况。

1. 温州·中国合成革之都

20世纪90年代初以温州人造革有限公司为首的人造革合成革企业迅速发展。目前温州市拥有105家人造革合成革生产企业，50亿元固定资产，400多条生产线，4万名职工创造3 000多个品种，实现工业总产值达到120亿元，成为全国乃至全球最大的合成革生产基地。人造革合成革企业聚集地，园区建设有着科学的规划和管理，人造革合成革已形成基地化生产，从生产人造革合成革制品，到生产人造革合成革所需化工材料，还有生产设备制造等，4 000多家的经销机构和用户，产品出口70多个国家和地区等，形成完整的合成革产业链条。2005年9月经过中国轻工业联合会、中国塑料加工工业协会复评再次认定浙江“温州·中国合成革之都”。这是我国第一个人造革合成革产业聚集群，无论是制造总量、经济规模，还是装备水平、资源配置，在全国人造革合成革行业中都是名优在先，为我国人造革合成革产业基地的建设起到了引领的作用。

2. 高明·中国合成革产业基地

广东省是我国人造革合成革制造工业大省，已经形成强劲的发展势头，其特点是合资企业多、新企业多、出口企业多，与庞大的专业市场紧密配套。2005年12月20日中国轻工业联合会、中国塑料加工工业协会授予了佛山市高明区“中国合成革产业基地”称号，这是继浙江温州“中国合成革之都”之后全国第二个、广东第一个同类产业基地。佛山市高明区合成革产业基地共有合成革生产企业26家，总产量每年增长30%，2004年合成革总产量达11.68万吨，占全国总产量11.6%，占广东省总产量的75.8%，当地人造革合成革的产量已跃居广东省首位，有近一半的同类产品达到了国际先进水平。高明区合成革产业基地在广东市场环境发展迅速，其有几个特征与优势：首先是高明区塑料行业协会的凝聚作用，协会成立之后与区政府积极沟通制定行业发展规划、行业政策，团结会员单位，创造合成革区域品牌；第二是市场力量与政府引导结合，打造链条经济，不仅是人造革合成革制造企业，同时与塑料加工行业整体运行，包括机器制造、原材料加工行业，相关的研究领域共同发展，形成自己的专有技术实力；第三我们看到的环境治理基础相对比较好，有的企业使用环保型材料，产品出口达到欧盟标准等方面取得领先；还有比较重视和周边的几个相关专业市场有机结合，吸引客户整体发展。

3. 华东地区人造革第一镇

江苏省的人造革合成革产量2005年达到28.4万吨，占全国的24%，成为中国第二制造大省。其中华东地区最大的人造革生产基地在江苏省周庄镇，该镇工业经济发达，拥有纺织、轻工等10多个门类，产品覆盖全国并远销上百个国家和地区。其中塑料行业的橡塑制品、人造革、铝塑型材等产品在国内或华东地区已成为行业“单打冠军”。在周庄镇的80平方公里的土地上集聚了30多家人造革生产企业，年销售收入30多亿元，也已经占了镇工业产值的10%以上。他们的产品基本上以地板革、装饰革、箱包革、防水卷材等为主体，而且品种花样

繁多，特别是压延革高效率的生产速度。关键的还有一点是产品物美价廉，而且利用循环材料，降低成本创造了良好的经济效益。

4. 浙江丽水·合成革开发园区

浙江丽水工业开发区合成革园区，产业配套完备，符合专业化、协作化和现代化发展的合成革生产基地。目前丽水经济开发区认真落实科学发展观，全力培育产业优势的同时，制定了合成革生产规模控制方案，合成革园区走新型工业化之路，已被省经贸委批准为省级工业循环经济试点单位，在实践中形成了《合成革行业循环经济示范和建设大纲》。规划总面积2 500亩，至2005年底，区内共有26家PU革生产企业投产，入园企业环评率达100%，有PU革干湿法生产线各30条，革基布生产企业9家，起毛机400多台。已安排入区的色片、树脂、木质粉生产企业多家，合成革生产企业预留了较大的发展空间，预计还有10家企业准备进场。

5. 高碑店·中国人造革之乡

河北高碑店白沟和朱各庄革塑工业集中区的压延制革业兴起于上世纪80年代中期。现有规模较大的压延制革企业14家，总投资4.5亿元，从业人员6 000余人，拥有生产线近40条，年产值8亿元，利税8 000余万元。主要产品有压延膜、人造革、灯箱布、高级透明膜、PVC地丝垫、广泛应用于飞机及汽车的内部装饰、广告装潢、箱包、服装文具、雨具等领域。在河北高碑店白沟市场年需求人造革合成革1.5亿米，现在有几家企业已经形成了生产气候，他们依托现有企业进行较大规模扩张，投资开辟了人造革合成革工业企业大道，街面已经打出的“人造革之乡”巨幅横标。

6. 江苏昆山生态合成革示范基地建设

江苏昆山人造革合成革快速发展过程中十分注重生态环境的建设，整个城市迅速崛起成为现代工业制造加工基地，先后荣获国家环保模范城市、国家生态示范区等称号，成为国际资本和民间资本高密度集中地区。昆山绿色生态合成革示范基地建设突出特征是以昆山协孚集团为龙头的十几家人造革合成革企业、每年创销售收入二十多亿元。企业高度重视科技进步与技术创新，产品国际化程度高，积极投入新产品开发与环境保护工作，率先实现了清洁生产认证，资源的循环利用程度高。昆山生态合成革示范基地聚集了以协孚集团、阿基里斯有限公司、翔峰集团等著名品牌企业，设备制造和原材料也同样具有绿色名牌产品并成为行业发展的基础。以采用清洁生产方式生产“生态合成革”的龙头制造企业、先进的合成革装备制造企业和优质的原材料生产企业，已经形成强大的生态合成革示范基地，为整个行业作出了榜样。

7. 大型特大型企业创造的生产的基地

烟台万华合成革集团有限公司在合成革行业一直处于领先地位，是国家“七五”计划重点投资的合成革生产基地，可称为我国最早的投资规模大，效益高的合成革生产与研发区域；具有国际先进水平的现代化装备与专有技术，其产品的研制开发，填补了我国人造革合成革技术领域的空白，也大大拓宽了合成革的应用领域，在人造革合成革行业走出了一条自主创新的路子。佛山塑料集团股份有限公司几年来创造了良好的人造革合成革及其他塑料制品业绩，拥有自己的600多亩土地的佛塑工业园区；山东龙口的金锋集团、泉州天守集团等都是拥有五、六百亩土地的大型集中生产基地。山东昌邑同大集团等大型人造革合成革企业两千亩的合成革工业用地，是发展创造生产基地的基础。随着一批大型企业的生产规模的不断扩大增长，逐步形成自己的园区建设和人造革合成革生产上下游产业的聚集。还有江苏的宜兴市与辽宁等地都在策划、搭建人造革合成革工业平台。2003年辽宁合成革工业园是按照辽宁省“十五”规划设想，在行业协会策划下，由政府立项组建的集生产、展示、销售为一体的合成革工业区，计划用地 1 000 余亩，吸纳数十家企业入园，打造老工业基地，也是一个很振奋的举措。

二、以科学的行业发展思想，促进行业特色区域健康发展

中国人造革合成革产业基地具有鲜明的产业集群区域发展特色。基本上是以人造革合成革市场形成导向为主，特色地域边界不断扩大外延，初步形成了人造革合成革的产业链，充满创新的动力与活力。

1. 区域性的人造革合成革产业群是行业发展的必然

通过分析研究我国人造革合成革形成产业聚集的原因。我们认为：第一点产业发展的有效集聚，成为一些地方政府集成市场、技术、人才的优势资源成为区域优势产业的重要载体，工业群落已成为一个经济现象。改革开放之初的七、八十年代，我国人造革合成革业的中心是在北京、上海和天津等大中城市，近年来人造革合成革产业不断向广东、浙江、福建、华北等地转移，并逐步发展成为现在的四大产业省区，而浙江、江苏、广东、福建已成为我国最大的人造革合成革生产省份，其产值占全国的 80％以上，出口则占一半以上。第二点是人造革合成革做大做强是产业聚集的内在的动力。人造革合成革制造企业发展壮大，拥有了自己创新技术，具备扩展的能力。目前相当一部分人造革合成革企业的所有制结构发生着明显变化，而且区域集聚性很强。企业从原来以国有、集体所有制为主转变为以民营、中外合资为主体，如浙江省民营企占有绝对数量；广东与福建两省中外合资企业比例占大部，它们均以旺盛的活力推动我国人造革合成革产业的发展。第三点是在人造革合成革产业集群内，由于上下游企业、配套企业同在一个不大的中小城镇区域里，产品的物流成本低，企业之间比较熟悉，诚信度高，交易风险也就很低。上下游产业的专业市场的形成是产业聚集的市场基础。上世纪九十年代初以来，已形成了以广州、温州、白沟的人造革合成革专业生产与销售企业集聚地。在花都、龙山、顺德、温岭、成都、重庆等专业市场，聚集了数千家工商企业从事人造革合成革产品生产和销售，而且还有大量的从事不同原辅材料生产或经营的企业。他们之间的产品结构有着各自明显的特点，有的以 PVC 为主体，有的以 PU 为主体，还有以生产人造革合成革材料、从事人造革合成革设备专用件为特征，形成专业化生产，企业共同开发国内外市场的局面。第四点就是以社会服务为中心的政府职能转变，是促进产业聚集的推动力。各级政府积极为企业创造发展的平台，在政策支持与引导下，为社会经济组织发展提供良好的政治、经济环境，推进企业成为经济发展的主体。

2. 人造革合成革特色区域的发展，促进了行业的进步

中国人造革合成革业的区域经济发展，呈现出有别于其他国家的特点：一是政府给创造的是一个平台，而企业创造的是品牌；二是企业相对集中，各具特色，互相促动，共同发展。从我们这个行业看近年来出现了两大变化，即所有制和产业中心的转移并随之产业集聚的现象。其作用：从产业经济学理论上分析，产生经济聚集效应。人造革合成革产业的集聚和由此产生的工业区的产业发展模式对我国人造革合成革业的发展产生集聚效应；人造革合成革工业群或工业园区的特色是合理的，把生产同一类型产品的龙头企业、配套的企业、提供服务的企业，以专业化分工协作的方式，高密度集聚在同一区域，从而显著降低信息、技术开发、生产和交易成本，就可以使该地区的该产业具有极强的竞争力；人造革合成革特色区域经济的快速发展成为行业的新的亮点，求质创新、诚信经营成为行业快速发展的一个重要标志，中国的人造革合成革业正在阔步走向世界。从推进和谐社会发展道路角度讲：促进城市化的发展进程，带动就业，创造和谐的共同发展的社会。人造革合成革不是一种最终产品，它的产业链包括上游配

套产业如基布纺织材料、化工助剂材料、专用机器制造业等，人造革合成革产业的集聚必将产生新型的工业群或工业区以及庞大的专业市场，形成较完整的产业链，这里也印证了三百多年工业革命的历史规律，即产业之间相互促动共同发展，工业产业聚集也是工业后时代必然的客观的经济规律。从经济效益角度来说：促进人造革合成革的经济健康发展。2005 年我国人造革合成革总产量 120 万吨，统计分析了 364 家规模以上的人造革合成革情况，从业人员在继续增加，比 2004 年增加了 16.12％；整个行业看①为国家创造利税和社会贡献总额在增加，亏损企业减少。利润总额 999 531 千元，亏损企业 38 个比去年减少 32.14％，亏损额 71 725 千元比去年减少 47.89％；我们行业利税总额 1 664 278 千元，人均利税 23 739.45 元/人，比去年增加 2 800 元/人。②产量递增速度放慢，销售收入仍是高额增长。2005 年人造革产量 67.33 万吨，比去年提高 7.24％；合成革 51.42 万吨，比去年同期增加 9.56％；已经由 16％～24％的两位数字的增长降了下来。但是总产值 310.49 亿元，增长 25.3％；销售收入：30 163 697 千元，增加 24.21％。说明我们产品结构发生了变化，新产品产值 1 245 435 千元，增长率 28.03％；精品增长普通制品产量递增速度降低。③人造革合成革的进出口形势是出口增长，进口数量减少进口额增加。2005 年出口数量与出口额增长比例拉开距离，出口总量 221 765.2 吨，增长 15.65％；出口额 64 201.4 万美元，增加 27.73％，分别占了全国生产总量与销售的 18％。我们看进口的数量与进口额成反比：进口 105 012.1 吨，减少 8.25％，进口额 58 521.4 万美元，增长 6.21％；说明合成革的进口价格增加。产业聚集加速了行业的进步，也改变了企业单打独斗的局面，创造与提高了区域整体实力。

三、加强行业特色区域品牌建设，推进人造革合成革强国步伐

人造革合成革是人们物质文化生活的必需品，在我国轻工行业中人造革合成革不断做强、做大、做出奇迹。但是产业基地的发展也面临一些问题，主要是产业化基地资源集成、循环经济、清洁生产、有机整合未充分发挥；在一个产业带中一个企业或通过模仿或生产出一个新产品，如果市场销路好，整个产业集群的同类企业会蜂拥而至，这导致产业集群规模和经济社会发展的支撑强度、先进技术整体带动性以及产业聚集资金、政策等扶持，集群特有的竞争优势正在逐步演变为风险，影响基地快速健康发展。生产能力过剩或有效需求不足、产业结构不适应问题、知识扩散的负外部效应性、缺乏系统和科学的集群创新政策。

1. 加大自主创新，形成特色区域经济核心竞争力

2005 年人造革合成革企业面对原材料价格增长的经济压力与残酷竞争非常大，一般产品的普通大路货，失去竞争力。我们很多专家分析市场走俏的品种，去年显得很平淡，旺季不旺。有些企业开工不足，利润率下降，新投资的企业起步艰难等等，这是现实。可以做两点分析：一个是人造革合成革产品正在走向高品质阶段，在新产品新材料新市场方面发生着质的变化，市场对企业自主创新、拥有自主知识产权提出了不可置疑的要求。企业要生存、要发展，就要开发区别于他人的专有技术，创造出独家品牌。整个行业发展超细纤维合成革、特种功能合成革，如透气透湿、防酶防水防辐射、自洁性新品种等等。再一个就是高额利润时代已经发生着变化，面对的就是：微利时代的人造革合成革，全国塑料行业平均利润率也已经从去年 4.71％，2005 年最高的塑料零件制造的利润率 6.93％也比前年的 8.77％下降了，销售费用、管理费用、财务费用都分别提高了 21.73％、20.52％、26.16％。人造革合成革全行业成本费用率在增加，销售利润率确实不高仅为 3.59％。

今后人造革合成革基地的建设中要努力把握国际产业发展趋势，根据国家相关产业发展战略需要，以推进自主创新为主线，突出特色化、专业化和集群化，将产业化基地作为发展区域

优势产业和推动传统产业升级的重要工作平台和抓手，力争把基地建成为内部交易成本最低、外部经济效益最大、上下游互联、产学研互动、专业分工明晰、特色产业与共享的供应商、用户、服务性企业等相对集中发展的创新型产业集群，使之成为“发展区域优势产业，提升自主创新能力”的示范区。

2. 要充分发挥行业协会作好区域经济规划

目前在长江三角洲、珠江三角洲已经形成了合成革产业带、环渤海人造革合成革经济圈，人造革合成革产业集群的优势已经显露，有力地推动了整个人造革合成革行业的整体、有序健康蓬勃发展。2002 年初，中国塑料加工工业协会根据我国人造革合成革工业的发展状况，为加快发展我国人造革合成革行业，进一步鼓励和规范人造革合成革行业特色区域经济发展，起草了《关于授予中国塑料行业特色区域荣誉称号的行业条例（试行）》。在条件符合的地区和企业创建新的具有不同特点的合成革产业基地，在培育和创建人造革合成革行业特色区域过程中坚持：着重特色区域的管理基础，推进循环经济发展前景水平；突出规模与经济、社会效益，推进区域品牌建设；鉴于目前缺乏系统和科学的集群创新政策的问题，我们要抓好特色分类指导，有计划的重点实施；今后还要培育昆山、江阴、丽水、义乌、晋江、高碑淀等产业基地。加强集群的资源集成与合作能力，从而提升集群的竞争力，必须重视集群的产业结构，推进昆山地区发展以先进技术、清洁生产、绿色生态为主的合成革集群，更好的充分发挥行业协会桥梁纽带的作用，创建和谐行业、和谐地区、和谐社会。

3. 积极引导产业聚集企业自主创新，发展区域品牌

把培育特色区域经济工作贯穿于行业的总体思路、总体规划、系统工作之中去。建设特色区域与加强行业管理总体目标结合起来，坚持科学发展观，引领行业持续、健康、快速、有序发展。围绕争创名牌，促进中国市场的国际化和国际市场的中国化；实施名牌推进战略、专利推进战略，促进特色区域经济，逐步实现行业管理科学化、产品标准化、交流信息化。以品牌为主线，不断研究发展系列产品链；健全人造革合成革行业专家队伍建设，理顺产品产业链的生产、标准、检测等系列体系；完善人造革合成革行业管理体系，科学技术研发体系、网络信息统计体系、专利保护体系、生产安全保障与国际同行业交流和反倾销预警机制等；加强沟通与联系，条件成熟时成立跨国区域人造革合成革联盟，加强集群的资源集成与合作能力，从而提升集群的竞争力。

我们要系统总结四年来培育特色区域经济的经验、教训、问题，对特色区域的共性、个性等问题系统总结，进一步统筹规划，使其更加规范化、科学化。对特色区域的到期复审工作将提出总体要求，对发展不平衡或发展较慢的区域将采取分类指导，并提出建设性意见，使特色区域经济工作能够持续、健康、有序和向纵深发展。适当时机组建推进中国人造革合成革特色区域经济工作指导委员会，汇编中国人造革合成革特色区域经济发展文件、报告、资料等，总结先进经验、加强组织指导。企业的科学发展要突出特色，抓住市场，培育特色区域产品的地方名牌、行业名牌、中国名牌、世界名牌。要发挥规模经济、群体优势，规范市场经济秩序；不断增强科学发展意识、增强科技创新意识、增强品牌意识、增强特色区域的凝聚力，变地区优势为产品、行业、经济优势；要在地方政府支持下，解决行业发展的重点、热点和难点问题，增强行业总体实力，为加快实现人造革合成革强国总体目标打下坚实的基础。

（作者为中国塑料加工工业协会人造革合成革专业委员会常务副理事长）

中国模具行业发展分析

周永泰

生产发展情况　2005年我国模具行业持续高速发展，行业结构进一步改善；随着国有企业改制和股份制改造步伐的加快以及民营企业的发展，模具行业中国有和国有控股企业比例进一步下降，三资、民营、私营企业的比例进一步上升。模具工业最发达的广东、浙江两省，已很难找到国有企业；上海和江苏等模具工业发展很快的省、市，国有企业也为数不多了。2005年模具生产厂点已达3万个左右，中国制造业的快速发展促进了世界模具业向中国转移的发展趋势。由于原材料涨价，模具价格不涨反落，因此行业总体利润率下降。根据中国模具工业协会（下称中国模协）对275个主要模具企业的调查，2005年产值利润率比上年下降了3.1个百分点。

根据国家统计局对全国国有和500万元销售收入以上非国有企业的统计，2005年统计企业增至1 173个，这些模具企业主要指标见表1，与2004年715个企业的情况比较同时反映在表1中。

表1　2004年和2005年规模以上模具企业主要指标对比

年　份	企业数/个	产品销售收入/亿元	工业总产值/亿元	利润总额/亿元	职工人数/万人	人均年产值/(万元/人)
2005年	1173	408.99	414.52	35.66	21.30	19.5
2004年	715	230.64	241.54	21.88	12.45	19.0
比上年增长/%	64.1	77.30	71.60	63.00	71.10	2.60

注：表中销售收入和工业总产值不完全是模具产品，包括部分模具制品及其他产品。

根据中国模协对全国275个主要模具生产企业的统计，其中2004年和2005年两年都列入统计的可比企业共192个，两年对比情况见表2。

表2　2004～2005年192个主要模具生产企业可比情况

年　份	工业总产值/亿元	产品销售收入/亿元	利润总额/亿元	职工人数/万人	人均年产值/(万元/人)
2004年	64.05	59.26	9.18	5.23	12.36
2005年	90.40	81.74	10.45	6.11	14.79
比上年增长/%	39.80	37.90	13.80	16.80	19.70

在中国模协统计的275个企业中，模具产值超过3 000万元的有85个，比上年增长46.6%，其中超过1亿元的企业有17个，比上年增长21.4%，同时首次出现1个超10亿元的企业。就全国来说，我国模具行业超过1亿元模具产值的企业已有40多个，超过3 000万元的企业已有200多个，比上年又有了较大发展。

由于我国模具自产自配量很大，而且大部分不计产值，因此，中国模协认为，鉴于模具行业实际模具产值难以正确统计，因此从2005年起，今后拟发布模具销售额。根据各方面汇集的资料，经研究分析，中国模协发布2005年全国模具销售额约为610亿元，比上年约增长25%。

从地区分布来看，珠江三角洲和长江三角洲仍旧是发展最快的地区，而且呈现长江三角洲发展形势好于珠江三角洲的势头。这两个地区模具产值约占全国的80%左右。在汽车模具方面，上海、天津及其周边地区、川渝、十堰及长春是发展最快的地区，这5个地区汽车模具产值已有30多亿元。

经中国模协技术委员会组织专家评审，推荐上报国家级新产品的模具项目2005年为45项，比上年增加了7项，且模具综合水平比上年又有较大提高。由于大量引进硬件以及加强国际交流，我国模具与世界先进水平的差距正在逐渐缩小。

2005年地区性的模具城生产发展迅速，规模化生产和集聚效应所表现出来的优越性已有体现。中国模协授予河北黄骅“中国北方（黄骅）模具城”的牌子，促进了当地模具工业的发展，2005年模具产值比上年增长了60%以上，泊头市在“中国汽车模具之乡”这一集体品牌之下，2005年模具产值也比上年约增长50%。

根据行业的发展情况，许多企业已提出了“生产专业化、产品品牌化、企业规模化、市场国际化”等的企业发展战略。这必将促进我国模具工业的进一步发展。成都市专门成立模具产业推进办公室，浙江余姚、河北泊头以及许多地方政府都正式出台了鼓励模具工业发展的政策，并给予资金支持，促进了当地模具工业的发展。

产品分类情况　各类模具中，塑料模和冲压模仍各占40%左右，其次是压铸模。各类模具产值比例仍与上年基本相同，具体情况见表3。

表3　2005年各类模具产值比例情况

模具类型	所占比例/%	备　注	模具类型	所占比例/%	备　注
冲压模具	40.0		铸造模具	10.6	其中大部分为压铸模具
塑料模具	40.0	其中大部分为注塑模具	其他各类模具	9.4	

市场及销售　在国民经济持续高速发展的带动下，2005年我国模具市场也得到快速发展，继续呈产需两旺的繁荣景象。虽然模具主要用户汽车工业的发展速度有较大回落，但新车型开发速度却未放慢，因而对模具需求仍保持高速增长的态势。按市场供需情况（不计自产自用部分）看，2005年我国模具市场总需求约为720亿元，国产模具自给率约为76.4%，与上年持平。自给率不足的主要问题仍是大型、精密、复杂等高技术含量的模具水平和能力不足。中低档模具继续呈现供过于求的趋势。

2005年模具行业电子商务进一步发展。例如设在浙江宁波余姚模县城中的电子商务平台已有国内外会员企业84 700家，网上业务成交率达80%以上。

根据海关统计资料，2005年我国模具进出口总量为28.06亿美元，比2004年增长21.79%。其中进口总量为20.68亿美元，比2004年增长14.07%；出口总量7.38亿美元，比2004年增长50.31%。总体发展平稳，结构渐趋合理，有关情况如下。

（1）按模具种类分　进出口最高的是塑料橡胶模具，分别占了进出口额的54.4%和72.1%。其次是冲压模具，分别占了进出口额的35.1%和19.8%。具体如表4。

表4　各类模具2005年进出口情况表

模具种类	进口		出口	
	金额/亿美元	所占比例/%	金额/亿美元	所占比例/%
塑料橡胶模具	11.45	55.4	5.32	72.1
冲压模具	7.26	35.1	1.46	19.8
其他模具及模具标准件	1.97	9.5	0.60	8.0

（2）按进口货源地分　进口模具主要来自日本、韩国和我国台湾省，其次是德国、美国、

意大利和我国香港特别行政区，具体如表 5。

表 5　2005 年进口模具主要货源地情况表

货　源　地	日本	韩国	中国台湾	德国	美国	意大利	中国香港
进口量/亿美元	7.524	3.712	2.466	1.991	0.640	0.485	0.480
所占比例/%	36.4	17.9	11.9	9.6	3.1	2.3	2.3

（3）按出口目的地分　我国出口模具的市场主要是我国香港特别行政区、美国、日本和我国台湾省，其次是法国、泰国、韩国、新加坡、土耳其、德国、印度、加拿大及澳大利亚，欧洲、非洲和东南亚其他国家，也有一定的市场。其中出口中国香港的模具有不少是转口贸易，最终目的地比较分散。现将 1 000 万美元以上的国家和地区列于表 6。

表 6　2005 年出口模具主要目的地情况表

目的地	中国香港	美国	日本	中国台湾	法国	泰国	韩国	新加坡	土耳其	德国
出口量/万美元	21 723	6 419	4 528	4 480	1 596	1 596	1 574	1 526	1 267	1 176
所占比例/%	29.4	8.7	6.1	6.1	2.3	2.3	2.1	2.1	1.7	1.6

（4）按进口目的地分　进口最多的是广东、江苏、上海、天津、吉林、浙江和北京，都达 1 亿美元以上。其次是辽宁、山东和福建。这 10 个省、市进口模具具体情况见表 7。

表 7　2005 年进口模具最多的 10 个省、市情况表

目的地	广东	江苏	上海	天津	吉林	浙江	北京	辽宁	山东	福建
进口量/万美元	38 267	35 950	30 838	16 143	11 093	10 479	10 340	8 975	8 647	5 920
所占比例/%	18.5	17.4	14.9	7.8	5.1	5.4	5.0	4.3	4.2	2.9

（5）按出口货源地分　出口模具主要来自广东、浙江、上海等省市，其次是山东、福建、天津、安徽和辽宁等省市。现将这 9 个出口 1 000 万美元以上的省市情况列于表 8。

表 8　2005 年出口模具主要货源地情况表

货源地	广东	浙江	上海	江苏	山东	福建	天津	安徽	辽宁
进口量/万美元	31 504	11 120	9 413	8 616	2 371	2 038	1 752	1 410	1 115
所占比例/%	42.7	15.1	12.8	11.7	3.2	2.8	2.4	1.9	1.5

（6）从进出口比例看　结构进一步改善。2005 年进出口比例为 2.8∶1 比上年 3.7∶1 有较大改善，其中浙江最好，为 0.94∶1，已获顺差。但全国范围内进出口相抵后仍有 13.3 亿美元的逆差，比上年高出 0.1 亿美元。

从上述 6 个方面情况看，可分析出如下结果。①塑料橡胶模具仍是出口主体，但冲压模具出口发展最快，年增幅达 94.7%，几乎翻了一番。②国际市场很大，出口前景继续看好。③外贸逆差很大，我国模具亟待提高水平与能力，模具工业发展前景很好。

科技成果及新产品　2005 年模具行业部分科技成果见表 9。

2005 年在模具加工设备方面，将部分成果见表 10。

2005 年被推荐申报国家级新产品的模具见表 11。

2004 年中国模协等社会中介组织在科研成果和新技术、新工艺、新产品的交流与推广方面也起到了许多积极作用。通过交流会、研讨会、座谈会，论坛及报刊共发表论文几百篇。

模具企业信息化工作进一步受到广大企业的重视，ERP、PLM、eman、I—M3、PM 等管

表 9　2005 年模具行业部分科技成果

序号	项目名称	主要完成单位	成果水平和获奖情况
1	薄板冲压工艺与模具设计理论、计算方法和关键技术及在车身制造中的应用	湖南大学	国家科学技术进步奖一等奖
2	轿车覆盖件精益成形技术及其应用	上海交通大学、上海宝山钢厂	国家科学技术进步奖二等奖
3	金属三维曲面柔性成形集成系统与成形工艺	吉林大学	机械工业科学技术奖一等奖
4	HSCAE 6.10 华塑注塑成型仿真系统	华中科技大学	国家科技攻关重大成果转化产品
5	模具制造业专利战略分析报告	五粮集团普什公司	国内先进
6	激光冲击自由约束层理论及应用研究	江苏大学	机械工业科学技术奖三等奖
7	纳米金刚石复合镀层及其摩擦磨损特性	北京机电研究所	机械工业科学技术奖三等奖
8	基于激光烧结成形的快速制造技术研究	机械科学研究院	机械工业科学技术奖三等奖
9	模具激光表面工程技术	广州富通先科技术有限公司	机械工业科学技术奖三等奖
10	车身结构及部件快速、精细设计制造分析 KMAS 软件系统	吉林大学	汽车工业科技进步一等奖
11	轿车整体模具自主开发与制造	一汽模具制造有限公司	汽车工业科技进步二等奖
12	整体侧围模具的开发与制造	一汽模具制造有限公司	汽车工业科技进步二等奖
13	北京模具行业网络化制造服务平台系统	北京兆维科技股份有限公司、北京模具协会、机械科学研究院	国内先进
14	产品及其模具的协调设计与制造	北京福田汽车公司潍坊模具厂	国内先进
15	复杂结构产品的快速成型技术及模具制造工艺研究	北京福田汽车公司潍坊模具厂	国内先进
16	线性轻触式活络模具	广东巨轮模具股份有限公司	国家级新产品
17	塑料异型材高速挤出模具及设备	铜陵三佳科技股份有限公司	国家级新产品
18	多注塑头塑料封装模具	铜陵三佳科技股份有限公司	国家级新产品
19	模具用氮气弹簧(氮气缸)	湖北十堰兴升工贸有限公司	国家专利产品湖北省重大科技奖
20	模具用氮气弹簧(氮气缸)	常州市东力机械有限公司	国内先进
21	精密喷射成型(PSF)工艺技术	广东圣都模具股份有限公司	国家专利
22	大型工程胎活络模具	山东豪迈机械科技有限公司	国内先进
23	滴灌管滴头精密模具中试开发	莱芜精瑞模具有限公司	国内先进
24	塑胶扩口及螺级快速抽芯注塑模具	湖北鄂丰模具有限公司	国内先进

表 10　2005 年模具加工设备方面部分成果

序号	设备名称	生产单位	成果水平及获奖情况
1	VMC75H 高速立式加工中心	北京机床研究所	机械工业科技进步奖二等奖
2	高速加工工具系统的开发与应用	成都工业具研究所、江苏大学、成都英格数控刀具模具有限公司	机械工业科技进步奖三等奖
3	XKV2420×40 五轴联动数控定梁龙门镗铣床	济南二机床集团有限公司	机械工业科技进步奖三等奖
4	数控曲面成型磨床	上海机床厂有限公司、上海理工大学	机械工业科技进步奖三等奖
5	AVC1200 立式加工中心	自贡长征机床厂	国际水平
6	DK7632 数控低速走丝电花线切割机床	苏州三光集团	国内领先
7	XKZ2316/3-5X 数控五轴联动龙门铣床	桂林机床股份有限公司	国内领先
8	MKL7150×16/2 七轴五联动数控强力成形磨床	杭州机床集团有限公司	国内领先
9	数字化精密曲线磨床	上海交通大学、上海第三机床厂、上海沙迪克软件有限公司	国内领先
10	GFTC-4000 数控激光加工机床	青海华鼎重型机床有限责任公司	国内领先
11	DK7635 数控低速走丝电火花线切割机	苏州市宝玛数控设备有限公司	专利产品
12	DB703 高速电火花小孔加工机	苏州市宝玛数控设备有限公司	专利产品
13	BKDK 快走丝线切割机	苏州三光科技有限公司	专利产品
14	ZT-027 数控高效放电铣机床	苏州电加工机床研究所	专利产品
15	大型模具激光热处理设备	武汉金石凯激光技术有限公司	国内领先
16	XH2725 大型五坐标龙门铣削加工中心	江苏多棱数控机床股份有限公司	专利产品

表 11 2005 年被推荐申报国家级新产品的模具项目

序号	模具名称	制造单位
1	缝纫机头压铸模具	浙江省宁波盛技机械有限公司
2	电冰箱大抽屉一出四注塑模具	遵义群建塑胶制品有限公司
3	微型马达绝缘子注塑模具	宁波横河模具有限公司
4	28″电视机后盖注塑模具	宁波跃飞模具有限公司
5	HC 吸尘器上盖注塑模具	宁波跃飞模具有限公司
6	飞轮壳液压挤压模具	江苏常州新区康利达顶尖模具有限公司
7	178 后保险杠注塑模具	苏州汇众模塑有限公司
8	三菱汽车仪表板本体注塑模具	黄岩星泰塑料模具有限公司
9	丰田汽车后门板注塑模具	黄岩星泰塑料模具有限公司
10	汽车保险杠装饰条 JM05-04 注塑模具	台州精超力模塑有限公司
11	汽车后视镜透明罩注塑模具	浙江亨达塑料模具有限公司
12	汽车后视镜—主体注塑模具	浙江亨达塑料模具有限公司
13	汽车后视镜—反光体注塑模具	浙江亨达塑料模具有限公司
14	电梯梯级(多规格)压铸模具	广州市型腔模具制造有限公司
15	汽车柴油机飞轮壳压铸模具	广州市型腔模具制造有限公司
16	汽车前大灯密封条注塑模具	台州市金典模具有限公司
17	轿车前大灯底座注塑模具	浙江赛豪实业有限公司
18	轿车保险杠注塑模具	浙江赛豪实业有限公司
19	轿车前大灯透镜注塑模具	浙江赛豪实业有限公司
20	DO55-B 轿车尾灯底座注塑模具	浙江赛豪实业有限公司
21	冰箱冷冻室中抽屉注塑模具	浙江黄岩中亚模业有限公司
22	汽车轮胎注射式胶囊模具	广东巨轮模具股份有限公司
23	上门拉手模内热转印注塑模具	广东科龙模具有限公司
24	HASCO 标准系列精密注塑模架	广东圣都模具股份有限公司
25	奥迪汽车 C6 导流板双色注塑模具	龙口道恩模具有限公司
26	空调压缩机电机铁芯自动叠铆级进模具	浙江省慈溪市鸿达电机模具制造中心
27	46″电视机喇叭网板注塑模具	浙江陶氏模具集团公司
28	46″电视机前框面板注塑模具	浙江陶氏模具集团公司
29	雷诺汽车发动机底盖注塑模具	浙江陶氏模具集团公司
30	14″彩电前框注塑模具	浙江黄岩永宁塑料模具有限公司
31	32″液晶彩电前框注塑模具	浙江黄岩永宁塑料模具有限公司
32	汽车保险杠注塑模具	浙江黄岩凯华模具有限公司
33	欧宝汽车扳手盒注塑模具	浙江黄岩凯华模具有限公司
34	挂机空调出风口连体底座注塑模具	浙江黄岩美多模具厂
35	佳能复印机前盖注塑模具	浙江黄岩美多模具厂
36	奇瑞汽车发动机缸体重力铸造模具	宁波合力模具有限公司
37	汽车前门板注塑模具	浙江模具厂
38	空调挂机底座注塑模具	台州市黄岩华发模具有限公司
39	奇瑞轿车仪表台注塑模具	浙江嘉仁模具有限公司
40	长安汽车前保险杠注塑模具	浙江嘉仁模具有限公司
41	长安汽车后保险杠注塑模具	浙江嘉仁模具有限公司
42	水泵电机双排级进模具	南京长江机器集团工模具有限公司
43	洗衣机外桶注塑模具	宁海县第一注塑模具有限公司
44	汽车前端注塑模具	宁海县第一注塑模具有限公司
45	D110×90°弯头注塑模具	台州市黄岩金塑模具厂

理系统软件已被许多模具企业采用。2005 年已实施信息化管理的企业有广东科龙模具有限公司、广东圣都模具有限公司、北京比亚迪汽车模具有限公司、北京福田汽车公司潍坊模具厂、上海威虹模塑制造有限公司、深圳华益盛模具有限公司、沈阳子午线橡胶轮胎模具有限公司、跃进汽车集团南京模具装备有限公司、东风汽车模具有限公司、湖北鄂丰模具有限公司、山东华泽精密模具有限公司、宁波久腾车灯电器有限公司、宁波合力模具有限公司、宁波远东制模公司、宁波杰士达工程塑模有限公司、余姚工程塑料厂、宁海县第一注塑模具厂、黄岩星泰塑料模具有限公司、骏峰精密工业有限公司、芜湖市中兴机械技术开发有限公司等企业。其中广东科龙模具有限公司已实施 CIMS 工程，北京比亚迪汽车模具有限公司等已实施条形码管理，广东圣都模具有限公司已成为广东省信息化试点单位，北京兆维工装有限公司的数字电子城（网络化制造项目）工程通过了验收。

2005 年，许多企业对于自主创新工作加强了认识，一方面加强了自主创新工作的投资力度，另一方面也注意了知识产权的保护。一些企业在创新研发方面的投入已达到或超过其年度总销售收入的 5%。例如山东豪迈机械科技有限公司、安徽铜陵三佳科技股份有限公司、常州市申利模具有限公司、无锡市国盛精密模具有限公司、湖北十堰先锋模具股盼有限公司，2005 年创新研发方面的投入已分别占其年度销售收入的 6%、7.1%、7.9%、8.9%和 10%。截止到 2005 年底，许多企业已拥了 10 多项国家专利，例如浙江模具厂、山东豪迈机械科技有限公司、铜陵三佳科技股份有限公司已分别拥有了各种国家专利 64 项、32 项和 25 项。上海交通大学的模具 CAD 国家工程研究中心，由于数字化信息化工作出色，2005 年又被国家有关部门授予了“国家数字化制造技术中心”称号。华中科技大学模具技术国家重点实验室在浙江黄岩和温州及广东东莞等地设立了模具实验基地，加速了科技成果产业化转移的进程。

针对模具行业人才紧缺的状况，中国模协培训部于 2005 年召开了教育培训工作经验交流会，培训基地从 2004 年的 38 个增为 2005 年的 45 个。由上海市再就业资金投资的近 1 亿元的上海华威模具职业技能培训中心已完成建设开始招生。CAXA 三维 CAD 培训获科技部表彰。企业对员工进行培训的意识进一步增强，培训力度进一步加大。如河北兴林车身制造集团有限公司等模具企业，成立了模具技术培训学校，加强了对职工的培训工作。铜陵三佳科技股份有限公司成立了企业内部的网络商学院开展了全员培训。广东巨轮模具股份有限公司用 1 年多时间对全公司 556 名员工进行 16 个工种 4 个等级的培训和考核，收到很好效果。

广东巨轮模具股份有限公司 2005 年建立了省级轮胎模具技术研究开发中心，广东圣都模具股份有限公司建立了省级大型塑料模具工程技术研发中心，宁波横河模具有限公司也成立了慈溪市精密模具工程技术创新中心，厦门海盛模具有限公司建立了厦门市模具工程技术中心等。这些省市级创新研发基地的建立对提高企业创新能力和科技新产品开发具有积极意义。

由于在模具制造快速成型领域和大型覆盖件冲压成型领域方面的突出贡献，西安交通大学的卢秉恒教授和湖南大学的钟志华教授在 2005 年当选为中国工程院院士。

质量及标准　随着市场经济和对外贸易的不断发展，越来越多的企业对认证工作更加重视了。2005 年模具行业又有 100 多个企业通过了 ISO 9000（包括 ISO 9001 和 ISO 9002）：2000 国家质量体系认证，具体名单见附录。还有不少企业通过了 ISO/TS 16949 质量体系认证，个别企业通过了欧洲质量体系认证。QS 9000 的汽车认证、ISO 14000（ISO 14001：2004 等）环境体系认证、DSHMS 职业安全健康管理体系认证及其他有关质量和标准方面的认证，模具行业也有一些企业通过。

2005年质量工作中，福建宏达模具塑料厂被中国质量协会、中华全国总工会、共青团中央和中国科学技术协会联合命名为全国质量管理小组活动优秀企业。该厂机加工车间数控加工班被命名为2005年全国质量信得过班组，汽车玻璃钢化风栅成型器QC小组被命名为2005年全国优秀质量管理小组。康佳模塑公司QC小组获全国电子行业第24次双代会“QC小组成果发表奖”第一名，还作为中国企业的代表，携成果前往日本进行交流。30家电加工机床生产企业于2005年12月1日第三次向用户承诺，发表电加工机床产品质量保证声明。普及CAD/CAM一体化技术，积极推行CAE、ERP技术，已使模具质量得到进一步提高。

附录　2005年已通过ISO 9000:2000等质量体系认证的企业名单

序号	企业名称	序号	企业名称
1	包头北方工模具有限责任公司	40	十堰庞胜模具制造有限公司
2	中国北车集团永济电机厂工模具分厂	41	十堰盛丰模具制造有限公司
3	列奥纳多(天津)汽车模具有限公司	42	十堰冠达模具有限公司
4	天津众鑫模具标准件有限公司	43	上海华庄模具有限公司
5	天津昊拓汽车装备技术有限公司	44	浙江来福模具有限公司
6	天津市泰亨模具制造有限公司	45	浙江精诚模具机械有限公司
7	天津市津兆机电开发有限公司	46	浙江宏振机械模具集团有限公司
8	北京市北铝同益模具技术有限公司	47	浙江台州精超力模塑有限公司
9	北京东明兴业科技有限公司	48	浙江炜驰机械发展有限公司
10	宝应县江淮塑胶模具厂	49	浙江省宁海县荣乾模具有限公司
11	哈尔滨龙飞模具制造有限公司	50	宁海县第一注塑模具厂
12	沈阳金杯汽车模具制造有限公司	51	宁海县春雷模具制造有限公司
13	哈尔滨哈飞汽车模具有限责任公司	52	宁海县金辉模具塑料制品厂
14	哈尔滨航天模夹具制造有限责任公司	53	宁海县友鑫模塑有限公司
15	陕西黄河工模具有限公司	54	宁海县贝特电器有限公司
16	恒通智能机器有限公司	55	宁海县联合塑料模具厂
17	重庆江东模具有限责任公司	56	宁海县南杰模塑有限公司
18	重庆杰信模具有限公司	57	宁海县大鹏模具塑料有限公司
19	沈阳长胜汽车模具有限公司	58	宁海县广达模具塑料有限公司
20	吉林省三友模具服务有限公司	59	宁波双林精密模具有限公司
21	吉林市江机工模有限公司	60	宁波跃飞模具有限公司
22	重庆庆铃模具有限公司	61	宁波方正汽车模具有限公司
23	重庆渝江新高模具有限公司	62	宁波捷豹模具制造有限公司
24	泊头市兴达汽车模具制造厂	63	宁波卓力模塑模具有限公司
25	河北兴林车身制造有限公司	64	宁波能海模具有限公司
26	成都锦田工模具公司	65	宁波富信模胚模具有限公司
27	成都志新实业有限公司	66	宁波勋辉电器模具有限公司
28	西安西光精密模具有限公司	67	宁波久腾车灯电器有限公司
29	十堰兴升工贸有限公司	68	宁波诚盛模具技术模具有限公司
30	十堰先锋模具有限公司	69	宁波盛林模具技术模具有限公司
31	十堰东晖工贸有限公司	70	宁波锦泰机模有限公司
32	十堰凸凹模具制造有限公司	71	宁波凯威特模架制造有限公司
33	十堰世通模具制造有限公司	72	浙江嘉仁模具有限公司
34	十堰美年丰模具制造有限公司	73	余姚市新华塑模公司
35	十堰帝尔模具制造有限公司	74	宁波神州机模铸造有限公司
36	十堰赛尔模具制造有限公司	75	宁波神通模塑有限公司
37	十堰元策模具制造有限公司	76	宁波杰士达工程塑模有限公司
38	十堰俊源工贸模具制造有限公司	77	绍兴正兴轮胎模具有限公司
39	十堰博力凯模具制造有限公司	78	宁波震裕模具有限公司

续表

序号	企业名称	序号	企业名称
79	宁波吉德电器有限公司	95	厦门市克成五金制品有限公司
80	宁波大榭开发区天正模具有限公司	96	南京金宁工装有限公司
81	宁波市华宝塑料模具有限公司	97	南京三乐集团有限公司机械分厂
82	宁波市北仑华盛模具厂	98	南通龙腾机械有限公司
83	宁波市正德模具有限公司	99	昆山汇美塑胶模具工业有限公司
84	山东通裕集团有限公司	100	福建晋江光宇电脑模具有限公司
85	即墨市吉泰模具制作公司	101	中山市精准塑胶模具有限公司
86	黄山三佳谊华精密机械有限公司	102	佛山市顺德区宏力有限公司
87	马鞍山市联盟模具机械工业有限公司	103	广州经济技术开发区黄海精密模具有限公司
88	芜湖市中兴机械技术开发有限公司	104	广州市华通模具实业有限公司
89	郑州海特模具有限公司	105	福安市长盛模具工艺厂
90	河南郑工橡塑模具国家工程研究中心有限公司	106	先林精密制造厂
91	象山金丰模业有限公司	107	深圳市德丰五金制品有限公司
92	象山惠丰机械模具有限公司	108	深圳市平进模具有限公司
93	福州兰建模具模架有限公司	109	深圳市广恒钢实业有限公司
94	福建福日模具有限责任公司	110	深圳市盛凌实业有限公司

随着质量工作的不断深入，广大企业对品牌有了进一步认识，品牌经营越来越受到企业重视了。安徽铜陵三佳科技股份有限公司申请了“三佳”牌商标，“三佳”模具获安徽省著名商标称号。广东圣都模具股份有限公司的“圣都”牌商标和广东巨轮模具股份有限公司的“吉阳”牌商标都获得了广东省著名商标称号。宁波市和宁海县加强了整体“品牌”形象宣传，2005 年分别印发了精美的“宁波模具”和“宁海模具”画册。黄岩模具、泊头汽车模具和黄骅塑料模具及一些模具城的集体品牌继续产生良好的作用。

2005 年又有一批企业被国家及地方各级有关部门认定为高新技术企业。被认定为国家级高新技术企业的有：无锡国盛精密模具有限公司和宁波车灯电器有限公司。被认定为省、市级高新技术企业的有：北京市北铝同益模具技术有限公司、北汽福田公司潍坊模具厂、北京长城牡丹模具制造有限公司、北京三佳挤出技术有限公司、天津七六四通信导航技术有限公司、陕西华达工模具制造有限公司、青岛海信模具有限公司、吉林省创意模具有限公司、洛阳市建园模具制造有限公司、湖南同心模具制造有限公司、成都尚明工业有限公司、宝利根（成都）精密塑胶有限公司、湘潭电机力源模具有限公司、跃进汽车集团南京模具装备的有限公司、山东精益达模具有限公司、浙江嘉仁模具有限公司、象山同家铸造模具厂、宁波申江汽车部件有限公司、宁波华众塑料制品有限公司、南京长江电子模具有限公司、十堰先锋模具有限公司、十堰东晖工贸有限公司、十堰凸凹模具制造有限公司、十堰世通模具制造有限公司、十堰帝尔模具制造有限公司、十堰元策模具有限公司、十堰俊源工贸有限公司、十堰博力凯工贸有限公司、黄山谊华机械有限公司、绍兴正兴轮胎模具有限公司、昆山汇美塑胎模具工业有限公司、浙江来福模具有限公司、广东圣都模具有限公司、广东星联精密机械有限公司、广州型胶模具制造有限公司、广州市番禺联合科技发展有限公司、广州普什精密模具有限公司、广电林士豪模具有限公司、佛山市顺德区威利坚实业有限公司、佛山市南海华达模具塑料有限公司、福建福日模具有限公司、厦门海盛模具有限公司、深圳市华益盛模具有限公司、深圳市盛凌实业有限公司、深圳市银宝山新实业发展有限公司、深圳市群达行精密模具有限公司等企业。

2005 年全国模具标准化技术委员会在云南丽江市召开年会，会上公布了该委员会归口管理的 111 项模具国家标准的清理结果：继续有效的 20 项，需修改的 2 项，需修订的 28 项，需整合修订的52项，废止的9项。经这次清理，模具国家标准总数将缩减为75项，压缩量为原标准总量的32.4%。会议还讨论了“十一五”模具标准化发展规划，明确了“十一五”模具标准化工作的总体方向，同时还确定了委员会的2006年的工作计划，确定了17项冲模国家标准和102项行业标准修订工作组的组成。

基本建设及技术改造　2005年模具行业固定资产总投入超过100亿元，其中固定资产净值500万元以上的568个企业其净值比上年增加26.2亿元。根据中国模具工业协会对全国275个主要模具生产企业的统计，2005年共计完成固定资产投资19.5亿元。2005年外商（含港、台）投资模具行业踊跃，协议投资26.5亿美元，实际投资6.29亿美元。总投资额为9 200万美元的中美合资上海赛科特利汽车模具技术应用有限公司是2005年中投资规模最大的签约项目，其一期工程5 600万美元将于2006年初开始启动。一汽模具制造公司2005年完成投资1.34亿元。广东巨轮模具股份有限公司完成投资2.13亿元。保定长城模具中心完成了投资1亿多元的汽车模具建设项目，形成了较大的生产能力。河源龙记金属制品有限公司完成投资近1亿元。芬兰贝尔罗斯公司深圳模具制造基地完成首期投资6 000万元。广东圣都模具股份有限公司的“精密、大型、复杂汽车模具制造成套加工中心设备技术改造项目”已完成投资1亿多元。安徽江淮福臻汽车车体有限公司和东江科技（深圳）有限公司都完成投资5 000多万元。浙江嘉仁模具有限公司6 000多万元的汽车塑模项目2005年已竣工投产。上海华庄模具有限公司1.6亿元投资项目已启动。完成投资2 000万元及以上的企业有：北京康迪普瑞模具技术有限公司、北京比亚迪模具有限公司、天津汽车模具有限公司、上海龙记金属制品有限公司、盘起工业（大连）有限公司、山东豪迈机械科技有限公司、宁波强盛机械模具有限公司、昆山市中大模架有限公司、无锡微研有限公司、湖北东风汽车模具有限公司、湖南同心实业股份有限公司、株洲钻石切割刀具股份有限公司、福建五友模具科技有限公司、四川宜宾普什模具有限公司、广州导新模具注塑有限公司、上海威虹模塑制造有限公司、河北金环汽车模具有限公司、黄山三佳谊华精密机械有限公司、佛山市顺德区宏力模具有限公司、宁波申江汽车部件有限公司等。以塑料制品和塑料模具为主要对象，以中西亚市场为主要目标的乌鲁木齐经济技术开发区台州民营企业工业示范园已到位投资2.4亿元。河北的泊头和黄骅都已投入1亿多元，使模具企业和模具产能又有了很大增长。由佛山市金型制钢有限公司投资6亿元建成的中厚模具扁钢生产线2005年投产，具备了25万吨各类模具扁钢的轧制能力。

模具城建设仍旧是一个亮点。浙江慈溪范市模具城占地500亩，共完成投资3亿元，2005年已有4亿元的产生。历经8年，余姚模具城至2005年底已累计完成投资13亿元，有780多个企业进驻，年产出近20亿元。宁海模具城已完成二期工程，共建成17万平方米标准厂房和6 000m^2综合楼，有260多个企业入驻，年产出近10亿元，被有关部门认定为“省级塑料模具高新技术特色产业基地”和“省级中心企业创业基地”。

黄骅模具城被中国模具工业协会授予“中国北方（黄骅）模具城”称号，已有260多个企业入驻，2005年产出了3亿多元。规模占地3 000亩的重庆模具产业园已开始启动。坐落在国家级西安经济技术开发区内的西安模具工业基地已初见端倪。沈阳模具工业园也已有了明确的规划方案，并已开始实施。苏州高新国际模具城招商注册奖金已达7.9亿元，一期400多亩已签约完毕。位于常州的江苏长三角模具城一期1.5亿元投资已起动。位于芜湖经济技术开发区的模具产业基地一期230亩建设已起动。首期规划800亩，投资数亿元的合肥模具产业园也已起动。

对外合作　随着中国进入加入WTO的后过渡时期，模具行业对外合作随之进一步扩大，工作也更富有成果。2005年12月9日至10日，中国模具工业协会代表团在访问葡萄牙期间参加了温家宝总理访问葡萄牙的有关活动，并与葡萄牙模具工业协会签署了若干商务合作的意向协议书，参加了“中葡企业家研讨会”，中葡两国总理都出席了上述活动。10月17日至19日，中国模协在北京召开了2005年森精机第二届国际模具技术会议，有240名国内外代表参加，会议以中、英文印发了《2005森精机第二届国际模具技术会议论文集》。12月，中国模协组团参加了在德国法兰克福举办的欧洲国际模具展览会（Euromold 2005），我国（未包括港、澳、台）有45个模具企业参加了展出，展出面积300m²，共有70多位企业家赴欧考察。一年中，中国模协先后接待了来自欧、美、日、韩、新加坡、印度及我国港台地区的10多个模具代表团和许多国家驻中国的使馆商务代表及有关客商，并组团出访了美国、加拿大、德国、法国、意大利、西班牙、印度、巴西、日本、韩国等国家，进行了对口交流与考察，开展了经贸的技术交流活动。收到显著效果。

外贸发展迅速是2005年的对外合作的一个亮点，与上年相比，出口增长率超过50%，令人鼓舞。不少企业出口模具已占其全部产量的70%以上。为发展外贸，铜陵三佳科技股份有限公司在欧、美等地设立了分公司专营出口，还聘请了当地的外籍职员以求发展。

聘请外籍模具专家到国内模具企业工作2005年又有了发展，外籍专家担任总经理及部门负责人的情况越来越多，个别企业聘有外籍职员多达30名。模具企业选派骨干出国培训工作也有较大发展，例如十堰先锋模具有限公司两年就有42人次出国培训。这些都促进了模具制造水平和企业管理水平的快速提高。由于我国模具出口具有相对优势，因此已有越来越多的跨国公司到中国来采购模具。例如英国路虎公司就在我国采购了1 000多万美元的汽车模具。通过国际合作，我国模具企业在技术、管理和产品质量等方面都得到了提升。

（作者为中国模具工业协会副秘书长）

生态塑料产业迎来了发展良机

陈国强

一、概述

从1990～2020年，全球高分子材料产品将从几百万吨增加到两亿吨以上（图1），大量地消耗了不可再生的石油资源。我国石油资源短缺、能源严重依赖进口，仅在2004年，我国就进口了1.2亿吨原油，还不包括石油产品。据刚刚发表的国家统计局的数据，2006年1～4月，我国生产了617万吨塑料制品，比去年同期增长了9.0%。大量的使用塑料，产生了严重的“白色污染”。所以，推动“环境友好塑料”的应用乃至催生一个新的“以可再生资源为原料”的新材料产业已成为我国新材料发展的一个重大方向，同时也是实现“循环经济”的重要环节。“以可再生资源为原料”的新材料的主要用途是作为环境友好的“生态塑料”来发展

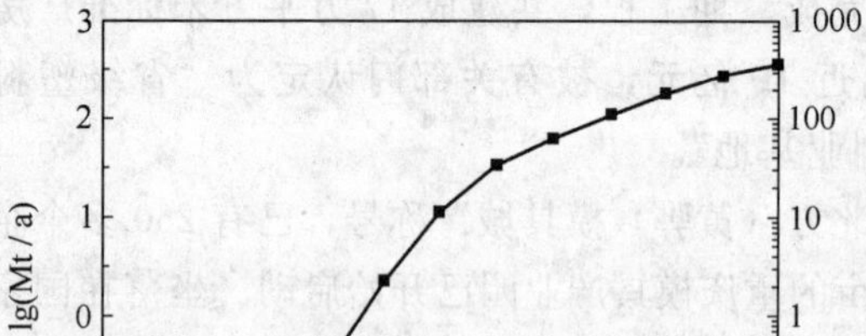

图1 从1990～2020年世界高分子材料产品的年消耗量

的，所以本文主要讨论生态塑料。

“生态塑料”是以可再生资源如淀粉和植物油等为原料，通过生物和/或化学方法转化为具有可热加工的生态材料。同时，这种材料可以被微生物降解为二氧化碳和水，纳入自然界的循环。由于这种材料不依赖于石油而且对自然无害，所以称为生态塑料。同时，由于目前生态塑料的制造成本还无法与石油为原料的塑料竞争，国际上在2003年又提出了一个“生物基材料”的概念，主要是用生态塑料与石油基塑料进行共混，一方面提高生态塑料的性能，另一方面降低生态塑料的成本，从而提高其竞争性。

国内外在生态塑料和生物基塑料已经进行了多年的研究和开发。早期的许多工作大多是基于石油很快就要枯竭，塑料的供应将成为问题这种预测，如20世纪80年代开发聚羟基丁酸PHB的奥地利Chemie Linz AG（后来的奥地利btf公司）和开发羟基丁酸和羟基戊酸共聚物PHBV的英国ICI公司。由于石油供应没有如预计的出现危机，价格也没有上涨，所以这两家公司最后都无法继续开发PHB和PHBV生态塑料。

随着国内外能源危机的出现，可持续发展的生态塑料又得到了各国的重视。最近在日本开幕的世博会就着力宣传人与自然的和谐。这次世博会上大量地使用了用生态塑料制造的餐具、宣传品、路标和太阳伞等，同时散发和张贴大量宣传资料，鼓励使用环境友好的生态塑料。日本世博会的宣传，使世博会参加者认识到了使用生态塑料与环境和可持续发展的关系，提高了人们的环境意识。

在过去的20年，通过国内外厂家和学术机构的许多努力，虽然经过了许多坎坎坷坷，但“以可再生资源为原料”的生态塑料毕竟日益走向成熟。在充满石油危机的时代，生态塑料迎来了发展的大好时机。

在我国，有关方面正在努力把环境友好的，来源于可再生资源的生态塑料推进到2008年的北京奥运会，2010年上海世博会和2010年的广州亚运会上，这对发展一个“以可再生资源为原料”的新经济将起到巨大的宣传推动作用。同时，发展“生态塑料”将在很大程度上推动生物技术和材料产业的合作，解决我国大量发酵企业“吃不饱”的问题。

国内外产业界和学术界预测，在未来10年左右的时间，生态材料将成长为一个大材料产业，这个产业的发展壮大速度，将随着技术的发展和原油价格的升高而提速。

二、国内外发展现状与趋势

许多跨国公司研发了生态塑料或环保材料，其中最有代表性的是美国NatureWork的聚乳酸PLA，已在美国建成了14万吨的生产能力。德国BASF公司的Ecoflex产品也有5万吨的产量，最近美国ADM联手美国Metabolix共同开发聚羟基脂肪酸PHA的大规模生产，计划5万吨的产量美国宝洁公司P&G连手日本Kaneka的聚羟基脂肪酸PHA Nodax™系列等。

许多跨国公司也研发和使用上述公司的生态塑料：如丰田汽车用PLA制造的汽车部件；三井化学用制造的餐具；松下电器、索尼、三洋电器等企业用生态塑料作为一些电子产品的外壳等。此外，日本的Unitika，AsaiKasai等用PLA制成的纺织品等。2000年悉尼奥运会使用了意大利Novomont公司的淀粉生态塑料来展示悉尼对环境的保护。2005年的日本世博会大量使用了NatureWork的聚乳酸PLA生态塑料来展示与自然的和谐。从1990～2003年，全球发表的有关环境友好材料的论文从200篇增加到1 800篇，公开和授权的专利从几十个到700多个。

国内许多大型企业，特别是生物技术企业加入了生态塑料的研发：包括华北制药厂、安徽丰原集团、华源生命、吉林酒精、鲁抗、星湖集团、江苏南天集团、浙江海正集团等。江苏的仪征集团已经开发成功了用PLA制作各种纺织品的技术。河南的飘安集团在生态材料的成型工作也取得不少突破。我国已建或拟建的聚乳酸项目见表1。

表1 我国已建或拟建的聚乳酸项目

企业	建设阶段	现在产量或用量	拟建设规模	投资规模或用途
浙江海正	实验室装置	300 吨/年	10 000 吨/年	未知
上海同济	实验室规模	未知	1 000 吨/年	未知
河南飘安	实验室规模	未知	10 000 吨/年	无纺布
江苏九鼎	实验室规模	1 000 吨/年	10 000 吨/年	薄膜、包装用
Sinola 和凯能	未知	未知	20 000 吨/年	3 700 万美元
哈尔滨威力达	未知	未知	10 000 吨/年	5 000 万美元
济南新合纤	未知	未知	10 000 吨/年	未知
华源集团	未知	未知	20 000 吨/年	用于纤维
秦皇岛丽华	未知	未知	20 000 吨/年	3 000 万美元
安徽丰原等	未知	未知	未知	未知
长春应化所	半工业装置	未知	未知	未知

目前国内外产量最大的、来源于可再生资源的生态塑料分别是聚乳酸 PLA、聚羟基脂肪酸酯 PHA 和淀粉塑料。广东三九生物降解塑料有限公司通过把 PLA 与淀粉共混，降低了生态材料的成本同时不影响其可降解性，另一方面，材料的抗冲击性能也得到提高。

最近，世界最大的超市连锁店 Wal-Mart 宣布将使用 PLA 作为其产品的包装材料。这个决定将对包装材料产业产生巨大的影响（NatureWork Communication，2005）。在美国，PLA 的批发价已经可以与 PET 进行竞争（NatureWork Communication，2005）。相信随着技术的不断进步，以可再生资源为原料的生态塑料将在生产成本和材料技术指标上不断挑战以石油为原料的传统塑料。上述事实已经证明：一个以可再生资源为原料的新材料产业一“生态塑料”即将诞生。我国生物技术界和材料产业应该做好准备，迎接这个新材料变革的到来。

PLA 的生产一般是通过乳酸菌的厌氧发酵得到乳酸，乳酸进行化学反应聚合得到。其中关键技术分别是有高效转化糖类得到高浓度乳酸的菌种，加上能进行可控聚合的聚合工艺。Nature Work 由于掌握了这两项技术，所以能够成功地把生产工艺一次性放大到 14 万吨。成为目前全球 PLA 产量最大的企业。

由于 Nature Work 的成功工艺以及对未来石油危机的担忧，许多大型材料公司也加入了生态塑料的生产和应用研发：有上海化工厂、内蒙蒙西高科技集团公司、吉林化工集团公司、北京燕山石油化工股份有限公司、中海油和金发科技和仪征纤维等。

同时国内也产生了许多较小的用生物技术生产生态塑料企业：包括天津国韵生物科技公司、宁波天安生物材料公司、广东联亿生物工程公司和江苏南天集团等，主要用微生物发酵技术生产聚羟基脂肪酸酯 PHA，使中国成为目前世界生产 PHA 品种最多，产量最大的国家。同时，我国在把 PHA 高附加值化，用于生物医学组织工程领域的工作也做出了很好的工作。国内外已建或拟建的聚羟基脂肪酸酯 PHA 项目见表2。

PHA 生产的关键是获得高产，高转化率的微生物菌株。同时，这些微生物生产菌必须能够利用便宜的碳源如葡萄糖、植物油或淀粉等。具体是：PHA 的积累率最好占细胞干重的80%以上，碳源转化为 PHA 的比例最好在 50%以上，PHA 的提取率最好在 90%以上，细胞培养密度最好在 150g/L 以上，发酵时间少于 48h。这样生产出来的 PHA 将具有竞争性。国内的宁波天安生物材料公司和江苏南天集团在 PHA 生产的各项指标都达到了国际水平，产量也是世界之最。通过采用现代基因工程技术，我国在 PHA 生产的上下游都取得了许多突破。

表 2 国内外已建或拟建的聚羟基脂肪酸酯 PHA 项目

企 业	生产时间	产 量	拟建设规模	生产 PHA 种类
奥地利 btf AG	1980～1995 年	100 吨/年	技术出售	PHB
德国 Biomers	Chemie Linz 技术	未知	1 000 吨/年	PHB
英国 ICI	1981～1998 年	350 吨/年	技术出售	PHBV
美国 Monsanto	购买 ICI 技术	无生产	技术出售	
美国 Metabolix	1980 至今	未知	未知	P(3HB-4HB)
美国 ADM	与 Metabolix 合作	5 万吨/年	利用 ADM 的设备	P(3HB-4HB)
美国 P&G	未知	未知	5 000 吨/年	$PHBHH_x$
日本 Kaneka	未知	未知	未知	$PHBHH_x$
巴西 Biocycle	1985 至今	100 吨/年	未知	PHB
天津北方食品公司	1996～2000 年	10 吨/年	未知	PHB
江门生物技术中心	1998～2002 年	10 吨/年	未知	PHB 和 $PHBHH_x$
广东联亿生物公司	2000 至今	5 吨/年	未知	PHB 和 $PHBHH_x$
宁波天安生物材料公司	2000 至今	1 000 吨/年	未知	PHBV
江苏南天集团	1998 至今	10 吨/年	未知	PHB
天津国韵生物科技公司	2004 至今	10 吨/年	未知	P(3HB-4HB)
深圳奥贝尔科技公司	2004 至今	未知	未知	未知

注：PHB 聚羟基丁酸酯；PHBV 羟基丁酸和羟基戊酸共聚物；$PHBHH_x$ 羟基丁酸和羟基己酸共聚物；P(3HB-4HB) 3-羟基丁酸和 4-羟基丁酸共聚物。

PHA 的发酵生产和下游提取，完全可以利用我国庞大的抗生素发酵工业过剩的生产能力来实现，所需的硬件投资可以节省许多。PHA 的应用开发工作需要多学科的联合攻关，国内在这方面进行了长达 20 年的研究工作，取得了令人瞩目的进展，使我国在 PHA 生产方面处于国际领先的地位。如把我国大量过剩的发酵能力利用起来，可以大大地降低投资建厂的费用，以最快的速度把 PHA 材料产业推向应用。

传统的环境友好材料公司仍然在谋求新的发展，特别是结合当前可持续发展的趋势，例如肇庆市华芳降解塑料有限公司、三九苏石降解树脂有限公司和深圳茂达生化有限公司等。他们通过淀粉与 PLA 或 PCL 等生态材料的结合找到了继续发展的道路。然而，淀粉的引入带来一些性能方面的问题还必须在未来的开发中不断的解决。

必须指出，国内 PLA 的发展有一哄而上的趋势，许多本来并不从事发酵的产业也投入了 PLA 的研究、开发甚至建厂的过程。我国目前在乳酸发酵方面有了一定的规模化经验，但在合成 PLA 方面尚未掌握大规模聚合的技术，在分子量的控制方面还有需要解决合成工艺的稳定和高分子量 PLA 的合成技术，特别是放大技术等遇到的问题。同时，下游的许多技术被国外，特别是日本企业所掌握，这是我们必须考虑的问题。

三、我国该领域的产业化进展

经过国内学术界以及国际学术和产业界的多次讨论和论证，国内产业界统一了认识，注意到具有下列性能的生态塑料最符合发展的需要：完全生物可降解、完全生物合成，即绿色制造工艺、完全基于可再生的生产原料、可热加工性、机械性能可调节性、价格便宜。只有几种材料具有上述性能，并已有少量在市场销售。这包括全淀粉材料、聚乳酸 PLA、聚羟基脂肪酸酯 PHA、二氧化碳聚合物以及上述聚合物的共混物等。这几类材料各有优缺点：如全淀粉材料最便宜，但可加工性差；聚乳酸 PLA 相对便宜，可加工性好，有些性能限制了广泛应用；聚羟基脂肪酸酯 PHA 相对较贵，机械性能多样，可加工性最好；而二氧化碳聚合物相对便宜，可加工性好，有些性能限制了广泛应用，其共聚成分环氧丙烷来源与石油等。这些材料的共混，可以改善材料的性能（图 2）。

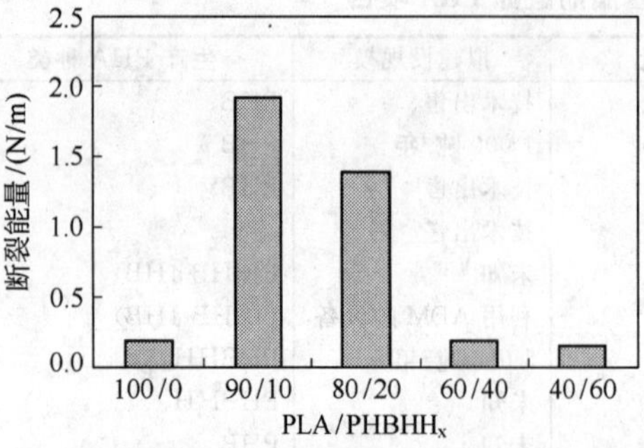

图 2　PLA 和 PHA 的共混物极大的改善了 PLA 的性能

我国在 PHA 的产业化已经走在世界的前面，特别是在基因工程的发酵生产方面，我国的江苏南天基团和广东联亿生物公司在世界上分别首次实现了基因工程菌生产 PHB 和 $PHBHH_x$。另一方面，国内已经形成了 10 万吨的乳酸生产能力，为 PLA 的产业化做好了原料生产的技术和规模的准备。

但是，必须看到，生态塑料在规模和性能方面还未能与石油基塑料竞争，目前的生态塑料产业还处于投入期，未来数年将会看到两种材料的发展并行。最后，随着石油资源的不断减少，生态塑料将取而代之，成为一个支柱产业。

四、前景展望

中东局势的不稳，石油价格上涨，呼唤可再生原料代替石油。同时经济的快速发展使我国成为第二大石油进口国，同时认识到可持续发展与环保的关系，我国也提出可循环经济，并大力鼓励开发生态材料。另一方面，2008 年北京奥运会、2010 年上海世博会和 2010 年广州亚运会给我国提供了一个宣传可循环经济、绿色经济和绿色 GDP 的理想场合。国内越来越多的大公司开始认识到了生态塑料的重要性，并愿意开发、生产和使用。

国内曾经流行的生产淀粉-聚乙烯共混材料的技术可很快地转化为完全降解材料如淀粉-PHA 或淀粉-PLA 技术等，既降低了生态塑料的成本，又不影响其完全生物降解性。

塑料产业经过了一个世纪的不断开发和不断完善，才成为今天材料产业的支柱。生态塑料完全可以借助塑料成功的经验，缩短发展时间，尽快达到辉煌。

必须指出，国家在生态塑料的基础研究上进行了相当多的投入，国家自然科学基金、科技部等也有专项基金支持开发生态塑料，充分显示了政府对环境保护和新材料产业的重视。大型企业如丰原集团、华药和中海油等已经建立和正在建设生产设施，包括其大量的空闲生产能力和设备，都可供生产生态塑料之用。国外企业为了占领这个新兴的材料市场，也携带成熟的技术进入中国。

可以看到，由于石油价格的上涨，大量有实力的企业的开始进入这个领域，使生态塑料的大力发展成为可能。最近也有风险资金表示愿意进入这个领域。我们认为，以可再生资源为基础的生态塑料在未来几年将迎来曙光，是发展的大好时机。

五、存在问题、对策与发展战略建议

以可再生资源为原料的生态塑料，虽然有很好的发展前景，但目前还存在着一系列的问题，需要我们具体地解决。其中最重要的问题是政府没有清楚的管理规定来鼓励发展生态塑料和应用生态塑料，所以，必须推动鼓励绿色包装的政策和立法。虽然有些城市实行鼓励生态塑料应用的政策，但是未得到认真执行，这其中的原因主要是市场的力量，以及没有真正可依据的法律。

目前生态塑料生产成本高于现存的塑料，但随着石油价格不断上涨，生态塑料的竞争性越来越强。

目前国内没有大的公司像 Walt-Mart 那样致力于真正的生态塑料的应用，也没有强有力的机构和组织大力推动生态塑料的发展和应用。国内已经进行和正在进行的生态材料研究，绝大部分都由政府以研究经费的方式投入，缺乏进一步开发的基金。很少有风险基金的介入。

虽然有越来越多的国内企业意识到了生态塑料的重要性，但由于研发力量和资源的限制，这些企业能够进行的工作大都是重复文献上或专利上的工作，很难产生有创新性的成果，在这一方面，产、学、研和官的结合尤为重要。

国内外生态塑料的发展经验证明，应用推广将是一个长期的工作，而这其中，赢得各级政府的支持，实现可持续发展和绿色GDP的目标，是生态材料目前发展的重要任务。建议生态塑料生产商和大型生态塑料使用公司携起手来共同倡导使用来自可再生资源的、完全环境友好的生态塑料。

（作者单位汕头大学多学科研究中心，清华大学生物系）

国内废塑料进口分析

柴国樑

废塑料即树脂生产中切换牌号时产出的机头料、制品加工中的剩余边角料和报废品及塑料制品用后的抛弃物等。

塑料具有优异的化学稳定性、耐腐蚀性、电绝缘性、绝热性、优良的吸震和消音隔声作用，并具有很好的弹性，能很好地与金属、玻璃、木材等其他材料粘接，易加工成型。在四大工业材料中，塑料的数量、作用、地位、应用范围急剧扩张，节节领先，大量代替金属、木材、纸张等，广泛应用于国民经济的各个领域。

20世纪60年代末期，在结构材料的总消耗中，黑色金属占60%；90年代，合成塑料占78%，黑色金属占19%．可以说，没有任何材料有像塑料一样如此广泛的用途。

然而，正是由于塑料的某些优异性能，导致其在使用或消费后不易腐烂，日积月累，严重影响了地球的生态环境，引起了世界各国的极大关注。1997年，世界塑料总产量突破1.4亿吨，其体积相当于10亿吨钢材；1995年，我国塑料制品行业销售额达1 100亿元；2000年，我国塑料制品的年产量突破1 300万吨，2005年，我国塑料制品的年产量已经突破3 200万吨，并以13%的年增长速度高速发展，废旧塑料的总量也将急剧增长，环境与发展的矛盾日益突出。因而，对废旧塑料的治理已经刻不容缓。

据有关部门统计，一个中等城市每年产生的塑料废弃物，可满足20家中、小型塑料企业的原料需求，废旧塑料资源被现代经济学家称之为“人类的第二矿藏”、“城市里的宝藏”。开发利用废旧塑料资源，既可有效治理污染，又可创造巨大的经济和环境效益，是利国利民的绿色环保产业。

由于废旧塑料的回收、再生与利用技术，在国内外已经成为一个热点并正逐步成为一个新兴的产业，因此，有关专家认为，随着中国工业的飞速发展，国内也应对废旧塑料等材料造成的环境污染拿出相应的对策。

“九五”期间，我国累计回收利用废旧塑料1 000多万吨，每年大约还有1 400万吨废旧塑料没有得到回收利用，回收利用率只有25%。

《再生资源回收利用“十五”发展规划》中提出，要用5年时间使再生资源年回收总值从

2000 年的 450 亿元人民币增至 2005 年的 550 亿元以上。

该规划提出，到 2005 年，再生资源回收利用主要品种的年回收量分别为废钢铁 3 600 万～3 700 万吨、废有色金属 200 万吨、废塑料 500 万～600 万吨、废纸 1 700 万吨；回收拆解报废汽车 80 万辆，轮胎翻新总量 790 万条，废家用电器和废电脑回收量达到废弃总量的 80％以上。

一些低品级的回收料可以用来生产储运箱、护栏、隔栅、垃圾袋等产品。这样做可以使废塑料物尽其用，既解决了废弃塑料的环境污染问题，又可以节省大量的纸张、木材、钢铁等紧缺资源。

我国包装用塑料年用量已超过 400 万吨。2005 年我国塑料包装材料需求量达到 500 万吨，按其中 30％为难以回收的一次性塑料包装材料和制品计算，则废弃物产生量达 150 万吨；我国可覆盖地膜的面积为 5 亿多亩，加上育苗钵、农副产品保鲜材料等预计需求量达 100 万吨；一次性日用杂品和医疗材料中一部分也是难以回收或不宜回收利用的塑料，2005 年其需求量达 100 万吨。这样，难以回收利用的塑料废弃物达 350 万吨，由此引发的环境问题将日益严重。若将其中 50％用可降解塑料替代的话，则可降解塑料的需求量将达到 175 万吨，因此可降解塑料在我国具有较大的市场潜力。

据不完全统计，国内每年产生的废塑料在 1 400 万吨以上，但由于无统一回收渠道、无统一管理部门，故无法获取确切数据资料。所以本文只能重点分析进口废塑料情况。

2004 年国内合成树脂进口总量（含废塑料）为 2 131 万吨，其中废塑料占 19.22％，比上年增长了 3.36 个百分点。

2004 年国内合成树脂表观消费量为 3 922 万吨，进口废塑料又占总表观消费量的 10.43％，比上年增长了 1.79 个百分点。

如加上国内废塑料利用量，废塑料占塑料树脂表观消费量的 22％左右。

2004 年废塑料进口达 409 万吨，同比增加 107 万吨，增长幅度达 35.43％，大大超过了其他合成树脂新料品种的增长幅度。

2005 年废塑料进口达 495.65 万吨，同比增加 86.08 万吨，增长幅度达 21.02％，仍超过了其他合成树脂新料品种的增长幅度。

一、中国废塑料进口分析综述

2000 年总废塑料进口量大幅增长，突破 200 万吨大关；2003 年总废塑料进口量进一步增长，突破 300 万吨大关。

2004 年总废塑料进口量又进一步增长，突破 400 万吨大关。

2005 年总废塑料进口量又增长 21.02 个百分点，突破 490 万吨大关，接近 500 万吨。

2000～2005 年 PE 废塑料进口平均年增长 46.31％；2000～2005 年 PS 废塑料进口平均年增长 27.20％；2000～2005 年 PVC 废塑料进口平均年增长 52.33％；2000～2005 年总废塑料进口平均年增长 19.82％。2000～2005 年中国废塑料进口统计见表 1。

二、2005 年废塑料进出口分析

从海关统计中可看出，2005 年 1～6 月乙烯聚合物的废塑料及下脚料中国进口地有 78 个，主要进口地为中国香港（占 31.24％），其次为德国（19.87％）、美国（8.44％）、中国台湾省（5.77％）、韩国（5.76％）、比利时（4.55％）、荷兰（3.93％）、中国澳门（3.10％），8 进口地进口量占总进口量的 82.66％。

从海关统计中可看出，2005 年 7～12 月乙烯聚合物的废塑料及下脚料进口地有 69 个，主

表 1 2000～2005 年中国废塑料进口统计

项目 \ 年份	2000 年	2001 年	2002 年	2003 年	2004 年	2005 年
PE 废料进口量/吨	197 449	280 395	529 976	1 628 763	1 431 016	1 323 844
PE 废料进口金额/万美元	5 013.85	6 199.74	10 728.79	39 237.80	45 060.63	48 247.37
进口年平均单价/万美元	253.93	221.11	202.44	240.91	314.89	364.45
PS 废料进口量/吨	114 317	142 529	241 468	231 680	338 247	380 711
PS 废料进口金额/万美元	3 654.45	4 261.64	5 794.94	6 170.16	10 881.32	13 661.97
进口年平均单价/万美元	319.68	299.00	239.99	266.32	321.70	358.85
PVC 废料进口量/吨	110 522	211 135	144 400	217 278	624 022	906 530
PVC 废料进口金额/万美元	2 811.95	4 713.70	3 085.68	5 363.11	20 943.58	32 849.46
进口年平均单价/万美元	254.42	223.26	213.69	246.83	335.62	362.36
聚酯废料进口量/吨	—	—	—	—	—	667 063
聚酯废料进口金额/万美元	—	—	—	—	—	36 396.76
进口年平均单价/万美元	—	—	—	—	—	545.63
其他废塑料进口量/吨	1 584 877	1 591 045	1 541 658	946 366	1 702 439	1 678 380
其他废塑料进口金额/万美元	37 603.41	37 404.14	34 471.94	26 661.24	60 925.70	61 639.12
进口年平均单价/万美元	237.26	235.09	223.60	281.72	357.87	367.25
废塑料总进口量/吨	2 007 165	2 225 104	2 457 502	3 024 087	4 095 724	4 956 528
年增长率/%	44.57	10.86	10.44	23.06	35.44	21.02

要进口地为中国香港（占 23.66%），其次为德国（17.37%）、澳大利亚（9.25%）、美国（6.64%）、中国台湾省（6.25%）、韩国（5.42%）、中国澳门（5.07%）、比利时（4.85%），8 进口地进口量占总进口量的 78.51%。

2005 年下半年乙烯聚合物的废塑料及下脚料进口量比上半年进口量增长 22.29 个百分点。

从海关统计中可看出，2005 年 1～12 月苯乙烯聚合物的废塑料及下脚料进口地有 47 个，主要进口地为中国香港（占 33.15%），其次为中国台湾省（19.47%）、澳大利亚（10.07%）、中国澳门（9.21%）、德国（7.47%）、美国（3.64%）、加拿大（2.35%）、西班牙（2.10%），8 进口地进口量占总进口量的 87.46%。

从海关统计中可看出，2005 年 1～12 月氯乙烯聚合物的废塑料及下脚料进口地有 53 个，主要进口地为中国香港（占 52.05%），其次为澳大利亚（10.49%）、中国台湾省（9.09%）、德国（5.76%）、澳门（5.63%）、美国（4.91%）、新西兰（2.25%）、西班牙（2.05%），8 进口地进口量占总进口量的 92.23%。

从海关统计中可看出，2005 年 1～12 月聚对苯二甲酸乙二酯的废塑料及下脚料进口地有 94 个，主要进口地为美国（占 13.69%），其次为德国（11.71%）、泰国（7.09%）、中国香港（7.07%）、中国台湾省（6.07%）、韩国（5.84%）、巴西（5.50%）、墨西哥（4.33%），8 进口地进口量占总进口量的 61.30%。

从海关统计中可看出，2005 年 1～12 月其他塑料的废塑料及下脚料进口地有 76 个，主要进口地为中国香港（占 46.29%），其次为中国台湾省（10.80%）、澳大利亚（10.32%）、德国（5.47%）、美国（4.61%）、中国澳门（3.96%）、韩国（3.82%）、新西兰（2.41%），8 进口地进口量占总进口量的 87.68%。

从海关统计中可看出，2005 年其他塑料的废塑料及下脚料出口地有 30 个，主要出口地为美国（占 55.41%），其次为中国香港（33.66%）、也门共和国（2.83%）、澳大利亚（1.38%）、新加坡（1.23%）、印度（1.04%）、马来西亚（0.89%）、英国（0.71%），8 出口地出口量占总出口量的 97.15%。

三、2005 年废塑料进出口商分析

从海关资料来看，2005 年上半年乙烯聚合物的废塑料及下脚料进口 595 549 吨；2005 年上半年乙烯聚合物的废塑料及下脚料进口商有 591 家，2005 年上半年乙烯聚合物的废塑料及下脚料前 8 位进口商进口量占总进口量的 17.08%，天津纺织集团进出口股份有限公司、深圳市通利和进出口有限公司、福清环利塑料有限公司、中国有色金属进出口广东公司、汕头市华旗经贸有限公司、海南王氏进出口贸易有限公司、茂名市通联贸易有限公司、韶关市荣峰进出口贸易有限公司，分别位居 2005 年上半年乙烯聚合物的废塑料及下脚料进口量 1～8 位，进口量分别占总进口量的 3.77%、2.39%、2.10%、1.99%、1.98%、1.70%、1.59%和 1.56%。

从海关资料来看，2005 年下半年乙烯聚合物的废塑料及下脚料进口 728 296 吨，比上半年进口量增长 22.29 个百分点；2005 年下半年乙烯聚合物的废塑料及下脚料进口商有 710 家，2005 年下半年乙烯聚合物的废塑料及下脚料前 8 位进口商进口量占总进口量的 16.789 6%，天津纺织集团进出口股份有限公司、天津市悦中商贸有限公司、鹤山市骏华贸易有限公司、汕头高新区爱多实业有限公司、中国有色金属进出口广东公司、广东省连南瑶族自治县进出口贸易公司、福州友峰塑胶有限公司，分别位居 2005 年下半年乙烯聚合物的废塑料及下脚料进口量 1～8 位，进口量分别占总进口量的 3.627 9%、2.491 7%、2.233 9%、2.084 1%、1.690 3%、1.559 1%、1.557 8%和 1.544 8%。

从海关资料来看，2005 年苯乙烯聚合物的废塑料及下脚料进口 380 711 吨，同比增长 12.55 个百分点；2005 年苯乙烯聚合物的废塑料及下脚料进口商有 243 家，2005 年苯乙烯聚合物的废塑料及下脚料前 8 位进口商进口量占总进口量的 27.273 4%，4406967063、东莞市环球工艺进出口贸易有限公司、中国有色金属进出口广东公司、深圳市悦东进出口贸易有限公司、佛山市三水南威塑胶电子制品有限公司、茂名市通联贸易有限公司、清远市伟信贸易有限公司、佛山市三水怡泰贸易有限公司，分别位居 2005 年苯乙烯聚合物的废塑料及下脚料进口量 1～8 位，进口量分别占总进口量的 6.052 3%、4.150 8%、3.763 7%、2.782 7%、2.738 9%、2.694 5%、2.551 9%和 2.538 6%。

从海关资料来看，2005 年氯乙烯聚合物的废塑料及下脚料进口 906 530 吨，同比增长 45.27 个百分点；2005 年氯乙烯聚合物的废塑料及下脚料进口商有 424 家，2005 年氯乙烯聚合物的废塑料及下脚料前 8 位进口商进口量占总进口量的 23.104%，深圳市通利和进出口有限公司、中国有色金属进出口广东公司、佛山市新越贸易有限公司、4406967063、广东省连南瑶族自治县进出口贸易公司、鹤山市骏华贸易有限公司、汕头高新区爱多实业有限公司、南海市嘉裕进出口有限公司，分别位居 2005 年氯乙烯聚合物的废塑料及下脚料进口量 1～8 位，进口量分别占总进口量的 5.784 7%、3.087 7%、2.750 6%、2.592 6%、2.481 1%、2.386 3%、2.129 4%和 1.891 6%。

从海关资料来看，2005 年聚对苯二甲酸乙二酯的废塑料及下脚料进口 667 063 吨；2005 年聚对苯二甲酸乙二酯的废塑料及下脚料进口商有 541 家，2005 年聚对苯二甲酸乙二酯的废塑料及下脚料前 8 位进口商进口量占总进口量的 28.989 3%，宁波华禧国际贸易有限公司、宁波大发化纤有限公司、富阳市富兴进出口有限公司、江阴玛帝差别化纤有限公司、慈溪市江南化纤有限公司、江苏霞客环保色纺股份有限公司、宁波市铭远进出口有限公司、青岛新邦塑胶有限公司，分别位居 2005 年聚对苯二甲酸乙二酯的废塑料及下脚料进口量 1～8 位，进口量分别占总进口量的 7.262 9%、4.709 1%、4.333 0%、3.046 7%、2.551 8%、2.506 0%、2.293 0%和 2.286 8%。

从海关资料来看，2005 年聚对苯二甲酸乙二酯的废塑料及下脚料 1 230 吨；聚对苯二甲酸乙二酯的废塑料及下脚料出口商有 12 家，前八位聚对苯二甲酸乙二酯的废塑料及下脚料出口商出口量占总出口量的 90.386 3%，4403061697、东莞惠盛塑料有限公司、深圳市日汇盛实业发展有限公司、丹东边境经济合作区宝通工贸有限公司、4403062812、杭州三星纸业有限公司、东莞恒生泡棉有限公司、深圳市紫隆兴实业发展有限公司，分别位居 2005 年聚对苯二甲酸乙二酯的废塑料及下脚料出口量 1～8 位，出口量分别占总出口量的 33.701 5%、12.904 4%、10.854 3%、7.997 8%、7.842 2%、6.279 0%、6.099 6%和 4.707 5%。

从海关资料来看，2005 年其他塑料的废塑料及下脚料进口 1 678 381 吨；2005 年其他塑料的废塑料及下脚料进口商有 801 家，2005 年其他塑料的废塑料及下脚料前 8 位进口商进口量占总进口量的 16.459 8%，深圳市通利和进出口有限公司、中国有色金属进出口广东公司、佛山市新越贸易有限公司、深圳市斯纳特进出口有限公司、4406967063、鹤山市骏华贸易有限公司、广东省连南瑶族自治县进出口贸易公司、深圳市万亿隆进出口有限公司，分别位居 2005 年其他塑料的废塑料及下脚料进口量 1～8 位，进口量分别占总进口量的 3.849 3%、2.106 1%、2.089 3%、1.979 4%、1.714 7%、1.651 0%、1.570 6%和 1.499 4%。

从海关资料来看，2005 年其他塑料的废塑料及下脚料出口 40 458 吨；其他塑料的废塑料及下脚料出口商有 277 家，前 8 位其他塑料的废塑料及下脚料出口商出口量占总出口量的 27.881 0%，深圳市中复贸易商行、4403061588、深圳市中艺国际储运有限公司、浙江中大技术出口有限公司、东莞市百业进出口有限公司、4403061586、绥芬河市东泰经贸有限责任公司、江苏永兴多媒体有限公司，分别位居 2005 年其他塑料的废塑料及下脚料出口量 1～8 位，出口量分别占总出口量的 11.291 7%、3.200 6%、2.696 8%、2.342 5%、2.273 2%、2.221 6%、2.062 5%和 1.792 1%。

四、2005 年废塑料进口消费地区流向分析

从海关资料来看，2005 年下半年乙烯聚合物的废塑料及下脚料进口消费省市有 22 个，主要进口流向为广东省、山东省和天津市，前 8 位 2005 年下半年乙烯聚合物的废塑料及下脚料进口消费省市进口量占总进口量的 95.89%，广东省、山东省和天津市进口量分别占总进口量的 48.43%、14.23%和 13.50%。

从海关资料来看，2005 年苯乙烯聚合物的废塑料及下脚料进口消费省市有 12 个，主要进口流向为广东省、浙江省和上海市，前 8 位 2005 年苯乙烯聚合物的废塑料及下脚料进口消费省市进口量占总进口量的 99.71%，广东省、浙江省和上海市进口量分别占总进口量的 87.14%、5.41%和 2.65%。

从海关资料来看，2005 年氯乙烯聚合物的废塑料及下脚料进口消费省市有 16 个，主要进口流向为广东省、浙江省和上海市，前 8 位 2005 年氯乙烯聚合物的废塑料及下脚料进口消费省市进口量占总进口量的 99.09%，广东省、浙江省和上海市进口量分别占总进口量的 84.21%、3.99%和 3.08%。

从海关资料来看，2005 年聚对苯二甲酸乙二酯的废塑料及下脚料进口消费省市有 20 个，主要进口流向为浙江省、江苏省和上海市，2005 年聚对苯二甲酸乙二酯的废塑料及下脚料前 8

位进口消费省市进口量占总进口量的98.05%，浙江省、江苏省和上海市进口量分别占总进口量的46.07%、19.39%和12.69%。

从海关资料来看，2005年其他塑料的废塑料及下脚料进口消费省市有23个，主要进口流向为广东省、上海市和浙江省，前8位2005年其他塑料的废塑料及下脚料进口消费省市进口量占总进口量的97.53%，广东省、上海市和浙江省进口量分别占总进口量的75.46%、7.68%和5.46%。

五、2005年废塑料出口生产地分布分析

从海关资料来看，2005年乙烯聚合物的废塑料及下脚料出口生产省市仅有6个，主要出口生产省市为广东省、江苏省和天津市，2005年乙烯聚合物的废塑料及下脚料前3位出口生产省市出口量占总出口量的96.59%，广东省、上海市和浙江省出口量分别占总出口量的79.93%、14.26%和2.40%。

从海关资料来看，2005年苯乙烯聚合物的废塑料及下脚料出口生产省市仅有7个，主要出口生产省市为福建省、广东省和辽宁省，2005年苯乙烯聚合物的废塑料及下脚料前3位出口生产省市出口量占总出口量的82.88%，福建省、广东省和辽宁省出口量分别占总出口量的30.81%、26.34%和25.73%。

从海关资料来看，2005年氯乙烯聚合物的废塑料及下脚料出口生产省市仅有6个，主要出口生产省市为天津市、广东省和山东省，2005年氯乙烯聚合物的废塑料及下脚料前3位出口生产省市出口量占总出口量的84.00%，天津市、广东省和山东省出口量分别占总出口量的58.00%、18.38%和7.62%。

从海关资料来看，2005年聚对苯二甲酸乙二酯的废塑料及下脚料出口生产省市仅有4个，主要出口生产省市为广东省、浙江省和辽宁省，2005年聚对苯二甲酸乙二酯的废塑料及下脚料前3位出口生产省市出口量占总出口量的99.03%，广东省、浙江省和辽宁省出口量分别占总出口量的80.68%、10.35%和8.00%。

从海关资料来看，2005年其他塑料的废塑料及下脚料出口生产省市有20个，主要出口生产省市为广东省、江苏省和福建省，2005年其他塑料的废塑料及下脚料前8位出口生产省市出口量占总出口量的93.45%，广东省、江苏省和福建省出口量分别占总出口量的74.52%、3.82%和3.81%。

六、废塑料放量的因果分析

随着塑料工业的高速发展，塑料制品在为人们的工作和生活带来舒适与便利的同时，由于废弃塑料数量不断增加，引发的环境问题也日益引起人们的高度重视。

有关的调查表明，大多数的塑料制品生产厂家将使用回收料作为降低生产成本的主要手段，这已是业内一个公开的秘密，企业也是借此来降低成本“提高”市场竞争力的。同样一件产品如果全部用新料，售价要200元，而使用回收料售价只有几十元。可以这样讲，如果制品全部使用新料而不在其中掺杂回收料的话，企业就无法在竞争激烈的市场中生存。正是基于这种状况，塑料回收料在我国销路很好，而且每年有250万～300万吨的废旧塑料进口国内，被加工成再生塑料原料出售，利润相当可观。再生塑料的异军突起，使得废弃塑料制品成为抢手货，河北文安、湖北武汉等地医用废弃塑料畅销市场，有毒塑料袋屡禁不绝等事件频频曝光媒体，塑料回收再利用已远远偏离节约资源、保护环境的初衷和主题，对我国公平竞争的市场秩序和消费者的身心健康造成了严重的危害。有些小型PVC型材厂为降成本，不顾一切地降低质量，大量加添回料以低价来抢占市场。

MMA 单体近两年来价格大涨，冲上 18 000 元/吨大关，由于 MMA 单体高价从而又刺激了裂解 MMA 单体料生产，江、浙、粤一些私企大量收购 PMMA 边角料、机头料等回收裂解 MMA 单体，以获取可观的利润。据了解现在 PMMA 废料价在 5 000 元/吨左右，按 1.2 吨单耗出一吨 MMA 单体计，市场裂解 MMA 单体价在 11 000 元/吨以上，每吨有 4 000 元以上利润，年产 1 千吨裂解单体，有 400 万元以上利润。

废旧塑料回收、再生和利用更应从源头抓起，科学地进行汽车部件的选材尤其是新产品的选材，更能促进塑料的回收和再生利用。

随着塑料工业的迅猛发展，废旧塑料的回收利用作为一项节约能源、保护环境的措施，普遍受到重视。尤其是发达国家，这方面的工作起步早，已经收到了明显的效益，我国有必要借鉴其经验。

美国是世界塑料生产大国。据统计，到 2000 年，美国年生产塑料 3 400 余万吨，废旧塑料超过 1 600 万吨。美国早在 20 世纪 60 年代就已展开废旧塑料回收利用的广泛研究，但若不加速回收废旧塑料的步伐，也将无法承受日益增长的废旧塑料所产生的环境污染及给经济带来的损失。美国回收利用废旧塑料品种的比例为：包装制品占 50%、建筑材料占 18%、消费品 11%、汽车配件 5%、电子电气制品 3%，其塑料品种所占比例分别为聚烯烃类占 61%、聚氯乙烯占 13%、聚苯乙烯占 10%、聚酯类占 11%、其他占 5%。80 年代末，美国的废旧塑料回收率近 10%。据统计，美国在 20 世纪末废旧塑料回收率达 35%以上。其中，燃烧废旧塑料回收能源由 80 年代的 3%增至 18%；废旧制品的掩埋率从 96%下降到 37%。美国在燃烧废旧塑料利用热能、热分解提取化工原料等方面进行了大量工作并取得了一些成果。另外，美国各州为解决塑料废弃物问题，使用了立法这样的强硬措施。

日本是塑料生产第二大国。20 世纪 80 年代，其年均废旧塑料排放量占生产量的 46%。可见，废旧塑料的回收已成为日本的严重社会问题。而且日本是能源短缺的国家，所以对废旧塑料的回收利用一直保持积极态度。90 年代初，日本回收利用废旧塑料率为 7%，燃烧利用热能率为 35%。日本在混合废旧塑料的开发应用方面也处于世界领先地位。如三菱石油化学株式会社研制的 REVERZER 设备可以将含有非塑料成分达 2%（如废纸）的混合热塑性废旧塑料制成各种再生制品，如栅栓、排水管、电缆盘、货架等。日本约有 20 多台这样的设备，世界上有 30 多家公司使用这种设备加工再生制品。

意大利是目前欧洲回收利用废旧塑料工作做得最好的国家。意大利的废旧塑料约占城市固体废弃物的 4%，其回收率可达 28%。意大利还研制出从城市固体垃圾中分离废旧塑料的机械装置。意大利对废旧塑料回收一般是将塑料碎片和纸片一起收集，并用干法分选分离后的废旧聚乙烯制品经粉碎后，用磁筛除去铁等金属杂质，经清洗、脱水、干燥后，通过螺杆挤出机进行造粒。这种回收料加入新料，可保证其具有足够的力学性能，可生产垃圾袋、异型材、中空制品等。

废旧塑料蕴藏巨大财富，商机无限。所以，在中美洽谈关于中国加入 WTO 事宜时，美国提出的对等条件之一，就是要求中国向美国开放环保市场，其中就包括废旧塑料的再生利用。日本 2002 年向中国出口废旧塑料同比增加 40%，约为 54.9 万吨，10 年间大约增长 8.1 倍。目前，日本国内废旧原料收集经营者在备货以后，集中向中国出口。近年来，我国已经成为美国、日本、韩国等最大的废旧塑料进口国。

七、中国废塑料价格分析

2000～2005 年废塑料进口平均单价见表 2。

表 2　中国 2000～2005 年废塑料进口平均单价

项目 ＼ 年份	2000 年	2001 年	2002 年	2003 年	2004 年	2005 年
PE 废塑料进口年平均单价/(美元/吨)	253.93	221.11	202.44	240.91	314.89	364.45
PS 废塑料进口年平均单价/(美元/吨)	319.68	299.00	239.99	266.32	321.70	358.85
PVC 废塑料进口年平均单价/(美元/吨)	254.42	223.26	213.69	246.83	335.62	362.36
聚酯的废塑料进口年平均单价/(美元/吨)	—	—	—	—	—	545.63
其他废塑料进口年平均单价/(美元/吨)	237.26	235.09	223.60	281.72	357.87	367.25

2000～2005 年 PE 废塑料进口年平均单价平均年增长 9.09%；2000～2005 年 PS 废塑料进口年平均单价平均年增长 2.34%；2000～2005 年 PVC 废塑料进口年平均单价平均年增长 7.33%；2000～2005 年其他废塑料进口年平均单价平均年增长 9.13%。

大 事 记

2005 年塑料行业大事记

【1 月】

LLDPE 降关税特惠及农膜业

新年伊始，线型低密度聚乙烯（LLDPE）的进口关税下调到 6.5%。

根据中国对世界贸易组织（WTO）的承诺，2005 年我国聚乙烯产品的进口关税应调整为 10.3%。而只有线性低密度聚乙烯税率率先一次调整到位。线性低密度聚乙烯主要用途就是生产农膜，这无疑将有助于降低我国农膜的生产成本，也将使我国的农膜生产企业特别是大型的龙头企业及农民从中受益。

据中国塑协农膜专业委员会提供的数据表明，我国是世界上的农膜消费大国，目前每年的农膜产量在 120 万吨左右，其中地膜的产量就达 60 万吨。而地膜中 98%要采用线性低密度聚乙烯生产。目前国产的线性低密度聚乙烯远远不能满足国内市场的需求，每年有近 50%的原料需要进口。为保证农膜的产品质量，我国上规模的大型农膜生产企业在生产时大多采用价格较高的进口原料。2004 年线性低密度聚乙烯价格高居不下，使农膜生产成本大增。目前正值农膜生产旺季，线性低密度聚乙烯进口关税的适时调整对稳定目前国内线性低密度聚乙烯市场价格大有裨益。据了解，就在上周线性低密度聚乙烯进口关税下调至 6.5%之后，该产品的进口交易迅速增加。据国内农膜生产企业的原料采购人员介绍，目前进口的线性低密度聚乙烯市场价格每吨已经下降了 350～400 元人民币，基本上与国产原料价格持平。

“环保型阻燃热塑性树脂系列产品的开发及产业化”通过鉴定

1 月 12 日，中国石油和化学工业协会在北京召开了广州金发科技股份有限公司“环保型阻燃热塑性树脂系列产品的开发及产业化”成果鉴定会。

该项目以热塑性及工程塑料树脂为研究对象，在具有协同效应阻燃体系基础上，创造性地开发出环保型的新型阻燃体系及新型阻燃剂；并通过对材料老化、增韧体系优化和复合，使热塑性树脂在满足环保阻燃性能要求的同时，其综合性能得到良好的改善和提高。且突破了多项热塑性树脂阻燃技术及其工业化生产技术，已获得 7 项国家发明专利授权，拥有自主知识产权。目前已成功开发出阻燃高抗冲聚苯乙烯（HIPS）、聚丙烯（PP）、丙烯腈丁二烯苯乙烯共聚物（ABS）、聚对苯二甲酸丁二醇酯（PBT）、聚碳酸酯（PC）及合金、聚苯醚（PPE）、尼龙 66（PA66）七大系列上百个品种，实现了产业化，已形成年产 36 万吨的生产规模。所生产的系列产品经国家权威部门检测，产品质量符合 Q/(GZ) JFK 3—2004 企业标准。其产品经过国内外众多客户使用，反映良好，与传统阻燃树脂产品相似，不仅具有符合各国环保要求，易加工成型的特点，同时赋予热塑性材料耐光热老化、抗静电等性能。

该项目生产过程中，自主开发了高效废气净化塔，“三废”处理达到国家 GB 16297—1996 排放标准。按照清洁生产的要求，实现了生产过程中废弃物的有效控制，使企业成为国内同行业中唯一一家通过日本索尼公司“绿色合作伙伴”审核的企业。自 2001 年以来累计生产，销售系列产品近 32 万吨，实现销售收入近 50 亿人民币，新增利税近 7 亿元，出口创汇超过 2 亿美元。项目的实施，从根本上扭转了阻燃热塑性树脂国外产品一统天下的局面，突破了国外相关技术壁垒，并以优异的性价比迅速占领国内外市场，带动了国内塑料加工、电子电器等相关行业的发展。

“聚丙烯挤出发泡工艺技术研究”通过鉴定

1 月 15 日，济南市科学技术厅受山东省科学技术厅委托对济南宏发电讯工程塑胶制品有限责任公司承担的山东省科技计划项目“聚丙烯（PP）挤出发泡工艺技术研究”进行了鉴定。

该项目 PP 发泡材料的配方和发泡工艺是塑料加工的关键技术之一。采用了国产原材料和设备，应用共混改性工艺，所制备的 PP 发泡材料经山东省塑料工业检测中心检测，达到和超过了济科企字（2003）第 S031139 合同计划要求，主要性能达到了国外同类产品的技术要求。PP 发泡材料制品及工艺技术，在食品包装片材、建筑节能隔热材料、汽车内饰、隔音、隔热材料等方面具有很广泛的开发前景。

项目在改性剂和改性方法方面具有创新性，经查新未见采用非交联丁烷体系发泡技术。该技术填补了国内同类技术的空白，在 PP 发泡领域技术水平居国内领先地位。

“高聚合物异型仿钢纤维（塑钢纤维）”通过鉴定

1 月 18 日，山东省科技厅在北京召开了宁波大成新材料股份有限公司“高聚合物异型仿钢纤维（塑钢纤维）”项目鉴定会。

该产品设计新颖，是一种异型粗纤维，经国家级有关检测机构检测，具有抗拉强度与弹性模量高、耐蚀性优异、与混凝土的黏结性能好等优点；在混凝土中分散性好，可有效提高混凝土的抗裂、抗弯韧性、延性、抗冲击和抗疲劳等综合性能，与钢纤维混凝土相比，可显著提高耐久性，降低造价，具有良好的推广应用前景。

该企业已建成年产500吨的生产能力，其产品填补了国内空白，达到国际同类产品的先进水平。

“反应挤出超韧性工程塑料”通过鉴定

1月20日，上海市科委主持召开了华东理工大学承担的上海市重点攻关项目“反应挤出超韧性工程塑料的研发”鉴定会。

该项目采用双螺杆低温固相共混合反应挤出工艺，以回收聚酯（PET）瓶片为主原料，与聚碳酸酯（PC）共混，并添加增韧橡胶（SEBS）、扩链剂等助剂，研制成功了一种新型高分子合金材料，其配方设计独特、成型工艺先进，材料生产过程稳定，材料经检测单位测试证明抗冲击性能达62.8kJ/cm^2，超过合同规定的指标，达到国际先进水平。

建成的中试生产线达到100吨/年产能，且在此基础上已建成了具有国际先进水平的工程塑料研发中心。所研制材料属高强度和高伸长率的超韧性工程塑料，并具有可机械加工和低成本特点，使用该材料已成功地试制了轿车缓冲件和防护头盔，经用户使用和测试显示，防护头盔性能优良，具有良好的应用前景。

【2月】

八家塑料企业（集团）荣获全国轻工业质量效益型先进企业

根据中轻联综［2005］62号文关于表彰2004年度全国轻工业质量效益型先进企业的决定，全国塑料行业共九家荣获2004年度全国轻工业质量效益型先进企业的称号，同时两家荣获全国轻工业质量效益型先进企业特别奖（2001～2004年度）。具体单位如下。

一、2004年度全国轻工业质量效益型先进企业名单（塑料行业部分）

北京华盾雪花塑料集团有限责任公司

安徽国风集团有限公司

巢湖市第一塑料厂

安徽省富光塑胶有限公司

福建亚通新材料科技股份有限公司

湖北凯乐新材料科技股份有限公司

广东联塑科技实业有限公司

锦州硐宝塑业有限公司

二、（2001～2004年度）全国轻工业质量效益型先进企业特别奖（塑料行业部分）

河北宝硕集团有限公司

山东泰峰塑料土工材料有限公司

中国塑协向会员单位赠送《中国塑料加工工业协会会员名录》

中国塑协协会编印的《中国塑料加工工业协会会员名录》几年来经滚动修改后已陆续出版了四本。作为协会的服务项目之一赠送给会员单位，为会员单位开展业务活动提供了便利，受到普遍欢迎。近两年来，会员单位由于重组、整合，上一本《名录》所收录的信息发生了很大的变化，为使新的《名录》详实可靠，中国塑协多次与会员单位核实情况，在反复核对的基础上编辑了2005年版《名录》。主要内容有：单位名称、联系人、职务、地址、电话、传真、邮政编码、主要产品等，不仅有中国塑协的会员单位情况，还收录了所属24个专委会的联系方式和大部分专委会会员单位的情况。

塑料管道专委会发布塑料管道产品行业指导价格

一、给水用硬聚氯乙烯（PVC-U）管材（非铅盐稳定剂）

1. 产品标准：GB/T 10002.1—1996给水用硬聚氯乙烯（PVC-U）管材。

2. 行业指导价格（出厂价）：11400元/吨（PVC树脂按8400元/吨计）。

二、排水用PVC-U管材

1. 产品标准：GB/T 5836.1—1992建筑排水用硬聚氯乙烯管材；GB/T 10002.3—1996埋地排污、废水用硬聚氯乙烯（PVC-U）管材。

2. 行业指导价格（出厂价）：10 300元/吨（PVC树脂按8 300元/吨计）。

三、燃气用埋地聚乙烯（PE）管材

1. 产品标准：GB 15558.1—2003燃气用埋地聚乙烯（PE）管道系统 第一部分 管材。

2. 行业指导价格（出厂价）：18 300元/吨（PE80黑色原材料按15 300元/吨计）；18 800元/吨（PE100原材料按15 800元/吨计）。

四、给水用PE管材

1. 产品标准：GB/T 13663—2000给水用聚乙烯（PE）管材。

2. 行业指导价格（出厂价）：17 200元/吨（PE80原材料按14 200元/吨计）；17 900元/吨（PE100原

材料按 14 900 元/吨计）。

五、埋地排水用 PVC-U 双壁波纹管材

1. 产品标准：GB/T 18477—2001 埋地排水用硬聚氯乙烯（PVC-U）双壁波纹管材。

2. 行业指导价格（出厂价）：10 800 元/吨(PVC 树脂按 8 300 元/吨计）。

六、埋地排水用 PE 双壁波纹管材

1. 产品标准：GB/T 19472.1—2004 埋地用聚乙烯（PE）结构壁管道系统　第一部分　聚乙烯双壁波纹管材。

2. 行业指导价格（出厂价）：14 500 元/吨（PE 原材料按 11 500 元/吨计）。

七、PE 缠绕结构壁管材（克拉管）

1. 产品标准：GB/T 19472.2—2004 埋地用聚乙烯（PE）结构壁管道系统　第二部分　聚乙烯缠绕结构壁管材。

2. 行业指导价格（包括现场施工安装指导费用的出厂价）：18 000 元/吨（PE 原材料按 11 300 元/吨计）。

《中国塑料行业信息大全》光盘出版

由中国塑协主办的《中国塑料行业信息大全》光盘，内容包括：塑料行业 2003～2005 年权威统计资料、2004～2005 年（部分）《中国塑协通讯》电子版、100 余篇塑料行业论文集锦、500 余篇塑料行业国家标准速查、近 3 000 篇塑料行业供求信息。该光盘制作精美（每盘包括：光盘一张及外包装盒一个），在光驱中插入光盘可自动运行；内容充实，精选了大量的塑料行业内部资料及数据，并且可以通过网站更新、补充部分最新统计资料。

【3 月】

“第六届华南国际塑料橡胶工业展览会”举办

3 月 9～12 日，由中国塑协、中国塑料机械工业协会、广东省塑料工业协会、深圳市塑胶行业协会联合主办、深圳市华商国际展览有限公司承办的第六届华南国际塑料橡胶工业展览会在深圳高交会馆举办。中国塑协廖正品会长出席会议并讲话。

广东省是我国塑料产业最发达、最大的省份之一，全省塑料产量多年来占全国产量的四分之一，塑料产业生产工艺、技术、设备，以及各项经济指标整体水平均高于全国平均水平。2004 年全省规模以上企业塑料制品总产量达到 457 万吨，占全国的 24.7％，合成树脂产量 168 万吨，占全国产量的 9.4％，塑料机械设备产量 12.6 万吨，占全国产量的 29.6％，在十大类塑料制品中，广东省有 4 类产品总产量居全国第一，1 类产品居第二，2 类产品居第三。全省塑料机械产品产量占全国近三分之一，塑料原材料生产基地也在全省加速建设和扩建，几年内以茂名石化、南海石化、广州石化为主的原料基地合成树脂产量将达到 260 万吨。全省塑料原料物流业也有很大的发展，顺德乐从塑料原料市场仅用 3 年多时间的整合，加工技术和装备水平逐年提升，塑料品种和门类较为齐全，已形成深圳等市区相对集中的产业群。在深圳举办华南国际塑展对促进珠江三角洲经济的发展，推动本地区塑料加工企事业单位经济效益增长必将产生较大的影响。

本届展会共分为塑料、橡胶机械及配套设备展区、塑料、橡胶原辅料及助剂展区、塑料、橡胶半制成品及制品展区、塑料模具工业技术及设备展区四大展区。海天、震雄、震德、东华、申达、泓利、精诚、仕诚、华美达、科亚、铭机、方春、佳明、丰铁、汕头金明、汕樟等知名的塑料加工机械企业参展。华南地区的知名塑料制品企业，如华为、中兴、联想、长城、爱普生、好家庭、康佳、TCL、三九集团、太太药业、托普勒、艾默生、联科、赛格三星、格力、飞利浦、统一、双星、柯尼卡等企业的相关负责人，参加了本届展会进行现场洽谈和采购。

为推广塑料工业的新材料、新技术、新设备的应用，展会同期还召开了关于塑料加工设备革新、调色系统应用、工程塑料应用与发展、节能环保、塑料改性等多项专题研讨会和企业技术交流会。

“中国塑协复合膜制品专业委员会第四届四次理事会”召开

3 月 20 日，中国塑协复合膜制品专委会第四届四次理事会议在连云港市召开。中国塑协廖正品会长、江苏省塑协韦华秘书长出席了理事会议并分别致贺词。中国塑协复合膜制品专业委员会有 21 个理事单位出席会议，理事单位出席率超过三分之二。会议回顾、总结并充分肯定了专委会 2004 年的工作成绩，认为专委会举办的各项活动对复合膜软包装行业的发展是积极有益的。与会代表还对复合膜专委会的会费、日常开支、工作人员的工资等财务管理提出建议，一致认为专委会应根据民政部对协会财务管理的有关要求，制定更为规范、透明的管理制度。会议认真讨论了复合膜专委会 2005 年的工作计划；对 2005 年中国复合膜软包装行业年会论文的题目、内容、征集方式进行了充分的酝酿并作出具体安排；审定并通过了技术培训等项计划。会议期间还组织参观了江苏中金玛泰医药包装有限公司。

“开展制定中国标准化协会标准会议”召开

3月22～24日，中国标准化协会在北京主持召开了“开展制定中国标准化协会标准（CAS）会议”，会上中国标准化协会有关领导就“中国标准化协会标准的工作内容及协会标准今后的发展方向”、“我国现行技术标准体系的现状和存在的问题，我国新型技术标准体系的发展方向”、“国外技术标准体系的特点和启示”、“协会标准是产品质量认证的技术依据及提升产品认证依据水平的有效途径”、“中国环境标志依据国际标准评价体系及与协会标准的关系”、“中国标准协会标准的服务对象、管理办法制定程序及中国标准化协会标准的地位和作用”、等方面内容分别做了专题论述，与会代表进行了交流讨论。

“德国巴顿菲尔PE管材5万吨生产线”投产

3月29日，位于广州花都的广州枫叶集团筹建的广州枫叶管业有限公司一期“德国巴顿菲尔”PE管材项目正式投产，该项目投资2.6亿元人民币，产量为5万吨。

人大环境与资源保护委员会叶如棠副主任、广州市许瑞生副市长、中国塑协廖正品会长到会表示热烈祝贺。这是在我国塑料管道产业发展进程中引进先进设备、推动技术进步、走规模化经营之路、在市场经济竞争中发展壮大而迈出重要的一步。

“中国塑协聚氨酯制品专委会第二届理事会换届会议”和“聚氨酯制品行业阻燃标准研讨会”召开

3月29日，中国塑协聚氨酯制品专委会第二届理事会换届会议召开，选举产生了新一届理事会。希望能为本行业的发展做一些工作，为本行业的企业及相关企业做好服务。

3月30日，由中国塑协聚氨酯制品专委会主办的“聚氨酯制品行业阻燃标准研讨会”在杭州召开。中国塑协廖正品会长、公安部四川消防研究所卢国建副所长、中国阻燃协会周正懋秘书长、中国家具协会张冰冰秘书长、中国聚氨酯工业协会泡沫塑料专委会郁维铭主任、异氰酸酯专委会的孙敦孝主任等出席会议。

会议通过行业人士和消防局负责标准制定的同志深入交流，把公安部消防局组织制定了《公共场所阻燃制品及组件燃烧性能及标识》标准进行了协调统一，这对目前国内相关标准彼此交叉、缺乏衔接、不利监管的状况，对于包括PU制品行业在内的相关行业具有重要的意义。对阻燃标准问题进行研讨，使之加深对阻燃标准问题有进一步的认识与了解。采纳PU泡沫塑料制品企业提出的建设性意见，使其中泡沫塑料部分指标修订得更合理，既能够有效地发挥安全保障作用、对不良制品的制约作用，又能真正促进行业的健康发展和技术进步。

【4月】

“食品包装材料中国安全环保认证新闻发布会”召开

4月20日，由中标认证中心开展的自愿性“食品包装材料中国安全环保认证”新闻发布会在北京举行。目前，国家认监委已经把食品包装用塑料袋、塑料餐盒列入拟强制认证的重点工作。国家《食品包装产品认证管理办法》也将在适当的时候出台，届时，所有的食品包装材料必须通过国家认证才能投放市场。

事故频发将安全认证提上日程，近两年，重大食品安全事故屡见报端。对此，由国家标准委、国家发改委、国家质检总局等部门联合制定的《全国食品标准2004～2005年发展计划》已于近日印发。针对目前食品行业存在的问题，更加突出安全和环保的要求，同时注重标准与国际接轨，其中要求基础标准、产品标准、方法标准和管理标准配套，为安全环保认证创造了条件，也有利于认证企业更好地履行标准的要求。

食品安全离不开包装安全。我国食品包装行业面临的形势却不容乐观。去年9月，国家质检总局公布的食品包装（膜）抽查结果表明，除一般的塑料袋外，专用的食品包装袋抽检不合格率高达15%。其中最主要的问题是卫生指标不符合国家标准及产品物理力学性能差。

为了规范市场，促进环保包装的发展，在2004年12月9日发布的《食品安全监管信息发布暂行管理办法》的基础上，中标认证中心在国家有关部门的支持下，正式出台了食品包装材料“中国安全环保认证”，对金属制品、陶瓷制品、纸制品、塑料制品、橡胶制品、复合材料制品和玻璃钢制品的质量做出详细的规定，使食品包装安全管理得到进一步的规范。“自愿”是“强制”的先头部队。

鉴于我国食品包装行业现状和我国食品进出口贸易的迫切要求，中标认证中心会同有关技术专家，联合相关检测机构和企业，制定了食品包装、容器类产品安全环保认证的技术要求和实施规则，经国家认监委备案，已于2004年9月19日正式实施。在新闻发布会上，国家环保产品质检中心齐怀志主任透露：此次开展的安全环保认证很有可能是国家开展强制性认证的先导。为了贯彻落实《国务院关于进一步加强食品安全工作的决定》，根据国家质检总局2005年的工作部署，国家将加强对食品包装产品的认证认可工作，将对食品包装产品，特别是塑料制品（如餐饮具、塑料袋等）实行强制性产品认证管理制度(China Compulsory Certification 即3C认证)。而“食品包装材料中国安全环保认证”与国家强制性产品认证在认证模式、实施规则和认证程序上完全一致，通过中国安全环保认证的企业能够更便捷的获得强制性产品认证证书，便于产品的市场销售。中国包装资源综合利用委员会副主任委员、中国环保餐具联合组织负责人董金狮告诉记者，《食品包装产品认证管理办法》出台后，将是我国对食品塑料包装制品企业实行的第一个市场准入性强制认证制度，将对塑料包装生产企业产生重大影响。

“中国塑协管道专委会第六届五次理事会”召开

4月25日，中国塑协塑料管道专业委员会第六届五次理事会议在河北承德市召开，中国塑协会长廖正品到会并讲话。

第六届理事会议以来，在全国塑料管道企业和相关单位广大会员单位，特别是理事单位、副理事长、理事长、秘书长与秘书处全体人员的共同努力下，专委会的工作赢得了社会各界同仁的赞扬和上级领导的充分肯定，促进了塑料管道行业的蓬勃发展。中国塑协廖正品会长就塑料管道发展应重视的几个问题谈了看法：①塑料管道是关系国计民生的新型材料，必将大幅增长；②塑料管道中PVC管道生产发展态势强劲；③PVC管道行业要积极推进无铅化进程，确保产品符合国家标准；④培养具有国际竞争力企业集团，使塑料管道多出口少进口；⑤PVC、PE管道将保持高速发展向规模化进军；⑥加强行业内外合作，把住产品质量关，提高市场份额。

我国PVC产业进入高速发展时期

我国PVC产业发展呈现出四大看点：①2004年产能迅速扩大，产量继续大幅提高，进口量下降，价格稳步上涨；②国产乙烯供应不足；电石产业发展受到国家政策强制性限制；VCM单体进口来源单一，风险增大；原料供应面临困境；③2005～2006年产能进入高速增长期，预计到2006年将达到1 200万吨/年，2010年将突破1 500万吨/年，届时需求量约1 000万吨～1 100万吨，将形成供大于需的局面；④招商热仍在持续，一段时期内仍将是投资热点。

一、2004年产业投资初见成效

1. 新建、扩建装置相继投入运行

2004年我国PVC产业步入了高速增长期，当年产能达到660万吨/年，较2003年增加近140万吨/年，增幅26.92%。产能超过20万吨/年的企业共有9家，共计268万吨/年，占总产能的40.88%；超过10万吨/年的企业有23家，共计447.5万吨/年，占总产能的68.27%。

2. 市场价格稳步上涨

2004年我国PVC市场走势良好，由年初的7 900元/吨稳步上扬到9 800元/吨，11月份由于季节性需求减弱和新增产能集中投产，价格开始回落，12月底跌至7 550元/吨。

3. 产量及表观消费量继续快速增长，进口下降

2004我国累计生产PVC 503.2万吨，同比增长18.6%；进口PVC（纯粉）162.9万吨，同比下降7.4%；表观消费量661.6万吨，同比增长11.11%。由于受到反倾销的影响，2004年一般贸易进口量大幅缩减为24.98万吨，占进口总量的15.33%，来料加工进口量126.94万吨，占进口总量的77.93%。

二、供需形势悄然转变

1. 2005～2006年集中扩能、投产

2005～2006年是PVC集中扩能投产的两年，尤其是电石法产能扩充速度惊人，远远超出乙烯法的发展。据不完全统计，2005年新增产能将达到327万吨/年，其中乙烯法90万吨/年（台塑30万吨/年、天津大沽20万吨/年、沧州化工40万吨/年），占新增产能的27.52%。2005年我国PVC产能将达到980万吨/年，产量650万吨，进口130万吨，表观消费量780万吨。但目前我国PVC招商热仍在持续，一段时期内仍将是投资热点，预计到2006年国内PVC产能将达到1 200万吨/年；2010年将形成供大于需的局面，产能突破1 500万吨/年，需求量约1 000万吨～1 100万吨。

2. 近年供需状况

近10年来，随着国民经济持续、快速发展，我国PVC树脂的需求量迅速增加，特别是受国家大力推广化学建材、加大基础建设投资、扩大内需等宏观政策的影响，PVC需求量一直呈上升态势。

未来几年，我国PVC需求仍将保持高速增长。但随着国家产业政策的调整，必将对PVC产业的增速形成一定的制约。进口量也将进一步萎缩，出口将逐渐被生产企业提上议事日程。

【5月】

“2005粤港塑胶原料机械博览会”举办

5月16～18日，由中国石油化工股份有限公司、

中国石油天然气股份有限公司、中国塑协、广东省塑料工业协会、香港塑胶原料商会、樟木头镇人民政府主办的“2005粤港塑胶原料机械博览会”在中国最具特色的塑料交易市场——樟木头塑料原料市场举行。中国塑协会长廖正品到会并讲话。

展馆总面积达12 000多平方米。展出内容包括原料、机械、模具、制品、银企合作等，具体有原料有：工程塑料、辅料、助剂、热弹性体及制品；塑料机械有：立（卧）式注射机、塑料吹瓶机、挤出机、注塑机、真空吸塑机、自动高速吸塑成型机、试验检测设备等；塑料辅助设备及配件有：粉碎机、混色机、自动填料机、液压及气动元件、电气、马达、塑料模具等。博览会的观众主要为电子、电器、玩具、鞋材、包装等制品企业采购部门负责人、原料经销商、代理商、制造商和科研院所专业人士等。展会同期举办了“中国聚苯乙烯生产企业工作会议”、“台湾化学产品说明会”、“美国陶氏产品说明会”、“法国阿托菲纳PMMA产品说明会”、“日本宝理产品说明会”、“美国首诺产品说明会”、“四川普什PET产品说明会”、“德国胶宝TPE产品说明会”、“亚洲塑胶交易所说明会”、“德国拜耳TPU产品说明会”。

改革开放以来，广东塑料原料市场发展迅速，全国四分之一的塑料消耗地在广东，樟木头市场又是集塑料原料、工程塑料、塑料辅料、再生塑料、塑料加工机械、模具于一体的大型专业市场，初步形成了以原料进口、原料交易、原料深加工层层衔接的产业链。樟木头塑料原料市场的市场规模、市场行情走向和行业经营水平在中国市场乃至亚洲地区都有着举足轻重的地位和影响。樟木头位于广东省东莞市东南部，毗邻港澳，地处深圳、惠州、东莞三市的中心点，与广深铁路、京九铁路、莞深、广深、广珠高速公路相互连接，交通非常发达，已有10多万香港人在此购房置业，有“小香港”的美誉。1990年以来，樟木头镇政府重点发展专业市场项目，建立起集塑料原料、工程塑料、塑料辅料、再生塑料、塑料模具于一体的樟木头塑胶原料市场，并成立了信息中心、仓储服务中心、展览中心，市场面积约25万平方米，有近1 000个经常商户，交易畅旺，目前已发展成为粤港地区最具规模的塑料原料交易市场。塑博会成为粤港塑胶行业参展、参观、洽谈商贸的年度盛会。

“中国塑协农膜专委会三届二次会员代表大会”召开

5月19～22日，中国塑协农用薄膜专业委员会在北京举行了第三届二次会员代表大会。76家从事农用薄膜加工企业、农用薄膜添加剂、塑料机械、农膜原材料供应以及科研、检测等相关单位，共计167位代表到会。

国务院研究室侯云春副主任就国家对“三农”的有关政策做了详细的解释，对企业的企望、要求及目前农膜企业面临的困境等诸多问题做了阐述，尽管2004年农膜产量比2003年减少3.28%，应当说在如此艰难状况下，取得如此成绩已经来之不易，面对挑战、农膜企业必须变中求发展，加强科学管理，不断改革创新，顺应形势的变化。

中国轻工业联合会王世成副会长兼秘书长对专委会近年来的工作给予了充分肯定，对我国轻工行业的现状和发展做了精辟论述，并对农膜行业的发展提出了建设性意见。

中国塑协廖正品会长介绍了农膜专委会成立十六年以来，我国农膜行业发展走过的道路，以及专委会为农膜行业的发展所做的贡献。

农膜专委会韩连贵理事长将换届后一年多来的主要工作做了汇报，并对下一步工作安排通报与会代表：①继续向国家有关部门反映农膜行业面临的困境，努力争取使农膜享受与化肥同等待遇，更好地支援农业的发展；②为减少和制止农膜市场劣质产品和不正当竞争，准备注册中国塑协农膜专委会商标，制定农膜市场准入规则，保护行业正当利益；③保名牌、创名牌，不断争创优秀企业；④为了解行业动态、促进行业发展，恢复统计报表制度，初步决定按季通报；⑤专委会准备在今年11月份组团出国考察，学习国外先进的生产技术、加强与国外同行业之间的联系；⑥继续努力办好简报；⑦筹备出版《论文集》，并推荐优秀论文在《中国塑料》上发表；⑧做好第三届三次理事会筹备工作。

会议讨论并通过了对理事会的调整，会议决定新增补理事单位3家：广东金明设备有限公司、长春福利塑料有限责任公司、西安市龙华智德塑业有限公司，增补后现有理事单位共计45家。河南塑胶股份有限公司、上海三花薄膜厂因转产、停产不再生产农膜，因此不再担任专委会副理事长单位。新增补副理事长单位2家：北京华盾雪花塑料集团有限公司、保定宝康塑胶母料有限公司，现共有副理事长单位10家。

本次会议还安排了国内外技术讲座共11个，内容包括有农膜生产技术、设备、助剂、原料及母料等方面。

专题报告有：中国石化集团公司经济技术研究院高春雨高工的“未来世界乙烯和聚乙烯市场格局”、中国科学院长春应用化学研究所国家级专家研究员、博士生导师殷敬华的“新型聚乙烯长效流滴棚膜的研制与开发应用”、中国塑协农膜专委会金洪波秘书长的“农用棚膜加工中存在的问题及解决方案”等。

美国戴维斯公司“农膜挤出技术与设备”、韩国LG化学公司“EVA在三层共挤膜中的应用”、韩国大进公司“农业用棚膜母料的介绍”、广东金明塑橡设备有限公司“农膜土工膜吹塑的工艺装备”、北京金凯福井精细化工有限公司“含氟聚合物加工助剂在塑料薄膜中的应用”、浙江临安绿源精细化学品有限公司“中国聚烯烃功能性农膜涂覆型流滴剂的现状和发展”、河北保定宝康塑胶母料有限公司“农膜透光与保温性能的应用研究”、河北宝硕股份有限公司创业塑料分公司“自动测厚控制系统在农用吹塑薄膜生产线上的应用”等学术报告，得到了与会代表的一致好评。

“中国塑协降解塑料专委会换届选举会员大会”召开

5月24日，中国塑协降解塑料专业委员会换届选举会员大会暨降解塑料技术研讨会在北京召开，中国塑协会长廖正品出席并讲话。

2001年11月25日中国塑协降解塑料专委会在福建武夷山成立以来在中国轻工业联合会、中国塑协和有关部门的领导和支持下，在天津丹海刘嘉藩会长和广大会员单位的共同努力下，唐赛珍秘书长领导下的秘书处为中国降解塑料行业发展做了许多工作，促进了行业发展。

为了更好的发挥中国塑协降解塑料专委会作为一个平台的作用，把降解塑料行业更多的相关资源利用好，在专委会届满之际，对降解塑料专委会进行了换届选举。

会上还举行的《降解塑料定义、分类及其降解性能要求》国家标准审查会议。

【6月】

2005版《中国塑料工业年鉴》出版发行

6月10日，以全面反映中国塑料工业现状，真实记录中国塑料工业发展历程的《中国塑料工业年鉴》(2005)出版。年鉴由中国塑料加工工业协会主办。中国轻工业联合会陈士能会长、原国家轻工业部塑料工业局总工程师陈文瑛教授、中国科学院院士著名高分子材料专家徐僖院士分别担任编委会名誉主任和副主任。中国塑料加工工业协会廖正品会长担任编委会主任兼主编。

2005年年鉴是继2001年、2002年/2003年、2004年之后的第四卷，在时间和内容上与前三卷保持连续。

主要内容包括：“中国塑料工业发展现状与未来”、“中国聚氯乙烯制品市场需求现状浅析”、“加快我国氯化聚氯乙烯、氯化聚乙烯制品的发展”、“打造建塑航母、创立中国名牌”、“坚持诚信、加强自律、保持行业持续快速稳定健康发展”、“中国塑料制造业产需状况和展望”、“中国塑料埋地管市场发展前景”、“为争创我国人造革合成革国际名牌而努力奋斗”等专论；2005年塑料行业大事记、塑料行业反倾销大事记；国家与塑料行业相关的政策法规；合成树脂及塑料制品海关关税税则税率；全国塑料工业生产经营情况统计；全国塑料制品经济运行及生产完成情况分析、产品产量与产品结构、地区分布、海关进出口情况和统计、行业重点企业概况；500家全国塑料制品业销售收入亿元以上企业名单；合成树脂、助剂、工程塑料、废弃塑料再生利用状况；各省、市、自治区塑料工业主要产品生产情况；薄膜、管道、门窗、包装、可发性聚苯乙烯、人造革合成革、工程塑料、聚氨酯、氟塑料、改性塑料等主要制品行业概况；塑料行业《国家标准》及《行业标准》目录；塑料行业上市公司情况、化工行业上市公司情况；科技进步、专利技术、重点企业、著名专家和企业家介绍；还有塑料行业常用网址、世界部分国家及地区塑料协会名录、全国各省市塑料协会联系方式等内容。

全国各省、市、自治区塑料协会、塑料公司、行业主管部门，中国塑料加工工业协会所属各专业委员会，行业内有关领导和著名专家、学者共100多位同志参加了撰稿工作。

“中国塑协滚塑专业委员会成立大会暨2005中国国际滚塑论坛会议”召开

6月18～19日，由中国塑协、北京化工大学、上海技术交易所共同主办的中国塑协滚塑专业委员会成立大会暨2005中国国际滚塑论坛在上海召开。参加会议的单位有150家共250人，其中有近百家单位已经提出申请加入滚塑专委会，来自美国、澳大利亚、挪威、印度、马来西亚、台湾等国家和地区的参会代表20人。出席本次会议的嘉宾有美国Ferry公司董事长Covington先生、美国利达公司总裁徐亮女士、澳大利亚澳亚滚塑模具制造协会总裁David先生、世界塑料工程学会旋转成型分会主席Paul Nugent和John Ratzlaff以及曾对滚塑专委会筹备工作给予大力支持的慈溪德顺容器制品有限公司总经理罗宏宇、骁马机械（上海）有限公司总经理黄吉红总经理。参加会议的有9家新闻媒体机构。

在中国塑协滚塑专业委员会成立大会上，滚塑专委会筹委会主任、上海三维塑料制品有限公司总经理张明治向大会作专委会筹备工作报告；大会宣读并一致通过滚塑专委会章程；共选出19名理事。

同时举行了2005中国国际滚塑论坛。论坛的题目分别为中国滚塑工业发展概况、滚塑机械设备发展概况、从理念变成产品、添加剂在滚塑制品中的运用、世界滚塑工业发展概况、滚塑工业中的树脂选择、滚塑原料的加工技术、新材料新技术在滚塑成型中的运用印度滚塑工业发展概况及国际滚塑协会印度分会简况、台湾滚塑工业发展近况、滚塑原料的国产化、滚塑成型中原料与工艺的应用、F40性能及在化工防腐中的应用、滚塑设备的发展近况、滚塑原料的开发、对滚塑工艺的一些思考、智能控制与产品质量的关系等。

企业论坛的题目有骁马（上海）产品介绍及在滚塑行业的应用和探讨、德顺简介及几个行业问题交流、滚塑树脂的选择、有关滚塑模具技术探讨、关于滚塑的思考、关于台州塑料行业概况及第五届塑交情况介绍、耐温防腐专用料A760、滚塑对化工设备的应用、滚塑产品的市场化等。

中国塑协滚塑专业委员会一届一次理事会召开

6月18日，中国塑料协滚塑专业委员会第一届一次理事会在上海召开。参加会议的有19位理事。会议经过讨论选举产生了理事长、副理事长、秘书长。上海三维塑料制品有限公司总经理张明治为理事长、上海技术交易所总裁王海生为常务副理事长兼秘书长、北京化工大学对外合作交流处处长杨卫民教授和烟台镇泰滚塑厂总经理邹建镇为副理事长。

会议向各位理事布置了任务：①由各理事单位对滚塑专委会理事单位任职资格标准提出意见，并将意见提交到专委会秘书处，专委会秘书处汇总后制定出理事单位任职资格的标准（草案），报请下一次理事会批准通过，并作为增补理事单位的依据；②由各理事单位对拟设立的滚塑专委会专家委员会委员的任职资格标准提出意见，将意见提交到专委会秘书处，专委会秘书处汇总后制定出专家委员会委员任职资格的标准（草案），报请下一次理事会批准通过，并作为拟成立的专家委员会委员的任职资格依据；③对行业“十一五规划”的制定方式提出意见，将意见提交到专委会秘书处；④对滚塑专委会的工作提出具体建议。并将意见提交到专委会秘书处；⑤滚塑专业委员会已形成了有关推动我国滚塑工业发展，提高我国滚塑水平的构想。

“2005年中国塑料加工工业协会理事会”召开

6月19日，中国塑协第四届第二次理事会在广州召开。会议上中国塑协向各位理事汇报协会2004年工作情况和2005年工作计划安排。会议期间还组织与会人员参观第十九届中国国际塑料橡胶工业展览会。中国轻工业联合会陈士能会长到会与中国塑协理事亲切合影留念。

“中国塑协多功能母料专委会成立大会暨新技术研讨会与新产品推介会”召开

6月19～20日，由中国塑协主办，广州金发科技股份有限公司承办的“中国塑协多功能母料专业委员会成立大会暨新技术研讨会与新产品推介会”在广州召开。

经民政部“民社登［2004］第491号文”批准，由中国塑协组建多功能母料行业专委会，以全面推动我国功能母料的发展。国内多功能母料企业、著名专家、学者100余人参加了会议。中国塑协副秘书长周延龄在会上做了题为“改进基础树脂性能，提高塑料制品效益”的讲话，说明了成立多功能母料专委会的重要意义。广州金发科技股份有限公司总经理李建军在会上致辞。

会议宣布中国塑协多功能母料专委会成立。会议通过了《中国塑协多功能母料专委会章程》。在热烈的气氛中，与会代表选出了理事单位。

随即召开了一届一次理事会，会议一致选举广州金发科技股份有限公司为理事长单位，广东盛恒昌化学有限公司、宁波色母粒有限公司等七家单位为副理事长单位；理事长和秘书长分别由广州金发科技股份有限公司总经理李建军和副总经理黄险波担任。

在热烈的掌声中，中国塑协周延龄副秘书长将中国塑协多功能母料专业委员会证书和铜牌颁布发给李建军理事长。李建军理事长和黄险波秘书长相继表态，一定不辜负大家的信任，担负起为行业服务的重任。

会议就下一步工作开展进行了讨论。

成立大会结束后，召开了“新技术研讨会与新产品推介会”，十余位著名专家和企业家做了精彩的专题报告。中山大学材料科学研究所章明秋教授的“纳米复合材料及应用”、广州合成材料研究院胡行俊教授级高级工程师的“抗氧剂、光稳定剂等防老助剂在配方设计中的应用”、中科院理化所李毕忠研究员的“抗菌剂配方设计与应用技术”、北京市北工研究院陈宇教授级高级工程师的“功能化助剂在农膜与包装中的应用”、广东炜林纳功能材料有限公司郑德总经理的“多功能稳定剂在PVC中的应用”、中科院广州化学所陈鸣才研究员的“稀土类成核剂的应用”、华南理工大学王炼石教授的“相容剂在塑料合金中的应用"、华南理工大学赵建青教授的"无卤阻烃机理与阻燃剂应用技术"、北京理工大学欧育湘教授的"阻燃剂及阻燃材料的发展概况"、广东盛恒昌化学有限公司罗崇远董事长的"新型色母粒的开发与应用"等报告受到热烈欢迎。与会代表就行业发展现状及发展进行了研讨和交流，部分企业还进行了新产品的宣传与推介。

会议还组织参加了第19届中国国际塑料橡胶工业展览会开幕式并参观了展览。

"中国塑协塑料技术协作委员会2005年会暨塑料加工高新技术及产业化研讨会"召开

6月19～21日，中国塑协塑料技术协作委员会2005年会暨塑料加工高新技术及产业化研讨会在广州召开。塑料技术协作委员会年会组织了新成果推介、技术咨询、难题招标，帮助企业寻找合作伙伴等，通过会议，发挥"技术"和"协作"的优势，为技术项目供需双方提供交易平台，组织行业内产学研各方共同努力，开发新技术、应用新技术、推广新技术，克服当前困难，借国家经济发展的强势，开创新局面。会议专题：①加工过程中结构与形态变化规律和控制；②塑料挤出成型技术国内外新进展；③塑料注射成型技术国内外新进展；④Polyflow在塑料成型中的应用；⑤稀土助剂在塑料加工中的应用；⑥聚合物纳米材料研究和应用进展；⑦行业形势、热点介绍等会议报告分析当前行业形势、热点介绍；突出高新技术，特别是具有自主知识产权的技术成果的介绍，推进产业化，内容包括稀土材料、塑木材料、纳米材料、可降解塑料，新颖医用塑料制品、包装阻透制品、建筑塑料制品，塑料动态加工技术、难加工物料成型技术、精密成型技术，计算机应用技术以及其他实用技术等新材料、新产品、新技术的开发与应用。

"首届中国塑料制品产业管理战略论坛会"召开

6月21～23日，首届中国塑料制品产业管理战略论坛会在广州召开，论坛针对目前塑料原料价格上涨导致众多制品企业生产经营困难，生产经营环境发生变化，企业感受到了外界环境变化带来影响。为解决制品企业的现实困境，中国塑协和全国塑料加工工业信息中心邀请和君创业管理咨询集团和有关专家与业内人士共同分析制品企业面临的问题，总结成功企业的经验，提出解决制品企业面临的实际问题，指出应对环境变化的措施，探讨塑料产业发展之路。会议主题：系统思考中国塑料产业；不确定环境下，制品企业应对策略；制品企业管理实践：成功企业经验；制品企业管理实践：制品企业营销模式和采购模式；分享世界一流的管理思想。

"中国塑协塑料管道专业委员会2005年年会"召开

6月20～22日，中国塑协塑料管道专业委员会2005年年会在广州召开。中国塑协会长廖正品出席并讲话。会员单位以及相关机构、部门、协会、企业和单位的代表参加会议，针对行业目前的实际情况，会议重点安排讨论加强品牌建设，促进行业发展；交流目前塑料原料的市场情况和走势，讨论行业的对策、措施；讨论产品行业指导价格制定等内容。

会议还进行了换届选举，同期召开了理事会议和各工作小组的讨论会。会议还组织进行技术交流、参观第十九届中国国际塑料橡胶工业展览会、参观相关企业等活动。

"第十九届中国国际塑料橡胶工业展览会"举办

6月21～24日，第十九届中国国际塑料橡胶工业展览会在广州琶洲的广州国际会议展览中心举行。6月21日，展览会隆重开幕，中国轻工业联合会陈士能会长出席了剪彩仪式并参观了展览。展会期间52 000多名来自80个国家及地区的专业观众前来参观。

此次国际橡塑展不断刷新记录，展出面积77 000平方米，比上届在上海的展会增长了28%，共有30个国家及地区的1 109名参展商参展，还有来自奥地利、加拿大、德国、印度、意大利、日本、英国、美国、中国及中国台湾省的10个国家及地区参展团。"化工及原材料专区"今年的展出面积达18 000平方米，超过上届50%；现场展商展出超过900台最新设备，展场声势宏大。2004年，海外观众7 028名，2005年79个国家及地区的海外观众7 920名，较上届增加12.7%，中国内地观众，来自广州的占观众人数的25%，中南及西部地区占39.57%，华东占13%，华北占7.2%。

展会吸引了来自马来西亚塑胶厂商公会、新加坡塑胶工业总会、韩国模具工业协会、越南塑胶协会、泰国塑料工业协会及菲律宾塑胶工业联合会，以及来自土耳其、印度、印尼、韩国、德国、西班牙、日本等国家的参观团体。一些团体也借此良机参观考察珠三角地区及附近的塑料制品生产企业，借此交流技术新知及洽谈合作机会。

今年，雅式展览服务有限公司与杜塞尔多夫展览（中国）有限公司的合作对增加海外观众及展会的成功有重要的作用。"国际橡塑展"备受业内人士推崇。

由于塑料橡胶的应用范围广泛，参观该展的观众也来自不同的工业领域。2005年，有26.7%的观众来自塑料橡胶加工生产企业，13.9%来自电子产品、电器、玩具、汽配生产商，以及模具企业，23.9%来自塑料制品、建筑建材和包装企业，13.2%是塑料及橡胶机械制造商。

国内的观众中，46.3%来自民营企业，43.8%来自合资企业，9.1%来自国有企业。这些数据显示出民营及合资企业的重要性日趋提高，并广被视为加速中国经济发展的推动力。

中国塑协会长廖正品表示，尽管中国塑料工业在刚刚过去的2004年遭受塑料原料大幅涨价的冲击，但仍然发展强劲，塑料制品产量增长仍然达12%，显示了中国塑料工业综合实力的进一步提高，市场需求旺盛；也表明了中国塑料工业在进入WTO后积极参与市场竞争，并在激烈的国际化竞争中发展壮大，具备了抗风险的能力。在面对国际间的激烈竞争及受国际石油价格大幅上涨影响，中国塑料加工行业需不断地调整，加强科技的投入和技术创新力度，积极调整产品结构和产业结构向合理化方向发展，为中国经济各行业服务，及为中国经济增长做出贡献。

24日，第十九届中国国际塑料橡胶工业展览会取得丰硕成果，圆满闭幕。众多展商及团体已经预订了明年展会的展台，“2006国际橡塑展”目前已预订了超过15 000平方米，预期展会的总面积将达83 000平方米。“2006国际橡塑展”已订于2006年4月26～29日在上海浦东新国际博览中心举行。

“PE压力管道（给水、燃气）管道系统国家标准宣贯会”召开

6月26～27日，PE压力管道（给水、燃气）管道系统国家标准宣贯会在北京召开。中国塑协会长廖正品出席并讲话。

全国塑料制品标准化技术委员会塑料管材管件及阀门分技术委员会SC3，在国家标准化技术委员会、中国轻工业联合会的正确领导下和相关部门领导和专家的大力协助下，经过5年多的通力合作、辛勤努力，压力用聚乙烯（给水、燃气）管道系统涉及的近40个相关产品国家标准、方法标准和基础标准已经完成制修订，部分标准已经陆续正式发布实施。PE压力管国家标准制定工作已得到了快速发展，发挥了重要作用，塑料管道行业蓬勃发展，要按国家标准组织生产，向规模化发展，积极制定标准，为塑料管道行业发展奠定了坚实基础，在本次会议所涉及的近40个国家标准的制修订过程中，TC48/SC3充分考虑了标准的先进性，又考虑了标准的普适性；既考虑到了与国际标准接轨，又考虑到了目前我国的国情和经济技术发展水平。塑料管道品质优良，还必须精心铺设，严格按国家相关规程办事，塑料管道要做强做大，不仅必须严格地按国家标准组织生产，而且也必须严格执行设计规范、施工规程和验收规程铺设塑料管道，才能早日使我国塑料行业达到先进国家的水平。

“中国塑协复合膜制品专业委员会第四届五次理事会会议”召开

6月27日，中国塑协复合膜制品专委会第四届五次理事会在上海召开。出席本次会议的有20个理事单位。

复合膜专委会理事长单位上海人民塑料印刷厂陈从公厂长针对行业存在的问题提出三点建议：①尽快建立现代化信息平台；②尝试组建行业物流平台以实现规模采购，降低采购价格；③努力提高行业的核心竞争力。

会议对以下几项议题进行了认真讨论和审定

一、专委会副理事长单位上海紫江彩印包装有限公司武向宁总工向大会宣讲了“食品包装材料生产质量管理规范”，各位理事对“规范”条款进行了热烈的讨论，一致同意将此“规范”修改后报送国家相关部门审查，争取批准立项。

二、武茂安副秘书长汇报了复合膜专委会的信息平台“中国软包装网”建设的进展情况，并提出了网站的名称、标识及网站的费用预算，经与会理事一致通过了“中国软包装网站”的名称、标识及费用预算。会议希望抓紧落实网站建设进度，尽早实现为行业服务。

三、无锡国泰武永生总经理向理事们汇报了会员的发展情况。

【7月】

“中国塑协氟塑料加工专业委员会四届二次理事会会议”召开

7月6～7日，中国塑协氟塑料加工专委会第四届二次理事扩大会议在贵州省贵阳市召开。北京市塑料研究所、武汉市工程塑料有限公司、天津市第九塑料制品厂、上海上化氟材料有限公司、常州正信氟塑料制品有限公司等16家理事单位和宁波昌祺氟塑料制品有限公司、南京肯特复合材料有限公司、广州市晶邦工贸有限公司等5家特别邀请的骨干企业以及上海华尔卡氟塑料制品有限公司、苏州霓佳斯工业制品有限公司、誉硕电子科技（苏州）有限公司等外资企业的近40名代表参加了会议。国家发展和改革委员会和中国塑协领导参加会议并讲了话。

会议听取并通过了陈生秘书长作的2004年/2005年工作报告，根据四届二次常务理事会提议，本次会议讨论并通过了增补理事单位和解除部分会员单位的决议。宁波昌祺氟塑料制品有限公司、南京肯特复合材料有限公司、广州市晶邦工贸有限公司、宁波天塔聚氟纤维有限公司四家单位被增补为理事单位，同时解除辽宁省阜新市高分子材料制品厂等10家企业会员资格。

与会代表就当前中国氟塑料加工行业存在的一些问题展开了深入的讨论，代表们普遍认为，尽管我国氟塑料加工行业发展较快，新产品、新工艺不断涌出，企业要想在激烈的市场竞争中，保持优势，就必须加强企业管理，降低能耗，走规模化、专一化的道路，加强同行业以及相关行业的联合与协作，搞好技术改造，人员培训，一切为客户着想，用户近乎于苛刻的要求是对企业最大的帮助。严格按照标准生产，把好质量关。要学习国外先进企业的管理理念，改善工作环境，培养员工对产品质量的重视度，维护企业信誉。

此次还邀请了部分外资会员单位参加了专题座谈，外资企业的代表介绍了企业发展情况，同时也听取了其他单位发展的介绍，大家就共同关心的问题展开了深入的讨论，外资企业代表还与专委会常务理事会成员就原料价格、电力、税收，反倾销、信息渠道、委托加工、产品标准以及管理理念等问题进行了座谈。

“2005大连国际橡塑工业展览会”和“2005大连国际橡塑工业发展论坛”举办

7月13～16日，由中国塑协、大连市人民政府共同主办，中国国际贸易促进委员会大连市分会承办的“2005大连国际橡塑工业展览会”在大连世界博览广场举行。中国塑协常务副会长李国俊出席并讲话。

本次展览会是2005中国大连进出口商品交易会主题展之一，共设展览面积3200平方米，展位160个，主要展出塑料加工机械、塑钢及铝塑复合机械、塑料辅助设备及配件、塑料模具、测试仪器、塑料原辅材料、塑料制品、塑料加工成型新工艺、新产品及其相关科研项目、科研成果等。展览会总成交量中注塑机类约占35.1%、共挤吹塑类占29.7%、拉伸成型及粉碎类21.6%、塑料制品、原材料及其他辅助设备约13.5%，参观人数达数万人次。

展会期间举办了“2005大连国际橡塑工业发展论坛”。我国塑料界知名专家、学者、部分优秀企业代表等业内人士出席，就塑料新材料开发和应用、塑料产业在振兴东北战略中的地位和发展前景、塑料土工材料在港口、公路、铁路建设中的应用等进行探讨与交流，为国内外厂商提供更多商机。发展论坛的主要内容：塑料产业在振兴东北战略中的地位和发展前景、塑料土工材料在岩土工程中的应用、塑料新材料开发和应用、关于塑木产品在中国的现状和前景、PVC低发泡型材技术及应用、七层共挤高阻隔包装膜生产与应用等进行了探讨。

“淀粉共混加工及其产业发展方向专题座谈会”召开

7月16～17日，由中国塑协降解塑料专业委员会主办，烟台天润包装材料有限公司和烟台万利达环保材料有限公司协办的淀粉共混加工及其产业发展方向专题座谈会在烟台召开。参加会议的领导和代表有中国塑协廖正品会长、美国谷物协会牛一山主任、林商事株式会社陈凯经理、加拿大星叶技术集团有限公司屈丰鑫亚洲代表等。

会议就淀粉共混塑料的国家相关宏观政策、产业发展方向、加工技术联合攻关、如何突破和规范市场瓶颈和标准规范进行了讨论。由翁云宣秘书长汇报了新一届专委会成立以来已经开展的工作和下一步的工作计划。

会议针对产业发展方向，主要讨论了以下几个话题：聚乙烯＋淀粉是否可生物分解；淀粉＋聚乙烯的宣传角度如何调整；是否环保？节约石化资源、利焚烧、降低成本存在问题，制品性能、回收、后处理；淀粉＋其他可生物分解树脂或助剂；改性、共混；知识产权；制品加工。

翁云宣秘书长汇报了换届选举后已经展开的工作和今后的工作计划。专委会自5月份换届选举以来，将具体服务落实到位如铭牌、证书的制备。目前，已完成专委会专家委员会筹建，已开始准备第一期《降解材料》；于2005年6月配合北京奥科委协办了“绿色奥运，绿色材料”国际研讨会，2005年7月召开淀粉共混加工及其产业发展方向专题座谈会；准备于2005年8月携奥组委、世博会组委会等单位组团参观日本世博会降解塑料应用情况，计划于2005年9月在北京召开生物聚合物测试方法国际研讨会，参加9月24～27日在韩国召开的ISO/TC 61年会；计划在年底召开降解塑料产业成果和进展汇报会（政府、媒体专场）暨第二届生物分解材料技术与应用国际研讨会筹备会；2006年召开第二届生物分解材料技术与应用国际研讨会。

会议未能对淀粉共混烯烃塑料的宣传，达成统一名词，与会代表对如何去认识淀粉共混烯烃塑料基本形成了共识，即一定要实事求是、恰如其分地了解和宣传淀粉共混烯烃塑料的环保和可持续发展优势。

“2005 年全国 PVC 塑料加工工业技术年会”召开

7 月 25～31 日，由中国塑协和全国聚氯乙烯信息站联合主办、由《聚氯乙烯》编辑部承办的“2005 年全国 PVC 塑料加工工业技术年会”在四川省成都市召开，共有 56 家单位 77 名代表出席了本次会议。

全国聚氯乙烯信息站李少言副站长、中国塑协异型材及门窗制品专委会王存吉秘书长、中国塑协塑料管道专委会王占杰副秘书长、北京化工大学材料科学与工程学院苑会林副教授、四川大学高分子材料工程国家重点实验室皮红副教授、南京工业大学材料学院高分子系张军教授等领导和老师出席了本次会议。

会上，对当前 PVC 制品行业的焦点专题做了深入分析，对目前 PVC 制品市场及行业的发展趋势提出了看法，也对目前 PVC 树脂价格的走势及对 PVC 加工企业的影响进行了探讨。会上交流的论文题目包括：PVC 型材的产销现状及发展趋势；PVC 管材的产销现状及发展趋势；PVC-U 给水管材力学破坏原因初探及预防；氯乙烯/纳米 $CaCO_3$ 原位聚合 PVC 树脂的加工性能研究；软质 PVC 的电负性研究及其火灾感温报警电缆的研制；着色剂对软质聚氯乙烯脱氯化氢的影响；添加剂对高聚合度聚氯乙烯流变性能的影响；环保 PVC 塑料全面解决方案——无毒热稳定剂；硬脂酸钙对石蜡、硬脂酸润滑作用的影响及其理论分析；复合金属皂热稳定剂对聚氯乙烯热稳定性的影响等。

塑料原料市场呈现四大特点

2005 年上半年，国内市场塑料原料价格一直处于高位运行。综合分析各方面情况，上半年国内塑料原料市场显现出四大鲜明特点。

1. 国际油价更受关注

今年上半年，国际油价飞涨，不断创历史新高，与去年同期相比，平均涨幅达 40% 以上。在这种情况下，下游石化市场变数逐渐增多。

与往年相比，国际乙烯、丙烯等石化原料价格一直处于宽幅震荡中，其波动幅度远大于聚乙烯、聚丙烯。为规避市场风险，塑料原料生产厂商及贸易商操作都很谨慎。当原油及乙烯、丙烯单体价格上涨过急时，为防止价格倒挂，塑料原料生产厂商纷纷降低装置开工率或停产，贸易商更是采取快进快出的经营策略，囤货不多。

2. 石化企业控制力变强

以往，进口塑料原料控制着国内塑料原料市场价格走势。但近年来，随着进口量减少，国内石化生产企业在市场上逐渐拥有了更多的控制权。国内生产企业时常通过限量销售来控制市场资源，达到产需暂时性平衡。同时，在产品库存量不大时，提升出厂价；在提货量不大的情况下，又适时下调出厂价，以激发用户购货积极性，保证企业拥有稳定的盈利空间。

3. 流通环节炒风盛行

化工行业景气，吸引了很多新投资者。但由于大多集中在流通环节，造成化工市场炒作之风盛行，并出现了流通环节之间相互炒买炒卖的新特点。由于交易主体是贸易商，价格上涨并非受需求推动，只是人为炒作，因而上涨在相当程度上是空涨。而市场价格下跌也往往是一些贸易商为补充货源的人为打压。此时塑料加工企业进场采购，则可“渔翁得利”。

4. 价格影响主因渐变

尽管国内市场塑料原料供需仍存在缺口，但随着国内塑料加工业开工率降低，这一缺口经常需要重新测算，近来进口量变化也表明了这一新趋势。如 5 月份国内通用塑料原料进口量为 99 万吨，比去年同期减少 6.27%；4 月份进口量为 116 万吨，比去年同期减少 8.31%，特别是低密度聚乙烯、聚苯乙烯、聚氯乙烯等进口量减少较多。因此，可以说，供求关系对塑料原料价格走向的影响在一定程度上可能已经变为次要因素，而下游塑料加工企业的承受力、上下游企业之间的利益分配，正逐渐成为制约塑料原料价格走向的主要因素。

【8月】

第十八届“杜邦全球包装奖”揭晓，中国包装产品喜获四奖

8 月 8 日，第十八届“杜邦全球包装奖”在美国费城揭晓，并在 Kimmol 演艺中心举行了隆重的颁奖礼。“杜邦全球包装奖”由杜邦公司主办，旨在嘉奖全球塑料包装供应链中的创意与革新，从塑料包装设计到技术、从包装生产加工企业到终端消费者。

来自美国、西班牙、英国、德国、中国和印度的包装产品分享了本届“杜邦全球包装奖”的所有奖项。而中国作品的获奖尤其令人鼓舞。这是中国包装产品首次参加“杜邦全球包装奖”，就获得了一个金奖、一个银奖和两项“特别提名”奖。

本届“杜邦全球包装奖”评审团由八位来自不同国家的资深业内人士组成，分别来自食品加工及包装业，包括绘图专家、设备供应商和来自学界、行业新闻、政府监管部门、环保及业界组织的代表。他们从全球 111 个参赛作品中，评选出食品类和非食品类共

22个获奖包装，并从中选出最具创意的作品，授予"钻石奖"。其他奖项还包括4个金奖、12个银奖和5个特殊提名奖。

在中国，杜邦公司于去年推出"杜邦中国包装奖"，由杜邦中国集团有限公司主办、中国塑协复合膜制品专业委员会作为顾问单位，是为了促进中国塑料包装行业的技术创新、推动行业进步和技术发展，并向世界展示和推广中国包装工业的实力与形象。获得第十八届"杜邦全球包装奖"的中国包装作品，就是从2004杜邦中国包装奖获奖作品中遴选产生的。

第十八届"杜邦全球包装奖"获奖中国作品及评委意见

金奖

获奖厂家：杭州正达彩印厂

产品名称：自立可吸式包装袋

获奖评语：包装袋设计新颖实用（外观设计专利ZL02374457X，实用新型专利ZL022617213）。其创新在于吸管置于袋内一侧，卫生性好。固定吸管的异型部设计巧妙，方便消费者使用。内置吸管与制袋一次成型，减少加工工序，生产自动化程度高，大大降低生产成本。该包装袋是由PET/PE复合膜制成。为灌装豆浆、豆奶用于早餐工程的配套产品，深受消费者青睐。其应用可延伸到其他饮料包装。它还可改变复合膜基材及结构，满足不同货架寿命及其他功能的包装要求，增加包装袋品种，扩大应用领域。

银奖

获奖厂家：江苏彩华包装集团公司昆山市张浦彩印厂

产品名称：10公斤宝路宠物牛肉袋

获奖评语：该包装袋是对目前同类用途的PE袋和PA/PE复合袋的革新，克服了PE袋强度低、易破损、用料多和PA/PE袋成本高的缺点。该包装袋以尼龙、线性低密度聚乙烯等为原料经共挤出吹塑成对称性高强度多层薄膜。布制袋时于端封折边处进了A/A加封，提高了抗冲击性能，克服了易破损性，同时比PE袋节约了20%的原料。该包装袋也适用于包装同等重量的颗粒或粉状类物品。

特殊提名

获奖厂家：潮安县文华彩印有限公司

产品名称：中国茶叶系列折叠式立体包装盒

获奖评语：该包装盒形状设计新颖（实用新型专利ZL99238995.X），并具有纸盒可立放的优点。其焊缝在盒的边角，有别于市场上流行的中央焊缝，使图案展示更完整。包装的图案设计富有民族特色，以BOPP消光膜为表面基材用我国的水墨山水画配以书法诗词宣扬中国茶文化，增加了对消费者的吸引力。该包装与纸盒相比成本降低20%，也适用于食品、日化等行业。

特殊提名

获奖厂家：上海人民塑料印刷厂

产品名称：庄臣汽罐标贴膜

获奖评语：该产品设计新颖，构思巧妙，将印刷、激光、镀铝、压纹、复合工艺有机组合使制得产品兼具防伪、粘贴性能及装潢效果等特点。为了满足贴标生产工艺高速自动化的要求，对选材、材料再处理工艺及加工设备均进行了革新。该产品也可满足其他罐类标贴。

【9月】

青岛天皇高材公司"复合增强中空壁缠绕管生产线"通过鉴定

9月10日，青岛市经济贸易委员会组织并主持了由青岛天星高材有限公司承担完成的"复合增强中空壁缠绕管生产线"新产品鉴定会。

该生产线借鉴中空壁缠绕管技术设计的成型原理，经工艺、设备改进，结构合理、性能稳定、运行可靠。采用大功率主挤出机及熔胶挤出机、新型BM螺杆，使物料塑化更均匀，提高了产量和质量；采用先进的复合共挤模具设计原理，混合原料配方有创新，保证了复合中空型材的冷却定型和挤出速度；采用了设计新颖，结构性能稳定可靠的缠绕成型主机，保证了整机的性能。

该生产线经山东省产品质量监督检验研究院检测，符合Q/02TXB001—2005标准要求。由该生产线生产的复合增强中空壁缠绕管产品经国家化学建筑材料测试中心检测，符合GB/T 19472.2—2004标准要求。该生产线主要的技术性能指标达到国际先进水平。

该生产线经试产试销，用户反映好，具有较好的经济效益、社会效益和环境效益。

"复合增强中空壁缠绕管材"通过鉴定

9月10日，青岛市经济贸易委员会组织并主持了由青岛天星高材科技发展有限公司承担完成的"复合增强中空壁缠绕管材"新产品鉴定会。

该产品的主要创新点如下。

1. 方管采用双层复合结构，方管外层采用普通HDPE材料，易于粘接，方管内层采用增强复合材料，使之具有优异的综合性能。

2. 采用了增强改性料，提高了环刚度，节约原材料，降低管道成本。

该企业生产设备先进、工艺合理、质量管理体系和检测手段齐全，具有批量生产的能力，可以投入生产。该产品经国家化学建筑材料测试中心检测，符合 GB/T 19472.2—2004 标准要求。

青岛天星高材公司“SSGP 燃气/给水用（PE）管材生产线”通过鉴定

9 月 10 日，青岛市科技局组织并主持了由青岛天星高材科技发展有限公司承担完成的“SSGP 燃气/给水用（PE）管材生产线”科技成果鉴定会。

该生产线经山东省产品质量监督检验研究院检验，符合 Q/02TXB002—2005 标准，由该设备生产的燃气/给水用（PE）管材产品经国家化学建筑材料测试中心检测，符合 GB 13663—2000、GB 15558.1—2003 标准。

该生产线采用了自动计重上料装置，提高了称量精度，降低料耗；主机采用改造的 IKV 强制给料系统，改进了 Barr 压缩段以及计量段和销钉混合段螺杆的设计，主机的名义比功率达到 0.22kW/(kg/h)、比流量可达到 4.38(kg/h)/(r/min)，超过了国际先进水平；多头螺旋机头加循环油温控制机构实现了高速挤出；一箱两室定径水槽、板式定径元件、对流循环喷淋冷却系统的设计有效地满足了高速挤出的需要；PLC 控制系统大大提高了生产线的自动化水平。鉴定专家委员会一致认为该生产线的主要技术经济指标达到国际先进水平。

“橡胶、塑料技术在医疗制品上的应用论坛”举办

9 月 14～16 日，中国塑协医用塑料专委会在天津举办了“橡胶、塑料技术在医疗制品上的应用论坛”。共有近百家相关企业、科研院所、大专院校的代表和专家参会。论坛就橡胶、塑料技术在医疗制品上的应用为题进行专题报告。同时对橡胶塑料技术在医疗制品上的应用现状和发展进行了广泛的技术交流。

出席论坛的领导有：中国塑协廖正品会长、中国协和医科大学的生物医学工程领域著名专家，国际医学工程院士杨子彬教授、天津市发改委石化办张东生主任、国家医疗器械审评专家，天津医科大学顾汉卿教授、美国硅谷博士企业家学会副会长，北京大学客座教授马延辉博士、天津市胸科医院心外科主任文其祥教授、清华大学生物材料专家崔福斋教授以及《中国塑料》杂志杨惠娣主编等共计 16 名专家、教授就我国医用高分子产业的现状及发展做了精彩的演讲，并与企业代表就相关问题进行了广泛的技术交流。

在举办论坛期间，医用塑料专委会组织召开了理事长扩大会议，专委会理事长曹常在就专委会去年的工作进行了总结，并对明年专委会的工作进行了安排部署。同时副理事长单位对做好明年专委会的工作提出了许多好的建议和要求，对理事长工作给予高度评价，并决心通过共同努力将专委会工作开展得更好，不辜负会员单位对专委会的殷切希望，为企业服好务。

“中国塑编之都”实地考核复评

9 月 18 日，中国塑协常务副会长李国俊率领的中国轻工业联合会和中国塑协组织的“中国塑编之都”复评考核专家组到浙江省平阳县进行实地考核复评。考核专家组对浙江省平阳县塑编产业的发展给予了高度的评价。李国俊副会长听取了汇报，实地考查了生产。平阳塑编产业量大面广，产量高。高、中、低档产品齐全，适应国内外市场的需求，有客户，有需求，传统产品不能放，高新产品，特殊用途的产品要研发，建材中铸铁管、水泥管逐渐淘汰，塑料管材是理想的替代产品，大西北需要大量的复合防风防沙墙，要开发出其他地方没有的新产品，占领市场。要加强废弃塑料的回收利用，白色污染不是塑料本身的过错，而是人们的环保意识不强。

专家组充分肯定了平阳塑编企业对全国的塑编产业的贡献，民营企业发展到如此程度真了不起，企业家带机械设备，资金人才支持中西部开发，开创了新业绩，体现了平阳塑编产业引领全国的实力。

“中国塑协塑料编织制品专委会第二届第一次会员大会”召开

9 月 21～22 日，中国塑协塑料编织制品专业委员会在浙江省平阳县召开了第二届第一次会员大会。中国塑协会长廖正品出席并讲话。

重新登记申请入会的共有 145 个单位，到会 139 个单位，符合法定人数。会议首先由第一届理事长单位代表作第一届专委会工作汇报，中国塑协丁言行副秘书长介绍了中国塑协所属各专业委员会的情况，第二届塑料编织专委会筹备组代表宋云鹤做了塑料编织制品专委会工作条例修改意见的报告和筹备组通过各方协商后理事会成员名单及情况介绍。

大会通过了工作条例的修改意见和第二届理事会成员组成。召开了第二届第一次理事会。由理事会选出了常务理事、会长、常务副会长、副会长、常务副秘书长（秘书长暂缺）、副秘书长，理事会一致通过浙江华庆集团有限公司董事长姜集康为会长、浙江南塑包装有限公司林增标为常务副会长、温州市塑料工业协会常务副理事长宋云鹤为常务副秘书长。

“第五届中国塑料交易会”举办

9月24～26日，由中国塑协、台州市人民政府主办的“第五届中国塑料交易会”在浙江台州路桥举行，中国塑协常务副会长李国俊出席并讲话。

本次展会共设展位1 500个，展览面积30 000平方米，主要展出塑料制品、原料及助剂、模具、机械及技术成果等。展会期间还举行了中国塑料工业与环境保护协调发展高峰论坛。“第五届中国塑料交易会”被商务部评为2005年重点支持展会。

塑料产业是台州的支柱产业之一。2004年资料统计调查结果显示：台州拥有1万多家塑料相关企业，年销售额达290亿元，原料年消耗量280多万吨，从业人员18万余人，已初步形成了塑料原料、制品、机械、模具、技术的完整产业链。台州市是全国塑料制品、精细化工、汽摩配件、制冷配件和模具生产基地。台州模具开发能力强、价格相当于国外同类模具的1/10，台州由此赢得了“塑料制品王国”和“模具之乡”的美誉。因此该展会具有巨大的市场潜力和良好的市场氛围，为展示塑料制品、原料、助剂、模具及机械等搭建交流平台，同时也为国内外厂商提供更多的商机。

对温州“中国合成革之都”进行复评考核

9月19日，中国轻工业联合会、中国塑协常务副会长李国俊及兄弟省有关领导和专家一行五人，到温州对“中国合成革之都”进行复评考核。复评考核组认真考查了温州人造革有限公司、浙江科一合成革有限公司、温州市闽锋合成革有限公司等有关企业；查阅了复评的有关资料；听取商会会长孙福荣关于“中国合成革之都”命名三年来发展情况的汇报。

2002年10月，中国轻工业联合会、中国塑协授予温州市“中国合成革之都”荣誉称号。按照要求，特色区域荣誉称号每三年要进行复评。三年来，温州合成革行业争创名牌、培育名牌，品牌意识有了很大加强。温州人造革有限公司的“东泰”牌合成革/人造革最近被评为中国名牌产品。温州市宏得利制革有限公司的“宏得利”牌合成革等7个品牌评为市名牌产品和知名商标，越来越多的企业投入到创名牌的行列中来，温州合成革将会有更多的产品展示自己的品牌形象。合成革企业通过招聘等各种形式，各类人才纷纷加盟温州合成革行业，增强了企业的后劲。商会于2002年和2004年两次配合市职改办开展合成革行业的专业职称评审工作，近百名技术人员分别获得了中、初级技术职称资格。目前，温州合成革行业已培养、引进一批专业技术人员和管理人员，并形成了基础研究、产品研发、质量检测、环保治理为一体的科研体系，时尚的新产品源源不断地投放市场。温州合成革行业从主要依靠国内市场，向积极拓展国际国内两个市场转变，提高企业的“外向度”。合成革企业近三年来出口交货值都以20%以上速度递增，产品进入世界60多个国家和地区。

几年来，全行业把治理污染作为突出工作来抓。把2004年列为重点治污年，2005年把治污工作作为攻坚来抓。全行业又投入1亿多元，对废气、废水、固废进行进一步治理并且年年有新举措，年年有新成果。研制成功DMF废气净化回收装置，填补了国内空白，并已在全行业中推广；总结推广了生化工艺处理零星污水；研究出二甲胺废气的治理工艺，已在全行业中推广；少量废渣残液也将集中进行无害化处理。我们的治污成果，得到了国家和省环保局领导的肯定和好评。

“中国合成革之都”花落温州后，温州合成革商会作为团体会员晋升为中国塑协副理事长单位。三年来，会员单位从61个发展到100个，入会率高达95.2%。商会在完善机构，健全制度，加强自身建设的同时，开拓创新，为会员企业提供了扎实有效的服务，使商会成为广大会员企业的娘家。

听取汇报后，复评考核组领导和专家对温州合成革行业三年来的发展给予了高度评价，亮出了高分，赢得了喝彩。晚上，温州市副市长孟建新会见了复评考核组一行。

“2005年中国塑协改性塑料专业委员会年会暨无机粉体材料在塑料中应用技术进展研讨会”召开

9月20日，“2005年年会暨无机粉体材料在塑料中应用技术进展研讨会”在四川成都召开。中国塑协廖正品会长、雅安市政府、宝兴县县委，政府及有关部门领导出席会议。改性塑料专业委员会是中国塑协所属的二十五个专委会开展活动最好的专委会之一，改性塑料专委会是全国性的行业协会组织，长期倡导在塑料中应用无机粉体材料，相当多的大学和科研机构在这方面取得多项成果，很多都已经应用到实际产品中，创造出很好的经济效益和社会效益。这次会议上有一批新的科研成果，新的改性技术和产品展示出来，不断推动改性塑料行业的技术进步和健康发展。

塑料改性离不开其他行业的大力支持和配合，改性塑料行业和非金属矿行业相互促进、增强了解，始终是使双方都受益的举措，这次会议由负有天下第一白盛名的四川省宝兴县的企业来承办就是最好的例证。会议代表将考察宝兴县和微纳粉体有限公司，得到最直观，最深刻的认识，从而从技术质量和品种上、数量上都可以增强对宝兴作为重质碳酸钙生产基地为改性塑料提供优质原材料的信心。

“全国塑编联谊会”召开

9月20～22日，全国塑编联谊会中国塑编包装技术信息交流会，在“中国塑编之都”的温州市平阳县鳌江镇召开，全国塑编各界500多人士出席。

会议抓住当前塑编企业热点之一的节能问题，推广石英加热圈节能新技术。如何使用再生料降低塑编成本，也是中国塑编行业的技术难点之一。《再生料与编织技术》一书系统地总结了废弃塑料的收集、清洗、分选、造粒为再生料的设备及工艺和疑难问题分析处理方面的生产实践经验，总结了再生料混配、干燥、拉丝、卷绕、编织、印刷等设备及工艺和疑难问题分析处理方面的生产实践经验。拉丝机和圆织机节能是塑编行业当前降低生产成本最关注的热点，会议重点推广小六梭圆织机和节能低噪声四梭圆织机。编写了《圆织疑难杂症分析及处理》和《再生料与编织技术》两本新书。

会议邀请了中国科学院的国家研究员和全国著名塑编专家参加会议。介绍了国内外塑料加工工业的现状和发展趋势、塑料制品产业链延伸和扩展领域、几种高附加值塑包产品生产工艺和设备，同时带来塑料新技术、新成果可供转让。

会议同期举办了“平阳县塑编产业发展延伸研讨会”，请全国各地塑编专家和学者针对平阳县塑编产业的现状，提出发展和延伸意见。

会期还举行了中国塑协塑料编织专业委员会换届选举工作，产生了新一届塑料编织委员会的会长、副会长、秘书长等领导班子。

“中国塑协降解塑料专委会生物基聚合物测试方法研讨会”召开

9月21日，中国塑协降解塑料专委会和全国塑料制品标准化中心生物分解材料工作组在北京召开国际研讨会，专题研讨生物分解材料和生物基聚合物评价体系。中国塑协会长廖正品出席并讲话。

废弃塑料制品对环境的污染日益严重、全球性石油资源紧张及生物合成技术进步等多种因素，使国内外生物分解材料和生物基聚合物研究与开发空前活跃，其用量与应用领域也日趋扩大。相关测试方法的标准化问题由此成为该领域关注的热点之一，国际标准化组织已经制定了一些测定材料生物分解能力的标准，ASTM（美国材料试验学会）也出版了测定生物基聚合物生物基含量的标准。另外，随着生物材料在医学及生物组织工程上的应用，用快速的检测方法来测定材料的生物分解性能显得十分紧迫。我国在生物分解材料某些领域的研究具有国际领先水平，研究探讨测试方法标准化将利于我国生物分解材料在今后的国际贸易中争取到更加有利的地位，避免遭遇标准方面的技术壁垒。

会议邀请了美国、日本及中科院长春应用化学所和上海有机所、天津南开大学、北京理工大学、清华大学、宁波天安生物材料有限公司等单位的专家学者及企业界代表，探讨业界共同关注的话题。

“2005中国塑料工业与环境保护协调发展论坛暨中国塑协废弃塑料再生利用专委会会员大会”召开

9月23日，中国塑协与台州市人民政府共同主办的“2005中国塑料工业与环境保护协调发展论坛”在台州国际会展中心召开。中国塑料再生行业相关企业60多人参加了论坛。中国塑协常务副会长李国俊出席会议。

台州市路桥区经委张锐敏主任介绍了台州市经济、台州市塑料行业发展状况，塑料已经成为台州市经济发展的重要产业，并对台州市塑料工业发展前景做了乐观的展望。国家环保总局污控司固体处孙绍锋做了我国进口废物环境管理的现状和发展趋势为主题的报告，系统地介绍了我国进口废物环境管理的政策、法规、进口废塑料状况以及进口固体废物环境管理的趋势等，介绍了我国废弃塑料对环境合理处置的政策引导方向。国家认监委办公室调研员、进口再生原料装运前检验专职监管官员庞翔以控制进口废塑料品质，促进合理再生利用为题目，介绍了我国废塑料进口入境前检验的情况，指出“废塑料是不合格率最高的进口再生原料种类”，并对原因做了详细地分析；指出“现行的进口废塑料环境控制标准不完全符合贸易和再生加工利用的实际”，解决办法是合理修订标准，修订标准应遵循的原则是：①符合环境控制要求；②符合经济发展需求；③符合国际贸易惯例；④便于各方理解执行。中国家电协会副会长刘福中介绍了塑料再生利用在废旧电子电器产业发展中作用和地位，是该行业回收利用的重要组成部分。中国轻工业信息中心唐赛珍对当前一次性聚苯乙烯餐盒重返市场的前景做了探讨。北京隆达轻工控股有限责任公司副总工程师、教授级高工王彦明分析了北京市废旧塑料科学回收再利用思路和前景。中国塑协改性塑料专委会副会长兼秘书长、中国塑协塑料再生专委会顾问刘英俊做了“坚持以回收再生利用为主的方针，促进塑料工业与环境保护协调发展”的演讲，指出“塑料工业是新世纪中的朝阳工业，对废弃塑料处置不当造成对生态环境的压力并不能成为限制甚至禁止塑料工业发展的理由，坚持以回收再生利用为主的方针，辅之以填埋、焚烧等可环境消纳手段，‘白色污染’问题是可以减轻和得到解决的”，“用先进技术武装塑料再生利用行业，推动行业的快速长成和健康发展”，“捍卫废弃塑料回收再生利用行业荣誉，和各种不良举措与倾向作斗争”。中国塑协 EPS 泡沫塑料专委会会长侯树亭做 EPS 泡沫塑料回收利用状况及技术进展的演讲，介绍了 EPS 泡沫塑料回收利用的几种途径和技术。《中国塑料》主编杨惠娣做了工程塑料回收利用状况及技术进展的报告，工程塑料回收利用价值高，回收比例也高，市场前景比通用塑料更好，对塑料再生行业的发展有积极影响和作用。福建师大环境化学与材料学院副院长陈庆华教授做了“塑料产业与环境协调发展”报告。中科院长春应用化学研究所陈学思做了“生态塑料在塑料产业发展中的前景”的讲演。中国再生塑料网周开庆执行董事做了“中国再生塑料业实际现状及发展模式初探”的演讲，对我国当前该行业发展提出了有益的分析和建议。《中国塑料》陈士宏做了“PET 瓶的回收利用技术进展”演讲，专门针对当前社会拥有量越来越大的 PET 瓶的回收利用技术做了介绍。

论坛还安排了专家现场咨询。

会议期间还召开了中国塑协废弃塑料再生利用专委会会员大会，塑料再生专委会在召开本次会议之前，就对本会会员、理事、副会长进行了自愿重新登记，经过 22 日晚上预备会议的讨论和酝酿，选举了新一届会长——大大科技开发（深圳）有限公司董事长林东亮先生，10 名副会长和 15 名理事单位。秘书处仍设在中国塑协，经林会长提名继续由中国塑协高级工程师马占峰任秘书长，适当时候增加本专委会副秘书长，以加强专委会工作。本专委会还召开了副会长以上工作会议，为下一阶段的工作做了探讨和安排，提出切实为行业、会员单位服好务，分片区积极工作，增加专委会凝聚力和影响力，扩大会员单位队伍，做好网站建设和出版专委会通讯，搞好专委会组织建设等。

“全国纳米技术标准化技术委员会成立协调会”召开

为筹备成立全国纳米技术标准化技术委员会，推动我国纳米技术基础领域标准化工作规范有序地开展，国家标准化管理委员会在北京召开了“全国纳米技术标准化技术委员会成立协调会”，协调有关方面对成立该技术委员会的不同意见。来自纳米技术研究、应用等不同领域的单位和国家标准委的 21 名代表参加了会议。与会代表分别就拟成立的全国纳米技术标准化技术委员会的工作范围、与相关技术委员会关系等问题发表了意见和建议。经过与会人员充分讨论，会议达成以下一致意见。①全国纳米技术标准化委员会的工作范围为主要负责纳米技术领域的基础性国家标准（包括纳米尺度测量、纳米尺度加工、纳米尺度材料、纳米尺度器件、纳米尺度生物医药等方面的术语、方法和安全性要求等）制修订工作，不包括产品标准。②由国家标准委各专业部征求有关方面对中科院报送的全国纳米技术标准化技术委员会组成方案的意见，适当增加相关领域的专家为委员（每个领域至多增设 1 名），由国家标准委高新技术部负责汇总，完成上报组成方案的调整。③工作领域涉及纳米技术的相关技术委员会（全国微束分析标准化技术委员会 SAC/TC 38、全国筛网筛分和颗粒分检方法标准化技术委员会 SAC/TC 168、全国化学标准化技术委员会 SAC/TC 63）仍按其工作范围负责相应的纳米技术领域国家标准制修订工作。④ISO/IEC 的技术委员会工作范围涉及纳米技术的，如国内已有相应的对口技术委员会，按现有对口关系由相应的技术委员会负责。⑤全国纳米技术标准化技术委员会正式成立后，应撤销全国纳米材料标准化联合工作组，并重新组建立为全国纳米技术标准化技术委员会下设的纳米材料分技术委员会。

【10 月】

“中国塑协复合膜制品专业委员会四届一次年会暨技术交流会”召开

10 月 11～13 日，中国塑协复合膜制品专业委员会四届一次年会暨技术交流会在上海举行。中国塑协廖正品会长出席了会议。会议吸引了来自全国各地的从事复合膜软包装制品及相关企业、科研院所的代表、专家等共计 110 人，中国包装报社、《国外塑料》杂志社也派员参加了本次会议。

中国塑协廖正品会长向大会致辞，中国塑协复合膜专委会理事长单位上海人民塑料印刷厂包燕敏副厂长向大会汇报专委会 2004～2005 年工作总结。

复合膜软包装制品企业进行了技术交流，交流题目有“加强企业自律保证软包装产品的卫生安全”、“国家对食品安全监管态势强硬，软包行业必须应对确保食品包材的卫生安全”、“软包装生产中的环保与安全”、“软包装企业如何提升企业自身的核心竞争力”、“环保型复合技术的应用——水溶胶复合”、“消化吸收国外先进技术提升我国凹版印刷设备制造水平”、“浅析无溶剂复合工艺”、“复合薄膜剥离强度影响因素的探讨”、“绿色环保复合膜用聚氨酯黏合剂”、“高铝层附着强度真空镀铝薄膜的研制”、“水性聚氨酯复合黏合剂应用研究”等。本次会议收到论文 30 余篇，共评出优秀论文 12 篇，会议对优秀论文作者颁发了证书和鼓励。

上海凸版印刷有限公司、杜邦中国有限公司、新锐互动商业网络有限公司、北京丹贝尔仪器有限公司、美国 EGS 测控系统公司、广州标际包装设备有限公司、美国戴维斯-标准公司、三井武田化学（株）、陶氏中国化学有限公司、锡克拜（上海）有限公司等国内外知名企业在会上就复合膜材料、工艺、技术、设备、标准检测、新产品开发以及复合膜软包装产品发展方向等方面内容进行了技术讲座和信息发布。

会议期间代表们参观了现代化软包装工厂上海紫江彩印包装有限公司及中国软包装展览会。

“2005 年新疆塑料行业工作会议”召开

10 月 18～19 日，由新疆塑料协会举办召开的“2005 年新疆塑料行业工作会议”在新疆乌鲁木齐市召开。应邀参加本次大会的有：中国塑协廖正品会长、广东省塑料协会符岸理事长、叶权海副理事长；山西省塑料协会张玉英会长和胡敬才秘书长；上海塑料行业协会储萍华书记和杨汉均主任；自治区政府、兵团有关部门和各轻工行业领导、专家；还特别邀请了各地州市、团场、开发区和工业园区领导，还有部分与新疆有多年合作关系的塑料机械、检测设备、加工助剂方面的内地企业领导、代表，参会单位 107 家，人数达 160 多人。

会议总结新疆塑料行业协会一年来的工作和部署 2006 年度的任务；介绍《新疆塑料行业“十一五”发展规划》和《新疆农用塑料节水器材发展专题报告》的主要内容；业内单位个人研究成果发布或经验交流；分析研究行业当前形势以及我们如何应对等。

大会的主要内容有：①自治区政府、兵团主管部门领导莅临大会，并作了重要讲话；②兄弟省市行业协会领导向大会介绍了本地区行业及协会建设发展经验；③新疆塑料协会孔德海秘书长做了大会主题工作报告，根据“十一五”规划目标，还提出了明年协会工作的基本思路和需着重开展的四个方面的十四项重点工作。

专题活动为

1. 新疆塑料协会孔德海秘书长作了《新疆塑料行业“十一五”发展规划》宣讲和编制思想主旨报告，部分企业领导、专家作了企业发展与管理成果、经验交流。

2. 新疆塑料协会周文莉副秘书长作了《新疆农用塑料节水器材发展专题报告》的主要内容与研究过程主旨报告。部分企业领导、专家作了科技开发成果与论文交流。

3. 易贸资讯（上海）有限公司包蕾蕾女士作了“当前塑料原料走势回顾、2006 年原料市场预测与影响因素分析”主旨报告。中油独山子化工销售公司作了“中油原料销售与新疆 PE、PP 树脂市场分析”预测；新疆天业集团关于“天业化工城建设与 PVC 原料市场走势预测”。

4. 新疆塑料协会李显贵副秘书长在会上对《新疆塑料信息网》网站主要构架、内容及网员注册管理办法给各参会代表作了全面介绍；还有一些与疆内塑料制品企业有多年合作关系的塑料机械、检测仪器、辅助材料、加工助剂企业代表在会上宣传了本企业的产品。

会前还召开了协会四届二次理事长会议，讨论通过了：2004 年度及 2005 年 1～9 月份协会工作总结和财务收支报告；《新疆塑料信息网站建设与管理办法》。

“2005 中国（乐从）塑料经贸洽谈会”召开

10 月 21～23 日，“2005 中国（乐从）塑料经贸洽谈会”在乐从镇德富塑料展览馆举行。中国塑协会长廖正品出席并讲话。由中国石化、中国塑协、广东省塑料工业协会和佛山市顺德区人民政府主办，活动的主要内容包括塑料原料、塑料助剂、塑料机械及辅助设备的展示和经贸洽谈以及中国石化权威人士主讲塑料行业发展前瞻论坛等。“2005 中国（乐从）塑料经贸洽谈会”引起了国内外塑料业界的高度关注，3 天展期共迎来专业观众 3 万人次，中国石化辖下的主要石化企业、日本电气化学、LG 以及香港塑胶原料商会、深圳塑料协会等国内外石化巨头和行业权威组织都在乐从参展亮相，取得了巨大的洽谈成果，促进了市场的迅速发展。现时，乐从塑料市场已发展成为经营面积达 50 多万平方米、经销商户 400 多家、年销售塑料原料量超过 100 万吨的特大型塑料专业市场。中国石油化工股份有限公司是我国最大的石化产品生产商和分销商，其再次作为主办单位，为中国（乐从）塑洽会打造成为国际塑料行业的专业品牌盛会带来最大动力。同时，中国（乐从）塑料经贸洽谈会，也是中国石化集团改革化工产品销售模式、建立以总公司统一协调运作的销售物流基地、进一步提高市场竞争力和效益之后的又一个重大举措。

“中国塑协塑编专委会二届一次常务理事会”召开

10月22日，在平阳县萧江镇浙江华庆集团会议室召开了中国塑协塑编专委会二届一次常务理事会，本届常务理事16人，到会12人。

会议主要内容是研究今明两年专委会工作要点及有关秘书处工作及财务审批制等内容。

宋云鹤常务副秘书长介绍了专委会今明两年工作要点，秘书处工作及财务审批制度的初步意见，经到会常务理事讨论、补充后通过了专委会今明两年工作要点和秘书处有关制度。常务理事还针对我国目前塑编行业供大于求的现实情况，如何使我国塑编行业走向适度发展的方向、如何使用再生料生产编织袋企业能享受到国家鼓励的资源循环利用优惠政策、如何面对编织袋销售中出现的不诚信用户、如何协助企业申报办理名牌产品等方面提出意见和建议。

会议决定由姜集康、林增标、温积考常务理事组成财务审核小组。

塑编专委会当前工作要点：①积极宣传政府有关政策、法令、法规，及时反映会员意见，做好桥梁工作；②维护会员企业利益，积极做好内部协调、自律工作；③编制中国塑料编织工业十一五规划（秘书处负责起草）；④加强协会组织建设，积极发展会员；收缴会费；⑤积极开展为会员企业服务，积极做好新技术、新材料、新设备的推广工作，特别是节能、降耗设备的推广应用；积极开展技术咨询服务；积极开展技术服务，如新产品申报，技术改造项目申报，协助企业解决生产经营中遇到的技术难题及技术纠纷；⑥组织会员企业出国考察，参观展览活动，组织会员企业赴美国考察；组织会员企业参观第二十届中国国际橡塑展览会（上海）；筹备组织中国塑料编织工业设备、原料展览会；⑦信息服务及其他，筹办“中国塑料编织”简讯；筹办“中国塑料包装”网；制作铜牌，编印会员通讯录发给已缴纳会费的会员企业；⑧开展人才培训，积极筹备举办第一期中国塑料编织制品专业技术人员培训班。

国家质检总局对进口和国产食品保鲜膜专项检查有关情况通报

10月26日，新闻媒体对食品保鲜膜使用安全问题进行了有关报道，引起社会广泛关注，对此国家质检总局高度重视，从10月14日开始部署了对进口和国产食品保鲜膜的专项检查，现将有关情况通报如下。

一、食品保鲜膜的基本情况

食品保鲜膜按材质分为聚乙烯（PE）、聚氯乙烯（PVC）、聚偏二氯乙烯（PVDC）等种类。就材质而言，PE和PVDC是安全的。PVC被广泛地用于食品、蔬菜外包装。它对人体的潜在危害主要来源于两个方面。一是产品中氯乙烯单体残留量（氯乙烯对人体的安全限量标准为小于1mg/kg）。当人们接触过量的氯乙烯后，会对人体健康带来影响。二是加工过程中使用的加工助剂的种类及含量。现行国际标准和我国国家标准都允许限量使用已二酸二辛酯（即DOA）作为增塑剂（规定限量不超过35%）。

1988年，我国颁布的《食品包装用聚氯乙烯成型品卫生标准》（GB 9681—88）规定：氯乙烯单体≤1mg/kg。此限量与1991年国际食品法典委员会（CAC）公布的限量要求是一致的。2003年，我国颁布的《食品容器、包装材料用助剂使用卫生标准》（GB 9685—2003），规定了20类65种可以使用的加工助剂。DEHA二（2-乙基已基）已二酸酯没有列入标准，不允许使用。但是在这次检查中我们发现有些企业在生产PVC食品保鲜膜时，使用了这种DEHA增塑剂。含有DEHA的保鲜膜遇上油脂或高温时（超过100℃），增塑剂容易释放出来，随食物进入人体后对健康带来影响。

二、质检总局已采取的措施

我局从10月14日开始部署在全国口岸加严对进出口PVC食品保鲜的检验，并在全国开展对PVC食品保鲜膜生产企业和产品的专项检查。

据对全国省市区的初步调查，国内生产食品保鲜膜的企业共47家，这些企业分布在北京、天津、河北、辽宁、上海、江苏、浙江、山东、福建、广东、重庆、四川12个省、自治区、直辖市。其中，生产PE食品保鲜膜生产企业41家，生产PVC食品保鲜膜生产企业6家，分布在上海、辽宁、江苏、浙江、福建、广东。PVC食品保鲜膜生产企业绝大部分为中外合资或外国独资企业，PVC食品保鲜膜年总产量约1万吨。其中，10%出口，90%在国内各地销售。PE食品保鲜膜年总产量约1万吨。

同时，我局对44种PVC食品保鲜膜进行了专项国家监督抽查，检验结果：所检44种样品的氯乙烯单体含量均小于1mg/kg，全部符合国家标准以及1991年国际食品法典委员会（CAC）公布的要求。PE、PVDC是符合国家标准的，是安全的，消费者可以放心使用。同时我们也发现，一些主要用于外包装的PVC保鲜膜含有DEHA。

三、我局下一步工作打算

根据专项监督抽查发现我国PVC食品保鲜膜中

含有DEHA的情况，为确保人民群众身体健康，我局拟采取以下四项措施。

（一）发布公告和消费警示

向社会发布公告

1. 禁止含有DEHA等不符合强制性国家标准规定的，或氯乙烯单体含量超标的PVC食品保鲜膜进口、出口；

2. 禁止企业在生产PVC保鲜膜时使用DEHA；

3. 禁止企业经销含有DEHA或氯乙烯单体含量超标的PVC食品保鲜膜，禁止用PVC保鲜膜直接包装肉食、熟食及油脂食品。

同时发布消费警示，提醒消费者选购PE食品保鲜膜或标识“不含DEHA”的PVC食品保鲜膜；使用不含有DEHA的PVC食品保鲜膜不宜直接用于包装肉食、熟食及油脂食品，也不宜直接用微波炉加热。

（二）加强对食品保鲜膜产品的进出口及生产、销售和使用环节的监管

一是加强对进出口PVC食品保鲜膜的检验和监管，实施批批检验，对检出含有DEHA增塑剂以及氯乙烯单体含量超标的产品一律不得进口和出口。二是进一步对全国生产食品保鲜膜的企业进行全面调查摸底和产品质量强制性检验。对发现使用DEHA作为增塑剂生产PVC食品保鲜膜的，立即责令停止生产，就地查封，并责令停止出厂销售，召回已出厂的该产品，依法严厉处罚；情节严重的，将送司法机关依法追究刑事责任。三是要求食品保鲜膜生产企业，在产品外包装上标明产品的材质和适用范围，凡是不按要求明示的，一律禁止销售。已销售出的责令企业召回。四是要求经销企业进行自查，未标明“不含DEHA”字样，或者未明示可以用微波炉等加热，停止销售和使用。

（三）完善食品保鲜膜产品标准

我局已会同有关部门对我国现行的25项食品包装材料卫生国家标准修订工作进行了安排，我们将加快进度，力争在较短时间内完成全部修订工作。同时，我局所属中国检验检疫科学院已研究制定了食品保鲜膜中DEHA的检测方法，我局将于近期作为国家标准颁布。

（四）将PVC食品保鲜膜列入进出口法检《目录》

我局正与有关部门协商，将进出口PVC食品保鲜膜列入法定检验《目录》，实行强制检验，细化与食品接触的PVC塑料制品的HS编码，增加安全卫生检验要求。

我局将加强食品安全领域的重要产品的质量、标准、检测项目和检测方法等方面工作，完善监管措施，妥善应对食品安全突发事件，维护人民群众健康安全。

新疆天业集团名列国家循环经济试点

10月27日，国家发改委、环保总局等6部委发布文件，在全国重点行业、重点领域、产业园区和部分省市组织开展循环经济试点工作，新疆天业集团名列其中。

新疆天业集团是新疆唯一进入国家循环经济试点的单位。按照天业集团上报的规划，在十一五规划期间，天业集团将利用周边地区丰富的石灰石、煤、盐等矿产资源，构筑煤-电-化-塑料加工-建材-高效农业-食品加工循环经济产业链，实现各大产业循环式组合，将上游企业排放的废弃物转变为下游企业的生产原料，将工业废弃物“吃干榨净”。同时，对生产过程中排放的各类废气、废水，进行合理回收和循环利用，实现清洁化生产。

【11月】

“2005中国塑协泡沫塑料EPS专委会年会”召开

11月2日，2005’中国塑协泡沫塑料EPS专委会年会在青岛召开。中国塑协会长廖正品出席并讲话。

近二十年以来，中国EPS工业发生了翻天覆地的变化，EPS产品由1982年的年产量1.5万吨增长到2004年的约125万吨，EPS生产企业由1982年的50家增长到约4 000多家，其中大部分为制品企业。EPS被大量的用作建筑、包装、电子电器产品、装饰装潢材料等。特别是泡沫板材的市场需求量很大，作为彩钢夹芯板、墙体外贴板、屋面保温板以及地热用板等，广泛地应用在房屋建筑领域，用作保温、隔热、防水和地面的防潮材料等，实现建筑节能。

近几年来，侯树亭会长紧紧依靠常务委员会和各会员企业，扎实苦干，开拓进取，在全体会员单位的大力支持下，积极推进可发性聚苯乙烯EPS树脂标准评审工作，创办《EPS特刊》，搭建行业内部交流的平台；“世界EPS网络”的不断完善，为国内外EPS行业同仁提供了先进的信息交流平台；长春大学EPS专业的开设，为EPS行业的发展提供人才。

EPS专委会在行业发展的同时，不忘规范行业市场，自去年4月份在新疆地区为试点打击高发泡劣质板材以来，在全体打假工作组的不懈努力下，取得了可喜的成绩。EPS专委会在日常管理方面也做的井然有序，10月中旬，塑协对EPS专委会今年1～9月份的财务状况进行了审计，审计人员一致认为：

EPS专委会的会计凭证真实合法，手续齐全，财务制度严格。专委会通过开展国际间的信息技术交流等具有针对性的行业活动，扩大影响力和凝聚力，引导行业健康发展。

“中国塑协专家委员会成立大会暨2005年塑料新材料、新技术国际研讨会”召开

11月3～5日，“中国塑料加工工业协会专家委员会成立大会暨2005年塑料新材料、新技术国际研讨会”在浙江省宁波市和余姚市召开。全国人大常委、中国轻工业联合会陈士能会长到会看望了与会专家并合影留念。中国塑协廖正品会长致辞。会议选举了专家委员会领导机构成员，确定了秘书处设在中国塑协，同时也对秘书处工作人员进行了聘任。会议还通过了《中国塑料加工工业协会专家委员会管理办法》，当选的王德禧秘书长介绍了专家委员会筹备情况。中国塑协专家委员会的成立是中国塑协为了更好的推进和发挥行业协会的职能，更好的贯彻“为行业服务、为企业服务”的宗旨，促进科技成果转化，在专家和企业家之间架起一座桥梁的重大举措。会上来自科技界和产业界等方方面面的首批应聘的近200名专家和会议代表齐聚一堂，共商兴塑大计，展示成果、交流经验、探讨塑料新材料、新技术的进展和科研成果的转化。

“2005年塑料新材料、新技术国际研讨会”在余姚市召开，共有38位科技界、产业界专家、学者等就目前国内外塑料行业在新材料、新技术、新工艺等方面关注的热点、难点等问题进行了交流与探讨。

中国塑协专家委员会领导机构设置及工作人员名单

名誉主任：全国人大常委、中国轻工业联合会陈士能会长，徐僖院士，卓仁禧院士

主任：廖正品

常务副主任：王德禧

副主任：李国俊、陈宇、符岸、高立新、李滨耀、吴耀根、于建、杨鸣波、严庆、周山、周一兵、朱复华、赵安赤

秘书长：王德禧

副秘书长：陈宇、顾刘谦、付永彬

秘书处工作人员名单：马占峰、曹剑奇、许琳、刘姝、吕宗尹、高坤光

“2005中国国际工业转包展览会及第十三届中国国际工业装备展览会”举办

11月7～10日，由联合国工发组织、中国塑协、中国机械工程学会、重庆市人民政府“2005中国国际工业转包展览会”及“第十三届中国国际工业装备展览会”在重庆召开。中国塑协会长廖正品出席并讲话。

2005中国国际工业转包展是首倡国际工业转包概念的联合国工业发展组织借助其在全球参与举办8个工业转包展的经验，首次在中国制造业重镇——重庆主办其体系内的第九个国际性工业转包展，本次展会基于联合国工发组织在华机构SPX重庆中心的数据库和规范服务能力，以国际作业订单发布和订单实现服务为核心进行展会组织的国际专业展会。

展会最重要的特点是帮助企业获取订单，订单来自联合国工发组织全球体系内企业，尤其是直接向全球工业国家中小企业征询，其产品需求具有单价高，接单周期短的特点，十分适合中国中小企业的状况。参展的跨国公司及国际性的机构如英国DENSO集团、意大利隆巴第集团、联合国工发组织、联合国国际难民署、联合国儿童基金会等也是展会的订单发布主体。展会根据中国企业的产品特点、管理认证水平和装备条件对订单进行了高度契合筛选和展前配对，强化企业的参展实效，确保参展双方在展会现场获取满意的商务洽谈成果。

2005中国国际工业转包展旨在建立国内制造企业与国际采购商和发包商沟通交流的国际平台，推动中国尤其是西部地区工业制造企业进入国际工业产业链，促进区域经济的发展，与展会匹配的专业活动主题涵盖了工业转包政策、生产技术、销售网络、商贸洽谈等工业相关领域，为参展机构带来极高的价值，为其市场发展计划建立更好的策略，并为其长远的发展提供有力的支持与帮助。

“大力发展汽车用塑料加工业，打造西部汽车名城塑料成型新技术研讨会”召开

11月8日，大力发展汽车用塑料加工业，打造西部汽车名城塑料成型新技术研讨会在重庆召开。中国塑协会长廖正品出席并讲话。

重庆的汽车塑料加工工业的腾飞，取决于重庆塑料工业整体水平的进一步提高和企业核心技术的进一步增强，无论是引进人才、购进设备、技术创新、提高管理等各方面均要大踏步向前迈进，以尽快缩短与先进企业之间的差距。很多塑料加工企业都正在为国内一些汽车、摩托车主机厂配套，在生产过程中会遇到一些专业难题和技术瓶颈。注射成型新技术研讨会正是为这些企业实实在在地解决生产过程中的某一技术难题而做出的新尝试。借助研讨会的对话平台，在重庆“汽车工业名城”谈到了汽车塑料工业的发展趋势，以及市场上出现的汽车塑料新产品、新技术和新

材料，对塑料加工企业均具有现实意义。

汽车工业特别是轿车工业在发达国家的经济起飞时期，都作为支柱产业。重庆是中国第四大汽车工业基地，其汽车工业被列为本地最大的支柱产业。随着汽车工业的迅速发展，一种新兴的化工项目——汽车塑料制品业也迅速发展起来，目前全世界汽车用塑料制品市场规模为450万吨/年，中国汽车消费的各种塑料制品总量约15万吨/年。

塑料在汽车上已广泛地应用于内饰件、外装件和功能件等方面。在汽车仪表板、内护板、座椅、PU泡沫和合成革/人造革取代天然革、性能与舒适性均好；门内手柄、杂物箱、门槛饰条及其他零件，已逐渐使用改性PP、ABS、SMC及塑料合金。车门、前后护板、车顶过去大多采用钢板冲压和焊接成型，今后都将以塑料件来替代，以前一个车门要用200个工序，现可用塑料一次成型出来；进气歧管、水箱水室、方向盘、踏脚板等多采用尼龙制作，车用地毯多用PVC发泡材料，保险杠大多用改性PP生产，前大灯、车窗玻璃多采用PC加硅树脂涂层；反光碗和灯座采用PPS和PBT等新型材料。在汽车工业的发展进程中，价格便宜，车身轻，低污染，小排量，安全和舒适性高的车型将备受青睐，塑料在汽车上的应用会越来越广泛。

安徽省塑料协会成立

11月18日，根据安徽省经济体制的改革和塑料行业发展的需要，由安徽省内塑料企业自愿发起，经安徽省国有资产监督管理委员会和安徽省民政厅的批准，安徽省塑料协会在合肥召开会员大会，宣告成立。

参加成立大会的有全省塑料行业的企业家、专家、学者等100余人，省政府办公厅、省发改委、省国资委、省民政厅等部门的领导到会表示热烈的祝贺。

安徽省塑料协会是由省内塑料行业的企业、专家、学者、工程技术人员、大专院校及相关单位自愿申请经批准成立的全省性行业社团组织。安徽省塑协聚集了塑料加工、塑料原料、塑料模具、塑料机械等众多企业。

安徽省的塑料加工与技术的整体水平、塑料制品的研制开发及应用的深度和广度都已步入国内先进省份的行列。近年来安徽省塑料加工行业的发展速度一直保持在10%左右，高于全省轻工行业平均水平，经济总量在全省轻工17个行业中位居第三，2004年203户规模以上企业累计产量在全国位居第九。

安徽省塑料协会是政府部门与会员单位联系的桥梁和纽带，基本职能是：反映行业意愿，研究行业发展方向，协助编制行业发展规划，协调行业内、外关系，参与行业重大项目决策，组织科技成果鉴定和推广应用，组织技术交流和市场信息，承办政府有关部门下达各项任务，认真贯彻执行国家的各项方针政策。

安徽省塑料协会的宗旨是：为行业、为会员服务，维护会员合法权益，加强塑料工业的管理，加快全行业技术进步，引导并促进全省塑料工业的持续、快速、健康的发展。

“南亚实德塑胶建材（鞍山）有限公司竣工投产庆典暨新闻发布会”召开

11月18日，南亚实德塑胶建材（鞍山）有限公司一期工程竣工投产庆典于鞍山举行。中国塑协会长廖正品出席并讲话。

南亚塑胶工业股份有限公司是世界上生产PVC管道最具规模、产量最大的公司，在美国有15个PVC管道生产厂，产量达80万吨，在中国台湾，其PVC管道为20万吨，在大陆的生产量也已超20万吨，在鞍山建成投产产量现为6万吨。南亚实德塑胶建材（鞍山）有限公司，是台湾省台塑集团与大连实德集团根据各自发展需要，在张市长等双方领导的重视下，以实现双赢为目标，经过慎重思考、科学论证、强强联合，共同兴建的大型塑胶建材企业。它的建立对于贯彻落实国家振兴东北老工业基地的重大政策要务，积极推动发展鞍山的塑料建材工业，发挥台塑集团与实德集团在塑料建材生产经营等诸方面的各自优势；大力促进适合东北塑料建材市场需求的塑料管道的生产，以满足辽宁、东三省乃至周边省区建筑行业发展的需要，将起着重要的作用，对东北塑料制品业的加速发展也将产生积极、良好的反响。

【12月】

“全国门窗节能与先进技术交流大会暨2005年全国塑料异型材及门窗行业年会”召开

12月5～7日，全国门窗节能与先进技术交流大会暨2005年全国塑料异型材及门窗行业年会在四川省成都市召开。中国轻工业联合会会长陈士能、中国塑协会长廖正品出席会议并讲话。

年会以“塑料门窗节能与先进技术”为主题，同时还同地举办：①门窗企业的大型技术培训活动；②节能新产品、节能先进技术交流会；③设备、模具、型材、门窗、彩色型材用装饰材料、五金件、密封件、玻璃、原辅材料等产品的供需交流洽谈会，有几百家门窗企业、几十家房地产商和建设单位参加；④专委会理事会；⑤“彩色型材”行业标准征求意见会、“原辅材料评价及配方试验”总结会，会上有参与此次配方试验的各方面专家进行现场答疑等。年会举办的技术交流会、供需交流洽谈会，中外生产加工企业、产品供应商和相关单位进行讲座，介绍了节能新材料、节能新产品、新技术。

佛山高明荣膺“中国合成革产业基地”授牌仪式

12月20日，高明被授予“中国合成革产业基地”授牌仪式在高明举行。中国塑协会长廖正品出席并讲话。

高明区合成革行业是中国合成革行业的重要组成部分，也是全国发展较早的重要地区之一。多年来高明区委区政府和五大班子领导重视发展经济，创建和谐企业，重视合成革产业基地的建设，制定了塑料行业发展规划，努力执行国家促进行业发展的一系列方针政策，为企业发展创造各种优良的条件和环境，从而使得高明合成革工业已跃居为区域经济的重要组成部分，呈现出蓬勃健康快速发展的态势，产品总产量平均每年以30%左右的速度增长，已成为名副其实的合成革产业基地。今天高明区被授予“中国合成革产业基地”荣誉称号，必将更好地推进高明区合成革行业发展高新技术，不断进行技术创新，进而提升产品质量和树立名牌战略，为企业继续提供良好的投资创业环境。同时也将进一步推进其他相关行业建设和发展，带动整体区域经济的发展，为高明区打造特色区域名牌，为发展先进生产力提供更多的宝贵实践经验。高明“中国合成革产业基地”是继我国温州中国闻名甚至世界闻名的“合成革之都”之后又一产业集群。

“2005中国（高明）中国合成革、人造革产业发展论坛”举办

12月20日，“2005中国（高明）合成革、人造革产业发展论坛”在高明举办。来自各省市的塑料业界企业家、经理和相关行业的代表参加会议。中国塑协会长廖正品出席并讲话。

2005年1～6月份塑料人造革产量30.75万吨，增长15.91%，塑料合成革产量25.11万吨，增长11.74%。1～9月份规模以上的人造革合成革企业工业总产值达到211.74亿元，较去年同期增长24.36%。而去年我们统计调查的324个企业，产量25亿米，其中合成革占了54%。今年1～10月份温州合成革的出口交货值达9559万美元，同比增长44.01%，合成革的出口额增幅位居全市之首。

多功能人造革合成革技术进入新阶段，具有代表性的新型人造革产品在工业应用中具有重要影响：新型阻燃隔热人造革面料、调温相变人造革面料、透气透湿聚氨酯合成革、防火、防水、防油、抗静电涂层面料、自洁性、防水拒油整理聚氨酯涂层面料、抗菌整理人造革合成革、纳米溶胶人造革合成革、有机硅人造革合成革、彩色定向发光涂层面料等。

中华人民共和国商务部2005年第109号公告：聚酯薄膜反倾销案期终复审裁决公告

2005年12月28日，中华人民共和国商务部发布第109号公告：根据《中华人民共和国反倾销条例》的规定，商务部于2004年12月28日发布2004年第84号公告，决定对原产于韩国的进口聚酯薄膜所适用的反倾销措施进行期终复审立案调查。

复审调查范围为适用于韩国聚酯薄膜生产商或出口商的反倾销措施。复审调查的被调查产品与原反倾销调查相同，即聚酯薄膜，该产品归在《中华人民共和国进出口税则》税则号：39206200。

依据《中华人民共和国反倾销条例》规定，商务部对终止征收聚酯薄膜反倾销税后倾销和损害继续或再度发生的可能性进行了调查，并根据调查结果向国务院关税税则委员会提出了维持反倾销措施的建议。

依据《中华人民共和国反倾销条例》第四十八条、第五十条规定，根据调查结果，及国务院关税税则委员会的决定，现将有关事项公告如下。

一、裁定

经调查，商务部裁定，如果终止原反倾销措施，原产于韩国的进口聚酯薄膜对中国的倾销有可能继续发生，对中国国内产业造成的损害有可能再度发生。

二、征收反倾销税

依据《中华人民共和国反倾销条例》第五十条规定，根据商务部的建议，国务院关税税则委员会决定维持聚酯薄膜反倾销措施。即自2005年12月28日起，对原产于韩国的进口聚酯薄膜继续按照原对外贸易经济合作部2000年第7号和2003年第1号公告公布的征税范围和税率征收反倾销税，实施期限为5年。

三、行政复议和行政诉讼

对本裁定及征收反倾销税的决定不服的，根据《中华人民共和国反倾销条例》第五十三条规定，利害关系方可以依法申请行政复议，也可以依法向人民法院提起诉讼。

2005 年行业标准项目计划汇总表

序号	标准项目名称	制定或修订	完成年限	主要起草单位
1	自结皮硬质聚氨酯泡沫塑料	制定	2006	全国塑料制品标准化中心
2	建筑物隔热用硬质聚氨酯泡沫塑料	修订	2006	全国塑料制品标准化中心
3	软质泡沫材料长期疲劳性能的测定	制定	2005	轻工业塑料加工应用研究所等
4	承载用柔性聚氨酯泡沫塑料	制定	2006	轻工业塑料加工应用研究所等
5	硬质泡沫塑料弯曲试验方法挠度试验	制定	2006	轻工业塑料加工应用研究所等
6	高发泡聚乙烯板材、高发泡 EVA 板材	制定	2006	山东省塑料工业检测中心
7	给水用聚乙烯(PE)柔性承插式管件	制定	2006	江阴市星宇塑胶有限公司
8	聚乙烯(PE)碳素螺旋管	制定	2006	重庆顾地塑料电器有限公司
9	色母粒用低分子量聚乙烯蜡	制定	2006	色母粒专业委员会
10	PC 饮用水罐卫生标准	制定	2006	轻工业塑料加工应用研究所等
11	聚羟基烷酸酯聚羟基丁酸酯(PHB)树脂	制定	2006	轻工业塑料加工应用研究所等
12	聚羟基烷酸酯聚羟基丁酸/戊酸酯(PHBV)树脂	制定	2006	轻工业塑料加工应用研究所等
13	淀粉填充塑料	制定	2006	轻工业塑料加工应用研究所等
14	塑料中淀粉含量的测定(TGA 法)	制定	2006	轻工业塑料加工应用研究所等

（中国塑料加工工业协会　许琳）

2005 年塑料化工行业反倾销大事记

2005 年中国仍是全球反倾销措施最大的受害国，在上半年 96 起反倾销立案中，涉及中国产品的反倾销案件数为 22 起，位居世界首位；中国台湾为 9 起，位居第二。在 53 起采取最终反倾销措施的案件中，中国产品遭受最终反倾销措施的案件数为 18 起，位居世界首位。

我国塑料化工产品遭受国外反倾销数量较多的原因，主要包括以下两方面：①由于中国的劳动力价格低廉，导致与国外产品较大的价格差；②市场经济地位问题制约了我国企业有效应诉国外反倾销调查。而我国企业在反倾销案件中较高的败诉率在客观上又进一步刺激了进口国家（地区）相关企业更多地对我国产品提出反倾销申诉。

由于我国塑料化工行业从业人员众多，多数为资源和劳动密集型企业，产品附加值较低，容易形成靠价格优势抢占国际市场的局面，成为反倾销受害较大行业之一。

一个企业仅仅依靠包括廉价的劳动力在内的自然资源优势，并不能维持其在国际贸易中的长久竞争地位。尽管“以低成本进行竞争的能力可以改变世界贸易格局”（迈克尔·波特著《国家竞争优势》），但竞争优势是由改善、改变和创新而来，持续竞争优势需要不停地创新，而不是价格竞争。

世贸组织的自我保护规则，限制了进口产品或出口方对进口成员市场的过度抢占，以期引导成员实现从价格竞争向非价格竞争的过渡。

在反倾销中，它并不是简单地反对低价竞争，而是要求，低价不得给进口成员的相同产业造成损害，即不得过分地挤占市场和扭曲市场的价格机制。

在保障措施中，它进一步强调，进口产品或出口方不论是否采取价格竞争策略，都必须兼顾进口成员的利益，以此引导双方的沟通、合作与双赢。

世贸组织对低价竞争及其导致的损害之所以给予了特别的关注，是因为根据诚信竞争的一般伦理要求，即便是拥有成本优势的企业，在与进口成员的企业相竞争的时候，也不应该将这种优势用到极致，以避免对进口国市场秩序造成严重扭曲。

实现世贸组织的宗旨，需要在双赢观念的引导下开展和推进自由贸易，而我国履行入世承诺的过程，也必然是一个追求和实现自由贸易双赢的过程。

在塑料化工行业外贸额快速增长的今天，大量进口产品不断冲击国内市场，对国内塑料化工企业的发展构成损害或损害威胁。

值得一提的是，据《民营经济报》报道，自 2005 年 6 月 30 日欧盟发布公告对原产于中国的塑料袋进行反倾销调查以来，中国塑料加工工业协会开始积极组织企业应诉，但涉案企业大多持观望态度，至 7 月 6 日止，没有涉案企业应诉。分析原因，由于一些企业认为：参与反倾销应诉并非易事，一家企业没有经济实力独自承担应诉的费用；其次是费用分担，企业间可能会为费用的摊派问题而起争执；第三是应诉风险，即打官司胜诉的把握有几成，所以涉案企业对反倾销调查表现的并不积极。

随着关税减让、市场准入等“入世”承诺的进一步兑现，国内塑料化工市场将更加开放，市场竞争也必将更加激烈，塑料化工企业将面临更大的市场竞争压力。我国塑料化工企业应该更多地依据世贸组织允许的规则来维护自身产业安全。从目前的形势来看，我国塑料化工企业应进一步化守为攻，最大限度地利用世贸组织规则，充分发挥反倾销等贸易救济手段的作用，提升我国塑料化工行业应对贸易摩擦的反制能力；从而确保企业能够更主动地维护国内产业的合法利益，改善产业发展环境，使国内塑料化工行业在更为公平的市场环境中，开拓竞争和生存空间。

下面，将 2005 年部分塑料化工行业反倾销情况摘录如下。

【1 月】

巴基斯坦对原产于中国的尿素-甲醛模塑料进行反倾销立案调查

据巴基斯坦媒体报道，近日，巴基斯坦政府官员表示，应巴基斯坦 Dynea 有限公司的申请，巴基斯坦国家海关委员会决定对原产于中国的尿素-甲醛模塑料（urea formaldehyde moulding compound）进行反倾销立案调查。涉案产品海关编码为 39091010。尿素-甲醛模塑料主要用于餐具和厨房用具产业。巴基斯坦 Dynea 有限公司在申请中称，原产于中国的尿素-甲醛模塑料对巴基斯坦国内产业造成了损害。

该政府官员表示，由于中国产品的倾销，巴基斯坦国内一些产业遭受了沉重的打击；但在承认中国的完全市场经济地位之前，由于巴基斯坦国内企业不了解中国产品的价格体制，所以不能就中国产品的倾销向巴基斯坦国家关税委员会提出申请，而目前，巴基斯坦已经承认了中国的完全市场经济地位，这意味着巴基斯坦国内企业可以在反倾销调查中，对中国产品的价格体制进行检查，因此，巴基斯坦 Dynea 有限公司代表巴基斯坦国内产业提出反倾销调查申请。

巴基斯坦国家关税委员会要求中国相关企业在该立案公告发布 15 天内提供如下信息：

1. 企业名称、地址、E-mail、电话和传真；

2. 在调查期内，尿素-甲醛模塑料的产量和产值；

3. 在调查期内，尿素-甲醛模塑料在中国国内市场的销售量和销售额；

4. 企业是否有愿意获得单独税率；

5. 企业尿素-甲醛模塑料的生产情况；

6. 所有相关企业有关尿素-甲醛模塑料的生产和销售（无论在国内还是出口）情况；

7. 其他有利于巴基斯坦国家关税委员会采样的相关信息；

8. 企业是否愿意被纳入取样中，一旦被纳入取样中，巴基斯坦将要求该企业回答调查问卷，并对其进行实地核查。

巴基斯坦国家关税委员会将向有关中国企业发放调查问卷，并要求这些企业在调查问卷发放 37 天后提交给巴基斯坦国家关税委员会。

立陶宛对原产于中国的拖拉式带轮塑料玩具发出快速预警通报

据商务部消息，日前，立陶宛在欧盟的“非食品快速预警系统”中通报了原产于中国的拖拉式带轮塑料玩具“Funny Snail”（N°6060，EAN 5901271036666）。

该玩具被通报的原因是其蜗牛的触角很容易分离并被儿童吞食，而且玩具上的金属螺旋盘的边缘非常锋利，有导致儿童窒息和受伤的危险。因此，立陶宛有关部门认为，该玩具不符合玩具安全指令和相关欧洲标准，应对其进行召回并从欧洲市场上撤出。

韩国对原产于中国的二氧化钛作出反倾销终裁

据韩国媒体报道，2005 年 1 月 26 日，韩国对原产于中国的二氧化钛作出反倾销终裁：对所有中国公司征收 4.82%～23.08%的反倾销税，其中，广西平桂 PGMA 公司的反倾销税率为 4.82%、淄博钻业股份有限公司和广西百合化工股份有限公司的反倾销税率为 23.08%。有效期为 3 年。

2004 年 5 月 1 日，韩国对原产于中国的二氧化钛进行反倾销立案调查；2004 年 8 月 25 日，韩国对此案作出初裁：对中国公司征收 4.98%～23.08%的反倾销税。

欧盟对原产于中国的碳酸钡作出反倾销初裁

2005 年 1 月 29 日，欧盟对原产于中国的碳酸钡作出反倾销初裁（见表）。在此次反倾销调查中，欧盟采用美国作为替代国。

2004 年 4 月 30 日，欧盟对原产于中国的碳酸钡进行反倾销立案调查。涉案产品海关编码为 28366000。调查期为 2003 年 1 月 1 日～12 月 31 日。应诉的中国企业包括湖北京山楚天钡盐有限责任公司、山东枣庄永利化工有限公司、贵州 Hongkaj 化工有限公司、衡阳 Hong Xiang 有限公司、贵州红星发展股份有限公司、河北辛集化工集团有限责任公司。

欧盟对原产于中国的碳酸钡作出的反倾销初裁结果

企业名称	临时反倾销税率/%
湖北京山楚天钡盐有限责任公司	20.6
山东枣庄永利化工有限公司	45.7
其他中国公司	60.8

【2月】

我国对原产于日本、韩国的进口甲苯二异氰酸酯作出反倾销措施期中复审立案

商务部公告2005年第5号

2003年11月22日商务部发布2003年第61号公告，公布《中华人民共和国商务部关于原产于日本、韩国、美国的进口甲苯二异氰酸酯反倾销调查的最终裁定》，自2003年11月22日起，中华人民共和国对原产于日本、韩国、美国进口到中华人民共和国境内的甲苯二异氰酸酯（TDI）（型号为TDI 80/20）征收反倾销税。

2004年12月20日河北沧州大化TDI有限责任公司向中华人民共和国商务部提出对原产于日本、韩国的进口甲苯二异氰酸酯（TDI）（型号为TDI 80/20）所适用的反倾销措施进行倾销及倾销幅度期中复审的申请，主张终裁后约一年内，日本及韩国的生产商、出口商向中国出口的甲苯二异氰酸酯（TDI）（型号为TDI 80/20）倾销幅度加大，超过了终裁确定的反倾销税税率，请求计算过去一年日本及韩国的生产商、出口商的倾销幅度，并相应修改反倾销税税率。

商务部于2004年12月23日将收到复审申请的通知、复审申请书的公开文本及保密资料的非保密概要转交了日本国驻华大使馆、大韩民国驻华大使馆。2005年1月12日韩国东洋制铁化学株式会社、韩国FINE CHEMICAL株式会社向商务部提交了评论，2005年1月13日日本聚氨酯工业株式会社、三井武田化学株式会社、韩国巴斯夫有限公司向商务部提交了评论。

根据《中华人民共和国反倾销条例》第四十九条和商务部《倾销及倾销幅度期中复审暂行规则》的规定，反倾销税生效后，商务部可以在经过一段合理时间，应利害关系方的请求并对利害关系方提供的相应证据进行审查后，对有关出口商、生产商的倾销及倾销幅度进行期中复审。

商务部依据《中华人民共和国反倾销条例》和商务部《倾销及倾销幅度期中复审暂行规则》的有关规定，对提出申请的时间、申请人的资格、申请调查产品的有关情况、申请调查国家的申请调查产品出口价格和正常价值等有关情况进行了审查。

经审查，商务部认为，河北沧州大化TDI有限责任公司的申请符合《中华人民共和国反倾销条例》及《倾销及倾销幅度期中复审暂行规则》有关反倾销期中复审立案的要求。商务部决定自本公告发布之日起开始对原产于日本、韩国的进口甲苯二异氰酸酯（TDI）（型号为TDI 80/20）所适用的反倾销措施进行倾销及倾销幅度期中复审。

现将有关复审事项公告如下：

一、产品范围

复审产品范围为原反倾销措施所适用的产品，即中华人民共和国海关2004年进口税则号29291010项下的甲苯二异氰酸酯（TDI）（型号为TDI 80/20），不包括该税则号下的型号为TDI 65/35和TDI 100/0的甲苯二异氰酸酯。复审产品范围与商务部2003年第61号公告规定的产品范围一致。对该被调查产品的描述如下：

产品名称：甲苯二异氰酸酯（TDI）（型号为TDI 80/20）

英文名称：TOLUENE DIISOCYANATE

被调查产品种类：有机化学中含氮基化合物项下的异氰酸酯类

被调查产品的规格型号：TDI 80/20

化学分子式：$C_9H_6N_2O_2$

中华人民共和国海关2004年进口税则号：29291010

物理形态：常温下为白色或浅黄色透明的液体。

物理及化学性质：熔点14℃左右，沸点118℃（1.33kPa），相对密度为1.22左右，易溶于丙酮、醚类，并与强氧化剂、水、醇类、胺类、酸类、强碱发生反应，燃烧并分解，生成一氧化碳、二氧化碳、氧化氮、一氰化氢等。

产品用途：制备高分子新材料聚氨酯的主要原料。

二、复审调查期和复审范围

（一）复审调查期：本次复审的倾销调查期为2003年12月1日至2004年11月30日。

（二）复审范围：本次复审审查范围为适用于日本、韩国甲苯二异氰酸酯（TDI）（型号为TDI 80/20）生产商或出口商的反倾销税税率。

三、复审程序

（一）登记应诉。拟应诉的利害关系方应当自本公告发布之日起20天内，向商务部登记应诉，同时应向商务部提供其2003年12月1日至2004年11月30日对中国出口该产品的数量及金额。

（二）不登记应诉。如被调查国家（地区）的有关出口商或生产商未在本公告规定的时间内向商务部登记应诉，则商务部有权拒绝接受其递交的有关材料。

（三）利害关系方评论

任何利害关系方均可在本公告发布之日起20日内以书面形式对本复审提出意见，并提供相应的证据。

（四）问卷发放

商务部为获得其认为调查所需的信息，将根据需要发送调查问卷给相关利害关系方。对调查问卷所作的答卷应当在调查问卷发送之日后的37日内按问卷要求提交。

（五）听证会

利害关系方可以按照商务部《反倾销调查听证会暂行规则》规定提出举行听证会的书面请求，商务部认为必要时也可主动举行听证会。

（六）实地核查

商务部在必要时将派出工作人员赴有关国家进行实地核查；利害关系方提交的任何材料均应包括同意接受核查的声明；核查前，商务部将提前通知有关国家和企业。

四、不合作

依据《中华人民共和国反倾销条例》第二十一条规定，商务部进行调查时，利害关系方应当如实反映情况，提供有关资料。利害关系方不如实反映情况、提供有关资料的，或者没有在合理时间内提供必要信息的，或者以其他方式严重妨碍调查的，商务部可以根据已经获得的事实和可获得的最佳信息作出裁定。

特此公告

二〇〇五年二月三日

欧盟对原产于中国的糠醛作出反倾销日落复审终裁

据中国五矿化工产品进出口商会消息，2005年2月3日，欧盟委员会对原产于中国的糠醛作出反倾销日落复审终裁，欧盟将继续涉案产品征收352欧元/吨的反倾销税。涉案产品海关编码为29321200。

1993年7月31日，欧盟对原产于中国的糠醛进行反倾销立案调查；1994年11月9日，欧盟委员会作出终裁，对涉案产品征收352欧元/吨的从量税。2004年1月，欧盟对原产于中国的糠醛进行反倾销到期复审。

土耳其对原产于中国的季戊四醇进行反倾销立案调查

2005年2月4日，土耳其对原产于中国季戊四醇进行反倾销调查。涉案产品海关编码为290542000000。

季戊四醇是油漆、紫胶、塑料制品等生产中使用的一种白色晶体状、无气味、不易受潮的无毒中间品。土耳其当地生产商——MKS马尔马拉化工有限公司指控原产于中国的季戊四醇以倾销价格进口至土耳其，对土耳其当地的产业造成了损害，并要求政府对此采取限制措施。为此，土耳其外贸署决定对该产品进行反倾销立案调查。由于土耳其认为中国是非市场经济国家，此案中以西班牙作为替代国进行调查。

目前，中国五矿化工进出口商会正在组织国内企业应诉。

土耳其对原产于中国的人造革征收反倾销税

据土耳其《参考报》报道，近日，土耳其外贸署决定对原产于中国的用聚氨基甲酸泡制、涂层的人造革征收反倾销税，自2005年2月5日起实施。

裁决结果如下：对海关编码为5903201010.00和5903201090.00的涉案产品征收1美元/公斤的反倾销税，对海关编码为5903209010.00和5903209090.00的涉案产品征收2.2美元/公斤的反倾销税。

应土耳其当地生产商的要求，2004年6月7日，土耳其外贸署对涉案产品进行反倾销立案调查。

美国商务部保障公平贸易专家组发布2005年1～2月中国出口美国市场商品统计数据

目前，美国商务部保障公平贸易专家组发布2005年1～2月与2004年同期中国出口美国市场商品的对比统计数据。该专家组是美国商务部进口管理局为落实美国国会对其他国家妨碍美国贸易做法采取更主动步骤的要求而成立的。为使针对外国不公平贸易做法所采取的主动出击政策奏效，美国国会拨款并授权加强对其他国家贸易政策和贸易活动的监测，同时强化美国贸易法的执法力度。国会的上述要求由美国商务部进口管理局负责实施，其中一部分通过成立保障公平贸易专家组予以落实。该专家组由贸易分析家组成与进口管理局驻中国、日本和韩国等国的海外工作站的官员协同工作，通过监测外国贸易政策和贸易发展趋势发现和处理不公平贸易问题使美国不公平贸易法得以顺利实施。

截至目前，该专家组的工作成果之一就是监测中国与世贸组织协议相关的贸易补贴和取消不公平贸易承诺的执行情况，也是美国政府核实中国履行入世承诺的重要步骤之一。

美国从中国进口总额居前30位的产品数值对比 单位：千美元

排名	海关税号	产品名称	2004年1～2月	2005年1～2月	增减额	增长率/(±%)	占进口总额/%
20	3926	塑料制品	257 905	323 597	65 693	25.5%	0.9

【4月】

欧盟对原产于中国的聚对苯二甲酸乙二醇酯进行反倾销新发货商复审

2005年4月2日，欧盟对原产于中国的聚对苯二甲酸乙二醇酯进行反倾销新发货商复审立案调查。涉案产品海关编码为39076020。此次复审是应中国江阴成升包装材料有限公司的申请而启动的。

欧盟在立案公告中指出，此案选择美国作为替代国，并将暂停对该公司征收反倾销税。而一旦此次复审作出肯定性终裁，其反倾销税可追溯至此次新发货商复审的立案日期。2003年5月22日，欧盟对原产于中国的聚对苯二甲酸乙二醇酯进行反倾销立案调查；2004年8月19日，欧盟对此案作出终裁：对中国公司征收22%～184%的反倾销税。

墨西哥决定对原产于中国的有机化工产品进行反倾销行政复审

2005年4月5日，墨西哥经济部发布公告，决定对原产于中国的有机化工产品1-(4-Clorofenoxi)-1-(1H-imidazolil)-3-Dimetil-2-butanona进行反倾销行政复审，涉案产品海关编码为29332903。公告具体内容如下：

1. 1994年10月18日，墨西哥决定对原产于中国的该有机化工产品征收208.81%的反倾销税。

2. 2004年9月30日，墨西哥Symrise，S. De R. L. de C. V. 向墨西哥经济部提出要求取消中国该种产品的反倾销措施。

3. 墨西哥经济部接受该公司申请，决定对原产于中国的有机化工产品1-(4-clorofenoxi)-1-(1H-imidazolil)-3-dimetil-2-butanona进行反倾销行政复审。

4. 公告要求利害关系方可从4月6日起的28个工作日内9:00～14:00到墨经济部国际贸易惯例总局索取调查问卷。

5. 本公告自2005年4月6日起开始生效。

商务部公布对原产于韩国晓星公司的进口聚酯切片反倾销措施的期中复审裁定

中华人民共和国商务部公告2005年第18号

根据《中华人民共和国反倾销条例》及《倾销及倾销幅度期中复审暂行规则》的规定，商务部于2004年4月26日发布第18号公告，决定对原产于韩国晓星公司的进口聚酯切片所适用的反倾销措施进行倾销及倾销幅度期中复审。

本次复审的被调查产品与原反倾销调查的被调查产品一致，即聚酯切片（聚对苯二甲酸乙二酯切片），该产品列在中华人民共和国海关进出口税则（2005年）如下税则号项下：39076011、39076019。复审范围为适用于韩国晓星公司的反倾销税税率。

商务部依法对韩国晓星公司在复审调查期内是否存在倾销及倾销幅度进行了调查。根据《中华人民共和国反倾销条例》及《倾销及倾销幅度期中复审暂行规则》的规定，商务部向国务院关税税则委员会提出修改反倾销税税率的建议，根据国务院关税税则委员会的决定，商务部对本次复审作出裁定。现将裁定有关事项公告如下：

一、将原产于韩国晓星公司的进口聚酯切片所适用的反倾销税税率调整为26%，并由中华人民共和国海关自2005年4月26日起执行。

二、反倾销税的计征

进口经营者自2005年4月26日起进口原产于韩国晓星公司的聚酯切片时，应向中华人民共和国海关缴纳相应的反倾销税。反倾销税以海关审定的成交价格为基础的到岸价格作为计税价格从价计征，计征的公式为：反倾销税额＝海关完税价格×反倾销税税率。进口环节增值税以海关审定的成交价格为基础的到岸价格加上关税和反倾销税作为计税价格从价计征。

三、行政复议和行政诉讼

对本案裁定及征收反倾销税的决定不服的，根据《中华人民共和国反倾销条例》第五十三条的规定，可以依法申请行政复议，也可以依法向人民法院提起诉讼。

特此公告

二〇〇五年四月二十五日

欧盟对原产于中国的糠醛作出反倾销日落复审终裁

2005年4月28日，欧盟委员会发布公告，对原产于中国的糠醛作出反倾销日落复审终裁：继续对原产于中国的糠醛征收352欧元/吨的反倾销税。涉案产品海关编码为29321200。此案的调查期为2002年10月1日～2003年9月30日。

在此案中，欧盟采用阿根廷作为替代国。欧盟向有关各方发放了调查问卷，但没有中国企业应诉。

2003年12月18日，应Furfural Español SA公司和Lenzing AG公司的申请，欧盟对原产于中国的糠醛进行反倾销日落复审立案调查。

【5月】

南非国际贸易管理委员对原产于中国等6个国家（地区）的聚苯乙烯进行反倾销立案调查

2005年5月5日，应南部非洲关税同盟内有关企业的申请，南非国际贸易管理委员会对原产于中国、印度、印尼、韩国、泰国和中国台湾省的聚苯乙烯进行反倾销立案调查，涉案产品海关编码为39076090。

商务部决定延长双酚A反倾销调查期

中华人民共和国商务部2005年第25号公告

2004年5月12日商务部发布公告，决定对原产于日本、俄罗斯、新加坡、韩国和中国台湾省的进口双酚A（以下称“被调查产品”）进行反倾销调查。该被调查产品在《中华人民共和国进出口税则》中的税则号为：29072300。该税则号项下的双酚A盐不在本案调查范围之内。

鉴于本案案件情况复杂，根据《中华人民共和国反倾销条例》第二十六条的规定，商务部决定将本案的调查期限延长6个月，即截止日期为2005年11月12日。

特此公告

中华人民共和国商务部

二〇〇五年五月十二日

美国国际贸易委员会对原产于中国的塑料食品盒的337调查案作出终裁

据中国驻美国使馆经商参赞处消息，2005年5月26日，美国国际贸易委员会发布公告，对原产于中国的塑料食品盒的337调查案作出终裁：中国台州华森家庭日用品公司侵犯了美国No. D415420专利，江苏圣迪公司侵犯了美国No. 6056138、No. 6196404和No. D415420专利，上述中国公司出口到美国市场的塑料食品盒违反了美国《1930年贸易法》第337条款。

美国国际贸易委员会发布一般禁止令，禁止上述涉案产品进入美国境内，同时宣布终止对该案的调查。美国国际贸易委员会决定采用该案行政法官在2005年2月10日作出的初步决定（8号令）为终裁结果。美国国际贸易委员会的终裁结果在公布之日提交总统进行审议，并经总统审议后正式生效。

欧盟对原产于中国的塑料及橡胶玩具蛇发出消费者警告

据德国制成品进口商协会消息，2005年5月28日，德国联邦消费者保护与食品安全局向欧盟通报，原产于中国的塑料及橡胶玩具蛇含有禁用的有害物质，不符合有关安全标准。检测结果表明，上述产品中含有40.3%的有毒的塑料软化剂二甲酸二乙基乙酯（DEHP）和1.5%的邻苯二甲酸二异壬酯（DINP）。此外，玩具蛇的部件很容易脱落，儿童如误吞会对肠胃造成伤害。为保护消费者的安全，2005年5月起，德国在全国范围内禁止销售该产品，并着手调查零售商的进货渠道。据此，欧盟委员会在欧盟范围内对该产品发出消费者警告。

我国对原产于美国、日本的进口邻苯二酚进行反倾销立案调查

中华人民共和国商务部2005年第29号公告

中华人民共和国商务部于2005年3月31日正式收到连云港三吉利化学工业股份有限公司代表国内邻苯二酚产业提交的反倾销调查申请，申请人请求对原产于美国、日本的进口邻苯二酚进行反倾销调查。

商务部依据《中华人民共和国反倾销条例》的有关规定，对申请人的资格、申请调查产品的有关情况、国内同类产品的有关情况、申请调查产品对国内产业的影响、申请调查国家和地区的有关情况等进行了审查。同时，商务部就申请书中提供的涉及倾销、损害及倾销与损害之间的因果关系等方面的证据进行了审查。申请人提出的初步证据表明，申请企业的邻苯二酚产量在2003年和2004年度均占中国大陆总产量的100%。综上审查结果，该申请符合《中华人民共和国反倾销条例》第11条、第13条和第17条有关国内产业提出反倾销调查申请的规定。同时，申请书中包含了《中华人民共和国反倾销条例》第14条、第15条规定的反倾销调查立案所要求的内容及有关的证据。

根据上述审查结果及《中华人民共和国反倾销条例》第16条的规定，商务部决定自2005年5月31日起对原产于美国、日本的进口邻苯二酚进行反倾销立案调查。现将有关事项公告如下：

一、立案调查及调查期

自本公告发布之日起，商务部对原产于美国、日本的进口邻苯二酚进行反倾销调查，本次调查确定的倾销调查期为2004年1月1日至2004年12月31日，产业损害调查期为2001年1月1日至2004年12月31日。

二、被调查产品及调查范围

被调查产品：

《中华人民共和国海关进出口税则》称为邻苯二酚，列在该税则的29072910税号项下；英文称为o-Dihydroxybenzene（Catechol，Pyrocatechol）

化学分子式为：$C_6H_6O_2$

邻苯二酚常温下为固态，为无色单斜晶体，有毒，能升华，可燃，暴露在空气中易氧化为棕褐色。邻苯二酚是一种化学中间体，可用作橡胶硬化剂、电镀添加剂、皮肤防腐杀菌剂、染发剂、照相显影剂、彩照抗氧化剂、毛皮染色显色剂、油漆和清漆抗起皮剂，是合成树脂、鞣酸，农药克百威、残杀威，医药黄连素、肾上腺素、香料香兰素、黄樟素、胡椒醛等的原料之一。

调查范围：原产于美国、日本的进口邻苯二酚

三、登记应诉

就倾销调查，利害关系方可于本公告发布之日起20天内，向商务部进出口公平贸易局申请参加应诉，参加应诉的涉案出口商或生产商同时应提供2004年1月至2004年12月向中国大陆出口本案被调查产品的数量及金额。

就产业损害调查，利害关系方可自本公告发布之日起20天内向商务部产业损害调查局登记应诉，同时应提供产业损害调查期内的生产能力、产量、库存、在建和扩建计划以及向中国大陆出口该产品的数量和金额等说明材料。

四、不登记应诉

如利害关系方未在本公告规定的时间内向商务部登记应诉，则商务部有权拒绝接受其递交的有关材料，并有权根据所掌握的现有材料作出裁定。

五、利害关系方的权利

利害关系方对本次调查的产品范围、申请人资格、被调查国家及其他相关问题如有异议，可以于本公告发布之日起20天内将意见书面提交商务部。

利害关系方可以在上述期间内到商务部反倾销公开信息查阅室查阅本案申请人提交的申请书的非保密文本。

六、调查方式

调查机关可以采用问卷、抽样、听证会、现场核查等方式向有关利害关系方了解情况并进行调查。

七、本次调查自2005年5月31日起开始，通常应在2006年5月31日前结束调查，特殊情况下可延长至2006年11月30日。

特此公告

中华人民共和国商务部

二〇〇五年五月三十一日

【6月】

商务部公布对日、美丙烯酸酯反倾销措施即将到期

商务部公告2005年第33号

中华人民共和国原对外贸易经济合作部2001年第5号公告公布，中华人民共和国对原产于日本和美国的进口丙烯酸酯征收反倾销税。反倾销税的实施期限自2000年11月23日起为5年，即2005年11月23日该反倾销措施终止实施。

《中华人民共和国反倾销条例》第四十八条规定，经复审确定终止征收反倾销税有可能导致倾销和损害的继续或者再度发生的，反倾销税的征收期限可以适当延长。

2003年3月，经中华人民共和国第十届全国人民代表大会第一次会议批准，反倾销调查职能由新组建的商务部承担。

自本公告发布之日起，国内产业或者代表国内产业的自然人、法人或者有关组织可在该反倾销措施终止日60天前，以书面形式向商务部提出期终复审申请。申请书应包含终止征收反倾销税将可能导致倾销和损害的继续或再度发生的充分证据。

如国内产业或者代表国内产业的自然人、法人或者有关组织未按本公告规定提出书面复审申请，在该反倾销措施终止前商务部也未决定主动进行期终复审的，对原产于日本和美国的进口丙烯酸酯所适用的反倾销措施将于2005年11月23日起终止实施。

特此公告

二〇〇五年六月一日

商务部进出口公平贸易局

我国对原产于日本和台湾地区的进口PBT树脂进行反倾销立案调查

商务部公告2005年第30号

中华人民共和国商务部于2005年4月12日收到南通星辰合成材料有限公司代表国内产业提交的反倾销调查申请，申请人请求对原产于日本和中国台湾地区的进口PBT树脂进行反倾销调查。

商务部依据《中华人民共和国反倾销条例》的有关规定，对申请人的资格、申请调查产品的有关情况、中国大陆同类产品的有关情况、申请调查产品对国内产业的影响、申请调查国家（地区）的有关情况等进行了审查。同时，商务部就申请书中提供的涉及倾销、损害及倾销与损害之间的因果关系等方面的证据进行了审查。申请人提出的初步证据表明，申请人符合《中华人民共和国反倾销条例》第十一条、第十三条和第十七条有关国内产业提出反倾销调查申请的规定。同时，申请书中包含了《中华人民共和国反倾销条例》第十四条、第十五条规定的反倾销调查立案所要求的内容及有关的证据。

根据上述审查结果及《中华人民共和国反倾销条例》第十六条的规定，商务部决定自2005年6月6日起对原产于日本和中国台湾地区的进口PBT树脂进行反倾销立案调查。现将有关事项公告如下：

一、调查期

本次调查确定的倾销调查期为2004年1月1日

至2004年12月31日，产业损害调查期为2001年1月1日至2004年12月31日。

二、被调查产品及调查范围

被调查产品：聚对苯二甲酸丁二醇酯，也称聚对苯二甲酸四亚甲基酯或聚丁烯对苯二甲酸酯，业界通常称之为PBT树脂；英文为Polybutylene Terephthalate Resin（简称PBT、PBTP或PTMP）；列在《中华人民共和国海关进出口税则》39079900税号项下。

分子式：$\text{-}[C_{12}H_8O_4]_n\text{-}$

化学结构式：

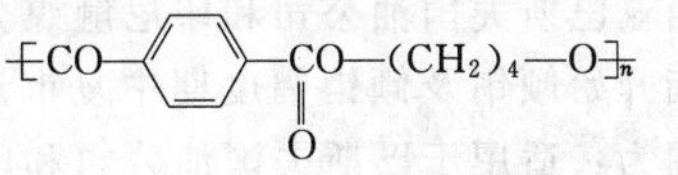

PBT树脂是一种热塑性饱和聚酯，在常温下一般为乳白色、颗粒状固体；主要用于PBT改性、PBT抽丝、拉膜、光纤护套等领域，在增强改性后可广泛应用于汽车制造、电子电气、仪表仪器、照明用具、家电、纺织、机械工业和通讯等领域。

调查范围：原产于日本和台湾地区的进口被调查产品。

三、登记应诉

就倾销调查，利害关系方可于本公告发布之日起20天内，向商务部进出口公平贸易局申请应诉，应诉的涉案出口商或生产商同时应提供2004年1月至2004年12月向中国大陆出口本案被调查产品的数量及金额。

就产业损害调查，利害关系方可于本公告发布之日起20天内，向商务部产业损害调查局登记应诉，同时应提供产业损害调查期内的生产能力、产量、库存、在建和扩建的计划以及向中国大陆出口本案被调查产品的数量和金额等说明材料。

四、不登记应诉

如利害关系方未在本公告规定的时间内向商务部登记应诉，则商务部有权拒绝接受其递交的有关材料，并有权根据所掌握的现有材料做出裁定。

五、利害关系方的权利

利害关系方对本次调查的申请人资格、被调查产品、调查范围及其他相关问题如有异议，可于本公告发布之日起20天内将意见书面提交商务部。

利害关系方可在上述期间内到商务部反倾销公开信息查阅室查阅本案申请人提交的申请书的非保密文本。

六、调查方式

调查机关可以采用问卷、抽样、听证会、现场核查等方式向有关利害关系方了解情况并进行调查。

七、本次调查自2005年6月6日起开始，通常应在2006年6月6日前结束调查，特殊情况下可延长至2006年12月6日。

特此公告

商务部

二○○五年六月六日

关于参加PBT树脂反倾销案产业损害调查应诉登记的通知

2005年6月6日，中华人民共和国商务部发布2005年第30号公告，决定自即日起对原产于日本和台湾地区的进口PBT树脂进行反倾销立案调查。根据公告的要求，准备参加产业损害调查的利害关系方应当在本案立案后20日内，向产业损害调查机关提出申请、进行应诉登记。现就有关具体事宜通知如下：

一、申请参加本次产业损害调查活动的利害关系方，应当填写《中华人民共和国商务部PBT树脂反倾销案产业损害调查应诉登记申请表》，并在2005年6月25日前送达或邮寄至商务部产业损害调查局。

二、反倾销案件的利害关系方包括：被调查产品的外国（地区）生产者、出口经营者，或者该产品生产者、出口经营者的行业组织或者其他组织；中国大陆同类产品的生产者、经营者，或者该产品生产者、经营者的行业组织或者其他组织；其他利害关系方。

三、利害关系方在提交申请表的同时，还应当提供以下材料。

1. 申请人为企业或者其他组织的，应当出具营业执照等登记证明。

2. 委托代理人参加调查活动的，应当出具代理人身份证明及授权委托书；委托律师做代理人的，应当委托中国大陆律师事务所及中国大陆执业律师，代理人应当同时出具律师事务所营业执照和律师事务所委派函。

3. 提供产业损害调查期内应诉申请人分年度的生产能力、产量、库存以及在建和扩建计划；向中国大陆出口该产品的数量及金额；进口经营者进口的数量及金额等情况。

四、向产业损害调查机关提交的任何文件，均应使用印刷体简体文字。

五、商务部产业损害调查局联系方式：（略）

附：《中华人民共和国商务部PBT树脂反倾销案产业损害调查应诉登记申请表》（略）

欧盟对原产于中国和俄罗斯的颗粒状聚四氟乙烯树脂作出反倾销初裁

2005年6月8日，欧盟对原产于中国和俄罗斯的颗粒状聚四氟乙烯树脂作出反倾销初裁（见下表）。

涉案产品海关编码为 ex39046100。

2004 年 9 月 9 日，应欧洲化学工业理事会的申请，欧盟对原产于中国和俄罗斯的颗粒状聚四氟乙烯树脂进行反倾销立案调查。应诉的中国企业包括山东东岳化工股份有限公司、上海三爱富新材料股份有限公司、浙江 Jusheng Fluorochemicals Co. 有限公司及其相关公司浙江巨化集团进出口有限公司。但中国应诉公司均未获得市场经济地位。在本案中，欧盟选择美国作为替代国计算正常价值。

欧盟对原产于中国和俄罗斯的颗粒状聚四氟乙烯树脂作出的反倾销初裁结果

企业名称	临时反倾销税/%
所有中国公司	62.7

欧盟对原产于中国、马来西亚和泰国的塑料袋进行反倾销立案调查

2005 年 6 月 30 日，应欧盟 30 个塑料袋生产商的申请，欧盟对原产于中国、马来西亚和泰国的塑料袋（乙烯聚合物制品和其他塑料制品）进行反倾销立案调查；对原产于马来西亚和泰国的塑料袋（乙烯聚合物制品和其他塑料制品）进行反补贴立案调查。涉案产品海关编码为 ex39232100，ex39232910，ex39232990。调查期为 2004 年 1～12 月。

目前，提起申请的欧盟 30 个塑料袋生产商所生产的涉案产品占欧盟总产量的比例超过 25%。欧盟 30 个塑料袋生产商在申请书中指出，中国、马来西亚和泰国塑料袋的进口量和进口份额大幅增加，进口价格低于正常价值，给欧盟的生产商的利益造成了不利影响；马来西亚和泰国均从政府的补贴中受益，这些补贴包括：减免进口税和销售税、出口信用重新募集资金、工厂厂房补助金等。马来西亚和泰国政府的补贴行为给欧盟的生产商造成了不利的影响。

【7 月】

商务部公布对原产于韩国、马来西亚、新加坡和印度尼西亚的进口丙烯酸酯反倾销措施的期中复审裁决

商务部公告 2005 年第 40 号

中华人民共和国商务部于 2003 年 4 月 10 日发布 2003 年第 3 号公告，决定对原产于韩国、马来西亚、新加坡和印度尼西亚的进口丙烯酸酯征收反倾销税。其中，对马来西亚巴斯夫国油化学私人有限公司（BASF PETRONAS Chemicals Sdn Bhd，以下简称巴斯夫国油公司）征收的反倾销税税率为 4%。对印度尼西亚日本触媒公司（PT. NIPPON SHOKUBAI INDONESIA，以下简称印尼触媒公司）征收的反倾销税税率为 11%。

2004 年 5 月 8 日巴斯夫国油公司和印尼触媒公司就其所适用的丙烯酸酯反倾销措施分别提出倾销及倾销幅度的期中复审申请。巴斯夫国油公司在中国的关联进口商分别于 2004 年 3 月 5 日和 6 月 1 日两次提出退税申请，请求对自巴斯夫国油公司进口的丙烯酸酯所缴纳的反倾销税予以退税。

2004 年 7 月 5 日商务部发布立案公告，对原产于马来西亚巴斯夫国油公司和印尼触媒公司的进口丙烯酸酯开始倾销及倾销幅度期中复审调查。复审调查范围为：适用于巴斯夫国油公司和印尼触媒公司的进口丙烯酸酯的反倾销税税率。复审调查的被调查产品与原反倾销调查相同，即丙烯酸酯，该产品在中华人民共和国海关的现行进口税则号为 29161200。为减轻利害关系方负担，商务部决定暂停对巴斯夫国油公司在中国的关联进口商退税申请的单独审查，并依据期中复审有关调查结果公布是否予以退税的决定。

商务部对巴斯夫国油公司和印尼触媒公司在复审调查期内是否倾销及倾销幅度进行了调查，并根据调查结果向国务院关税税则委员会提出修改反倾销税的建议。

根据《中华人民共和国反倾销条例》第五十条规定、商务部《倾销及倾销幅度期中复审暂行规则》的规定及国务院关税税则委员会的决定，现将有关事项公告如下。

一、原产于马来西亚、由马来西亚巴斯夫国油化学私人有限公司生产的进口丙烯酸酯反倾销税税率仍为 4%。对巴斯夫国油公司的中国关联进口商于 2004 年 3 月 5 日和 2004 年 6 月 1 日提出的退税申请不予支持。

二、将原产于印度尼西亚、由印度尼西亚日本触媒公司生产的进口丙烯酸酯的反倾销税税率调整为 3%。

三、反倾销税的计征

进口经营者自 2005 年 7 月 5 日起进口原产于马来西亚、由马来西亚巴斯夫国油化学私人有限公司生产的进口丙烯酸酯或原产于印度尼西亚、由印度尼西亚日本触媒公司生产的进口丙烯酸酯时，应向中华人民共和国海关缴纳相应的反倾销税。反倾销税以海关审定的成交价格为基础的到岸价格作为计税价格从价计征，计征的公式为：反倾销税额＝海关完税价格×反倾销税税率。进口环节增值税以海关审定的成交价格为基础的到岸价格加上关税和反倾销税作为计税价

格从价计征。

四、行政复议和行政诉讼

对本案裁定及征收反倾销税的决定不服的，根据《中华人民共和国反倾销条例》第五十三条的规定，可以依法申请行政复议，也可以依法向人民法院提起诉讼。

特此公告

附件：中华人民共和国商务部关于对原产于马来西亚和印度尼西亚的进口丙烯酸酯的期中复审裁定（略）

商务部

二〇〇五年七月四日

关于发放《PBT树脂反倾销案产业损害调查问卷（中国大陆进口商调查问卷）》的通知

商调查函［2005］第118号

（公司）：

2005年6月6日，中华人民共和国商务部发布2005年第30号公告，决定对原产于日本和台湾地区的PBT树脂进行反倾销立案调查。中华人民共和国商务部产业损害调查局负责本案的产业损害调查与裁决工作。

依据商务部《反倾销产业损害调查规定》第二十四条、第二十五条和第二十六条，按照PBT树脂反倾销案调查工作安排，现向你单位发放本调查问卷。请认真阅读本调查问卷，按要求如实回答问题，并于2005年8月12日前将答卷递交中华人民共和国商务部产业损害调查局。

联系人：（略）

附：中华人民共和国商务部产业损害调查局《PBT树脂反倾销案产业损害调查问卷（中国大陆进口商调查问卷）》（略）

二〇〇五年七月六日

我国塑料袋生产/出口企业无一应诉欧盟反倾销调查

据《民营经济报》报道，2005年7月6日，中国塑料加工工业协会指出，自2005年6月30日欧盟发布公告对原产于中国的塑料袋进行反倾销调查以来，中国塑料加工工业协会就开始积极组织企业应诉，但涉案企业大多持观望态度，至今还没有企业应诉。

中国塑料加工工业协会表示，参与反倾销应诉并不是一件容易的事情，要花大价钱，一家企业没有经济实力独自承担应诉的费用，所以还没有企业提出应诉。首先是聘请律师的问题。国内法律专业水平比较高、聘请价格又低的律师很难找，而欧盟当地的律师价格又很高。其次是费用分担问题。企业间可能会为费用的摊派问题而起争执。第三是风险的问题，即打官司胜诉的把握有几成。

中国塑料加工工业协会指出，企业应从这次事件中吸取教训，要提高产品档次，严格按照标准进行生产，生产出更优质的产品，还要重视品牌。

巴基斯坦对原产于中国的尿素-甲醛模塑料作出反倾销初裁

2005年7月18日，巴基斯坦关税委员会对原产于中国的尿素-甲醛模塑料作出反倾销初裁：对蓝星国际化工有限公司征收12.15%的临时反倾销税，对中化天津进出口公司征收4.31%的临时反倾销税，对宜兴云通化工工业公司征收14.89%的临时反倾销税，对其他中国公司征收9.77%的临时反倾销税。涉案产品海关编码为39091010。

2005年1月12日，巴基斯坦对原产于中国的尿素-甲醛模塑料进行反倾销立案调查。

中国东盟7000种商品正式开始全面降税

据新华社报道，2005年7月20日，中国与东南亚国家联盟（东盟）正式开始对原产于对方的约7000种商品相互给予优惠关税待遇，以自由贸易区的税率实现彼此货物的通关。

东盟秘书长王景荣指出，东盟—中国自由贸易区的启动将极大推动东亚地区的经贸发展，是东盟和中国经贸关系发展史上的重要里程碑。东盟和中国联合进行的可行性研究表明，自由贸易区的建立，将创造一个拥有17亿消费者的经济区域，其国内生产总值约2万亿美元，贸易总额估计为1.23万亿美元。自由贸易区的运营可以使东盟和中国相互之间取消贸易壁垒，降低成本，增加区内贸易额，提高经济效益。同时，还可以在东盟成员国和中国之间建立一种共同体意识，为东亚经济稳定提供另一个重要的机制，并使东盟和中国在共同关心的国际贸易事务中拥有更大的发言权。

王昌荣认为，东盟和中国将在自由贸易区框架下继续保持双边贸易的迅猛增长势头，2005年底，双边贸易额有望达到1 000亿美元，这也是中国国家总理温家宝2003年在印尼巴厘岛举行的东盟—中国高峰会议上定下的目标。与此同时，双边贸易额的增长还会带动东盟和中国在其他领域关系的发展。

王景荣指出，所有东盟国家都将从自由贸易区中受益，但受益程度取决于每个国家的自身能力和应变准备。东盟已为其成员国培育了一个可以创造大量商机的环境。东盟不仅要监督自由贸易区机制的实施，还要敦促各成员国政府向本国的工商业机构普及有关自由贸易区的基本知识和使用技能。

2005年7月1日，《中国—东盟全面经济合作框架协议货物贸易协议》正式实施，双方用20天的时间对彼此的关税减让表进行技术性核查，并调整相关的海关数据系统。2005年7月20日起，正式开始按照协议规定的时间表，对原产于中国和东盟的产品相互给予优惠关税待遇。

中国—东盟自由贸易区是中国与东盟十国建立的自由贸易安排。2004年11月29日，双方在老挝万象签署了《货物贸易协议》。协议共23个条款，3个附件。根据协议，货物贸易产品除早期收获产品外，其余产品分为正常产品和敏感产品，其中正常产品近7000种。正常产品和敏感产品的区别为：正常产品的关税要削减直至取消，敏感产品的关税受到上限的约束，但不必取消关税。

协议对正常产品降税提出了以下额外要求：2005年7月，中国和东盟6个老成员国（指泰国、新加坡、马来西亚、印度尼西亚、菲律宾和文莱）40%税目的关税降为0～5%；2007年1月，60%税目的关税要降到0～5%。2009年1月，老挝和缅甸50%的税目的关税降至0～5%；2013年40%税目的关税降至零。2012年1月，柬埔寨50%的税目的关税降至0～5%；2013年40%税目的关税降至零。2010年，越南50%税目的关税降到0～5%。

具体部分国家关税结构现状

一、泰国税率高于20%的产品主要有：塑料、橡胶制品等轻工产品。

二、马来西亚税率为20%的产品主要有：塑料及橡胶制品，鞋、靴等轻工产品；税率为15%的产品主要有：化工产品等。

三、印度尼西亚税率为20%以上的产品主要有：塑料及橡胶制品等；税率为15%的产品主要有：化工制品、天然橡胶、皮革等；税率为10%的产品主要有：化工产品、轻工产品等。

四、菲律宾税率为15%的产品主要有：塑料制品等。

欧盟对原产于中国的碳酸钡作出反倾销终裁

2005年7月21日，欧盟对原产于中国的碳酸钡作出反倾销终裁（见下表）。涉案产品海关编码为28366000。

2004年4月30日，应欧盟Solvay Barium Strontium GmbH公司的申请，欧盟对原产于中国的碳酸钡进行反倾销立案调查；2005年1月29日，欧盟对此案作出初裁：对湖北京山楚天钡盐有限责任公司征收20.6%的临时反倾销税；对山东枣庄永利化工有限公司征收45.7%的临时反倾销税；对其他中国公司征收60.8%的临时反倾销税。

欧盟对原产于中国的碳酸钡作出的反倾销终裁结果

企业名称	反倾销税/(欧元/吨)	反倾销税率/%
湖北京山楚天钡盐有限责任公司	6.3	3.4
山东枣庄永利化工有限公司	8.1	4.6
其他中国公司	56.4	31.7

印度对原产于中国的聚四氟乙烯作出反倾销终裁

2005年7月25日，印度商工部对原产于中国的聚四氟乙烯作出反倾销终裁（见下表），如果从中国进口的产品低于该最低到岸价，则其反倾销税为两者差额。涉案产品海关编码为39046100。本案中，应诉公司包括：山东东岳高分子材料有限公司、泰州梅兰树脂加工有限公司、泰州梅兰氟材料有限公司。

2004年7月27日，应印度海得拉巴Hindustan Flurocarbons有限公司的申请，印度对原产于中国的聚四氟乙烯进行反倾销立案调查。

印度对原产于中国的聚四氟乙烯作出的反倾销终裁结果

生产商	出口商	最低到岸价/(美元/公斤)
山东东岳高分子材料有限公司	任何	7.78
泰州梅兰树脂加工有限公司	任何	8.32
除上述公司其他公司	任何	8.50

墨西哥决定对原产于中国的塑料卷笔刀进行反倾销立案调查

据商务部网站报道，2005年7月29日，墨西哥经济部在其“官方日报”发布公告，决定对原产于中国的塑料卷笔刀进行反倾销调查。设按产品的海关编码为8214100。调查期为2004年1月1日～12月31日。

本案的各利害关系方可以到墨西哥经济部国际贸易惯例总局领取调查问卷，并将完成的问卷及相关材料在该公告发布之日起的28个工作日之内提交墨西哥经济部国际贸易惯例总局。

2005年4月15日，墨西哥Tajalapiz Los Reyes, Mich.，S. A. de C. V. 3家企业向墨经济部提出申请，要求对原产于中国的塑料卷笔刀进行反倾销调查。

【8月】

欧盟对原产于中国等地的DVD-R光碟进行反倾销立案调查

2005年8月5日，欧盟委员会发布第2005/C 191/10号公告，决定对原产于中国、中国香港和中国台湾省的DVD-R光碟进行反倾销立案调查。涉案产品的海关编码为ex 85239000。本案调查期为2004年7月1日～2005年6月30日。

目前，欧盟委员会在计算正常价值时，以中国台湾省为标准。根据欧盟反倾销法，欧盟委员会将在15个月内对此案作出最终裁决。

2005年6月24日，欧盟相关协会代表欧盟内的DVD-R光碟生产商向欧盟委员会提出申请，要求欧盟委员会对原产于中国等地的上述产品进行反倾销立案调查。目前，申请人所代表的欧盟生产商所生产的DVD-R光碟产量占欧盟市场总产量的60%。申请人在申请书中指出，原产于中国等地的DVD-R光碟进口量和进口份额大幅度增加，进口价格低于正常价值，给欧盟DVD-R光碟生产商的销量、价格、就业及产业的发展都造成了不利的影响。

欧盟对原产于中国、中国香港和马来西亚的CD可烧录一次式光碟进行反倾销立案调查

2005年8月6日，应欧盟CDR制造商委员会的申请，欧盟委员会对原产于中国、中国香港和马来西亚的CD可烧录一次式光碟进行反倾销立案调查。涉案产品海关编码为85239000.10。

在本案中，欧盟在确定中国产品的正常价值时，初步选定马来西亚作为替代国。本案的调查期为2004年7月1日～2005年6月30日。

我国对原产于俄罗斯、韩国、日本和美国的进口环氧氯丙烷作出反倾销初裁

商务部公告2005年第57号

根据《中华人民共和国反倾销条例》的规定，中华人民共和国商务部于2004年12月28日发布公告，决定对原产于俄罗斯、韩国、日本和美国的进口环氧氯丙烷进行反倾销调查。

商务部对被调查产品是否存在倾销和倾销幅度、被调查产品是否对国内产业造成损害及损害程度以及倾销与损害之间的因果关系进行了调查。根据调查结果和《中华人民共和国反倾销条例》第二十四条的规定，商务部作出初裁决定（见附件）。

现将有关事项公告如下：

一、初裁决定

商务部初裁决定，原产于俄罗斯、韩国、日本和美国的进口环氧氯丙烷存在倾销，中国环氧氯丙烷产业遭受了实质损害，同时倾销和实质损害之间存在因果关系。

二、征收保证金

根据《中华人民共和国反倾销条例》第二十八条和第二十九条的规定，商务部决定采用保证金形式实施临时反倾销措施。自2005年9月21日起，进口经营者在进口原产于俄罗斯、韩国、日本和美国的环氧氯丙烷时，应依据本初裁决定所确定的各公司的倾销幅度向中华人民共和国海关提供相应的保证金。

本案被调查产品在《中华人民共和国进出口税则》中列为29103000。对该被调查产品的描述如下：

被调查产品名称：环氧氯丙烷，又名1-氯-2,3-环氧丙烷、表氯醇（英文名为Epichlorohydrin，简称ECH）

产品种类：有机化工产品

产品规格：环氧氯丙烷含量≥99%

分子式：C_3H_5OCl

化学结构式：

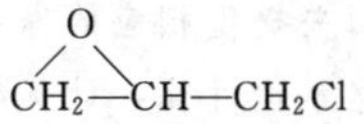

物理及化学特征：环氧氯丙烷常温下是一种透明、有刺激性气味的低黏度、易挥发、不稳定的无色油状液体，其相对分子质量为92.53，熔点－25.6℃，沸点117.9℃，相对密度1.1812（20/4℃），闪点33℃，可混溶于乙醇、乙醚、氯仿、三氯乙烯等。环氧氯丙烷在水中的溶解度为6.58%（20℃），与水共沸于88℃，所含水的质量分数为28%。由于其分子结构中具有不对称C原子，一般以含有等量左旋和右旋结构的外消旋混合物形式存在。

主要用途：环氧氯丙烷主要用于生产环氧树脂，还可用于生产合成甘油、硝化甘油炸药、玻璃钢、电绝缘品、表面活性剂、医药、农药、涂料、胶料、离子交换树脂、增塑剂、（缩水）甘油衍生物、氯醇橡胶等多种产品。此外，环氧氯丙烷还用作纤维素酯、树脂、纤维素醚的溶剂。

对各公司征收的保证金比率如下：

俄罗斯公司

1. 考斯迪克封闭式股份公司（The Joint Stock Company Kaustik）23.0%

2. 乌苏里耶化工有限责任公司（Limited Liability Company ‘Usoliekhimprom’）8.6%

3. 其他俄罗斯公司（All Others）71.5%

韩国公司

1. 韩华石油化学株式会社（HAN WHA CHEMICAL CORPORATION）4.5%

2. 三星精密化学株式会社（Samsung Fine Chemicals Co.，LTD）4.3%

3. 其他韩国公司（All Others）71.5%

日本公司

1. 日本鹿岛化学株式会社（Kashima Chemical Co.，Ltd.）7.8%

2. 其他日本公司（All Others）71.5%

3. 日本大曹株式会社（DAISO CO.，LTD.）0%

（经调查，日本大曹株式会社（DAISO CO.，LTD.）初裁倾销幅度为0.9%，根据《中华人民共和国反倾销条例》第二十七条规定，属于微量倾销幅度，免于征收反倾销税。）

美国公司

1. 陶氏化学公司（The Dow Chemical Company）4.3%

2. 其他美国公司（All Others）71.5%

三、征收保证金的方法

自2005年9月21日起，进口经营者在进口原产于俄罗斯、韩国、日本和美国的环氧氯丙烷时，应向中华人民共和国海关提供相应的保证金。保证金以海关审定的完税价格从价计征，计算公式为：保证金金额＝(海关审定的完税价格×保证金征收比率)×(1＋进口环节增值税税率)。

四、评论

各利害关系方在本公告发布之日起20天内，可向商务部提出书面评论并附相关证据，商务部将依法予以考虑。

特此公告

中华人民共和国商务部（印）

二〇〇五年九月二十一日

关于发放《辛醇反倾销案产业损害调查问卷（国内生产者调查问卷）》的通知

商调查函〔2005〕184号

2005年9月15日，中华人民共和国商务部发布2005年第58号公告，决定对原产于韩国、沙特阿拉伯、日本、欧盟和印度尼西亚的进口辛醇进行反倾销调查。中华人民共和国商务部产业损害调查局负责本案的产业损害调查与裁决工作。

依据商务部《反倾销产业损害调查规定》第二十二条、第二十四条、第二十五条和第二十六条，按照辛醇反倾销案调查工作安排，现向你单位发放本调查问卷。请认真阅读本调查问卷，按要求如实回答问题，并于2005年10月24日前将答卷递交中华人民共和国商务部产业损害调查局。

商务部产业损害调查局

二〇〇五年九月二十一日

我国对原产于日本、美国、英国和德国的进口初级形态二甲基环体硅氧烷作出反倾销初裁

商务部公告2005年第46号

根据《中华人民共和国反倾销条例》的规定，中华人民共和国商务部于2004年7月16日发布立案公告，决定对原产于日本、美国、英国和德国的进口初级形态二甲基环体硅氧烷（以下简称被调查产品）进行反倾销调查。

商务部对被调查产品是否存在倾销和倾销幅度、被调查产品是否对国内产业造成损害及损害程度以及倾销与损害之间的因果关系进行了调查。根据调查结果和《中华人民共和国反倾销条例》第二十四条的规定，商务部作出初裁决定（见附件）。现将有关事项公告如下：

一、初步裁定

商务部初步裁定，被调查产品存在倾销，国内初级形态二甲基环体硅氧烷产业遭受了实质损害，而且倾销与实质损害之间存在因果关系。

二、征收保证金

根据《中华人民共和国反倾销条例》第二十八条和二十九条的规定，商务部决定采用保证金形式实施临时反倾销措施。自2005年9月29日起，进口经营者在进口原产于日本、美国、英国和德国的初级形态二甲基环体硅氧烷时，应依据本初裁决定所确定的各公司的倾销幅度向中华人民共和国海关提供相应的保证金。

本案征收保证金的产品列在《中华人民共和国进出口税则》29310000、38249090项下。具体描述如下：

调查范围：原产于日本、美国、英国和德国的进口初级形态二甲基环体硅氧烷

产品名称：初级形态二甲基环体硅氧烷

英文名称：dimethyl cyclosiloxane或cyclic dimethyl siloxane

分子结构式：

$$\left[(CH_3)_2SiO\right]_n \quad (n=3\sim6)$$

产品种类：有机硅中间体

产品描述：初级形态二甲基环体硅氧烷是以二甲基二氯硅烷为主要原料，经过水解合成，以硅氧(Si—O)键为主链，硅原子上直接连接有机基的有

机-无机化合物。初级形态二甲基环体硅氧烷分子结构呈现环状，主要包括六甲基环三硅氧烷（D3）、八甲基环四硅氧烷（D4）、十甲基环五硅氧烷（D5）、十二甲基环六硅氧烷（D6）以及六甲基环三硅氧烷（D3）及或八甲基环四硅氧烷（D4）及或十甲基环五硅氧烷（D5）及或十二甲基环六硅氧烷（D6）含量达到50%以上的无色透明或乳白色液体，可燃，无异味，不溶于水，溶于苯等有机溶剂。

具体而言，被调查产品范围包括：

1. 二甲基二氯硅烷水解物（简称水解物或水解料），其是一种以二甲基二氯硅烷为主要原料，经过水解合成工序制得的或者在此基础上再经过分离、裂解、精馏后制得的一种以六甲基环三硅氧烷（D3）、八甲基环四硅氧烷（D4）、十甲基环五硅氧烷（D5）和十二甲基环六硅氧烷（D6）为主的混合物，其中六甲基环三硅氧烷（D3）及或八甲基环四硅氧烷（D4）及或十甲基环五硅氧烷（D5）及或十二甲基环六硅氧烷（D6）的含量达到50%以上。

2. 二甲基硅氧烷混合环体（DMC），其是一种以二甲基二氯硅烷为主要原料，在经过水解合成工序制得的水解物基础上，再经过分离或者裂解、精馏工序制得的一种以D3、D4、D5、D6为主的混合物，其中（D4+D5）含量≥80%。

3. 六甲基环三硅氧烷（D3），其是一种以二甲基二氯硅烷为主要原料，在经过水解合成工序制得的水解物基础上经过分离、精馏，或者是在水解物经过裂解后或在DMC基础上再进行分离、精馏后制得的有单独定义的化合物。

4. 八甲基环四硅氧烷（D4），其是一种以二甲基二氯硅烷为主要原料，在经过水解合成工序制得的水解物基础上经过分离、精馏，或者是在水解物经过裂解后或在DMC基础上再分离、精馏后制得的有单独定义的化合物。

5. 十甲基环五硅氧烷（D5），其是一种以二甲基二氯硅烷为主要原料，在经过水解合成工序制得的水解物基础上经过分离、精馏，或者是在水解物经过裂解后或在DMC基础上再分离、精馏后制得的有单独定义的化合物。

6. 十二甲基环六硅氧烷（D6），其是一种以二甲基二氯硅烷为主要原料，在经过水解合成工序制得的水解物基础上经过分离、精馏，或者是在水解物经过裂解后或在DMC基础上再分离、精馏后制得的有单独定义的化合物。

产品规格：根据最终加工程度的不同以及实际市场销售的规格，初级形态二甲基环体硅氧烷主要包括水解料、二甲基硅氧烷混合环体（DMC）、八甲基环四硅氧烷（D4）等。其中八甲基环四硅氧烷产品中主要成分D4的含量≥95.0%；二甲基硅氧烷混合环体（DMC）主要成分为D3（六甲基环三硅氧烷）、D4、D5（十甲基环五硅氧烷）、D6（十二甲基环六硅氧烷）等，其中（D4+D5）含量≥80%，可进一步精馏成D4；水解料为二甲基二氯硅烷直接水解后的混合物，其中环体（D3、D4、D5、D6）总含量≥50%，可进一步分离或者裂解、精馏成DMC或D4。

物理化学特征：

项 目	水解料	DMC	D3	D4	D5	D6
外观	无色透明液体	无色透明液体	无色，常温下可成结晶状	无色透明液体	无色透明液体	无色透明液体
色度（黑曾）	≤20	≤10	≤10	≤10	≤10	≤10
气味	无异味	无异味	无异味	无异味	无异味	无异味
密度（20℃）/（g/cm³）	0.956～0.966	0.949～0.958	0.940～1.120	0.950～0.958	0.940～0.990	0.940～0.990
折光率（20℃）	1.394 0～1.398 0	1.391 0～1.396 0		1.396 0～1.397 0	1.390～1.410	1.390～1.410
环体总含量/%	≥50	（D4+D5）≥80	（D3）≥90	（D4）≥95	（D5）≥95	（D6）≥95
黏度（25℃）/（mm²/s）	≤10	2.10～3.50		2.10～2.80	≤5～10	≤5～10

主要用途：初级形态二甲基环体硅氧烷主要用于进行开环聚合成不同聚合度的硅油、硅橡胶和硅树脂等。这些聚合物进一步加工成制品广泛应用于建筑、电子、纺织、汽车、个人护理、食品、机械加工等各个领域，也有少量直接应用。

对各公司征收的保证金比率如下：

（一）日本公司

1. 通用电气东芝有机硅有限公司（GE Toshiba Silicones Co.，Ltd）：16%

2. 其他日本公司（All Others）：35%

（二）美国公司

1. 道康宁公司（Dow Corning Corporation）：13%

2. 其它美国公司（All Others）：35%

（三）英国公司

1. 道康宁有限公司（Dow Corning Limited）：13%

2. 其他英国公司（All Others）：35%

（四）德国公司

1. 瓦克化学有限责任公司（Wacker-Chemie GmbH）：35%

2. 其他德国公司（All Others）：35%

三、征收保证金的方法

自2005年9月29日起，进出口经营者在进口原产于日本、美国、英国和德国的初级形态二甲基环体硅氧烷时，应依据本初裁决定所确定的各公司的倾销幅度向中华人民共和国海关提供相应的保证金。保证金以海关审定的完税价格从价计征，计算公式为：保证金金额＝(海关审定的完税价格×保证金征收比率)×(1＋进口环节增值税税率)。

四、评论

各利害关系方在本公告发布之日起20天内，可向商务部提出书面评论并附相关证据，商务部将依法予以考虑。

特此公告

附件：中华人民共和国商务部关于对原产于日本、美国、英国和德国的进口初级形态二甲基环体硅氧烷反倾销调查的初步裁定（略）

中华人民共和国商务部

二〇〇五年九月二十九日

【10月】

我国对原产于俄罗斯、美国、南非、马来西亚、欧盟和日本的进口丁醇进行反倾销立案调查

商务部公告2005年第66号

中华人民共和国商务部于2005年8月18日收到中国石油化工股份有限公司齐鲁分公司、吉林化学工业股份有限公司和北京东方石油化工有限公司化工四厂代表国内丁醇产业提交的反倾销调查申请，申请人请求对原产于俄罗斯、美国、南非、马来西亚、欧盟和日本的进口丁醇进行反倾销调查。

商务部依据《中华人民共和国反倾销条例》的有关规定，对申请人的资格、申请调查产品的有关情况、我国同类产品的有关情况、申请调查产品对国内产业的影响、申请调查国家（地区）的有关情况等进行了审查。同时，商务部就申请书中提供的涉及倾销、损害及倾销与损害之间的因果关系等方面的证据进行了审查。申请人提出的初步证据表明，申请人符合《中华人民共和国反倾销条例》第十一条、第十三条和第十七条有关国内产业提出反倾销调查申请的规定。同时，申请书中包含了《中华人民共和国反倾销条例》第十四、十五条规定的反倾销调查立案所要求的内容及有关的证据。

根据上述审查结果及《中华人民共和国反倾销条例》第十六条的规定，商务部决定自2005年10月14日起对原产于俄罗斯、美国、南非、马来西亚、欧盟和日本的进口丁醇进行反倾销立案调查。现将有关事项公告如下：

一、调查期

本次调查确定的倾销调查期为2004年4月1日～2005年3月31日，产业损害调查期为2001年1月1日至2005年3月31日。

二、被调查产品及调查范围

被调查产品：丁醇，英文名称为butanols，列在现行《中华人民共和国海关进出口税则》29051300和29051400税号项下。

化学分子式：$C_4H_{10}O$

丁醇（包括正丁醇及其他丁醇）是一种有机化工产品，主要用于生产增塑剂和有机溶剂等。正丁醇在银或铜催化剂的作用下脱氢生成丁醛，氧化脱氢反应生成丁酸，在氧化镁、氧化铅等催化剂作用下，分子内脱水生成丁烯，分子间脱水生成丁醚，在催化剂作用下与无机酸或有机酸发生酯化反应，与氯化磷(PCl_5)发生反应生成卤代烃，与金属钠、镁、铝发生取代反应生成醇盐，与氨发生胺化反应生成相应的胺盐，发生硝化反应生成硝基甲烷、硝基乙烷、硝基丙烷等的混合物。其他丁醇（主要为异丁醇）也能够进行脱氢反应、氧化反应、脂化反应等，并生成相应的化学品。

调查范围：原产于俄罗斯、美国、南非、马来西亚、欧盟和日本的进口被调查产品。

三、登记应诉

就倾销调查，任何利害关系方可于本公告发布之

日起20天内，向商务部进出口公平贸易局申请参加应诉，参加应诉的涉案出口商或生产商同时应提供2004年4月至2005年3月向中国出口本案被调查产品的数量及金额。

就产业损害调查，利害关系方可于本公告发布之日起20天内，向商务部产业损害调查局登记应诉，同时应提供产业损害调查期内的生产能力、产量、库存、在建和扩建的计划以及向中国出口该产品的数量和金额等说明材料。

四、不登记应诉

如利害关系方未在本公告规定的时间内向商务部登记应诉，则商务部有权拒绝接受其递交的有关材料，并有权根据所掌握的现有材料做出裁定。

五、利害关系方的权利

利害关系方对本次调查的申请人资格、被调查产品、调查范围及其他相关问题如有异议，可以于本公告发布之日起20天内将意见书面提交商务部。

利害关系方可以在上述期间内到商务部反倾销公开信息查阅室，查阅本案申请人提交的申请书非保密文本。

六、调查方式

调查机关可以采用问卷、抽样、听证会、现场核查等方式向有关利害关系方了解情况并进行调查。

七、本次调查自2005年10月14日起开始，通常应在2006年10月14日前结束调查，特殊情况下可延长至2007年4月14日。

特此公告

商务部

二〇〇五年十月十四日

中国拟对进出口PVC食品保鲜膜实行强制检验

据中新社报道，日前，国家质量监督检验检疫总局正与有关部门协商，将进出口PVC食品保鲜膜列入法定检验《目录》，实行强制检验，细化与食品接触的PVC塑料制品的HS编码（国际通用海关编码），并增加安全卫生检验要求。

2005年10月25日，国家质检总局新闻发言人刘兆彬表示，对检出含有DEHA增塑剂以及氯乙烯单体含量超标的产品一律不得进口和出口。

当天，国家质检总局召开新闻发布会，通报了对进口和国产食品保鲜膜的专项检查结果。国家质检总局此次共对44种PVC食品保鲜膜进行了专项国家监督抽查，抽查发现，一些主要用于外包装的PVC保鲜膜含有不被国家相关标准允许使用的二（2-乙基己基）己二酸酯（DEHA）增塑剂。含有DEHA的保鲜膜遇到油脂或高温时（超过100℃），增塑剂容易释放出来，随食物进入人体后对健康带来影响。

食品保鲜膜按材质分为聚乙烯（PE）、聚氯乙烯（PVC）、聚偏二氯乙烯（PVDC）等种类。PE和PVDC是安全的。

PVC被广泛地用于食品、蔬菜外包装，它对人体的潜在危害主要来源于两个方面。(1) 产品中氯乙烯单体残留量（氯乙烯对人体的安全限量标准为小于1mg/kg）；(2) 加工过程中使用的加工助剂的种类及含量。现行国际标准和中国国家标准允许限量使用己二酸二辛酯（即DOA）作为增塑剂（不超过35%）。

国内生产食品保鲜膜的企业共有47家，其中，生产PE食品保鲜膜生产企业41家，生产PVC食品保鲜膜生产企业6家。PVC食品保鲜膜的生产企业绝大部分为中外合资或外国独资企业，PVC食品保鲜膜年总产量约为1万吨，其中，10%出口，90%在国内各地销售。

【11月】

商务部决定终止对原产于日本、俄罗斯、新加坡、韩国和台湾地区的进口双酚A的反倾销调查

商务部公告2005年第70号

根据《中华人民共和国反倾销条例》的规定，中华人民共和国商务部（以下简称商务部）于2004年5月12日发布第19号公告，决定对原产于日本、俄罗斯、新加坡、韩国和台湾地区的进口双酚A（以下简称被调查产品）进行反倾销调查。该被调查产品在《中华人民共和国进出口税则》中列为：29072300。该税则号项下的双酚A盐不在本案调查范围之内。

商务部对被调查产品是否存在倾销和倾销幅度、被调查产品是否对国内产业造成损害及损害程度进行了调查。2005年5月12日，商务部发布2005年25号公告，将本案延期至2005年11月12日。

2005年9月28日，本案申请人——蓝星化工新材料股份有限公司向商务部提出撤销其双酚A反倾销调查申请，并请求终止双酚A反倾销调查。根据《中华人民共和国反倾销条例》第二十七条的规定，商务部决定自本公告发布之日起终止对原产于日本、俄罗斯、新加坡、韩国和台湾地区的进口双酚A的反倾销调查（见附件）（略）。

特此公告

中华人民共和国商务部

二〇〇五年十一月七日

巴基斯坦对原产于中国的尿素-甲醛模塑料作出反倾销终裁

据巴基斯坦媒体报道，2005年11月21日，巴基斯坦国家关税委员会对原产于中国的尿素-甲醛模塑料（俗称电玉粉）作出反倾销终裁（见下表）。正式生效期为2005年7月18日，征税期为5年。涉案产品海关编码为39091010。

2005年1月12日，应巴基斯坦Dynea有限公司的申请，巴基斯坦国家关税委员会对原产于中国的尿素-甲醛模塑料进行反倾销立案调查；2005年7月18日，巴基斯坦对此案作出反倾销初裁：对中国公司征收4.31%～14.89%的临时反倾销税。

巴基斯坦对原产于中国的尿素-甲醛模塑料作出的反倾销终裁结果

企业名称	反倾销税(从价税)/%
蓝星国际化工有限公司	10.61
中化天津进出口公司	3.43
宜兴云通化工工业公司	11.58
其他中国公司	7.80

我国终止对原产于日本和美国进口丙烯酸酯所使用的反倾销措施

商务部公告2005年71号

中华人民共和国原对外贸易经济合作部2001年第5号公告公布，中华人民共和国对原产于日本和美国的进口丙烯酸酯征收反倾销税。反倾销税的实施期限自2000年11月23日起为5年。

2003年3月，经中华人民共和国第十届全国人民代表大会第一次会议批准，由新组建的商务部承担反倾销调查职能。

根据《中华人民共和国反倾销条例》第四十八条规定，反倾销税的征收期限和价格承诺的履行期限不超过5年；但是，经复审确定终止征收反倾销税有可能导致倾销和损害的继续或者再度发生的，反倾销税的征收期限可以适当延长。

2005年6月1日，商务部发布2005年第33号公告，公布对原产于日本、美国的进口丙烯酸酯所适用的反倾销措施将于2005年11月23日终止，并规定自该公告发布之日起，国内产业或者代表国内产业的自然人、法人或者有关组织可在该反倾销措施终止日60天前，以书面形式向商务部提出正式期终复审申请。

在公告规定的时限内，商务部未收到国内产业或者代表国内产业的自然人、法人或者有关组织按该公告规定提出的期终复审申请；商务部也未决定主动发起期终复审。

根据商务部建议，国务院关税税则委员会决定，自2005年11月23日起终止对原产于日本和美国进口到中华人民共和国境内的丙烯酸酯征收反倾销税。

终止征收反倾销税产品，在中华人民共和国进出口税则号中列为：29161200。

特此公告

二〇〇五年十一月二十三日

【12月】

我国对原产于美国和日本的进口邻苯二酚作出反倾销初裁决定

商务部公告2005年第82号

根据《中华人民共和国反倾销条例》的规定，中华人民共和国商务部于2005年5月31日发布第29号公告，决定对原产于美国和日本进口的邻苯二酚（以下简称被调查产品）进行反倾销调查。

商务部对被调查产品是否存在倾销和倾销幅度、被调查产品是否对国内产业造成损害及损害程度以及倾销与损害之间的因果关系进行了调查。根据本案调查结果和《中华人民共和国反倾销条例》第二十四条的规定，商务部做出初裁决定（见附件）。现将有关事项公告如下：

一、初步裁定

商务部初步裁定，原产于美国和日本的进口邻苯二酚存在倾销，中国邻苯二酚产业遭受了实质损害，而且倾销与实质损害之间存在因果关系。

二、征收保证金

根据《中华人民共和国反倾销条例》第二十八条和第二十九条的规定，商务部决定采用保证金形式实施临时反倾销措施。自2005年12月2日起，进口经营者在进口原产于美国和日本的被调查产品时，应依据本初裁决定所确定的各公司的倾销幅度向中华人民共和国海关提供相应的保证金。

本案被调查产品在《中华人民共和国进出口税则》中列为29072910。对该被调查产品的描述如下：

产品名称：邻苯二酚

英文名称：o-Dihydroxybenzene（Catechol，Pyrocatechol）

化学分子式：$C_6H_6O_2$

化学结构式：

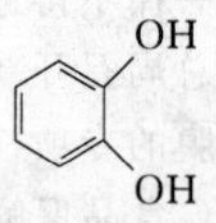

物理及化学特征：常温下为固态，为无色单斜晶体，有毒，能升华，可燃，暴露在空气中易氧化为棕褐色。

主要用途：邻苯二酚是一种化学中间体，可用作橡胶硬化剂、电镀添加剂、皮肤防腐杀菌剂、染发剂、照相显影剂、彩照抗氧化剂、毛皮染色显色剂、油漆和清漆抗起皮剂，是合成树脂、鞣酸，农药克百威、残杀威，医药黄连素、肾上腺素、香料香兰素、黄樟素、胡椒醛等的原料之一。

对各公司征收的保证金比率如下：

美国公司

1. 罗地亚公司（RHODIA INC）6%

2. 其他美国公司 46.81%

日本公司 42.86%

三、征收保证金的方法

自2005年12月2日起，进口经营者在进口原产于美国和日本的邻苯二酚时，应依据本初裁决定所确定的各公司的倾销幅度向中华人民共和国海关提交相应的保证金。保证金以海关审定的完税价格从价计征，计算公式为：保证金金额=（海关审定的完税价格×保证金征收比率）×（1+进口环节增值税税率）。

四、评论

各利害关系方在本公告发布之日起20天内，可向商务部提出书面评论并附相关证据，商务部将依法予以考虑。

特此公告

中华人民共和国商务部

二〇〇五年十二月二日

欧盟对原产于中国和俄罗斯的颗粒状聚四氟乙烯树脂作出反倾销终裁

2005年12月8日，欧盟对原产于中国和俄罗斯的颗粒状聚四氟乙烯树脂作出反倾销终裁：对所有中国公司征收55.5%的反倾销税，对所有俄罗斯公司征收36.6%的反倾销税。涉案产品海关编码为ex39046100。

2004年9月9日，应欧洲化学工业理事会的申请，欧盟对原产于中国和俄罗斯的颗粒状聚四氟乙烯树脂进行反倾销立案调查；2005年6月8日，欧盟对此案作出初裁。

商务部决定延长环氧氯丙烷的反倾销调查期

商务部公告2005年第89号

2004年12月28日商务部发布公告，决定进行反倾销调查。该被调查产品归在《中华人民共和国进出口税则》税则号：29103000。

鉴于本案案件情况复杂，根据《中华人民共和国反倾销条例》第二十六条的规定，商务部决定将本案的调查期限延长6个月，即截止日期为2006年6月28日。

特此公告。

中华人民共和国商务部

二〇〇五年十二月二十一日

欧盟对原产于中国的聚对苯二甲酸乙二醇酯作出反倾销新发货商复审终裁

2005年12月28日，欧盟对原产于中国的聚对苯二甲酸乙二醇酯作出反倾销新发货商复审终裁：对江阴成升包装材料有限公司征收45欧元/吨的反倾销税。涉案产品海关编码为39076020。

2003年5月22日，欧盟对原产于中国的聚对苯二甲酸乙二醇酯进行反倾销立案调查；2004年8月19日，欧盟对此案作出终裁：对中国公司征收0～184欧元/吨的反倾销税。

（中国塑料加工工业协会 史立科）

政策法规

2005年国家与塑料行业相关的政策法规

认监委将食品用塑料袋、塑料餐盒列入强制认证重点

中国国家认证认可监督管理委员会已经把食品包装用塑料袋、塑料餐盒等列入今年强制认证的重点工作之中。这将是我国对食品塑料包装制品企业实行的第一个市场准入性强制认证制度，将对塑料包装生产企业产生重大影响。

据介绍，全国两会以后，食品安全问题再一次引起国人的广泛关注，有“特殊食品添加剂”之称的食品包装问题也引起了国家有关部门的高度重视。国家认监委已经把工作范围扩展到食品的包装上来了。鉴于一次性塑料餐具和塑料食品袋的安全问题比较严重和集中，国家认监委将首先把这两个塑料包装产品列入强制认证范围。针对食品用塑料袋和一次性塑料餐具的强制认证制度细则目前还在讨论修订中，将在4月或5月公布。如果认证制度能够顺利实施，所有塑料袋和一次性塑料餐具企业都必须通过这项认证，没有通过认证的企业将被勒令停产。

据了解，目前塑料食品袋和一次性塑料餐具最大的安全问题是添加回收料和过多添加滑石粉等填料，使制品蒸发残渣和有害重金属含量超标。尽管我国从1990年起就制定实施了《食品用塑料制品及原材料卫生管理办法》，并相继通过了食品包装用聚乙烯、聚丙烯、偏氯乙烯-氯乙烯共聚树脂、聚对苯二甲酸乙二醇酯树脂及其食品容器及包装材料的卫生标准等一系列国家标准。但由于执法主体不明确、某些条款含糊不清使这些标准实施起来困难重重。

中国轻工工艺旅行箱包等67个行业标准将作重大调整

中国轻工工艺旅行箱包等67个行业将从2005年1月1日起全面实行新的行业标准。国家发改委9月13日公布了今年第49号公告，新颁布了轻工行业标准58项、纺织行业标准7项和黑色冶金行业标准2项，不符合新行业标准的产品将逐渐退出市场。

新颁布的2004系列标准在多个参数上有较大改进。以旅行箱包、背包、提包和服装用皮革标准为例，在对箱包用染料、皮革用化工试剂的要求上，新标准比1993系列标准安全性要求更高。据了解，目前市场上实行的这些轻工纺织行业的行业标准多数自1993年起颁布施行，经过多年的发展，该标准已经与市场及消费者的生活安全有了差距。据悉，新标准涉及的部分皮革产品有旅行箱包、背包、提包、服装用皮革、鞋面用皮革。

质量监测办法出台

国家工商行政管理总局出台《流通领域商品质量监测办法》。从2月1日起，该办法正式实施。对经监测判定为不合格的商品，被监测人应当立即停止销售；对已经销售的，应当采取有效措施告知消费者退换商品；对不符合强制性标准的，应当及时追回。

根据该办法，各类商品交易场所、提供商品的各类服务消费场所和商品物流服务场所都将成为工商行政管理机关的监测范围。在这些地点，工商行政管理机关重点监测五类商品，分别为：可能危及人体健康和人身、财产安全的商品；消费者、有关组织反映有质量问题的商品；影响国计民生的重要工业品；与消费者日常生活密切相关的农产品、水产品、畜产品等。

我国发布纳米材料国家标准

2月28日，国家质检总局和国家标准委联合发布了7项纳米材料国家标准，这是世界上首次以国家标准形式发布的纳米材料标准。7项标准将于2005年4月1日起实施。

7项标准分别是：《纳米材料术语》(GB/T 19619—2004)、《纳米粉末粒度分布的测定X射线小角散射法》(GB/T 13221—2004)、《气体吸附BET法测定固态物质比表面积》(GB/T 19587—2004)、《纳米镍粉》(GB/T 19588—2004)、《纳米氧化锌》(GB/T 19589—2004)、《超微细碳酸钙》(GB/T 19590—2004)和《纳米二氧化钛》(GB/T 19591—2004)。

抗菌制品出台新标准

我国抗菌制品行业的一个重要行业标准：《抗菌塑料——抗菌性能试验方法和抗菌效果》，已经国家发展和改革委员会批准，于2005年2月20日起正式实施，标准中对什么是抗菌材料作出了明确的界定。

该标准包含了产品的测试方法和对测试结果的判定两方面内容，对抗菌、抑菌设了一个门槛，具体规定了具有什么样的效果才能承认它具有抗菌功能。而且这一标准的涉及面很广，除塑料外还包括如陶瓷、橡胶等类似产品抗菌率的测试方法和抗菌效果的参考标准。同时，塑料管材料的抗菌标准也已经起草完毕，进入了审批阶段。

《国际标准配套涂料技术标准》出台

符合国际标准通用规则的环保涂料行业标准正式公布。该标准在《ISO 14020国际标准》的基础上，针对建筑水性涂料和溶剂性涂料制定出中国化的配套技术标准，将在全行业广泛推行。

此次公布的《ISO 14020 国际标准配套涂料技术标准》，将有关的国际标准"中国化"之后的研究成果，主要针对建筑水性涂料和溶剂性涂料作出的技术规范。中国涂料工业协会将采取严格的"产品检查十现场检查"的模式，对申请企业的产品质量、生产规模、科研检测水平及环保性能等指标作出审查。达到其标准就可以使用该标准的标志。

质检总局将暂停从日本进口废塑料

针对日本极个别商人在发往我国的散装船上，故意将少量优良的货物装在上层，而有意将大量无法利用的危险货物夹藏在船舱中下层的情况，国家质检总局决定，各地暂停办理源自日本的废塑料进口手续。

山东省出入境检验检疫局与当地海关发现一起采取欺骗手段，自日本进口严重不符合《巴塞尔公约》和我国环境保护控制标准的废塑料案件。经有关部门调查，日本涉及此案的发货人在货物装船时，有意识地想要逃避相关检查，故意将数量不多的符合我国环保控制标准的货物，装在大量不符合《巴塞尔公约》和我国环保控制标准而无法进行工业加工利用的危险废货之上。

为保护我国环境，防止境外有毒有害废物非法向我国转移，国家质检总局根据《中华人民共和国进出口商品检验法》和《出入境检验检疫风险预警及快速反应管理规定》，决定各地各口岸检验检疫机构暂停办理源自日本的废塑料进口的报检和相关检验检疫手续。此前已办理报检的，各有关机构要严格检验，不符合我国相关要求的货物一律不得放行。

我国将调降五大通用塑料进口关税

我国 2004 年起对聚氯乙烯（PVC）、氯乙烯（VCM）及二氯乙烷（EDC）进口关税将再调降的措施，将有助于 PVC 加工业者降低进口成本。

依中国内地对世贸组织承诺，至 2008 年，内地对五大通用塑料的进口关税将降至 6.5%。今年起，内地对 PVC 进口关税将降至 10.7%，VCM 进口关税将降至 2%，EDC 的进口关税则降至 1%。其他泛用塑料进口关税方面，聚乙烯（PE）今年进口关税将降至 11.6%，聚丙烯（PP）进口关税维持与去年相同，为 10%；聚苯乙烯（PS）与 ABS 进口关税均由去年的 11.8%降至今年的 10.7%，将对 PVC 企业降低进口成本有利。

注重能源资源节约和合理利用

国务院总理温家宝在十届全国人大三次会议上作政府工作报告时强调，要注重能源资源节约和合理利用。温家宝说，缓解我国能源资源与经济社会发展的矛盾，必须立足国内，显著提高能源资源利用效率。一要坚决实行开发和节约并举、把节约放在首位的方针。鼓励开发和应用节能降耗的新技术，对高能耗、高物耗设备和产品实行强制淘汰制度。二要抓紧制定专项规划，明确各行业节能降耗的标准、目标和政策措施。抓好重点行业的节能节水节材工作。鼓励发展节能环保型汽车、节能省地型住宅和公共建筑。三要大力发展循环经济。从资源开发、生产消耗、废弃物利用和社会消费等环节，加快推进资源综合利用和循环利用。积极开发新能源和可再生能源。四要加强矿产资源开发管理。整顿和规范矿产资源开发秩序。完善资源开发利用补偿机制和生态环境恢复补偿机制。五要大力倡导节约能源资源的生产方式和消费方式，在全社会形成节约意识和风气，加快建设节约型社会。

发改委初步制定政策支持中部崛起

中国国家发改委已经初步制定五大政策支持中部崛起，包括放宽对外开放的权限，从国家战略利益和世贸（WTO）原则出发，统一对外开放政策，增加外商的选择余地。发改委的五方面的政策。①加大对粮食主产区农业的投入力度，解决三农问题，支持农产品生产基地和农业产业化体系的建设，加大对农田水利基础设施建设的投入，保证粮食产量的稳定和提高，加快取消粮食主产区的农业税，增加对粮食主产区粮食的风险基金的补助，支持粮食批发市场建设，考虑增加郑州商品交易所的交易品种，鼓励其他大宗农产品期货品种的开发。②指导和支持中部六省以中心城市和交通要道为依托，加快发展城市群，经济带等经济密集区。③中部六省有良好的工业基础，有些地方也是老工业基地，在中部和全国都占有重要地位，要继续巩固，支持其加快结构调整，促进新型工业化的进程。④放宽对外开放的权限，统一对外开放政策，增加外商的选择余地，国家赋予东部、西部和东北老工业基地的有关信贷、税收、外贸、出口等对外优惠政策，同样适用于中部六省。⑤支持中部六省基础教育的发展，中央和省加大投入比重，加大对劳动力的培训力度，发挥中部劳动力资源的优势。此外，财政部官员表示，财政部将加大对中部地区的支持，重点是财政转移支付。

发改委强调宏观调控不能松手

虽然宏观调控已经取得明显的成效，但经济运行这段时间又出现一些"新情况、新问题"，包括去年因为电荒鼓励加强电厂建设，结果现在这个领域也开始出现投资过热。另外，一些行业之前盲目扩张，近期已浮现资金问题。因此，宏观调控在新一年里仍然"丝毫不能放松"。中国去年全年经济增长 9.5%，固定资产投资增长 25.8%，虽然仍属偏高，但和去年年初情况比较已有很大的改善。长期来讲，如果不能转变高能耗的经济增长模式，中国过去二十多年一直维持的高速增长迟早难以持续，经济恐怕“走不远”。中国去年消耗了全球8.1%的石油、27%的钢材、40%的水泥，却只创造了4%的经济总值。中国的国内生产总值只有美国的1/8，日本的1/3，消耗的电力却是美国的一半，比日本还多，由此可见，中国存在能源浪费和利用效率过低的问题是一个不争的事实。

政策支持推动我国塑料建材业发展

塑料建材产业已成为我国重要经济增长点，国家给予了众多的政策支持，这进一步加速了我国塑料建材的应用步伐。国家化学建材领导小组相继出台了《关于加强我国化学建材生产和推广应用的若干意见》。国家将塑料建材列为建筑材料行业发展的重点，在《关于加速化学建材推广应用和限制淘汰落后产品的规定》等政策中，不止一次提出要使用新型塑料门窗、管材替代原有合金门窗和铸铁水管的条款。这些政策的出台和实施，大大加强了塑料建材推广应用力度，使塑料建材迅速崛起成为塑料行业的支柱产业。塑料管道更是国家政策扶持力度最大的一项。

我国发展循环经济拟分三阶段进行

循环经济是一种以资源的高效利用和循环利用为核心，以减量化、再利用、资源化为原则，以低消耗、低排放、高效率为基本特征，符合可持续发展理念的经济增长模式。

国家发改委宏观经济研究院“我国循环经济发展战略研究”课题组提出，我国发展循环经济的总体战略目标是：用50年左右的时间，全面建成人、自然、社会和谐统一的、资源节约的循环型社会，资源生产率、循环利用率、废弃物的最终处理量等循环经济的主要指标以及生态环境、可持续发展能力等达到当时世界先进水平，极大提高生态环境质量并整体改善生存空间，全国全面进入可持续发展的良性循环。

根据实际情况，我国发展循环经济的总体战略目标应分3个阶段进行：近期是2005～2010年，建立比较完善的促进循环经济发展的法律法规体系、政策支持体系、技术创新体系和有效的激励约束机制。中期是2011～2020年，基本建成具有循环经济特征的经济社会体系，建立起完善的循环型社会的管理体系和政策法规体系。长期是2021～2050年，全面建成人、社会、自然和谐统一的循环型社会。资源生产率、循环利用率、废弃物的最终处理量等循环经济的主要指标以及生态环境、可持续发展能力等达到当时世界先进水平。

税务总局出台新规

国家税务总局发布的《出口货物退（免）税管理办法（试行）》规定的，从5月1日起，凡是出口商骗取国家出口退税款的，经省级以上（含本级）国家税务局批准，可停止其6个月以上的出口退税权。

该办法规定了可以办理出口货物退（免）税的出口商包括三类：对外贸易经营者、没有出口经营资格委托出口的生产企业、特定退（免）税的企业和人员；明确了出口商办理出口货物退（免）税认定、变更认定、注销认定的时限、手续等。

税务机关建立出口货物退（免）税评估机制和监控机制，加强出口货物退（免）税管理，防止骗税案件的发生。

出口退税政策将有较大变化

商务部官员认为，现行出口退税政策在实行过程中，各地出现了一些新问题。主要问题如下。

① 发展的不均衡导致东部沿海基数大，西部欠发达地区基数小，尤其对于西部欠发达地区来讲，出现了两个难处：一是地方财政尤其是县一级财政吃紧；二是外贸企业因为超基数部分拿不到或者不能及时拿到地方金库的退税，进而拿不到国库退税，不仅影响了企业经营，也影响了企业发展外贸业务的积极性。

② 外商投资在一些地方不受欢迎了，甚至出现了拒绝注册的情形。因为它们的产品部分甚至大部分是出口的，这会给地方财政带来压力。这对各地仍然轰轰烈烈的招商引资是一个苦涩的讽刺，也与对外开放的国策不符。

目前商务部正积极与各方协调。商务部的意见如下。

① 分担比例应该调整到一个合理的幅度；

② 先从国库全额退给企业，再由中央财政和地方财政协调；

③ 退税率不能一刀切，要体现国家产业政策，对于不可再生资源和高能耗类等产品出口，退税率还要“稍微”降低，对于高附加值高科技产品出口，退税率还要提高。

发改委剖析中国投资过热背后五大体制性原因

1. 政府职能转换不到位。政府代替企业招商引资和投资决策，直接干预企业生产经营活动的行为仍比较普遍。很多项目都是政府在背后直接或间接推动。

2. 企业改革不到位。缺乏来自产权主体和治理结构等方面的约束机制已经成为国有企业“拍脑门”不断产生的重要原因，而大量这类项目都未经慎重分析。

3. 财政体制改革不到位。各级政府财权、事权的不匹配，诱使财政出资或推动企业投资来培植税源，因为大量地方政府因财政有限而无法履行公共职能。但是因为地方政府投资失败，又去加大投资，最终导致投资—失败—再投资—更失败的恶性循环。

4. 国有商业银行改革不到位。权威报告认为，国有商业银行是信贷主体，但目前还不是真正的商业银行。靠增发贷款、扩大分母的办法来降低不良贷款率的问题仍比较突出，2003 年虽然不良贷款率一度下降了 3、4 个百分点，但不良贷款绝对额只下降了几十亿。

实际上，如果商业银行股份制改革能够取得积极进展，真正建立起产权明晰、治理完善、内控制度健全的企业制度，那么商业银行就不会出现盲目放贷的现象。

中国银监会将出台新政策解决小企业融资难

中国银监会即将出台《商业银行开展小企业贷款业务指导意见》，以切实解决为数众多的小企业融资难问题。

中国的非公有制企业大多数是微型和小型企业。目前，个体私营等非公有制经济占中国经济的比重已达 1/3，它们近些年来创造了 70%的城镇新增就业岗位。但融资难问题却一直是制约中国小企业发展的主要“瓶颈”。银监会官员提出，商业银行实施小企业贷款应当遵循商业化运作和自愿的原则，面向市场，积极开展业务创新的原则，根据产品和风险的具体状况，实行自主定价的原则，有效控制风险的原则以及建立内部激励和约束相平衡的原则，以扩大小企业贷款的覆盖面和实现小企业贷款业务的可持续发展为目标，稳妥有序地推进此项工作。

商业银行应制定符合目标客户特点的市场策略，设计符合小企业不同发展阶段资金需求的信贷产品，并实施必要的内部配套改革；建立一支专业化的小企业贷款营销和管理队伍；建立与小企业贷款业务相适应的信贷管理、风险控制、人力资源管理和会计审计等内部管理制度。有关人士指出，商业银行按照市场原则实施小企业贷款在中国是一项新的挑战。因为这意味着要大幅提高贷款利率，但中国的最高司法解释对超过央行基本利率 4 倍以上的民间借贷利率不予保护。在此情况下，中国的商业银行如何才能通过贷款定价这一关键性条件，实现微小企业贷款的商业可持续性，使激励机制真正发挥作用，尚需进一步探索。

中国拟推行《循环经济促进法》

国家发改委副主任张国宝指出，中国能源发展，面临前所未有的挑战，在经济发展的过程中，不能只考虑高速度，而不考虑能源发展的承受能力。

国家发改委官员透露，中国拟在 2010 年前出台《循环经济促进法》，以应对当前严峻的“资源危机”。

据这位官员透露，2005 年国家将加快研究并提出循环经济的法律法规框架以及《循环经济促进法》的立法建议。当前正抓紧制定资源综合利用条例，废旧家电及电子产品回收处理管理条例，废旧包装物回收利用管理办法等发展循环经济的专项法规。同时正加快制定用能设备能效标准，重点用水行业取水的标准，重要耗能行业的节能规范等发展循环经济的标准规范，逐步将循环经济发展工作纳入法制化的轨道。

国家能源高层的清晰表态，再次向外界发出一个明确的信息，即如果经济的高速增长是以资源、能源的高消耗为条件，那么这种能源、资源的消耗就没有必要得到满足。

国务院报告酝酿中国区域新划分

国务院发展研究中心日前发表报告指出，中国所沿袭的东、中、西区域划分方法已经不合时宜。为此，报告提出“十一五”期间内地划分为东部、中部、西部、东北四大板块，并可将四个板块划分为八大综合经济区的具体构想。其中，毗邻港澳台的南部沿海综合经济区，应建设成三个基地和一个中心。

这份由国务院发布的《地区协调发展的战略和政策》报告，对“十一五”期间内地区域划分提出了一些具体设想。由福建、广东、海南等三省组成的南部沿海综合经济区紧邻港、澳、台，海外社会资源丰富，对外开放程度高。

八大综合经济区具体构想。

1. 东北综合经济区

辽宁、吉林、黑龙江：重型装备和设备制造业基地；保持能源原材料制造业基地的地位；全国性的专业化农产品生产基地。

2. 北部沿海综合经济区

北京、天津、河北、山东：最有实力的高新技术研发和制造中心之一；加速区域一体化进程。

3. 东部沿海综合经济区

上海、江苏、浙江：最具影响力的多功能的制造业中心；最具竞争力的经济区之一。

4. 南部沿海经济区

福建、广东、海南：最重要的外向型经济发展的基地；消化国外先进技术的基地；高档耐用消费品和非耐用消费品生产基地；高新技术产品制造中心。

5. 黄河中游综合经济区

陕西、山西、河南、内蒙古：最大的煤炭开采和煤炭深加工基地、天然气和水能开发基地、钢铁工业基地、有色金属工业基地、奶业基地。

6. 长江中游综合经济区

湖北、湖南、江西、安徽：以水稻和棉花为主的农业地区专业化生产基地及相关深加工工业；以钢铁和有色冶金为主的原材料基地；武汉“光谷”和汽车生产基地。

7. 大西南综合经济区

云南、贵州、四川、重庆、广西：以重庆为中心的重化工业和以成都为中心的轻纺工业两大组团；以旅游开发为龙头的“旅游业-服务业-旅游用品生产”基地。

8. 大西北综合经济区

甘肃、青海、宁夏、西藏、新疆：重要的能源战略接替基地；最大的综合性优质棉、果、粮、畜产品深加工基地；向西开放的前沿阵地和中亚地区经济基地和特色旅游基地。

中国经济步入稳定增长期

国家信息中心公布我国经济中长期发展前景分析发展的基本任务和前景展望

（一）未来5～15年发展的基本任务

第一步：2006～2010年，努力使经济增长方式有比较明显的转变，人民生活由初步小康过渡到水平较高、比较宽裕的小康，人均GDP明显高于目前中低收入国家的平均水平，城市化水平有较大提高，农业劳动力比重持续下降，城乡二元经济结构转换取得新的进展。

第二步：2011～2020年，再经过两个五年规划期间的奋斗，在基本实现工业化的基础上，力争使经济增长方式发生实质性的转变，人均GDP跨入中等收入国家的门槛，城市化水平明显提高，低水平、不全面、发展很不平衡的小康状况显著改变，城乡二元经济结构转换取得较大进展，综合国力将再上一个新台阶。

（二）未来发展前景展望

1. 经济中长期增长潜力仍然巨大

未来5～15年，我国经济增长完全有可能保持7%～8%的年均速度。我们既有巨大的市场需求和发展空间，又有比较充分的发展要素供给条件。居民消费结构由温饱型向小康型升级，创造了新的市场最终需求。产业升级打破原有的结构平衡和供求关系，拓宽了新的增长空间。城市化进程加快，将促进投资需求和消费需求的扩大。改革开放的深化将进一步激发经济活力，提高资源配置效率。生产要素的组合状况比较有利，经济增长具有较强的内源性和较大的回旋余地，突出表现为市场容量巨大、劳动力充裕和居民储蓄水平高。这些都是我国经济持续增长的内在依托，使我国经济在国际竞争中处于比较有利的地位。

2. 投资与消费关系应当逐步得到合理调整，人民群众将从经济增长中得到更多实惠

影响我国投资和消费关系变化的主要因素：居民收入水平提高和消费结构升级，需要进一步拓展居民消费的空间。国内较高的储蓄率，支撑着我国较高的投资率。我国处于工业化中期，第二产业尤其是重化工业比重将稳定在较高水平。城市化加速期以及第三产业发展的前期和中期，对投资的需求甚至远远大于第二产业。预计“十一五”期间，投资率可能略为下降，而消费率尤其是其中的居民消费率可能适当提高。后10年继续促进投资率和消费率的合理变动。在投资和消费关系的合理变动中，城乡居民人均收入将持续增长，恩格尔系数将进一步下降，人民生活水平有较大提高，生活质量将进一步改善。

中国与东盟7月启动降税计划

2004年11月29日，中国与东盟双方在老挝万象签署了《中国-东盟全面经济合作框架协议货物贸易协定》（《货物贸易协定》）。协议规定，自2005年7月起，除2004年已实施降税的早期收获产品和少量敏感产品外，双方将对其他约7 000个税目的产品实施降税。至2010年，中国与文莱、印度尼西亚、马来西亚、菲律宾、新加坡和泰国等6个东盟老成员国将取消大部分产品的关税，建成自由贸易区。柬埔寨、老挝、缅甸和越南等4个东盟新成员国将享受多5年的过渡期，至2015年与中国实现自由贸易。

7月20日起，将正式开始按照《货物贸易协议》规定的时间表，对原产于中国和东盟的产品逐步取消贸易关税。

中国与东盟降税计划的正式启动，意味着中国与东盟拥有一个17亿人口、生产总值达2万亿美元、贸易总额为1.2万亿美元大市场的历史性开局，并可望成为仅次于欧盟和北美自由贸易区的全球第三大市场。

发改委称宏观调控力度2005年下半年不变

当前尽管经济发展的深层次矛盾和问题未得到有效解决，经济运行中又出现了工业利润增幅回落、亏损企业亏损额上升等新问题，但总体看，下半年经济平稳较快增长的良好态势仍会持续。

下半年国家将继续保持宏观调控政策的连续性和稳定性，认真贯彻落实各项宏观调控政策措施，坚持稳健的财政政策和稳健的货币政策取向不变。同时根据经济运行出现的新情况、新问题，有针对性地采取措施，适时适度进行微调，巩固和发展宏观调控成果。

要坚持区别对待、有保有压，在继续加强和改善总量调控的同时，更加注重推进经济结构调整，加快增长方式转变，抓住宏观调控取得积极成效、经济运行比较平稳的有利时机，深化改革，努力为经济既快又好地发展创造良好的体制、政策环境。

我国部分行业过快扩张后果已显现。上半年我国钢铁、水泥、电解铝等行业过度扩张的势头得到有效遏制，但产能过快扩张的后果已经显现。

食品包装将实行安全认证

2005年4月20日，由中标认证中心（原中国节能产品认证中心）开展的自愿性“食品包装材料中国安全环保认证”新闻发布会在北京举行。国家认监委已经把食品包装用塑料袋、塑料餐盒列入拟强制认证的重点工作。国家《食品包装产品认证管理办法》也将在适当的时候出台，届时，所有的食品包装材料必须通过国家认证才能投放市场。

事故频发将安全认证提上日程

近两年，重大食品安全事故屡见报端：大米是用矿物油抛光的，面粉是添加剂的，水果是使用催熟剂、膨大剂的，而蔬菜则是农药超标的……即便到现在“苏丹红”敲响的“红色警报”也没有完全消退。在“没完没了”、“十面埋伏”的毒食品面前，老百姓早已丧失了起码的安全感，人们突然发现，即便是国际名牌，吃起来也不一定保险了，食品安全成为广大人民群众最关心的问题。

“苏丹红”事件发生后，已经有多家媒体发表了“问责”性质的稿件，质疑政府在食品安全方面监管力度的“不作为”，以及相关管理制度的缺失。对此，由国家标准委、国家发改委、国家质检总局等部门联合制定的《全国食品标准2004～2005年发展计划》已于近日印发。此计划中，针对目前食品行业存在的问题，更加突出安全和环保的要求，同时注重标准与国际接轨，其中要求基础标准、产品标准、方法标准和管理标准配套，为安全环保认证创造了条件，也有利于认证企业更好地履行标准的要求。

食品安全离不开包装安全

食品包装被称做是“特殊食品添加剂”，它是现代食品工业的最后一道工序，在一定程度上，食品包装已经成为食品不可分割的重要组成部分。但我国食品包装行业面临的形势却不容乐观。

目前，市场上食品包装材料尤其是一次性餐具产品管理十分混乱，以次充好、假冒伪劣的食品包装材料，严重威胁消费者的身体健康，而且影响到我国的食品包装业，甚至整个食品工业的健康发展。去年9月，国家质检总局公布的食品包装（膜）抽查结果表明，除一般的塑料袋外，专用的食品包装袋抽检不合格率高达15%。其中最主要的问题是卫生指标不符合国家标准及产品物理机械性能差。有关专家指出，这些不合格的食品包装袋在使用过程中会对人体健康产生不良影响，尤其会对儿童和青少年的发育产生隐患。另一方面，从国际形势来看，目前欧盟对包装的贸易壁垒已从几项增加到几十项，因此食品包装及包装材料能否符合不同进口国的要求至关重要。

为了规范市场，促进环保包装的发展，在2004年12月9日发布的《食品安全监管信息发布暂行管理办法》的基础上，中标认证中心在国家有关部门的支持下，正式出台了食品包装材料“中国安全环保认证”，对金属制品、陶瓷制品、纸制品、塑料制品、橡胶制品、复合材料制品和玻璃钢制品的质量做出详细的规定，使食品包装安全管理得到进一步的规范。

“自愿”是“强制”的先头部队

鉴于我国食品包装行业现状和我国食品进出口贸易的迫切要求，中标认证中心会同有关技术专家，联合相关检测机构和企业，制定了食品包装、容器类产品安全环保认证的技术要求和实施规则，经国家认监委备案，已于2004年9月19日正式实施。而在2005年4月20日的新闻发布会上，国家环保产品质检中心齐怀志主任的言语间隐约透露：此次开展的安全环保认证很有可能是国家开展强制性认证的先导。为了贯彻落实《国务院关于进一步加强食品安全工作的决定》，根据国家质检总局2005年的工作部署，国家将加强对食品包装产品的认证认可工作，将对食品包装产品，特别是塑料制品（如：餐饮具、塑料袋等）实行强制性产品认证管理制度（China Compulsory Certification即3C认证）。而“食品包装材料中国安全环保认证”与国家强制性产品认证在认证模式、实施规则和认证程序上完全一致，通过中国安全环保认证的企业能够更便捷的获得强制性产品认证证书，便于产品的市场销售。中国包装资源综合利用委员会副主任委员、中国环保餐具联合组织负责人董金狮告诉记者，《食品包装产品认证管理办法》出台后，将是我国对食品塑料包装制品企业实行的第一个市场准入性强制认证制度，将对塑料包装生产企业产生重大影响。安全环保认证的开展，将进一步推进我国食品包装业的规范化，淘汰不法企业，确保食品安全。毕竟，食品安全无小事，一个民族的饮食可以影响这个民族的未来。

国务院下发《关于促进流通业发展的若干意见》

随着改革开放不断深入和社会主义市场经济体制的完善，我国流通业在促进生产、引导消费、推动经济结构调整和经济增长方式转变等方面的作用日益突出。当前，我国商品市场供求总格局已发生根本变化，面临的国际化竞争更趋激烈，但流通领域仍存在流通企业规模偏小，组织化程度偏低，现代化水平不高，市场体系不够完善等问题。

国家将加大改革力度，继续推进国有流通企业改组改制，并将妥善安置职工，降低国有流通企业改革成本。国家将继续加快大型流通企业集团的培育，提高流通企业竞争能力。加快创新步伐，推进连锁经营，提高流通现代化水平。加强流通基础设施建设，加大流通基础设施建设投入力度，建立健全流通领域公共信息服务体系。

国家将建立调控和应急机制，包括建立和完善重要商品储备制度，建立应急调控快速反映机制，确保国内市场稳定有序。国家将积极培育统一大市场，打破地区封锁，建立和完善农村流通体系。此外，还将继续完善政策法规，加快制订流通领域法律法规。

我国“十一五规划”要坚持六个必需的原则

《中共中央关于制定国民经济和社会发展第十一个五年规划的建议》提出，“十一五”期间要坚持“六个必须”的原则：即必须保持经济平稳较快发展，必须加快转变经济增长方式，必须提高自主创新能力，必须促进城乡区域协调发展，必须加强和谐社会建设，必须不断深化改革开放。这“六个必须”体现了全面贯彻落实科学发展观的基本要求，是相互联系和相互促进的，需要全面辩证地认识和深刻理解。

中华人民共和国商务部 2005年第109号公告

聚酯薄膜反倾销案期终复审裁决公告

根据《中华人民共和国反倾销条例》的规定，商务部于2004年12月28日发布2004年第84号公告，决定对原产于韩国的进口聚酯薄膜所适用的反倾销措施进行期终复审立案调查。

复审调查范围为适用于韩国聚酯薄膜生产商或出口商的反倾销措施。复审调查的被调查产品与原反倾销调查相同，即聚酯薄膜，该产品归在《中华人民共和国进出口税则》税则号：39206200。

依据《中华人民共和国反倾销条例》规定，商务部对终止征收聚酯薄膜反倾销税后倾销和损害继续或再度发生的可能性进行了调查，并根据调查结果向国务院关税税则委员会提出了维持反倾销措施的建议。

依据《中华人民共和国反倾销条例》第四十八条、第五十条规定，根据调查结果，及国务院关税税则委员会的决定，现将有关事项公告如下。

一、裁定

经调查，商务部裁定，如果终止原反倾销措施，原产于韩国的进口聚酯薄膜对中国的倾销有可能继续发生，对中国国内产业造成的损害有可能再度发生。

二、征收反倾销税

依据《中华人民共和国反倾销条例》第五十条规定，根据商务部的建议，国务院关税税则委员会决定维持聚酯薄膜反倾销措施。即自2005年12月28日起，对原产于韩国的进口聚酯薄膜继续按照原对外贸易经济合作部2000年第7号和2003年第1号公告公布的征税范围和税率征收反倾销税，实施期限为5年。

三、行政复议和行政诉讼

对本裁定及征收反倾销税的决定不服的，根据《中华人民共和国反倾销条例》第五十三条规定，利害关系方可以依法申请行政复议，也可以依法向人民法院提起诉讼。

特此公告

中华人民共和国商务部

二〇〇五年十二月二十八日

中国将严控资源性产品出口

根据国家发展和改革委员会等七部委联合下发的通知，包括稀土、焦炭、成品油在内的部分资源性产品出口数量将受到国家控制。

2005年以来中国先后采取一系列措施控制钢铁、电解铝、铁合金、成品油等产品出口，但部分高耗能、高污染、资源性产品出口问题仍很严重，发展改革委、财政部、商务部、国土资源部、海关总署、税务总局、环保总局等七部委因此联合采取措施，进一步控制部分高耗能、高污染、资源性产品出口。

发展改革委表示，对稀土等产品出口数量将适当调减；焦炭出口配额量维持上年水平，不再增加；严格控制以加工贸易方式出口成品油。汽、煤、柴油的出口数量，由商务部、发展改革委核定，海关按照核定数量放行。

根据新措施，中国将停止部分产品的加工贸易。从2006年1月1日起，把进口木片、原木、木浆，出口木浆或纸张、纸板；进口生皮，出口半成品革或成品革；进口废铜或铜精矿，出口未锻轧铜等列入加工贸易禁止类目录。

国办转发发展改革委等部门“关于加快推进木材节约和代用工作的意见”

国务院办公厅近日转发了国家发展改革委等部门《关于加快推进木材节约和代用工作的意见》。国办通知说，发展改革委等部门《关于加快推进木材节约和代用工作的意见》已经国务院同意，请各地区、各部门认真贯彻执行。

发展改革委、科技部、财政部、人事部、建设部、铁道部、农业部、商务部、税务总局、质检总局、环保总局、林业局联合发布的《关于加快推进木材节约和代用工作的意见》全文如下。

长期以来，国家积极发展木材节约和代用，进行木材生产加工剩余物综合利用、木材防腐等保护处理、废旧木制品回收利用与再生利用，以非木质材料替代木材，取得积极成效。但是，当前木材节约和代用工作仍然不适应经济社会发展的要求，木材消费行为、消费结构还不合理，生产加工、保护处理、回收利用的水平较低。为进一步提高木材资源利用效率，保护森林资源和生态环境，促进人与自然和谐发展，根据《国务院关于做好建设节约型社会近期重点工作的通知》（国发［2005］21号）精神，现就加快推进木材节约和代用工作提出如下意见。

一、充分认识木材节约和代用的重要意义

（一）木材节约和代用是缓解木材供需矛盾、实现木材资源可持续利用的重要途径。我国是世界上木材资源相对短缺的国家，森林覆盖率只相当于世界平均水平的3/5，人均森林面积不到世界平均水平的1/4。随着木材消费量的不断增加，供需矛盾日益突出。加快发展木材节约和代用，对满足市场需求，抑制森林超限额采伐，保持生态平衡，促进森林资源可持续利用，维护我国积极保护自然环境的国际形象，具有重要意义。

（二）木材节约和代用是发展循环经济、建设节约型社会的必然要求。目前我国木材综合利用率仅约为60%，而发达国家已经达到80%以上，木材防腐比例仅占商品木材产量的1%，远远低于15%的世界平均水平。木材生产和消费方式不合理，加工水平落后，回收利用机制不健全，造成了严重的资源浪费。必须把木材节约和代用作为发展循环经济、建设节约型社会的一项紧迫任务，作为资源节约综合利用的一项重要内容，加大工作力度，充分挖掘潜力，提高木材综合利用率和循环利用率，减少木材不合理消耗。

二、基本原则和主要目标

（一）基本原则。根据我国国情，坚持发挥市场机制作用与政府宏观调控相结合；坚持产业结构调整与技术进步相结合；坚持强化监督管理与政策激励相结合；坚持突出重点与全面推进相结合；坚持以企业为主体与动员全社会共同参与相结合。

（二）主要目标。到2010年，初步建立适应社会主义市场经济的木材节约和代用法律法规及标准、政策体系和信息服务体系，加快木材节约和代用新技术、新工艺、新产品的研究开发、示范推广，使我国木材和木材代用品的生产和消费向节材型和环保型方向发展，木材综合利用率提高到65%以上，木材防腐比例提高到占国内商品木材产量的5%左右，年均节省木材4 000万～5 000万立方米，有效缓解我国木材供求矛盾。

三、重点环节和重点工作

（一）发展高效木材加工业，提高木材资源利用效率。实施木材加工机械数控化工程，培育一批大型精细木工机械科研、生产基地，提高木材加工机械数控化比例。选择部分大型木材加工企业，开展木制品原材料消耗定额生产示范，推进木材及其制品和木制品配件标准化、系列化、集约化生产，强化木材加工企业质量管理。在人造板、地板、家具等机械化程度较高的重点行业，进一步开展质量认证工作，推广优质品牌。推广普及现代化采伐、集运和生产方式，鼓励充分利用枝丫材，减少生产环节的浪费。扩大利用人工林、速生林，充分利用木材生产加工的剩余物、次小薪材等资源。

（二）推行木材保护技术，延长木制品使用期限。加快推进木材防腐和人工林木材改性产业化，重点开发和生产高效、低毒、多品种的木材保护药剂，实现木材保护产品的标准化、系列化，建立和完善木材保护产品质量检验检测体系。鼓励对木材进行防腐、防虫（蚁）、防霉、干燥、阻燃、改性等保护处理，实施木材保护工程。重点做好建筑木结构，木质门窗、地板、园林景观，铁路木轨枕和采矿坑木，木质渔船，农用木支架等木材保护处理，提高木材保护处理比例，改善使用性能，延长使用期限。

（三）建立废旧木材回收利用机制，实现木材资源循环利用。规范废旧木材的回收渠道，建立废旧木材和废旧木制品回收、加工、利用体系，在有条件的地区和大中城市周边地区培育木材旧货市场，开展废旧木材分类回收和再生利用试点，实施废旧木材再生利用产业化工程，重点做好建筑木料、废旧木家具、一次性木制品和木制包装物的回收使用和再生利用。

（四）发展木材代用，优化木材消费结构。提倡、鼓励生产和使用木材代用品，优先采用经济耐用、可循环利用、对环境友好的绿色木材代用材料及其制品，减少木材的不合理消费。积极发展人造板以及农作物剩余物、竹等资源加工产品替代木材产品，实施环保型代木工程。在城乡建设中优先选用可循环使用的非木质材料，推广使用钢、竹模板和脚手架等非木质施工器材；在林区、牧区推广非木结构建筑；在包装、运输业继续推广塑料、金属、竹材等非木质包装和木塑复合包装；在铁路和采矿业提高金属、水泥支护和轨枕的比例。限制以天然林木为原料的一次性木制品和木制包装物的生产和使用，限制食品、饮料、酒类等消费品的过度木质包装行为。

四、保障措施

（一）认真制订规划，完善法规标准。各地区、各有关部门要把木材节约和代用作为一项长期的战略性工作，由发展改革委牵头制定《木材节约和代用发展规划》，并纳入同级国民经济和社会发展总体规划及资源综合利用专项规划。要通过制订切实可行的发展木材节约和代用工作计划落实规划。要加快促进木材节约和代用的法制建设，对生产、建设、消费等各个领域的木材节约和代用作出明确规定。严格市场准入管理，建立和完善木材节约和代用标准、检验、认证和监督体系，对相关从业人员进行职能技能鉴定，建立技能型人员职业资格制度。

（二）加强政策引导，加大技术支持力度。研究制订国家鼓励、禁止和限期淘汰的木材节约和代用技术、设备、产品指导目录。把木材节约和代用作为完善资源综合利用优惠政策的重要内容，由发展改革委牵头会同有关部门研究提出《木材节约和代用技术政策大纲》，综合运用财政、税收、价格等经济杠杆，鼓励发展木材节约和代用，限制不合理生产、使用木材和浪费木材的行为。充分发挥企业主体作用，加快科技成果产业化。各地区、各有关部门对木材节约和代用新技术、新工艺、新产品的研究开发和推广应用，对木材节约和代用的重点投资项目要给予必要的支持。要大力推广节柴灶、集中供热等节能方式，积极扶持发展沼气、太阳能、风能等新能源，减少薪材对森林资源的低值消耗。

（三）搞好宣传教育，正确引导舆论。加大宣传教育力度，将木材节约和代用作为资源节约的重要内容纳入中小学教材，从小培养公民的节材意识。将木材节约和代用宣传纳入新闻媒体公益性宣传范围，加强舆论引导和监督，对严重浪费木材资源的行为予以曝光，不断增强全民节约木材和合理使用木材代用品的自觉性。要进一步加强国内外信息交流与技术合作，总结借鉴木材节约和代用好的经验及做法。

（四）明确职责任务，加强组织领导。要进一步加强对木材节约和代用工作的组织领导和协调，落实责任，不断完善木材节约和代用的管理体系和工作机制。由发展改革委会同林业局等有关部门，按照职责分工和有关要求，制订促进木材节约和代用的具体落实措施。要建立和完善木材节约和代用的信息统计及发布制度，充分发挥现有相关机构和行业协会的作用。

中国已向外资开放100个服务贸易部门

自我国加入世界贸易组织以来，经过4年的过渡期，中国按照有关的规则和承诺，清理并修订大约3000部法律法规和部门规章。关税的总水平下降到9.9%，非关税壁垒已经取消，绝大多数农产品、非农产品、国内各个行业，尤其是服务的开放已经达到加入世贸组织我们承诺的一个最高水平。

目前，包括银行、保险、证券、电信、分销等在内的100个服务贸易部门，已经向外资开放，占服务部门总数的62.5%。中国的开放程度不仅高于印度等发展中国家，有一些领域，甚至高于一些发达国家，目前，中国的市场开放已经进入了一个新的阶段，欢迎美国企业继续扩大在华投资。

（中国塑料加工工业协会　许琳）

2006年合成树脂及塑料制品海关关税、税则税率

商品编码	附加编号	商品名称	进口税率		出口税率	增值税	消费税	计量单位	监管条件
			优惠	普通					
39011000	10	初级形状相对密度＜0.94的聚乙烯	9.1	45	0	17	0	35	7A
39011000	90	初级形状相对密度＜0.94的聚乙烯	9.1	45	0	17	0	35	7A
39011000	10	初级形状相对密度＜0.94的聚乙烯	9.1	45	0	17	0	35	7A
39011000	90	初级形状相对密度＜0.94的聚乙烯	9.1	45	0	17	0	35	7A
39012000	10	初级形状相对密度≥0.94的聚乙烯	9.1	45	0	17	0	35	7A
39012000	90	初级形状相对密度≥0.94的聚乙烯	9.1	45	0	17	0	35	7A
39012000	10	初级形状相对密度≥0.94的聚乙烯	9.1	45	0	17	0	35	7A
39012000	90	初级形状相对密度≥0.94的聚乙烯	9.1	45	0	17	0	35	7A
39013000		初级形状乙烯-乙酸乙烯酯共聚物	6.5	45	0	17	0	35	A
39013000		初级形状乙烯-乙酸乙烯酯共聚物	6.5	45	0	17	0	35	A
39019010		乙烯-丙烯共聚物(乙丙橡胶)	6.5	45	0	17	0	35	A
39019010		乙烯-丙烯共聚物(乙丙橡胶)	6.5	45	0	17	0	35	A
39019020		线型低密度聚乙烯	6.5	45	0	17	0	35	7A
39019020		线型低密度聚乙烯	6.5	45	0	17	0	35	7A
39019090		其他初级形状的乙烯聚合物	6.5	45	0	17	0	35	A
39019090		其他初级形状的乙烯聚合物	6.5	45	0	17	0	35	A
39021000	10	电工级初级形状聚丙烯树脂	8.6	45	0	17	0	35	7A
39021000	90	其他初级形状的聚丙烯	8.6	45	0	17	0	35	7A
39021000	10	电工级初级形状聚丙烯树脂	8.6	45	0	17	0	35	7A

续表

商品编码	附加编号	商品名称	进口税率		出口税率	增值税	消费税	计量单位	监管条件
			优惠	普通					
39021000	90	其他初级形状的聚丙烯	8.6	45	0	17	0	35	7A
39021000	10	电工级初级形状聚丙烯树脂	8.6	45	0	17	0	35	7A
39021000	90	其他初级形状的聚丙烯	8.6	45	0	17	0	35	7A
39022000		初级形状的聚异丁烯	8.6	45	0	17	0	35	
39022000		初级形状的聚异丁烯	8.6	45	0	17	0	35	
39022000		初级形状的聚异丁烯	8.6	45	0	17	0	35	
39023010		乙烯-丙烯共聚物(乙丙橡胶)	8.6	45	0	17	0	35	
39023010		乙烯-丙烯共聚物(乙丙橡胶)	8.6	45	0	17	0	35	
39023010		乙烯-丙烯共聚物(乙丙橡胶)	8.6	45	0	17	0	35	
39023090		其他初级形状的丙烯共聚物	8.6	45	0	17	0	35	
39023090		其他初级形状的丙烯共聚物	8.6	45	0	17	0	35	
39023090		其他初级形状的丙烯共聚物	8.6	45	0	17	0	35	
39029000	10	端羧基聚丁二烯,CTPB	8.6	45	0	17	0	35	3
39029000	20	端羟基聚丁二烯,HTPB	8.6	45	0	17	0	35	3
39029000	90	其他初级形状的烯烃聚合物	8.6	45	0	17	0	35	
39029000	10	端羧基聚丁二烯,CTPB	8.6	45	0	17	0	35	3
39029000	20	端羟基聚丁二烯,HTPB	8.6	45	0	17	0	35	3
39029000	90	其他初级形状的烯烃聚合物	8.6	45	0	17	0	35	
39029000	10	端羧基聚丁二烯,CTPB	8.6	45	0	17	0	35	3
39029000	20	端羟基聚丁二烯,HTPB	8.6	45	0	17	0	35	3
39029000	90	其他初级形状的烯烃聚合物	8.6	45	0	17	0	35	
39031100		初级形状的可发性聚苯乙烯	8.6	45	0	17	0	35	7A
39031100		初级形状的可发性聚苯乙烯	8.6	45	0	17	0	35	7A
39031900		初级形状的其他聚苯乙烯	8.6	45	0	17	0	35	7A
39031900		初级形状的其他聚苯乙烯	8.6	45	0	17	0	35	7A
39032000		初级形状苯乙烯-丙烯腈共聚物	12	45	0	17	0	35	
39032000		初级形状苯乙烯-丙烯腈共聚物	12	45	0	17	0	35	
39033000		丙烯腈-丁二烯-苯乙烯共聚物	8.6	45	0	17	0	35	A
39033000		丙烯腈-丁二烯-苯乙烯共聚物	8.6	45	0	17	0	35	A
39039000		初级形状的其他苯乙烯聚合物	8.6	45	0	17	0	35	
39039000		初级形状的其他苯乙烯聚合物	8.6	45	0	17	0	35	
39041000	10	聚氯乙烯纯粉	8.6	45	0	17	0	35	7A
39041000	90	其他初级形状的纯聚氯乙烯	8.6	45	0	17	0	35	7A
39041000	10	聚氯乙烯纯粉	8.6	45	0	17	0	35	7A
39041000	90	其他初级形状的纯聚氯乙烯	8.6	45	0	17	0	35	7A
39042100		初级形状未塑化的聚氯乙烯	8.6	45	0	17	0	35	7
39042100		初级形状未塑化的聚氯乙烯	8.6	45	0	17	0	35	7
39042200		初级形状已塑化的聚氯乙烯	8.6	45	0	17	0	35	7
39042200		初级形状已塑化的聚氯乙烯	8.6	45	0	17	0	35	7
39043000		氯乙烯-乙酸乙烯酯共聚物	9	45	0	17	0	35	
39043000		氯乙烯-乙酸乙烯酯共聚物	9	45	0	17	0	35	
39044000		初级形状的其他氯乙烯共聚物	12	45	0	17	0	35	
39044000		初级形状的其他氯乙烯共聚物	12	45	0	17	0	35	
39045000		初级形状的偏二氯乙烯聚合物	8.6	45	0	17	0	35	
39045000		初级形状的偏二氯乙烯聚合物	8.6	45	0	17	0	35	
39046100		初级形状的聚四氟乙烯	10	45	0	17	0	35	
39046100		初级形状的聚四氟乙烯	10	45	0	17	0	35	

续表

商品编码	附加编号	商品名称	进口税率		出口税率	增值税	消费税	计量单位	监管条件
			优惠	普通					
39046900		初级形状的其他氟聚合物	6.5	45	0	17	0	35	
39046900		初级形状的其他氟聚合物	6.5	45	0	17	0	35	
39049000		初级形状的其他卤化烯烃聚合物	10	45	0	17	0	35	
39049000		初级形状的其他卤化烯烃聚合物	10	45	0	17	0	35	
39051200		聚乙酸乙烯酯的水分散体	10	45	0	17	0	35	
39051900		其他初级形状聚乙酸乙烯酯	10	45	0	17	0	35	
39052100		乙酸乙烯酯共聚物的水分散体	10	45	0	17	0	35	
39052900		其他初级形状的乙酸乙烯酯共聚物	10	45	0	17	0	35	
39053000		初级形状的聚乙烯醇	14	45	0	17	0	35	
39059100		其他乙烯酯或乙烯基的共聚物	10	45	0	17	0	35	
39059900		其他乙烯酯或乙烯基的聚合物	10	45	0	17	0	35	
39061000		初级形状的聚甲基丙烯酸甲酯	6.5	45	0	17	0	35	
39061000		初级形状的聚甲基丙烯酸甲酯	6.5	45	0	17	0	35	
39069010		聚丙烯酰胺	6.5	45	0	17	0	35	
39069010		聚丙烯酰胺	6.5	45	0	17	0	35	
39069090		其他初级形状的丙烯酸聚合物	6.5	45	0	17	0	35	
39069090		其他初级形状的丙烯酸聚合物	6.5	45	0	17	0	35	
39071010		初级形状的聚甲醛	8.6	45	0	17	0	35	
39071010		初级形状的聚甲醛	8.6	45	0	17	0	35	
39071090		其他初级形状的聚缩醛	8.6	45	0	17	0	35	
39071090		其他初级形状的聚缩醛	8.6	45	0	17	0	35	
39072000	10	聚四亚甲基醚二醇	8.6	45	0	17	0	35	
39072000	90	初级形状的其他聚醚	8.6	45	0	17	0	35	
39072000	10	聚四亚甲基醚二醇	8.6	45	0	17	0	35	
39072000	90	初级形状的其他聚醚	8.6	45	0	17	0	35	
39073000	10	初级形状的环氧树脂	8.6	45	0	17	0	35	
39073000	90	初级形状的环氧树脂	8.6	45	0	17	0	35	
39073000	10	初级形状的环氧树脂	8.6	45	0	17	0	35	
39073000	90	初级形状的环氧树脂	8.6	45	0	17	0	35	
39074000		初级形状的聚碳酸酯	6.5	45	0	17	0	35	
39074000		初级形状的聚碳酸酯	6.5	45	0	17	0	35	
39075000		初级形状的醇酸树脂	10	45	0	17	0	35	
39075000		初级形状的醇酸树脂	10	45	0	17	0	35	
39076011		高黏度聚对苯二甲酸乙二酯切片	8.6	45	0	17	0	35	7A
39076011		高黏度聚对苯二甲酸乙二酯切片	8.6	45	0	17	0	35	7A
39076019		其他聚对苯二甲酸乙二酯切片	8.6	45	0	17	0	35	7A
39076019		其他聚对苯二甲酸乙二酯切片	8.6	45	0	17	0	35	7A
39076090		其他初级形状聚对苯二甲酸乙二酯	6.5	45	0	17	0	35	A
39076090		其他初级形状聚对苯二甲酸乙二酯	6.5	45	0	17	0	35	A
39079100		初级形状的不饱和聚酯	8.6	45	0	17	0	35	
39079100		初级形状的不饱和聚酯	8.6	45	0	17	0	35	
39079900		初级形状的其他聚酯	6.5	45	0	17	0	35	
39079900		初级形状的其他聚酯	6.5	45	0	17	0	35	
39081011		聚酰胺66切片	8.6	45	0	17	0	35	
39081011		聚酰胺66切片	8.6	45	0	17	0	35	
39081019	10	尼龙11、尼龙12切片	8.6	45	0	17	0	35	
39081019	90	聚酰胺6切片等	8.6	45	0	17	0	35	

续表

商品编码	附加编号	商品名称	进口税率		出口税率	增值税	消费税	计量单位	监管条件
			优惠	普通					
39081019	10	尼龙 11、尼龙 12 切片	8.6	45	0	17	0	35	
39081019	90	聚酰胺 6 切片等	8.6	45	0	17	0	35	
39081090		其他初级形状的聚酰胺 66 等	6.5	45	0	17	0	35	
39081090		其他初级形状的聚酰胺 66 等	6.5	45	0	17	0	35	
39089000		初级形状的其他聚酰胺	10	45	0	17	0	35	
39089000		初级形状的其他聚酰胺	10	45	0	17	0	35	
39091000		初级形状的尿素树脂及硫尿树脂	6.5	45	0	17	0	35	
39091000		初级形状的尿素树脂及硫尿树脂	6.5	45	0	17	0	35	
39092000		初级形状的蜜胺树脂	6.5	45	0	17	0	35	
39092000		初级形状的蜜胺树脂	6.5	45	0	17	0	35	
39093000		初级形状的其他氨基树脂	6.5	45	0	17	0	35	
39093000		初级形状的其他氨基树脂	6.5	45	0	17	0	35	
39094000		初级形状的酚醛树脂	6.5	45	0	17	0	35	
39094000		初级形状的酚醛树脂	6.5	45	0	17	0	35	
39095000		初级形状的聚氨基甲酸酯	8.6	45	0	17	0	35	
39095000		初级形状的聚氨基甲酸酯	8.6	45	0	17	0	35	
39100000		初级形状的聚硅氧烷	6.5	45	0	17	0	35	
39100000		初级形状的聚硅氧烷	6.5	45	0	17	0	35	
39111000		初级形状的石油树脂等	6.5	45	0	17	0	35	
39111000		初级形状的石油树脂等	6.5	45	0	17	0	35	
39119000	10	芳基酸与芳基胺预缩聚物	6.5	45	0	17	0	35	
39119000	30	改性三羟乙基脲酸酯类预缩聚物	6.5	45	0	17	0	35	
39119000	40	聚苯硫醚	6.5	45	0	17	0	35	
39119000	50	偏苯三酸酐和异氰酸预缩聚物	6.5	45	0	17	0	35	
39119000	90	其他初级形状的多硫化物、聚砜等	6.5	45	0	17	0	35	
39119000	10	芳基酸与芳基胺预缩聚物	6.5	45	0	17	0	35	
39119000	30	改性三羟乙基脲酸酯类预缩聚物	6.5	45	0	17	0	35	
39119000	40	聚苯硫醚	6.5	45	0	17	0	35	
39119000	50	偏苯三酸酐和异氰酸预缩聚物	6.5	45	0	17	0	35	
39119000	90	其他初级形状的多硫化物、聚砜等	6.5	45	0	17	0	35	
39121100	10	未塑化二醋酸纤维素等	6.5	40	0	17	0	35	
39121100	90	初级形状的未塑化醋酸纤维素	6.5	40	0	17	0	35	
39121100	10	未塑化二醋酸纤维素等	6.5	40	0	17	0	35	
39121100	90	初级形状的未塑化醋酸纤维素	6.5	40	0	17	0	35	
39121200		初级形状的已塑化醋酸纤维素	6.5	40	0	17	0	35	
39121200		初级形状的已塑化醋酸纤维素	6.5	40	0	17	0	35	
39122000		初级形状的硝酸纤维素	6.5	45	0	17	0	35	
39122000		初级形状的硝酸纤维素	6.5	45	0	17	0	35	
39123100		初级形状的羧甲基纤维素及其盐	6.5	45	0	17	0	35	
39123100		初级形状的羧甲基纤维素及其盐	6.5	45	0	17	0	35	
39123900		初级形状的其他纤维素醚	6.5	45	0	17	0	35	
39123900		初级形状的其他纤维素醚	6.5	45	0	17	0	35	
39129000		初级形状的其他未列名的纤维素	6.5	45	0	17	0	35	
39129000		初级形状的其他未列名的纤维素	6.5	45	0	17	0	35	
39131000		初级形状的藻酸及盐和酯	10	45	0	17	0	35	
39131000		初级形状的藻酸及盐和酯	10	45	0	17	0	35	
39139000		初级形状的其他未列名天然聚合物	6.5	50	0	17	0	35	

续表

商品编码	附加编号	商品名称	进口税率		出口税率	增值税	消费税	计量单位	监管条件
			优惠	普通					
39139000		初级形状的其他未列名天然聚合物	6.5	50	0	17	0	35	
39140000		初级形状的离子交换剂	6.5	45	0	17	0	35	
39140000		初级形状的离子交换剂	6.5	45	0	17	0	35	
39151000		乙烯聚合物的废碎料及下脚料	8.6	50	0	17	0	35	AP
39151000		乙烯聚合物的废碎料及下脚料	8.6	50	0	17	0	35	AP
39152000		苯乙烯聚合物的废碎料及下脚料	8.6	50	0	17	0	35	AP
39152000		苯乙烯聚合物的废碎料及下脚料	8.6	50	0	17	0	35	AP
39153000		氯乙烯聚合物的废碎料及下脚料	8.6	50	0	17	0	35	AP
39153000		氯乙烯聚合物的废碎料及下脚料	8.6	50	0	17	0	35	AP
39159010		聚对苯二甲酸乙二酯废碎料及下脚	8.6	50	0	17	0	35	AP
39159010		聚对苯二甲酸乙二酯废碎料及下脚	8.6	50	0	17	0	35	AP
39159090		其他塑料的废碎料及下脚料	8.6	50	0	17	0	35	AP
39159090		其他塑料的废碎料及下脚料	8.6	50	0	17	0	35	AP
39161000		乙烯聚合物制单丝、条、杆及型材	10	45	0	17	0	35	
39162000		氯乙烯聚合物制单丝、条、杆及型材	10	45	0	17	0	35	
39169010		聚酰胺制的单丝、条、杆及型材	10	45	0	17	0	35	
39169090		其他塑料制单丝、条、杆及型材	10	45	0	17	0	35	
39171000		硬化蛋白或纤维素材料制人造肠衣	10	50	0	17	0	35	A
39171000		硬化蛋白或纤维素材料制人造肠衣	10	50	0	17	0	35	A
39172100		乙烯聚合物制的硬管	10	45	0	17	0	35	
39172100		乙烯聚合物制的硬管	10	45	0	17	0	35	
39172200		丙烯聚合物制的硬管	10	45	0	17	0	35	
39172200		丙烯聚合物制的硬管	10	45	0	17	0	35	
39172300		氯乙烯聚合物制的硬管	10	45	0	17	0	35	
39172300		氯乙烯聚合物制的硬管	10	45	0	17	0	35	
39172900		其他塑料制的硬管	10	45	0	17	0	35	
39172900		其他塑料制的硬管	10	45	0	17	0	35	
39173100		塑料制的软管	10	45	0	17	0	35	
39173100		塑料制的软管	10	45	0	17	0	35	
39173200		其他未装有附件的塑料制管子	6.5	45	0	17	0	35	
39173200		其他未装有附件的塑料制管子	6.5	45	0	17	0	35	
39173300		其他装有附件的塑料管子	6.5	45	0	17	0	35	
39173300		其他装有附件的塑料管子	6.5	45	0	17	0	35	
39173900		塑料制的其他管子	8.6	45	0	17	0	35	
39173900		塑料制的其他管子	8.6	45	0	17	0	35	
39174000		塑料制的管子附件	10	45	0	17	0	35	
39174000		塑料制的管子附件	10	45	0	17	0	35	
39181010		氯乙烯聚合物制糊墙品	10	45	0	17	0	35	
39181010		氯乙烯聚合物制糊墙品	10	45	0	17	0	35	
39181090		氯乙烯聚合物制的铺地制品	10	45	0	17	0	35	
39181090		氯乙烯聚合物制的铺地制品	10	45	0	17	0	35	
39189010		其他塑料制的糊墙品	10	45	0	17	0	35	
39189010		其他塑料制的糊墙品	10	45	0	17	0	35	
39189090		其他塑料制的铺地制品	10	45	0	17	0	35	
39189090		其他塑料制的铺地制品	10	45	0	17	0	35	
39191010		丙烯酸树脂类为主的自粘塑料板等	6.5	45	0	17	0	35	
39191091		宽度≤20cm 的胶囊型反光膜	6.5	45	0	17	0	35	

续表

商品编码	附加编号	商品名称	进口税率		出口税率	增值税	消费税	计量单位	监管条件
			优惠	普通					
39191099		其他宽度≤20cm的自黏塑料板片等	6.5	45	0	17	0	35	
39199010		其他胶囊型反光膜	6.5	45	0	17	0	35	
39199090		其他自粘塑料板、片、膜等材料	6.5	45	0	17	0	35	
39201010		乙烯聚合物制电池隔膜	6.5	45	0	13	0	35	
39201090	10	农用非泡沫聚乙烯薄膜	6.5	45	0	13	0	35	
39201090	20	乙烯-四氟乙烯膜(含四氟乙烯单体)	6.5	45	0	13	0	35	
39201090	90	非泡沫乙烯聚合物板、片、膜、箔	6.5	45	0	17	0	35	
39202010		丙烯聚合物制电池隔膜	6.5	45	0	13	0	35	
39202090	10	农用非泡沫聚丙烯薄膜	6.5	45	0	13	0	35	
39202090	90	非泡沫丙烯聚合物板、片、膜、箔	6.5	45	0	17	0	35	
39203000		非泡沫苯乙烯聚合物板、片、膜、箔	6.5	45	0	17	0	35	
39204300	10	农用软质聚氯乙烯薄膜	8.6	45	0	17	0	35	
39204300	90	氯乙烯聚合物板、片、膜、箔及扁条	8.6	45	0	17	0	35	
39204900	10	其他农用软质聚氯乙烯薄膜	9	45	0	13	0	35	
39204900	90	其他氯乙烯聚合物板、片、膜、箔	9	45	0	17	0	35	
39205100		聚甲基丙烯酸甲酯板、片、膜、箔及扁条	6.5	45	0	17	0	35	
39205900		其他丙烯酸聚合物板、片、膜、箔及扁条	6.5	45	0	17	0	35	
39206100		聚碳酸酯制板、片、膜、箔、扁条	6.5	45	0	17	0	35	
39206200	10	9≤厚≤15.9微米聚酯薄膜	6.5	45	0	17	0	35	
39206200	20	5≤厚≤8.9微米聚酯薄膜	6.5	45	0	17	0	35	
39206200	30	16≤厚≤29.9微米聚酯薄膜	6.5	45	0	17	0	35	
39206200	40	50≤厚≤99.9微米聚酯薄膜	6.5	45	0	17	0	35	
39206200	90	其他聚对苯二甲酸乙二酯板片膜等	6.5	45	0	17	0	35	
39206300		不饱和聚酯板、片、膜、箔及扁条	10	45	0	17	0	35	
39206900		其他聚酯板、片、膜、箔及扁条	10	45	0	17	0	35	
39207100		再生纤维素制板、片、膜、箔及扁条	6.5	45	0	17	0	35	
39207200		钢纸制板、片、膜、箔及扁条	10	35	0	17	0	35	
39207300		醋酸纤维素制板、片、膜、箔及扁条	6.5	45	0	17	0	35	
39207900		纤维素衍生物制板、片、膜、箔及扁条	10	45	0	17	0	35	
39209100		聚乙烯醇缩丁醛板、片、膜、箔、扁条	6.5	45	0	17	0	35	
39209200		聚酰胺板、片、膜、箔、扁条	10	45	0	17	0	35	
39209300		氨基树脂板、片、膜、箔、扁条	6.5	45	0	17	0	35	
39209400		酚醛树脂板、片、膜、箔、扁条	10	45	0	17	0	35	
39209910		聚四氟乙烯制非泡沫塑料板、片、箔	6.5	45	0	17	0	35	
39209990		其他非泡沫塑料板、片、膜、箔、扁条	6.5	45	0	17	0	35	
39211100		泡沫聚苯乙烯板、片、带、箔、扁条	10	45	0	17	0	35	
39211210		泡沫聚氯乙烯人造革及合成革	9	70	0	17	0	35	5
39211290		泡沫聚氯乙烯板、片、带、箔、扁条	6.5	45	0	17	0	35	5
39211310		泡沫聚氨酯制人造革及合成革	9	70	0	17	0	35	5
39211390		泡沫聚氨酯板、片、带、箔、扁条	6.5	45	0	17	0	35	5
39211400		泡沫再生纤维素板、片、膜、箔、扁条	10	45	0	17	0	35	
39211910		其他泡沫塑料制人造革及合成革	9	70	0	17	0	35	
39211990		其他泡沫塑料板、片、膜、箔、扁条	6.5	45	0	17	0	35	
39219020		以聚乙烯为基本成分的板片	6.5	45	0	17	0	35	
39219030		聚异丁烯为基本成分的板片卷材	6.5	45	0	17	0	35	
39219090	10	敏感物项管制结构复合材料的层压	6.5	45	0	17	0	35	35
39219090	90	未列名塑料板、片、膜、箔、扁条	6.5	45	0	17	0	35	5

续表

商品编码	附加编号	商品名称	进口税率		出口税率	增值税	消费税	计量单位	监管条件
			优惠	普通					
39221000		塑料浴缸、淋浴盘、洗涤槽及盥洗盆	10	80	0	17	0	35	
39222000	10	含濒危动物成分的塑料马桶座圈	10	80	0	17	0	35	EF
39222000	90	其他塑料马桶座圈及盖	10	80	0	17	0	35	
39229000		塑料便盆、抽水箱等类似卫生洁具	10	80	0	17	0	35	
39231000		塑料制盒、箱及类似品	10	80	0	17	0	35	
39232100		乙烯聚合物制袋及包	10	80	0	17	0	35	
39232900		其他塑料制的袋及包	10	80	0	17	0	35	
39233000		塑料制坛、瓶及类似品	6.5	80	0	17	0	35	
39234000		塑料制卷轴、纡子、筒管及类似品	10	35	0	17	0	35	
39235000		塑料制塞子、盖子及类似品	10	80	0	17	0	35	
39239000		供运输或包装货物用其他塑料制品	10	80	0	17	0	35	
39241000		塑料制餐具及厨房用具	10	80	0	17	0	35	A
39249000		塑料制其他家庭用具及盥洗用具	10	80	0	17	0	35	
39251000		塑料制囤、柜、罐、桶及类似容器	10	80	0	17	0	35	
39252000		塑料制门、窗及其框架、门槛	10	80	0	17	0	35	
39253000		塑料制窗板、百叶窗及类似制品	10	80	0	17	0	35	
39259000		其他未列名的建筑用塑料制品	10	80	0	17	0	35	
39261000		办公室或学校用塑料制品	10	80	0	17	0	35	
39262000		塑料制衣服及衣着附件	10	90	0	17	0	35	
39263000		塑料制家具、车厢及类似品的附件	10	80	0	17	0	35	
39264000		塑料制小雕塑品及其他装饰品	10	100	0	17	0	35	
39269010		塑料制机器及仪器用零件	10	35	0	17	0	35	
39269090	10	敏感物项管制结构复合材料的预成	10	80	0	17	0	35	3
39269090	90	其他塑料制品	10	80	0	17	0	35	

（中国塑料加工工业协会　许琳
全国塑料加工工业信息中心　刘均科）

全国塑料工业生产、经营情况统计

全国塑料制品行业2005年经济运行及生产完成情况分析

一、2005年我国经济运行状况及轻工行业整体运行情况

2005年，各地区、各部门在党中央、国务院的正确领导下，以科学发展观为统领，进一步加强和改善宏观调控，积极推进改革开放，国民经济呈现增长较快、效益较好、价格平稳、活力增强的良好发展态势。

经国家统计局初步核算，2005年全年国内生产总值182 321亿元，按可比价格计算，比上年增长9.9%，略低于上年10.1%的增长速度。其中，第一产业增加值22 718亿元，增长5.2%；第二产业增加值86 208亿元，增长11.4%；第三产业增加值73 395亿元，增长9.6%。分季度看，四个季度的国内生产总值分别增长9.9%、10.1%、9.8%和9.9%，比较平稳。

在工业生产方面保持平稳较快增长。全年工业增加值76 190亿元，比上年增长11.4%。其中，规模以上完成工业增加值66 425亿元，增长16.4%，增速比上年回落0.3个百分点（12月份6 712亿元，增长16.5%）。在规模以上工业增加值中，国有及国有控股企业增长10.7%；重工业增长17.0%，轻工业增长15.2%。规模以上工业企业产销率达到98.1%。全年规模以上工业企业实现利润14 362亿元，增长22.6%。

轻工行业在2005年依然保持着快速发展的势头，整个行业的整体经济运行也保持着稳定持续增长的态势，并且保持着较快的增长速度。2005年全年，全轻工行业（规模以上企业）的总产值达到47 806.6亿元，比上年同期增长26.25%；销售收入达到46 125.45亿元，比上年同期增长26.68%。经济效益方面也有了大幅地提高，利税总额为3 606.5亿元，比上年同期增长29.11%，其中利润总额为2 115.21亿元，比上年同期增长32.41%；亏损额略有增加，2005年全年亏损企业（规模以上企业）亏损额为291.79亿元，比上年同期增长1.31%。在出口方面，2005年有了大幅的增长，根据海关总署统计，轻工产品全年出口额为1 941.3亿美元，比上年同期增长23.53%；而在进口方面，由于我国科技水平的提高，新产品的不断研发，轻工产品进口额略有增长，增幅大大小于2004年的增长幅度，2005年累计进口额为504.86亿美元，比去年同期增长6.66%；实现贸易顺差1 436.44亿美元，比去年同期增长32.19%。

二、塑料制品行业主要经济指标完成情况

根据国家统计局统计，截止到2005年12月份，塑料制品行业全部国有和年产品销售收入500万元及以上非国有独立核算工业企业共计11 726个，累计完成工业总产值（现价）4 997.99亿元，比上年同期增长26.01%，占轻工全行业总产值的10.45%，产值总额在轻工19个主要行业中名列第三；实现产品销售率97.67%，略低于轻工行业的平均水平。

截止到2005年12月份，塑料制品行业实现的产品销售收入已经接近5 000亿元，达到4 846.91亿元，比去年同期增长25.97%；实现利税325.07亿元，比去年同期增长27.46%；利润总额为206.32亿元，同期相比增长30.16%；新产品产值192.65亿元，比去年同期增长42.8%；出口交货值1 248.61亿元，同比增长22.62%。

近些年来，塑料制品行业一直都保持着高速的发展，工业总产值的增长速度保持在20%以上，并且由于2005年原材料价格有所回落，以及社会对塑料制品的需求不断扩大，行业的整体经济效益比2004年也有了较大幅度的提高；亏损企业数量也有所减少，为2 015个，比上年同期减少了6.28%，但亏损额却略有增加，达到35.37亿元，比去年同期增长3.07%。

三、产品产量与结构

2005年1至12月份，塑料制品行业规模以上企业累计完成产量超过了2 000万吨，达到2 198.55万吨，比去年同期增长12.92%；12月份完成221万吨，同比增长17.95%（详见图1）。

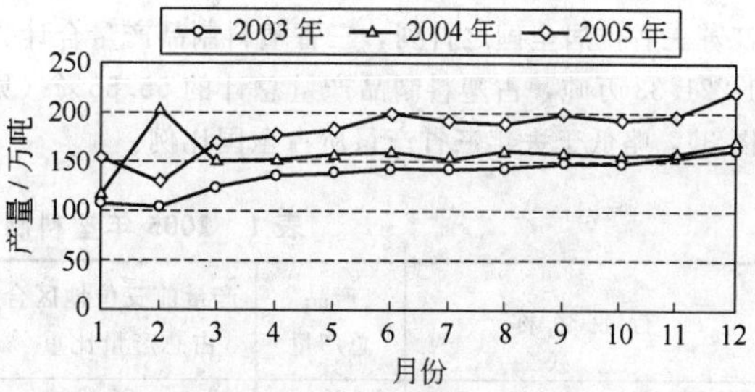

图1 全国塑料制品产量月度完成情况图

总计中：2005年1～12月份，塑料薄膜累计生产442.2万吨，比去年同期增长14.89%；占塑料制品总产量的20.11%；塑料型材（含板片材）236.69万吨，同比增长13.28%，占塑料制品总产量的10.77%；塑料管子及附件196.78万吨，增长22.95%，占塑料制品总产量的8.95%；塑料丝及编织品236.86万吨，增长23.83%，占塑料制品总产量的10.77%；塑料人造革67.33万吨，增长7.24%，

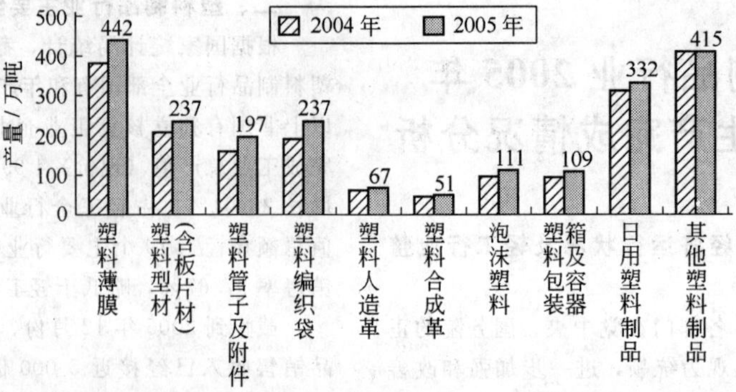

图 2　2005 年塑料制品产量行业分布图

占塑料制品总产量的 3.06％；塑料合成革 51.42 万吨，增长 9.56％，占塑料制品总产量的 2.57％；泡沫塑料 111.25 万吨，增长 14.85％，占塑料制品总产量的 5.06％；塑料包装箱及容器 109.02 万吨，增长 15.70％，占塑料制品总产量的 4.96％；日用塑料制品 332.32 万吨，增长 5.63％，占塑料制品总产量的 15.16％；其他塑料制品 414.67 万吨，占塑料制品总产量的 18.86％（详见图 2）。

由于今年农用薄膜需求量的增长，以及原材料价格的回落，自年初以来，农膜的产量一直保持着较高的增长速度，2005 年全年，农用薄膜的产量达到 87.31 万吨，比去年同期增长了 20.3％。12 月份的产量为 9.15 万吨。随着市场对农用薄膜的需求稳步增长，如果明年原材料价格没有较大的增长，预计农用薄膜的生产将进入稳定增长的时期。

四、地区分布

从塑料制品产量的地区分布上看，广东、浙江、江苏三省位居全国之首列，三省塑料制品产量合计为 1 221.33 万吨，占塑料制品产量总计的 55.55％（见图 3），略低于去年三省产量所占全国比例。

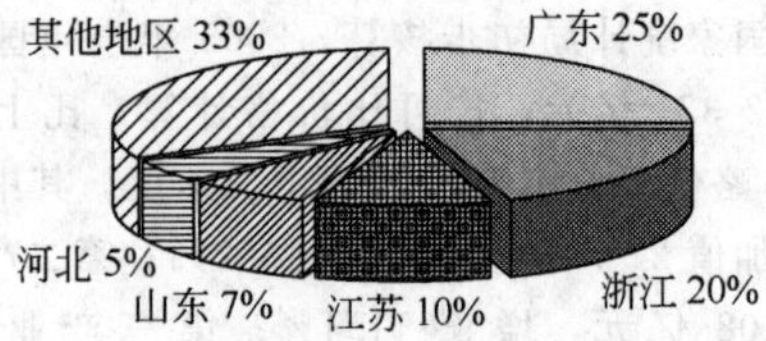

图 3　2005 年塑料制品产量地区分布图

与去年相比，塑料制品产量排在前 5 名的省份略有变化，河北省的塑料制品业完成的产量有了较大增幅，由 2004 年的第八位跃至今年的第五位，而福建省的塑料制品业所完成的产量增长不大，由去年的第五位跌至了第八位。

从各省塑料制品分品种产量占全国同类产品产量的比重看：广东省的塑料管子及附件、塑料包装箱及容器、日用塑料制品、其他塑料制品产量居全国首位；浙江省的塑料薄膜、塑料人造革位居全国之首，江苏省的塑料合成革产量为全国第一。

同 2004 年相比，浙江省的塑料薄膜产量超过了广东省，跃居全国榜首；广东省的塑料管子及附件的产量超过浙江省，居全国首位；江苏省的塑料合成革产量超过浙江省而居全国之首（详见表 1）。

表 1　2005 年塑料制品分品种产量前三位的地区　　单位：万吨

行业名称	产品总产量	产量前三位地区合计占总产量比重/％	第一位		第二位		第三位	
			地区	产量	地区	产量	地区	产量
塑料制品	2 198.55	55.6	广东	551.28	浙江	439.68	江苏	230.37
塑料薄膜	442.20	56.6	浙江	101.21	广东	92.35	江苏	56.54
其中：农用薄膜	87.31	46.6	山东	15.94	河南	15.14	江苏	9.56
塑料型材（含板片材）	236.69	43.8	辽宁	40.53	江苏	31.91	安徽	31.22
塑料管子及附件	196.78	44.5	广东	32.61	浙江	32.07	福建	22.98
塑料编织袋	236.86	48.2	山东	51.58	浙江	37.47	河南	25.14
塑料人造革	67.33	79.6	浙江	32.41	广东	11.09	河北	10.08
塑料合成革	51.42	82.9	江苏	21.26	浙江	12.47	辽宁	8.88
泡沫塑料	111.25	81.3	江苏	42.9	广东	26.23	浙江	21.27
塑料包装箱及容器	109.02	48.3	广东	23.69	上海	14.97	浙江	14.00
日用塑料制品	332.32	73.5	广东	152.16	浙江	61.43	江苏	30.58
其他塑料制品	414.67	73.9	广东	168.43	浙江	111.84	山东	26.24

表 2　2005 年 1～12 月份塑料制品海关出口统计

产品名称	出口量		出口额	
	1～12 月份累计/吨	同比增长/%	1～12 月份累计/美元	同比增长/%
塑料制品	12 284 830	13.97	1 660 445.2	30.00
1. 塑料丝及异型材	36 502.3	42.15	5 961.0	50.15
2. 塑料管材	188 324.9	55.68	41 159.6	76.70
3. 塑料板材	985 058.5	40.10	193 351.0	55.84
4. 人造革、合成革	221 765.2	15.65	64 201.4	27.73
5. 塑料铺地制品	417 609.7	10.88	42 166.6	28.64
6. 其他塑料制品	10 435 569.8	11.48	1 313 605.7	25.96

表 3　2005 年 1～12 月份塑料制品海关出口统计

产品名称	出口量		出口额	
	1～12 月份累计/吨	同比增长/%	1～12 月份累计/美元	同比增长/%
塑料制品	1 738 923	−2.35	829 029.6	17.26
1. 塑料丝及异型材	8 507.6	−0.64	3 147.0	15.93
2. 塑料管材	37 702.2	4.55	29 679.4	17.35
3. 塑料板材	930 388.5	−2.96	403 365.9	21.73
4. 人造革、合成革	105 012.1	−8.25	58 521.4	6.21
5. 塑料铺地制品	41 401.8	16.81	6 949.5	10.87
6. 其他塑料制品	615 910.6	−1.85	327 366.3	14.36

从表 1 的资料我们可以看出，塑料制品的生产主要还是集中在广东、浙江、江苏以及东南部经济比较发达的地区，虽然一些种类产品的生产集中化程度有所减弱，但如塑料人造革、塑料合成革及泡沫塑料等一些产品的集中化程度还是非常高的，造成这种情况的原因主要是由于东南部经济发达地区的经济发展较早，交通便利，原料及成品运输销售比较方便等情况所造成的。但我们也应看到，西部一些地区的塑料制品生产近年来已经有了较大的增长，随着时间的推移，这种状况将会有所改变的。

五、海关进出口情况

2005 年，我国轻工产品的出口依然保持强劲的势头，出口总额 1 941.3 亿美元，比上年同期增长 23.53%，实现贸易顺差 1 436.44 亿美元。

在这种势头的带动下，塑料制品的出口也保持着快速的增长，根据海关总署的统计，2005 年塑料制品累计出口 1 228.48 万吨，同比增长 13.97%；出口额达 166.04 亿美元，同比增长 30%，占轻工出口总额的 8.55%，居轻工行业第五位。塑料制品累计进口 173.89 万吨，比去年同期减少 2.35%；累计进口额 82.9 亿美元，同比增长 17.26%，实现贸易顺差 83.11 亿美元。近两年，塑料丝及异型材出口增长迅猛，2005 年的出口量比去年同期增长了 42.15%，出口额更是增长了 50.15%；塑料管材的出口增长幅度也很大，出口量同比增长 55.68%，出口金额增长了 76.7%；另外，塑料板材的出口在 2005 年度也有大幅增长，出口量比 2004 年同期增长 40.1%，出口额增长 55.84%。在进口方面，六大类产品的进口量多数呈下降趋势，只有塑料管材及塑料铺地制品有所增长，其他产品的进口量比去年同期都略有下降；但从进口额上来看，六大类产品的进口额都处于上升趋势，因此我们可以看出，我国进口的塑料制品主要是单价高、技术含量高的优质产品，这也说明我国塑料制品的科技水平与国际先进水平还是有一定差距的，这就需要企业加快产品的科技发展，增加产品的科技含量，减少对国外高档产品的依赖（详见表 2 及表 3）。

总体来讲，我国出口的塑料制品大多是低附加值的低端产品，或者是一些国外出设计、出工艺的委托加工产品，与进口的同类产品相比，在技术含量、工艺设计等方面都有较大的差距。而且，由于国内企业缺乏对国外市场、政策的了解，出口的塑料产品甚至连安全、环保等标准都达不到，从而在国外遭禁。因此，国内企业的眼光不能只局限于国内，而是要放眼世界，增加产品的技术含量和工艺水平，包括设计水平的提高。只有这样，才能改变我国轻工产品出口“以量取胜”的现状。

六、行业重点企业概况

2005 年 1～12 月份，塑料制品行业全部国有和年产品销售收入500万元及以上非国有独立核算工业企业共计11 726个，实现产品销售收入4 846.91亿元，比去年同期增长25.97%。其中销售收入亿元以上企业937个，占企业总数的8%；产品销售收入2 500.97亿元，占行业总销售收入的51.69%。销售收入超过10亿元的企业共有29家，居塑料制品企业的前列。企业销售收入最高值为51.09亿元。其中位列前10名的是：佛山塑料集团股份有限公司、浙江大东南集团有限公司、申达集团有限公司、烟台万华合成革集团有限公司、申达集团有限公司、安徽国风集团有限公司、浙江鸿达集团有限公司、芜湖海螺型材科技股份有限公司、新疆天业股份有限公司、河北宝硕集团有限公司、明达塑胶（厦门）有限公司。

塑料制品行业亏损企业2 015个，占全部塑料企业总数的17.18%，比2004年同期减少了6.28%；亏损额35.37亿元，比去年同期略有上升，达到3.07%。

随着塑料制品应用越来越广泛，社会对塑料制品的需求量的不断扩大，塑料制品企业的数量越来越多，规模也不断增大，也就导致了行业内部的竞争越来越激烈，虽然2005年由于原材料价格有所回落，使亏损企业数量减少，但2004年原料价格的大涨让人至今仍然心有余悸，因此，广大企业应该不断提高自身的综合素质，调整产品结构，改善经营战略思路与方法，节约成本，以适应市场发展的需要。

（中国轻工业信息中心　富岩　张涌涛）

2005年全国塑料制品业销售收入亿元以上企业

序　号	企　业　名　称	序　号	企　业　名　称
1	佛山塑料集团股份有限公司	28	宁波利时塑胶有限公司
2	浙江大东南塑胶集团公司	29	广州宏信塑胶工业有限公司
3	烟台万华合成革集团有限公司	30	亚光耐普罗精密注塑(天津)有限公司
4	申达集团有限公司	31	东莞泛昌窗帘制品有限公司
5	安徽国风集团有限公司	32	中国石油乌鲁木齐石油化工总厂
6	浙江鸿达集团有限公司	33	上海紫江企业集团股份有限公司
7	芜湖海螺型材科技股份有限公司	34	北京三箭和众鼎电子有限公司
8	新疆天业股份有限公司	35	华盛达控股集团有限公司
9	河北宝硕集团有限公司	36	台达化工(中山)有限公司
10	明达塑胶(厦门)有限公司	37	福建亚通新材料科技股份有限公司
11	辽阳忠旺塑料型材有限公司	38	淮阳县沪光塑料有限公司
12	大连实德塑胶工业有限公司	39	辽阳忠旺塑料有限公司
13	江阴龙山集团公司	40	杭州顶正包材有限公司
14	安徽天大企业(集团)有限公司	41	威士茂科技工业园(珠海)有限公司
15	双汇集团化工包装事业部	42	淄博齐旺达塑料制品公司
16	淮阳县安彩华林化学建材有限责任公司	43	山东双兴集团有限公司
17	南亚塑胶工业(南通)有限公司	44	辽阳塑料造粒厂
18	东莞新长桥塑料有限公司	45	福清市明达塑胶(福建)有限公司
19	圣美精密工业昆山有限公司	46	浙江枫叶集团有限公司
20	日新(天津)塑胶有限公司	47	广东顾地塑胶股份有限公司
21	浙江无名皮塑集团有限责任公司	48	南京金陵塑胶化工有限公司
22	赫比(上海)家用电器产品有限公司	49	江苏蝙蝠塑料集团有限公司
23	漯河华强塑胶有限公司	50	唐山海螺型材有限责任公司
24	绍兴富陵实业集团有限公司	51	江苏双象集团有限公司
25	浙江欧亚薄膜材料有限公司	52	乔奥华塑胶制品(深圳)有限公司
26	广东联塑科技实业有限公司(包联塑机械)	53	常州巨力塑料集团有限公司
27	江苏琼花集团有限公司	54	南亚塑胶工业(广州)有限公司

续表

序号	企业名称	序号	企业名称
55	河北沧州东塑股份有限公司	99	正定县常山塑料制品厂
56	遂平县华强塑胶有限公司	100	星光树脂制品(昆山)有限公司
57	珠海市及成通讯科技有限公司	101	三友控股集团有限公司
58	大连爱丽思·欧雅玛工贸有限公司	102	武进金氏集团有限公司
59	诺兰特移动通信配件(北京)有限公司	103	鹏映塑料(深圳)有限公司
60	淮阳县华林塑料篷布有限公司	104	世界塑胶餐垫(宝安)有限公司
61	河北沧州东塑集团股份有限公司	105	元鼎饰材实业(镇江)有限公司
62	中山市保时利塑胶实业有限公司	106	日超工程塑料(深圳)有限公司
63	太平洋塑胶(福建)有限公司	107	安徽安利合成革有限公司
64	广州宏顺塑胶工业有限公司	108	南京红宝丽股份有限公司
65	江南百兴集团有限公司	109	白山市喜丰塑料股份有限公司
66	宁波亚朔科技有限公司	110	珠海中富实业股份有限公司
67	南亚硬质胶布(广州)有限公司	111	蓬莱市福鑫橡塑有限公司
68	青岛交河塑料有限公司	112	佛山市顺德区中侨电器制造有限公司
69	浙江中财管道科技股份有限公司	113	上海敬炫塑胶制品有限公司
70	南充华塑建材有限公司	114	扬州亚普汽车塑料件有限公司
71	上海英济电子塑胶有限公司	115	丽光精密(中山)有限公司
72	绿点(苏州)科技有限公司	116	万新塑胶制品(天津)有限公司
73	昆山新至升塑胶电子有限公司	117	宁波华安建材冶炼有限公司
74	湖北凯乐集团	118	佛山市顾地塑胶有限公司
75	浙江永高塑业发展有限公司	119	广州市新力实业有限公司
76	惠州市德赛精密部件有限公司	120	伟创力精密注塑(珠海)有限公司
77	贝尔罗斯(广州)工程塑料有限公司	121	天津市塑料集团有限公司
78	浙江禾欣实业集团股份有限公司	122	大连实德塑料建材有限公司
79	中山永宁包装薄膜制品有限公司	123	宁波浙东塑料建筑材料有限公司
80	南亚塑胶工业(惠州)有限公司	124	浙江华泰塑胶股份有限公司
81	文登市庆发电子材料厂	125	孟州市冠达彩印有限责任公司
82	南塑建材塑胶制品(常熟)有限公司	126	河北惠尔信材料有限公司
83	浙江华滨包装材料有限公司	127	美普箱包(深圳)有限公司
84	浙江永源实业有限公司	128	南塑建塑胶制品(深圳)有限公司
85	广东高乐玩具制造股份有限公司	129	浙江伊美薄膜工业集团有限公司
86	河北华夏实业有限公司	130	宁波海螺塑料型材有限责任公司
87	阳谷县仙农塑化有限公司	131	苏州工业园区第一塑胶有限公司
88	LG 化学工程塑料有限公司	132	张家港易华塑料有限公司
89	天津金鹏大沽塑料型材制造有限公司	133	江阴市兴源家用电器配件厂
90	天马精塑(中山)有限公司	134	成都实德塑胶工业有限公司
91	焦作飞鸿包装有限公司	135	佛山市南方包装有限公司
92	英德海螺型材有限责任公司	136	科铨塑胶(深圳)有限公司
93	广州市塑料工业股份有限公司	137	上海南部塑料制品有限公司
94	东莞精熙光机有限公司	138	广州宏育聚氨酯工业有限公司
95	温州人造革有限公司	139	浙江三丰实业有限公司
96	宏铭材料科技股份有限公司	140	上海紫东薄膜材料股份有限公司
97	广州宏纶新型材料有限公司	141	河南省艺龙塑料化工有限公司
98	广州毅昌制模有限公司	142	上海宝菱塑料制品有限公司

续表

序号	企业名称	序号	企业名称
143	成都汇利包装实业有限公司	187	中山市展新塑料制品有限公司
144	丽碧复合塑料(深圳)有限公司	188	雷盛德奎企业(上海)有限公司
145	杭州萧山华益塑料有限公司	189	蓬莱市黎明包装厂
146	荣成市华纳塑胶有限公司	190	苏州住友电木有限公司
147	星际塑料(深圳)有限公司	191	江西恒泰塑料制品有限公司
148	广州宏焕塑胶工业有限公司	192	浙江朗迪集团股份有限公司
149	无锡环宇包装材料有限公司	193	临海市伟星新型建材有限公司
150	台安塑料制品(井陉)有限公司	194	苏州工业园区和昌电器有限公司
151	绍兴翔宇绿色包装有限公司	195	天津开发区金鹏塑料异型材制造有限公司
152	雷盛德奎实业(深圳)有限公司	196	昆山中富瓶坯有限公司
153	宝燕工业科技(上海)有限公司	197	沈阳中富瓶坯有限公司
154	骏业塑胶(深圳)有限公司	198	深圳市金茂塑胶有限公司
155	广东德冠包装材料有限公司	199	南安市水头利昌塑胶有限公司
156	佛山华旭塑胶模具有限公司	200	莆田新飞天鞋业有限公司
157	苏州常乐泡塑新材有限公司	201	北京华盾雪花塑料集团有限公司
158	惠州市大亚湾汇利日用制品有限公司	202	厦门明蓓塑胶有限公司
159	文登金光塑料制品有限公司	203	珠海正达包装科技实业有限公司
160	蓬莱市兴华塑胶厂	204	昆山源进塑胶电子有限公司
161	欧诺法装饰材料(上海)有限公司	205	淄博张店泰基工贸有限公司
162	佛山市三水长丰塑胶有限公司	206	中山市皇冠胶黏制品有限公司
163	上海三樱包装材料有限公司	207	天锡宏铭材料科技有限公司
164	广东华业包装材料有限公司	208	大中塑胶制品有限公司
165	广州森六塑件有限公司	209	浙江玉峰实业集团有限公司
166	东莞保利文塑胶制品有限公司	210	青岛美尔塑料粉末有限公司
167	杭州西雅普康大制革有限公司	211	山东山泰集团
168	揭阳市运通塑料包装有限公司	212	苏州昆岭薄膜工业有限公司
169	珠海铭祥汽车工业有限公司	213	东莞银禧塑胶有限公司
170	浙江华庆集团有限公司	214	乳山市塑料厂
171	南京塑料包装材料总厂	215	东莞木材塑胶制品有限公司
172	深圳丽星丰达塑料有限公司	216	杭州乐华塑胶有限公司
173	爱索尔(广州)包装有限公司	217	浙江中财型材有限责任公司
174	上海金浦塑料包装材料有限公司	218	宁波舜塑科技实业有限公司
175	东立通讯科技(深圳)有限公司	219	大日精化(深圳)有限公司
176	浙江奔多实业有限公司	220	泉州市美加美仿瓷餐具有限公司
177	龙口市博渠塑料制品厂	221	四川中富容器有限公司
178	瑞安市东威塑胶有限公司	222	锦柏塑胶(深圳)有限公司
179	山东烟台盛大塑业有限公司	223	东莞市嘉田五金塑胶制品有限公司
180	东莞田氏化工厂有限公司	224	北京华盾雪花塑料集团有限责任公司
181	成都中达软塑新材料有限公司	225	华德塑料制品有限公司
182	华夏塑胶(中山)有限公司	226	福清利亚塑胶有限公司
183	金达塑胶五金制品(深圳)有限公司	227	恒隆胶品(深圳)有限公司
184	宁波大榭开发区金源复合材料有限公司	228	福建振云塑业股份有限公司
185	宿迁市彩塑包装有限公司	229	温州市华正塑业有限公司
186	桐城市华猫塑料有限公司	230	罗斯蒂(苏州)工程塑料有限公司

续表

序号	企业名称	序号	企业名称
231	佛山市高明威联塑胶有限公司	275	富裕注塑制模(上海)有限公司
232	富斯特集团股份有限公司	276	厦门建霖卫浴工业有限公司
233	温州市宏得利合成革有限公司	277	合益包装制品(深圳)有限公司
234	淄博蓝帆塑料制品有限公司	278	藤兴工业有限公司
235	乳山市网具厂	279	中山市美图塑料工业有限公司
236	惠州宝柏包装有限公司	280	金冠(龙海)塑料包装有限公司
237	佑多塑胶(深圳)有限公司	281	太仓敬富塑胶制品有限公司
238	南通华盛塑料制品有限公司	282	浙江比例包装股份有限公司
239	赛德家庭用品(上海)有限公司	283	宁波先豪塑胶精密模具有限公司
240	杭州高新塑料厂	284	台山市新华塑料制品有限公司
241	凯达电子(昆山)有限公司	285	志源塑胶制品(惠州)有限公司
242	金像磁讯(深圳)有限公司	286	正定恒山浙南饰材有限公司
243	利宾来塑胶工业(深圳)有限公司	287	上海明欣塑胶有限公司
244	河南省安阳塑化股份有限公司	288	明辉实业(深圳)有限公司
245	苏州惠业塑胶工业有限公司	289	浙江科一合成革有限公司
246	科瑞(佛山高明)包装有限公司	290	中山市环亚塑料包装有限公司
247	保力马科技(上海)有限公司	291	文登市第三建材塑料厂
248	安能利塑胶(上海)有限公司	292	东莞嘉星鞋业有限公司
249	新东江塑胶(深圳)有限公司	293	昆山翔峰塑料制品有限公司
250	永儒塑胶工业(苏州)有限公司	294	上海通慧塑料厂
251	上海新上化高分子材料有限公司	295	东莞建兴塑胶五金制品有限公司
252	杭州波达塑业有限公司	296	惠华康盛塑胶电子(深圳)有限公司
253	沈阳鸿祥地板革厂	297	佛山市高明亿龙塑胶工业有限公司
254	四川省崇州康乐塑胶制品有限公司	298	上海浦东美灵塑料制品厂
255	南京真旺塑料有限公司	299	德阳森普工业有限公司
256	余姚市日用工艺制品厂	300	合肥海毅精密塑业有限公司
257	佛山市南海华达模具塑料有限公司	301	汕头市丰兴盛包装材料有限公司
258	佛山东冠包装材料有限公司	302	海门市大生源合成皮革有限公司
259	青岛庆昕塑料有限公司	303	江苏中金玛泰医药包装有限公司
260	无锡圣马塑业有限公司	304	佛山益和管材企业有限公司
261	蓬莱天日聚氨酯有限公司	305	正定县瑞定编织厂
262	亿丰(东莞)制帘有限公司	306	东莞虎邦五金塑胶制品有限公司
263	北京北泡塑料集团公司	307	河南双风实业有限公司
264	杭州通达电缆材料有限公司	308	宏全企业(长沙)有限公司
265	邯郸力尔型材有限公司	309	佛山市顺德区东亚电器有限公司
266	天津中财型材有限责任公司	310	杭州福莱特塑料开发有限公司
267	沛县华天建材公司	311	天津乐金新型建材有限公司
268	天津三华塑胶有限公司	312	成都中富瓶坯有限公司
269	潮州市华达利实业有限公司	313	福清宏太鞋业有限公司
270	上海第一精工模塑有限公司	314	温州晨光集团有限公司
271	浙江远翅塑料有限公司	315	青岛伟胜电子塑胶有限公司
272	合肥海尔塑胶有限公司	316	浙江东方大港大河工程塑料有限公司
273	昆山佑兴塑胶科技有限公司		
274	山东三塑集团有限公司		

续表

序号	企业名称	序号	企业名称
317	佛山高明骏滕塑胶有限公司	363	安徽双永装饰材料有限公司
318	东莞信柏塑胶有限公司	364	源展塑胶电子(深圳)有限公司
319	通源塑胶工业(苏州)有限公司	365	福建万福企业集团有限公司
320	森林键盘制造(深圳)有限公司	366	新创维电器(深圳)有限公司
321	四川美好塑业有限公司	367	东莞增立塑料制品有限公司
322	厦门松霖卫浴有限公司	368	天津实发-紫江包装有限公司
323	宁波国成塑料有限公司	369	东方协和塑料工业(上海浦东新区)有限公司
324	上海井上维他高分子制品有限公司	370	沈阳市金德铝塑复合管有限公司
325	上海亚大塑料制品有限公司	371	广州翔峰包装有限公司
326	惠州市骏洋塑胶有限公司	372	中山市粤丰麦氏制造有限公司
327	淄博汇丰塑料有限公司	373	威海华丰塑料工业有限公司
328	青岛泰旭木业有限公司	374	中山市古镇两益五金电器厂
329	上海紫江特种瓶业有限公司	375	山东寿光健元春有限公司
330	威海宁威塑料模具有限公司	376	上海松下电工有限公司
331	江苏塑光工程塑料有限公司	377	积美实业(深圳)有限公司
332	青岛成进塑料有限公司	378	合肥海大塑胶有限公司
333	南京扬子石化塑料化工有限责任公司	379	天津市塑料集团第二塑料制品厂
334	莱州市康大塑料有限公司	380	广州洛民塑料有限公司
335	雷盛德奎实业(天津)有限公司	381	海尔集团有限公司
336	镒生电线塑料(昆山)有限公司	382	杭州友成机工有限公司
337	福建思嘉塑胶有限公司	383	厦门武峰塑料有限公司
338	淄博天鹤塑胶有限公司	384	耐普罗塑胶模具(苏州)有限公司
339	斯贝尔(烟台)有限公司	385	东洋佳嘉(宁波)海绵制品有限公司
340	北京燕化华益工贸有限公司	386	福建日新塑料制品有限公司
341	湛江包装材料企业有限公司	387	泉亿电子(苏州)有限公司
342	山东省文登市高分子合成材料厂	388	中山天彩包装有限公司
343	宁波华利电器厂	389	东莞百威塑胶制品厂
344	苏州百特医疗用品有限公司	390	泰源包装制品(中山)有限公司
345	浙江海外金属工业有限公司	391	上海国成塑料有限公司
346	上海氯碱创业有限公司	392	上海帆顺包装厂
347	华峰集团上海有限公司	393	富盈裕塑胶制品(深圳)有限公司
348	喜高实业(深圳)有限公司	394	福州叶下塑革有限公司
349	苏州洽兴塑胶有限公司	395	陕西永丰塑业科技有限公司
350	上海山城塑料有限公司	396	蓬莱市海燕塑料有限公司
351	佛山市高明长溢合成革有限公司	397	云南红塑薄膜有限公司
352	冠县国强塑料厂	398	山东省阳谷县兴联塑料厂
353	卓德嘉薄膜(上海)有限公司	399	大庆龙化新实业总公司
354	广州新泉包装容器有限公司	400	温州五洲人造革有限公司
355	天津万华股份有限公司	401	高宏(中山)精密工业有限公司
356	山东塑料制品实验厂	402	大连富士塑料有限公司
357	石狮市大帝实业有限公司	403	涿州永盛塑胶有限公司
358	联塑科技发展(武汉)有限公司	404	福建省南平金月合成革有限公司
359	文登市综合加工厂	405	任丘市京开塑业有限公司
360	三光化成塑胶(苏州)公司	406	张家港宏国化学工业有限公司
361	冠宇家用品(深圳)有限公司	407	武汉金牛经济发展有限公司
362	石家庄鸿翔塑料制品有限公司	408	湖北顾地塑胶有限公司

续表

序号	企业名称	序号	企业名称
409	飞利浦注塑(苏州)有限公司	455	禹城市第三油棉加工厂
410	大西电子(上海)有限公司	456	郑州新港中富容器有限公司
411	龙口市兴隆塑料厂	457	莱州永丰塑料有限公司
412	南通金发皮革里衬有限公司	458	重庆顾地塑胶电器有限公司
413	上海公元建材发展有限公司	459	番禺精美五金塑料制品有限公司
414	福州远洋塑料用品有限公司	460	佑利控股集团有限公司
415	滕州市华龙泡沫塑料厂	461	上海盈通塑胶制品有限公司
416	德州群力塑胶有限公司	462	中山市联昌喷雾泵有限公司
417	东莞三和塑胶制品有限公司	463	江苏华康药用包装材料厂
418	宁波长青塑胶制品有限公司	464	江门谦信化工发展有限公司
419	珠海正扬科技实业有限公司	465	中山市登盈精密注塑有限公司
420	广州仓敷化工制品有限公司	466	东莞南星塑胶有限公司
421	金元湖南化学建材有限公司	467	莱州市塑料厂
422	宝星磁电工业(惠州)有限公司	468	烟台长城塑料型材有限公司
423	昆山铨铼科技有限公司	469	北京联宾塑胶印刷有限公司
424	重庆顾地塑胶电器有限公司	470	新航发泡塑料(苏州)有限公司
425	厦门瑞滢塑胶有限公司	471	四川森普管材股份有限公司
426	杭州娃哈哈速冻食品有限公司	472	新联达(清远)玩具塑料制品有限公司
427	佛山市顺德区祥润园林工具有限公司	473	温州闽锋合成革有限公司
428	南通联荣集团	474	青岛宏达塑胶总公司
429	温州合力革业有限公司	475	上海紫藤包装材料有限公司
430	温州市五龙合成革有限公司	476	青岛青青旅游用品有限公司
431	福州万时轻工制品有限公司	477	上海紫日包装有限公司
432	山西迎太塑料有限公司	478	兰州定元塑料薄膜有限责任公司
433	江苏春兰机械制造有限公司	479	佛山市南海区九江镇雄塑实业有限公司
434	杭州宏胜饮料有限公司	480	温州力邦制革有限公司
435	温州华都皮革有限公司	481	泽冠塑胶电子(深圳)有限公司
436	常熟市力宝装潢材料有限责任公司	482	佛山市顺德区风行头盔有限公司
437	品翔电子塑胶制品(苏州)有限公司	483	厦门厦新工程塑胶有限公司
438	伊丹树脂制品常熟有限公司	484	广东佛冈新元科技有限公司
439	开平嘉达摩托车配件制品有限公司	485	大庆市三胜塑料制品有限公司
440	上海联宾塑胶工业有限公司	486	淄博瑞泰塑胶有限公司
441	福建正茂塑胶制品有限公司	487	华亚芜湖塑胶有限公司
442	惠州艺都文化用品有限公司	488	杭州新光塑料有限公司
443	山东塑料制品试验厂	489	佛山市南海波丽塑料包装有限公司
444	浦东高分子(上海)有限公司	490	杭州萧山吉华聚氨酯染化有限公司
445	莘县傅氏塑料制品有限公司	491	常州海企塑业有限公司
446	佛山市新伟星塑料有限公司	492	嘉兴众立塑胶有限公司
447	雄进塑料制品(东莞)有限公司	493	山东顺宝建筑安全防护用品公司
448	东莞市竞业塑胶五金制品厂有限公司	494	湖南五强产业集团股份有限公司
449	石家庄鸿鹰塑料制品有限公司	495	河源市政星塑料制品河源有限公司
450	世信科技(无锡)有限公司	496	天津乐金塑钢门窗有限公司
451	浙江申新包装实业有限公司	497	河北华美化工建材有限公司
452	绿点(天津)塑胶有限公司	498	蓬莱峰彤工业有限公司
453	东莞吉田塑料制品有限公司	499	南京华格电汽塑业有限公司
454	石家庄市金达特种金属公司	500	广东顺风实业有限公司

(中国轻工业信息中心　富岩　张涌涛)

2005年1～12月全国塑料制品行业主要经济指标

指标名称	计量单位	塑料制品业 全年累计	塑料制品业 比去年同期增减/%	塑料薄膜制造 全年累计	塑料薄膜制造 比去年同期增减/%
企业个数	个	11 726		1 223	
其中：亏损企业数	个	2 015	－6.28	248	－9.82
亏损额	千元	－3 537 001	3.07	－696 640	－6.21
应收账款净额	千元	76 376 254	20.2	8 914 589	12.62
产成品	千元	32 284 105	22.7	4 791 862	18.17
流动资产平均余额	千元	223 161 210	20.59	33 404 327	20.56
固定资产净值平均余额	千元	144 649 054	14.16	29 045 905	15.71
资产总计	千元	430 202 471	15.57	74 671 224	14.97
负债合计	千元	244 171 556	16.18	43 936 747	16.51
产品销售收入	千元	484 690 532	25.97	77 417 653	25.89
产品销售成本	千元	426 095 715	26.62	70 028 540	26.91
产品销售费用	千元	11 647 379	19.06	1 541 665	12.59
产品销售税金及附加	千元	1 586 292	25.03	168 550	25.78
管理费用	千元	19 440 413	15	2 416 152	9.16
财务费用	千元	4 927 641	19.87	963 212	15.11
利息支出	千元	4 159 542	23.78	910 486	26.12
利润总额	千元	20 632 268	30.16	2 384 871	24.76
应缴增值税	千元	10 288 030	22.71	1 178 226	20.62
全部从业人员平均人数	人	1 793 387	8.45	158 556	6.63
利税总额	千元	32 506 590	27.46	3 731 647	23.47
新产品产值	千元	19 265 175	42.8	6 316 187	50.14
销售产值	千元	488 141 221	25.62	78 258 781	28.21
出口交货值	千元	124 860 879	22.62	14 875 866	24.98
工业总产值(现价)	千元	499 799 493	26.01	79 910 504	28.71

指标名称	计量单位	塑料板、管、型材的制造 全年累计	塑料板、管、型材的制造 比去年同期增减/%	塑料丝绳及编织品的制造 全年累计	塑料丝绳及编织品的制造 比去年同期增减/%
企业个数	个	1 943		1 507	
其中：亏损企业数	个	350	－9.33	236	－8.53
亏损额	千元	－659 409	－19.47	－305 038	7.44
应收账款净额	千元	15 160 561	22.33	4 583 656	24.57
产成品	千元	8 740 280	23.11	2 260 387	9.97
流动资产平均余额	千元	54 332 642	20.14	13 325 160	16.29
固定资产净值平均余额	千元	31 074 587	11.6	10 450 808	15.04
资产总计	千元	99 871 235	15.06	27 690 139	16.67
负债合计	千元	59 170 982	16.86	14 792 672	11.15
产品销售收入	千元	95 332 970	26.81	40 964 005	42.34
产品销售成本	千元	82 571 282	26.68	36 670 804	44.75
产品销售费用	千元	2 944 089	17.85	994 117	38.01
产品销售税金及附加	千元	367 832	26.49	233 176	25.06
管理费用	千元	3 620 057	20.4	1 380 137	19.5
财务费用	千元	1 499 128	26.34	399 438	25.44
利息支出	千元	1 280 518	22.15	295 784	21.15
利润总额	千元	4 381 403	61.6	1 503 221	74.51
应缴增值税	千元	2 376 681	24.73	1 020 708	35.54
全部从业人员平均人数	人	243 316	11.02	227 049	6.16
利税总额	千元	7 125 916	45.2	2 757 105	53.09
新产品产值	千元	5 849 315	30.46	406 186	44.59
销售产值	千元	95 620 499	27.04	40 745 727	39.77
出口交货值	千元	10 155 241	32.15	5 975 133	30.57
工业总产值(现价)	千元	98 065 777	27.92	42 019 724	40.08

续表

指标名称	计量单位	泡沫塑料制造		塑料人造革、合成革制造	
		全年累计	比去年同期增减/%	全年累计	比去年同期增减/%
企业个数	个	792		364	
其中:亏损企业数	个	129	−10.42	38	−32.14
亏损额	千元	−196 118	66.12	−71 725	−47.89
应收账款净额	千元	4 477 312	15.37	3 406 374	29.99
产成品	千元	1 553 530	10.46	1 529 869	35.25
流动资产平均余额	千元	10 938 209	14.14	12 688 396	30.86
固定资产净值平均余额	千元	5 129 778	10.59	8 898 885	24.38
资产总计	千元	18 538 796	10.57	24 815 508	22.76
负债合计	千元	11 109 375	10.72	15 286 965	23.36
产品销售收入	千元	23 741 807	22.54	30 069 843	23.66
产品销售成本	千元	21 068 216	23.52	27 437 576	23.04
产品销售费用	千元	525 793	13.97	366 652	21.73
产品销售税金及附加	千元	84 998	29.22	96 240	19.43
管理费用	千元	944 791	−2.1	786 633	20.5
财务费用	千元	160 542	6.35	297 104	26.16
利息支出	千元	137 013	13.75	244 568	25.8
利润总额	千元	900 385	30.3	999 531	37.06
应缴增值税	千元	569 719	35.01	568 507	25.63
全部从业人员平均人数	人	81 391	7.44	70 106	16.12
利税总额	千元	1 555 102	31.92	1 664 278	31.84
新产品产值	千元	398 173	132.88	1 245 435	28.03
销售产值	千元	23 773 449	17.08	30 163 697	24.21
出口交货值	千元	3 746 667	4.64	5 619 630	30.17
工业总产值(现价)	千元	24 261 851	17.44	31 048 940	25.3

指标名称	计量单位	塑料包装箱及容器制造		塑料零件制造	
		全年累计	比去年同期增减/%	全年累计	比去年同期增减/%
企业个数	个	1 282		1 315	
其中:亏损企业数	个	231	−2.53	232	6.91
亏损额	千元	−321 729	−3.89	−443 781	28.87
应收账款净额	千元	8 441 505	21.17	13 597 409	25.31
产成品	千元	2 717 482	26.11	3 624 031	35.44
流动资产平均余额	千元	22 558 060	18.86	29 116 578	25.02
固定资产净值平均余额	千元	16 755 740	12.97	17 477 506	13.78
资产总计	千元	48 714 424	12.83	53 428 363	18.38
负债合计	千元	25 637 851	15.36	28 625 564	17.31
产品销售收入	千元	44 001 048	25.55	59 207 024	24.85
产品销售成本	千元	38 090 000	26.65	50 016 966	25.86
产品销售费用	千元	1 122 859	23.93	1 249 597	15.72
产品销售税金及附加	千元	160 320	69.4	143 390	19.16
管理费用	千元	1 802 001	12.89	3 382 082	17.63
财务费用	千元	490 856	11.18	377 472	7.01
利息支出	千元	437 207	20.19	303 486	27.32
利润总额	千元	2 203 405	17.65	4 103 673	14.59
应缴增值税	千元	1 159 261	18.04	1 365 374	12.02
全部从业人员平均人数	人	163 051	6.97	268 903	11.01
利税总额	千元	3 522 986	19.44	5 612 437	14.06
新产品产值	千元	1 258 857	32.26	1 992 762	25.61
销售产值	千元	44 916 278	24.79	58 367 918	22.31
出口交货值	千元	7 985 238	18.25	24 302 187	31.07
工业总产值(现价)	千元	46 125 534	25.47	59 547 951	22.44

续表

指 标 名 称	计量单位	日用塑料制造		其中:1. 塑料鞋制造	
		全年累计	比去年同期增减/%	全年累计	比去年同期增减/%
企业个数	个	1 781		423	
其中:亏损企业数	个	260	−6.47	58	9.43
亏损额	千元	−374 962	42.73	−42 138	18.72
应收账款净额	千元	8 180 792	14.99	1 541 177	4.24
产成品	千元	3 654 849	21.14	686 394	30.48
流动资产平均余额	千元	22 943 511	19.25	3 971 586	10.99
固定资产净值平均余额	千元	12 809 489	16.29	1 803 903	20.79
资产总计	千元	40 633 143	16.73	6 394 528	14.66
负债合计	千元	23 263 774	16.71	3 720 424	13.23
产品销售收入	千元	58 411 093	22.94	11 877 074	16.44
产品销售成本	千元	51 319 449	22.27	10 709 261	16.85
产品销售费用	千元	1 638 109	25.46	257 522	19.35
产品销售税金及附加	千元	177 205	12.59	43 732	40.53
管理费用	千元	2 475 406	17.47	455 325	23.4
财务费用	千元	441 093	38.24	70 953	22.82
利息支出	千元	330 500	36.84	53 161	9.72
利润总额	千元	2 010 530	34.43	271 448	34.03
应缴增值税	千元	1 063 285	23.97	272 609	23.8
全部从业人员平均人数	人	309 802	8.43	85 128	9.62
利税总额	千元	3 251 020	29.49	587 789	29.51
新产品产值	千元	994 275	57.53	517 531	63.72
销售产值	千元	59 446 165	21.75	12 178 238	18.03
出口交货值	千元	31 843 040	21.75	6 462 174	11.69
工业总产值(现价)	千元	60 894 693	22.13	12 602 695	18.89

指 标 名 称	计量单位	2. 日用塑料杂品制造		其他塑料制品制造	
		全年累计	比去年同期增减/%	全年累计	比去年同期增减/%
企业个数	个	1 358		1 519	
其中:亏损企业数	个	202	−10.22	291	−2.68
亏损额	千元	−332 824	46.48	−467 599	20.3
应收账款净额	千元	6 639 615	17.81	9 614 056	18.39
产成品	千元	2 968 455	19.17	3 411 815	25.57
流动资产平均余额	千元	18 971 925	21.14	23 854 327	19.98
固定资产净值平均余额	千元	11 005 586	15.58	13 006 356	11.44
资产总计	千元	34 238 615	17.12	41 839 639	14.1
负债合计	千元	19 543 350	17.4	22 347 626	14.49
产品销售收入	千元	46 534 019	24.71	55 545 089	21.68
产品销售成本	千元	40 610 188	23.79	48 892 882	23.22
产品销售费用	千元	1 380 587	26.68	1 264 498	10.87
产品销售税金及附加	千元	133 473	5.71	154 581	11.41
管理费用	千元	2 020 081	16.22	2 633 154	12.84
财务费用	千元	370 140	41.65	298 796	10.9
利息支出	千元	277 339	43.64	219 980	17.25
利润总额	千元	1 739 082	34.5	2 145 249	7.43
应缴增值税	千元	790 676	24.03	986 269	20.95
全部从业人员平均人数	人	224 674	7.98	271 213	6.17
利税总额	千元	2 663 231	29.49	3 286 099	11.35
新产品产值	千元	476 744	51.32	803 985	290.27
销售产值	千元	47 267 927	22.75	56 848 707	23.61
出口交货值	千元	25 380 866	24.61	20 357 877	11.13
工业总产值(现价)	千元	48 291 998	22.98	57 924 519	22.72

（中国轻工业信息中心　富岩　张涌涛）

2005 年 1～12 月全国塑料制品行业主要产品产量

计量单位：吨

地区	塑料制品			塑料薄膜			其中:农用薄膜		
	当月产量	1～当月累计产量	比去年同期增减/%	当月产量	1～当月累计产量	比去年同期增减/%	当月产量	1～当月累计产量	比去年同期增减/%
全国总计	2 210 026	21 985 476	12.92	406 061	4 422 000	14.89	80 768	873 081	20.30
北京	26 652	255 916	7.39	4 187	36 926	26.66	1 431	14 802	10.10
天津	21 471	245 955	17.52	7 383	78 349	25.29	1 784	16 604	26.93
河北	127 854	1 105 371	21.05	28 394	277 805	11.59	6 108	71 741	4.75
山西	9 883	88 787	59.04	3 243	15 934	72.02	3 239	15 848	121.43
内蒙古	5 787	46 181	59.13	241	1 839	4.55	5	429	−29.95
辽宁	74 599	990 307	22.97	4 590	72 342	2.08	942	31 624	8.37
吉林	6 275	126 319	5.82	1 294	51 162	16.36	1 294	50 487	16.83
黑龙江	12 714	141 215	10.67	2 357	25 095	−1.33	934	9 830	18.65
上海	53 616	619 290	−1.61	11 665	148 122	3.81	1 442	18 376	−1.15
江苏	196 220	2 303 745	10.95	44 861	565 432	10.58	9 233	95 620	28.16
浙江	471 739	4 396 817	12.74	100 125	1 012 141	34.86	4 303	45 527	249.50
安徽	61 077	735 029	5.20	20 022	173 228	33.93	4 437	31 069	27.51
福建	97 948	862 985	4.63	13 890	128 542	−8.51			−100.00
江西	10 971	96 135	35.20	1	104	5.23		25	400.00
山东	188 058	1 578 079	28.75	22 633	244 458	13.32	15 803	159 418	17.73
河南	100 354	1 039 507	30.82	33 668	372 894	22.55	9 371	151 436	14.04
湖北	38 892	377 296	18.43	603	20 686	−6.62	0	39	−91.87
湖南	20 492	183 857	72.99	906	7 954	−4.51	108	1 656	−30.82
广东	532 882	5 512 781	5.59	75 896	923 509	5.73	837	6 461	8.70
广西	16 813	126 986	16.52	266	2 483	−20.34	176	1 250	−21.19
海南	5 646	24 943	63.06	888	7 623	78.64	0	0	
重庆	18 420	139 348	33.70	934	7 621	9.67	0	5	
四川	57 862	471 729	27.17	10 609	77 168	14.34	7 373	47 322	13.50
贵州	4 522	48 147	13.04	565	8 889	32.51	187	5 042	46.14
云南	13 304	143 662	17.93	6 845	69 456	4.86	4 400	38 198	29.59
西藏	75	75							
陕西	3 153	26 719	18.97	677	3 748	26.90	677	3 748	27.29
甘肃	8 943	101 317	−7.31	2 334	39 684	−25.15	2 149	22 357	−4.22
青海	166	2 375	11.49		14	−92.14		9	−94.00
宁夏	633	8 557	−5.78						
新疆	23 008	186 046	−5.90	6 984	48 792	2.29	4533	34 160	6.58

续表

地区	塑料型材(含板片材)			塑料管及附件			塑料编织袋		
	当月产量	1～当月累计产量	比去年同期增减/%	当月产量	1～当月累计产量	比去年同期增减/%	当月产量	1～当月累计产量	比去年同期增减/%
全国总计	233 403	2 366 850	13.28	240 269	1 967 842	22.95	236 194	2 368 642	23.83
北京	1 939	17 191	0.42	58	898	20.36	2 332	27 965	34.88
天津	5 092	53 076	25.78	889	13 852	32.53	1 534	16 634	12.07
河北	11 582	199 416	23.63	19 252	163 495	9.79	8 314	110 107	2.56
山西	4 056	37 748	121.65	302	6 704	－16.35	1 295	16 413	22.95
内蒙古	720	6 263	23.48	2 687	19 417	111.15	1 364	13 275	52.95
辽宁	26 708	405 338	20.05	11 866	108 016	18.52	13 542	180 246	47.23
吉林	160	4 228	－28.01	157	2 827	21.64	1 898	28 295	25.18
黑龙江	1 199	24 064	16.89	21	929	－25.44	7 583	76 428	16.45
上海	2 202	29 673	－12.70	1 329	13 405	－0.84	1 140	14 440	－0.25
江苏	29 470	319 149	10.16	4 722	62 299	2.36	8 335	100 727	31.80
浙江	15 424	155 093	5.57	31 519	320 705	12.13	36 673	374 679	1.35
安徽	22 184	312 231	－7.21	5 009	79 928	0.49	4 569	51 611	－11.92
福建	2 043	22 178	11.26	28 920	229 786	19.68	2 968	28 011	4.04
江西	3 068	18 899	18.79	409	4 496	－44.00	2 029	24 150	11.17
山东	50 961	205 544	32.10	11 034	102 195	38.04	56 899	515 779	38.42
河南	3 431	31 937	121.90	8 014	154 869	58.58	27 137	251 362	51.46
湖北	2 095	40 426	－10.91	15 297	87 520	13.48	7 028	105 691	33.02
湖南	2 444	26 674	26.64	1 581	14 717	95.58	2 734	27 966	44.42
广东	28 033	302 134	16.27	69 797	326 082	41.87	7 343	87 903	14.16
广西	1 210	12 799	15.04	1 054	14 392	2.17	6 459	58 391	11.59
海南	0						3 947	8 514	234.28
重庆	7 087	36 598	72.61	1 945	22 938	26.44	5 109	35 042	36.63
四川	6 458	43 425	13.48	13 793	133 138	54.12	13 812	90 604	25.49
贵州	623	6 882	18.08	4	42	－66.32	1 168	10 903	12.16
云南	330	6 830	115.80	1 499	7 505	16.27	3 058	36 975	48.11
西藏	75	75							
陕西			－100.00	201	2 793	－8.36	1 766	15 138	38.12
甘肃	618	10 548	－13.35	591	5 107	42.85	3 831	30 843	13.56
青海				40	1 292	164.21	98	851	－27.02
宁夏				122	1 911	5.64	512	6 646	－8.62
新疆	4 189	38 433	－25.34	8 158	66 584	－2.41	1 719	23 052	9.65

续表

地区	塑料人造革			塑料合成革			泡沫塑料		
	当月产量	1～当月累计产量	比去年同期增减/%	当月产量	1～当月累计产量	比去年同期增减/%	当月产量	1～当月累计产量	比去年同期增减/%
全国总计	84 118	673 303	7.24	52 186	514 211	9.56	99 590	1 112 479	14.85
北京	519	6 228	0.57	248	2 377	9.04	1 250	15 986	−14.62
天津	36	395	−27.03				407	11 067	46.84
河北	8 062	100 757	51.51				2 148	28 785	8.28
山西									
内蒙古							68	776	23.57
辽宁		1 344	0.90	6 810	88 792	18.63	1 042	16 736	16.78
吉林	223	4 605	1.46				103	998	−11.60
黑龙江							39	288	0.70
上海	1 855	22 065	−22.65				984	9 194	20.20
江苏	7 037	71 360	1.42	17 774	212 579	0.24	38 485	429 024	13.71
浙江	54 040	324 055	12.64	18 118	124 679	21.39	18 254	212 680	27.74
安徽	202	1 814	−35.01	1 212	14 857	23.71	606	7 306	−3.81
福建	1 326	12 216	−2.47	512	6 964	12.32	2 113	23 413	5.34
江西							14	301	9.52
山东	750	4 660	94.03	200	2 325	−2.58	3 451	57 121	5.32
河南	350	4 797	26.20				1 387	11 327	21.59
湖北	1 281	6 455	3.81				258	8 088	624.11
湖南	42	592	−40.56	187	4 444	13.34	200	1 155	−5.09
广东	8 331	110 860	−15.98	7 124	57 194	7.83	27 332	262 349	11.54
广西							52	450	−19.93
海南							77	1 008	−10.24
重庆	65	711	−33.24				624	6 787	0.42
四川		390	−5.80						
贵州							128	160	4.85
云南							436	6 481	−1.34
西藏									
陕西									
甘肃							60	439	−54.08
青海							28	203	14.59
宁夏									
新疆							44	356	−26.29

续表

地区	塑料包装箱及容器			日用塑料制品			其他塑料制品		
	当月产量	1～当月累计产量	比去年同期增减/%	当月产量	1～当月累计产量	比去年同期增减/%	当月产量	1～当月累计产量	比去年同期增减/%
全国总计	104 599	1 090 202	15.70	322 903	3 323 231	5.63	430 703	4 146 716	
北京	5 520	56 352	32.29	5 509	40 088	-19.14	5090	51 905	
天津	2 446	26 461	25.02	1 970	21 724	-10.97	1 714	24 397	
河北	1 898	18 187	-29.47	10 867	102 461	35.70	37 337	104 358	
山西	102	3 831	21.20	0	1	90.00	885	8 156	
内蒙古	667	3 870	27.52	40	739	13.29		2	
辽宁	1 521	21 306	6.23	5 930	62 877	70.03	2 590	33 310	
吉林	706	9 054	-7.26	1 216	21 344	-10.55		3 806	
黑龙江	198	1 445	7.92	59	3 511	7.57	1 258	9 455	
上海	14 568	149 701	12.91	4 734	59 377	-6.10	15 139	173 313	
江苏	6 859	76 269	-11.00	24 116	305 772	26.86	14 561	161 134	
浙江	13 560	140 045	13.12	72 503	614 309	-7.19	111 523	1 118 431	
安徽	1 624	35 951	32.83	742	8 738	7.85	4 908	49 365	
福建	1 259	10 273	-6.72	19 078	153 369	20.97	25 839	248 233	
江西	134	2 588	279.78	1 440	17 684	76.26	3 876	27 913	
山东	3 237	39 903	21.62	16 632	143 689	25.68	22 261	262 405	
河南	2 085	25 743	-22.65	12 533	108 090	-0.02	11 749	78 488	
湖北	4 251	32 660	40.65	7 177	65 518	24.37	902	10 252	
湖南	11 724	93 397	147.32	673	6 959	13.97			
广东	21 699	236 858	11.92	126 786	1 521 574	2.31	160 541	1 684 318	
广西	563	4 928	30.59	7 210	33 544	39.79			
海南	215	613	-39.28	76	696	13.36	443	6 489	
重庆	808	10 217	11.99	312	3 656	11.70	1 536	15 778	
四川	7 331	74 136	9.34	912	11 363	22.00	4 947	41 505	
贵州	94	1 574	40.77	491	6 008	-3.98	1 449	13 689	
云南	370	5 641	55.61	3	167	-19.32	763	10 607	
西藏				0	0				
陕西	54	1 391	-22.68	50	598	-46.84	405	3 051	
甘肃	262	2 320	28.16	771	6 312	27.80	476	6 064	
青海		15	-87.50						
宁夏									
新疆	842	5 474	-3.39	1 071	3 065	24.85	1	290	

（中国轻工业信息中心　富岩　张涌涛）

进出口统计

2005 年塑料制品进出口统计

2005 年我国塑料制品总进口量为 1 271 719 吨，同比下降 0.46%；塑料制品总进口金额达 659 778.76 万美元，同比增长 18.81%。

2005 年我国塑料制品总出口量为 8 184 929 吨，同比增长 10.16%；塑料制品总出口金额达 1 431 940.80 万美元，同比增长 27.70%。

2005 年我国塑料制品净出口量为 6 913 210 吨，同比增长 12.36%；塑料制品净出口金额达 772 162.04 万美元，同比增长 36.42%。

1. 塑料门窗进出口统计（见表 1、图 1 和图 2）

1993～1999 年间，塑料门窗及类似制品及零件净出口量增长 123.89%，年均增长达 14.38%；1996～2002 年间，塑料门窗及类似制品及零件净出口量增长 134.49%，年均增长达 15.26%。1998～2004 年间，塑料门窗及类似制品及零件净出口量增长 145.40%，年均增长达 16.14%。1999～2005 年间，塑料门窗及类似制品及零件净出口量增长 172.18%，年均增长达 18.16%。

2. 塑料管进出口统计

1999～2005 年 PE 塑料管进出口统计见表 2，进出口走势见图 3 和图 4。

从表 2 可看出，PE 管材出口大于进口，中国是净出口国。

1999～2005 年 PE 塑料管年出口量年均增长率为 168.25%。

1999～2005 年 PVC 硬管进出口统计见表 3，进出口走势见图 5 和图 6。

表 1　1999～2005 年塑料门窗进出口量　　单位：吨

项目 \ 年份		1999 年	2000 年	2001 年	2002 年	2003 年	2004 年	2005 年
塑料门窗及其框架、门槛	进口	1 219	958	1 219	510	424	592	678
	出口	6 294	6 518	6 294	11 233	18 353	25 356	43 627
塑料窗板、百叶窗或类似制品及零件	进口	1 158	828	1 158	1 697	2 943	4 014	4 986
	出口	97 432	99 893	97 431	151 693	212 020	174 686	188 902
未列名的建筑用塑料制品	进口	1 149	1 323	1 149	1 720	2 768	2 171	2 206
	出口	12 270	15 468	12 270	27 999	42 449	63 112	81 461
合计	总进口	3 526	3 109	3 526	3 927	6 135	6 777	7 870
	总出口	115 996	121 879	115 995	190 925	272 822	263 154	313 990
净总出口		112 470	118 770	112 469	183 998	266 687	256 377	306 120
年增长率/%		7.66	5.60	−5.31	63.60	44.94	−3.87	19.40

注：上述进出口数据中，80%左右为 PVC 型材或制成品。

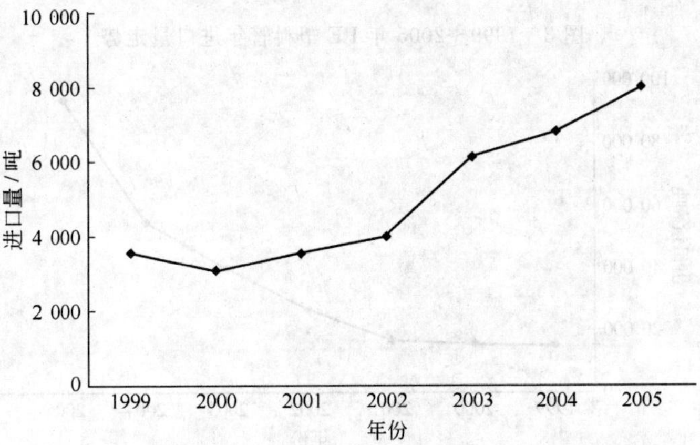

图 1　1999～2005 年塑料门窗建筑用塑料制品总进口走势

表 2　1999～2005 年 PE 塑料管进出口统计　　单位：吨

项　目		1999 年	2000 年	2001 年	2002 年	2003 年	2004 年	2005 年
PE 硬管	进口	1292	1716	2424	3761	3995	3685	2880
	出口	1473	2324	1324	2605	3095	5770	11763
PE 软管	进口	1042	1348	2429	3234	3798	4281	4816
	出口	1731	2044	2204	4451	9133	11408	16115
未列名塑料管	进口	9288	8690	8005	7269	7566	9788	10482
	出口	12447	11629	13288	19244	27109	38113	64609
合计	进口	11622	11754	12858	14264	15359	17754	18178
	出口	15650	15997	16816	26300	39337	55291	92487
净出口		−4028	−4243	−3958	12036	23978	37537	74309

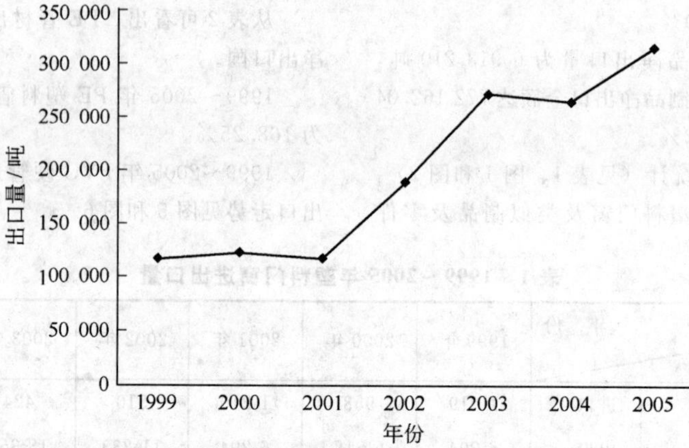

图 2　1999～2005 年塑料门窗建筑用塑料制品总出口走势

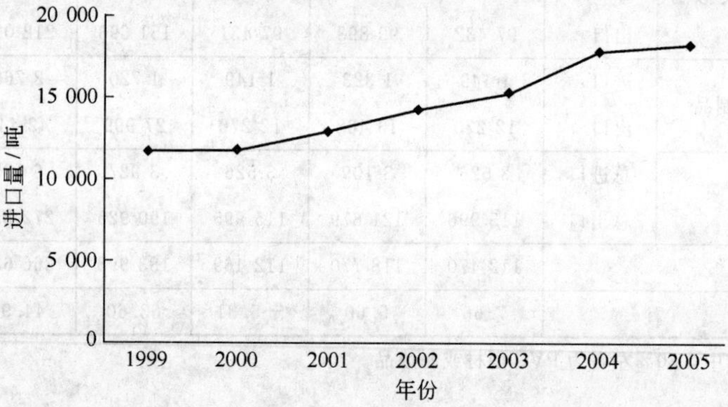

图 3　1999～2005 年 PE 塑料管年进口量走势

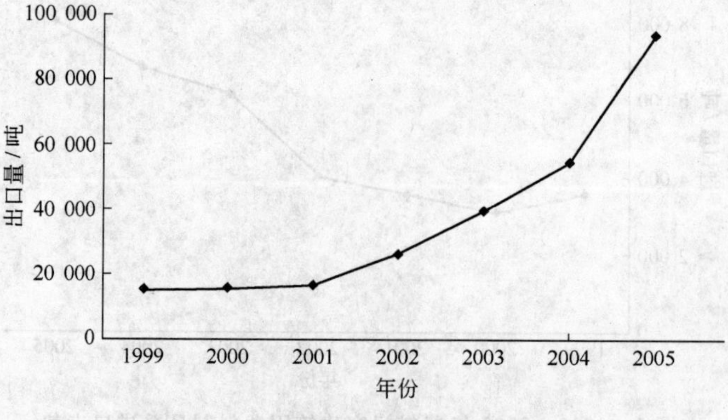

图 4　1999～2005 年 PE 塑料管年出口量走势

表 3　1999～2005 年 PVC 硬管进出口统计　　单位：吨

项目		1999 年	2000 年	2001 年	2002 年	2003 年	2004 年	2005 年
PVC 硬管	进口	1 714	2 360	1 599	1 810	2 387	2 925	3 254
	出口	17 544	18 134	21 671	24 681	23 610	24 582	39 730
净出口量		15 830	15 774	20 072	22 871	21 223	21 657	36 476
年增长率/%		7.80	—0.35	27.25	13.74	—7.21	2.04	68.43

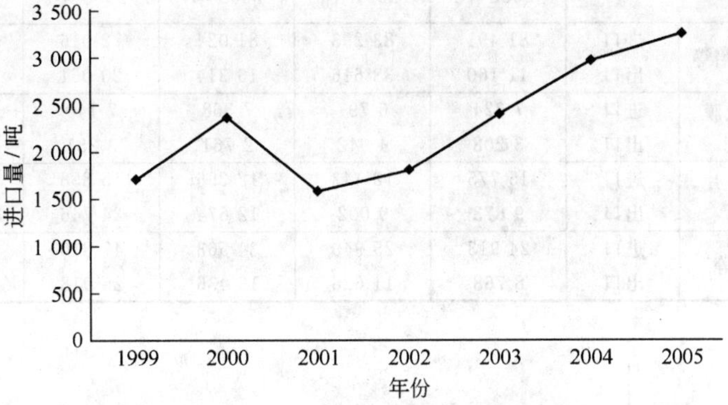

图 5　1999～2005 年 PVC 硬管年进口量走势

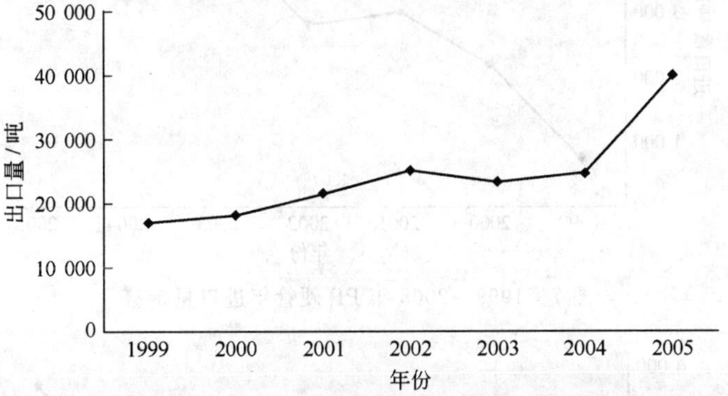

图 6　1999～2005 年 PVC 硬管年出口量走势

1999～2005 年，PVC 硬管年出口量年均增长 14.93%。

1999～2005 年 PP 硬管进出口统计见表 4，进出口走势见图 7 和图 8。

1993～1999 年间，出口年均增长率为 31%；1999 年前，硬 PP 管材出口大于进口；2000 年后，硬 PP 管材进口大于出口。2004 年，硬 PP 管材出口又大于进口。近 10 年来进出口量上下变化较大。

3. 薄膜、板材、片材进出口统计

2000～2005 年 PVC 板材进出口统计见表 5。

PVC 板材进口量约占上述进口量的 20%左右，约 50～60kt/a。

PP 板材、片材和薄膜在同一进出口税则中统计，据测算，板、片材在进口量中约占 35%上下，出口量占 60%左右。1999～2005 年 PP 板材、片材和薄膜进出口统计见表 6，进出口走势见图 9 和图 10。

1993～1999 年间 PP 板材、片材和薄膜，进口量年均增长为 18.00%，净进口年均增长为 19.00%；1996～2002 年间，进口量年均增长为 6.72%，净进口年均增长为 2.91%。

1998～2004 年间，进口量年均下降 5.59%，净进口年均下降 32.93%。

1999～2005 年间，进口量年均下降 5.01%。

乙烯聚合物制板、膜、片制品由于海关进口统计归一税则号内统计，故难分析。总趋势仍为进口大于出口（仅 1997～1998 年净进口为负），2005 年出口

表 4　1999～2005 年 PP 硬管材进出口统计　　单位：吨

项　目		1999 年	2000 年	2001 年	2002 年	2003 年	2004 年	2005 年
硬 PP 管材	进口	768	2 170	3 066	2 831	4 235	3 191	3 456
	出口	2 460	998	1 107	1 447	2 425	3 443	5 592
净进口		−1 692	1 172	1 959	1 384	1 810	−252	−2 136
年增长率/%		−24.63		67.15	−29.35	30.78		

表 5　2000～2005 年 PVC 板材进出口统计　　单位：吨

项　目		2000 年	2001 年	2002 年	2003 年	2004 年	2005 年
硬质 PVC 板、膜、片、箔等	进口	81 491	83 293	81 024	72 016	65 490	63 084
	出口	41 160	33 616	16 314	20 061	25 870	98 639
其他 PVC 泡沫板、片、膜、箔等	进口	7 324	6 797	7 368	7 140	7 144	6 212
	出口	3 208	4 942	2 761	3 231	6 686	6 971
未列名塑料泡沫板、片、膜等	进口	15 775	12 443	12 296	15 858	14 480	15 902
	出口	9 673	9 002	12 674	24 746	26 743	23 139
未列名塑料板、片、膜等	进口	24 913	25 940	34 563	47 810	59 638	47 849
	出口	8 768	11 626	16 436	25 918	54 699	77 090

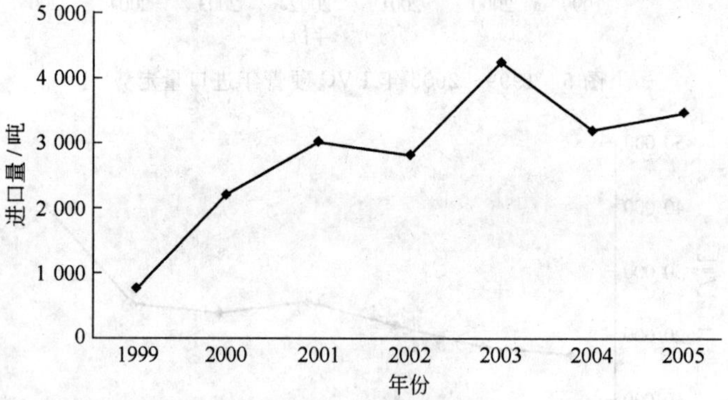

图 7　1999～2005 年 PP 硬管年进口量走势

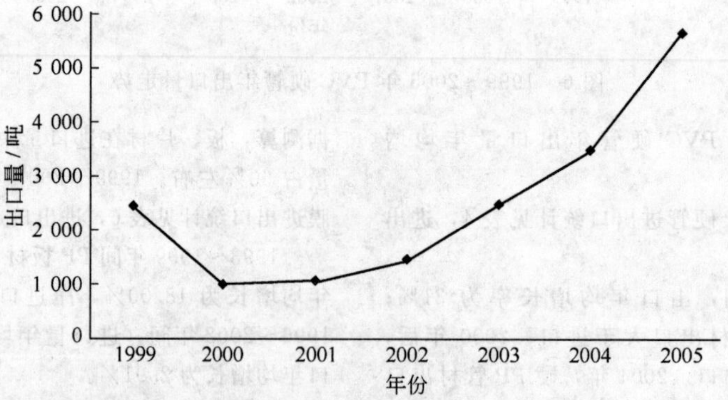

图 8　1999～2005 年 PP 硬管年出口量走势

又大于进口。1999～2005 年乙烯聚合物制板、膜、片制品进出口统计见表 7，进出口走势见图 11 和图 12。

1998～2004 年间乙烯聚合物制板、膜、片制品进口量年均增长为 9.62%。

1999～2005 年间乙烯聚合物制板、膜、片制品进口量年均增长为 7.83%。

PET 薄膜从海关统计来看，加上非正常渠道进口

表 6　1999～2005 年 PP 板材、片材和薄膜进出口统计　　单位：吨

项目＼年份	1999 年	2000 年	2001 年	2002 年	2003 年	2004 年	2005 年
进口量	121 477	134 916	120 673	151 212	110 394	108 846	89 255
出口量	7 493	15 887	25 068	41 165	45 649	95 720	147 458
净进口量	113 984	119 029	95 605	110 047	64 745	13 126	−58 203
年增长率/%	−30.98	4.43	−19.68	15.11	−41.17	−79.73	

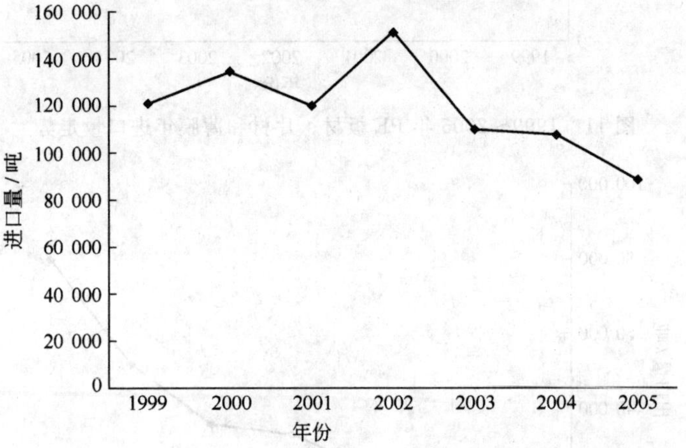

图 9　1999～2005 年 PP 板材、片材和薄膜年进口量走势

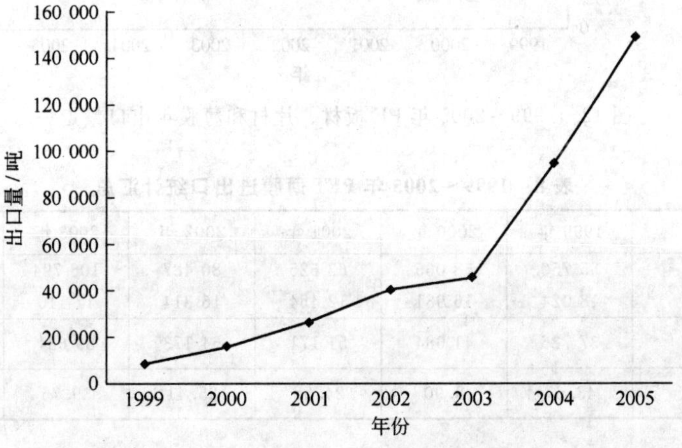

图 10　1999～2005 年 PP 板材、片材和薄膜年出口量走势

表 7　1999～2005 年乙烯聚合物制板、膜、片制品进出口情况　　单位：吨

项　目		1999 年	2000 年	2001 年	2002 年	2003 年	2004 年	2005 年
乙烯聚合物制板、膜、片制品	进口	49 909	49 134	50 621	57 511	70 450	75 121	78 446
	出口	16 363	17 700	23 413	32 959	35 300	51 985	80 016
净进口		33 546	31 434	27 208	24 552	35 150	23 136	−1 570
年增长/%			−6.30	−13.44	−9.76	43.17	−34.18	

注：含 PE 片和板材。

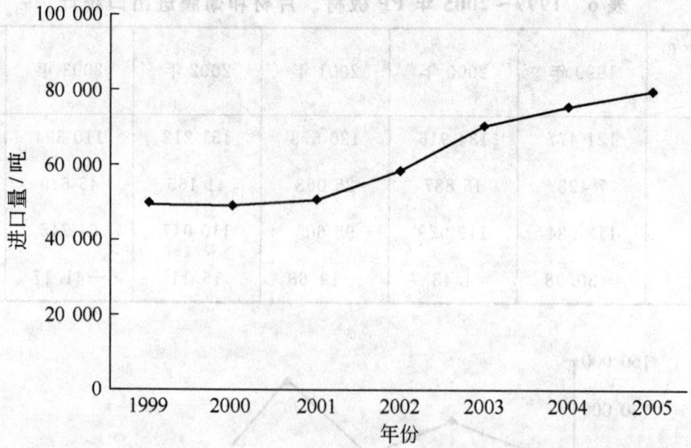

图 11　1999～2005 年 PE 板材、片材和薄膜年进口量走势

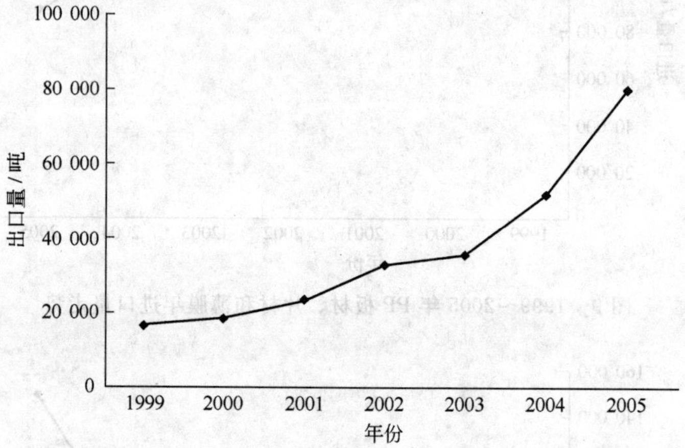

图 12　1999～2005 年 PE 板材、片材和薄膜年出口量走势

表 8　1999～2005 年 PET 薄膜进出口统计汇总　　单位：吨

项　　目		1999 年	2000 年	2001 年	2002 年	2003 年	2004 年	2005 年
PET 薄膜	进口	55 750	58 065	63 625	80 487	106 794	125 059	92 199
	出口	18 024	16 981	12 454	16 314	17 110	31 399	54 290
净进口		37 726	41 084	51 171	64 173	89 684	93 660	37 909
年增长率/%		43.67	8.90	24.55	25.41	39.75	4.43	−59.52

量，进口远大于出口。

1993～1999 年间，PET 薄膜净进口年均增长达 35.21%；1996～2002 年间，PET 薄膜净进口年均增长达 36.65%。详表 8。

1998～2004 年间，PET 薄膜净进口年均增长达 23.63%。1999～2005 年间，PET 薄膜净进口年均增长达 0.08%，其走势见图 13 和图 14。

4. 塑料制品、配件进出口分析

塑料制品、配件进出口均不分材质，统归一在起，不易分计，仅供参考，见表 9，进出口走势见图 15 和图 16。

1999～2005 年间，塑料制品、配件净出口年均增长达 17.12%。

5. 2004～2005 年出口金额超过亿美元的产品汇总（见表 10）

2004 年我国石化产品大宗出口产品继续集中在塑料制品、橡胶制品、无机化工原料、石油制品四大类，占出口总金额的 59.06%，其中塑料制品占 24.39%。

表 10 中 2004 年 20 个塑料制品出口金额超过亿美元的产品出口金额合计为 995 584.82 万美元，占出

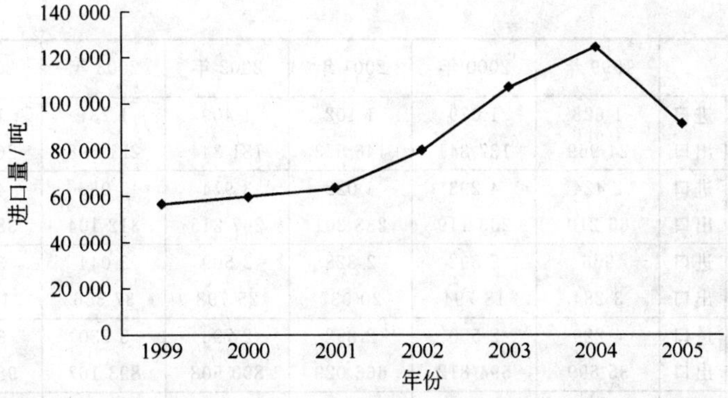

图 13　1999～2005 年 PET 薄膜年进口量走势

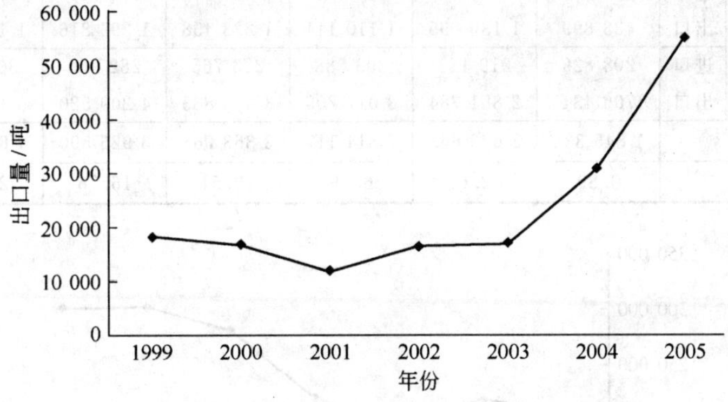

图 14　1999～2005 年 PET 薄膜年出口量走势

表 9　1999～2005 年塑料制品、配件进出口统计　　单位：吨

产品		1999 年	2000 年	2001 年	2002 年	2003 年	2004 年	2005 年
塑料浴缸、淋浴盆和盥洗盆	进口	181	153	176	233	529	371	262
	出口	98	1 502	2 576	5 773	18 960	52 255	65 571
塑料马桶圈及盖	进口	185	185	276	364	842	749	446
	出口	587	5 011	5 410	9 855	20 419	30 908	36 593
塑料坐浴盆、便盆、抽水箱等洁具	进口	185	202	310	301	259	266	402
	出口	445	3 662	5 365	7 791	9 021	20 071	25 213
塑料周转箱、盒等制品	进口	9 742	19 719	22 808	32 574	38 572	42 481	51 340
	出口	30 358	100 808	120 180	155 934	235 515	258 505	285 526
包装用瓶、盒等塑料制品	进口	2 491	5 202	6 237	4 794	6 587	8 272	7 649
	出口	3 030	11 263	11 691	14 100	24 018	34 222	43 878
塑料卷轴、纤子、筒管等	进口	4 436	7 571	5 222	5 020	5 008	5 369	6 505
	出口	1 952	108 468	130 458	117 022	84 501	85 745	60 386
塑料塞子、盖子等	进口	2 817	5 214	5 179	6 589	8 089	8 697	8 130
	出口	1 432	7 219	7 470	9 400	19 089	26 334	38 325
塑料制餐具及厨房用具	进口	7 040	1 762	1 153	2 108	2 402	2 748	3 769
	出口	50 215	191 106	236 634	328 758	446 676	568 915	622 792
其他日用制品	进口	1 834	5 459	5 865	6 315	6 590	7 992	10 133
	出口	44 073	298 018	313 411	419 200	523 263	675 458	677 133
中空容器	进口	576	701	1 102	1 743	1 962	1 870	1 633
	出口	755	1 914	1 905	2 772	5 412	5 773	6 184

续表

产品		1999年	2000年	2001年	2002年	2003年	2004年	2005年
塑料制办公学习用品	进口	1 628	1 079	1 102	1 409	1 231	1 514	1 310
	出口	24 969	137 341	146 573	181 344	221 598	269 372	302 036
塑料制衣服及衣着附件	进口	2 424	4 293	4 022	3 974	3 936	4 245	4 151
	出口	65 210	203 119	233 301	267 215	312 104	380 500	452 223
塑料家具及附件	进口	956	2 592	2 828	2 509	3 044	3 035	2 838
	出口	3 284	18 794	20 037	25 798	37 356	44 153	46 973
塑料制装饰品	进口	4 229	2 550	2 892	2 796	3 230	3 925	4 337
	出口	35 699	594 812	666 029	800 508	893 167	987 272	911 427
塑料制机器及仪器元件	进口	13 551	8 180	6 766	7 279	8 472	8 307	9 281
	出口	8 126	8 581	6 054	7 905	9 244	11 926	13 332
未列名塑料制品	进口	155 999	154 259	137 150	145 757	166 897	205 257	192 316
	出口	433 899	1 139 095	1 110 111	1 233 458	1 295 816	1 428 081	1 478 686
合计	进口	208 829	219 121	203 088	223 765	282 930	305 098	304 492
	出口	706 434	2 851 784	3 017 205	3 586 833	4 209 520	5 116 498	5 066 278
净出口		1 845 334	2 632 663	2 814 117	3 363 068	3 926 590	4 811 400	4 761 786
年增长率/%		0.89	42.67	6.89	19.51	16.76	22.53	−1.03

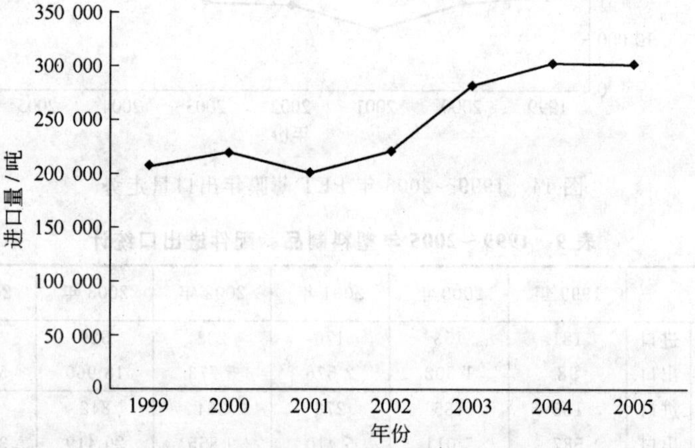

图15　1999～2005年塑料制品、配件年进口量走势

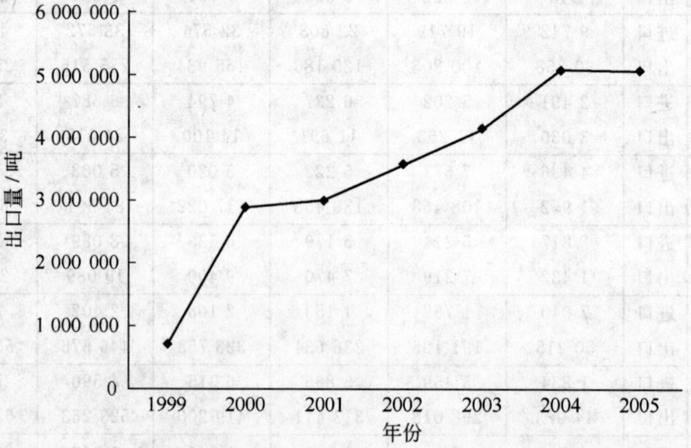

图16　1999～2005年塑料制品、配件年出口量走势

口总金额的88.79%，出口量6 758 475吨，占出口量的90.96%。

表10中2005年塑料制品出口金额超过亿美元的产品又增7个达到27个，出口金额合计为1 332 829.33万美元，同比增长33.87个百分点，占2005年塑料制品出口总金额的93.08%。

6. 2004～2005年其他石油化工进出口总况统计（见表11）

表10　2004～2005年出口金额超过亿美元的产品汇总

产品名称	2004年		2005年	
	出口数量/吨	出口金额/万美元	出口数量/吨	出口金额/万美元
塑料加工制品	20个	995 584.82	27个	1 332 829.33
未列名塑料管	—	—	64 609	14 836.49
氯乙烯聚合物制铺地制品	274 505	20 940.65	284 659	24 733.66
其他塑料制铺地制品	—	—	116 722	14 947.15
未列名自黏板、片、膜、带、箔、.	57 007	10 136.35	84 274	16 793.34
其他自黏板、片、膜、带、箔、扁	69 737	17 900.75	97 273	26 534.69
PE制板、片、膜、带、箔、扁条	—	—	80 016	14 356.88
PP制板、片、膜、带、箔、扁条	957 214	13 616.46	147 458	24 241.57
其他非泡沫塑料板、片、膜等	141 410	16 785.32	137 825	18 332.20
氯乙烯聚合物非泡沫塑料板、片、膜等	—	—	98 639	13 883.77
PET非泡沫塑料板、片、膜等	—	—	54 290	11 617.42
未列名塑料板、片、膜等	54 699	11 155.65	77 090	16 689.69
塑料浴缸、浴盆等	52 255	10 246.14	65 571	13 800.87
货物用塑料盒、箱等	258 505	35 506.81	285 526	47 289.84
货物用乙烯聚合物制的袋和包	899 902	105 080.80	1 043 566	143 249.48
货物用其他塑料制的袋和包	227 155	32 694.61	235 815	40 135.96
货物用其他塑料包装制品	68 259	11 258.45	43 878	12 585.98
塑料塞子、盖子等	—	—	38 325	14 911.27
货物用其他塑料制的包装制品	—	—	104 925	17 437.71
塑料制餐具及厨房用具	568 915	80 530.35	622 792	102 408.16
塑料制其他家庭用具	6 754 58	98 183.10	677 133	109 527.06
塑料制窗板、百叶窗或类似制品	174 686	20 649.70	188 902	25 241.26
未列名的建筑用塑料制品	63 112	10 976.47	81 401	15 375.30
塑料制办公用品或学习用品	269 372	40 087.62	302 036	46 580.81
塑料制衣服及衣着附件	380 500	68 422.26	452 223	93 388.41
塑料制小雕制品及装饰品	987 272	147 572.26	911 427	155 525.98
塑料制机器及仪器元件	11 926	10 000.59	13 332	11 757.64
未列名塑料制品	1 428 081	234 021.07	1 478 686	286 646.42

表11　2004～2005年其他石油化工进出口总况统计

项目＼产品	进口量/吨	进口金额/万美元	出口量/吨	出口金额/万美元
一、塑料制品	1 271 719	659 778.76	8 184 929	1 431 940.80
乙烯聚合物制的单丝	1 927	441.51	1 396	271.81
氯乙烯聚合物制的单丝、条	2 279	675.79	26 016	3 400.10
未列名塑料制的单丝、条、杆	3 612	1 618.41	8 631	2 055.62
香肠用肠衣	679	1 203.35	581	763.03
PE制硬管	2 880	1 320.21	11 763	2 828.57
PP制硬管	3 456	845.08	5 592	1 386.22
PVC制硬管	3 254	1 345.66	39 730	5 105.34
其他塑料制硬管	2 385	2 208.46	10 241	2 058.69
塑料制软管	4 816	4 219.42	16 115	3 651.10

续表

项目 产品	进口量/吨	进口金额/万美元	出口量/吨	出口金额/万美元
塑料制其他未装附件的管子	6 084	6 058.75	8 771	1 723.21
塑料制其他装附件的管子	994	1 202.56	7 440	1 756.19
未列名的塑料管	10 482	7 047.60	64 609	14 836.49
塑料制管子附件	3 336	5 413.88	24 169	7 866.51
PVC 聚合物制糊墙物	425	76.73	10 653	1 510.69
PVC 聚合物制铺地制品	37 032	5 864.57	284 659	24 733.66
其他聚合物制糊墙物	54	26.05	5 174	958.17
其他聚合物制铺地制品	3 890	985.99	116 722	14 947.15
丙烯酸聚合物制板、片、膜、带、箔、扁条	2 423	3 894.53	2 1837	4 262.10
PE 制板、片、膜、带、箔、扁条	78 446	25 886.13	80 016	14 356.88
PP 制板、片、膜、带、箔、扁条	89 255	20 874.37	147 458	24 241.57
PS 制板、片、膜、带、箔、扁条	18 049	6 068.17	30 614	5 638.77
硬质 PVC 制非泡沫板、片、膜、带、箔、扁条	63 084	9 416.34	98 639	13 883.77
PMMA 制非泡沫板、片、膜、带、箔、扁条	82 776	36 597.96	8 822	1 978.04
PC 制非泡沫板、片、膜、带、箔、扁条	10 190	10 040.18	10 608	4 402.42
PET 制非泡沫板、片、膜、带、箔、扁条	92 199	40 054.79	54 290	11 617.42
UP 制非泡沫板、片、膜、带、箔、扁条	1 988	363.16	5 132	769.53
其他聚酯制非泡沫板、片、膜、带、箔、扁条	23 810	9 512.11	5 089	1 551.16
再生纤维素制非泡沫板、片、膜、带、箔、扁条	739	281.34	3 801	1 056.52
钢纸制非泡沫板、片、膜、带、箔、扁条	12	8.53	132	21.30
醋酸纤维素制非泡沫板、片、膜、带、箔、扁条	7 874	6 157.20	2 599	972.16
其他纤维素衍生物制非泡沫板、片、膜、带、箔、扁条	53	492.70	259	196.90
聚丁烯醇缩丁醛制非泡沫板、片、膜、带、箔、扁条	17 771	8 884.96	1 105	463.14
聚酰胺制非泡沫板、片、膜、带、箔、扁条	3 564	6 058.90	2 002	1 563.57
氨基树脂制制非泡沫板、片、膜、带、箔、扁条	2 623	1 502.35	2 185	428.17
酚醛树脂制非泡沫板、片、膜、带、箔、扁条	5 579	1 598.43	4 909	796.60
PTFE 制非泡沫板、片、膜、带、箔、扁条	895	3 661.35	4 708	3 430.45
EPS 制泡沫板、片、膜、带、箔、扁条	1 603	990.03	5 192	812.15
PVC 制泡沫合成革	45 495	13 177.37	36 085	6 980.01
其他 PVC 制泡沫板、片、膜、带、箔、扁条	6 212	2 466.44	6 971	1 154.64
PU 制合成革	34 563	23 524.55	15 381	7 303.79
其他 PU 制泡沫板、片、膜、带、箔、扁条	8 547	8 190.65	5 916	2 536.89
泡沫再生纤维素板、片、膜、带、箔、扁条	358	114.21	1 498	335.41
其他泡沫塑料制合成革	3 665	3 880.49	5 162	726.02
其他泡沫塑料制板、片、膜、带、箔、扁条	15 902	6 901.30	23 139	4 024.86
聚异丁烯制板、片、卷材	259	102.35	236	42.46
未列名的塑料制板、片、膜、带、箔、扁条	47 849	25 925.44	77 090	16 689.69
塑料浴缸、浴盆等	252	168.34	65 571	13 800.87
塑料马桶圈及盖	446	272.24	36 593	7169.79
塑料制卫生洁具	402	327.30	25 213	8 715.33
货运用塑料合、箱等	51 340	24 628.68	285 526	47 289.84
货运用 PE 袋与包	18 346	6 997.84	1 043 566	143 249.48
货运用其他塑料袋与包	22 398	8 276.98	235 815	40 135.96
货运用塑料坛、瓶	7 649	4 116.84	43 878	12 585.98
塑料卷轴、纡子、筒管等	6 505	4 017.42	60 386	8 141.09
塑料塞子、盖子等	8 130	8 281.22	38 325	14 911.27
货运和包装用其他塑料制品	32 346	15 293.24	104 925	17 437.71
塑料制餐具及厨房用具	3 769	1 614.46	622 792	102 408.16

续表

项目 \ 产品	进口量/吨	进口金额/万美元	出口量/吨	出口金额/万美元
塑料制其他家庭用具	10 133	2 216.11	677 133	109 527.06
塑料制大容器	1 633	202.66	6 184	1 040.16
塑料制门、窗等	678	308.97	43 627	9 483.40
塑料制百叶窗及零件	4 986	1 055.69	188 902	25 241.26
为列名建筑用塑料制品	2 206	1 349.50	81 461	15 375.30
塑料制办公用品	1 310	340.11	302 036	46 580.81
塑料制成衣及附件	4 151	3 273.8	452 223	93 388.41
塑料制家具及附件	2 838	2 113.73	46 973	9 177.50
塑料制其他装饰品	4 337	1 574.56	911 427	155 525.98
塑料制机器及仪器用零件	9 281	21 911.08	13 332	11 757.64
未列名的塑料制品	192 316	135 285.78	1 478 686	286 646.42
二、塑料机械				
其他真空模塑机及成型机器	1 972 台	12 812.25	1 921 台	1 915.76
其他模塑或成型机器	2 504 台	20 852.35	1506 台	1 040.86
其他橡胶或塑料及产品加工机	10 712 台	50 255.90	446 395 台	17 356.52
塑料或橡胶用注模或压模	529 926 台	96 507.38	624 639 台	42 652.16
塑料或橡胶用其他型模	258 665 台	18 281.55	350 531 台	10 812.17
三、助剂				
抗氧剂、改良剂等	33 771	9 949.89	8 531	1 241.65
橡胶或塑料用复合增塑剂	67 863	8 022.44	9 458	1 721.79
橡胶或塑料用其他抗氧剂等	110 236	24 079.63	12 739	3 926.14

（中国轻工业信息中心　富岩　张涌涛）

综　述

通用合成树脂

21世纪，我国合成树脂工业面临经济全球化挑战，同时也面临周边及中东国家一大批目标针对中国市场的新建装置先后投产，西方国家采用先进技术的特大型石化装置也将投入运营，世界市场竞争将更加激烈。

我国合成树脂产量与消费量一直保持着较快的增长速度，其中消费量增长一直高于产量增长。

1998～2005年国内合成树脂产量年均增长率为17.26%（见表1）。

我国合成树脂主要生产厂集中在中石化和中石油两大集团中。

中石化集团下的齐鲁石化股份有限公司、北京燕山石油化工公司、茂名石油化工公司、上海石油化工有限公司、广州石油化工分公司、扬子石化股份有限公司、中原石油化工公司、金陵石油化工公司、九江石化总厂、天津石油化工有限公司、巴陵石油化工公司、武汉石化总厂、济南炼油厂、高桥石油化工有限公司、荆门石化分公司等。

中石油集团下的大庆股份有限公司、吉林石化分公司、抚顺石油化工分公司、兰州石化、独山子石油化工公司、大连石化分公司等。

国内现有31个省、市、自治区中，仅海南省、贵州省、西藏三省区暂无合成树脂生产。合成树脂产能主要集中在华东、中南、华北、东北四大区域，华东7省市占全国总产能达42%以上，其次中南和华北地区分别占16%左右，东北三省占13%左右。四大区域占全国总产能87%左右，也就是说全国近80%的合成树脂产能集中在东部沿海地区。

2005年合成树脂主要生产地区产量统计详见下表2。

表1 1998～2005年国内合成树脂产量统计 单位：kt

产品 \ 年份	1998年	1999年	2000年	2001年	2002年	2003年	2004年	2005年
合成树脂总计	7 028.6	8 416.98	10 794.5	12 038.4	13 665.0	15 938.0	17 910.0	21 419.40
年增长率/%	8.57	19.75	28.25	11.52	13.51	16.63	12.37	19.59
其中：PE产量	2 292.1	2 810.73	3 053.58	3 122.40	3 547.0	4 132.0	4 413.0	5 290.40
PP产量	2 074.9	2 646.63	3 038.07	3 225.40	3 742.0	4 268.0	4 749.0	5 229.50
PS产量	685.00	942.20	1 274.0	1 536.0	1 749.70	2 162.10	2 267.00	2 365.00
PVC产量	1 599.1	1 906.78	2 455.99	2 876.80	3 389.0	4 007.0	5 032.0	6 492.00
ABS产量	197.80	244.900	320.00	410.00	521.00	928.00	1 020.00	1 160.00

注：资料来源——历年国家统计局统计数（PS产量中含有EPS）。

表2 2005年1～12月合成树脂主要生产地区产量统计

地区	产量		比同期增长/%		地区	产量		比同期增长/%	
	2005年/万吨	12月当月/万吨	2004年/%	12月当月/%		2005年/万吨	12月当月/万吨	2004年/%	12月当月/%
全国	2 141.94	199.20	19.59	24.50	甘肃	45.89	3.46	3.60	－12.40
江苏	309.47	31.31	16.00	46.60	湖北	44.49	3.60	25.30	12.50
上海	234.19	21.13	41.70	60.70	湖南	37.04	3.00	17.40	20.50
广东	216.79	19.76	－1.00	8.00	福建	33.79	2.36	－4.20	－26.90
山东	202.49	18.66	76.10	23.00	山西	29.27	2.76	83.10	44.50
北京	136.43	12.17	－1.20	3.90	安徽	26.89	2.48	16.60	15.90
辽宁	121.16	10.53	0.20	－3.50	内蒙古	20.23	2.30	48.40	32.90
天津	115.49	10.64	4.30	13.80	宁夏	20.15	2.43	45.00	99.20
黑龙江	97.19	9.14	19.00	53.90	江西	15.54	1.28	7.20	1.60
浙江	89.35	8.73	33.50	47.20	陕西	9.60	1.11	115.70	158.10
新疆	76.21	7.37	27.60	37.50	广西	7.75	1.03	21.90	94.30
河南	69.63	6.54	9.70	9.20	云南	3.06	0.27	13.30	80.00
河北	62.96	5.05	4.70	－4.40	青海	3.05	0.31	10.50	19.20
四川	61.52	6.84	46.70	69.70	重庆	0.14	0.02	27.30	0.00
吉林	52.17	4.92	－7.70	－1.40					

表 3　2005 年合成树脂五大生产厂产量统计

生　产　厂	产量/吨		比同期增长/%	
	2005 年	12 月	2004 年	12 月
中国石化齐鲁股份有限公司	1 150 059	102 266	92.75	9.53
中国石化北京燕化石油化工股份有限公司	1 093 462	98 006	0.45	7.22
扬子石油化工股份有限公司	928 597	81 800	−0.29	8.09
中国石化上海石油化工股份有限公司	895 315	80 019	1.44	3.53
上海赛科石油化工有限责任公司	677 347	60 958	0	0
合　　计	4 744 780	423 049		

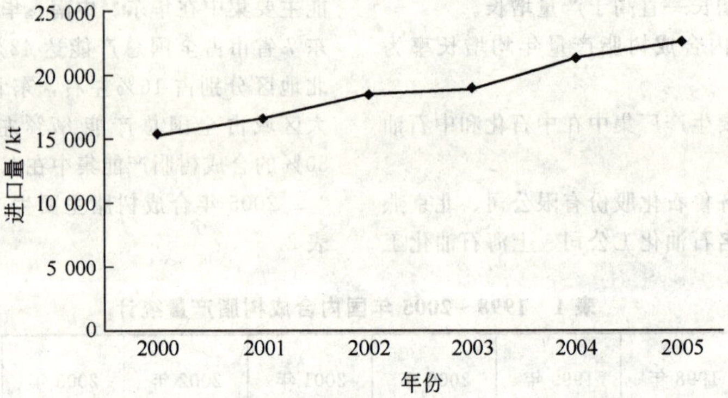

图 1　2000～2005 年合成树脂进口量走势图

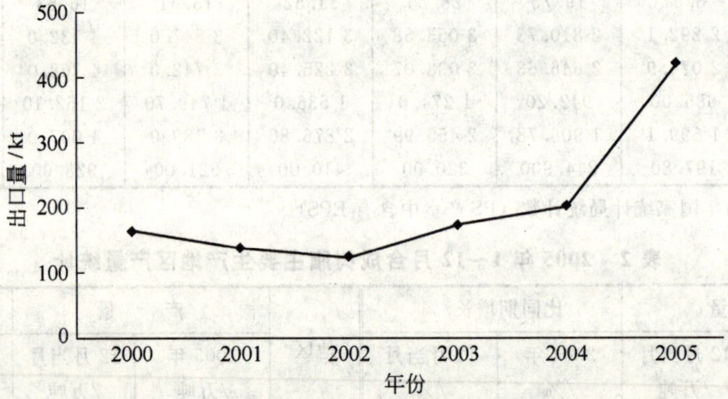

图 2　2000～2005 年五大通用树脂出口量走势图

2005 年 1～12 月份，全国合成树脂产量为 2 141.94 万吨，同比增长 19.59%，增量主要来自于聚氯乙烯。2005 年全国聚氯乙烯产量为 649.20 万吨，突破 600 万吨大关，同比增长了 27.60%。而聚乙烯产量增长了 17.10%，聚丙烯仅增长 12.30%。

2005 年合成树脂五大生产厂均属中石化，或有中石化股份，2005 年五大生产厂合成树脂产量合计为 4 744 780 吨，占总产量的 22.15%见表 3。

2000～2005 年间合成树脂进口量年均增长为 7.54 %，低于 2000～2005 年同期国内产量年均增长率 7.15 个百分点（见表 4）。

2000～2005 年合成树脂进口量走趋见图 1，五大通用树脂出口量走势见图 2。

2005 年以来，由于国际油价高位振荡，也造成国际市场聚烯烃价格在高位振荡，造成国内聚烯烃进口成本明显偏高。同时，国内近几年新建和改扩建的大型聚烯烃装置相继投产，特别是聚丙烯、聚氯乙烯等产能增长较快，使进口需求减弱。

一、聚乙烯（PE）

1. 聚乙烯生产情况

PE 是中国通用合成树脂中产量最大、应用最广泛的品种。随着中国石油化工的发展，20 世纪 70 年代和 80 年代通过技术引进缩短了中国 PE 与世界水平的差距，生产能力和生产技术有了大幅度的提高，生

表 4 2000～2005 年合成树脂进出口统计 单位：kt

产品		2000 年	2001 年	2002 年	2003 年	2004 年	2005 年
合成树脂	进口	15 549.93	16 498.15	18 296.76	19 072.94	21 310.17	22 370.19
	出口	442.50	439.79	646.85	917.98	1 086.66	664.12
其中：1. PE	进口	3 212.33	4 383.95	4 911.76	5 096.73	5 265.88	5 706.33
	出口	18.42	17.20	21.91	32.76	56.79	109.03
LDPE	进口	1 752.86	2 388.93	2 425.34	1 453.44	1 341.54	1 109.81
	出口	6.043	4.27	7.02	7.27	6.51	17.78
HDPE	进口	1 214.19	1 723.57	2 134.07	2 196.84	2 316.0	2 445.76
	出口	3.30	2.73	3.66	5.87	10.228	26.510
LLDPE	进口	—	—	—	1 039.91	1 139.03	1 704.43
	出口	—	—	—	1.265	3.113	13.002
2. PP	进口	1 640.29	2 086.52	2 442.32	2 734.27	2 913.92	3 023.31
	出口	10.23	9.28	12.52	11.940	15.32	22.491
3. PS	进口	1 329.62	1 368.36	1 453.09	1 386.23	1 382.79	1 280.16
	出口	51.89	32.41	18.27	19.379	32.689	51.99
EPS	进口	198.70	169.73	174.44	178.08	179.76	141.29
	出口	13.78	14.32	24.92	34.49	41.74	73.813
4. ABS 共聚物	进口	1 469.72	1 426.04	1 637.65	1 790.12	1 963.1	1 987.04
	出口	27.51	28.73	19.65	21.417	15.870	14.24
5. PVC	进口	1 939.17	2 516.66	2 263.51	2 307.1	2 129.2	1 678.7
	出口	40.98	36.38	38.14	55.12	44.45	151.7
纯 PVC	进口	1 444.96	1 916.39	1 700.56	1 758.8	1 628.8	1 307.49
	出口	18.83	19.93	16.89	22.8	17.1	118.585
未塑化 PVC	进口	404.52	514.52	473.30	446.8	373.0	243.846
	出口	1.76	2.05	2.39	2.4	3.2	6.496
已塑化 PVC	进口	74.59	77.04	77.56	86.9	108.5	109.934
	出口	20.20	14.28	18.52	26.6	23.1	24.491
以上五大通用塑料小计	进口	9 789.83	11 951.26	12 823.57	12 452.62	12 690.16	13 815.83
	出口	162.81	138.32	124.19	173.85	203.75	423.26
聚酰胺(PA)	进口	193.63	186.23	251.26	306.060	385.648	393.86
	出口	9.73	8.70	14.41	20.697	33.491	43.20
聚碳酸酯(PC)	进口	236.36	265.97	415.41	534.761	729.813	730.809
	出口	54.54	54.81	72.59	89.528	117.650	132.093
聚甲醛(POM)	进口	108.33	109.001	135.57	151.52	188.51	172.260
	出口	9.07	9.96	8.99	9.334	14.684	21.88
塑料下脚料	进口	2 007.17	2 225.10	2 457.50	3 024.09	4 095.72	4 956.53
	出口	10.20	23.19	28.65	30.40	40.00	41.59

注：资料来源——历年国家海关统计。

产装置已实现了安全、稳定、长期、满负荷运转。

近年来，中国 HDPE 生产企业加快了装置改造和扩建步伐，部分装置能力已接近经济规模水平，但产地分布不均衡。

目前中国 HDPE 装置产能主要集中在东北、华北及华东地区，占全国总生产能力 95%，其中华东地区有 3 套装置，占总生产能力 41%，华北有 2 套装置，占总产能 38%，两地区均是中国 HDPE 主要消费市场。

而华南地区 HDPE 装置尚属空白，该地区 HDPE 进口量约占全国进口量的 60%，主要是以来料加工和进料加工贸易方式，为当地塑料加工企业提供原料。

目前，我国双峰 PE 的生产厂家有 4 家，总生产能力为 69 万吨/年，主要的生产厂家为上海石油化工公司生产能力为 25 万吨/年，采用北星双峰生产工艺、北京燕山石化公司生产能力为 14 万吨/年，采用国内设计淤浆法生产工艺、扬子石油化工公司生产能力为 14 万吨/年，采用三井淤浆法生产工艺以及大庆石油化工公司生产能力为 16 万吨/年，扬子石化公司、北京燕山石化公司以及大庆石化公司都是采用2个串联反应器生产双峰HDPE的技术。扬子石化公司双峰HDPE产品代号为YZ-600、燕山石化公司的双峰HDPE产品牌号为7000F。目前我国还没有采用单反应器生产双峰PE的生产厂家。

1999～2005年PE产量统计见表5，1999～2005年，年均增长率为11.12%，产量走势见图3。

国内31个省、市、自治区中，山西、内蒙古、福建、江西、湖北、重庆、湖南、广西、四川、云南、陕西、青海、宁夏、海南省、贵州省、西藏16省区暂无聚乙烯树脂生产。从国内现有15个生产聚乙烯的地区来看，聚乙烯树脂产能主要集中在华东、东北、华北、中南四大区，华东七省市占全国总产能达42%以上，其次东北和华北地区分别占20%左右和19%左右，中南地区占11%左右。四大区占全国总产能92%左右，也就是说全国近九成的聚乙烯树脂产能集中在东部沿海地区（见表6）。

2005年赛科、扬巴和中海油投产的三套大型乙烯项目从根本上改变国内乙烯及下游产品一直由中石化和中石油垄断生产的局面。由于赛科、扬巴和中海油均是独立销售，同时引进国外先进的营销模式，对中国石化和中国石油现有销售模式造成较大冲击，也对聚乙烯和聚丙烯等聚烯烃产品价格走向产生较大影响。

2005年聚乙烯五大生产厂中四大生产厂属中石化，大庆石化分公司属中石油，2005年五大生产厂聚乙烯产量合计为2 532 176吨，占总产量的47.86%。

2. 聚乙烯出口分析

2005年聚乙烯（相对密度小于0.94）出口省市有19家，出口生产企业主要集中在上海市，出口数

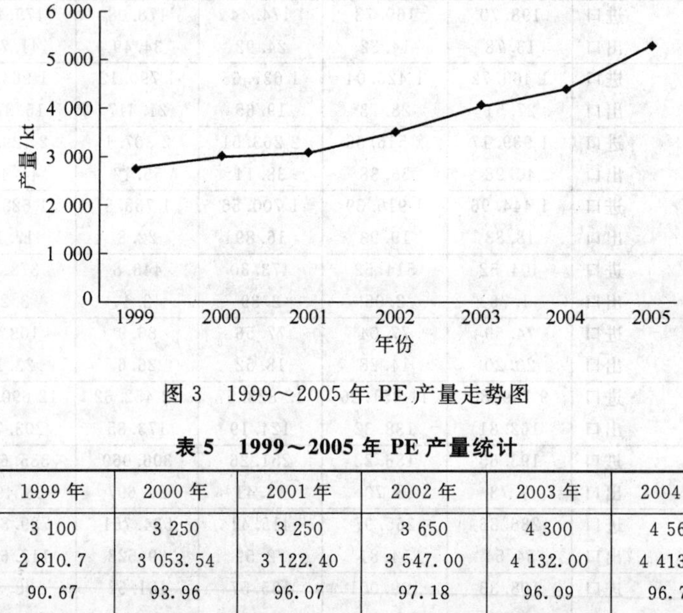

图3 1999～2005年PE产量走势图

表5 1999～2005年PE产量统计 单位：kt

项目	1999年	2000年	2001年	2002年	2003年	2004年	2005年
生产能力	3 100	3 250	3 250	3 650	4 300	4 560	5 800
产量	2 810.7	3 053.54	3 122.40	3 547.00	4 132.00	4 413.0	5 290.4
开工率/%	90.67	93.96	96.07	97.18	96.09	96.78	91.21
年产量增长率/%	17.68	8.64	2.26	13.60	16.49	6.80	19.88

表6 2005年1～12月聚乙烯树脂国内主要生产地区产量统计 单位：kt

地区	产量		比同期增长		地区	产量		比同期增长	
	2005年/万吨	12月当月/万吨	2004年/%	12月当月/%		2005年/万吨	12月当月/万吨	2004年/%	12月当月/%
全国	529.04	48.04	17.10	23.90	吉林	23.54	2.38	−18.80	−6.30
上海	97.56	8.01	70.10	72.30	甘肃	22.82	1.68	4.00	−19.60
江苏	70.78	7.90	37.50	85.90	新疆	21.89	1.99	2.40	13.10
北京	66.59	5.63	2.70	3.10	河南	20.46	1.73	−6.90	−8.90
广东	54.14	4.93	−6.50	−7.30	天津	12.97	1.29	−9.50	6.60
黑龙江	47.51	4.40	24.20	99.10	安徽	8.19	0.90	17.50	34.30
山东	47.15	4.27	55.30	13.00	河北	1.28	0.02	15.30	0.00
辽宁	33.99	2.90	−1.70	−0.30	浙江	0.17	0.01	88.90	0.00

量为 5 156.155 吨，占总出口数量的 28.994 5%；其次为广东省出口数量为 2 787.947 吨，占总出口数量的 15.677 4%；天津市出口数量为 2 422.050 吨，占总出口数量的 13.619 9%；浙江省出口数量为 2 301.410 吨，占总出口数量的 12.941 5%；山东省出口数量为 1 335.930 吨，占总出口数量的 7.512 3%。

五省市出口商出口数量占 2005 年聚乙烯（相对密度小于 0.94）总出口数量的 78.745 6%。

2005 年相对密度在 0.94 及以上的聚乙烯出口省市有 19 家，出口生产企业主要集中在广东省，出口数量为 11 311 816kg，占总出口数量的 42.670 3%；其次为上海市出口数量为 8 687 597kg，占总出口数量的 32.771 2%；浙江省出口数量为 3 143 563kg，占总出口数量的 11.858 1%；江苏省出口数量为 2 383 281kg，占总出口数量的 8.990 2%。

四省市出口商出口数量占 2005 年聚乙烯（相对密度在 0.94 及以上）总出口数量的 96.289 8%。

2005 年 LLDPE 线型低密度聚乙烯出口省市有 15 家，线型低密度聚乙烯出口生产企业主要集中在天津市，出口数量为 5 055 684kg，占总出口数量的 38.882 5%；其次为广东省出口数量为 3 686 994kg，占总出口数量的 28.356 1%；辽宁省出口数量为 1 756 700kg，占总出口数量的 13.510 5%；上海市出口数量为 1 385 957kg，占总出口数量的 10.659 2%；北京市出口数量为 760 350kg，占总出口数量的 5.847 7%。

五省市出口数量占 2005 年线型低密度聚乙烯总出口数量的 97.256 0%。

3. 聚乙烯进口分析

从海关统计中可看出，2005 年相对密度小于 0.94 聚乙烯进口地有 47 个，主要进口地为马来西亚（占 16.943 1%），其次为沙特阿拉伯（11.046 7%）、新加坡（9.239 1%）、卡塔尔（8.351 1%）、日本（7.719 8%）、美国（7.577 0%）、韩国（7.024 2%）、德国（6.696 6%），这 8 个进口地进口量占总进口量的 74.597 6%。

从海关统计中可看出，2005 年相对密度小于 0.94 的聚乙烯出口地有 54 个，主要出口地为美国（占 9.535 2%），其次为中国香港（9.339 6%），朝鲜（8.770 2%），智利（7.758 7%），印度（7.728 6%），哥伦比亚（7.595 9%），墨西哥（6.889 8%），秘鲁（4.807 9%），这 8 个出口地 2005 年聚乙烯（相对密度小于 0.94）出口量占总出口量的 62.425 9%。

从海关统计中可看出，2005 年聚乙烯（相对密度在 0.94 及以上）进口地有 49 个，主要进口地为韩国（占 27.380 5%），其次为沙特阿拉伯（12.438 8%）、印度（8.976 9%）、中国台湾省（8.059 1%）、泰国（7.338 5%）、卡塔尔（5.648 5%）、马来西亚（4.896 5%）、阿拉伯联合酋长国（5.00%），8 进口地进口量占总进口量的 79.089 6%。

从海关统计中可看出，2005 年聚乙烯（相对密度在 0.94 及以上）出口地有 54 个，主要出口地为香港（占 21.848 9%），其次为墨西哥（16.244 8%），美国（9.900 0%），中国台湾省（7.626 8%），比利时（6.149 6%），智利（5.806 3%），土耳其（5.767 7%），韩国（4.349 5%），8 出口地 2005 年聚乙烯（密度在 0.94 及以上）出口量占总出口量的 77.693 6%。

从海关统计中可看出，2005 年线型低密度聚乙烯进口地有 39 个，主要进口地为沙特阿拉伯（占 29.234 1%），其次为新加坡（17.409 5%）、韩国（12.557 0%）、美国（8.021 7%）、中国台湾省（6.274 0%）、加拿大（6.040 6%）、科威特（4.511 0%）、日本（2.754 0%），8 进口地进口量占总进口量的 86.801 9%。

从海关统计中可看出，2005 年线型低密度聚乙烯出口地有 27 个，主要出口地为中国香港（占 26.795 1%），其次为美国（20.973 2%），墨西哥（11.286 3%），哥斯达黎加（10.005 8%），萨尔瓦多（6.152 7%），以色列（4.030 4%），危地马拉（3.599 3%），智利（2.784 1%），2005 年 8 出口地线型低密度聚乙烯出口量占总出口量的 85.626 9%。

2000～2005 年 PE 进口量和出口量走势见图 4 和图 5。

2000～2005 年间，PE 净进口增长了 75.25%；年均增长达 11.87%。

4. 聚乙烯树脂价格分析

我国从 2005 年 1 月 1 日开始将高密度和低密度聚乙烯的进口税下调了 1.3%，降到 10.3%。这次进口税下调使进口价格下降 11 美元/吨，增值税和汇率保持不变。

(1) 低密度聚乙烯价格走势（见图 6～图 10）

2005 年低密度聚乙烯市场有三大特点。

① 价格涨幅逐渐变小　虽然 2005 年 1～4 月低密度聚乙烯（以华东市场 Q200 为例）成交量放大，价格大幅上涨，盘中创出了 13 800 元（吨价，下同）的最高价，但 5 月份以后，价格大幅下跌，6 月份市场价创出了 10 400 元的上半年低位。7～11 月份市场价格走势仍相对较为疲软。1～11 月份的均价为 11 616 元，同比上涨 486 元，涨幅为 4.36%；而 2004 年较 2003 年上涨 43.95%。低密度聚乙烯市场价格的

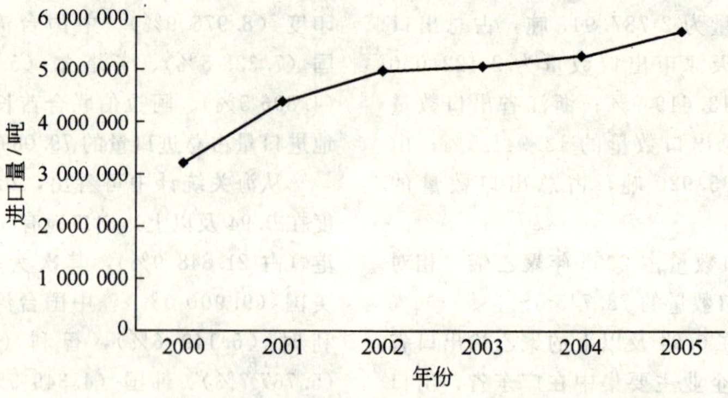

图 4　2000～2005 年 PE 进口量走势

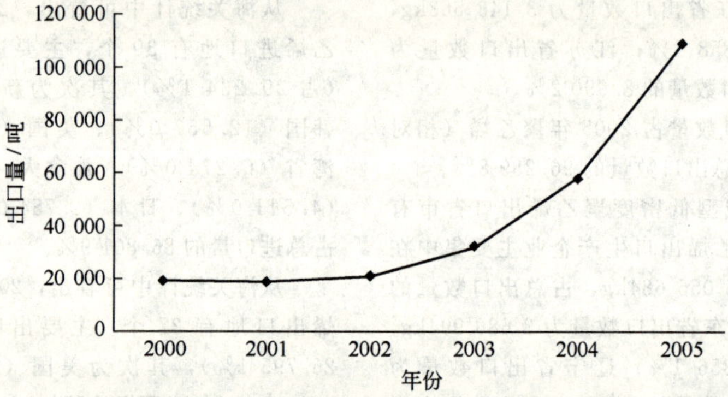

图 5　2000～2005 年 PE 出口量走势

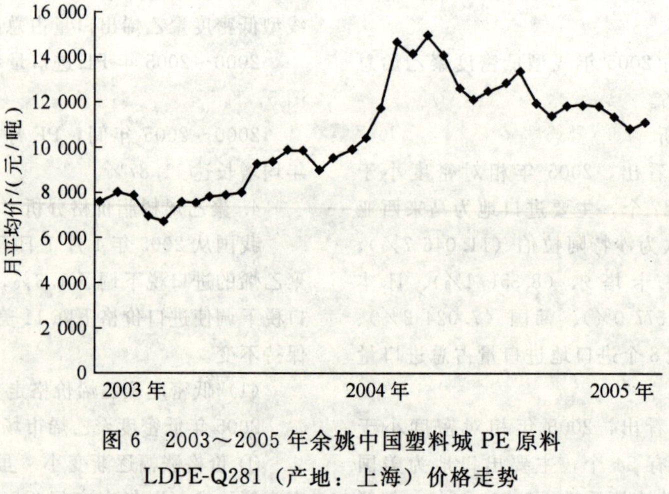

图 6　2003～2005 年余姚中国塑料城 PE 原料 LDPE-Q281（产地：上海）价格走势

涨幅出现了逐渐变小的趋势。

② 产品链利润分配不均，利润仍然高度集中在龙头原油上　2005 年 1～11 月份东南亚乙烯的均价为 933 美元，同比上涨 3 美元，涨幅明显低于丙烯。低密度聚乙烯的均价为 1 146 美元，同比上涨 6.9%。从产品链上分析，利润仍然高度集中在龙头原油上。

③ 产销两旺　2005 年聚乙烯产量为 529 万吨。全年进口量 571 万吨，全年的表观消费量在 1 098 万吨。

(2) LLDPE 价格走势（见图 11 和图 12）

(3) HDPE 价格走势（见图 13～图 18）

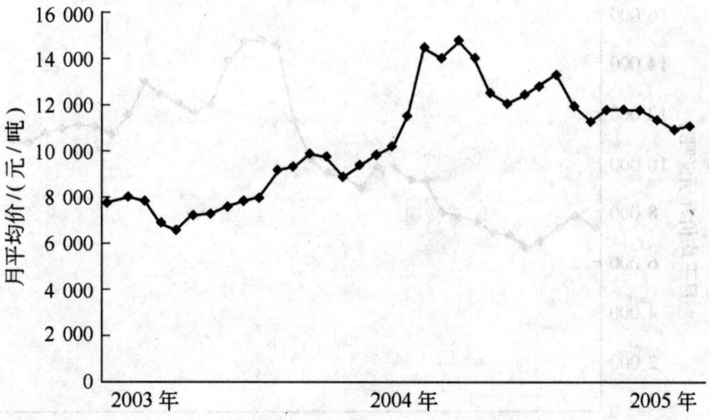

图 7　2003～2005 年余姚中国塑料城 PE 原料 LDPE-Q200（产地：上海）价格走势

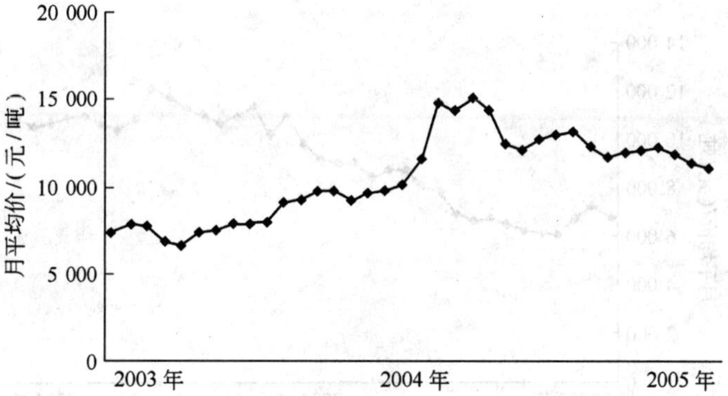

图 8　2003～2005 年余姚中国塑料城 PE 原料 LDPE-112A-1（产地：燕山）价格走势

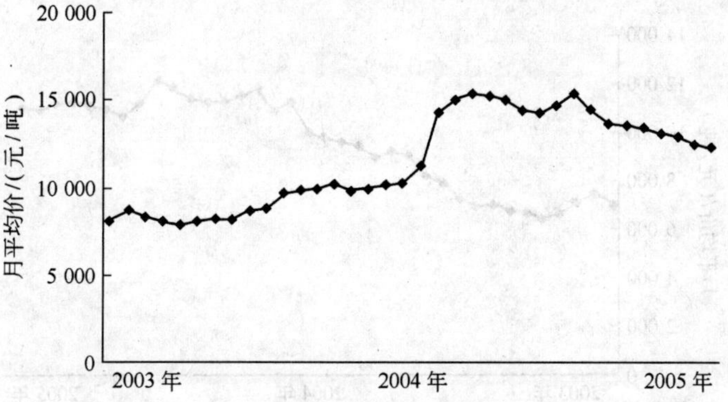

图 9　2003～2005 年余姚中国塑料城 PE 原料 LDPE-1150A（产地：燕山）价格走势

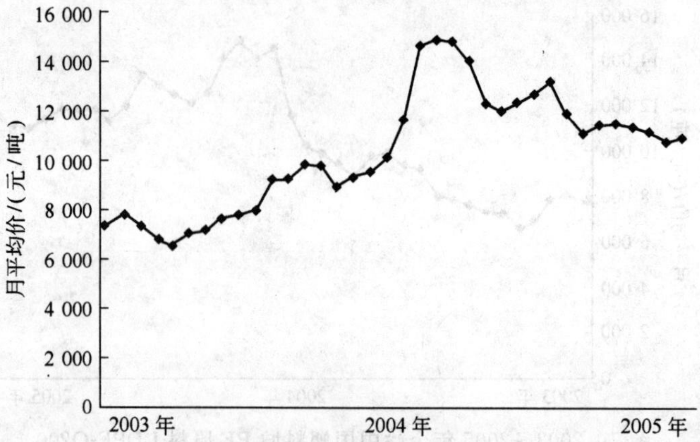

图 10　2003～2005 年余姚中国塑料城 PE 原料 LDPE-TN26（产地：齐鲁）价格走势

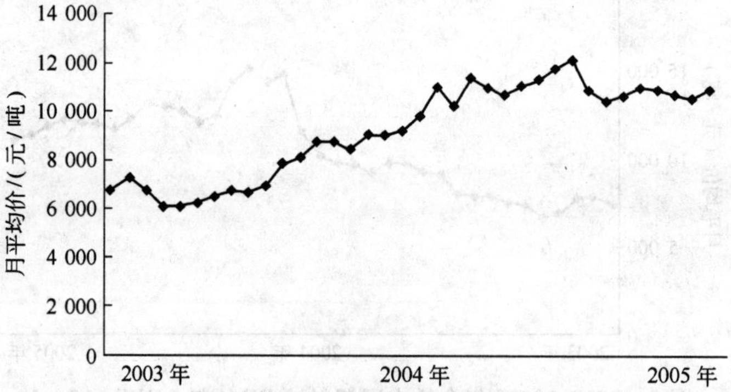

图 11　2003～2005 年余姚中国塑料城 PE 原料 LLDPE-7042（产地：吉化）价格走势

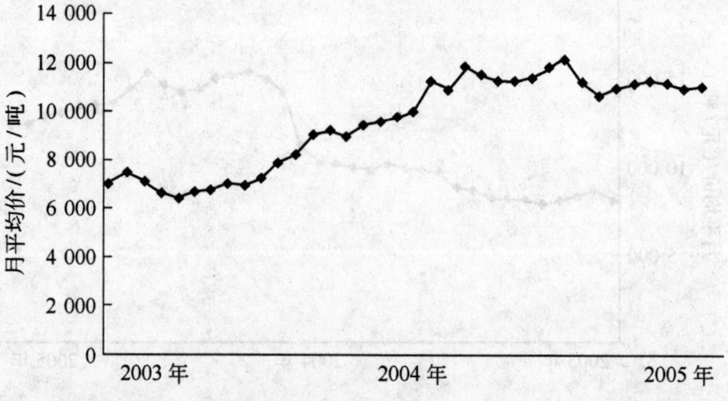

图 12　2003～2005 年余姚中国塑料城 PE 原料 LLDPE-218W（产地：沙特）价格走势

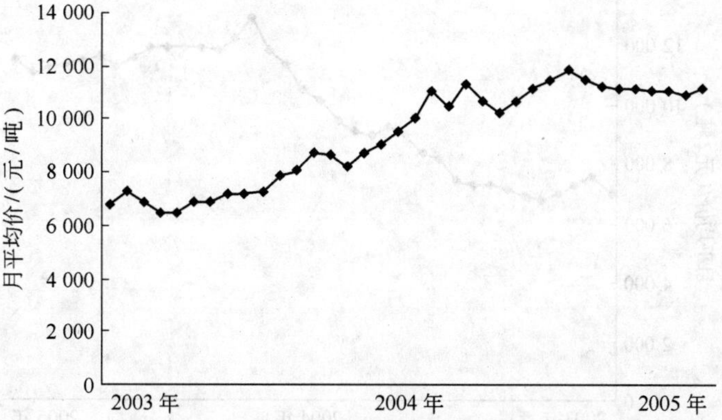

图 13　2003～2005 年余姚中国塑料城 PE 原料 HDPE-5000S
（产地：大庆）价格走势

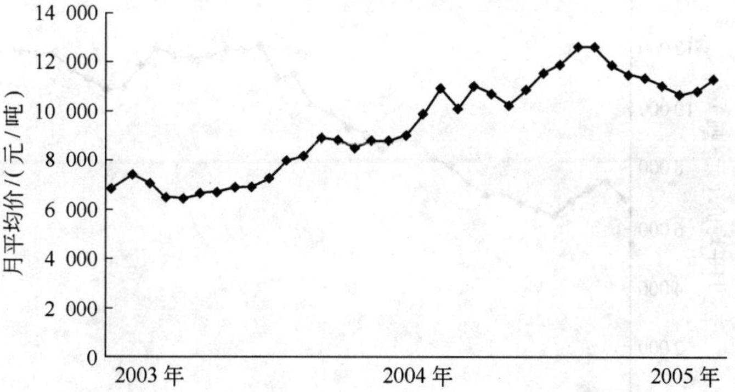

图 14　2003～2005 年余姚中国塑料城 PE 原料 HDPE-6070
（产地：独山子）价格走势

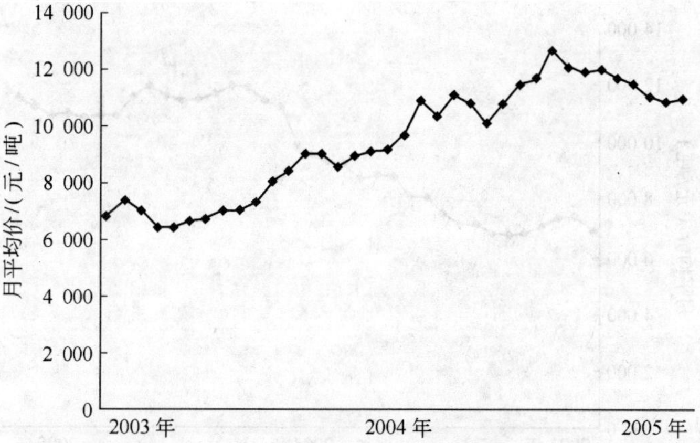

图 15　2003～2005 年余姚中国塑料城 PE 原料 HDPE-2908
（产地：抚顺）价格走势

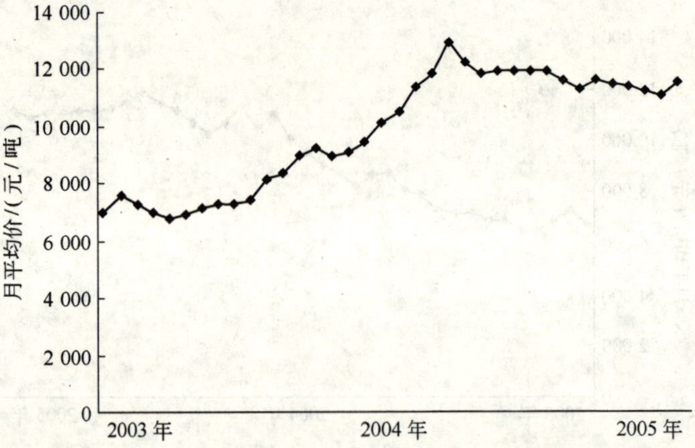

图 16　2003～2005 年余姚中国塑料城 PE 原料 HDPE-6098
（产地：齐鲁）价格走势

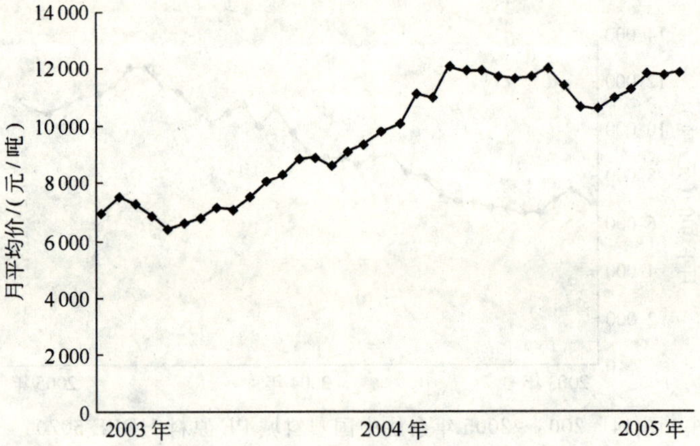

图 17　2003～2005 年余姚中国塑料城 PE 原料 HDPE-F600
（产地：韩油化）价格走势

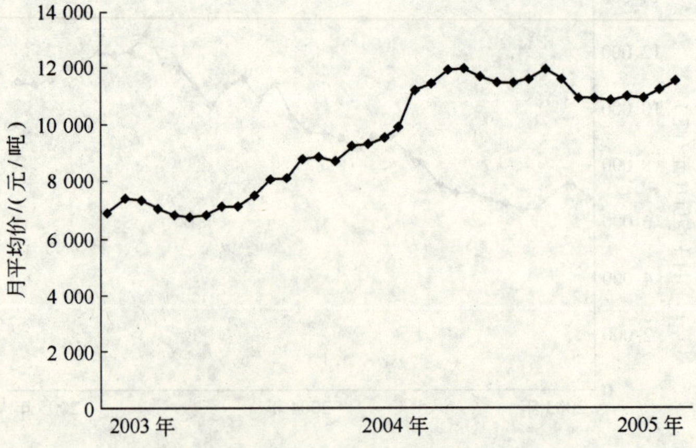

图 18　2003～2005 年余姚中国塑料城 PE 原料 HDPE-5502
（产地：金菲）价格走势

二、聚丙烯（PP）

1. 聚丙烯生产情况

我国PP占合成树脂总产量的30%，在聚烯烃中的份额超过50%。但目前我国PP行业的现状是：各类小规模的生产装置多，生产能力大的装置少；生产通用料的装置多，生产专用料的装置少。但我国的大型PP企业在世界上还是有竞争力的。在国内领先的PP生产商中石化股份公司是世界第二大PP制造商，我国第二大PP生产商中石油股份公司现在世界上的PP产量排名为第13位，但与巴塞尔公司的技术转让合同将使其到2007年PP产量翻一番。

现在我国的大型PP生产装置以引进技术为主，中型和小型PP生产装置以国产化技术为主。引进技术主要有釜式反应器液相本体-气相本体Hypol工艺（三井化学公司）及环管式反应器液相本体-气相本体组合法Speripol工艺（原Himont公司，现巴塞尔公司）。目前国产化技术中小型生产装置仍占很大比例，几乎全部采用间歇式本体法工艺，相对比较落后。

但相对来说，我国PP国产化技术的开发领先于其他树脂，不仅开发了N系列、DQ系列、CS系列等国产化催化剂，也开发了釜式本体法、环管本体法以及气相流化床与环管反应器串联的国产化工艺。如九江石化厂攻克了我国自行开发的N催化剂在环管法PP工业装置上应用的难题，PP装置主要经济技术指标达到20世纪90年代末同类引进装置水平，使该厂PP装置成为8家采用“7万吨/年环管法PP成套技术”企业中的样板装置。华东理工大学联合化学反应工程研究所历时两年攻关，使我国新型聚丙烯用成核剂的研究达到国际先进水平，小试合成了8种PP用芳香杂环有机磷酸酯（盐）类成核剂分子，发明了一步法制备芳香杂环有机磷酸酯（盐）类成核剂的新工艺。该所开发的新型成核剂NA-9930T对PP的拉伸、弯曲强度和冲击强度的改进超过了进口同类成核剂的水平，而NA-35可在聚合釜内添加，属国内首创。

近年来，根据市场需求，国内企业更加注重新产品开发，不仅增加了新的PP品种，而且提高了专用料的比例，产品指标也正在同国际先进水平接轨。同时PP的应用领域也在不断拓展，特别在汽车制造工业中的用量增长较快。PP的生产将调整品种结构，提高档次，向多样化、系列化、专用化和高性能化的方向发展，合成树脂专用料比例达到40%以上。

1998～2005年PP产量年均增长率为14.45%，PP产量统计见表7，产量走势见图19。

从国内PP产量统计表可看出，20世纪90年代以来PP产量增长很快。目前我国聚丙烯生产企业有70多家，PP生产主要集中在大型石化企业，如燕山石化、扬子石化、上海石化、齐鲁石化、洛阳石化、茂名石化、广州石化等，并且大部分为引进装置。

国内聚丙烯产自乙烯联合生产企业的约占40%，以炼油厂副产品丙烯为原料的约占60%。我国大型聚丙烯生产装置以引进技术为主，中小型生产装置以国产化技术为主。在吸收、消化引进釜式液相本体-气相本体工艺基础上，国内自行设计建成了4万吨/年生产装置。同时，在吸收、消化引进环管式液相本体-气相本体工艺基础上，建成了国产7万吨/年装置。

表7　1998～2005年国内PP产量统计表

项目 \ 年份	1998年	1999年	2000年	2001年	2002年	2003年	2004年	2005年
产量/kt	2 033.31	2 721.53	3 124.04	3 225.40	3 742.00	4 268.00	4 749.00	5 229.50
年增长率/%	8.07	33.85	14.79	3.25	16.02	14.06	11.27	10.12

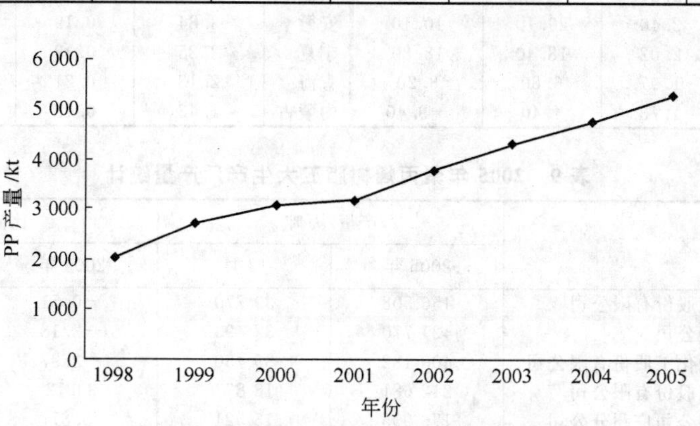

图19　1998～2005年国内PP产量走势

2002年初，上海石化采用中石化自行开发的第二代环管工艺技术建成20万吨/年聚丙烯装置。通过引进技术和吸收改造，国内聚丙烯生产技术目前已达到比较先进的水平。

2005年1～12月聚丙烯树脂主要生产地区产量统计见表8。

国内现在31个省、市、自治区中，山西、广西、重庆、四川、云南、海南省、贵州省、西藏八省区暂无聚丙烯树脂生产。从国内现有23个生产地区来看，聚丙烯树脂产能主要集中在华东、东北、华北、中南四大区，华东七省市占全国总产能达43%以上，其次中南和华北地区分别占19%左右和18%左右，东北地区占17%左右。四大区占全国总产能97%左右，也就是说全国九成以上的聚丙烯树脂产能集中在东部沿海地区。2005年聚丙烯五大生产厂产量统计见表9。

2005年聚丙烯五大生产厂均属中石化，2005年五大生产厂聚丙烯产量合计为1 668 046吨，占总产量的31.90%。

扬子石化研究院自主研发的聚丙烯瓶盖专用料YPJ706最近在该公司塑料厂试产成功。随着国内包装瓶产量不断增长，瓶盖需求日益旺盛。扬子石化利用拥有年产40万吨聚丙烯装置及相关小试和中试装置的优势，目前已生产出千余吨合格产品，除用于生产高档瓶盖外，还可用于生产家用电器部件和玩具等产品。

大庆石化塑料厂近日开发成功高熔体流动速率纤维级聚丙烯专用树脂——Z50S纺丝专用料。目前，大庆石化塑料厂是国内首家应用固体过氧化物生产高熔融指数聚丙烯纤维产品的厂家。

Z50S主要用于聚丙烯纤维生产，该树脂熔体流动速率为22～28g/10min，是在现有通用聚丙烯树脂T30S基础上，通过加入新型助剂——固体过氧化物，调整聚丙烯分子链的大小，保证新产品分子量分布窄而均匀，保证高温高压喷丝时生产稳定，并通过化学降解法，调控聚丙烯的熔融指数，从而达到纺丝专用料的要求。目前国内纤维级聚丙烯专用树脂年需求量约20万吨。而纤维级聚丙烯由于成本低、生产工艺简单、质量轻、耐腐蚀等优良性能，发展速度很快，因此可以预见Z50S具有较好的需求前景。

在日趋激烈的化工市场竞争中，燕山石化聚丙烯事业部依靠科技进步，增产热销产品，创造了良好的经济效益：2005年头10个月，聚丙烯产量达32.5万吨，并开发生产了10余个聚丙烯新牌号，专用料比例高达68.33%。

中石油华北石化分公司总投资1.27亿元的10万吨PP装置改造项目于2005年竣工投产。该项目引进

表8　2005年1～12月聚丙烯树脂主要生产地区产量统计

地区	产量		比同期增长		地区	产量		比同期增长	
	2005年/万吨	12月当月/万吨	2004年/%	12月当月/%		2005年/万吨	12月当月/万吨	2004年/%	12月当月/%
全国	522.95	46.99	12.30	15.80	河北	19.01	1.90	15.50	3.80
上海	66.32	6.09	37.60	45.70	河南	18.17	1.71	−4.40	0.00
江苏	51.42	4.52	−2.90	8.90	甘肃	17.64	1.27	4.80	−11.80
辽宁	49.77	4.34	3.20	−4.20	江西	12.66	1.05	9.60	2.90
广东	43.98	4.37	−7.90	46.60	福建	9.46	0.94	−1.30	16.00
北京	43.06	4.16	−3.50	7.50	吉林	7.90	0.76	1.80	8.60
山东	38.30	3.56	145.00	103.40	天津	6.12	0.58	−8.10	1.80
湖北	27.39	2.20	4.40	−9.10	陕西	4.92	0.65	0.00	0.00
浙江	27.28	2.40	29.10	10.10	安徽	3.84	0.19	4.30	−48.60
湖南	25.52	2.02	18.40	18.80	宁夏	2.25	0.19	33.10	0.00
黑龙江	23.09	1.97	6.80	8.20	青海	2.13	0.21	23.10	−19.20
新疆	21.29	1.73	4.40	−9.40	内蒙古	1.43	0.18	−35.60	−5.30

表9　2005年聚丙烯树脂五大生产厂产量统计

地　区	产量/万吨		比同期增长/%	
	2005年	12月	2004年	12月
中国石化上海石油化工股份有限公司	456 508	39 770	−0.51	−0.78
扬子石油化工股份有限公司	421 770	37 493	−2.18	8.52
中国石化北京燕化石油化工股份有限公司	400 182	39 450	−2.97	13.42
中国石化镇海炼油化工股份有限公司	212 681	18 877	33.12	7.95
中国石油化工股份有限公司广州分公司	176 905	15 521	5.87	33.17
合　计	1 668 046	151 111		

了意大利双环管PP装置的先进技术，增强了装置的安全性能和生产效能，为目前世界上最先进的聚丙烯生产工艺之一。目前，公司已经开发出10多种PP产品，广泛用于汽车配件、管材、家用电器、体育用品和机电设备零部件生产等行业。

2005年聚丙烯出口生产企业主要集中在广东省，出口数量为8 027 137kg，占总出口数量的35.689 1%；其次为上海市出口数量5 008 683kg，占总出口数量的22.268 9%；浙江省出口数量为3 543 469kg，占总出口数量的15.754 4%；辽宁省出口数量为1 566 078kg，占总出口数量的6.962 9%；江苏省出口数量为1 137 019kg，占总出口数量的5.055 2%。

2005年五省市出口数量占2005年总出口数量的85.730 5%。

2. 聚丙烯进出口分析

从海关统计中可看出，2005年聚丙烯进口地有55个，主要进口地为韩国（占28.161 7%），其次为中国台湾省（17.578 2%）、新加坡（9.573 56%）、美国（8.798 1%）、泰国（7.523 7%）、日本（7.493 0%）、沙特阿拉伯（5.128 1%）、印度（4.051 1%），8进口地进口量占总进口量的88.307 4%。

从海关统计中可看出，2005年聚丙烯出口地有58个，主要出口地为中国香港（占33.786 9%），其次为日本（8.731 2%）、尼日利亚（5.774 5%）、越南（4.423 1%）、印度尼西亚（4.099 5%）、危地马拉（3.055 3%），6出口地2005年聚丙烯出口量占总出口量的59.870 5%。

从海关资料来看，2005年聚丙烯进口3 023 313吨，同比增长3.75%；2005年聚丙烯进口商有4 198家，前8位聚丙烯进口商进口量占总进口量的19.574 0%，深圳市宝安外经发展有限公司、东莞市对外加工装配服务公司、深圳市龙岗区对外经济发展有限公司、中海石油化工进出口有限公司、广州宏顺塑胶工业有限公司、江苏中达新材料国际贸易有限公司、宁波保税区安信国际集装箱储运有限公司，宏铭材料科技股份有限公司，分别位居2005年聚丙烯进口量1～8位，进口量分别占总进口量的6.354 3%、4.327 5%、4.018 0%、1.273 4%、1.122 2%、0.911 9%、0.806 2%和0.760 5%。

从海关资料来看，2005年聚丙烯出口22 492吨，同比增长46.86%；2005年聚丙烯出口商有325家，2005年聚丙烯国内25大出口商统计出口量占总出口量的74.41%，25大出口商中仅中国石化国际事业有限公司一家是聚丙烯树脂原料生产集团，其余均为PP改性（即PP合金）生产企业及贸易商，出口主要以ABS/PP，PA/PP合金为主；出口企业以外商独资、合资和私企为主；出口口岸以宁波口岸为主，其次为广东省口岸。

2005年聚丙烯出口商企业主要集中在广东省，其次为浙江省。

中国PP消费自给率偏低，每年仍需大量进口来补充市场。1998～2005年PP进口统计见表10，走势见图20，1998～2005年间，净进口量年均增长为10.06%。2005年聚丙烯进、出口走势见图21和图22。

表10　1998～2005年PP进出口统计

项目＼年份	1998年	1999年	2000年	2001年	2002年	2003年	2004年	2005年
进口/kt	1 545.08	1 472.7	1 640.29	2 086.52	2 442.32	2 734.27	2 913.92	3 023.31
出口/kt	28.34	8.70	10.231	9.275	12.52	11.940	15.32	22.492
净进口量/kt	1 516.74	1 464.0	1 630.06	2 077.25	2 429.80	2 722.33	2 898.60	3 000.82
年增长率/%	23.44	−3.48	11.34	27.43	16.97	12.04	6.47	3.53

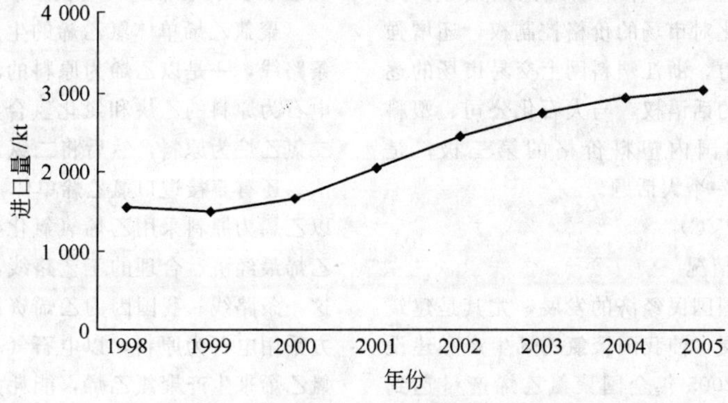

图20　1998～2005年PP进口量走势

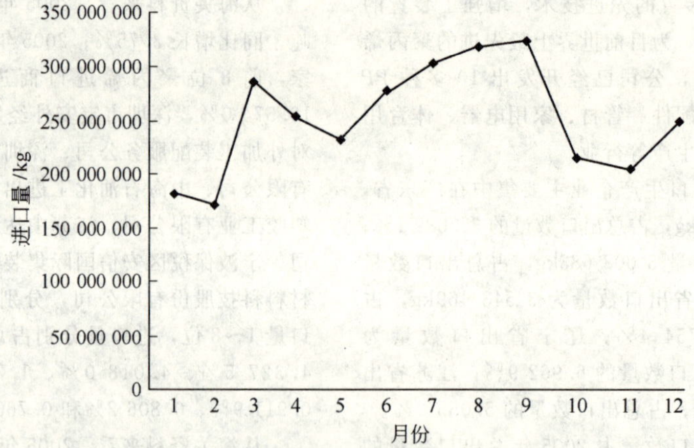

图 21　2005 年聚丙烯进口走势

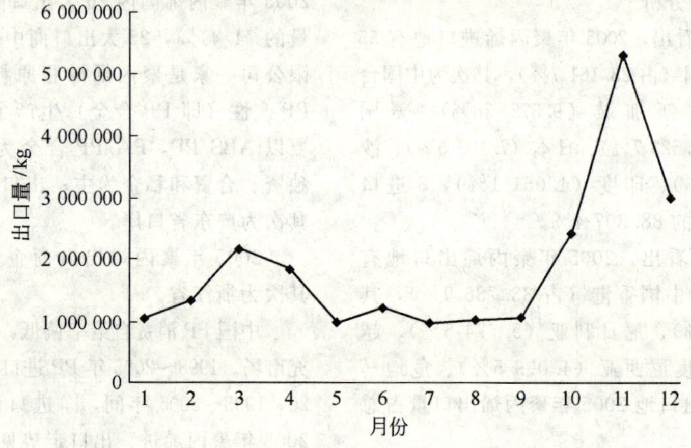

图 22　2005 年聚丙烯出口走势

3. 聚丙烯树脂价格分析

2003～2005 年聚丙烯价格走势见图 23～图 25。

2005 年，聚丙烯乃致整个塑料市场在高油价的影响下形成了高位震荡的局面，需求的高速增长刺激着石化装置的扩产及进口料的增加。关税的降低和人民币的升值对市场造成了一定的影响。但对聚丙烯来说，中石化的统销则是 2005 年市场最大的话题，此策略不仅提高了中石化对市场的价格控制权，还增强了其国内市场的竞争力。浙江塑料网上交易市场的逐渐壮大，获得了价格的话语权，与大石化公司、塑料贸易市场，成为影响国内塑料价格的第三极，是 2005 年塑料业界的另一个大话题。

三、聚氯乙烯（PVC）

1. 聚氯乙烯生产情况

近几年来随着我国国民经济的发展，尤其是建筑和包装工业的高速发展，使我国聚氯乙烯生产和建设的发展都十分迅速。2005 年全国聚氯乙烯产量达到了 649.2 万吨。

但是，由于受到原料、生产和应用技术等多方面的影响，我国聚氯乙烯的产量（包括品种）一直不能满足国内市场的需要，每年都要大量进口。我国聚氯乙烯的消费增长是很快的，进口量增长也很快。自 2002 年后，我国聚氯乙烯的进口量已在逐步减少，也就是说这几年生产能力增长较快，已经开始扭转聚氯乙烯长期依靠进口增长来满足需要的局面。

聚氯乙烯单体氯乙烯的生产，国内目前主要有三条路线，一是以乙烯为原料的乙烯氧氯化法，一是以电石为原料的乙炔和氯化氢合成法，另外就是以进口二氯乙烷为原料，然后将二氯乙烷裂解为氯乙烯的方法。还有直接进口氯乙烯单体，聚合生产聚氯乙烯的。以乙烯为原料采用乙烯氧氯化生产氯乙烯是生产聚氯乙烯最经济、合理的工艺路线，国外基本上都是采用这一条路线。我国因为乙烯资源缺口比较大，许多地方采用电石为原料，以电石气（乙炔）和氯化氢合成氯乙烯来生产聚氯乙烯，能耗大，污染治理的难度也较大，但解决了我国聚氯乙烯原料的很大一块缺口。

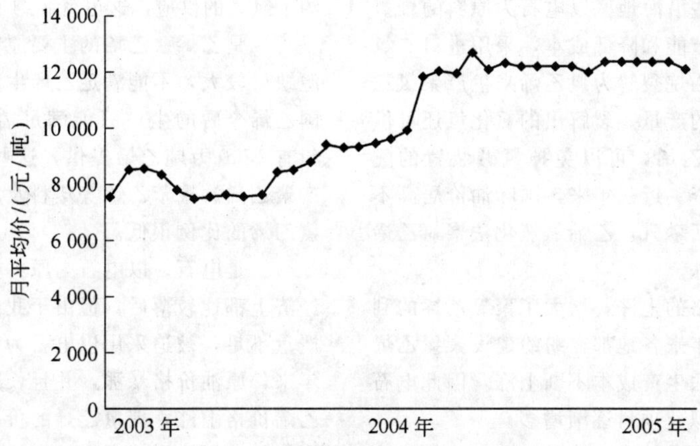

图 23　2003～2005 年余姚中国塑料城 PP 原料 PP-H4540
（产地：韩国现代）价格走势

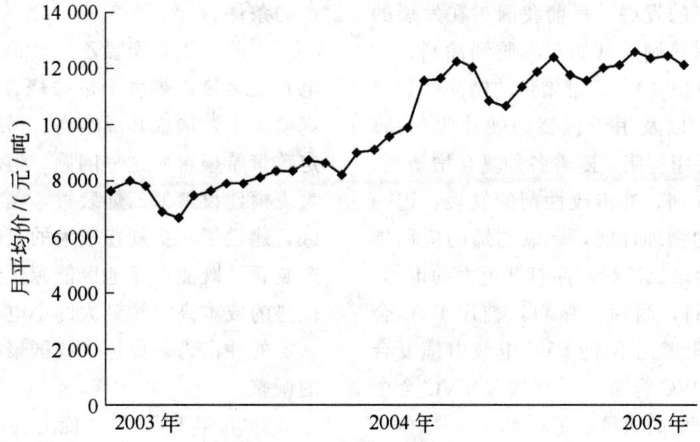

图 24　2003～2005 年中国塑料城 PP-J340
（产地：扬子）价格走势

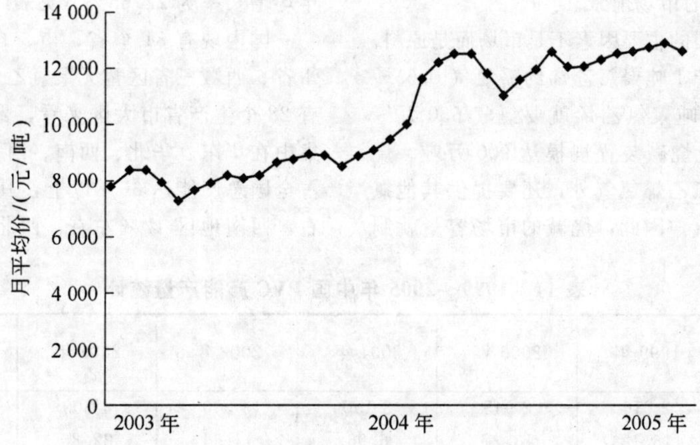

图 25　2003～2005 年余姚中国塑料城 PP 原料 K-8303
（产地：燕山石化）价格走势

近年来，原来一些沿海地区以电石为原料的聚氯乙烯生产企业，为了节能和降低成本，采用进口二氯乙烷为原料，将二氯乙烷裂解为氯乙烯来生产聚氯乙烯，以增加聚氯乙烯的产量。裂解出的氯化氢还可供给电石乙炔去生产氯乙烯，可以免掉氯碱装置的配套，还能降低建设投资。近三年来，国际油价居高不下，带动乙烯成本不断攀升，乙烯氧氯化法聚氯乙烯的生产成本也大幅上涨。

由于聚氯乙烯价格的上涨，增大了聚氯乙烯的利润空间。因此，近两年来各地都在纷纷建设聚氯乙烯生产装置，由于乙烯法生产成本不断上涨，因此电石法聚氯乙烯生产装置拟建项目逐渐增多。

PVC需求增长的主要原因是建筑行业的发展，建筑行业对PVC的需求量将占总需求量的60%以上，我国居民住宅的建设（尤其是今后广大农村住宅的改造和建设）和持续的工业化进程都将极大地推动聚氯乙烯树脂工业及其加工的发展。目前我国正在发展的是大口径管材、家用耐热制品（如车辆防锈涂料、计算机外壳、护墙板、窗型材）、纤维增强的制品（如管材、机箱等阻燃制品）以及用于包装的硬片膜制品。这些大都是聚氯乙烯通用树脂，随着各种复合增塑剂、复合阻燃剂、耐热改性剂、冲击改性剂的发展，进一步提高聚氯乙烯树脂的物理性能，聚氯乙烯的应用领域也将不断扩大，并为聚氯乙烯制品打开更大的市场。如耐热电于电器专用料，耐冲击瓶料，鞋用PVC合金，医用PVC合金，阻燃无铅-钙PVC电线电缆复合料，耐辐射、抗静电PVC合金，纤维增强PVC合金等专用料都是当前很需要的聚氯乙烯材料。

PVC糊用及掺混树脂、特种糊用树脂、氯乙烯-醋酸乙烯共聚树脂、粉末涂料用PVC专用树脂料、消光专用树脂、溶液聚合型共聚树脂、弹性体专用PVC树脂等都有广泛的市场前景。

制约聚氯乙烯发展的主要因素不是市场而是原料。

一是氯气。每生产1吨聚氯乙烯约需氯气0.65～0.7吨，生产1 000万吨聚氯乙烯就要氯气650万～700万吨，需配套建设烧碱装置规模达900万吨。烧碱装置除了要提供聚氯乙烯氯气外，还要提供其他氯化学品生产所需的氯气。因此，烧碱的市场容量就制约了氯气的供应，这也就制约了聚氯乙烯的发展。

二是乙烯。乙烯的主要原料是石油，我国石油资源缺口较大，不能满足乙烯生产的需求。据预测，我国乙烯今后的生产只能满足需求的一半。即使2010年有1500万吨乙烯提供，这些乙烯也主要是用于生产聚乙烯、聚苯乙烯等塑料及乙二醇等，用于生产聚氯乙烯的比例很低。

三是电石。以电石为原料生产聚氯乙烯在技术和经济上都比较落后，但由于我国缺油严重，乙烯供应严重不足，被迫采用以电石为原料生产聚氯乙烯。近年来，原油价格暴涨，并且长期在高价位浮动，促使乙烯价格上涨，聚氯乙烯的价格也随之上升，给电石法聚氯乙烯增加了盈利的空间，推动了近年电石路线生产装置建设的高潮。但是生产电石需要耗大量的电力（1吨电石约要消耗电3 300～3 500千瓦·时），它必须在有大量廉价电力供应的地方才具有大规模生产的条件。

当前，正是聚氯乙烯产品结构调整的关键时期。电石法聚氯乙烯由于过去烧碱装置生产分布比较散、规模也小，造成其成本高、污染较严重。国家多次制定政策希望解决这一问题，但成效不大。这一轮各地大规模建设聚氯乙烯装置，尤其是西部煤电丰富的地区，建设了一批规模较大的氯碱、电石和聚氯乙烯生产装置，既能突显地区能源优势，又对那些没有煤电优势的成本高、污染大的小电石和聚氯乙烯生产装有一定的冲击力，促进了我国聚氯乙烯规模和区域分布的调整。

2005年PVC生产能力突破800万吨大关，产量突破600万吨大关。

1998～2004年产量增长了210.31%，年均增长率为20.77%；1999～2005年产量增长了240.47%，年均增长率为22.65%（见表11和图26）。

国内现有31个省、市、自治区中，海南省、贵州省、西藏三省区暂无聚氯乙烯树脂生产。从国内现有28个生产省市大区来看，聚氯乙烯树脂产能主要集中在华东、华北、西南、西北四大区，华东七省市占全国总产能达36%以上，其次华北地区占19%左右，西南地区12%左右，西北地区占10%左右。四

表11　1999～2005年中国PVC产能产量统计

项目 \ 年份	1999年	2000年	2001年	2002年	2003年	2004年	2005年
产能/kt	2 610	2 945	3 150	3 500	4 300	6 300	8 200
年增长/%	15.18	13.27	6.96	11.11	22.86	23.26	30.16
产量/kt	1 906.8	2 397.2	2 876.8	3 389.0	4 007.0	5 032.0	6 492.0
年增长/%	23.36	25.72	20.01	17.80	18.24	25.58	29.01
开工率/%	76.27	81.40	91.33	96.82	93.19	79.84	79.17

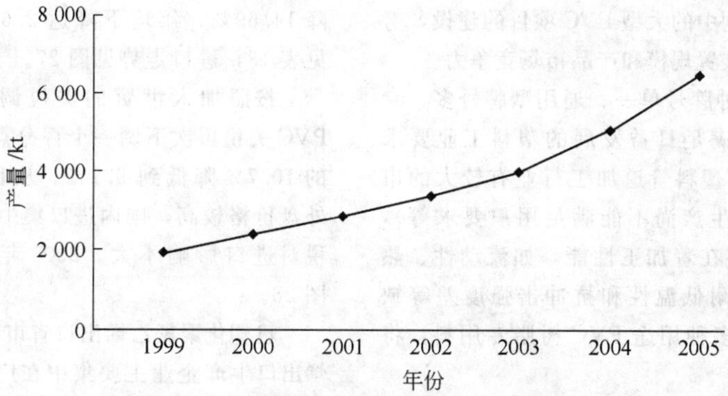

图 26 1999～2005 年中国 PVC 产量走势

表 12 2005 年 1～12 月国内主要 PVC 生产地区产量统计

地区	产量		比同期增长		地区	产量		比同期增长	
	2005 年/万吨	12 月/万吨	2004 年/%	12 月/%		2005 年/万吨	12 月/万吨	2004 年/%	12 月/%
全国	649.20	61.02	27.60	30.20	北京	14.30	1.37	－11.20	3.00
山东	91.61	8.45	105.40	23.00	浙江	13.51	1.12	5.00	51.40
天津	88.17	8.18	8.20	18.00	福建	11.18	0.79	－5.70	－25.50
江苏	74.92	6.31	10.70	14.50	湖南	10.89	0.95	41.10	41.80
四川	60.77	6.75	46.80	69.60	黑龙江	10.23	0.94	8.00	8.00
河北	41.10	2.99	－0.90	－9.40	广东	9.58	0.61	9.00	41.90
新疆	33.04	3.65	84.10	116.00	安徽	7.90	0.72	10.80	7.50
上海	32.64	3.22	－4.50	49.10	广西	7.74	1.03	21.90	94.30
河南	30.37	3.02	38.90	30.70	陕西	4.68	0.46	5.20	7.00
山西	26.02	2.24	64.40	18.50	云南	3.06	0.27	13.30	80.00
内蒙古	18.74	2.12	64.20	37.70	江西	2.87	0.23	－2.00	－4.20
宁夏	17.91	2.24	46.70	117.50	吉林	2.59	0.19	144.30	－34.50
辽宁	17.30	1.66	2.10	14.50	青海	0.92	0.09	－10.70	0.00
湖北	17.11	1.41	84.40	80.80	重庆	0.05	0.01	150.00	0.00

大区占全国总产能 77%左右，全国六成以上的聚氯乙烯树脂产能集中在东部沿海地区。2005 年 1～12 月国内主要 PVC 生产地区产量统计见表 12。

虽然目前我国生产聚氯乙烯的公司已经达到 70 余家，年生产量也突破了 600 万吨，成为世界第二大聚氯乙烯生产国。但就目前聚氯乙烯行业现状看，还存在以下问题。

① 与发达国家相比，生产技术较为落后　主要表现在生产工艺落后，低端产品所占比例较高。目前，我国 PVC 生产主要有以下三种方法，即直接用乙烯为原料生产 PVC、以电石法生产 PVC、进口 VCM 生产 PVC 及进口 EDC 生产 PVC，三种方法生产的聚氯乙烯产量各占 1/3。由于电石法需要耗费大量的煤炭、电力，并且污染程度很大，在国外已经淘汰。我国今后也应该逐渐淘汰电石法，提高乙烯法和单体法的比例，控制电石法原料路线的发展，促进我国现有 PVC 装置原料路线的转换。应鼓励现有的电石法生产企业努力采用新技术，降低生产成本，并加强环境保护。对一些地域条件好的企业，可以考虑引进 EDC、VCM 生产工艺。乘我国大力开发推广使用天然气的有利时机，深入研究利用天然气改变 PVC 原料路线的可行性及对策措施。另外，也应考虑采用新技术充分利用副产品 HCl 资源，生产聚氯乙烯树脂。

② 企业装置能力较低、品种单一　就目前产能规模来看，年生产能力超过 20 万吨的企业太少，聚氯乙烯树脂生产装置平均规模只有 4.6 万吨，企业规模小、集中度低、竞争力差。而国外聚氯乙烯平均装置规模为 15～20 万吨，最大装置规模在 100 万吨以上。如美国平均装置规模为 30 万吨，日本平均装置规模为 15 万吨以上，我国台湾台塑集团在台湾装置能力为 129 万吨，占台湾总生产能力 166 万吨的 78%。

在今后的发展中，一方面要严格控制无市场竞争力的项目建设，按国家产业政策、环保等有关规定关停和按市场运行规律自然淘汰一些能耗高、污染大、成本高的小型 PVC 生产装置；另一方面也应鼓励在资源合理配置的基础上实行跨行业、跨部门的横向联合，同时加快我国正在规划中的大型 PVC 项目的建设，努力提高我国现有生产装置规模和产品市场竞争力。

还要尽快改变品种牌号单一、通用型牌号多、专用型牌号少的局面。满足日益发展的塑料工业要求（如管材专用树脂，在塑料管道加工行业有较大的市场需求，但我国树脂生产尚不能满足用户要求等），纯 PVC 树脂本身也存在着加工性能，如流动性、热稳定性、耐高温性、耐低温性和抗冲击强度差等缺点。因此引进和开发多种用途 PVC 树脂专用料，将是今后一个发展重点。

对于 PVC 行业上市公司投资价值，可以从生产规模、净利润增长幅度、固定资产增长速度等指标进行判断，应重点关注那些 PVC 生产规模大、净利润增长迅速、固定资产规模扩大较快的公司。

2. 聚氯乙烯树脂进出口分析

1999～2005 年间，中国 VCM 聚合物净进口量下降 14.69%，年均下降达 2.61%。PVC 进出口统计见表 13，进口走势见图 27。

按照加入世贸的关税调整规定，2005 年进口 PVC 关税再次下调一个百分点，由 2004 年进口关税的 10.7%降低到 9.7%。从目前 PVC 外盘情况看，外盘价格较高，国内进口集中在核销用户上，下调关税对进口影响不大。2005 年聚氯乙烯进口走势见图 28。

已塑化聚氯乙烯出口省市有 16 家，已塑化聚氯乙烯出口生产企业主要集中在广东省，出口商有 65 家，占总出口商数量的 38.01%，出口数量 9 525 863kg，占总出口数量的 68.58%；其次为上海市，出口商有 17 家，占总出口商数量的 9.94%，出口数量 1 257 778kg，占总出口数量的 9.05%；浙江省出口商有 30 家，占总出口商数量的 17.54%，出口数量 1 087 487kg，占总出口数量的 7.83%；江苏省出口商有 21 家，占总出口商

表 13　1999～2005 年 PVC 树脂进出口统计　　单位：Mt

项　目		1999 年	2000 年	2001 年	2002 年	2003 年	2004 年	2005 年
PVC,不掺其他物质	进口	130.44	144.50	191.64	170.06	175.88	162.88	130.749
	出口	0.91	1.88	1.99	1.69	2.28	1.71	11.858 5
未塑化的 PVC	进口	43.64	40.45	51.45	47.33	44.68	37.30	24.384 6
	出口	0.13	0.18	0.20	0.24	0.24	0.32	0.649 6
已塑化 PVC	进口	5.65	7.46	7.70	7.76	8.69	10.85	10.993 4
	出口	1.99	2.02	1.43	1.85	2.66	2.31	2.449 1
氯乙烯-乙酸乙烯酯共聚物	进口	1.10	0.91	0.39	0.61	0.68	0.92	0.74
	出口	0.000 2	0.000 6	0.005 2	0.017	0.016	0.032	0.024
其他氯乙烯共聚物	进口	0.73	0.60	0.48	0.60	0.68	0.85	0.83
	出口	0.016	0.019	0.006 7	0.017	0.036	0.01	0.077
未列名的其他氯乙烯聚合物	进口	0.55	0.30	0.17	0.48	0.098	0.12	0.18
	出口	0.067	0.040	0.094	0.24	0.28	0.063	0.11
合　计	进口	182.11	190.22	251.66	226.84	230.71	212.92	167.87
	出口	3.12	4.14	3.63	4.054	5.512	4.445	15.17
净进口	合计	178.99	186.08	248.03	222.79	225.20	208.475	152.70
年增长/%		15.05	3.96	33.29	−10.18	1.08	−7.43	−26.76

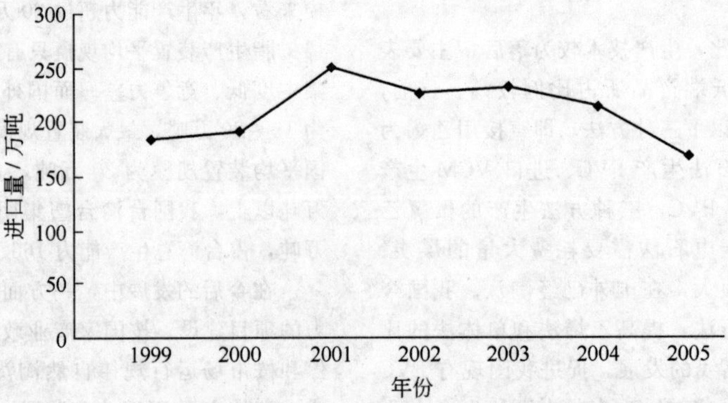

图 27　1999～2005 年 PVC 树脂总进口走势

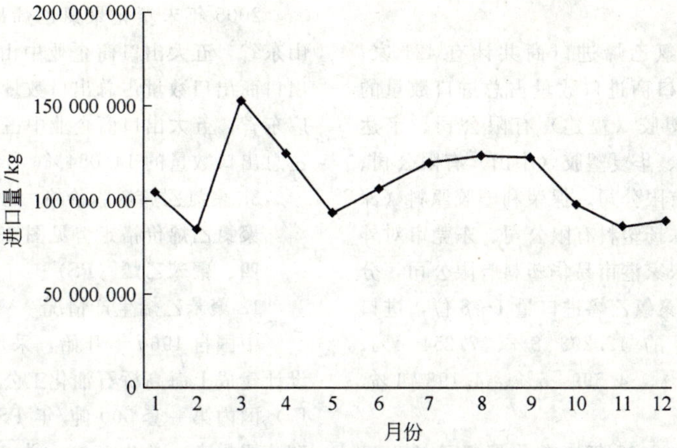

图 28 2005 年聚氯乙烯月进口走势

数量的 12.28%，出口数量 994 523kg，占总出口数量的 7.16%；辽宁省出口商有 14 家，占总出口商数量的 8.19%，出口数量 729 375kg，占总出口数量的 5.25%。

从海关统计中可看出，2005 年聚氯乙烯出口地有 71 个，主要出口地为印度（占 20.911 0%），其次为土耳其（13.359 8%）、中国香港（10.787 4%）、韩国（10.253 2%）、美国（8.058 0%）、埃及（7.999 8%）、阿拉伯联合酋长国（5.289 6%）、多米尼加共和国（2.908 0%），8 出口地 2005 年初级形状的聚氯乙烯出口量占总出口量的 79.566 8%。

从海关统计中可看出，2005 年未塑化聚氯乙烯进口地有 33 个，主要进口地为中国台湾省（占 41.965 3%），其次为韩国（20.167 6%）、日本（17.349 6%）、泰国（4.934 5%）、泰国（4.660 6%）、马来西亚（4.218 1%）、中国（1.772 0%）、印度尼西亚（1.424 1%），8 进口地进口量占总进口量的 96.491 8%。

从海关统计中可看出，2005 年未塑化聚氯乙烯出口地有 28 个，主要出口地为埃及（占 28.935 1%），其次为日本（13.825 8%）、印度（10.869 3%）、朝鲜（8.372 5%）、韩国（7.966 1%）、土耳其（6.245 5%）、南非（4.486 9%）、乌兹别克斯坦（4.100 5%），8 出口地 2005 年初级形状的未塑化聚氯乙烯出口量占总出口量的 84.8017%。

从海关统计中可看出，2005 年已塑化聚氯乙烯进口地有 36 个，主要进口地为中国台湾省（占 35.362 8%），其次为日本（12.571 8%）、中国香港（11.370 2%）、中国（7.658 9%）、新加坡（6.433 0%）、韩国（6.291 9%）、美国（5.210 2%）、泰国（5.010 1%），8 进口地进口量占总进口量的 89.908 9%。

从海关统计中可看出，2005 年已塑化聚氯乙烯出口地有 53 个，主要出口地为中国香港（占 55.507 2%），其次为澳门（6.372 8%）、印度尼西亚（3.666 4%）、尼日利亚（3.555 0%）、泰国（3.423 1%）、中国台湾省（3.391 5%）、印度（3.104 6%）、美国（2.857 8%），8 出口地 2005 年初级形状的已塑化聚氯乙烯出口量占总出口量的 81.878 1%。

从海关统计中可看出，2005 年聚氯乙烯进口地有 33 个，主要进口地为日本（占 34.496 1%），其次为中国台湾省（34.224 7%）、韩国（8.8373%）、美国（6.231 6%）、泰国（5.4616%）、印度尼西亚（3.527 3%）、俄罗斯联邦（3.253 0%）、马来西亚（1.257 4%），8 进口地进口量占总进口量的 97.289 0%。

2005 年聚氯乙烯进口商共计有1 128家，进口额最高的 10 位进口商进口数量占总进口数量的 31.430 7%。广州宏信塑胶工业有限公司、宇达（中国）投资有限公司、东莞市对外加工装配服务公司、东莞泛昌窗帘制品有限公司、深圳市龙岗区对外经济发展有限公司、深圳市宝安外经发展有限公司、广州宏纶新型材料有限公司、澄海市华翔塑胶有限公司，分别位居 2005 年初级形状的聚氯乙烯进口量 1～8 位，进口量分别占总进口量的 5.025 4%、4.938 0%、4.551 7%、3.262 8%、3.210 3%、2.433 1%、2.222 2%和 2.091 6%。

从海关资料来看，2005 年聚氯乙烯出口 118 585 吨，同比增长 594.21%；初级形状的聚氯乙烯出口商有 136 家，2005 年初级形状的聚氯乙烯 10 大出口商统计出口量占总出口量的 67.170 7%，25 大出口商中有上海氯碱化工股份有限公司、新疆天业对外贸易有限责任公司、苏州华苏塑料有限公司、天津乐金大沽化学有限公司、天津渤化化工进出口公司、湖北宜化集团有限责任公司、宜宾天原股份有限公司、中国石化国际事业有限公司、徐州润博电化有限公司、宁夏英力特化工股份有限公司、山东海化进出口有限公司、沈阳化工股份有限公司、沧州化学工业股份有限公司等 13 家是聚氯乙烯树脂原料生产集团，其余均为聚氯乙烯贸易商；出口口岸以上海口岸为主，其次为天津市口岸。

2005年未塑化聚氯乙烯进口商共计有421家，进口额最高的12位进口商进口数量占总进口数量的57.546 3%。太平洋塑胶（福建）有限公司、宇达（中国）投资有限公司、华夏塑胶（中山）有限公司、深圳市宝安外经发展有限公司、保荣利塑胶原料（深圳）有限公司、中山霖扬塑料有限公司、东莞市对外加工装配服务公司、张家港市易华塑料有限公司，分别位居2005年未塑化聚氯乙烯进口量1～8位，进口量分别占总进口量的12.293 8%、7.254 4%、5.714 1%、4.622 2%、4.599 5%、4.198 1%、3.880 8%和3.757 8%。

从海关资料来看，2005年未塑化聚氯乙烯出口6 496吨，同比增长103.00%；2005年初级形状的未塑化聚氯乙烯出口商有76家，2005年国内初级形状的未塑化聚氯乙烯五大出口商统计出口量占总出口量的73.309 8%，15大出口商中青岛海晶化工集团有限公司、沈阳化工股份有限公司两家是聚氯乙烯树脂原料生产集团，其余均为聚氯乙烯贸易商；出口口岸以山东省口岸为主，其次为广东省口岸。

2005年未塑化聚氯乙烯出口商企业主要集中在山东省，五大出口商企业中山东省有1家生产企业，出口商出口数量占总出口数量的52.605 1%；其次为广东省，五大出口商企业中占1家，出口商出口数量占总出口数量的14.054%。

3. 聚氯乙烯树脂价格

聚氯乙烯价格走势见图29和图30。

四、聚苯乙烯（PS）

1. 聚苯乙烯生产情况

中国自1960年开始，采用国内自行开发的技术设计建成上海高桥石油化工公司化工厂（原高桥化工厂）国内第一套500吨/年PS装置后，目前已有60套装置投产，总生产能力为1 320.00 kt，其中10kt以下的有33套，合计生产能力仅17.32万吨/年。

国内的PS装置开工率偏低，原因如下。

① 由于PS上游原料短缺（乙苯、苯乙烯国内资源少），造成开工不足；

② 由于进口冲击；

③ 小装置成本高，大部分处于停产或半停产状态。

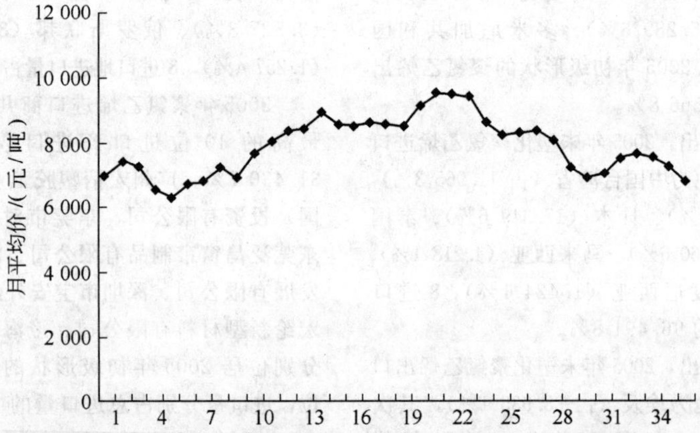

图29 2003～2005年中国塑料城WS800-1300（上氯）交易价的月平均价走势

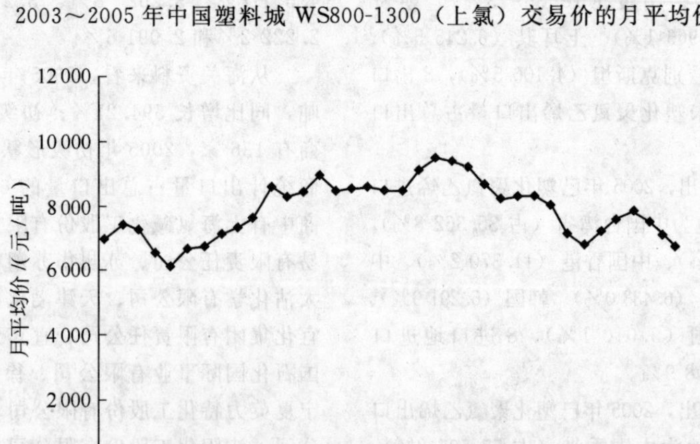

图30 2003～2005年中国塑料城S700-1300（齐鲁）交易价的月平均价走势

1997年中国PS生产能力不抵世界第三大PS生产厂商——美国Huntsman公司一家的生产能力。2002年中国最大的PS装置（中国台湾省除外）是1998年5月投产的镇江奇美化工有限公司年产15万吨装置，其次是扬子石化和BASF公司合资的14万吨/年（其中EPS 4万吨，GPPS 3万吨，HDPS 7万吨）。总的来说，中国PS装置规模偏小，1万吨以下装置占51%，23套小装置总能力仅7.12万吨仅占总能力的7.49%。1998年末中国平均PS单套装置能力为2.02万吨/年，1996年平均单套仅1.19万吨/年，二年间增长了69.75%，年均增长达34.875%。2004年平均单套为3.0万吨/年，1996～2004年间增长了152.10%，年均增长达12.25%。

2000年国内10万吨以上厂家仅三家（镇江奇美化工有限公司、扬子-BASF、汕头海洋集团公司），5万吨以上也仅五家（中石化湛江中美化工有限公司、燕山石化、独山子石化总厂、茂名石油化工公司、广州石油化工总厂），8家企业PS能力为65.8万吨，占全国总能力的58.80%。

随着南海石化预销售的展开，陶化张家港有限公司PS生产线的投产，汕头海洋第一聚苯树脂有限公司寻求合作伙伴等相关动态报道，业内人士认为中国大陆PS产业将呈现七雄逐鹿的局面；中国石油天然气集团公司、中国石油化工集团公司、中国海洋石油集团公司、镇江奇美化工有限公司、雪佛龙化工（张家港）有限公司、扬子巴斯夫有限公司、斯泰隆石化（张家港）有限公司。

中国石油化工集团公司包括湛江新中美、广石化、齐鲁石化和燕山石化，中国石油天然气股份公司包括抚顺石化、大庆石化和中国海洋石油集团包括中油三水和南海石化。

2003年，镇江奇美（年产30万吨）、雪佛龙（年产13万吨）、扬子巴斯夫（年产14万吨）、陶氏张家港（2002年投产，年产15万吨）4家含有外资成分的PS生产企业生产技术较先进，产品品质在大陆同行业中处于较高水平，加上资金雄厚，他们的投产及扩容计划将比较顺利，2002年外资PS企业年产能超过100万吨。而国内同行企业多数靠引进国外技术，相对技术和设备较为落后，产品档次较低。但华南地区的PS生产厂，如汕头海洋（年产15万吨）、湛江新中美（年产8万吨）、广石化（年产5万吨）和中油三水（年产6万吨），由于劳动力成本低廉，加上地处PS下游加工厂主要集中地，也形成一定规模。其中汕头海洋因规模较大，产品质量较好，具有完善的销售网络，在市场中占据一定优势。中油三水自2004年3月投产以来，产品质量不断提高，也有后来居上之势。总的来看，国内PS市场已形成南北对峙的局面。

通用级聚苯乙烯（GPPS），抗冲级聚苯乙烯（HIPS）生产能力和产量表14，产量走势见图31。

2004～2005年聚苯乙烯主要生产商产能产量统计见表15。

2001年11月，我国加入WTO，这对我国PS行

表14　1998～2005年国内PS生产能力和产量表

项目＼年份	1998年	1999年	2000年	2001年	2002年	2003年	2004年	2005年
生产能力/万吨	91.08	111.92	132.0	132.0	132.0	160.00	220.00	250.00
产量/吨	581 000	685 000	980 000	1 060 000	1 080 000	1 301 600	1 480 000	1 560 000
开工率/%	63.79	61.20	74.00	80.30	81.82	81.35	67.27	62.40
年增长率/%	76.29	17.90	43.07	8.16	1.89	20.52	13.71	5.41

注：能力中停产与EPS装置除外，镇江奇美公司等不报统计，故只能估算。

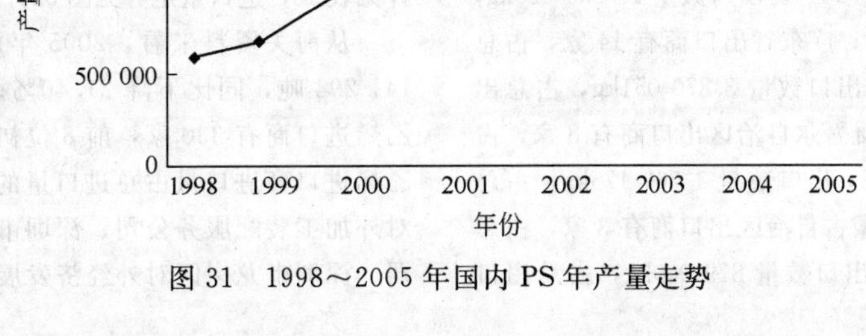

图31　1998～2005年国内PS年产量走势

表 15　2004～2005 年聚苯乙烯主要生产商产能产量统计

主要生产厂商	2005 年产量/万吨	2004 年		
		产能/万吨	产量/万吨	开工率/%
镇江奇美化工有限公司	36.00	36.00	18.83	52.22
扬子巴斯夫苯乙烯有限公司	20.00	20.00	20.13	84.00
汕头海洋第一聚苯树脂有限公司	15.00	15.00	11.363	90.00
湛江新中美化工有限公司	8.00	8.00	7.20	90.00
中石化燕山石化公司	5.00	5.00	5.20	104.00
中石化广州石化公司	5.00	5.00	4.60	92.00
中石油抚顺石化公司	2.00	2.00	1.50	75.00
齐鲁石化股份公司塑料厂	3.60	3.60	2.30	63.89
阿托菲纳(三水)聚苯乙烯有限公司	10.00	10.00	8.50	85.00
陶氏斯泰隆石工(张家港)有限公司	12.00	12.00	10.80	90.00
雪佛龙菲利浦斯化工(张家港)有限公司	12.00	12.00	11.20	93.33
泉州泉港海洋聚苯树脂有限公司	12.00	12.00	9.60	80.00
无锡伟达有限公司	18.00	18.00	3.50	19.44
上海赛科石油化工有限责任公司	30.00	—	—	—
全国总计	250.00	220.00	148.00	67.27

业产生巨大影响。一方面，入世后，随着 SM 关税的降低（到 2005 年，关税从 6.6%降为 2%），原料成本降低，PS 生产成本将降低。另一方面，随 PS 关税的降低（2005 年关税降为 9.7%；到 2008 年，关税从 9.70%降为 6.5%），进口低价料将大量涌入国内市场，市场竞争将更为激烈。

据悉，我国聚苯乙烯市场曾一度依赖进口。20 世纪 90 年代，汕头海洋、湛江中美、广州石化等厂家开始引进国外技术，建设聚苯乙烯生产装置。唯独福建泉州肖厝（泉港）海洋聚苯树脂有限公司的年产 10 万吨 PS 工程，是采用国内开发的专有技术设计建设的大型聚苯乙烯项目。工程设计采用当今世界先进的连续本体聚合法工艺，具有流程短、产品质量稳定、能耗低、环境污染小等优点。

2005 年年底，国内 EPS 产能达 150 万吨。2005 年 1～12 月 EPS 出口省市有 17 家，2005 年 1～12 月 EPS 出口企业主要集中在江苏省，出口商有 12 家，占总出口商数量的 15.38%，出口数量 46 934 595kg，占总出口数量的 63.59%；其次为浙江省，出口商有 4 家，占总出口商数量的 5.13%，出口数量 19 250 220kg，占总出口数量的 26.08%；广东省出口商有 14 家，占总出口商数量的 17.95%，出口数量 3 870 051kg，占总出口数量的 5.24%；新疆维吾尔自治区出口商有 8 家，占总出口商数量的 10.26%，出口数量 1 769 175kg，占总出口数量的 2.40%；内蒙古自治区出口商有 3 家，占总出口商数量的 3.85%，出口数量 879 000kg，占总出口数量的 1.19%。

五省市出口商小计有 41 家，占总出口商数量的 52.56%，出口数量占 2005 年 1～12 月 EPS 总出口数量的 98.50%。

从海关资料来看，2005 年 EPS 出口商有 78 家，2005 年 EPS 国内 25 大出口商中生产企业有九家，仅有江阴新和桥化工有限公司、宁波新桥化工有限公司、无锡兴达泡塑新材料有限公司、江阴新龙门塑料有限公司、台达化工（中山）有限公司、扬子巴斯夫苯乙烯系列有限公司六家是 EPS 生产企业，其余均为 EPS 改性生产企业及聚苯乙烯贸易商，出口企业以私企、外商独资和合资为主；出口口岸以江苏省口岸为主，其次为浙江省口岸。

2005 年 EPS 9 大出口生产企业出口量占总出口量的 73.976 8%。

2. 聚苯乙烯进出口分析

中国近几年国内自给率仅在 45%以下，大部分 PS 资源靠进口。2000～2005 年国内进口量年均增长率为 −0.76%，平均进口单价年均增长率为 4.94%。进出口统计见表 16，进口量走势见图 32，出口量走势见图 33。

从海关资料来看，2005 年可发性聚苯乙烯进口 141 294 吨，同比下降 21.40%；2005 年可发性聚苯乙烯进口商有 330 家，前 8 位初级形状的可发性聚苯乙烯进口商进口量占总进口量的 55.495 9%，东莞市对外加工装配服务公司、深圳市宝安外经发展有限公司、深圳市龙岗区对外经济发展有限公司、佛山市三

表 16　2000～2005 年 PS 进出口统计

项目＼年份	2000 年	2001 年	2002 年	2003 年	2004 年	2005 年
进口量/t	1 329 618	1 368 359	1 453 087	1 386 228	1 382 792	1 280 161
年增长率/%	3.43	2.91	6.19	－4.60	－0.25	－7.42
进口金额/万美元	105 834.61	106 720.94	116 519.79	115 605.55	127 077.69	129 688.40
年平均进口单价/(美元/t)	795.98	779.92	801.88	833.96	918.99	1 013.06
年增长率/%	10.77	－2.02	2.82	4.00	10.20	10.24
出口量/t	51 887	32 414	18 271	19 379	32 689	51 989
年增长率/%	192.88	－37.53	－43.63	6.06	68.68	59.04
出口金额/万美元	4 620.71	2 640.98	1 634.19	1 901.05	4 022.30	6 273.43
年平均出口单价/(美元/ t)	890.53	814.77	894.42	980.98	1 230.48	1 206.68
年增长率/%	20.61	－8.51	9.78	9.68	25.43	－1.93
净进口量/t	1 277 731	1 335 945	1 434 816	1 366 849	1 350 103	1 228 172
年增长率/%	1.04	4.56	7.40	－4.74	－1.23	－9.03

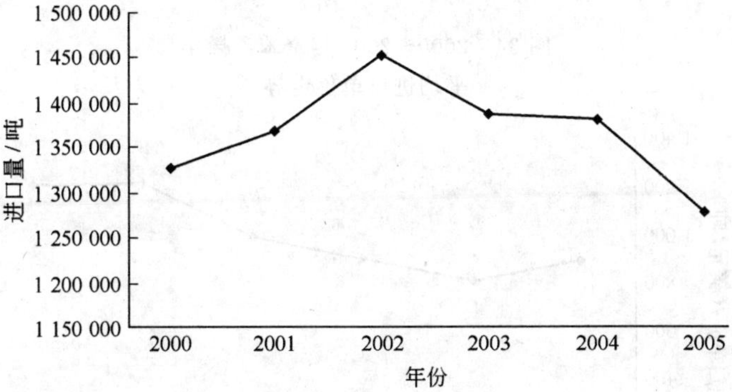

图 32　2000～2005 年 PS 年进口量走势

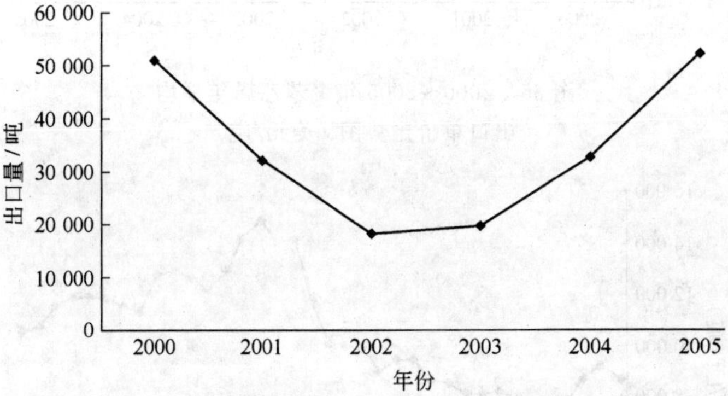

图 33　2000～2005 年 PS 年出口量走势

水南威塑胶电子制品有限公司、东莞新航包装材料有限公司、福清永大塑胶有限公司、东莞万顺发泡胶有限公司、怡丰发泡胶厂（东莞）有限公司，分别位居 2005 年可发性聚苯乙烯进口量 1～8 位，进口量分别占总进口量的 19.323 4%、11.839 5%、11.153 7%、4.856 2%、2.593 9%、2.263 4%、1.734 0% 和 1.731 8%。

3. 聚苯乙烯树脂价格

从资料中看出，中国 PS 国内自给率均在 20% 以下，仅 1996 年高于 4.73 个百分点，但按实际上年库存结转 20 余万吨计算也在 20% 以下自给率。因此国内 PS 市场价取决于国际市场价及进口量。2000～2005 年聚苯乙烯年平均进口单价见表 17，进出口单价走势见图 34～图 46。

表 17　2000～2005 年聚苯乙烯年平均进口单价表

项目 \ 年份	2000 年	2001 年	2002 年	2003 年	2004 年	2005 年
年平均进口单价/(美元/吨)	795.98	779.92	801.88	833.96	918.99	1 013.06
年平均出口单价/(美元/吨)	890.53	814.77	894.42	980.98	1 230.48	1 206.68

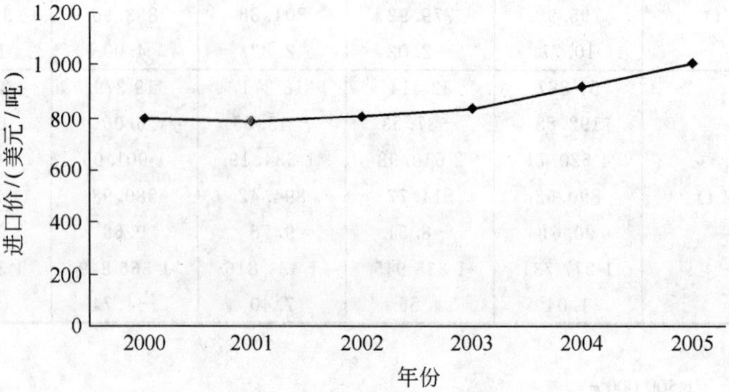

图 34　2000～2005 年聚苯乙烯年平均进口单价走势

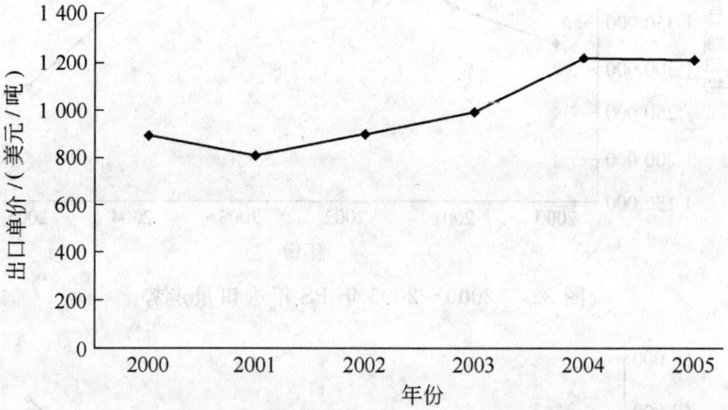

图 35　2000～2005 年聚苯乙烯年平均出口单价走势图（美元/吨）

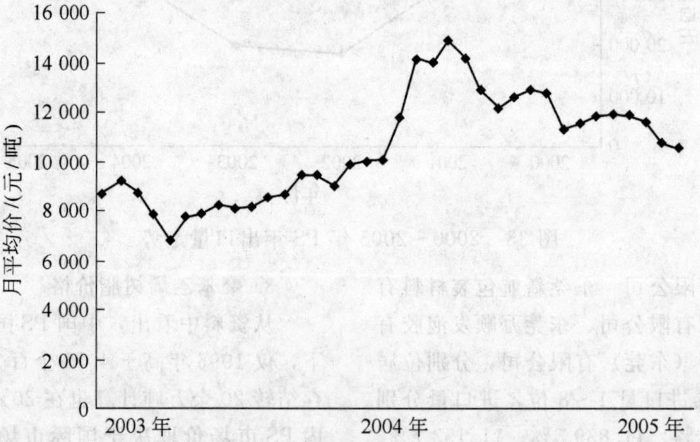

图 36　2003～2005 年余姚中国塑料城 PS 原料 GPPS-666D（产地：燕山）价格走势

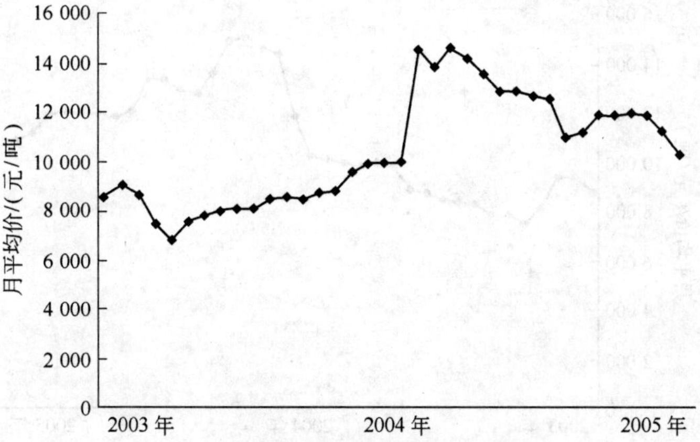

图 37 2003～2005 年余姚中国塑料城 PS 原料 GPPS-525（产地：盘锦）价格走势

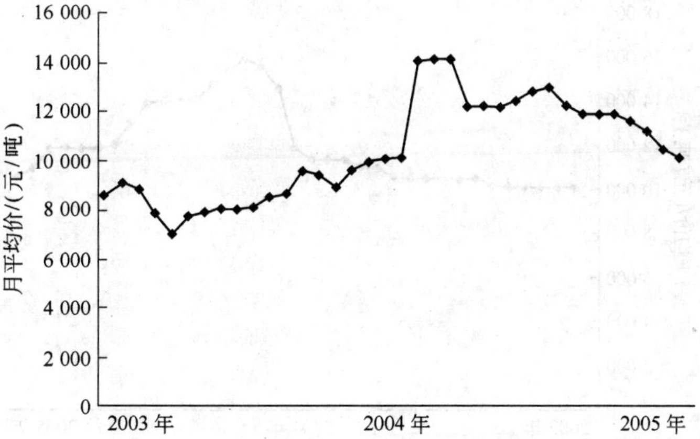

图 38 2003～2005 年余姚中国塑料城 PS 原料 GPPS-200D（产地：大庆）价格走势

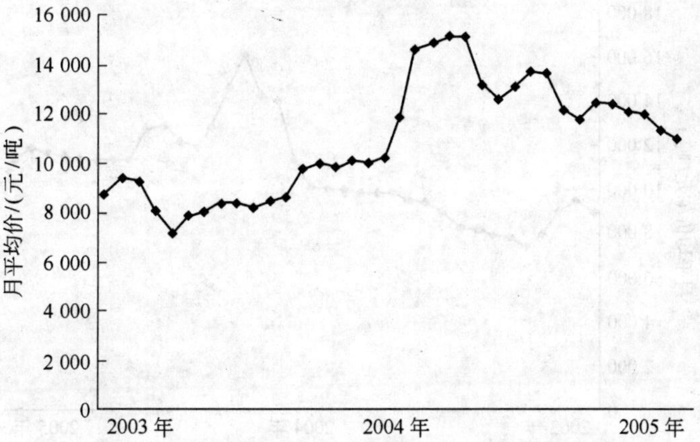

图 39 2003～2005 年余姚中国塑料城 PS 原料 GPPS-158K（产地：扬巴）价格走势

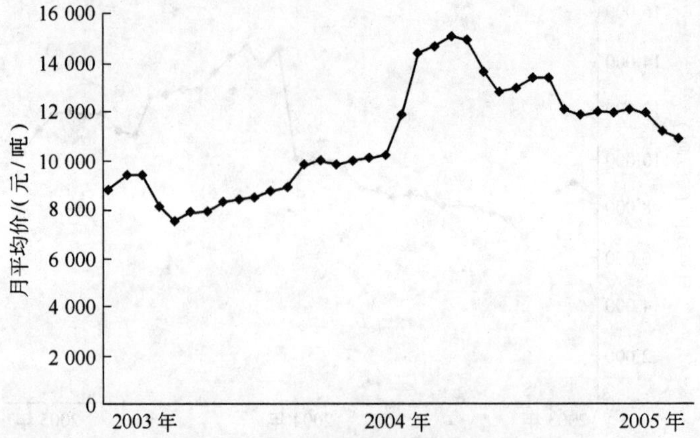

图 40　2003～2005 年余姚中国塑料城 PS 原料 GPPS-PG33（产地：镇江）价格走势

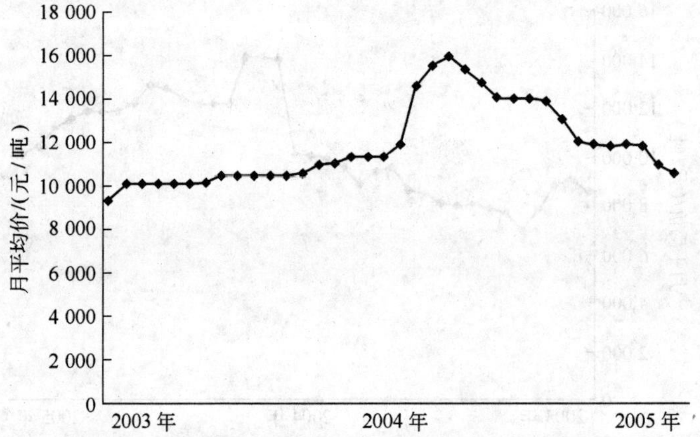

图 41　2003～2005 年余姚中国塑料城 PS 原料 GPPS-666H（产地：美道氏）价格走势

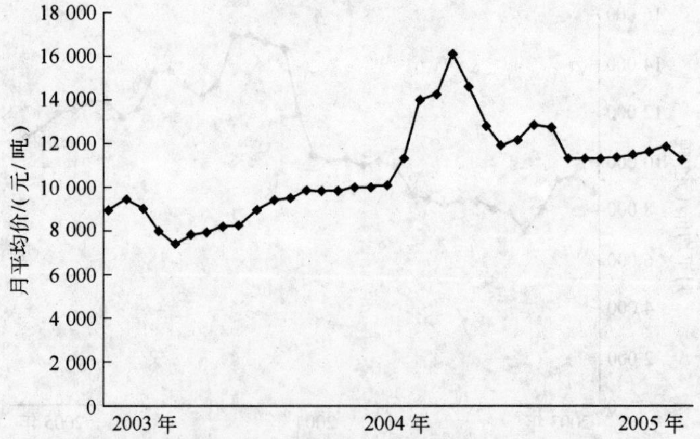

图 42　2003～2005 年余姚中国塑料城 PS 原料 HIPS-825（产地：盘锦）价格走势

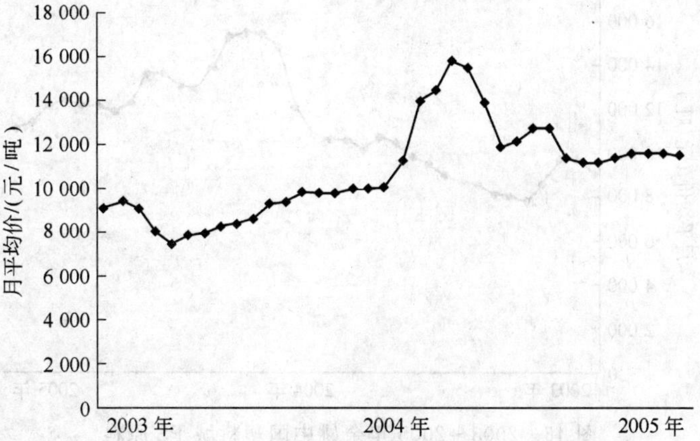

图 43 2003～2005 年余姚中国塑料城 PS 原料 HIPS-825（产地：抚顺）价格走势

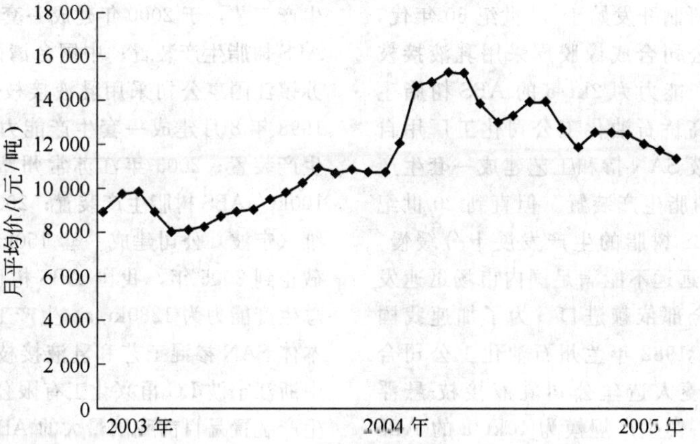

图 44 2003～2005 年余姚中国塑料城 PS 原料 HIPS-476L（产地：扬巴）价格走势

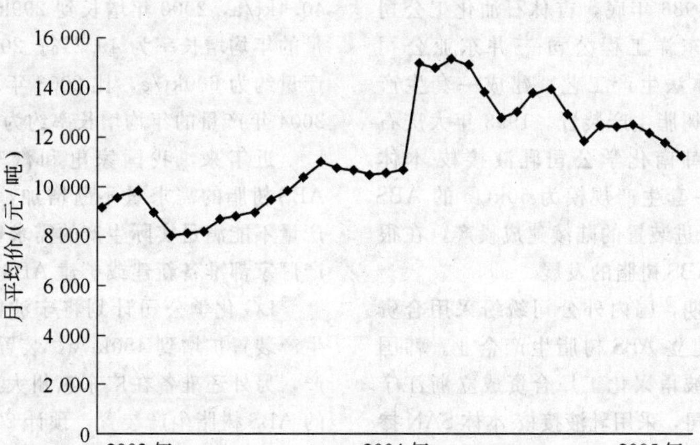

图 45 2003～2005 年余姚中国塑料城 PS 原料 HIPS-466F（产地：扬巴）价格走势

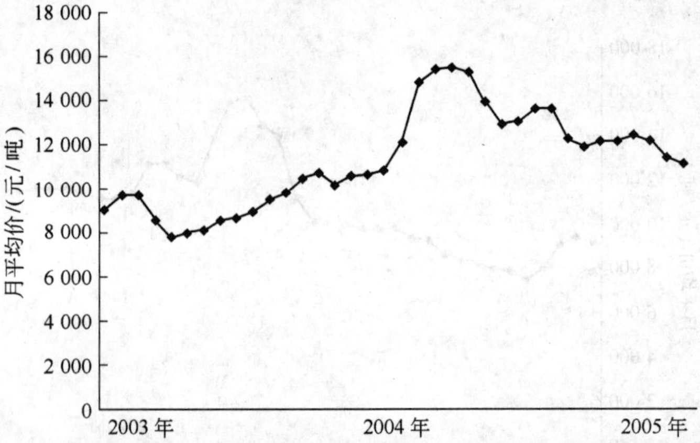

图 46　2003～2005 年余姚中国塑料城 PS 原料 HIPS-PH88（产地：镇江）价格走势

五、ABS

1. ABS 生产情况

我国 ABS 树脂的研制开发始于 20 世纪 60 年代，1975 年兰州石油化工公司合成橡胶厂采用乳液接枝法建成我国第一套生产能力为 2kt/a 的 ABS 树脂生产装置。1978 年上海高桥石油化工公司化工厂用自己开发的乳液接枝-乳液 SAN 掺和工艺建成一套生产能力为 2kt/a 的 ABS 树脂生产装置。但直到 20 世纪 80 年代初期，我国 ABS 树脂的生产发展十分缓慢，产量只有 3kt/a 左右，远远不能满足国内市场迅速发展的要求，产品几乎全部依赖进口。为了加速我国 ABS 树脂的生产步伐，1982 年兰州石油化工公司合成橡胶厂引进日本三菱人造丝公司乳液接枝-悬浮 SAN 掺和工艺，建成一套生产规模为 10kt/a 的 ABS 树脂生产装置。1983 年上海高桥石油化工公司化工厂引进美国钢铁公司（USS）乳液接枝-乳液 SAN 掺和工艺，建成一套生产规模为 20kt/a 的 ABS 树脂生产装置（现已停产）。1986 年底，吉林石油化工公司合成树脂厂引进日本东洋工程公司-三井东亚公司（TEC-MTC）连续本体法生产工艺，建成一套生产规模为 10kt/a 的 ABS 树脂生产装置。1993 年大庆石油化工总厂引进韩国韩南化学公司乳液接枝-本体 SAN 掺和工艺，建成一套生产规模为 50kt/a 的 ABS 树脂生产装置，这些引进装置的陆续建成投产，在很大程度上促进了我国 ABS 树脂的发展。

20 世纪 90 年代后期，国内外公司纷纷采用合资或独资的方法在我国建立 ABS 树脂生产企业。韩国 LG 化学公司与浙江宁波甬兴化工厂合资成立浙江宁波甬兴 LG 化学有限公司，采用乳液接枝-本体 SAN 掺混法生产工艺，于 1998 年 7 月建成一套生产能力为 50kt/a 的 ABS 树脂生产装置，2002 年将生产能力扩大到 150kt/a，2004 年生产能力达到 300kt/a；中国台湾奇美公司、三菱化学、中轻原料和大港开发公司合资建设的江苏镇江奇美公司，采用乳液接枝-本体掺混法生产工艺，于 2000 年建成一套生产能力为 250kt/a 的 ABS 树脂生产装置；中国台湾国乔石化公司独资的江苏镇江国亨公司采用乳液接枝-本体 SAN 掺混法，于 1998 年 8 月建成一套生产能力为 40kt/a 的 ABS 树脂生产装置；2003 年江苏常州塑料集团公司新建一套 100kt/aABS 树脂生产装置；2004 年中国台湾化学和纤维（宁波）公司建成一套 150kt/aABS 树脂生产装置。截止到 2005 年，我国 ABS 树脂的生产厂家有 9 家，总生产能力为 1280kt/a，生产工艺主要采用乳液接枝-本体 SAN 掺混工艺和乳液接枝悬浮 SAN 掺混法。其中浙江宁波 LG 甬兴化工有限公司的 300kt/aABS 树脂生产装置是目前我国最大的 ABS 树脂生产装置，生产能力约占国内总生产能力的 23.4%。

随着我国 ABS 树脂生产能力的不断扩大，产量也不断增加，1995 年我国 ABS 树脂的产量只有 40.4kt/a，2000 年增长到 299kt/a，1995～2000 年产量的年均增长率为 49.2%；2004 年我国 ABS 树脂的产量约为 600kt/a，比 2003 年增长约 9.1%，1999～2004 年产量的年均增长率约为 34.7%。

近年来，我国家电和汽车工业的不断发展对 ABS 树脂的需求量不断增加，而目前的生产能力和产量不能满足实际生产的需求，因此，国内外许多生产厂家都准备新建或扩建 ABS 树脂生产装置。

LG 化学公司计划将宁波的 300kt/a，ABS 树脂生产装置扩增到 450kt/a，装置将于 2006 年下半年投产，另外还准备在广东惠州大亚湾新建一套 200kt/a 的 ABS 树脂生产装置，预计 2008 年建成投产；中国台湾台达公司将在珠海投资 1 亿美元，建设一套 150kt/a 的 ABS 树脂生产装置；新湖（常州）石化有限公司计划在 2006 年将现有的 100kt/a 生产装置扩产到200kt/a；中国台湾奇美公司拟在镇江兴建的250kt/a ABS树脂装置投产后再继续建设500kt/a的第二期工程，最终使该公司在大陆的生产能力达到1000kt/a；中国台湾中油公司拟与中石化合资在上海漕泾建设100kt/aABS树脂装置；中国台湾化学和纤维（宁波）公司拟将现有装置生产能力扩建到250kt/a；巴斯夫公司计划在中国建设160kt/a生产装置；拜尔公司考虑在中国建设100kt/aABS树脂生产装置；中国台湾国亨石化公司计划在2006年将其生产能力扩大到250kt/a。

中国石油化工股份有限公司上海高桥分公司拟采用美国陶氏化学公司提供的连续本体聚合工艺技术，投资15.6亿元新建一套200kt/a ABS树脂生产装置，目前已经开工建设；中化国际在太仓工业园区的60kt/a ABS树脂项目已开工建设，到2010年生产能力将达到500kt/a；中石油吉林石油化工公司合成树脂厂准备在现有180kt/a产能基础上，再新建1套300kt/a装置；盘锦乙烯工业公司拟将现在的50kt/a产能扩大到150kt/a；大庆石油化工总厂拟将现有装置生产能力扩建到120kt/a；天津大沽化工公司拟在2008年新建一套200kt/a生产装置。预计到2006年我国ABS树脂的总生产能力将达到约1800kt/a，2010年生产能力将达到约3400kt/a。

近年来，随着家电工业和汽车工业的迅猛发展，我国ABS树脂的消费量增长很快。1995我国ABS树脂的表观消费量为836.7kt/a，2000年增加到1741.1kt/a，1995～2000年表观消费量的年均增长率约为15.78%。2003年我国ABS树脂的表观消费量为2319kt/a，2004年达到2563kt/a，比2003年增长约10.52%，1999～2004年表观消费量的年均增长率约为11.56%。

我国ABS树脂产品高度集中在电子/电器配件上，如电冰箱、电视机、电话、办公机械以及其他小家电等，约占总消费量的80%左右，玩具和汽车配件各占10%。近年来，我国ABS树脂消费市场重心正在逐步转移，汽车、电子等产业的兴起将使ABS树脂的市场格局呈现新的变化。多年以来，家电在我国ABS树脂消费中所占比例一直居高不下，但目前这一消费比例呈逐渐下降趋势。由于国内电视机、洗衣机等家电市场供大于求，加之改性聚丙烯等替代品的渗透和覆盖，ABS树脂在大型家电市场的消费量正在减少，而ABS树脂在小家电、办公设备产品和交通运输业等消费市场的应用正在悄然升温。预计ABS树脂在交通运输业领域的应用也将有较大潜力，汽车、摩托车生产和消费的大幅度提速，将使汽车内饰件制品成为ABS树脂市场新的消费亮点，游艇和活动房屋等休闲用品也为ABS树脂市场打开了新的销路。此外，ABS树脂在管材和管件等建材、医疗器械和合金共混物的应用上也有着良好的市场前景。

受我国居民消费结构改变、出口加工贸易和汽车产业发展的整体拉动，预计2006～2009年我国ABS树脂需求量的年均增长率将达到约9%，2009～2015年需求量的年均增长率将达到约6%，到2009年，我国ABS树脂市场的总需求量将达到约3 900kt/a，2015年总消费量将达到约4 900kt/a。

我国的ABS企业规模化不足，截止2003年，我国ABS树脂扩能生产企业有9家，总能力只有116万吨，其中浙江宁波LG甬兴化工公司的30万吨/年装置是目前国内规模最大的ABS树脂生产装置。

中国ABS市场到2005年的年均增长率为8.2%，2005年，中国ABS生产量约达120万吨，而需求将高达282万吨。

目前，中国已有ABS生产厂（含掺混厂）近100家，2003年末ABS树脂生产能力为116.00千吨。详见表。其中掺混和改性ABS厂26家，生产能力为177.80千吨/年。

中国的ABS树脂生产能力还很低，1998年仅占世界总能力的6.17%左右，2004年中国的ABS树脂生产能力占世界总能力的14.80%左右，但消费量已占世界总消费量的30%，已成为全球最大的ABS消费国。

1993～1999年间，ABS产量年均增长为43.09%。由于上报统计企业仅50%左右，故很难较精确计算ABS树脂国内产量，由于LG宁波生产厂扩产成功，镇江国乔厂正常生产，镇江奇美厂第一期工程投产，2000年国内产量在30～33万吨上下，2001年产量超过40万吨。1999～2005年ABS产量年均增长约为29.59%，统计见表18，产量走势见图47。

表18　1999～2005年ABS近年产量统计

项　目	1999年	2000年	2001年	2002年	2003年	2004年	2005年
生产能力/吨	370 000	400 000	450 000	600 000	1 160 000	1 450 000	1 410 000
产量/吨	244 900	320 000	410 000	521 000	928 000	1 020 000	1 160 000
开工率/%	66.19	80.00	91.10	86.83	80.00	70.34	82.27
年产量增长率/%	23.81	30.67	28.13	27.07	78.12	9.91	13.73

注：产量包括物理掺混厂产量。资料来源1997～1998年为国家统计局统计汇总，1999～2005年为笔者估算。

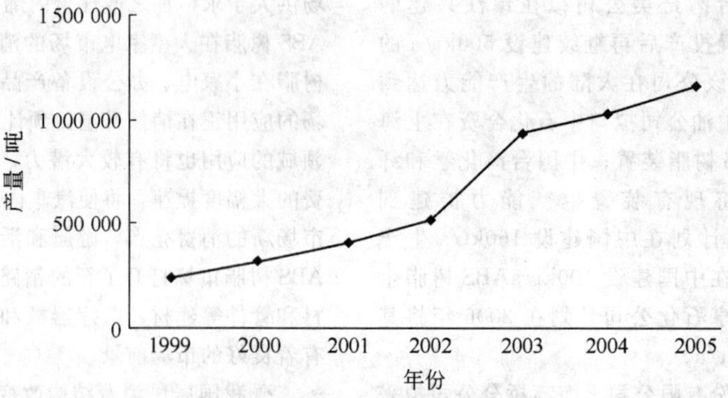

图 47　1999～2005 年 ABS 产量走势

吉林石化 ABS 生产装置是其年产 30 万吨乙烯工程配套项目之一，1997 年建成投产，原年设计能力为 10 万吨。2001 年 6 月份，吉林石化分公司对该装置进行了第一次扩能改造，使其年生产能力达到 16 万吨。为进一步扩大 ABS 产品的生产规模，降低生产成本，发挥装置的最大潜能，

ABS 装置扩能改造是吉林石化分公司继年产 100 万吨的延迟焦化装置、年产 120 万吨的柴油加氢精制装置、年产 28 万吨的聚乙烯装置、年产 7 万吨的苯胺装置建成投产后的又一重大技术改造项目，改造后的 ABS 装置生产工艺得到了全面优化，综合能耗、三大原料消耗等考核指标达到国内先进水平，成为吉林石化又一新的效益增长点。

江苏省镇江国亨塑胶有限公司年产 11 万吨 ABS 工程 2003 年顺利通过消防、环保等部门组织的竣工验收。至此，国亨塑胶公司二期工程已经进入运营阶段。

国亨塑胶公司年产 11 万吨 ABS 工程投资总额为 3 600万美元，包括 ABS 凝结脱水冷却区、ABS 掺配区、丁二烯聚合物反应区、LPG 储罐区等 14 个单项建筑工程。国亨塑胶公司 ABS 工程塑料年产能将由原来的 4 万吨提高到 15 万吨，为企业进一步拓展欧洲、美国、日本市场创造了良好的条件。国亨塑胶公司二期工程正式投产后，每年可新增销售收入 10 亿元。

2003 年 6 月，一个由中韩共同投资建设，年产 10 万吨 ABS 树脂的大型化工生产项目在常州投产。该项目总投资2 996万美元，由韩国新湖油化株式会社、常州塑料集团、常州新港经济发展有限公司合资组建的新湖（常州）石化有限公司日前在常州国家高新区竣工投产。该项目的投产，大大缓解国内市场对 ABS 长期依赖进口的局面。

新湖（常州）石化有限公司紧靠常州港万吨级石化专用码头，总投资2 996万美元，韩方出资1 996万美元。公司采用韩国新湖油化株式会社的技术，专业生产具有高流动、高抗冲等特性 ABS 树脂，产品主要用于家电、汽车、电子产品外壳配件、玩具和其他日用品。公司全部投产后，形成年产 10 万吨 ABS 系列工程塑料树脂的生产能力。

外方合资韩国新湖油化株式会社是韩国新湖集团属下的化学化工领域的主导企业，在高分子材料享有盛名，已成功开发和生产 60 多种产品，在韩国大型集团公司中名列第 26 位。在常州高新区投资的该石化项目是其在中国投资的第一个大型合资企业。

截至 2003 年，我国 ABS 树脂的主要生产企业有 9 家，总能力为 116 万吨，其中浙江宁波 LG 甬兴化工公司的 30 万吨/年装置是目前国内规模最大的 ABS 树脂生产装置。2005 年中国 ABS 市场年均增长率为 8.2%，2005 年，中国 ABS 生产量约达 130 万吨，而需求量高达 282 万吨。

2005 年 ABS 共聚物出口生产企业主要集中在广东省，出口商有 110 家，占总出口商数量的 39.42%，出口数量 9 874 869kg，占总出口数量的 69.35%；其次为上海市；出口商有 62 家，占总出口商数量的 22.22%，出口数量 2 277 859kg，占总出口数量的 16.00%；山东省出口商有 10 家，占总出口商数量的 3.58%，出口数量 6 192 33kg，占总出口数量的 4.35%；浙江省出口商有 18 家，占总出口商数量的 6.45%，出口数量 564 094kg，占总出口数量的 3.96%；辽宁省出口商有 26 家，占总出口商数量的 9.32%，出口数量 401 059kg，占总出口数量的 2.82%。

五省市出口商小计有 226 家，占总出口商数量的 81.00%，出口数量占总出口数量的 96.48%。

出口商企业主要集中在广东省，25 大出口商企业中广东省有 8 家生产企业和 7 家贸易商，出口商出口数量占总出口数量的 56.24%；其次为上海，25 大出口商企业中占 7 家，出口商出口数量占总出口数量的 14.01%。

从海关资料来看，2005 年 ABS 出口 14 240 吨，同比下降 10.27%；ABS 出口商有 279 家，国内 25 大出口商统计出口量占总出口量的 81.02%，25 大出

口商中生产企业有 14 大，仅有宁波乐金甬兴化工有限公司一家是 ABS 树脂原料生产厂，其余均为 ABS 改性（即 ABS 合金）生产企业及贸易商，出口主要以 ABS/PP、ABS/PA 合金为主；出口企业以外商独资、合资和私企为主；出口口岸以广东省口岸为主，其次为上海口岸。

2005 年丙烯腈-丁二烯-苯乙烯（ABS）共聚物 14 大出口生产企业出口量占总出口量的 61.008 9%。

2. ABS 树脂进出口分析

我国 ABS 进口量从 1986 年的 9.11 万吨迅速增加到 1997 年的 103.10 万吨、2001 年 142.61 万吨。主要进口地区为韩国、马来西亚、日本、泰国和中国台湾省。2005 年，我国 ABS 生产量约达 110 万吨，而需求量高达 330 万吨。1998～2005 年间 ABS 出口量年均下降 9.71%，进出口统计见表 19，进出量走势见图 48。

我国 ABS 的主要进口来源是我国台湾省、日本和韩国，占总进口量的 80%以上，以我国台湾省的进口量为最大，约占 45%；日本和美国的进口比例逐年下降，韩国和泰国的比例逐步上升。

然而，我国 ABS 树脂工业发展很慢，一直以来必须依靠进口满足不断增长的需求，是世界 ABS 贸易中最为重要的国家，占据着超过 60%的贸易量，而其他亚洲国家进口的 ABS 总和才约占世界贸易量的 10%；我国台湾省、韩国和日本基本是净出口地，出口 ABS 总和超过世界贸易量的 75%，我国台湾省、韩国和日本也是我国 ABS 的主要进口来源地，占总进口量的 80%以上，以从我国台湾省的进口量为最大，约占 45%。2002～2005 年我国 ABS 进口来源见表 20。

2005 年 ABS 进、出口走势见图 49 和图 50。

表 19　1998～2005 年我国 ABS 树脂进出口量统计

项目＼年份	1998	1999	2000	2001	2002	2003	2004	2005
进口量/万吨	106.97	133.38	146.95	142.61	163.765	179.012	196.31	198.70
同比增长/%	3.75	26.69	10.17	−2.95	14.84	9.31	9.66	1.22
出口/吨	29 112	21 283	17 510	28 734	19 647	21 417	15 870	14 240
同比增长/%	−48.49	−26.89	−17.73	64.10	−31.62	9.01	−25.90	−10.27

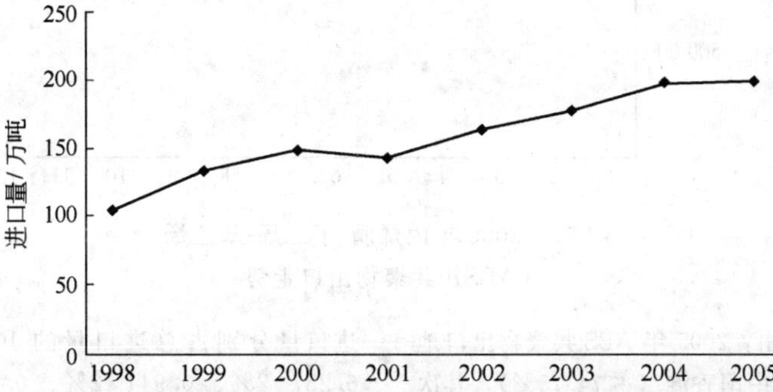

图 48　1998～2005 年我国 ABS 树脂进口量走势

表 20　2002～2005 年我国 ABS 树脂进口来源

进口来源	2002 年		2003 年		2004 年		2005 年	
	进口量/万吨	比例/%	进口量/万吨	比例/%	进口量/万吨	比例/%	进口量/万吨	比例/%
中国台湾省	74.17	45.29	78.55	43.88	87.05	44.34	91.05	45.82
韩国	50.42	30.79	56.88	31.77	65.11	33.17	63.91	32.16
日本	14.69	8.97	15.28	8.54	14.98	7.63	12.73	6.41
马来西亚	10.63	6.49	12.09	6.75	13.34	6.80	12.13	6.10
泰国	9.53	5.82	8.63	4.82	8.83	4.50	8.90	4.48
美国	1.05	0.64	1.41	0.79	1.73	0.88	1.84	0.93
中国香港	0.63	0.39	0.49	0.27	0.53	0.27	0.21	0.11
新加坡	0.33	0.20	0.43	0.24	0.50	0.25	0.30	0.15
其他	2.31	1.41	4.26	2.94	4.24	2.16	7.63	3.84
合　计	163.76	100.0	179.01	100.0	196.31	100.0	198.70	100.00

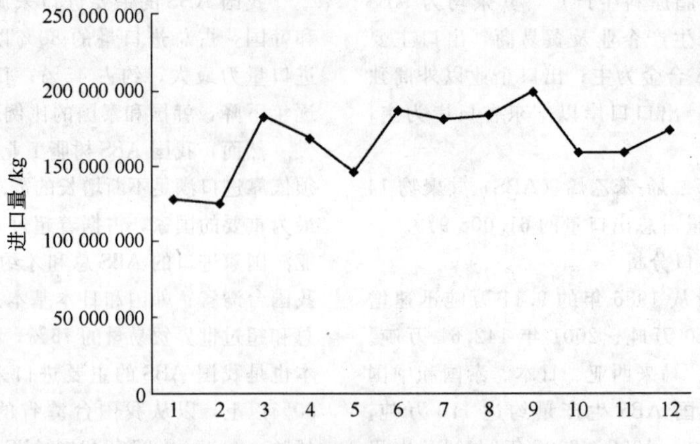

图 49　2005 年丙烯腈-丁二烯-苯乙烯（ABS）共聚物进口走势

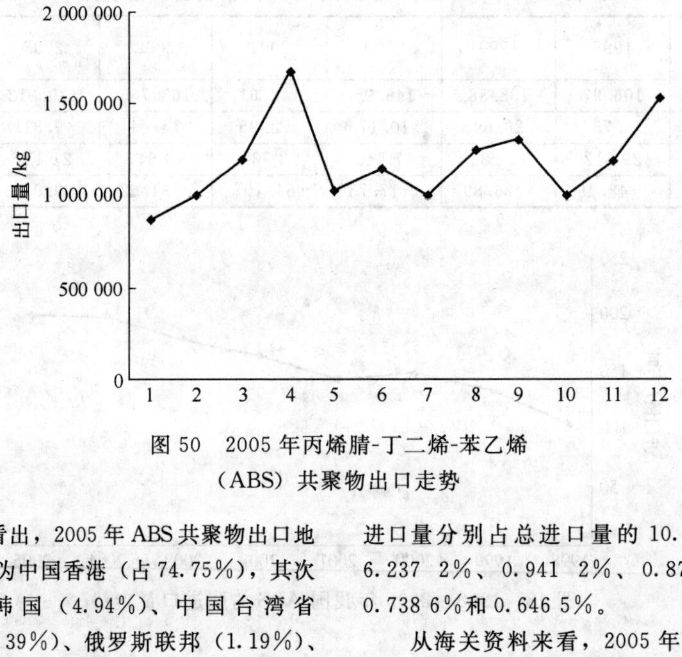

图 50　2005 年丙烯腈-丁二烯-苯乙烯（ABS）共聚物出口走势

从海关统计中可看出，2005 年 ABS 共聚物出口地有 41 个，主要出口地为中国香港（占 74.75%），其次为日本（9.41%）、韩国（4.94%）、中国台湾省（2.22%）、比利时（1.39%）、俄罗斯联邦（1.19%）、越南（1.07%），新加坡（0.97%），八出口地出口量占总出口量的 95.94%。

从海关资料来看，2005 年 ABS 共聚物进口 1 987 038吨，同比增长 1.22%；2005 年下半年 ABS 共聚物进口商有 3 778 家，前 8 位 ABS 共聚物进口商进口量占总进口量的 30.167 3%，东莞市对外加工装配服务公司、深圳市宝安外经发展有限公司、深圳市龙岗区对外经济发展有限公司、鸿富锦精密工业（深圳）有限公司、苏州惠业塑胶工业有限公司、苏州爱普电器有限公司、广州金发科技股份有限公司、丽碧复合塑料（深圳）有限公司，分别位居 2005 年下半年 ABS 共聚物进口量 1～8 位，进口量分别占总进口量的 10.544 2%、9.391 7%、6.237 2%、0.941 2%、0.877 7%、0.790 2%、0.738 6%和 0.646 5%。

从海关资料来看，2005 年 ABS 出口 14 240 吨，同比下降 10.27%；ABS 出口商有 279 家，国内 25 家大出口商统计出口量占总出口量的 81.02%，25 家大出口商中有 11 家是出口贸易商；出口企业以外商独资、合资和私企为主；出口口岸以广东省口岸为主，其次为上海口岸。

出口商企业主要集中在广东省，25 家大出口商企业中广东省有 8 家生产企业和 7 家贸易商，出口商出口数量占总出口数量的 56.24%；其次为上海，25 家大出口商企业中占 7 家，出口商出口数量占总出口数量的 14.01%。

3. ABS 树脂价格

ABS 树脂价格走势见图 51～图 54。

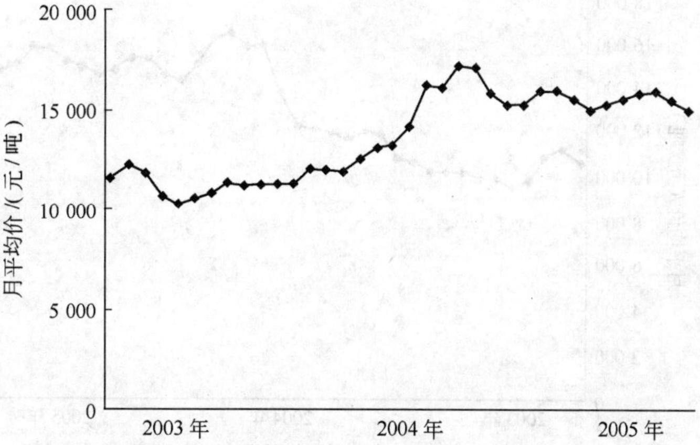

图 51　2003～2005 年余姚中国塑料城 ABS-757（产地：奇美）价格走势

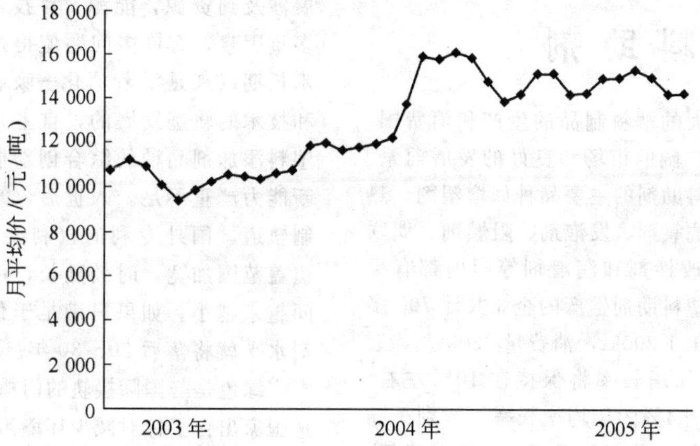

图 52　2003～2005 年中国塑料城 ABS-15A1（产地：台化）价格走势

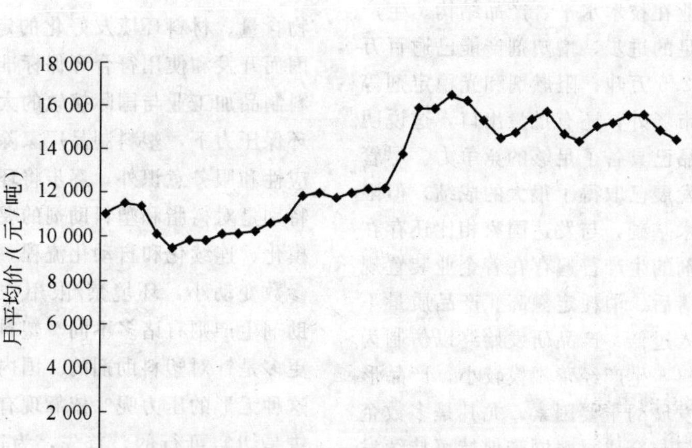

图 53　2003～2005 年中国塑料城 ABS-HI121（产地：韩 LG）价格走势

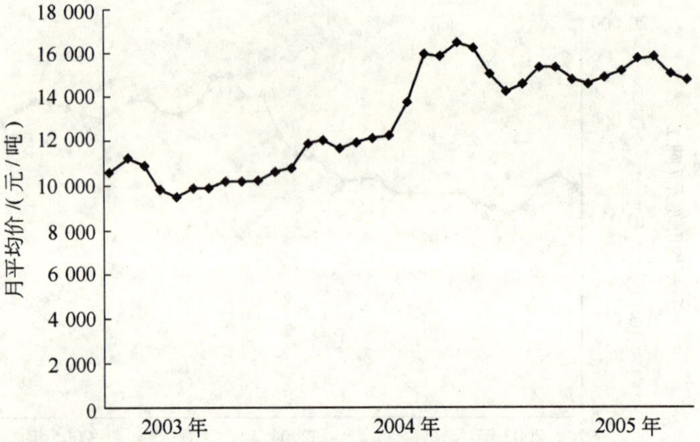

图 54　2003～2005 年余姚中国塑料城 ABS-750
（产地：韩锦湖）价格走势

（柴国樑）

塑料助剂

我国是世界上最大的塑料制品的生产和消费国，塑料助剂在我国有着广阔的市场和良好的发展前景。塑料工业中涉及的塑料助剂的主要品种如增塑剂、热稳定剂、光稳定剂、抗氧剂、发泡剂、阻燃剂、偶联剂、抗静电剂、抗冲改性剂和润滑剂等国内都有生产，目前，我国从事塑料助剂生产的企业共计 700 多家，生产能力约为每年 1 200kt，消费量 720kt/a，近几年我国塑料助剂年均增长率将保持在 10%左右，远远高于世界塑料助剂 4%的年均增长率，特别是随着材料革命的步伐加快，航天、电子、农业、建筑、汽车、包装以及高科技领域对塑料的需求日益增加，我国塑料助剂市场潜力巨大，前景十分广阔。

我国塑料助剂产业在技术水平、产品结构、生产规模等方面均有了长足的进步，增塑剂产能已逾百万吨，抗氧剂产能已达 2.5 万吨，阻燃剂和光稳定剂等一些品种除满足国内市场外，还有批量出口，这说明我国的塑料添加剂产品已具备了足够的竞争力。尽管我国的塑料助剂产业发展已取得了很大的成绩，但限于自身经济实力和技术基础，与发达国家相比还存在着明显不足，塑料助剂的生产普遍存在着企业装置规模小、品种少、技术落后、消耗定额高、产品质量不稳定等问题，技术投入过低，产品研发始终以仿制为主、缺乏自主知识产权，生产经营规模较小，产品形式单一成为制约行业发展的主要因素，尤其是多数企业对塑料助剂产业如何与合成材料同步保持可持续发展缺乏认识和积极主动的应对措施。

塑料助剂行业作为 21 世纪最具发展前景的三大领域之一——新材料领域重要成员，它的可持续发展涉及到资源，能源、科技，环境、社会、经济等多重因素，有许多问题值得探讨。我国塑料助剂技术长期以来是沿着消化—吸收—仿制国外先进品种和技术的轨迹发展的，自主开发新型结构的高性能塑料添加剂品种的综合创新能力，特别是原始性创新能力严重不足。入世后，知识产权保护已纳入法制轨道，国外专利的权利要求也日趋周密，细致，覆盖范围加宽，时效延长，可合法仿制的内容和空间越来越小。如果只满足于仿制，我们的塑料添加剂水平就将落后 20～30 年。

绿色是与国际接轨的门槛，近一两年，欧美等发达国家出台了针对减少环境污染和无害于人体健康的法律法规，不仅用于控制本国的企业生产方式、产品质量，而且提高了对国外企业的技术贸易壁垒。欧盟的一系列法律法规对于材料中重金属含量、有害有机物含量、材料环境友好化的定义等均作了明确规定。因而开发和使用符合环保标准的塑料助剂，是我国塑料制品加工业与国际接轨的大势所趋。在日趋加大的环保压力下，塑料制品厂家除加强自身管理、加强适应性和服务意识外，逐步将环保要求转移到对原材料特别是对树脂和塑料助剂的要求上。树脂生产多为规模化、连续化和自动化流程，原材料品种单一、工艺参数变动小，环境禁/限用物质引入的可能性较小。助剂生产则有诸多不同。塑料制品的环保压力实际上更多是针对塑料助剂的。国内塑料助剂企业如何应对这种无形的压力呢？依靠现有资源进行产品和工艺改进是切实可行的。首先，为适应日益严格的法规要求，企业需要主动了解各种法律法规的内容，必须遵从环保法律法规的要求，杜绝引入禁用物质的途径，如严格控制原料，不使用含有重金属等化学物质的原料，筛选催化剂等；加强生产过程控制，对整个生产过程进行环保化隔离，或者进行工艺改进，将原料控制不能解决的问题通过工艺形式去解决；加强包装、运输等环节的合理化和环保化。其次在行业内部实施统一的标准和相应的检测方法已势在必行，这不仅可给予国内企业产品质量明确导向，而且可促进国内行业标准与国际接轨。另一方面客户对其供应商的技术服务要求越来越高。用户已不再满足于供应商仅仅能提供质优价廉的产品，而希望供求双方在技术领域进行多方面多层次的合作与交流。因此，技术服务实力雄厚的企业将在商业合作中占得先机。国内企业必须将技术服务放在一个战略高度加以重视。塑料助剂主要生产商不断增加科技投入，加强新品开发力度，满足塑料加工企业对多功能复配型产品的特殊需求，并普遍重视环保法规及对健康、卫生、安全等问题的要求，积极开发替代有毒、有粉尘污染的新产品和新剂型。因此，高效、特效、无毒、无公害、复配多功能化是全球塑料助剂的发展总趋势。由增塑剂、热稳定剂、光稳定剂、抗氧剂、润滑剂和有机助剂，根据协同效应按一定比例复配制成不同应用制品的专用助剂，多功能、多元复合的助剂成为热门产品。环保要求将对助剂的生产、应用产生巨大影响。

未来几年，中国塑料助剂市场需求有望以年平均7%的增长速度，到2007年，中国塑料助剂市场的增长有望超过35亿美元（28亿欧元），其中大部分塑料助剂的市场需求将以平均8%～10%的速度增长，据权威机构预计，2003年中国塑料助剂的消费额为24亿美元（19亿欧元）。当前中国本地生产的塑料助剂份额为18亿美元，其中87%用于当地市场，其余的用于出口，但随着更多跨国公司的进入，带来了更为先进的生产技术和产品，中国制造的塑料助剂出口额将会出现增长，业内专家提出我们应在扩大现有产品的生产规模的同时，注意产品结构调整，加强高效、低毒产品的研究与开发。另外，加快成核剂、抗菌剂、纳米材料、红外阻隔剂以及解决“白色污染”问题的降解剂等新型功能性助剂的开发利用，将不断提高塑料制品的品质性能，拓展应用领域，可以更好地为我国塑料工业向深度和广度发展提供有力的技术支持。

一、增塑剂

1. 生产与市场现状

增塑剂即一些企业常说的可塑剂，它是乙烯产品配方中的一种化学成分，通过不同配方，广泛应用于玩具、建筑材料、汽车配件、电子与医疗部件如血浆袋和成套输液器等大量耐用并且易造型的塑料制品中。

增塑剂是塑料加工助剂中产能和消费量最大的品种，其产量约占塑料助剂总产量的60%，主要应用于PVC制品，消耗量占增塑剂总量的80%。我国现有增塑剂生产企业100多家，产品的产量、品级率近年来都有大幅度的提高，但能够正常生产的只有40家，年产量65万吨，无法完全满足我国每年115万吨的消费量市场需求，每年都需大量进口。我国增塑剂产品结构还不合理，工业增塑剂品种较为单一，特种增塑剂产量较小，市场占有率较低。主要产品有邻苯二甲酸酯类（其中以DOP、DBP为主）、对苯二甲酸酯、二元酸酯类、烷基磺酸酯、环氧酯、氯化石蜡、磷酸酯类等。总体来讲，我国增塑剂品种与国外相比，还是少得可怜，特别是产品档次和应用还不能适应市场发展的要求。国内增塑剂新品种难以形成规模市场的主要原因是国内企业重视产品生产，但对新产品的应用研究投入不够。

目前，我国80%以上的塑胶企业通常使用的增塑剂是DOP（邻苯二甲酸二辛酯）、DBP（邻苯二甲酸二丁酯）和DINP（邻苯二甲酸二异壬酯）等，大量用在PVC软管、薄膜、人造革等软制品中，塑胶行业称其为“低毒”增塑剂，其实是指产品中增塑剂的一些金属元素含量超标，它们不是严格意义上的新型环保材料，在许多性能上特别是卫生、低毒等方面难以满足要求，国家质检总局发出公告：今后将禁止含有DEHA等不符合强制性国家标准规定的物质或氯乙烯单体含量超标的食品保鲜膜进口、出口。其实，早在2003年，我国颁布的《食品容器包装材料用助剂使用卫生标准》中20类65种可以使用的加工助剂。二己二酸酯（DEHA）就未被列为国家标准，毫无疑问是不允许被使用的。而国家标准允许限量使用的增塑剂也都有着严格的规定，如DOA（二酸二辛酯）一般标准不超过35%。增塑剂添加得越多，塑料制品就越柔韧，产品的色泽就越光亮，迫于市场竞争的压力，一些企业仍然不按照标准要求使用增塑剂。像日本、欧洲一些国家注重提倡在产品中使用最后可降解风化的被称为环保型增塑剂，如TBC（柠檬酸三丁酯）和TOTM（钛酸酯系列），而TBC已被美国食品管理局（FDA）和其他许多国家认可，可以大量使用，但这些产品价格太高，中国企业难以消化。目前国内无毒增塑剂的生产面临两大难题：①副产品多，收率不高；②产量低，成本高，一些好的品种如柠檬酸酯类，由于采用的催化剂价格高，使得成本相当高，此外尽管有的企业生产出了柠檬酸酯类增塑剂，但由于不重视产品的市场推广工作，许多用户对其产品一无所知，仍会选择价格便宜、熟悉的增塑剂。

此外，我国增塑剂的生产工艺现状也亟待改进，长期以来，我国工业酯化反应一直依赖于质子酸作为催化剂，主增塑剂DOP、DBP等产品的工业化生产主要有两种生产方法：①浓硫酸法，此方法约占我国DOP产量的2/3；②均相催化法，所用催化剂是含钛金属络合物。此法生产优点是生产过程不需真空、对生产设备没有腐蚀作用、酯化反应属于均相络合反应、反应效率较高、相对硫酸法副反应较少。两种方法均有缺陷，国内外都在寻找催化效率高、生产过程废水排放量小或不产生废水的工业化生产方法，以进一步提高工业增塑剂产品的质量，改善工业生产环境。

2. 增塑剂主要生产企业

我国增塑剂生产企业主要分布在东南沿海经济发达地区，其中山东省发展最快，目前，我国增塑剂的生产企业有130多家，总生产能力已突破了800kt/a，山东齐鲁增塑剂股份有限公司产量达到15万吨，居全国首位；其次是山东宏信化工有限公司，产量约为8万吨；中石化金陵石油化工有限责任公司居第3位，产量为约7万吨。增塑剂骨干企业主要有：天津溶剂厂、石家庄白龙集团、东莞宝田化工有限公司、华立集团华泰化工有限公司等。我国合资增塑剂生产企业主要有：上海联成化学工业有限公司、昆山合丰化学品有限公司、北京台颖、东莞兴宝化工有限公司等。

3. 技术进展及科研成果

(1) 工业增塑剂清洁生产工艺研究　增塑剂工业生产一直沿用强酸作为催化剂的酯化工艺，我国的非酸催化反应在增塑剂合成中的应用始于20世纪80年代，现在已经在一些增塑剂生产企业中得到广泛应用，但仍无法达到污水零排放，工业生产邻苯二甲酸二丁酯工艺仍采用浓硫酸作催化剂。随着国内外对环保要求的日益提高，采用更为新型的催化剂替代传统的酸性催化剂已势在必行，这在资源开发、节省能源、降低原料生产成本等方面都有很重要的意义。目前主要研究集中在寻找新的固体催化剂和开发新的催化工艺，清洁生产工艺已成了国内大公司企业研究的技术热点，其中寻找的突破重点是酯化催化剂。

① 固体超强酸　无论从催化剂的制备、理论探索、结构表征，还是工业应用领域研究都有了新的发现，固体超强酸由于其特有优点和广阔的工业应用前景，已受到国内外学者的广泛关注，已成为固体酸催化剂研究的热点。随着人们其研究的不断深入，催化剂的种类也从液体含卤素超强酸发展为无卤素固体超强酸、单组分固体超强酸、多组分复合固体超强酸。

② 稀土固体酸催化剂　我国稀土资源丰富，利用稀土氧化物作为合成DOP催化剂的主要有Gd_2O_3、Lu_2O_3等。

③ 固载杂多酸固体催化剂

④ 其他固体酸催化剂　用Al_2O_3与NaOH、LiOH复合，四价钛氧化物、SnO、ZnO用于DOP的酯化反应，作用越来越引起人们的重视。

(2) 国内科研成果　筛选高效催化合成TBC（柠檬酸三丁酯）的方法是国内外热门的研究领域。目前，主要使用质子酸、固体超强酸、杂多酸、无机盐等催化剂催化合成TBC，用稀土化合物催化合成TBC也有报道，孟宪昌等人用纳米固体超强酸成功合成了TBC，福建三明学院化学与生物工程系以柠檬酸和正丁醇为原料，用纳米CeO_2作为催化剂催化合成无毒增塑剂柠檬酸三丁酯，该反应催化剂用量少、时间短、产品易于分离，产品颜色浅，酯化产率高，催化剂可重复使用，不腐蚀设备，对环境无污染，具有一定的应用价值。

邻苯二甲酸二环已酯（DCHP）是一种防潮增塑剂，它与其他增塑剂并用，可使塑料表面收缩致密，起到防潮和防止增塑剂挥发的作用，由于毒性极低，日本、美国、意大利和德国等许可用于食品包装材料中。邻苯二甲酸二环已酯作为粉体增塑剂，具有普通液体增塑剂不可替代的性能和用途，其需求量估计可达2kt/a以上，目前国内的能力约300t/a，绝大多数依靠进口。工业上目前采用的是直接酯化法，北京石油化工学院化学工程系的胡应喜等人研究了以邻苯二甲酸二甲酯和环已醇为原料，有机锡为催化剂，通过酯交换法在无溶剂的条件下催化合成了邻苯二甲酸二环已酯。

耐寒增塑剂癸二酸二已酯由于具有挥发度低、无色、无毒、黏度低等特点，常用于农用薄膜、电线、薄板、人造革、户外用水管以及冷冻食品、医药包装塑料的增塑剂。该酯的传统合成方法是以硫酸为催化剂，癸二酸和正已醇的酯化反应。由于硫酸腐蚀设备，反应后处理过程中废液排放量大，且副反应多，色泽深，影响产品质量。许昌学院化学系的訾俊峰等人以硅钨杂多酸为催化剂，癸二酸和正已醇为原料合成了癸二酸二已酯。

癸二酸二丁酯是一种广泛用于食品包装材料和合成食用香料的增塑剂，目前，工业上多采用直接酯化法合成，其优点是活性高，但存在副产物多、反应产物的后处理工艺复杂、腐蚀设备严重、增加生产成本等缺点。马鞍山市鼎新复合材料有限公司的科研人员采用自制的腐蚀性小且具有较好催化酯化活性的催化剂来代替硫酸，以癸二酸和正丁醇为原料直接酯化合成癸二酸二丁酯。

南通大学化学化工学院的王树清等人运用条件实验法，以壬二酸、正已醇为原料，直接酯化合成耐寒性增塑剂壬二酸二正已酯，

常州工程职业技术学院化工系的以钛酸四异丙酯

和钛酸四丁酯的混合物为催化剂，催化酯化合成邻苯二甲酸810酯。

4. 增塑剂行业的发展趋势及建议

至2010年，增塑剂仍将以年均10%的增长速度增加，特别是原料丁、辛醇基地扬（扬子石化）巴（巴斯夫公司）工程2003年投产后，南方增塑剂装置生产能力将会进一步增加。工业增塑剂市场前景广阔，国外大公司纷至沓来，进军国内市场，我国增塑剂品种单一，产品结构不合理，国内新型塑料制品迫切需要多功能的增塑剂，以期在助剂中起到“一剂多效”的作用，增塑剂企业应加强新技术、新产品、新应用领域的开发研究，淘汰落后的生产方式与品种，以满足各类塑料制品对增塑剂品种与质量的需求。高效、持效、无毒或低毒、无公害化的增塑剂产品、清洁化工业生产方式是全球塑料助剂的发展趋势。

针对我国增塑剂的现状及发展趋势特提出以下建议：今后的发展应以调整产业结构为主，在有原料和靠近市场优势的地区新建和扩建的生产装置规模应在5万吨/年以上，以求得规模效益，增强竞争实力；同时应该注重发展具有特殊性能和多功能的品种，满足塑料加工业的需求。今后大力发展无毒增塑剂，加快淘汰有毒增塑剂、开发推广新型无毒增塑剂特别是卫生要求性高的产品是塑料助剂行业的当务之急，所以国内增塑剂生产企业应该早做准备，建议尽快借鉴国外的做法，一方面对传统的增塑剂进行改性研究，另一方面研究新的催化、分离工艺，尽快将性价比更高、安全性更可靠、对环境友好的新一代增塑剂产品推向市场。而研发无害、价廉、节能、助剂效果好等优点的新型环保增塑剂作为替代材料，是当下塑胶制品行业亟待解决的问题。

柠檬酸三丁酯类（TBC）增塑剂已被美国食品与药品管理局（FDA）批准用于食品包装、医疗器具、儿童玩具等塑料制品领域，用来代替具有致癌作用的邻苯二甲酸酯类增塑剂，我国也制定了相应的法律法规，限制邻苯二甲酸酯类增塑剂的使用，推广使用TBC这种“绿色”产品，是塑料制品添加剂市场的发展方向，具有极好的市场发展前景。目前我国已自行研制出环保型增塑剂TBC（柠檬酸三丁酯），并于医药类制品中开始应用，今后可在其他生产行业逐步推广。此外，国内应重点开发以下特种增塑剂产品，以满足国内外市场的需求：偏苯三酸三酯类增塑剂、对苯二甲酸二辛酯、一缩二乙二醇二苯酯、邻苯二甲酸丁苄酯、邻苯二甲酸二甲氧基乙酯、己二酸二辛酯、癸二酸二辛酯、柠檬酸三丁酯、柠檬酸三辛酯、乙酰柠檬酸三丁酯、乙酰柠檬酸三辛酯、不同分子质量聚酯增塑剂、马来酸二丁酯、马来酸二辛酯等。偏苯三酸三辛酯（TOTM）。增塑剂行业应注重新材料应用领域的开发与研究，如国内外近来对耐污、防霉性能好的增塑剂产品需求较大，这种产品主要是一些分子结构不对称的酯类化合物。邻苯二甲酸丁苄酯、邻苯二甲酸辛苄酯进口量很大，主要用于满足新型高级壁纸系列产品，而国内此类工业产品产量极小。国内最大壁纸生产公司通过使用国外公司此增塑剂产品，改善了其墙纸产品的外观及质量。添加这种增塑剂后能有效地提高壁纸产品的外观和质量，不仅能提高墙纸的抗污性和耐久性，在同样的成本下，还能使墙纸表面更干爽、易印花，并能更好地体现表面的亚光效果。国外在PVC地板、人造革、一次性医用手套等产品的生产中有广泛应用。

二、加工和抗冲改性剂

加工和抗冲改性剂是一种高聚物类助剂，主要用于硬质或半硬质聚氯乙烯制品的加工领域。其中，加工改性剂旨在促进树脂熔融，改变熔体的黏弹行为和强度，改善制品加工性能和表观性能，市售产品以丙烯酸酯类聚合物为主。抗冲改性剂多用于硬质PVC制品加工，是以弹性体增韧为基本原理的抗冲改性途径作为抗冲改性剂，主要类型包括氯化聚乙烯（CPE）、丙烯酸酯类聚合物（ACR）、甲基丙烯酸甲酯-丁二烯-苯乙烯共聚物（MBS）、丙烯腈-丁二烯-苯乙烯共聚物（ABS）、三元乙丙橡胶（EPR）、乙烯-醋酸乙烯共聚物（EVA）等。从其对制品的改性效果，如抗冲击性、抗冲强度保持率、耐候性、透明性、加工性、与其他助剂配合性等来看，ACR是抗冲改性剂中综合性能最好的一类；MBS因其是透明制品的抗冲改性剂，在抗冲改性剂中也占有重要地位。

1. 国内生产及市场现状

目前，我国在加工及抗冲击改性方面尚处于发展阶段，在产量、品种、质量、改性功能等方面与国外差距较大。国外主要品种按产量的排序是ACR、MBS、EVA，而中国的排序为CPE、ACR、MBS。其中，低效能产品CPE的产能过剩，具有优异综合性能的改性剂ACR、MBS发展缓慢，特别是MBS的产量较小。我国目前抗冲改性剂的市场状况可以概括CPE稳居老大，占80%以上，得到用户的广泛认可，且稳步发展；MBS发展迅速，竞争激烈；ACR消费量有限，ACR抗冲改性剂规模化生产迟缓。造成ACR抗冲改性剂发展缓慢的主要原因是性能和价格。近年来，我国虽新建了一些丙烯酸、丙烯酸酯装置，但单体价格高的局面没有根本改观，而石油价格的提升，又使本已较高的丙烯酸酯价格增加较大，由此造成ACR与CPE抗冲改性剂具有价格差异。同时，国产ACR抗冲改性剂性能与国外产品质量差距较大，为了达到相同改性效果，往往需要比国外产品多加1～2份。

（1）ACR的生产及市场现状　加工和抗冲击改性剂丙烯酸酯类（ACR）主要用于改善聚氯乙烯（PVC）硬制品的加工性能，提高PVC的抗冲击强度。核壳型ACR改性剂与其他的抗冲击改性剂相比，加工性能好，抗冲击效果明显，且制品的表面美观，具有优良的耐候性，因而成为目前世界上主要的PVC抗冲击改性剂。近年来，随着我国聚氯乙烯尤其是聚氯乙烯硬制品加工消费的快速增长，ACR消费需求增长迅速。目前，国内ACR产品大小生产厂家近20家，总能力约3.0万吨/年。产品类型以加工改性剂为主，且生产工艺较落后，而使用广泛、多功能性的核壳型ACR类抗冲击改性剂大都依赖进口。国内仅有苏州安利化工公司、齐鲁石化、山西化工研究所等少数厂家可试生产抗冲击改性剂，且产量很少。ACR的生产主要集中在江苏、浙江、山东等沿海地区，其能力占80%以上。国内ACR系列产品主要生产企业见表1。

表1　国内ACR系列产品主要生产企业

生产厂家	产品牌号	生产能力/(t/a)
苏州安利化工有限公司	ACR-201、301、401、ACR-Ⅱ	5 000
无锡有机玻璃总厂	ACR-201、401、901	4 000
温州润华化工实业公司	ACR-201、401	4 000
温州天盛集团公司	ACR-1、1I	2 000
淄博塑料助剂厂	ACR-ZB-1、2、5	3 500
威海金泓化工集团	ACR-201、401、901 抗冲击型ACR-Ⅰ、Ⅱ、Ⅲ、Ⅳ	2 000
江苏东台天腾化工有限公司	ACR-201、401	1 500
黑龙江龙新化工有限公司	ACR-201	2 000
广东佛山电化工厂	ACR加工型	2 000
武汉经河化工厂	ACR-414 ACR-MBS	500 300
上海珊瑚化工厂	ACR	1 200
山东瑞丰化工集团	ACR	1 000

随着我国PVC硬制品产业的不断发展，对于ACR类加工和抗冲击改性剂的需求，预计2010年将达6.5万吨，且ACR抗冲击改性剂在聚碳酸酯（PC）、聚酯、尼龙等工程塑料及共混合金等领域的应用也不断加强。因此，国内生产厂家应与科研机构联手，对引进技术进行消化吸收，完善提高合成工艺，尽快形成自主知识产权的高抗冲击性ACR生产技术，并不断加强ACR改性剂的研究与应用，根据材料性能与用途不同开发性能优异的系列化品种。

① ACR加工助剂的发展现状　国内较早从事ACR加工助剂研究的是北京化工研究院和山西省化工研究所等。上海珊瑚化工厂于20世纪80年代初最早投入生产，推出牌号为ACR201、ACR401的产品。后来其他厂家也陆续生产ACR加工助剂。由于长期以来，我国PVC软制品一直占主导地位，因此用于硬质PVC加工的ACR加工助剂发展缓慢，生产规模和产量不大，品种单一。进入20世纪90年代后，随着我国PVC行业的发展，特别是硬质PVC制品产量的迅速增长，对ACR加工助剂的需求量也迅速增长，2003年全国ACR加工助剂产量达到50kt/a以上。目前，我国ACR加工助剂生产企业主要有淄博塑料助剂厂、威海金泓化工有限公司、山东沂源瑞丰高分子材料有限公司、苏州安利化工厂、江苏东台天腾化工集团、温州润华化工实业公司、温州天盛集团公司等，山东地区和江浙地区ACR加工助剂的产量占全国产量的80%以上。

通过科研院所和生产厂家20多年的不懈努力，目前国产ACR加工助剂在性能上基本满足了市场的需求，并逐渐替代了进口产品，国内市场占有份额正在连年攀升，并已开始出口。同时PVC加工企业对加工助剂的性能有了深入认识，积累了丰富的使用经验，由于市场需求的不断扩大，造成原有ACR加工助剂生产企业的扩能和新企业的产生，导致了市场容量迅速饱和，竞争加剧。同时，近年来更由于丙烯酸酯原料价格的大幅上扬，造成了ACR加工助剂企业利润的降低，因此，有少数小企业用降低产品标准或改变产品原料成分来降低成本，使产品性能大大下降，给下游加工企业带来非常不好的后果。

② ACR抗冲改性剂的发展现状　我国ACR抗冲改性剂的开发与生产起步相对较晚，20世纪80年代初，由北京化工研究院、山西省化工研究所、河北工业大学、齐鲁石化研究院、浙江大学等单位先后进行了合成和应用方面的研究，并有山西化工研究所、苏州安利化工厂、淄博塑料助剂厂、威海金泓化工集团等进行工业化生产。鉴于ACR抗冲改性剂在改性PVC中的优异性和PVC行业对抗冲改性剂需求的增加，前几年，国内许多企业也有新增或扩大ACR抗冲改性剂的计划，如厦门电化厂10 000t/a，威海金泓扩能至10 000t/a等。但后来由于原料价格增长，市场容量有限等原因，这些计划未能完全实现，目前ACR抗冲改性剂的实际产量非常有限。

（2）MBS树脂的生产及市场现状　MBS树脂是

由甲基丙烯酸甲酯（M）、丁二烯（B）及苯乙烯（S）采用乳液接枝聚合法制备的三元共聚物。它具有与PVC良好的相容性，较高的抗冲击强度，卓越的制品表面质量和良好的热稳定性；同时，由于其析白性极微，且易于成型，故主要用作PVC硬制品透明型抗冲改性剂，可以改善PVC制品的抗冲击性能和加工性能，且能够保持PVC树脂原有的光学性能。

我国MBS树脂研究和生产起步较晚。从20世纪70年代起，我国先后有锦西化工研究院和上海高桥化工厂分别进行了MBS中试。但是由于规模太小，生产成本高，以及原料供应等问题而没有正式投产。目前，国内有10套千吨级的MBS树脂生产装置，见表2。

表2　国内主要MBS生产厂家

生产厂家	生产能力/(t/a)
齐鲁石化研究院	6 000
山东东营万达集团化工厂	4 000
温州塑料助剂总厂	3 000
广东佛山电化总厂	2 000
上海制笔化工厂	2 000
温州润华化工实业公司	2 000
山东沂源瑞丰高分子材料有限公司	2 000
山东淄博宇明实业有限公司	2 000
广州燕泰化工有限公司	1 500
青岛华鲁化工有限公司	3 000
合　计	27 500

国内MBS树脂的生产规模与世界MBS树脂大公司的生产规模有很大差距。同时，由于国内MBS树脂生产技术水平不高，导致产品质量不高。另外，目前国内的MBS树脂只有几个品种的产品，在这一点上与国外大公司差距也很大。

2004年我国MBS树脂总产量约为15 000吨，总需求量约为25 000吨，缺口较大，而且今后我国MBS树脂缺口会越来越大，主要原因是：我国PVC制品迅速发展，刺激了我国抗冲改性剂的发展。随着我国抗冲改性剂产品结构的调整，MBS树脂将成为抗冲击改性剂的主要品种。

2. 国内研究及产业化进展

2005年1月8日，由中石化齐鲁分公司研究院承担的"聚氯乙烯（PVC）用丙烯酸酯类（ACR）加工助剂工业试验"项目通过了中石化集团公司鉴定。专家组认为，该项目开发的PVC加工助剂系列ACR树脂合成技术及产品性能达到了国际先进水平。目前，齐鲁股份有限公司氯碱厂PVC生产能力已达600kt/a，该项目的开发成功对于拓展齐鲁石化PVC产品的应用领域及市场份额具有重要意义。

由吉化集团公司研究试验厂开发的MBS合成中试研究开发及应用项目，日前在兰州正式通过中石油集团公司科技发展部组织的专家验收。MBS是甲基丙烯酸甲酯-丁二烯-苯乙烯的三元共聚物，它是聚苯乙烯和ABS的改性产品，与聚苯乙烯相比，抗冲击强度和耐热性有较大改善，具有良好的耐寒性。MBS与PVC一起经过加工塑化后，MBS以粒子状态均匀分散在PVC中。作为PVC的改性剂，用于提高PVC的冲击强度、透明性和光泽性，并可改进PVC的加工性能。其主要用途是生产PVC透明硬质片材、硬质板材、薄膜、管件、管材等。该项目是产学研联合攻关结出的硕果，在1年多的时间里，先后进行了小试、中试、性能测试及现场应用等工作，使该产品的各性能指标均达到国内同类产品的先进水平，并已经完成了新牌号的研究。

3. 发展趋势

根据预测，2001～2006年间，苯乙烯类抗冲改性剂平均年增速将小于3%，而其他类平均增速为5%～6%。由于PVC是抗冲改性剂的最大使用品种，约占用量的80%，所以PVC需求增长也将带动抗冲改性剂需求增加，抗冲改性剂发展与PVC加工行业的发展息息相关，到2003年底，我国已有PVC生产厂家约80家，生产能力约6 087kt，产量约4 007kt，表观消费量约6 194kt。预计2010年产能将达到12 150kt。据预测，2010年我国PVC需求量可达到10 000kt，而成为世界最大的PVC消费国。在PVC产量和消费量增加的同时，我国PVC消费构成变化也很大，硬制品比例不断提高，现在我国硬制品比例已近60%，今后几年硬制品的比例将达到65%。据统计，目前我国PVC硬制品生产能力约100万吨/年，而未来5年年均增长率可高达12%，PVC硬制品的加工和应用离不开加工助剂和抗冲改性剂，PVC硬制品的快速发展带动了其抗冲击改性剂的发展，以2005年PVC硬制品产量4 500kt估算，需加工助剂近100kt，各类抗冲改性剂120kt以上，市场容量巨大。

工程塑料树脂如PC、聚酰胺（PA）、聚酯等消耗抗冲改性剂约10%。由于工程塑料需求正强劲增长，也将推动抗冲改性剂的用量增长，此外，聚烯烃类树脂约消耗10%的抗冲改性剂，目前我国PVC抗冲击改性剂生产发展落后，严重影响了塑料工业的发展。国外基本采用高效能品种ACR和MBS，由于技术和原料等因素制约，目前我国仍处于起步阶段。塑料助剂工业"十五"规划明确指出，高效PVC抗冲击改性剂ACR和MBS的发展成为塑料助剂行业中的重中之重。吉化集团、齐鲁石化、兰化公司等大型石化集团均将 ACR 和 MBS 列为“十五”重点发展项目。2003 年齐鲁石化决定将 MBS 装置扩能至 6 000t/a，2004 年吉化集团公司 3 000t/a MBS 生产装置动工建设，因此，未来 PVC 抗冲击改性剂极具发展潜力。专家指出，未来抗冲改性剂的发展趋势是性能更好、价格更廉、作用更快、使主材料性能提高或保证性能前提下使构件更薄。

4. 存在的问题及发展建议

(1) 存在的问题　尽管我国 ACR 类加工和抗冲击改性剂生产与开发取得相当的成绩，但与世界先进水平相比仍存在较大差距。主要表现在以下几方面。

① 品种单一，结构不合理　虽然生产厂家很多，但多为加工改性剂，高性能及专用型核壳型 ACR 类抗冲击改性剂大都依赖进口，远不能满足不同型号 PVC 树脂的需要。

② 生产规模小，产品质量良莠不齐　许多生产企业规模小，产品质量差且含水量高，低价竞争，冲击和影响国内优质产品的生产与市场。

③ 合成技术不过关　虽然核壳型抗冲击改性剂的研究单位很多，但在工艺上难以完全掌握，在核壳接枝工艺上仍存在较大难度，且乳液干燥技术壁垒仍未突破，难以实现喷雾干燥，无法实现产业化。

国内 MBS 树脂的生产规模与世界 MBS 树脂大公司的生产规模有很大差距。同时，由于国内 MBS 树脂生产技术水平不高，导致产品质量不高。另外，目前国内的 MBS 树脂只有几个品种的产品，在这一点上与国外大公司差距也很大。

(2) 发展建议

① 加工助剂　ACR 加工助剂，其市场容量很难被其他品种所取代。国产 ACR 加工助剂目前虽然基本满足了市场的需求，但也存在产品整体性能逊于国外同类产品、生产规模和工艺技术较为落后等问题，随着关税的逐渐降低国内产品的价格优势将逐渐减小，与国外产品的竞争将加剧。同时，随着 PVC 加工行业的不断发展，所生产制品的档次不断提高，加工企业对加工助剂的质量也提出了更高的要求。因此，ACR 加工助剂企业必须严把产品质量关和开发高性能的 ACR 加工助剂。在质量控制方面，一是要不断优化配方，开发系列产品，使 ACR 加工助剂的组成和分子量能满足不同 PVC 加工的需要；二是要提高生产过程的自动化程度，使批次产品质量稳定；三是优化或改进后处理技术，使 ACR 加工助剂粒度分布等能更好地满足与 PVC 混合和加工的需要。在高性能 ACR 加工助剂开发方面一剂多用，有机/无机复合等都是发展方向。

② ACR 抗冲改性剂　从延长 PVC 制品使用期限，节约资源出发，发展 ACR 抗冲改性剂是大势所趋，其对策如下：加强丙烯酸酯等单体生产的宏观调控，缓和单体价格居高不下的局面；加强 ACR 抗冲改性剂优势的宣传，改变抗冲改性剂生产企业、PVC 加工企业和 PVC 制品用户的观念；加强抗冲改性剂生产企业、应用单位和有关科研单位的合作，提高 ACR 抗冲改性剂的功能。如前所述，ACR 抗冲改性剂的生产过程较为复杂，影响其应用性能的结构因素很多。国内虽有许多科研单位和生产企业对 ACR 抗冲改性剂的合成、结构和功能关系进行了研究，但深度不够。建议通过产学研联合攻关，对核-壳乳液聚合规律、聚合工程技术和 ACR 抗冲改性剂结构/功能深入研究，改进生产工艺，同时加强 ACR 抗冲改性剂的自控技术，提高产品质量，并通过联合攻关，开发适合不同塑料改性的 ACR 抗冲改性剂系列产品，以适合不同用户的需要。

③ MBS　扩大国内 MBS 树脂的生产规模，同时努力提高国内 MBS 树脂生产技术水平和产品质量，加大新品种的研发力度。

三、热稳定剂

热稳定剂一般特指适用于聚氯乙烯及氯乙烯共聚物等含卤树脂、旨在抑制其在加工温度下降解的稳定化助剂。通常包括铅盐类、复合金属皂类、有机锡类、有机锑类、稀土和某些纯有机辅助热稳定剂。近年来，聚氯乙烯作为塑料建材的主体得到了迅速发展，与之相适应，中国聚氯乙烯的产品结构发生了显著变化，硬制品的消费比例明显提高，热稳定剂的消费量呈现较快的增长势头。就消费结构来看，由于铅盐类产品具有价格低廉、稳定性和电绝缘性优良等优点，在热稳定剂中仍然居于主导地位，而有机锡、钙/锌复合体系和稀土稳定剂等高效、无毒或低毒稳定剂虽消费比例增幅较大，但品种少，结构不合理仍是客观存在，此外，生产规模小，产品质量差，新产品开发力度不够。有机锡有着卓越的稳定性和透明性，但成本高，因而应用受到很大的限制，尤其在管材和型材等领域应用很少。复合钙/锌皂类成本低廉，但初期着色性大，长期稳定性也不理想，通过将适当的高性能辅助热稳定剂引入体系，不仅使其初期热稳定性能够满足制品的加工要求，而且也具有良好的长期热稳定性。

1. 国内生产企业及现状

我国热稳定剂的生产和应用始于 20 世纪 50 年代。近十多年来，随着 PVC 工业的快速发展，尤其是硬制品比例的大幅度提高，刺激和带动了热稳定剂行业的发展。据统计，2004 年产量约为 13.2 万吨，近五年来国内产量年均增长率约为 10%，是塑料助剂行业中发展较快的门类之一。我国热稳定剂的生产企业约80家，产品品种在100个以上，常用的有50～60种，主要品种包括铅盐类［含三碱式硫酸铅(简称三盐)、二碱亚磷酸铅简称二盐等］、硬脂酸盐类（含Ba、Cd、Zn、Ca、Pb、Mg等）、复合金属皂类热稳定剂、有机锡（锑）类、稀土类及有机辅助稳定剂等，具体消费比例为铅盐类约占40%，硬脂酸盐类约占10%、有机锡类约占10%、稀土类约占13%、复合型约占25%、其他占2%。表3列出了我国热稳定剂主要生产厂家和品种。

2. 国内研究进展

山西省化工研究院的科研人员研制出的β-二酮类PVC辅助热稳定剂T-386是一种适用于复合钙锌和稀土皂类PVC热稳定体系的高效无毒辅助热稳定剂，具有抑制制品加工时初期着色，防止“锌烧”并提高热稳定性之功效，可广泛应用于无毒复合钙锌和稀土热稳定剂体系，是复合钙锌和稀土稳定剂在食品包装和饮用水管等领域替代有机锡和铅盐热稳定剂的有效组分。此外，他们开发出的液体β-二酮T-247是一种新型的有机辅助稳定剂，通过采用独特的合成技术和复合化技术，使产品无异味、易混配。经PVC热稳定剂生产和塑料加工企业评价测试，用于液体钙锌、液体钡锌、液体钡镉锌及稀土稳定剂中，具有优良的耐初期着色性、透明性、耐析出和耐候性。

表3　我国热稳定剂主要生产厂家及品种

生产厂家	品种	总生产能力/(kt/a)
衡水精信化工集团有限公司	稀土复合稳定剂、铅盐复合稳定剂、钙锌复合稳定剂、二盐、三盐、硫醇锡	30
广东广洋高科技股份有限公司	稀土复合稳定剂、钙锌复合稳定剂	30
南京金陵化工厂	铅盐复合稳定剂、二盐、三盐、硬脂酸盐	20
温州天盛塑料助剂有限公司	铅盐复合稳定剂、钙锌复合稳定剂、二盐、三盐、硬脂酸盐	22
大连开米森化工产品有限公司	铅盐复合稳定剂、钙锌复合稳定剂	20
内蒙古皓海化工有限责任公司	稀土改性复合稳定剂、铅盐复合稳定剂	20
江西宏远化工有限公司	硬脂酸盐、无尘复合铅盐稳定剂、膏状复合稳定剂等	20
溧阳市联盟福利化工厂	铅盐复合稳定剂、液体、固体复合稳定剂、铅盐	18
河北衡水桃城化工助剂有限责任公司	铅盐复合稳定剂、钙锌复合稳定剂、硬脂酸盐	15
杭州油脂化工有限公司	PVC无尘复合稳定剂、硬脂酸盐	13
巢湖香枫塑胶助剂有限公司	PVC稳定剂	10
德清县东来化学有限公司	各类液体热稳定剂、粉状热稳定剂	10
广州源丰塑料助剂公司	二盐、三盐、硬脂酸盐	8
丹阳市晓星实业有限公司	无尘复合铅盐稳定剂	6
温州龙化塑料助剂有限公司	铅盐复合稳定剂、甲基锡	6
浙江海普顿化工科技有限公司	钙锌热稳定剂、有机锡	5
温州润华化工实业公司	铅盐复合稳定剂	5
山东桓台新波化工有限公司	铅盐复合稳定剂、钙锌复合稳定剂	3
青岛红星化工集团自力化工厂	硬脂酸盐、复合稳定剂等	3
石家庄市星光塑料助剂厂	复合稳定剂、二盐、三盐、硬脂酸盐	3
杭州东旭助剂有限公司	硫醇甲基锡	2
湖北南星化工总厂	甲基锡系列	2
深圳泛胜塑胶助剂有限公司	硫醇甲基锡系列	1
杭州天意助剂研究所	甲基锡	0.2
安徽省蚌埠热电有限公司	β-二酮	0.2
山西省化工研究院	β-二酮	
北京助剂研究所	稀土稳定剂系列	
浙江仙居合成化工厂	稀土稳定剂系列	

徐选华等人通过大量实验发现 Ca/Zn 稳定剂与环氧大豆油（ESBO）复配使用，可大大推迟出现锌烧的时间，且各种性能指标良好

刘又年等人用一步法合成了五（巯基乙酸异辛酯）锑，当其与硬脂酸钡复配时，表现出协同作用。此外，他们还以三氧化二锑、巯基乙醇及硬脂酸为原料两步法合成了三（硬脂酸巯基乙酯）锑，该产品与硬脂酸钙复配合，其热稳定性优于钙/锌及铅盐复合热稳定剂，与二月桂酸二丁基锡相当。

3. 发展趋势及建议

随着 PVC 应用领域的扩展，特别是异型材、管材、板材等用量扩大，PVC 制品的产耗量将大幅度增加，预计到 2010 年国内市场需求将达到 8 000kt/a 左右，PVC 工业的发展为热稳定剂行业的发展提供了良好的市场保障和广阔的发展空间，同时也对热稳定剂行业提出了更高的要求，进一步调整产品结构满足环保要求，降低 PVC 热稳定剂的毒性，开发无毒（低毒）、无污染、高效率、复合、廉价的 PVC 热稳定剂是未来热稳定剂行业发展的重要趋势。

我国 2004 年建设部公告中明确指出，在全国范围内使用的供水管 UPVC 管必须使用非铅盐稳定剂，铅、镉稳定剂最终将逐渐被淘汰，非铅系列的产品中目前最为广泛使用的是有机锡系列。但其高价位限制了它在数量上有较大的增长。大力发展性能优异的有机锡产品，使稳定剂结构更加合理，具体建议如下：环状有机锡热稳定剂的含锡量高，稳定效果好；开发新型有机锡热稳定剂，如在稳定剂中引入苯环；提高有机锡热稳定剂的相对分子质量，形成聚合型有机锡热稳定剂，可以避免小分子热稳定剂的挥发，改善稳定性能；开发生产工艺相对较简单，而且性能优异，价格较烷基锡低的有机锡；改善硫醇有机锡的加工性能、气味，并进一步降低成本。

钙/锌复合稳定剂由于无毒性的优点，常被建议用来取代铅盐，但仅限用于软质 PVC 制品的生产，如果用于硬质制品，必须在它们的配比里添加一些相关的昂贵辅助稳定剂，国内对复合钙锌热稳定剂重视还不够，今后要从选用高效辅助稳定剂（如 β-二酮、环氧化合物、α-苯基吲哚、β-氨基羧酸酯和亚硫酸酯等）和研究出性价比高的复配用单体新品种着手。与此同时，大力开发有机稳定剂，研究出高性价比的有机稳定剂，例如合成出高性能、低成本的 β-二酮、β-三酮类化合物等，不仅为钙锌等无毒热稳定剂发展做保证，同时其最终将彻底代替金属稳定剂，成为真正的绿色环保型稳定剂。

有机锑及稀土类稳定剂高效、无毒、稳定，同时由于我国特有的国情，锑及稀土资源储量十分丰富，原料易得、价格较低廉。因此我国开发有机锑及稀土稳定剂将是一个适应环保要求、符合中国国情的主要的研究和发展方向。稀土复合稳定剂发展势头强劲，但还需进一步提高自身的热稳定性能，在稀土复配热稳定剂中完全不用铅盐，同时改善其润滑和加工性能；有机锑稳定剂则具有无毒、多功能性和能提高、改善产品的物理性能和机械加工性能等优点。

此外，水滑石（HT）类热稳定剂是极具开发前景的一类无毒辅助热稳定剂。

今后我国热稳定剂工业应顺应环保潮流、扩大生产规模，提高产品质量，增加钙/锌复合品种和有机锡等无毒产品的生产，尤其是适用于日用品中的无毒热稳定剂的生产，提高它们在产品结构中的比例；注重开发高效多元复合型产品，这样不仅可以提高稳定效果，避免配方时稳定剂、润滑剂等塑料助剂添加和烦琐的计算过程、方便用户使用和贮存，还能减少资源浪费和环境污染。

概括起来，未来热稳定剂研究生产的发展方向即为：取缔镉皂，改造铅盐（无尘复合），发展有机锡、钙/锌（Ca/Zn）复合热稳定剂，重点研究稀土、有机锑等无毒稳定剂产品。

四、阻燃剂

阻燃剂作为难燃化助剂是一类能够有效地抑制聚合物制品燃烧，降低烟雾和有毒有害气体的功能性助剂。阻燃剂近年来发展较快，产量已上升至塑料助剂行业的第二位，仅次于增塑剂。目前已应用的阻燃剂按元素可分为卤系、磷系、氮系、硼系和硅系阻燃剂，根据化学成分的不同，可分为有机阻燃剂和无机阻燃剂两大类。有机阻燃剂主要包括：①卤素阻燃剂，包括溴系和氯系阻燃剂；②有机磷系阻燃剂，主要是磷酸酯和膦酸酯；③含氮、磷系列的膨胀型阻燃剂。无机阻燃剂主要包括：①锑系阻燃剂，主要有三氧化二锑、五氧化二锑等；②铝镁系阻燃剂，主要是氢氧化镁和氢氧化铝阻燃剂；③无机磷系阻燃剂，主要是红磷和聚磷酸胺；④硼系阻燃剂，主要为硼酸锌；⑤钼系阻燃剂，包括三氧化钼和八钼酸铵。现归纳如表 4。

除了以上分类外，阻燃剂还可分为卤系阻燃剂和非卤阻燃剂，通用阻燃剂、工程塑料专用阻燃剂、天然高分子材料专用阻燃剂和抑烟型阻燃剂，小分子型阻燃剂和大分子型阻燃剂等。

阻燃剂种类繁多，其化学结构及使用方法也各有不同。最常使用的阻燃剂的阻燃元素主要是以元素周期表中第Ⅲ主族的硼和铝；第Ⅴ主族的氮、磷、锑等；第Ⅵ主族中的硫；第Ⅶ主族的氟、氯、溴等为基础的化合物。此外，锌、钡、镁、钛、锡、铁、锆、

表 4 阻燃剂的种类

种类		名称
卤素系阻燃剂	溴系阻燃剂	DBDPO、TBBA、TBBA 齐聚物
	氯系阻燃剂	环状芳香化合物
	含卤磷酸系	含卤素的磷酸酯
非卤素系阻燃剂	水合金属化合物	氢氧化铝、氢氧化镁
无机系阻燃剂	磷系化合物	红磷、红磷加膨胀石墨
	含氮化合物	磷酸铵、碳酸铵
	其他化合物	硼素化合物、锑化合物、钼化合物、锡酸锌硅系化合物
有机系阻燃剂	磷系化合物	磷酸酯、含磷多元醇、含磷胺、反应型磷系化合物
	硅系化合物	有机硅阻燃剂(粉末聚合物、有机硅油)
	聚合物系	芳香族工程塑料(PPE)、聚酮、有机硅聚合物

钼等金属化合物也可作为阻燃剂，但在实际应用中，阻燃剂主要是以卤素和磷为中心阻燃元素的化合物。含卤阻燃剂尽管阻燃效果较好，但由于在使用和燃烧过程中的二次污染问题，而逐渐被无卤阻燃剂所替代。磷系阻燃剂也是一种阻燃性能良好的阻燃剂，有机磷阻燃剂应用于织物整理时，虽然有良好的耐洗性和耐久压烫性，但有些处理过的织物存在断裂强度下降、变色和产生臭气、有毒性等问题。近年来随着新的环保要求和法规的不断提出，硼系阻燃剂以其优良的阻燃、低毒和抑烟特性正越来越多地引起人们的注意。尤其值得一提的是近年来兴起的超细粉体技术在阻燃剂行业得到了广泛应用。

1. 国内科研及产业化发展

中北大学化学工程系以三氯化磷、苯、三氯化铝、氯化钠、丙烯酸为原料合成了阻燃剂 2-羧乙基苯基次磷酸，传统用于尼龙 6 的阻燃剂是磷酸与尿素在加热时合成的一种低分子的白色晶体，它在合成纤维时加入到尼龙 6 中，阻燃处理不易、且易溶于水。若在其合成时加入适量的乙醇，并控制加料顺序、反应温度和时间等工艺条件，便可合成一种新型磷酸酯类的不溶于水的乳白色阻燃剂 2-羧乙基苯基次磷酸。

东北林业大学理学院化学化工系合成了一种含溴、氮的三嗪阻燃剂——2,4,6-三(2,4,6-三溴苯氧基)-1,3,5-三嗪，具有优良的热稳定性，用其阻燃的 ABS 的阻燃性能和力学性能都优于十溴二苯醚。

与此同时，在阻燃行业另一大领域——无机阻燃剂的应用中，以水镁石为原料制成的氢氧化镁阻燃剂发展十分迅速。用天然水镁石生产氢氧化镁阻燃剂是十分理想的选择，它不仅产品成本低廉，且用途广泛，用量大；我国是目前世界上已探明的水镁石储量最大的国家，这从原料供应上为国内发展水镁石直接法生产氢氧化镁确立了良好基础。水镁石的结构与氢氧化镁相似，但需要通过微粒化处理及表面处理，才可作为阻燃剂应用于塑料中。经研究发现，硬脂酸、柠檬酸、硅烷、钛酸酯等均可作为其表面处理助剂，现在用水镁石制成的氢氧化镁的细度已可达到 2 500 目以上。

氢氧化镁阻燃剂是一种新型的、对环境友好的无机阻燃剂。随着保护环境的呼声日益高涨，阻燃剂正向高效、低廉、无卤素、无污染的环保型无机类阻燃剂发展。氢氧化镁以其热稳定好、不挥发、不产生有毒气体、不腐蚀加工设备、消烟作用明显等优点，被认为是最有发展前途、环境友好的无机阻燃剂。绿色环保型氢氧化镁阻燃剂，与其他两种无机阻燃剂碳酸钙和氢氧化铝相比，氢氧化镁发生在固体降解区的阻燃作用很优越，在消烟作用上也十分明显。氢氧化镁阻燃剂单独使用时阻燃效果低，添加量大，为此，人们常对氢氧化镁进行表面改性，并与其他阻燃剂混合使用，以提高其阻燃效果。将硅烷偶联剂与硬脂酸钙、油酸镁混合，对氢氧化镁进行表面改性处理，既达到改善氢氧化镁表面性能的目的，又能在聚合物材料燃烧时形成良好的碳化结构，进一步提高了材料的阻燃及机械力学性能。

另外我国硼资源丰富，国内有资源的地区，可以加快硼酸盐阻燃剂的合成与开发。近些年来，无机硼化合物作为阻燃剂已不仅仅局限于纤维和织物上，它还通常作为阻燃协效剂用于其他聚合物阻燃材料，目前国内对有机硼阻燃剂的报道很少，有人将有机硼和有机磷阻燃剂复配使用，一方面，减少磷阻燃剂毒性；另一方面，提高硼阻燃剂耐水解稳定性。此外，东华大学的林苗、郑利民等人合成了一些新型的有机硼化合物作为阻燃剂，阻燃性能好。

2. 发展趋势及建议

随着高分子材料工业的发展，塑料、橡胶、纤维等合成材料越来越广泛地用于建筑、化工、军事及交通等领域。由于高分子材料的易燃性，其阻燃技术受到全球性的关注。随着经济的快速增长，城市建设速度不断加快，各种高层建筑、地下建筑和大型商业娱乐设施越来越多，我国的火灾事故也呈上升趋势。如何将火灾事故发生率降低，除了要增强防火安全意识外，还应加快新型阻燃材料的研究开发，大力推广各种建筑及电线电缆用阻燃材料，一旦发生火灾，可起到阻止火势蔓延和抑止火灾发展的作用，这对于降低和消灭火灾事故具有重要意义。时代的发展对阻燃剂的开发提出了新的要求，现代阻燃剂的开发更多注重了环保，阻燃剂不仅要阻燃，还要求无毒、无致癌性，燃烧不产生有毒气体，抑制燃烧产生的烟雾等。随着保护环境的呼声日益高涨，阻燃剂正向高效、低廉、无卤素、无污染的环保型无机类阻燃剂发展。

我国阻燃剂研究虽已取得了长足的发展，但是与先进国家相比，在产量和品种结构上都还有一定的差距，阻燃剂向着低毒、低烟或抑烟、低腐蚀方向发展。对无机阻燃剂的细化分级、表面活性处理、高流动性及易分散的要求更加严格。阻燃剂的无卤化进程明显加快，磷系、氮/磷系、无机系、氮基、抑烟剂等成为阻燃剂领域开发的热点，具体开发方向为：发展非卤化高性能无机阻燃剂；稳定化、多功能及低毒是磷系阻燃剂的发展方向；高分子型溴系阻燃剂是今后更新换代的较好品种；红磷包覆技术在国内外已成为一个研究热点；膨胀型阻燃体系是新发展的一种无卤阻燃体系。无卤阻燃剂是阻燃剂的发展方向，阻燃剂目前研究工作的重点是不但要无卤，而且要无磷、抑烟、品种多样，同时还要注重阻燃材料的循环利用问题，阻燃剂，开拓一个新的研究领域，不仅具有理论意义，更具有现实意义。

总体上看，当前阻燃剂更趋于多样化、功能化，而随着今后人们环保意识的增强，基础技术水平的提高，必将还会有更多、更好、更有效、更环保的新型阻燃产品问世，为我们的生活提供更安全的保障。

综上所述，阻燃剂的发展方向是开发无卤阻燃剂取代卤素阻燃剂、无机阻燃剂取代有机阻燃剂，绿色化学与技术在阻燃领域的应用还刚刚起步，对高效、抑烟性能强、无毒无害阻燃剂特别是对环境友好的阻燃剂的研究还需我们继续努力。

五、光稳定剂

光稳定剂是提高高分子材料光稳定性的一种物质。它能屏蔽紫外线光波，减少紫外线的透射作用，或能强烈地吸收波长为290～400nm的紫外线，并且将其进行能量转换，以热能形式或无害的较长波长把能量放出；或能迅速地使已经被紫外线激发的高分子回到稳定的基态，从而达到保护高分子材料，使其免受紫外线破坏的作用。目前常用的光稳定剂按其作用机理大致可分为四类，即紫外线吸收剂、自由基捕获剂、猝灭剂和光屏蔽剂。

光屏蔽剂是一种能够遮蔽或反射紫外线的物质，使光不能透入高分子内部，从而起到保护高分子的作用。光屏蔽剂有炭黑、氧化钛等无机颜料和酞菁蓝、酞菁绿等有机颜料，其中炭黑效果最好。猝灭剂是通过分子间能量的转移来消散能量的，故又称为能量转移剂。它对聚合物的稳定效果很好，多用于薄膜和纤维。主要是一些二价的有机镍螯合物。由于有机镍光稳定剂具有良好的性能，20世纪80年代新品种开放比较活泼，近年来，有机镍络合物因重金属离子的毒性问题，逐渐会被其他无毒或低毒猝灭剂取代。紫外线吸收剂（UVA）是一种光稳定剂，能吸收阳光及荧光光源中的紫外线部分，而本身又不发生变化。塑料和其他高分子材料在日光和荧光下，因紫外线的作用，产生自动氧化反应，导致聚合物的降解而劣化，使外观及机械性能变坏。加入紫外线吸收剂后可选择性地吸收这种高能量的紫外线，使之变成无害的能量而释放或消耗。根据聚合物的种类不同，使其劣化的紫外线波长也不相同，不同的紫外线吸收剂可吸收不同波长的紫外线，使用时，应根据聚合物的种类选择紫外线吸收剂。紫外线吸收剂按化学结构可分为以下几类：水杨酸酯类、苯酮类、苯并三唑类、取代丙烯腈类、三嗪类和其他类。紫外线吸收剂能有效地吸收波长为290～410nm的紫外线，而很少吸收可见光，它本身具有良好的热稳定性和光稳定性。近年来，UVA常作为辅助光稳定剂和受阻类光稳定剂共同使用，尤其在聚烯烃或涂料中更是如此。目前国内外主要的紫外线吸收剂有以下几种：UV-P、UV-0、UV-9、UV-531、UV-327等。自由基捕获剂．能捕获高分子中所生成的活性自由基，从而抑制光氧化过程，达到光稳定目的。主要是受阻胺光稳定剂（HALS）。HALS类光稳定剂被认为是光保护领域最新及最有效的发展成果。它们并不吸收波长超过250nm的光能．因此不属于紫外线吸收剂或猝灭剂，应属于自由基清除剂。聚合的受阻胺类对产品厚度不敏感，拥有较小的迁移性及较好的长期抗氧化性能。

1. 生产与消费现状

从生产情况来看，国内光稳定剂的生产开始于20世纪60年代。70年代随着聚合物农膜和聚丙烯纤维的生产及应用技术的推广，光稳定剂的应用得到了迅速发展。目前国内开发的光稳定剂品种也很多，但由于受原材料来源的影响，以往进口的比较多。随着石油工业的发展，近年来条件日趋成熟。

早在2000年，我国光稳定剂年生产能力就已经达到了1 500吨/年，这其中HALS的年生产能力900吨，占总生产能力的56%。而业内专家也一致认为光稳定剂将是我国塑料助剂产品中发展最快的品种之一，以其较快的发展速度来看，预计到2010年国内光稳定剂的产量达到4 000吨。表5为我国部分光稳定剂的生产厂家。

从需求方面来看，国内光稳定剂的市场前景在很大程度上取决于聚烯烃树脂的室外应用的增长率，因其增长率高于聚烯烃总体需求增长率，而我国聚烯烃消费增长率又高于许多其他树脂，聚烯烃用光稳定剂

表 5　国内部分光稳定剂生产厂家

生产厂家	产品名称
北京市朝阳区花山助剂厂	HS-201、BW-10LD（622LD）、HS-770、HS-508 等
廊坊市龙泉助剂有限公司	光稳定剂 783、光稳定剂 292、光稳定剂 622、光稳定剂 770、光稳定剂 944 等
山西省化工研究院	GW-628、UV-419、UV-418、UV-420
天津市力生化工厂	光稳定剂 770、UV-326、UV-327、UV-531、UV-P
四川省泰来化工有限公司	紫外线吸收剂 UV-531
和龙市化工厂	紫外线吸收剂 UV-531 等
武汉市银冠化工有限黄陂精细化工厂	紫外线吸收剂 U-531

占光稳定剂总用量的 60％左右，特别是聚丙烯取代汽车和其他应用中的金属和工程塑料。另外，苯乙烯系列塑料中光稳定剂用量也进一步提高。HALS、苯并三唑类和三嗪类光稳定剂是市场需求增长快的品种，加上二苯甲酮类和其他类光稳定剂用量的增加，使其成为国内增长速度最快的塑料助剂，并在塑料助剂市场中继续保持一定的增长幅度。另据调查，我国光稳定剂总需求量预计 2010 年将超过 5 000 吨。

从现阶段我国塑料光稳定剂市场消费结构来看，受阻胺类光稳定剂的消费约为1 100吨，占总消费量的 66％；紫外线吸收剂约 500 吨．占 30％；镍猝灭剂因有机镍络合物重金属离子毒性问题，用量呈逐年下降趋势，消费比例仅为 2％，约为 35 吨。不难看出，受阻胺类光稳定剂已成为当今世界光稳定剂的主要发展品种。但是现阶段国内 HALS 生产企业规模偏小，生产的品种较少，致使企业自身抗风险能力差，也无法适应国内高速增长的聚合材料行业的发展。同时其哌啶胺、哌啶基烷醇等重要中间体尚无工业化产品，也在很大程度上限制了我国 HALS 的发展。

2. 技术进展与发展趋势

山西省化工研究院精细化学品研究所在研制出可广泛应用于 PC、PET 等工程塑料的高效紫外线吸收剂——UV-418 之后，矢志创新，2005 年，该所科研人员又自主开发出了新型液体紫外线吸收剂 UV-420，该产品为黄色油状液体，主要用作聚氨酯、涂料体系、软质 PVC 以及不饱和聚酯等以液态形式加工的聚合物的紫外线吸收剂，可单独使用，或与光稳定剂（如受阻胺化合物）并用，室温下可与聚醚多元醇、聚酯多元醇、甲醇、乙醇、醋酸乙酯、氯仿等有机溶剂混溶，不溶于水，具有耐析出、易加工、对可见光几乎不吸收等优点。

南昌大学化学系合成了化学名称为 2-(2-羟基-3-叔丁基-5-甲基苯基)-5-氯-苯并三唑的紫外线吸收剂 UV-326，这种紫外线吸收剂不仅能够吸收 280～370nm 的紫外线，且其稳定性好、毒性小，是苯并三唑类紫外线吸收剂中唯一被美国 FDA 批准可用于与食品接触的塑料制品的添加剂，也可广泛应用于涂料、合成橡胶、合成纤维、光敏材料等，有效提高这些材料的耐光性。

辽宁石油化工大学石油化工学院在无有机溶剂的情况下，以叔胺或季铵盐为催化剂，在强碱水溶液中，110℃下，以2,4-二羟基二苯甲酮和 1-溴代正辛烷为原料合成了紫外线吸收剂 UV-531(2-羟基-4-正辛氧基-二苯甲酮)。

3. 存在的问题以及发展方向

综合上述分析，今后几年内国内光稳定剂市场仍将呈现产不足需的局面，但发展速度却远不如国外，主要体现在以下两方面：①我国自行研制的光稳定剂品种已经超过 30 种，而已经形成生产规模，具有一定的市场份额的光稳定剂品种却不足 15 种。每年都要从国外进口各类光稳定剂几百吨；②缺乏高效品种，尤其是代表世界发展趋势的高分子量受阻胺类光稳定剂生产技术尚未成熟，将近一半的消费市场被国外产品占领。

根据上述问题，国内进行光稳定剂产研的企业还应进一步加强研发，不断对现有产品进行优化更新。要努力提高产品的光和热稳定性、耐水解及耐油性，降低挥发性、毒性，改善与聚合物的相容性。此外，还要将高性能、多功能、长效、无毒或低毒品种列为今后生产与发展的重要目标，同时高分子量低碱性和复配技术仍应是我们今后开发新品种的最重要途径。可以预言，随着今后聚合物材料应用领域的不断拓宽，光稳定剂在我国未来助剂领域中将占据主导地位，其在塑料加工领域中的重要作用将会变得更加突出。

六、抗氧剂

抗氧剂是一类能有效降低塑料材料自氧化反应速度、延缓塑料材料老化降解的塑料助剂，其应用几乎涉及所有的聚合物制品。塑料用抗氧剂通常包括酚类抗氧剂、磷类和硫类辅助抗氧剂以及金属离子钝化剂等，抗氧剂的应用品种和添加量主要由塑料材料的分子结构、加工工艺和用途决定。主抗氧剂以受阻酚类为主，尤其以抗氧剂 1010、1076 等高效型产品为重点，近来，含氮杂环多酚类高熔点抗氧剂品种消费量呈快速增长势头。辅助型抗氧剂以亚磷酸酯、硫代酯类为主。

1. 生产及市场现状

我国塑料用抗氧剂的研制始于20世纪50年代，随着世界范围内合成材料，尤其是通用型塑料的产量快速增加，促进和刺激了全球抗氧剂产能的迅速增长，塑料抗氧剂的生产能力年均增长率保持在8%左右，高于某些传统塑料助剂品种增长率。20世纪90年代以后，随着我国塑料工业的快速发展，刺激和推动了塑料抗氧剂的发展，我国塑料抗氧剂工业在产品结构、产品质量、生产规模、合成技术、装备自控等方面都取得长足的进步。

目前国内抗氧剂生产厂家超过30家，形成了汽巴高桥、浙江金海雅宝公司、兰化有机厂、辽阳有机厂、天津力生化工厂、天津晨光化工有限公司、北京化工三厂、临沂三丰化工有限公司、北京加成助剂研究所等主要生产基地，国内生产能力约为37kt/a，生产并供应市场20余种常规或专用抗氧剂品种，主要品种有抗氧剂BHT、1010、1076、168、DLTP、B-215、2246、3114、246、DSTDP等。目前国内亚磷酸酯类抗氧剂主要生产厂家13家，总生产能力约为9 000t/a，主要是老品种TWP、168，试生产抗氧剂618的厂家约6个左右，626正在应用研究开发之中，一些受阻酚-亚磷酸酯复合型品种将相继问世。

聚烯烃的抗氧剂国内市场主要面向大型石化公司，总需求约5 000t/a，其中齐鲁石化公司200t/a，既可直接出售，也可与其他抗氧剂复配后出售。

2. 国内科研及产业化进展

广州合成材料研究院开发并生产的最新一代抗氧剂产品新型双酚单丙烯酸酯抗氧剂KY-500不但可作为丁二烯类聚合物（如：BR、SBS、SBR等）的高效抗氧剂，而且还可广泛用于聚乙烯、聚丙烯、聚苯乙烯、ABS树脂、合成橡胶等高分子合成材料中。经应用试验研究证明：该产品用于丁二烯类聚合物中，其抗热氧老化性能、抗着色性能明显优于传统抗氧剂264、2246、425、1010、1076、TNP、168等。

无锡市正茂化工厂的一种创新性的抗氧剂ZM-405已经投放市场，结束了我国这一产品长期依赖进口的历史。这种新型抗氧剂无污染、无毒性，广泛应用于聚乙烯、聚丙烯和聚氯乙烯及泡沫塑料等塑料色母粒，对塑胶电线电缆、食品包装材料、胶黏剂等的耐热、耐光抗老性能显著；新型抗氧剂对天然橡胶、氯丁橡胶、丁苯橡胶等合成胶因热、光、臭氧等引起的老化有着特殊效果，与含硫的抗氧剂有着良好的协同效应。上海、南京、北京等地企业的应用结果证明，这种新型抗氧剂的各项技术指标可以与国际先进水平的抗氧剂媲美。北京拓展精细化工有限公司推出新型耐高温抗氧剂B1036并已批量生产。该产品抗氧效果优异，在缩短熔化时间，提高熔体强度、耐水解性，改善加工稳定性和保持颜色稳定性等方面优于通常采用的其他抗氧剂，与日本旭电化ADKPEP-36同属一种产品，性能达到日本旭电化ADKPEP36产品技术指标，添补了国内高温抗氧剂的空白。

保定市化工研究所的翟振月采用原料三氯化磷、季戊四醇、十八醇，在相关催化剂作用下无酚法合成出抗氧剂双十八酯基季戊四醇亚磷酸酯。

3. 存在的问题

由于我国合成树脂装置建设速度迅猛增长，对抗氧剂需求呈高速增长的势头，目前国内抗氧剂与十年前品种单一、数量和质量不能满足要求相比，有了根本的改善，但与国外先进水平相比，我国抗氧剂工业仍存在以下一些不足：①规模小，除汽巴高桥和浙江金海雅宝公司外，其他企业规模多为百吨级，而国外著名抗氧剂企业汽巴精化的生产能力高达90kt/a；②经济效益低下，许多小企业在竞争中被迫处于停产或半停产状态；③产品质量低下，以最常用和主要的抗氧剂1010来说，据有关部门资料介绍，国内对各企业抗氧剂1010进行理化指标检测，除1～2个厂家能达到国外同类产品水平外，其他与国外产品相比均存在不同程度的差异；④新产品开发缓慢；⑤产品结构不合理；⑥市场竞争激烈，不仅国内企业之间相互竞争，著名抗氧剂生产企业瑞士汽巴精化、美国孟山都公司等在中国市场都占据相当市场，美国大湖公司和中国台湾抗氧剂企业纷纷将未来市场开发重点放在塑料工业蓬勃发展的中国，随着中国加入WTO，国内抗氧剂工业面临着更大的挑战；⑦许多专用高档抗氧剂还需依赖进口。

4. 发展趋势与建议

由于我国塑料工业发展速度惊人，因此中国成为世界许多助剂大公司的主要目标市场，对我国抗氧剂市场形成较大的冲击。但同时我国塑料工业的蓬勃发展给抗氧剂行业发展带来巨大空间，因此我国抗氧剂工业机遇与挑战并存。抗氧剂作为有机高分子材料不可或缺的稳定化助剂，必将显示巨大的市场潜力。关注世界抗氧剂发展动向，增强创新意识，开发具有自主知识产权的抗氧剂新品种是行业立足的根本。今后我国抗氧剂行业应继续强化通用型产品生产，扩大规模，降低成本；加强对抗氧化机理的研究，有针对性和目的性开发抗氧剂新品种，从而达到理想的抗氧化效果；调整产品结构，大力开发有市场竞争力的高性能专用化品种，改变目前品种单一的局面，增加市场竞争力。

具体而言，主要发展方向为：①剂型无尘化和高相对分子质量化，剂型无尘化最大限度地消除了抗氧剂在生产、贮运和配合过程中的危害，改善了操作环境；高相对分子质量化则提高了抗氧剂产品的耐挥发性和耐萃取性；②二元抗氧体系向三元抗氧体系过渡，碳自由基捕获机理研究的深入为三元抗氧稳定体系的建立奠定了充分的理论基础，与二元抗氧体系相比，三元抗氧体系在高温抗氧方面性能尤为突出，尽管目前尚不构成对二元复合抗氧体系的冲击，但长远来看不失为聚合物抗氧体系发展的趋势；③无酚化。无酚化是解决色泽要求苛刻的制品着色问题的根本措施。碳自由基捕获剂的开发和应用使抗氧体系的无酚化变成了现实；④专用化抗氧剂结构多样，性能和形态各异，一种结构的产品往往很难完全满足各种聚合物树脂及其制品的所有加工和应用性能要求，因此在应用技术研究的基础上开发和研究针对特定应用领域的抗氧剂品种非常必要；⑤发掘老产品的新功能，抗氧剂工业发展到今天，开发全新结构的产品越来越困难，发掘传统产品的新功能具有事半功倍的效果。对此，一些助剂开发和应用企业纷纷将目光投向传统产品的新用途开发方面，并取得了显著的成效。

随着塑料工业的快速发展，尤其是各种新型功能性塑料的不断开发与应用，全球抗氧剂工业正向专用化、系列化、复合化、高效化方向发展。为了保证我国抗氧剂工业稳定健康发展，在未来日趋激烈的市场竞争中站稳脚跟，向前发展，关键要了解目前抗氧剂发展的趋势，大力开发适合塑料工业发展的抗氧剂品种。重点发展的抗氧剂品种包括。①碳自由基捕获剂，碳自由基捕获剂除受阻胺外，市售品种主要包括苯并呋喃酮类、羟胺类、叔胺氮氧化物和双酚单丙烯酸酯类 4 种结构类型。②维生素 E 抗氧剂，维生素 E 的主要组成为 α-生育酚（ATP）。显然，这种天然酚类抗氧剂的突出特点是安全高效和与树脂良好的相容性，但高昂的成本使其难以在聚合物中推广应用。③液体受阻酚抗氧剂，市售受阻酚抗氧剂多为固体形态，而且缺乏良好的相容性，这给乳液聚合、聚氨酯及其多元醇原料的合成和加工等特殊应用带来许多不便。为满足这些特殊的加工应用要求，近年来液体受阻酚抗氧剂的开发受到一定程度的重视。山西省化工研究院开发的液体受阻酚抗氧剂 KY-390 在聚氨酯弹性体和聚酯合成工艺中测试结果表明，加工稳定性和耐变色性优于传统固体受阻酚。④半受阻酚抗氧剂 半受阻酚是相对于完全受阻酚而言，其酚羟基邻位取代基呈非对称状态，因而又称非对称受阻酚抗氧剂。与通用的完全受阻酚相比，半受阻酚抗氧剂其中一个邻位取代基空间位阻较小（多为甲基），抗氧效率较高，尤其与硫代酯等辅助抗氧剂之间存在氢键缔合，协同效果更为显著。半受阻酚抗氧剂的另一个突出特征是其耐氧化氮着色性，这在防止塑料制品被环境污染方面具有非常重要的意义。⑤亚磷酸酯抗氧剂，亚磷酸酯辅助抗氧剂是 20 世纪 90 年代聚合物稳定化助剂中品种开发最活跃的领域之一，亚磷酸酯与酚类抗氧剂配合使用能够显著提高聚烯烃树脂的加工稳定性能。尤其是随着亚磷酸酯配比的提高，聚烯烃的加工稳定性增强。

针对各类抗氧剂特提出如下发展建议。

① 酚类抗氧剂。酚类抗氧剂是塑料中应用最广泛、用量最大的抗氧剂，其具有抗氧效果好、热稳定性高、对塑料无污染、不着色、与塑料相容性好等特点。作为酚类抗氧剂基本品种 2,6-二叔丁基酚（BHT），由于分子量低、挥发性大、且有泛黄变色等缺点，目前用量正逐年减少。以 1010、1076 为代表的高分子量受阻酚品种消费比例逐年提高，成为酚类抗氧剂市场上主导产品。随着科技发展，许多非对称受阻酚抗氧剂正被不断开发，与传统产品相比，其显示出更优异的抗热稳定性和耐变色性，代表了当今世界聚合物抗氧化领域的大趋势。此外，为了顺应再生塑料和工程塑料加工的要求，高分子量和高效能抗氧剂成为今后发展的主流之一，聚合型和反应型受阻酚类抗氧剂品种开发也非常活跃。

② 磷类抗氧剂。亚磷酸酯为辅助抗氧剂，其中 TNP、168 是主要的通用型品种。由于传统的亚磷酸易水解，影响了贮存和应用性能，提高亚磷酸酯的耐水解稳定性一直是抗氧剂研发热点，因此，亚磷酸酯类辅助抗氧剂技术开发的焦点就集中在提高加工稳定性和改善水解稳定性两个方面。针对上述情况，对我国亚磷酸酯抗氧剂的开发提出以下建议：提高包括 2,4-二特丁基苯酚在内的芳基亚磷酸酯抗氧剂品种的质量；对目前广泛使用的传统抗氧剂进行工艺改进，稳定质量并达到更高的经济效益；继续提高亚磷酸酯抗氧剂的推广应用水平，进一步开发高性能的受阻酚-亚磷酸酯复合抗氧剂品种，重视主、辅抗氧剂协同效应的研究，加强以酚类抗氧剂为主体加亚磷酸酯和光稳定剂的掺和物的研制，使其同时具有抗氧、阻燃、抗紫外线等多种功能；抓紧组织含氟亚磷酸酯等高性能抗氧剂的开发研究工作，尽快在短时期内研制出满足各种应用需要的亚磷酸酯新品种；由于近年来世界塑料工业正致力于使通用树脂高功能化、高附加值化，扩大工程塑料和复合材料应用范围。这就要求抗氧剂具有高效、低毒、相容性好、不析出等性能。满足这些要求的重要途径，就是使抗氧剂分子内部含有更多的功能团，高分子量化亚磷酸酯是新品种的开发方向。

③ 硫类抗氧剂。与磷类抗氧剂相比，硫类抗氧

剂开发与应用显得十分单调，硫代丙酸酯类仍占据主导地位。今后高相对分子质量化和功能化品种的开发是硫类抗氧剂的发展方向。

④ 金属离子钝化剂。目前金属离子钝化剂以双亚水杨基二胺为主，从其品种开发趋势来看，多功能化是其主要特征。功能性金属离子钝化剂多为键合受阻酚官能团的产品，它们同时赋予制品抗铜性和抗热氧老化性。

⑤ 复合型抗氧剂。复合型助剂已成为塑料助剂工业发展的主要趋势之一。高效复合型抗氧剂为受阻酚与亚磷酸酯、硫代酯的复合物，另外还有受阻酚类抗氧剂与紫外线吸收剂复合产品。复合型产品开发周期短，效果好，综合性能佳；多种助剂充分发挥协同作用，方便用户使用。

⑥ 天然抗氧剂。随着人们对环保和安全要求越来越高，人们对用于食品、医药、饲料等包装用塑料制品的安全性提出了更高的要求，特别是近年发现BHT有致癌的嫌疑。作为安全有效的措施是：一方面不断开发与应用高效、耐热的高分子量受阻酚，另一方面天然无毒抗氧剂品种付诸实施应用。在天然抗氧剂中VE最具代表性，如VE与卵磷脂配制成的抗氧剂，不仅具有良好的抗氧化作用，而且对人体安全性高、无毒副作用，可用于取代目前广泛使用的有毒副作用的叔丁基对羟基茴香醚（BHA）、2,6-二叔丁基对甲酚（BHT）、没食子酸酯（PG）等化学抗氧剂。以VE为基础，与亚磷酸酯、甘油、聚乙二醇、高孔率树脂等组分配合而成固体复合“绿色”品种也具有良好发展前景。

七、抗静电剂

抗静电剂作为消除聚合物表面静电的功能化助剂，在矿用塑料、电子器械包装等领域具有重要作用。抗静电剂品种繁多，分类方法各异，习惯上多以其应用方法和化学组成进行分类。根据抗静电剂的使用方式不同，一般分为涂覆型和混炼型两种类型。涂覆型抗静电剂将有效的抗静电剂组分配制成水、醇等适当溶剂的溶液，通过浸渍、喷涂或刷涂等方法处理塑料制品表面，随后干燥脱除溶剂得到具有抗静电剂包裹膜表面的塑料制品。涂覆型抗静电剂多系离子型表面活性剂，尤以阳离子型效果最佳，其次分别为两性型、阴离子型和非离子型。混炼型抗静电剂又称为添加型抗静电剂，它们在塑料加工时混配到树脂中并均匀分配在整个聚合物内。这类抗静电剂多系表面活性剂，而且与聚合物的相容性有限，加工后经过一段时间迁移到制品的表面形成具有取向特征的抗静电剂分子层，其中亲水基伸向空气一侧，亲油基植于树脂内部。由于蓄积在树脂内部的抗静电剂分子随时都有向外部迁移和取向的倾向，即使在加工、使用中因摩擦、洗涤等原因致使表面抗静电剂分子层缺损，随后源源不断的补充亦能保证持久的抗静电效果，因此，混炼型抗静电剂添加量小、应用方便，但对树脂的加工温度、制品性能等条件较为敏感。混炼型抗静电剂以非离子表面活性剂为主，同时阴离子、阳离子表面活性剂在一定的制品中也可添加使用。

从化学结构来看，涉及表面活性剂和亲水聚合物。亲水聚合物是近年来出现的永久型抗静电剂，目前尚未广泛使用。因此，国内市售抗静电剂基本上属于表面活性剂类，包括阳离子季铵盐型、阴离子磺酸盐型、脂肪酸多元醇酯和烷醇（酰）铵非离子型等。矿用塑料和包装塑料制品是抗静电剂的主要应用领域，应当指出，基于塑料制品加工温度的提高，对抗静电剂的耐热性提出了更高的要求，因此，永久型和高耐热型抗静电剂开发非常关键。目前抗静电剂年产量2 000余吨，市售品种近10种，以非离子添加型居多。

目前国内抗静电剂需求量至少达到5 000t/a，预计未来几年我国抗静电剂需求将以平均10%～15%的速度增长，而实际生产能力不到3 000t/a，尤其是高性能新品种抗静电剂生产能力较小，品种较少，尚不能完全满足国内合成材料领域的需求。目前抗静电剂的使用量一直在稳步增长，但抗静电剂所处的状况是现有产品与目前市场要求相差甚远，如持久性差、在高湿度下才起作用、与某些阻燃剂并用会失效等，因此，抗静电剂的发展趋势是耐久、耐热、功能性强、具有阻燃性和透明性等多种性能，适用面广和品种系列化，国内研究方向是开发耐高温、耐久性强、低毒或无毒的抗静电剂。从应用角度看，关于聚烯烃、聚苯乙烯、软质PVC等制品的抗静电技术已基本突破，而诸如硬质PVC、ABS等硬质制品存在的抗静电持久性差等问题尚未完全解决。扩大生产能力、完善现有品种的生产工艺和内在质量，强化应用技术研究，将是抗静电剂行业赢得市场的关键。

未来的主要发展方向。①非离子型抗静电剂。②复合型抗静电剂。③多功能浓缩抗静电母粒。④高分子永久性抗静电剂，当然，永久性抗静电剂的开发研究和工业化时间不长，应用中还不可避免地存在着这样或那样的问题。例如，增加量大、成本高，目前尚不可能取代表面活性剂类抗静电剂；相容剂及加工条件的选择等关键技术仍需不断改进和完善。⑤纳米导电填料。在完善现有品种的生产工艺和质量的同时，重点发展耐久、耐热、功能性强、具有阻燃性和透明性等多性能、适用面广和品种系列化、专用化的新产品将是抗静电剂的发展趋势。由此提出以下发展建议：①加大新品种开发力度；②加快复合抗静电剂和母粒的研究生产；③加快高分子型的永久抗静电剂和导电材料的研究。基于此，我国塑料抗静电剂行业当前的主要任务是：①开发和生产低毒或无毒的多功能抗静电剂；②加速高效新型季铵盐、两性型抗静电剂的研究；③发展复合型或具有特殊性能的专用型抗静电剂；④开展高分子型永久性抗静电剂的研究；⑤开发多功能抗静电剂母料；⑥重视抗静电剂的工艺改造，降低成本，提高产品质量。

八、成核剂

成核剂是一类改变树脂结晶行为，提高制品透明性、刚性、表面光泽、抗冲击韧性、热变形温度、缩短制品成型周期的物质。作为晶型高分子材料的改性助剂，成核剂能改变聚合物的微观形态而使聚合物具有新的特性和功能，从而扩展了应用范围，是目前公认的聚合物的改性方法之一，也是当前国内外研发的热点。成核剂的作用机理主要是在熔融状态下，由于成核剂提供所需的晶核，聚合物由原来的均相成核转变成异相成核，从而加速了结晶速度，使晶粒结构细化，并有利于提高产品的刚性、缩短成型周期，保持最终产品的尺寸稳定性，抑制光散射、改善透明性和表面光泽及聚合物的物理机械性能，（如刚度、模量），缩短加工周期等。而作为成核剂中重要的一类，透明剂的主要作用则是改善聚合物光学效果。我国对成核剂的研究开发始于20世纪80年代，种类很多，现在实用且价格便宜和商品化的成核剂主要可分为无机成核剂、有机成核剂和高分子成核剂。

可喜的是，这一年国内聚烯烃成核剂的开发和研究取得了举世瞩目的成绩，一方面以增透为主要功能的二苄叉山梨醇类成核剂品种产能不断增加，生产企业已经不再局限于为数不多的助剂科研单位，透明剂的国产化基本成为现实。另一方面成核剂的品种开发更加深入，山西省化工研究院继TM、TMA、TMB、TMP系列成核剂产品应市之后，2005年又推出TMX有机类系列成核剂，这类成核剂成核速度极快，可减少PP注塑或挤出的时间，并降低由于各向异性造成的扭曲，主要用于PP提高加工速度和尺寸稳定性。

我国成核剂市场启动仅有几年，目前市售主要成核剂品种还有二苄叉山梨醇及其衍生物、芳基磷酸酯类、取代苯甲酸盐类等，全国成核剂总产量约为250～300t/a。尽管这几年发展迅猛，但大部分市售产品以山梨糖醇的衍生物为主，品种单一，且价格远低于国际水平，产品质量和稳定性仍有待提高和改善，此外国外新型成核剂不断涌现，对国内的科研开发提出了更高的要求，国内透明成核剂的应用领域仅限于薄膜、片材、微波炉炊具和杯子以及少量的注塑制品等方面，市场需求不大，但正处于加速发展的阶段，呈现出产销两旺的势头，市场潜力可挖。预计到2008年国内成核剂的市场需求量将达到500～700t/a，因此，成核剂在国内已形成一定的市场规模，具有很好的市场前景。与其他高分子材料相比，PP在技术改性与功能提高方面的活力最强，高透明和高刚度PP以及高结晶型PP的制备已成为当前高分子材料领域研究和开发的热点。因此成本低、能在传统的成型加工设备上进行加工，以及良好的普适性的成核剂是未来发展的主要方向，重点发展新型高效透明成核剂。

针对目前国内研究生产、应用与需求现状，拟对中国聚烯烃成核剂工业发展方向提出以下建议。①提升技术含量，注重知识产权。在新产品开发上应及时掌握国际上最新技术市场信息，提高技术水平。国内研究单位要加强应用研究，有目的地研究成核剂结晶形态与聚烯烃改性的关系，重点发展高效成核剂品种，丰富产品的品种结构，提高销售服务意识和水平，尽快在国内培育形成一个新的助剂产业。②提升DBS类产品品质。目前国内外聚烯烃成核剂的主要品种为山梨糖醇衍生物类，此类成核剂的研究、生产与应用非常关键。在微波炉炊具、包装、食品、医疗器械及其他民用品领域应用较广，但是该类产品改性聚烯烃在加工应用过程中易分解微量醛类，产生不愉快气味，影响使用效果，因此要高度重视产品脱除气味的研究。③加速开发β晶型成核剂。聚烯烃β结晶改性不仅能保持α结晶改性的优点，而且可以使提高材料抗冲击能力和热变形温度这一矛盾得到综合平衡，在聚烯烃改性方面具有非常重要的意义。国外专家一致认为聚烯烃β晶型成核剂未来几年内将大量使用，并成为最具发展前景的成核剂类型。目前国内已有多家单位从事开发，以后还要紧跟世界潮流，加大研发力度，以满足国内聚烯烃改性日益增高的要求。

九、抗菌剂

抗菌剂是一类具有抑菌和杀菌功能的新型助剂，其作用是赋予聚合物制品卫生自洁性和防止由微生物引起的老化降解，又有微生物抑制剂之称。按成分差异，抗菌剂大致可分为有机类（包括天然类及有机合成类）、无机类（包括抗菌金属盐、金属氧化物、光触媒系列氧化物等）两大类。我国十多年前就开始跟踪研究抗菌剂，但由于研究条件和投入起点低，长期以来未能形成自己的研发体系，零星的研究结果与国际水平有较大差距。并且目前抗菌剂及抗菌材料的毒性、抗菌性等问题仍未彻底弄清。而且在抗菌剂的推广应用中，由于对抗菌剂性能评估没有统一的标准，用户没有测试标准与手段。此外，我国抗菌剂产量比较低，生产成本相对较高。目前应用较多的银系抗菌剂的种类见表6。

表6　银系抗菌剂的种类

抗菌剂类型	有效成分	载体性质
银-沸石	银离子	离子交换
银-活性炭	银离子	吸附
银-磷酸铜	银离子	离子交换
银-磷酸钙	银离子/银	吸附
银-溶解性玻璃	银盐	玻璃成分
银-多孔金属	银离子/银	吸附

由于目前还没完全掌握抗菌材料的制备技术，对其抗菌机理的认识也不太清楚，所以尽管有许多专利及产品问世。但它们的性能指标差距较大，市场规范不够完善，特别是入世后国外抗菌材料的大量涌入及国内抗菌材料的快速发展，更加要求对其性能指标进行统一规范。到目前为止，有关的标准除了《GB 15957—1995：一次性使用卫生用品卫生标准》以及国家卫生部1999年8月颁发的《消毒产品鉴定与检测实验技术规范》以外，并无其他规范体系。中国的抗菌研究起步较晚，20世纪90年代初才开始，且研究方向绝大多数为金属盐类及氧化物类无机抗菌剂，抗菌研究领域的重点仍是金属盐及TiO_2抗菌剂，由于市场尚处于启动阶段，抗菌协会也刚成立，同时国内的抗菌剂厂家规模较小，因而在研发能力、产品性能等方面，与国外同行差距较大，抗菌剂行业急需治理整顿，加大投入，加速发展。为了解决这些制约我国抗菌剂发展的问题，提出如下发展建议：①进一步加大研发力度，继续改善和提高抗菌剂的抗菌性能，不同的抗菌材料用途和加工方法不同，因此在开发抗菌剂时，还必须同时考虑其抗菌的安全性、耐久性、耐热性、耐候性、抗药性以及加工性能、材料基本性能不变性等，并且通过多种方法来解决；②鉴于抗菌剂材料的应用日趋广泛，建立统一的质量检测体系，尽快规范市场，是非常必要的。

综上所述，整个塑料助剂行业应在扩大现有产品生产规模的同时，注意产品结构调整，加强高效、低毒、无毒环保型产品的研究与开发。另外，加快成核剂、抗菌剂、纳米材料、红外阻隔剂以及解决“白色污染”问题的降解剂等新型功能性助剂的开发利用，不断提高塑料制品的品质性能，拓展应用领域，可以更好地为我国塑料工业向深度和广度发展提供有力的技术支持。

（山西省化工研究所　王克智　张惠芳）

工程塑料

工程塑料性能优良，具有较高的机械性能和耐热性，主要用于汽车、电子电气和机械行业。由于工程塑料性能优良，加工方便，可替代金属材料，因而其应用正逐渐扩展到国民经济各个领域，地位日益显著。

全世界每年用于工程领域的塑料约为1 000万吨，其中汽车部门的消费量最大。大量通用塑料正在取代昂贵工程塑料，在工程领域中的用量在逐年增加。

2005年世界塑料合金总消费量超过280万吨，随着经济的发展，预计2008年前后世界塑料合金需求量将达到350万吨。

目前世界塑料合金产品的最大用户是汽车部件，其次是机械和电子元器件。

从日本主要工程塑料合金需求结构中可以看出，汽车用塑料合金占62%，电子电气及办公自动化设备占20%，一般精密机械占6%，医疗、体育及其他占12%。

从地区来看，目前北美是最大的塑料合金消费地区，占45%；其次是欧洲，占34%；亚洲和太平洋地区占21%。在北美，PPO合金占塑料合金需求总量的25%以上，其中尤以PPO/PA、PPO/PET和PPO/PBT合金的需求量最大；PC合金占总需求量的12%以上；用于汽车最终用途的ABS合金占9.9%。

在国外，各大公司专门供应的多是附加值较高的工程塑料合金品种。最近十几年，世界塑料合金的世界年均需求增长率为10%左右，而其中附加值最高的工程塑料合金的增长率更高达15%左右，成为各跨国公司积极开发的品种。在美国、欧洲、日本已工业化的塑料合金品种中，工程塑料合金占绝大多数，合金化已成为当前工程塑料改性的主要方法。而我国工程塑料合金品种少、质量差，每年进口量占需求总量的60%以上。

据统计，目前我国塑料合金（含改性树脂）消费总量约为120万～140万吨，而国内供应量仅60万吨，每年进口量高达90万吨左右。而且我国塑料合金（主要是掺混树脂和改性树脂）主要应用于家电、电子、汽车、电缆等行业，与发达国家相比，我国的塑料合金应用市场还有很大的拓展空间。

一、聚碳酸酯（PC）

1. 生产与出口情况

我国一直是聚碳酸酯消费大国，但生产基本未起步，现有企业年产量仅5 000吨左右，采用的都是落后淘汰工艺，主要原因是国内工艺研发缺乏基础而国外又控制这一技术输出。

我国是聚碳酸酯开发最早的国家之一，早在1958年由沈阳化工研究院首先开发成功酯交换法工艺，并于1965年在大连塑料四厂建成100吨/年的生产装置。到70年代末期，采用国内技术生产聚碳酸酯的企业先后多达20余家，总生产能力已超过3 000吨/年。但是由于工艺技术落后、设备简陋，以及原料来源等问题，致使产品质量差，消耗高，迫使多数企业停产。目前，维持正常生产的企业只有上海申聚化工厂，重庆长风化工厂和常州有机化工厂，总生产能力为5 600t/a，但产量还不足1 000t，且大部分自用。国内聚碳酸酯的生产远远满足不了市场需求，完全依靠进口。表1列举了我国聚碳酸酯的生产厂家及生产能力。

表1　我国聚碳酸酯的生产厂家及生产能力

厂家名称	生产方法	生产能力/(t/a)	投产时间	备　注
上海申聚化工厂	酯交换法	1600	1973年	引进技术，改造装置
大连塑料四厂	酯交换法	300	1965年	已停产
重庆长风化工厂	酯交换法	1 000	1979年	色泽发黄
天津有机合成厂	光气法	130		已停产
常州有机化工厂	光气法	3 000	1971年	基本自用
杭州塑料一厂	光气法	150		1992年停产
武汉长江化工厂	酯交换法	100		已停产
肇庆有机化工厂	光气法	80		已停产

近年来随着我国经济的快速发展，汽车行业、建筑行业及光盘业已经成为聚碳酸酯需求增长最快的领域。预计今后几年我国聚碳酸酯的消费领域主要集中在以下几个方面：电子电器（消费量17万吨）、玻璃板材（10万吨）、光盘（4万吨）、饮水桶（3万吨）、照明、玩具以及工业零部件等（约2万吨）。

2. 聚碳酸酯的应用

聚碳酸酯按功能特性可分为一系列品级，如通用级、透明级、医药食品级，阻燃、耐热、耐候、润滑、玻璃纤维增强、无机物填充、电磁屏蔽、抗静电等品级和复合品级。各品级又可进一步按树脂熔体指数或混配改性添加物成分不同，细分为更多的具体牌号。一些大的生产厂商可提供几十个品级、上百个牌号的产品。聚碳酸酯的应用开发是向高复合、高功能、专用化、系列化方向发展，目前已推出了光盘、汽车、办公设备、箱体、包装、医药、照明、薄膜等多种产品各自专用的品级牌号。

(1) 用于建材行业　聚碳酸酯板材具有良好的透光性，抗冲击性，耐紫外线辐射及其制品的尺寸稳定性和良好的成型加工性能，使其比建筑业传统使用的无机玻璃具有明显的技术性能优势。经压制或挤出方法制得的聚碳酸酯板材重量是无机玻璃的50%，隔热性能比无机玻璃提高25%，冲击强度是普通玻璃的250倍，在世界建筑业上占主导地位，约有1/3用于窗玻璃、商业橱窗等玻璃制品。另外，由聚碳酸酯制成的具有大理石外观及低发泡木质外观的板材也将在建筑业和家具行业中大显身手。目前，国内建有聚碳酸酯建材中空板生产线60余条，年需用聚碳酸酯7万吨左右，2005年达到14万吨。

(2) 用于汽车制造工业　轻型化、安全化是汽车制造业所追求的重要目标。聚碳酸酯具有良好的抗冲击、抗热畸变性能，而且耐候性好、硬度高，因此适用于生产轿车和轻型卡车的各种零部件，其主要集中在照明系统、仪表板、加热板、除霜器及聚碳酸酯合金制的保险杠等。尤其在汽车照明系统中，充分利用聚碳酸酯易成型加工的特性，将车灯头部、连接片、灯体等全部模塑在透镜中，设计灵活性大、便于加工，解决了传统玻璃制造头灯在工艺技术上的困难。根据发达国家数据，聚碳酸酯在电子电气、汽车制造业中使用比例在40%～50%，目前中国在该领域的使用比例只占10%左右，电子电气和汽车制造业是中国迅速发展的支柱产业，未来这些领域对聚碳酸酯的需求量将是巨大的。2005年我国汽车总量300多万辆，需求量也达到3万吨，因而聚碳酸酯在这一领域的应用是极有拓展潜力的。

(3) 用于生产医疗器械　由于聚碳酸酯制品可经受蒸汽、清洗剂、加热和大剂量辐射消毒，且不发生变黄和物理性能下降，因而被广泛应用于人工肾血液透析设备和其他需要在透明、直观条件下操作并需反复消毒的医疗设备中。如生产高压注射器、外科手术面罩、一次性牙科用具、血液充氧器、血液收集存储器、血液分离器等。

(4) 用于航空、航天领域　近年来，随着航空、航天技术的迅速发展，对飞机和航天器中各部件的要求不断提高，使得PC在该领域的应用也日趋增加。据统计，仅一架波音型飞机上所用聚碳酸酯部件就达2 500个，单机耗用聚碳酸酯约2吨。而在宇宙飞船上则采用了数百个不同构型并由玻璃纤维增强的聚碳酸酯部件及宇航员的防护用品等。

(5) 用于包装领域　近年来，在包装领域出现的新增长点是可重复消毒和使用的各种型号的储水瓶。由于聚碳酸酯制品具有质量轻，抗冲击和透明性好，用热水和腐蚀性溶液洗涤处理时不变形且保持透明的优点，目前一些领域PC瓶已完全取代玻璃瓶。我国上海塑料工业公司已形成年产50万只可重复使用的PC饮用水瓶的能力，年耗聚碳酸酯树脂200～300吨。随着人们对饮用水质量重视程度的不断提高，聚碳酸酯在这方面的用量增长速度将保持在10%以上，2005年达到6万吨。

(6) 用于电子电器领域　由于聚碳酸酯在较宽的温、湿度范围内具有良好而恒定的电绝缘性，是优良的绝缘材料。同时，其良好的难燃性和尺寸稳定性，使其在电子电器行业形成了广阔的应用领域。聚碳酸酯树脂主要用于生产各种食品加工机械，电动工具外壳、机体、支架、冰箱冷冻室抽屉和真空吸尘器零件等。而且对于零件精度要求较高的计算机、视频录像机和彩色电视机中的重要零部件方面，聚碳酸酯材料也显示出了极高的使用价值。

(7) 用于光学透镜领域　聚碳酸酯以其独特的高透光率、高折射率、高抗冲性、尺寸稳定性及易加工成型等特点，在该领域占有极其重要的位置。采用光学级聚碳酸配制作的光学透镜不仅可用于照相机、显微镜、望远镜及光学测试仪器等，还可用于电影投影机透镜、复印机透镜、红外自动调焦投影仪透镜、激光束打印机透镜，以及各种棱镜、多面反射镜等诸多办公设备和家电领域，其应用市场极为广阔。聚碳酸酯在光学透镜方面的另一重要应用领域便是作为儿童眼镜、太阳镜和安全镜和成人眼镜的镜片材料。近年来，世界眼镜业聚碳酸酯消费量年均增长率一直保持在20%以上，显示出极大的市场活力。

(8) 用于光盘的基础材料　近年来，随着信息产业的崛起，由光学级聚碳酸酯制成的光盘作为新一代音像信息存储介质，正在以极快的速度迅猛发展。聚碳酸酯以其优良的性能特点因而成为世界光盘制造业的主要原料。目前世界光盘制造业所耗聚碳酸酯量已超过聚碳酸酯整体消费量的20%，其年均增长速度超过10%。我国光盘产量增长迅速，据国家新闻出版总署公布的数字，2005年全国共有光盘生产线748条，年耗光学级聚碳酸酯约16万吨，且全部进口。因而聚碳酸酯在光盘制造领域的应用前景是极为广阔的。目前，晨光化工研究院已在开发千吨级光盘级聚碳酸酯生产线。

3. 进出口分析

从海关资料来看，2005年聚碳酸酯出口商有259家，2005年前8位聚碳酸酯出口生产企业出口量占总出口量的71.921 9%，美国通用电器塑料中国有限公司、帝人聚碳酸酯有限公司、帝人化成复合塑料（上海）有限公司、东莞建德塑胶原料制品有限公司、LG化学（广州）工程塑料有限公司、GE塑料上海有限公司、东莞大日化工厂有限公司、鸿富锦精密工业（深圳）有限公司，分别位居2005年初级形状的聚碳酸酯出口生产企业出口量1～8位，出口量分别占总出口量的40.105 6%、13.720 4%、7.393 7%、4.590 6%、1.692 3%、1.630 4%、1.488 1%和1.300 8%。

2005年聚碳酸酯25大出口商中美国通用电器塑料旗下三家出口商出口量占年总出口量的42.32%。

2005年聚碳酸酯25大出口商中有13家为生产使用企业，仅帝人聚碳酸酯有限公司一家是PC树脂原料生产厂，其余均为改性PC（即PC合金）生产企业，合计出口量占年总出口量的74.58%。

从海关统计中可看出，2005年聚碳酸酯进口地有46个，主要进口地为泰国（占16.475 0%），其次为新加坡(13.750 9%)、美国（13.515 4%)、韩国（11.573 8%)，4进口地进口量占总进口量的55.3%。

从海关统计中可看出，2005年聚碳酸酯出口地有39个，主要出口地为中国香港（占87.002 5%)，其次为韩国（3.803 3%)、日本（3.362 8%)、中国台湾省（2.207 7%)、泰国（1.804 3%)，5出口地2005年聚碳酸酯出口量占总出口量的98.180 6%。

4. 进口商统计分析

2005年聚碳酸酯进口商共计有2 859家，进口额最高的8位进口商进口数量占总进口数量的30.750 73%。美国通用电器塑料中国有限公司、东莞市对外加工装配服务公司、深圳市宝安外经发展有限公司、鸿富锦精密工业（深圳）有限公司、GE塑料上海有限公司、通用电气百龙特塑料国际贸易（上海）有限公司、帝人化成复合塑料（上海）有限公司、深圳市龙岗区对外经济发展有限公司，分别位居2005年初级形状的聚碳酸酯进口量1～8位，进口量分别占总进口量的7.015 0%、5.710 5%、4.288 2%、3.541 9%、2.983 4%、2.556 9%、2.249 8%和2.156 8%。

2005年聚碳酸酯25大进口商中美国通用电器塑料属下三家进口商进口量占年总进口量的12.555 3%。

2005年聚碳酸酯30大进口商中有15家为生产使用企业，10家为改性PC（即PC合金）生产企业，合计进口量占年总进口量的56.82%。

二、聚酯（PBT）

PBT作为一种热塑性工程塑料，以其优异的物理、机械及电气等特性在汽车与电子电气等领域日益得到广泛应用。目前全世界PBT工程塑料产能已达到50万吨/年以上，销量已达到45万吨/年，在五大通用工程塑料中超过MPPO居第四位。据近两年的统计数字表明：美国汽车用PBT为其总销量的50%，电子电器占21%；日本分别占22%与34%，欧洲汽车与电子电器使用比例相同，各占 31%～38%。我国 PBT 工程塑料的需求量已达到 6 万吨/年(其中正规产品达到 4 万吨/以上)，并且每年以 10%以上的速度增长，其中电子电器与电气部件、节能灯壳体及光缆包覆材料是其主要应用方向。对于后两个应用领域，中国 PBT 工程塑料企业的技术与生产已十分成熟，产品价格不断降低，竞争十分激烈，尤其是节能灯 PBT 材料基本由低成本、低性能要求所驱使，竞争趋于白恶化。随着中国汽车工业的迅速发展，全球电子电器、电气部件和终端电子产品制造业向中国大陆的迅速转移，以及全球电子部件热点的形成，具有高性能要求的 PBT 工程塑料（如耐热、光、潮湿老化，抗电弧、高 CTI、及耐高低温冲击的高阻燃 PBT 工程塑料）已成为国内电子产品加工业需求的热点。与此同时，由于全球众多国家对塑料燃烧后有毒物质的关注与限制法令，以及对电子产品废弃物中重金属物质含量的严格限制与强制实施，有必要对电子用 PBT 工程塑料产品进行全面反思与重新研究，因此制定对策进行环境友好型高性能 PBT 工程塑料研究具有十分迫切的现实意义与应用价值。

在 PBT 工程塑料产品中，阻燃型 PBT 工程塑料基本上占 90%以上，以此为基础，进行多功能的研究及成本与质量稳定性控制是其产业化的重点。20 世纪 90 年代中期以前，美国 GE 公司、Celanese、欧洲 Hüls 公司、日本 Tenjin 公司、中国北京市化工研究院等企业纷纷开发出了一系列牌号的高性能 PBT 工程塑料产品，所用阻燃剂体系各有特点，并在电子与汽车行业得到广泛应用。目前，所开发的环境友好型高性能 PBT 工程塑料首先界定为满足相关环境法规要求及下游企业特定要求的产品，其次该新产品具备耐湿热老化、耐光、抗电弧、高 CTI、及耐高低温冲击的高阻燃 PBT 工程塑料。因此新产品技术的研究需要从以下方面来考虑。

首先是阻燃剂问题。在 PBT 工程塑料的阻燃体系中，以十溴联苯醚为代表的多溴苯醚等由于具有阻燃效率高、成本低等特点，因而一直是较传统的阻燃方法，但自 90 年代中期以来，关于多溴苯醚阻燃剂可能因燃烧时产生二噁英等致癌物质的争论一直进行，尤其是在环保要求很高的欧洲。目前业界基本已有定论：八溴苯以下的多溴苯（PBBs）和多溴苯醚(PBDEs) 阻燃剂已确定是致癌物质，在许多发达国家目前已禁止使用（中国 2006 年 1 月禁止）。尽管目前许多研究表明，十溴联苯醚阻燃物不会产生环保问题，但由于其化学结构的相似性，欧洲目前实际仍然禁用所有的多溴苯醚阻燃剂，出口这些国家的产品明确标识应不含这类物质。在中国，2001 年还制定了有关塑料产品燃烧产物的限定标准，即 GB 18485—2001。因此考虑到阻燃剂析出与抗电弧、耐漏电起痕问题，在开发产品思路上，阻燃剂的选择是重点研究方向之一。

其次，电子电气产品中重金属含量的标准的限制是电子用 PBT 工程塑料产品需要重新考虑的一项新内容。欧、美、日等许多发达国家和地区已于 2003 年 1 月 1 日正式实施新标准，我国信息产业部也明文 2006 年元月正式实施。与此同时，全球最著名的电子企业如 Microsoft、Sony 等也参照欧盟等标准制定了其电子产品的相关限定指标，在部分重金属含量限定指标上甚至更加苛刻，尤其是 Sony 产品，见表 1 所示。这就要求与之相配套的工程塑料供应商从制造的角度重新审定原材料质量与规格，甚至更换其配方中的原材料，以适应市场与法规的要求，可见无论从技术还是从成本的角度，对工程塑料界都是一个巨大的考验。

从海关资料来看，2005 年其他聚酯出口商有 248 家，2005 年其他初级形状的聚酯前十位出口企业出口量占总出口量的 50.571 6%，帝斯曼工程塑料（江苏）有限公司、上海优西比特种化工有限公司、常州布莱特化工有限公司、新光工业（杭州）有限公司、南京金陵斯泰潘化学有限公司、南通中蓝工程塑胶有限公司、日超工程塑料（深圳）有限公司仪化集团公司，分别位居 2005 年其他初级形状的聚酯出口企业出口量 1～8 位，出口量分别占总出口量的 8.964 0%、8.080 3%、7.504 8%、6.716 1%、6.065 1%、4.183 1%、2.659 6%和 2.442 9%。

2005 年其他初级形状的聚酯 25 大出口商中有 22 家为生产企业，仅仪化集团公司一家是 PBT 树脂原料生产厂，其余均为 PBT 改性（即 PBT 合金）生产企业，合计出口量占总出口量的 65.364 1%。

从海关统计中可看出，2005 年其他聚酯进口地有 43 个，主要进口地为中国台湾省（45.899 4%）、日本(16.802 2%)、美国（8.234 3%）、韩国（4.297 0%），五进口地进口量占总进口量的 75.234 9%。

从海关统计中可看出，2005 年其他聚酯出口地有 54 个，主要出口地为中国香港（占 48.435%）；其次为台湾省（10.516 8%）、新加坡（5.623 2%）、土耳其（5.547 4%）、日本（4.773 1%），5 出口地 2005 年其他聚酯出口量占总出口量的 74.895 6%。

2005 年其他聚酯进口商共计有 1 808 家，进口额最高的 8 位进口商进口数量占总进口数量的 20.371 6%。东莞市对外加工装配服务公司、深圳市宝安外经发展有限公司、天马精塑（中山）有限公司、阿克苏．诺贝尔．长诚涂料（广东）有限公司、宝理塑料贸易（上海）有限公司、昆山新宁公共保税仓储有限公司、台达电子零组件（东莞）有限公司、广州金发科技股份有限公司，分别位居 2005 年其他聚酯进口量 1～8 位，进口量分别占总进口量的 4.970 6%、4.366 5%、2.520 4%、2.020 8%、1.855 8%、1.578 6%、1.570 9%和 1.488 0%。

2005 年其他聚酯 25 大进口商中有 13 家为生产使用企业，合计进口量占年总进口量的 17.832 8%。

三、聚甲醛（POM）

1. 国内生产与出口概况

甲醛于 20 世纪 50 年代由杜邦公司研制开发，是目前世界三大通用工程塑料之一。聚甲醛作为性能优异的工程塑料，可分为两大类：一是三聚甲醛或甲醛的均聚体，称为均聚甲醛，均聚甲醛具有优异的刚性，拉伸强度高，单位质量的拉伸强度高于锌和黄铜，接近钢材，而且耐磨性能好、摩擦系数小，但是热稳定性差、不耐酸碱；二是三聚甲醛与少量戊环的共聚体，称为共聚甲醛，共聚甲醛加工成型的条件不像均聚甲醛那样苛刻，加工过程热分解释放出来的甲醛气体少，可回收再利用。因此，今后均聚甲醛发展势头将逐渐减弱，而共聚甲醛将成为今后的发展方向。目前共聚甲醛生产能力约占聚甲醛生产能力的 80%。

世界聚甲醛生产与消费主要集中在美国、西欧、日本等工业发达国家和地区。聚甲醛一经问世，就因其优异的性能获得迅速发展，世界需求量不断增加，2001 年世界聚甲醛总生产能力约为 80 万吨，1995 年到 2000 年世界聚甲醛消费量年均增长率约为 5%。

目前，世界聚甲醛工业发展呈现以下两大特点：一是生产更趋集中和垄断，其中赫斯特-塞拉尼斯公司、杜邦公司、巴斯夫公司和三菱瓦斯四家公司生产能力占全球聚甲醛生产总能力的 83%，这几大公司控制着世界聚甲醛的生产与市场，主宰着世界聚甲醛的命运；二是亚洲发展迅速，消费增加较快，1995 年以前世界聚甲醛生产装置 90%左右位于美国、西欧、日本等工业发达国家和地区，近年来随着亚洲经济的持续稳定发展，对工程塑料的需求越来越强劲，世界著名聚甲醛生产商看好亚洲市场。纷纷来亚洲投资建厂，1995～2001 年亚洲尤其是马来西亚、新加坡、韩国和中国台湾新建装置能力达到 16.3 万吨，加上日本的增加量，亚洲新增能力占全球新增加能力的 65%左右。

20 世纪 70 年代末期，由我国自行开发建设了第一套聚甲醛生产装置，经过 20 多年开发，进展缓慢，我国现在只有两家生产企业即上海溶剂厂和吉化公司石井沟联合化工厂，生产能力分别为 1 700 吨/年和 1 000吨/年，采用的生产工艺均为三聚甲醛路线，其共聚技术与国外相比有较大差距，原材料及共用工程消耗高、产品质量不稳定，主要原因是企业的三聚甲醛单程转化率低和甲醛回收提纯技术不过关，并且我国自行开发的聚甲醛技术在工程化方面存在许多缺陷，无法形成规模经济，限制了我国聚甲醛工业的发展。国内聚甲醛工业落后，远远不能满足国内需求，2000 年云南天然气化工集团公司从波兰 ZAT 公司引进 1.0 万吨/年聚甲醛生产技术及装置，目前已经建成并投产。届时国内聚甲醛的生产能力将达到 1.27 万吨/年。

近年来我国聚甲醛消费量迅速增加，2005 年国内表观消费量达到 18 万吨/年，消费比例为电子电气 55%、汽车工业 15%、消费品 20%、工业器械 8%、其他 2%。由于国内产量较小，主要依赖从国外进口来解决国内市场需求，近年来进口量逐年递增。

我国聚甲醛主要用于电子电气行业，近年来国内电子电气工业发展迅速，而汽车工业也逐步成为我国的支柱产业，因此对聚甲醛的需求量将进一步增加。以甲醛为原料生产的聚甲醛是综合性能十分优异的工程塑料，国内市场对聚甲醛的需求迅速增长。用甲醛水溶液提浓后进行高分子聚合可生成聚甲醛树脂，它是生产耐摩擦工程塑料的极好材料，主要用于汽车零部件、电子电器部件和轻工产品三大领域。在发达国家，聚甲醛对甲醛的消费量占甲醛总消费量的 30%以上，而我国目前还不到 10%。我国生产聚甲醛的厂家主要有上海溶剂厂、吉化集团石井沟联合化工厂、深圳杜邦公司以及云天化集团公司等，总生产能力约为 2.3 万吨/年。我国自主开发的聚甲醛装置，因原料消耗高，产品缺乏市场竞争力而处于停产状态。现国内使用的聚甲醛几乎全部依赖进口，每年约 10 万吨。近年进口量已由 2000 年 10.83 万吨增加到 2005 年 27.8 万吨。国内一些新建项目正在上马，大庆油田甲醇厂、山西兰花集团在建 2 万吨/年聚甲醛装置、旭化成等投资南通建设 6 万吨/年聚甲醛装置。

从海关资料来看，2005 年聚甲醛出口商有 86 家，2005 年前 10 位聚甲醛出口商出口量占总出口量的 84.39%，杜邦-旭化成聚甲醛（张家港）有限公司、杜邦中国集团有限公司、宝泰菱工程塑料（南通）有限公司、东莞大日化工厂有限公司、东莞大日化工厂有限公司、日超工程塑料（深圳）有限公司、宝理塑料贸易（上海）有限公司、广东省东莞轻工业品进出口有限公司，分别位居 2005 年聚碳酸酯出口量 1～8 位，出口量分别占总出口量的 50.975 9%、40.732 4%、

2.412 2%、1.137 9%、0.811 4%、0.422 8%、0.391 7%和0.388 2%。

2005年聚甲醛25大出口商中杜邦集团属下三家出口商出口量占总出口量的91.814%。

2005年聚甲醛25大出口商中有九家为生产企业，仅有杜邦-旭化成聚甲醛（张家港）有限公司一家是PC树脂原料生产厂，其余均为POM改性（即POM合金）生产企业，合计出口量占总出口量的56.270 1%。

2005年聚甲醛出口省市有11家，2005年聚甲醛出口生产企业主要集中在江苏省，出口商有6家，占总出口商数量的6.98%，出口数量11 470 821kg，占总出口数量的53.88%；其次为广东省，出口商有38家，占总出口商数量的44.19%，出口数量9 437 434kg，占总出口数量的44.33%；上海市出口商有24家，占总出口商数量的27.91%，出口数量261 880kg，占总出口数量的1.23%；四川省出口商有4家，占总出口商数量的4.65%，出口数量84 000kg，占总出口数量的0.39%；江西省出口商有1家，占总出口商数量的1.16%，出口数量26 000kg，占总出口数量的0.12%。

五省市出口商有93家，出口数量占2005年初级形状的聚甲醛总出口数量的99.95%。

2. 进出口分析

从海关统计中可看出，2005年聚甲醛进口地有37个，主要进口地为中国台湾省（占21.60%），其次为日本（20.43%）、韩国（18.53%）、泰国（10.69%）、马来西亚（8.11%）、美国（7.91%）、中国（6.17%）、荷兰（4.60%），八进口地进口量占总进口量的98.04%。

从海关统计中可看出，2005年聚甲醛出口地有28个，主要出口地为中国香港（占58.09%）；其次为比利时（13.29%）、中国台湾省（9.51%）、美国（3.59%）、巴西（2.71%）、新加坡（2.02%）、西班牙（1.18%）、阿根廷（0.98%）；8出口地2005年聚甲醛出口量占总出口量的91.37%。

3. 进口商统计分析

2005年聚甲醛进口商共计有1904家，进口额最高的8位进口商进口数量占总进口数量的53.13%。东莞市对外加工装配服务公司、浙江新长城进出口有限公司、杜邦中国集团有限公司、宝理塑料贸易（上海）有限公司、深圳市宝安外经发展有限公司、深圳市龙岗区对外经济发展有限公司、浙江远大进出口有限公司、南京纺织品进出口股份有限公司，分别位居2005年聚甲醛进口量1～8位，进口量分别占总进口量的9.705 2%、7.847 4%、7.597 8%、7.597 8%、4.873 3%、4.873 3%、2.026 0%和1.609 2%。

四、聚酰胺（PA）

1. 国内生产与出口分析

聚酰胺（PA）俗称尼龙，是用量最大的重要工程塑料，其综合性能良好，不仅具有良好的加工性、高机械性能，而且软化点高、耐热摩擦系数低、自润滑性、耐化学性优良，适用于玻璃纤维和其他材料填充增强改质，广泛用于汽车、电子电器、包装、家电、机械及通讯等产业。

PA品种繁多，有PA6、PA66、PA11、PA12、PA46、PA612、PA1010等，但PA6和PA66占PA总需求量的90%左右。

我国聚酰胺（PA）研究始于20世纪50年代，上海赛璐珞厂率先生产PA1010，而后多家企业相继开发出多种PA产品，尤其随着多套具规模的PA生产设备的引进（主要是合成纤维级），为PA发展提供了一定的原料优势。尽管这些公司引进的是纤维级尼龙产品，但是可以利用原料优势转向塑料级产品生产。目前主要品种有PA6、PA66、PA1010、PA110、PA11等。主要生产企业有广东新会美达公司、巴陵石化、浙江慈溪金轮集团、石家庄化纤等。另外，还有多套PA6的聚合生产线或改性PA塑料生产设备。PA66则以引进PA66生产技术的河南平顶山神马集团和辽阳化纤公司为主，产品最初定位为纤维级，但目前都有转向塑料级生产的趋向。PA1010由于原料癸二酸主要来源为蓖麻油，因此发展受到限制。

近年来，改性PA发展很快，但由于PA整体生产水平低、产量少，国内生产的PA不仅在数量上不能满足市场需求，而且在产品的型号和种类上更是稀少，每年需要大量进口。其中，有基础树脂也有改性树脂，但以前者为主，进口之改性树脂主要是以高技术含量、高性能等高档产品为主，当然价格也十分高昂。

主要进口基础树脂有：杜邦公司101L、东丽公司CM 1017和CM 3004V-0、旭化成公司1300S、宇部工业公司1013B和1013NW8。目前国产PA产品规格少，中高级产品更少，每年除进口大量基础产品外，还进口一些高性能产品，如杜邦公司的ST80、FR50、408L，拜尔公司的B30S、A 3K和三菱工程塑料公司的1010 C2。

从海关资料来看，2005年聚酰胺66切片6 155吨，聚酰胺66切片出口商有85家，前10位聚酰胺66切片出口商出口量占总出口量的69.24%，宁波亨润聚合有限公司、上海耐特复合材料制品有限公司、广东省佛山土产进出口有限公司、广州保税区康维诗时装有限公司、广州信诺保工程塑料有限公司、龙口市道恩工程塑料有限公司、3 114 960 626、杜邦中国集团有限公司，分别位居2005年聚酰胺66切片年出口量1～8位，出口量分别占总出口量的20.286 2%、20.042 4%、7.299 5%、6.449 5%、5.175 9%、3.509 1%、3.403 6%和3.071 3%。

2005年聚酰胺66切片25大出口商中杜邦中国集团属下三家出口商出口量占总出口量的5.438 3%。

2005年聚酰胺66切片25大出口商中有九家为出口生产企业，仅有中国神马集团有限责任公司和新会美达-DSM尼龙切片有限公司两家是聚酰胺66切片生产厂，其余均为聚酰胺66切片改性（即聚酰胺66切片合金）生产企业，合计出口量占总出口量的61.42%。

从海关资料来看，其他PA6、PA11、PA12等出口6314吨，同比增长38.22%，其他PA6、PA11、PA12等出口商有111家，前10位其他PA6、PA11、PA12等出口商出口量占总出口量的72.921 1%，深圳深九国际物流有限公司、罗地亚（上海）工程塑料有限公司、深圳福保赛格实业有限公司、东莞松通塑胶有限公司、浙江省黄岩进出口公司、普立万聚合体（苏州）有限公司、上海阿托菲纳高远化工有限公司、广州信诺保工程塑料有限公司，分别位居2005年其他PA6、PA11、PA12等出口量1～8位，出口量分别占总出口量的19.869 8%、18.766 9%、5.175 3%、5.035 1%、4.751 6%、4.725 5%、3.910 6%和3.867 8%。

2005年其他PA6、PA11、PA12等25大出口商中有10家为生产使用企业，均为聚酰胺改性（即聚酰胺合金）生产企业，合计出口量占总出口量的49.72%。

从海关资料来看，2005年其他聚酰胺出口25 936吨，同比增长96.25%，其他聚酰胺出口商有213家，前10位其他聚酰胺出口商出口量占总出口量的85.97%，帝斯曼工程塑料（江苏）有限公司、杜邦中国集团有限公司、宁波敏特尼龙工业有限公司、江苏阜宁伊士曼化工有限公司、福清市中德化工实业有限公司、浙江黄岩树脂化工有限公司、浙江永在进出口有限公司、茂名擎海运动器材有限公司，分别位居2005年其他聚酰胺年出口量1～8位，出口量分别占总出口量的29.136 8%、27.972 7%、5.991 7%、4.301 8%、4.090 1%、3.623 9%、2.116 3%和2.016 5%。

2005年其他聚酰胺25大出口商中有12家为出口生产企业，均为改性聚酰胺（即聚酰胺合金）生产企业，合计出口量占总出口量的82.59%。

2. 进出口分析

从海关资料来看，2005年聚酰胺66切片进口消费省市有18个，主要进口流向为上海市、广东省和江苏省，2005年聚酰胺66切片前八位进口消费省市进口量占总进口量的98.85%，上海市、广东省和江苏省进口量分别占总进口量的37.55%、27.52%和13.89%。

从海关资料来看，2005年其他PA6、PA11、PA12等进口消费省市有20个，主要进口流向为广东省、江苏省和福建省，2005年其他PA6、PA11、PA12等前8位进口消费省市进口量占总进口量的98.69%，广东省、江苏省和福建省进口量分别占总进口量的80.48%、5.59%和4.18%。

从海关资料来看，2005年其他聚酰胺进口消费省市有21个，主要进口流向为广东省、上海市和江苏省，2005年其他聚酰胺前8位进口消费省市进口量占总进口量的99.64%，广东省、上海市和江苏省进口量分别占总进口量的78.13%、7.64%和7.48%。

从海关统计中可看出，2005年聚酰胺66切片进口地有39个，主要进口地为德国（占16.72%），其次为美国（12.91%）、意大利（11.22%）、中国台湾省（9.46%）、日本（9.16%）、新加坡（6.15%）、英国（5.34%）、法国（4.61%），8进口地进口量占总进口量的75.60%。

从海关统计中可看出，2005年聚酰胺66切片出口地有98个，主要出口地为中国香港（占39.94%），出口商有44家，占总出口商数量的51.76%；其次为中国台湾省（27.37%），出口商有16家，占总出口商数量的18.82%；美国（9.27%），出口商有3家，占总出口商数量的3.53%；印度（4.49%），出口商有2家，占总出口商数量的2.35%；印度尼西亚（4.37%），出口商有1家，占总出口商数量的1.18%；韩国（3.24%），出口商有7家，占总出口商数量的8.24%；乌克兰（2.67%），出口商有2家，占总出口商数量的2.35%；荷兰（2.39%），出口商有2家，占总出口商数量的2.35%。

8出口地2005年聚酰胺66切片出口量占总出口量的93.74%，出口商有76家。

从海关统计中可看出，2005年其他PA6、PA11、PA12等进口地有37个，主要进口地为中国台湾省（占24.51%），其次为日本（15.51%）、美国（12.82%）、德国（11.01%）、新加坡（8.54%）、中国（7.06%）、韩国（5.99%）、泰国（2.67%），8进口地进口量占总进口量的88.11%。

从海关统计中可看出，2005年其他PA6、PA11、PA12等出口地有35个，主要出口地为中国香港（占61.67%），出口商有41家，占总出口商数量的36.94%；其次为中国台湾省（14.57%），出口商有14

家，占总出口商数量的12.61%；马来西亚（5.02%），出口商有5家，占总出口商数量的4.50%；日本（4.19%），出口商有13家，占总出口商数量的11.71%；印度（3.46%），出口商有5家，占总出口商数量的4.50%；韩国（2.59%），出口商有10家，占总出口商数量的9.00%；越南（1.41%），出口商有3家，占总出口商数量的2.70%；比利时（1.27%），出口商有1家，占总出口商数量的0.90%；8出口地2005年其他初级形状的PA6、PA11、PA12等出口量占总出口量的94.18%，出口商有92家，占总出口商数量的82.88%。

从海关统计中可看出，2005年其他聚酰胺进口地有41个，主要进口地为中国台湾省（占28.10%），其次为日本（16.74%）、美国（12.61%）、新加坡（8.12%）、中国（7.57%）、韩国（6.43%）、德国（4.28%）、荷兰（3.89%），8进口地进口量占总进口量的75.60%。

从海关统计中可看出，2005年其他聚酰胺出口地有55个，主要出口地为中国香港（占53.80%），出口商有85家，占总出口商数量的39.91%；其次为中国台湾省（7.34%），出口商有20家，占总出口商数量的9.39%；日本（7.33%），出口商有13家，占总出口商数量的6.10%；马来西亚（4.35%），出口商有16家，占总出口商数量的7.51%；韩国（3.80%），出口商有19家，占总出口商数量的8.92%；新加坡（3.57%），出口商有12家，占总出口商数量的5.63%；美国（2.60%），出口商有10家，占总出口商数量的4.69%；印度尼西亚（2.21%），出口商有16家，占总出口商数量的7.51%。

8出口地其他初级形状的聚酰胺2005年出口量占总出口量的85.00%，出口商有191家。

3. 进口商统计分析

2005年聚酰胺66切片进口商共计有866家，进口额最高的8位进口商进口数量占总进口数量的40.20%。上海华伟塑胶有限公司、杜邦中国集团有限公司、上海荣华涤纶有限公司、杜邦贸易（上海）有限公司、东丽合成纤维（南通）有限公司、罗地亚（上海）工程塑料有限公司、广州金发科技股份有限公司、杜邦（青岛）尼龙有限公司，分别位居2005年聚酰胺6，6切片进口量1～8位，进口量分别占总进口量的8.078 5%、6.404 6%、6.393 8%、5.222 0%、5.205 9%、4.031 7%、2.649 5%和2.211 0%。

2005年聚酰胺66切片25大进口商中杜邦中国集团属下三家进口商进口量占总进口量的13.837 69%。

2005年聚酰胺66切片25大进口商中有17家为生产使用企业均为聚酰胺66改性（即PA合金）和化纤与尼龙制品生产企业，合计进口量占2005年总进口量的47.62%。

2005年其他PA6、PA11、PA12等进口商共计有1 289家，进口额最高的8位进口商进口数量占总进口数量的34.67%。东莞市对外加工装配服务公司、深圳市龙岗区对外经济发展有限公司、深圳市龙岗区对外经济发展有限公司、深圳福保赛格实业有限公司、深圳福保赛格实业有限公司、东莞市百业进出口有限公司、深圳能源物流有限公司、汕头市潮南区家园实业有限公司，分别位居2005年其他PA6、PA11、PA12等进口量1～8位，进口量分别占总进口量的11.094 4%、6.622 7%、6.244 3%、3.094 3%、2.145 5%、2.145 5%、1.709 0%和1.684 9%。

2005年其他PA6、PA11、PA12等25大进口商中有九家为生产使用企业为改性聚酰胺（即聚酰胺合金）与聚酰胺制品生产企业，合计进口量占上半年总进口量的22.01%。

2005年其他聚酰胺进口商共计有1 361家，进口额最高的8位进口商进口数量占总进口数量的44.753 4%。深圳市宝安外经发展有限公司、东莞市对外加工装配服务公司、深圳市龙岗区对外经济发展有限公司、中涂化工（上海）有限公司、帝斯曼工程塑料（江苏）有限公司、海虹老人牌涂料（昆山）有限公司、广东省东莞包装进出口有限公司、中涂化工（广东）有限公司，分别位居2005年其他聚酰胺进口量1～8位，进口量分别占总进口量的8.078 5%、6.404 6%、6.393 8%、5.222 0%、5.205 9%、4.031 7%、2.649 5%和2.211 0%。

2005年其他聚酰胺25大进口商中有16家为生产使用企业均为聚酰胺涂料，改性聚酰（即聚酰胺合金）和化纤与尼龙制品生产企业，合计进口量占2005年总进口量的31.66%。

五、多硫化物、聚砜等产品

1. 国内生产与出口

从海关资料来看，2005年多硫化物、聚砜等产品出口2 485吨，同比增长30.31%，2005年多硫化物、聚砜等产品出口商有94家，2005年多硫化物、聚砜等产品前10位出口商出口量占总出口量的91.339 9%，江苏傲伦达科技实业股份有限公司、丽碧复合塑料（深圳）有限公司、四川得阳科技股份有限公司、爱森（中国）絮凝剂有限公司、孟州市泰利杰有限责任公司、东莞大日化工厂有限公司、镇江华苏国际贸易有限公司、无锡南方石油添加剂有限公司，分别位居多硫化物、聚砜等产品2005年出口量1～8位，出口量分别占总出口量的42.040 0%、32.065 7%、6.253 2%、3.174 9%、2.124 6%、1.644 8%、1.126 7%

和1.069 0%。

2005年多硫化物、聚砜等产品25大出口商中有10家为生产企业，均为多硫化物、聚砜等产品改性（即合金）生产企业，合计出口量占总出口量的90.448 8%。

2. 进出口分析

从海关统计中可看出，2005年多硫化物、聚砜等产品进口地有31个，主要进口地为日本（占39.18%），其次为美国（10.53%）、新加坡（9.65%）、韩国（9.08%）、中国台湾省（8.40%）、中国（6.64%）、德国（5.24%）、马来西亚（2.45%），8进口地进口量占总进口量的91.17%。

从海关统计中可看出，2005年多硫化物、聚砜等产品出口地有29个，主要出口地为中国香港（占38.29%），出口商有35家，占总出口商数量的37.23%；其次为美国（22.26%），出口商有14家，占总出口商数量的14.89%；荷兰（13.12%），出口商有1家，占总出口商数量的1.06%；韩国（9.65%），出口商有15家，占总出口商数量的15.96%；比利时（2.86%），出口商有2家，占总出口商数量的2.12%；中国台湾省（2.08%），出口商有9家，占总出口商数量的9.57%；越南（1.89%），出口商有11家，占总出口商数量的1.06%；日本（1.28%），出口商有9家，占总出口商数量的9.57%；8出口地2005年多硫化物、聚砜等产品出口量占总出口量的91.43%，出口商有86家，占总出口商数量的91.48%。

3. 进口商统计分析

从海关资料来看，2005年多硫化物、聚砜等产品进口消费省市有19个，主要进口流向为广东省、上海市和江苏省，2005年多硫化物、聚砜等产品前8位进口消费省市进口量占总进口量的97.94%，广东省、上海市和江苏省进口量分别占总进口量的57.62%、21.76%和8.94%。

2005年多硫化物、聚砜等产品进口商共计有954家，进口额最高的8位进口商进口数量占总进口数量的28.296 7%。东莞市对外加工装配服务公司、深圳市龙岗区对外经济发展有限公司、深圳市宝安外经发展有限公司、丽碧复合塑料（深圳）有限公司、雪佛龙菲利普斯化工贸易（上海）有限公司、深圳市普锐森实业有限公司、上海润虹染料进出口有限公司、广州市炜裕化学品有限公司，分别位居2005年多硫化物、聚砜等产品进口量1～8位，进口量分别占总进口量的6.718 7%、5.344 5%、5.085 4%、2.495 5%、2.434 5%、2.120 7%、2.110 3%和1.987 1%。

2005年多硫化物、聚砜等产品25大进口商中有11家为生产使用企业均为多硫化物、聚砜等产品改性（即合金）生产企业，合计进口量占2005年总进口量的19.39%。

六、工程塑料价格走势

从海关资料来看，工程塑料进口年均单价近年基本呈下降趋势，如ABS树脂，1999年年均进口单价为940.39美元/吨，同比下降7.22%；2001年年均进口单价为1 021.17美元/吨，同比下降1.78%。如PC树脂，1999年年均进口单价为1 789.71美元/吨，同比下降0.84%；2002年年均进口单价为1 888.52美元/吨，同比下降5.94%。如POM树脂，1999年1 472.62美元/吨，同比下降7.44%；2002年年均进口单价为1 591.36美元/吨，同比下降0.42%。表2列出了国内工程塑料进出口年平均价格。

表2　国内工程塑料进出口年平均价格　　单位：美元/吨

ABS	2000年	2001年	2002年	2003年	2004年	2005年
进口价格	1 039.66	1 021.17	1 023.95	1 051.67	1 156.65	1 298.07
出口价格	998.42	1 055.20	1 236.86	1 153.21	1 319.83	1 642.30
PC	2000年	2001年	2002年	2003年	2004年	2005年
进口价格	1 885.32	2 007.87	1 888.52	1 924.38	2 125.76	2 915.23
出口价格	2 195.81	2 371.56	1 711.50	1 718.84	1 718.05	2 662.89
POM	2000年	2001年	2002年	2003年	2004年	2005年
进口价格	1 240.17	1 269.49	1 293.79	1 365.81	1 438.25	1 613.45
出口价格	1 661.16	1 652.40	1 581.39	1 542.32	1 581.04	1 666.46
PA	2000年	2001年	2002年	2003年	2004年	2005年
进口价格	1 556.48	1 598.14	1 591.36	1 633.13	1 673.68	2 085.88
出口价格	1 583.47	1 798.23	1 882.39	2 287.21	2 311.89	2 731.88

（柴国樑）

2004～2005年我国塑机工业现状

一、2005年塑料机械生产发展情况

机械工业塑料机械行业2005年生产发展总体形势较好，全行业基本上保持了稳步增长的生产形式，但也有个别企业由于原材料涨价等因素销售额有所下降；其中注塑类企业，基本全线上升，而且一些企业上升幅度较大，如宁波海天集团股份有限公司、震德塑料机械厂有限公司、东华机械有限公司等。

受企业改制等其他一些因素的影响，2005年数据统计不全，为了能使读者对整个塑机行业有一个全面的了解本文借用了部分2004年的统计数据。尽管不太准确，但由于上报企业多数是大型骨干企业，因而可从一个侧面了解整个行业的发展趋势。

2004年受统计的32个企业，产值过亿元有17个（见表1)，分别是：大连橡胶塑料机械股份有限公司、上海申威达机械有限公司、南京工艺装备制造厂、江苏维达机械有限公司、青岛顺德塑料机械有限公司、山东华冠集团有限责任公司、浙江华业塑料机械有限公司、宁波海太机械制造有限公司、宁波海达塑料机械有限公司、宁波海天集团股份有限公司、浙江金湖机械集团有限公司、浙江金鹰塑料机械有限公司、福建华橡自控技术股份有限公司、广东金明塑胶设备有限公司、东华机械有限公司、顺德市震德塑料机械厂有限公司、科倍隆科亚（南京）机械有限公司。这17个企业共完成工业总产值为772 148.4万元（约77亿)，而2004年度32个被统计企业的总产值为797 821万元（约80亿元)，也就是说2004年度产值过亿元的17个企业数量占被统计企业数53%而产值却占被统计企业的97%。

2005年受统计的企业20个，产值过亿元的有8个（见表2)，分别是：大连橡胶塑料机械股份有限公司、宁波海天集团股份有限公司、上海申威达机械有限公司、浙江金鹰塑料机械有限公司、宁波海达塑料机械有限公司、南京工艺装备制造厂、江苏维达机械有限公司、青岛顺德塑料机械有限公司；为了使数据分析有可比性，表2中9个厂家数据为2004年上报数据，分别是山东华冠集团有限责任公司、浙江华业塑料机械有限公司、宁波海太机械制造有限公司、浙江金湖机械集团有限公司、福建华橡自控技术股份有限公司、广东金明塑料设备有限公司、东华机械有限公司、顺德市震德塑料机械厂有限公司、科倍隆科亚（南京）机械有限公司。这17个企业共完成工业总产值为751 134.4万元（约75亿)，而2005年度29个企业的总产值为75 886.4万元（约76亿元）也就是说2005年度产值过亿元的17个企业数量占被统计企业数59%而产值却占被统计企业的99%。由于宁波海天与德马格公司分离2005年合计数比2004年略有下降。但整个行业总产值应该是有所上升。

表1　2004年受统计的17个产值过亿元企业的基本生产情况（没排序）　单位：万元

序号	生产单位	工业总产值	销售额	库存	利润	税金
1	大连橡胶塑料机械股份有限公司	28 077.00	27 323.00	1 522.00	460.00	1 727.00
2	上海申威达机械有限公司	16 216.00	16 364.00	0.00	1 737.00	578.00
3	南京工艺装备制造厂	16 774.00	16 264.00	3 693.00	419.00	138.00
4	江苏维达机械有限公司	12 047.00	13 958.00	1 850.00	818.00	585.00
5	青岛顺德塑料机械有限公司	18 500.00	12 115.00	1 976.00	419.00	381.00
6	山东华冠集团有限责任公司	24 386.00	26 408.00	3 100.00	1 419.00	1 306.00
7	浙江华业塑料机械有限公司	11 038.00	0.00	1 354.00	1 149.00	0.00
8	宁波海太机械制造有限公司	38 000.00	36 000.00	3 500.00	0.00	0.00
9	宁波海达塑料机械有限公司	25 000.00	25 000.00	1 000.00	2 990.00	1 700.00
10	宁波海天集团股份有限公司	327 985.00	325 552.00	12 536.00	48 501.00	478.00
11	浙江金湖机械集团有限公司	37 700.00	32 223.00	1 600.00	9 596.00	2 491.00
12	浙江金鹰塑料机械有限公司	12 679.40	11 950.31	2 001.56	1 005.10	558.23
13	福建华橡自控技术股份有限公司	42 656.00	41 224.00	606.00	1 481.00	546.00
14	广东金明塑胶设备有限公司	10 180.00	7 489.00	0.00	840.00	590.00
15	东华机械有限公司	46 790.00	39 500.00	3 117.00	2 154.00	1 734.00
16	顺德市震德塑料机械厂有限公司	91 000.00	88 000.00	7 000.00	12 000.00	53 000.00
17	科倍隆科亚(南京)机械有限公司	13 120.00	13 120.00		4 202.00	1 102.00
合计		772 148.4	732 490.3	44 855.56	89 190.1	66 914.23

表 2　2005 年受统计的 17 个产值过亿元企业的基本生产情况（没排序）　单位：万元

序号	生产单位	工业总产值	销售额	库存	利润	税金
1	大连橡胶塑料机械股份有限公司	30 508	30 045	1 705	280	1 568
2	宁波海天集团股份有限公司	287 994	272 266	12 030	39 656	16 130
3	上海申威达机械有限公司	16 914	15 056		770	
4	浙江金鹰塑料机械有限公司	12 679.40	11 950.31	2 001.56	1 005.10	558.23
5	宁波海达塑料机械有限公司	32 702	32 005	1 040	3 963	2 050
6	南京工艺装备制备厂	18 148	17 798	3 655	563.6	1 699
7	江苏维达机械有限公司	18 819	19 666	1 307	805	383
8	青岛顺德塑料机械有限公司	18 500	12 115	1 976	419	381
9①	山东华冠集团有限责任公司	24 386.00	26 408.00	3 100.00	1 419.00	1 306.00
10①	浙江华业塑料机械有限公司	11 038.00	0.00	1 354.00	1 149.00	0.00
11①	宁波海太机械制造有限公司	38 000.00	36 000.00	3 500.00	0.00	0.00
12①	浙江金湖机械集团有限公司	37 700.00	32 223.00	1 600.00	9 596.00	2 491.00
13①	福建华橡自控技术股份有限公司	42 656.00	41 224.00	606.00	1 481.00	546.00
14①	广东金明塑胶设备有限公司	10 180.00	7 489.00	0.00	840.00	590.00
15①	东华机械有限公司	46 790.00	39 500.00	3 117.00	2 154.00	1 734.00
16①	顺德市震德塑料机械厂有限公司	91 000.00	88 000.00	7 000.00	12 000.00	53 000.00
17①	科倍隆科亚(南京)机械有限公司	13 120.00	13 120.00		4 202.00	1 102.00
合计		751 134.4	694 865.31	1 445 999.71	80 302.7	65 840.23

① 是 2004 年的数据。

由此可见，虽然 2004 年度和 2005 年度我们统计的企业数量有限，但产值过亿元的大型骨干企业所创产值总和均超过行业被统计企业总产值的 90%以上，因而我们可从一个侧面分析整个塑机行业的发展情况。也就是说 2005 年度整个塑机行业发展比较平稳，没有大起大落的情况，同时也说明塑机市场逐步趋于成熟。中国是塑料消费大国，同时也是塑机消费大国。

二、2005 年塑料机械产品分类产量情况分析

2004 年所统计的 17 个骨干企业中生产注塑机的企业有 7 个，产品销售数量为 31 721 台，创产值 553 501 万元（约 55 亿元）；生产挤出机类企业 6 个，产品销售数量 1 990 台（套），创产值 99 176 万元（约 10 亿元）；生产螺杆、机筒企业 2 个，销售数量 26 510 台（套），创产值 48 738（约 5 亿元）；其他（橡胶机械）创产值 70 733 万元（约 7 亿元）；中空成型机企业没有上报，故在此略。各骨干企业产品的具体产销量（见表 3）。

2005 年所统计的 17 个骨干企业中生产注塑机的

表 3　2004 年受统计的 17 个骨干企业主要产品的具体产销量及产值情况

序号	生产单位	主要产品	产量/台	销售台数/台	产值/万元
1	上海申威达机械有限公司	管材生产线	107	97	16 216
2	南京工艺装备制造厂	塑料挤出加工机械	315	329	16 774
3	科倍隆科亚(南京)机械有限公司	双螺杆挤出机	480	425	13 120
4	江苏维达机械有限公司	注塑机	120	123	12 047
5	青岛顺德塑料机械有限公司	木粉发泡门板生产线	13	10	18 500
6	山东华冠集团有限责任公司	地膜机组	30	37	24 386
7	浙江华业塑料机械有限公司	机筒螺杆	6 510	6 510	11 038
8	宁波海太机械制造有限公司	注塑机	2 600	2 350	38 000
9	宁波海达塑料机械有限公司	注塑机	15 172	2 225	25 000
10	宁波海天集团股份有限公司	注塑机	13 416	13 376	327 985
11	浙江金湖机械集团有限公司	螺杆,机筒(套)	0	20 000	37 700
12	浙江金鹰塑料机械有限公司	注塑机	1 026	977	12 679
13	广东金明塑胶设备有限公司	吹塑机	101	97	10 180
14	东华机械有限公司	注塑机	2 879	2 870	46 790
15	顺德市震德塑料机械有限公司	注塑机	13 850	9 800	91 000
16	福建华橡自控技术股份有限公司	橡胶机械为主			42 656
17	大连冰山橡塑股份有限公司	橡胶机械为主			28 077

企业有7个，产品销售数量为35 012台，创产值519 345万元（约52亿元）；生产挤出机类企业6个，产品销售数量1 495台（套），创产值108 296万元（约11亿元）；生产螺杆、机筒企业2个，销售数量26 510台（套），创产值48 738（约5亿元）；其他（橡胶机械）创产值73 164万元（约7亿元）；中空成型机企业没有上报，故在此略。各骨干企业产品的具体产销量（见表4）。

从2004年被统计的产值过亿元的17个企业生产经营情况分布来看（见表5），塑料注塑机产值占71.68%，挤出机占12.8%，注塑机和挤出机的所创产值的比例为5.6∶1，而从2005年被统计的产值过亿元的17个企业生产经营情况分布来看（见表6），塑料注塑机产值占69.28%，挤出机占14.45%，也就是说注塑机和挤出机的所创产值的比例为4.8∶1。两年比例相差不大，但这比国际水平有很大差别，国际上发达国家注塑机和挤出机所创产值比例约为1∶1，出现这种情况的原因是与我们的国情有关，就注塑类和挤出类两大产品而言，注塑机的技术含量要比挤出机相对低一些，而且注塑机容易形成批量，同时由于中国人口众多，劳动密集型产业比较发达，相对注塑机的应用量也较大；而挤出类设备多以小批量生产，目前，我国还不能生产像大型的BOPP、BOPET膜、大型挤压造粒机、大型中空成型机等高技术含量的成套设备，而这类设备每年都要花费国家大量的外汇，因此，我们要不断提高塑机企业的新产品开发能力和大型产品的成套能力，使我国由塑料机械生产大国变为塑料机械生产强国。逐步缩小如发达国家之间的差距。

表4　2005年受统计的17个骨干企业主要产品的具体产销量及产值情况

序号	生产单位	主要产品	产量/台	销售台数/台	产值/万元
1	上海申威达机械有限公司	挤出机	155	155	16 914
2	南京工艺装备制造厂	挤出机	164	162	18 148
3*	科倍隆科亚(南京)机械有限公司	双螺杆挤出机	480	425	13 120
4	江苏维达机械有限公司	挤出机、注塑机	228	200	7 048
5	青岛顺德塑料机械有限公司	挤出机类	337	224	18 500
6*	山东华冠集团有限责任公司	地膜机组	30	37	24 386
7*	浙江华业塑料机械有限公司	机筒螺杆	6 510	6 510	11 038
8*	宁波海太机械制造有限公司	注塑机	2 600	2 350	38 000
9	宁波海达塑料机械有限公司	注塑机	3 012	2 950	32 702
10	宁波海天集团股份有限公司	注塑机	11 544	11 001	287 994
11*	浙江金湖机械集团有限公司	螺杆,机筒(套)	20 000	20 000	37 700
12	浙江金鹰塑料机械有限公司	注塑机	1 026	978	12 679
13*	广东金明塑胶设备有限公司	吹塑机	101	97	10 180
14*	东华机械有限公司	注塑机	2 879	2 870	46 790
15	顺德市震德塑料机械厂有限公司	注塑机	13 850	9 800	91 000
16*	福建华橡自控技术股份有限公司	橡胶机械为主			42 656
17	大连冰山橡塑股份有限公司	橡胶机械为主			30 508

注：序号带*号的是2004年统计数据。

表5　2004年产值过亿元的17个企业产品分类产量对比表

项　目	注塑机	挤出机	机筒、螺杆	其　他	行业合计
企业数量/个	7	6	2	2	
产品销量/(台/套)	31 721	1 990	26 510		
创产值/万元	553 501	99 176	48 738	70 733	772 148
产值比例/%	71.68	12.8	6.3	9.1	100

表6　2005年产值过亿元的17个企业产品分类产量对比表

项　目	注塑机	挤出机	机筒、螺杆	其　他	行业合计
企业数量/个	7	6	2	2	
产品销量/(台/套)	35 012	1 495	26 510		
创产值/万元	519 345	108 296	48 738	73 164	749 543
产值比例/%	69.28	14.45	6.5	9.76	100

三、2005年塑料机械市场及销售情况分析

2005年被统计的29个塑料机械企业共完成销售总额为740 390万元（表8），比2004年被统计的32个企业塑料机械销售总额768 913万元（表7）略低（主要是海天与德马可的分离所致）。挤出机和注塑机产品的销售比例没有太大的波动。

总的来说，2004年和2005年塑料机械行业总体销售形式良好，出现平稳发展的势头，没有出现前几年某一类产品盲目上马的局面，但仍需要在提高塑料机械技术含量方面，加大力度，提高塑料机械的附加值。更详细的数据见表9和表10。

四、2004～2005年塑料机械产品创汇情况分析

2005年被统计企业的出口总额为15 411.06万美元，比2004年出口总额12 222.86万美元，增长了

表7　2004年度塑料机械分类产品产销比例对照　　单位：万元

产品分类	工业总产值		塑机总产值		销售合计		塑机销售	
	总额	比例/%	总额	比例/%	总额	比例/%	总额	比例/%
挤出类	122 776	15	80 556	12	111 646	14.4	70 261	11
注塑类	545 580	68	551 013	81	535 217	70	526 970	81
螺杆、机筒	48 738	7	48 738	7	43 261	5.6	43 261	7
其他	80 727	10			78 789	10		
合　计	797 821.8	100	681 025.00	100	768 913.8	100	647 753.1	100

表8　2005年度塑料机械分类产品产销比例对照　　单位：万元

产品分类	工业总产值		塑机总产值		销售合计		塑机销售	
	总额	比例/%	总额	比例/%	总额	比例/%	总额	比例/%
挤出类	94 019.6	12	72 867.27	12	120 185.6	16	72 852.15	12
注塑类	535 760.8	71	500 501.4	80	502 605.4	68	464 038.3	80
螺杆、机筒	53 632.667	7	53 632.667	8	46 330	6	46 330	8
其他	73 164	10			71 269	10		
合　计	756 577.067	100	627 001.337	100	740 390	100	583 220.5	100

表9　2004年被统计的主要塑机企业销售情况　　单位：万元

序号	生产单位	工业总产值	塑机总产值	销售合计	塑机销售	主要产品
1	北京英特塑料机械总厂	1 200.00	1 200.00	720.00	720.00	挤出类
2	大连冰山橡塑股份有限公司	28 077.00	0.00	27 323.00	0.00	橡胶机械
3	辽宁省阜新市红旗橡塑机械厂	4 718.00	4 718.00	301.00	301.00	挤出类
4	上海申威达机械有限公司	16 216.00	3 912.00	16 364.00	3 865.00	挤出类
5	上海通冷挤出机有限公司	735.00	735.00	630.00	630.00	挤出类
6	南京工艺装备制造厂	16 774.00	1 445.00	16 264.00	4 380.33	挤出类
7	科倍隆科亚(南京)机械有限公司	13 120.00	13 120.00	13 120.00	13 120.00	挤出类
8	常州市第三轻工机械厂	950.00	950.00	906.00	906.00	挤出类
9	宜兴市轻工机械厂	1 712.00	1 712.00	1 642.00	1 642.00	挤出类
10	江苏维达机械有限公司	12 047.00	5 998.00	13 958.00	6 212.00	挤出类
11	连云港祥美机械有限公司	653.00	653.00	603.00	603.00	挤出类
12	烟台鹏洲塑料机械有限公司	1 570.00	1 570.00	1 032.00	1 032.00	挤出类
13	青岛顺德塑料机械有限公司	18 500.00	18 500.00	12 115.00	12 115.00	挤出类
14	山东华冠集团有限责任公司	24 386.00	15 851.00	26 408.00	17 165.00	挤出类
15	浙江华业塑料机械有限公司	11 038.00	11 038.00	11 038.00	11 038.00	螺杆机筒
16	宁波市金星塑料机械有限公司	1 000.00	1 000.00	807.00	807.00	注塑类
17	宁波海太机械制造有限公司	38 000.00	38 000.00	36 000.00	36 000.00	注塑类
18	宁波永生塑料机械有限公司	2 175.00	2 130.00	2 161.00	2 130.00	注塑类

续表

序号	生　产　单　位	工业总产值	塑机总产值	销售合计	塑机销售	主要产品
19	宁波海达塑料机械有限公司	25 000.00	25 000.00	25 000.00	25 000.00	注塑类
20	宁波海鹰塑料机械有限公司	1 027.00	1 027.0	981.00	984.00	注塑类
21	宁波英特姆液压马达有限公司	9 184.00	0.00	9 436.00	0.00	其他
22	余姚恒泰轻工机械有限公司	810.00	718.00	806.00	710.00	液压成型机
23	宁波海天集团股份有限公司	320 074.00	325 552.00	320 730	320 730	注塑类
24	浙江金湖机械集团有限公司	37 700.00	37 700.00	32 223.00	32 223.00	螺杆机筒
25	浙江金鹰塑料机械有限公司	12 679.40	12 679.40	11 950.31	11 950.31	注塑类
26	福建龙岩塑料机械厂	3 071.40	3 071.40	3 538.50	1 869.11	注塑类
27	福建华橡自控技术股份有限公司	42 656.00	0.00	41 224.00	0.00	橡胶机械
28	汕头经济特区众益机械有限公司	15.00	12	94	81.30	挤出类
29	广东金明塑胶设备有限公司	10 180.00	10 180.00	7 489.00	7 489.00	挤出类
30	东华机械有限公司	46 790.00	46 790.00	39 500.00	39 500.00	注塑类
31	顺德市震德塑料机械厂有限公司	91 000.00	91 000.00	88 000.00	88 000.00	注塑类
32	广东泓利机器有限公司	4 764.00	4 764.00	6 550.00	6 550.00	注塑类
	合　计	797 821.8	681 025.8	768 913.8	647 753.1	

表 10　2005 年被统计的主要塑机企业销售情况　　单位：万元

序号	生　产　单　位	工业总产值	塑机总产值	销售合计	塑机销售	主要产品
1	北京英特塑料机械总厂	1 200.00	1 200.00	980.00	980.00	挤出机
2	大连冰山橡塑股份有限公司	30 508.00	0.00	30 045.00	0.00	挤出类
3	上海申威达机械有限公司	0.00	0.00	15 056.00	3 588.00	挤出类
4	南京工艺装备制造有限公司	18 148.00	7 314.67	17 798.00	5 814.55	挤出类
5	宜兴市轻工机械厂	1 784.00	0.00	1 726.00	0.00	挤出类
6	江苏维达机械有限公司	0.00	0.00	19 666.00	6 753.00	挤出类
7	连云港祥美机械有限公司	949.60	949.60	949.60	949.60	挤出类
8	青岛顺德塑料机械有限公司	18 500.00	18 500.00	12 115.00	12 115.00	挤出类
9	宁波市金星塑料机械有限公司	960.00	960.00	650.00	650.00	注塑类
10	宁波市海达塑料机械有限公司	32 702.00	32 702.00	32 005.00	3 2005.00	注塑类
11	宁波海天集团股份有限公司	287 994.00	255 192.00	272 266.00	234 631.00	注塑类
12	浙江金鹰塑料机械有限公司	12 679.40	12 679.40	11 950.31	11 950.31	注塑类
13	福建龙岩塑料机械厂	2 417.40	0.00	2 025.05	1 131.01	注塑类
14	汕头经济特区众益机械有限公司	60.00	20.00	78.00	40.00	
15	佛山市顺德区声凯塑料机械有限公司	1 498.00	1 498.00	1 362.00	1 362.00	注塑类
16	舟山市长安螺杆有限公司	470.00	470.00	0.00	0.00	
17	江阴米拉克龙塑料机械有限公司	3 480.00	3 480.00	3 480.00	3 480.00	注塑类
18	汾西机器厂注塑机分厂	8 000.00	8 000.00	7 800.00	7 800.00	注塑类
19	兰州兰泰塑料机械有限责任公司	5 752.00	5 752.00	4 878.00	4 878.00	挤出类
20①	科倍隆科亚(南京)机械有限公司	13 120.00	13 120	13 120.00	13 120.00	挤出类
21①	山东华冠集团有限责任公司	24 386.00	15 851.00	26 408.00	17 165.00	挤出类
22①	浙江华业塑料机械有限公司	11 038.00	11 038.00	11 038.00	11 038.00	螺杆机筒
23①	宁波海太机械制造有限公司	38 000.00	38 000.00	36 000.00	36 000.00	注塑类
24①	浙江金湖机械集团有限公司	37 700.00	37 700.00	32 223.00	32 223.00	螺杆机筒
25①	福建华橡自控技术股份有限公司	42 656.00	0.00	41 224.00	0.00	橡胶机械
26①	广东金明塑胶设备有限公司	10 180.00	10 180.00	7 489.00	7 489.00	挤出类
27①	东华机械有限公司	46 790.00	46 790.00	39 500.00	39 500.00	注塑类
28①	顺德市震德塑料机械厂有限公司	91 000.00	91 000.00	88 000.00	88 000.00	注塑类

① 是 2004 年数据。

26%；其中2005年塑料注射成型机出口数量为6 635台/套，交货值为107 183万元，创汇12 712.04万美元，比2004年塑料注射成型机出口数量为6 371台/套，交货值为86 422万元，创汇10 018.61万美元，创汇值增长了26%；2005年塑料挤出成型机出口数量为236台/套，交货值为19 328.55万元，创汇2 698.66万美元，比2004年创汇2 203.25万美元，增长了22%。由此可见，2005年塑料机械行业的出口形势良好，比2004年有很大的进步（表11、表12），详细情况见表13、表14。

表11　2004年被统计企业的出口创汇情况统计

项　目	出口数量/(台/套)	交货值/万元	创汇/万美元
注塑机	6 371	86 422	10 018.61
挤出机	200	16 780	2 203.25
合计	6 571	103 202	12 222.86

表12　2005年被统计企业的出口创汇情况统计

项　目	出口数量/(台/套)	交货值/万元	创汇/万美元
注塑机	6 635	107 183.3	12 712.04
挤出机	236	19 328.55	2 698.66
合计	6 871	126 511.85	15 411.06

表13　2004年受统计的部分骨干企业的出口创汇情况

生　产　单　位	产品名称	出口数量/(台/套)	交货值/万元	创汇/万美元	出口国家
大连冰山橡塑股份有限公司	塑料机械	3	1 652.00	200.00	东南亚
上海申威达机械有限公司	管材生产线	4	0.00	12.00	阿联酋
上海申威达机械有限公司	挤出生产线	10	0.00	0.00	阿联酋
上海申威达机械有限公司	双螺杆塑料挤出机	5	0.00	0.00	泰国
上海申威达机械有限公司	单螺杆塑料挤出机	5	0.00	0.00	俄罗斯
上海通冷挤出机有限公司	挤出机	3	22.80	2.76	美国
上海通冷挤出机有限公司	挤出机	1	3.70	0.45	俄罗斯
上海通冷挤出机有限公司	波纹管机组	1	11.00	1.33	马来西亚
上海通冷挤出机有限公司	上吹热收缩膜机组	1	36.18	4.38	马来西亚
上海通冷挤出机有限公司	挤出机	1	9.80	1.19	中国台湾
上海通冷挤出机有限公司	挤出机	1	10.10	1.22	日本
科倍隆科亚(南京)机械有限公司	双螺杆挤出机	26	190.00	186.00	欧美、亚太
常州市第三轻工机械厂	塑料化纤团粒机	3	4.80	0.00	东南亚
江苏维达机械有限公司	塑料中空成型机	2	65.00	7.87	土耳其、伊朗
江苏维达机械有限公司	塑料中空成型机	4	306.00	37.05	摩洛哥
连云港祥美机械有限公司	拉丝机	3	87.00	10.00	越南
连云港祥美机械有限公司	织网机	1	28.70	3.50	阿根廷
连云港祥美机械有限公司	制网机	2	16.50	2.00	西班牙
青岛顺德塑料机械有限公司	纤维增强软管生产线	23	1 320.00	150.00	
青岛顺德塑料机械有限公司	窗台板生产线	35	1 760.00	200.00	
青岛顺德塑料机械有限公司	PP-R 热水管生产线	28	440.00	50.00	
山东华冠集团有限责任公司	吹膜机组	1	40.00	5.00	尼日利亚
山东华冠集团有限责任公司	管材机组	1	39.00	5.00	尼日利亚
山东华冠集团有限责任公司	管材机组	2	78.00	10.00	尼日利亚
山东华冠集团有限责任公司	管材机组	1	33.00	4.00	尼日利亚
山东华冠集团有限责任公司	管材机组	1	39.00	5.00	尼日利亚
浙江华业塑料机械有限公司	挤出机	18	556.00	67.50	伊朗、南非等
宁波市金星塑料机械有限公司	注塑机	2	80.00	0.00	中东
宁波市金星塑料机械有限公司	注塑机	1	10.00	0.00	孟加拉国
宁波海太机械制造有限公司	注塑机	0	2 800.00	320.00	
宁波永生塑料机械有限公司	注塑机	3	45.00	0.00	塔吉克斯坦
宁波永生塑料机械有限公司	注塑机	5	41.00	0.00	塔吉克斯坦
宁波永生塑料机械有限公司	注塑机	8	56.80	0.00	柬埔寨
宁波永生塑料机械有限公司	注塑机	4	43.20	0.00	柬埔寨
宁波海达塑料机械有限公司	注塑机	28	259.00	32.00	伊朗、伊拉克、俄罗斯

续表

生产单位	产品名称	出口数量/(台/套)	交货值/万元	创汇/万美元	出口国家
宁波海天集团股份有限公司	注塑机	2 615	66 750.00	7 688.006 0	多个国家地区
浙江金湖机械集团有限公司	挤出机	0	6 500.00	782.00	俄罗斯、新加坡
浙江金湖机械集团有限公司	螺杆,机筒	0	1 365.00	165.00	德国、澳大利亚
浙江金鹰塑料机械有限公司	注塑机	39	751.00	90.80	印度、伊朗等
广东金明塑胶设备有限公司	吹塑机	14	2 067.00	250.00	加拿大、俄罗斯
东华机械有限公司	注塑机	2 680	3 681.00	416.00	中国香港
佛山市顺德区震德塑料机械有限公司	注塑机	960	9 600.00	1 160.00	印度、西班牙
广东泓利机器有限公司	注塑机	2	24.00	2.90	新加坡
广东泓利机器有限公司	注塑机	4	52.00	6.30	新加坡
广东泓利机器有限公司	注塑机	1	14.00	1.70	马来西亚
广东泓利机器有限公司	注塑机	2	36.00	4.30	澳大利亚
广东泓利机器有限公司	注塑机	2	52.00	6.30	澳大利亚
广东泓利机器有限公司	注塑机	1	60.00	7.20	澳大利亚

表 14　2005 年受统计的部分骨干企业的出口创汇情况

生产单位	产品名称	出口数量/(台/套)	交货值/万元	创汇/万美元	出口国家
大连橡胶塑料股份有限公司	塑料机械	10	2 735.00	332.00	东南亚
上海申威达机械有限公司	PVC 管材生产线			50.00	中东
上海申威达机械有限公司	PVC 型材生产线			30.00	北美
上海申威达机械有限公司	塑料挤出机			20.00	东南亚
上海通冷挤出机有限公司	波纹管机组	4	44.00	5.48	越南
上海通冷挤出机有限公司	型材机组	1	61.87	7.71	澳大利亚
上海通冷挤出机有限公司	挤出机	1	9.80	1.22	日本
上海通冷挤出机有限公司	挤出机	2	16.20	2.00	美国
上海通冷挤出机有限公司	挤出机	1	7.70	0.96	澳大利亚
南京工艺装备制造厂	三层共挤干法交联线	1	360.00	44.39	印度
南京工艺装备制造厂	塑料挤出机	1	137.00	16.57	赞比亚
江苏维达机械有限公司	塑料中空成型机	12	649.00	79.00	印度、秘鲁、土耳其
江苏维达机械有限公司	片材机组	1	107.00	13.00	土耳其
江苏维达机械有限公司	注塑机	9	254.00	31.00	俄罗斯、印度、菲律宾
青岛顺德塑料机械有限公司	纤维增强软管生产线	23	1 320.00	150.00	
青岛顺德塑料机械有限公司	窗台板生产线	35	1 760.00	200.00	
青岛顺德塑料机械有限公司	PP-R 热水管生产线	28	440.00	50.00	
宁波市金星塑料机械有限公司	注塑机	1	4.00	0.50	沙特阿拉伯
宁波市金星塑料机械有限公司	注塑机	1	8.89	1.10	尼日利亚
宁波市金星塑料机械有限公司	注塑机	1	11.00	1.36	尼日利亚
宁波市金星塑料机械有限公司	注塑机	1	13.16	1.63	尼日利亚
宁波市金星塑料机械有限公司	注塑机	1	22.23	2.75	尼日利亚
宁波海达塑料机械有限公司	注塑机	60	1 798.00	230.00	意大利、土耳其
宁波海天集团股份有限公司	注塑机	2 761	75 215.00	8 857.00	60 多个国家地区
浙江金鹰塑料机械有限公司	注塑机	104	1 215.00	195.00	伊良、埃及、希腊
福建龙岩塑料机械厂	EVA 模压发泡成型机	7	89.00		巴西、埃及、印度
福建龙岩塑料机械厂	EVA 注射发泡成型机	5	133.40		哥伦比亚、罗马尼亚
舟山市长安螺杆有限公司	机筒螺杆	0	80.00		尼日利亚
舟山市长安螺杆有限公司	机筒螺杆	0	70.00		中国香港
舟山市长安螺杆有限公司	机筒螺杆	0	75.00		中国台湾
舟山市长安螺杆有限公司	机筒螺杆	0	60.00		中国香港

续表

生 产 单 位	产 品 名 称	出口数量/(台/套)	交货值/万元	创汇/万美元	出 口 国 家
江阴米拉克龙塑料机械有限公司	注塑机	3	1 080.00	135.00	加拿大
江阴米拉克龙塑料机械有限公司	注塑机	4	2 400.00	300.00	德国
兰州兰泰塑料机械有限责任公司	同向双螺杆挤出机组	12	0.00	92.00	美国、中东、东南亚
兰州兰泰塑料机械有限责任公司	双阶式挤出机组	4	0.00	49.00	东南亚
兰州兰泰塑料机械有限责任公司	单螺杆挤板机组	3	0.00	32.00	美国、东南亚
兰州兰泰塑料机械有限责任公司	单螺杆造粒机组	3	0.00	17.00	美国、中东
上海通冷挤出机有限公司①	挤出机	3	22.80	2.76	美国
上海通冷挤出机有限公司①	挤出机	1	3.70	0.45	俄罗斯
上海通冷挤出机有限公司①	波纹管机组	1	11.00	1.33	马来西亚
上海通冷挤出机有限公司①	上吹热收缩膜机组	1	36.18	4.38	马来西亚
上海通冷挤出机有限公司①	挤出机	1	9.80	1.19	中国台湾
上海通冷挤出机有限公司①	挤出机	1	10.10	1.22	日本
科倍隆科亚（南京）机械有限公司①	双螺杆挤出机	26	190.00	186.00	欧美、亚太
常州市第三轻工机械厂①	塑料化纤团粒机	3	4.80		东南亚
连云港祥美机械有限公司①	75 聚乙烯拉丝	1	36.00		泰国
连云港祥美机械有限公司①	拉丝机	3	87.00	10.00	越南
连云港祥美机械有限公司①	织网机	1	28.70	3.50	阿根廷
连云港祥美机械有限公司①	制网机	2	16.50	2.00	西班牙
山东华冠集团有限责任公司①	吹膜机组	1	40.00	5.00	尼日利亚
山东华冠集团有限责任公司①	管材机组	1	39.00	5.00	尼日利亚
山东华冠集团有限责任公司①	管材机组	2	78.00	10.00	尼日利亚
山东华冠集团有限责任公司①	管材机组	1	33.00	4.00	尼日利亚
山东华冠集团有限责任公司①	管材机组	1	39.00	5.00	尼日利亚
浙江华业塑料机械有限公司①	挤出机	18	556.00	67.50	伊朗、南非等
宁波市金星塑料机械有限公司①	注塑机	2	80.00		中东
宁波市金星塑料机械有限公司①	注塑机	1	10.00		孟加拉国
宁波海太机械制造有限公司①	注塑机	0	2 800.00	320.00	
宁波永生塑料机械有限公司①	注塑机	3	45.00		塔吉克斯坦
宁波永生塑料机械有限公司①	注塑机	5	41.00		塔吉克斯坦
宁波永生塑料机械有限公司①	注塑机	8	56.80		柬埔寨
宁波永生塑料机械有限公司①	注塑机	4	43.20		柬埔寨
浙江金湖机械集团有限公司①	挤出机	0	6 500.00	782.00	俄罗斯、新加坡
浙江金湖机械集团有限公司①	螺杆，机筒	0	1 365.00	165.00	德国、澳大利亚
广东金明塑胶设备有限公司①	吹塑机	14	2 067.00	250.00	加拿大、俄罗斯
东华机械有限公司①	注塑机	2 680	3 681.00	416.00	中国香港
佛山市顺德区震德塑料机械有限公司①	注塑机	960	9 600.00	1 160.00	东南亚、西班牙
广东泓利机器有限公司①	注塑机	2	24.00	2.90	新加坡
广东泓利机器有限公司①	注塑机	4	52.00	6.30	新加坡
广东泓利机器有限公司①	注塑机	1	14.00	1.70	马来西亚
广东泓利机器有限公司①	注塑机	2	36.00	4.30	澳大利亚
广东泓利机器有限公司①	注塑机	2	52.00	6.30	澳大利亚
广东泓利机器有限公司①	注塑机	1	60.00	7.20	澳大利亚

① 是 2004 年数据。

五、2004 年度塑料机械行业主要科技成果与新产品

1. 科技成果与新产品

从 2004 年上报的数据资料看，塑机企业逐步重视新产品的开发和专利技术的申报和应用，这是一个可喜的事情，说明塑机企业在不断的完善自己，塑机企业除了学习国外的先进技术以外，还有自己的知识产权，为逐步跨出国门，走向世界打下良好的基础。2004 年上报的骨干企业中注塑类企业共申报专利 18 项，其中广东泓利机器有限公司所研制的双动模注射成型机分别在美、德、日、英等国获得了发明专利，是我国同行业中第一项国际发明专利；宁波海达直压

式注塑机获得了两项专利；而宁波海天2004年共获得9项中国专利；宁波海太则申请6项国家专利。

在2004年塑机行业开发的新产品中比较有影响的有广东泓利开发的全液压精密注射机、氮气薄壁快速注射成型机、双色注塑机和超精密VCD光盘成套生产设备，填补了国内超精密注射机的空白，缩小了与发达国家的差距；另外还有震德塑机开发的注射量为43 000克的超大型注射成型机，宁波海天开发的超大型塑料注射成型机、转轴式清双色塑料注射成型机等许多新产品以及宁波海太凭借自身科技实力承担的“HTSC2500伺服节能高效敏捷型注塑机”国家火炬计划项目，为我国注塑机向大型化、自动化方向发展和技术创新开辟了新路。在挤出类产品方面大连冰山橡塑引进日本先进技术开发的KTE系列同向双螺杆塑料混炼挤出造粒机组，青岛顺德塑机公司开发的大口径发泡方棒（塑料护舷）生产线和PET片材生产线，山东华冠集团开发的各类三层和多层共挤膜生产线、多层定向拉伸膜生产线，以及金湖集团公司开发的同向平双挤出机、宽幅吹膜机组、四层复合流涎挤出机组等突出了大功率、高扭矩、高精度、高生产效率和高自动化的特点，是近年来市场的热点产品。他们为我国塑料机械工业的技术进步和发展起到了巨大的推动作用。

下面按注塑机和挤出机两大类产品分别作以介绍。

2. 注塑类

广东泓利机器有限公司创立二十多年来，遵循市场发展潮流，依靠不断的技术创新而始终站在行业的前列，到目前为止，公司已发展成为国内生产全液压精密注射机规模最大，系列最全的专业化生产厂家，也是目前世界上唯一可以批量生产锁模力10～1 000t四缸全液压中小型注射机的专业化厂家。泓利公司经过不断创新及发展，已成功推出了各种PET专用注塑机，U-PVC专用注塑机，热固性塑料注塑机，氮气薄壁快速注射成型机，双色注塑机，超精密VCD光盘成套生产设备及专用于生产微型电器、电子接插件的高速、高精密微型（10吨锁模力以下）注塑机。

广东泓利机器有限公司所研制的双动模注射成型机分别在美、德、日、英等国获得了发明专利，是我国同行业中第一项国际发明专利；四缸全液压直锁注塑机是我国同行业中第一项国家级“火炬计划”项目，其系列产品多次被列入国家级重点新产品项目，国内塑机界的权威一致评定为“锁模结构、液压系统为世界首创，整机技术性能已达到先进水平”，其成功推向市场，是全液压式注塑机领域的一项重大突破；还有数码光盘机，其生产周期已达3.8秒，接近国际先进水平，该公司长期以来成功承担了国家级、省部级、市级科研项目十几项，获资金支持逾千万元。该公司依靠不断地创新为企业提供源源不断的发展动力。

广东泓利机器有限公司2004年所获技术成就一览表

序号	时间	内容
1	2004年	高速全自动瓶坯成型技术被定为广东省经贸局政挖潜改造项目
2	2004年	数码光盘注射成型技术被定为广东省经贸局技术改造项目
3	2004年	精密制造关键设备成为“04年粤港关键领域重点突破项目”中标项目
4	2004年6月	WPH-10微型精密注射成型机获佛山市科学技术进步三等奖
5	2004年6月	WPH-10微型精密注射成型机获佛山市顺德科学技术进步二等奖
6	2004年6月	D-50数码光盘注射成型机获佛山市顺德区科学技术进步一等奖
7	2004年12月	广东泓利机器有限公司荣获“国家级高新技术企业”称号

宁波海达塑料机械有限公司2004年开发了X系列HDX88、HDX128、HDX168三种机型的塑料注射成型机，进行了HDH108和HDH150两只直压式注塑机的设计，设计了HD320塑料注射成型机。2004年新产品创造的产值为800万元。2004年公司直压式注塑机获得了两项专利。为了扩大生产规模公司进行了设备和厂房的技改投入，解决了产能并提高了加工精度。该公司还进行了对外的多项合作，取得了良好的经济效益。

顺德市震德塑料机械厂有限公司2004年开发的新产品是注射量为43 000克的超大型注射成型机，主要用于生产大型塑胶产品零件，如汽车零件、大型家电用品、大型饰板等。该机的注射座采用了导柱平面导向设计，另外该机还采用了双缸快速注射、双射移油缸、高塑化螺杆、闭环射胶系统等，使该超大型机种更能符合客户的要求。

宁波海天集团股份有限公司。2004年度该公司开发的塑机新产品有：HTF4000X超大型塑料注射成型机、HTSZ250转轴式清双色塑料注射成型机、HTK1600二板式塑料注射成型机、HTSJ160夹层塑料注射成型机、T3300X换模机、T2800X换模机、780X2/J1变量泵注塑机、86X1/e电预塑注塑机、HTH160X-K手机壳专用注塑机、接头装配机JTZ300-00、HTF60X-I（2006版）、HTF650X2/J1（2006版）、HTF160X5/HTF200X5/HTF250X5、HTF280X、活塞装配机HSZ60、德马格DH2000、HTF58X2-3600X2系列变频开发、

HTH200X-D导光板专机、天剑系列注塑机、HTVS-200-100-P、电动式塑料成型机、塑料注射成型虚拟样机系统开发。新产品销售收入总额达192 076万元(19亿元)。2004年度宁波海天共获得9项国家专利(见表10)，其中HTF3600塑料注射成型机获宁波市科技进步一等奖。

宁波海天2004年获得国家专利情况表

序号	专利号	名　称
1	ZL02138601.3	变频注塑机的节能装置及其节能方法
2	ZL02258507.9	变频注塑机的节能装置
3	ZL03229473.5	注塑机液压保险回路
4	ZL03232230.5	注塑机头板
5	ZL03331921.9	注塑机固定模板
6	ZL03210423.5	快速锁模复合油缸
7	ZL03270239.6	注塑机电预塑的减速机构
8	ZL200320108123.4	清双色注塑机的模具旋转装置
9	ZL200320108230.7	生产夹层塑料制品的注塑机机头

宁波海太机械制造有限公司以科技为先导，重视和培养引进科技人才，海太在2004年2月成立了宁波市首家企业工程研究院，人才队伍体现了可持续发展的要求，使企业稳步发展。2004年海太与华中科技大学合作开发注塑机工艺设置智能化系统，同时开展气体辅助模具设计软件的开发及建立工艺数据库；海太凭借自身科技实力承担了“HTSC2500伺服节能高效敏捷型注塑机”国家火炬计划项目，这是继“HTL3800型高性能注塑机”火炬计划项目以来的第二个国家火炬计划项目：承担了多项市级新产品计划项目及多项科技成果。完成了6个新产品的开发任务和启动，开发被定名为欧款新系列注塑机；成功投得市级科技招标项目“气体辅助注射模具的研制开发”。这是市级工业科技攻关项目第一次向国内公开招标，也是2004年鄞州区唯一取得的科技项目；申报6项国家专利技术。至此，海太已拥有18项专利技术，其中发明专利3项（引进2项）。

3. 挤出类

大连冰山橡塑股份有限公司2004年开发了KTE系列同向双螺杆塑料混炼挤出造粒机组，引进日本先进技术具有高转速、高扭矩、高产量、低能耗、深沟槽、大啮合比、低剪切、高分散等特性。该机输出扭矩是普通机型的1.5倍，转速高达1500r/min，这极大拓展了工艺操作范围，提高了生产能力。同时采用高扭矩芯轴，通过对芯轴材质的处理提高其性能，满足承受高扭矩的要求。同其他机型一样，该系列机采用渐开线花键确保螺旋元件的互换性。所采用的深沟槽螺旋元件（啮合比为1.62），不仅提高了输送能力，还可预防局部发热，硬质合金机筒具有高抗腐蚀性和耐磨性。冷拉条机头可实现高产、低压的稳定挤出。除冷拉条机头外，可配模面热切机头、水下切粒机头、片机头、膜机头等。根据用户需要可在电机与减速箱之间配置过载保护装置。其中，DKTE-30、DKTE-46机型，为了方便科研试验需要，设计了机筒快速更换装置，可在很短时间内完成机筒更换。为方便更换滤网和螺杆，机头设计了快速锁紧装置。该机采用转子型元件，“转子”混炼技术是先进的高聚物混炼技术之一，借鉴了连续混炼密炼机转子特长，具有低温高分散的混炼特长，尤其在超高速运行的DKTE系列挤出机中具有卓越的表现。转子型混炼元件具有连续型螺棱，并与机筒内壁形成连续的大的混炼间隙，捏合盘式混炼元件是由多个双头螺棱式的捏合块错位交叉组合而成，螺棱与机筒内壁间隙很小。转子型混炼元件混炼物料时，全部物料多次重复通过螺棱与机筒内壁形成大的间隙进行充分混炼。捏合盘式混炼元件是一种分流式混炼元件，主要是通过非连续性捏合盘对物料进行分流混炼，由于螺棱与机筒内壁间隙很小，只有少部分物料经过螺棱与机筒内壁间隙进行混炼；而通过转子型元件混炼物料时，由于转子与机筒内壁形成连续的大的混炼间隙，当物料重复通过时，所受到的剪切应力小，可实现均一的高分散混炼。捏合盘式混炼元件混炼物料时，由于其与机筒内壁形成混炼间隙小，只有部分物料通过，导致混炼分散的非均一性；而转子型混炼元件由于混炼间隙大，避免了局部混炼过热，可实现低温高品质的混炼，低温、节能混炼可在低剪切的状态下大范围提高生产能力。捏合盘式混炼元件由于混炼间隙小，物料受到高剪切，混炼时局部易过热，速度操作范围受限。根据用户需要可选择各种配套设备。具有包括计量混合、混炼挤出、造粒等整条生产线的成套能力。

该系列机组可适用于各种物料，可进行填充改性，无机填充有滑石粉、碳酸钙、二氧化硅；着色填充有钛白粉、炭黑，阻燃剂填充有氢氧化铝、氢氧化镁，其他改性填充有盐类、碱类、木粉等。还可进行高分子合金和反应挤出（PP＋弹性体＋过氧化物，PET或PP、PA、PC＋ABS或PET、PBT，ABS＋PBT或TPO、TPE、PVC等）、脱挥和脱水蒸气挤出(PC，POM，SAN，ABS，PMMA，L-LDPE，PS，TR and EPDM)、制品挤出成形（PE，TPO＋阻燃剂成形膜、片等）、拉丝和无纺布挤出（PET、PP、PA等）。另外，该系列机可配选冷拉条切粒装置、水环切粒装置、风冷模面热切装置和水下切粒装置。

青岛顺德塑料机械有限公司2004年新开发了大口径发泡方棒（塑料护舷）生产线，PET片材生产线，新产品产值200万元，而单双向拉伸土工格栅生产线获国家级重点新产品奖。

山东华冠集团有限责任公司作为国内塑机行业首家被国家认定的企业技术中心，公司一直秉承“以创新求发展”的宗旨，坚持立足主业、夯实根基，紧贴市场现实需求和发展前景的经营理念，贯彻“诚信、勤勉、创新、卓越”的企业精神，不断为客户提供品质超群、制造精良的塑机设备。近两年公司共计开发新产品达十三项，包括3FM5000-I三层共挤农膜生产线、3FM7300-I三层共挤复合吹塑薄膜机组、3FM1300-I三至七层复合（上牵引旋转式）包装膜机组、POF1100多层定向拉伸膜生产线、DM2800地膜机组、3FM2000三层共挤包装膜机组，PES3200热收缩膜机组，SLHJ360双桶混料机、EPP-120/50B丁烷发泡聚丙烯挤出机组、SBPG2200大口径中空壁缠绕管生产线、CGSG（930）超高分子量聚乙烯管材机组、木塑型、板材挤出生产线等。现将其主要产品情况简介如下。

(1) 3FM5000-I三层共挤农膜生产线，主要用于生产三层宽幅大棚膜、复合膜、防渗膜、土工膜等产品，可适应LLDPE、LDPE、HDPE、EVA等多种原料，采用先进的热流道成型技术、IBC膜泡内冷技术、同步稳泡系统、双风口风环技术、双工位中心自动收卷技术、薄膜厚度自动控制技术等。制品最大宽度可达16米。最大日产量可达45吨。

(2) M7300-I三层共挤复合吹塑薄膜机组，为目前国内辊筒长度最长的一机多用（既能生产农用功能膜、又能生产土工膜及防渗膜），吹塑薄膜机组。采用专用挤出机、物料塑化质量好的特种螺杆、专用螺旋复合机头、IBC内冷控制技术、专用膜泡牵引装置、重型膜片专用摩擦式卷取等。机组结构合理、性能稳定、塑化好、能耗低、产量高、制品分层清晰。农用功能膜具有高强度、防老化、无雾滴、透光、保温等多种特殊功能；土工膜具有强度高、阻隔性好、有特殊附着力等特点。最大日产量可达50吨。

(3) FM1300-I三至七层复合（上牵引旋转式）包装膜机组，机组采用上牵引旋转型，旋转角度可调，在同样达到薄膜卷取平整度的同时，彻底解决了旋转模头的流道过长、熔体密封难、易漏料、加热不均匀、维护困难、薄膜厚薄公差大等一系列难题，简化了模头结构。并且将薄膜经过人字板时产生的皱折在牵引旋转过程中，经过多根导辊之间的角度变换，达到展平和拉伸的作用，有效提高制品的综合物理机械性能。机组主要用于生产多种原料配比的多层复合包装膜制品，如液体包装膜、自黏膜、保鲜膜、医用膜等。可根据用户要求，配置自动风环、内冷系统、电晕处理装置、纠偏装置、二次吹膜装置、定量加料装置等。

(4) EPP-120/50B丁烷发泡聚丙烯挤出机组，发泡PP以其优良耐热性、力学性能和良好环境适应性等特点，日益受到使用者欢迎。本丁烷发泡聚丙烯挤出机组是适应市场需求开发，具有专利螺杆、螺筒设计、专用模头设计、特殊加热冷却设计、专用泡径定型设计、机电一体化控制系统设计及独特工艺研究等特点。

(5) SBPG2200大口径中空壁缠绕管生产线该类管材可广泛用于市政下水道排污、农业排灌以及通风等领域，具有强度高、刚性好、耐腐蚀、水流阻力小、不易阻塞、质轻、安装方便、使用寿命长等特点。本生产线采用新型结构，提高了缠绕管的环刚度及纵向拉伸强度，能防止出现“脱扣”造成的管道泄露。最大直径可达2.2米。

(6) CGSG（930）超高分子量聚乙烯管材机组，超高分子量聚乙烯管材具有普通PE和其他工程塑料无可比拟的高耐磨、耐冲击、自润滑、耐低温、卫生无毒、不沾附、不吸水等综合性能的一种新型塑料管道，在固体输送、粉末输送、浆体输送、天然气及各种磨蚀性流体方面，具独一无二优越性，是固、液、气三态物质均可输送的高性能工程塑料管道，应用领域广泛，是国家产业政策重点推广的高新技术产品和新材料项目。该机组采用专用螺杆、机筒设计，匹配合理、结构新颖、自动化程度高，管径规格为ϕ110mm～ϕ930mm。

(7) 木塑型材、板材挤出生产线，该挤出生产线利用废弃木材（下脚料、废料、枝丫等)、农业稻草纤维及回收废旧塑料（PE、PP、PVC等）为主要原料，经木质纤维表面处理技术和高分子合金技术生产木塑复合材料，其制品综合性能提高35%以上。

上海申威达机械有限公司以生产锥形双螺杆挤出管材和型材等生产线为主，在行业上具有一定影响力，其中SJSZB（K）系列（45～80）变螺距超双锥双螺杆塑料挤出机，受到用户的普遍好评。SJZB和SJSZB系列变螺距、超双锥塑料挤出机的螺杆、机筒通过最优化的设计，已成为目前世界上最先进的锥形双螺杆挤出机。主要特点是在保证熔体质量的前提下，使挤出得到最大化；与普通的锥形双螺杆挤出机相比可提高50%的产量，降低20%的耗电；强劲的调速减速分配系统，提高了使用寿命；世界一流的直流或变频系统和分段的故障报警，便于检修。而SJ系列（65～90）高性能单螺杆塑料挤出机是该公司采用高新技术设计制造的大功率大挤出量塑料挤出机，与普通的同类产品相比，大幅提高产量100%，是目前世界上最先进的机型之一，适用于PE、PP、PP-R的专用料生产线。主要特点是大功率，高转速，大挤出量；优化设计，螺杆机筒塑化、均化俱佳；造型美观，结构紧凑；强劲的传动系统，配德国原装的轴承，运行可靠。第三大系列产品是SJSY系列高性能平行双螺杆塑料挤出机是该公司采用高新技术专门用于PVC异型材挤出的新机型，是目前世界上同机型中最杰出的代表和当前最理想的异型材挤出设备，是更新换代产品之一。主要特点是造型美观，结构紧凑，富有现代感；产量高，能耗低，为您大大节约成本；配置世界一流的（德国原装）高性能减速分配传动系统；优化设计，螺杆、机筒使用寿命长。

浙江金湖机械集团有限公司是国内专业从事塑料机械、化纤机械成套设备的著名生产企业；浙江省“五个一”重点骨干企业，金湖集团凭着其多年酝酿的独特企业文化，坚持以人为本、以创新求发展，实现跨越式发展的经营理念，不断研究和开发具有国际领先水平的产品，使之成为目前远东地区最大规模的螺杆、挤出机生产企业之一。新研究开发的大型管道防腐设备为国家西气东输，南水北调等重大工程配套，并被中油集团定为定点产品。2004年金湖集团公司科研人员致力开发了JHXP75-20、JHXP90-20排气型橡胶挤出机；JHXD90-14销钉型橡胶挤出机；JHTE70-32同向平双挤出机；SJFM16000宽幅吹膜机组；JH200-33升降式钢管涂覆挤出机组；TPE软管挤出机组；JH90-34、JH65-34、JH105-34四层复合流涎挤出机7种新产品。产品远销国内各省、市、自治区，并且自营出口美国、日、韩、俄罗斯、东南亚、欧洲、南北美洲等40多个国家和地区。

纵观塑料机械2005年的生产、销售和新产品开发等情况，我们仍然感到注塑机的发展要比挤出机的发展更快一些。形成批量和规模的注塑机企业效益好于中小企业，而挤出类企业也有一定的发展，特别是出口创汇比2004年有很大进步，但增幅要比注塑机企业少一些。

随着改革的不断完善和深入，相信在扩大塑料机械行业科技人员、管理人员和广大职工的不懈努力下，我国的塑料机械无论是水平还是产量都将有一个大的发展，只要大家齐心协力，塑机行业一定能够为我国经济的发展贡献自己的一份力量。

（大连塑料机械研究所　盖作有　李振军）

我国模具工业现状与发展概况

一、现状

以1984年中国模具工业协会成立和1987年模具被首次列入国家机电产品目录为标志，到今天，作为一个行业，我国模具工业发展已走过了20年左右的历程。自1989年3月国家发布《国务院关于当前产业政策要点的决定》，将模具放在机械工业技术改造序列第一位、生产和基本建设序列第二位以来，我国模具发展进入了快车道。据不完全统计，目前全国（未包括港、澳、台地区，下同。）约有模具生产厂点3万家（其中大型企业只有几家外资企业，中型企业有几百家，绝大多数是小型企业），2005年全国模具销售额约610亿元。模具生产及进出口发展情况如表1、表2。

从表上可见，虽然中国模具工业发展迅速，但仍不能满足我国制造业发展的需求，特别是在中高档模具，在精密、大型、复杂、长寿命模具方面，仍旧供不应求。由于在精度、寿命、制造周期及能力等方面，中国与国际水平和工业先进国家相比尚有较大差距，因此，每年尚需大量进口。

现在，中国已能生产精度达到2微米的多工位级进模，寿命可达2亿冲次以上。在大型塑料模具方面，中国已能生产34英寸大屏幕彩电和65英寸背投式电视的塑壳模具、10公斤大容量洗衣机全套塑料件模具以及汽车保险杠、整体仪表板等塑料模具。在精密塑料模具方面，中国已能生产照相机和手机塑料件模具、多型腔小模数齿轮模具及精度达5微米的7 800腔塑封模具等。在大型精密复杂压铸模方面，

表1　1995年以来中国历年模具产值表

年　份	1995年	1996年	1997年	1998年	1999年	2000年	2001年	2002年	2003年	2004年
产值/亿元人民币	145	160	200	220	250	280	316	360	450	530

表2　1995年以来中国历年模具进出口情况表

年　份	1995年	1996年	1997年	1998年	1999年	2000年	2001年	2002年	2003年	2004年	2005年
进口/万美元	81 100	91 799	63 000	66 348	88 274	97 700	111 174	127 200	136 930	18 130	206 800
出口/万美元	4 941	7 000	9 428	9 591	13 280	17 374	18 775	25 234	33 680	49 100	73 800

国内已能生产自动扶梯整体踏板压铸模、汽车后桥齿轮箱压铸模以及汽车发动机壳体的铸造模具等。在汽车覆盖件模具方面，国内已能生产中档新型轿车的覆盖件模具。子午线轮胎活络模具、铝合金和塑料异型材挤出成形模、精铸或树脂快速成形拉延模等，也已达到相当高的水平，制造出来的模具可与进口模具媲美。

目前，我国模具总量虽然已达到相当大的规模，模具水平也已有了很大提高，但是，在总体上我国模具生产的商品化、专业化、标准化程度还较低，商品化模具只占全部模具的50%左右，模具标准件使用覆盖率也只有50%左右，专业模具企业只占模具生产厂点的少数，而且装备也较落后，设备数控化率远低于国际水平。我国模具设计制造水平在总体上要比德、美、日、法、意等工业发达国家落后许多。我们现在除了模具结构落后、生产装备落后、企业机制和管理落后、模具技术含量低、劳动生产率低（国外一般达到20万美元/人年左右，而我国一般只达到1～2万美元/人年）等之外，现在存在的问题和差距还主要表现在两大方面。

(1) 中高档模具不能满足需要，自配率只有50%左右。国内模具生产厂点自产自配比例高达50%左右，国外70%以上是商品模具；专业模具厂也大多数是“大而全”、“小而全”的组织形式，国外大多是“小而专”、“小而精”、“规模化”。国内模具总量中属大型、精密、复杂、长寿命模具的比例不足30%，国外在50%以上。进出口之比2005年为2.8∶1，进出口相抵后的净进口达13.3亿美元，为净进口量最大的国家。

(2) 模具产品总体水平要比国际水平低许多，而许多模具的生产周期却要比国际水平长。模具产品水平低主要表现在模具的精度、型腔表面粗糙度、寿命及结构等方面。现将衡量塑料模具水平的几项主要指标国内外差距对比列于表3。

表3　塑料模具国内外差距对比

项　目		国外先进水平	国内总体水平
型腔精度		0.005～0.01mm	0.02～0.05mm
型腔表面粗糙度		Ra 0.10～0.05μm	Ra0.20～0.10μm
生产周期(中型模具)		1个月左右	1～2个月
寿命	非淬火钢	10万～60万次	10万～30万次
	淬火钢	200万～500万次	50万～100万次

目前，国内模具市场不断扩大，国际上将模具制造逐渐向我国转移的趋势和跨国集团到我国进行模具国际采购的趋向十分明显。因此，展望未来，包括国际、国内的模具市场总体发展趋势前景美好。良好的市场环境预示着中国模具工业将会有一个继续得到高速发展的机遇期。要把握住这个机遇期，关键是我们要创造一个良好的、有利于模具发展的环境，相信“十一五”期间，中国模具工业不但会在量和质的方面有一个很大的提高，而且一定会在行业结构、产品水平、开发创新能力、企业的体制与机制以及技术进步的方方面面取得较大进展。

模具技术集合了机械、电子、化学、光学、材料、计算机、精密检测和信息网络等诸多学科，是一个综合性多学科的系统工程。模具技术的发展趋势主要是模具产品向着更大型、更精密、更复杂及更经济快速的方向发展，模具产品的技术含量不断提高，模具制造周期不断缩短，模具生产朝着信息化、无图化、精细化、自动化的方向发展，模具企业向着技术集成化、设备精良化、产品品牌化、管理信息化、经营国际化的方向发展。

二、制约模具行业发展的主要因素

1. 基础薄弱

我国历史上长期以来只将模具作为保证产品生产的“工装”，而未将模具视为“装备产品”得到应有的重视，而且我国长期以来在计划经济体制下，制造业产品多年一贯制，更新慢，使得产品生产不可缺少的模具工业得不到应有的发展。同时，模具生产的组织形式都是以产品生产企业的车间或工段来组织生产的，这种体制和模具非商品化的运营机制也抑制了模具产业的发展。再者，20世纪科学技术的飞速进步使得模具制造方式发生了根本性的改变，已经从传统的手工设计、以有经验的钳工师傅为主导的技艺型生产方式，转变到了以数字化、信息化、自动化生产为特征的现代模具工业生产的时代。而我国模具业开始这种转变的进程还是近十几年的事情。这些都造成了我国模具制造业的基础薄弱。

2. 税负重，积累慢

由于模具是非批量、单件生产的装备产品，其生产制造周期长，技术含量高（依赖于高精密的数控机床和高技术软件），活化劳动消耗比重大（依赖于有经验的工程师、高级技师），致使模具产品的生产净增值率比较其他机械产品都要高。这是模具行业的重要特点之一。据调查统计，模具企业生产模具产品所交纳的增值税与其销售额之比（增值税税负率）一般都要比其他机械类产品生产企业的税负高出约一倍；普通机械制造业增值税税负率约为4.2%，专用设备制造业约为3.4%，而模具制造业（同属专用设备制造业）却高达8%左右，一些技术含量高的精密模具的增值税税负率更高达10%～13%；在加工制造各行业中，模具制造业的增值税税负率之高仅次于烟草加工业（10.8%）和石油天燃气开采业（8.6%），居第三位。增值税是企业要交纳的最主要的税种。因此，相比之下，模具企业税负重，利润率低，从而积累慢，影响了行业的发展。这种状况也是与现代模具产业的技术和资金密集型产业特征需要高投入的要求有很大矛盾的。现在，模具企业增值税负过重的问题已成为了模具行业发展的一个瓶颈。

3. 对发展模具业的重要性的认识还不够

虽然在1989年的国家产业政策中，模具已被提到相当高的位置，但总体来说，人们对模具的重要性的认识还不够，尚未认识到模具是新产品开发的重要组成部分，制造业要发展，模具业要先行的道理。因此，很多地方对发展模具业支持力度弱，配套政策少。

三、发展动态初步分析

我国模具工业除了上述已表述的生产规模及产品水平有快速发展，但仍旧适应不了国民经济持续高速发展和国际市场需求，及制约发展的主要因素之外，还有一些动态值得注意。

(1) 随着原材料价格不断上涨和模具价格不涨反落，致使模具企业利润不断下降，部分企业出现亏损，亏损额增大。

据中国模具工业协会对全国270多个主要模具生产企业调查，2005年产值利润率比上年下降了2.1个百分点，销售收入利润率比上年下降了3.1个百分点。全国规模以上企业全年亏损额2005年达2.6亿元，大幅增加。

(2) 虽然近几年模具出口增幅每年大于进口增幅，但所增加的绝对量仍是进口大于出口，致使模具外贸逆差一年比一年大。近几年模具进出口逆差见表4。

表4　近几年模具进出口逆差

年　份	进出口逆差/亿美元
2000年	8.03
2001年	9.24
2002年	10.20
2003年	10.32
2004年	13.22
2005年	13.30

我们认为，模具外贸逆差逐年增大主要有两方面原因：一是国民经济持续高速发展，特别是汽车产业的高速发展带来了对模具旺盛需求，有些高档模具国内的确生产不了，只好进口；但也确实有一些模具国内可以生产，也在进口。这与我国现行的关税政策及项目审批制度有关。现在大部分模具进口不但可以通过各种渠道免征关税，而且还可以免征增值税等进口环节调节税。这促使模具进口量不断增长。二是对模具出口鼓励不够。现在模具与其他机电产品一样，出口退税率只有13%，而未达17%。另外，目前海关税则税目也已不适应于我国模具的实际分类，急需修订。

(3) 对外资的依存度逐年增大　近年来，正是外资大量进入我国的时期，随着对外开放政策的不断扩大和深化，外资在我国模具行业的投资也越来越多，致使对外资的依存度逐年增大。例如广东省是我国模具第一大省，其产能约占全国的40%左右。该省的模具产能中，外资企业已占60%左右，合资企业约占10%左右。该省模具出口约占全国的50%左右，其中由外资、合资企业出口的也占其出口量的多数。对外资依存度过大，会对行业安全，乃至整个国家的经济安全产生重大影响。从模具行业来看，现在是该从一般性的鼓励引资，转到更加有选择性的引资的时候了。

(4) 国际模具市场往我国转移的趋势十分明显，跨国公司到我国采购模具也越来越多，模具出口前景很好。

由于我国模具特别是中、低档模具在国际市场上存在着较大的价格优势，有的模具价格甚至只有国际市场的几分之一，再加上我国有较低廉的优质劳动力资源及较好的技术基础和基础配套设施，因此近年来外商在我国模具行业的投资额一年比一年大，模具采购也越来越多。据外商投资协会统计，2005年外资对我国模具行业的协议投资为26.5亿美元，实际投资为6.29亿美元，占全行业投资总额的50%以上。模具采购方兴未艾，不少订单因水平和能力不足而无法落实。

(5) 行业内部体制改革和机制转换加速，产业结构逐趋合理，并且加强了管理，提高了水平。

为了适应形势，我国模具行业近几年来加快了体制改革和机制转换步伐，“三资”和民营企业已占行业主导地位，装备水平和产品水平有了较大的提升，管理有了很大进步。许多企业已应用了CAD/CAM/CAE一体化技术、三维设计技术、ERP和I-M3等管理系统技术以及高速加工、快速成型、虚拟仿真及网络技术等许多高新技术，不少企业已提出了“生产专业化、产品品牌化、企业现代化、市场国际化”等企业发展战略。越来越多的企业通过了各种质量体系认证。

(6) 规模经济产生效益，模具集群生产发展迅速。

在“小而精专”的专业化不断发展的同时，近年来，规模效应已提到议事日程上了。除了企业的规模经济产生效益之外，模具集群生产也不断显示其优越性，因而“模具城”、“模具园区”、“模具生产基地”等各种集群生产形式在全国迅速发展。现在年产1亿元以上模具的企业全国已有40多个，超过3 000万元以上的企业已有200多个，具有一定规模的“模具城”已有10来个，正在建设或正在筹建的还有10多个。这些模具集聚生产基地的建设，对我国模具工业的发展起到了积极的促进作用。

(7) 许多企业开始认识到了“品牌”和“专利”的重要性，自主创新的资金投入力度和能力不断提高。

长期以来模具一直处于“后方”和“被动”地位，因此也很少有“品牌”和“专利”。随着市场经济的发展，近年来企业越来越重视“品牌”和“专利”了。目前模具行业中获得省、市级著名商标的已有10个左右，并已有个别企业正在申请全国著名商标。行业中拥有10多个“专利”的企业已不少，拥有各种专利最多的企业有的已达60多项。而创新研发方面的收入，全行业绝大部分企业都不足其年销售收入的0.5%，但有些企业已认识到了这方面的重要性，投入力度提高很快，据中国模具工业协会了解到的情况，2005年不少企业在创新研发方面的投入与其销售收入的比例达到5%左右。目前，企业兴办技术开发中心的已越来越多，有的已被有关部门认定为省、市级模具研发中心，这一动态令人鼓舞。

(8) 模具技术含量不断提高，属于高新技术产品的模具越来越多。

据了解，目前已被国家有关部门列入《中国高新技术产品出口目录》的模具有4项，其实已经有不少模具的技术含量超过了这四类模具。例如汽车零部件级进模具、精密多工位级进模具、轿车大型复杂覆盖件冲压模具、自动化汽车内饰件浇注模具、高强度板热压成型模具、自动化连续落料模具、快速抽芯注塑模具、高速连续冲压模具、集成电路封装模具、高精度注塑模具、硬质合金级进叠装模具、铝镁合金压力铸造模具、发动机零件铸造模具、金刚石拉丝模具、家电内胆吸塑发泡模具、复杂形状工业产品吹塑模具、汽车零件搪塑模具、大型压塑模具、多层多腔或多工位注塑模具等等。

(9) 市场竞争加剧，企业加速调整定位。

虽然我国模具存在大量外贸逆差，看来似乎是供不应求，但仔细分析其产品结构，即可发现我国模具市场仍存在竞争，并在不断加剧，其表现是模具产品价格连年走低。中高档模具市场上主要是我国重点骨干企业与“三资”企业的竞争，中低档模具市场上主要是民营企业之间的竞争。有的已经是进入无序状态，到了扰乱正常市场秩序的地步。由于过低的价格所必然造成的低质量，已严重威胁到企业的生存。一些小规模、低水平及经验少、信誉差的企业面临越来越高的用户供货体系的壁垒和技术标准壁垒，生存和发展日益困难，迫使他们加速调整其市场定位、产品定位和目标定位。少数体制僵化、管理落后、技术进步缓慢的企业面临被淘汰的局面也是不足为奇的。

(10) 人才紧缺日益突出。

虽然近年来我国模具行业职工队伍发展迅速，估计目前已达近百万人，但仍然跟不上行业发展需求。一是总量不足，二是素质不够，适应不了行业发展的要求。根据有关资料，全国模具行业从业人员约缺口40～60万人，其中工程技术人员约占20%。目前尤其紧缺的是高素质和高水平的模具企业管理人员和中高层技术人员及高级技术工人。人才跟不上需求已成为我国模具工业发展瓶颈之一，特别是制约了向更高层次的发展。

四、发展趋势与发展重点

1. 技术发展趋势

在信息社会和经济全球化不断发展的进程中，模具行业发展趋势主要是模具产品向着更大型、更精密、更复杂及更经济快速方面发展，技术含量不断提高，模具生产向着信息化、数字化、无图化、精细化、自动化方面发展；模具企业向着技术集成化、设备精良化、产品品牌化、管理信息化、经营国际化方向发展。模具技术的发展趋势主要如下。

(1) CAD、CAM、CAE的广泛应用及其软件的不断先进和CAD/CAM/CAE技术的进一步集成化、一体化、智能化；

(2) PDM（产品数据管理）、CAPP（计算机辅助工艺设计管理）、KBE（基于知识工程）、ERP（企业资源管理）、MIS（模具制造管理信息系统）及Internet平台等信息网络技术的不断发展和应用；

(3) 高速、高精加工技术的发展与应用；

(4) 超精加工、复合加工、先进表面加工和处理技术的发展与应用；

(5) 快速成型与快速制模（RP/RT）技术的发展与应用；

(6) 热流道技术、精密测量及高速扫描技术、逆向工程及并行工程的发展与应用；

(7) 模具标准化及模具标准件的发展及进一步推广应用；

(8) 优质模具材料的研制及正确选用；

(9) 模具自动加工系统的研制与应用；

(10) 虚拟技术和纳米技术等的逐步应用。

2. 发展重点

随着国民经济总量和工业产品技术的不断发展，各行各业对模具的需求量越来越大，技术要求也越来越高。虽然模具种类繁多，但其发展重点应该根据需要量大、技术含量高、代表发展方向、出口前景好的原则来选择。所选择的这些需要重点发展的产品，必须是目前已有一定基础，是有条件、有可能发展起来的产品。对于技术发展重点，则既要看国际发展趋势，又要看我国具体情况，也应该是既代表发展方向，又可能发展起来的技术。

(1) 产品发展重点

① 汽车覆盖件模具。冲压模具占模具总量的40%以上。汽车覆盖件模具主要为汽车配套，也包括为农用车、工程机械和农机配套的覆盖件模具，它在冲压模具中具有很大的代表性，模具大都是大中型，结构复杂，技术要求高。尤其是为轿车配套的覆盖件模具，要求更高，它可以代表冲压模具的水平。此类模具我国已有一定技术基础，已为中档轿车配套，但水平还不高，能力不足，目前满足率只有一半左右。中高档轿车覆盖件模具主要依靠进口，每年花费几亿美元。汽车覆盖件模具水平不高，能力不足，生产周期长已成了汽车发展的瓶颈，极大地影响了车型开发。今后，中高档轿车所需覆盖件模具是重中之重。争取到2010年时中高档轿车及以下水平的汽车覆盖件模具做到可以完全自配，2020年时除个别特别高档的轿车外，所有汽车覆盖件模具应基本立足国内配套。

② 精密冲压模具。多工位级进模和精冲模代表了冲压模具的发展方向，精度要求和寿命要求极高，主要为电子信息产业、汽车、仪器仪表、电机电器等配套。这两种模具，国内已有相当基础，并已引进了国外技术设备，个别企业生产的产品已达到世界水平，但大部分企业仍有较大差距，总量也供不应求，进口较多。对于为超大规模集成电路配套、为引线脚100以上及间隙0.2mm以下的引线框架配套、为精度5μm以上的精密微型连接件配套、为 ϕ1.6mm以下的微型马达铁芯配套及为显像管和电子枪等配套的精密模具是发展的重中之重。为汽车覆盖件及其他大中型冲压件配套的大型多工位级进模也应重点发展。

③ 大型及精密塑料模具。塑料模具占模具总量近40%，而且这个比例还在不断上升。塑料模具中为汽车和家电配套的大型注塑模具，为集成电路配套的精密塑封模具，为电子信息产业和机械及包装配套的多层、多腔、多材质、多色精密注塑模，为新型建材及节水农业配套的塑料异型材挤出模及管路和喷头模具等，目前虽然已有相当技术基础并正在快速发展，但技术水平与国外仍有较大差距，总量也供不应求，每年进口几亿美元，“十一五”期间应重点发展。

④ 主要模具标准件。目前国内已有较大产量的模具标准件主要是模架、导向件、推杆推管、弹性元件等，但质量较差，品种规模较少。这些产品不但国内配套大量需要，出口前景也很好，应继续大力发展。氮气缸和热流道元件国内至今无像样的专业厂生产，主要依靠进口，应在现有基础上提高水平，形成标准，并组织规模化生产。

⑤ 其他高技术含量的模具。占模具总量近8%的压铸模具中，大型薄壁精密压铸模技术含量高，难度大。镁合金压铸模和真空压铸成形模目前虽然刚起步，但发展前景好，有代表性。子午线橡胶轮胎模具也是发展方向，其中活络模技术难度最大。与快速成型技术相结合的一些快速制模技术及相应的快速经济模具具有很好的发展前景。这些高技术含量的模具在“十一五”期间也应重点发展。

(2) 技术发展重点

高新技术蓬勃发展的今天，为保证属高新技术产业的模具工业快速发展，模具行业中许多共性技术也必须更上一层楼，应不断开发和推广应用并积极应用高新技术。它们主要如下。

① 开发拥有自主知识产权、适合于我国国情，具有较高水平的模具设计、加工及模具企业管理的软件，不断提高软件的智能化、集成化程度，并推广应用。

② 推广应用高速、高精加工技术并研制相应设备高速高精加工包括高速高精切削加工和高速高精电加工及复合加工等。

在未来15年左右的时间里，我国机床行业应向模具行业逐步提供适合于模具高速高精加工的相应设备，如有可能，建议开发拥有自主知识产权、精度能达到0.000 1mm的高精度模具制造设备。

③ 快速原型和快速经济模具制造新技术的进一步开发、提高和应用。

④ 大力发展和推广信息化、数字化技术。例如逆向工程、并行工程、敏捷制造技术的研发及推广应用；包括大型级进模及高精密和高复杂性的高技术含量的先进模具三维设计和制造技术的研发；包括冲压工艺设计系统、模具型面设计系统、成形分析系统、模具结构设计系统、模具CAM系统和冲压专家咨询系统的车身模具数字化设计制造系统的研发；模具的集成、柔性及自动加工技术和网络虚拟技术等。

⑤ 模具制造新工艺、新技术。模具制造的节能、节材技术，模具热处理、表面光整加工和表面处理新技术等。

⑥ 高性能模具材料的研制、系列化及其正确选用。

（中国模具工业协会 周永泰）

主要行业对合成树脂需求分析

合成树脂主要分通用树脂和工程塑料两大类，以通用树脂为主，主要是PE、PP、PS、PVC、ABS五大类；工程塑料主要有聚酰胺（PA）、聚碳酸酯（PC）、聚甲醛（POM）、聚对苯二甲酸丁二酯（PBT）、改性聚苯醚五大类，约占合成树脂总消费量的20%左右。

2005年PE、PP、PS、PVC、ABS五大通用塑料表观消费量为33 123.82kt，占总合成树脂消费量的76.81%左右。

1999～2005年间合成树脂表观消费量年均增长率为14.39%，低于同期产量年均增长率2.45个百分点。

2005年国内产量增长进一步使国内自给率提高，同比增长2.70个百分点。PVC自给率同比超过80.00%，PP国内自给率为63.54%，同比上升1.44个百分点；PE国内自给率为48.59%，同比上升2.73个百分点；PS国内自给率为54.63%，同比上升2.34个百分点；ABS国内自给率为37.03%，同比上升2.65个百分点。

2005年PC自给率不到20%，PMMA不到30%；聚甲醛不到12%。

由于原油价格大幅上涨，合成树脂价格飙升，处于产业链中下游的塑料制品企业已不堪重负。对产业发展产生了较大的影响。

另一个不利影响就是欧盟的《报废电子电气设备指令》和《关于在电子电气设备中禁止使用某些有害物质指令》在2005年8月13日起生效。这对国内塑料企业特别是电线和电缆生产商影响重大，采纳新标准将使他们的生产成本增加2～3成。

目前在我国生产的各类塑料制品中，产量在100万吨以上的大类有：塑料薄膜（包括农用薄膜）、日用塑料制品、塑料编织制品、塑料管（棒）材和塑料型材（含板片材）。

近几年，聚乙烯制品的原料结构发生了一些变化。线型低密度聚乙烯制品得到了更广泛的应用，替代了一部分低密度聚乙烯制品。在今后几年，随着线型低密度聚乙烯生产技术的进一步改进，其加工性能及使用性能将得到进一步改善，且价格低廉，应用领域会更加广阔，将会更广泛地替代低密度聚乙烯制品。因此我国对低密度聚乙烯制品的需求增长速度将减缓，而线型低密度聚乙烯制品的消费量将逐渐超过低密度聚乙烯制品。

聚丙烯因其优良的抗冲击强度和耐环境应力性能，已在部分应用领域取代了工程塑料，使其在注塑制品领域的消费比例有所提高。同时土工材料的发展使得聚丙烯在纤维领域的应用获得了新的市场机遇。应用于薄膜制品的聚丙烯也因包装业的迅速发展而快速增长。

建筑用聚氯乙烯制品的需求量将迅速增长。随着国民经济的发展，化学建材业将获得较快的发展。塑料管材及塑料门窗的需求量将大幅增加。目前我国部分大城市已明文规定改建和扩建工程必须使用聚氯乙烯排水管和雨水管，并鼓励使用塑料门窗，这将继续推动聚氯乙烯硬制品需求的增长。聚氯乙烯软制品中，除塑料鞋及革制品仍有一定增长外，薄膜和电缆增长速度将放慢，特别是薄膜制品，将较多地为聚乙烯薄膜所取代。

编织制品是我国聚丙烯消费的最大市场。主要用于粮食、化肥及水泥等的包装，2005年扁经和编织品消耗的聚丙烯占聚丙烯总消费量的50%。

聚丙烯的第二大市场是注塑制品，主要应用在小家电、日用品、玩具、洗衣机、汽车和周转箱上。由于国内注塑级聚丙烯主要依靠进口，因此影响了注塑制品的发展，其在聚丙烯消费中所占的份额相对较小。

薄膜料主要是BOPP和CPP，由于其具有质轻、防潮、高抗冲强度等优点，被广泛应用于食品、医药、服装、香烟等包装材料领域，成为聚丙烯下游应用中增长最快的领域之一。但由于近年来国内BOPP生产线的大量建设，已呈供大于求的状况，竞争较为激烈。

聚丙烯纤维（即丙纶）主要应用在装饰、产业和服装三大领域，其生产厂家主要集中在东南沿海地区，其中苏、鲁、粤、浙四省的生产能力占全国的60%。我国聚丙烯消费结构见表1。

表1 近年我国聚丙烯消费结构

应用领域	消费比例/%		
	2002年	2003年	2004年
BOPP薄膜	13.00	9.00	13.20
CPP薄膜	3.20	3.00	3.50
纤维制品	9.10	10.00	9.10
编织制品	51.10	50.00	50.80
注塑制品	17.30	20.00	17.40
其他制品	6.30	8.00	6.00
合 计	100.00	100.00	100.00

一、塑料包装

塑料薄膜成型方式有挤出吹塑、压延、流延及挤出拉幅（又称二次成型）等多种方式。包装是塑料薄膜的主要消费领域，其次是农业，还用作各种功能膜，如微孔膜、屏蔽膜和土工膜等。目前塑料薄膜用量最大的是聚乙烯、聚丙烯、聚氯乙烯、聚苯乙烯和聚对苯二甲酸乙二酯等品种。

随着塑料材料在硬度、耐热性、韧性等方面性能日趋改善，欧洲食品饮料工业越来越多地使用塑料包装材料代替传统的纸、玻璃和金属包装。

据报道，到2007年，欧洲的食品、饮料包装用塑料市场销售额将由2000年的49.1亿美元增长到2007年71.5亿美元，年均增长率为5.52%。

据预测，销售额增长速度最快的将是聚丙烯包装市场，其中，热塑性聚丙烯将增长10.7%，透明聚丙烯将增长9.5%，其次是PET，年增长率为9.2%左右，而发泡聚苯乙烯和软质聚氯乙烯的市场增幅最小，甚至可能停止增长。相关统计也显示，欧洲食品饮料工业使用塑料包装材料最多的国家是法国，比例为18.7%，其次是意大利，比例为18%，德国为17.2%。

PVC板材进口量约占上述进口量的20%左右，约50～60kt/a。

PP板材、片材和薄膜在同一进出口税则中统计，据测算，板、片材在进口量中约占35%上下，出口量中占60%左右。

PP板材、片材和薄膜1993～1999年间，年均进口量增长为18.00%，年均净进口增长为19.00%；1996～2002年间，年均进口量增长为6.72%，年均净进口增长为2.91%。

美国Townsend Polymer Services & Information公司发布了其关于中国市场份额系列报告中的首份报告“中国挤出塑料薄膜市场”。该报告对成长中的中国塑料薄膜市场进行了深入分析，并提供了按供应商、地区和终端应用市场分类的详尽信息。

该报告称，中国2005年要加工118.4万吨聚丙烯薄膜，其中56%的原料由国内树脂生产商提供。中国两大聚丙烯薄膜生产中心是苏沪浙地区和广东省，分别占全国总生产能力的33%和32%。食品包装是聚丙烯薄膜最大的终端应用市场，约占42%。其中，包装袋、塑料编织袋和干货食品包装材料占食品包装的60%以上。非食品包装中，香烟包装、编织袋和防护膜是最大的细分市场，合计占55%。

种种迹象表明，中国各类薄膜基材，包括BOPP、BOPET、BOPA、CPP等，均表现出过热倾向。新增生产线数量急剧增加，产能过剩。原本还有一定市场空间的BOPA等，也因在2003～2004年引进了数条生产线而呈现饱和趋向。

在新增生产线的同时，中国引进的塑料薄膜生产线在种类和档次上也表现出相当大的盲目性。比如我国不仅引进了很多条7层共挤生产线，甚至引进了数条9层共挤和流延膜生产线。

这些生产线均是以生产高阻隔性薄膜为主的，但实际上，7层以上阻隔性薄膜的市场有限，9层阻隔膜的应用市场更是狭窄。没有市场做支撑，用高档生产线生产5层薄膜，势必造成设备性能的浪费和投资损失，这一点应当引起投资企业的高度重视。

造成我国塑料薄膜生产企业盲目引进生产线的原因主要是信息不准确和不畅通。我国企业还不习惯对投资动作进行公告，当确定投资意向时，并不及时通过媒体向社会公告，甚至企业间相互保密，结果在投产时发现多家企业重复引进。

其次，我国企业不习惯在进行投资活动前通过咨询机构进行客观的市场调查和分析，投资缺乏真实可靠的依据，带有较多的非理性成分。

此外，行业和媒体的不恰当的引导也是造成企业投资偏差的原因之一。一个典型的例子是认为高阻隔薄膜将是中国塑料薄膜业发展的方向，但这种论断并没有市场分析和调查数据做支持，更没有指明高阻隔性材料的市场规模。

在大量引进国外设备的同时，不少中小企业引进了国产薄膜生产线。但从业者反映的情况看，国产设备在很多方面还不能让用户满意，在设计上也还有相当大的改进余地。

我国塑料消费领域中，包装薄膜的消费量占塑料总消费量的34%～40%。我国包装塑料制品消费量及预测见表2。

表2 我国包装塑料制品消费量及预测

单位：万吨

品　种	1995年	2000年	2010年预测
包装薄膜	52	120	250
纺织袋	31	50	90
中空容器	20	45	120
复合薄膜	12	30	62
片、板材	15	24	46
泡沫材料	5	8	17
周转箱	4	7	14
饮料瓶	4	6	10
捆扎带、粘胶带	5	5	8
瓦楞箱	3	4	7
托盘	1	1	3
合　计	152	300	626

二、电子电器行业

塑料在电子电器行业中的应用日益广泛，一方面顺应电子电器轻薄化的要求；另一方面满足低成本的需求，特别是在大宗使用的电器产品外壳方面，改性塑料的应用越来越多。

PP是目前最为活跃的塑料材料之一，特别是改性PP，有代替低端工程塑料的趋向。目前，PP在电子电器的应用主要是使用添加玻纤等改性的产品，这种材料具有较高的耐冲击强度和耐温性能，机械强度也得到明显改善，外观比某些ABS制品更为光滑，并可利用其透明性生产一些透明部件。

据业内人士分析，近几年PP的进口量约有40%左右为专用料，按2000年进口量近170万吨（海关产品代码39021000和39023009）计，则有68万吨左右专用料进口，主要有三大类：洗衣机专用嵌段共聚物、烟膜和电工膜专用料、高档丙纶纤维专用料。

ABS是电子电器业使用量最大的塑料品种，主要用于制造外壳。ABS最大的优势在于易加工、稳定性好、容易着色、价格也比较低廉。中国大型白色家电企业对ABS的需求量每年稳步提升，占ABS总需求量的一半左右。像TCL和四川长虹的巨型家电生产企业，每年彩电产销量都在1 000万台以上，对ABS的需求量极为可观。另外，ABS在IT行业如笔记本电脑外壳及通信制品如手机外壳都有大量使用。

PS聚苯乙烯在IT和电子电器产品上的应用也越来越广泛，特别是IT业，计算机机箱等大多使用高抗冲PS（HIPS）。一些对硬度要求较高的和透明的产品也广泛使用这种材料，如目前洗衣机产品上流行的顶盖透明化设计，这种透明盖板也有相当部分是使用HIPS制造的。

据业内人士介绍，家用电器用工程塑料主要以ABS和PP改性为主，此两种产品约占总家用电器用工程塑料总量的80%左右。

制作洗衣机零部件以PP（聚丙烯）塑料为主，多数是从日本、新加坡以及韩国进口的流动性较高的共聚PP，洗衣机的波轮目前以韩国的BJ 730料为主。EPS30R具有极好的强度和刚度，其冲击性受温度的影响不大，考虑波轮制品的大小及其使用需求，用EPS30R替代进口料是可行的，海尔洗衣机就已用该料生产波轮，洗衣机的其他小型零部件也可采用该种塑料制作。

PP树脂在洗衣机上的应用，主要是内桶、底座、盖板等，均需抗冲击共聚PP牌号。目前国内洗衣机生产厂近百家，2004年产量近1 958万台，按每台洗衣机平均单耗6公斤计算，则2004年洗衣机消耗抗冲击共聚PP需12万吨以上。

近年来，聚合物新材料不断涌现，热塑性弹性体已形成一个新的工业原料体系。三元乙丙橡胶/聚丙烯（EPDM/PP）热塑性弹性体具有优异的耐候、耐臭氧、耐紫外线及良好的耐高温、抗冲击性能，其耐油和耐溶剂性能与通用型氯丁橡胶不相上下，可以用普通热塑性塑料的加工设备加工，具有加工简单、成本低、可连续生产并可回收利用等优点。

EPDM/PP在家用电器的领域的应用市场也较大，但因EPDM/PP价格较高，因此我国发展较慢，只有海尔电器集团、济南小鸭电器股份有限公司进行了应用，主要用于出口洗衣机。海尔电器集团采用超高韧性-耐低温EPDM/PP和高韧性EPDM/PP作洗衣机的配件。EPDM/PP在金鱼自动滚筒洗衣机上亦有应用。

我国聚苯乙烯制品的消费结构在今后几年不会有太大变化，仍将以注塑方法生产的家用电器部件为主，而电子电器、日用品及办公用品等方面的用途会有较快增长。由于聚苯乙烯快餐饭盒和其他发泡材料的“白色污染”问题，将导致聚苯乙烯泡沫制品在该方面的用量逐步萎缩，但在建设方面的用量会有所上升。总体上讲，聚苯乙烯制品需求量的增长较为缓慢。

目前我国ABS树脂主要用于大型家用电器部件的生产，由于近年电视机、电冰箱和洗衣机的产量增长缓慢，因此ABS在这方面的需求量增长将减缓。随着家居生活舒适化、厨房电器化和健康化观念的迅速普及，ABS小家电产品的消费比例将会有所上升。另外，汽车制造业和摩托车制造业的快速发展将成为ABS树脂制品需求增长的主要推动力。

2004～2005年受国际石油价格大幅上涨影响，国内外塑料原料价格一直保持在高位，使得我国塑料制品业的经济效益大幅下滑，利润空间被强度挤压。在此严峻形势下，我国塑料制品业积极调整产品结构和产业结构，加大科技投入和技术创新力度，努力提高综合竞争力，取得了喜人的成绩。

三、汽车工业

由于近期我国汽车工业快速发展，从而带动了对塑料消费的日益增长。

我国汽车工业经过40多年的发展，特别是经过“八五”和“九五”期间大规模的产品、技术引进和消化吸收，目前技术水平总体已达到国外20世纪80年代的水平。尤其是最近几年，汽车产量特别是客车和轿车的产量快速增长。2001年我国汽车产量达233.45万辆，同比增长12.4%，其中载货汽车、公路客车和轿车的产量分别为80.24万辆、80.86万辆和70.35万辆，同比增长分别为6.1%、17.0%和14.9%。

2004年我国汽车销售量超过500万辆；汽车保有量达2 500多万辆，私家车保有量超过700万辆。

我国汽车保有量也逐年增加，已由1996年的1 100万辆增长到2000年的1 609万辆，年均增长率为10%。2001年我国汽车保有量约1 750万辆。根据中国汽车工业协会和汽车相关工业协会对“十五”期间汽车工业的发展趋势和市场预测，“十五”期间，汽车保有量按8%的年均增长率增长，2005年全国汽车保有量达2 650万辆。

按照中国汽车工业协会的预计，2006年我国汽车产销量将增长12%左右，达到640万辆左右，而日本新车销量增长没有中国快，预计2006年中国新车销量可望超过日本，位居世界第二位，但汽车产量要达到世界第二，恐怕还需要好几年的努力。

塑料及其复合材料是重要的汽车轻质材料，它不仅可以减轻零部件约40%的质（重）量，还可以使采购成本降低40%左右。在未来的几年里，我国车用塑料的用量将大幅上升。

2005年我国汽车用塑料需求在45.5万吨左右，预计到2010年将达到72.2万吨。其中，轿车用量为34.9万吨、客车8.8万吨、货车9.7万吨，维修保养（以保有量5%计算）为18.8万吨。

近年来，塑料在汽车中的用量迅速上升。据统计，世界平均每辆汽车的塑料用量在2000年就已达105千克，约占汽车总重量的8%～12%。塑料在轿车中的比例较高，如奥迪A2型轿车，塑料件总重量已达220千克，占总用材重量的24.6%。目前，发达国家车用塑料现已占塑料总消耗量的7%～8%，预计不久将达到10%～11%。车用塑料的品种包括：聚丙烯、聚氨酯、聚氯乙烯、热固性复合材料、ABS、尼龙和聚乙烯等。

国外汽车的内饰件已基本实现塑料化，如今塑料在汽车中的应用范围正在由内装件向外装件、车身和结构件扩展。今后的重点发展方向是开发结构件、外装件用的增强塑料复合材料、高性能树脂材料与塑料，并对材料的可回收性予以高度关注。从品种上看，聚烯烃材料因密度小、性能较好且成本低，近来有把汽车内饰和外装材料统一到聚烯烃材料的趋势。因此其用量会有较大的增长，预计聚丙烯今后可保持在8%的年增长率，聚乙烯的增长势头也比较强劲。

国外汽车的内饰件已基本实现塑料化，如今塑料在汽车中的应用范围正在由内装件向外装件、车身和结构件扩展，今后的重点发展方向是开发结构件、外装件用的增强塑料复合材料、高性能树脂材料与塑料，并对材料的可回收性予以高度关注（见表3）。

表3 汽车工业用各种塑料品种比例

品种	PP	PE	PU	PVC	ABS	PA	POM	FRP及其他
乘用车/%	27.6	10.5	14.5	13.2	13.2	3.9	1.3	15.8
货车(含客车)/%	12.0	18.0	24.0	16.0	6.0	4.0	1.0	19.0

机油盘、轴承箱和滑轮是业界预测未来几年内能广泛应用热塑性塑料的汽车引擎罩下部件。无论是柴油车还是汽油车，与以前相比，目前已有许多新的塑料部件（如电器联结器）用于汽车引擎罩下。最新的福特探险家汽车约有2 500个联结器在引擎罩下，受空间有限的限制，更多的联结器必须固定在距马达更近的地方。因此，耐热性和耐化学品性比以往更重要。过去几年，热塑性塑料汽车部件的操作温度已由200～210℃升至接近300℃。

美国通用电气（GE）公司从14种车辆的分类细目统计，引擎罩下的97种部件应该可以用GE的塑料材料。这97种部件中，有57种现在用的是金属，主要是浇铸和机加工铝件。加工厂可以用塑料取代这些材料，降低汽车制造商成本。而最容易由金属转变为塑料的一些部件现已完成了替代。应用开发包括重新设计部件，从而更好地利用塑料整合部件，同时帮助加工厂改进设计，满足汽车制造商需求。

现代汽车设计要求汽车的控制模块尽可能距离传感器和传动装置更近，以减少所要求电缆的长度和数量。用较短电缆意味着要控制模块，如油传感器也要尽可能距离马达的热部件近些。巴斯夫正在开发适用材料，如其UltramidA3WG6LS聚酰胺用于加工保护和盛装这些模块的外壳。德国SiemensVDO汽车公司已用DSM提供的Stanyl聚酰胺46模塑做通用汽车公司Vectra轿车的油液面传感器外壳。据悉，巴斯夫也有机油盘塑料开发项目。

现代车型中已经使用热塑性塑料的部件包括传输系统的推进器、冲洗器、齿轮、轴承箱和滑轮。进一步开发包括模塑电节流阀体的设计和选材及填充物技术，后者开发的目的是使塑料对气体的阻隔性提高一个数量级。现代车辆上的节流阀是机加工的，材质经常用热塑性塑料，但向电动转变时，汽车制造商就要重新考虑用铸铝生产这个部件。

热塑性塑料的生产公司认为，他们的材料可以适应任何热固性塑料的挑战，就每千克质量而言，热固性树脂价格并不算高，但是太脆，或不能将某些部件实现最大限度整合。Ticona公司的FortronPPS能够提供适宜的机械性能、耐化学品性和耐热性，从而可在一些应用中替代热固性树脂。与热固性树脂相比，加工厂可在更低的模具温度和更低的注塑压力下加工PPS树脂，制品有更好的拉伸强度和更低的脆性。这种材料用于奥迪、Bugati和VW车中新开发的电子刹车闸的外壳和内部齿轮。

杜邦工程聚合物公司开发和销售的Zytel聚酰胺是2003年首次推出的，以替代许多本来由热固性树脂制得的部件，已在大型柴油车上用作大型摇杆的覆层和机油盘，但目前在动力系统和引擎罩下部件占领热固性树脂市场的成绩还有限。

比利时 Inergy 汽车系统公司已接受尼桑和通用汽车公司的订货，供应两家公司共 3 个新车型用油箱。该油箱满足了美国加利福尼亚州对塑料汽车油箱更加严格标准的要求。

Inergy 公司开发的塑料汽车油箱和燃油管达到加利福尼亚州的局部零泄漏汽车（PZEV）标准的要求。PZEV 规定，从 2005 年起，每个汽车厂销售的汽车中至少 6%必须符合该标准规定。新的 PZEV 标准规定 24 小时燃油泄漏量必须小于 54mg，而 2001 年的规定为 600mg。

目前热固性塑料的供应商也看到了在汽车引擎罩下应用的巨大潜力。他们认为，取决于应用和需要，与热塑性塑料相比，热固性塑料有更多机会成为替代金属的更好材料。例子之一就是用 Vincolit X7250 和 X6952玻璃纤维增强酚醛树脂牌号用于 BMW8 气缸汽油发动机连续变化的进气歧管。这个部件原来由德国一家加工厂 Pierburg 用聚苯硫醚和聚邻苯二酰胺开发，但这些热塑性塑料由于部件结构复杂，缺少在高温下必要的尺寸稳定性，没能胜任这个部件，转用玻璃纤维增强的酚醛树脂解决了这些问题。决定用塑料加工进气歧管也是从减轻质量和降低成本两方面考虑的，虽然热固性塑料有比热塑性塑料更高的相对密度，可比部件的质量较重，但像玻纤增强酚醛树脂这样的热固性塑料对于一些固定的把手不需要金属插件即可成型和固定。可以将酚醛树脂水泵直接固定在引擎块上，因为后固化的酚醛树脂有很好的耐蠕变性。

与可比的热塑性工程塑料相比，热固性塑料的另一个优势是注塑壁厚 3～5mm 的真空泵、油泵和水泵的加工速度更快，这是因为热固性塑料的固化速度比壁厚 3mm 以上的热塑性塑料的冷却速度快。

热固性塑料用后一般可研成细粉，用作填料（加入量可到 15%），在生产新材料预混时，整个熔融过程中机械性能不会降低。虽然引擎罩下部件面对回收循环的问题，但目前无论是热塑性塑料还是热固性塑料，解决这个问题都很困难。部件或者吸收了乙二醇和水的混合物，或者曾浸在油里，用过 10 年后清洗部件的成本很高，很难回用。明智的解决方式是研磨部件，送入水泥窑，实现能量循环回收。

随着汽车重量增加，汽车中的塑料用量也在上升，但塑料占汽车总重量的比例仅略有提高。比如，在欧洲的乘用车中，2005 年平均塑料零部件含量估计为 11%即 143 千克。相比之下，根据 Mavel 公司提供的数据，2003 年该比例为 10.6%，即 133 千克，而 1998 年则为 9.3%即 102 千克。

在汽车用塑料快速增长的形势下，国内存在的主要问题如下。

① 汽车用塑料牌号少，产品性能不能满足选材要求，除进口或采用改性塑料替代，目前国内不能生产或主要依靠进口的塑料品种。例如：高分子量高密度聚乙烯（HMHDPE）、高强度 PA66 尼龙、PA11 尼龙、热塑性弹性体（TPE）、聚碳酸酯（PC）、聚甲醛（POM）、发泡颗粒 PP 成型材料等。

② 车上采用塑料品种多达数十种，材料标准混乱，不利于大批量生产于应用，需对汽车现用的塑料材料品种进行简化。

③ 国产汽车专用塑料的大型骨干领头企业，现有的生产企业规模小而分散，各有地盘和服务对象，技术水平不一。尤其是模具开发能力差，使汽车塑料制品产品质量难以保证。

④ 回收、再利用方面刚刚起步，与国外差距很大。

塑料及其复合材料是重要的汽车轻质材料，它不仅可减轻零部件约 40%的质量，而且还可使采购成本降低 40%左右。近年来塑料在汽车中的用量迅速上升，据统计，世界汽车平均每辆塑料用量在 2000 年就已达 105 千克，约占汽车总质量的 8%～12%，塑料在轿车的用量较高，如奥迪 A2 型轿车，塑料件总质量已达 220kg，占总用材的 24.6%。发达国家车用塑料已占塑料总消耗量的 7%～11%，预计不久将达 10%～11%。

减轻轿车重量的措施之一就是增加塑料在轿车上的应用。如今，已有越来越多的塑料零部件取代了金属制品而出现在汽车上，甚至全塑轿车也已经走到人们的面前。例如，美国通用汽车公司的土星汽车，其车身和车架均采用了新型的增强塑料；德国尼奥普兰公司的全塑壳大型轿车的质量只有普通轿车的 43%，可节省燃料 20%～30%。据介绍，它的一辆试验车曾横穿撒哈拉沙漠，能耐 70℃ 的高温，并且在与 41km/h 时速的载货汽车相撞时，驾驶员和乘客均无损伤。

目前，在汽车结构中广泛采用的塑料有聚氨基甲酸酯、多聚乙烯氯化物、聚丙烯、ABS 共聚物、聚乙烯等 10 余种。

聚氨基甲酸酯一般被用来制造座椅头、扶手、转向盘等，它不仅可以减轻汽车质量并提高舒适性，而且在碰撞的情况下可以减少人身伤亡事故。现在，这种塑料还被用来制造车门、发动机罩、行李箱盖、散热器挡隔板等。今后，还将使用它来制造车轮罩、阻流板、车身壁板、内饰件、绝热件、空心零件和防腐零件等。

多聚乙烯氯化物主要被用来制造驾驶室中的内饰件，如侧板、顶篷和座椅的蒙皮、地毯、挡风玻璃密封条和窗框等。

聚丙烯主要被用来制造大型的汽车零件，如保险杠、金属保险杠的盖板、车门袋、车轮罩、通风系统管道、整流罩转向柱饰面、驾驶室侧柱等。除此之外，聚丙烯还被大量用来制造壳体零件，如风扇、齿轮传动和带轮传动装置的外罩、蓄电池底板等。

塑料玻璃（聚酪胶片）主要被用来制造车身板和散热器带窗孔的前板，今后在承重零件的生产中（载重车的悬挂、底盘、车架、钢板弹簧）也将会大量采用塑料玻璃。

ABS共聚物是汽车工业中应用最广泛的塑料之一，其优点是外观好、力学性能好，但价格较贵。这种材料被广泛用来制造仪表板及其元件、转向柱外套、扶手、照明设备、测量仪外罩、抗冲击板、车门等。

目前车用塑料居前7位的品种与所占比例大体见表4。

表4　车用塑料居前7位的品种与所占比例

品种	聚丙烯(PP)	聚氨酯(PUR)	聚氯乙烯(PVC)	热固性复合材料	ABS	尼龙	聚乙烯
比例/%	21	19.6	12.2	10.4	8	7.8	6

由于技术的发展，我国车用塑料的比例将逐步提高，2005年我国轿车的塑料使用量达到90千克/辆，其中PP用量为32.2千克/辆，客车、轻型车和卡车等对塑料的需求量不断增长，总需求量达38.00万吨，2010年将达55.00万吨。我国汽车工业对塑料需求及预测见表5。

表5　我国汽车工业对塑料需求及预测

单位：万吨

项　目	2005年	2010年(预测)
汽车生产消费塑料	37.20	40.00
其中:PP	7.40	12.00
PE	2.00	2.80
汽车维修消费塑料	10.80	15.00
其中:PP	2.40	4.00
PE	0.20	0.20
汽车用塑料总消费量	38.00	55.00
其中:PP	9.80	16.00
PE	2.20	3.00

塑料及其复合材料是重要的汽车轻质材料，它不仅可以减轻零部件约40%的重量，还可以使采购成本降低40%左右。在未来的几年里，我国车用塑料的用量将大幅上升。

上海普利特公司所生产的ABS车用工程塑料年产量现已达到1万吨，成为国内车用工程塑料行业的龙头，所生产的ABS塑料产品广泛用于奥迪A6、别克、帕萨特等各种车型，占国内中高档车用塑料市场20%的份额，已经成为汽车工业领域通用电气、巴斯夫、拜耳等跨国公司同类产品在市场上的最有力竞争者。

据了解，目前一辆轿车身上的塑料用量超过100千克，今后轿车的塑料用量将会有增无减，其中仅ABS塑料利用量就可达10千克以上。

据介绍，减轻汽车自身重量是降低汽车排放、提高燃油经济性的最有效措施之一。也是我国正在制订的汽车相关产业“十一五”规划中的核心内容。根据最新资料，国外汽车自身重量同过去相比减轻了20%～26%。预计在未来的10年内，轿车自身重量还将继续减轻20%。铝合金、镁合金、工程塑料、复合材料和高强度钢、超高强度钢等轻量化材料的开发与应用在汽车的轻量化过程中将发挥重大作用。

比利时Inergy汽车系统公司已接受尼桑和通用汽车公司的订货，供应两家公司共3个新车型用油箱。该油箱满足了美国加利福尼亚州对塑料汽车油箱更加严格标准的要求。

据国家信息中心预测，2009年前后将是我国轿车大规模进入家庭的开始，到2010年时我国汽车市场的需求量应在800万辆以上，汽车用塑料需求量也将达到72.2万吨，市场机遇与挑战同时存在，国内车用塑料和零部件生产企业要在汽车行业占一席之地，就必须提高竞争能力，把企业开发能力和产品水平提到更高的层次上参与汽车工业的发展与竞争。

四、医用塑料

自20世纪30年代人们首次使用合成高分子材料——赛璐珞膜作为透析膜制成的人工肾应用于临床获得成功以来，高分子材料正在逐步替代传统无机材料如金属（或合金）、玻璃、陶瓷、磷灰石等用于制备医疗用品。

呼吸系统中的塑料制品与呼吸机相关的塑料制品是塑料在医疗器械中应用最集中的领域之一，其相关制品包括面罩、鼻罩、气管插管、气管切开插管、支气管导管、呼吸机连接管、各种套管等。以上制品大都由聚乙烯、聚氯乙烯、聚丙烯、橡胶等材料制备而成。

这一类的产品是临床用量较大的易耗品，我国年均消耗该类产品的价值在数亿元人民币左右，市场十分巨大。目前我国已经能够自主生产呼吸机及其相关塑料制品，但由于产品精细度等因素，产品主要应用在中小城市和广大农村地区或出口，而像京津沪等大城市的市场主要应用的还是国外进口产品，因此市场空间仍是很大的。

据统计，目前全国药品包装行业年产值已经达到150亿元，年增速超过10%。2005年我国药品片剂、胶囊用塑料包装瓶需求量增加到40亿只。

目前药品包装仍是铝、塑、玻共存，但塑料包装比例正在迅速提升。有资料显示，我国药品片剂用铝塑包装比例已从1990年的10%提升到了40%，玻璃瓶包装比例从1990年的85%下降到了2003年的15%。塑料瓶、铝塑泡罩包装、条包装、袋包装已占到片剂总包装量的95%以上。其中，条包装约占15%，袋包装约占10%，塑料瓶与铝塑泡罩包装各占30%以上。塑料瓶已抢占了玻璃瓶的大部分市场份额。

铝塑泡罩包装方兴未艾，不仅占了30%以上，而且呈与瓶包装一争高下之势。但塑料袋包装比例较几年前明显下降，只有个别小药厂还在采用这种包装形式。

铝塑泡罩以前大多用PVC硬片作为片材，在阻温、阻气方面不尽理想。由于聚偏二氯乙烯(PVDC)对气体阻隔性好，且封口性能、冲击强度、拉伸强度、耐用性等各项指标均能达到药品包装的要求，PVDC及其复合材料如今也被应用在药品包装。到2005年底，我国药品包装用PVDC及PVC/PVDC、PVC/PE复合材料需求量达到6万吨。

口服药包装材料涉及聚乙烯、聚丙烯、聚对苯二甲酸乙二醇酯、低密度聚乙烯、高密度聚乙烯及聚苯乙烯等多种材料；已抛弃低质、易渗漏、易破损的玻璃瓶，改用优质PET、聚碳酸酯等为原料。

据美国Freedonia咨询公司发布的最新研究报告显示，未来5年全球医药包装市场需求将以年均6.3%的速度增长，市场规模将从2004年的223亿美元增加至2009年的302亿美元。其中，医药包装市场需求增速最快的是注射器和注射管包装，不过塑料瓶仍将占据医药包装市场需求最大份额。

Freedonia咨询公司预测，未来5年北美市场医药包装需求将以年均7.3%的速度增长，到2009年市场规模将达110亿美元；亚太地区增速将达年均7.7%，到2009年市场规模将达80亿美元；西欧市场需求增速相对较慢，年均4.2%，到2009年市场规模将为84亿美元。

中国医用塑料产业将进入大发展时期。2005年中国医用塑料市场需求规模为120亿～150亿元，“十一五”期间将提升至200亿～250亿。据统计，中国医用塑料制品生产技术和消费水平与发达国家存在较大差距，美国在医用塑料方面的人均年消耗费用为300美元，而中国只有30元人民币。

专家指出，我国医用塑料产业主要存在以下三点不足：一是国内医用塑料制品所需的原材料门类不全，质量标准不规范，缺少开发医用塑料制品原料的企业；二是生产企业的管理水平较低，产品质量稳定性差；三是产品技术结构落伍于当代科技的发展。

目前，市场上产品以批量大、技术含量低、附加值小的医用塑料制品为主，注册的生产输血（液）器、注射器及普通医用塑料制品的企业有近300家，而注册生产膜式氧合器、血液净化透析器及介入导管等技术含量高、附加值高的产品企业不过20家。

但是业内人士对医用塑料业的发展仍然表示乐观。2005年医疗器械市场增长40%，医用塑料制品也会随之同比增长，其市场潜力巨大。用于一次性医用塑料产品的塑料材料主要集中在聚烯烃及聚氯乙烯类。根据资料统计，中国仅医用PVC粒料的年消耗量已在4万～5万吨，而且正以每年10%左右的速度增长。

中国医用塑料发展起步较晚，但10年来取得了长足进步，应用领域从药品、药剂包装和点滴瓶等一次性设备，延伸到了外科仪器等非一次性设备。目前，中国医用塑料制品结构正逐步发生变化，随着应用领域对医用塑料要求越来越高，更多的生产企业已经或正准备投资生产高附加值制品。

据介绍，2005年国内医疗器械市场需求规模达600亿元，“十一五”期间将大幅提升至1 000亿元，医用塑料制品将占20%～25%。国内医用塑料制品结构也在发生变化。随着医疗技术水平的提高和医保的逐步完善，与体外微创循环设备配套的高档导管使用范围越来越广，未来市场需求会大大超过预期。以糖尿病人所需的价值1万元糖尿病泵耗材为例，目前全国有5 000万左右糖尿病患者，如果按10%需佩戴此泵计，市场需求规模就达500亿元。另外，人工心脏导管每套需1万多元，未来年需求规模也将达1 000亿元。而每套1 000元以上的自体血回收装置市场也很广大，据悉，现在国内已有万东医疗等4家企业在开展相关业务。

其他如塑料人工肺目前使用聚丙烯中空纤维、聚砜中空纤维等作为材料，氧合效果好、对血液成分破坏作用较安全可靠，在国外已经使用。国内目前还以进口为主，但复旦大学已经成功开发了人工肺并已经完成了临床实验数百例，马上可以进入规模生产，进入临床应用。

新型医用塑料开发，近年来一些具有较好性能的新型合成材料逐渐问世，极大丰富了目前医用塑料的品种。例如：Philips公司的K树脂具有较好的冲击强度，改善了聚苯乙烯的脆性，还可以调节材料的硬度，目前在国内外都已经开始替代聚氯乙烯在一次性输液器中应用。

聚氯乙烯在医疗领域应用较广，但其制品中DOP的渗出问题一直没有解决，而且DOP是否有致癌作用，迄今为止没有定论。目前国外的聚氯乙烯增塑剂中基本不用DOP，而采用了环氧大豆油、柠檬酸酯等析出性低、安全性高的新型增塑剂。

鉴于塑料具有性能优异、价格低廉、加工成型方便等特点，必将大量取代传统材料，在医疗领域有更广泛的应用，因此，新型的治疗、诊断、预防、保健用塑料制品的市场发展前景十分看好。

塑料具有性能优异、价格低廉以及加工成型方便等特点，因此在未来几年，塑料将大量取代传统材料，在医疗领域有更广泛的应用，尤其是在新型的治疗、诊断、预防和保健用塑料制品市场，其前景十分看好。

用于药品包装的塑胶材料种类较多，包括PVC、PE、PP、PS、PET、尼龙等。其中PE、PP和PET所占比例最大，PVC的用量在减少。而橡胶材料的使用量则更少。

塑铝复合袋、多层塑料复合袋、水泡眼式泡罩包装、各种盛装固、液体药品的药瓶和输液瓶是主要的药品包装形式。其中水泡眼式泡罩包装正成为最重要的固体药品包装方式。PP、PE和PET瓶在固、液体药品中都有使用。

虽然目前玻璃瓶仍占中国大输液包装总量的80%以上，但随着聚烯烃塑料袋和BOPP瓶在这一领域的迅猛发展，这一现状正在改变。特别是BOPP瓶，由于设备由国内生产，具有产量高、制品单位成本低等优点，正在国内大输液生产企业中迅速普及。由于BOPP瓶无法进行二次清洗等处理，因此，瓶子必须在经过GMP认证的厂房中进行生产，同时贮存条件也要符合GMP要求。聚烯烃输液袋生产线国内也引进了很多条，不过由于聚烯烃原料国内还不能生产，致使成本较高，在市场开拓方面有一些困难，而PVC袋的用量将会逐步萎缩。

在口服液上，软质塑料瓶已经部分获得应用，并逐渐扩大其应用范围。硬质塑料瓶也正在缓慢地替代玻璃用于包装糖浆等较大容积的液体药品，这同欧洲的发展相一致。其主要原因是塑料容器常有较宽的瓶颈，更容易灌装，在灌装线上的生产过程也较快，不易破碎并能提供较大的标签面积以承载更多的信息。

塑料在液体包装上的最大劣势是，通常从玻璃换用塑料瓶后，药品的保质期会缩短。单层塑料容器的阻隔性能有限，而复合塑料容器又受到价格因素的制约。欧洲目前采用的一个折中办法是在玻璃瓶外加上塑料收缩套管。

液体药品包装瓶所用材料主要是PP、PE和PET。

英国AMI咨询公司最新研究报告显示，2005年欧洲热塑性片材产量接近400万吨。

AMI指出，片材市场一直是欧洲塑料工业的亮点之一，2005年继续稳步增长。欧洲市场热塑性片材近2/3用于包装，主要用于热压成型食品容器。

在接受AMI调查的700家公司中，有45%使用聚苯乙烯作为热塑性片材的原料。2004年欧洲热塑性片材市场对聚苯乙烯的需求量达140万吨以上，聚苯乙烯继续统治欧洲热塑性片材市场。此外，自2000年以来，欧洲热塑性片材市场聚丙烯需求量正以年均6%以上的速度增长。同时，聚氯乙烯在食品包装领域已逐渐消退，不过仍广泛用于医药等领域的泡罩包装。

五、塑料建材

如今，消费者越来越关心自己选购的产品是不是环保，这种情况使“绿色建材”从时髦用语变成一种实实在在的行动，而且日益成为建材业的发展趋势。有迹象表明，近年来，国内绿色塑料建材得到很大发展，显示出良好的发展趋势。无毒、无害、无污染的塑料建材将成为本世纪市场需求的热点。

在国际油价持续高涨，塑料原材料成本居高不下的不利情况下，2005年中国塑料树脂表观消费量突破4 000万吨。可以说中国已是名副其实的世界塑料大国；是生产大国、消费大国、出口大国。

塑料制品加工行业要以更少的树脂原料，更低的能源消耗，更轻微的环境代价，向社会提供更多物美价廉的，能满足使用要求又安全无害的塑料制品，而通过使用无机粉体材料对塑料加以改性是实现这一目标的重要举措。多年来的事实已经证明，科学地、适量地使用资源相对更加丰富和廉价的碳酸钙、滑石粉等非金属矿粉体材料可以节省大量战略物资——石油，可以提高塑料材料的某些性能，还可以有利于无回收利用价值的一次性塑料制品安全无害地返回自然环境，减轻“白色污染”的压力，是今后塑料制品加工业要长期坚持和发展的方向。

我国是资源短缺的国家，发展绿色塑料建材具有特定的经济和社会意义。据有关统计数据显示，我国每年建材工业消耗塑料大约在1000多万吨以上，占全球塑料总产的15%，在应用塑料中位居首位，塑料已与水泥、钢铁、木材列为四大建筑材料。目前，5种塑料建材旺销市场，深受用户青睐。它们是：发泡制品，可广泛应用于家具制造，装饰板材、发泡型材等的装饰板；透明中空薄板，因其具有质轻、透光、保温、可弯曲等优点而被广泛应用，在某些方面可替代玻璃；瓦楞板，可塑性好，能较好地适应各种建筑造型的要求；多功能装饰型材，将中空装饰型材巧妙地与布电线的卡槽结合制作，既可装饰又可布线；可双轨可三轨的塑料推拉窗，使双轨窗框内带有卡槽，将纱窗轨道与窗框用卡口相联结，这样既可用作双轨拉窗，亦可根据需要方便地变为三轨推拉窗，满足不同的需求。

受到原料价格飞涨和下游市场萎缩的双重压力，塑料异型材及门窗行业目前经历着痛苦的整合过程。行业的发展将变得更加理性，企业开始走出低价格竞争的怪圈，产能的扩张也有所减缓；真正有实力的企业开始注重新产品、新技术的开发与推广，并加快了开拓国际市场的步伐。

塑料异型材专委会所做的区域情况调查表明，原材料价格居高不下、终端产品售价难以上调、产能严重过剩，这些导致了行业竞争激烈，加速了整个行业的优胜劣汰。迄今为止，业内的300多家企业中近1/3已倒闭或濒临倒闭；近半数在勉强支撑，剩下的企业利润空间也趋近于零。下游门窗企业情况相对好些，但也有近1/5的企业经营困难。

2005年我国型材总产能在350万吨左右，比2004年约减少了50万吨。我国塑料异型材及门窗产业发展到今天，已经拥有了世界上最大的产能规模。由于国内的市场已经饱和，2005年以来，国内有不少型材企业也在积极开拓国际市场，如大连实德就要在欧洲建设塑料型材厂。同时，设备、模具、配件等相关产品也在纷纷走出国门。从目前情况看，数量虽然不多，对国际市场影响也还不大，但我国所拥有的生产潜能和价格优势已引起国外特别是欧美国家的高度关注。伴随着行业的不断发展，异型材行业的各类产品的出口量均将逐步增长，全行业也将从规模经济化，逐步走向国际化。这将有利于发挥国内各种资源优势并实现业内企业经营的国际化转变。

聚丁烯管是由PB树脂制成的一种新型的化学管材。和其他塑料管一样，PB管具有重量轻、耐腐蚀、卫生安全、水阻小、安装方便等诸多特点。同时，PB管也是目前常用塑管中最耐高温、高压、耐长期老化的管材，被称作“塑料黄金”。

聚丁烯管由于其出众的特性，在发达国家中得到了广泛的应用，已经成为给水、供暖、温泉等场合的首选管材。在我国由于建筑建材业越来越重视环保，PB管这种健康绿色管材的优越性和超长寿命也越来越得到市场的认同，其市场份额也呈稳步上升趋势。

塑料建材是建材工业中冉冉升起的一颗新星，随着我国近几年房地产业的迅猛增长、国家对基础设施投入加大，我国的塑料建材业已成为塑料行业中仅次于包装的第二大支柱产业，年均增速超过15%。

1. 塑料建材业形势喜人

“十五”期间，各种建筑塑料管和塑料门窗全国平均市场占有率将分别达45%和20%，需要各种塑料管与门窗型材约100万吨，加上高分子防水材料、装饰装修材料、保温材料及其他建筑用塑料制品，总需求量超过400万吨。

近几年来，我国塑料建材行业加快了研发和推广应用步伐，行业生产规模不断扩大，技术水平稳步提高，尤其是塑料型材、管材已经进入稳定成熟的增长时期，是塑料建材中最成熟的品种，目前产能仍在稳定增长中，并成为应用最好的塑料建材品种。现在全国30%以上的地区应用了新型塑料管材，发展快的一些省市已经达到了90%。东北三省、内蒙古等地的一些城镇，40%以上的新建住宅都使用了塑料门窗，青岛、大连80%以上的新建住宅使用了塑料窗。

同时，塑料建材从内装饰件开始向结构件、功能件发展。除了塑料地板、墙体内装饰件保持稳定增长外，高分子建筑模板、防水材料、外墙支撑件、外墙保温板、塑料加强砖等得到越来越多的应用，其增速已经超过了塑料管材的增速。

2. 政策支持推动产业发展

目前，塑料建材产业已成为我国重要的经济增长点，国家也给予了众多的政策支持，这进一步加速了我国塑料建材的应用步伐。国家化学建材领导小组相继出台了《关于加强我国化学建材生产和推广应用的若干意见》；在建设部《民用建筑节能管理规定》中明确提出，国家鼓励发展新型节能墙体和屋面的保温、隔热技术与材料及节能门窗的保温隔热和密封技术；在《国家化学建材产业“九五”计划和2010年发展规划纲要》中，国家将塑料建材列为建筑材料行业发展的重点；在《关于加速化学建材推广应用和限制淘汰落后产品的规定》等政策中，不止一次提出要使用新型塑料门窗、管材替代原有合金门窗和铸铁水管的条款。这些政策的出台和实施，大大加强了塑料建材推广应用力度，使塑料建材迅速崛起成为塑料行业的支柱产业。

同时，政府加强了产学研之间的合作，在大力推广塑料建材应用的同时，建立国家级塑料建材研发中心及示范基地，以使我国的塑料建材业能够规模化、规范化发展。目前我国塑料建材行业中最成熟的是塑料管道行业，全国塑料管道年出口额1.4亿美元，占全塑行业的40%以上，而塑料管道也是国家政策扶持力度最大的。

当前，我国能源资源供应与经济社会发展的矛盾十分突出，建筑能耗已占全国能源消耗将近30%，建筑节能对于促进能源资源节约和合理利用、加快发展循环经济有着举足轻重的作用。2005年建设部组织了全国建筑节能实施情况调查，重点是2000年以来建筑节能设计标准颁布后的居住建筑节能设计标准的实施情况。通过对部分省市调查结果的初步分析，2000～2004年，总体来说全国各气候区，按节能标准建造的项目为23.25%。在寒冷和严寒地区，为30.61%；夏热冬冷地区，为14.36%；夏热冬暖地区，为11.20%。调查结果表明，达到节能设计标准要求的建筑比例较低，形势不容乐观。我国城乡建筑房屋每年以20%以上的速度发展，年竣工面积为20亿平方米，其中90%以上为高能耗建筑；全国既有建筑为400亿平方米，95%以上为高能耗建筑。

窗户是建筑外围结构的开口部位之一，是建筑的“眼睛”。窗户占整个建筑能耗的一半左右，这是个很惊人的数字。中国的窗户性能普遍较差，窗户的单位面积能耗为发达国家的2～3倍。

2005年6月27日国务院发布了《国务院关于做好建筑节约型社会近期重点工作的通知》规定新建建筑严格实施节能50%的设计标准，推动北京、天津等少数大城市率先实施节能65%的标准。开展建筑节能关键技术研发、集成和城市级工程示范，启动低能耗、超低能耗和绿色建筑示范工程。2005年4月15日建设部发布了《关于新建居住建筑严格执行节能设计标准的通知》规定城市新建建筑均应严格执行建筑节能设计标准的有关强制性规定；有条件的大城市和严寒、寒冷地区可率先按照节能率65%的地方标准执行；凡属财政补贴或拨款的建筑应全部率先执行建筑节能设计标准。全国各地也根据本地具体情况，陆续推出了节能降耗标准措施，其中如北京市规定外门窗传热系数$K \leqslant 2.8$；天津市$K \leqslant 2.7$；东北地区要求更高，$2.0 \leqslant K \leqslant 2.5$等等（$K$值用来衡量窗户的传热，$K$值越小则传热越小）。

国家新标准提出节能50%目标，是有其比较基准的。即以20世纪80年代改革开放初期建造的公共建筑作为比较能耗的基础，称为“基准建筑”。其中外窗K值规定为3.26（哈尔滨）、6.4（北京）、6.4（上海）、6.4（广州）等。

根据国家节能强制性标准及建筑门窗节能标准细则，结合各类建筑门窗节能效果比较，普通铝合金窗将逐渐退出市场，新型铝合金窗和PVC塑料窗将占据主流地位，但新型铝合金窗与PVC塑料窗节能效果比较，PVC塑料窗更节能，主要指标又高了10%以上。生产同样重量的PVC塑料的能耗是生产钢的1/4.5，生产铝的1/8.8。而且从建筑门窗的当前价格比较，同样性能的窗户，PVC塑料窗价格为断热桥铝合金窗的2/3。因此，无论从性能价格比以及我国当前消费水平，大力推广中空玻璃塑料窗对我国建筑节能和能源利用都具有现实意义。同时也佐证了欧美发达国家建筑门窗近20年的发展仍然是塑料门窗为主。

随着国家有关部门和各地相应节能降耗政策落实，必然会使节能塑料门窗的使用率得到更进一步扩大。辽宁省甚至规定建筑门窗要以塑料门窗为主，其他为辅的政策。塑料型材是塑料门窗中的核心部件，是PVC的下游产品。据了解，塑料型材企业分布散而小，经历行业残酷竞争后，国内10万吨产能以上企业只有海螺型材和大连实德。其中，海螺型材年销量已近50万吨，市场占有率超过30%接近40%。分析人士认为，全国每年新建的房屋20亿平方米，可以推算出门窗的需求量为5亿平方米。行业的龙头地位以及较大的产能、较高的市场占有率和广阔的市场，已经赋予海螺型材等企业在国家节能降耗的政策背景下有望成为行业快速发展的重要推动者。

3. 在重组中实现规模化

国外知名企业已经对塑料建材市场关注良久，并以高质量、高价格的产品进入我国市场，从而使我国的塑料建材市场竞争日趋激烈。而国内塑料建材行业多属于加工型企业，存在着规模小、技术力量薄弱、不重视产品研发等现象。

这种现象最明显的是塑料管材和门窗业，中低端产品目前全国产能已过剩，市场增长放缓，企业间竞争惨烈，利润率直线下降，导致在2004年原料暴涨期间，有一大批中小型塑料型材、管材企业停产或减产。而目前利润率较高的墙体内外保温板、屋顶防水材料等塑料建材品种中，生产企业存在着急功近利的短视行为，将精力全部投入生产中，满足于只引进技术进行简单生产的现状，而不开发自己的自有技术和附加值较高的新产品。从长远来看，这种短视行为对行业日后的发展有很大的隐患。

为此，塑料建材企业要在生产的同时注重研发投入，针对目前原料价格居高不下的现状，企业间可以组成生产联盟或进行兼并重组以降低生产成本、实现规模效益。

国家在制定“十一五”规划中，把能源的节约作为可持续发展的重要战略。因此，节能型的塑料建材业应当抓住这次发展契机，在自我调整、重组的过程中，不断壮大完善自已，实现塑料建材业规模化的快速发展。

六、改性塑料

塑料合金是利用物理共混或化学接枝的方法，对现有的塑料进行改性，使之实现高性能化、功能化、专用化。它能改善或提高现有塑料的性能并降低成本，已成为塑料工业中最为活跃的领域之一，增长十分迅速。据专家预测，随着经济的发展，预计2008年前后世界塑料合金需求量将达到350万吨。

目前，通用塑料合金，如PVC（聚氯乙烯）、PE（聚乙烯）、PP（聚丙烯）、PS（聚苯乙烯）等虽然仍有着广泛的使用价值，但因其生产技术被普遍掌握，于是国外一些大公司专门供应的多是附加值较高的工程塑料合金品种。工程塑料合金泛指工程塑料（树脂）的共混物，主要包括以PC（聚碳酸酯）、PBT（聚对苯二甲酸丁二醇酯）、PA（尼龙）、POM（聚甲醛）、PPO（聚苯醚）、PTFE（聚四氟乙烯）等塑料为主体的共混体系，以及在某些场合常被归属于工程塑料的ABS（丙烯腈-丁二烯-苯乙烯共聚物）树脂改性材料。最近十几年，世界塑料合金的年均需求增长率为10%左右，而其中附加值最高的工程塑料合金的增长率更高达15%左右，成为跨国公司积极开发的品种。在美国、欧洲、日本已实现工业化的塑料合金品种中，工程塑料合金占绝大多数，合金化已成为当前工程塑料改性的主要方法。目前我国工程塑料合金品种少、质量差，每年进口量占需求总量的60%以上。

据了解，PC/ABS作为世界上销售量最大的商业化聚合物合金，2003年世界总产量超过70万吨。近5年，PC/ABS合金的产量每年都以10%左右的速度增长，增长速度在塑料领域中位于前列。目前，PC/ABS合金化研究已经成为高分子合金研究热点。PC/ABS综合了PC和ABS的优良性能，一方面提高了ABS的耐热性、抗冲击和拉伸强度，另一方面降低了PC成本和熔体黏度。PC/ABS合金的这些优点，使得它在电子电气领域和电子时尚消费品领域得到了最为广泛的应用，典型的例子是手机外壳。

随着我国经济的持续高速发展，今后几年我国塑料合金市场需求潜力巨大，尤其是电子通讯、汽车、建筑建材业的高速增长，将拉动我国工程塑料合金业快速发展。预计到2008年，我国五大通用工程塑料总需求量将达到100万吨，五大合成树脂的需求量将达到4 200万吨，将成为全球工程塑料合金最大的进口国家之一。

目前我国工程塑料合金品种少、质量差，每年进口量占需求总量的60%以上。

全世界每年用于工程领域的塑料约为1 000万吨，其中汽车部门的消费量最大，为500万吨。大量通用塑料正在取代昂贵工程塑料，在工程领域中的用量在逐年增加。

尽管工程塑料新品不断，在不断开拓应用领域，并由于生产装置的扩大，成本逐渐降低；但是，在改性设备、改性技术不断发展成熟的今天，通用热塑性树脂通过改性不断具有工程化特点，并抢占部分传统工程塑料的应用市场。

ABS是最重要的“准工程塑料”，中国已成为全球ABS用量最大的国家。除此之外改性PP是最为活跃的产品。不断推出的PP增强和高抗冲新牌号，为其在一些领域替代工程塑料提供了可能。2003年末，全球PP在汽车方面的销量由140万吨增至260万吨，增长率达8%～9%，其中亚太地区增长最快，年增长率达20%。

玻纤和矿物增强PP已用于汽车零配件，并对PC共混物市场构成较大冲击。改性PP也正在进入传统的PA领域，如泵体和风扇叶。目前全球90%的玻纤增强PP用于轿车上，其目标主要是用于发动机罩、仪表板骨架、蓄电池托架、座椅骨架、轿车前端模块、保险杠、行李架、备胎盘、挡泥板、风扇叶片、发动机底盘、车顶棚衬架等。全世界生产玻纤增强PP的厂商主要集中在美国、日本、德国等发达国家。

1. 汽车用改性聚丙烯

2003年，我国汽车产量为440多万辆，已位居世界第四，同比增长36.6%。据美国ESM WerWide报道：“2008年中国汽车产量将超过600万辆，2015年将超过日本，跃居世界第二位”。

汽车工业的发展离不开汽车塑料化的进程，目前我国工程塑料的自给率不足16%，2005年我国工程塑料需求增长率为15%，2010年约为10%，需求量将从2000年的44万吨增长到2010年的140万吨。我国汽车制造业对工程塑料需求量增长迅速，到2010年总用量将达到94万吨（以塑料用量占汽车重量的5%～10%计）。

PP用于汽车工业具有较强的竞争力，但因其模量和耐热性较低，冲击强度较差，因此不能直接用作汽车配件，轿车中使用的均为改性PP产品，其耐热性可由80℃提高到145～150℃，并能承受高温750～1 000h后不老化，不龟裂。据报道，日本丰田公司推出的新一代具有高取向结晶性的聚丙烯HEHCPP产品，可以作为汽车仪表板、保险杠，比以TPO为原料生产的同类产品成本降低30%，改性PP用作汽车配件具有十分广阔的开发前景。

2. 家用电器用聚丙烯

近几年我国家用电器产业发展迅速，品种多，产量大。2003年我国电冰箱产量为1 850万台、空调器4 200万台、洗衣机1 700万台、微波炉3 500万台。据“2004～2006年中国城市家庭影院市场研究咨询报告”显示，预计未来3年内我国家庭影院系统市场规模将达到690万台。另外，各种小家电也拥有巨大的潜在市场，这对改性PP来说，是一个极好的商机。目前，我国一些塑料原料厂商已经开发出洗衣机专用料如PP 1947系列、K7726系列等，受到了洗衣机制造厂商的欢迎。因此，在未来几年内应加大开发家用电器PP专用料的力度，以适应市场变化的需求。

Borealis公司采用纳米复合材料技术开发出新一代PP配混料牌号New Borcon WG 140 Al Microcomposite，该牌号现已上市供应，Borealis公司用特殊工艺把微米级填料粒子加入PP母体树脂中，加入量10%，与一般填充20%填料的牌号具有相同的刚性，而抗冲击性却更优，因而使制品和部件轻量化8%，用途为通用管等汽车内饰件，有利于汽车小型化和降低成本。

Borealis公司制定了“以塑料规划未来”的策略，在K2004上展示了用多种PP配混料牌号的BMW116i型轿车，保险杠用Daplen EE109AE，机架板用EE340，行李箱内多功能挡板长玻纤增强配混料牌号BJ100HP（长玻纤含量40%）。而EE137A和EE137HP是新开发的耐刮痕性配混料，符合内装件应用要求。

具有硬度和高抗冲牌号的PS，也在工程方面的应用上获得进展。由于开发改进、兼具抗冲性和高光泽的产品改进了流变行为，因而会使PS需求有上升的趋势。

技术的发展还使不少牌号的PVC可用来替代工程塑料。最有意义的发展包括采用共混物和合金改进热变形温度和冲击强度。改性PVC主要用于办公室设备和计算机外壳以代替ABS。

SPS是由金属催化得到的间规聚苯乙烯，是一种结晶形聚合物，具有优良的耐热性、耐化学品性、良好的机械性能以及卓越的耐湿性、电性能和加工性能。其性质与价格可与多种热塑性工程塑料，如PET、PBT、尼龙66、PPS以及某些液晶聚合物相媲美。SPS无定型玻璃转化温度和结晶熔点均高于尼龙66、PET等，尺寸稳定性良好，加工过程中通常不需要预先干燥，耐化学品腐蚀，具有良好的耐酸、碱、醇和大多数有机溶剂特性，其耐机动车油、防冻液和柴油性能优良，但耐汽油性一般。此外，其电性能也十分优越，主要的应用领域是汽车和电器零件。

此外，超高分子量PE、HIPS等也是目前通用塑料工程化发展的重点产品。

通用塑料（尤其是PP）随其性能的改进和提高，加之回收容易、利于环保，在工程应用上正显得日益重要。通用塑料已在汽车、家用电器和办公设备三个方面替代部分工程塑料，主要有ABS/SAN及其共混物、聚酰胺（PA）、聚对苯二甲酸丁二醇酯（PBT）、改性聚苯醚（MPPO）和聚甲醛（POM）。高光泽的高抗冲聚苯乙烯（HIPS）已大量用于冰箱衬里和外壳，而PP已少量用于器具和汽车零配件。PC共混物市场受到的冲击较大，特别是在汽车部门受到增强PP的冲击，在家用设施和办公设备外壳上受到来自HIPS和PVC的竞争。玻纤和矿物质增强PP也正在进入传统PA领域（如泵体和风扇叶），但在耐磨性和耐疲劳性等方面还有待提高。

PS具有硬度和高抗冲牌号的推出，促进了其在工程方面的应用进展。由于开发改进的兼具抗冲性和高光泽的产品改进了流变行为，因而会使PS需求有上升的趋势。

技术的发展使不少牌号的PVC可用来替代工程塑料。最有意义的发展包括采用共混物和合金改进热变形温度和冲击强度。PVC主要用于办公室设备和计算机外壳。

欧洲聚烯烃市场需求在2005年上半年下降3%后，前景仍然黯淡。2005年以来石脑油价格上涨了20%，而且目前还在继续上涨，欧洲聚烯烃需求受高能源价格打击而低于预期值。北欧化工是通过增加液化石油气使用量来达到原料利用最佳化的，而其他生产商面临的压力会更大。

全球知名化学品生产商美国陶氏化学公司日前称，到2030年，中国将超过美国成为其全球最大市场。

在媒体见面会上表示，中国目前是继美国和德国之后陶氏化学的第三大市场。他表示，尽管要承受高油价的压力，但仍对全球化学工业前景保持谨慎乐观，具有周期性的化工行业的需求还将呈现强势并且供应保持趋紧。他预测，从现在起的10～15年内，陶氏在中国业务将超过德国，而且在20～25年内，中国有机会超过美国，成为陶氏第一大市场。

陶氏化学在中国的业务增长迅速，2004年销售额同比上升了35%。陶氏CEO 2005年5月曾预测，按照中国目前的发展趋势来看，2025年前中国的塑料市场将可能成为全球最大。中国的经济2005年增长了9.5%，作为在中国市场颇为活跃的一家跨国公司，陶氏也将分享中国经济高速增长带来的机遇，5年后陶氏来自大中华地区的销售收入将比2004年的22亿美元翻一番。

（柴国樑）

科技进步

国内合成树脂生产现状和未来发展

近年来，我国合成树脂业扩能热潮持续升温。

长期以来，我国合成树脂行业一直存在国产自给率较低的现象，尽管国内生产厂家一再扩能，仍难以满足市场需求，我国现已成为世界最重要的合成树脂进口国之一。2005年国内合成树脂消费量达到3 365万吨，较上年增长8.5%，产量增长18%以上。而在同时，我国合成树脂的对外依存度却非常高，尤其是专用料、高档料依赖进口的情况更为严重。

(1) 多种牌号树脂需要进口　我国的合成树脂工业真正大规模发展的时间较短，技术多从国外引进，受困于资金等原因，在引进时往往只能引进部分牌号，多数为用途较广的通用树脂牌号。虽然经过国内企业的消化吸收，国内石化企业推出的树脂产品牌号多数还是“老三样”，而多数专用料和高级工程塑料，如用量增长很快的聚碳酸酯、聚甲醛、聚酰胺等开发较少。

目前，我国合成树脂工业对外依赖度高达55%。由于对外依赖度过高，我国虽然是世界上最大的合成树脂进口国，但却不能自主定价，尤其是我国无法自行生产的树脂品种，全部是国际定价，在当前国际原油价格居高不下的情况下，这些树脂产品价位也一路上扬，而国内用户只能被动接受。

(2) 部分产品研发水平领先　可喜的是，一些企业和研究院所突破了国外企业的技术封锁，在部分特种工程塑料上取得了突破性成就。

吉林大学经过多年实验自主研发成功特种聚合物PEEK（聚醚醚酮），使我国成为继英国后第二个能生产该特种材料的国家。PEEK是新型半晶态芳香族热塑性工程塑料，在许多特殊领域可以替代金属、陶瓷等传统材料，是当今世界最热门的高性能工程塑料之一。该产品的研发成功打破了英国Victrex公司的垄断。

在消费量激增的聚苯硫醚（PPS）产业化上，我国也取得了不俗的成绩。四川得阳科技股份有限公司依靠自主研发，目前已建成了5 000吨/年PPS树脂工业装置，达到世界先进水平，使我国成为世界上继美国、日本、德国之后的第四个实现PPS大规模产业化的国家。

在一些专用树脂研发方面，一些企业已经开始将目光投向利润高、市场稳定的专用料生产上，如齐鲁石化塑料厂目前已经将生产重心转为聚丙烯专用料，并加强了对管材、医用器械、特殊要求的薄膜专用料的研究开发。

(3) 产业升级要靠自主研发　总体看来，国内合成树脂生产企业的产品仍集中在利润相对偏低、市场价格波动较大的通用树脂上。由于去年以来我国合成树脂价格持续高位，各个树脂品种的利润都很好，多数企业将主要精力放在扩能增产上，而放松了对新产品的研究开发。对此，业内人士指出，国内合成树脂企业应在加强自主创新上多下工夫，以实现整个合成树脂产业的升级。

目前我国合成树脂业与国外差距还在不断扩大，技术研发水平落后，研发周期长，产业化率较低，严重制约了行业的整体发展。尽管在一些特种工程塑料的研发上我国达到了国际先进水平，但用量最多的通用树脂无论是产品质量稳定性还是在产品牌号全面性都与国外有显著差距，尤其是专用树脂的研究开发，国内企业普遍不足。专家指出，要想降低我国合成树脂的对外依存度，必须增加科技投入，加强产品研发，靠自有技术来提高整个行业的水平。

一、通用树脂

我国合成树脂的消费领域及用途正在迅速拓宽。

今后几年内我国合成树脂业将进入大规模扩能期。仅2005年我国就有数个扩能计划或新建装置问世，除茂名石化外，国内几乎所有乙烯装置都将完成第二轮扩能改造。

2005～2010年国内老装置扩建和新建装置（8～10套百万吨级大乙烯）所增加的能力较多。2005年初扬子-BASF、上海赛科、大庆都有新的PE装置投产，下半年中海壳牌也投产，这使2005年比2003年国内新增PE产能约200万吨/年，国内产能达650万吨/年，产量529万吨，进口量预计在500万吨左右；2010年国内将新增PE产能600万吨/年以上，国内产能可达1200万吨/年，产量预计900～1 000万吨，进口量在600万～800万吨。届时进口资源主要来自中东（特别是沙特和伊朗，2010年前新增乙烯能力近600万吨和300万吨）、韩国、中国台湾、印度和俄罗斯，届时中国仍将是PE进口量最大的国家，进口和国产资源的比例约为1∶1。全球对聚乙烯的需求很大。以目前人均消费量计算，北美是37公斤，西欧32公斤，东南亚7.8公斤，中东6.5公斤，中国6.9公斤，而印度仅1.5公斤。这预示着很多市场都有着巨大的潜力。

事实上，中东地区的很多聚乙烯生产厂都纷纷继续投入巨资不断扩大产量。如伊朗，其聚乙烯年产量现为84万吨，但到2009年将达到507万吨。而中东整个地区的产能在未来几年中都呈现上升趋势，2004年新增115万吨，2005年135万吨，2006年45万吨，2007年120万吨，2008年425万吨，2009年120万吨。到那时，中东将成为全球聚乙烯生产量最大的地区之一。

南充石达化工有限公司石油液化气深加工项目奠

基典礼在南充炼油化工总厂举行。该项目由南充石达化工有限公司投资8 000万元建设，占地70余亩，年产聚丙烯7.5万吨，年总产值8亿元。项目建成投产后，将填补四川石化工业的空白。

该项目主要利用南充炼油化工总厂的裂解液化石油气为原料。将分两期建设，一期工程将建成7万吨/年丙烯气体分离装置、3万吨/年聚丙烯生产装置和其他辅助设施，于2006年3月投产。二期工程将于2007年开建，将新建4.5万吨/年聚丙烯装置和1.5万吨/年MTBE生产装置。

随着中国一系列石化项目建成投产，中国聚丙烯供应紧张局面将在2007年得到缓解。国内生产能力无法满足聚丙烯需求快速增长，不得不大量依赖进口，目前国内有近60家小聚丙烯生产厂，据估计，中国国内聚丙烯2010年表观消费量将增加至1 080万吨，目前每年缺口为290万吨以上。2005年上半年国内产量为242.8万吨，而全年需求超过810万吨。随着一批新建大型装置陆续建成投产，到2007年将新增聚丙烯产能260万吨/年，这些项目包括大庆石化的30万吨/年装置、上海赛科SECCO公司25万吨/年装置以及北京燕山石化12万吨/年装置。

全球聚丙烯（PP）工业继续呈现强劲增长势头，中国仍将成为全球PP市场增长的发动机。

2005年全球PP市场需求增长6.7%达到4 110万吨，其中东北亚（包括中国）PP市场需求将增长100万吨达到1 320万吨，而中国市场对PP的需求有望增长10%以上达到850万吨。位于休斯敦的NCS公司称，中国已开始出口大件商品，而且从2006年起将开始出口汽车，这些物品都含有大量的PP材料。为满足中国国内PP市场增长的需求，中石化和中石油两大集团正在合资或独资新增PP产能。

尽管中国国内正在大量新建PP产能，但在未来很长时期内中国仍将成为全球主要的PP进口国之一。到2008年中国的PP产能有望达到580万吨/年，而届时中国的PP需求则将达到1 060万吨/年。

配套齐鲁乙烯二轮改造的40万吨/年PVC装置在2004年四季度投产；PS和ABS装置也有许多扩能项目。这些项目的建成投产，极大地提高了国内合成树脂产能，其市场占有率也得到明显提高。2004年底国内合成树脂产能达到1 900万吨，市场占有率提高到55%。另外，扬子石化到2005年建成100万吨/年塑料生产基地。

面对我国合成树脂市场这块巨大的“肥肉”，国外企业也不甘落后，纷纷以合资形式在我国设厂，以期在未来市场竞争中占有本土化优势。2004～2006年间，巴斯夫、BP、壳牌和埃克森美孚公司与我国合资的石化企业也陆续投产，届时将新增聚烯烃能力合计达270万吨/年，其中，扬巴项目将新增LDPE 40万吨/年，上海项目将新增HDPE/LLDPE 60万吨/年、PP 25万吨/年，南海项目将新增HDPE/LLDPE 20万吨/年、LDPE 25万吨/年、PP 24万吨/年，福建项目将新增HDPE/LLDPE 45万吨/年、PP 30万吨/年。

目前我国正在计划新建和扩建一批较先进的PVC装置（部分已投产），如渤海化工集团与韩国LG合资新建10万吨/年PVC装置，天津化工厂将现能力扩建到12万吨/年（另还有2万吨/年糊状树脂）；北二化将现能力扩建到16万吨/年；沧化由6万吨/年扩建到10万吨/年；泰国正大在宁波新建的12万吨/年PVC；上海氯碱欲使VCM扩产到30万吨/年，以使最终PVC能力达到40万吨/年；上海漕泾化工区上30万吨/年PVC；广化8万吨/年乙烯法PVC/VCM已通过评审；锦化集团8万吨/年乙烯法PVC已投产；吉化公司准备引进技术新建30万吨/年PVC装置；福二化与福炼化合作将5万吨/年扩建到10万吨/年；徐州电化厂扩建5万吨/年；无锡化工集团扩建12万吨/年；衢化将3万吨/年扩建到9万吨/年；宁夏化工厂将2.5万吨/年扩建到5万吨/年；内蒙古乌海市正新建8万吨/年悬浮法PVC、2万吨/年乳液PVC装置；唐山准备新建5万吨/年PVC装置，另外还有一些中小型企业也正在进行扩建和改进，预计在不久的将来，中国将跻身于世界PVC生产大国行列。

聚氯乙烯生产主要采用乙烯法和电石法两种工艺，其中电石法生产工艺投资少、成本低，但由于其高能耗且污染严重，早已被发达国家舍弃，我国也制定出《电石行业准入条件》等政策以限制其发展。但是，在山西、陕西、内蒙古、新疆和四川等地的电石法聚氯乙烯生产发展迅速，截至2005年5月已经占领国内60%的市场份额（根据氯碱行业五年规划，电石法工艺聚氯乙烯产量应小于40%）。与电石法工艺相比，乙烯法产品品质高、低能耗、无污染，但其每吨价格至少要高于电石法产品600元至1 000元，因此在建材、型材、包装等对聚氯乙烯品质要求不高的领域无法与电石法生产企业竞争。

日本东曹在广州新建的22万吨PVC项目原计划于2006年投产，由于中国市场PVC行情一直不振，生产企业的获利空间连续缩小，现推迟到2007年开始生产，建设完成后销售VCM单体。

2006～2010年PVC投产装置见表1。

表 1 2006～2010 年 PVC 投产装置

所属地区	投资建设方	厂 址	规模/(万吨/年)	备 注
华东	上海华谊(集团)公司	吴泾地区	40 万吨/年 PVC 扩增至 100 万吨/年	2006～2008 年底投产
	淮北矿业集团公司		100	电石法，2006～2008 年底建成投产
	福建聚氯乙烯项目	泉州市泉港区	(25+20)万吨/年	一期工程 2006 年年底建成投产；二期工程预计于 2008 年年底建成投产
华北	中化三联塑胶(内蒙古)有限责任公司		24	2005～2007 年底投产
	神华集团、上海华谊集团、内蒙古亿利资源集团公司		40	电石法，2006～2008 年底建成投产
	内蒙古临海化工有限责任公司		50	电石法，2006～2008 年底建成投产
	国际能源和矿产资源投资(香港)有限公司	鄂尔多斯市达拉特旗境内	25×2 万吨/年	一期工程 2006 年年底建成投产；二期工程预计于 2008 年年底建成投产
	沧州化学工业公司		40	窒素公司技术，2005～2007 年底投产
	天津乐金渤海化学有限公司	天津临港工业区	35	2005～2006 年底建成投产
	河南宇航化工有限责任公司		20	电石法，2006 年底建成投产
	山西榆社化工股份有限公司		40	电石法，2006～2008 年底建成投产
西北	新疆生产建设兵团	新疆石河子市	120	2005～2010 年底投产
	中国化工集团新疆建产业基地		60	电石法，2006～2008 年底建成投产
	新疆石河子化工城		100	
	乌鲁木齐中泰化学工业园		60	
	宁夏西部聚氯乙烯有限公司		50	电石法，2007～2010 年底建成投产
	宁东能源化工		50	电石法，2006～2008 年底建成投产
中南	湖南省株洲化工有限公司		10 扩增至 20 万吨/年	2005～2006
	东曹(广州)化工有限公司		22	氯乙烯单体全部由东曹从日本提供，预计 2006 年 12 月完成投产
	广西横县		30	电石法，2006～2008 年底建成投产
东北	沈阳石蜡化工有限公司		27	2006～2008 年底投产

为了提高国内 PS 自给率，减少年年大量消耗外汇进口，各地纷纷扩建、新建、筹建、拟建 PS 装置，如扬子和 BASF 合资的 60 万吨/年乙烯项目中，建 21 万吨/年 PS 装置；高桥石化拟建 5 万吨/年 PS 装置；上海石化拟建 3 万吨/年 EPS 装置；兰化公司拟建 10 万吨 PS 装置；安庆石化装置，将建 15 万吨/年 PS 装置；镇海炼化 6 万吨/年等。

上海赛科年产能 30 万吨的 PS 装置于 2005 年 4 月份出料并投放国内市场，参与激烈的市场竞争。

广东海洋集团，聚苯乙烯产业生产规模年产 32 万吨，属国内第一。最近，海洋集团把发展的目标紧紧盯住南区的 300 亿石化项目，正在紧锣密鼓加紧工作，他们计划在未来 3～4 年间进一步扩容，把聚苯乙烯生产能力发展到年产 45 万～50 万吨，争取亚洲第一。广东汕头海洋实业公司已计划在福建泉州兴建 40 万吨/年苯乙烯单体（SM）装置，以便提供苯乙烯单体原料给公司的聚苯乙烯（PS）生产装置。40 万吨/年苯乙烯装置和第二套 10 万吨/年聚苯乙烯计划在 2006 年上半年投产。

中国化工集团将在中国东部江苏省建造一套 30 万吨/年可发聚苯乙烯（EPS）装置，该公司一位高级官员称。该项目于 2006 年 1 月份获得批准并于 2006 年 12 月份投产。一旦投产，该装置将是中国单套最大 EPS 装置。EPS 用于食品包装、医疗供应、电子消费品和建筑绝缘板。

江苏是中国 EPS 工业的一个主要基地，苏州、无锡和常州的 EPS 总产能 145 万吨/年，占中国 EPS 总产能的 63%。江苏省 EPS 生产大户包括江阴润华

（34万吨/年）、无锡兴达新型塑料材料（50万吨/年）、江阴新和桥化工（16万吨/年）、常州诚达（12万吨/年）和常州佳盛（30万吨/年）。

由于中国需求增长低于预期以及广泛的产能增加，全球聚苯乙烯（PS）产能已经过剩，位于休斯敦的美国化工市场联合公司（Chemical Market Associates Inc，简称CMAI）在其2006年报告称。CMAI在其涵盖2000～2010年的2006年全球聚苯乙烯-可发性聚苯乙烯（EPS）分析报告中称，尽管中国最近PS需求增速减慢，中国仍继续驱动该化学品的需求增长。在2000～2003年间，尽管全球PS消费下跌，但中国PS消费却增加64万吨。

CMAI称，中国PS需求增速预计将低于前些年。

高产品和原材料价格抑制了全球PS需求增长，鼓励了产品更换并增加了再循环或再加工材料的使用，尤其在中国。

但CMAI预计PS价格将回升并且需求增长将恢复。由于丙烯价格有可能保持在高位，PS将不会面临来自聚丙烯的强大竞争。

如果原油价格保持在目前水平，则PS需求将会低于预期值。自从苯市场紧张状况缓解后，原油价格成为影响PS价格的主要因素。

陶氏化学公司于2005年底关闭其在英国的PS装置。该装置位于南威尔士Barry，长期以低于7.5万吨/年能力运行。

据分析，关闭Barry的PS装置反映了该业务的激烈竞争。但陶氏化学将继续在其他5个欧洲国家生产其Styron品牌PS。Barry的PS装置关闭，将使陶氏化学在欧洲的PS年产能力减少到55万吨。

由于看好未来塑化产业行情，台湾地区奇美实业公司决定重新启动祖国大陆的投资布局，从2004年开始，投资约2亿美元，在江苏镇江扩厂。

常州新湖将通过大湖工程塑料公司的造粒装置扩大ABS粒料产量，使其实际ABS产量提高至5万吨/年。该公司还将通过改进技术在原有装置的基础上进一步提高产能至6万吨/年，2004年第四季度其月产量便达到5千吨。而且其4万吨/年的PBL工厂——SHC412投建项目，目前已经通过董事会立项审批。

另悉，常州新湖于2005年下半年开始筹建6万吨/年的ABS扩建项目，计划于2007年完成扩建将月产量提高到1万吨，也即年产量将达到12万吨/年。

2004年12月18日，采用国内先进技术的10万吨/年丁苯橡胶装置和20万吨/年ABS装置，在上海化学工业区动工兴建。

20万吨/年ABS项目是国内唯一采用美国陶氏（DOW）公司提供的连续本体聚合工艺技术的装置。具有原料消耗低、主要公用工程（电、水、氮气、仪表空气）消耗低，三废排放量少等优势，属技术先进型生产装置。产品质量及加工性能可与进口产品竞争。该项目由三条生产线组成，每条线生产能力为7.5万吨/年，是当今世界上应用连续本体聚合工艺规模最大的生产线，具有显著的规模效益。该项目将于2006年下半年建成投产。该项目也是上海赛科90万吨/年乙烯工程的一个下游关联项目，由中国石化投资，总投资为146 848万元，所需原料低顺聚丁二烯橡胶由10万吨/年丁苯橡胶装置供应，苯乙烯、丙烯腈由上海赛科苯乙烯装置、丙烯腈装置供应，实现上下游项目一体化；以获得最大经济效益。

这两个装置均由中国石化上海高桥分公司负责管理。

二、工程塑料

（一）聚碳酸酯（PC）

投资踊跃仍难补缺，是目前我国聚碳酸酯业的真实写照。为缓解国内供需矛盾或者说占领中国市场外商加快了投资中国聚碳酸酯市场的步伐。拜耳公司已与上海华谊集团组成合资企业，共同投资5.6亿美元在上海化学工业区建设聚碳酸酯装置，计划一期工程2006年2季度完工、生产规模达10万吨/年，二期工程2007～2008年建设、生产规模逐步扩大到20万吨/年；帝人化学公司在浙江嘉兴建设5万吨/年聚碳酸酯装置，已于2005年6月投产，2006年1月随着日资帝人聚碳酸酯公司一期顺利运行、二期开工建设，预计在2006年底投产，投资总额将有40亿日元。

虽然规模一般但可以说是中国现代聚碳酸酯的里程碑；中国蓝星集团所属沈阳化工的28万吨/年聚碳酸酯计划于2006年开工，虽然产品品质可能略逊于拜耳，但规模更胜一筹，可跻身于全球前列；另外，三菱瓦斯化学公司也拟在中国建设10万吨/年聚碳酸酯装置，计划2007年投产。

随着我国万吨级酯交换法聚碳酸酯连续缩聚新工艺的开发成功，标志着我国聚碳酸酯生产技术与西方发达国家的差距大大缩短，为我国利用自主知识产权技术成果建立万吨级聚碳酸酯生产装置奠定了基础。2004年3月底国家高新技术产业化聚碳酸酯项目在四川省绵阳国家科教创业园动工建设，由晨光发达实业有限公司投资兴建的该项目总投资达20亿元人民币，最终将形成年生产能力5万吨/年，其中一期1万吨/年装置将于2006年投产；吉化公司计划在2007年兴建10万吨/年的聚碳酸酯装置；兰炼化工总厂也将投资15亿元建设10万吨/年装置。

国家“十五”科技攻关和“863”重大技术开发

项目——3000吨/年全非光气法聚碳酸酯项目，2005年11月在铜陵金泰化工实业有限责任公司动工兴建。据介绍，该项目是这家公司最具成长性的后劲项目，完全符合国家提倡的绿色工程产业化政策和宏观调控政策要求，预计2006年底之前将完成生产装置的建设及调试工作。目前国内大多以剧毒的光气为生产原料，不仅生产工艺落后，不符合环保要求，而且产能严重不足，绝大部分依赖进口。铜陵金泰这套装置以自行生产的碳酸二苯酯为合成原料，采用先进的酯交换法生产工艺，总投资3 400万元，建成达产达标后每年可新增销售收入7 300万元、实现税后利润700万元。

据美国《化学周刊》消息，日本三菱瓦斯化学公司（MGC）计划投资1.8亿美元，在上海漕泾新建8万吨/年聚碳酸酯（PC）装置，最终的决定将于2006年秋季作出，如果该计划得以实施，装置将于2010或2011年建成投产。

位于韩国丽水的LG-陶氏聚碳酸酯有限公司是LD化学有限公司和陶氏化学公司各投资50%建成的合资公司。该合资公司计划于2007年年底建成年产量65 000吨的聚碳酸酯生产线，使年产量扩大到原来的两倍。

我国聚碳酸酯正在呈现内外资共同发展的大好局面，预计未来几年我国聚碳酸酯的需求年均增长率将保持15%～20%之间，2006年国内的聚碳酸酯市场需求量将达到80万吨左右。国内产能短期内将在一定程度上满足国内市场需求，扭转基本依赖进口的状态，到2010年我国聚碳酸酯将成为全球产销大国，并实现产需平衡。

美国康奈尔大学最近研究成功一种可用作手机外壳的高性能聚碳酸酯纳米复合材料，开拓了聚碳酸酯的新用途。据专家介绍，该材料目前已在中国的手机制造厂试用。

据悉，该大学研究人员还在开发移动电话机用高抗冲聚碳酸酯系纳米复合材料，并已解决纳米黏土表面处理问题，可确保其在聚碳酸酯母体树脂中分散更均匀，并在工程塑料相对高的加工温度下不分解。与现有方法处理的纳米黏土比，新方法处理的纳米黏土复合材料制备的不褪色或几乎不褪色，而且物性也得到改善，特别是韧性比一般聚碳酸酯系纳米复合材料高30。

纳米作为21世纪新技术，正在得到越来越广泛的应用，但此前聚碳酸酯纳米复合材料工业化应用并不多。专家对这一现象的原因解释，一是较难预测其性能，如能否仍保持聚合物和纳米黏土原有的性能优点等；二是纳米材料成本较高，成为其工业化推广的障碍。据了解，目前PP和PA系纳米复合材料已有工业化产品，但聚碳酸酯系纳米复合材料还未真正进入市场。

美国Nova Chemicals公司推出了可替代聚碳酸酯的丙烯酸酯共聚物，牌号为Zylar 631，可进行注射成型。新品既具好的透明性能，同时又具有好的冲击性能。Zylar系列中有8种不同类型的基本配方、其中包括耐UV光和抗静电类。同与之竞争的其他树脂比较，其能源和人力成本可降低40%。加工温度低于聚碳酸酯38℃。目标市场包括：医用装置、地面用具、化妆品包装、商业售货机等。

（二）聚甲醛（POM）

据统计，2004年亚洲聚甲醛需求量为36万吨，约占全球需求量的55%。预计未来几年亚洲市场聚甲醛需求年增长率约8.0%～8.5%。

中国内地聚甲醛需求量已由1992年的1.6万吨迅速增加到2004年的16.8万吨，2005年超过18万吨。2004年中国内地进口量达17.8万吨，比上年增长20%。

日本聚甲醛产销量在亚洲占重要地位，但其国内需求增长缓慢。2004年日本聚甲醛需求量为8.4万吨，年增长率仅1.0%～1.2%。

中国台湾省2004年聚甲醛需求量为1.63万吨，预计未来几年需求年增长率约为5%。

合金化是实现高分子材料高性能化的一种重要手段，通过合金化可以改善POM的冲击韧性、摩擦磨损性能、耐候性，以及涂装、粘接或电镀性，提高抗静电性等。其中对POM进行增韧是其合金化的重要目的。但由于POM的热稳定性极差，超过220℃或遇到含强极性基团的物质就会发生明显的分解；分子链规整无极性，且处于较高的结晶化状态，与一般合金化组成物质之间相容性较差，可供选择作为其合金化组成的物质种类少；分子链上没有可反应的基团，且热稳定性差，分解方式特殊，在其大分子上接枝反应性官能团易引起树脂的过度分解，因此，PUM是最难实现合金化的树脂，其合金化的方法是目前国际高分子学界和产业界的难题之一。

POM自问世以来，国内外就对其合金化的方法进行了许多探讨，其中主要有添加法和共聚合法。添加法是在POM中直接添加热塑性聚氨酯（PUR-T），聚烯烃或改性聚烯烃（如PE、PP）、乙丙橡胶（EPR）、三元乙丙橡胶（EPDM）或E/VAC等，聚酰胺、聚醚、聚酯等；共聚合法是以聚烯烃共聚物、丁二烯类共聚物、聚乙酸乙烯酯、聚甲基丙烯酸甲酯等作主链，以POM作侧链进行接枝共聚，或把POM和PUR、聚醚等进行嵌段共聚。但用这些方法制成的 POM 合金大多数冲击强度不超过 100.1/m，增韧效果不显著。而有些合金尽管有较好的增韧效果，但往往因其材料成本高，合成或加工过程复杂等不能在实际中使用，因此，除 PCJR-T 外，还没有其他有用的工业化合金。今后，为了研究和开发出更多的有价值的 POM 合金体系，必须在 POM 合金化的理论和实践上取得根本性突破。

2005 年 8 月开工的年产 4 万吨聚甲醛项目，将让新疆阿克苏地区库车县成为中国最大的"树脂城"。

由大连万泰国际贸易有限公司、大连瑞龙投资集团有限公司、新疆联合化工有限公司投资 12.70 亿元建设的 4 万吨的聚甲醛项目，是充分利用了阿克苏地区丰富的天然气资源，在库车工业园建设的又一个石油化工项目。它将延长了石化产业链，提高附加值，发展潜力大。

此化工项目采用瑞士和波兰国家的国际先进设备技术，投产后将形成年产 10 万吨甲醇、12 万吨甲醛和 4 万吨聚甲醛的生产能力，每年可实现销售收入达 7 亿多元，利税达 3 亿元，不但可以促进阿克苏地区经济的快速发展，还可以缓解国内市场对聚甲醛的需求，填补新疆乃至西北地区聚甲醛生产的空白。届时，库车县将成为全国最大的聚甲醛生产基地。

（三）聚酰胺（尼龙）

首诺公司于 2006 年初向市场投放一种新的尼龙 6 产品，并期待能在整个年度内获得丰厚的市场回报。公司还宣布，计划于 2007 年初在苏州开设一家工厂生产该类产品。首诺的 Vydyne 牌新等级尼龙 6 树脂，经过抗冲击改性，可为汽车紧固件、滑雪靴和灭火器喷嘴等产品的生产商和设计者提供更好的选择。

一种广泛应用于制造尼龙管胚、肠衣膜、热收缩膜等制品的高拉伸性改性尼龙 6 产品，近日在河北衡水金轮塑业有限公司研制成功并投放市场。该生产技术已获得国家专利。

近年来随着包装工业的发展，市场对尼龙薄膜的需求量越来越大，然而，用于吹塑、挤出级的高性能尼龙 6 还大多依赖进口。河北衡水金轮塑业有限公司看准这一市场机遇，借助科研单位的力量，对该产品进行技术攻关并获得成功。他们生产的此类产品具有物理性能好、抗老化性能优等特点，是制造双向拉伸薄膜及高韧性管胚的理想材料。

据了解，为适应市场需求，该公司已投资2 000万元建设尼龙 6 生产装置，年生产能力达 2 000 吨。

法国罗地亚工程塑料公司最近推出新的改性尼龙系列产品 Technyl XT。其优点为能使加工企业提高生产效率并降低能耗，同时不降低最终制品性能。

与标准尼龙 6 牌号比，Technyl XT 加工温度低 20%，能耗明显降低，同时可提高产量最大增幅达 40%，而其化学与机械性能和标准尼龙 6 牌号相同。罗地亚向市场推出的首个改性尼龙产品的牌号为 TechnylC502XT，这是一种适用于生产波纹管、棒材、单丝、过滤器网丝等多种用途的通用产品。该公司还能根据客户要求，提供不同颜色及热稳定性的配套生产专用母料。

最近，美国 GE 塑料公司开发出尼龙和 PPO（聚苯醚）合金导电牌号 NorylGTX973、976 和 979，作为其 NorylGTX 系列树脂新成员，目标应用为涂覆制品。新牌号开发采用了该公司的导电炭黑分散在尼龙/PPO 合金的专门技术，因而树脂兼有静电涂覆要求的高耐热性和导电性，使用时不需要先涂底漆，并有良好的涂料转印能力。

GE 公司介绍说，使用 NorylGTX 导电树脂有如下优点：不需涂料底漆，同一条生产线既可涂金属部件也可涂塑料部件，金属部件和塑料部件颜色匹配良好，总涂覆成本低。再加上其质轻和高抗冲击性使 Noryl-GTX 树脂在许多应用中适于作为金属部件和其他材料部件的替代材料，包括做汽车体部件、室外交通车、园林设施、家用电器、办公室设备和轻质夹层。

GE 公司还指出，对不同粉末涂料的评估表明，NorylGTX 具有较好的粘接性、冲击强度和耐化学性，因此是粉末涂料工艺过程的优先选用材料。

近年来由于发展中国家尼龙产量的大幅增长，西方国家的聚酰胺纤维生产遇到了空前的危机，不少重要的西方生产商进行了重新调整，如法国的 Rhodia 集团，被迫进行了重组；美国的 Solutia 集团，寻求破产保护；Du Pont 集团将尼龙生产卖给了美国的合成纤维生产商 Koch Industries 集团；瑞士的 Ems-Griltech 集团将尼龙生产卖给了英国的 Shakespeare 集团。除此之外，2003 年，世界上许多乙酸内酰胺（以尼龙为主要成分的纺织原料）生产工厂被迫关闭，如意大利的 Enichem（年生产能力 12 万吨）、日本的 Ube（年生产能力 2 万吨）和斯洛伐克的 Zilina（年生产能力 3 万吨)。2004 年 6 月，日本的 Toray 集团也关闭了一家年生产能力为 8 万吨的工厂。原因是多方面的：某些原材料，尤其是苯的价格上涨过高；由于使用了更便宜的纤维如聚酯和聚丙烯而丢失了部分市场；尼龙生产逐渐向亚洲转移等。

杜邦公司继续扩展其亚洲业务，这家塑料及化工行业的领先企业目前计划在新加坡生产高性能尼龙制品及使用聚酰亚胺制造的零部件。

总部位于美国特拉华州威尔明顿的杜邦公司将于 2007 年起使用其 Vespel 牌聚酰亚胺在新加坡制造零

部件及型材。该公司在美国、比利时和日本等地设有Vespel的生产厂。

2005年，杜邦公司还宣布，位于俄亥俄州Circleville的一家子工厂将把Vespel牌树脂的产能提高一半。

Vespel产品普遍用于汽车、航空航天及半导体应用产品的衬套、密封圈和止推垫圈。

Vespel全球业务主管BillWeber在新闻通稿中表示："业内对能够降低重量和成本的金属替代技术的需求正推动我们的业务逐步转变。在新加坡设厂将有助于我们满足全球及当地的发展需求"。

一家年产能将达15 000吨的生产ZytelHTN牌尼龙制品的工厂将于2009年投入运营。届时该材料的全球产能将翻番。杜邦还在美国田纳西州和弗吉尼亚州的工厂生产这种材料。位于美国弗吉尼亚州里士满的那家工厂是于2005年上半年投入运营的。

ZytelHTN全球业务经理CliveRobertson在新闻通稿中称："对高性能尼龙的需求在全球范围内快速增长，尤其是在汽车发动机舱和电气电子产品市场，增长尤为明显"。对ZytelHTN的需求中约60%来自汽车行业，主要包括燃油供给阀和冷却系统部件等。

Zytel项目将通过杜邦现有工厂扩建来实施，而Vespel工厂将单独选址开设。有关就业机会的提供、工厂规模及项目成本等详情目前尚未透露。

（四）聚苯硫醚（PPS）

我国首座采用自主开发工艺建成的百吨级聚苯硫醚工业试验装置，近日完成工业化放大实验。专家认为，这表明我国已掌握聚苯硫醚工业化生产技术，并有望在短时间内建成较大规模生产装置。

聚苯硫醚是一种新型特种工程塑料。与普通工程塑料相比，它具有耐高温、耐腐蚀、耐辐射、韧性好等特性，在现代工业中广泛应用于电子电气、汽车、航空航天、石油化工等领域。由于其工艺复杂，技术难度大，目前仅美国、日本等国实现工业化生产。

此次工业化放大实验由成都曙光电子化学高新技术研究所与合作单位共同完成。据介绍，此次实验在3个方面取得重要进展：一是采用了全溶液方式的准均相缩聚合制备生产工艺；二是可通过在生产中人工控制聚苯硫醚的分子量，生产出不同强度、不同韧性的产品；三是产品熔点高达297℃。

据了解，曙光研究所计划与有关企业合作，在近期建成千吨级甚至更大规模的聚苯硫醚生产装置。

道恩集团所属的道恩工程塑料公司研究中心研究室近日成功开发出40%、50%、60%玻纤增强型PPS。

PPS是一种兼具热固性树脂特性的聚合物，若与玻璃纤维、无机填料和其他高分子材料复合，可制成各种性能优异的工程塑料及合金，其综合性能相当好，耐高温、耐腐蚀、耐辐射、不燃烧、无毒无味，机械性能和电性能优异，制品尺寸稳定性突出。它可采用几乎所有塑料加工方法进行加工，包括喷涂、注塑、挤出、吹制和灌封等，亦可对制品进行二次加工，故用途广泛。该特种工程塑料以前大多依赖进口，随着四川得阳千吨级生产线投运，国产料供应量开始增加。据悉，道恩集团下一步还将开发填料增强型PPS、PPS/PPO、PPS/PA合金等产品。

（五）PBT树脂

由台湾长春企业集团投资2亿元建设的CCPPBT（正离子配位聚对苯二甲酸丁二醇酯）纯树脂项目，近日在福建省漳州市龙池开发区长春化工（漳州）有限公司落户。

该项目主要生产酚醛塑料和CCPPBT树脂。长春企业集团是世界大型塑料生产企业，其半导体封装用高纯度环氧树脂与印刷电路板用铜箔产品在世界上具有举足轻重的地位。这次在福建投资的CCPPBT纯树脂项目，产品具有耐热、耐溶剂、介电强度高、易成型等优点，是各种阻燃性、高强度PBT工程塑料的主要原料，广泛应用于电子电气及汽车工业。

杜邦公司近日推出其最新研制的ElvaloyPT862改性剂。这种改性剂能增强PBT树脂的韧性，提升抗冲能力，又能保持物料原有的主要技术指标，属于杜邦应用于聚合物改性的Elvaloy和Fusabond添加剂系列。

实验数据显示，ElvaloyPT862改性剂可以最大限度地保留PBT聚合物的硬度、拉伸强度与热变形温度。相比一般改性剂，ElvaloyPT862更能提高物料伸长率和流动性，使注塑工序操作更顺畅。纯PBT在0～23℃环境下，添加15%新改性剂，悬臂梁式冲击强度会增强10～12倍。在23℃共混30%玻纤和10%新改性剂，悬臂梁式冲击强度可提升2倍以上，而在−20℃，冲击强度则提升4倍以上。如果用5%～10%新改性剂，也对冲击强度有明显改善。另外，相比一般改性剂，采用ElvaloyPT862的PBT，在注塑时的熔融效果更理想。

德国BASF公司的新产品高流动性PBT Ultradur High Speed的第一个工业化应用，是做笔记本电脑、电话机和其他用ISDN或DSL连接的数据接线端子。所用材料为10%玻纤增强牌号Ultradur High Speed B 4300G2。

这种小型复杂接线端子仅重1.5g，每年产量达几百万个。新牌号的高流动性解决了一般PBT牌号的加工问题；难以完全充模8个型腔的模具和空气会夹在制品肋条里，导致形成飞边。新PBT牌号不仅改进充模质量和模具的排气，而且减少模垢，缩短成型时间 20%～25%。

Ultradur High Speed 流动性至少比标准 PBT 高一倍，具体还取决于玻纤含量。新产品用助剂体系中助剂粒子尺寸为 50～300nm，因而明显改进材料的流变性能和降低熔体黏度，最大降幅可达 50%，而机械性能、收缩率和耐热性等其他性能基本不变。

BASF 公司预计这种高流动性 PBT 将进入以前用 Dow 化学公司的间规 PS（sPS）Questra 的应用领域，Dow 公司正在逐步停止生产 Questra。

（六）工程塑料合金

随着我国经济的持续高速发展，今后几年我国塑料合金市场需求潜力巨大，尤其是电子通讯、汽车、建筑建材业的高速增长，将推动我国工程塑料合金业快速发展。

预计到 2008 年，我国五大通用工程塑料总需求量将达到 120 万吨，五大合成树脂的需求量将达到 5 200万吨，我国将成为全球工程塑料合金最大的进口国家之一。

但是，在国内塑料合金生产品种结构中，基本是通用塑料合金和改性产品的生产；而高附加值的特种工程塑料合金的生产几乎处于空白，每年进口量占需求总量的 60%以上。

2005年中国已有 300 多家塑料合金生产企业，估计塑料合金年生产能力为 90 万～100 万吨，产量在 60 万～70 万吨/年左右，其中规模较大的企业约占 15%。

全世界每年用于工程领域的塑料约为 1 000 万吨，其中汽车部门的消费量最大，为 500 万吨。大量通用塑料正在取代昂贵工程塑料，在工程领域中的用量在逐年增加。

尽管工程塑料新品不断，在不断开拓应用领域，并由于生产装置的扩大，成本逐渐降低；但是，在改性设备、改性技术不断发展成熟的今天，通用热塑性树脂通过改性不断具有工程化特点，并抢占部分传统工程塑料的应用市场。

中国庞大的塑料合金市场吸引了众多跨国公司，如朗盛、巴斯夫、帝斯曼、巴塞尔和 LG 化学等公司纷纷在中国投资设厂。

朗盛计划在中国建设工程塑料混配料生产装置，其在中国无锡建设的 2 万吨/年工程塑料混配料装置一期工程于 2006 年第一季度投产，以后还将扩大生产能力。新混配料装置将生产 Durethan 品牌聚酰胺和 Pocan 品牌 PBT 的混配料（合金）。

巴斯夫中国有限公司将在中国上海浦东现有生产基地建设年产 4.5 万吨混配料厂，计划于 2006 年末投产，产品为用于汽车、机械以及电子电气产业等领域的 Ultramid（聚酰胺）与 Ultradur（聚对苯二甲酸丁二醇酯）。

帝斯曼工程塑料公司投资 1 000 万美元在江阴高科技发展园区建设的新厂区于 2006 年初开始运营。同时，帝斯曼工程塑料公司还将建设新的塑料混配物生产线，使其生产 StanylPA46、AkulonPA6 和Arnite 聚酯的能力提升一倍。

巴斯夫将在墨西哥的 Altamira 新建工程塑料复合装置以扩大其北美工程塑料制造业务。

巴斯夫称，新装置将复合的工程塑料包括各种尼龙 6、尼龙 66 和 PBT 树脂，该装置于 2006 年二季度投产。经复合的工程塑料将提供给墨西哥和美国-墨西哥边境用户。新装置对该公司在密西根州 Wyandotte 和田纳西州 Sparta 的其他北美工程塑料复合装置的生产没有影响，这些装置仍旧继续正常生产。

巴斯夫北美工程塑料业务制造主任 GregMasica 称，我们选择 Altamira 作为这一复合挤出生产线的理想位置，是因为该处对于我们的苯乙烯业务来说是一个良好的主要生产场所，因此该处已具有必需的基建设施和掌握与聚合物和复合工艺相似技能的人员配置，能够满足公司为用户生产高质量树脂的标准要求。

（七）工程塑料回收利用

日本 Victor 公司与日本先进工业技术研究院（AIST）和日本清洁化中心合作，开发了从废弃光盘（如 CD、CD-ROM、DVD 等）中回收高纯度双酚 A（BPA）的工艺。该工艺使聚碳酸酯（PC）在约 200℃和 2MPa 压力下，用置于环己酮中的碳酸钠作为催化剂使其在氮气中。再经过在小试高压釜中进行的四步蒸馏后，双酚 A 的纯度就可提高至 99.9%，蒸馏的具体步骤如下：第一步除去溶剂，第二步除去低沸点酚类，第三步除去有机碳酸酯，第四步从重油残留物中分离出双酚 A。由日本清洁化中心进行的模拟试验表明，使用该工艺可使 PC 的双酚 A 回收率达到 80%，纯度则可达 99.9%。

帝人化学公司开发了可完全循环回收利用废聚碳酸酯（PC）树脂的新工艺。该工艺采用独特的提纯技术，可从废 PC 回收高纯度双酚 A（BPA），并可使从纯单体制取 BPA 所需的能耗降低 66%。帝人的工艺与上面提及的回收工艺不同，在该工艺中，PC 是在常压和 40～50℃下被强碱分解，由于不会生成副产物，其单体很适于制取纯度达 99.9%的 BPA，并可直接用 PC 的生产装置生产 PC 树脂。在此技术中，最关键的创新在于帝人专有的液相提纯工艺。与蒸馏工艺相比，该工艺不但可大大节省操作费用，而且使 BPA 的总回收率超过了 95%。目前，帝人化学公司在日本松山的工厂内已建立了中型装置并投入运营，每年可处理 500～1000 吨的废弃 PC 树脂。

日本松下电器产业公司宣布开发出了含溴阻燃剂的塑料回收利用设备，可回收利用报废的电视机壳等阻燃制品，回收料的冲击强度等性能基本上不受影响，用回收料制造的产品可再次利用该设备回收，总计可以反复回收 10 次左右。

因为德国越来越多地采用 PET 瓶包装啤酒并推行塑料瓶押金制，使 PET/尼龙瓶回收量大幅度增加。在对这些 PET/尼龙瓶的回收过程中，德国的塑料加工厂一直不得不采用添加相容剂的方法，从而使回收成本很高。而最近，德国塑料单丝和包装带挤出设备生产厂家 Reimotec 公司推出了不用相容剂就能把 PET/尼龙瓶直接回收和加工成包装带的技术。这项新技术的诀窍在于双螺杆挤出机能把尼龙高度分散成细颗粒。

三、未来发展

2005 年，国内两大合资乙烯——扬巴和赛科投产，新增 150 万吨聚烯烃生产能力。同时 2004 年完成的齐鲁乙烯和大庆乙烯扩能改造在 2005 年发挥作用。这些项目的建成投产，极大地提高国内合成树脂的生产能力，市场占有率明显提高。2005 年底，国内合成树脂的生产能力达到 2200 万吨左右，市场占有率提高到 57%～59%。

2005 年，由于国内外经济的高速增长，使得国内对合成树脂需求继续保持快速发展的态势，另外，合成树脂的消费领域不断扩展。2005 年国内合成树脂消费量达到 4 100 万吨，较上年增加 8.5%。其中聚乙烯需求达到 1 040 万吨，增幅为 8.3%，高密度聚乙烯增长高于低密度聚乙烯；聚丙烯需求为 775 万吨，增幅为 11.0%。

预计在 2006～2008 年中，五大合成树脂的生产能力将进一步增加，合成树脂新增能力将达到 670 万吨。其中聚乙烯新增能力 244 万吨，聚丙烯新增能力 143 万吨，PVC 新增能力 150 万吨，PS 新增能力 91 万吨，ABS 新增能力 50 万吨。

近年来我国对合成树脂的需求保持快速增长的态势，使得国外石化企业更加关注中国的石化市场在合成树脂行业，合资和独资企业明显增加。可以预计，未来几年，我国合成树脂的需求将继续保持快速增长，特别是聚乙烯、聚丙烯、聚氯乙烯的增长幅度将明显高于其他产品。外资进入我国合成树脂领域，虽然加剧了合成树脂行业的竞争，但客观上也有利于提高我国合成树脂行业的技术、管理和服务水平。加入 WTO 后，我国合成树脂行业同国外企业最大的差距是产品的营销水平，因此只有不断提高我们的营销能力，才能增强我国合成树脂行业的核心竞争力。

世界合成树脂市场在经历了 2004 年大幅增长后，2005 年稳步增长。目前，世界合成树脂市场格局正在悄然变化，其中三大动向值得国内业界关注。

(1) 市场正向亚洲转移　虽然目前全球塑料第一消费大国仍是美国，但全球塑料消费市场却正在向亚洲转移，亚洲地区合成树脂消费增速远远领先于其他地区。其中，中国已经成为仅次于美国的世界第二大塑料消费国，印度也正在以 14%左右的年均增速而成为令人瞩目的塑料消费新兴市场。同时，亚洲地区很多国家人均塑料消费水平偏低，这也成为消费增长的最大潜力。

在合成树脂产量方面，亚洲也表现出强烈的增长势头。2005 年世界塑料总产量 2.2 亿吨，同比增长 5.0%，其中亚洲、欧洲和北美分别占世界总产量的 34.4%、30.7%和 25.9%；到了 2005 年，亚洲产量占到了全球塑料总产量的 39%，所占比例呈明显提升的趋势，而欧美地区所占比例则进一步下滑。

(2) 成本左右产能布局　目前，全球合成树脂新增产能主要集中在亚洲。一方面是由于亚洲合成树脂消费异军突起；另一方面，则是考虑到油价高从而选择原料成本较低的中东地区。

2005 年以来，全球油价一直保持在 60 美元/桶高位，目前的实际油价已比 2003 年前高出 70%。高油价必然对下游产业产生影响，使合成树脂新增产能向生产成本较低的地区转移，如中东地区和中国。

以合成树脂中用量最大、发展最快的聚烯烃为例，从 2000 年到 2005 年五年增长速度看，聚烯烃无论是产能还是产量增速都居合成树脂首位，且今后五年和 10 年预测增速最高的也是聚烯烃类树脂，因此其近年全球生产布局的变化十分有代表性。目前，全球聚烯烃生产重心正在转移，美国所拥有的历史优势将不复存在，新的制造商大多来自中东，中东正在成为全球最大的聚烯烃出口地。根据 CMAI 预测，2010 年前中东将会增加 1 200 万吨聚烯烃年产能力，其中 33%在沙特，29%在伊朗。

同时，由于中国具有良好的消费能力和投资环境，乙烯投资十分旺盛。2005～2006 年，扬巴、赛科和惠州三大合资乙烯装置先后投产，将增加的聚乙烯、聚丙烯和聚苯乙烯年产能力分别为 145 万吨、49 万吨和 30 万吨。到 2011 年中国乙烯年产能力将增加到 2 080 万吨，按现在比例考虑，中国聚烯烃年产能力也应在 2 000 万吨左右。中国在世界特别是亚洲合成树脂工业发展中发挥的作用将越来越大。

(3) 企业重组追求规模效益　尽管高油价大大提

升了合成树脂生产成本，但在树脂生产取得规模化效益以及高涨的需求推动合成树脂价格上升的情况下，世界大部分合成树脂生产厂家2005年仍获得了可观的收益。例如，美国陶氏化学2005年三季度净收益同比仍然增长30%，盈利主要来自塑料和功能化产品部门。世界经济继续增长也刺激了对塑料的高需求。

由于供需基本平衡，世界合成树脂企业仍在通过兼并重组来追求规模化效益，以期在竞争中取胜，聚烯烃工业正在经历一个变化期，一些顶级生产公司换了新主人。世界最大的聚丙烯生产公司——巴塞尔已被巴斯夫和壳牌以44亿欧元的价格出售给位于纽约的Access工业公司的子公司——Nell公司。北欧化工公司聚乙烯和聚丙烯生产能力都居世界前10位之内，该公司也正在易主。与此同时，BP公司一个独立的烯烃及其衍生物子公司——伊诺公司2006年年末也将在纽约股票交易所首次募股。

市场人士认为，在当今石油价格持续高涨的情况下，跨国公司的兼并重组，势必会大大提升其竞争力，从而在未来合成树脂市场角逐中获得更有力的主导权。

近年来，石油资源的日益紧缺，导致塑料原料价格飞涨。尤其是随着可持续发展战略的深入人心，解决塑料材料与环保的协调发展问题愈加凸显。

为了降低塑料制品的成本，提高和改善塑料材料某些方面的性能，增加功能性，开发对环境友好的塑料材料，塑料改性技术的研究与应用越来越被人们关注和重视。在全降解塑料产业化条件尚不成熟的今天，继续加快环境友好改性塑料研究，以减轻原料成本上升以及环保给塑料工业带来的双重压力，发展改性塑料产业，成为我国塑料工业的不二选择。

塑料改性，从一般意义上讲，就是向被改性的塑料材料（合成树脂）中添加合适的改性剂，采用一定的加工成型工艺，从而制得具有新的性能特征，能够满足适用性能要求的新型塑料材料和制品的方法。

正因为此，改性塑料成为涉及面广、科技含量高、能创造巨大经济效益的一个塑料产业领域。目前，世界各国科学界和产业界都已意识到塑料材料与环境协调发展的重要性，正致力于开发好的性价比的塑料材料，提高其使用寿命，最大限度地减少塑料的使用量，并充分利用塑料的可塑性，回收并综合利用废弃的塑料材料，减少塑料材料对环境的压力。

经过几年的发展，我国塑料改性技术取得显著进步，而以填充、共混和增强改性为特点的塑料改性技术，更是几乎深入到所有塑料制品的原材料与成型加工过程，冲击着传统塑料产业，极大地促进了机械制造行业、助剂行业和非金属矿行业的发展。

数据表明，我国改性塑料产业发展前景变得十分广阔。ABS是最重要的“准工程塑料”，中国已成为全球ABS用量最大的国家。除此之外，改性PP成为最为活跃的产品，不断推出的PP增强和高抗冲新牌号，为其在一些领域替代工程塑料提供了可能。玻纤和矿物增强PP已用于汽车零配件，并对PC共混物市场构成较大冲击。改性PP也正在进入传统的PA领域，如泵体和风扇叶。目前全球90%的玻纤增强PP用于轿车上。改性技术的发展还使不少牌号的PVC可用来替代工程塑料。最有意义的发展包括采用共混物和合金改进热变形温度和冲击强度。SPS是由金属催化得到的间规聚苯乙烯，是一种结晶形聚合物，具有优良的耐热性、耐化学品性、良好的机械性能以及卓越的耐湿性、电性能和加工性能。

在改性设备、改性技术不断发展成熟的今天，我国改性塑料工业体系逐步完善。我国改性塑料产业发展呈六大显著特点。

（1）通用塑料工程化　尽管工程塑料新品不断增加，在不断开拓应用领域，并由于生产装置的扩大，成本逐渐降低，但是，在改性设备的发展、改性技术的进步，使得通用热塑性树脂通过改性不断具有工程化特点，并已经抢占了部分传统工程塑料的应用市场。

（2）工程塑料高性能化　随着国内汽车、电气、电子、通讯和机械工业的蓬勃发展，改性工程塑料的需求将大幅上升，各种高强度耐热型工程塑料将得到广泛应用。

（3）特种工程塑料低成本化　像聚苯硫醚（PPS）、聚酰亚胺（PIM）、聚醚醚酮（PEEK）、聚砜（PSF）等高性能工程塑料，由于具有电性能好、耐高温和尺寸稳定等特性，有的还具有很好的阻燃性、耐放射性、耐化学性和机械性能，因此在电子电器、汽车、仪表、家电、航空、涂料行业、石油化工以及火箭、宇航等尖端科技领域具有越来越重要的应用。

（4）纳米复合技术将给改性塑料带来新机　聚合物纳米复合材料的制造与应用将成为未来的一个重要课题。

（5）塑料改性的环保意识越加凸显。

（6）开发新型高效助剂成为改性塑料的重要发展方向。

（柴国樑）

国内外聚苯乙烯生产技术现状及市场前景

一、国内外聚苯乙烯生产技术及发展

1. 聚苯乙烯生产技术产生及发展

聚苯乙烯（PS）是德国巴斯夫于1930年首先实现工业化生产，由于产品具有硬质、透明、刚性、电绝缘性、低吸湿性、价格低廉、容易染色等特点，已成为当今五大通用塑料之一。2004年世界聚苯乙烯的总生产能力为1 450万吨/年，产量为1 045万吨/年，世界PS需求量将以3.2%增速继续增长，到2009年需求量将达到1 150万吨。中国将继续成为世界需求增长主力，预计需求增速为7.9%，到2009年达到340万吨。

聚苯乙烯可由乳液法、悬浮法和本体法生产，实际上工业生产一般采用悬浮法和连续本体法。20世纪80年代后，随着连续本体法对工程放大过程的传质、传热等问题的解决，连续本体聚合工艺日趋完善，其技术优势更加明显，目前生产装置几乎全部采用连续本体法。

① 德国巴斯夫（BASF）公司的卧、立式釜工艺技术；

② 美国道化学（DOW）公司的高立式釜工艺技术；

③ 美国CHEVRON全混流反应釜工艺技术；

④ 日本东洋工程-三井东压（TEC-MTC）公司的矮立式釜工艺技术；

⑤ 美国菲纳（FINA）公司卧式釜工艺技术。

以上五家公司采用连续本体法聚合工艺技术。

2. 国外聚苯乙烯生产技术特点

介绍三种转化率高的立式、高立式、矮立式釜的PS生产先进工艺技术。

(1) BASF工艺（德国）

① 采用引发剂引发，加少量乙苯作为循环溶剂。

② 聚合系统GPPS生产较为简单，采用单立式全混流反应釜操作，配有平叶加锚式搅拌器，聚合反应热通过冷进料和苯乙烯及乙苯的蒸发冷凝散法；HIPS的生产包括两级立式全混流预聚釜和两组立式活塞流反应器，一级预聚搅拌器为折叶式，二级预釜搅拌器为锚式。预聚釜为微负压，非满釜操作，反应热通过冷进料和苯乙烯及乙苯的蒸发冷凝散法；后二级反应器为满釜操作，反应热通过内盘管的导热油循环带走，转化率可达85%。

③ 脱挥系统GPPS采用二级脱挥器，每个脱挥器均有一套独立的真空系统；HIPS采用单级脱挥器。

④ 真空及循环系统配有循环液的真空蒸馏提纯装置，从脱挥器出来蒸汽部分被喷淋冷却下来进行提纯，除去循环液中的低聚物。

(2) DOW工艺（美国）

① 采用双官能团的引发剂引发，加入少量乙苯作为循环剂。

② 聚合系统为串联的立式活塞反应器与一级反应器并联的平行反应器。其反应器均为满釜操作，物料输送主要靠进料泵提供，各个反应器间没有聚合物泵，靠压差传送，其立式反应器结构较为先进，带有外夹套，通过导热油循环带走反应热，并提供生产HIPS所需的搅拌剪切能力，平行反应器可替代ABS树脂的HIPS产品，转化率为80%～85%。

③ 采用翅板式脱挥预热器和单级脱挥器及二级冷凝。

④ 对于去除聚合物副反应所产生的低聚物，采用冷凝器中除去高沸点组分（低聚物），排出的低聚物作为燃料回收使用。

(3) CHEVRON工艺（美国）

① 采用引发剂引发，加入少量甲苯作为循环溶剂。

② 聚合系统GPPS的生产采用串联带螺带式搅拌器的近似全混流的反应器；HIPS的生产采用折叶式搅拌器的全混流反应器与GPPS生产线相同的反应器串联操作。另外还有一个管式绝热反应器提高最终转化率和降低脱挥预热温度。聚合反应热的排出依靠苯乙烯和甲苯的蒸发带走，各反应顶部均配有回流冷凝器，其工艺主要控制多个反应器的液位和温度来控制产品的分子量及分布，转化率可达85%。

③ 脱挥系统采用二级脱挥器，在第二级脱挥器入口管线加入软水辅助脱挥，产品的残留含量低于300μg/g。

④ 真空及循环系统配有循环液和真空蒸馏提纯装置，可除去循环液中的低聚物，排出的低聚物作为燃料回收利用。进料系统配有除去苯乙烯中阻聚剂TBC的吸收塔。

(4) TEC-MTC工艺（日本）

① 一般采用热引发，高光泽HIPS的生产才用引发剂引发，加入少量乙苯作为溶剂。

② 聚合系统采用两台全混流立式釜和三台活塞流塔式反就器串联组成，其中一台全混流立式釜不作预聚釜，只在生产高分子产品时使用。釜式反应器由外夹套、导流筒和盘管组成，其搅拌上部为双螺带、下部为涡轮式；塔式反应器由三个带双螺带式搅拌器的混合室和两个换热器组成；反应器之间还设置了三个中间冷却器，上述多个反应器均为满釜操作，反应器间的物料输送靠反应器之间的压差来实现。其聚合最终转化率可达80%以上。

③ 脱挥系统采用两组脱挥，产品的残单含量可控制在400μg/g以下。

④ 真空及循环系统设有循环液的真空蒸馏提纯

装置，二级脱挥器冷凝下来的冷凝液送去提纯装置除去循环液中的低聚物，低聚物回收作为燃料。

3. 我国聚苯乙烯生产技术现状

我国聚苯乙烯树脂的开发始于20世纪50年代后期，1960年上海高桥化工厂自行设计建一套年产500吨的悬浮法聚苯乙烯装置。1961年兰州化学合成橡胶厂从前苏联引进一套1 000吨/年的装置，开始本体法生产新模式，1995年上海高桥化工厂又建一套2 000吨/年装置投入生产。1970年后先后在燕山、常州、南京、岳阳等地新建一批聚苯乙烯生产装置，初步形成我国PS生产体系。80年代初我国PS工业发展比较缓慢，1982年我国PS生产能力只有26万吨/年，生产技术比较落后，主要是采用高温悬浮法、低温悬浮法、本体悬浮法等聚合工艺。80年代后有几套大型PS装置的引进和建设投产，我国PS树脂生产能力、品种、技术水平有较大发展，进入快速增长期。到2002年末，我国PS生产能力已达到230万吨左右（其中GPPS/HIPS 140万吨，EPS 90万吨），已形成一个独立的、品种较齐全的聚苯乙烯体系，在合成树脂占到16.5%左右。

目前我国PS的生产装置中引进几套先进的本体聚合工艺装置，技术来源多种多样，几乎世界各大公司的先进技术工艺路线我国均有装置生产PS。加入WTO后，国外各公司的先进技术也纷纷到我国沿海一带（如江苏、浙江等省）投资建厂生产PS产品。

二、世界各地聚苯乙烯生产能力及新建扩建

1. 世界各地聚苯乙烯生产状况

由于聚苯乙烯产品消费的强劲增长，使PS生产发展很快，各地区的PS生产能力和开工率逐年增长。当前全球PS生产能力为1 498.5万吨/年，产量为1 045万吨/年，包括北美338.7万吨/年，欧洲280.6万吨/年，中东欧65.5万吨/年，非洲/中东35.1万吨/年，亚太地区690.7万吨/年。

世界各地区PS生产能力及开工率预测情况见表1。

表1 世界各地区PS生产能力及开工率预测 单位：千吨

地区		实际			预测				
		2002年	2003年	2004年	2005年	2006年	2007年	2008年	2009年
北美洲	生产能力	3 715	3 623	3 623	3 623	3 623	3 623	3 623	3 723
	开工率/%	79	77	79	78	80	82	83	83
南美洲	生产能力	851	855	861	861	861	861	861	861
	开工率/%	50	48	52	52	54	56	58	59
西欧	生产能力	2 799	2 749	2 929	2 929	2 929	2 929	2 929	2 929
	开工率/%	95	87	83	82	84	84	85	86
中欧	生产能力	308	308	308	308	308	338	348	348
	开工率/%	67	72	74	75	74	68	67	70
俄罗斯	生产能力	543	570	593	593	593	593	593	593
	开工率/%	18	19	19	21	21	24	25	26
非洲	生产能力	5	5	5	5	5	5	5	5
	开工率/%	40	40	34	41	45	49	53	59
中东	生产能力	343	343	343	343	343	343	483	533
	开工率/%	77	76	85	85	83	84	79	76
印度次大陆	生产能力	351	351	351	401	426	426	426	451
	开工率/%	65	80	89	87	82	82	84	85
东北亚	生产能力	4 774	4 795	4 895	5 200	5 595	6 010	6 070	6 130
	开工率/%	78	84	84	82	80	80	83	85
东南亚	生产能力	973	973	973	973	1 063	1 063	1 063	1 063
	开工率/%	79	87	86	89	90	91	92	91

注：来源于CMAI 2005年年度报告。

2. 我国聚苯乙烯生产厂商、产能、产量及新扩建计划

我国PS生产能力在3万吨以上仅投产4套，分别为燕山石化采用美国DOW技术5万吨/年装置，汕头海洋集团采用美国菲纳技术5万吨，两次扩容到8万吨和10万吨装置后，自行设计专有技术17万吨，合计27万吨/年，湛江新中美菲纳技术8万吨/年，齐鲁石化采用日本TEC-MTC技术3.6万吨/年，都是生产GPPS和HIPS，这四大企业的PS生产能力合计为43.6万吨。因此，我国聚苯乙烯的生产，无论在生产量、品种还是生产构成比例，与先进国家相比，都存在很大差距。

2004年我国共有PS生产厂40余家，其中镇江奇美公司是目前我国大的生产厂商，生产能力达36万吨，其次是汕头海洋集团27万吨。

表2为我国PS生产厂产量及技术。

表2 我国PS生产厂产量及新扩建计划表

单位：万吨

生产厂商	现有产能	产量	新扩建计划	技术来源
镇江奇美	36	18.8	24	奇美
汕头海洋	27	22.1	12	FINA
扬子巴斯夫	15	11.2	6	BASF
雪佛龙	12	11.4	5	雪佛龙
湛江新中美	8	8	0	FINA
广石化	5	5	0	FINA
道达尔(三水)	10	8.5	0	FINA
燕山石化	5	5	0	DOW
盘锦石化	3.5	3.5	0	FINA
抚顺石化	7	3	0	FINA
大庆石化	2.5	2.5	0	
齐鲁石化	3.6	0	0	TEC-MTC
斯泰隆石化	12	10.8	8	DOW
上海赛科	30	30	0	BP
宁波台化	0	0	10	
LG宁波甬兴	10	10		
天津大沽	0	0	10	
无锡伟达	18	18	0	
合计	204.5	167.8	75	

备注：无锡兴达30万吨，江阴润华20万吨和佛山道达尔10万吨均以EPS为主，不计算在本表内。

3. 我国PS产品进出口情况

自20世纪80年代以来，我国PS一直供不应求，且进口量增长很快，近几年来我国进口PS情况见表3。

表3 近几年我国PS进出口情况 单位：万吨

年份	产量	进口	出口	表观消费量	国内自给率/%
2000年	75.1	142.60	2.9	214.8	34.96
2001年	84.0	153.79	4.67	233.1	36.04
2002年	108.0	162.8	1.9	268.9	40.16
2003年	130.2	156.4	5.4	281.2	46.30
2004年	202.9	156.26	3.3	355.9	57.01

我国PS树脂产量和进口量持续高速增长，已成为世界上最大的消费市场之一，2004年我国PS的生产厂家30余家总生产能力为235万吨/年，产量约230万吨，进口量为156.26万吨，表观消费量为356万吨，自给率为57%。其中，GPPS、HIPS产能为165万吨/年，产量113.3万吨。预计今年我国PS需求量将达到300万吨/年，到2010年，将达590万吨，2015年达到780万吨。

中国作为世界聚苯乙烯需求大国，虽然聚苯乙烯生产能力和产量逐年增长，但自产部分仍不能满足市场需求，每年都需要大量进口PS产品。

三、聚苯乙烯产品的应用

目前，我国聚苯乙烯主要用于注塑制品、挤出制品及泡沫制品三大类。注塑制品是GPPS和HIPS的主要用途，包括电视机壳、冰箱装饰件、音箱用品盒、软盘盒、商用电子设备和通信设备、玩具、照相用工具、厨房用具等，国内注塑制品消耗聚苯乙烯约占总消费量的60%。泡沫制品是聚苯乙烯发展最快的领域，泡沫制品消耗聚苯乙烯约占总消费量的20%。预计今后几年我国PS消费量将以6%～7%的速度增长，到2010年我国PS树脂需求量将达到590万吨/年，2015年达到780万吨/年。随着我国一批新建及计划建PS装置建成投产，预计到2010年，我国PS产能将达到315万吨/年，PS自给率将升高，但仍需进口大量PS树脂满足国内市场需求，尤其是高性能的PS树脂及专用PS树脂。

我国PS产品应用及消费结构预测见表4。

表4 我国PS产品应用及消费结构预测

单位：万吨

应用领域	2000年		2005年		2010年(预测)	
	销量	比例/%	销量	比例/%	销量	比例/%
电子/电器	129.7	60.4	225.7	59.7	364.9	58.1
日用品	53.3	24.8	97.5	25.8	155.1	24.7
包装	18.0	8.4	23.1	6.1	36.4	5.8
建筑	2.8	1.3	11.0	2.9	36.4	5.8
其他	11.0	5.1	20.8	5.5	35.2	5.6
合计	214.8	100.0	378.0	100.0	628	100.0

今后国内聚苯乙烯需求量还会以一定速度增长，预计到2010年PS的需求量将达到628万吨。在需求增长同时，PS的消费结构也会发生一些变化，如一次性包装和电器比例会有所下降，而建筑和日用品的消费比例会上升。

四、我国PS产品的供需状况及市场前景

1. 国内PS产品的供需状况

20世纪90年代以来，我国PS消费量以年平均27.6%的速度增长。国内PS的需求量增长较快，厂家的生产数量和品种难以满足需求。因此每年进口大量的PS树脂，2000年进口量为152.8万吨，而消费量为273.2万吨，进口量占总消费量的55.8%，而国内PS产量（68.3万吨）仅占表观消费量的27%。我国进口PS主要来自周边的韩国、日本、泰国和中国台湾省，其进口量占进口总量的78%左右。绝大部分进口PS的贸易方式是来料与进料加工，只有很少一部分以一般贸易方式进口，说明大部分PS制品的最终市场并不在中国内陆，估计这种情况会长期存在下去。

进口产品中，高抗冲型基本应用在各种家用电器、玩具、零配件等通用性强、用量大的领域，通用牌号用于日用品、玩具、灯具等。

预测未来五年，我国仍将是世界最大的PS进口国，其主要原因在于，来料加工仍将是国内PS制品的主要方式，而国外大型企业尚未将中国作为主要的海外生产地，因此供应缺口还会存在。PS的供应不存在垄断行为，但在进口产品中已经呈现垄断竞争的态势。

近几年来，我国部分生产厂商扩建和新建PS（包括国外在大陆投资建厂）缓和国内供需关系，但产量仍不能满足市场的需求，需要进口PS产品。

目前我国自产并在国内市场较为流行的PS牌号有数十个，见表5。

在国内市场使用较为广泛的进口产品牌号见表6。

2. 国内PS产品的市场前景

我国PS产品经过40多年的发展、生产和消费，都取得很大的进展，国内PS市场呈现如下特点。

（1）PS行业继续保持良好发展态势　2004年我国PS市场价格涨跌反复，总体呈现上升的趋势，原料价格屡次冲高对PS价格上升形成了有效支撑。长远看，受国家宏观经济运行良好、原料价格高涨和需

表5　国内PS市场上流行的主要国产牌号

生产厂商	牌号	性能特点
大庆石化	GP206	通用级，食品级，适合一般用又透明的制品
盘锦石化	GP525	注塑级
燕山石化	GP666D	通用注塑级，注塑容器、一般配件、玩具、家庭用品，常与HIPS掺混使用，可提高刚性和光泽度
	HI492J	注塑高冲击型，强度高，适合于电视机、收音机、汽车工程、家用制品等
齐鲁石化	GPPS7535A	注塑通用级，高强度，适合薄壁容器、杂品、日用品等
扬-巴公司	GP158K	通用注塑级，极高的透明度、光泽度和表面硬度、易染色，收缩性、翘曲性低，加工循环时间短
	GP158KC	通用注塑和挤塑性，适合通用和包装制品
	KT476l	高抗冲注塑级，高耐冲击强度，收缩性、翘曲性低，加工循环时间短
	KT466F	高抗冲注塑级，高耐热、高耐冲击强度，收缩性、翘曲性低，加工循环时间短
镇江奇美	PG33	注塑级，适合一般通用的耐热制品
	PH88H	高抗冲击注塑级，适合耐热性的制品
湛江中美	GPPS525	通用注塑级，流动性中等，抗冲击性良好，适合日用品
	GPPS535	通用注塑和挤塑级，适合通用和包装制品
	990	超高抗冲击注塑级，高流动性，高刚性，ABS工程塑料的代用品，工业配件等
	680	中抗冲注塑级，高刚性，耐热性好，适合工业配件、日用品、挤塑泡沫、板材
	825TV	高抗冲挤塑级和注塑级，耐热性良好，适合家用电器配件和电视机外壳等
抚顺石化	825	注塑级高抗冲击级，适合家用品、计算机外壳、容器、玩具等

表 6 国内 PS 市场的进口牌号

生产厂商	牌号	MI /(g/10min)	相对密度	特点及用途
美国 DOW 化学公司	GPPS429U	31	10.50	冰箱材料,高耐热、高韧性,好的加工性能,通过 FDA 标准
	GPPS5192	4.6	10.50	注塑级,用于各种电器产品
	469	2.5	10.50	挤塑级用于冰箱,挤塑性能好,抗冲击强度高伸长率高,耐热、耐化学性好,通过美国 FDA 标准
BASF 公司	2712	6.5	10.50	高流动性,耐环境应力开裂性好,适合于各种电器制品

说明：国内市场进口的韩国、日本以及中国台湾的 PS 牌号将另外介绍。

求持续放大的综合影响，我国 PS 行业在未来一段时间内仍将保持良好的发展态势，但需求增幅将大于产能扩张的增幅。影响未来 PS 行业发展的因素包括经济环境、国家产业政策、国际原油价格走势、下游市场对价格的承受能力以及 PS 高端和专用产品的市场开拓速度。

(2) 原料供应矛盾突出　原料供应安全和成本上涨的问题在一段时间内仍将十分突出。我国已经成为全球苯乙烯最大的消费国之一，但由于产能较低，苯乙烯供应一直依赖进口。随着我国一批世界级规模的苯乙烯装置建成投产，2006 年产能将达到 250 万吨/年，这在一定程度上可缓解供需矛盾，但缺口仍然存在。同时，高油价仍将持续，成本压力仍将在较长时间内影响行业原有的利润。

目前整个硬塑行业都面临着非常好的市场环境和机遇，2004 年，上游企业和中间商都实现了可观的利润。但 PS 企业受原料价格上涨的影响，导致资金链条收紧。下游则因 PS 价格上涨而出现了减产、降低装置开工率等生产滑坡的情况，直接导致了对 PS 需求的大幅波动，反过来也影响了 PS 行业自身的良性发展，因此，有必要加强上下游之间的协作来化解这种困难。

(3) 消费结构有待调整　在我国 PS 消费结构中，最大的应用领域是电子/电器行业，约占总消费量的 55%；日用品占 25%；鞋底料、包装材料等占 20%。由于我国 PS 树脂需求有相当部分属于来料加工或进料加工，预计未来几年 PS 树脂消费结构不会发生很大变化，仍以电子/电器部件为主，而日用品、办公用品和包装材料等领域的用量会有较快增长。我国企业所生产的 PS 树脂主要集中在通用型牌号上，而高端和专用性树脂开发力度不足，这部分市场利润丰厚而且正在迅速扩大，对于高端产品市场我国企业虽然看得见但却抓不住，一些领域的专用牌号产品目前仍完全依赖进口。要想实现我国 PS 产业的做大做强，高端产品的研发是一道必须跨越的门槛。

(4) 生产能力不足，进口依赖度大　相对于旺盛的需求，我国聚苯乙烯的生产能力虽然增长很快，但仍远不能满足需求，不得不依靠大量进口。

(5) 外资企业是我国聚苯乙烯生产的重要力量　在我国聚苯乙烯生产中，外资企业占有重要的地位。在国内最大的 5 家聚苯乙烯生产厂商中，有 3 家是外资企业，分别是镇江奇美化工有限公司（30 万吨/年)、扬子巴斯夫苯乙烯有限公司（14.2 万吨/年）和 LG 宁波甬兴化工有限公司（10 万吨/年）。

(6) 电子/电器是我国聚苯乙烯最重要的消费领域　在发达国家，聚苯乙烯的主要消费领域是包装容器，约占总消费量的一半。而在我国，聚苯乙烯的主要消费领域是电子/电器，约占聚苯乙烯消费总量的 60%。

由此看来，我国 PS 市场有效需求不足，多数国产产品销路不畅，价格也呈下降态势。下游开工情况不佳，整体购买情况十分平淡。PS 树脂的主要缺点是性脆和耐热性差，目前各种塑料资源充足，价差不大，利润空间微薄，一些领域被其他性能更优良的塑料所取代，致使 PS 的产品需求不旺，市场竞争激烈。不仅如此，我国 PS 市场走势还取决于进口量和进口价。

近年来，由于进口量大，使得国内市场价格走低。

五、我国 PS 产业存在的问题及对发展建议

1. 我国聚苯乙烯工业存在的问题

由于各种原因，我国的聚苯乙烯生产（不包括外资及合资企业）无论在产品性能、质量还是装置规模上都与世界先进水平有较大差距，严重影响了我国聚苯乙烯产品的市场竞争能力。

(1) 国产产品性能和质量较差，不能满足市场的要求　我国聚苯乙烯产品的质量和性能较差，除外资及合资企业产品外，国内厂商的产品多数不能满足电子行业等用户对产品性能和质量的要求，难以进入这个庞大的市场。在聚苯乙烯需求量最大的电子/电器行业中，进口产品占绝对优势，国产树脂只有少量应用，而且只能用于低档产品。国内知名电器制造商为了保证其产品质量，全部使用进口原料或外资合资企业的产品，连用于防震外包装的发泡聚苯乙烯也通常使用进口产品或合资企业的产品。

（2）装置规模偏小，缺乏竞争力　目前国内有聚苯乙烯生产厂近40家，大部分能力在3万吨/年以下，还有不少规模在1万吨/年左右的小型装置。能力达到10万吨/年的生产厂仅有5家。小装置不但产品质量不能和先进的大型生产装置相比，而且生产成本也较高，在市场竞争中处于劣势。

（3）原料供应不足，装置开工率低　与聚苯乙烯生产的高速发展不相适应的是，其原料苯乙烯生产发展相对较慢，聚苯乙烯装置的原料来源受到限制，开工率受到影响。

2. 对我国聚苯乙烯工业的发展建议

（1）大力发展原料苯乙烯的生产，彻底解决聚苯乙烯原料缺乏的问题　原料不足制约了聚苯乙烯生产的发展，因此解决原料问题是发展聚苯乙烯生产的关键之一。根据预测，到2005年，国内聚苯乙烯生产能力将达到220万吨，2010年将达到300万吨，对苯乙烯的需求量非常大，而规划的苯乙烯生产能力仍不能满足需要。聚苯乙烯对苯乙烯的庞大需求给石油和石化两大集团公司提供了发展苯乙烯生产的良机，两大集团公司是国内重要的苯乙烯生产商，尽力扩大苯乙烯的生产能力既可以为国内聚苯乙烯的生产提供充足的原料，又能趁机占领市场，取得较好的经济效益。

（2）抓住时机，积极占领国内市场　由于国家近年来严厉打击走私，规范进口，出于降低成本的考虑，国内一些原来使用进口原料的用户开始寻找能够代替进口产品的国内供应商，这给国内聚苯乙烯生产企业带来了极好的机会。国内聚苯乙烯生产企业应该抓住机遇，努力提高产品性能和质量，力争在最大范围内替代进口产品。总之，只要采取适当措施，国内聚苯乙烯生产完全能够得到良好的发展。采取轻易放弃的态度是不可取的。

（3）我国目前聚苯乙烯装置规模与经济的生产规模10万吨/年和理想规模20万吨/年相比差距较大　因此条件许可的应尽可能实施生产装置改扩、挖潜，以期达到经济规模，降低生产成本，提高竞争能力。对新建聚苯乙烯装置，应持慎重态度，尤其是达不到经济规模的新建生产装置以不建为好。

（4）聚苯乙烯应用广泛，为适应各种用途、应增加聚苯乙烯产品的品种牌号　国内目前能生产的牌号仅20多种，远不能满足市场需求，因此应在开发特色产品方面下工夫，譬如对聚苯乙烯的使用性能和加工性能进行改性，注意聚苯乙烯和其他塑料如PE、PPO和PA等材料的复合，使它们的塑料性能得到互补，这将是提高聚苯乙烯附加值的关键。

（5）随着国外知名生产厂商进入中国聚苯乙烯生产领域，市场竞争形式将日趋严峻　虽然国内聚苯乙烯自给不足，但由于品种牌号不均，造成某些基本牌号产量过剩，因此国内生产企业应积极参与国际市场竞争，寻求出口。

（6）加入WTO后，随着SM、PS进口关税降低，PS将会大量涌入国内市场，竞争将会更为激烈　经过优胜劣汰，规模效益好，产品质量佳，新产品开发能力强的生产企业将继续生存下去，反之将会陷入困境，淘汰出PS产业。

（汕头海洋集团信息中心　方永钊
佘姗　方晖）

聚碳酸酯及其合金市场现状与展望

聚碳酸酯（PC）树脂，由于具有极好的冲击性能，同时具有好的耐蠕变性和尺寸稳定性，且耐热、吸水率低、无毒、介电性能优良，是五大通用工程塑料中唯一具有良好透明性的产品，也是近年来增长速度最快的通用工程塑料。由于PC树脂优越的综合性能，使其广泛应用于汽车制造、电子电气、光学存储（光盘基材）、建筑建材、航空航天、办公设备、包装、运动器材、医疗保健等领域。

近几年来，随着聚碳酸酯在光学介质如CD和DVD方面应用的大幅度增加，带动了全球聚碳酸酯需求量的快速增长。据统计，2000年全球PC树脂生产能力约为185万吨，2003年为275万吨，2005年将达到325万吨，年均增长率约为12%左右。全球聚碳酸酯需求量2000年为193.5万吨，2003年达到230万吨左右。今后几年内，全球聚碳酸酯需求量将以年均5%～8%的速率增长。

一、世界聚碳酸酯树脂工业格局及生产技术现状

全球聚碳酸酯树脂的生产主要集中在美国、西欧和日本。这三大产地生产能力约占世界总生产能力的90%。目前世界聚碳酸酯工业发展呈现两大特点，一是生产更趋集中和垄断，德国拜耳公司、美国GE化学公司、道化学公司及日本帝人公司四大公司的生产能力占世界总生产能力的80%左右，其中通用电气、拜耳、陶氏化学和日本帝人公司，其装置能力分别占2000年世界总生产能力的35%、31%、9%和9%。这几大公司控制着世界聚碳酸酯的生产技术，主宰着世界聚碳酸酯市场。二是亚洲发展迅速，近年来随着亚洲经济逐步恢复，尤其是中国经济的持续快速发展，对工程塑料的需求越来越强劲，世界著名聚碳酸酯生产商也纷纷来亚洲投资建厂。

目前，聚碳酸酯的生产处于高度集中。除日本帝

人外，亚洲企业生产能力均在6.2万吨以下。其中，光盘仍是聚碳酸酯消费的主要领域之一，拜耳公司预计2005年用于光学介质的PC消费量将达到77万吨。日本帝人集团与新加坡合资的19万吨/年的生产装置，产品50%将用于光学介质。

全球PC树脂两大主要生产商Bayer和GE致力于用于医用市场的PC树脂的新品开发。Bayer公司推出的Makrofol LP 209 PC薄膜及GE公司的3种Lexan PC：Lexan HPX8R、HPX4、HP1HF。

聚碳酸酯工业化合成主要是界面光气化路线，以双酚A为原料，使用光气、氢氧化钠和二氯甲烷为原料及反应助剂，此法工艺成熟，产品质量较高，易于规模化和连续化生产，经济性好。因此，此工艺路线长期占据着聚碳酸酯生产的主导地位。但由于该法使用的原料光气剧毒，近年来各大公司纷纷研究非光气法生产路线。1993年非光气法工艺研究成功，并由GE塑料日本公司实现了工业化生产。主要以双酚A与碳酸二苯酯为原料，该工艺是一种符合环境要求的“绿色工艺”，已成为今后聚碳酸酯合成工艺的发展方向，预计未来在聚碳酸酯生产中将逐渐占据主导地位。

二、国内聚碳酸酯的生产与发展现状

随着我国国民经济的稳定发展，尤其是电子/电气工业、汽车工业已成为我国国民经济的支柱产业，另外城市建设和西部大开发等基础项目的建设将对新型建筑材料有较大的需求，我国已成为全球聚碳酸酯需求增长最快的国家。业内人士预计未来几年我国聚碳酸酯的需求其年均增长率将保持在15%左右，2005年我国聚碳酸酯的需求量将达到45万吨左右。

聚碳酸酯消费领域主要集中在：电子电器领域消费17万吨、玻璃板材10万吨、光盘4万吨、饮水桶3万吨、照明、玩具以及工业零部件等约2万吨。

2000年我国聚碳酸酯消费量为10万吨，2001年增加到21万吨，到2002年其消费量达到34.3万吨，2003年表观消费量达到44.6万吨。由于国内年产量不足千吨，国内消费几乎全部靠进口。2001年我国进口聚碳酸酯26.6万吨，2002年进口41.5万吨，2003年进口量高达53.5万吨，2004年聚碳酸酯进口量已达59万吨。预计亚洲地区在未来几年内聚碳酸酯年均需求增速仍将保持在10%左右，其2005～2008年的需求量将分别为130.4万吨、145.5万吨、159.7万吨和175.5万吨。其高速增长的动力主要来自于中国，预计2005年、2006两年国内PC需求量将分别达到67万吨和80万吨左右。

与国外公司相比，国内聚碳酸酯企业不仅规模极小，而且技术落后，远远不能满足国内需求。我国原有10余家聚碳酸酯生产企业，目前，能维持正常生产的企业只有上海申聚化工厂，重庆长风化工厂和常州有机化工厂，总生产能力为5 600吨/年，但产量不足1 000吨，且大部分自用。因此，巨大的市场需求和丰厚的利润吸引了世界化工巨头纷纷前来我国投资建厂，国内也有多家公司随着技术的突破也在扩产或兴建新装置，这标志着我国聚碳酸酯生产投资进入了高峰期。

目前在华投资及计划投资的聚碳酸酯产业的国际跨国公司主要有拜尔公司、帝人化学公司、GE公司和三菱瓦斯化学公司。

拜尔公司与上海华谊集团氯碱化工公司合作，在上海化工园区建设大型的PC装置，第一期年产5万吨装置投产后，已开始了二期工程的建设，产能将扩至年产10万吨，最终将使PC装置年产能扩至20万吨。包括20万吨/年聚碳酸酯及配套的20万吨/年双酚A项目，将于2005年建成；日本帝人作为亚洲最大的聚碳酸酯生产商，继在日本和新加坡之后，又在中国嘉兴投资约140亿日元（1.35亿美元）建第三个PC基地。2005年4月一期工程年产5万吨光气法装置已试产，主要生产电子、电器部件用PC树脂。据悉，该公司现已开始筹建在华的第二套5万吨/年光学用PC树脂装置，预计2006年9月建设投产。另据悉，三菱瓦斯化学公司也计划在中国建设10万吨/年PC装置，如获批准，可望在2007年投产，美国通用电器公司与燕山石化也准备合资建设年产5万吨的PC装置。

国内企业投资聚碳酸酯项目方面，中国蓝星聚碳酸酯项目进入实质性操作，辽宁省发改委正式下达了对中国蓝星沈阳石化有限公司28万吨/年聚碳酸酯项目的立项批复文件，这标志着沈阳市最大的化工项目进入了实质性操作阶段。该项目一期总投资约33亿元；同时，吉林将建10万吨/年聚碳酸酯项目，该项目建设周期2005～2007年，投资总额为10亿元，目前正在编制可行性报告；铜陵金泰化工实业有限责任公司的年产3kt全非光聚碳酸酯项目建设也即将启动，该项目完全符合国家提倡的绿色工程产业化政策，预计今年年底之前将完成生产装置的建设及调试工作；在开发东北老工业基地的热潮中，抚顺也制定了建设聚碳酸酯生产基地的计划；此外，甘肃银光聚银化工有限公司与中科院长春应用化学研究所在银光聚银公司签订了合作研发聚碳酸酯的小试协议，标志着银光聚银公司合作研发聚碳酸酯项目正式启动。银光聚银公司合作开发的聚碳酸酯项目，要经过小试、中试到工业化生产的三个科研转化过程。根据开发进度，今年年底将进入产前中试；四川省绵阳总投资达

20亿元人民币的5万吨/年聚碳酸酯项目已经正式动工建设，一期工程于2005底投产，年产聚碳酸酯1万吨；此外，中国精细化工（常州）开发园区也将建设年产5kt的特种聚碳酸酯。

上述项目完成后，将从根本上改变我国聚碳酸酯树脂长期以来依赖进口的局面，极大地促进我国工程塑料的发展。

三、聚碳酸酯的应用与消费

1. 光盘的基础材料

近年来，随着信息产业的迅猛发展，光学介质的应用助推了聚碳酸酯的快速增长。目前世界光盘制造业所耗聚碳酸酯量已超过聚碳酸酯整体消费量的20%，其年均增长率超过10%。我国光盘产量增长迅速，据国家新闻出版总署公布的数字，2002年全国共有光盘生产线748条，年耗光学级聚碳酸酯约8万吨，且全部进口。因此，聚碳酸酯在光盘制造领域的应用前景极为广阔。

2. 光学透镜材料

聚碳酸酯以其独特的高透光率、高折射率、高抗冲性、尺寸稳定性及易加工成型等特点，使之在光学透镜领域占有极为广阔的应用市场。其中，世界眼镜业聚碳酸酯消费量年均增长率一直保持在20%以上，显示出极大的市场活力。

3. 汽车制造业

聚碳酸酯所具有的抗冲击、耐热畸变性及良好的耐候性和高的硬度，适用于生产轿车和轻型卡车的各种零部件。随着我国汽车工业的高速发展，聚碳酸酯在这一领域的应用极具拓展潜力。

4. 电子电器工业

由于聚碳酸酯在较宽的温、湿度范围内具有良好而恒定的电绝缘性，是优良的绝缘材料；同时，其良好的阻燃性和尺寸稳定性，使其在电子电器行业得到了广泛的应用。

5. 建材行业

聚碳酸酯板材具有良好的透光性，抗冲击性，耐紫外线辐射及其制品的尺寸稳定性和良好的成型加工性，使其比建筑业传统使用的无机玻璃具有明显的技术性能优势。目前，国内建有聚碳酸酯建材中空板生产线20余条，年需用聚碳酸酯7万吨左右，预计到2005年将达到14万吨。

6. 用于包装领域

由于聚碳酸酯制品具有质轻，抗冲击和透明性好，用热水和腐蚀性溶液洗涤处理时不变形且保持透明的优点，目前一些领域PC瓶已完全取代玻璃瓶。据测，随着人们对饮用水质量要求的不断提高，聚碳酸酯在这方面的用量增长速度将保持在10%以上，2005年底其用量达到6万吨。

7. 用于生产医疗器械

由于聚碳酸酯制品可经受蒸汽、清洗剂、加热和大剂量辐射消毒，且不发生变黄和物理性能下降，因而被广泛应用于人工肾血液透析设备和其他需要在透明、直观条件下操作并需反复消毒的医疗设备中。如生产高压注射器、外科手术面罩、一次性牙科用具、血液分离器等。

8. 用于航空、航天领域

近年来，随着航空、航天技术的迅速发展，对飞机和航天器中各部件的要求不断提高，使得PC在该领域的应用也日趋增加。

四、聚碳酸酯树脂的合金化发展趋势

目前全球聚碳酸酯应用已向高功能化、专用化方向发展，即聚碳酸酯树脂的发展方向为：合金化、高功能化、专用化、系列化。据有关专家预测，未来国内聚碳酸酯需求增长最快的领域将是聚碳酸酯共混合金类复合材料，其中汽车工业将是主要推动力。

聚碳酸酯成为国内工程塑料消费增长最快的品种，得益于PC/ABS合金的高速增长。尽管PC具有许多优异性能，然而由于PC分子链的高刚性和大的空间阻位使其具有较高的熔体黏度，因此加工困难，易开裂，耐溶剂性和耐磨损性较差，因此对PC改性研究成为PC应用研究最重要的课题，目前聚合物合金化成为PC改性重要途径，国外已有大量性能优良PC合金投入市场，国内开发研究起步较晚，因此借鉴国外PC合金研究开发经验，非常有助于我国PC应用研究。

1. 聚碳酸酯/ABS合金

聚碳酸酯与ABS共混物，一方面可以提高ABS的耐热性、抗冲击和拉伸强度，另一方面可以降低聚碳酸酯成本和熔体黏度，改善加工性能，减少制品内应力和冲击强度对制品厚度的敏感性。目前聚碳酸酯/ABS合金发展迅速，全球产量约为85万吨/年左右，我国需求量约为20万吨/年左右。聚碳酸酯/ABS合金新品种有阻燃、玻纤增强、电镀、耐紫外线等。主要用于汽车工业、计算机、复印机和电子电气部件等。我国近年来也开始一定研究和生产，如上海杰事杰公司的PC/ABS合金材料已应用于汽车装饰件、灯壳和耐热电器壳体；中科院长春应用化学所开发的高耐热、高耐热高抗冲、高耐热阻燃三个品级的PC/ABS合金材料已被国内数家汽车制造公司使用，用做前装饰板、仪表板及物品箱盖专用料等。兰州大学研究在PC/ABS共混体系中加入高压聚乙烯进行增容改性，得到混合物流动性好且低温韧性与模量几乎不受影响，适用于制作薄壁板材；国内研究人员为了降低 PC/ABS 两相之间的界面能，在 PC 和 ABS 中加入抗冲击剂 MBS，合金的空冲击度可以达到极高值，PC/ABS/MBS 外观呈象牙白、质地均匀、手感极佳。

2. 聚碳酸酯/PBT 合金

PBT 具有优异的力学性能、耐化学腐蚀及易成型等特点，将 PBT 与聚碳酸酯共混，可以提高聚碳酸酯流动性、改善加工性和耐化学药品性。用与聚碳酸酯折射率相近的玻璃纤维增强聚碳酸酯/PBT，不但体系综合性能优良，而且具有很好的透明性，可以替代玻璃材料。由于 PBT 是结晶聚合物，与 PC 共混时易发生相分离，界面黏结不好，因而其冲击韧性不理想，通常加入一定量弹性体以提高共混物的冲击强度。

目前国外聚碳酸酯/PBT 合金产品主要用于汽车保险杠、包装薄膜材料、汽车底座和座位等。国内研究刚刚起步。

3. PC/PS 合金

在 PC 中加入 PS，可以降低 PC 黏流活化能，从而改善 PC 的加工流动性。加入少量的 PS 可使 PC 熔体黏度大幅度下降，PS 在 PC 中还可以起到刚性有机填料的作用，PC 与 PS 均为透明材料，二者折射率非常接近，因此 PC/PS 合金透明，具有良好的光学特性。PC/PS 合金组成对合金力学性能、热性能和加工性能影响较大。此外，在 PC/PS 共混体系中加入增容剂，可以大大提高 PC 与 PS 相容性，这种材料适合制作光盘等。

4. PC/PET 合金

PET 具有较好的力学性能和耐化学药品性，PC/PET 既有 PC 的刚性和耐热性，又有 PET 的耐溶剂性，且 PET 的加入也能改善 PC 的加工流动性。在 PC/PET 共混体系中，加入弹性体如聚丙烯酸丁酯，可以提高合金的韧性和抗冲击强度。

5. 其他

一种新型 10%玻纤增强的 PC/SAN 合金已经引入汽车内饰件中，如仪表盘、中控台、扶手、杯架和烟灰缸。液晶聚酯改性 PC，可以用来改善 PC 的熔融加工性能和力学性能。PC/回收 PET 合金，在保证其力学性能的同时，可大幅度降低成本。此外，如聚（1,4-环己烷二甲酸-1,4-环己烷二甲醇）酯改性 PC，可以明显改善 PC 的透明性和耐黄变性能，可以用作光盘材料。有待进一步开发的 PC 合金还有：PC/EP/CP 共混物、PC/LDPE/MEPDM 共混物、PC/PUR 共混物、PC/PET/PE-g-MAM 三元共混体系等。

五、聚碳酸酯树脂的发展建议

① 目前国内聚碳酸酯生产的技术水平与国外先进水平比较，具有极大的差异，如果完全靠国内自行开发技术，有相当难度。为了加快发展我国聚碳酸酯项目的步伐，建议通过引进国外先进技术、人才、合资建厂等方式来加快我国聚碳酸酯工业的发展步伐。

② 目前我国用于生产聚碳酸酯的配套原料双酚 A 的质量较差，因此应加强配套原料双酚 A 装置的建设、技术开发，提高产品质量、扩大规模。同时应加强基础建设工程。此外，我国有关部门应也应提供聚碳酸酯装置建设的优惠政策和资金方面的支持，为聚碳酸酯工业在我国快速发展提供有力的保证，也可尽快使我国聚碳酸酯在国际市场中占有一席之地。

③ 近年来我国 PC 改性发展较快。聚碳酸酯合金化的应用研究成为主要发展趋势。聚碳酸酯的应用应向高功能化、专用化方向发展。充分利用国内一些科研单位在塑料改性及塑料合金方面的技术成果，提高产品的档次及附加值，在产品的应用领域同国外的各种专用牌号聚碳酸酯竞争，力争占领国内市场。

④ 由于非光气生产工艺是一种符合环境要求的绿色工艺，因此合作开发非光气法；是今后聚碳酸酯工艺的主要发展方向。为我国聚碳酸酯的生产水平早日赶超国外先进水平奠定良好的基础。

由于国内目前技术水平与国外相比仍有较大差距，现有的中小型生产装置应加快技术引进，边生产边消化吸收，不断做大做强，同时配套生产一些聚碳酸酯复合材料，建立自己销售网络，形成具有特色的聚碳酸酯加工应用企业。

（中蓝晨光化工研究院《塑料工业》
杂志社　钟晓萍）

酚醛树脂的改性研究进展

酚醛树脂是世界上最早实现工业化的合成树脂，迄今已有近百年的历史。酚醛树脂原料易得，成本低廉；其经固化后的产品具有良好的耐热性能、力学性能、耐大多数化学试剂等，且性能稳定。因此，酚醛树脂至今仍获得广泛的应用。但随着时代的发展，纯酚醛树脂具有的优异性能已不能满足许多高新技术领域的要求。利用各种方法对酚醛树脂进行改性以提高或强化其某些方面的性能，已成为酚醛树脂研究的核心内容，并已经取得了一些显著的成绩。

从酚醛树脂的发展轨迹上看，酚醛树脂已从初期的简单生产、改性研究上向更高层次发展，在汽车、电子、电汽、交通、军事等许多领域逐步取代了工程塑料和一些金属及合金的主导地位。据统计，全世界酚醛树脂在 20 世纪 90 年代增长大于 10%，一些工业地区甚至达到 15%以上。新型酚醛树脂及其相关技术的研究，甚至可以用“掀起一场革命”来形容。过去十年中，美、英、苏、日等发达国一直没有放松过对新型酚醛树脂的研究。国内许多科技工作者也没有放松过对酚醛树脂的研究步伐、放弃对酚醛树脂的研究探索。

一、酚醛树脂与改性物质的共混改性

1. 提高酚醛树脂耐热性

改性酚醛树脂最简单的方法是在酚醛树脂中添加一定量的改性剂，如硅粉。王继刚、郭全贵、刘朗等研究人员的研究表明：硅粉的添加量以 1∶1 为好。硅粉的加入可有效减少酚醛树脂作为胶黏剂的体积收缩，并保证高温炭化后仍有一定量的树脂碳。这种硅改性酚醛树脂胶黏剂，在 200℃固化和 800℃热处理后具有较好的黏结强度。

同样，以酚醛树脂为胶黏剂的主体，王继刚、郭全贵、刘朗等在树脂中添加 B_4C 以降低胶层的体积收缩，促进酚醛树脂残碳的石墨化，通过 B 原子与 C 原子固溶而析出 C 的机理，可获得高温性能较好的胶黏剂。此种胶黏剂对石墨材料进行粘接，经1 500℃处理后仍具有较高的粘接强度。在上述 B_4C 改性酚醛树脂高温胶黏剂的基础上，添加白炭黑（超细 SiO_2）可制备另一种新型胶黏剂，结果表明，2 550℃处理后新型胶黏剂仍具有理想的耐热温度和粘接强度。白炭黑的添加，对提高胶层的致密性和粘接强度具有明显的效果。

除上述无机材料外，有机材料也可对酚醛树脂进行有效的共混改性。田守信、徐尚坤研究了酚醛树脂与煤沥青、芳香烃溶剂（蒽油、洗油、煤焦油）、呋喃树脂、醇类溶剂（工业酒精、乙二醇、杂醇油）、交联剂（硫黄、六次甲基四胺、氯化锌、三氯化铝、有机过氧化物）等的混合作用，这种混合物作为结合剂，具有成本低、残炭量高等特点。采用这种材料作为含炭耐火材料的结合剂的强度较高，特别是大大地提高了制品在 100～500℃时热态强度。

超细材料与泡沫酚醛树脂的共混改性也是较为有用和简便的方法。如计明的研究表明：用超细氢氧化铝（200 目以上）对泡沫酚醛材料进行填充改性可提高酚醛泡沫的压缩强度，临界氧指数高达 47。同时，泡沫材料在深冷情况下也表现出优异的绝热性能。

2. 提高复合材料性能

除用于粘接目的外，在热固性酚醛树脂中添加10%～25%的羟磷灰石细粉制成浆体，用预氧丝作增强剂包覆于碳/碳复合材料牙种植体表面，再经1 100℃高温处理，可以在碳/碳复合材料的表面形成强度良好的复合改性膜。改性膜中钙含量随着酚醛树脂中羟磷灰石添加量的增加而提高。彭先高、高林、马玲等通过研究发现：用预氧丝作增强剂得到的改性膜的强度明显优于用炭纤维作增强剂得到的改性膜的强度。同时，用预氧丝作增强剂得到的改性膜与基体之间结合的强度也明显优于用炭纤维作增强剂得到的改性膜与基体之间结合的强度。

二、酚醛树脂与改性物质的共聚改性

1. 与不同酚的共聚

(1) 提高残碳率、改善耐热性　酚醛树脂中的酚主要是指苯酚。但采用烷基酚等具有反应活性的酚，也可以合成出性能特异的酚醛树脂。如苯酚∶芳基酚∶烷基酚＝0.85∶0.10∶0.05（摩尔比）时可合成出一种残碳率比普通酚醛树脂提高约 9%的酚醛树脂。以钨及稀土元素改性上述芳基酚醛树脂残碳率可达 69.87%(900℃)。而改性剂的最佳用量仅为 0.2%（质量分数）时即可。

在酚醛树脂中引入 β-萘酚也可以增加树脂的碳含量。但由于多环酚反应活性较低，若过多加入会导致聚合反应不完全，反而降低了残碳率。例如含有10%的 β-萘酚的酚醛树脂 900℃残碳率可达 60%左右。过多、过少效果都不理想。

而一种用于木材和印刷线路板的防火的阻燃树脂。可以用三溴苯酚改性酚醛树脂、三聚氰胺改性酚醛树脂及松香改性酚醛树脂按一定的比例混合而成。三种树脂的最佳配比范围是 2∶1∶2。阻燃性能符合 UL-94V-0 级别。

(2) 提高生产效益、改善脆性　采用松香、壬基酚为原料，同时采用复合催化剂，可合成出高黏度、高庚烷容忍度的松香改性壬基酚醛树脂。通过改进酯化反应工艺，可将树脂产品的收率由原工艺的 78%提高到 90%。同样利用对叔辛基苯酚、甲醛溶液制得酚醛树脂，再与松香反应合成松香改性酚醛树脂，其性能优越，也可作为油墨连接料的重要组成部分。利用天然来源的不饱和脂肪酸，如用油酸，也可合成出类似的产品。油酸、松香等多元改性的酚醛树脂，快干好、光泽度大、耐水、耐酸、耐碱等。与普通松香改性酚醛树脂相比，其脆性降低，柔韧性增强，热稳定性良好，且价格适中。

作为木材用胶黏剂，在苯酚与间苯二酚的摩尔量比为 4∶1，酚、醛的摩尔量比为 1∶1 条件下可合成出一种间苯二酚改性酚醛树脂，此树脂与聚醋酸乙烯酯乳胶相比，具有剪切强度高、固化速度快、固含量高等优点。

2. 纳米级无机材料粉末

无机材料改性酚醛树脂主要是改善酚醛树脂的耐热性能。改性的无机材料一般是在反应初期或反应过程中加入。利用纳米效应、无机材料粉末的活性可与酚醛树脂进行反应，使它们之间产生一定的化学键，所以比共混改性效果更好。例如先将0.36g草酸和一定量的甲醛、有机改性蒙脱土混合搅拌，然后加入苯酚，搅拌升温到反应温度90～100℃，反应1h后补加约0.18g的草酸，继续反应3～4h后，升温减压抽出低分子物，最后得到产物。利用上述插层聚合方法制备的线性酚醛树脂/有机改性蒙脱土纳米复合材料比纯线性酚醛树脂具有更好的耐热性能。

不同纳米粒子的加入对反应的影响不同，纳米TiO_2加入延长了体系混浊的时间，且随着纳米粒子加入量的增多，体系混浊的时间变长；纳米Al_2O_3的加入对反应体系混浊时间基本没有影响；纳米SiO_2粒子的加入却缩短了体系混浊的时间。与混合法相比，原位生成改性酚醛树脂的耐热性可显著提高。上述纳米粒子在5%的加入量下对改性冲击强度最明显，而混合法却没有改善。

在纳米材料改性酚醛树脂中应当注意纳米粒子的分散。例如碳纳米管改性酚醛树脂时，在进行聚合反应之前，应用溶剂洗去碳纳米管表面的低分子裂解产物；同时必须进行超强力振荡，使碳纳米管在单体中进行有效的分散。碳纳米管改性酚醛树脂与非改性树脂相比，在一定的加入量（＜5%）条件下，耐热性才会有所提高。

3. 金属离子改性酚醛树脂

金属离子改性酚醛树脂可大大提高树脂的耐热性。如刘晓洪、荀筱辉、王远亮等研究发表了钼酚醛树脂。这种树脂在苯酚、甲醛、钼改性剂为1∶0.83∶0.06的条件下，于100℃，反应3h而获得。此树脂的热分解温度为522℃，在600℃下的热失重率为17.5%。

而狄西岩、梁国正、秦华宇等研究了硼改性酚醛树脂，他们采用的三步合成法为：首先使2mol烯丙基苯酚与1mol硼酸发生酯化反应。第二步是使上述产物与苯酚进一步发生酯化反应，此步的反应条件为苯酚用量等于理论值的2～3，反应温度160～180℃，反应时间2.5h。反应结束后，将剩余苯酚通过减压蒸馏抽出。第三步是上述产物与多聚甲醛进行缩聚反应。这种树脂具有优越的耐中子辐射及耐瞬间烧蚀性能。

4. 来源于动植物的原料对酚醛树脂的改性

来源于动植物的原料与酚醛树脂的反应目的，其一是为了改进性能，其二是为了降低成本。这些原料对树脂性能的改进性是多方面的，包括改善制品颜色、提高制品柔韧性、增加粘接强度等。

例如用氢氧化钠和亚硫酸钠水溶液在热压釜中浸取花生壳粉，用浓缩的提取液与苯酚、甲醛、亚硫酸钠及一种胺反应，可制得黏稠液状改性磺化酚醛树脂。这种改性树脂可用作黏土泥浆的降滤失剂，并且在抗温、抗盐及抑制性等方面比商品磺化酚醛树脂好。而来源于造纸液的碱木素经处理可与苯酚、甲醛反应生成一种碱木素改性酚醛树脂。此树脂可用于制备高温封堵的堵剂。

在制造油漆方面，采用萜烯类化合物改性酚醛树脂，是较普遍的方法。例如在酸性催化剂作用下，通过加热使酚与甲醛缩合，然后用萜烯进行烃化。当反应温度达160～210℃时，加入适量的脱色剂。并蒸馏出低沸点组分。采用本方法制造的萜烯酚醛树脂颜色浅、软化点高、油溶性好。可代替价格昂贵的叔丁基酚醛树脂并可应用于油漆、油墨、电缆、印刷、橡胶、塑料、胶黏剂等行业中。另一种制造浅色油溶状倍半萜烯酚醛树脂的方法是在硫酸与三氟化硼乙醚络合物的复合催化剂作用下，使苯酚与甲醛加热缩合，然后用倍半萜烯烃化，反应结束后可根据对软化点的不同要求，蒸馏出低沸点组分。采用本方法制造的倍半萜烯酚醛树脂，成本可降低15%～20%，产率可提高至90%以上，且具有油溶性好、颜色浅、软化点高等优点。可作为萜烯酚醛树脂及干性油的有效代用品。

植物油也可用于改性酚醛树脂。如用过氟磺酸及其酸酐作催化剂，使非共轭干性油与酚反应制得酚加成的植物油，然后让酚加成的植物油与醛反应以形成植物油改性的酚醛树脂。用这种树脂来浸渍纸张并使浸渍的纸张层压定型而得的层压板具有优秀的低温冲印质量及电学性质，且层压板表面无低分子量组分渗出。

陆伟琪的研究是首先采用糠醛合成呋喃树脂，然后将线性酚醛树脂与呋喃树脂按（20～70）∶（80～30）的重量比混合，再加入线性酚醛树脂重量0.1～1.5倍的高沸点溶剂和0.01%～1%的添加剂，在120～165℃和0.03～0.1MPa下共缩聚反应0.5～4h，用稀释剂将黏度调至1～20Pa·s即可作为镁钙碳砖的结合剂。这种结合剂不但使制品的强度提高，还可部分的降低成本。生产镁碳质耐火材料所用的结合剂也可采用半人工合成的原料。例如利用高软化点氧化沥青改性的酚醛树脂可用于制造炼钢炉炉衬的镁碳质耐火材料。与其他结合剂制造的镁碳质耐火材料相比，其具有拉伸、压缩强度高，耐烧蚀性好及寿命长等优点。

5. 基本有机化合物改性酚醛树脂

基本有机化合物中可与酚或醛反应的物质也可作为酚醛树脂的改性原料。如采用先合成二羟甲脲，然后将二羟甲脲滴加到苯酚中进行反应，以合成尿素改性热塑性酚醛树脂。只要尿酚比（如0.7）选择恰当，即能获得性能良好的产品。这种树脂可用于制作模塑粉，并且成本较低。

静天鹏的研究是α-甲基苯乙烯改性酚醛树脂。即在催化剂存在下，α-甲基苯乙烯、苯酚、甲醛进行缩聚反应可制备一种α-甲基苯乙烯改性酚醛树脂。这种改性树脂可替代树脂砂轮磨具所用的普通型纯酚醛树脂，在不用改变现有树脂砂轮磨具制造工艺流程前提下，可明显提高树脂砂轮磨具回转强度及硬度等级。

郭学阳研究的是尿素、三聚氰胺、苯酐、糠醇多元改性酚醛树脂。其方法是先合成酚醛树脂预聚体，其次加入尿素、三聚氰胺继续反应一定时间，然后加入部分苯酐和糠醇反应一段时间，最后在60min内滴加剩余的糠醇和苯酐，回流反应，至黏度、密度、折射率合格。反应结束后，向反应釜内加入6%～8%的NaOH进行中和。分离出中和液后，再用60～70℃的软水进行洗涤，且分离出洗涤水。最后，真空脱水至产品合格为止。此树脂可以作为铸造用酚醛树脂，具有生产成本低，产品重量较高的特点。

酰亚胺改性酚醛树脂主要是为了增加酚醛树脂的耐热性。例如，一种双马来酰亚胺改性酚醛树脂的合成可按以下步骤进行：①在草酸催化下，苯酚、甲醛缩聚得线性酚醛树脂；②线性酚醛树脂与氢氧化钾、烯丙基氯反应，制得烯丙基化酚醛树脂；③烯丙基化酚醛树脂在添加了反应性稀释剂后与双马来酰亚胺预聚，即得改性酚醛树脂（Ⅰ）。树脂Ⅰ与适量高温固化剂共混后得到改性酚醛树脂（Ⅱ）。该树脂的TGA结果表明，树脂Ⅱ比树脂Ⅰ表现得更为优异，其起始分解温度为416℃（树脂Ⅰ，402℃），10%失重温度为458℃（树脂Ⅰ，445℃），500℃下的重量保持率82%（树脂Ⅰ，80%），即使在700℃其重量保持率也高达54%（树脂Ⅰ，51%）。该树脂同时还具有良好的加工性能，在注射温度下具有低黏度（0.25Pa·s），但在加工温度（170℃、200℃）下，树脂能够快速固化。使用高温固化剂后，首先树脂的T_g从288℃提高到322℃；其次树脂的黏度有所升高，但仍能满足树脂传递模塑工艺（RTM）的要求；在300℃下，树脂Ⅱ的弯曲强度和模量保持率可达73%和83%。同样，采用普通的热塑性酚醛树脂在120℃左右熔融后，加入一定比例的烯丙基化合物及催化剂，于150℃反应1～2h后，再加入双马来酰亚胺粉末，熔融反应0.5～1h，冷却后粉碎即得双马来酰亚胺改性树脂粉末。结果显示，此种改性树脂的起始热分解温度有所提高，更适宜磨料磨具行业的需要。

6. 人工合成聚合物及预聚物对酚醛树脂的改性

人工合成聚合物及预聚物主要包括有机硅单体及聚合物、不同种类的橡胶、氨基甲酸酯及聚氨酯、聚酰胺、聚酰亚胺等。不同种类的人工合成聚合物的改性目的是不同的。研究较多的改性物质中，有机硅材料的加入主要是进一步提高树脂的耐热性；而橡胶类物质的加入，主要为改善树脂的脆性，提高柔韧性。

（1）有机硅改性酚醛树脂　有机硅改性酚醛树脂一般是为了改进酚醛树脂的耐热性，提高树脂的残碳率。例如，将一定量的苯酚、甲醛加入反应器中，以草酸为催化剂，在搅拌下用油浴加热到100℃，反应2h。用热去离子水洗3次，然后将树脂减压蒸馏至170℃，0.1MPa，得黄色透明树脂。将树脂溶于丙酮，加入一定量的有机硅低聚物，搅拌下升温到回流温度，反应4h，脱去溶剂，得红褐色有机硅改性酚醛树脂。此树脂在氮气中820℃的成碳率大于70%。若需要热固性树脂，则可在上述反应基础上加入甲醛及碱性催化剂继续反应。此方法制备的有机硅改性酚醛树脂浸渍玻纤过滤网布，可得到一种耐高温可折叠型玻纤过滤网布。经高温反应，其耐热性可达1100℃（5min），具有良好的刚度和强度，并且折叠不断裂，能随用途制成各种形状的过滤器。

将酚醛树脂与聚硅醇或多烷氧基聚硅氧烷及催化剂、偶联剂等在氮气气氛中于180℃强烈搅拌下反应2h，可分别得到两种有机硅改性酚醛树脂。酚醛树脂与聚硅氧烷的混合物在熔融温度以上强烈搅拌1h，可得到有机硅与酚醛树脂的共混物。酚醛树脂经有机硅改性后表面张力大大降低，表面张力的降低有利于提高材料的疏水性。这里酚醛树脂提高了有机硅材料的强度，有机硅提高了酚醛树脂的耐热性与疏水性。

（2）聚酰亚胺改性酚醛树脂　聚酰亚胺（PI）改性酚醛树脂可显著提高酚醛树脂耐热性。改性方法主要有两种。①将酚类、芳香族胺及甲醛缩聚合成的酚醛树脂同芳香羧酸酐反应，即可得到分子内含有酰亚胺基团的改性酚醛树脂，其耐热性能优良，这可以称为直接合成法。②将PI与热塑性酚醛树脂熔融共混，加入六亚甲基四胺作为固化剂，固化产物也可显示出优良的耐热性与弯曲强度。

（3）不同的橡胶对酚醛树脂的改性　改善酚醛树脂的脆性主要依靠橡胶来实现。脆性获得改善的同时，制品的冲击强度也可以获得提高。例如将苯酚、甲醛、丁腈橡胶和草酸一并加入反应器中，加热升温并开动搅拌，在90℃下预反应60min，使丁腈橡胶充分地分散溶解；然后补加硫酸，在90℃下进行回流反应；聚合反应结束后，进行真空脱水，当树脂的软化点达到95℃左右时，即可出料。这种丁腈橡胶与酚醛树脂共聚反应的研究结果表明，当丁腈橡胶用量仅为2%时，就可使酚醛树脂的冲击强度提高100%。

当进一步增加丁腈橡胶用量时会进一步增加材料的冲击强度。与丁腈橡胶类似，丁苯乳胶改性酚醛树脂可起到类似的作用。应用此树脂制备的刹车片的耐磨性能和韧性均有所改善。

(4) 其他　高月静等研究了三元尼龙改性酚醛树脂，结果表明共聚改性远远优于共混改性。分析原因可能是改性树脂在固化过程中生成的接枝共聚物更多。此树脂可用于复合材料，更可用于热固性注射成型原料。

高素云通过加大催化剂氨水的用量，在低温条件下，合成出了一种低黏度、固化速度适宜的酚醛树脂。在此基础上将聚乙烯醇引进到酚醛树脂结构中可提高酚醛树脂的韧性和粘接性，降低成型压力。以此树脂为基体成型的玻璃钢薄壁管的三点弯曲强度为310MPa，平行加载刚度18.9MPa。与同类树脂相比具有成本低的优势。可用于制作中、低档鱼竿。

除聚合物外，预聚物也可作为改性酚醛树脂的原料。如加入3%～13%的聚氨酯预聚物改性酚醛泡沫可较大程度地改善纯酚醛泡沫的掉渣性（脆性），掉渣程度减少22.5%～65.3%，从而使泡沫断面结构致密均匀，光滑无沫，有回弹性，达到了不粉化的目的。聚氨酯改性酚醛泡沫比纯酚醛泡沫的容重大，压缩强度在预聚物加入量小于8%时与同容重纯酚醛泡沫相接近，大于8%时则远远高于后者，弯曲强度与同容重纯酚醛泡沫相比略有下降。而泡沫的热稳定性、临界氧指数、吸水率等性能与纯酚醛泡沫相比基本不变。

同样，苯酚与多聚甲醛在增流剂存在下进行初步反应后加入聚砜，继续反应一定时间后可获得一种聚砜改性酚醛树脂，由于采用多聚甲醛作为反应单体，所以不需要真空脱水等操作。免除了污水对环境的污染。这种改性树脂作为玻纤胶黏剂性能良好。

聚酰胺多胺环氧氯丙烷预聚物与适量的甲醛进行反应后再与酚醛树脂进行反应可以得到一种应用性能较好的鞣剂，与传统的产品相比表现在鞣性好、刺激性和毒性小，同时具有一定的助染性，可较好的克服了阴离子型鞣剂的“败色”现象。

即便树脂本身不发生共聚反应，加入一定量的有机硅偶联剂，通过偶联剂的作用，也对改善性能起到明显的作用。例如在煤焦油中加入乌洛托品和弱酸介质进行搅拌，均匀后将酚醛树脂和有机硅偶联剂加入。将上述胶黏剂和沙子按照1∶10的质量比混合置于25mm的玻璃管中，加入适量的水，在含有水的密闭容器中，于一定温度中保持一段时间，取出冷却，打碎玻璃管得固结沙试件。结果表明，在150℃，7天之后采用上述酚醛树脂的压缩强度值比未改性树脂高1.75倍。能满足油田固结砂的要求，还可降低胶的成本。其中，改性酚醛胶各组分的配比为：酚醛树脂∶偶联剂∶固化剂∶煤焦油为100∶1∶10∶(10～15)（质量比）。上述复合改性酚醛树脂用的耐热、耐介质性能也明显提高。

综上所述可以看出，随着社会的进步，随着各学科的不断融合，人们对酚醛树脂的认识越来越深入，从而使得酚醛树脂的应用领域更趋于广泛。同时，由于可资利用的酚醛树脂的改性原料越来越多，使得酚醛树脂的改性研究越来越广泛，相应的改性品种层出不穷，性能异彩纷呈，这样也加速了酚醛树脂应用领域的不断扩展。因此，可以说，这一最古老的人工合成高分子生命力仍然旺盛。

（北京联合大学化学工程学院　马榴强）

抗菌塑料研制应用进展

也许人们没有意识到，人们日常接触的塑料制品表面居然经常沾污或滋生着多种致病的细菌，每时每刻都在威胁着人们的健康！检测表明宾馆的坐便器上有大肠杆菌、金黄色葡萄球菌、白葡萄球菌、枯草杆菌、四连球菌等多种细菌，宾馆、医院等的门把手菌数有时竟可高达200以上。厨房、厕所等水周边应用塑料件长期在潮湿环境，特别容易滋生细菌和霉菌，也会对身体健康造成危害。幼儿园中塑料玩具也检测出了大肠杆菌、枯草杆菌、卡他尔球菌、四联球菌、葡萄球菌指金黄色葡萄球菌等有害微生物。家电中空调中排水管道由于长期潮湿容易滋长细菌、霉菌等致病微生物，这些微生物容易随风进入室内危害人体健康即所谓得“空调病”，近期甚至有报道因空调导致的急性传染病——军团病。苏格兰电话公司调查指出电话竟是感冒、咽炎、流行性脑炎、肝炎、红眼病、皮肤病、结核病等多种疾病的重要传播途径。冰箱、加湿器、净水器等长期潮湿的部位也是细菌繁殖的理想场所，是疾病传播的场所。然而在这些细菌容易滋生的塑料使用场合，只要使用了抗菌塑料就可以抑制细菌的生长。

沉睡在埃及狮身人面像中木乃伊的包裹布可能是人类有意识地使用的最早的抗菌物品了，1935年德国人G. Domark采用季铵盐处理军服以防止伤口感染，从此揭开了现代抗菌材料研究的序幕。随着科技的发展和人们生活水平的提高，抗菌产品也逐渐从军用品转变为了民用品而迅速发展起来。抗菌塑料是20世纪80年代在国际上兴起研究的一种新型材料，到80年代末90年代初逐渐进入应用阶段。90年代以来，以日本为代表的发达国家已逐渐在家用电器、化学建材、通讯设备、食品包装、文具用品、卫浴设施等应用抗菌塑料。随着人民生活水平的提高，我国目前对抗菌材料的需求也越来越迫切。部分进口抗菌产品在我国市场上出现后也得到了人们的欢迎。因此抗菌塑料是一种应用前景广阔的新型材料，对减少疾病传播，提高人民生活健康水平有十分重要的意义。

一、抗菌剂的研究

在抗菌塑料的研制中，抗菌剂的研究是最关键的核心技术。根据塑料用抗菌剂的要求和目前国际上抗菌剂的研究进展，我们选择具有耐热性能高、抗菌谱广、抗菌有效期长、颜色稳定性好等特点的无机类抗菌剂作为研究的目标，着重解决目前国际上抗菌剂的变色问题和加工复杂等问题。

1. 抗菌剂的最低抑菌浓度

通过分布吸附、包裹吸附多种具有抗菌性金属离子技术，开发了系列复合抗菌剂，并对复合抗菌剂进行了一系列的研究。

首先测定了复合抗菌剂抑制最高菌液浓度。测试结果表明复合抗菌剂在 3.2×10^{9} CFU/mL 的细菌浓度下仍能完全杀菌。

最低抑菌浓度（MIC）的测定结果表明在枯草芽孢杆菌细菌浓度在 3.2×10^{9} 个/mL 下抗菌剂的最低抑菌浓度在 $(100\sim500)\times10^{-6}$ 之间。目前国外开发的银系抗菌剂的最低抑菌浓度一般在 $(50\sim500)\times10^{-6}$ 范围，如内田真志开发的含银 2.5% 的银沸石的最低抑菌浓度为 125×10^{-6}，共立硝子开发的银玻璃微珠抗菌剂的最低抑菌浓度为 300×10^{-6}，铜系抗菌剂和锌系抗菌剂的最低抑菌浓度都在 $2\,000\times10^{-6}$ 以上。说明复合抗菌剂的抗菌能力和国外银系抗菌剂基本处于同一水平，但在价格方面有明显优势。

2. 复合抗菌剂的抑菌谱

一个抗菌剂的抑菌谱是抗菌剂性能好坏的重要指标。一般说无机抗菌剂的抑菌谱是较广谱的，表 1 是复合抗菌剂的抑菌谱。

表 1　复合抗菌剂的抑菌谱

菌　名	抑　菌　圈
大肠杆菌	++
枯草芽孢杆菌	++
金黄色葡萄球菌	+
藤黄八叠球菌	++
黄曲霉	+
橘青霉	+
总状毛霉	+
皮状丝孢酵母	—
紫红红球菌	++

注：+表示抑菌圈大小；—表示无抑菌作用，抑菌圈均透明。

3. 抗菌剂的颜色稳定性

抗菌剂的颜色稳定性需要在使用对象中验证。塑料加工过程中抗菌剂需经受高温加热、高剪切等极端环境，使用过程中抗菌剂还要受到紫外光、水等外界因素的影响，所以对抗菌剂的颜色稳定性需要做全面的评价。

（1）自然放置颜色稳定性

将抗菌剂和树脂混合均匀，然后在注塑机上制成 $\phi100$ 的圆片，同时制备空白对照样片。将抗菌塑料片和空白片分别在制备后的 0h 和 500h 时用测色仪测定色差，结果如表 2 所示。

表 2　几种抗菌剂制备的抗菌塑料自然放置变色情况

抗　菌　剂	ΔE（自然放置 500h）
空白样片	−0.4
复合抗菌剂 1	0.82
某国外著名品牌抗菌剂	−0.84
参考抗菌剂	27.5

（2）耐水煮颜色稳定性

塑料在使用过程中不可避免地会遇到潮湿环境，而抗菌塑料一个很重要的应用领域便是水周边制品，因此耐水变色在塑料抗菌剂中就显得十分重要了。为了考察抗菌塑料耐水颜色稳定性能，我们设计了将抗菌塑料片在沸水中煮 8h，然后检测塑料片的变色情况的测试方法。表 3 显示了复合抗菌剂制备的抗菌塑料片和某国外著名品牌抗菌剂制备的抗菌塑料片的耐水煮颜色稳定性。

表 3　抗菌塑料耐水煮颜色稳定性（ΔE）

水煮时间	复合抗菌剂制备的抗菌塑料	某国外品牌抗菌剂制备的抗菌塑料
0h	0.72	2.08
8h	2.32	9.08

（3）耐候颜色稳定性

塑料制品的使用寿命一般在 5～15 年，因此要求抗菌剂的使用寿命也能达到或超过这个使用年限，包括在存放和使用过程中的颜色稳定性。也就是说要求抗菌塑料在使用期限内具有良好的耐候颜色稳定性。为了测定抗菌塑料的耐候颜色稳定性，我们采用了 4500W 的氙灯人工加速老化法测定 ABS 基的抗菌塑料片经 200h 加速老化前后的颜色变化情况（表 4）。

表 4　加速老化 200h 前后抗菌塑料的颜色变化

塑料品种	ABS 空白片	复合抗菌剂制备的塑料片	某国外品牌抗菌剂制备的塑料片
ΔE	5.59	5.82	4.97

4. 抗菌剂生物安全性

山东省疾病预防中心按照 GB 7919—87 对复合抗菌剂进行的急性毒性实验结果为复合抗菌剂样品剂量为 10 000mg/kg，根据急性毒性分级标准，复合抗菌剂属实际无毒物质。

二、可控释放母粒化技术

抗菌剂在塑料中的使用也是创新性研究内容之一。采用了直接将抗菌剂添加到塑料中混合注塑，仅占塑料量 1%～3%的抗菌剂很难在塑料中小尺寸地分散，分散效果差，相应地抗菌剂效果也较差。为了克服分散问题，我们采用了先将抗菌剂分散与树脂载体中制成浓缩母粒。实验中我们发现对部分品种母粒化后抗菌效果并没有很明显地提高。经分析认定是因为母粒和树脂的流动性能一致，造成抗菌剂分布均匀。为了达到更好的效果，我们通过控制抗菌剂、基材树脂和母粒载体三者的相容性以及母粒载体和抗菌剂对基材树脂结晶性能的影响，制备了在抗菌塑料中能够形成梯度分布的可控释放抗菌母粒。利用这种母粒使用后抗菌剂的不平衡分布，既保证抗菌剂以一定速率释放，保持抗菌性能，又可以控制抗菌剂的释放速率，以保持抗菌塑料的长期有效性，并明显降低了抗菌剂的使用量，做到了抗菌剂在基材中的可控释放，实现了抗菌有效性和长效性的统一。

三、抗菌塑料性能

1. 抗菌性

中国科学院微生物研究所和北京市疾病控制中心对使用复合抗菌剂的抗菌塑料作了科学的论证，微生物所结果如表 5 所示。

表 5　贴膜实验的菌落计数结果

样品名称	*E. coli* AS1. 365	*S. aureus* AS1. 89
空培养皿	太多，无法计数	太多，无法计数
空白对照	太多，无法计数	太多，无法计数
复合抗菌塑料	零	零
某国外品牌	零	太多，无法计数

综合检测结果表明复合抗菌剂制备的抗菌塑料具有很好的抗菌性能。表 4 显示了我们开发的抗菌塑料的抗菌谱较某国外著名品牌抗菌剂制备的抗菌塑料为好。

2. 对塑料性能的影响

通过母粒化后，制备抗菌塑料制品时只需将抗菌母粒和基材树脂混合均匀或注塑即可，在加工过程中不需要注塑工艺进行修改，所以使用十分方便。

研究表明复合抗菌母粒的添加量 2%～4%时对材料力学性能影响很小，一般影响不超过 10%。

3. 抗菌长效性

塑料制品的寿命一般在 5～15 年，因此需要抗菌塑料能在塑料制品的使用期内保持抗菌作用。根据我们研制的抗菌塑料抗菌性能长效性测定方法，表明抗菌塑料在使用十年后其有效成分析出量跟抗菌塑料中的抗菌剂总量相比仍微不足道，因此我们认为抗菌塑料在使用过程中能长期保持抗菌作用。

四、抗菌塑料在家电、电子行业中应用

家电是人们日常生活不可缺少的组成部分，是生活中人们接触最多的物品之一，家电的微生物污染也是影响人们健康的重要因素，因此家电也成为了抗菌塑料使用的最适宜领域之一。实际上家电行业均是抗菌材料应用最广泛、应用成熟的领域之一。

1. 在冰箱中应用

冰箱使用过程中经常长期存放生冷食品或莱蔬，难免将部分微生物带入冰箱内，其次冰箱内存放的物品变质滋生微生物也会造成冰箱内微生物污染，另外包装物的微生物污染也是造成冰箱内微生物的重要原因之一。由于冰箱内空气湿润，营养丰富，客观上又提供了微生物滋生和繁殖的条件，常导致冰箱内微生物滋生繁衍。据报道，部分冰箱果蔬盒内霉菌孢子高达 1 000 个/cm^2。人们食用被微生物污染的冰箱中食物可能出现肠胃发炎、咽喉疼痛等所谓的“冰箱综合症”。

冰箱的抗菌主要通过制备具备抗菌功能的冰箱门衬、内胆、饰条、制冰盒、把手、冰盒、灯罩、顶框、装饰条、门框格、门封条等在冰箱中的物品接触较多，也十分容易引起冰箱内物品的微生物污染的部件进行抗菌化处理。制备的抗菌冰箱性能符合国家标准 GB/T 8059—1995《家用制冷器具》对冰箱（冷柜）的内部材料的要求。

2. 抗菌洗衣机

洗衣机在洗完衣服后一般都很难把水完全排干，波轮底下和下水通道经常是长期保持潮湿，为细菌的繁衍提供了适宜的条件，洗涤剂、洗涤衣物附带的有机分泌物等促进了菌类的繁殖，造成洗衣过程中相互感染，对人身健康构成很大的威胁。据大阪环境科学研究所调查结果表明，洗衣机桶每毫升水中最多发现 4 566 个霉菌。洗衣机抗菌化实际上是制备抗菌内桶、波轮、搅拌棒、喷淋管、排水管等。

3. 抗菌空调

由于空调风道和接水槽长期处于潮湿状态，给微生物的繁衍提供了良好的场所，前几年曾发生过空调排水管中霉菌过度繁殖以至于堵塞了出水口的情况。风道进来的空气也可能会扬起少量微生物进入了室内，给人们的健康带来了隐患。因空调细菌导致得病在医学上名为“空调病”。使用抗菌塑料制造相关空调部件也许是预防“空调病”最方便的办法。根据空调中的微生物生长繁衍情况，抗菌塑料使用主要集中在室内机风道和排水道相关部件上，相关部件有室内机排水道、接水槽和室外机的进风窗、吹风隔栅、过滤器、室外机的贯流风机和室内机的轴流风机。质量符合国家 GB/T 7725—1996 的要求。

4. 在小家电中的应用

小家电的塑料件中，部分经常工作在潮湿的环境中，如饮水机中塑料芯、洗碗机内胆、加湿器水槽等；有些是处于富集灰尘和微生物的环境中，如吸尘器的滤网、灰尘收集器、抽油烟机风叶等；有些部件经常接触并可能沾染富营养物质，容易引起微生物繁衍，如电饭煲外壳、抽油烟机外壳等；还有部分部件经常接触人体，容易和人体进行微生物交叉感染。所以我们在小家电中由许多塑料件采用了抗菌塑料。并根据小家电的不同应用场合，对抗菌塑料的生物安全性也作了相应调整，如饮水机芯用抗菌塑料符合了国家食品接触卫生标准要求，而抽油烟机风叶、吸尘器用抗菌塑料等则仅需符合日用材料的卫生要求。

此外我们还和合作开发了抗菌电话、手机、计算机键盘等电子电器设备。

抗菌系列家电和电子产品的开发在国内外市场上得到了热烈的反响，并引起了国内抗菌制品开发热潮。仅海尔集团 2001 年使用抗菌塑料制备的系列家电产品带来的产值就超过了百亿元人民币。

抗菌塑料的研制开发成功不仅具有可观的经济效益，同时具有巨大的社会效益，其社会效益主要体现在以下几个方面。①打破外国技术垄断：抗菌材料生产技术原来基本是国外尤其是日本垄断，需抗菌塑料的厂家只有接受国外的技术垄断价格，国外产品不得不放弃垄断价格，目前国外抗菌剂的价格较我们产品开发成功投放市场之初已经有了明显的降低；②提高下游产品技术含量，促进产品升级换代：应用抗菌塑料制备的抗菌产品通过添加少量的抗菌剂或抗菌母粒就可以在不影响产品原有性能基上赋予制品抗菌的新功能，使产品健康化和卫生化，提高了产品的科技含量，完成了产品在健康卫生方面的升级换代，减少了疾病发生的可能和病菌交叉感染的可能，提高了产品在国际市场上的竞争优势；③带动我国抗菌产业的形成和发展：本课题研制成功并在海尔集团大规模使用后，极大地促进了国内抗菌材料的研究，为促进我国抗菌材料产业的成长做出了贡献，一个新的抗菌产业在我国已见雏形。

五、抗菌塑料（抗感染塑料）在医疗器械中的应用

医用高分子导管是一种在临床上应用广泛的高分子医疗器械，主要用于心血管系统、呼吸系统、消化系统、透析、脑外、眼鼻喉、五官、泌尿等临床各方面，而且需求量很大。

在医用高分子导管广泛使用的时候，与医用高分子导管相关的医院感染问题也引起人们的关注。由于高分子材料表面适宜微生物的定殖，所以在高分子医疗器械使用过程中周围微生物易于在其表面黏附，进而定殖、繁衍。因此，一些介入人体的高分子医疗器械也往往成为微生物的定殖繁衍场所，并可能成为了人体感染原因，这就是所谓的“高分子导管相关型感染”。介入导管（中心静脉导管、气管切开插管等）、呼吸机连接管道、引流管、导尿管、湿化器、雾化器等的广泛应用及其随之而来的细菌污染，是院内感染的重要原因，这类感染要占到医院内感染总数的30%～45%。高分子导管相关型感染治疗困难、费用高、死亡率高。据报道在我国每年约有 400 万人发生高分子导管相关型感染，每年额外的医疗费用高达100 亿～150 亿元人民币。

目前抗感染剂和抗感染高分子材料已是国外研究的热点。国外已于 90 年代初开始在医疗领域中的应用一些技术来提高医用高分子导管的抗感染能力。

美日等国在导尿管表面涂抹一层抗感染涂层，制备出抗感染导尿管，目前涂层型抗感染医用导管在美日等发达国家已经普遍使用，在国内也已经开始推广，成为目前国际上抗感染医疗器械的主流。但是涂层型抗感染高分子材料应用面较窄，对产品外观结构（涂饰工艺要求涂饰件的结构不很复杂，否则就无法涂饰）和材料品种要求严格，涂层的抗感染作用时间短，在使用过程中可能造成涂层脱落，丧失抗感染功能，甚至发生医疗事故。而且涂层型抗感染器械涂饰时须增加工艺步骤，造成工艺复杂，成本提高。

目前国外已经有使用类似抗菌金属离子在医用高分子导管表面涂饰的报道。但整体高分子导管抗菌抗感染的产品仍不多见。

为了进一步提高抗菌塑料的技术含量，我们开拓了抗菌塑料在医用高分子领域的应用，开发了适合于医用高分子材料和高分子器械使用的具有无毒、高效、抗感染性能好等特点的抗感染剂；研究了抗感染剂和各种高分子的复合工艺，将课题开发的抗感染剂与 PE、PP、EPDM 及各种橡胶复合，使原先的普通卫生型高分子材料转变为抗感染高分子材料。复合后的抗感染高分子材料的加工工艺和使用性能和原先的材料完全一致，所以在使用过程中无需对加工设备和加工工艺进行任何修改。在此基础上，根据目前我国医用材料的市场状况，选择在国外生产都已经比较成熟，而目前还主要依赖进口的医用高分子导管为突破口，开发出适合我国实际应用的抗感染医用高分子导管。

我们采用抗感染剂与医用高分子材料复配、共混后通过挤出、混炼或密炼等方法制备了整体具有抗感染功能的医用抗感染高分子材料，彻底解决了涂层型医用抗感染高分子材料有效期短、易损性大、可靠性低，适用范围窄等缺点。与镀银或渗银技术相比，我们开发的抗感染高分子材料具有明显的经济性，制备的抗感染医疗器械与非抗感染医疗器械相比在外观上无明显差别。由于材料整体都具有抗感染性，因此具有抗感染性能可靠，有效作用时间长，抗菌谱广，材料适应性强等优点，并适用于制备多种抗感染医用高分子医疗器械，并可在原有工艺设备上制备相应的抗感染高分子医疗器械，而无须增添新的设备、增加新的操作工序，有效地控制了抗感染高分子医疗器械的生产成本，特别适用于抗感染高分子医疗器械在我国的推广。

我们根据 ISO 10993 和 GB/T 16886《医疗器械生物学评价》的有关要求对材料的生物安全性进行了全面的生物学评价试验并通过验证。

和有关医疗机构合作研究表明抗感染材料对目前医院内引起感染的常见的金黄色葡萄球菌、表皮葡萄球菌、粪肠球菌、鸟链球菌、链球菌、铜绿假单胞菌、肺炎克雷伯菌、粘脂沙雷菌、红色沙雷菌、阴沟杆菌、鲍曼不动杆菌、埃希大肠杆菌、洛菲不动杆菌、绿脓杆菌、嗜麦芽杆菌、枸橼酸杆菌、产碱杆菌等致病革兰阳性、阴性需氧菌及丙酸杆菌、双歧杆菌、核梭形杆菌、黑色素类杆菌、消化球菌等厌氧菌有良好的抑制杀灭效果，而且对材料物理机械性能影响很小，而且具有良好的加工性能。

目前我们开发的抗感染医用高分子材料主要包括橡胶和塑料两种。并同时开发了抗感染剂塑料母粒化技术和抗感染剂水乳液技术以适应不同高分子材料的加工。利用该材料开发成功了抗感染气管插管、抗感染气管切开套管、抗感染导尿管、抗感染中心静脉插管等医用抗感染高分子导管。此外，我们还开发了其他抗感染医疗器械。

用我们研制的医用抗感染高分子材料制作的抗感染医疗器械的成本增加值很少，经计算，生产一根医用抗感染高分子导管的成本增加值约为 1 元/根。而目前国内外开发的医用抗感染高分子导管的价格比同类非抗感染医用高分子导管的价格高 1～3 倍。相比较而言，我们的医用抗感染高分子材料在制造抗感染高分子医疗器械时有无法比拟的价格优势，适应我国的国情，利于抗感染高分子医疗器械的大规模推广。

目前相关抗感染器械正在解放军 301 医院、304 医院、红十字朝阳医院、海军总医院等著名医院进行临床验证。

专利

①“一种抗菌组合物及其制备方法”，ZL98124542.0

②“一种无毒的聚氯乙烯组合物及其制备方法”，CN1294148A

③“一种含有有机/无机抗菌防霉剂的树脂组合物及其制备方法”，ZL99122332.2

④“抗感染高分子材料及其制备方法”，01144892.X

⑤“一种新型导尿管”，ZL01279718.9

⑥“一种新型气管插管”，ZL01279719.7

⑦“一种新型吸引管”，ZL01279720.0

⑧“一种新型气管切开套管”，ZL01279721.9

成果

① 系列抗菌家电及抗菌塑料的研制应用，开发的抗菌母粒列入了科技部和国家经贸委国家重点新产品。

② 抗菌防霉母粒的研制及开发应用

③ 抗感染高分子材料的研究及其在医疗器械中的应用

（中科院理化所工程塑料国家工程研究中心　季君晖）

塑料啤酒瓶材料

传统的啤酒瓶包装材料为第一代的玻璃瓶和第二代的铝制易拉罐，目前啤酒瓶的包装材料正在进行一场新的变革，向第三代包装材料塑料瓶转变。

作为啤酒瓶的包装材料，其性能需要满足如下要求。

① 氧化碳的溢出速度要低，以保持口感。一般规定二氧化碳 120 天溢出率小于 5%。

② 啤酒对氧和光极其敏感，要求氧气渗入率要低，以防止变坏，增长储存期限。一般规定 120 天渗入率小于 10^{-6}g；目前各国的具体规定不同，一般为 120 天，但美国为 110 天、欧洲的要求长达 180 天。

③ 啤酒瓶材料的耐热温度要经得住巴氏灭菌温度，巴氏灭菌温度一般为 75～80℃、处理时间 15min。另外，其耐热温度还要经得起循环使用后的高温清洗，一般在 75～80℃下用碱液清洗。

④ 具有足够的刚度，以经得住罐装操作和叠层码放。

⑤ 绝对无毒，不得含有对人体有害的物质。

⑥ 表面坚硬不易划伤，以保证可循环使用。

⑦ 透明性好，一般透明度要大于 80%以上，保证包装物清晰可见，以增加消费者的购买欲望。

⑧ 可以回收再利用，以免丢弃在大自然中污染

环境。

与传统的啤酒包装材料相比，塑料啤酒瓶具备以下特点。

优点

① 质量轻。携带方便，节省运输成本；塑料瓶的相对密度仅为玻璃的1/2左右，而且塑料啤酒瓶的厚度仅为玻璃啤酒瓶厚度的1/2左右，所以其总重量仅为玻璃瓶的1/4左右。

② 不易破碎。塑料啤酒瓶具有很高的冲击性能，盛满啤酒后相互碰撞或从车上坠落也不会破碎，并且在寒冷的冬季也会如此，可大大地减少啤酒在储存和运输过程中的损失。

③ 不易爆炸。塑料瓶具有良好的耐压性能，在瓶装啤酒的压力下其爆炸概率为零，可有效地保护人类生命安全。

缺点

① 不易回收使用。塑料瓶表面硬度低，从而导致其耐划伤性不好，经过一次周转后透明性大大降低，影响其循环使用。

② 保质期短。最好阻隔性塑料瓶的阻隔性也不如玻璃瓶，因此其口感保持性和保质期都不如玻璃瓶高。

③ 价格稍高。玻璃啤酒瓶的单瓶成本一般为0.5元左右，可多次循环使用；而塑料啤酒瓶的单瓶成本在1元左右，而且目前还难以回收循环应用 。

中国为啤酒消费大国，从2003年起中国已超过美国成为啤酒生产和消费第一大国，中国近几年和未来几年啤酒产量和需要的包装瓶见表1所示。

表1　2000～2015啤酒产量和需要的包装瓶

年 份	2000年	2001年	2002年	2003年	2005年	2015年
产量/万吨	2 231	2 300	2 350	2 400	2 500	3 200
个数/亿只	310	320	325	330	350	450

2002年世界共消费2 500亿瓶啤酒，其中中国一个国家就占了13%。

传统的玻璃啤酒存在安全隐患，仅2002年就发生啤酒瓶伤人事件2 000起，2003年发生1 500起，这不仅威胁消费者的人身安全，也给啤酒生产企业造成巨大的心理负担和赔偿损失。

塑料啤酒瓶可确保人身的绝对安全，是健康的啤酒瓶包装材料。目前塑料啤酒瓶的技术已成熟，大规模推广已不是技术问题，而是价格和可回收问题。玻璃瓶的价格为0.5元左右，并可循环使用。塑料啤酒瓶的价格高，其中复合、共混、涂层PET瓶价格在1元以上，且不能循环使用。PEN啤酒瓶的价格更高，达到1.5～2元左右，原因为PEN材料需要进口，原料价格为PET的5倍。

目前国内已有少部分企业正在开发和少部分啤酒厂开始少量应用塑料啤酒瓶，如国内珠海中富公司、上海紫江集团有限公司、浙江黄岩三发塑料制品有限公司、福建厦门华科茂包装容器有限公司，青岛啤酒厂、珠海啤酒厂、石家庄三九啤酒厂（与法国西得乐合作）、台湾塑胶工业发展中心已开始生产。其中，珠海中富、上海紫江集团分别占国内PET瓶和坯的30%和20%，并已开发出保鲜100天的350mL的啤酒瓶，正在研制1L和1.5L的塑料啤酒瓶。

在国外，北美的百威（Budweiser）、飞鹰（Soaring Eagle）等知名品牌啤酒已开始用PET瓶包装。

目前已获得应用的塑料啤酒瓶材料主要有如下六大类材料。

一、纯PET材料

纯PET的各方面性能均好，且纯PET的价格低，但在耐热、强度、阻隔性等方面不能完全达到啤酒瓶的要求，耐划痕性也不好。例如，PET的阻隔性仅为要求的1/5～1/2，用PET啤酒瓶包装的啤酒保鲜期只有短短的5～7天。再如，PET的耐热温度为70℃，低于巴氏灭菌、热罐装和热碱洗的75～80℃的耐热要求，只能用其他方法灭菌处理。为此要将PET用于啤酒瓶，简单的改性是必要的。在耐热改性方面，英国的Shell公司1999开发出Hipertuf89010，可耐巴氏灭菌，专用于生产500mL啤酒瓶；另外日本的日精公司也开发出耐热PET，牌号为9000。另外，通过特殊瓶体设计，使其吹胀比增大，双向拉伸比程度增强，有利用提高阻隔性能，使其更接近啤酒瓶要求，是目前最通用的改性手段。

因PET具有价格低等优点，在目前市场上仍有少部分应用，但纯PET只适用一些瞬间高温灭菌或冷过滤、保质期要求很短的廉价啤酒包装。

在东欧啤酒销售市场好的地区可用PET啤酒瓶，因其货架停留时间短于一周。1997年，澳大利亚的CUB公司开发了500mL纯PET啤酒瓶，保质期7周，主要用于室外活动和旅游点。同年，俄罗斯Otohakovo公司开发成功5L包装啤酒瓶，保质期可达28天。

二、纯PEN材料

与PET相比，PEN在阻隔性和耐热性两方面都可完全满足啤酒包装的性能要求，其阻氧性比PET高6倍，阻CO_2性比PET高4.5倍，使用温度可提高到118℃，适于进行高温灭菌处理。PEN是迄今为止最适合可热罐装啤酒瓶的包装材料，但因PEN的价格比PET高出5倍以上，目前市场上虽有少量纯PEN啤酒瓶应用，但难以推广普及。随着PEN合成技术的不断更新，其原料从煤焦有中分离，资源丰富，随着价格的降低，与PET的差距越来越小，实用价值越来越大，将成为啤酒瓶的主流材料。但有一点值得注意，PEN的长期阻隔气体性差。

获得应用的PEN啤酒瓶报道如下。

1998年，美国的Anheucer-Busch公司开发500mL纯PEN瓶，保质期2个月。

1999年，意大利的吹瓶机生产厂Sipa公司用德国Hoechst-Trevira的PEN开发出纯PEN啤酒瓶，并用自己生产的纯PEN瓶与玻璃瓶对比试验，结果在2个月、6个月、9个月后啤酒味道无区别。

此外，加拿大的PET-Pake公司、瑞士的Alto-plast公司、英国的Petplast包装公司和澳大利亚的Greiner公司都生产过PEN啤酒瓶。

三、PET共混改性材料

共混为在PET中掺入阻隔性高于PET的其他阻隔性树脂。常用的共混树脂品种为PEN、MXD6、EVOH、LCP等，其中PEN的阻隔性比PET高6倍、EVOH的阻隔性比PET高100倍、MXD6的阻隔性比PET高20倍、LCP的阻隔性比PET高200倍。

目前在塑料啤酒瓶方面已开发的可应用的共混技术如下。

1. PET/PEN共混

PEN的阻隔性比PET提高5倍，冲击强度提高50%，耐热性为100℃以上，啤酒保鲜期可达到6～9个月。在啤酒瓶材料中，因相容性好，PEN最常用为与PET共混，即保持阻隔性，又降低成本。PEN在PET中一般加入8%～10%。在PET加入8% PEN时，保质期比纯PET瓶延长2～3倍。在PET中加入10%PEN，阻隔性提高幅度更大，并可使瓶体耐热温度提高到90℃，可耐巴氏灭菌温度。

英国壳牌公司已开发5%～10%PEN/90%PET共混塑料啤酒瓶，货架寿命比PET提高2倍。

2. PET/5%LCP共混

LCP为芳香聚酯类液晶聚合物，阻氧性为PET的200倍，而且其耐热性、力学性能和加工流动性都好，与PET的相容性也好。在PET中加入少量(5%左右) LCP后，可大幅度提高PET的阻隔性、耐热性和力学性能；采用层状共混工艺，可使其氧气透过率下降70%。但PET/LCP共混的缺点为两者成型条件相差较大，难以采用注拉吹方法成型。

Superex公司开发的4.5%LCP/95.5%PET共混塑料啤酒瓶，透氧率降低70%，但不易成型加工。

3. PET/吸氧共聚聚酯共混

在PET中混入6%的吸氧共聚酯Amosorb3000，用其制成的啤酒瓶，存放180天后，氧气的渗入率仅为10^{-6}g，二氧化碳溢出率为10%。

此外，目前还正在开发PET/EVOH共混、PET/PMXD6共混和PET/PVA共混啤酒瓶材料，这类共混物的阻隔性能很好，只是目前其可用相容剂品种少，还未获得大规模生产和应用。

四、PET涂层改性材料

目前在啤酒瓶方面已开发的可应用涂层技术如下。

1. PET涂无定型碳

此技术首先由法国Sidel公司开发，它是在PET内涂0.21mm厚度高度氢化无定型透明碳层，对氧气的阻隔性提高30倍，对二氧化碳的阻隔性提高7倍，阻隔性与玻璃瓶几乎一样，其成本甚至低于玻璃瓶，并不影响回收利用。目前Sidel公司已出售32套该涂层设备，其中中国北京引进一套。

另外，日本三菱商事塑料公司、日精ISB机械公司和尤泰克公司三家最近联合开发出PET瓶内贴膜技术，在PET瓶内均匀地贴上一层厚度为20～30nm的碳酸膜，阻隔性同玻璃瓶相当。内贴膜啤酒瓶质量很轻，500mL啤酒瓶重为30g，仅为玻璃瓶的1/10。三家公司除计划将此技术进入中国市场外，在日本国内也开始应用。日本朝日啤酒集团于2004年7月8日宣布，该集团将采用上述贴膜技术生产啤酒瓶，并投资在日本福岛县建一个生产塑料啤酒瓶的工厂。

2. PET涂氧化硅

此技术为在PET上涂一层高纯度硅氧化物，又称为镀陶瓷膜或GT膜，除可获得极高的阻隔性，而且还具有透明性高、阻隔性不受温度和湿度的影响、耐微波烘烤和高温蒸煮等优点。目前已在美国、日本、德国、意大利、瑞士等国家获得应用。

在PET瓶上涂SiO_x的具体方法有物理蒸镀法（PVD法）和化学蒸镀法（CVD法）两种，用CVD法处理比PVD法的阻隔效果好。

涂氧化硅PET技术由日本的大日本印刷公司和东洋油墨公司1996年开发引入市场，并立即引起了包装行业的极大关注。

陶瓷膜的加工镀膜方法与通常的镀金属方法相似，基本上按我们已知的加工方法进行。但镀陶瓷膜不像镀铝膜那样容易与聚乙烯高温涂布或复合时，容易趋向于伸长，从而破坏氧化硅表面层，导致阻隔性下降。

在目前条件下，由于技术工艺上的问题，PET膜在镀陶瓷过程中有时会发生卷曲，从而影响膜的质量。当然，这类问题正得到解决。尽管目前GT膜价格较高，物理性能还有待进一步改进，但可预期在不远的将来，它将在食品包装材料中占据重要的地位。

瑞典最大的啤酒厂 Spendrups 公司用 Glaskin 工艺在 PET 瓶内壁涂一层 SiO_x，测试表面阻氧性和阻二氧化碳性极高，与啤酒接触呈惰性，不会影响原有味道，最长保质期可达 12 个月。

另外，Krones 公司用 Bestep 工艺在 PET 外壁涂 SiO_x 层，其优点为成倍增长低，不影响回收。

目前，我国还未有规模生产塑料镀氧化硅膜的企业，但有几家企业处于正在开发阶段。

3. PET 涂环氧胺

环氧胺为美国 PPG 公司开发的高阻隔性热固性涂层材料，涂于 PET 瓶表面可大大提高其阻隔性，并且不受温度和湿度的影响，可使啤酒的保质期由纯 PET 的 1 个月延长到 4 个月。

意大利 Sipa 吹瓶机制造公司用美国 PPG 公司的商品名为 Bairocade 的环氧胺为涂料，以静电喷枪涂覆于 PET 外壁，在红外炉中固化处理后，形成光亮的耐划伤阻隔层，阻隔性提高 12 倍，货架期可达3～6 个月。1998 年末，澳大利亚的 Carlton 公司开始用于啤酒包装。

4. PET 涂金刚石膜

金刚石为碳的六方体结晶型结构，具有高耐热性和阻隔性，在 PET 上涂金刚石制成的啤酒瓶，可使啤酒保鲜期超过 6 个月，达到与玻璃瓶一样的效果，且成本低于玻璃瓶。雷地科技集团投资在深圳建设亚洲最大的金刚石材料基地于 2004 年 8 月 18 日奠基，其中包括 PET 涂金刚石塑料啤酒瓶。

五、PET、PA 添加改性材料

目前已获应用的技术有：添加惰性层状纳米硅酸盐类如黏土、蒙脱土、石英、云母等、添加活性吸氧剂、惰性无机填料和活性吸氧剂复合添加。

在 PET、PA 添加阻隔改性中获得具体应用实例有如下。

① 中科院化学所开发出 3%～5%纳米蒙脱土改性 PET，阻隔性、耐热性和力学性能都可满足啤酒瓶要求，其中阻隔性比 PET 提高 3 倍，热变形温度提高 30℃，结晶速率提高 3 倍，热分解温度提高 20～50℃。具体性能与 PEN 相当，但成本比 PET 还低，是一种应用情景广阔的新型啤酒瓶材料。从原理上讲由于纳米粒子的尺寸小于可见光波长，应该具有较高的光泽度和良好的透明度。但该所的纳米改性 PET，目前只有透明度稍差一点，只有半透明，影响美观和消费者的购买欲望。

② 美国 Honeywell 公司开发的含 2%纳米黏土的 PA6 阻隔性提高 2 倍，含 4%纳米黏土的 PA6 阻隔性提高 5 倍。

③ 美国 Honeywell 公司开发 Aegis OX 为 PA6/黏土（钝化阻隔层）/吸氧剂（活性阻隔层）双阻隔改性材料，可使 PA6 氧气的阻隔性提高 100 倍之多，透过系数几乎为零。以 Aegis OX 为 PET 复合的芯材，制成的啤酒瓶成本与玻璃瓶一样低，可满足欧洲 180 天的货架寿命要求。

④ 美国 Graham 公司与 BP 公司用吸氧剂 Amosorb DFC 添加 PET 单层瓶。

⑤ 美国 Nanocor 公司与日本三菱瓦斯化学公司开发 PMXD6/纳米黏土复合阻隔材料 M9，商品名为 Imperm，比 MXD6 对二氧化碳和氧气的阻隔性提高 50%和 70%，透明性与抗剥离性与纯 MXD6 相同。用于 PET/M9/PET 的芯层，可达到美国 110 天和欧洲 180 天的保鲜期。

⑥ 美国 Eastman 和 Nanocor 正联手开发 PET/纳米黏土复合材料，少量纳米黏土即可改变 PET 的强度、阻隔性、耐热性，并不影响透明性。

⑦ 由意大利 M&G 公司开发的 ActiTUF 型 PET，是第一种单层 PET 保质期可长达 180 天，口感和保鲜度和玻璃瓶包装的啤酒一样，价格为 0.33～0.65 欧元/公斤。ActiTUF 型 PET 采用双级阻隔，惰性阻隔材料为纳米层状硅酸盐和萘二酸甲酯，活性阻隔材料为吸氧剂。吸氧剂需要水来催化，只适合含水包装物。

比利时布鲁塞尔的 Tnterbrew 公司为全球最大的啤酒制造厂，在俄罗斯开设的分公司 Sunlnterbrew 开始用 ActiTU FPET 啤酒瓶，在罗马尼亚、保加利亚、克罗地亚、韩国销售。比利时啤酒厂 Martens 公司用三套法国 Sidel（西得乐）的 Actis-20 型阻隔涂层设备，年生产 1.8 亿个瓶。

M&G 公司通过其在北美的 Apple Grove 工厂应用 ActiTUF 型 PET。0.5 升啤酒瓶的重量为 28 克，以高品级 ActiTUF 型 PET 的价格为 0.45 欧元/公斤计算，每个啤酒瓶的价格为 0.126 元人民币/只，1 000个啤酒瓶的价格为 12.5 欧元，比同等等离子涂覆的价格要低 2.5 欧元。

⑧ 美国英威达公司开发成功一种气体阻隔性优良的聚酯树脂 Poly Shield，利用该树脂生产的单层 PET 啤酒瓶即可达到符合欧盟啤酒包装食用安全标准。美国英威达公司在聚酯、尼龙等高分子生产领域处于领先地位。

Poly Shield 是一种具有吸氧性和气体阻隔性的新型 PET 共混树脂，其突破性技术在于使单层 PET 啤酒瓶极大地提高了对氧气和二氧化碳气体的阻隔性，并达到所有啤酒保质期标准。Poly Shield 特别优异的吸氧性使其避免了其他类似产品的“空瓶寿命”问题。

Poly Shield 单层啤酒瓶技术可用普通注塑机生产瓶坯，不需要重大额外投资且不会增加生产过程的复杂性，使产品成本大大降低。此技术已在全球数家啤酒生产厂试用。

据介绍，Poly Shield 已于 2005 年 7 月 20 日得到了欧盟啤酒包装食用安全相关法律认可，可以直接用于啤酒包装，此认可包括德国及欧盟其他国家。

六、PET 复合改性材料

目前常用的阻隔复合材料为 3～7 层结构的复合结构，各层所用材料如下：

外层为透明的 PET、PP 等；

中间层为 EVOH、MXD6、纳米 PA6、纳米 MXD6 及 LCP 等，有时也用 COC 和 PVDC 等；

内层以 PET 为主。

目前已开发的啤酒瓶复合材料如下。

1. PET/EVOH/PET

美国 ANC 公司开发的 0.33L 三层 PET/EVOH/PET 复合啤酒瓶已在英国最大的 Bass 啤酒厂应用，货架期可达 5 个月。EVOH 供应商美国 Eval 公司开发的第二代高阻隔性 EVOH，牌号为 XEP-438 和 XEP-439，阻隔性比 PET 高 50～100 倍；第三代 EVOH 的牌号为 XEP-567，其阻隔性比 PET 高 100～160 倍，且与 PET 复合时不需要黏合层，已用于 Dixie 公司的塑料啤酒瓶。

在我国，珠海中富经过与美国、法国科研部门 5 年努力，2004 年 2 月开发 PET/EVOH/PET 啤酒瓶，瓶坯由美国 PTI 顾问公司提供，中富进进行吹瓶，规格为 330mL～2L，保鲜期可达到 180 天，生产基地设在珠海和沈阳两处。

2. PET/MXD6/PET

MXD6 为含 7%～12%亚苯基二甲基二胺的芳香尼龙，由日本三菱气体化学公司开发，其阻隔性比 PET 高 19～20 倍，且加工温度与 PET 接近。目前已开发成功具有 PET/MXD6/PET 复合结构的啤酒瓶，货架期可达 9 个月之多。例如，意大利 Sipa 公司开发 PET/黏合剂/MXD6/黏合剂/PET 五层结构复合，其阻隔效果比 PET 与 EVOH 复合好。另外还有德国的 Schmalbach-lubeca 和 Karlsberg 两家公司也开发成功 PET/MXD6/PET 复合啤酒瓶。

3. PET/PA6/PET/PA6/PET

由德国 Krones 公司开发的 PET/PA6/PET/PA6/PET 五层复合啤酒瓶，已用于德国和瑞士各一家啤酒公司。

4. PET/纳米改性 PA6/PET

Eastman 化学公司与美国纳米黏土生产商 Nanocor 合作，开发出一种尼龙纳米黏土填充材料 Imperm，其阻隔性比 PET 大 50～100 倍。以 10%的 Imperm 与 PET 复合，阻隔性比 PET 高 6～11 倍，雾化率小于 15%。

5. PET/LCP

LCP 的阻隔性比 PET 高 200 倍，耐热性和力学性能十分突出。在 PET/LCP 复合材料中，LCP 的复合厚度占 5%以下，即可阻隔性满足要求，其成本远低于 PEN，仅为 PET 的 1/3～1/2。美国 Superex 公司开发出含 4.5% LCP 的 400mL PET/LCP 两层复合啤酒瓶。具有耐湿气、高强度、高刚性、耐热温度高等优点，阻隔效果比 PET 与 EVOH、MXD6 复合还要好，用于包装啤酒保质期可达一年。

6. PET/吸氧剂/PET

1998 年美国 Amoco 公司开发出透明的吸氧共聚酯 Amosorb3000，次年日本的三井化学公司也推出杂化共聚聚酯 BA-030，这些共聚聚酯都带有 α-氢羰基捕氧基团和芳香基团，可以捕获已存在于瓶内和透过瓶壁渗入的氧气，并与之永久的结合，被称为吸氧剂。吸氧共聚酯与 PET 同属于聚酯类，两者的相容性好，可与 PET 共混或复合，作为 PET 啤酒瓶的活性阻隔层。美国 Twin-park 和 AmocorPET 公司开发成功 0.5L 的 PET/ Amosorb3000/PET 三层复合啤酒瓶，于 1999 年用于美国最大的啤酒商 Anheuse-Busch 公司的啤酒包装。

此外，还有 PET/PVA/PET 复合材料正在开发中。以前制约其发展的问题为 PVA 薄膜的生产困难，现在已开发出 PVA 干式挤出薄膜加工技术。因 PVA 膜的成本远低于 EVOH，其阻隔性有比 EVOH 成本提高，预计在不远的将来，PET/PVA/PET 复合材料将成为啤酒瓶的更实用材料。

（深圳市塑胶行业协会　王文广）

稳定化助剂在塑料加工应用中的进展

高分子材料在其合成、加工、储存及使用过程中需要添加各种各样的助剂，助剂种类非常之多，多达几十种，诸如增塑剂、抗氧剂、光稳定剂、热稳定剂、抗静电剂、填充剂、冲击改性剂和着色剂等。正是这些助剂的功能性作用，从而使聚合物能加工成满足人们需要的制品。这里主要介绍稳定化助剂（热稳定剂、抗氧剂和光稳定剂）在塑料加工应用中的进展。

一、热稳定剂

热稳定剂是塑料加工过程中特别是聚氯乙烯及其共聚物加工过程中必不可少的助剂，其主要作用是能有效地防止聚合物在加工过程中由于受热和机械剪切作用而引起的降解，还能使制品在使用过程中防止光、热和氧的破坏，延长制品的使用寿命。热稳定剂种类繁多，80%左右的热稳定剂应用在PVC的加工成型中，因此根据其在PVC的应用，按热稳定剂的化学结构一般将其分为铅盐类、金属皂类、复合型稳定剂，有机锡类、有机稳定剂类和稀土类等。其他高聚物在加工过程中同样存在热稳定的问题，一般通过添加抗氧剂来解决，有关这方面内容在抗氧剂部分进行介绍。

1. 消费结构

目前全世界热稳定剂的年消费量约为40万吨以上，主要品种有铅盐类、金属皂类、有机锡类和复合稳定剂。在美国热稳定剂的消费结构中，复合型稳定剂占总消费量的40%～45%，有机锡类占40%左右，铅盐类占15%左右；在日本热稳定剂消费结构中以铅盐为主，占热稳定剂总消费量的50%以上，复合型稳定剂占总消费量的30%左右，有机锡类占12%；在西欧，热稳定剂消费结构与日本相似，以铅盐为主，占50%左右，复合型稳定剂占30%左右，有机锡类约占10%。而在我国，热稳定剂消费结构与欧洲和日本基本相似，仍以铅盐为主，约占50%左右，而复合型及有机锡类仅占15%，其他类（含稀土稀释剂）30%左右。据不完全统计，目前我国热稳定剂的年产量约为8万吨，生产厂家80余家，能够生产50种左右的热稳定剂。全球热稳定剂的消费结构如表1。

表1　欧美、日本和中国PVC热稳定剂的消费结构比例　　单位：%

种类 \ 地区	北美	欧洲	日本	中国
复合稳定剂	40～45	30～40	30	40～50
有机锡类	40	10	20	5～10
铅盐类	15	50	50	30～40

2. 热稳定剂的发展趋势

低毒、无毒、高效、复配和多功能一直是PVC热稳定剂开发和生产的发展方向。近些年来，全球性环境保护要求日益严格，限定重金属热稳定剂的法规愈来愈多，使得热稳定剂的开发进一步向无毒、高效和多功能方向发展。无镉、低铅和无粉尘化已成为世界上各大稳定剂生产厂商开发的重点，无镉化比无铅化进展更加迅速，无尘化已成为热稳定剂发展的主流。目前热稳定剂厂家已开发各种镉盐和铅盐的替代品，其代表性的产品是钙/锌和钡/锌复合皂类，特别是β-二酮与2-苯基吲哚等高效辅助热稳定剂的应用，解决了锌系热稳定剂初期着色性差和易锌烧的缺点，极大地推动了锌系热稳定剂的开发。而有机锡取代铅盐的趋势也在增加，但其势头远不及钙锌。当前一些新型的稳定剂，如有机锑和稀土也处于积极发展之中，尤其是稀土类稳定剂因其基本无毒、高效、稳定性和透明性优良，效能与价格也较为适中又符合环保要求，产品已被一些厂家接受。目前全球PVC的需求量仍在继续上升，预计到2010年PVC的使用量将达到3500万吨，同样，热稳定剂的市场需求量也相应增长。在热稳定剂的加入方式上，添加剂混配袋（也称混配料）将成为未来市场的发展趋势，在不同的热稳定剂之间，稳定剂与润滑剂、抗氧剂、光稳定剂、填充剂和增塑剂等其他助剂之间，根据制品配方复合混配，制成“混配袋”式稳定体系，经常以粒料、片状料或无尘和自由流动的圆状粒料方式供应，这些无尘的产品对职业健康和环境保护来说都是很好的。此外，大家一直期待在将来会有一种热稳定剂，它不仅能提供优良的热稳定性，而且还可以大大改进PVC混合料的加工性。

在我国热稳定剂行业当中，产品结构仍以铅盐为主，与欧洲、日本相似，约占50%左右，估计这种状态仍将维持一段时间。有机锡可以替代铅盐的场合，因价格问题和使用过程中存在的一些具体问题而未能取代部分铅盐。我国今后热稳定剂的发展应以改造铅盐单体，解决粉尘污染，生产无尘复合铅盐为重点，限制镉盐，保护环境，努力发展高效低毒的复合型及有机锡类稳定剂。此外，我国稀土资源丰富，近年来稀土稳定剂作为高速发展的产品，正在管材和异型材领域大幅度地替代铅盐稳定剂，大幅度降低这些PVC制品中的铅含量，因此发展稀土热稳定剂是我国独具优势的领域。

二、抗氧剂

抗氧剂的主要功能是保护聚合物，使其不会因受热氧化而迅速降解。对于聚合物来说，在合成、储存、加工以及使用过程中都会发生氧化反应。高聚物对氧化作用的稳定性不仅取决于各种不同类别的高分子的化学结构，而且在给定高聚物的条件下还取决于其本身的结晶度、形态以及残留其中的催化剂的性质和含量。

在实际工业应用中的抗氧体系主要由加工稳定剂、长效热稳定剂、润滑剂和必要的协同剂构成。典型的加工稳定剂有BHT和亚磷酸酯等，长效稳定剂有1010、1076和300等酚类有机化合物。抗氧剂分为主抗氧剂和辅助抗氧剂两类。主抗氧剂主要是受阻酚和芳胺类；辅助抗氧剂则包括有机亚磷酸酯和有机硫化物。

1. 消费结构

目前，全世界抗氧剂的年消费量在16万吨以上，生产和应用主要集中在发达国家。2002年北美、西欧和日本塑料用抗氧剂的消费量见表2。其中表3所列的五种高聚物消耗的抗氧剂量占80%以上。表4列举了不同类型抗氧剂的消费情况以及抗氧剂消费最多的两种高聚物的具体数据。

表2　2002年北美、西欧和日本塑料抗氧剂的消费　单位：kt

名称＼地区	北美	西欧	日本
受阻酚	27.3	21.3	11.2
BHT	6.0	2.8	2.3
其他	11.3	18.5	8.9
亚磷酸酯	23.2	10.5	6.6
硫代酯类	5.8	2.8	2.5
其他	8	3.4	0.7

表3　各种热塑性树脂的抗氧剂消费比例

品　种	ABS	IPS	PP	HDPE	LDPE	其他	合计
消费比例/%	28	16	26	8	8	14	100

表4　不同种类抗氧剂的消费分配比例

抗　氧　剂	各高聚物消费抗氧剂的比例/%			
	PP	ABS	其　他	合　计
BHT	14	50	36	100
中、高分子量的受阻酚	54	20	26	100
亚磷酸酯类	10	32	58	100
硫醚类	40	13	42	100
胺类	—	—	100	100
其他	—	—	100	100

目前在我国，工程塑料和特种工程塑料的产量很少，主要是通用塑料，而应用在通用塑料中的抗氧剂主要以受阻酚型、亚磷酸酯型、复合型和硫醚类为主。80年代以前，我国仅有北京化工三厂、南京化工厂和辽阳有机厂等少数厂家生产。80年代以后，由于我国经济体制的改革，抗氧剂生产的格局也在发生重大变化，民营企业、集体企业和外资企业成为抗氧剂生产的主体，目前国内生产受阻酚和亚磷酸酯类及硫醚类抗氧剂的厂家大大小小约五十家左右。到2004年抗氧剂的实际消耗量为1万吨，从生产能力来看，远远大于实际消耗量。

2. 抗氧剂的发展趋势

在近几年，市场上没有出现本质上新型的抗氧剂品种。新投放市场的产品的化学结构是现有化合物改良形式，目前是改进一些次级性能，比如为了适应液体聚氨酯、油品和涂料，开发出了液体抗氧剂；为了顺应全球卫生安全性的潮流，开发出了绿色抗氧剂品种，例如维生素E在食品包装薄膜中的应用。在主抗氧剂方面，研发了聚合型的主抗氧剂，这些抗氧剂是由带抗氧功能的单体均聚或共聚，或这些功能性单体接枝到高聚物上。在辅助抗氧剂方面，出现了一些新型有机亚磷酸酯，也有目前亚磷酸酯的改型品种，目的在保持加工性能的同时降低水解敏感性。

除了开发新型抗氧剂外，现有品种的复配化和方便客户使用的产品形状（如母粒、液体化）也是开发的重点。与此同时，近年来的研究发现，受阻胺光稳定剂（HALS）还是一种很好的抗氧剂，特别是作为长效热稳定剂。HALS在聚烯烃中也得到越来越多的应用，其高分子量赋予了这类稳定剂优良的抗抽提性能。当前，既具有抗氧效能，同时又具有光稳定效能的助剂是抗氧剂研究的方向之一。总之，低毒（或无毒）、抗抽提、耐水解和长效等是目前国内外抗氧剂厂商研发的方向。

三、光稳定剂

光稳定剂多用于户外制品中。它是一类对聚合物光致降解的物理和化学过程能起到一定抑制作用的化合物，主要有紫外线屏蔽剂、紫外线吸收剂、激发态猝灭剂、氢过氧化物分解剂和自由基捕捉剂等种类。它的主要功能是能够通过屏蔽或吸收紫外线，猝灭激发态能量、分解氢过氧化物和捕捉自由基等方式来抑制聚合物的光氧化降解反应，赋予制品良好的光稳定性，延长制品的使用寿命。在户外的聚合物制品如建筑材料、涂料、农用薄膜和军工产品等其他产品，在成型加工过程中都要添加光稳定剂，一般用量为0.01%～1.0%左右。随着科学技术的发展，户外用和工程用的高分子材料日益增多，光稳定剂的作用显得尤为重要，需求量将与日俱增，因此光稳定剂有着良好的发展前景。

1. 光稳定剂的消费结构

在世界上，光稳定剂的生产和使用主要集中在发达国家和地区，主要生产厂家约55家，2003年世界主要国家光稳定剂的消费量为3.1万吨。在光稳定剂总消费量中受阻胺光稳定剂的消费量约占60%左右，其消费构成见表5。

表5　受阻胺光稳定剂的消费构成

品　　种	比　例/%
聚烯烃	30
橡胶及聚氨酯类	20
聚氯乙烯	10
化纤类	10
其他(包括工程塑料)	30

北美（主要是美国和加拿大）、欧洲（主要是西

欧）和日本各种的消费构成见表6。

表6 各种光稳定剂在不同地区的消费比例

单位：%

类别＼地区	北美	欧洲	日本
受阻胺类	55	66	53
苯并三唑类	25	15	37
二苯甲酮类	13	9	8
其他	7	10	2
合计	100	100	100

2005年世界上光稳定剂在助剂的总消费量中比例上升到1.3%左右，从1996～2003年间，光稳定剂平均增长达到7.6%，成为所有塑料助剂中增长率最高的品种。

而在我们国家，光稳定剂的主要品种有受阻胺类、二苯甲酮、苯并三唑类和有机镍盐类等。生产厂家有40个左右，生产品种大约20多个，各类光稳定剂的消费构成如表7。

表7 我国不同光稳定剂的消费比例

品　种	比例/%	品　种	比例/%
受阻胺类	56	苯并三唑类	6
二苯甲酮类	20	有机镍盐	6

在我国长寿农膜是光稳定剂的主要市场，其用量占光稳定剂总消费量的50%左右，聚丙烯、ABS也是光稳定剂消费的主要领域。

2. 光稳定剂发展趋势

在光稳定剂应用过程中，目前还存在与高分子材料的相容性、耐迁移性、耐抽提性、毒性以及挥发性等方面的缺陷，因此，世界上各大助剂生产厂家正在努力解决上述问题，主要从高分子量化和反应键合等方面入手。受阻胺类由于其自身所具有的高碱性，限制了其在酸性体系中的应用，因此低碱性成为目前热衷解决的问题之一。今后我国光稳定剂的发展重点仍是受阻胺类，特别是高分子量、多功能、多官能团、非碱性及反应型受阻胺系列稳定剂将得到大力发展。此外，制造成本高也限制了光稳定剂的发展，如何降低制造成本也是研究的方向之一。总之，提高光稳定剂的耐久性、耐水性及耐油性，降低挥发性和毒性，增加与聚合物的相容性，开发高性能、多功能、长效、无或低毒品种应是光稳定剂发展的方向。

随着全球塑料加工工业的发展和市场需求的提高，对稳定化助剂将提出更高甚至更苛刻的要求，今后稳定化助剂研究主要方向是研究多功能、低毒或无毒、高耐热稳定性、耐迁移、耐水解和长效以及具有良好的加工性能的助剂，同时稳定化助剂要与聚合物有良好的相容性，与其他助剂之间有良好的配伍性，以满足塑料加工业的发展。

（广州合成材料研究院　杨育农
王浩江　邵　芳）

我国IC产业发展对高纯塑料材料的需求

一、前言

我国信息产业规模目前仅次于美国、日本，位居世界第三。我国现已成为基于半导体技术的电子产品的全球生产基地。据统计数据显示2005年我国集成电路产量首次突破百亿达到300亿块，比2004年增长36.7%。全行业实现销售收入约750亿元，与2004年同比增长37.5%。据中国半导体行业协会预测，未来5年我国IC产业复合增长率将达到28.1%，2010年我国将成为1 500亿美元的全球最大市场。IC产业“十一五”规划将在设计上重点发展5个30亿～50亿元级企业，10个10亿～30亿级企业；在制造上，建成10条8英寸线、5条12英寸线。据悉规划投资将达到3 000亿元。

信息产业的发展取决于半导体集成电路设计、工艺和装备技术的先进性，取决于制造产品的超净高纯、超微细、超精度，以及对微加工、微缺陷、微含量、微沾污的控制能力和检测手段。而其加工、运输过程包装容器的超净高纯是产品质量的根本保证。虽然我国半导体产业发展迅猛，超净高纯包装及运输材料市场巨大需求也已形成，但始终缺乏专项系统研究，难以形成产业化规模，产品长期依赖进口，成为进一步发展降低成本的瓶颈。因此，要解决半导体行业包装容器等的问题，需要在较高的起点上，通过引进消化吸收，集合制造业、加工工艺研究、检测技术等多方面的优势，进行工程化技术体系的研究，建立生产环境控制、应用测试与分析测试体系等，以便形成专业化和规模化生产。

二、集成电路产业所需塑料材料

在集成电路产业中使用较为广泛的塑料制品有以下几个方面。

1. 硅片生产过程中使用的清洗容器、硅片运输与储存容器：

① 用于生产线上的清洗（承载器、托架、花篮Cassette），此类包装容器大多采用PFA、PVDF等可热熔融加工的含氟材料及PEEK材料制造，注射成型加工，使用条件为强酸、强碱、高温。

② 用于生产线上的传递（承载器、传递架），较

多采用 PP、PEEK 等材料制造，要求尺寸稳定性好，有的有抗静电要求，注射成型生产，使用条件为常温。

③ 用于运输、储存包装（包装盒 Wafer box），采用 PP、PBT、PC 等材料制造。有的生产线上传递架与运输包装盒内的托架可通用。使用特点是要求材料有一定的机械强度、较高的化学纯净度，在使用过程中不造成被包装物的二次污染，使用温度为－20～70℃。注射成型工艺加工生产。包装硅片用的片盒在集成电路芯片及硅片制造中属于易耗品，使用多数都是一次性的，每 25 片硅片一个包装。

2. 用于集成电路封装、测试和发货的导电、防热或抗静电专用承载器（IC TRAY 托盘）

采用聚苯醚（MPPE）、聚醚醚酮（PEEK）等材料注射成型加工生产，是各种新型集成电路如 BGA、PQFP、PGA 等封装必用的包装材料，担负着安全承载（防静电）和转运昂贵集成电路的功能。使用特点为耐受 125℃甚至于 150℃不变形，外形尺寸精度为 1/1000 数量级。

3. 超净高纯试剂的大小包装

PP、PE、PVDF 及 PFA 等材料加工的塑料瓶及桶。常规塑料试剂包装容器生产工艺包括吹塑法、挤出-吹塑法、注射-吹塑法、挤出-拉伸-吹塑法、注射-拉伸-吹塑法。用于超净高纯试剂的包装及运输，使用特点是要求材料有一定的机械强度、较高的化学纯净度，在使用过程中不造成被包装物的二次污染。

4. 硅片生产过程中装载超净高纯试剂的运输、储存槽罐

材料大都采用 PTFE、PFA、材料。常规塑料槽罐生产工艺包括板材焊接、旋转成型及在金属容器中粘接耐腐蚀板材制作的防腐内衬

5. 超净高纯试剂的外部配套装备（高纯水、试剂输送管道及阀门）

材料大都采用 PFA、PVDF 及 PP、PE 材料。采用挤出、注射成型等工艺生产。

对这些常规的塑料加工而言，注射、挤出、吹塑等加工工艺都较为成熟。但对能够满足半导体工业的超净高纯包装运输材料的生产，需要在传统的塑料工艺的基础上，对直接相关的技术进行系统的研究，以满足超净高纯包装材料的生产需要。这些技术包括以下几个方面：①高纯树脂材料的合成技术；②高纯度包装运输容器的制备技术（高精度加工设备、规模化的生产工艺控制）；③高洁净的生产环境控制技术；④应用测试与分析检测技术等。

即生产包装运输材料的生产环境不仅要求达到较高的净化程度，而且制作包装容器的树脂应具有较高的化学纯度，不会有残留的聚合物单体及催化剂、添加的抗氧剂、稳定剂、润滑剂、成核剂及其他杂质在储存存放过程中析出，造成有超净高纯要求的产品二次污染。

三、国内外发展现状开发应用前景

1. 硅片生产过程中使用的清洗容器、硅片运输与储存容器

20 世纪 80 年代美国氟器皿（FLUOROWARE）、EMPAK 公司、日本柿崎（Makizaki Mfg）、华尔卡等公司制成各种规格的 PFA 硅片承载器、PP 等包装盒、PFA 量杯、管子、管件等，成为集成电路制造行业清洗工具、量具及其他器件的专业供货商。1999 年，FLUOROWARE 公司和 EMPAK 公司合并，成立了英特格公司（ENTEGRIS），发展成为硅片承载器及包装盒行业的垄断企业，几乎囊括了 2～12 英寸硅片生产线的承载器和包装容器市场。随着国际上大尺寸硅片的开发、研制和生产，12 英寸硅片标准的制订，大尺寸硅片包装容器的设计及加工现已由英特格、柿崎、信越（Shin-Etsu polymer）等公司完成，并已形成规模。所提供的产品均达到“开盒即用”，不需要使用者二次清洗。

硅片包装材料的市场空间随着电子信息技术的发展，目前正在逐渐增大，并发育成熟。它是集成电路配套材料中市场用量较大的一个品种。由于集成电路线宽的不断减小，而包装容器体积在不断加大，而允许存在的固体颗粒物直径越小（理论上允许最大颗粒直径是线宽的 1/3），这就对包装容器的高纯性能要求越高，加工生产难度更大。

我国目前硅片主要生产厂家超过 10 家，集成电路制造超过 35 家，元器件生产厂家数千家。随着硅片产量的提高，其硅片承载器（见图 1）及包装容器（见图 2）、超净高纯试剂及清洗槽罐的使用量也逐年提高。这些厂家的硅片承载器年用量达到数万件，硅片运输的包装容器年用量近 40 万套，而这些现大多使用进口产品。预计我国 2005 年硅片市场需求将扩大到 1.3 亿～2 亿平方英寸，即产量增加了 2～3 倍，因此硅片承载器和包装容器的用量也将成倍增长，同时大尺寸产品所占比例将越来越大，且需要满足单晶硅抛光片对洁净度的要求。包装材料不同于其他材料，它的最大特点是需要占用较大的空间，这给运输搬运带来较大的问题，造成费用上涨。

目前我国硅片包装容器还需要进口，但已经有了一些专业生产硅片包装盒、承载器的企业，可提供部分尺寸包装容器（小规格尺寸如 3 英寸、4 英寸和 5 英寸），但均未达到洁净测试要求，所以大部分包装容器都需要进口，特别是大直径（6、8、12 英寸）的包装容器。

2. 用于集成电路封装用承载器（IC TRAY）

集成电路封装用承载器（IC TRAY 托盘）（见图 3）

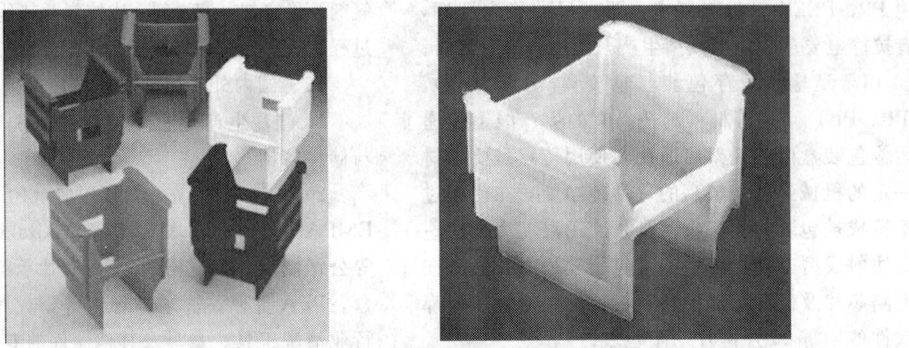

图1　硅片承载器

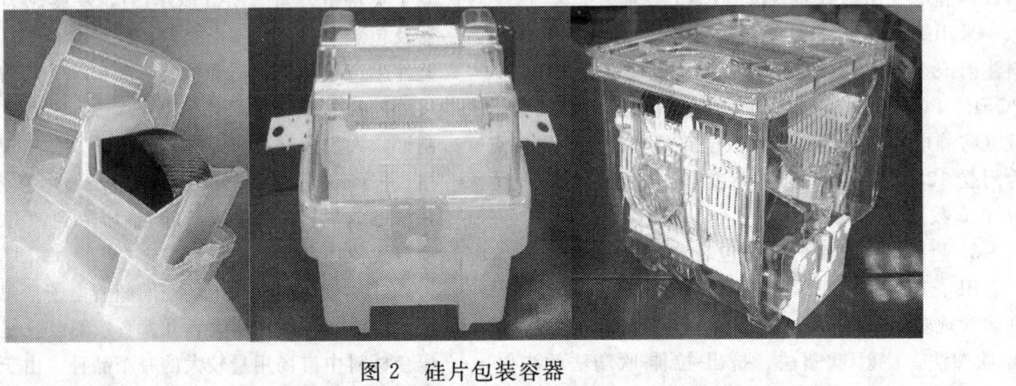

图2　硅片包装容器

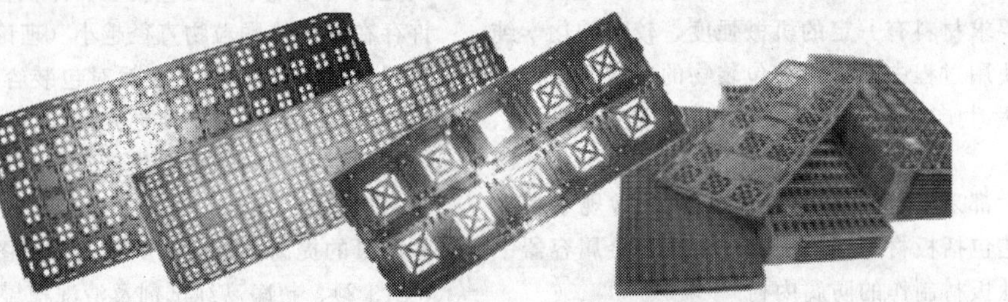

图3　集成电路封装专用承载器

是封装、测试、发货的导电或防静电的专用容器，随着集成电路和芯片封装技术的快速发展，对其材料的性能、质量等都提出了更高的要求。要求材料具有相当高的稳定性，不会因为收缩率、线膨胀系数和受热等发生尺寸上的微小变化；同时根据导电性的要求，加入导电炭黑或导电碳纤维及材料改性剂、稳定剂等其他添加剂；需要进行后处理工艺，以消除注射成型加工过程中产生的内应力，保证严格的尺寸稳定性及翘曲度低，其外形尺寸应符合国际通用标准。使用较为普遍的JEDEC标准规定，承载器外形尺寸长×宽×高为322.6mm×135.9mm×7.62mm，其中承载IC的穴位尺寸根据不同集成电路的封装尺寸而定。

国外集成电路封装用承载器发展速度较快，美国、日本、韩国以及台湾地区的研究、专利及产品报道较多，美国ITW、日本DIC、SHINON，台湾的日月封装公司、华塑、安靠公司等用量较大。目前国内生产封装用承载器刚刚起步，具预测国内市场需求量在5000万片/年，3～4亿人民币的需求。

3. 超净高纯试剂的大小包装

超净高纯化学试剂是半导体分立器件和集成电路制造所需的关键材料之一，主要作用是清洗、氧化、腐蚀，其质量的优劣对半导体元器件和集成电路的成品率、电性能和可靠性等起着举足轻重的作用。主要品种有：过氧化氢、硫酸、盐酸、硝酸、磷酸、氢氟酸、氟化铵、氨水、甲醇、乙醇、异丙醇、丙酮等二十多个品种。随着IC集成度的不断提高，对超净高纯试剂中的可溶性杂质和固体颗粒的控制越来越严，同时对生产环境、包装方式及包装材质等提出了更高的要求。

国际上6英寸、5英寸以下生产线设计安装使用

1 加仑、20L 和 200L HDPE 瓶/桶，通过供药分配装置输送高纯化学品。其生产单项金属杂质$<10\times10^{-12}$，甚至达到$\times10^{-15}$级别。生产厂家拥有包装容器生产的超净生产厂房保证产品的生产质量，同时拥有质量控制分析检测手段，如颗粒物检测仪、ICP-MS 等高精度仪器进行产品质量管理和控制。

据预测，“十五”期间国内对于超净高纯试剂的总体需求水平大约在 5 万吨/年左右，“十一五”期间，对于超净高纯试剂总需求量将突破 10 万吨/年的规模。因此试剂包装容器用量需求巨大，而我国超净高纯试剂包装容器大全部需要进口，不具备生产高洁净瓶、桶的生产技术及能力，成为其发展的瓶颈。国内生产厂家大多采用回收容器和进口容器，前者需要进行清洗，质量不确定因素较大；后者成本较高。这意味着我国超净高纯试剂包装容器领域亟待开发并具有潜力。

4. 硅片生产过程中装载试剂的运输、贮存槽罐

目前国外半导体工业中使用的清洗、运输、贮存槽罐设备几乎全部使用高纯度 PFA、PTFE 氟塑料制造。国际上 8 英寸以上生产线设计安装使用 SUS TANK LORRY/ISO CONTAINER 和 PTFE、PFA 内衬槽车、运输槽罐来输送高纯化学品。世界知名企业如日本 AICELLO、欧美 RIKUTEC、ENTEGRIS、NOWPAK 等生产高纯化学品包装容器。随着韩国、台湾等地区电子工业的蓬勃发展，也相继出现了如 AIMI-ALCELLO、台湾上品等高纯化学品包装生产商。容积为 1～20m^3。

国内生产用于化工行业的 PTFE 槽罐的加工厂家有：武汉市工程氟塑料有限公司、上海上化氟材料有限公司、嘉善东方氟塑厂、无锡氟塑防腐设备厂、温州市氟塑设备制造厂等，但由于生产规模相对较小，产品质量控制难度较大等原因，均不能够用于超净高纯化学品的运输及贮存，国内全部需要进口。

5. 高纯试剂输送外部配套装备（高纯水、试剂输送管道及阀门）

在硅片生产线、集成电路生产线、元器件生产及高纯试剂生产线上分布着各种粗细不同的管道、管件和阀门，用于各种超净高纯试剂、清洗溶剂、纯水输送，材质不同、品种繁杂。用于输送各种超净高纯试剂和清洗溶剂的管道大都采用推压法生产的聚四氟乙烯（PTFE）或挤出法成型的 PFA，超纯水输送管采用挤出法成型的 PVDF 管道。保证其连接的是采用注射方法成型加工的 PFA、PVDF 管件和阀门。国外已有专业供货商生产销售，如美国 Swagelok 公司、乔治．费歇尔公司（Georg Fischer Piping Systems Ltd.）、德国 GEMÜ Gebr. Müller Apparatebau GmbH & Co. KG 等。

虽然我国 PP、PE、PVC 通用塑料的管道、管件等加工技术已相当成熟，并形成规模，广泛用于建筑给排水管道、电线护套管、城市供排水管道、城市燃气管道等，预计 2005 年普及率可达 60%～90%。但是，我国用于 IC 产业的超净高纯试剂输送外部配套装备全部采用进口。由于使用广泛，品种繁多，其准确用量难以统计。上海华谊微电子化学品有限公司正在兴建的年产 1.5 万吨化学试剂工厂，其总投资 1.8 亿人民币中的 2 千万元用于含氟管道及其配件的进口（此处还不包括纯水的输送管道系统），含氟管道、管件等占到投资总额的 10%左右。

高纯试剂输送外部配套装备的技术发展轨迹同包装容器的区别在于基本结构形状没有大变化，只是在安全可靠性（连接方式、材料纯净度、加工环境控制等）方面提供了更多的保证。含氟塑料管道、管件等单项加工技术现已被国内一些生产厂家所掌握（推压法生产 PTFE 管、挤出法成型 PFA、PVDF 管道；注射成型生产的 PFA、PVDF 管件等）。如天津第九塑料厂拥有推压法生产 PTFE 管材的设备及加工技术；上海塑料研究所挤出 PFA 管材最大直径可到 60mm；北京市塑料研究所在国家“八五”期间承担科技攻关项目对可熔融性氟塑料的挤出成型技术进行了深入研究，拥有挤出法生产 PFA、PVDF 管材的设备及加工技术，并拥有注射 PFA 管件的设备及加工技术。但这些企业大多没有超净加工生产经验，不具备高洁净生产环境，没有掌握全部加工及连接技术，缺乏高洁净应用测试与分析检测技术等。

该行业由于模具资金投入较大、加工技术要求高等多方面的原因，目前我国塑料加工产业未能将其技术整合提高、形成规模化量产、产品达到超净高纯，及时跟上半导体行业快速发展的步伐。

四、结束语

超净高纯包装材料应用前景广阔，同国外的差距较大，研究范围宽广。对于塑料加工而言，其概念是全新的：如原料的纯净度（不同于树脂的清洁度概念）、加工成型后材料中的颗粒物析出、磨损后微粒的检测等。这些需要加工单位同树脂合成厂家、硅片生产单位合作，解决高纯树脂材料的合成、高纯度容器制备（高精度加工设备、规模化的生产工艺控制）等课题；为满足集成电路对材料超净高纯要求，还需要保持高洁净的生产环境，建立相应的产品检验标准、超净高纯的生产工艺规范，以及应用测试与分析测试技术等。最终达到国产化目的，降低国内企业生产成本，为我国 IC 产业发展奠定基础。

（北京市塑料研究所　孙卫东　黄萍
朱道峰　刘哲伟　刘秋晨）

低压等离子体技术应用现状

科学家预测：21世纪低温等离子体科学与技术将会产生突破。据估计，低温等离子体技术在半导体工业、聚合物薄膜、材料防腐蚀、等离子体电子学、等离子体合成、等离子体冶金、等离子体煤化工、等离子体三废处理等领域的潜在市场每年将达一千几百亿美元。

等离子体辅助加工被用来制造特种优良性能的新材料、研制新的化学物质和化学过程，加工、改造和精制材料及其表面，具有极其广泛的工业应用——从薄膜沉积、等离子体聚合、微电路制造到焊接、工具硬化、超微粉的合成、等离子体喷涂、等离子体冶金、等离子体化工、微波源。等离子体辅助加工已开辟的和潜在的应用领域包括：

- 半导体集成电路及其他微电子设备的制造
- 工具、模具及工程金属的硬化
- 药品的生物相溶性包装材料的制备
- 表面防蚀及其他薄层的沉积
- 特殊陶瓷（包括超导材料）
- 新的化学物质及材料的制造
- 金属的提炼
- 聚合物薄膜的印刷和制备
- 有害废物的处理
- 焊接
- 磁记录材料和光学波导材料
- 精细加工
- 照明及显示
- 电子电路及等离子体二极管开关
- 等离子体化工（氢等离子体裂解煤制乙炔、等离子体煤气化、等离子体裂解重烃、等离子体制炭黑、等离子体制电石等）

对上述某些部分领域的目前潜在市场估计：

- 半导体工业约为260亿美元
- 等离子体电子学约为400亿美元
- 工具及模具硬化约为20亿美元
- 做记录和医用聚合物薄膜领域约为几十亿美元的市场

对一些新的有活力的市场估计：

- 金属腐蚀防护约为500亿美元
- 优质陶瓷约为50亿美元
- 在废物处理、金属提炼、包装材料及制药业中的应用约为几十亿美元市场。

低温等离子体物理与应用是一个具有全球性影响的重要的科学与工程，对全世界的高科技工业发展及许多传统工业的改造都有着直接的影响，21世纪初等离子体辅助加工会产生重要的突破，而这些突破对高科技产业的保护及提高其在市场中的地位将是极为重要的。

一、等离子体及其在微电子封装领域的应用

1995年的微电子工业的全球销售额已达1 400亿美元，其中三分之一的微电子器件的设备是采取等离子体技术。以“奔腾”芯片为代表的半导体微处理器的复杂生产过程中，三分之一是与等离子体有关的。

在微电子封装工艺中，常见的问题是芯片粘接中的空隙，引线键合中较低的键合强度，塑料封装后的界面剥离等。所有这些问题均与材料的表面特性有关。在微电子封装工艺中，常见的问题是芯片粘接中的空隙，引线键合中较低的键合强度，塑料封装后的界面剥离等。所有这些问题均与材料的表面特性有关。等离子体表面化学清洗是通过等离子体自由基参与的化学反应来完成。反应中产生的易挥发产物（主要是气体）会脱离表面，因而表面污染物被清除。反应的有效性，即表面改性的有效性取决于等离子体气源、等离子系统的组合及等离子工艺操作参数。

等离子体表面清洗及活化工艺具有诸多优点。主要表现为：

① 等离子工艺是有利于环境保护的工艺，等离子清洗过程中仅使用微量气体，没有污染物排放；

② 等离子清洗工艺成本较低，容易使用，可以处理拥有各种表面的材料，并具有良好的均匀性和重复性；

③ 维护及保养费用较低；

④ 适合于高级封装及其他需要表面改性的工艺。

随着电子电路集成化的提高，芯片尺寸变得越来越小，表面清洗的要求越来越高。等离子体表面清洗工艺已经成为最好的选择之一。

研究发现，经等离子体清洗后的表面，引线键合力平均增加24.3%；实验证明，当等离子体应用于表面清洗，塑料封装后的界面剥离现象会极大地减少，封装的可靠性极大地增加；等离子体清洗工艺也可应用于印刷电路板制造中的除污和凹蚀，以及聚四氟乙烯的表面活化。传统的化学方法并不有效。相反，等离子体工艺能有效地去除在标准的和高纵横比的板材上的环氧树脂，高 T_g 混合物，混合材料和其他树脂残余物。化学工艺不适合处理混合在同一块面板中的聚四氟乙烯和其他树脂。然而单一的等离子工艺能改变聚四氟乙烯表面和去除树脂残余物，有效地清洗孔壁为化学电镀或直接敷镀金属作准备。等离子表面改性技术能够广泛地应用于芯片黏结、引线键合、塑料封装和印刷电路板制造工艺中。

二、等离子体化学在半导体领域中的应用

最具代表性的莫过于超大规模集成电路制造工艺上的技术进步。

从60年代起至今已经形成一整套“全干法工艺”，包括等离子体氧化、等离子体聚合、等离子体显影、等离子体蚀刻、等离子体除胶等。为大规模集成电路的更新换代提供了可靠的技术基础。

三、低温等离子体技术在汽车工业上的应用

由于塑料在成形过程中加入的增塑剂、降解物等低分子物质很容易析出而汇聚于材料表面，形成无定形层，使材料的湿润性变差。采用低温等离子体处理工艺，可以使聚丙烯（PP）塑料等高分子材料表面形成交联层，成为低分子物渗出的屏障，使材料表面能量增加，水接触角度降低，增加湿润性，从而提高了材料的使用价值。在欧洲很多汽车零部件制造厂如：Magnetic Marelle、Structuples、AKT、TCA、Hella、Kiekert已采用此工艺获得了收益和进步。

四、等离子体处理技术在微波印制板生产中的应用

聚四氟乙烯具有宽频率范围内优异的介电性能，以及良好的耐温、耐磨和耐化学品性能，在现代雷达中，聚四氟乙烯材料的使用范围和使用数量越来越大，被广泛应用于高频元件和密封件等，如微波印制板基材、包氟密封圈等。但由于聚四氟乙烯表面能低，化学性质非常稳定的特殊性，给零件生产过程中如金属化、表面涂覆、粘接等加工操作带来了很大困难，必须对其进行表面处理，长期以来，公认最有效的是钠萘溶液处理法。在以往的生产中也多是采用自配钠萘溶液处理的方法来进行聚四氟乙烯类零件的孔金属化、粘接前表面活化处理。但钠萘处理法也有很大的局限性。因而等离子体处理法替代钠萘处理法进行聚四氟乙烯表面活化处理的研究便应运而生。

氟聚合物及其共聚物的表面能比聚烯烃还低，典型范围为0.18～0.26kN。对于高氟含量树脂如PTFE，经过环烷酸钠蚀刻后粘接性能提高10倍，而经过氧或氩等离子处理后只会提高3倍。

聚四氟乙烯微波板通孔及表面等离子体处理的工艺流程如图1所示。

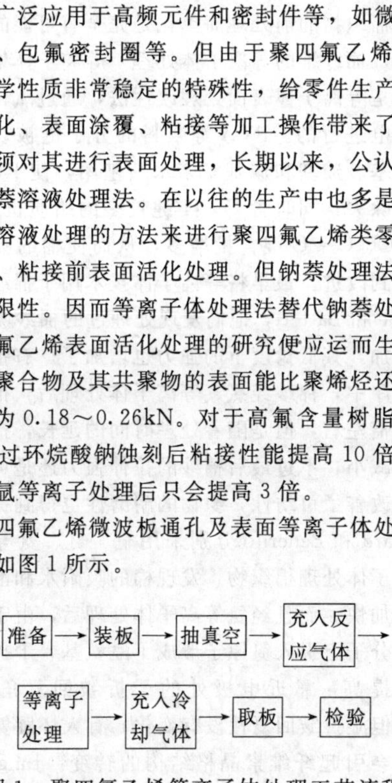

图1　聚四氟乙烯等离子体处理工艺流程

研究使用的等离子体处理设备是自行设计制造的大型等离子体处理机，最大可处理板面尺寸为700mm×500mm，最多可同时处理极板数为10对。等离子体处理过程为循环式，一个循环大约需要45～60min，但由于一次可处理数十块印制板，因此总体效率比较高，而且处理效果的一致性要好于钠萘溶液处理。

处理过程首先连接气路并按要求调节进气压力，而后将待处理的印制板放置在正负极板之间，关闭真空腔抽真空，待腔体内空气基本抽净后打开进气阀通入处理气体，当真空腔的进气和抽气达到动态平衡后即可启动射频发生器开始进行等离子体处理。由于等离子体处理过程本身也是一个发热过程，因此在等离子体处理后应视需要通入惰性气体进行冷却，以免有些材料在高温状态下被氧化。

聚四氟乙烯微波印制板等离子体处理中的关键技术主要包括三个方面的内容，即处理气体的组成、处理的工艺参数以及处理后的存放条件。

依据国外的研究，对聚四氟乙烯基材进行表面处理的最有效的气体组成为100%的NH_3或80%H_2/20%N_2。研究中采用三种处理气体进行试验，即H_2、N_2和O_2，其中H_2和N_2的比例选用的是80%：20%。

试验表明H_2和N_2的混合气体处理效果明显好于O_2的处理效果。采用O_2的等离子体处理实际应是一个表面粗化的过程，仅增加了材料表面的粗糙度；而采用H_2/N_2混合气体的等离子体处理则不仅有物理作用，还存在化学作用，在原有材料的表面分子结构上引入了新的活性基团，因而大大改善了材料表面对水的亲润性，使得表面接触角变得非常小。

在处理气体确定的前提下，对不同操作参数情况下的处理效果进行了试验对比。等离子体处理的操作参数主要有三个，电压、电流和处理时间。试验结果表明：确定聚四氟乙烯材料等离子体处理的适宜工艺条件为：混合气体组成：80%H_2/20%N_2；处理参数：$I=4A$；$t=30min$。

经等离子体处理后的聚四氟乙烯材料在下道工序中表现出来的表面状态的好坏，不仅与处理过程有关，还与存放条件和工序之间的时间衔接有关，根据测试结果，高湿对等离子体处理的影响很大，接触角的衰减极快，其后就进入了缓慢衰减的阶段。

经等离子体处理的纯PTFE板试样，在日光直射环境下保存，每天进行接触角测试，结果见表1。根据测试结果，日光照射，主要是其中紫外线的照射，对等离子体处理的影响也较大。

表1　接触角在高温状态下随时间变化情况

处理后试样存放天数	当天	1天	2天	3天
表面接触角测试数据/(°)	50	92	93	96

经等离子体处理后的聚四氟乙烯基材存放时间较短，到第5天时表面接触角已经恢复到了90°，达到表面浸润与不浸润的临界点。根据测试结果，经等离子体表面处理后的基材在进行下一道工序前的存放时间以不超过三天为宜，而且最好用黑纸包装。

五、等离子清洗机的应用

等离子清洗过程是在真空箱中操作，用射频电流产生电离区域，等离子清洗机的生产：电子业，等离子表面处理系统现正应用于LCD、LED、IC、PCB、SMT、BGA、引线框架、平板显示器的清洗和蚀刻。等离子清洗过的IC可显著提高焊线强度，减少电路故障的可能性。溢出的树脂、残余的感光阻剂、溶液残渣及其他有机污染物暴露于等离子体区，使被清洗物表面物质变成粒子和气态物质，经过抽真空排出，短时间内就能清除。PCB制造商用等离子蚀刻系统进行去污和蚀刻来带走钻孔中的绝缘物。工业，等离子清洗的益处不仅仅局限于高科技行业。许多制造过程都依靠于有效的表面改进来生产耐久的、可靠的产品。不管表面是金属、陶瓷、聚合物、塑料或是其中的复合物，等离子体都有潜能改进黏着力，提高最终产品质量。

等离子体改变任何表面的能力是安全的、环保的、经济的。它是许多行业面临的挑战问题的可行的解决方案。

医药业，没有什么地方比医疗设备对品质和可靠性有更高的要求。例如：注射器、超细管、导管、过滤器、传感器等。

六、等离子体技术在纺织染整工业中的应用

目前，纺织染整工业生产仍以湿加工为主，不但需耗用大量的水，而且带来污水公害问题。而等离子体新技术，是干式反应体系（气体体系处理），节水节能、环境污染和公害少，操作简单且易控制。而且处理仅涉及纤维的表面，不破坏纤维自身的性质，理论上可应用于各种纺织品基质物。因此，可以说等离子体技术迎合了生态纺织品发展的呼声，正越来越受到人们的重视。

等离子体技术在纺织上的应用始于20世纪50年代，我国从20世纪80年代开始对等离子体处理纺织品进行研究。在印染工业中，等离子体技术可用于织物的上浆、退浆和麻的脱胶、羊毛的防毡缩、织物的轧光、合成纤维的亲水化处理等诸多领域。等离子体处理也可以改进纤维的染色和印花工艺。近年来，也有人将等离子体处理用于织物的阻燃、防皱和卫生等功能性整理。

通常来说主要有三种不同的等离子体处理纺织品的方法：

① 非聚合性等离子体如氧气、氮气、氢气、氨气或水蒸气等对纤维材料产生表面改性；

② 等离子聚合，用有机氟、有机硅的或有机金属的等离子体作用于材料表面并在纤维材料表面产生一薄层沉积物；

③ 先用等离子体使聚合物表面活化产生自由基，再用等离子体与已产生的自由基发生移植作用，从而使纤维材料表面改性。

（1）等离子体在织物前处理中的应用　使用等离子体技术对织物进行前处理，即用等离子体作用于浆料、油脂、蜡质等有机分子，最终使有机物分解成CO_2和H_2O跑掉，节水、节能、无污染，可代替织物用碱剂进行退浆和精练的传统前处理方法。

日本山东铁工所已于1992年3月开发设计了连续式低温等离子体处理装置，并实现了在真空中对棉织物退浆、精练的连续加工。俊藤等研究了用氧或空气等离子体处理棉坯布后的芯吸性与工艺条件之间的关系，发现处理后，棉布的去除蜡质和浆料的效果与用氢氧化钠进行汽蒸处理相同，而且织物的强力几乎不受影响。棉坯布经氧低温等离子体处理后，可以不经退浆、精练而直接双氧水漂白，其效果不低于常规工艺生产的棉织物。因此利用等离子体对棉坯布处理，使棉织物的前处理简单化是完全有可能的。

（2）棉纤维的等离子体处理　等离子体处理棉纤维一般是等离子体表面处理改性法，通过氧化性气体辉光放电进行的。PVA等浆料的分子链被切断，引入了羟基、羧基和羰基等亲水性基团，使PVA易于溶解而除去；同时含C—H键较多的蜡质也被氧化，使C—O、C═O键含量增多，从而使棉的吸水性和毛效得到改进。最早将等离子体技术用于棉纱处理的是Stone和Battett，他们发现处理过的棉纱吸湿性能显著增加，其低捻度下的强力也增加了。有报道说在纺织工序中，棉纱经氯气等离子体处理后，抱合力可增加四倍左右，但是随着处理时间的延长，抱合力也会很快减小，不过最后棉纱的拉伸强力还是可以增加很大，改善了可纺性，织物的耐磨性也得到提高。

Ward和Benerito分别采用氩、氦、氨等不同气体等离子体处理棉织物，发现棉的吸附水和油的速度都大大加快。而且经氨等离子体处理后，由于在棉纤维的大分子上引入氮原子形成了酰氨基，干折皱回复性大大提高，靠近电极处的干折皱回复角增加近20%，但湿折皱回复性没有变化，有人怀疑氨等离子体可能会引起纤维素晶格结构的转变。Jung等，考察了氩等离子体处理过的棉织物的吸水效应，并进一步观察了棉毛巾布经等离子体处理后的芯吸效应。研究表明，棉织物表面可能已经形成了羰基、α-羟基过氧化物以及游离的自由基等。

在一个研究中显示了棉织物经过等离子体处理产生了的效果：含水量降低了；表面电阻率下降了；经铜乙二氨溶液处理后发现，未经等离子体处理的棉纤维在其中完全溶解，而经等离子体处理的棉纤维尚有部分未溶解，这表明经等离子体处理后，纤维表面发生了部分交联。利用这一特性可改善纤维的防皱性能，若在介质中加入氟单体可起到拒水整理的作用。近年来，有人采用等离子体处理引发不同乙烯基单体、含氟单体对棉纤维进行接枝聚合改性，如 Byrne 和 Brown 于 70 年代初用乙烯单体聚合沉降到棉织物或其他织物表面，观察到了包括棉纤维拒水性提高等纤维性质的一些改变。

(3) 麻纤维的等离子体处理　麻纤维具有良好的机械物理性能和卫生保健性能，其织物服用性能也非常好。但其染色性能较差，不易染成深色，而且鲜艳度也较差。果用等离子体处理后，可使纤维表面的胶质分解，并在纤维表面形成较多的亲水基团、微小凹坑和微细裂纹。麻织物经等离子体处理后，可显著地增加毛细管效应，使纤维表面的润湿性大为改善，同时粗糙程度也有所增加，织物的失重率、上染率和染深性都有所提高。麻织物经等离子体处理后，可大大提高织物印花的着色性，花纹轮廓也十分清晰。最近还发展了等离子体用于麻的抗皱整理，以及将等离子体技术和生物技术如酶等联合使用处理麻等新的方法。

亚麻织物的舒适、卫生和优雅的质量使采用亚麻作衣料的需求增加了。但亚麻纤维结晶度高，导致抗弯硬挺度较高，加工难度大，等离子体处理可以消除这一缺陷。亚麻纤维具有独特的分子结构和形态学结构，例如亚麻较棉具有较高的结晶度和较小的螺旋结构节距，它没有那种存在于棉纤维结构中的螺旋反向层和转曲。同样，二者在微孔的结构和微晶的大小方面也存在着显著的差别。等离子体刻蚀作用，仅攻击在微晶表面的可结晶度的末端，不会造成在纤维整体结晶度方面的明显变化。经等离子体处理后，可使表面的聚合物分子发生断裂，从而使麻纤维具有更好的弯曲挠性，同时织物的强力增加。

(4) 羊毛的等离子体处理　羊毛表面具有鳞片结构，容易产生定向摩擦效应，从而产生毡缩。传统的方法是氯化处理，但它会带来环保问题而且会损伤羊毛，不少学者对用等离子体来代替羊毛的化学处理进行了研究。发现等离子体处理后羊毛的润湿性和溶胀性都大有提高，对纤维损伤程度很小；且对白度无影响；短时间处理后，着色量明显改善。其防毡缩效果来源于表面的等离子体氧化效应，纤维表面亲水性增强，就会在洗涤过程中形成水膜，将单根的纤维分离开来，减少了摩擦，而且等离子体处理产生的高能粒子轰击纤维表面，使羊毛纤维表面的鳞片层受到破坏，双向摩擦系数的差值降低，因此达到防毡缩目的。

用 CF_4 和 CHF_3 等离子体处理羊毛织物后，可以改变羊毛表面的化学组成，在纤维表面增加部分正电荷中心，改变羊毛在水溶液中的带电状况，纤维表面极性增加，从而提高染料对纤维的吸附能力及降低染料向纤维内扩散的空间阻力，改善羊毛的染色性能。据报道用 CF_4 等离子体处理后，羊毛表面的润湿性降低，但是上染速度却增快了，而且匀染性不降低，反而有所改进，所以上染速度增快的原因主要不是改善了纤维的润湿性，而是破坏了羊毛鳞片层中的胱氨酸二硫键，使染料易于扩散进入纤维内部。低温等离子体处理毛纱的热力学参数有明显变化，可采用低温染色。

等离子体处理还可增加羊毛纤维的表面摩擦系数，纤维强力也不会降低，从而提高了纺纱时纤维相互之间的抱合力和纺纱性能。处理后的羊毛，纤维的平均细度比未处理前稍细，短毛率有所增加，手感比处理前略显粗糙，而回潮率则普遍下降，在纺制高支纱时的断头率有明显的降低。利用等离子体处理毛织物，可以在织物表面形成薄膜，具有均匀性高、针孔少、耐溶性能优、热稳定性高以及在服装加工中与衬里黏合性好等优异性能。

(5) 丝织物的等离子体处理　采用等离子体对蚕丝的改性处理研究得表明：经处理后的柞蚕丝可以大大改善其润湿性和染色性。如果丝织物采用微粒子染色时，采用等离子体照射后，纤维表面受到离子射流的刻蚀，使纤维表面形成许多微小的凹坑和微细裂纹，可提高织物吸附微粒子的耐久性和染色的鲜艳度，从而提高了丝织物染深性。

发现 CF_4 气体改变了丝纤维的润湿性，使其与水的接触角由 0°增加到 136°，这表明了氟原子已植入丝纤维表面。丝织物在一定条件的低温等离子体处理后，毛细管效应增加，染色速度加快，但过度的处理反而会降低织物的吸湿性，通过扫描电子显微镜观察发现纤维表面产生了许多凹坑。国外科研人员发现丝织物经等离子体处理后物理性能如拉断强力、拉断伸长无明显变化；织物白度在一定处理时间内无明显变化，但处理时间过长，白度有所降低；纤维分子量无明显变化；织物上染能力明显提高。

(6) 合成纤维的等离子体处理　许多学者对合成纤维采用等离子体改性产生了极大的关注，其主要研究集中在对涤纶织物的改性，并且已取得了一定的效果。主要是通过等离子体表面处理改性法，使涤纶表面发生分裂、刻蚀，其表面结构和可润湿性都发生了相当大的变化，纤维表面形成微凹坑和一些微细裂纹，纤维的表面积增加，不仅可增强这些纤维与其他纤维间的抱合力，而且可提高纤维表面的润湿性、上染率、染深性和染色牢度。文献将等离子体接枝聚合法用于涤纶织物改性，用低温等离子体引发丙烯酰胺对涤纶织物进行接枝处理，发现接枝后织物的性能大有改善，由于织物导入酰氨基团，亲水性提高，利于染料向纤维内扩散。在最近的研究中，探索了等离子体处理和等离子体接枝的涤纶表面电阻率性能，发现表面电阻率大大地降低了，Maiid Sarmadi 等研究用四氯化硅等离子体处理的方法，改善涤纶织物的亲水性。织物在四氯化硅等离子体处理过程中，产生的氯硅阳离子反应性很强，能有效的植入纤维表面，其中主要是 $SiCl^{3+}$ 离子，这种离子在大气环境中能与水分子反应。迅速转化为 $Si(OH)_x$，从而纤维表面呈酸性，能吸附阳离子性物质。通过试验发现，纤维表面增加了硅元素和氧元素，接触角明显降低染色织物的 K/S 值大大增加。

此外对丙纶和锦纶的等离子体改性也进行了一定的研究。Yasuda 及其合作者运用氟碳等离子体处理锦纶织物，并用不同的技术分析其表面性能的变化，发现处理后，锦纶织物表面张力大大降低，接近聚四氟乙烯的表面张力，锦纶疏水性增强，织物具有很好的拒水性。拒水性在水洗、烘干后降低，说明纤维表面的分子片段存在着旋转性。还有人用氨等离子体处理聚烯烃、聚酯、聚氯乙烯以及醋酯纤维后，发现都可以用酸性染料染色，说明纤维表面上接上了含氮的阳离子，所以可以吸附阴离子型的酸性染料。

在建造摩天大楼和特大桥梁时，为了降低其自身的重量常常采用高科技、高性能碳纤维和芳纶纤维来替代钢材，由于这些纤维强度大大高于钢材而重量又十分轻。但其表面十分光滑，与其他建筑材料的粘合力不够理想。可采用等离子体对其进行改性处理，使其表面形成微凹坑和微细裂纹，有效地增强与其他材料的黏合力，提高高层建筑以及水下建筑的坚牢度。

美国曾将聚酯纤维进行辉光放电等离子体处理与丙烯酸接枝聚合，改性后纤维吸水性大幅度提高，同时抗静电性能也有改善。白敏冬等用 Ar 等离子体处理尼龙绸表面，引入丙烯酸，接枝聚合使尼龙绸抗静电性增强。低温等离子体接枝改性毛织物原料及成品，可改善毛绒表面性能、增强着色性、软化织物、降低缩水率，且毛织物本体不受影响。涤纶纤维坚固耐穿，但其结构紧密、吸水性差、难染色，王雪燕等用低温氮等离子体引发丙烯酰胺对涤纶织物进行接枝改性，接枝后涤纶织物的上染百分率、染色深度及亲水性都有明显提高。

（7）产业用纺织品的等离子体处理　等离子体技术用于产业用纺织品的防护处理具有重要意义。AKZO Nobel 公司开发研制的用等离子体技术对弹道材料表面进行处理，先用无机等离子体处理，再用疏水性有机气体的等离子体接枝或覆膜，有效地提高弹道材料的防潮能力进而提高材料的性能。用等离子体处理涤棉双组分复合纤维织物有利于充分开纤，明显提高超细纤维的前处理效率。

（8）高性能超强聚乙烯纤维、芳纶纤维的等离子体处理　碳纤维、芳纶纤维及超高分子量聚乙烯纤维并称为当今世界三大高科技纤维。特别是超高分子量聚乙烯纤维，表面能很低，难与其他树脂黏合制作性能优异的纤维增强复合材料。近年来这方面的工作十分活跃，现有的结果表明，等离子体处理的效果非常突出，而且没有任何环境污染问题而备受人们的关注。在氧气、氨气气氛中的等离子体改性，主要是通过增加纤维的表面极性，改善纤维的润湿性，使芳纶增强复合材料的力学性能较大幅度提高，特别是在氨气气氛中 5min 等离子体处理后，层间剪切强度和韧性强度分别提高 60%和 50%。

七、等离子体技术在非织造织物亲水整理中的应用

非织造布由于加工特点及产品成本等方面的原因，长期以来大多采用合成纤维，并以涤纶、丙纶为最多，个别情况采用合成纤维、天然纤维混配纤维，造成产品的亲水性能差。

非织造布无论是在医卫材料还是在服用、擦拭用材料方面均对亲水性能有着较高的要求。在医疗卫生领域，消毒湿巾、伤口敷料、止血贴、绷带、纱布球、药膏布、吸液垫等均要求具有良好的吸收血液、药液性能。吸收性用即弃材料，如婴儿尿布、妇女卫生巾、成人失禁垫等，对材料亲水性要求更高。还有一次性内衣裤、服装衬布、鞋里衬布等服用材料也对亲水性能有一定的要求。在家庭卫生领域，婴儿揩布、美容揩布、家具、餐具、炊具的清洁布等材料无一不对亲水性能有相应的要求。另外产业用布方面的许多材料如电池隔板要求具有很高的电解液吸收能力，因而对亲水性也提出一定要求。在吸水效果上，由过去只重视吸收率，发展到对吸收速率的关注。被称为具有瞬时吸水性能的毛巾吸水时间仅为 0.3s，而亲水整理前吸水时间长达 4s。非织造布由于吸收速率的提高，不仅大大提高了使用性能，还进一步拓宽了使用领域。

等离子体是一种全部或部分电离的气体，气体在

电场力作用下获得能量而被电离，利用该气体高能态对纤维进行表面处理后纤维的表面层形成交联结构或提供稳定存在的游离基，这种状态的表面会在空气中起氧化反应，并使游离基最终生成羟基、羧基等基团，改变纤维的润湿性能，以此来提高纤维的亲水性能。目前英国某实验室已试验了一种稳定态的辉光放电等离子体反应器，利用二氧化碳、氢气、氧气在常温下把聚丙烯的烃基转变为羰基、羧基、羟基等极性基团，显著提高材料的亲水性，整个化学反应不可逆，且吸湿性较耐久。

八、等离子体技术在塑料薄膜改性中的应用

塑料薄膜是塑料中用量最大的一种，约占塑料用量的35%。目前的PE、PP、PVC、PET等工业包装膜在实际使用中均存在两个问题，难印刷和难粘接。当前国际上塑料膜表面处理方法中最先进的冷等离子体工艺技术，可以在聚烯烃薄膜表面引进羟基、酮、羧基或酯基，提高聚乙烯，聚丙烯等聚烯烃物质的表面能。使处理后的薄膜表面湿润性和黏合性增加，具有良好的机械性能与化学性能。印字、上胶固性强、不脱落。据报道现代塑料包装产品中的印刷、复合、涂布等工艺90%都依赖低温等离子体的处理。

PP和PE等聚烯烃材料，表面能很低，通常只有0.3～0.34kN。要实现良好的粘接，一般要求表面能不低于0.40kN。粘接试验表明，PE在等离子处理后粘接强度可提高10倍；经过铬酸处理后，粘接性能约可提高5倍。经过同样处理，PP在离子化处理后粘接强度约会提高200倍，等离子体技术适用于几乎所有的塑料薄膜，如PE、PP、PVC、PET、尼龙等。接枝聚合的特点使得改性层与原基膜以化学键连接，性质非常稳定。该处理装置既可以作为单独处理生产线，对成品膜进行下线处理，也可以将该处理装置附在原有吹膜或拉膜生产线上而直接得到高性能或功能薄膜制品，其投资成本更低。利用该项技术，可以使生产的塑料薄膜一面或两面引入官能团或反应基团，如酸、碱、羟基、氨基、酐基、环氧基等。这为开发各种新颖性能的特种塑料奠定了基础。

BOPP在应用于食品、挂历、画册、胶黏带等时，往往需要进行印刷、涂层、黏合等操作，由于聚丙烯材料本身的表面张力值相对偏低，仅为0.31kN，而在应用于上述几方面时，一般要求薄膜单面表面张力在0.38kN以上，因此，在生产BOPP时往往需要对薄膜进行表面处理，提高其表面张力，改善聚合物的粘接性和润湿性，以满足使用的要求。

BOPP是挤出厚片经激冷后，再经纵、横两个方向拉伸后所制得的薄膜，在进入牵引单元后，通过冷却、切边、测厚、预热等工序，然后再进行电晕处理。这时薄膜的温度对电晕处理的效果有直接的影响，而薄膜温度则主要由预热辊的设定温度进行控制，表2为采用单电极生产20μm印刷膜，在其他工艺条件不变的情况下，预热辊的设定温度与电晕处理的达因值的对应关系（表3）。

表2 单电极生产20μm印刷膜时预热辊的设定温度与电晕处理强度的关系

设定温度/℃	25	30	35	40
达因值/(kN/m)	0.41	0.42	0.43	0.45

表3 生产线速度与电极电压（双极）对应关系

达因值/(kN/m)	0.44	0.44	0.44	0.44
线速度/(m/min)	155	165	175	185
电极电压/kV	7.0	7.6	8.0	8.2

由此可见，电晕处理的电极电压要随着生产线速度的变化要作出相应的调整，随着生产线速度的增大而增大。

等离子体在薄膜表面的浓度会直接影响电晕处理的效果。一般而言，电极排风阀门的开启度越大，薄膜的表面处理达因值会越小；反之，电极排风阀门的开启度越小，薄膜的表面处理达因值会越大。

以内、外两面配方结构相同的薄膜为例，未经电晕处理的薄膜内、外两面的摩擦系数是一致的，但是在经过电晕处理后，薄膜处理面的摩擦系数值比非处理面的摩擦系数值低。

由于电晕处理的过程中会产生一定的热量，因此薄膜的收缩率会有一定程度的下降。在生产BOPP热封型薄膜时，表层使用的材料为乙烯-丙烯共聚物。如在前面所提及到的，在实际生产上如需达到同样的处理强度，共聚物仅需要比较低的处理电压值。但需要注意的是，过高的电晕处理值会引发共聚物间的交联作用，导致热封型薄膜失去热封效能。

作为食品包装膜还需要具有一定的阻隔性能，利用这种技术生产出的单面亲水PE、BOPP或BOPET改性膜，会很容易得到PVDC涂层复合膜，将PVOH夹于两PE膜中间的既隔氧又隔水的高档食品包装膜，利用处理PE或PP或处理PET组成的无黏合剂中档食品包装膜，高档低成本铝塑复合膜，防雾化且防结露保鲜袋等新型复合包装膜等。

九、氟碳等离子体技术的应用

利用氟碳化合物进行等离子体处理，引入了含氟基团，获得低能表面，从而使材料获得各种特殊的性能，应用于各个方面，是材料改性的一个重要手段。

(1) 含氟气体低温等离子体技术在纺织行业上的

应用　使用含氟气体等离子体处理可以提高多种纤维的拒水拒油性能。Yasuda 用 CF_4 等离子体处理了一些常见纤维如聚酯、尼龙、维尼纶、棉、锦纶、羊毛和蚕丝的织物，处理后织物的接触角有不同程度的提高，表面张力降低，织物具有很好的拒水拒油性。有人利用含氟单体在棉织物、腈纶织物上进行等离子体聚合，使织物获得良好的防水效果。而棉织物的柔软性、保水率、颜色变化、手感、透气性等都优于使用商用 Scotchgad 防水防污剂涂层的织物。

可用作等离子体处理气氛的有多种气体，包括 CF_4、C_2F_4、C_3F_6、CF_4 和 H_2 的混合气体等，这些气体都可提高织物的拒水性能，而且拒水性能随使用氟碳化合物种类的不同，处理时间和功率大小而变化。采用不同气体和不同操作条件处理不同织物，织物表面的含氟量有明显不同，引入的含氟基团也有所不同。采用 CF_4 作为气氛处理尼龙，表面氟元素含量为1%～2%；以 C_3F_6 为气氛，表面氟元素含量为 2.3%～7.8%。通过 X 射线光电子能谱（XPS）观察到 CF_4 等离子体处理后在纤维表面产生氟化作用，引入含氟基团，对 Cls 谱图的分析表明，—C—O—C—、—CF、—CF_2 和—CF_3 基团增加，而—COH 和—COOH 基团则减少了。对不同织物，引入的主要基团也有不同，对聚酯、尼龙、维尼纶和棉织物主要引入—CF_2 基团，而天然蛋白质纤维羊毛和蚕丝则表现为强—CF 吸收。且 C_3F_6 处理效果优于 CF_4。使用含氟气体等离子体处理可以提高多种纤维的拒水拒油性能。Yasuda 用 CF_4 等离子体处理了一些常见纤维如聚酯、尼龙、维尼纶、棉、锦纶、羊毛和蚕丝的织物，处理后织物的接触角有不同程度的提高，表面张力降低，织物具有很好的拒水拒油性。有人利用含氟单体在棉织物、腈纶织物上进行等离子体聚合，使织物获得良好的防水效果。而棉织物的柔软性、保水率、颜色变化、手感、透气性等都优于使用商用 Scotchgad 防水防污剂涂层的织物。

处理效果的耐久性是评价处理效果优劣的重要指标之一。有人报道等离子体处理后织物有经时效应，即获得的亲水性能经过一段时间后会逐渐衰退，但对涤纶织物进行 CF_4 等离子体处理，发现处理后的材料即使存放 150 天，未发现 F/C 有明显变化，其拒水性能也没有明显变化。研究发现使用气体的结构是织物处理效果耐久性的重要影响因素。

等离子体处理后获得的拒水性经过水洗和烘干处理后会减弱，因为织物水洗后纤维表面的含氟基团容易发生翻转，表面张力增大，造成织物拒水性能下降，洗后若采用高温烘干则有利于拒水性能的恢复。

（2）含氟单体等离子体处理其他材料　涤纶薄膜（PET）、聚丙烯（PP）等是现在广泛使用的材料。使用含氟单体等离子体处理这些高分子材料可获得特殊性能，获得更广泛的用途。J. Piglowski 等人用 C_6F_{14} 等离子体处理 PET 膜，并将之用作生物处理材料，经过等离子体处理后材料没有引起任何毒性反应，不会影响其生物相容性，且可以提高其抗凝血性能。有人报道在膜材料上进行等离子体聚合，得到一层含氟薄膜，可用于分离氧气和氮气。采用 C_2F_6 和 H_2 混合气体为气氛，当混合气体中 C_2F_6 比例增加时，氧气的渗透系数和膜的选择性都得到提高。传统的喷墨打印机的墨盒喷嘴上有一层含聚酰亚胺的涂层，该涂层容易被墨水润湿而影响打印效果，有人使用含氟单体为气氛进行等离子体处理获得拒水拒油表面，改善了传统墨盒的缺点，并申请了多项专利，采用 CF_4/CH_4 等离子体处理材料表面还可以获得阻燃性能。XPS 研究表明，经甲烷等离子体处理可得到一层高度交联的聚合碳膜。甲烷等离子体的沉积速率越高，聚合膜的厚度愈厚，愈有利于阻燃。施来顺的研究也证实聚丙烯膜经甲烷等离子体处理后，燃烧速率普通降低，由此证实了高度交联作用的碳层对等离子体改性聚合膜的表面所起的阻燃作用。

Sigurdur Sigurdsson 等人用 CF_4 等离子体处理 PET 和 PP，处理后表面能降为 $2\sim20mJ/m^2$。水和丙酮洗涤对处理后表面的疏水性能影响不大，说明处理表面较为稳定。XPS 表明疏水性能随着表面上非极性基团—CF_2—，—CF_3，和—CH_2—CF_2—的增加而增大。有人使用 CF_4CH_4/CF_4 等离子体改性 PET 的表面，发现不同摩尔比的碳氟混合气体作用机制不同，并将之分成三个区域，区域 1（0～83.3% CF_4）为等离子体聚合区域，区域 2（83.3%～96.2% CF_4）内等离子体聚合起主要作用，刻蚀起次要作用，区域 3（96.2%～100% CF_4）内刻蚀和氟化接枝起主要作用。

等离子体技术能清洁、快速、高效的改变各种材料的表面性能，在纺织行业和高分子材料领域内有着重要的应用价值。使用不同的氟碳化合物进行低温等离子体处理，可以获得特殊的低能表面，用于各种不同的用途。随着等离子体技术的完善，利用的氟碳化合物进行低温等离子体处理将得到更广泛的应用。

如前所述，低压等离子体技术应用领域非常广泛，也曾经列入国家 863 攻关项目，皆因真空等离子体的在线产业化处理技术非常困难，致使这项技术的应用受到了限制。现在中科院电光源研究院王守国研究员领导的课题组经过多年努力，突破了低压等离子体技术的难关，实现了大气压大面积低温等离子体在线处理的产业化，并且可以随意的设计大气压下的丝状放电、辉光放电、丝状/辉光混合放电及间隔放电等多种放电模式，为广泛应用这项先进技术奠定了坚实的基础，也使我国在这一领域的研究迈进了国际先进水平的行列。

（中国科学院化学研究所 王德禧）

精密注射成型技术及要求

一、概述

精密注射成型技术是一门涉及原材料性能、配方、成型工艺及设备等多方面的综合技术。精密注塑机是指可加工包括DVD数码光盘、DVD激光头、数码相机零件、电脑接插件、导光板、非球面透镜等精密产品的塑料注射成型设备。这类产品一个特点是不但尺寸精度要求高，而且对制品的内在质量和成品率要求极高。成型制品的模具是决定该制品能否达到设计所要求的尺寸公差的重要条件，而精密注塑机是保证制品始终在所要求的尺寸公差范围内成型，以及保证极高成品率的关键设备。在精密注射技术方面我国起步晚，与国外相比差距较大，许多大企业都是近几年才开始重视并逐步研发的，广东泓利机器有限公司是我国最早研发精密注塑机的，它于1988年开始发明了双动模注射成型机，获得了中、德、意、美、日等七国发明专利，于2003年研制成功了D-50数码光盘注射成型机。众所周知，光盘生产线是许多尖端高科技的集成，广东泓利公司联合国内企业依靠自身力量，通过对注塑机、模具、溅镀机、机械手、涂胶机等进行攻关，并全部研制成功，这在国际上也是罕有的，其中光盘注塑机是精密或超精密的代表性产品，它有三个特点：①表面微小信息沟槽需要超精密注射成型；②透明制品质量要求极高以利于激光穿过；③极快的生产节奏［每模3.8s以内，要完成包括冷却（2s）及机械手和许多气动动作。］，所以许多厂家望而却步，现在，在全球范围内能生产光盘注塑机的仅有德国、奥地利、日本近10个厂家，在亚洲除了日本就只有泓利公司能够生产。泓利注塑机生产的光盘经过检测，已经达到了飞利浦白皮书要求和德国K.M公司水平，实现了我国注塑机从普通型向超精密型的历史性跨越。由于泓利公司已经在精密注射成型技术方面进行了多年探索，取得了一定的研制经验，也吸取过不少的教训，为了推动我国精密注射成型技术的发展，愿在此抛砖引玉。

二、精密注射成型的概念及对注塑机的要求

一般精密注塑机有两个指标：一是制品尺寸的重复误差，另一个是制品的重复重量误差。前者由于尺寸大小和制品厚薄不同难以比较。而后者代表了注塑机的综合水平，一般普通注塑机的重量重复误差在1%左右，较好的机器可达到0.8%，低于0.5%为精密机，小于0.3%为超精密机，据以前资料报道，国际最高水平小于0.15%，2004年德国科德塑机博览会上，德国雅宝公司宣布其最新式注塑机重量重复精度可达到0.07%。精密注塑机要求制品尺寸精度一般在0.01～0.001mm以内，许多精密注塑还要求注塑机具有高的注射压力、高的注射速度；要求合模系统具有足够大的刚性和锁模精度，所谓锁模精度是指合模力的均匀性、可调、稳定和重复性高，开合模位置精度高；要求对压力、流量、温度、计量等都能控制精确到相应的精度，采用多级或无级注射，保证成型工艺的再现条件和制品的重复精度等。对精密注塑机的具体要求有：

① 注射压力≥25MPa；

② 注射速度≥300mm/s；

③ 制品尺寸精度0.001mm；

④ 制品质量标准差系数（变化率）≤0.1%；

⑤ 开、合模位置精度：开≤0.03mm，合≤0.01；

⑥ 注射位置精度（保压终止点）≤0.03mm；

⑦ 拉杆受力均衡度≤1%；

⑧ 预塑位置精度≤0.03mm；

⑨ 定、动模板平衡度：A为锁模力为零时≤0.03mm，B为锁模力为最大时≤0.005mm；

⑩ 机筒、螺杆温控精度≤±0.5℃。

三、精密注射成型技术的重点研究内容

（1）锁模力　在精密注射成型过程中，一般都需要很高的注射压力（>250MPa），否则很难成型，但我们就应该注意到，精密注塑制品的外形尺寸、厚度正常情况下都比较小，所以，对锁模力并不是所有制品都要求很高，反之，若锁模力过大，或四角受力不均，或锁模力不稳定都会使模具受压变形不一致和不均匀，最终会影响到制品的成型质量。根据注塑制品的工艺要求，合理、方便、准确地调整锁模力，克服肘杆式、电动式注塑机锁模部件由于制造精度而影响连杆受力及受力元件长时间受力变形等原因引起长度尺寸的差异（如肘杆、拉杆等）以及因室温、模具温度变化等引起锁模力不稳定的先天性问题，所以，如何发挥全液压式锁模结构精密度高的优点是精密注塑机今后一段时间内研究的一个重要课题。

（2）塑化质量　塑料塑化的均匀性不仅影响到塑件的成型质量，还会影响到熔融塑料通过浇口时所受阻力的大小，为了得到均匀的塑化，设计专用的螺杆和使用专用的增塑技术必不可少。另外，机筒的温度也应精确控制，现在螺杆、机筒温度多采用PID控制（比例、微分、积分），精度可控制在±0.5℃～

±1℃，基本可满足精密注塑的要求，如果采用FUZZY控制方法，就更适合于精密注塑。

(3) 计量精度　要使塑料制品保持较高的稳定性，每次注入模腔的热熔塑料必须相等，也就是说每次加料时螺杆的复位精度要求一致，但事实上螺杆复位时的位置是不可能完全一致的，螺杆的直径越大，系统惯性就会越大，位置精度越难控制，一般应把螺杆的复位精度控制在0.3mm以内，最好能控制在0.2mm以内。

(4) 注射速度　注射速度是精度注塑机的一个重要指标，因为热熔融塑料从开始注入模腔到完成填充之间有一段时差，在这段时间中，热熔融塑料即开始冷却，为了使浇口处与模具型腔内的材料均匀冷却，就应采取高速注射，要提高注射速度，必须配置一个或几个能快速释放能量的蓄能器以缩短时差。将原注射速度提高3倍以上，达到300～800mm/s，这对精密注塑非常有利。

(5) 注射压力　精密注塑需要较大的注射压力，以提高塑件的密实度，减小收缩变形，保证制件精度，但并不是注射压力越大越好，压力过大会产生飞边，在最佳的注射压力下，注射周期时间变化应不超过0.05s。

(6) 保压　保压对精度塑件的影响极大，准确地说，保压能较好地补缩，减小塑件变形，控制塑件精度，保压压力的稳定决定了塑件的成型精度，螺杆的终止位置不变是决定保压效果的决定因素。

(7) 模具温度　对精密注塑来说，模腔表面的温度变化应控制在±1℃之内，这就必须采用PID控制，但对超精密注塑而言，这远远是不够的，更先进的方法是采用FUZZF控制，即模糊控制。

四、目前国内精密注塑机的市场需求

目前我国年产注塑机4万多台，产值60多亿元，进口注塑机1.5万多台，金额超过10亿美元。其中60%为精密注塑机，进口精密注塑机占我国精密注塑机市场98.5%，国内企业生产的仅占1.5%，其中广东泓利机器有限公司占1%，浙江海天德马格及国内其他企业占0.5%。

随着信息技术和自动控制技术（医疗设备、机器人等）的发展，对精密注塑机的要求越来越高，需求量也在迅速增加。我国长期以来以引进生产机铰式（肘杆式）注塑机为主，而全电动式也仅处于仿制阶段，所以全国几百家注塑机几乎生产清一色的肘杆式注塑机，全液压式几乎为空白，仅有几家大公司开发精密注塑机，但仍处于仿造测绘阶段，而其他中小型企业几乎处于空白状态，广东泓利机器有限公司是唯一的例外，泓利于1994年获欧、美、日多国发明专利技术，经十多年产业化实践，已成为全世界生产四缸二板全液压式注塑机规模最大、系列最全的厂家，泓利于2003年成功研制了数码光盘注塑机，是继德国、日本、瑞士少数几家能够生产数码光盘注塑机的公司之一。

（广东泓利机器有限公司　黄步明）

新型混炼技术与装备的研究

一、前言

随着经济和科学技术的高速发展，对高分子材料的品种、性能和质量提出了更高的要求。如既要耐高温又要易于加工成型，既要具有较高的强度和刚度，同时还希望有较低的价格，单一的均聚物往往很难满足这些要求 。而新型聚合物从研制到工业化生产不仅周期长而且投资大，因此对现有的聚合物进行改性已成为目前高分子材料科学领域研究的热点。

聚合物改性（物理改性与化学改性）是一条快捷、节能、经济的聚合物新材料的开发途径。在聚合物的改性工艺中，混炼是一个重要环节。为了实现各种物料的共混改性，就要求从流变学和混炼机理的角度剖析现有混炼装备的特性，在此基础上开发出新的机型，以满足聚合物混炼加工的需要。近年来，美国、瑞士、日本和德国等发达国家集中力量相继推出了具有各种特色、性能优异的新型连续混炼装备，如FCM连续混炼机、Buss混炼机、KCK连续混炼挤出机和同向平行双螺杆混炼挤出机等。本文结合新型混炼技术与装备的理论研究和开发实践，重点对同向平行双螺杆挤出机、往复式销钉螺杆混炼挤出机、串联式磨盘螺杆挤出机三种机型的结构特点、设计原理、混炼机理、应用范围等内容进行了探讨。

二、同向平行双螺杆混炼挤出机

同各平行双螺杆混炼挤出机由于其优异的分散混合及分布混合性能、优良的自清功能和灵活多变的积木式结构等特点，一直被作为大型石化企业下游工序和制取高分子合金材料的重要装备，可以用于以下四个方面：① 对含一定水分、溶剂和单体的物料直接进行清洗、凝固、挤压、脱水干燥和造粒；②对含有各种添加剂的聚合物进行填充、共混、增强、排气、脱挥、着色、均化和造粒；③对粉末涂料、色母料、催化剂、油漆、食品、纸浆等进行分散混合；④特种物料的混合与成型。

国际上生产同向平行双螺杆挤出机的著名厂家Werner & Pfeiderer（简称WP）公司自1953年应用R. Erdmenger等人成果生产出ZSK系列商用机以来，根据各个时期产品的特点将同向平行双螺杆挤出机的发展沿革大致分为六个阶段（又称六个代）。20 世纪 90 年代末研制出来的第六代最新机型，主要特征为超高扭矩、超高转速、多功能、低能耗和高耐磨。扭矩系数达到 $11MN/m^2$，比第五代提高了 30%，螺杆最高转速为 1200r/min，中小型机可达到 1800r/min。螺杆的最大长径比从传统的 1∶48 提高到 1∶62。

第六代同向平行双螺杆挤出机的研究成功，从某一侧面反映了发达国家的高聚物混炼加工技术及其装备研究领域的最新成就。

由于螺杆转速的提高也带来下列问题：

① 物料在螺杆内的停留时间减少，导致混炼不足；

② 高黏度物料容易升温、易分解；

③ 机筒、螺杆易磨损；

④ 辅助机械和运动装置的速度和精度要求提高；

⑤ 螺杆要进行优化组合；

⑥ 混炼性能的提高、工艺条件设定要借助于 CAE 技术的帮助；

⑦ 必须采用熔体齿轮泵挤出机解决高速引起的压力波动。

北京化工大学在 1965 年研制成功国内第一台双螺杆挤压混炼造粒以来，在国家重点产学研工程、“九五”国家重点攻关项目、国家重点自然科学基金等项目的资助下，在挤出理论、结构设计、应用领域等方面进行了长期研究。与国内十余厂家合作，完成了同向双螺杆挤出机的系列化开发研制工作。

1. 理论研究

(1) 剖析双螺杆挤出机的四大技术难点 啮合机理、混合性能、排气效果、挤出能力。

(2) 建立了双螺杆流场分析的数学物理模型 应用四大基础方程（连续性方程、运动方程、能量方程、本构方程）求解了物料在双螺杆挤出机内的速度场、压力场、黏度场、流线、温度场的分布。

(3) 采用 AME 技术实现了螺杆几何造型的动态显示。

(4) 运用系统工程原理对不同功能段螺纹元件进行了特殊设计和优化组合，每套机型配置了 18 种螺纹元件、四大类螺纹元件优化组合形式。

(5) 用二次优化的计算方法，对物料在机头流道内的流动状态进行计算机模拟和优化计算。

(6) 用黏弹性流体有限元法对高聚物在复合机头流道内的三维非等温流动进行数值计算。

(7) 排气机理研究

ⓐ 建立气泡形成、生长、扩散、破碎过程的物理模型；

ⓑ 分析气泡形成条件和加速气泡破碎的因素；

ⓒ 研究加入物料、挥发物含量、螺纹元件几何参数以及组合形式对脱挥效率的影响。

(8) 用激光散斑法测定推力轴承微变形量和压力分布状况 并用三维有限元法对主要受力元件进行力学计算，实现了串列式推力轴承组国产化。

2. 结构机理研究

(1) 对机组的塑化系统、传动系统、机头、止推轴承组、快速更换滤网装置以及水环切粒装置等六个核心部件进行了研究 其中“组合式推力轴承组”、“双圆柱螺杆挤出机的双对齿轮啮合传动装置”、“直角式带过滤筒的挤出机头”、“一种过滤网快换装置”等四项技术分别获得了国家专利。图 1 为 SHL-100 微机控制大型同向平行双螺杆挤出造粒机组。

图 1 SHL-100 微机控制大型同向平行双螺杆挤出造粒机组

(2) 对熔体齿轮泵的输送特性进行了研究 开发研制了 28×ϕ28、56×ϕ56、70×ϕ70 三种机型的熔体齿轮泵。

图 2 为 28×ϕ28 熔体齿轮泵挤出机，其主要用于纤维纺丝、树脂造粒、薄片、管材、异型材及电线电缆的精密挤出成型，它具有下述特点：

图 2 28×ϕ28 熔体齿轮泵挤出机

① 挤出机螺杆末端阻力小，因而挤出量大、挤出温度低，不但可减少驱动功率和加热功率，使能耗降低，还能减少挤出机的磨损并增加推力轴承的寿命；

② 由于计量挤出由熔体齿轮泵完成，因而压力及挤出量波动小，挤出制品尺寸精度高；

③ 挤出量可由熔体齿轮泵进行线性控制，容易实现整条挤出机组的闭环反馈控制。

3. 拓宽功能与应用领域研究

① 成功地实现了若干种对国防和经济建设有重要作用的特殊材料诸如火炸药、电炭、电极材料、氟塑料、食品、饲料的混炼和挤出成型；

② 实现了含70%重晶石粉的EVA物料宽幅板材（板宽1.4m厚3～6mm）一次法挤出成型；

③ 利用三级排气技术对溶剂含量70%的黏合剂进行脱挥处理，使挤出物的溶剂含量<0.2%；

④ 对高黏度的LLDPE阻燃料实现低温挤出，当无机填料含量为60%～70%时仍能均为分散混合；

⑤ 采用L/D为48的螺杆，对含70%淀粉的PE降解料和交联聚乙烯进行挤出造粒；

⑥ 用双螺杆挤出机实现了对环保型塑木复合材料托盘的一步法挤出成型。

利用上述理论研究成果和专利技术，研制开发的部分同向平行双螺杆挤出机组系列的主要性能参数如表1所示。

表1 开发研制的部分同向平行双螺杆挤出机性能参数

规格	螺杆直径 D/mm	长径比 L/D	转速 N /(r/min)	功率 P /kW	生产能力 Q/(kg/h)
ϕ25	25	28～48	30～300	5.5	15～30
ϕ30-Ⅰ	30	22～48	30～300	5.5	16～30
ϕ30-Ⅱ	30	36～48	50～500	11	20～50
ϕ35	35	36～48	50～500	11	20～100
ϕ40	40	35～48	30～300	20	40～100
ϕ40/43	40/43	35～48	30～300	20	40～100
ϕ53	53	32～48	30～300	45	80～250
ϕ58	58	32～48	30～300	45	80～250
ϕ70	70	30～48	60～600	90/132	150～600
ϕ72	72	30～48	60～600	90/132	150～600
ϕ75	75	30～48	60～600	90/132	150～600
ϕ80	80	30～48	30～300	144	200～700
ϕ100	100	30～48	30～300	200	300～700
ϕ72	72	30～48	30～300	90	150～450

三、往复式销钉螺杆挤出机

往复式销钉螺杆挤出机即布斯连续混炼机（简称Buss机），是生产塑料粉料和涂料的理想设备，适用于热固性塑料、交联电缆料、屏蔽导线料、炭黑料、高填充专用料、磁性塑料、环氧模塑料、软、硬PVC、粉末涂料、食品加工、特殊物料的配混、造粒和成型，尤其在加工那些要求混炼质量高而又对剪切和温度敏感的物料时，显示出“三低一高”（低压力、低剪切、低温升和高混炼质量）的优势。但是，Buss混炼机在设计制造上有一定的难度，例如：如何保证螺杆上的螺棱缺口和机筒上的销钉精确地作相对运动而不干涉；如何实现螺杆既旋转又作往复运动的摇摆箱的结构设计；如何对易损部件如销钉、摇摆轴等关键零件进行结构设计、加工和调整。

图3为我们最新研制的WXJ-45往复式销钉螺杆挤出机，其螺纹元件形状以及螺纹元件、销钉与机筒的组合结构分别如图4和图5所示。

图3 WXJ-45往复式销钉螺杆挤出机

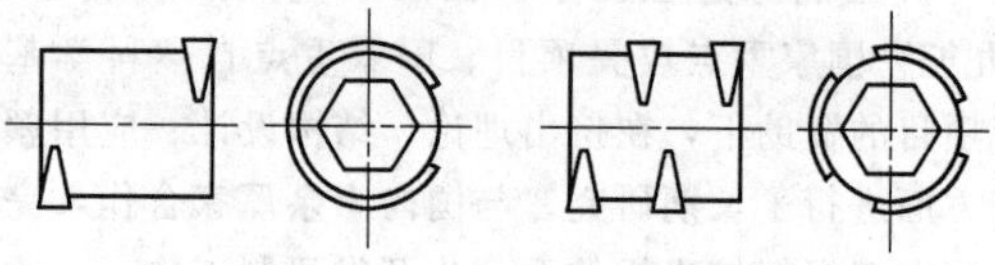

(a) 输送元件　　(b) 混炼元件

图4 螺纹元件类型

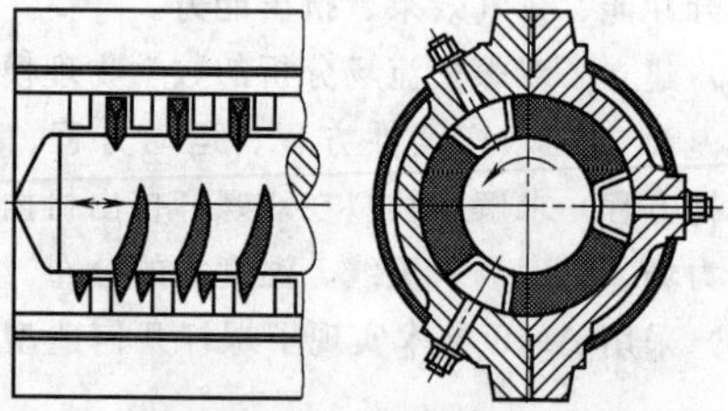

图5 螺纹元件、销钉与机筒组合

往复式销钉螺杆挤出机工作原理与常规单螺杆挤出机运动特性的区别在于其螺杆在旋转的同时，还按一定的规律作轴向往复运动，这就使物料在螺杆和机筒中的运动轨迹大为复杂。机筒上的销钉如同一个个强制搅拌器，它起到对螺棱的清扫、对物料的输送、并进行分布和分散混合的作用。捏合销钉和螺杆根径形成的剪切区类似于双螺杆挤出机的压延间隙，这个间隙可以根据加工工艺的需要给予适当调整。随着螺棱的移动，这个间隙存在着一个最大值（δ_{max}）和最小值（δ_{min}），如图6所示。

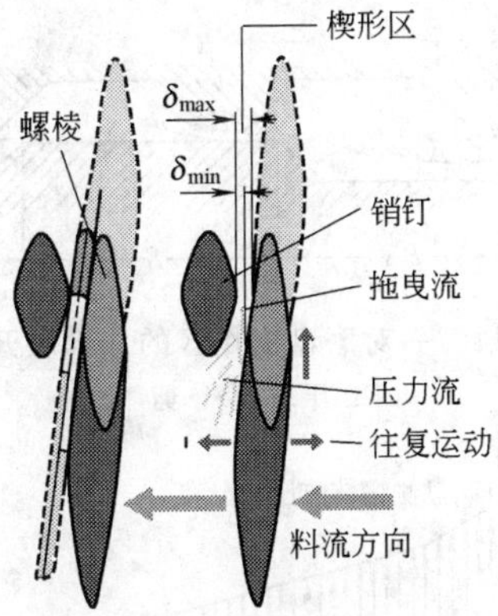

图 6　物料在销钉与螺棱侧壁间隙中的受剪状态

当移动螺棱接近最小间隙（δ_{min}）时，物料被捏合销钉挡住，并在较小的压力下被拉伸、切割和剪切，物料在被挤出的过程中频繁地经过销钉与螺棱侧壁间的间隙，不断地被拉伸、剪切和破碎，在长径比为 4 的往复式销钉螺杆挤出机中，物料流被分流的次数约为 2.8×10^{14} 次。

四、串联式磨盘螺杆挤出机

串联式磨盘螺杆挤出机综合了单螺杆挤出机和磨盘挤出机的优点，不仅具有单螺杆挤出机结构简单、挤出压力高、承载扭矩大的特性，而且具有磨盘挤出机超强的破碎、分散、剪切、混合和塑化性能特性，通过动盘和定盘的结构型式的构建、间隙的调节以及工艺条件的优化等手段可以对不同物料的混炼过程进行控制。此外，在该机内还设置有特殊结构的排气装置和计量控制的强制喂料装置，用它可以制取一般混炼装置难以加工的特殊高分子材料和高填充复合材料，因此串联式磨盘螺杆挤出机具有高效、多功能的特点。

1. 特点

串联式磨盘螺杆挤出机是在端面挤出机和“T”型挤出机的基础上发展起来的，具有如下特点：

① 在加料段采用大直径螺杆，增强了螺杆的刚性和强度，适用于高扭矩、大功率挤出；

② 采用深槽、大直径螺杆加料，可大幅度地增加产量；

③ 采用多组磨盘反复研磨物料，其破碎、分散、剪切、混合和塑化性能优越；

④ 采用组合式结构，磨盘和螺纹块的形状和组合形式可以多种多样，适用范围广；

⑤ 采用可调节的磨盘间隙，适用于多种物料的加工生产；

⑥ 由于磨盘两侧的物料压力基本处于平衡，传动系统承受的轴向压力较低，因此适于高压挤出。

2. 应用范围

图 7 为我们研制成功的 CPJ-75/135 串联式磨盘螺杆挤出机，它主要适用于从橡胶、塑料到陶瓷的各类工业材料的连续混炼，制取其他螺杆挤出机无法加工的特殊高分子合金材料和高填充的物料，例如软、硬 PVC 混合材料；电子复写、传真用调色涂料；陶瓷、塑料和各种有机混合料；磁性塑料、磁性橡胶、导电材料、热熔涂料、高黏度工程塑料、电池的电极以及粉末涂料等。

图 7　CPJ-75/135 串联式磨盘螺杆挤出机

3. 串联式磨盘螺杆挤出机的混炼机理

(1) 混炼段结构分析　组合式的动盘和定盘是串联式磨盘螺杆挤出机的心脏，在串联式磨盘螺杆挤出机主轴的芯轴上，交替安装有多种形式的动盘和螺纹块，动盘与螺纹块的组合结构如图 8 所示，机筒采用

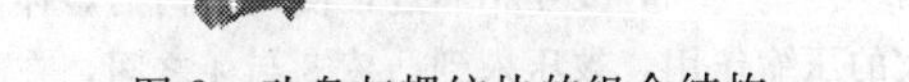

图 8　动盘与螺纹块的组合结构

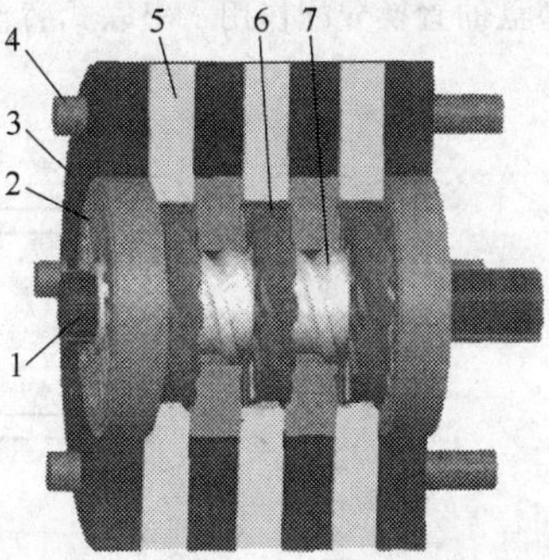

图 9　动盘和定盘的组合结构
1—芯轴；2—定盘；3—定盘冷却套；
4—拉杆；5—动盘机筒；
6—动盘；7—螺纹块

组合式结构，定盘与定盘冷却套的组合体即为机筒的一部分，它与动盘机筒之间通过拉杆相连接。动盘和定盘的组合结构如图 9 所示，动盘、螺纹块与定盘、动盘机筒之间形成锯齿状的交替，当物料到达混炼段时，受到来自于动盘和定盘之间的强烈的剪切、混合和压缩作用，被进一步破碎、混合、分散和塑化。

（2）磨盘的压缩与剪切作用　串联式磨盘螺杆挤出机的核心部件是多对串联在同一根芯轴上的动盘和定盘，其端面形状有扇形、菊形、臼目型等多种型式（如图 10）。定盘与动盘的间隙依次由高到低下降。两磨盘间的间隙越小，物料所受剪切增大，混合混炼效果变好，但物料流动阻力增大，挤出量将会下降。

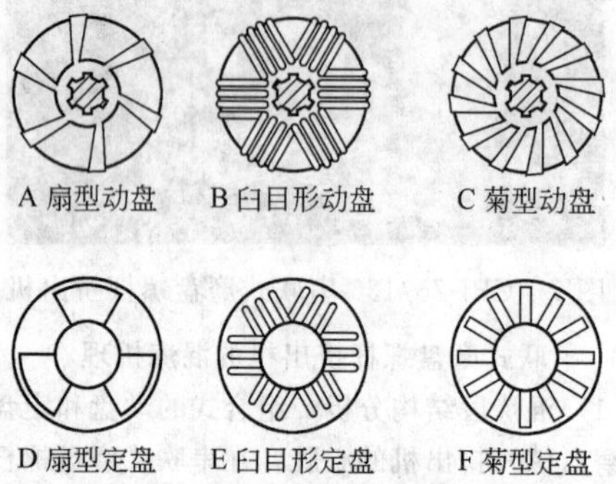

图 10　磨盘端面结构形式

串联式磨盘螺杆挤出机每一个磨盘的正、反两个表面都开有一定规则形状的花纹，显示出凹槽和凸棱，相对的一对磨盘展开后如图 11 所示。串联式磨盘螺杆挤出机的剪切作用主要发生在动盘和定盘凸棱之间的间隙处。动、定盘间隙内熔体的剪切速度和压力分布如图 12 所示，当动盘旋转时，它沿箭头 R 方向对定盘作相对运动，动盘的凹槽 1 与定盘的凹槽 2 的两个侧壁 01 和 02 互相靠近，使凹槽内的熔体受到强大的压缩作用，被压入到凸棱 3 与 4 之间，在这里熔体受到了强烈的剪切作用。

（3）磨盘的置换分配作用　串联式磨盘螺杆挤出

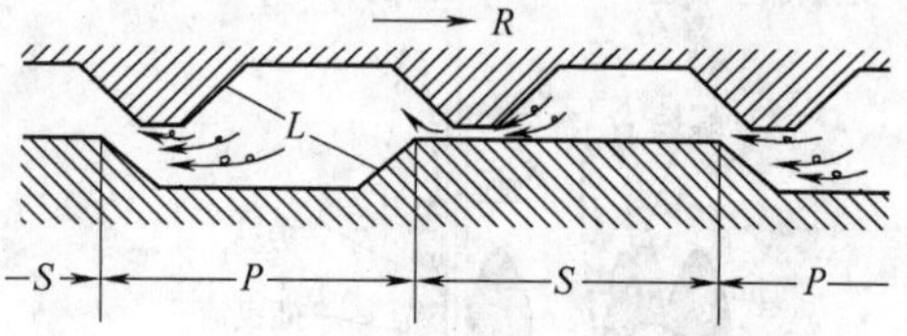

图 11　一对磨盘工作区的局部展开图

（P：压缩　S：剪切）

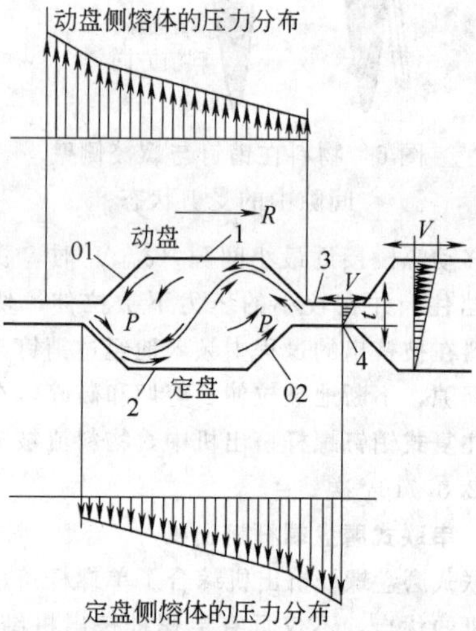

图 12　动、定盘间隙内熔体的剪切速度和压力分布

机的置换分配机理如图 13 所示，动盘上的 12 条凹槽展开后排列顺序为 1～12，定盘上的 12 条凹槽展开后排列顺序为 A—L［图 13(a)］。当动盘转动 30°时，各凹槽内的物料被重新分割和置换分配，如图 13(b) 所示。动盘转动到 60°、90°和 120°时，凹槽的物料被重新分割和置换分配的次数分别为 2^2、2^3、2^4，依此类推。当动盘旋转速度为 R 时，单位时间内物料所受的累积分割和置换分配次数（S）为：$S=2^n \times P \times R$（其中：n 为凹槽数目，P 为组合磨盘数目，R 为动盘转速）。

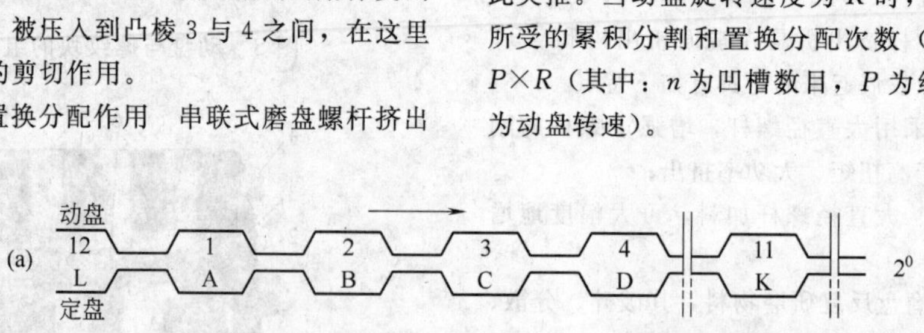

图 13　串联式磨盘螺杆挤出机的置换分配机理

4. 串联式磨盘螺杆挤出机的设计原理

在串联式磨盘螺杆挤出机中，动盘与定盘内物料的流动由三部分组成：① 动盘的右侧间隙内的物料向动盘边缘作发散流动；②动盘边缘处的物料沿该处螺槽作轴向流动；③动盘的左侧间隙内的物料向动盘中心作收敛流动。在动盘的两个侧面上，凸棱边线的倾斜方向与半径放射方向夹角分别为“正”或“负”α角。如图 14(a) 所示，当夹角为“正”α时，随着动盘的旋转，动盘与定盘凸棱边线的交点 0 将向外侧移动；相反，在图 14(b) 中，夹角为“负”α时，动、定盘凸棱边线交点 0 向内侧运动。基于上述工作原理，在入口侧将各圆盘的凸棱边线的倾斜角做成“正”α角，而在出口侧凸棱边线朝相反方向倾斜，当动盘旋转时，由喂料段输送过来的物料通过动盘与定盘之间的间隙，被“发散”输送到动盘螺旋沟槽的外圆周表面上，而后再被送到动盘的另一侧面，向磨盘的中心方向作“收敛”流动，依此类推，在磨盘工作区内形成物料的发散——轴向输送——收敛——轴向输送——发散……的循环移动。在此过程中，物料受到超强的剪切、破碎作用，并被混炼、熔融和输送。

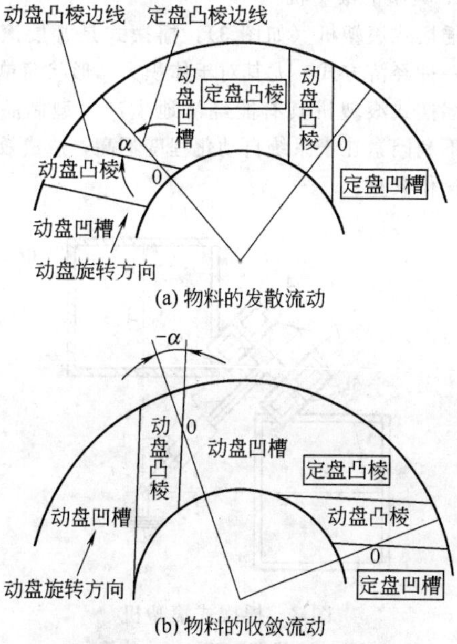

图 14 物料在磨盘内的发散和收敛流动机理

经过多年的努力，我们在新型混炼技术与装备的研究方面做了一些工作，从一定层次上满足了高分子材料加工发展的部分需求，但与发达国家相比，仍有相当大的差距，这些差距也正是我们在“十一五”期间研究的方向与目标，任重而道远。

（北京化工大学机电工程学院 江波 李翱）

滚塑成型工艺与设备及其研究进展

一、滚塑成型工艺及其优势

滚塑是中空塑料制品成型的一种工艺方法，又称旋转成型、旋转模塑或回转成型（如图 1 所示）。滚塑过程是将塑料粉末加入模具中，然后加热模具并使之沿相互垂直的两根轴连续旋转，模具内树脂在重力和热量的作用下逐渐均匀地涂布、熔融黏附于模具内表面上，从而形成所需要的形状，然后冷却模具，脱模得到制品（如图 2）。

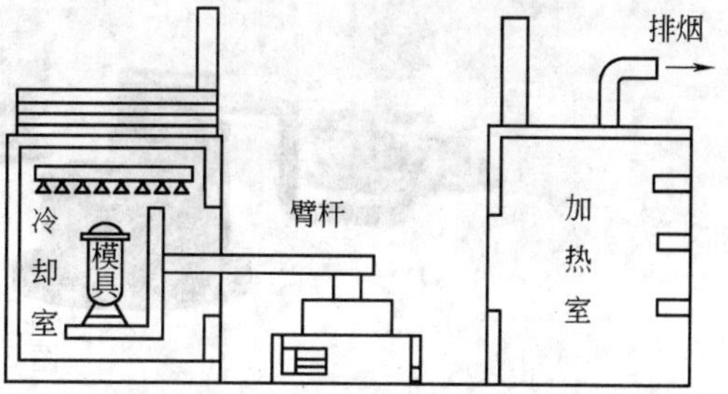

图 1 滚塑成型装置简图

滚塑成型起源于 20 世纪 40 年代的英国。1887 年第一项滚塑专利问世，1934 年制造出第一台商用滚塑机。滚塑成型于 50 年代在欧洲得到很大发展，之后传入美国、日本等地，起初它只是注塑、吹塑的一个补充，随着聚乙烯粉末化技术的成熟，日益成为粉末塑料成型工艺中极有竞争力的成型方法。从此，滚塑工艺在全世界不断发展。20 世纪 70 年代中期以后，滚塑工业的平均增速要高于其他塑料加工行业。近年来，更是以 10%～15%的年增长率持续发展，成为小批量生产中、大型或超大型全封闭与半封闭的空心无缝容器最好的成型加工方法。目前，世界上大约有2 000多家旋转模塑企业，这个数字还在不断增加。全球旋转模塑用树脂消耗量已占到树脂总产量的 8%～9%。我国从 90 年代中期才开始引进滚塑成型设备，有关滚塑原料、机械、模具及工艺等方面尚有许多值得探索与研究的课题。

滚塑成型工艺与传统的中空塑料制品成型方法（如注塑、吹塑、热成型等）相比，其最显著的特点就是树脂加热、成型和冷却过程都在无压的模具内进行。这样的特点使之表现出一系列的优点。

① 模具简单、成本低廉，适合成型大型塑料制品。

② 适合多品种、小批量塑料制品的生产。

③ 适合成型形状复杂的制品以及复合制品。

④ 节约原材料。

⑤ 制品壁厚均匀、无接缝。

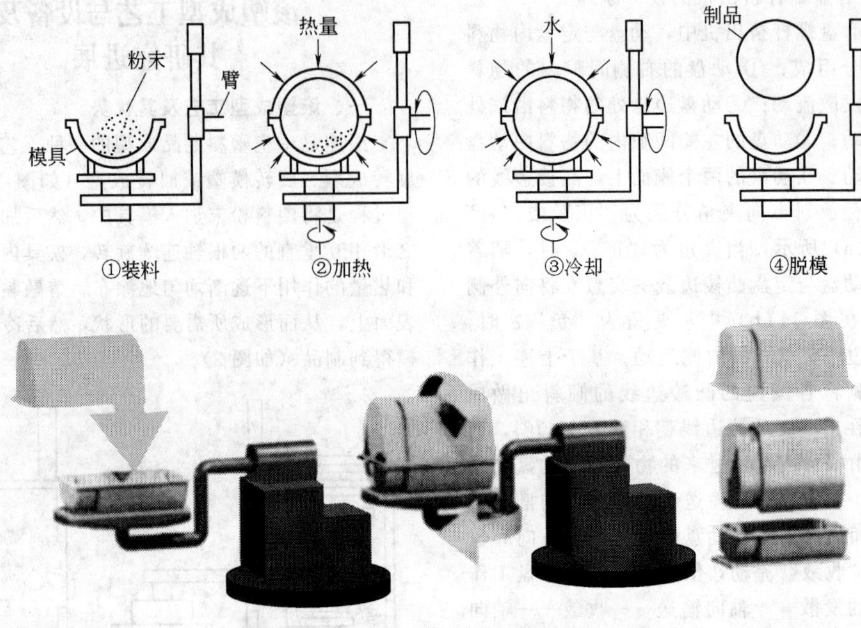

图 2　滚塑原理图

⑥ 制品无残余力，不易发生变形。

⑦ 换色容易，当要改变制品颜色时，只需清洗成型模具即可。

二、滚塑成型机

1. 滚塑成型机分类

对滚塑设备的基本要求就是能使模具绕两个相互垂直的轴旋转，模具在旋转的同时还能被加热和冷却。滚塑设备一般包括转臂、热室和冷室三大部分。转臂用来夹持模具，并把旋转动力和旋转方式传递给模具，使模具移动和转动。热室用来加热模具，冷室用来冷却模具。

旋转模塑设备有不同的种类，分类方式也很多。按模具旋转方式可分为摇摆旋转式、单轴旋转式和双轴旋转式，其中摇摆旋转式和双轴旋转式应用较多，且因为后者自动化水平比较高，目前式滚塑设备的发展方向；按照加热方式可以分为直火加热式、热室空气加热式、夹套加热式、熔盐抛洒加热式、红外线加热式和电加热式，热室加热式一般用于双轴旋转模塑设备，尽管体积受限，但是温控比较好，可使用自动化控制技术，实际应用广泛，其他加热方式比较少；按照转臂形状和模具安装方式可分为直臂式和曲臂式，也可分为中心式和旁侧式；按生产的连续性是否可分为间歇式、连续式和循环式三种；按工位不同可分为三工位式和多工位式，三工位式有加热工位、冷却工位和脱模/装料工位，多工位式可能有多个加热、冷却或装/卸工位；按转臂数量可分为单臂式、两臂式、三臂式和多臂式；而按转臂是否固定可分为固定转臂式和独立转臂式。

2. 典型的滚塑机

摇摆式滚塑机（如图 3）：摇摆式是开展滚塑操作的一种经济方式。尤其对于体积大、形状简单的制品。摇摆式滚塑机具有能经济地生产大型制品的优点，不利因素在于系统自动化程度不高，造成效率低下和操作繁重。

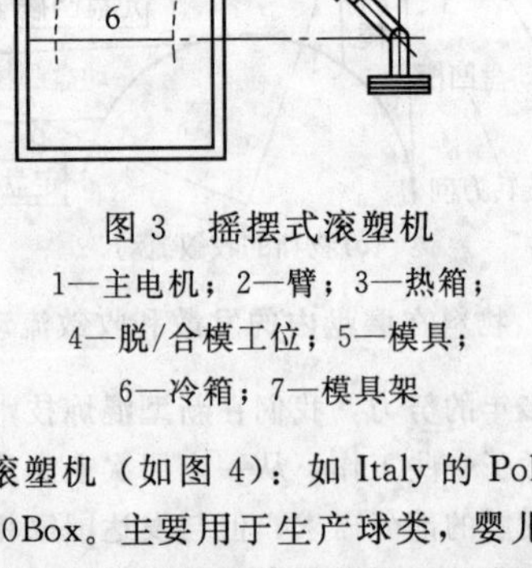

图 3　摇摆式滚塑机

1—主电机；2—臂；3—热箱；4—脱/合模工位；5—模具；6—冷箱；7—模具架

盒式滚塑机（如图 4）：如 Italy 的 Polivinil 公司的 PRM900Box。主要用于生产球类，婴儿玩具娃娃和汽车部件。因为设备操作的特性，通常用来成型液体溶胶 PVC 制品。也可用于生产聚乙烯或其他热塑性的小型中空产品。此设备采用双轴向旋转，由于实际操作中手工劳动繁重，因此除了一些原始的操作仍

图 4　盒式滚塑机 PRM900Box
(Polivinil，Italy)

使用这种设备，基本上已经淘汰。

穿梭式滚塑机（如图 5）：此设备适用于生产大型储存罐和容器。它拥有两个梭机。当梭机 1 被送到加热室后，关闭室门，模具开始双轴向旋转。完成预定加热时间，梭机移出开始冷却脱模。当梭机 1 移出后，梭机 2 进入加热室加热，开始循环动作。穿梭式滚塑机能经济地生产大型和小型制品；操作简单，维护费用低；设计简单，占地面积小。这种多功能性使得穿梭式滚塑机成为了低费用的入门级滚塑设备。

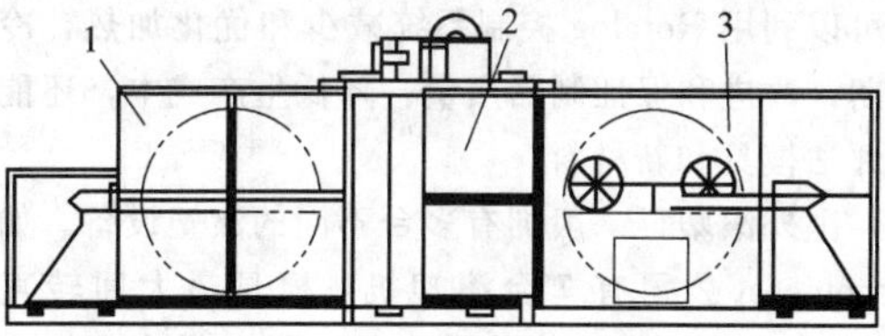

图 5　美国 Ferry 公司的平行穿梭式滚塑机
1—冷箱；2—热箱；3—冷箱

蚌壳式滚塑机（如图 6）：开发于 20 世纪 90 年代，初始费用低，占地面积小，手工劳动少和制品质量好。该机滚塑过程中双轴旋转为主，副轴变速齿轮电机提供。转臂可是直臂也可式曲臂，可以处理小型或大型模具。

图 6　蚌壳式滚塑机（Vinodrai Inc，India）

垂直式滚塑机（如图 7、图 8）：垂直式有两种典型型式，三臂式和六臂式。二者都用于制作玩具娃娃

图 7　垂直滚塑机（Ferry，US）

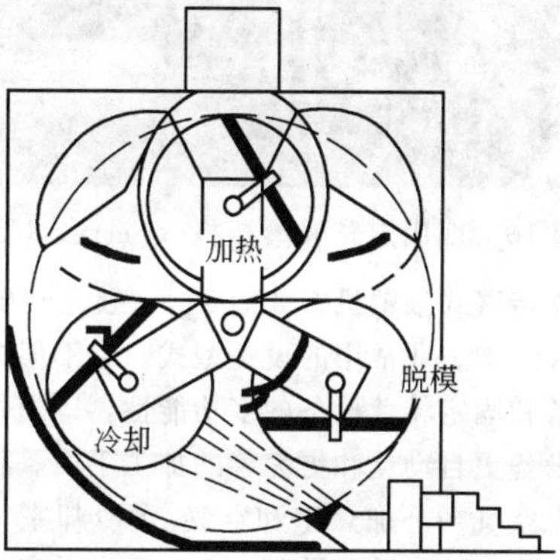

图 8　三臂垂直滚塑机周期示意图

部件、玩具、球类和汽车部件。有时也可作工业品如灯罩、公路用具或其他相似的制品。与蛤壳式一样，垂直设备也是整套的，占地面积小。不同的是，垂直设备有分开的加热、冷却或装/卸工位。该设备操作起来转臂在同一个平面内。垂直设备的局限在于制品的大小，最大的模具摆幅通常限于 900～1200mm。

固定转臂式滚塑机（如图 9）：目前固定转臂式滚塑机在滚塑模塑领域中占统治地位。该设备可以从小型的 1000mm 摆幅到大型的 3800mm 摆幅。且该设备效率高、产率高、容易维护。最基本的固定转臂式设备为三固定转臂设备，它有加热、冷却或装/卸三个工位。三固定转臂设备的各个转臂都固定在转塔上，互成 120°。当一个臂转动时，其他臂都必须转动。通常加热是整个周期的关键因素，因此它成了设

图 9　固定转臂式滚塑机（Vinodrai Inc，India）

备运转的控制因素。

近年来，操作者发现滚塑的冷却过程可能和加热过程一样重要，为了提供更多的冷却机会，因此设计了四臂固定转臂设备（如图10）。四臂固定转臂设备互成90°。在这种构造中，四臂固定转臂设备可能提供双装/卸工位以满足两位操作者装/卸需要，双冷却工位以保证冷却时间为加热时间的两倍或者双加热工位，如成型聚氯乙烯溶液，两加热箱平分加热时间。

图10　四固定转臂滚塑机（Ferry，US）

独立转臂式滚塑机（如图11）：独立转臂式滚塑机是今天滚塑工业常用的设备型式。它不但提供了穿梭式设备和固定转臂设备的多功能性，还提供了比任何其他设备更自动化和更完善的加工手段。独立转臂设备具有空气循环加热室和空气/水冷却室，并提供了五个工位。独立转臂设备包含一台自动车架来控制每台转臂绕中心台转动，而每台转臂和车架之间是独立的。同时任何一只转臂的转动不依赖与其他转臂的转动。每个车架可以在加热室、冷却室和装卸为有特定的停留时间以满足制品的要求。这也充分体现了独立转臂滚塑机的灵活性。

图11　独立转臂式滚塑机（Caccia，Italy）

蚌式滚塑机（如图12）：该机为加拿大FSP公司的独家产品。该机的热箱也可作冷箱，结构分上下两部分，上部可开启和关闭，形状及开启方式如蚌。模具回转直径从1.2～3.6m，根据北美滚塑企业调查报告，1998年北美地区28%的滚塑厂使用了该公司的蚌式滚塑机。

3. 国内外旋转模塑设备的发展状况

从滚塑的加热方式来看，目前较常用的为直火加热式和热箱加热式。生产大型制品一般采用直火加热式，而生产小型的制品国外先进的旋转模塑厂家较多

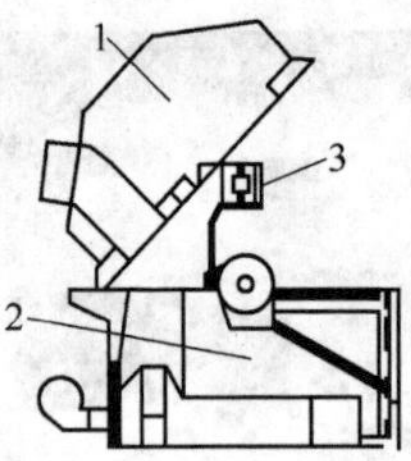

图12　蚌式滚塑机

1—上箱体；2—下箱体；3—模具

采用热室加热三臂四工位和四臂五工位双轴旋转独立转臂设备。

发达国家除了对滚塑设备构型不断改进外，还大力提高设备的自动化控制水平。英国皇后大学RJCrawford博士开发的Rotalog旋转模塑控制系统就是典型的一例。该系统包括测温和控制显示两大部分。测温部分密封安装在模具架上的以绝缘盒内，通过无线电信号把热电偶测的模具内温度实时发送到加热室外的监控计算机上，计算机显示模具内温度/时间图。该图与加热室温度/时间图对比，可直观的显示滚塑设备中模具及其中物料受热、传热情况。操作者可以利用Rotalog控制系统减少和优化加热，冷却周期，改进和保证制品质量，降低生产成本，还能准确评估模具和新材料。

国外滚塑厂一般拥有多台不同的滚塑设备。如美国spincast公司有7台滚塑机，模具最大回转直径4m，Dimond公司有9台滚塑机，模具最大回转直径为4.3m，Amerikart公司有10台滚塑机，模具最大回转直径为3.3m。

我国的滚塑设备制造和辅助技术与国外的先进水平相比还比较落后，目前还没有专业性较强的滚塑设备制造厂。就国内的滚塑设备使用情况，有以下几个特点。

① 所使用的滚塑机以直火加热为主，还有少量的热室加热三臂四位独立转臂滚塑机，其他的滚机很少。

② 热箱加热独立转臂设备几乎全是国外进口，主要是美国、意大利、德国和日本产品，几乎没国产品。而进口直火加热摇摆机很少，所使用的直火加热摇摆机绝大多数是国内厂家的仿制品。

③ 国内滚塑厂滚塑设备数量很少，滚塑厂规模较小。

三、滚塑成型模具

模具是滚塑成型中不可缺少的重要装备。滚塑模具简单，是本身形状和制品外形相同，壁薄且均匀的常压成型模具，模具本身不承受很大的压力，为无压成型模具，因此壁薄，轻质。滚塑模具由上下两半模

组成，并用夹板固定。为了排出模腔内形成的气体，防止制品变形，模具上开设排气孔（如图 13)。

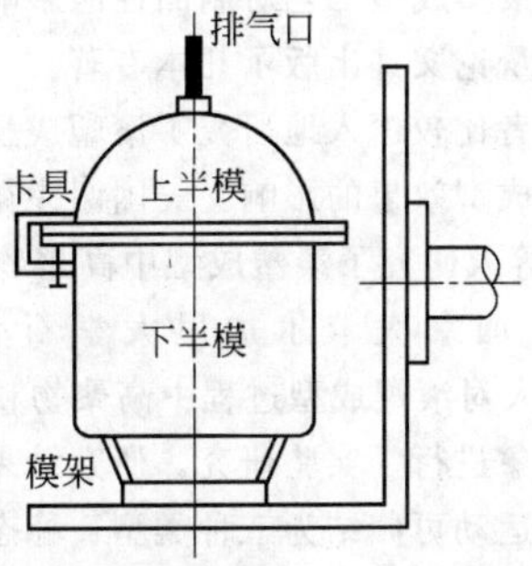

图 13　模具示意图

在滚塑工业中，模具的制作有三种常用方法：钢板焊接、铝合金铸造和电镀成型。滚塑成型对模具材质强度要求不高，但必须具有良好的热传导性，并能抵挡频繁加热与冷却过程中的应力交替。显然低碳钢、铝、不锈钢等都是理想的制模材料。选择模具制作方法时通常要考虑一下三个方面：构造的复杂程度，模具的数量和制品表面质量要求。而在这三个要求中，制品的形状和尺寸占主导地位。我们可根据不同的情况选用不同的制作方法。同时，在制造模具时，成本是另外的一个重要因素。模具制作成本包括了制模材料、模具厚度、分型面的位置、模具数量和表面处理情况等。合理设计滚塑模具结构和正确选用模具材料是获取表面光洁无气泡、壁厚均匀无应力的优质制品的首要保证。

模具壳体的壁厚设计按常压容器的设计规范进行，即从刚度计算出发，结合制品厚度、加热方式及制模方法等综合考虑。一般较大型的模具采用钢板，其厚度为 2～4mm，模具内壁要抛光。另外模具厚度取决于旋转方向和加热方式，用于热液体传导加热的模具，壁较厚些，一般为 7.9～12.7mm，以保证传热均匀，不发生热点；而热风循环加热的模具，壁较薄些，一般为 5～7mm。

1. 铸铝模具

用传统的砂型铸造生产的铸件精度低、制模周期长，铸件表面质量更无法达到滚塑模的要求，铸后还需人工打磨抛光。因此，生产滚塑用铸铝模就必须采用精密铸造方法，同时引入快速制模技术，缩短模具的制造周期。只有这样，滚塑成型投资少、见效快的优势才能得以充分显示。现代精密铸造的工艺方法多种多样，对于像滚塑模具这样尺寸较大且形状复杂的单件铸件采用石膏型或陶瓷型铸造是非常经济的。

石膏型或陶瓷型铸造是采用糊状的石膏或陶瓷浆料代替型砂制造铸型的方法，其铸型表面的光洁程度远超出普通砂型，所获得的滚塑模内壁表面粗糙度可达 Ra 0.8～1.6μm，不需要再加工即可满足成形的要求。特别是采用石膏型或陶瓷型后，再配合采用热模差压浇注法，使铸铝合金的流动性大大提高，进一步减小了滚塑模体的壁厚，对加快滚塑成型中的热量传导、缩短成型周期是十分有利的。

2. 快速制模技术

快速制模技术即运用快速造型技术 RPM(Rapid Prototyping Moulding) 制得的原型直接或间接地加工各种金属模具的方法，是集 CAD/CAM、化工、材料和精密机械等最新成就于一身的高新技术。

目前发展比较成熟的快速造型方法有激光造型法 SLA、薄板层积法 LOM、熔丝沉积法 FDM 和选择性激光烧结法 SLS 等。在滚塑模制造中，用经过表面覆膜处理的 LOM 原型代替木模直接制造石膏型、陶瓷型（大件）或由原型经硅橡胶模过渡转换得到石膏型、陶瓷型（小件），再用石膏型、陶瓷型浇注出金属模具的方法，实现铸铝模的精密铸造将是十分有利的。

LOM(Laminated Object Manufacturing) 即薄板层积法，首先采用 CAD 软件进行零件的三维立体造型并转换成 STL 数据格式，随后根据工艺要求，按照一定的厚度对 CAD 模型进行分层，生成二维截面信息，再与加工参数相结合生成零件的层面加工信息，用此信息来控制激光束对涂有热融胶的薄片材料（纸、塑料薄膜或复合材料等）进行逐层切割和黏结，最终层层堆积生成三维实体原型。

四、滚塑成型制品质量控制

1. 常见质量问题

简单而实用是滚塑成型的一大优点，但同时也给该技术带来了一些先天不足的缺陷。比如，制品内部易产生气泡，而表面则易出现空洞；制品易出现弯曲、收缩现象、制品变色等。这些现象不但影响了制品的外观形象，而且更重要的是严重损害了制品的力学性能。因此，研究气泡的形成与消失，弯曲、收缩现象的形成与消失以及制品的冲击强度对提高成型制品的质量具有十分重要的意义。

2. 气泡与孔眼

根据英国皇后大学 Crawford 和 Scott 所进行的热板试验，可以知道，气泡的形成是因为当粉末粒子熔化并粘结在一起的时候，其间夹带了空气。实际上当温度继续升高时，气泡尺寸开始逐渐减小，直到最后消失。

在工业生产中，常采用提高加热温度的方法来减少或消除制品中的气泡。因为当提高加热温度、延长或消除制品中的气泡时，物料黏度减小，气泡扩散容易。同时因为有更多的时间使气泡扩散更彻底。这种方法对消除制品中的气泡虽然有效，但是也有副作用。比如增加熔融温度将导致成型周期延长，降低生产效率；高温下物料被氧化，致使制品的力学性能降低，特别是冲击强度尤为明显。

3. 冲击强度

影响制品冲击强度的因素较多，比如加热温度、加热时间、冷却速度、粒子尺寸、模具材料等，其中加热温度和加热时间是影响冲击强度的主要因素。温度过低，材料熔融不够，导致制品冲击强度降低；温度过高则会引起塑料产生降解，同样降低了制品的冲击强度。台湾成功大学的 Shin-Jung Liu 对滚塑制品冲击强度研究得到熔体流动数率 MFI 与其冲击强度有直接的关联，MFI 随着冲击强度的下降而下降。因而 MFI 可以作为制品冲击强度的指征。

4. 收缩与变形

收缩、变形也是塑料滚塑成型制品的另一大缺陷。收缩、变形一般是有冷却时形成的残余应力引起的，试验证明通过不同的冷却方式交替进行冷却可以减少制品的残余应力，或者在冷却期间向模具内充入压缩空气，即通过压缩空气使已固化塑料紧紧贴在模具的内壁，阻止它脱离模壁或变形，一直到塑料完全冷却为止，这样便起到了冷却定型的作用。并且由于此法对于已固化塑料的内表面同时冷却，改变了冷却机理，从而减小了残余应力，抑制了制品的收缩和变形。试验证明，大部分塑料冷却时通入 0.11MPa 的压缩空气即基本上消除收缩、变形现象。

五、滚塑成型研究进展

从国内外情况看，滚塑成型技术已经取得了很大的进步。研究工作者们为完善滚塑成型工艺和提高制品质量，近年来在加工过程的实验研究及模拟仿真、滚塑成型专用树脂、加工设备和模具的优化设计、工艺条件的精确控制等方面开展了大量研究。这些研究大多数是围绕解决滚塑成型的两个关键问题：①滚塑成型对专用料要求苛刻；②滚塑成型加工时间长、耗能高。

在滚塑成型中，人们希望聚合物能像石膏浆那样具有良好的塑化涂模性能。但是，除溶液型聚合物（如 PVC 糊）外，绝大多数还是采用固体粉料。在现行加热方式下，通过模具传导给热不足以使聚合物材料达到良好的塑化流动涂布效果，而只能依靠粉料自身在重力作用下的运动来实现沿模腔内壁均匀涂布，并一层层熔融成型。由于旋转速度慢，这里离心力作用基本可以忽略（和金属离心浇铸存在较大差别）。粉料在模腔内运动受热熔融并涂布在模腔内壁的过程十分复杂并且直接影响到制品的质量。国外自 1990 年代以来纷纷开展对滚塑成型的应用基础研究。英国皇后大学的 R. J. Crawford 教授是该领域最有影响的学者之一。他系统研究了现行滚塑成型工艺过程的基本规律，在滚塑成型工艺对制品性能影响规律研究方面发表了大量论文并出版了几本专著。

国外学者比较深入地研究了滚塑成型中粉体流动规律及其对成型效果的影响。美国谢渥德技术公司的 JimThrone 等人研究了滚塑成型中高聚物粉末粒子的流动行为。加拿大卡尔加里大学石化工程系的 J. Olinek 等人对滚塑成型过程中高聚物粉末粒子的流动和沉积现象进行了实验研究。研究结果表明，粉料在模腔内的运动可归结为三种类型：稳态环流、雪崩流和滑动流。滚塑成型中最好的是稳态环流，其次是雪崩流，而滑动流则难以得到合格制品。决定这些粉体流动形式的因素主要是粉料与模腔内壁间的摩擦系数和粒子本身由团聚力和几何形状等决定的流动性能。因此，滚塑成型专用料除了要求耐热时间长以外，还对粉末粒子的形状和摩擦系数有严格要求。国外目前已有较多品种牌号的滚塑成型专用料供应，现在主要研究新型聚合物材料滚塑成型可能性，如 Eric Scribben 等人最近发表了关于热致液晶高聚物滚塑成型的研究成果。我国也正在加紧研究开发了一些基本聚合物的滚塑专用粉料。兰化设计研究院的李百顺和齐鲁石化公司的刘茂先、臧传群、王剑等在引进设备的基础上研究了滚塑成型工艺装备以及聚乙烯滚塑专用料的问题；青岛化工学院丘桂学等、军事科学研究院卫生装备研究所的刘圣军等人分别发表了共混改性聚乙烯滚塑专用料的研究成果。所有这些研究都是从粉料原料出发被动适应传统工艺的解决方案，而且在一般情况下粉料是经粒料磨粉工艺得到，它导致成本增加。

在滚塑成型中，尽管对模具加热已由早期直火加热式陆续发展了热空气循环热箱加热式、夹套热介质循环加热式、熔盐抛撒加热式、远红外线加热式和电加热式等多种方式，但本质上都是通过外部热源把模具加热到塑料熔融温度以上，然后由热模具再将热量传导给内部的粉料。由于塑料导热性差，要使全部物料充分熔融塑化需要很长时间，而且也无法使用挤出和注射成型加工中常用的粒料。滚塑成型中聚合物熔融凝结情况，是影响加工时间和制品质量的重要因素，国外近年对此研究较多。加拿大麦克玛斯特大学高聚物先进加工设计中心的 J. Vlachopolulos 等人对滚塑成型过程中高聚物熔融凝结现象和熔体中气泡分散规律进行了实验研究和理论分析；加拿大多伦多大学机械工程系的 Chul B. Park 等人还对 PP 发泡制品滚塑成型中高聚物熔融凝结问题进行了研究。

此外，为了进行工艺和设备优化以及提高制品质量，人们还开展了滚塑料过程的模型化和计算机仿真模拟等方面的研究工作。如美国尼布莱斯卡林肯大学机械工程系的 G. Gogos 等人提出了滚塑成型的新模型，该模型描述了滚塑成型主要工艺参数对成型周期的影响。他也研究了滚塑成型中气泡的消除问题。国内有上海大学的姚勤介绍了大型聚乙烯中空制品的滚塑成型技术；华南理工大学彭响方等介绍了滚塑发泡成型技术及其发展方向。在系统介绍滚塑成型理论及技术方面，目前见到的仅有王政等主编的《塑料旋转模塑制造技术》。

（北京化工大学　杨卫民　粟志彪）

塑料再生利用在中国废旧电子电器产业发展中有作为

一、废旧电子电器产业发展的国际趋同化

随着人们生活的现代化，多达数百种电子电器产品，已逐渐成为现实生活和生产中不可缺少的消费品。更有许多人认为使用全新的产品就是时髦，用过时的东西就是落后，这种观念促使很多电子电器产品的使用周期进一步缩短。技术的飞速发展，人们求新的消费观念，推动着家用电子电器产品更新速度不断加快，淘汰下来的废弃物不断增加，正在泛滥成灾。据报道全世界每小时就有 4 000 吨电子垃圾被丢掉。由于电子电器产品制造的材料比较复杂，有的还会有特殊的化学物质，处理不当，会对生态环境和人身健康造成危害，这已经不是哪一个国家和地区的社会和环境问题了，而是人类社会在进步过程中，必须面对的问题，它必将成为我们共同关心的公益事业。

1995 年《巴尔塞公约》修正案生效，认定电子电器废弃物属于有害物质，而且禁止从公约缔结国中的发达国家出口有害物质到公约缔结国中的发展中国家。为此，全球许多国家先后制定和正在制定有关强制回收和处理电子电器废弃物的法律和法规。

虽然各国国情不同，发展有先有后，但国际间已形成共识。电子电器废弃物的治理与规范作为一项新兴的环保产业，是各国经济可持续发展中的一个重要组成部分，它应该成为全球经济一体化的重要一环。

我们每个人都享受了家用电子电器产品对改善我们生活质量所带来的好处，当然，我们也必须共同应对其废弃后造成的污染和治理，这样才能保障我们生活质量的真正提高。电子电器产品废弃后污染治理产业化的发展历程，需要我们共同努力。因为，全球市场的一体化，促进了产品的国际化。事实上，电子电器废弃物正在逐渐受到全球各地强制回收法律的制约，废弃物的治理将会实施集约化、规模化处理方式，产品生产方式要向资源循环再利用的模式转变。所以，我们认为废旧电子电器回收处置行业的发展，世界趋同化是必然的方向。

二、中国废旧电子电器问题面临的形势

中国面对如何处理废旧电子电器的形势很严峻。

（1）中国电子电器制造业的国际化，使中国成为当前世界主要电子电器生产国和供应国，同时，中国也是电子电器产品的重要消费国，电子电器在中国经过 20 多年的发展和普及，已经进入更新换代的高峰期。

中国以上 5 种电子电器产品社会保有量超过了 11 亿台（表 1），依据产品的平均使用寿命周期计算，2005 年理论报废量将超过 1 亿台（表 2）。另外，还有大量的手机、复印机、传真机，各种小家电产品要报废和处理，可见中国的电子电器废弃物治理和处理的社会和环境责任有多么繁重。

表 1　中国 5 种主要电子电器产品社会保有量　单位：万台

年　份	电冰箱	空调器	洗衣机	电视机	家用电脑
2003 年	17 500	11 800	22 700	46 400	5 400
2004 年	19 800	14 600	24 200	51 000	9 100

表 2　中国 5 种主要电子电器产品理论预测报废量　单位：万台

年　份	电冰箱	空调器	洗衣机	电视机	家用电脑
2004 年	1 330	1 070	1 600	3 080	1 600
2005 年	1 510	1 570	1 770	3 300	2 630

（2）国际上虽然有《巴尔塞公约》的约束，中国从 2000 年就公布过相关法律限制进口电子电器废弃物，但近年来走私进口的情况依然存在。据估计，美国 50%～80%的电子垃圾是运往亚洲不发达地区处置，日本也有相当多的电子垃圾出口，由于目前中国没有实施工业化处置，有些地区深受其害。最近法新社报道：中国正成为世界上最主要的电子垃圾场，这已经不是故事传说了。我们在认真思索和探讨这些问题，这关系到中国境内的家用电子电器行业能否健康持续地发展，建立和谐人文社会的大问题。

三、塑料资源在电子电器行业发展的作用和地位

随着中国电子电器工业的发展，对塑料资源的需求量会越来越大，应用的范围也会越来越广，产品的轻量化，资源的可循环利用性，塑料资源起着重要的作用。全塑洗衣机，全塑料吸尘器，全塑电熨斗等新产品的出现也充分的说明塑料在电子电器行业的重要作用（见表 3）。

表 3　塑料在电子电器产品中的应用

品　种	应　用　范　围
ABS	冰箱、洗衣机、空调器、电视机、电脑、吸尘器、电风扇、小家电
改性聚丙烯	洗衣机、吸尘器、电风扇、小家电
聚酯薄膜	电机
聚四氟乙烯	电熨斗、电加热器
聚氨酯	电冰箱、电冰柜、包装材料
聚甲醛	各种塑料传动件

据不完全统计，电子电器行业年塑料需求量见表 4 和表 5。

表 4　主要塑料年需求量（预算）

品　种	重量/万吨	品　种	重量/万吨
ABS	25	聚甲醛	1.3
改性聚丙烯	6	聚四氟乙烯	1.5
聚酯薄膜	2.5	聚氨酯	5

表 5　主要电子电器产品所含塑料质量的百分比

品　种	电视机	冰箱	空调器	洗衣机	台式电脑	吸尘器
塑料含量/%	25	40	11	36	22.9	60

以吸尘器为例：塑料所占质量比重多达 60%；其组成 ABS 占 51%，PP 占 6%，其他占 3%。

四、塑料资源回收和再利用是废旧电子电器产业发展中的重要组成部分

各国的电子电器回收和处理方面都面临着共同的难题，在公益事业的框架下，如何获取合理的投资回报，这就需要国家政策的制订部门，制订各方面都能接受的产业政策，建立有效的回收体系，研究资源循环再利用的新方案。

废旧电子电器回收和再利用产业在中国处于弱势的起步阶段，但是符合行业发展的大方向，前景是好的，废旧电子电器回收和再利用把金属和塑料回收和再利用搞好了，这个产业就有希望。目前许多国家对电子电器产品的资源再生利用率有严格规定（见表 6）。

各国对电子电器产品再生利用率的规定为塑料资源回收和再利用开拓了广阔的市场前景，也成为电子电器处理企业利润的增长点，是家电制造商的可持续发展道路，降低生产成本的重要途径。

五、塑料在电子电器循环利用中的考虑和问题

（1）在电子电器产品中应用的塑料不同程度的含有阻燃剂，这是保证安全使用的需要。但欧盟 ROHS 指令 2006 年 7 月 1 日要求禁用，因为阻燃剂中含有溴化物，在今后再生利用时要考虑如何去除塑料中的阻燃剂成分。

表 6　部分国家（地区）电子电器产品再利用率的规定

国别（地区）	再 生 利 用 率
日本	2001 年 4 月起，空调器 60%，电冰箱、洗衣机 50%，电视机 55%；2003 年 10 月，台式电脑 50%，笔记本电脑 20%
欧盟	十种电子电器产品 2006 年 12 月 31 日目标值：75%～80%
美国	2005 年所有固体废弃物达到 35%
中国	再生利用通则（讨论稿），电冰箱 75%，空调器 85%，洗衣机 75%～80%
中国台湾	电冰箱、空调器 80%，洗衣机、电视机 60%

（2）如何去掉塑料混合物中的各种杂质，保证塑料原来的纯正。

（3）混合塑料品种分的越细纯度越高，电子电器产品的使用价值就越大。

（4）开展再生塑料的新用途，特别是聚氨酯隔热材料在家电制品和建材领域的重新利用更会受到关注。

（5）再生塑料与原生塑料制品的理化特性不能差异太大，更不能影响电子电器产品的使用和安全性能。

（中国家用电器协会副理事长　刘福中）

埋地排水用钢带增强聚乙烯螺旋波纹管产品标准与生产工艺及质量控制

一、产品标准与产品生产的关系

当代社会任何做产品的公司要想发展，首先要靠产品占领市场，只有在市场上占有一席之地，才能谈得到发展。然而使产品占领市场的最有力武器应当是过硬的产品质量，只有生产的产品质量能得到用户的认可，才有可能谈市场占有率。而任何产品的质量要得到市场的认可，必须符合产品标准。因此，产品标准与产品生产及市场发展是不可分割的。

产品标准是生产该产品性能的质量准则，对生产有规范的功能。《埋地排水用钢带增强聚乙烯（PE）螺旋波纹管》（以下简称管材）产品标准（以下简称‘标准’），是以市场为导向、企业为主体、在建设部标准化所的主持下，经过一年多的努力，多次研讨而编制的。经以应用（市政工程设计和施工及检测单位）为主体的专家审查后，报建设部审批（最近将颁布实施）。因此，这个标准是当前生产和应用各方为“建立最佳秩序、获得最佳效益”达成的共识；是当前生产和应用各方协调一致的基本准则。凡是生产这种产品的单位都应按照此标准的要求制造产品。有实力的企业可以制定性能指标高于本标准的企业标准，打造各自的核心竞争力，为制定国家标准并为今后修订提供依据，推动这种管材向更优良方向发展。任何单位千万不要生产低于本标准的管材，而影响这种管材的发展。

二、标准编制的原则和依据

1. 标准编制原则

本标准是按 GB/T 1.1—2002《标准的结构和编写规则》、GB/T 1.2—2002《标准中规范性技术要素内容的确定方法》的要求进行编写的。

2. 标准主要依据

本标准的结构、性能技术指标参考了中华人民共和国国家标准 GB/T 19472—2004《埋地用聚乙烯（PE）结构壁管道系统》；钢带的防腐性能指标参考了中华人民共和国石油天然气行业标准 SY/T 0413—2002《埋地钢质管道聚乙烯防腐层技术标准》，结合产品的技术特点并参考了已在日本广泛使用的有类似特点产品的技术资料而制订。

三、管材的特点和应用范围

埋地排水用钢带增强聚乙烯（PE）螺旋波纹管的结构如图 1 所示。

从图 1 可知，钢带增强聚乙烯（PE）螺旋波纹管的特点是以高密度聚乙烯（PE）为基体，将表面涂覆粘接树脂的钢带成型为波形而作为主要支撑结构，并与聚乙烯材料缠绕复合成整体的螺旋波纹管。因此，本产品能将钢材的高刚度、高强度和塑料的耐腐蚀、耐磨损和柔韧性等两种材料的优良性结合起来，不仅可使管材达到 SN8、SN12.5、SN16 三个环刚度，而且解决了钢材的耐腐蚀问题，弥补了较大直径全塑料埋地排水管一般环刚度只能达到 SN8 的弱点。本产品具有多种连接方法，能适应各种不同工程需要，较好地满足了密封可靠和连接方便的要求。产品在达到高性能的同时，另一突出的特点是节约原材料，较之同直径、同环刚度的全塑料埋地排水管可显著降低成本；同时和传统排水管相比，具有密封可靠、使用寿命长、柔韧抗震、重量轻、施工方便快捷，是有广阔推广前景的新型化学建材，适用于介质长期温度不大于 45℃ 的雨水、污水、废水排放系统等排水管道工程。

四、标准对管材的原料提出了合理的高要求

生产本管材所用的原料是聚乙烯（PE）树脂、钢带、粘接树脂。

1. 对聚乙烯（PE）原料的要求

标准对原料的要求与 GB/T 19472·2—2004《埋地用聚乙烯（PE）结构壁管道系统第 2 部分：聚乙烯缠绕结构壁管材》标准相比提高了，对聚乙烯原料的聚乙烯含量有明确要求，对回用料的加入量有明确的限制（按本标准生产管材时，只可以掺入不超过 10％的本厂同牌号的洁净回用料）；对聚乙烯全新料的要求从 80％提高到 90％。对聚乙烯原料的性能要求还增加了耐环境应力开裂的指标，使本管材从原材料开始，就严格控制管材质量。对 PE 材料的性能要求见表 1。

表 1　聚乙烯（PE）材料性能

序号	项　目	要　求	试验方法
1	耐内压(80℃,环应力 3.9MPa,165h)① 耐内压(80℃,环应力 2.8MPa,1 000h)①	无破坏,无渗漏	GB/T 6111 采用 a 型接头
2	熔体质量流动速率(5kg,190℃)/(g/10min)	≤1.0	GB/T 3682
3	氧化诱导时间(200℃)/min	≥20	GB/T 17391
4	密度/(kg/m³)	≥930	GB/T 1033
5	耐环境应力开裂(F_{50})b 条件/h	≥1000	GB/T 1842
6	弹性模量/MPa	≥800	GB/T 9341

① 用该原料挤出的实壁管进行试验。

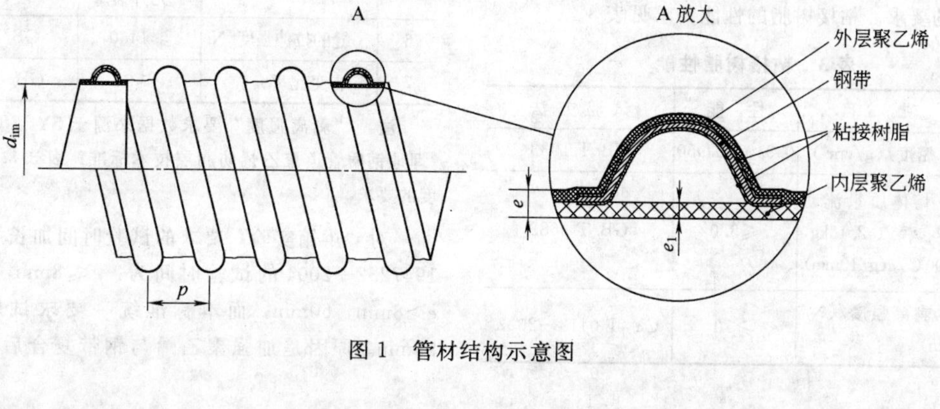

图 1　管材结构示意图

表1仅仅给出了对作为本标准要求的管材的原材料的基本要求。作为原材料生产厂家，满足以上要求还不够，还应有对生产PE树脂的其他性能进行控制的（如水分含量等）要求。

对表1的几点说明。

① 这种管材增加耐环境应力开裂的指标是十分必要的，管材专用料大部分都可以达到要求。

② 熔体流动速率反映了树脂中分子量的大小和流动性，其要求范围缩小，有利于生产和质量控制。

③ 热稳定性（氧化诱导时间）是评价材料在加工、贮存、焊接和使用中耐热降解能力的指标，与PE压力管的要求一致。

④ 回用料只允许使用来自本厂生产的同种管材的、清洁的、符合本标准要求的料，但生产出的管道产品必须符合本标准的要求，表注特别强调是用实壁管做试验。

以上说明，生产钢带增强聚乙烯（PE）螺旋波纹管的聚乙烯原料性能要求高于一般聚乙烯结构壁管，是为了确保本管材的优良性能，绝不是随便用什么原料都可以进行生产的，更不能将市场上回收的PE料用于生产钢带增强聚乙烯（PE）螺旋波纹管，否则必将会损坏整个行业的长期发展。

2. 对钢带的要求

钢带的外观要求应无油、无锈、无飞边毛刺。标准对钢带的物理性能有明确的要求，绝不是随便什么钢带都可以进行生产的。钢带的性能要求见表2。

表2 钢带性能

序号	项目	要求	试验方法
1	屈服强度/MPa	160～210	GB/T 228
2	拉伸强度/MPa	270～350	
3	伸长率/%	≥38	

3. 对粘接树脂的要求

粘接树脂质量好坏关系到钢塑复合的质量，因此采用与聚乙烯和钢带粘接性好的树脂，才能满足对挤出涂敷的要求。粘接树脂的性能要求见表3。

表3 粘接树脂性能

序号	项目	性能	试验方法
1	密度/(g/cm³)	0.910～0.950	GB/T 1033
2	熔体质量流动速率（2.16kg，190℃）/(g/10min)	≤5.0	GB/T 3682
3	剥离强度/(N/cm)	≥70	CY/T 0413—2002

五、管材的尺寸范围

随着钢带增强聚乙烯（PE）螺旋波纹管生产和应用技术的发展，标准对管材最小内层壁厚、最小层压壁厚、最大螺距、最小钢带厚度、最小防腐层厚度等作了要求，这些要求均是对管道质量及连接的基本保证。

最小平均内径、最小内层壁厚，其尺寸要求来源于GB/T 19472—2004《埋地用聚乙烯（PE）结构壁管道系统第2部分：聚乙烯缠绕结构壁管材》标准。最小层压壁厚数据依据GB/T 19472·1—2004《埋地用聚乙烯（PE）结构壁管道系统－第1部分：聚乙烯双壁波纹管材》要求来的，并对数据做了较大的提高。

最小防腐层厚度，其尺寸要求来源于SY/T 0413—2002《埋地钢质管道聚乙烯防腐层技术标准中表2.0.2防腐层的厚度要求》，使本产品钢带的防腐性能达到我国油气长输管道的防腐要求。

最大螺距，其尺寸要求来源于已在日本广泛使用、有类似特点产品的技术资料。

六、管材的物理力学性能

产品的物理力学性能指标（见表4），除突出高环刚度外，其他性能指标均达到或超过GB/T 19472·2—2004《埋地用聚乙烯（PE）结构壁管道系统第2部分：聚乙烯缠绕结构壁管材》标准的要求。

表4 管材的物理力学性能

序号	项目	指标	试验方法
1	SN8/kPa	≥8	GB/T 9647—2003
	SN12.5/kPa	≥12.5	
	SN16/kPa	≥16	
2	冲击性能	TIR≤10%	GB/T 14152
3	剥离强度(20±5℃)/(N/cm)	≥70	附录A
4	环柔性	无破裂，两壁无脱开	GB/T 9647
5	烘箱试验	无分层，无开裂	按8.4.5
6	缝的拉伸强度/N	≥1460	GB/T 8804
7	蠕变比率	≤2	GB/T 18042

注：“剥离强度”要求数据来源于SY/T 0413—2002《埋地钢质管道聚乙烯防腐层技术标准》表3.3.2-1剥离强度的要求。

对“烘箱实验”要求的试验时间加长了，GB/T 19472.2—2004的试验时间为：$e\leqslant 8$mm，30min和$e>8$mm，60min，而本标准统一要求试验时间为90min。原因是加强聚乙烯与钢带复合后的整体性能，更有利于对产品整体性能的质量控制。

对“缝的拉伸强度”提高到 1 460N，相对于 GB/T 19472.2—2004 的 1020N 提高了 40%多，有利于保证产品的整体性能。

七、管材的生产工艺过程和技术质量控制要点

1. 管材的生产工艺过程

管材的主要生产工艺过程是：在主机上先缠绕一个实壁 PE 内层管，然后将折成倒“U”形的钢板增强体放置在实壁 PE 内层管的设计位置上，再在其外部挤出、复合一层与钢带增强体波形相同的 PE 外层，通过整型、定型、冷却、切割后就可得到成品管材。

生产工艺的主要要求是：在很短的时间内，内层、外层处于熔融状态时，在一定的压力下，内层管、钢带增强体、外层 PE 完成复合，保证各层复合成为一个整体结构管壁。

管材生产的涂覆和挤出缠绕两个主要工艺过程如下。

(1) 钢带涂覆工艺过程　钢带涂覆工艺流程如下：

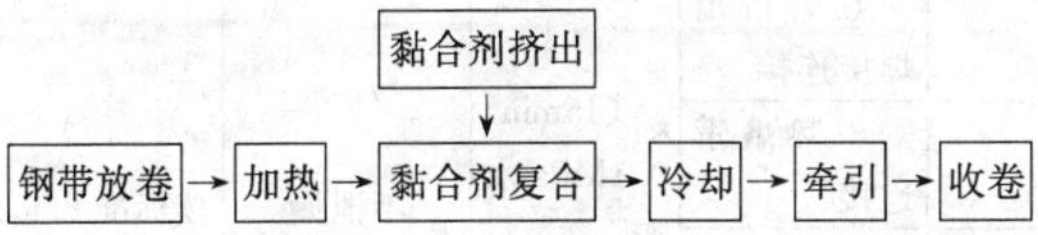

钢带涂覆工艺过程，重点控制加热与恒温箱温度，使粘接树脂能很好地涂覆在钢带表面，保证粘接强度；另一重点是控制挤出机挤出速度与牵引速度，保证涂层厚度稳定。

(2) 挤出缠绕生产工艺过程　挤出缠绕工艺流程如下：

挤出缠绕工艺重点控制内、外层挤出厚度、钢带速度、钢带的加热温度；钢带的复合，必须保证复合过程的温度、压力，以保证管材的质量稳定。

2. 管材生产过程的质量控制

管材生产过程的质量控制，就是按标准的要求严格进行生产的过程控制，主要包括以下几个方面。

① 原材料质量控制　该产品的生产所用原料主要为聚乙烯（PE）、钢带、粘接树脂，对这些材料的进料检验一定要严格按标准对原料的要求指标进行。

A. PE 材料质量控制　所有的进仓 PE 材料都必须符合表 1 的要求，这样就保证了管材加工工艺稳定性和产品质量的稳定性，保证产品使用寿命。

B. 钢带质量控制　钢带质量的好坏直接影响管材成型的难易和产品质量的优劣。因为产品的环刚度的大小主要依赖于钢带较高的弹性模量，但是弹性模量太高又影响钢带成型弯曲，所以，对钢带质量必须进行控制，使其符合表 2 对钢带性能的要求，才允许投入生产。

C. 树脂质量控制　粘接树脂主要起使钢带与 PE 在熔融状态下黏合在一起的作用，通过黏接树脂对钢带和 PE 材料极强的黏附力，使管材的“PE－（粘接树脂）、－钢带－（粘接树脂）、－PE”五层结构成为一个完整的整体。因此，粘接树脂质量的好坏是非常关键的。我们通过指标对粘接树脂进行控制，按表 3 进行粘接树脂性能检验，符合表 3 性能的要求才允许使用。

② 半成品控制——钢带涂覆质量控制　钢带涂覆质量控制，主要对涂覆层厚度、均匀度及剥离强度等指标进行控制。在 (20±5)℃ 时，剥离强度 ≥70N/cm。每批钢带都必须依据标准对其涂覆质量进行检测，合格的产品才能转入挤出缠绕成型工序。

③ 成品质量控制　成品质量控制是至关重要的一环。生产现场主要依据标准对管材的内层壁厚、层压壁厚、防腐层厚度、螺距等指标进行检验控制；对管材内外层熔接情况、外观、内壁的平整度等进行检验控制，对任何不符合标准要求的产品立即判为不合格品，并进行分区堆放。对上述指标合格的产品，逐批进行抽样，对出厂项目（环刚度、环柔性、烘箱等）进行检验，合格的产品方可入库。

④ 出厂检验控制　按标准要求，每次的出厂产品必须从仓库抽样，进行出厂项目物理性能检验和外观检验，合格者方可发货。出厂物性检验项目包括：环刚度、环柔性、烘箱试验等。

八、管道的连接

塑料管道的优点之一就是在于输送流体时系统的密封性特高，而其密封性能好坏的关键是管道连接部位的密封可靠性。管道应用的历史经验证明，新型管道的推广应用能否成功的关键是看是否有与管材的性能和使用寿命一致的连接技术。

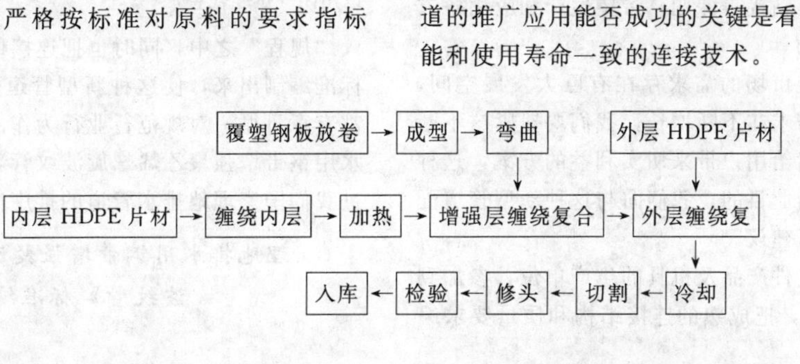

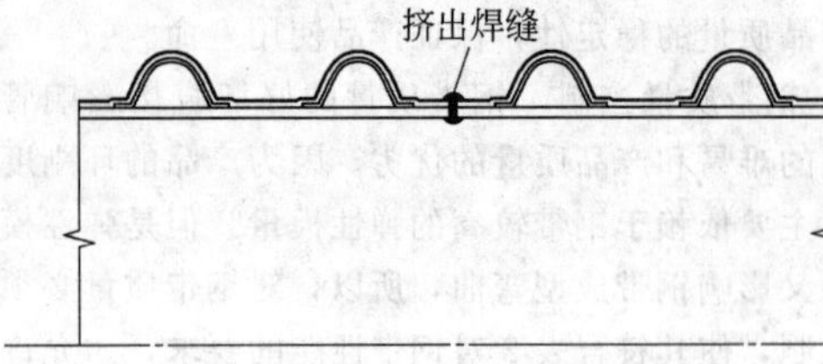

图 2　热熔挤出焊接连接示意图

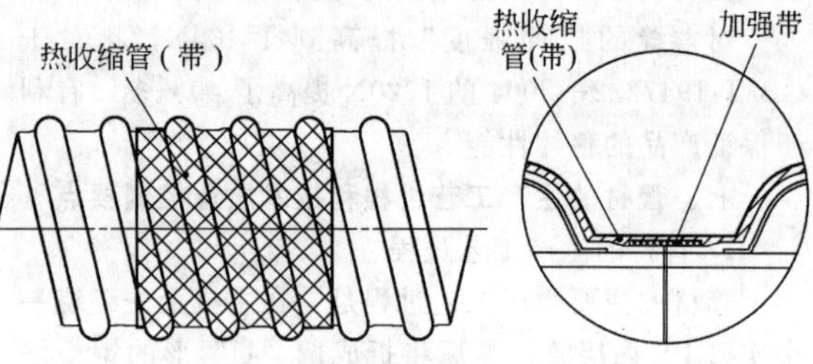

图 3　热收缩管（带）连接示意图

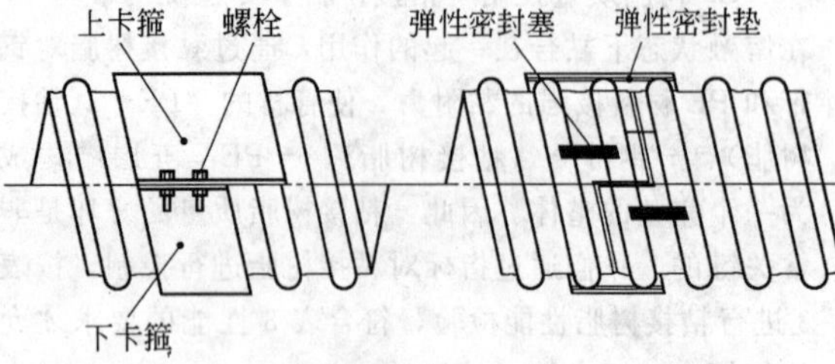

图 4　卡箍（哈夫）连接示意图

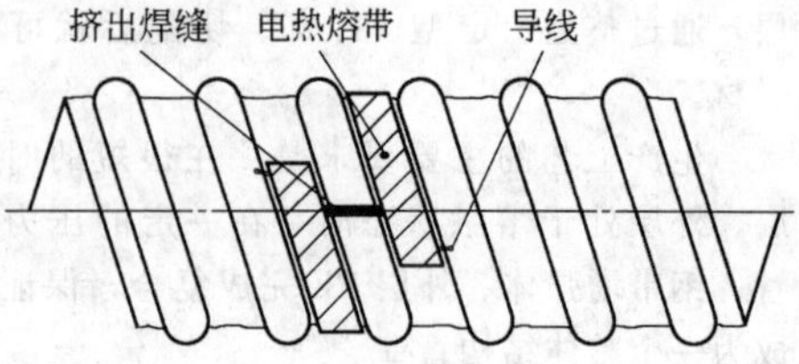

图 5　电熔带连接示意图

本标准规定的连接方式是实际应用的典型连接方式。已在工程中广泛应用并已编入标准的连接方法主要有：热熔挤出焊接连接、热收缩管（带）连接、卡箍（哈夫套）连接和电熔带连接等。

1. 热熔挤出焊接连接（见图 2）
2. 热收缩管（带）连接（见图 3）
3. 卡箍（哈夫）连接（见图 4）
4. 电熔带连接（见图 5）

以上连接方法，都有较成熟的连接结构和连接件产品及施工工艺技术，需要时可采用两种（或三种）连接方式组合使用。随着生产工艺与应用技术的发展，鼓励大家采用新的可靠的连接方式。目前已有单位在进行承插（密封圈）连接、承口嵌电热丝（克拉管式）连接、缠绕胶带式连接（不用电、不用火、不怕雨水）等试验，待成熟后可能编入工程技术规程中。

九、管道系统的适用性

标准将系统的适用性作为一项性能要求见表 5。

钢带增强聚乙烯螺旋波纹管是一种市场前景极好的新产品，在国内还没有长期使用的实践经验，必然有需要进一步探索和完善的课题，例如钢带与聚乙烯复合结构的力学、粘接等课题，希望生产和应用各方面多多关心和帮助。

塑料管道系统市场的需求存在有巨大发展空间，市场对于产品的需求在不断增长，我们要抓紧这不断增长的契机，找出给用户带来切实利益的方案，这种增长才能持续。为此目的，我们向与这种新型管道配套的厂家提出如下建议。

建议生产连接件产品及机具的生产单位，参加到“规程”编制组来，把成熟的连接结构和质量要求编入“规程”之中，同时也把连接件产品及机具的行业标准编制出来，使这种新型管道系统的“细小环节”都有章可循，对规范行业行为作出贡献，推动埋地排水用钢带增强聚乙烯螺旋波纹管新型管道的发展，促进我们国家埋地排水管道的推广应用。

表 5　系统适用性要求

序号	项　目		指　标	试验方法
1	热熔挤出焊接连接	(15min) 0.1MPa 水压密封试验	不泄漏	按标准 8.5.1
2	电热熔带连接			
3	热收缩管(带)连接			
4	卡箍连接			
5	热收缩管(带)连接	在有变形和转角下水压密封试验(在必要时)①	不泄漏	按标准 8.5.3
6	卡箍连接			
7	焊接后熔接缝的拉伸强度/N	≥1 460	连接不破坏	按标准 8.5.2

① 热收缩管（带）连接或卡箍连接组装起来的管材试样，在连接处附加一定的变形和转角，再在管材内部加上规定的一个静液压 p，并维持一个规定的时间，在此时间应检查接头是否泄漏，以此来评定其密封性能（有条件的单位可以用闭气试验代替）。

（《埋地排水用钢带增强聚乙烯（PE）螺旋波纹管》标准编制组　吴精华）

建立环境管理体系，保持可持续发展

一、ISO 14001《环境管理体系》标准简介

18世纪中叶，哈格里夫斯发明珍妮纺纱机；瓦特改良蒸汽机；富尔敦发明汽船；史蒂芬孙发明火车机车，第一次工业革命开始。在发展经济的过程中，由于对保护环境重视不够，导致温室效应、臭氧层被破坏、土壤恶化、水污染、酸雨现象、城市空气污染等问题日益严重。在20世纪发生了马斯河谷烟雾事件、水俣病事件、切尔诺贝利核泄漏事件等十大环境公害。这些环境污染问题对经济发展和人类生活造成了很大的影响，对人类赖以生存的环境造成了严重的威胁，制约了全世界经济的进一步发展和人类生活质量的进一步提高。如何在发展经济的同时保护环境，这个科学命题越来越受到世界各国的重视。

1972年6月16日联合国在斯德哥尔摩通过了《人类环境宣言》，1992年6月联合国环境与发展大会召开并发表了著名的《里约热内卢环境与发展宣言》。1993年6月，国际标准化组织针对这个全球21世纪议程和可持续发展战略，正式成立ISO/TC 207环境管理技术委员会，开始制定ISO 14000环境管理系列国际标准。

ISO 14000是一个系列环境管理标准，有100个标准号，从ISO 14001到ISO 14100。其中：ISO 14001～ISO 14009环境管理体系（EMS），ISO 14010～ISO 14019环境审核（EA），ISO 14020～ISO 14029环境标志（EL），ISO 14030～ISO 14039环境行为评价（EPE），ISO 14040～ISO 14049生命周期评估（LCA），ISO 14050～ISO 14059术语和定义（T&D），ISO 14060产品标准中的环境因素（EAPS），ISO 14061～ISO 14100预留号。整个系列标准包含环境管理体系、环境审核、环境标志、生命周期评估、环境行为评价及产品中的环境因素等国际环境管理领域的研究与实践的焦点问题。现在由国际标准化组织正式颁布的标准有：ISO 14001《环境管理体系——要求及使用指南》、ISO 14004《环境管理体系——原则、体系和支持技术通用指南》、ISO 14010《环境管理审核指南——通用原则》、ISO 140011《环境审核指南——审核程序——环境管理体系审核》、ISO 140012《环境审核指南——环境审核员资格要求》和ISO 14040《环境管理——生命周期评价——原则和框架》、ISO 140041《环境管理——生命周期评价——目标与范围的确定，清单分析》、ISO 140042《环境管理——生命周期评价——生命周期影响评价》、ISO 140043《环境管理——生命周期评价——生活周期解释》等。ISO 14001《环境管理体系》是这个系列标准中唯一的规范性标准，也是环境管理标准的龙头标准。它规定了对环境管理体系的要求，使组织能根据法律法规其他要求和重要环境因素信息来制定和实施方针与目标，以实现减少人类各项活动所造成的环境污染，节约资源，改善环境质量，促进社会可持续发展。

ISO 14001《环境管理体系》采用典型的PDCA系统化管理模式，即“策划”（Plan），“实施”（Do），“检查”（Check）和“评审”（Action）。标准化的环境管理体系由5大部分：环境方针，规划，实施与运行，检查与纠正措施、管理评审和持续改进；17个要素：环境方针、环境因素、法律法规和其他要求、目标指标和方案、实施与运行、资源作用职责和权限、能力培训和意识、信息交流、文件、文件控制、运行控制、应急准备和响应、监测和测量、合规性评价、不符合纠正和预防措施、记录、内部审核、管理评审构成。它们相互作用共同保证体系的有效建立、实施、运行和持续改进。

ISO 14001:2004《环境管理体系》标准主要具有以下特点。

① 强调法律法规的符合性。ISO 14001《环境管理体系》标准要求实施这一标准的组织的最高管理者必须承诺符合有关环境法律、法规和其他要求。

② 强调污染预防。污染预防是ISO 14001《环境管理体系》标准的基本指导思想，即首先从源头考虑如何预防和减少污染的产生，改变末端治理的传统方法。

③ 强调持续改进。ISO 14001《环境管理体系》标准没有规定绝对的行为标准。在符合法律法规和其他要求的基础上，组织要自己和自己比，进行持续改进，有实际的环境管理绩效。

④ 强调系统化、程序化的管理和必要的文件支持。

⑤ 自愿性。ISO 14001《环境管理体系》标准不是强制性标准，组织可以根据自身需要自主选择是否实施，以此证明组织有实力承担社会的责任。

⑥ 可认可性。ISO 14001《环境管理体系》标准可作为第三方审核认证的依据。因此组织通过建立和实施ISO 14001《环境管理体系》标准，可获得第三方审核认证证书。

⑦ 广泛适用性。ISO 14001《环境管理体系》标准不仅适用于企业，同时也可适用于事业单位、商行、政府机构、民间机构等任何类型的组织。

⑧ 和其他国际标准良好的兼容性。ISO 14001《环境管理体系》标准与ISO 9001《质量管理体系》和OHSAS 18001《职业健康和安全管理体系》等国际标准有很好的兼容性。组织可以把两个体系或三个

体系整合在一起运行，以提高实际管理和运行的成效，减少重复工作量。

二、采用 ISO 14001《环境管理体系》标准的意义

（1）外在压力的需要　第一个压力来自顾客，ISO 14001 标准中规定了实施认证的组织要对自己的相关方施加影响，即提出 ISO 14001 认证要求。第二个压力来自政府，如果组织（企业）不能达到环境标准，政府就会要求其限期治理，直至强制关闭。第三个压力来自其他相关方，在国外其他相关方主要指银行和保险等金融业，在国内其他相关方主要是周围的老百姓。第四个压力来自同行的行为，除了开辟新的市场和客户，你要在原有的市场中增加或保持自己的份额，必须密切注意同行的行为。

（2）市场竞争的需要　ISO 14001 虽然是一个自愿性标准，但在实际上，激烈的市场竞争已经有了强制性色彩。现在 ISO 14001 标准已在全球推行。在这种形势下，很可能会形成一个新的贸易壁垒。据不完全统计，我国现有企业约为 3 千万家，ISO 9001 认证的企业不到千分之一，ISO 14001 认证的企业不到万分之一。应该说，通过 ISO 14001 的认证，对提高市场竞争能力有很大的作用。

（3）内在的需要　组织（企业）的好坏，管理很重要。管理也是生产力。ISO 14001 标准是管理性标准，在吸收世界各地的先进管理经验基础上，提出了一个系统化的先进管理机制和模式。在提高管理的同时，可以带来能资源利用率提高，降低生产成本，实现最佳经济效益。

（4）规避风险的需要　组织通过建立一套被国际社会认可的有效环境管理体系，达到所在国家和地方环境法律法规及标准的要求，减少了由污染事故或违规造成的环境风险。

（5）自我完善的需要　组织（企业）在追求组织（企业）形象、组织（企业）效益、遵纪守法的基础上，实现可持续发展目标，不断完善自我，实现长久稳固的发展。

三、环境管理体系建立的基本步骤和要求

ISO 14001 与 ISO 9001 从体系上具有一定的相似之处，环境管理体系建立的基本步骤和要求与质量管理体系的建立的基本步骤和要求也较为相似。实施并通过了 ISO 9000 认证的组织，在建立其环境管理体系的过程中，从形式上比较容易符合 ISO 140001 的要求。

环境管理体系建立的步骤及主要工作。

1. 领导决策与准备

这个阶段主要是企业筹划环境管理组织架构，制定建立环境管理体系工作计划、进行环境管理人员的专业培训和全员的环境意识教育等。

这个阶段主要工作有以下几个方面的内容：

a. 最高管理者决策，建立环境管理体系；

b. 任命环境管理者代表；

c. 建立组织机构；

d. 提供人、财、物资源保障；其中人员培训主要是环境管理人员、环境管理内审员培训、环境管理程序和文件编写人员培训；财物资源保障主要是各项排放整治达标费用、环保设备运行费用、环保工作人员费用、废弃物处置费用、认证费用等。

2. 初始环境评审

初始环境评审是建立环境管理体系的基础，可以说是“规划阶段”的准备性程序，对没有环境管理体系而需要建立的企业显得尤为必需和重要。通过汇总企业环境管理的现实状况，发现目前薄弱环节和问题所在，分析有关的环境因素，找出重要环境因素，对照企业适用的环境管理法律法规和其他要求，为确立环境改进计划奠定基础。尽管初始环境评审并不是 ISO 14001 的规定要求，但它是建立和实施环境管理的一项基础性工作。初始环境评审工作主要有如下内容：

a. 组成评审组，包括从事环保、质量安全等方面的工作人员；

b. 获取适用的环境法律、法规和其他要求，评审住址环境行为与法律法规符合性；

c. 识别组织活动、产品、服务中的环境因素，评价出重要环境因素；

d. 评价现有有关环境的管理制度与 ISO 14001 标准的差距；

e. 形成初始环境评价报告。

3. 策划与设计

a. 制订环境方针　根据 ISO 14001 标准，环境方针的定义是：由最高管理者就组织的环境绩效正式表述的总体意图和方向。环境方针必须具备一个框架和两项基本承诺。一个框架指的是为建立组织的环境目标和指标提供一个框架。两项基本承诺指的是符合法律法规及其他要求和预防污染和持续改进两个承诺。

b. 制订目标、指标、环境管理方案。

c. 确定环境管理体系构架。

d. 确定组织机构与职责。

e. 策划哪些活动需要制订运行控制程序。

4. 环境管理体系文件的编制。

a. 组成体系文件编制小组；

b. 编写环境管理手册、程序文件、作业指导书；

c. 修改一到两次，正式颁布。

5. 体系试运行

a. 进行全员培训；

b. 按照文件规定运行，目标、指标、方案层层落实执行；

c. 对相关方施加环境管理影响；

d. 日常体系运行的检查、监督、纠正；

e. 根据试运行的情况对环境管理体系文件进行再修改。

6. 内审

a. 任命内审组长，组成内审组；

b. 进行内审员培训；

c. 制订审核计划、编写检查表；

d. 实施内审；

e. 对不符合分析原因，采取纠正预防措施并进行验证；

f. 编写审核报告，报送最高管理者。

7. 管理评审

a. 环境管理者代表负责搜集充分的信息；

b. 由最高管理者评审体系的持续适用性、充分性、有效性；

c. 评审方针的适宜性，目标指标、环境管理方案完成的情况；

d. 指出方针、目标及其他体系要素需改进的方面；

e. 形成管理评审报告。

四、推行 ISO 14001《环境管理体系》标准的几个要点

1. 领导重视，组织健全，职责明确，环境管理工作人员培训要到位

为了保证顺利在公司范围内推行 ISO 14001 标准的工作，成立了以总经理为组长的 ISO 14000《环境管理体系》领导小组。下设宣传培训组、资料组、法律法规组和程序编写组四个工作组，既分工明确又紧密配合，统一由总经理领导，并且制定了严格的工作计划，确定了工作内容、完成日期、责任人和协助人。这使整个环境管理工作能够有领导有组织按计划进行。同时公司派出环境管理工作小组的成员接受具有专业培训资格的培训公司举办的 ISO 14001 培训班，学习 ISO 14001 标准知识、进行内审员资格培训。这些同志后来成为 ISO 14001《环境管理体系》建立、实施、保持和持续改进的骨干力量，也成为公司 ISO 14001 环境管理体系的宣传教育师资力量。这对整个环境管理工作顺利的开展起到了关键的作用。

2. 重视环境因素的识别，重点做好重要环境因素的控制

环境因素是一个组织的活动、产品或服务中能与环境发生相互作用的要素。识别环境因素在建立环境管理体系中是一个极为重要的环节。由于组织的活动（包括：准备、生产、排污、产品、运输、储存和管理）有许许多多对环境产生有益影响或有害影响的因素，只将这些因素分析出来，识别和评估出重要环境因素，并对重要环境因素提出控制方法并付诸实施，才能使环境管理工作有成效。我们公司所有部门车间在推行 ISO 14001《环境管理体系》中共找出环境因素 390 项（不同部门有重复项），通过评价，确定重要环境因素 12 项。根据重要环境因素不同的性质，我们分别采取制定目标/指标/管理方案或制定程序来控制的方法。由于环境因素识别正确，重要环境因素控制到位，目标指标和管理方案的可操作性就好。我公司制定了节能目标：减少塑料制品单位产量的电耗；节能指标：2005 年塑料制品单位电耗比行业要求的单位产量耗电减少 3%；固体废弃物排放目标：固废分类管理，统一处理；指标废油脂交回收公司处理率 100%；大气排放目标：食堂油烟排放达标；指标：2005 年食堂油烟排放检测达到国家标准要求；灭火器环保目标：实现灭火器环保化；指标：2004 年更换 10 台 1211 型灭火器，2005 年更换 35 台 1211 型灭火机。根据这些目标指标制定了相应的管理方案，在环境管理体系运行中实施这些方案，重要环境因素被有效控制。最终公司达到了预定的目标指标和方案的期望值，各项排放指标在环境监测部门的测试中都达到排放标准的要求值，为通过环境管理体系认证奠定了最重要的基础。

3. 遵守国家环境管理有关的法律法规及其他要求，坚持预防污染和持续改进，不断完善环境管理体系

ISO 14001《环境管理体系》标准没有规定绝对的行为标准。但是要通过 ISO 14001 的认证，要求组织环境管理行为必须符合国家的环境法律法规和其他要求，同时特别强调预防污染，强调持续改进，组织要自己和自己比，有实际的环境管理绩效。在推行环境管理体系中我公司收集适用公司的环境法律法规和其他要求 39 个并严格遵守环境管理法律法规和其他要求。对于在生产活动中产生的固废排放，化学危险品排放，公司按照杭州市政府的要求，与杭州市政府认可的具有专业资质的公司签订了处置协议，防止这些污染物的无序排放。产生的废油也与专业的废油回收加工企业签订协议，防止了废油的无序排放。对于原材料，能源等自然资源，我们都制定了严格的定额考核制度或相应的程序进行控制，大大提高了原材料的利用率，降低了能源的消耗，减轻了地球的负担。对可能造成周围邻居投诉的噪声源，我们或加高围墙

或增加隔离，尽量减少对周围邻居的影响，使公司和周围邻居能友好和睦相处。这些都表现出我公司努力承担社会责任的意识和实际行动。

由于公司坚持预防污染和持续改进，不断完善环境管理体系，顺利取得了万泰公司的 ISO 14001《环境管理体系》的认证证书。通过 ISO 14001 认证后，公司的形象大大提高，给顾客留下了很深很好的印象。通过认证不是最终的目标，而是承担社会责任的一个新起点。

（杭州万里塑胶有限公司　陈锡洪）

各地区塑料工业

北京市

【基本情况】

塑料是新兴材料，它已经广泛应用于农业，基础建设，建筑业，工业，包装，医疗，军用，日用品等各个领域。在全世界塑料工业都在不断地发展，在中国塑料工业更是发展十分迅速。我国在1978年塑料制品仅92万吨，到2005年已经超过2 000万吨，实际塑料应用量超过3 000万吨，总量已经据世界第二位。

首都经济、建设和生活的各个领域都在越来越多地应用塑料，北京地区每年的塑料用量已近百万吨。因为全部由外地供应是不可能也不合理的，北京地区需要适度发展结构合理的塑料制品业。

北京是国内塑料制品业（加工业）起步最早的（20世纪50年代）地区，已经有近50年历史，前期曾经领先全国。在改革开放以后我国塑料制品业飞速发展，北京地区逐步落后，虽然至今仍然有一些塑料制品在国内处于领先的地位（如农业用功能膜，泡沫塑料建材等），北京地区塑料制品的年产量（近年在20万吨左右）已经排到很多省市之后。

北京地区塑料制品业相对衰落的主要原因是：北京塑料制品业原来的产品结构中有相当大部分是劳动密集型的，或者是为劳动密集行业配套的。例如，北京塑料制品业中原来领先全国，曾经最早荣获质量奖的葵花牌薄膜和金牛牌人造革就是和雨衣、箱包、制鞋、玩具等劳动密集行业配套的。随着北京地区经济发展和劳动费用的上升，这些产品也和劳动密集行业一起逐步衰落直到退出。

北京塑料制品业原来基本上是计划经济时期建立的国有企业和大集体企业，很难和沿海地区新起来，负担轻，经营机制灵活的外资企业和民营企业竞争。而塑料制品业正是最需要迅速反应市场变化的行业。

因此，北京原有的一批塑料制品企业的衰落是反映了必须调整产品结构和改革经营机制的市场需要。主动调整和改革北京塑料制品业才能走出困境，打开新局面。

【发展趋势】

北京的塑料加工业必须进行结构调整。一方面要主动淘汰劳动密集型和为劳动密集业配套的塑料制品，另一方面要努力发展适应北京地区的塑料制品。

适应北京地区的塑料制品有两类：一类是为高新技术产业配套服务的塑料制品（以下称其为高科技塑料制品，下文详细分析）；另一类是适合或需要就近生产为北京建设、生产和生活服务配套的塑料制品。例如，为北京大规模建设配套的泡沫塑料（建筑节能用）和塑料管道（环境保护用）都是重量轻体积大的制品，必须就近生产才经济。

发展高新技术产业配套需要的高科技塑料制品。

（1）北京地区发展高新技术产业带来的市场机遇

① 信息产业　我国的信息产业规模已经在世界上居第三位，北京是重要的生产基地。

信息产业的基础件是集成电路，北京地区规划要重点发展（中芯国际北京项目是国内第一条12英寸0.11μm芯片生产线）。到2005年末，我国集成电路的年生产能力已经达到1 000万片。半导体生产的一个特殊的要求是高纯净。在生产、传递和储存过程中需要大量的塑料制品，如硅片承载器（IC TRAY），纯净液体用容器和管道等。其所用的材料主要是高性能的工程塑料PFA PVDF和有特殊要求的PP、PE（树脂高纯净，不会有析出物造成污染）。工艺上的特殊要求是保证高纯净。目前这些塑料制品还大部分依靠进口。为了保证我国信息产业的发展，国内需要建立自主生产高纯净塑料制品的基地（掌握高纯净塑料制品生产工艺，具有高纯净生产环境和具有高纯净检测技术），北京地区应该争取。

信息产品的终端产品是大量生产的信息消费品：通讯消费品（手机，电话）、计算机、影视音响消费品（电视机、DVD、音响、数码光盘）。这类消费品的特点是数量非常巨大，更新非常迅速，需要大量塑料制品配套。其所用的材料主要是高性能的工程塑料（PC、ABS、PBT）、塑料合金或复合材料等。采用的工艺主要是精密注塑、气体辅助注塑、表面装饰等。北京及周边地区对于这类塑料配件是需求在急剧增长。

② 汽车产业　中国已经成为世界汽车生产大国，过去十年年增长15%，中国汽车工业协会预测到2010年中国的汽车产量将达到910万辆，占世界汽车总产量的1/8。北京是我国汽车的重要生产基地，近年发展很快，规划到2010年产量要达到130万辆。汽车用塑料制品将成为一个重要市场。

为了降低能耗（减轻重量），随着技术的进步各国汽车的塑料用量都在逐步增加。目前我国的汽车每辆的塑料用量约50～80kg，日本和美国的汽车每辆的塑料用量约在100～120kg。如果按2010年北京的汽车每辆的塑料用量100kg计算，北京地区需要的汽车用塑料制品将达到13万吨，中国汽车工业协会预测到2010年中国汽车用塑料需求将达到72.2万吨。

汽车用塑料制品通常是技术含量和附加价值比较高的高科技塑料制品，很适合在北京地区开发和生产。其所用的材料主要是高性能的工程塑料、塑料合金或复合材料、热塑弹性体（TPE）等，采用的工艺主要是精密注塑、气体辅助注塑和低压成型等。

③ 生物工程和医药医疗产业　生物工程和医药医疗产业是北京发展高新技术产业的重要组成部分，生物医用材料（包括生物医用塑料）是其基础。随着我国经济的发展和生活的提高，生物医用塑料的市场需求增长非常迅速。目前我国每年生物医用塑料的市场需求已近150亿，预期到2010年将增长到250亿。虽然近年发展很快，目前我国的生物医用塑料产业还只能够提供低端的制品（如一次性医疗用品、医用容器等），技术含量高和附加值大的医用塑料制品（如膜式氧合器、血液净化透析器及介入导管等）仍然需要依靠进口。生物医用塑料的特点的品种非常多，质量要求严格（有比较特殊的生化安全要求）。北京是我国生物工程和医药医疗科技力量最强的地区，也是需求最高的大市场，具有发展生物医用塑料的最佳条件。

(2) 北京地区高科技塑料制品的发展现状

① 信息产业　目前北京地区为信息产业配套服务的企业还不多。

为信息消费品配套服务的企业有北京东明化学工业有限公司等，东明化学是日本独资的高新技术企业，特长是精密注塑和表面装饰（印刷、涂装，镀膜等），生产手机外壳等。

为信息基础件配套服务的有北京塑料研究所等。北京塑料研究所的特长是氟塑料的加工成型技术，开发生产的‘PFA硅片承载器’等已经应用在我国集成电路企业。

② 汽车产业　目前北京地区为汽车产业配套服务的企业也不够。

为汽车产业配套服务的企业有一批注塑企业，如白菊电器集团的注塑公司在为北京现代汽车配套注塑件。

③ 生物工程和医药医疗产业　北京地区在生物医用材料方面有一定优势（如介入治疗材料），但是在生物医用塑料方面较落后。北京在相关的科研开发上有一批成果，如北京化工大学开发了生产精密医用导管的精密挤出生产线、北京塑料研究所开发生产的超高分子量聚乙烯的人工关节等。

【发展的措施】

1. 调查市场需求和存在的差距

为了推动北京地区发展高科技塑料制品，争取政府的支持和列入北京发展高科技产业的规划，首先要摸清情况。对于北京地区高新技术产业需要塑料制品的情况和存在的差距还需要进行深入的调查。重点是：信息产业对于高科技塑料制品的需求；汽车产业对于高科技塑料制品的需求；生化和医药产业对于高科技塑料制品的需求。

高新技术产业的生产技术的比较复杂和特殊，对于高科技塑料制品的需求也通常具有用量不一定很大，但是性能和质量要求很特殊和很严格的特点。必须由专业技术人员深入调查研究才能摸清情况。目前北京塑料工业协会正在争取筹集一笔资金组织一支队伍开展此项目工作。

2. 建立发挥首都科技优势，依靠技术进步推动技术创新的平台

和生产技术比较简单和普及的通用塑料制品不同，发展高科技塑料制品需要掌握比较复杂的设计和制造技术。目前北京的塑料加工业中多数企业是有不小差距的。例如大部分技术人员熟悉的是通用的塑料原材料，如聚乙烯、聚氯乙烯等，对于高科技塑料制品常用的工程塑料缺乏经验；又如大部分企业不掌握高科技塑料制品需要的精密注塑等加工工艺。因此结构的调整是一个需要技术进步的过程，不仅需要资金，更需要技术的开发和人才的培训。

北京的主要优势在科技。北京地区有从事塑料原材料，塑料加工和机械研究开发和人才培养的各种研究机构和高等院校，同时又有从事高新技术产业的科技优势。只要组织起来是最有条件发展为高新技术产业配套服务的高科技塑料制品。目前需要解决的是如何建立沟通和合作的平台。

北京塑料工业协会计划从2006年起每年组织塑料企业科技人员的研修班，利用首都科技优势帮助一线科技人员掌握新技术发展的动向，支持企业的科技创新。(2006年举办‘塑料行业发展循环经济和技术创新研修班’的计划已得到国家劳动人事部批准和支持)。的同时，北京塑料工业协会已经和北京化工大学机械学院达成协议，共同合作办好北京塑料工业协会的网站（www.bpia.cn），以求更好地为行业提供信息服务。

3. 鼓励和帮助国内外企业来北京投资发展

近年我国塑料产业的发展中，民营企业和外资企业非常活跃。当前我国塑料产业的企业结构正在明显地向规模化、集团化的方向发展，逐步形成了一批有较强实力的企业集团（大部分是民营）。北京地区是塑料制品的大市场，不少国内外的塑料企业集团有来北京投资发展的意向（一部分已经进来）。北京政府鼓励和帮助国内外企业来北京投资发展，有优惠措施鼓励和引导开发和生产高科技塑料制品。

有部分高科技塑料制品需要引进技术和设备才能快速发展，北京计划利用信息企业和汽车企业和国外合资的渠道和机会，主动吸引相关的国外塑料制品企业来北京发展。

近年北京塑料工业协会一直在尽力帮助来北京投资的国内外塑料企业。协会在北京各级政府及首都各界的支持下努力发挥桥梁作用，协助来京新企业克服工厂建设和进入市场中遇到的各种困难。在2005年协会第四届理事会选举中一批新来北京（包括周边地区）的民营企业和外资企业已经成为协会的副理事长和常务理事。

（北京塑料工业协会　张玉川）

天　津　市

【大事记】

天津市塑料行业协会成立。

由天津市塑料集团有限公司、欣阳塑胶工业（天津）有限公司、天津市军星管材制造有限公司等19个单位发起成立的天津市塑料行业协会，于2005年4月1日召开了首届一次会员代表大会，审议通过了《天津市塑料行业协会章程》，选举了会长、副会长、秘书长和理事会理事成员。天津市塑料集团有限公司总经理何骏星先生当选为会长。会议期间，中国塑料加工工业协会、天津市经济委员会、天津市社会团体管理局的领导到会祝贺并作了重要讲话。

【基本情况】

天津地区共有塑料制品加工企业810余户，资产总计125.96亿元，从业人员4.7万元。

810余户企业按生产经营的产品类型划分为：

产品类别名称	企业户数/个	从业人员/人
塑料零件制造	102	12 373
塑料薄膜制造	73	4 643
日用塑料杂品制造	148	7 465
塑料板、管、型材制造	145	6 230
塑料包装箱及容器制造	78	4 335
塑料丝绳及编织品制造	121	6 115
塑料人造革、合成革制造	30	1 526
泡沫塑料制造	46	1 630
塑料鞋制造	62	2 045
其他塑料制品制造	6	753

从上表反映出，天津塑料制品加工企业，在企业个数上，以从事日用塑料杂品、塑料板、管、型材、塑料丝、绳及编织品制品和塑料零件制造业的较多；在从业人员上，以塑料零件、日用塑料杂品、塑料板、管、型材及塑料丝、绳及编织制品制造业的较多。

【企业经营】

2005年，天津塑料制品产量已达40万吨，实现工业总产值112.78亿元，同比增长17.76%；销售收入111.85亿元，同比增长18.17%；出口交货值16.26亿元，同比增长19.87%；利税8.42亿元，其中利润5.56亿元。

在810余户企业中，规模以上企业249户，占总数的30.7%。2005年，规模以上企业完成塑料制品产量245 955吨，在全国31个省市中居第十五位，为中等水平。

2005年天津规模以上企业塑料制品产量及重点品种完成情况

塑料制品及品种	2005年完成	同比/%	占全国总量/%
塑料制品总计/t	245 955	17.52	1.12
1. 塑料薄膜/t	78 349	25.29	1.77
其中农膜/t	16 604	26.93	1.90
2. 塑料型材(含板片材)/t	53 076	25.78	2.24
3. 塑料管材及附件/t	13 852	32.53	0.70
4. 塑料编织袋/t	16 634	12.07	0.70
5. 塑料人造革/t	395	−27.03	0.06
6. 泡沫塑料/t	11 067	46.84	0.99
7. 塑料包装箱及容器/t	26 461	25.02	2.43
8. 日用塑料制品/t	21 724	−10.97	0.65
9. 其他塑料制品/t	24 397	—	5.88

总体看，天津塑料制品工业较上年有了一定发展，大部分品种同比增长。但由于区域优势未得到发挥，在全国同行业中，地位仍然偏低，塑料制品占全国总量的比重也偏低。

【重点企业】

根据现有资料，2005年天津塑料制品加工企业销售规模在亿元以上的企业15家：

日新（天津）塑胶有限公司

亚光耐普罗精密注塑（天津）有限公司

天津金鹏大沽塑料型材制造有限公司

万新塑胶制品（天津）有限公司

天津市塑料集团有限公司

天津开发区金鹏塑料异型材制造有限公司

天津中财型材有限责任公司

天津三华塑胶有限公司

天津乐金新型建材有限公司

雷盛德奎实业（天津）有限公司

天津万华股份有限公司

天津实发—紫江包装有限公司

绿点（天津）塑胶有限公司

天津乐金塑钢门窗有限公司

天津四维包装有限责任公司

此外，天津天荣建筑板材有限公司、欣阳塑胶工业（天津）有限公司、天津市军星管材制造有限公司、天津近代化学厂、天津市第九塑料制品厂、天津市塑料研究所等企业在经营上或产品技术水平上也是具有一定优势。

天津塑料集团

天津塑料集团 2005 年完成塑料制品产量 52 100.58吨，较上年增长 11.77%；完成工业总产值 76 140 万元，产品销售产值 75 702 万元，工业销售收入 74 652 万元，较上年分别增长 14.5%、13.5% 和 15.7%。塑料制品主要结构如下：

天津塑料集团 2005 年塑料制品完成情况

产品及重点品种	2005 年完成	较上年/%	占集团总量/%
塑料制品总计/t	52 100.58	11.77	100
1. 塑料薄膜/t	42 206.76	15.53	81.01
其中农膜/t	15 503.87	26.83	29.76
2. 塑料板片材/t	3 699.1	−0.67	7.10
3. 塑料棒管材/t	1 206.01	13.77	2.31
4. 塑料丝及编织品/t	287.69	−45.50	0.55
5. 塑料人造革/t	394.74	−26.87	0.77
6. 泡沫塑料/t	2 405.31	−3.26	4.62
7. 塑料包装箱及容器/t	545.79	7.80	1.05
8. 日用塑料杂品/t	201.34	−14.62	0.39
9. 其他塑料制品/t	1 153.84	14.11	2.21

上表显示，天津塑料集团目前产品结构，以塑料薄膜为主，其次为塑料板片材及泡沫塑料。在区域产品对比中，塑料农膜占有较大优势，2005 年产品占了全市同类产品产量的 93.87%。

【发展趋势】

按照天津市工业“十一五”发展规划，塑料制品工业作为天津市石油化工的延伸产业，将得到大的发展。重点发展医用塑料、农用塑料、包装材料、工程塑料及配套产品；其目标是以塑料工业园建设为途径，建成中国北方最大集生产加工、仓储、流通为一体的塑料加工基地。

（天津市塑料行业协会、天津市塑料集团有限公司　杜国田）

河　北　省

【基本情况】

河北塑料工业在 20 世纪 50 年代末期建立，60 年代开始发展，而 70 年代和 80 年代是河北省塑料工业发展的黄金日期，到 80 年代末全省有各种大小不同类型的塑料加工企业近 400 家，职工人数达到 3 万余人，塑料制品能力达以 32 万吨，年创利润 6 300 万元，全省塑料制品总产量居全国第十二位，1988 年底，成立了全省跨行业的河北塑料工业协会。

90 年代以来随着社会管理体制转型，市场经济秩序开始建立，包括塑料工业在内的乡镇企业，股份制企业，个体私营企业纷纷建立，市场竞争加大、加剧。原来计划经济（或半计划经济）体制下的塑料工业很快发生变化，一部分企业能适应变化了的市场形势，加大技术改造，技术创新力度，加强企业管理，及时进行了股份制改造，在市场经济的大潮中很快发展壮大起来，形成了在河北省乃至全国同行业中占有一定位置的大中型塑料企业，例如保定的宝硕集团、沧州的东塑集团、邢台的惠尔信公司、邯郸的力尔公司等。

但是也有相当数量的塑料制品企业在失去计划经济保护之后，没有能够及时抓住机遇，或因企业管理不到位，或因决策失误等种种原因，在市场竞争中，开始可以维持生产，后来逐步败下阵来，有的仍然在勉强维持，有的长期停产，有的破产，大批工人下岗待业。当年在全省称为塑料大户的石家庄塑料工业、邯郸塑料工业都受到重创。除石家庄东风塑料总厂，石家庄第一塑料厂等著名企业，以及邯郸市属十个塑料（亚东）能正常生产外，其余企业都处在维持（半维持）、停产（或租赁）状态，其他市塑料工业中原有塑料生产企业也大部分如此，在河北省塑料工业协会会员企业中，有所发展的企业，维持（半维持）生产的企业和完全停产（破产）的企业分别为 30%、40%、30%左右。

而以涿州华厦集团股份公司、亚大公司、唐山海螺型材公司、石家庄华美建材公司、石家庄鸿鹰、鸿翔公司、华宝塑料机公司、景县尼龙树脂管厂等一大批股份制、个体私营企业却用其独有的优势，依靠市场的需要，在竞争中迅速建立并发展起来，成为了河北塑料工业新支柱。在河北省塑料工业 2004 年销售收入 5 000 万以上的 41 家企业中，90 年代后成立的新兴塑料工业企业（包括一部跨行业企业）占了一大半以上，这些新兴的塑料企业极大地提高了河北省塑料行业的生产能力。

现在全省年销售收入在 500 万元规模以上的塑料工业企业已达到 246 家。塑料工业加工年已达到 63.5 万吨，据测算全省塑料制品总产量的约为 150 万吨左右。

近十多年来我省塑料工业的蓬勃发展也来了一些

问题，产品雷同；工艺一致的产品，由于市场的需要一拥而上的情况较多，特别是塑料管材、塑料异型材（门窗材料）等建材塑料比较典型，据不完全统计全省5 000吨/年以上的塑料异型材企业就有20余家，生产能力最大的企业达到5万吨以上，比较有代表性的企业是唐山海螺公司，宝硕集团、邯郸力尔公司等。全省目前生产各种塑料管材的大小企业有30多家，其中年生产能力万吨以上的塑料管材生产企业也有10多家、其中规模较大的企业有保定宝硕集团（5万吨）、沧州东塑集团（4万吨）、涿州亚大公司（2万吨）、邢台（宁晋）兰天管道公司（2万吨）等，全省各种塑料管道总生产能力达到20万吨以上。

由于新建企业增加，生产能力扩大，市场让塑料制品无序竞争加剧，虽然企业的生产能力上去了，但是企业的利润下降，塑料等管材、各种塑料薄膜都普遍如此。

市场经济的建立和发展，极大地催生了县域经济的壮大，目前几乎所有的县都有一批规模不等的中小型塑料企业，有的已发展成较大规模的企业。改性母料等，原来只有平乡东风塑料厂一家生产，现在形成了以一家生产，现在形成了一以一家新建企业天旗塑胶有限公司为首的近二十家生产企业，每年生产各种填充料，改性母料等7万余吨，销往全国各地。沧州东光县的几十家塑料薄膜生产企业，各种塑料薄膜生产能力达到8万吨左右。保定雄县遍地开花的塑料购物袋生产、彩印的中小企业，每年生产各种规格的塑料购物袋近6万吨，除满足京、津、冀等临进省市各种超山需要，大量销售其他省市。

总之，河北省的塑料工业经过十年市场经济大潮的洗礼，市场竞争的考验，进行重新整合，虽然有一批企业走了下坡路，甚至停产、破产，但是也有大批新兴的塑料企业在建立并发展了起来，而且大大地促进了河北省塑料工业的发展。

截止到2005年底，我省塑料制品业规模以上人税企业246家，职工4.33万人，完成工业总产值（现价）115.68亿元，同比增长33.9%，高于全国塑料制品业的增长速度8.9个百分点。居全省轻工业八大产业的第六位。

2005年河北省塑料制品企业主要经济指标完成情况 单位：万元

项目	2004年	2005年	同比增长%
工业总产值	1 156 820.6		33.90%
销售收入	1 145 757.3		35.68%
利税总额	100 833.1		40.84%

2004年河北省塑料制品业主要经济指标完成情况 单位：万元

序号	各小类行业名称	工业总产值	销售收入	利 税
1	塑料薄膜制造	254 308	265 615.4	14 439.4
2	塑料板、管、型材制造	254 198.6	223 869.9	28357.7
3	塑料丝、绳及编织品制造	1 564 324	149 070	15 265.2
4	泡沫塑料制造	58 811	51 125.1	5 464.4
5	塑料人造革、合成革制造	53 735.9	52 229.3	4 661.6
6	塑料包装箱及容器制造	6 371.4	65 151	7 891.5
7	塑料零件制造	6 690.5	8 215.9	1 157.8
8	日用塑料制造	13 381.9	13 041.8	1 177
9	其他塑料制品制造	167 417.5	169 068.9	9 207
	总 计	1 028 690	997 387.3	87 621.6

注：表中为纯塑料加工业的数额。

2005年河北省塑料制品业分小类行业完成产品产量情况 单位：吨

序号	各小类行业名称	全国产量	我省产量	占全国比重
1	泡沫塑料	1 112 479	28 785	2.58%
2	日用塑料制品	3 323 231	102 461	3.08%
3	塑料板片材	2 366 850	199 416	8.42%
4	塑料棒管材	1 967 842	163 495	8.31%
5	塑料包装箱及容器	1 090 202	18 187	1.67%
6	塑料薄膜（含农用薄膜）	4 422 000	277 805	6.28%
7	塑料人造革	673 303	100 757	14.96%
8	塑料丝及编织制品	2 368 642	110 107	4.65%
	合 计	21 985 476	1 105 371	5.03%

我省塑料制品业品牌建设情况：截止到2005年底，我省塑料制品业创建中国名牌一个：河北宝硕集团有限公司生产的“宝硕牌”农地膜；创建河北省名牌产品两个：亚大塑料制品有限公司生产的“亚大牌”管材、关键，河北宝硕集团有限公司生产的“宝硕牌”管材、关键；创建河北省驰名商标两个：邯郸科伦塑料有限公司生产的“科伦牌”农地膜，亚达塑料制品有限公司生产的“图形牌”管材、管件。

2005河北省塑料行业销售收入5 000万元以上企业41家，完成工业总产值70亿元，占全省塑料行业工业总产值60.51%；完成销售收入73亿元，占全省塑料行业销售收入的63.71%；完成利税7.1亿元，占全省塑料行业利税的70%；41家塑料主导产品分别为塑料薄膜制造、塑料管材管件制造、塑料型材制造、塑料丝及编织制品制造。

全省轻工业50强企业中有5家塑料制品企也入选，他们是：河北宝硕集团有限公司、河北沧州东塑集团股份有限公司、河北华夏实业有限公司、河北惠而信新材料有限公司、亚大塑料制品有限公司。

【建议】

通过这次调查，我们可以清楚地看到我省塑料工业近年来却有了较大发展，取得了较为显著的经济效益，但同时，我们也看到不少企业，尤其是中小企业在市场经济中信息匮乏，对下一步企业如何发展思想不明确，或对新产品开发、新技术应用认识不足，或感到力不从心、无从下手，造成相当数量的中小企业停滞不前，逐步下滑，甚至停产、倒闭。也有一部分企业跟风生产，重复开发，造成同种产品无序竞争，企业间相互干扰，随时很大，而行业协会却无能为力。

针对调查中发现的问题和现象，有以下建议，共协会主管领导部门和今后协会工作参考。

1. 有关政府领导部门要重视发挥行业协会的作用。

当前市场经济，社会转型，企业改制，政府主管部门撤消，行业发展相对宽松的形势下，应加强对行业协会的指导，充分发挥协会的作用。建议将原省、市政府领导部门管理的一些工作逐步转移到行业协会来，如新产品鉴定，产品评优，名牌商标申请，市场的检查、检验（配合工商部门）工作，以及新产品开发、新技术应用技措贷款的初审工作等有行业协会来做，这样既减轻了政府负担，又发挥了行业协会的作用。而行业协会也可建立健全必要的工作机构，做好本行业专家委员会工作，做好企业协调、信息交流、技术交流等方面为企业的服务工作，这样也有利于将省内绝大多数行业内企业，不论其所属性质都纳到行业协会中来。使行业协会真正成为政府领导部门了解企业生产经营，维护市场秩序的有利助手，成为政府和企业的桥梁。

2. 行业协会要在会员企业中建立简捷有效的经济信息交流制度。

针对在市场经济中行业内企业相互联系较少，相互较少了解的情况，行业协会应牵头在会员企业中开展季度经济信息交流工作，使会员企业在经济信息上有一个相互了解，这样在新产品开发、系近年技术应用等方面而少走弯路，从而也减少了无序竞争。

3. 加强行业内部技术交流。

4. 行业协会适时组织行业内部同类产品企业的专业技术交流活动，邀请一些国内、省内有关专家、学者作一些相关技术性，方向性学术报告，尤其是像型材、薄膜、管材待我省生产较为集中的产品，当然这种技术交流应是在企业自愿或互惠互利的原则下，有协会牵头进行。

附：2004年河北省塑料行业销售收入5 000万元以上企业经济指标表。

2004年河北省塑料行业销售收入5 000万元以上企业

主要经济指标表（按销售收入排序）

单位：千元

序号	企业名称	工业总产值	销售收入	利税总额	出口交货值	平均人数
1	河北宝硕集团有限公司	2 167 370	2 221 474	128 868	51 241	6 241
2	唐山海螺形材有限责任公司	589 332	603 866	25 145	0	318
3	沧州东塑股份有限公司	456 526	597 550	65 702	860	2 046
4	涿州市华夏(集团)胶带有限公司	401 604	505 892	116 101	111 748	1 083
5	宁晋县惠尔信新材料有限公司	216 950	253 390	16 054	0	450
6	亚大塑料制品有限公司	190 530	181 720	41 567	0	198
7	涿州市永盛塑胶有限公司	189 484	169 917	11 842	0	203
8	河北亚大汽车塑料制品有限公司	164 397	165 411	66 312	0	153
9	河北华美化工建材有限公司	174 030	151 725	13 785	0	330
10	石家庄鸿鹰塑料制品有限公司	146 625	145 123	14 183	145 123	615
11	石家庄鸿翔塑料制品有限公司	145 432	140 157	2 608	140 157	1405
12	河北华宝塑机股份有限公司	107 091	125 415	10 385	0	199

续表

序号	企 业 名 称	工业总产值	销售收入	利税总额	出口交货值	平 均 人 数
13	风帆股份有限公司	123 785	123 000	59 816	0	473
14	华创天元实业发展有限公司	142 626	108 111	3 498	0	362
15	景县尼龙树脂管厂	108 140	105 000	16 900	0	100
16	涿州东华包装材料有限公司	93 766	90 451	—5 289	0	116
17	保定乐凯薄膜有限责任公司	74 625	83 434	5 187	0	185
18	廊坊威康特塑料有限公司	84 642	83 034	9 733	0	145
19	香河县希泉泡沫厂	78 439	81 303	3 378	0	334
20	邯郸市亚东塑胶有限公司	83 961	79 763	11 095	129	815
21	河北任大塑胶有限公司	78 270	78 270	8 061	0	125
22	邯郸市亚东塑胶有限公司	85 559	76 406	722	0	338
23	河北任大塑胶有限公司	78 130	75 000	15 170	0	86
24	沧州大化集团新星工贸有限责任公司	34 861	73 587	2742	0	784
25	秦皇岛三丰化学制革有限公司	71 304	69 936	3 761	67 404	99
26	高碑店市顺新化工厂	73 735	68 810	2 863	0	94
27	石家庄富冠塑料制品有限公司	43 368	66 213	—1 830	45 669	650
28	香河县华鑫泡沫厂	61 830	61 830	5 980	0	105
29	河北盐业专营有限公司储运包装分公司	64 360	59 762	9 283	0	140
30	保定广顺化纤工业有限公司	58 978	59 424	1 177	0	83
31	玉田县前进塑料制品有限公司	57 292	58 407	1 419	0	570
32	雄县东兴人造革有限公司	58 000	56 622	4 932	0	150
33	河北玉鑫塑胶制品有限公司	57 670	56 516	4 800	0	110
34	保定市力达塑业有限公司	53 110	54 536	1 293	0	250
35	黄市北方塑料制品有限公司	63 400	54 000	8 450	0	1 025
36	河北田纳西塑胶有限公司	72 491	53 962	—4 524	10 700	213
37	河北鹤煌网业股份有限公司	83 728	53 790	20 102	0	218
38	肃宁县机塑工业有限责任公司	8 760	53 207	—558	0	300
39	文安县降解塑料制品有限责任公司	54 549	52 913	3 082	0	158
40	肃宁县机塑工业有限责任公司	56 930	52 763	30	0	273
41	河北康乐塑胶制品公司	50 000	52 340	8 443	0	191
	合 计	7 006 039	7 304 030	712 217	573 031	21 733

（河北省塑料工业协会　于桂亭　古传明）

山 西 省

【大事记】

1. 2005 年 1 月 10 日

根据中塑协（2004）第 057 号《中国塑料加工协会成立专家委员会》文的精神和有关规定，山西省塑料行业协会推荐三名科技人员为中国塑料加工工业协会专家委员会的委员，他们是：山西省塑料行业协会会长、张玉英教授；山西省塑料行业协会副会长、中北大学塑料研究所所长、贾润礼教授；太原市塑料研究所范杵兰高级工程师。

2. 2005 年 3 月 15 日

山西省塑料行业协会张会长一行三人到大连实德集团山西省办事处进行走访调研，了解外地企业在我省的经营环境和销售情况，并和办事处王主任进行了座谈，听取了其他方面的意见后张会长说：大连实德集团是我国最大的塑料加工企业，也是我国著名的民营企业，山西省塑料行业协会感谢大连实德对我省经济建设的支持，我们协会积极支持大连实德集团在我省开拓市场，并对大连实德集团提出名牌产品和在市场上塑钢型材劣质产品的销售问题与有关方面反映后尽量地与以解决。

3. 2005 年 3 月 8 日

张玉英会长参加了由山西省经委行业协会管理办公室主持如开的山西省行业协会负责人座谈会。座谈会上张会长就协会目前如何转变职能，讲了几点意见。第一：协会要转变职能，改变过去的政府职能和政府行为转变为业服务，为行业服务，为会员单位服务，为上级单位服务。第二：行业协会一定要自律，完善各项规章制度，搞好协会秘书处的工作，秘书处的工作人员分工明确，责任明确，发挥协会的优势，使协会工作真正起到桥梁的张纽带作用。第三：协会要依靠企业，依靠会员单位，不断的经常的深入企业，了解企业的现状，了解行业的情况，帮助企业解决困难，帮助企业反映问题，协会的工作才能有生命力。

4. 2005 年 3 月 24 日

山西民生塑料制品厂是我省生产地膜唯一的国有企业，2002 年企业通过了 ISO 9001 国际质量管理体系论证；2004 年评为“中国著名名牌”。根据我省的实际情况，在晋中、晋南等胶土性质的地区推广使用厚度为 0.007mm 的微米膜盖；在晋北、黄河沿岸等沙土性质的地区推广使用厚度为 0.005mm 的超微膜覆盖，以达到既保证农作物增产，又降价农资的投入，同时也尽量降低地膜白色污染的“高效、低耗、低污染”的目的。为此，省农资协调领导组、省计委和省物价局组织全省技术力量强的生产企业进行技术攻关，生产了产品质量性能指标全部达到国家标准薄膜厚度为 0.005mm 的超微膜，农民使用后反映良好，收到了显著的经济效益的社会效益。于 1997 年在省技术监督部门的协助下，以国家标准为依据，制定了超微膜的企业标准，并在山西省质量技术监督局进行备案。经过了多年在我省忻州、朔州、大同等地使用，在保证增产效果的降低污染的基础上，每亩可降低投资 18 元，多年来，无一例用户质量事故投诉。但是，2002 年山西省质量技术监督局以中家强制规定为由，突然作废了全省超微膜的企业标准，并在全省范围内进行了突击检查，原本合格的产品马上变成了不合格的产品，并对企业库存的产品进行了封存。多年来，我们与省质量管理部门多次进行了交涉，一直无法解决，山西省塑料行业协会考虑到我省的气候和土地的实际情况以及为了轻农民的负担，3 月初，根据我省农村使用薄膜实际情况，张会长向中国塑料加工工业协会、轻工标准化委员会和国家标准化委员会进行了详细的具体的汇报，山西民生塑料制品厂厂长用书面的形式作了说明，我省农地膜的实际情况引起了上级有关方面的重视，这将为国家标准的修订提供了具体的、科学的、实际的数据。

5. 2005 年 4 月 3 日

协会秘书处从今天起正式迁新址办公。新址：太原市迎泽桥西后王街 7 号 509 室。邮政编码：030024。

6. 2005 年 4 月 27 日

根据山西省民政厅晋民字［2005］18 号《关于对全省性社会团体进行 2004 年年检的通知》的文件精神，山西省兴成会计事务所负责对我协会 2004 年度的财务运行状况进行审计，审计结果的评价是：会计财务符合《事业单位会计总则》和《事业单位会计制度》的有关规定，会计处理方法的选用遵循了一贯原则。

7. 2005 年 4 月 28 日

秘书处为会员单位发通知征订《塑料加工标准应用手册》一书。该书是由中国塑料加工工业协会主编的标准丛书，是目前我国塑料工业方面技术性强，实用价值高的最全、最新的综合的工具书。也我们科技人员必不可少的工具书。这本工具书很受会员单位的欢迎，我省会员单位共订了 45 套《塑料加工标准应用手册》。

8. 2005 年 6 月 14 日

张会长参加了山西省轻工行业管理办公室召开的制定山西省轻行业“十一五”规划的动员会。会上省轻工行管办的曹主任传达了省经委规划工作会议的精神，他说，轻行管办管理的十七个协会，这次“十一五”规划主要靠行业协会和直属单位，“十一五”规划是一个平台，是一次机遇。工作方式是采取以行业协会召开座谈会的形式，大家一定要把这次规划做好。塑料行业协会是我们轻工行业搞得好的一个协会，“十一五”规划塑料行业又是我们轻工行业的一个重点行业，制定“十一五”规划一定要突出科学发展观的要求；一定要突出重大项目；一定要突出保证措施的创新。最后袁珊部长就编制“十一五”规划的要求和进度，以及编制规划的具体细节进行了说明。

9. 2005 年 6 月 15 日

根据我省关于制定“十一五”规划的要求，为了把我省塑料行业的“十一五”规划做细做深做得更好，协会秘书处制定了“十一五”规划《企业调查表》，将企业在“十一五”期间发展的基本情况、工业总产值、利润和税收、产品结构、技术人状况、销售市场的状况、利用外资的情况、技术经济水平、发展思路、前进中存问题以及保证“十一五”规划完成的措施——对我省的塑料企业进行了调查，通过这次调查基本摸清了我省塑料企业的基本状况，为搞好我省塑料行业“十一五”规划打下了基础。

10. 2005年6月20日

张玉英会长于6月19～21日参加了在广州召开的中国塑料加工工业协会第四届第二次理事会。会议期间与深圳市塑料行业协会王文广秘书长进行了交流，王文广秘书长详细地介绍了深圳市塑料行业协会深入基层为企业服务的工作经验和努力开拓新领域的经验。张玉英会长对王文广秘书长的经验介绍非常感谢，并希望王秘书长今后给予大力我们协会支持和帮助。

11. 2005年6月21日

在被誉为全亚洲最大规模的国际级橡塑展——“2005国际橡塑展”（第十九届中国国际塑料橡胶展览会）于6月21～24日在广州隆重举行。山西省塑料行业协会组织省内业界企事业单位、科研院所等十多个单位赴广州参观学习，大家一致认为这次会展办的有规模有特色，感受很深收获很大。在会展期间协会还组织去巴顿菲尔震雄公司现场参观与交流。

12. 2005年7月18日

山西省潞安矿务局常村煤矿技术负责人于2005年7月18日找到协会，要求对该矿提供的三种塑料材料进行材质鉴定，并从中优选一种耐磨并且适合做运输机械的内衬塑料，不及时解决，严重影响生产进度，协会急企业所急，想企业所想，立即组织专家组的有关专家，对常村煤矿送来的样品进行了技术鉴定，为了慎重，专家采用了燃烧法、密度测定法、溶解法和外观测试法等方法对三种样品进行了认真的物理化学性能测试和分析，从三个样品中选出3＃样品主材质为聚氨酯树脂的塑料，它是一种最耐磨可适合作运输机械的内衬的塑料板材。我们专家组的专业技术人员仅用了12个小时就将测试报告送到煤矿的负责人的手中，并详细地介绍了使用这种塑料板材应注意的问题。该负责人激动地说：协会及时地解决企业的技术难关，真正是企业之家。

13. 2005年8月10日

山西省稷山县科洁塑料有限公司任守仁总经理自己设计研制了一种填补了我国空白项目的吹膜的设备，这种吹膜设备可以反复利用聚乙烯作为原料进行吹膜，它是一种利用废旧聚乙烯的环保设备，它的性能受到了北京化工大学研究了多年的教授和专家的一致好评，该设备生产的吹塑薄膜成本低，质量好，多项性能指标超过了国家标准，很受广大老百姓欢迎的，任守仁总经理研制的这种设备完全符合我国技术创新项目，但又与国家薄膜标准规定的用树脂生产的薄膜工艺完全不相同，为了扶持企业，为了扶持环保产品，为了对消费者负责，协会急企业所急，想企业所想，协会组织专家委员会有关专家，组成标准编写组，查阅资料，做吹膜性能试验，参照国家有关技术标准，编制了Q/140000SJKS001—2005《循环利用聚乙烯环保用地膜》企业标准，并经山西省质量技术监督局组织有关专家审定后，该标准正式备案。备案号为：Q/1400003191—2005。企业标准的制定，为企业的生产和销售打好了基础。

14. 2005年8月28日

张玉英会长给“2005中国（乐从）塑料洽谈会”发了贺信，贺信全文如下。

2005中国（乐从）塑料洽谈会组委会：

欣闻“2005中国（乐从）塑料经贸洽谈会”在佛山市顺德区乐从镇德富展览中心举行，这是我国塑料行业的一件大事，可喜可贺，我本人并代表山西省塑料行业协会全体会员单位祝贺洽谈会的胜利召开，并祝这次洽谈会取得圆满成功。

随着社会主义市场经济的发展以及我国加入WTO，在全国举办展览会、展示会和洽谈会是我国塑料行业了解国内外行业动态的重要的途径之一，你们给全国塑料行业搭起这个“平台”，这是我国塑料企业把握方向，发展自己，走向世界的最好的机遇和最好的途径。

祝愿“中国（乐从）塑料洽谈会”越办越好，祝愿“中国（乐从）塑料洽谈会”生意兴隆，财源广进。

15. 2005年9月9日

应深圳市塑料行业协会的邀请，山西省塑料行业协会副会长、山西新派塑胶有限公司毛宝琪总经理出席了深圳市塑料行业协会常务理事就职盛典，并参加了深圳市塑料行业协会常务理事就职盛典的庆祝晚会。

16. 2005年9月24日

山西省塑料行业协会第一届三次理事会于2005年9月24～25日在太原市召开。36个单位的理事出席了这次理事会。山西省建设厅项连斌处长、山西省轻工行业管理办公室袁珊部长等领导参加了会议。会议由山西省塑料行业协会副会长、山西新派塑胶有限公司总经理毛宝琪主持。会上毛宝琪副会长首先宣读了原山西省政协主席、山西省塑料行业协会名誉会长郭裕怀（因参加省政府的会议不能亲自出席会议）发来的贺信，并一一介绍了参加会议的各位理事。张玉英会长向全体理事汇报了秘书处 2004 年的工作情况，并作了题为“塑料工业现状和山西的发展思路”的报告；她从我省的实际出发，结合全国塑料行业的大好形势，以大量的数据和信息，提出了我省“十一五”塑料工业的发展思路。毛宝琪副会长介绍了参加深圳市塑料行业协会常务理事就职典礼大会聚的盛况；郝素丽会计汇报了协会 2004 年度的财务收支情况；山西轻工行业管理办公室袁珊部长介绍了我省轻工行业制定“十一五”规划的情况。山西省建设厅项连斌处长作了重要讲话。

全体理事在讨论我省塑料行业“十一五”时，大家一致认为：张会长在“塑料工业的现状的山西发展思路”的报告中提出的我省塑料行业的“十一五”规划符合我省的实际，有创新、有目标、有措施。“十一五”规划中发展我省地方特色的产品是在必行，应加快步伐。中北大学塑料研究所所长贾润礼教授介绍了他们塑料研究所“产学研”一体的经验，并已取得显著的经济效益。贾所长根据多年的经验提出：塑料回收应用的价值和重点应放在改性上，使其物理性能和机械性能均达到好料的标准，这样才有前途。并提出，目前工程塑料和特种塑料有较高的经济效益，应是我们研发的重点。我们和企业的合作模式不在搞单纯的技术转让，而是开发出产品后共同投资，开成一个利益共同体，谋求长远发展。山西科洁塑料有限公司任守仁总经理向理事会介绍他自己研发的 100%循环利用聚乙烯地膜的设备，该设备已申报了国家专利，用该设备生产的地膜产品质量的性能指标达到并超过了国家标准，现已列入国家重点环保项目，全体理事听了后很深感动。山西华龙塑料有限公司丁开明总经理谈了自己的企业在协会和政府的大力支持下，积极开拓为煤矿服务的产品，并将以研发出抗静电阻燃的管材列入我省“十一五”规划。山西焕德型材有限公司桂庆春总经理介绍了该企业在“十一五”其间不仅要创自己的品牌，而且要做大做强，听了桂经理介绍他们企业宏伟的目标，理事们很鼓舞人心。山西天星管业有限公司王能富副经理、临汾市方达新型建材有限公司方诚干总经理对协会的工作给予高度评价并提出了继续强化协会的功能，互相沟通，促进我省塑料工业的发展好的建议。袁部长介绍了我省轻工行业制定“十一五”规划的基本情况后说：“非常高兴地参加塑料协会的理事会，每次都有新感受，山西省塑料行业协会 2002 年成立后工作非常出色，是我省轻工行业协会中比较好的一个协会，协会的网站搞得很好，《塑协通讯》办的很有特色，对行业提供各种信息，给大家搭建了一个很好的平台。我参加这次会议受益匪浅。塑料行业协会的“十一五”规划搞在我省轻工行业其他协会的前面，给我们轻工行业带了个好头。规划中有的重点项目可行性报告还应做好，要具体，要有可操作性，要有创新意识；塑料行业发展很有前途，理事会要齐心协力，继续搞好服务，真正发挥我们桥梁和纽带的作用，把我省的塑料工业更上一层楼，为我省轻工行业做出更大的贡献”。山西省建设厅项连斌处长最后说，山西省塑料行业协会成立时间不长，为企业服务方面确实做了不少工作，《塑协网站》和《塑协通讯》在我省影响很大，很有特色，很有创意，但还要改进，还要提高。我主要谈谈建筑节能问题，我们国家当前各级领导对建筑节能问题很重视，建筑节能是一个综合性的，建筑节能和塑料行业关系密切，如塑料保温材料、塑料板材、塑料管材、塑料给排水管、塑料地热管、塑钢门窗、都是隔热保温节能的好材料，大有发展前途，要制定建筑节能的标准，包括建筑用的塑料材料，要达到节能 50%，要制度化，今年打基础，明年组织建筑节能有关人员进行培训，后年见成效。国家要制定建筑法，要形成制度，要建立节能验收证书，达不到节能要求要进行处罚。今天给大家通报一个信息，我们塑料行业在建筑节能中发挥我们的优势，我们要走在前面，为我省的建筑节能做出新贡献，祝理事会开的圆满成功。

理事会达到了预期的目标，大会在欢快热烈的气氛中闭幕。

17. 2005 年 10 月 16 日

应新疆塑料行业协会的邀请，张会长于 2005 年月 10 月 17～19 日参加了“新疆塑料行业协会（2005 年）行业工作会议”。张会长在大会上作了交流发言，通过参加新疆塑料行业协会的行业工作会议，张会长亲自体会到不仅山西省塑料行业协会与新疆塑料行业协会的协会工作存在很大的差距，而且不论是塑料企业的规模，产品结构的调整，还是改革开放的步伐，新疆已经是我国中西部地区整个塑料行业的带头人，新疆也是我们山西省塑料行业学习的榜样。新疆塑料行业协会孔德海秘书长在召开会议的百忙中热情接待了张会长，与张会长进行了广泛的认真座谈和交流，学习到了新疆塑料行业协会如何做好政府和企业的纽带和桥梁作用的经验，孔秘书长派专人陪同张会长到有关单位进行了参观。

18. 2005 年 11 月 3 日

中国塑料加工工业协会专家委员会成立大会于 2005 年 11 月 3～4 日在浙江省温州市召开。山西省塑料行业协会副会长贾润礼教授出席了中国塑料加工工业协会专家委员会的成立大会。中国塑料加工工业协会正式批准山西省塑料行业协会的三名同志为中国塑料加工工业协会专家委员会的成员，他们是：山西省塑料行业协会会长张玉英教授；山西省塑料行业协会副会长、中北大学塑料研究所所长贾润礼教授；太原市塑料研究所副总工程师、范杵兰高工。

19. 2005 年 11 月 16 日

山西旭日丰塑料管业有限公司是我省具有制造塑料管材与安装地暖资质的唯一的大型股份制企业，它不仅具有先进的生产工艺和先进的仪器设备，而且有较强的技术力量，营售网络遍及全省各地市 96 个县(市)，具有很好的经济效益和社会效益；山西焕德塑钢型材有限公司是我省塑料型材的龙头企业，产品质量优良，用户满意，但是销售网络在全省各地还没有很好的建立起来，2006 年产量可达 10 000 吨后销售市场就有了困难，张会长知道了这情况后于 2005 年 11 月 16 日召集了由山西旭日丰塑料管业有限公司史俊斌总经理和山西焕德塑钢型材有限公司桂庆春总经理参加的专题研究，张会长说：为了把我省的塑料企业做大做强，现在你们两个企业都是我省塑料行业中型材和地暖管材的龙头企业，又各有特色，各有优势，为了使你们的资源充分发挥和利用起来，实现你们有限的资源共享，建议你们双双的联合起来，联合的形式可以多样。桂总和史总完全同意张会长的意见，桂总并带领上张会长和史总参观了他们企业的销售和产品展示大厅，张会长参观了产品展示大厅后说，桂总的产品展示大厅有规模，有气魄，在产品展示大厅内可以增加史总的地暖管的样品及有关产品的介绍，桂经理也可以利用史经理的公司全省现有的 96 个办事处和销售网点，你们两家把现有的资源充分发挥起来，很好的联合起来，我们的企业才能越办越好。两位老总完全同意张会长的意见，并就联合和资源共享等方面进行了认真的仔细的研究。

20. 2005 年 12 月 1 日

张玉英会长应中国塑料加工工业协会《中国塑协》编辑部曾家华高工的要求，为《中国塑协》撰写了关于介绍山西省塑料行业浅析发展中的山西塑料一文，张会长在文中简要地介绍了山西省塑料工业的基本现况；简要地介绍了具有物色的山西省塑料产品以及山西省塑料工业发展的思路。总之山西省塑料工业是在发展中前进但还有差距，今后协会更好地坚持以人为本，树立和落实可持续发展观，更好地开展“双向服务”，搞好《山西塑协》通讯和网站建设，更希望发达地区业界同仁来山西投资，把更多的高新技术送到我们山西，让我们携起手来，共同为推动山西省塑料工业的发展做出新贡献。

21. 2005 年 12 月 16 日

12 月 16 日上午 11 时，山西省粮食贸易公司某粮库的主任急急忙忙的找到协会办公室对张会长说：他们正在为国家大型的储备粮库进行防漏和防渗施工，但急需一种塑料管材，要求质量好，供货及时，如供不上材料，不仅影响施工进度，更重要的是不能保证国家的储备粮食的按时入库，张会长急企业之急，想企业之想，从我协会的会员单位中，选择了晋林塑料厂的管材为国家粮库的防漏和防渗材料，为了保质保量及时供货，当日下午，张会长与施工单位的负责人亲自到晋林塑料厂与乔厂长及技术人员根据施工的技术要求，一起共同研究并确定生产管材的直径为 110 PVC 管材，并连夜组织生产，为施工单位抢进度，乔厂长说，为了保证国家的粮库施工不受影响，保证三天按时代货，并免费下料，免费送到工地。12 月 19 日上午，晋林塑料厂销售处亲自把价格十分优惠的 8 000 米塑料管材送到工地时，施工队非常感谢。国家粮库的负责人亲自给张会长打电话激动地说；我们在国家重点工程施工中材料供应中遇到困难时，张会长为了不影响我们施工，亲自下企业给联系，解决了我们施工急需的塑料管材，而且价格很优惠，我们十分感动，协会真正是企业之家，我们谢谢你们。

22. 2005 年 12 月 26 日

我协会编制的《山西省塑料工业“十一五”规划》是根据山西省经委的有关文件精神，在广泛的深入到我省各地（市）的塑料企业的资产总值、工业总产值、销售收入、产品品种、设计能力、技术装备、职工总数、发展思路等方面进行调研的基础上，撰写出了《山西省塑料工业“十一五”规划》的初稿，并于 2005 年 9 月 24 日在山西省塑料行业协会第一届三次理事会上广泛的讨论后听取了各位理事的意见修改后定稿的。已于 2005 年 10 月 10 日上报了山西省经济贸易委员会。2005 年月 12 月 26 日，山西省发展改革委员会的要求我们协会报《山西省塑料工业“十一五”规划》，张会长亲自将我们编制的《山西省塑料工业“十一五”规划》送到山西省发展改革委员会，并就我省的塑料行业发展的整体情况向省发展委的领导进行了详细的汇报，与有关处室的负责人根据我们上报的重点企业的重点项目进行了深入了认真的研究，省发改委的领导表示，为了发展我省的塑料工业，认真考虑我们协会的意见，对一些具有我省特色的塑料产品将加大投资的力度。

【基本情况】

为了编制“十一·五”规划，秘书处配合山西省经委进行了调查摸底，山西省的塑料企业约360个左右，已登记240个，其中国有企业30个，集体企业32个，合资企业3个，民营企业175个。主要制品是塑料型材（含板、片材）、塑料棒、管材、塑料农地膜、矿用塑料、部分塑料丝及编织制品和塑料包装箱及容器、日用塑料制品等。产量万吨级以上规模或接近万吨级规模的企业十几个，其中塑料制品有：万士达工程塑料有限公司、长治清华机械厂、山西新派塑胶有限公司、山西新超管业公司、长治市中德塑钢型材有限公司、山西焕德化学建材有限公司、山西迎太塑料制品厂、山西塑料总厂等。另外还有很多产量在5 000～10 000吨的企业如：山西天星新型管业公司、山西乾通塑胶管业有限公司、介休市塑料公司、山西民生塑料厂、山西华龙塑料有限公司、太原明坤工贸公司等。2005年，全省塑料制品全部国有和年产品销售收入500万元及以上非国有独立核算工业企业（简称规模以上企业）30家左右。产值亿元以上企业有：山西万士达工程塑料有限公司、山西新派塑胶有限公司、长治清华机械厂、山西新超管业公司、长治市中德塑钢型材有限公司等。更多是规模很小的企业。2005年我省塑料加工生产能力约30万吨，塑料制品总产量25万吨左右，工业总产值约26亿元。总之我们山西的塑料工业结构不合理，产品单调、大部分是通用塑料，高、特、精产品少，尤其是原料工业更加薄弱。山西的塑料企业没有做强做大，更谈不上形成集约化，与兄弟省特别是沿海地区差距很大。

【企业经营】

塑料制品主要是塑料型材（含板、片材）、塑料棒、管材、塑料农地膜、矿用塑料、部分塑料丝及编织制品和塑料包装箱及容器、日用塑料制品等。2005年本省塑料行业的整体经营情况较好，大多数企业经济效益不错，少数企业微利或亏损。塑料工业在我省经营形势较好的品种有农膜、地膜、塑料管材、塑料异型材及塑钢门窗、防水卷材、包装膜、泡沫塑料等。效益较好的产品有塑料管材、塑料异型材、防水卷材和燃气管等，塑钢型材不仅销售到山东、河北、河南、内蒙、宁夏、新疆等地，并且有部分产品出口到蒙古，燃气管材供不应求，大都销售到广东、广西、福建以及西部重点建设项目，并出口到新加坡等东南亚地区。

【重点企业】

序号	企业名称	资产总值/万元	工业总产值/万元	产量/吨	加工能力/吨	销售收入/万元	主要品种
1	山西万士达工程塑料有限公司	10 320	8 500	10 000	15 000	10 300	PE燃气管材、PE管材、管件
2	长治清华机械厂塑管公司	122 219	60 088	9 000	12 260	60 094	铝塑、PPR、UPVC、PE-X管材及配套管件
3	山西新派塑胶有限公司	12 165	9 000	5 000	8 000	3 859	UPVC、PPR、管材管件PVC型材(不含门窗)
4	山西新超管业公司	20 309	4 800	2 520万米	4 500万米	4 928	纳米抗菌不锈钢复合管、PPR、PE-RT管
5	长治中德塑钢型材有限公司	6 000	15 000	15 000	16 000	13 500	PVC型材、断桥隔热PVC型材、彩色仿木纹型材
6	山西迎太塑料有限公司	18 000	18 000	15 000	30 000	16 500	塑料管材、农用薄膜、10m宽幅双防无滴膜、保鲜袋、PVC型材等
7	山西塑料总厂	4 763	912	6 840	9 500	1 574	PE波纹管、给水管
8	山西乾通塑胶	8 993	1 366	2 200	3 000	1 323	PPR、PE-RT管材、管件
9	山西榆社化工公司	54 306	63 000	170 000	140 000	66 000	PVC树脂
10	太化股份公司氯碱分公司		31 000	80 000	100 000	32 000	PVC树脂
11	大同市华昌化工公司	1 857	7 299	20 000	15 000	9 400	PVC树脂
12	山西天星新型管业公司	2 163	2 064	3 000	5 000	2 340	PP-R冷热水用管材、管件，PE燃气管、大口径中空壁缠绕管、硅芯管

续表

序号	企 业 名 称	资产总值/万元	工业总产值/万元	产量/吨	加工能力/吨	销售收入/万元	主 要 品 种
13	山西省垣曲钼铁厂	5 000	6 500	3 200	2 000	7 000	双壁波纹管、碳素螺旋电力护导管
14	山西省民生塑料制品厂	2 158	4 002	3 800	5 500	4 171	农地膜
15	太原市塑料四厂	6 000	3 000	2 500	12 000	2 500	农用地、发泡片材
16	山西众和新型建材有限公司	4 200	4 698	5 000	6 000	4 600	钢塑共挤型材
17	山西省稷山县科洁塑料应用有限公司	1 200	1 260	1 240	1 200	1 250	循环用农用环保地膜及PE包装内袋
18	山西焕德化学建材有限公司	3 141	4 575	4 500	7 000	4 500	PVC异型材、增强性塑钢门窗、塑钢栅栏
19	山西明坤科工贸集团	18 885	1 428	600	1 800	1 152	PEX、PPR、PE-RT管材、管件
20	太原瑞丰塑料管道公司	837	1 170	管材800吨管件8.3万件	管材2 000吨管件15万件	1 173	各种PE、PP管材和管件
21	山西华龙塑料有限公司	478	116	3 000	3 200	160	网(带)、抗静电管材、填充母料、阻燃母料等

备注：表内均为2005年数字。

【新产品开发】

2005年本省开发的新产品主要结合山西省省情和环保节能产品，主要有各种矿用塑料管材、循环利用聚乙烯环保农用地膜（又称一次性熔融再生聚乙烯塑料环保农用地膜（袋），该项成果是100%利用废PE塑料膜，采用自己的发明专利设备，一次性熔融成膜，生产出包装袋、农用地膜等产品）、超静音节能塑料管材、“原位复合”材料等。

【市场需求】

塑料制品主要是塑料型材（含板、片材）、塑料棒、管材、塑料农地膜、矿用塑料、部分塑料丝及编织制品和塑料包装箱及容器、日用塑料制品等。塑料制品需求量约28万吨左右，对原材料主要需求为通用塑料及部分工程塑料，主要树脂PVC本省自给，其他从国内调购或国外进口。

【存在的问题】

1. 塑料行业企业布局和区域分布

我省塑料工业较发达地区主要是以太原、大同、晋中、运城、长治、阳泉等城市为中心，形成了我省塑料工业的主要产区，规模以上的塑料企业大多集中在这些区域，目前这部分地区塑料工业的发展势头仍比较强劲。近年来在一些县区、乡镇仍至偏僻村庄，也办起了很多民营小型塑料厂。但从规模及产品技术含量上都很小很差，总之，发展很不平衡。

2. 产品结构、生产工艺技术及装备问题

行业中由于缺乏宏观引导，产品生产中的中低档产品重复、盲目发展现象仍时有发生，高新技术产品的开发不够的情况仍在继续。

3. 科技投入和开发能力问题

塑料虽然是国民经济中必不可少的重点行业，但政府在政策优惠、特殊支撑方面及政府主管部门或行业协会协调等方面仍显不足，高等院校、科研院所与企业携手引进高新技术或共同开发技术含量高的产品不力，企业的品牌意识不强。

4. 原料生产发展滞后，产品技术进步受限

塑料产业是综合行业，其制品的研发、生产涉及轻工、化工、机械等多个行业，具体涉及到原料、助剂、设备、模具等多个产业。而塑料原料是最重要的环节。而我省更是原材料生产弱省，除PVC树脂外，其他均不产，所用原材料主要靠国内外进口。

5. 政府支持力度不够

在广东、江苏、浙江、山东、辽宁、上海、大连等省市，塑料行业已作为政府的支柱产业给以重点支持，我省的塑料工业政府虽然也给了一定的支持，但力度还很不够。从整体上看我省塑料工业近几年已有了较大发展，但比起周边及沿海差距还很大，我们的企业没有做强做大，更谈不上形成集约化、随着我国中西部大开发步伐加快，沿海一些塑料产业支援中西部建设，一些产业向中西部转移，塑料工业在我国中西部有所发展、抓住我们应该中西部掘起的机遇，发展我们的塑料工业。

【发展趋势】

“十一·五”规划期间，我省国民经济发展将发生新的飞跃，一些热点行业、重点行业、支柱产业的

崛起和发展以及对塑料产品的需求，将推动我省塑料行业的技术改造、技术进步，从而带动塑料产业的提升，促进山西省塑料行业的全面进步和发展。我省塑料工业发展，要根据我国塑料发展动向和市场需求、预测，结合我省实际情况，及时对塑料产业，特别是行业产品结构进行调整，以省内外市场需求为导向，以“品种、质量、效益”为调整中心，以行业骨干企业为依托，全力推动企业的技术进步。在继续推进总产量增长的同时，着重增强塑料产品的经济效益和科技含量。全省塑料行业要更加注重高、精、特殊用途及具有本省特色产品的研发。

塑料产品产量历来与国民经济增长关系密切。我省的国民经济发展速猛，必然给塑料工业的发展带来机遇，我们要借中西部崛起的东风，注重在引进先进的加工设备技术，加强消化、吸收的同时，更要结合本省实际情况，加强自主研发。我省塑料行业产品结构调整应分为鼓励发展类产品、改造提高类产品和限制淘汰类产品。要大力开发符合产业和环保政策的产品，重点和方向是：围绕当前世界塑料材料和产品发展方向，即“高性能化、复合化、环保化、信息化”，大力发展与国民经济支柱产业密切相关的新型材料和制品用高新技术大力改造传统塑料材料和产品。

（山西省塑料行业协会　张玉英）

黑龙江省

【基本情况】

2005 年全省塑料制品加工企业数为 1 500 家，其中国有企业 30 家，合资企业 14 家，集体企业 110 家，其他为股份制和有限责任公司及个体企业。根据黑龙江省统计部门对国有企业和非国有（销售收入 500 万元以上）企业 80 家统计，其中：国有企业 6 家，合资企业 5 家，集体企业 6 家，私企 23 家，股份制企业 56 家。从业人数 15 097 人，制品产量 141 215吨，产值 260 734 万元，利税 28 647 万元。

全省塑料制品加工行业从业人数近 5 万人，塑料制品加工能力 500kt。

【重点企业】

我省年销售额在 5 000 万元以上的塑料企业有大庆庆港塑料有限公司、大庆林港塑胶有限责任公司、哈尔滨塑料九厂、绥棱第二塑料有限公司、齐齐哈尔塑料二厂、哈尔滨市塑料五厂、五常塑料有限公司、穆棱塑料有限责任公司等。

农用塑料薄膜　90 年代初，我省农膜生产企业达到 64 家，同时引进国外折径在 8 米以上的大型吹膜机组 10 台套左右，年总生产能力超过 5 万吨，年产值达到 5 亿元人民币。2005 年，棚膜达到 5.5 万吨左右，地膜达到 4.5 万吨左右，覆盖面积大约达到 1 500 万亩。主要生产企业有哈尔滨市塑料五厂、五常塑料有限公司、穆棱塑料有限责任公司等。

塑料门窗　我省是国内最早生产和推广应用塑料门窗的省份之一，其中鸡西塑料门窗厂于 1984 年引进国外生产技术及装备，生产塑料门窗，产品质量堪称一流，但是由于种种原因制约了发展。目前我省先后从德国、奥地利、美国等引进多条生产线再加上国内制造的生产线达到 60 多条，企业达到 35 家。其中规模较大的有中大集团、哈尔滨蓝根塑料门窗有限公司、鸡西塑料门窗厂、齐齐哈尔鲁宏塑窗型材厂、哈尔滨华加新型建材有限公司和大庆威泰型材有限公司等。

塑料管材　我省塑料管材生产企业有 60 多家，主要生产 PVC、PE、PPR、XPE 等管材。PP-R、PP-C、PP-B 管材生产企业有：哈尔滨市阿城金大管材厂、哈尔滨特种塑料厂；铝塑复合管生产企业有：哈尔滨百富通、大庆铝塑复合管厂、肇东华澳塑钢建材有限公司；UPVC 管生产企业有：哈尔滨建筑塑料厂、哈尔滨东光建材塑料厂、齐齐哈尔佳昌塑料制品有限公司等；PE 管生产企业有：明水塑料厂、哈尔滨市塑料四厂等；XPE 管主要生产企业有：黑龙江省兴业管材厂、华诚塑料厂。

汽车用塑料制品　我省汽车塑料配套件生产企业主要有：哈尔滨塑料九厂、齐齐哈尔塑料二厂、北安进发塑料公司，主要为哈飞、一汽生产配套的内外饰品产品，年产量约 1.5 万吨。

塑料包装材料　我省目前塑料包装方面具备注射成型、挤出成型、中空成型、吹塑成型、压延成型、发泡成型、流延成型、复合成型等十几种塑料成型工艺。产品有：编织系列产品、吹塑膜袋产品、共挤复合软包装类产品、干式复合软包装和中空容器等包装用塑料制品。主要生产企业有：哈尔滨隆华彩印厂、牡丹江彩印总厂、黑龙包装公司、北大荒包装公司、哈尔滨市塑料五厂等。

【出口情况】

出口的产品有：编织袋、农膜、啤酒箱、塑料鞋、机械设备等。

出口的国家有：俄罗斯、南非、韩国。

【设备技术情况】

1. 大庆庆昕塑料有限公司，年产 4 000 吨真空镀铝膜项目，已正式投入生产。

2. 北安市进发塑料制品有限公司，年产 550 万件汽车配件（奥迪、高尔夫）项目，已正式投入生产。

3. 哈尔滨特种塑料制品有限公司，年产 1 300 万米过氧化物交联聚乙烯管材及 10 万平方米辐射交联聚乙烯热收缩膜带项目，已正式投入生产。

4. 大庆庆港塑料有限公司，年产 5 000 吨 BOPA 项目，已在上海建厂并投入生产。

5. 双鸭山泰昕塑料管材有限公司，年产 3 000 吨 PE 大口径缠绕管项目，已投入生产。

【存在问题】

1. 产业集中度底，区域发展不平衡

目前我省塑料行业中具有发展潜力、有竞争实力的大型企业（集团）少，而处于能力放空、生产任务不足的中小企业偏多。

2. 产品结构不合理

中低档产品多，高档、高技术含量产品少；一般性普通加工产品多，高附加值产品少；传统性的老产品多，适应新型工业、农业现代化需要的配套产品少。

3. 生产工艺和技术水平低，企业装备和管理水平落后

大部分企业“自身造血”功能弱，自身投入能力低加之技术人员匮乏，基本上无技术开发、技术创新能力，生产经营处于粗放式状态，企业严重缺乏发展后劲，缺乏市场竞争能力，全行业经济效益普遍不佳。

4. 行业管理难度大，协会指导力度弱

近年来，多种经济成分的各类型生产企业特别是民营、私营企业发展迅猛，在行业中所占的比重逐年增大，使得行业管理的难度越来越高，行业协会的指导、服务力度随之减弱，导致各企业间重复建设、产品交叉现象屡有发生。而我省行业协会在职能和实力上存在着先天不足，致使行业协会的协调、服务、管理功能难以得到正常的发挥。

【发展趋势】

我省塑料行业发展要针对农业大省、畜牧大省，绿色产业基地，地处高寒地区等具体情况，重点应发展以下几方面。

1. 塑料建材方面

塑料建材不仅能大量代钢代木，替代传统建材，而且还具有节能、保护生态、改善居住环境、提高建筑功能与质量、降低建筑自重、施工便捷等优越性。

2. 农业塑料方面

我省是粮食生产大省、畜牧大省，绿色产业基地。发展多功能棚膜、地膜、青饲膜等农用覆盖材料是当前及今后一个时期的主要方向。

粮食包装材料的需求量大幅度增加。发展具有高阻隔性能的塑料复合膜将有广阔的市场前景。根据我省的实际情况，应大力开发多层共挤复合薄膜。

编织袋市场大有可为，企业应抓住机遇，重点发展大型集装袋和宽幅编织布、方底阀口袋、网眼袋、低纤度袋等。特别是在化肥、水泥、粮食等包装物的改进上下工夫，使之适合市场变化的需求。

3. 土工合成材料

我省在水利建设、公路建设、城市建设等方面应用的各种土工合成材料，如土工膜、土工编织布及复合材料、土工膜与无纺布复合材料、土工单向及双向拉伸格栅、格室等土工材料，其发展潜力很大。

4. 工程塑料方面

随着我国汽车、通讯、家电、医疗器械、国防工业等领域的发展，工程塑料市场需求将有较大的增加。

（黑龙江省塑料制品行业协会　邹奇；
黑龙江省塑料研究所　王岩）

上　海　市

【大事记】

1. 2005 年 11 月，上海化学工业区被授予上海市“先进制造业十大品牌”之一

上海化学工业区的开发建设引入了世界级大型化工区的“一体化”先进理念，通过对区内产品项目、公用辅助、物流传输、环境保护和管理服务的整合，为进区投资者提供最佳的投资环境，打造上海市先进制造业的著名品牌。目前，英国石油化工、德国巴斯夫、德国拜耳、德国德固赛、美国亨斯迈、日本三菱瓦斯化学、日本三井等跨国公司以及苏伊士集团、荷兰孚宝、法国液化空气集团、美国普莱克斯等世界著名公用工程公司已落户区内，截止到 2004 年底，项目投资总额已达到 88.2 亿美元。化工区的建设目标是成为亚洲最大、最集中、水平最高的世界一流石化基地之一。

2. 上海塑料行业协会三届四次理事长办公会

上海塑料行业协会三届四次理事长办公会于 2005 年 4 月 8 日下午在上海中山化工市场三楼会议厅举行。

出席本次会议的有协会名誉会长龚兆源、名誉副会长李力、姚锡福；协会各副理事长及其代表；协会秘书长刘景芬及秘书处全体工作人员。

会议由副理事长穆宵斌主持。

东道主上海中山化工市场经营管理有限公司总经理、协会副理事长沈践伟首先致欢迎辞，并作为协会

新副理事长单位在本次办公会上汇报了上海中山化工市场的创业发展史和继续发展的若干设想，以及与今后协会合作的几点建议。刘景芬秘书长代表协会作2004年协会工作总结和2005年工作计划（审议稿）报告；由于许开程理事长有要事未能来沪参加会议，刘秘书长同时宣读了许理事长专为本次会议给协会秘书处的来函。会议讨论发言热烈，各副理事长及其代表对过去一年的协会工作、秘书处工作班子的辛勤劳动给予了充分肯定；对2005年协会工作计划在总体肯定、认可的基础上，也提出了许多建设性的意见和建议；本次会议责成秘书处作出必要的修改补充后，作为审议通过的2005年协会工作计划予以贯彻实施。名誉会长龚兆源在会上代为宣读了许开程理事长“关于增补刘景芬秘书长为协会副理事长的提议”的函，此提议得到了本次会议的一致通过。龚老对会议进行了总结，并对协会工作提出了很好的建议。协会老领导姚锡福、李力也作了重要讲话。

协会秘书处将认真贯彻会议精神，在上海市委、市府有关部门领导下，在协会正、副理事长单位支持下，继续努力工作，为上海塑料行业的发展作出积极贡献。

3.“第十九届中国国际塑料橡胶工业展览会”隆重举行

2005年6月21～24日，在广州·琶洲的广州国际会议展览中心举行的亚太地区及中国规模最大的橡塑工业展——“2005国际橡塑展（第十九届中国国际塑料橡胶工业展览会）”，盛况空前，展场面积达77 000平方米，较去年于上海举行的“2004国际橡塑展”增长达28%。据统计，全球逾1 000家展商云集，参加国家及地区达29个；10大国家/地区展团：奥地利、加拿大、德国、意大利、日本、法国、中国、中国台湾省、英国及美国；8大展区：•辅助设备及测试仪器；•化工及原材料；•模具；•橡胶设备；•机械；•饮料及塑料包装设备；•半制成品；•中国出口机械。本届展会展出逾900台设备；参观者达52 009人次，其中海外买家参访者达7 920人次，包括印尼、印度、日本、马来西亚、越南、美国等地的参观团，反响良好。

上海塑料行业协会在业内组团出席了本届展览会。

4. 2005年度上海塑料行业名优产品完成评选、审定

2005年11月15日，在上海塑料行业协会驻地召开了上海塑料行业名优产品评选委员会会议，对新申报的2005年度上海塑料行业名优产品和两年有效期已到的2003年度获评名优的续报产品进行评选审定。市经委、市技术质量监督局、市工商局的有关部门负责人，市工业经济联合会主管行业名优评选的副秘书长以及协会的有关副理事长出席会议。上海塑料行业协会副理事长兼秘书长刘景芬主持会议。上海塑料行业名优产品评选工作组和专家评审组向评委会就新申报的2005年度上海塑料行业名优产品和两年有效期已到的2003年度获评名优的续报产品的初、复审情况，以及去申报企业现场检查评审的结果作了详细的汇报。评委会各成员在阅读有关资料及听取工作组、专家组汇报后，进行了认真的讨论和咨询，最终通过了对2005年度上海塑料行业名优产品和2003年度获评名优的续报产品续评为2005年度上海塑料行业名优产品的审定。

2005年度上海塑料行业名优产品和2003年度获评名优的续报产品续评为2005年度上海塑料行业名优产品，已于评委会审定后在社会公开媒体和上海塑料行业协会专业网站《上海塑料网》、月刊《上海塑料通讯》上向社会和业内公示两周，没有异议，最终评定如下（排序不分先后）：

(1) 2005年度上海塑料行业名优产品

•上海日之升技术发展有限公司　SUNNY牌　马来酸酐接枝聚烯烃系列产品；（马来酸酐接枝聚烯烃系列产品主要应用于工程塑料改性领域。该公司已拥有两项发明专利，并经市科委认定为高新技术成果转化项目、市重点新产品和国家火炬计划项目。）

•上海锦湖日丽塑料有限公司　SUNNY牌　PC/ABS系列产品、ABS系列产品、耐候苯乙烯类树脂（该公司ABS系列专用料、PC/ABS系列合金产品、耐候苯乙烯类树脂采用一步法工艺，其技术性能、应用领域、性价比方面的优势明显超过国外跨国公司的同类产品）

•上海普利特复合材料有限公司　普利特(PRET)牌　汽车用塑料复合材料（该公司汽车用塑料复合材料包括改性PP系列、改性ABS系列、PC/ABS系列等，已获2003年、2004年上海市名牌产品）

•维龙（上海）包装工业有限公司　维龙牌　BOPP薄膜系列产品（港资独资企业优质产品，其专利授权生产的BOPP抗菌膜为其特色产品）

•华东理工大学华昌聚合物有限公司　mFE牌　乙烯基酯树脂（乙烯基酯树脂以优异的耐化学腐蚀性、耐热性及良好的力学性能成为防腐蚀树脂中的佼佼者，广泛应用于化工、冶金、电力、医药等众多领域，历年来华昌的mFE牌乙烯基酯树脂系列产品一直是全国化工工程建设定点产品）

•上海南翼包装有限公司　金寅牌　塑料打包

带、集装袋（该公司为上海市包装50强；2005年获全国产品质量保障诚信经营示范单位；“全国集装袋质量稳定合格企业”。其1吨柔性集装袋系列产品、PP打包带系列产品质量优异，使用方便）

• 上海林汇塑料制品有限公司　林汇牌　聚氯乙烯硬板（该公司保留和发展了原上海化工厂的聚氯乙烯硬板产品，属上海独家生产，该公司还注重环境友好和节能生产）

(2) 2003年度获评、续评为2005年度上海塑料行业名优产品

• 中国石化上海石化股份有限公司　塑料事业部　三人牌　PP、PE树脂

• 延锋伟世通汽车饰件系统有限公司　延锋牌　汽车饰件产品

• 上海汤臣塑胶实业有限公司　TOMSON牌　建筑用硬PVC管材及管件

• 华德塑料制品有限公司　华德牌　汽车塑料件

• 上海金昌工程塑料有限公司　SIC牌　改性PP系列产品

• 上海金菲石油化工有限公司　三人牌/MARLEX牌　全密度PE树脂系列产品

• 上海金浦塑料包装材料有限公司　龙头牌　BOPP膜（普通膜/消光膜/热封膜）

• 上海双树塑料厂　双树牌（TWIN-TREE）酚醛模塑料（PF2A2-151J，141黑，PF2C3-631黑）

• 上海爱平塑胶有限公司　爱平牌PVC透明压延薄膜（0.05～0.25mm）

5. 应邀出席雅式在东京举行的国际橡塑展新闻发布会

2005年9月24日，应香港雅式展览服务有限公司朱裕伦董事长的邀请，上海塑料行业协会副理事长兼秘书长刘景芬赴日本出席了东京国际橡塑展。期间，出席了雅式为2006年在上海举行的“第二十届中国国际橡塑展”造势的新闻发布会。

刘景芬代表上海塑料行业协会介绍了上海及华东塑料行业发展概况，并对2006中国橡塑展进行推介。刘景芬表示，协会作为该展主要协办方，将把协办好“第二十届中国国际塑料橡胶工业展览会”作为协会重要工作之一，以此推动国内外塑料专业技术的交流。该展会将是探索国内企业国际化，推广新产品，新技术，新设备，拓展市场，寻求商机的交流与合作平台。

6. 出席雅式在台州举行的第二十届中国国际橡塑展新闻发布会

2005年9月24日，在台州国际会议展览中心，香港雅式展览服务有限公司籍第五届中国塑料交易会开幕之际，召开了将于明年在上海举行的第二十届中国国际橡塑展新闻发布会。主办方雅式展览服务有限公司何佩瑛总经理和梁雅琪经理向出席会议的媒体及业内人士介绍了“第二十届中国国际塑料橡胶工业展览会”筹备工作的最新动态。协办单位上海塑料行业协会张思农副理事长介绍了华东地区塑料工业的发展状况及该展览会对中国塑料工业发展所起的推动作用。

7. 出席第二十届中国国际塑料橡胶工业展览会上海新闻发布会

2005年12月7日下午，“第二十届中国国际塑料橡胶工业展览会”（[2006国际橡塑展]）上海新闻发布会假座上海浦东假日酒店三楼上海厅举行。雅式展览服务有限公司与杜塞尔多夫展览（中国）有限公司、中国塑料加工工业协会、上海塑料行业协会主办/协办了本次新闻发布会。上海有关企业代表、相关行业协会和部分媒体150余人出席会议。华东六省塑料协会的负责人也出席了本次新闻发布会。[国际橡塑展]主办单位雅式展览服务有限公司董事长朱裕伦先生致欢迎辞。会上，中国塑料加工工业协会会长廖正品先生作“中国塑料工业蓬勃发展——市场需求巨大”发言；上海塑料行业协会副理事长兼秘书长刘景芬作“华东的塑料工业”发言；赫斯基注塑系统有限公司亚太区总监George Tfisie先生作“让客户保持领先地位——赫斯基对亚洲的承诺”发言；拜耳材料科技大中华区聚碳酸酯业务部市场高级经理陈少瑛先生作“拜耳材料科技积极参与‘国际橡塑展’获益颇丰”发言。杜塞尔多夫展览（中国）有限公司行政总裁冯培喜先生致总结辞。在会议提问期间，台上台下问答热烈，体现了各方对‘2006国际橡塑展’的高度关注。新闻发布会开得非常成功。

8. 上海塑料行业协会会员代表大会暨三届四次理事会召开

2005年12月22日下午，在上海中山商厦四楼大厅召开了上海塑料行业协会会员代表大会暨三届四次理事会。上海中山化工市场经营管理有限公司总经理、协会副理事长沈践伟主持会议；协会副理事长兼秘书长刘景芬作上海塑料行业协会2005年度工作总结和2006年工作思路的报告；穆肖斌副理事长作关于调整上海塑料行业协会理事单位和副理事长的报告；在热烈的掌声中，与会人员一致通过了这两个报告。吴晓音副理事长在会上宣布了获评2005年度上海塑料行业名优产品企业商标产品名单；在隆重热烈的气氛中，协会领导向这些获评企业颁发了2005年度上海塑料行业名优产品铭牌和证书；获评企业的代表上海日之升新技术发展有限公司董事长兼总经理辛

敏琦、维龙（上海）包装工业有限公司副总经理吴昭和上海南翼包装有限公司总经理张财高在会上作了交流发言。最后，受许开程理事长的委托，吴晓音副理事长代为宣读了他的会议讲话稿。他在讲话中充分肯定了协会2005年的工作和2006年的工作思路；强调了协会应进一步落实各项职能。随着社会主义市场经济的发展，协会必须努力探索走市场化道路，推进行业协会改革发展，逐步建立自我发展、自我规范的新机制。发挥协会作为市场经济"中观层次"的主体作用，围绕市委、市府提出的"服务企业、规范行业、发展产业"的方针，进一步落实"代表、服务、协调、自律"的四项工作职能。理事会务必进一步加强对协会工作的领导，会员单位要热情支持，协会工作人员要不断提高自身素质，努力提高协会工作的管理水平及专业水平。

9. 中石化上海石油化工股份有限公司董事长兼总经理戎光道荣获"上海先进制造业领军人物"称号

2005年12月24日，从上海市工业经济联合会主席团第五次会议获悉，由上海市工经联、市商业联合会和市企业联合会联合主办开展的上海先进制造业领军人物的评选活动，经本协会推荐，本着"公平、公正、公开、不收费"的原则，对本协会理事长单位—中国石化上海石油化工股份有限公司的董事长兼总经理戎光道，通过专家初审、评选委员会评审、新闻媒体公示等程序，被确定为上海先进制造业领军人物。

10. 本协会荣获"关于对上海工业经济'十一五'规划的建议"成果三等奖

12月27日，市工业经济联合会召开行业协会工作会议。会议由副会长孙环葆主持。陈振浩副会长对开展上海工业行业"十一五"规划建议工作进行了总结，对获得奖项的行业协会进行了简要点评和颁奖。我协会荣获"关于对上海工业经济'十一五'规划的建议"成果三等奖。

【基本情况】

2005年，上海地区从事塑料加工行业的较大规模企业数量约1 500家（其中规模以上企业为742家），从业人数约10万人；从事塑料树脂、共聚物及共混、改性聚合物生产的规模以上工业企业有124家，从业人数约2万人。2005年，上海的塑料制品年生产量约62.2万吨，其中塑料薄膜约14.8万吨，型材（含板、片材）约3万吨，棒、管材（含管件）约1.4万吨，塑料丝及编织品约1.5万吨，人造革和合成革约4.3万吨，泡沫塑料约1万吨，包装箱及容器约15万吨，日用塑料制品约6万吨，其他塑料制品约17.3万吨。2005年，上海地区的原料树脂及共聚物的年生产量为约234万吨，其中PVC树脂约33万吨，PE树脂约96万吨，PP树脂约63万吨，PS树脂约10万吨。

近两年，上海塑料工业系统体制改革的力度加大，除原料树脂生产企业由中石化、中石化上海石化、上海华谊集团控股管理外，原上海塑料工业公司和上海塑料制品公司已改制成属地（区）管理，保留了不多的骨干企业，其原属下的多数生产企业现已转型改制完毕。较多的民营企业和中外合资企业进驻上海，并发挥着越来越重要的作用。得益于改革及时，以及产品紧紧围绕和服务于支柱产业，上海的许多塑料制品加工企业抵御住了国际上因原油大幅涨价而致的原材料涨价的压力，仍能做到略有盈利。据不完全统计，2005年度上海塑料制品业的利税总额达18.3亿元。

上海合成材料制造业在原料树脂生产方面从2005年起将有大的发展。由于上海化学工业区内多项装置的建成投产，原属上海市生产空白的PS、LLDPE、ABS、PC、PI、PTHF、PVDF等已经或正将投放市场。现将上海化学工业区内的有关项目建设情况简介如下。

（1）上海赛科90万吨/年乙烯工程　由中国石油化工总公司、中国石化上海石油化工股份公司和英国石油化工华东投资有限公司合资建设，总投资27.3亿美元。中外双方出资比例为50%：50%，于2002年3月28日开工建设，2004年底机械完工，2005年3月正式投产，2005年5月商业运行。

主要装置和规模：90万吨/年乙烯；50万吨/年芳烃抽提；9万吨/年丁二烯抽提；50万吨/年苯乙烯；30万吨/年聚苯乙烯；60万吨/年聚乙烯；25万吨/年聚丙烯；26万吨/年丙烯腈。

（2）拜耳一体化化工项目　德国拜耳公司将建设总投资31亿美元的一体化化工项目，目前聚异氰酸酯工厂运行良好；聚碳酸酯项目正在抓紧建设；异氰酸酯项目中的MMDI项目和投资近1亿美元的HDI项目已于2004年10月11日开工，并将于2005～2006年相继建成投产。主要装置及规模：1万吨/年聚异氰酸酯；20万吨/年聚碳酸酯；20万吨/年双酚A；4万吨/年掺混料；17.2万吨/年碳酸二苯酯；5万吨/年HDI；23万吨/年MDI；15万吨/年TDI等。

（3）巴斯夫聚四氢呋喃项目　德国巴斯夫公司投资建设的聚四氢呋喃项目，总投资3.05亿美元。2003年1月开工建设，2004年底投料试车，2005年初业已投产。

主要装置及规模：8万吨/年四氢呋喃；6万吨/年聚四氢呋喃。

(4) 高桥石化苯酚丙酮、ABS、丁苯橡胶项目　由中石化上海高桥石油化工公司投资建设的苯酚丙酮项目，是为90万吨/年乙烯工程配套的主体项目，总投资6.26亿元人民币。2001年1月6日开工建设，已于2004年底投料试车。主要装置及规模：12.4万吨/年苯酚；7.6万吨/年丙酮；16.24万吨/年异丙苯。

由中石化上海高桥石油化工公司投资建设的20万吨/年ABS项目和10万吨/年丁苯橡胶项目，总投资分别为15.5亿元和6.4亿元，已于2004年12月18日开工建设，于2005年年底建成投产。

(5) 上海烧碱和聚氯乙烯项目　由上海天原集团、上海氯碱化工股份有限公司和上海焦化有限公司共同投资建设的上海烧碱和聚氯乙烯项目，是为90万吨/年乙烯工程配套的主体项目，总投资36.98亿元人民币。项目已于2004年3月2日开工建设，计划2006年5月建成。

主要装置及规模：25万吨/年烧碱；30万吨/年聚氯乙烯；30万吨/年氯乙烯。

(6) 璐彩特（MMA）项目　璐彩特国际（中国）有限公司投资建设的甲基丙烯酸甲酯（MMA）项目，总投资1.1亿美元。于2003年10月开工建设，已于2005年4月建成投产。主要装置及规模：9万吨/年甲基丙烯酸甲酯（MMA）。

(7) 德固赛多用户基地　由德国德固赛公司投资建设的多用户基地，已于2004年11月1日开工建设9 000吨/年聚酯和8 500吨/年色浆项目，投资额为4 600万美元，计划于2006年建成投产。

(8) 华谊集团精细化工基地——三爱富PVDF、HFA项目　上海华谊集团精细化工基地由三爱富新材料公司投资1.5亿元人民币，建设1 000吨/年聚偏氟乙烯PVDF和100吨/年六氟丙酮HFA项目，于2004年12月18日开工，计划于2006年建成。

【对编制“十一五发展规划”的有关建议】

1. 行业现状和存在的主要问题

上海塑料工业经“十五”期间的发展，其原料树脂生产、塑料制品加工业的现状已如本文“基本情况”中所述。对于工程塑料、塑料合金、改性树脂开发与应用等产业，上海的国有改制企业、中外合资企业和民营企业并举，各守阵地，且竞争激烈，但后两者的竞争力明显地要高于前者。比如，中日合资的上海金昌工程塑料有限公司引进日本CHISSO石化株式会社最先进的改性聚丙烯生产技术及其高标准的管理技术，改性PP产能达1万吨/年。近几年来创出了一批高性能的改性PP优质产品，广泛应用于汽车、家电等行业，得到客户的高度评价。又如，1992年成立的上海杰事杰新材料股份有限公司，是一家专业从事工程塑料研究开发和产业化的民营高新技术企业。该公司成立十多年来，一直致力于民族工程塑料产业的发展，以相关行业需求和市场需求为导向，依托技术创新，研发了百余种牌号的工程塑料产品，并在公司内部将研究成果迅速产业化。至今，该公司产品已广泛为汽车、电子、通信、建材等行业配套。另外，于1996年成立的上海日之升新技术发展有限公司也是一家从事工程塑料产业的著名沪上民营高科技企业，主要研发生产改性PP、改性PA和以反应挤出的用作相容剂的改性接枝树脂等产品；它与韩国锦湖化学合资于2001年成立的上海锦湖日丽塑料有限公司主要研发生产改性ABS、PS（HIPS）类产品和PC/ABS、PBT/ABS、PA/ABS、PC/AES、PC/ASA等相关的共混合金产品；已广泛应用于汽车、消费电子、电工、机械和建材等行业。于2002年正式开业的上海普利特复合材料有限公司也是专业从事汽车用复合材料的民营企业，其产品包括改性PP系列、改性ABS系列、改性PA系列和PC/ABS系列，已荣获上海市名牌产品，其发展潜力不可低估。当前的主要问题是，各相关企业依据各自的目标市场，独立研发，独立生产，造成许多项目重复投资，研发成本高，没有形成合力，当然也难以形成规模经济。

关于上海热固性树脂塑料材料的生产企业现仅有上海欧亚合成材料有限公司、上海双树塑料厂、上海天山塑料厂和上海树脂厂等几家企业，主要生产酚醛模塑料、氨基模塑料和环氧树脂等产品。其中上海欧亚合成材料有限公司是成立于1992年的沪港合资企业，专业从事热固性树脂、塑料、复合材料及其制品的研发和生产，年产酚醛、氨基等树脂1万吨，模塑料2万吨，模塑制件1.2万件。其产品60%以上出口，有着良好的声誉。当前酚醛树脂行业面临的难关是原料苯酚供应紧张，再加上我国对进口苯酚实施反倾销措施，进口将减少，苯酚价格受此影响而猛升。如按现在的苯酚价格生产，将出现全行业亏损。

2. 本行业“十一五”的发展愿景

坚持落实科学发展观，紧紧围绕市委、市政府所确定的上海市各支柱产业和2010世博会等重大工程、重点工程所需的原料树脂、塑料合金及共混材料、建筑及装饰材料、汽车零配件及内外饰件、电子和通讯工程中的电线电缆、光盘等，依靠科技进步和科技创新，不断提高产品的技术含量，推进行业品牌，注重资源节约和回收利用，向多元化、高端化、节能化、环保化、生态化发展，努力赶上发达国家的水平。

3. 本行业“十一五”发展的重点

(1) 增加合成树脂的品种和产能　“十一五”期

间，上海合成材料制造业在原料树脂生产方面将有一个大的发展。从2005～2007年，在上海化学工业区已经上市或将会上市的PE、PP、PS、ABS、PI、PC、PTHF、PVC等产品，总量在190多万吨；加上本市现有装置的技改扩容以及规划新建装置等，原料树脂生产总量将达350万吨左右。上海化学工业区在“十一五”期间将再引资700亿～900亿元。新建年产100万吨乙烯和1 000万吨炼油项目已正式立项，直接引资40亿美元，并将带动和吸引数十亿美元的其他投资。新建年产100万吨乙烯项目建议建设茂金属催化聚烯烃装置，这样上海塑料原料树脂的品种有所多样化，产量也将有超过100万吨的增长。至“十一五”末，年生产总量将接近500万吨。

（2）强化合成材料的ABC技术，研发工程塑料新品　以高性能、多功能、价格适中、环境适应性好为目标，以所谓的ABC物理方法，即合金（Alloy）、共混（Blend）、复合（Composite）的综合应用为主的方向，进一步以聚合物高次项结构理论为指导，通过微观相结构的控制，设计、研发具有市场需要的宏观性能的新材料，比如聚合物纳米材料复合材料。它主要分为聚合物/聚合物，聚合物/无机物，和聚合物/金属复合的纳米材料。具有微区相结构的嵌段聚合物，由一种刚性棒状分子的聚合物以分子水平分散在另一种柔性的聚合物基体中，发挥增强剂作用的材料，均被称为聚合物/聚合物分子复合材料。尼龙/蒙脱土纳米复合材料、PS/蒙脱土纳米复合材料、PET/蒙脱土纳米复合材料等可被称为聚合物/无机物分子复合材料。POM/纳米铜粉复合材料、PP/低熔点金属纳米粒子的纳米复合材料是杰出的聚合物/金属复合的纳米材料。

PC/ABS、PBT/ABS等塑料合金，与共混改性ABS、共混改性PP以及PE/EVA共混物、PP/EVA改性聚合物等产品在“十五”期间已有很好的发展，“十一五”期间仍应予以大力发展。

（3）上下游联动，抓紧开发中高压电力电缆用交联聚乙烯超净绝缘料　随着我国电力电缆产品需求的不断增长，对制备原料的需求也日益增加。“十五”以来，我国中高压电力电缆发展很快，其中10～35kV中压电缆超净绝缘料占大多数，而35～110kV中高压电力电缆交联超净绝缘料基本依靠进口（如美国联碳UCC及北欧化工的4201，日本宇部兴产的UBEC180），110kV以上超高压电力电缆用可交联料则需全部进口。目前国产的35kV及以下中压电缆超净绝缘料和屏蔽料的基料树脂，其质量基本能保证，但要从事中高压电缆超净绝缘料研发、生产的企业，除少数以外，目前的装备水平较差，缺乏完备的技术和完善的检测手段。另外，上游石化企业尚不能提供足够清洁度的LLDPE原料树脂和超净的包装运输。鉴于上海原有中石化上海石化、上海化工厂、电缆研究所和上海电缆厂从适用的LLDPE原料树脂供应，到中压电缆绝缘料的研发生产，进而到中压电缆的制造这样一条产业链的长年成熟合作的宝贵经验，建议由市科委牵头，以新上化高分子材料有限公司的成熟技术和装备以及技术专利为基础，提请中石化上海石化塑料事业部对原有LDPE装置进行技术改造，从树脂合成开始就注意杂质控制，LDPE树脂从生产、包装到运输不与外界接触，并用清洁气体填充，这样就能充分保证LDPE树脂基料的质量要求。新上化高分子材料有限公司在“十五”末已独立开发出具有完全自主知识产权的110kV电力电缆用可交联聚乙烯超净绝缘塑料，并已申请一项发明专利。其研发的该电缆料及其电缆产品通过国家电线电缆质量监督检验中心检测，符合国家标准；经中科院上海科技查新咨询中心查新，达到国际先进水平。因此，提供符合要求的国产中高压电缆绝缘料用可交联聚乙烯树脂基料，降低国产中高压电缆成本，将是上海发展电缆生产的关键。

（4）扶植、发展聚合物/木粉复合材料及其制品

近年来，随着全球森林资源日趋枯竭，人们环保意识日渐高涨。为此，一种既节约资源又减少白色污染的将木材与塑料复合而成的新材料——木塑复合材料（WPC）备受关注。木塑复合材料是利用木粉（包括木纤维、植物纤维）与塑料，特别是废旧塑料经混合、塑炼，以一定的方法加工而成的新型复合材料，如PVC/木粉复合材料、ABS/木粉复合材料、PE/木粉复合材料、PP/木粉复合材料等。它不含黏合剂，不存在甲醛等有害化学成分，属绿色、环保、节能的高新技术产品。迄今为止，WPC的成型方法主要有模压成型、挤出成型、注射成型等方法。作为建材使用的WPC主要用于活动房屋、窗框、门板、门槛、混凝土模板、楼梯扶手、墙壁、天棚、装饰用各种异型材、地板等。WPC材料具有优良的性能和性价比，在汽车制造中作为轿车的内装饰基材已得到广泛应用，如车门板、仪表盘框架、座椅配件、车后窗台板、行李箱衬垫、顶棚、汽车底座等。WPC在其他领域内的应用有室外构件、耐腐工棚、通道、台架；托盘、包装箱、集装器具；货架铺板、枕木、农用大棚支架等。

上海塑料行业内现有由上海龙桥塑业发展有限公司牵头组建的宸德企业·上海奔奔门业有限公司和上海弘泰塑胶工业有限公司开发有木塑复合材料及制品。我国森林资源匮乏，开发木塑复合材料具有十分

重要的现实意义，应予鼓励和大力支持。

(5) 大力支持医用塑料、环保型高分子生物材料及其制品的发展　与普通塑料相比，医用塑料要求更高，这些要求主要有：对单体及低聚物的残留有严格限制；对锌、铅、铬、铜、钡、锡等金属离子的残留有严格规定；在加工或改性过程中尽可能采用无毒助剂，制品长期使用时要防止或减少助剂的析出；根据制品的不同要求，务必使其具有表面亲水性、抗凝血、耐辐射、灭菌等特殊功能。医用塑料制品在使用过程中大都要与人体接触，故将其表面改性以改善制品的血液相容性、组织相容性等性能至关重要，如材料表面肝素化、表面接枝、蛋白修饰等，介入导管和长期使用的器械的抗感染性，这是目前医用塑料的研发方向之一。另外，开发耐湿热消毒、耐γ射线辐射消毒的塑料也将是我国医用塑料的发展方向之一。

医用塑料制品，从药品、药剂的包装，到一次性医疗器械（如点滴瓶、注射器等）、非一次性医疗设备（如计量器、外科器械等）和人工脏器等（如人工肺、人工气管、人工肾、人工心脏、人工关节、人工角膜、义齿等），都有广泛的应用。康德莱集团上海开爱富医用高分子材料有限公司、上海爱平塑胶有限公司等单位已在生产一次性医疗器械和器具，如点滴瓶输液管、注射器、血袋、尿袋等医用产品。上海应有研发、制造人工脏器材料与制品的企业。

另外，高分子生物材料是生物医用材料中最活跃的领域，发展用于人体组织和器官再生与修复的生物医用材料具有重大的社会效益，其中以聚丙交酯PLA以及丙交酯/乙交酯共聚物PLGA已成为国际的研究热点。由于我国每年有大量的玉米、木薯等农产品产出，聚乳酸的原料来源充足，故高分子生物材料的研发在我国有很好的物质基础。上海新上化高分子材料有限公司已与同济大学合作正在研发生物可降解材料中间体乙交酯GA，并在后续项目中将要开发聚乙交酯PGA、聚丙交酯PLA等聚乳酸产品。PLA、PGA在生物医用材料方面的应用包括药物释放控制体系、骨科固定、组织修复、细胞培养、医用手术缝合线、防黏膜、日用塑料等，潜在市场巨大，应予大力发展。

综上所述，上海塑料行业在“十一五”期间，应继续保持在合成树脂制造方面的高产、优质及品种的多样性，以满足下游共混改性、塑料合金研发单位和制品加工单位的需要。大专院校、科研院所和有条件的单位，跟踪国际先进技术，着力研究基础树脂的共混改性、塑料合金的开发、环保型新型材料的开发等，满足相关支柱产业、市重点工程对此的需求。塑料制品加工行业也必须围绕相关支柱产业在包装材料制品、建筑用材料制品和工业、交通、物流、汽车、家电、电子、通信等产业的工程材料制品及绿色环保的医用/农用塑料材料/日用制品等领域发展自己。

4. 本行业“十一五”发展的瓶颈及具体建议、政策措施

(1) 人才问题　在原材料、改性材料的生产、研发方面，上海人才济济，主要集中在特大型国企、高校和科研院所，中、小企业特别是民营企业相对人才缺乏。前者的问题是各取所需，力量分散，应该有集中、有分工。政府有关部门应加强引导和协调。像高分子材料研发中心这类孵化器应该进一步强化与活化，不能是开店式的，要真正走向社会，真正的“产、学、研”结合。高校本专科培养人才应面向实际，能否延长半年或一年毕业，增加实习期，有的放矢地培养，使学生一毕业就能被企业录用，独立工作。对于塑料产业特别是塑料制品加工企业，像外地如浙江企业落户上海和海归人士在沪创建企业，对专业人才（包括塑料加工、改性，制品制造，模具设计与制造等）就非常急需，而且希望一经录用必须会上手干活。另外，这些企业还特别需要一批带领产品研发的总工程师、高级人才。上海塑料行业的大多数企业均在郊区或远郊，要招聘有经验的大学生和搞研发的高级人才就非常困难。如果人才问题不解决，这些企业的新品开发、技术提升甚至自身的生存和发展都会发生问题。

(2) 高油价问题　合成塑料材料的源头在原油，原油价格一年来连续攀高，纽约原油期货收盘价将逼近70美元每桶，德意志银行分析师在研发报告中甚至推算油价将于年内到达80美元每桶。高油价将会拖累世界经济的脚步。美国因为早有战略储备，且原油来源畅通，油价上涨对美国这两年的经济影响没有预想的那么严重，表明美国经济有很强的适应能力。在中国，高油价下仅进口原油一项就要多花费70多亿美元。国际石油价格居高不下，使塑料原料树脂价格在高位波动，塑料制品企业能否适应原料价格高位波动的经营环境，已成为其生存的关键所在。在这种背景下，塑料制品企业的竞争力问题已经凸现。而且，在调整自身产业结构的同时，国内塑料加工企业还要面对拥有强大技术和规模优势的跨国公司的竞争。可以预见，只有规模大，创新能力强、抗风险能力强的企业才能得以生存。将有大批落伍企业被整合、兼并或淘汰。建议政府采取适当措施，通过价格传导机制，适度提高塑料制品的采购价格，这样还可以提高生物高分子材料制品的竞争力。

针对原油供应紧张、原油储量日趋减少这一全球性的问题。利用我国每年生产大量的玉米、木薯等粗

粮的优势，这些是很好的乳酸来源。上海应率先抓紧发展生物高分子材料，如上述聚乳酸PLA等生物高分子材料，继而开发其各种应用制品。

（3）工程塑料合金问题　工程塑料合金肯定是我国塑料合金重点发展的领域，但国内工程塑料的自给率很低，限制了工程塑料合金产业的发展。以现有材料与单体合金化、共混改性研制新材料，使通用塑料工程化、工程材料高性能化和低成本化，这是必定的趋势。上海可以利用上海化工区的炼油化工一体化优势，积极引进国外先进技术，在现有的PC、PS、ABS等装置基础上，还应争取建设诸如K树脂、PPO、PPS、PBT等规模级的工程塑料装置，以弥补国内工程塑料合金生产企业对短缺工程塑料原料的需求。另外，如何整合研发、生产还处于零星分散状态，产品技术水平较低的塑料合金企业，加大高端产品研发力度，扶植优势企业，突破瓶颈，实现专业化、规模化、集团化发展，应是政府多加考虑的。

（4）中小企业融资难　中小企业、特别是民营企业融资难的问题，已经讲了好几年了。要加强银行和协会的合作，建立和运行企业的诚信档案和体系，让中小企业融资难问题日趋解决。

总之，上海塑料行业在“十一五”期间必须以国内、国际市场为导向，不断调整企业规模和产品结构，打造品牌队伍，并且必须加大科研投入，积极开创和利用多种有利于技术创新、科技成果迅速转化的有效机制，以持续提升企业的市场竞争力。

（上海塑料行业协会　杨忠民）

浙　江　省

【大事记】

一、召开浙江省塑料工业协会三届四次理事会和三届四次常务理事会

浙江省塑料工业协会三届四次理事会和三届四次常务理事会议于2005年5月25日在杭州召开，到会理事28人，常务理事10人。受理事长委托，常务副理事长兼秘书长周理水主持会议。周理水秘书长首先就2004年及2005年1～3月份我省塑料行业的生产经营形势、面临的困难及对策等作了全面的分析；与会理事、常务理事发表了许多非常宝贵的意见。全国劳模、浙江省塑料工业协会常务理事、副理事长、浙江三友控股集团董事长张小赧同志就台州地区塑料业当前存在的十大问题作了深刻的分析，同时对克服困难方面提出了十大对策，他的发言使与会理事受到很大的启发和鼓舞。杭州杭宝集团董事长、浙江省塑料工业协会常务理事、副理事长章妙虎同志就当前协会工作和协会领导机构成员单位，在激烈的无序的市场竞争中，如何引导行业走出困境，建立市场的公平、公正和建立良性竞争机制等方面提出了很好的建议，他指出：一个行业应该制定一些行规、行约，企业之间既有竞争更应互相约束，反对那种只顾本单位利益采取互相残杀性的竞争，协会的领导单位应作出更好努力。各理事还对如何搞好协会工作提出了很多宝贵的建议。理事会一致同意关于将《浙江省塑料工业协会》更名为《浙江省塑料行业协会》提议。

二、浙江省塑料工业协会更名为浙江省塑料行业协会

根据浙江省塑料工业协会三届四次理事会和三届四次常务理事会的提议及浙江省塑料工业协会三届三次会员代表大会（通报批评讯会议）通过。报经浙江省民政厅浙民民复［2005］34号文批准，浙江塑料工业协会从2005年7月5日起更名为“浙江省塑料行业协会”。

三、浙江省塑料行业四家企业获2005年度中国名牌

2005年9月1日，由国家质检总局、中国名牌战略推进委员会联合举办的“中国名牌产品暨中国世界名牌产品表彰大会”在北京人民大会堂隆重召开。会议公布了首批中国世界名牌产品名单和2005年中国名牌产品名单，我省四家企业的产品获2005年中国名牌，他们是：浙江华峰氨纶股份有限公司千禧牌氨纶长丝；华峰集团有限公司聚峰牌聚氨酯树脂；温州人造革有限公司东泰牌合成革/人造革；浙江无名皮塑集团有限责任公司金皇后牌合成革/人造革；浙江禾欣实业集团股份有限公司禾欣牌合成革/人造革，这些单位将获得政府100万元的巨额奖励。一年中同时获得四个国家级名牌产品，在全省塑料行业中尚属首次。这是上述企业的光荣，也是全行业的光荣。

四、2005年度浙江省塑料行业12家企业获浙江省名牌产品（包括复评）

①伯乐牌塑料注射成型机　宁波双马塑机制造有限公司；②全世界通用牌高档汽车模塑件　浙江华通控股集团有限公司；③宏得利、双钱牌PU人造革。PVC　温州市宏得利合成革有限公司；④华滨牌双向拉伸聚丙烯薄膜　浙江华滨包装材料有限公司；⑤牌PVC-U管材管件　杭州波达塑业有限公司；⑥鸿雁牌电气装置件、PVC塑料管槽（复评）　杭州鸿雁电器有限公司；⑦公元牌UPVC管材及管件（复评）　浙江永高塑业发展有限公司；⑧三友牌塑料筒管（复评）　三友控股有限公司；⑨中财牌UPVC管材及配件（复评）　浙江中财管道科技股份有限公司；

⑩海太牌塑料注射成型机（复评） 宁波海太机械制造有限公司；⑪西施牌塑料包装制品（复评） 浙江大东南包装股份有限公司；⑫峰牌聚氨酯树脂系列产品（复评） 华峰集团有限公司。

五、中轻联、中塑协组织专家组来我省温州复评考核三大塑料之都及塑料生产基地

2005年9月17～19日由中国轻工联合会、中国塑料加工工业协会组织的"中国合成革之都"、"中国塑编之都"、"中国塑料薄膜生产基地"复评考察组来我省温州地区进行实地考核复评，考评组对3年来温州地区的三大塑料之都及塑料生产基地的生产管理、技术水平、产品质量、经济效益及社会效益进行了考评，考评组一致认为温州地区的三大塑料之都及塑料生产基地完全符合要求，同意通过复评。

六、协助举办第五届中国塑料交易会及产业发展研讨会

2005年9月24～26日在台州举办了"第五届中国塑料交易会"，共设1 005个展位的中国塑交会，面积25 000平方米，又是一次塑料制品、原料、机械、模具、技术的全方位展示交易，是塑料企业界、科研界、技术界、理论界精英的再次大聚会。

本届塑交会既展示了我国塑料产业的发展水平，也反映了我国塑料产业科研界的最新动态，对我市塑料产业发展影响深远。参观人数达5万余人次，吸引国内28个省市自治区及美国、加拿大、法国、日本、韩国、沙特阿拉伯、巴基斯坦等30个国家。塑交会期间生意火暴，参展商和采购商都满载而归。据统计，本届塑交会现场合同成交额7.53亿元，意向协议成交额6.93亿元。

本届展会在全方位展示我国塑料制品、原料、模具、机械的同时，还成功举办了中国塑料工业与环境保护协调发展论坛、中国塑协废弃料再生利用专委会会员大会、第20届中国国际塑料橡胶工业展览会通气会、塑料制品工业设计专题讲座等，帮助有关企业解决了一批技术问题，当地不少企业还与有关科研院所达成合作意向。

展会还邀请了国内权威的专家到会作"2005年中国塑料工业与环境保护协调发展论坛"、"塑料制品工业设计"专题报告。同时，"中国塑料协废弃塑料再生利用专委会会员大会"也在台州召开，大大丰富了这次盛会的内容。省内有250人次分别参加了这些讲座和会议。现场咨询访问人达300余人次。解决了企业在生产中的大量技术难题。

【基本情况】

完成塑料制品总产量439.682万吨，增长12.74%；其中，塑料薄膜101.214万吨，增长34.86%；（农膜：4.553万吨，比上年增长249.50%）板片材15.51万吨，增5.27%；塑料棒管材32.07万吨，增12.13%；塑料丝及编织品37.48万吨，增1.35%；人造革32.41万吨，增12.64%；合成革12.47万吨，增21.39%；泡沫塑料21.27万吨，增27.74%；塑料包装箱及容器14.00万吨，增13.12%；日用塑料制品61.43万吨降7.19%；其他塑料制品111.843万吨，增11.38%。

2005年浙江省全社会塑料制品产量已达到710.6万吨。工业总产值达到1 348.98余亿元。浙江省塑料行业发展势头仍然迅猛。新生的企业不断增加，规模越来越大，2004～2005年亿元销售收入的企业达到100余家1～3万吨制品产量的达到115家以上。

2001～2005年塑料行业制品产量（产值在500万元以上）

产品名称	2001年	2002年	2003年	2004年	2005年
塑料制品总计/t	1 945 825.5	2 532 300.23	3 201 069	373 417.6	4 396 817
总计中：塑料薄膜/t	216 531.2	300 341.05	453 515	69 078.7	1 012 141
其中：农用薄膜/t	29 650.4	40 087.47	54 118	38 414	45 527
塑料板片材/t	876 521.1	97 700.86	112 356	123 114	155 093
塑料棒、管材/t	114 721.6	229 738.98	271 062	394 442	320 705
塑料丝及编织制品/t	411 562.8	383 889.32	391 951	376 640	374 679
塑料人造革/t	82 145.2	198 276.86	252 803	214 792	324 055
合成革/t	52 143.10	—	—	100 503	124 679
泡沫塑料/t	315 621.0	191 300.80	210 431	183 951	212 680
塑料包装箱及容器/t	685 121.3	71 017.88	87 352	86 645	140 045
塑料鞋/t	91 321.5	18 380	17 461	在日用品内	在日用品内
日用塑料制品/t	263 125.0	372 631.66	447 158	588 467	614 309
其他塑料制品/t	503 264.0	724 962.87	956 951	974 835	1 118 432

【企业经营】

一、重点企业经济效益显著

2005年，我省塑料制品加工业中部分重点骨干企业通过进一步加强管理、努力开发新产品，市场应变能力不断增强，取得了显著的经济和社会效益。据统计，浙江大东南集团有限公司、浙江永高塑业发展有限公司、杭州塑料工业有限公司、浙江远翅塑料有限公司、浙江永庆塑胶有限公司、三友控股集团有限公司、湖州新大力轻工集团有限公司、浙江华泰塑胶股份有限公司、宁波利时塑胶有限公司、浙江无名皮塑集团有限公司等70余家企业，2005年完成塑料制品产量近145万吨，实现工业总产值275亿元（90不变价），利税41.78亿元，其中利润21亿元。形成一批万吨级的大型企业约90余家，这些重点骨干企业是行业的龙头，对行业的支撑作用越来越明显。

二、企业管理水平不断提高

2005年底，全行业已有100家企业通过了ISO 9000系列和ISO 9002质量认证，使企业管理上了一个新台阶。浙江大东南集团有限公司等一批企业全面实行了计算机管理系统。全面提升企业管理水平。2005年有12家企业获浙江省人民政府授予的“浙江名牌”产品和浙江省著名商标称号。

三、重点产品发展迅猛

浙江省塑料行业形成了以包装、化学建材、板片材、薄膜、日用品、汽车摩托车及工业品等为主导产品的新型加工工业体系。

包装材料及制品达到215万吨、建材达40余万吨、日用品达61.25万吨。这些制品总量达到316.25万吨以上，占总量的70%。其中，以BOPP为主的双向拉伸制品增速迅猛，能力比上年增长50%达到36万吨以上。加上BOPS、BOPET等合计新增能力22.5万吨。到2005年全部建成投产将达到96万吨以上，占全国的50%强。

四、行业协会发挥了良好的作用

2005，省塑料工业协会继续坚持以促进行业发展和为行业服务为宗旨，努力为企业做好服务工作。在当好政府参谋、为企业牵线搭桥、为企业排忧解难、协调企业之间的合作和联合等方面做出努力。受到企业的欢迎。同时在加强信息流通、促进中外技术交流和合作等方面也发挥了积极的作用。同时在指导行业内产品的升级换代，推动企业技术进步，等方面也有很好的作用。为了深入了解行业情况，协会还积极进行行业的调查研究工作，建立了1.5万家企业档案。

【重点企业】

1. 浙江大东南塑胶集团公司

在中国古代四大美女之一“西施”故里——诸暨，闪烁着一灿烂的明珠——浙江大东南包装股份有限公司，她是由浙江大东南塑胶集团公司为主体，联合中国包装进出口总公司、浙江中大集团股份有限公司、浙江东方集团控股有限公司、中包杭州进出口有限公司和德国布鲁克纳公司、德国莱芬豪舍公司、英国阿特拉斯公司等八家企业共同组建的。公司主要股东，浙江大东南塑胶集团公司始建于1975年，已发展成为“国家大型企业”、“全国500家综合效益最优工业企业”、“全国出口创汇先进企业”、“中国塑料包装制品行业龙头企业”，是一家专业生产各种塑料膜类制品的企业。公司现有职工1 200余人，总资产达15亿元。主要产品有：塑料衣架、BOPP膜、BOPET膜、PE纳米级微孔膜、超市购物袋，垃圾袋，三明治袋、服装袋、背心袋等。企业拥有BOPP生产线7条，BOPET两条、CPP流延生产线一条、PE纳米级微孔膜生产线一条、膜生产能力达15万吨/年，成为国内最大规模塑料薄膜生产基地之一。先进的生产设备、雄厚的技术力量、严格的质量管理和品质卓越的产品，使企业取得了显著的经济和社会效益。2002年实现销售20.8亿元、税利2.1亿元、产品80%以上出口欧美市场。资产负债率仅20%。公司实现了“高科技、高投入、高产出、高品质、高效益”战略发展目标。2004年42亿元，2005实现销售52亿元，一年一个新面貌。30年来，在上级党委政府的领导下，在各级部门的支持下，帮助下，紧紧依靠公司全体干部职工，始终坚持科技兴厂的战略，不断进行技术改造，使企业由小到大，由弱到强，成为全国塑胶包装行业的龙头企业，经济效益雄踞同行之首。大东南30年的发展历程证明，一家企业要发展，必须不断地进行技术改造。特别是在当今全球经济一体化的发展时期，只有通过不断地投入，企业才能在激烈的市场竞争中处于主动，立于不败之地。

2. 浙江鸿达集团

浙江鸿达集团是一家综合性生产公司，其中从事塑料加的分公司有：浙江鸿达集团宝利来塑料制品有限公司、浙江省鸿达集团温岭东方塑料制品厂、温岭市三波塑料制品有限公司、浙江鸿达集团红光塑料制品厂、浙江鸿达集团温岭市大丰电机有限公司等。①浙江鸿达集团宝利来塑料制品有限公司，是一家专业生产家庭塑料日用品的制造企业，产品覆盖塑料脸盆、水桶、方筛、纸篓、米箩、菜箩和板凳等七个系列近100多个品种。并对外承接塑料制品加工业务。公司拥有十来台全电脑控制的注塑生产设备，产品全部采用计算机造型设计，已通过ISO 9002国际质量认证体系标准认证。②浙江省鸿达集团温岭东方塑料制品厂是从事各种塑料制品的研究、开发、生产及销售。公司拥有一大批高素质和管理和技术人才，拥有10 000克以下注塑机数十余台。公司专业生产果壳箱、卫生桶、食品周转箱、各种塑料餐桌、沙发椅、餐椅、圆方凳、儿童玩具、鱼用冷冻盘等80余种品种。③温岭市三波塑料制品有限公司是浙江鸿达集团有限公司属下的股份合作企业，以专业生产各类日用塑料制品而闻名，年产值达八千万元。④浙江鸿达集团红光塑料制品厂是专业制造家用医用塑料系列产品并对外承接塑料制品加工的企业。地处浙江温岭，企业建于1993年，现有注塑量100～1250克的各类注塑机10多台，员工几十人，已形成注塑、检验、包装、配货一条龙生产销售的流水作业线。⑤浙江鸿达集团温岭市大丰电机有限公司是生产中小型电机为主(分马力系列、Y、Y2系列电动机)，另外研制开发特殊电机、水泵为辅的专业化企业。如干洗机专用电机、变频双速电机、变极多速电机、单相变极双速异步电动机、风机、烫台电机、特殊水泵（对酸、碱类液体使用均有效）清洗机电机等品种。公司已通过ISO 9001管理体系认证，公司产品经过国家级、省级质检站检测合格，并已通过CCC认证，被消协评为质量和信誉信得过产品。

3. 浙江利时投资集团股份有限公司

江利时集团成立于2002年，是一个以塑胶、家电、五金、不锈钢和贸易五大产业结构为核心、资本运营与实业经营互动发展的现代企业集团，拥有2200多名职工、6万平方米厂房、6亿元总资产，下辖宁波利时塑胶有限公司、宁波利时进出口有限公司、宁波模具制作有限公司、宁波利时置业有限公司和宁波经济技术开发区利时经贸发展有限公司等多家子公司。企业主要产品是家庭塑胶日用品。1999年成立新产品开发中心，2000年成立模具制造中心，有效地改善了公司产品的结构。到目前为止，公司每月开发新品20余种，已经形成工艺相框、儿童玩具、卫浴用品、厨房用具等9大产品系列，产品达到1 000余种。企业曾先后荣获“全国民营企业500强”、“全国出口创汇先进企业”等称号。市场占有率不断拓展，在国内市场上，产品已全部进入到沃尔玛、乐购等大型连锁超市；在海外市场上，利时的产品已外销至欧美、澳洲、中东、香港等100多个国家和地区，在美国、香港、南非、迪拜和欧洲设立了分公司。10年来得益于“诚信”二字。“诚信”是企业兴旺之本。

4. 浙江无名皮塑集团有限公司

浙江无名皮塑集团有限责任公司地处秋瑾故居福全镇，成立于1995年，下辖三公司五厂，拥有总资产47 334万元，净资产21 192万元，现有员工1 150人，公司主导产业为人造皮革、包装薄膜，同时涉足化工原料、建筑材料等产业。公司主体企业浙江绍兴市人造革厂，现更名为绍兴未名塑料制品厂，创办于1980年，专业生产人造皮革、包装薄膜，现为浙江省人造革行业生产规模最大、设备最先进齐全、综合实力强劲的大型皮塑企业之一。公司二十几年如一日坚持诚信经营，一直十分重视产品品牌和企业品牌建设，主导产品“金皇后”牌人造革2000年获市名牌产品，2001年获省名牌产品。“金皇后”商标在2001年又获省著名商标，“无名”品牌在国内外亦有一定知名度和美誉度。2005年获中国名牌。公司于1999年获自营进出口权，2000年通过ISO 9002国际质量体系认证，现为省市管理示范企业、省重点骨干企业。省先进乡镇企业。公司2002年创销售收入63 141万元，实现利税5 935万元，自营出口2 197万美元。随着我国WTO的加入，面对融入国际经济大循环后全球化市场经济的竞争，公司按照“主导产业专而精，相关产业高而优”的总体发展思路，已制订“十五”发展规划，拟在“十五”期间重点抓好“六大战略”的同时，投入资金5亿元用于发展再生产，其中2002年已投入资金1.5亿元，新增德国年产1万吨BOPET（聚酯薄膜）生产线一条，预计到今年6月可投产运行。第二条年产1.5万吨BOPET生产线项目合同亦已签订。该项目的上马不仅意味着公司在高新技术产业-新型包装材料领域又迈出了可喜的一步，为公司今后新的经济增长注入了活力。

5. 浙江中财管道科技股份有限公司

浙江省中财招商投资集团旗下重点化学建材企业。公司创建于1995年，是国家重点高新技术企业和中国最大的塑胶管道专业生产企业之一。厂区面积近9万平方米，产品涉及建筑排水排污、冷热给水、燃气输送、通讯护套、电力保护等五大领域、十大系列，近2000多个品种，年生产能力达10万吨。公司选用国内外一流的化工原料，拥有欧洲最先进的生产线，产品达到国际同类产品先进水平。公司拥有员工2 000余人，其中专业技术人才占25%。2000年通过了ISO 9002质量体系认证，2003年顺利通过了ISO 9001:2000质量管理体系换版认证，2006年1月通过ISO 14001环境质量体系认证，公司一直坚持走“以质量求生存、以管理求效益”的企业化道路。近年先后荣获国家级重点高新技术企业、国家级火炬计划企业、浙江省“五个一批”重点骨干企业、省级技术开发中心、浙江省名牌产品、浙江省著名商标等荣誉，同时公司还是全国标准化技术委员会（SC3）核心委员单位、中国塑料协会塑料管道专业委员会副理事单位、中国城市燃气协会理事单位、中国建筑金属结构协会给水排水分会地面供暖委员会常委委员单位等。主导产品有 PVC-U 给水管系列，PVC-U 排水管系列，PVC-U 埋地排污管系列，PVC-U 普通电力电缆管系列，PVC-U 建筑用电工套管系列，PVC-U 双壁波纹管系列，PVC-C 高压电力电缆管系列，PE 燃气管系列，PE 给水管系列，PE 护套管，PE-RT 耐高温聚乙烯管，PP-R 冷热水给水管系列等十二大系列三千多个品种。公司参与的数个项目屡获鲁班奖、白玉兰奖、钱江杯等殊荣。在 2004 年国家塑料管道首次产品质量免检资格审定中，公司 PVC-U、PP-R 管道产品荣获“国家免检产品”殊荣。在 2005 塑料管道免检产品审定当中，公司 PVC-U、PP-R 管道产品、PE 系列管道产品榜上有名。

6. 温州人造革有限公司

温州人造革有限公司成立于 1995 年 1 月，位于浙江省温州扶贫经济开发区，紧靠温州机场大道，交通十分便利。公司总占地面积 85 亩。2005 年度，公司实现销售产值 4.5 亿元，出口创汇 2.1 亿元。公司现有员工 1 000 余人，其中大专以上，中级职称以上的行政管理科技人员 110 人，硕士 3 人。技术力量雄厚，有一支经验丰富，熟练掌握人造革生产技术的员工队伍。公司系浙江省重点私营企业，农业部重点乡镇企业，温州市明星企业，温州合成革商会会长单位。是中国合成革行业生产规模最大，产品开发能力最强、品牌美誉度最高、最具发展潜力的企业之一，固定资产 5 亿多元，年生产能力 5 500 万米分别在江苏省太仓市和山东省莱芜市建有专业生产合成革的分公司“中国民营企业 500 强”温州市重点企业与纳税大户产品广泛应用于服装、鞋类、箱包、汽车与家装潢及军工等领域，产品畅销全球 70 多个国家和地区，2000 年公司跻身于中国民企 500 强。连续八年被温州市工商行政管理局龙湾区分局评为“重合同，守信用”企业，连续五年被银行授予黄金客户。公司近几年引进台湾 PU/PVC 干法人造革生产线，PU 湿法合成革生产线及压纹、磨皮等具有国内先进水平的设备。现有 12 套干湿 PU/PVC 人造革生产流水线及后处理设备。生产的“东泰”服装革、鞋革、箱包革、装潢革等四大系列 1 000 多个品种，产品畅销全国各地，并出口欧美、东南亚等二十多个国家和地区，深受广大用户的欢迎和好评，市场占有率达到 9%。公司致力于新品开发，引领市场，2002 年成功开发出高分辨率合成军用伪装 PU 服装革，填补了国内空白。公司已通过 ISO 9001 国际质量体系认证，正在着手 ISO 14000 认证，实现无污染的清洁生产。公司的产品质量一直稳定，“东泰”合成革被评为浙江省名牌产品，“东泰”商标荣获浙江省著名商标，“中国名牌产品”，在同行中的认可度较高，客户的满意度达到 99%。目前，企业正致力于向集约型、技术密集型、国际最大的人造革生产企业方向发展。

7. 中国公元集团

中国·公元塑业集团有限公司系国内生产化学建材产品的最大基地之一。公司创建于 1993 年，系中国塑料加工工业协会和塑料管道专委会副理事长单位、上海市化学建材行业协会理事单位和浙江省塑料行业协会副理事长单位，同时又是全国塑料制品标准化委员会塑料管材管件及阀门分技术委员会核心委员单位。

公司注册资本 2.15 亿元，资产总额 8.6 亿元，厂区占地总面积 20 万平方米，建筑面积 16 万平方米，员工 2 300 人，总部位于台州市黄岩东城省级经济开发区内。其所属企业包括：浙江永高塑业发展有限公司、浙江公元电器有限公司、浙江公元太阳能科技有限公司、上海公元建材发展有限公司、上海公元电器有限公司、深圳永高塑业发展有限公司、南京公元建材发展有限公司和台州市永高塑钢门窗有限公司等 8 家子公司。

公司拥有 70 余条塑料挤出生产线和 300 余台注塑机及配套设备，以及拥有一个能满足原材料和产品全性能检验的检测中心，技术装备居国内先进水平。主要生产“公元”牌 PVC-U 给排水管材管件、绝缘电工套管及配件、塑胶阀门及配件、塑钢门窗型材、PP-R 冷热水管材管件、PVC-U 和 PE 大口径加筋管波纹管、太阳能硅电池和低压电器开关、插座等系列产品，年生产能力达 15 万吨。2005 年，公司销售收入达到 12.4 亿元，实现税利 1.1 亿元。生产经营规模和综合经济实力持续名列国内同行业前茅。1998 年以来，“公元”牌产品和“公元”商标先后获得“建设部科技成果重点推广项目，国家小康住宅建设推荐产品”、“浙江名牌”、“浙江省著名商标”、“上海名牌”和“国家免检产品”。企业被评为“浙江省首批诚信示范企业”、“全国诚信守法乡镇企业”、“上海市建筑塑料管道产品质量诚信企业”、“浙江省高新技术企业”和“民营企业全国 500 强”。目前，公司产品销售网络覆盖国内 26 个省市和地区，销售网点达 1 000 多个，产品广泛应用于国内大城市许多重点建设工程。“公元”品牌已成国内化学建材市场用户中的首选品牌，成为中国知名的民族品牌。在国际市场，公司产品已远销中东、非洲、东南亚和欧美众多国家，出口势头强劲。

8. 浙江禾欣实业集团股份有限公司

浙江禾欣实业股份有限公司是一家生产经营 PU 革及相关产业的股份制企业，坐落于风景秀丽的江南古城——嘉兴，经过10多年的拼搏发展，现已拥有7家控股公司，产品覆盖PU合成革、树脂、基布、色粉、色浆等PU革产业链多个环节。是浙江省“五个一批”重点骨干企业、国家高新技术企业、银行信用“AAA”企业和ISO 9001:2000质量体系认证企业。公司现拥有8条湿法7条干法生产线，2003年销售额达8亿元人民币。其中，PU革年生产能力2 000万米，广泛应用于鞋类、服装、箱包、家具、球革等领域，已形成国内市场占有率12%，1998年成立了省级企业技术中心。公司1996年成立合成革研究所，1998年改为企业技术中心（年底被省政府批准为省级企业技术中心）主要负责公司主导产品的研究开发。1999年5月通过ISO 9001质量体系论证，产品具有较强的市场竞争能力。浙江禾欣实业股份有限公司是生产干、湿法聚氨酯合成革的专业厂，年生产XDL抗皱革、牛巴革、镜面革、双色革、疯马皮、透气革、闪光革等十多类数百个规格、花色品种的聚氨酯合成革1 000多万米。产品畅销全国PU革市场，并且出口至日本、中东、西欧、南非等国家。

生产设备引进意大利、台湾等国家和地区先进设备。产品的研究开发和生产技术水平属国内同行领先。其中“抗皱革”采用国内率先的预凝固湿法工艺技术，解决了合成革表面不平整、粗糙及皮感差等技术问题。“牛巴革”采用国内首创的能制得排列整齐、大小均匀直立管状微孔结构的湿法生产工艺技术和磨皮技术，使取氨酯合成革透气透湿、表面色泽均匀、耐折、耐剥离、酷似真麂皮绒。“疯马皮”的干法转移涂层贴膜磨皮技术、“闪光革”的干法涂层配方技术及干法生产技术，经上海科技情报站查新，均属国内首创。在发展主导产品的同时，公司正在开发超细纤维高档服装革、聚氨酯复合纺织产品、ME弹性革、绿色环保型聚氨酯革、抗菌和防臭等功能性聚氨酯革。它们将成为公司又一批新的经济增长点。

9. 三友控股集团有限公司

三友控股集团位于新兴商贸之都——台州市路桥，东临海门港口，北接黄岩民航机场，104国道穿境而过，陆、海、空交通十分便捷，是一家集科、工、贸于一体的集团公司，下辖12家分公司。占地面积18万多平方米，建筑面积12万多平方米，自有资产2.5亿元，员工2 700多人，其中工程技术人员600多人。

浙江省文明单位，浙江省“三优”企业，浙江省“重合同守信用”企业，浙江省“AAA级”资信企业，浙江省质量管理先进企业，浙江省著名商标企业。是国家二级企业，全国纺织机械器材50强企业之一，省重点骨干企业，ISO 9000质量体系认证单位，并拥有自营进出口权。公司以塑料纱管系列产品为龙头，集摩托车、精毛纺、汽摩部件、农用药械、模具、塑料制品等生产于一体。主导产品塑料纱管生产历史悠久、工艺精湛、质优价廉，产品荣获省优、部优称号，是全国同行业规模最大的生产企业。年生产能力在5 000万支以上，是中国纺织机械工业协会重点推荐品牌。

公司在董事长兼总经理张小赧领导下，靠“团结拼搏、务实创新”的企业精神，“集腋成裘，聚沙成塔”的管理机制和“以质创路，以优取信”的质量方针，努力开拓市场，严格内部管理，狠抓产品质量，不断开发高新技术产品，抢占市场制高点。公司十分重视科技创新，先后与浙江大学高分子材料研究所、陕西纺织器材研究所等大专院校及科研机构建立了合作关系。以“科技导航、诚信领跑”为经营宗旨，秉承“先做人、后做事”的管理理念，努力把三友建设成为产品专业化、服务全球化、管理科学化的现代企业集团。

10. 宁波海螺塑料型材有限责任公司

由芜湖海螺型材科技股份有限公司与宁波市建材集团公司共同投资兴建的，是与芜湖本部四期工程同时建设的第一个省外形材生产基地。宁波海螺型材公司的设立是芜湖海螺型材公司跨越年产10万吨平台、越上世界同行业前列的重要工程。目前，公司已成为宁波市重要企业五十强之一，并被宁波市科委评为宁波市高新技术企业。公司地处民营经济最活跃的浙江宁波市，是芜湖海螺型材公司吸收民营资本，发展自己的一个尝试。公司坐落在宁波市科技园区。公司总投资约2.5亿元人民币，全套引进德国、奥地利代表当今世界最新设备和自动化生产工艺，共有挤出生产线24条，型材生产能力4万吨/年，混料生产能力4万吨/年。

海螺型材是欧式塑料门窗在中国的典型代表，海螺型材各种断面的合理设计，已充分地代表着中国塑料门窗发展趋势，在行业内被广泛称之为“海螺系列”。宁波海螺产品正是这一发展趋势的延伸。宁波海螺依托中国安徽海螺集团的品牌、技术、人才、管理优势，充分利用宁波的优惠条件，其主要产品是50系列、60系列、65系列、73系列、77系列、80系列、85系列、88系列、95系列的塑料门窗异型材，产品尤其适用于东南沿海地区：塑料门窗密封性好，可以抵御台风暴雨对居室的干扰；塑料门窗耐潮湿、耐腐蚀，尤其适合南方沿海与潮湿环境使用；塑料门窗材质密实度高，具有保温、隔音、隔热、密封、强抗风压、耐酸碱腐蚀的优良性能，对南方炎热地区建筑节能同样有利；同时具有不易燃、能自熄、外形美观、表面光洁、不变形等品质特点。产品销往浙江及福建等东部沿海市场。公司拥有生产线 72 条，年产塑料型材 9.6 万吨，组装 PVC 塑钢门、窗 30 万樘。其中：64 条线在芜湖开发区内的芜湖海螺塑料型材公司，8 条线在宁波海螺塑料型材公司。

【存在问题】

1. 投资过热重复建设较严重

进几年来，塑料行业在扩大生产规模方面出现投资过热和重复建设的问题。全省每年投入的资金约 20 亿～30 亿元，2005 年 2 115 余家的固定资产余额达到 171 余亿元，比 2000 年增加一倍，三年来全行业新增加工能力达 120 万吨以上，尤其在引进大型 BOPP、BOPET 等双向拉伸膜生产线出现重复引进，重复建设的问题。产品出现了供过于求的问题。从而出现同样的产品互相压价，互相残杀的无序竞争局面。“无序竞争必将引发行业危机”。

2. 企业承受的困难增加

受国际油价的连续上涨，塑料加工业所依赖的原材料价格居高不下，原料进价上扬 30%～60%，加上电力紧张，企业不得不停工停产让电，有的自已发电致使电价上升，职工养老金、福利等费用提高，油价、运费增加，生产成本大大增加，销售利润率下降，企业经济效益明显下降。加上资金紧缩，企业活力减低，不堪重负，亏损企业增多，一些中小型企业已无法承受。大型企业和高新技术产品经受住严峻的考验。

3. 规模偏小，竞争能力差

浙江省塑料加工企业中，规模以上的企业不到行业的 10%，小型企业、家庭企业星罗棋布，参差不齐。约在几万家，无法统计准确的数量，产品重复生产严重，特别是一些小型吹塑塑料瓶、塑料袋等更是如雨后春笋，遍地开花。盲目发展，产品雷同造成人力物力的浪费。

4. 无序竞争，阻碍了行业的良性发展

一些产品如编织袋，PP 薄膜等生产能力过剩，市场供求失衡，使企业陷入困境，为了生存，一些企业不择手段参与竞争，由于原料价格上涨，一些企业不管国家标准，大量使用再生料、填充料。用低劣的产品充斥市场，败坏了产品名声，冲击了正规的研发和经营管理，疲于应付市场竞争，阻碍了行业的良性发展。解决无序竞争是当前最急迫的问题，如何规范市场，营造良好的市场环境，不但要靠政府部门的宏观调控政策，更主要的是不能靠一味地降低成本，以低价格去抢占市场，而是要靠以技术创新为动力，提高企业核心竞争力，以保护企业长久的生命力，市场要规范，企业要自律，要以诚信为本，以质取胜，联合起来共同完善市场，是每一个企业的共同责任。

5. 对新技术新产品的开发能力低和力度不够

① 由于政府对新产品开发的优惠政策越来越少，一般企业对开发新产品新技术的积极性不高。

② 技术人员缺乏、技术力量薄弱，有水平的技术和高新科技寥寥无几。有些企业虽然也建立了研究所、技术开发中心等机构但像样的成果很少。

③ 产品结构不合理、高附加值和品牌的产品少。企业生产的产品中，大量的是中低档产品；高档产品、高附加值产品、品牌产品很少。

【发展趋势】

我省塑料行业依然呈快速增长趋势，2001～2005 年浙江塑料每年以 15%～24% 快速增长，是有史以来又一个高速发展时期。

① 规模企业越来越多，2005 年全行业产值在 500 万元以上的企业比上增加了 237 家。规模企业的总销售额占全行业的 66.5%，1 万～3 万吨规模的企业增加 45 家。总的趋势是逐渐向规模经济发展，小型企业生产和经营越来越困难。

② 一些从事其他经营的企业已经完成了他们的资本积累，财大气粗，在考虑发展时往往把规模大、投资大的塑料制品加工项目作为首选项目，一上就是几万吨。

③ 联合兼并企业越来越多，一些小型企业逐渐失去了市场的竞争能力，一些有实力有市场的企业又存在生产场地、人力等方面的不足。兼并趋势增大，以此取得发展的空间。

行业“十一五”发展目标：“十五”期间浙江塑料年平均递增 20%，2005 年由于诸多原因，递增速度降至 17%，“十一五”期间，浙江省塑料行业制品产量若按 8%递增，全省规模企业（500 万元产值的企业）的制品产量将达到 645 万吨以上，全省全行业所有企业产量将突破 1 000 万吨大关。

名　　称	2004 年	2005 年	2006 年	2007 年	2008 年	2009 年	2010 年	年递增
规模企业	373.4	439	474.5	512.05	553.09	597.25	645.03	8%
全省塑料行业	658	710.6	767.5	828.2	895.22	966.87	1 044.2	8%

（浙江省塑料行业协会　周理水）

附：温州市

【大事记】

1. 温州市亚泰进出口有限公司年产15万吨聚苯乙烯树脂项目

温州市亚泰进出口有限公司投资12 460万元，形成年产15万吨聚苯乙烯树脂生产能力技改项目已在2005年4月5日经浙江省经济贸易委员会以浙经贸投资（2005）237号批准立项，2005年6月24日阮晖副市长主持召开市政府专题会议，就市亚泰进出口公司聚苯乙烯树脂技改项目有关事宜进行协调，并于6月30日发了以（2005）64号温州市人民政府专题会议纪要，经浙江省政府第43次常务会议研究，浙江省重点建设领导小组、浙江省发展改革委员会以浙重建（2005）5号关于印发2005年第二批用地省重点建设项目名单的通知，将温州市亚泰进出口有限公司聚苯乙烯树脂项目列入浙江省重点建设项目名单。

2. 瑞安市加大技改投入，扩大聚氯乙烯压延薄膜生产

近几年来瑞安市塑料薄膜行业努力开发聚氯乙烯压延薄膜新品种，积极推广应用新设备、新材料，使全市PVC压延薄膜在产品品种、产品质量上有长足进步，生产成本有所下降，产品在国内外市场上竞争能力增强，产品深受广大用户欢迎，2005年上半年出现产品供不应求的大好形势，由此大大提高了企业家们发展生产的信心，今年以来瑞安市东威塑胶有限公司、浙江建新塑胶股份有限公司、瑞安市盛丰塑胶有限公司、瑞安市新兴塑料厂等企业投资1亿多元，新增10条聚氯乙烯压延薄膜生产线，这批生产线主机压延机大多为台湾企业或台湾在大陆企业制造的设备，门幅阔、产量高、产品质量好，并有4条生产线采用先进的行星挤出机代替传统的密炼机和双辊炼塑机进行原料预塑化，该批设备投产后，预计每年可增加5万吨薄膜生产能力，这样瑞安市的聚氯乙烯压延薄膜年产能力将达到35万吨。

3. 温州市规划发展大型石化产业

2005年1月16日在温州市奥林匹克大酒店会议室召开了《浙江省温州市石油化工产业发展及总体布局规划》评审会议，参加会议的有中国发展改革委员会、中国石化协会、中石油、浙江省发展改革委员会、浙江省工业经济规划院、温州市府、市发展计划委、市经贸委、市规划局、市土地局、市环保局、市水利局、市电业局、洞头县发展计划局、外经贸局、市化工协会、塑料工业协会等单位有关领导专家参加，会议由市府秘书长主持，由中国化协主持评审，会议先听取了中国石油和化学工业规划院对他们编制的《浙江省温州市石油化工产业发展及总体布局规划》作了介绍和说明。温州市委、市政府决定在改造提升传统产业的基础上，有重点地扶持和培育船舶制造业、汽车摩托车零件行业、装备行业、石油化工四大新兴产业。规划提出温州市石油化工产业以大、小门岛作为温州市石化工业发展基地，石化基地总面积为9.38平方公里。规划提出的重点项目31项，其中近期启动的投资项目21项，投资约86.5亿元，实现销售收入117.92万元，中远期的在大门岛以乙烯为龙头的项目共10项，总投资213亿元，将实现销售收入240亿元，中远期项目有石脑油裂解制100万吨乙烯装置，35万吨聚乙烯装置，30万吨聚丙烯装置，25万吨聚苯乙烯装置，30万吨聚氯乙烯装置和20万吨EVA装置等10项。规划提出到2015年建成。与会专家一致认为温州市发展石化产业是必要的，温州市已基本具备发展石化生产的相关条件，最后专家们一致通过了本规划，并提出了一些希望和建议。会议最后由市委常委、常务副市长阮晖作了重要讲话。

4. 温州市被继续授予“中国塑编之都”“中国合成革之都”和“中国塑料薄膜生产基地”荣誉称号

中国塑料加工工业协会受中国轻工业联合会委托，以中国塑协［2005］084号文函告温州市人民政府，决定继续授予温州市“中国塑编之都”、“中国合成革之都”和“中国塑料薄膜生产基地”荣誉称号。

中国轻工业联合会，中国塑料加工工业协会2002年10月授予我市“中国塑编之都”、“中国合成革之都”和“中国塑料薄膜生产基地”荣誉称号至今已满三年，根据中国塑协制订的《关于授予中国塑料行业特色区域荣誉称号的管理办法》，获得荣誉称号的特色区域需每三年进行一次复评。

9月16日，中轻联和中国塑协复评考核组在中轻联杨立司长和中国塑协李国俊副会长带领下一行5人到达温州，从9月17～19日，先后赴瑞安、平阳、苍南、温州地区，考察了浙江华滨包装材料有限公司、瑞安市东威塑胶有限公司、浙江华泰塑胶股份有限公司、温州市华正塑业有限公司、浙江南塑包装有限公司、浙江华庆集团有限公司、温州晨光集团有限公司、温州闽峰合成革有限公司、温州市人造革有限公司，听取了有关县、市领导，协会负责人，企业负责人的工作汇报，专家们看到我市塑编行业、合成革行业、塑料薄膜行业三年来，在企业规模、行业规模、科技进步、产品结构调整、企业走集约化道路、品牌运作、产品质量的提高及合成革行业治污等方面取得一系列的成绩，十分高兴，频频赞扬。对温州市三个塑料产业的成就给予肯定和高度评价。

19日晚，温州市人民政府孟建新副市长会见了考核组全体成员，代表市政府对考核组来温复评考核深表感谢，并希望考核组专家对温州市塑料行业多提宝贵的意见和建议。

11月20日中国塑协下达（2005）第084号文函，决定继续授予温州市“中国塑编之都”、“中国合成革之都”和“中国塑料薄膜生产基地”荣誉称号。

5. 温州人造革有限公司“东泰”牌合成革/人造革荣膺中国名牌

温州市人造革有限公司“东泰牌”合成革曾先后获温州市名牌、浙江省名牌和浙江省驰名商标，今年又荣获中国名牌，这是温州市塑料行业的第一个中国名牌产品。在9月30日温州市委、市政府召开推进“1、2、3、4、5”号工程深入实施名牌战略大会上，市委、市政府表彰了2005年度品牌立市突出贡献的单位，并对首次荣获“中国名牌产品”的温州市人造革有限公司重奖100万元。

2005年温州市宏得利合成革有限公司生产的宏得利（双钱）牌PU革、浙江华滨包装材料有限公司生产的华滨牌双向拉伸聚丙烯（BOPP）薄膜获浙江省名牌、浙江俊尔新材料有限公司JULER俊尔商标、温州市盈泰塑胶有限公司获浙江省知名商标、温州华利集团华利牌编织袋、浙江东方光学眼镜有限公司佳联牌树脂眼镜镜片、温州市光明塑机制造有限公司光明牌塑料注射成型机、浙江雁峰塑料机械总厂雁峰牌塑料园织机、温州华康合成革有限公司、华康牌合成革获温州市名牌产品，温州煌盛管业有限公司HUANG SHENG商标、温州超维工程塑料有限公司超维商标、浙江雁峰塑料机械总厂雁峰商标、浙江佰通防腐设备有限公司佰通商标、温州市宏得利合成革有限公司宏得利商标获温州市知名商标，浙江华庆集团有限公司获浙江省知名商号荣誉称号。

6. 温州塑料行业龙头企业纷纷编制“十一五”发展规划

浙江华泰塑胶股份有限公司是温州市塑料行业的龙头企业之一，企业拥有日本和台湾地区引进的压延薄膜生产线4条，2004年生产各种PVC压延薄膜2.12万吨，完成销售收入2.1亿元，出口创汇1 000多万美元，实现税利1 500万元；2005年列入温州市56个大企业大集团培育计划。2005年5月率先编制了浙江华泰塑胶股份有限公司发展规划、《2005～2007年规划至2010年设想》，6月1日由瑞安市经贸局主持的发展规划论证会，规划在“十一五”期间投资4亿元，引进国外先进设备，生产国内重点发展的各类薄膜新材料，到“十一五”期末公司年销售收入达到12亿元，税利1.43亿元，在品牌运作上力争创中国名牌或中国驰名商标。

浙江华滨包装材料有限公司是我市首家引进国外大型双向拉伸聚丙烯（BOPP）薄膜的企业，现拥有日本三菱重工公司引进的阔幅高速双向拉伸薄膜生产线2条，2004年生产各类BOPP薄膜3.44万吨，完成工业总产值3.31亿元，产品销售收入3.31亿元，BOPP薄膜产销率达到100%，产品成品率达到97%，浙江华滨在中国塑料年鉴列出全国塑料制品销售亿元以上（500家）中名列112位。

按照瑞安市经贸局指示，2005年6月编制了《浙江华滨包装材料有限公司发展规划》（2005～2007年规划至2010年设想），规划2007年投资1.8亿元再引进一条先进生产线，2007年公司销售收入6.5亿元，2010年达10亿元，2007年“玉海牌”双向拉伸聚丙烯薄膜争创浙江省名牌或浙江省知名商标，2010年争创中国名牌中国驰名商标。

7. 俊尔董事长登上国际论坛，龙永图盛赞“铿锵玫瑰”

2005年2月2日新加坡国际企业论坛在新加坡Raff1es会议中心举办，浙江俊尔新材料有限公司董事长陈晓敏参加论坛并在论坛上发表了“立足温州，面向全球，优势互补，携手共赢”的主题演讲。演讲得到了博敖亚洲论坛秘书长龙永图先生的盛赞。

新加坡国际企业论坛是面向国际的高规格盛会，主题涉及企业国际化等问题。与会人员有新加坡的政府官员，世界各国的经济学家、杰出企业家等，涉及各个行业领域，其中多数为企业CEO和高级行政人员。参加今年论坛的知名人士有：法国INSE-AD商学院W. chankim先生、博敖亚洲论坛秘书长龙永图先生、联想集团有限公司执行董事、总裁兼首席执行官杨庆元先生、尼桑公司总裁simon sproule先生等。

论坛围绕如何携手共建全球性合作伙伴关系展开。论坛上大家各抒己见，气氛热烈，俊尔陈董事长的演讲，向来自世界各地的朋友介绍了温州，介绍了俊尔。陈董用“铿锵玫瑰”来形容俊尔，同时表示，俊尔的发展离不开国际市场的支持，俊尔的进一步的发展离不开来自国际的合作。陈董事长的讲话得到大家一致的认同，赢得了热烈的掌声。龙永图先生在陈董演讲结束后立即向前握手祝贺，称赞陈董讲得好，鼓励俊尔多参加国际型会议，这对企业及企业家都会是一个很好的锻炼机会，并祝愿“铿锵玫瑰”热烈绽放。

8. 加强行业自律　自立行规不赊账

为了有效地摆脱塑编行业长期以来因赊账频繁而造成企业流动资产严重紧缺的局面，苍南县塑料工业协会与平阳县塑料包装协会联手出台今后一律不准赊账，统一实行现金购买编织袋的新规定。

长期以来，塑编企业为争取更多的客户，常常采取塑编产品赊账的手段来互相竞争，造成企业大量应收款无法及时回笼，给企业经营与发展带来困难。据初步了解，苍南县塑编会员企业每年都有超亿元赊账无法及时回笼。仅苍南本地南塑公司为例，去年应收欠款就达 1 000 多万元，严重影响企业的正常运作，制约企业灵活投资和新产品开发力度，阻碍企业健康快速发展。为改变这种状况，苍南、平阳两县塑料行业协会达成协议，出台今年一律不准赊账，该一实行现金购买编织袋的新规定。新规定要求会员企业带头严格执行，并专设投诉手机、电话、传真，苍南、平阳两县各自设立督查小组，不定期互相检查。两县统一新规定的出台和落实，将给塑编企业长期以来流动资金紧缺问题带来有效的缓解，有力促进企业健康发展。

9. 林永森等 99 人获塑料加工成型中、初级专业技术职务任职资格

2005 年是协会操作进行对业内职工进行技术职称评审工作的第三年，协会为了认真贯彻党中央以人为本的指示精神，报请温州市人事局同意，对业内职工进行塑料加工成型基础理论培训，通过培训按温职改办（2005）10 号文件规定，经量化考核和专业基本知识考试，并经温州市塑料加工成型专业技术职务评审专家小组业绩评估和答辩，确定林永森等 99 位同志具有塑料加工成型专业中、初级专业技术职务任职资格，其中获工程师职务任职资格 43 人，具有助理工程师职务任职资格 40 人，具有技术员职务任职资格 16 人，以上同志任职资格时间从 2005 年 11 月 10 日开始计算。市人事局以温市人（2005）346 号文件予以公布，并发给证书。

10. 协会组团去美国考察

2005 年 8 月 16 日～8 月 27 日，由温州市塑料工业协会余正光秘书长带队一行 7 人，赴美国、波士顿、纽约、费城、拉斯维加斯、洛杉矶和旧金山等地考察，通过这次考察，我们了解到美国塑料制品的市场很大，但要求很高。在美国考察期间，我们还举行了两次洽谈会，第一次是在波士顿举行了中美经济（波士顿）洽谈会，第二次是中美经济（费城）洽谈会，美方参加洽谈的有大学教授、塑料企业。此外我们还参观了美国哈佛大学、麻省理工大学和哈斯克注塑机制造厂美国总部。总之，这次美国考察给大家留下深刻的印象，我市塑料工业与美国相比还有较大差距，要把我们的产品打入美国市场，机会是有的，但要作出很大努力。

11. 协会组团参加第七届浙洽会

2005 年 6 月 7 日，市塑料工业协会组织 19 个会员企业 28 位企业负责人和技术人员组团，赴宁波参加第七届浙洽会。6 月 8 日与德国石荷州相关企业商谈有关再生塑料粒子的贸易事宜，9 日参加以台湾塑胶工业协会总干事谢胜海先生为首的台湾塑胶企业投资合作的意向交流，我市塑料行业庞大的代表团参加这次浙洽会引起了省内众多媒体的关注，不少记者专门前来采访。台湾塑胶工业协会谢胜海总干事及德国不荷州有关企业代表十分重视我协会代表，专门安排时间接待我市代表，双方进行了较为深入的交流，并表示今后一定要加强联系，谢胜海先生还表示有机会将来温考察，通过这次洽谈会，为我市塑料行业与台湾塑料行业的交流奠定了基础。

12. 温州市塑料工业协会召开二届三次会员大会

2005 年 12 月 16 日下午，温州市塑料工业协会在瓯昌饭店召开二届三次会员大会，大会由余不凡理事长主持，宋云鹤常务副理事长作 2005 年协会工作总结和 2006 年工作建议的报告，会上宋副理事长还汇报了我市塑料制品行业 2005 年经济运行情况，余正光秘书长作财务收支报告。

会上市人事局潘锦灿主任宣布了温州市人事局 2005 年 346 号关于公布林永森等 99 位同志具有塑料加工成型专业中、初级专业技术职务资格的通知，并颁发证书。

浙江亚泰进出口有限公司、浙江华滨包装材料有限公司、浙江华庆集团有限公司和浙江南塑包装有限公司作了典型发言。会议最后由市经贸委张建东副处长对协会今后工作做了重要指示。

13. 温州市合成革商会召开二届三次会员大会

温州市合成革商会于 2005 年 12 月 16 日下午在温州王朝大酒店会议室召开“中国合成革之都”命名三周年，温州市合成革商会成立五周年庆典暨商会二届三次会员大会，大会由郑国春副会长主持，孙福荣等会长作工作报告，郑笃权秘书长作商会一年来财务收支情况报告，龙湾区副区长石岳茅、中国塑协合成革专业委员会副理事长兼秘书长冯庶君、温州市委常委、常务副市长阮晖先后在大会上发表讲话。

孙会长在回顾几年来合成革行业和商会工作取得重大成果的基础上提出在新的一年中要坚持以人为本，坚持技术创新，加快实施品牌战略，发展循环经济，建设资源节约型环境友好型企业，拓展国际市场，积极发展对外贸易，立足诚信服务，同心协力做好商会工作，促进合成革产业持续向前发展。

【基本情况】

1. 2005 年基本情况

2005 年全社会塑料制品产量 280 万吨，同比增长 15.70%，工业总产值 362 亿元，同比增长 20%。

其中规模企业432家，比上年增加10家，截止2005年底资产总额为137.92亿元，比上年增加23.35%；塑料制品产量1 039 168.13吨，比上年增长15.70%；完成工业总产值177.73亿元，同比增长22.91%；工业增加值为44.30亿元，比上年增长22.57%；产品销售收入170.50亿元，比上年增长22.45%；出口交货值16.43亿元，比上年增长15.72%；利税总额10.86亿元，比上年增长15.55%；其中利润总额为5.32亿元，比上年增长14.98%；全年平均人数69 291人，全员劳动生产率6.39万元/人·年，比上年增长16.46%。

2005年是塑料制品工业高速增长的一年，其各项主要经济指标增长幅度都在两位数以上，其中规模企业塑料制品产量增幅是三年来最高的一年，且比全国塑料制品产量增幅高出2.78个百分点。人造革、合成革、塑料丝及编织品、塑料薄膜三大产品占总量89.75%，人造革、合成革产量首次超过塑料丝及编织袋，塑料丝及编织袋失去了十多年来一直占据我市塑料制品中产量居第一的位置。在三大产品中塑料薄膜增幅最大，人造革、合成革增幅比上年有所回落，塑料丝及编织品产量仅略有增长，产品结构总的向高技术含量、高档次、高附加值方向发展。

2005年温州市规模企业各类塑料制品产量

品　　种	产量/吨	比上年增减/%	占全部产量比例/%
塑料制品总计	1 039 168.13	15.70	100
其中：塑料薄膜	242 874.54	31.62	23.35
农膜	1 116	45.50	
塑料板、片材	15 073.99	119.78	1.45
塑料管、棒材	2 890	16.30	0.28
塑料丝及编织品	331 115.88	1.43	31.83
人造革	256 588	13.03	24.66
合成革	102 909	21.58	9.89
泡沫塑料	13 234.22	−0.40	1.27
塑料日用品	47 048.01	69.77	4.52
其他塑料制品	28 586.05	8.31	2.75

注：以上产量系国有和年销售收入500万元以上企业统计，由市统计局提供。

2．“十五”轨迹

在“十五”期间全市塑料行业按不完全统计共投入技改资金近30亿元，其中规模企业固定资产净值增加达25.22亿元，引进德国、日本、法国、韩国、台湾等国家及地区各种塑料制品生产线30多条，引进国内制造、塑料制品生产线50多条，使全市塑料制品生产装备和产品档次产生了巨大变化，至2005年底，技术含量高、附加值高的人造革、合成革、塑料薄膜的产量在塑料制品总量中已从“九五”期末的12.82%、14.36%分别提高到34.57%和23.34%；加上泡沫塑料、塑料建材、工程塑料这类产品的产量在总产量中已超过60%，而技术含量较低、附加值较低、劳动密集型的编织袋却从“九五”期末的61.39%下降到31.83%。

2005年各县（市、区）塑料制品产量

地　　区	年产量/吨	比上年增减/%
温州市	1 039 168.13	15.70
市直企业	2 976	−6.44
鹿城区	2 067.6	−14.36
龙湾区	379 879.53	15.39
瓯海区	3 178.44	4.12
瑞安市	252 468	34
乐清市	13 839.42	13.08
平阳县	183 938.6	5.27
苍南县	198 857.14	10.29
泰顺县	1 178	−40.68
文成县	785	−47.5

注：以上产量系国有和年销售收入500万元以上企业统计，由市统计局提供。

五年来塑料行业企业注重技术创新，开发具有自主产权的新产品。温州超维工程塑料有限公司和清华大学合作采用原位复合新技术，开发出直径700mm大口径超高分子量聚乙烯耐磨管，技术水平处于国内领先、国际先进水平，并获欧共体尤里卡世界发明博览会国际金奖。温州人造革公司试制成功具有超强防红外线、防水、透气人造革的出口欧洲供欧盟国防后勤等使用，温州市东方防腐蚀有限公司发明“化工设备内衬氟材料复合构件制造方法”，获51届尤里卡世界发明博览会金奖；温州超维、浙江经纬集团的给水聚乙烯管材、管件、无规聚丙烯管材、管件，通过建设部评估审定，还有埋地聚乙烯燃气管、PVC压延彩虹膜、PVC压延超透膜等一大批产品通过省级新产品鉴定。使全市塑料行业科技进步取得明显成绩。

五年来塑料行业企业重视品牌运作，五年来共获得国家名牌产品1个、省名牌3个、省知名商标3个、市名牌24个，温州知名商标5个。

“十五”期间全市塑料行业认真贯彻执行科学发展观，使各项经济指标比“九五”末期增长一倍以上，2005年塑料制品产量达到280万吨，是2000年1.85倍，比“十五”规划指标超过30万吨，其中规模企业产量103.92万吨是2000年1.37倍，特别是工业增加值、利润总额、利税总额、出口交货值及资产总额成倍增长，甚至增长二倍，充分显示全部塑料制品工业沿着注重质量、注重创新、注重技术的科学发展方向发展。

2001～2005 年全市规模企业各类塑料制品产量 单位：吨

品　　种	2000 年	2001 年	2002 年	2003 年	2004 年	2005 年	2005 年比 2000 年增长/%
塑料制品总计	437 561.78	491 493.64	678 268.74	773 916.62	801 008.53	1 039 168.13	137
其中：塑料薄膜	62 843.68	88 543.04	131 483.29	143 262.80	165 308.82	242 874.54	286
农膜	1 050.21	743.34	595	526	847.69	1 116	406
塑料板、片材	4 231.28	1 927	2 437	7 865	7 266	15 073.99	256
塑料管、棒材	162	101	686	2 476	2 432	2 890	1 683
塑料丝及编制品	268 612.81	304 823.41	357 434.24	349 521.25	333 050	331 115.88	23
人造革	38 922.30	55 548.90	72 844.80	116 027.13	150 362.31	256 588	559
合成革	17 181		71 029.35	82 758.93	93 405.28	102 909	499
泡沫塑料	961	4 563.5	10 757.54	12 149.49	13 421.50	13 234.22	1 271
塑料鞋	4 958.13	4 089.5	4 594.37	5 653.69			
塑料日用品	11 381.82	18 284.08	10 593.83	12 751.82	9 368.96	47 048.01	313
其他塑料制品	28 307.76	13 613.21	16 408.32	41 450.51	26 393.32	28 586.05	
全社会塑料制品产量/万吨	98	110	150	220	242	280	1.85

温州市塑料行业 2001～2005 年规模企业主要经济指标完成情况 单位：亿元

指　标　名　称	2000 年	2001 年	2002 年	2003 年	2004 年	2005 年	2005 年比 2000 年增长/%
工业总产值(现行)	51.56	67.50	96.50	112.45	147.42	177.21	244
工业增加值	11.66	14.98	22.43	25.75	41.62	44.31	280
出口交货值	8.20	7.27	11.66	13.95	16.06	16.43	100
销售收入	47.56	65.27	90.93	106.59	139.85	170.49	258
利税总额	3.58	5.12	7.51	7.52	9.36	10.85	203
利润总额	1.46	2.41	3.84	3.40	4.59	5.32	264
平均人数/人	34 272	42 091	52 856	58 617	66 755	69 291	102
全员劳动生产率/(万元/人·年)	3.40	3.56	4.24	4.39	6.23	6.39	88
资产总额	34.81	45.87	67.61	87.82	107.32	137.92	296
规模企业数	217	280	350	361	422	432	99
全社会	150	178	200	242	302	362	141

【重点企业】

温州市 2005 年销售收入超亿元塑料制品生产企业

序号	企　业　名　称	销售收入/万元	主　要　产　品
1	浙江华滨包装材料有限公司	47 021	BOPP
2	浙江华泰塑胶股份有限公司	36 192	PVC 压延薄膜
3	浙江华庆集团有限公司	30 693	塑料编织袋
4	瑞安市东威塑胶有限公司	30 001	BOPP、PVC 压延薄膜
5	温州市金田塑业有限公司	29 291	BOPP、BOPA 薄膜
6	温州市华正塑业有限公司	24 128	塑料编织袋
7	南塑集团有限公司	23 200	塑料编织袋
8	温州晨光集团有限公司	20 310	塑料编织袋
9	温州广天集团有限公司	15 827	塑料编织袋
10	浙江大发包装材料有限公司	15 100	BOPET、BOPP 镀铝膜
11	温州俊尔高聚物有限公司	15 027	工程塑料、改性塑料
12	浙江建新塑料胶股份有限公司	12 845	PVC 压延薄膜
13	浙江强盟实业有限公司	12 700	BOPET 薄膜
14	温州华利集团有限公司	12 372	塑料编织袋
15	浙江荣生塑胶有限公司	108 99	PVC 压延薄膜

【外资利用】

瑞安市市委市府认真贯彻温州市委提出的“1、2、3、4、5”号工程，招商引资又传喜讯。世界聚氨酯原料生产巨头之一的日本聚氨酯工业株式会社将在瑞安投资 3 600 万美元建 MDI 生产线，为我市龙头企业华峰集团配套生产聚氨酯。

日本聚氨酯工业株式会社是目前亚太地区最早开始生产 MDI 产品的厂家，多年来与华峰集团建立了良好的协作关系。2005 年 4 月双方签订备忘录，日方决定在瑞安投资，产值可达 13.5 亿元。

MDI 是鞋底、合成革用聚氨酯的关键原料之一，他们的后续产品可广泛应用在服装、家具、汽车及各类制鞋工业领域，将为温州市多种轻工产品提供关键原料，促进温州轻工行业持续、快速发展。

【新产品开发】

1. 温州塑料产品参与“神舟”升空

温州市东方防腐蚀设备有限公司参与开发了生命保障系统重要部件——二氧化碳浓缩与收集装置装上“神六”飞船。此前，该产品已相继在“神四”、“神五”上使用。

东方防腐设备有限公司是我市鹿城区专利示范企业，目前已拥有 2 项授权发明专利、3 项实用新专利，尤其在航天设备研究技术方面，为“神舟”系列飞船的顺利上空作出重要贡献。

生命保障系统是我国航天研究领域的一项关键技术，也是载人航天器长时间进入太空的关键技术之一。“东方防腐”生产的二氧化碳收集与转换装置能为宇航员提供生命保障。

据悉，“东方防腐”是目前我国唯一能生产该装置的企业。

2. 温州企业攻克——注塑技术难题

一次成型 PVC-C-400 系列管件产品，许多先进国家都在攻关，但都没有能成功，但这项技术近日被温州乐清一家企业——中国佑利控股集团有限公司掌握。12 月 30 日全国塑料制品标准化技术委员会等单位给该公司发来贺电，祝贺该公司为中国塑料管道加工发展作出巨大贡献。

CPVC 系列管道产品具有高强度、耐温高、耐酸、耐碱、阻燃、无毒等特点，可广泛应用于核电、石油、化工、电力、造船、航天航空等领域。中国·佑利控股集团有限公司负责人说，这种 400 毫米口径管件一次注塑成功非常困难，设备要重新研制，各道生产环节要重新设计，是当今世界注塑难点。经过他们一年多科技攻关，终于研制成功。

中国·佑利控股集团有限公司成立于 1998 年，公司坐落于乐清柳市，是我国塑胶行业管材生产品种最齐全的大型集团之一，是多项该领域产品国家标准的起草单位。其产品应用到上海宝钢、泰山核电等重大工程项目。

【存在问题】

2005 年温州市塑料制品工业虽有较大发展，但也存在不少严重阻碍全市发展的难题。首先是本地没有原材料生产，所有的原材料基本上都靠进口和外地调入，相比一些原材料产地附近的塑料业仅在原材料运输上平均每吨制品成本要高出 300 元左右，加上产品绝大部分销往全国各地或出口，产品运输费用要多支出 200 元左右，以致辞企业经济效益普遍较低，规模企业销售利润率仅为 3.12%。二是温州工业用地紧张，迫使许多企业外迁或在外地投资建厂。据不完全统计，近期已有 150 多家企业外迁，或在外地建厂，以编织行业最为严重约有 100 多家。人造革、合成革次之，也有 20 多家，薄膜行业也在上海、山东、张家港投资分别建 BOPET、BOPP 薄膜生产厂，资产流失约在 10 亿元以上。

【发展趋势】

温州市塑料工业在全国经济高速发展的促进下将持续以产高速度发展，三大产品增长幅度的顺序以薄膜最高，人造革、合成革次之，编织制品再次之。总之，产品结构调整方向是高技术含量、高附加值的产品在制品总量中的比例将继续增加，低技术含量、低附加值、劳动密实型的产品产量将在制品总量中的比例继续减少，企业规模将逐步有所扩大。

（温州市塑料工业协会　宋云鹤）

附：温州市合成革商会

温州合成革产业是个蓬勃发展的朝阳产业，始建于 20 世纪 90 年代初，由于其不可替代的经济地位，产业得到快速发展。2002 年，温州被命名为“中国合成革之都”。2004 年，合成革行业被温州市委、市政府列入温州市重点行业、重点产品指导性目录，2005 年列入温州市重点品牌培育对象，成为温州市主导产业之一。2005 年中国轻工联合会、中国塑料加工工业协会等有关领导和专家对“温州·中国合成革之都”荣誉称号进行考核复评。经考核，对温州合成革行业发展亮出高分，并决定继续授予温州市“中国合成革之都”荣誉称号。到目前为止，温州合成革行业已形成 400 多条生产线，上规模企业 105 家，日生产能力达 500 万米；固定资产 60 多亿元，产品在国内市场占有率达 60% 以上。2005 年，在国家宏观调控的大背景下，温州合成革行业在紧中求生存，难中求发展，努力克服原材料价格居高不下，市场供大于求的不利因素，在年总产值、总产量、销售收入、税收总额等指标同比都取得二位数以上的增长；产品出口交货值（温州海关统计）11 668 万美元，同比增长 41.2%，增幅列全市之首，全市合成革行业保持了持续、稳定、健康的发展。

【大事记】

1. 2005 年温州与香港的经贸合作，信息交流进入一个新阶段。一月中旬，温州市合成革商会会长孙福荣、秘书长郑笃权随香港浙江周代表团赴港参加相关活动。在港期间，商会与香港合成皮革暨金属物料供应商会签订了《关于贸易合作和信息交流的协议》。香港方面希望把温州作为其重要的合成革生产基地，温州合成革行业有望通过香港更好地开拓国际市场，双方合作前景广阔。4 月 6～9 日在香港亚太皮革展期间，商会与港方再次进行交流，共商合作发展大计。

2. 2005 年初，中塑协、合成革专委会牵头，为争创合成革产品中国名牌，商会和温州人造革公司领导多次赴北京向国家名推诿提出合成革产品进入中国名牌目录的各种依据。经各方努力，2005 年 3 月 19 日，中国名牌战略推进委员会发出 2005 年第 1 号公告，确定合成革产品首次列入中国名牌产品评价范围。

9 月 1 日，在北京人民大会堂“中国名牌暨中国世界名牌企业颁奖大会”上，温州人造革有限公司“东泰”牌合成革荣膺“中国名牌”产品，成为中国合成革行业第一批中国名牌之一。9 月 28 日，温州市宏得利合成革有限公司“宏得利（双钱）”牌 PU 革荣获浙江省名牌产品。12 月，温州盈泰塑胶有限公司“丰盛”商标荣获浙江省著名商标。到 2005 年底为止，温州合成革行业已获得中国名牌 1 个，浙江省名牌 2 个，浙江省著名商标 2 个，温州市名牌 6 个，温州市知名商标 2 个，品牌建设硕果累累。

3. 2005 年 6 月 30 日，全国鞋面用合成革行业标准审查会在温州召开。以温州正大利合成革有限公司为主要起草单位的《鞋面用聚氨酯人造革行业标准》和以温州五洲合成革有限公司为主要起草单位的《鞋面用聚氯乙烯人造革行业标准》，经专家审查后，顺利通过。中国塑料加工工业协会理事长廖正品等领导和专家到会指导。

4. 温州合成革行业各企业 6 月份深入开展以“遵章守法，关爱生命”为主题的安全生产月活动。7 月 8～9 日，商会与温州市安全技术服务中心联合举办“安全生产知识培训”班，合成革企业 260 多名企业董事长、总经理以及安全员参加培训，为温州的行业安全生产培训开了一个好头。12 月初，商会根据入冬以来严峻的消防形势，召开董事长参加的冬季消防工作会议，再次部署安全生产，保障生产安全、企业安全、员工安全。

5. 2005 年 9 月 19 日，中国轻工业联合会、中国塑料加工工业协会及兄弟省市有关领导和专家一行 5 人，对温州“中国合成革之都”进行复评考核。通过考查企业、查阅资料，听取汇报等环节，考核组领导和专家对温州合成革行业三年来的发展给予了高度的评价，亮出了高分，一致认为，温州合成革行业走在全国的前列，并决定继续授予温州市为“中国合成革之都”。

6. 2005 年 12 月 16 日，温州·中国合成革之都命名三周年，温州市合成革商会成立五周年庆典暨温州市合成革商会第二届第三次会议在温州王朝大酒店隆重召开。出席会议的有中国塑料加工工业协会、温州市、龙湾区、温州市经济技术开发区等及有关部门领导，温州市合成革商会会员单位及商业顾问单位代表、兄弟商会和各新闻单位代表共 230 多人。大会听取并审议通过了孙福荣会长所作的题为“大力发展循环经济，推进温州合成革产业再上新台阶”的工作报告，听取并审议通过了郑笃权秘书长所作的商会 2005 年度财务收支情况报告，大会由商会常务副会长郑国春主持。龙湾区委常委、常务副区长诸松华，中国塑料加工工业协会副秘书长、中国塑协合成革专业委员会副理事长冯庶君等领导在会上讲了话。最后，中共温州市委常委、市委统战部部长陈笑华作了重要讲话。这是一次团结务实的大会，是一次鼓劲奋进的庆典。

【重点企业】

2005 年，温州市合成革行业重点骨干企业名单：

温州人造革有限公司
温州正大利合成革有限公司
温州华都皮革有限公司
温州金万利皮革有限公司
温州市五龙合成革有限公司
温州市宏得利合成革有限公司
温州市隆兴皮革有限公司
温州市百得利制革有限公司
温州五洲人造革有限公司
温州闽锋合成革有限公司
温州力邦制革有限公司
浙江龙跃科技有限公司
温州市华峰人造皮有限公司
温州宏泰合成革有限公司

【打好治污攻坚战，推进清洁生产】

温州合成革行业在 2004 年重点治理污染的基础

上，2005 年全行业投入 6 000 多万元开展治理污染的攻坚战，主要对二甲胺、零星废水和固废进行治理，为实现清洁生产的环保目标打下扎实的基础，使经济发展和环境相协调。

2005 年，合成革行业对二甲胺废气进行治理攻坚。商会在 2004 年温州民交会期间，邀请日本专家和国内科研院校的专家会同本会几名企业家一起进行认真分析研究，最后确定通过高温焚烧，再经酸碱中和的治理工艺。经试点后，效果十分明显，周围群众反映良好，商会在全行业中进行推广。现 95%以上企业已推行了新工艺，进行治理。经市环保局检测中心监测，治理效果十分理想，达到了预期的效果。对零星废水的治理，市、区环保部门和商会多次调研总结经验，选用生化工艺进行治理。目前已有 30 多家企业已经用生化工艺进行治理。

对生产过程中产生的少量废渣残液，2003 年底委托温州人立环能科技有限公司承担研究和设计，经过两年的努力，确定选用无二次污染的国家环保先进尾气处理系统，建设温州合成革固废（残液）无害化处理中心，将合成革企业的固废（残液）集中起来进行综合处理，这在全国合成革行业中尚属首例。2005 年 12 月 28 日已开工建设。

合成革行业力治污染，做到年年有新举措，年年有新成果，得到各级领导的普遍赞誉。

【积极组团参展，展示区域品牌风采】

2005 年商会两次组团参展，进一步打响温州·中国合成革之都的区域品牌。全球四大皮革展之一的亚太地区皮革展于 3 月 6～9 日在香港会议展览中心举行。商会不失时机组织 30 多个会员企业参展 50 多个展位。展会期间，温州合成革展区人头攒动，整个展区呈现出欣欣向荣的繁荣景象。9 月 13 日，第十届国际（温州）皮革展举行，商会再次组织近 50 家会员企业 100 个展位参展，合成革第一次设专馆展出，参展规模创历史新高。展会上，意大利、西班牙、墨西哥、叙利亚、土耳其等十几个国家的采购团到展区参观、洽谈、采购。据不完全统计，接待客户 12500 多人次。参展单位十分满意。展会期间，商会还利用展会广场制作大型广告宣传，分发宣传资料，展位装潢宣传等多种形式，进一步打响温州·中国合成革区域品牌。参展是企业走向世界的一个绝好平台。

【商会工作】

2005 年，商会为行业的健康发展保驾护航，做了许多力所能及的工作。

一是代表行业利益参政议政。商会不失时机地反映行业的意见，建议和要求。当行业在发展过程中遇到困难或事关行业全局问题时，商会能及时向各级领导反映，力求解决，做到上情下达，下情上报。2005 年 3 月，温州合成革商会统一组团参加 2005 年香港亚太皮革展，参展企业达到 34 家，占世界各地合成革参展企业的 22.6%，形成较大声势。但出港展览成本较高，商会及时向市政府及外经贸局请示汇报，要求予以补助，得到市政府采纳，对参展企业适当给予了补贴，大大调动了企业参展的积极性。治理污染，保护环境是合成革行业重要任务，对干法生产线 DMF 废气净化回收装置，全行业投入 5200 万元，企业已全部安装，治理效果好，得到国家环保总局的充分肯定。商会及时向省市环保、财政部门申请专项补助，到 2005 年 11 月批准补助我行业 DMF 治理专项补助 60 万元。

二是在政企之间牵线搭桥，建立沟通协调平台。会员企业在生产和发展的过程中，经常遇到这样或那样的困难；政府部门在对企业管理过程中，时而也出现一些矛盾；企业之间偶然也会有一些摩擦，商会都努力做好双向服务。如 2005 年会员企业遇到工商年检，安全评价，个人所得税，税务稽查等问题，商会都能及时同政府有关部门领导面对面汇报沟通。对于涉及大多数会员企业切身利益的事情，商会总是千方百计地为会员企业跑路，说话，沟通协调，消除误会，解决矛盾。

三是对苗头性问题，加强自律。2002 年以来，价格不正当的竞争时有发生，商会对此类问题能及时研究。2005 年，此类竞争仍时有发生，商会引导，企业积极参与，采取对策，加强自律，制止了价格恶性竞争，提高企业加强自律自觉性。

四是重视科技，提供人才支撑促创新。商会和大专院校联手，建立产学研联合体，开展技术合作。11 月份，商会与温州大学签订协议，商会会员企业为学校建立专业实习基地，校方为企业优先提供技术，行业发展咨询和员工培训服务，为合成革产业提供科研和人才支撑，增强行业发展后劲出力，实现校企互相支持，互利互赢。

五是强化宣传，树立行业良好形象。2005 年，商会通过各种形式和途径，以二报一网站为阵地，立体式地开展宣传，努力塑造温州合成革的行业形象。为纪念“温州·中国合成革之都”命名三周年、温州市合成革商会成立五周年，在各级领导和专家的大力支持下，商会花了很大精力制作了图文并茂的中英文版纪念册。真实地记载了温州合成革的辉煌历程，进一步向国内外宣传合成革。2005 年，商会先后在报纸、电视、电台、刊物、网站上发表和播放了 100 多篇关于温州合成革行业的报道，使人们及时了解温州合成革的发展动态。

2006年是国家实施“十一·五”计划的开局之年，面临新的机遇和挑战，温州合成革行业坚持以科学发展观统领全局，努力发展循环经济，建设资源节约型和环境友好型企业。加快实施品牌战略，提高产品出口的总量和水平，力争温州合成革行业持续、稳定、健康发展。

（温州市合成革商会　郑笃权）

江　苏　省

塑料是20世纪全球经济发展中增长最快的行业之一，进入21世纪以来更是以强劲的发展势头迅猛推进。江苏是我国主要的塑料加工工业基地之一，改革开放给江苏的塑料加工工业发展带来了巨大的生机和活力，随着改革开放的不断深入而有了突飞猛进的发展。通过引进国外的先进设备与技术，兴办三资企业，改造了一大批中小企业，涌现了大批的具有新的形象和活力的高新企业和龙头企业；产品质量和档次显著提高，产品品种不断增多，应用领域不断扩大，出口创汇逐年增加，全行业整体水平上了历史新台阶。

【基本情况】

江苏塑料加工工业始于20世纪60年代初，是当时的新兴行业。初期的产量仅1 200多吨，1969年产量才超过1万吨。1979年，江苏塑料制品总量在全国同行业中率先突破10万吨，并连续11年位据全国同行业第一。其总量占全国总产量的1/10，是中国为数不多的、主要的塑料加工业基地之一。

全省具有一定规模的企业3 500余家，其中销售收入500万元以上的企业1 000多家。现阶段江苏的塑料企业主要以民营企业和股份制企业为绝大多数，全行业制品生产能力达400万吨以上，2005年完成生产吨位逾300万吨，实现工业总产值400余亿元。继续保持10%以上的递增。

产品的涉及领域从农业，工业和消费品包装，到建材、汽车、机械、军工、电子通讯等；几乎当前国内外塑料界所有的塑料产品都涉及，主要差别在于优级品的比例和高档次产品的覆盖面。从品种上分析，农用薄膜的产量随着宽辐大蓬膜的推广应用和长寿无滴膜的新型多功能膜的兴起，无论在品质、档次上还是在总量上都有了显著的提高和增长。工业用膜（包括收缩膜、双向拉伸膜、缠绕膜、内衬膜、食品、服装、玩具日用品包装膜等）占薄膜总量的80%以上。板材中的ABS、PS复合板、铝塑复合板、PC板、PET板以及为家电、汽车配套用板的产量逐年上升。塑料编织袋及其他编织产品进过多年的调整和发展，在品质上有了很大改善，品种上有了新的发展，应用领域有了进一步兵的拓展，其产量仍然保持着增长的趋势，编织吨装袋的直接和间接出口量都在逐年增长。管材和型材以惊人的速度在发展，已出现五万吨级的生产厂，凸现该类产品对规模经济的要求和品牌效应的威力，但该类产品的经济效益不很明显，企业之间的差异很大。而普通泡沫制品和普通桶类包装容器的产量增长速度较缓。

近10年内，江苏的塑料企业重组和格局的变化相当大，原来占主导地位的国有企业、乡镇企业份份改制后，真正的国有企业或国有控股企业所占比重已很小。加上近年来不断新出的民营塑料企业，发展迅速、面貌一新。起点高，管理新，观念新、效益佳。改制后的各企业都投入了大量的资金进行技术提升改造和新产品开发和引进。为数不少的民营化企业都实施了工厂的整体搬迁，以土地的区位优势换资金、换发展后劲。使整个塑料加工行业从质和量两个方面的取得了突飞猛进的发展。全省各类技改项目的成功实施，大大提高了企业新产品的开发能力和市场竞争力，先后开发出一批技术含量高、紧跟市场热点的新产品，如：汽车燃油箱、保险杠、仪表板、大口径管材管件、多功能复合膜和多功能农膜、双向拉伸聚酯、双向拉伸聚丙烯、双向拉伸聚苯乙烯、共挤复合膜、聚碳酸酯板、光导板、铝塑复合板、信用卡基材、身份证材料、装饰广告用材料、防水材料等。为包装、电子、汽车、机械、通讯行业的发展作出了极大贡献。

随着改革开放的深入发展，技术装备的引进和自身技术开发能力的提高，江苏塑料工业已形成成型工艺齐全、产品品种繁多、生产规模持续趋大、社会效益和经济效益较好的基本格局，成为全省经济发展的重要支柱行业之一，继续保持着在中国塑料界举足轻重的塑料工业基地的地位。

江苏的塑料工业另一个值得注意的特点是，塑料工业上游的石化产业和塑料机械装备业都相当地发达，有塑料原料和塑料装备大省之号称。PP、PE、PS类的大型石化企业有扬子石化及扬巴石化、金陵石化，在全国享有盛名；仪征化纤、申龙高科、安得利化工等的塑料级和瓶级PET原料不紧在全国负有盛名，而且已成功打开出口市场。坐落于镇江大港的国亨化工、奇美化工的PS、ABS以及太仓港的氯碱化工和遍布徐州、新沂、镇江、南通、常州无锡等地的PVC树脂在全国享有很高的知名度。苏、锡、常的塑料机械尤其是张家港的塑料机械非常发达，在全国同行中已有共识。

【存在问题】

在整体水平上升的大趋势下，江苏塑料仍然存在一些共性的问题，主要如下。

(1) 在原材料来源结构上，仍处于大路货为主的现象，国产原料在品质和品种上不能满足塑料工业发展的需要。尤其是专用牌号原料例如汽车配套件专用料、高绝缘电缆专用料、高速 BOPP、CPP、共挤复合吹塑等专用料、高品质聚甲醛、聚碳酸酯、聚偏氯乙烯等高品级原料的供应仍然依赖进口，虽然国内大型石化企业在这方面正积极开发，也有许多成功，但品质稳定性仍然不能满足塑料加工业开发新品的需要，严重影响塑料行业结构的合理调整，制约着塑料工业的发展。

(2) 产品结构的不合理性一直困扰着江苏的塑料工业，与其他兄弟省市有着类似的问题，高精尖产品开发不够足，低水平产品重复交叉，没有一个权威机构能够协调和真正做到适应性调整；企业间相互模仿相当普遍，企业自我创新能力不足，自主知识产权的拥有和自我保护能力很差。

(3) 重量级塑料加工企业所占比例仍然不高。尽管涌现出了中达股份、江阴申龙高科、江南模塑集团、常州巨力集团、江苏琼花集团、常州创佳型材、盐城珠花集团、镇江金益集团、连云港中金医药包装、昆山彩华包装、江阴龙山集团、江阴龙奇包装、无锡环宇包装、无锡环亚包装、无锡国泰包装、常州海企塑业、无锡巨龙、苏州富事达、江苏华信塑业等重量级企业，尤其是中达股份、申龙高科、江苏琼花的崛起，极大地改变了江苏的塑料包装面貌，极大地影响了江苏塑料包装的发展进程，某种意义上将改变江苏乃至全国的塑料包装历史进程。但除此而外，大多数塑料加工企业规模不大，原材料消耗和能源消耗偏高，大部分企业的经济效益偏低。

【发展方向】

新型塑料建材和多功能塑料复合包装材料仍将是江苏塑料制品工业的重点发展和快速增长的主要领域；农用塑料不但继续占据重要位置，而且将会随着农业种植结构的优化调整出现新的发展机遇；科技含量高的高附加值的工程塑料、工业配套塑料件及其他改性复合材料的应用领域将不断扩大。重点大类塑料产品如工业配套件、管材、建材、软/硬压延制品、薄膜、片材、及高档包装材料的生产将朝着规模经济的方向发展，为减少对环境的污染，将加大塑料回收利用和降解塑料应用。功能性塑料的开发和研究将是今后的发展重点。

塑料管材的主要发展领域是各种规格（尤其是大口径）、多材质和多种结构的管材管件；燃气管将出现发展的大机遇，将有可能成为热点产品。塑料建材的发展将要超出仅仅是型材的格局，型材也应朝着优化结构的方向发展，增加品种，提高档次。结构发泡材料、轻型墙体、隔断材料将进入活跃期。懂塑料不懂建筑设计和懂建筑不懂塑料是塑料建材发展的制约因素。应加强设计和应用的研究，这是建材产品快速健康的发展关键。在发展的过程中必须同步考虑标准化、系列化、适用化、配套化、美感化等新型建材发展的几大要素。

塑料包装广阔的市场前景，使塑料包装行业的规模随着随着市场需求的快速增长和品种、品质的不断涌现而不断扩大。骨干塑料包装企业的崛起、新型高阻隔材料的成功开发，改变了江苏的塑料包装行业面貌，改变了塑料包装的形象。骨干塑料包装企业主要依靠引进先进设备以及和国外同行一流企业建立技术合作开发纽带，加速了与国际塑料包装行业技术水平的靠拢，加快了塑料包装进入国际市场的步伐。塑料包装材料的发展经历了简单塑料包装、复合塑料包装阶段，当今的市场需求正向着塑料包装的多功能化发展。塑料包装的复合化、多功能化、环保化是今后发展的重点方向。塑料包装应按食品药品等包装物的要求，努力开发多功能性包装材料，提供被包装物性能保护功能；开发延长货物保质保鲜寿命的高阻隔、防渗透包装材料，无菌包装材料，热灌装材料，保味包装材料，耐蒸煮包装材料；开发水果、蔬菜等的气调环境保鲜包装材料以及粮食等储存、运输的防霉防蛀包装材料。尽管就整体而言，高技术含量、高附加值的塑料包装产品目前所占的比例仍然不高，未能满足日益增长的市场要求。但是，随着社会进步和人们生活质量要求的持续提高，塑料包装作将随着食品、饮品、药品、生物制品等朝阳行业的发展而大发展。随着这些行业对塑料包装的要求不断提高，塑料包装始终存在很大的发展空间。塑料包装可持续发展的前景广阔，一个大发展的时机已经成熟。

农用塑料的发展中点是果蔬、花卉、经济作物、育苗等用途的长寿、无滴、防雾、高强度高透明、保温等多功能塑料棚膜及其相关配件制品，除草、防虫等多功能地膜。深入发展农田水利建设用的各类塑料管道、管槽、管件、节水型微灌、渗灌、滴灌以及水利建设中的水渠、大坝建设用土工材料。农用塑料应引入现代农业的概念，农用塑料的研究开发应着眼于现代农业的目标、着眼于农业科技的发展和新技术的应用。

工业配套件的开发重点是工程塑料、汽车、家电、电子信息产品的配套件。邮电通讯用新型电缆、穿线管。信息、通讯、机械、国防工业配套的各种科技含量较高、附加值较高的配套产品。汽车工业中的塑料比重将大幅度增长，十年后的汽车塑料件将有一半以上采用复合材料和回收利用材料。航空航天工业技术进步的着眼点之一是减轻自重，高分子复合材料将大有作为，塑料将担当非常重要的角色。电子电器工业的配套将围绕节能省料的方针，对高电磁性能塑料合金、超导电塑料、电磁屏蔽材料、光机能性材料、光学纤维复合材料、新型传感高分子材料、信息处理用各种记录、储存材料、CAD静电记录膜、微缩用胶片等的需求将急剧上升。

日用塑料制品的发展仍然有着不可估量的前景。关键是设计理念的突破，能否侧重以人为中心，追求现代美学设计观，朝便捷、舒适、适用、经济、美观的方向发展，提高质量和降低成本是这一领域极其重要的行业发展要素。

【对策与措施】

(1) 紧紧抓住机遇，敢于面对挑战，进一步转变观念，理顺体制，深化改革。

塑料制品工业经历了从计划经济向市场经济转变的历程，企业在从计划经济模式转向市场经济的过程中，遇到许多困难，面临许多问题，为数不少的企业步履艰难，原有的历史烙印仍然影响着企业的发展和管理模式。因此，解决塑料企业今后发展中的矛盾和问题的根本出路在于真正实现深化改革。不进一步转变思想，就谈不上深化改革，就难以实现经济体制的改造，就难以尽快建立起具有活力的现代企业制度。目前正在强烈推进的国企改制、改造、股份化进程，为省塑料企业的发展提供了不可多得的极好机遇。充分利用机遇，输入新的活力，江苏的塑料企业必定重整雄风，大展宏图。

(2) 正确判断市场，自觉调整产品结构。

塑料制品企业应根据市场需求调整产品结构，加速发展短线、三高产品，根据不同品种适度掌握产品规模。下决心停掉一批低档产品和长线产品。坚持市场决定生产的导向原则，坚决从数量主导型过渡到质量、品种、出口、效益主导型。地方政府应重点扶持一批大型企业、特大型企业、重点企业、明星企业。以名优产品为龙头，以经济效益为中心，以资本投入为纽带，以市场发展为导向，组建具有实力的、符合经济规律的、有利于企业发展的企业集团，实现适应市场需求产品的规模效应。尽快改变和结束老、小、散、差的落后状况。

(3) 继续发展外向型经济企业，继续引进外资、引进技术的同时，鼓励企业走出去办企业。

我省塑料制品的出口量占总量的比例相对较低，制品技术含量不高。应继续研究国际市场的需求情况，研究国际市场新产品，在提高原有出口产品质量、巩固和扩大原有产品的出口量的同时，重点开发热点产品，重点发展新市场。应鼓励和引导有条件的企业跨出国门，直接参与国际竞争。可将国内渐趋饱和的产品生产移到其他仍然有着较大需求的国家，境外办企业应从输出技术和设备为主。

(4) 重视产品的技术含量，以新技术促进企业的持续、快速发展。

当今世界的经济发展显著特点之一，是技术已成为推动企业发展和经济增长的极其重要的因素，更是企业能得以持续发展的基本要素，技术含量低的产品和企业不可能有持续的生存空间。塑料加工业的技术发展非常迅速，出现了许多新技术新工艺，许多新产品的出现本身就伴随着新技术的开发和应用。计算机辅助注射成型、新型异型吹塑成型、超微孔塑料、受控低压注射成型、多相聚合物片状注射成型、可熔芯技术注射成型、挤出浸渍复合成型、熔体挤拉成型、多元材料复式加工技术、壳芯注射成型、双注射成型、模内背衬注射成型、液-气辅助成型等新技术的开发和应用推广，将为塑料产品的开发和设计提供更为广阔的空间。企业应格外重视技术，尤其是新技术工作。应根据自身的条件和发展需要，选择开发研究、综合吸收、引进消化、技术合作、购买软件等各种方式，积极采用高新技术。在引进先进装备的同时注重引进软件和技术。

(5) 加大技改投入，增强企业后劲，提高企业活力。

塑料行业改革开放以来的实践证明，只有选择好的项目，加大合理投入才能迅速上规模和上水平。只有加大投入，才能做到竞争有实力，发展有后劲，才能做到稳步前进，立于不败之地。优秀企业的历史经验充分验证，企业的大步前进多数是通过技术改造和技术引进实现的。江苏塑料应通过新一轮技改投入的实施，使全行业的整体实力提高到一个更新的水平，更上一个新台阶。

(6) 重视人才，吸引人才。

实现现代化，人是决定因素。企业和产品的竞争，越来越表现为人才的竞争。为此，江苏塑料界应进一步提高职工队伍的素质，注重职工技术的培训，大力培养和吸引人才。在企业改制的过程中应特别注重保护管理人才、外向经济人才、中高级技术人才的利益，应通过股份制的改造，尽可能最大程度地留住人才。人才是任何企业发展宝贵财富，企业应从制度、分配机制上解放思想，引入激励机制、股份机制，高薪用人才、创造条件留住人才，用好人才，确保技术塑料的持续高速发展。

(7) 重视行业管理，克服盲目发展。

塑料作为一门新兴的材料工业，与传统工业相比，其发展历史不长，但发展速度相当快。新项目的上马已从计划经济式的逐级审批制转向市场经济体制下的市场主导化。企业对项目的实施与否具有绝对的决定权。社会主义市场经济体制下的集体企业投资风险主要由投资单位而非经营者或单位领导，对投资项目的可行性研究存在诸多不踏实因素和投资项目的目的不明确性。这是上一轮投资热潮中为数不少的项目失败的主要原因，也是造成不少企业效应严重滑坡的不良因素。盲目投资、盲目发展不仅对单位本身造成重大损失，也对金融界构成严重风险威胁，最大的伤害是国家利益的受损。一哄而上，不仅使投资单位在一开始就步履艰难，也对原来生产销售较能维持的单位构成严重威胁。因此，呼吁政府重视行业的管理和协调，尤其是项目的管理方面，要尽可能找出一条可行的审批程序，亟须改变目前项目由政府综合部门中只了解个别行业的少数人审批项目的状况。

(8) 应加大力度重视废旧塑料的回收利用工作。

① 应加强宏观指导与管理，建立切实可行的回收激励机制，建立回收利用体系。

② 建议尽快制定有关塑料回收利用的法律法规，规范回收利用的工作，杜绝不良形象的发生。

③ 提供条件设立塑料回收利用基金，从税收政策等方面鼓励塑料回收利用工作。

④ 与治理白色污染工作相结合，加强立法工作，从优化人们的良好消费习惯，提高人的行为素质入手，变废为宝。在找到更经济有效、更有利于环保的新型替代材料成功研制之前，切忌因噎废食。

(9) 继续呼吁国家调整塑料和石化原料的进口关税税则，逐步取消塑料原料的进口关税。

塑料是能源依赖性极强的一大类化工产品，今年来塑料原料的价格随着石油的价格暴涨飞速上涨，塑料加工企业的原料成本已超过其承受极限。进口原料的关税在很大程度上影响着国内塑料原料的价格，中石化企业在大量消耗国家资源的同时在谋取近乎暴利的高额经济效益，而中石化又是在海外上市的公司，在让海外投资者获益匪浅的同时让国内的塑料加工企业承受了巨大的成本压力。根据目前的能源态势，应呼吁国家在制定关税政策时应靠滤鼓励进口，把有限的、宝贵的资源尽可能多的留给子孙后代。

（江苏省塑料加工工业协会　韦华）

山 东 省

【基本情况】

山东是经济大省，2005 年是我省圆满完成“十五”计划主要目标、国民经济和社会发展取得显著成就的一年。全省实现国民生产总值（GDP）18 468.3 亿元，主要经济指标居全国前三位。石油化学工业更是居全国第一，这为山东塑料工业提供了充足的原料和广阔的市场，带动山东塑料行业的快速增长。近年来，山东从原料生产、加工机械、模具制造到塑料制品，已基本形成了具有一定现代生产技术水平、生产规模的较为完整的体系，其产量、销售收入、科研新产品开发等主要经济指标一直位居全国前列，经济总量居全国第四位，成为中国重要的塑料工业生产基地之一。

规模品种奠定支柱地位，由于省政府的大力支持，山东国有塑料制品加工业在 20 世纪末进行了大规模技术改造和设备引进，为山东塑料的发展打下了坚实的基础。此后乡镇企业、外资企业纷纷加入其中，使山东塑料企业不断增加。目前山东共有塑料制品生产企业 7 000 余家，规模以上的加工企业有一半以上，年生产能力超过 600 万吨。2005 年完成塑料制品生产总量 350 万吨，实现工业生产总值 420 亿元，工业销售产值 386 亿元。其产品应用范围已经涵盖国民经济的各个领域及人民生活的各个方面，其中农用塑料制品、塑料建材、塑料包装等几大类产品生产规模较大，品种比较齐全，生产企业众多，无论是生产总量，还是生产技术水平在全国都占有一定的位置。但由于产品趋同性及行业进入壁垒较小，某些产品存在产能过剩现象，竞争将更加激烈。

合成树脂以装置大型化、产品系列化为主攻方向，加快总量扩张。结合乙烯项目建设和改造，重点发展聚乙烯、聚丙烯、聚氯乙烯、聚苯乙烯和 ABS 等通用树脂；采用新聚合技术、改性技术发展通用树脂改性材料；调整产品结构，提高档次，发展系列化、专用化、高性能合成树脂产品，2005 年合成树脂总量 147.5 万吨，其中聚氯乙烯树脂 52 万吨，聚乙烯树脂 50.8 万吨，聚丙烯树脂占 24.2 万吨。

产品市场逐步向外拓展、增强技术创新能力、提高生产效率和产品质量是山东塑料行业应对入世后激烈竞争的国际市场的必然选择。他们依靠科技进步，加速产品更新，积极调整产品结构，加大新产品开发力度，使一批品种新、性能优、质量高、成本低的产品走向市场。近两年来，山东塑料行业研制出了纳米改性聚丙烯上水管材专用料技术、微电机用磁性塑料技术、新型环保静音管道等八项主要性能指标达到国内外先进水平的重点科研成果，并且开发出聚乙烯多功能转光母料和转光薄膜、空调室外机外壳用 PP 专用料等 100 多项新产品，使山东的部分产品和企业走在行业前列。随着质量的提高和产量的扩大，山东塑料产品市场逐渐向外拓展，各种塑料编织袋、包装袋、塑料薄膜、绳索、网具、渔具、PVC硬片等制品走向北美、西欧、中东、日本、东南亚、南亚等地，近两年出口额都超过5亿美元，2005年的出口增长率达到34.9%。

山东的塑料机械工业经过几十年的发展，已逐步形成了以挤出机生产线、注塑机生产线、塑窗加工设备、塑料破碎机等为主的生产特色，加工企业100多家。

【外商投资】

投资环境进一步优化，利用外资平稳发展。山东省由于具有地缘优势、人文优势和经济优势，日益成为韩商投资的热点，在所有来山东投资的国家和地区中，韩国已超过香港居首位。这些投资大多集中在加工制造业，特别是在塑料制品、塑料皮革加工方面的投资呈现增长趋势，对山东的进出口贸易发展起到积极影响。

山东的韩商投资企业多以独资形式出现，且主要集中在东部的青岛、威海、烟台等几个沿海城市。从统计情况看，三市的韩商投资企业占全省总数的80%以上。这些投资大多保持了两头在外的加工贸易型特征，原材料、配件80%以上从韩国进口，产品主要销往国外，出口比例达90%以上，其中很多产品100%外销，只有很少部分内销。由于韩商投资企业这种进料、来料加工的投资特点，使得韩商投资企业在山东成为进口大户。尤其是生产所需的生皮及皮革、化学长丝与短纤、塑料及制品等产品进口额每年保持在20多亿美元的水平上。在山东的韩资企业所生产的产品90%为出口产品，大多企业为订单生产，产品全部销往国外。如山东省加工贸易前50名出口企业之一韩资企业青岛交河技工塑料有限公司，年出口量在7万吨以上，每月出口约450个柜左右，2005年进口6 474万美元同比增长17.6%、出口4 314万美元同比增长11.0%，产品涉及PE类篷布、网格布等，客户遍及全世界如美国Walmat、Homedepot联合国UNHCR难民救援组织等。

【进出口情况】

2005年全省塑料制品出口金额69 170万美元，比上年增长34.9%。出口的主要品种有：塑料防雨篷布、塑料丝、绳及编织袋、包装袋（包括垃圾袋、购物袋）、薄膜、塑料鞋、塑料棒管材、其他塑料制品。出口的主要国家和地区为北美、西欧、中东、日本、东南亚、南亚等。

2005年山东塑料行业进口各种塑料原料共计136 918万美元，比上年增长50.9%，占我省进口总额4.5%，是2000年的4倍。进口贸易的快速发展，弥补了我省经济建设资源的不足，为我省产业结构的调整和升级创造了条件。主要品种为：各种塑料原料、包装材料、电缆材料、装饰材料、管材、家庭用品等。进口的主要国家和地区为日本、韩国、美国、中东、中国台湾等。进口各种塑料制品共计37 251万美元，比上年增长28.4%。

【重点科研机构】

山东省塑料研究开发中心

山东省塑料研究开发中心是1987年经国家科委批准成立的省级科研事业单位，设有研究室、试验生产基地、山东省塑料工业检测中心、山东华科塑料有限公司等科研开发机构以及《塑料世界》、《中国现代经济》杂志社，专门从事塑料加工工艺、塑料改性、塑料机械、塑料制品检测、塑料标准制定以及塑料科技信息等的应用技术研究与开发。已承担省、部级科研项目50余项，接受企业委托的技术难题攻关项目100余项。获得省、部级科技进步奖、成果奖等十余项。

所属的山东省塑料工业检测中心通过山东省质量技术监督局的认证，承担138项技术质量计量工作。该中心实验室配备的主要设备仪器有RC哈克扭矩流变仪、电子拉力机、维卡/热变形仪、氧指数仪、低温脆化仪、熔体流动指数仪、卡尔-费休水分滴定仪、低温伸长仪、介电稳定测定仪、介电损耗仪、简支梁冲击试验仪、悬臂梁冲击试验仪等。

其主要科研成果有：纳米材料改性聚丙烯复合材料、微电机用稀土类磁性塑料、大口径双壁聚乙烯缠绕管及管件设备、形状记忆性聚烯烃材料及制品、多孔PE/PVC通讯管材、芯层发泡PVC管材、交联HDPE、硅芯管母料、发光母料、PP改性、ABS/PP合金、POM改性、磁性塑料、流变剂、PE/PP通讯电缆料、导电塑料、营养塑料、新型仿木板材等。近几年，在国家和省有关科技政策的引导下，逐步向科研开发-生产经营-科研开发模式过渡，充分利用现有科技力量和科研设备，注重科研开发及科技成果向现实生产力的转化，已取得显著的经济效益和社会效益。

山东大学材料科学与工程学院

山东大学材料科学与工程学院（由原山东工业大学材料科学与工程学院与原山东大学晶体材料研究所合并而成），现有材料科学与工程一级学科博士点和博士后科研流动站；材料学国家重点学科；晶体材料国家重点实验室和材料液态结构及其遗传性教育部重点实验室；材料学和材料加工工程二级学科均设有“长江学者奖励计划”特聘教授岗位；设有材料工程学科工程硕士专业学位授予权。经过半个世纪的建设，该学院已形成学士、硕士、博士完整的育人体系，成为学科门类齐全、师资力量雄厚、装备条件先进、办学水平较高的材料科学与工程学科高层次人才培养和先进材料研究基地。

该学院的材料科学系含金属材料、有机高分子材料和无机非金属材料三个方向。其中高分子材料与工程方向研究的主要课题有：高聚物基摩擦材料的配方设计、性能检测、装车试验；高聚物填充、增强改性，材料的配方设计、性能研究。

有机硅材料进行了硅树脂、硅油、有机硅乳液、有机硅胶黏剂、有机硅密封材料及有机硅改性高聚物的制备与应用研究；碳纤维原丝聚丙烯腈的研究等。

青岛科技大学塑料工程技术研究院

青岛科技大学塑料工程技术研究院，下设山东省塑料高性能化技术重点实验室、山东省塑料高性能化工程技术研究中心、青岛市新材料研究重点实验室、青岛市塑料工程技术研究中心等研究部门，研究力量雄厚，试验仪器齐全。

研究院先后承担或完成了国家“九五”科技攻关课题、国家“863”高技术研究发展计划项目、国家技术创新项目、国家产业化示范工程重大专项等国家、省（部）、市及企业委托的50余项研究课题，获得包括国家、省、市科技进步奖在内的15项政府科技奖励，在通用塑料高性能化及新型工程塑料的制备与应用研究、功能性新材料的制备与性能研究、高聚物产品结构设计与成型装备技术开发等研究方向上形成了自己的特色，具有较高的研究水平。

研究院积极探索科技成果实现快速转化的新机制，建设了研究院的产业和基地—青岛市新材料科技工业园和中试基地、青岛市新材料技术开发中试基地，创建了“项目+公司”的市场化运作模式，先后有多项成果实现产业化，取得了显著的社会经济效益。

中国兵器工业集团第五三研究所

中国兵器工业集团第五三研究所成立于1960年2月，是专门从事非金属材料应用研究的专业研究所。同时设有国防科工委化学计量一级站、兵器工业非金属材料理化检测中心、国家级非金属材料商检实验室。该所已通过GJB/9001和GB/T 19001质量体系认证，化学计量一级站通过了NDLAC的机构认可，理化检测中心通过了国家技术监督就的认证。目前共设有9个专业实验室，2个专业研究开发中心和1个杂志社。

该所主要从事弹箭材料及应用、装甲防护材料及应用、武器装备轻质化材料及应用、高性能密封技术及特种橡胶与连接材料及应用、特种涂层及表面工程技术研究；研制有关兵器装备非金属配套件；同时对外提供理化检测、商检等服务，提供高质量、高性能的抗弹、耐烧蚀材料，密封、隐身材料，胶黏剂等非金属材料、产品和技术服务。

该所完成的科研项目中，获得省部级以上科技进步奖的有150多项，其中国家发明奖9项，国家级科技进步奖18项，省部级成果奖120多项，许多成果已在军事装备上得到应用，为武器装备的发展发挥了重要作用，其研制的密封产品参加了我国“神舟”号载人航天工程第一次飞行试验。同时，大量先进的科研成果也向地方企业转让或与其合作，为山东经济建设做出了应有的贡献。

中国石化齐鲁股份有限公司树脂研究所

中国石化齐鲁股份有限公司树脂研究所是从事合成树脂加工与应用的专业研发机构。

该所下设科研开发中心和生产经营中心，主要从事合成树脂产品加工与应用的信息调研、各种专用料的研究开发以及各种材料的检验测试及评价工作；承担研发成果的中试放大和市场孵化任务，同时生产经营多种特种专用料产品。

该所装备了红外光谱仪、热分析仪、塑度仪、流变仪、万能材料试验机、冲击试验机、管材静水压测定仪、老化仪等各种树脂性能分析、检测设备和加工试验设备。已完成多项国家和省部级重点课题，获得国家科技进步奖和省部级奖励多项，有11项授权专利和1项国家知识产权局的“专利产业化示范工程”。研发成果和生产的专用料产品已广泛应用于“西气东输”工程和汽车、通讯、电力、包装等行业。

济南大学

济南大学高分子材料专业是于1984年，在原山东建筑材料工业学院建筑材料专业的基础上，组建而成的，具有鲜明的建材特色。也是新中国的建材行业，最早以化学建材为业务方向的普通高等学校的本科专业，几十年以来，虽然学校的隶属关系发生变化，但是为国家和山东省培养高分子材料与工程，以及化学建材方向专业人才，科学研究和开发，推动新型高分子材料在建筑工程中应用的工作，一直在持续发展。

该专业现有各类专业人员30余人，其中正副教授以上有12人，在本专业方向上有两个硕士学位授予点。从事高分子材料的研究开发和教学工作，研究方向分布在塑料改性、聚合物合成与表征、各类涂料、胶黏剂、外加剂、功能材料的开发。有各类大型实验仪器十余台套，有挤出机、注射机、压延机和成套中试设备在内的实验车间。承担并完成了了多项各级各类研究项目，获得了多项省部级以上科技进步奖，每年有数十篇研究论文在国内外发表，多篇被权威机构收录。

【重点企业】

在山东塑料行业的制品生产企业中，具有一定生产规模的企业约2 000多家，其中产量在3 000吨及其以上的部分生产企业2005年全年生产经营情况如下。

序 号	企 业 名 称	销售收入/万元	产品产量/吨	出口创汇/万美元
1	山东道恩集团有限公司	297 000	23 000	380
2	山东齐旺达包装制品有限公司	19 136	15 000	870
3	荣成市兴达塑料制品有限公司	3 000	1 540	32
4	青岛天虹泰普塑业有限公司	3 000	3 800	
5	山东旭日汽车饰件集团有限公司	11 600	5 850	
6	山东春潮色母料有限公司	19 580	18 843	530
7	烟台三垒塑业有限公司	5 100	5 000	100
8	华亚东营塑胶有限公司	17 303	14 638	
9	山东齐达塑胶实业有限公司	10 100	12 100	
10	潍坊乐富塑料制品有限公司	13 000	9 000	1 300
11	济宁金工塑料制品有限公司	12 000	4 860	460
12	金乡台鑫塑料制品有限公司	9 800	7 400	80
13	烟台冰轮塑业有限公司	9 830	10 240	30.4
14	淄博汇丰塑料有限公司	19 886	16 896	
15	青岛华涛汽车模具有限公司	8 446	2 500	
16	山东塑料制品试验厂有限公司	21 400	13 200	135
17	山东三塑集团有限公司	28 982	21 709	30
18	烟台新环塑业有限公司	9 280	5 800	
19	潍坊宏源塑料制品有限公司	9 000	8 500	1 000
20	山东泰峰塑料土工材料有限公司	16 792	8 900	1 000
21	潍坊海特塑胶有限公司	3 310	3 350	56
22	烟台六塑产业有限公司	9 733	7 091	953
23	淄博庄园塑料制品公司	12 590	9 985	538
24	德州新德塑业有限公司	4 600	5 000	
25	泰安经纬塑料有限公司	6 561	4 000	80
26	威海天润塑料有限公司	5 193	7 500	400
27	淄博天鹤塑胶有限公司	29 643	24 960	1 100
28	淄博蓝帆塑胶制品有限公司	24 414	10 928	2 984
29	山东东方塑胶有限公司	3 200	2 000	
30	聊城市塑达塑料厂	6 118	5 649	
31	淄博清源集团有限公司	14 600	12 000	
32	莱阳市环球塑业有限公司	7 800	6 200	
33	济南方信集团有限公司	6 270	5 092	
34	山东盛大塑业有限公司	13 330	8 600	210
35	微山华联塑胶制品有限公司	2 262	1 560	
36	青岛华西塑料有限公司	6 500	4 200	
37	潍坊现代塑胶有限公司	12 645	12 723	5.9
38	诸城新长虹包装有限公司	31 000		
39	山东志成橡塑有限公司(原济南四厂)	3 300	2 020	24.2
40	山东定陶火旺塑料编织有限公司	4 800	3 200	90
41	山东华信塑胶工业有限公司	18 700	12 300	
42	青岛宏达塑胶总公司	4 500	3 600	
43	济宁东美包装材料有限公司	4 100	2 000	53
44	曲阜市东宏实业有限公司	3 500	2 000	
45	寿光市天健化工有限公司	20 000	1 610	
46	山东庆云春草塑料制品有限公司	11 000	8 000	
47	淄博新力塑编有限公司	6 500	4 000	
48	烟台万华合成革集团有限公司	330 954	115 000	4 000
49	山东新立克塑胶有限公司	15 000	9 000	
50	青岛交河技工塑料有限公司	37 000	12 000	4 314
51	山东新泰市鲁燕色母粒有限公司	3 700	2 600	

【发展趋势】

山东塑料行业在制品生产上近期发展的重点是农用塑料、包装塑料、塑料建材和汽车塑料配件制品。农用塑料仍将占主导地位，随着国民经济的发展，高科技、高附加值的工程塑料及复合材料的生产和应用领域将不断扩展；重点大类制品如管材、建材、压延制品、薄膜、包装材料等的生产将逐步向规模经济方向发展；为减少环境污染，废弃塑料回收利用和降解塑料的研制开发，以及无氟技术的替代将是塑料工业的发展重点。

山东省农用塑料得益于石油化工大省得天独厚的原料资源以及农业大省，尤其是全国蔬菜基地寿光广阔的农地膜市场及在全省的示范效应，近两年年总产量都在30万吨以上，约占全国1/4，居全国首位，但存在部分产品生产能力相对过剩，产品结构不合理的矛盾十分突出。今后应加强企业间的横向联系，行政部门、行业协会发挥宏观调控作用，更好的发挥规模效益。蔬菜、花卉、经济作物栽培等所属的各种功能性棚膜、地膜和饲草用膜将成为发展的重点。水利方面主要发展节水灌溉器材、渠道防渗的管材和防渗膜、不同类型的微灌（滴灌、微喷、渗管等）器材以及各种土工材料，满足绿色农业、节水农业发展的需要。

包装塑料方面，随着生活水平的提高以及消费模式的更新，对包装材料的要求也越来越高，塑料软包装行业在技术上的发展将着眼于“多功能、专用化、薄型化”，着重开发各类高功能性和专用化的薄膜、薄片及复合薄膜材料等，如提高易腐食品及乳制品等的保护功能；延长各类货架内容物寿命的高阻隔性包装材料；适用于水果、菜蔬等储存的保鲜包装材料；适用于农副产品加工用的选择渗透性包装材料；适用于微波炉加热、灭菌的耐高温、耐辐射材料；自动罐装线上专用的无菌包装材料；适应环保要求的可食、可溶解、可自分解的材料；适用于各种食品、粮食储运、销售等条件的防霉、防虫、抗菌材料等。进一步提高商品价值和档次。

建筑塑料将重点发展适用不同地区、不同建筑类型的系列化、标准化的各类管材、管件和型材，如大中口径上下水管、新型室内上下管、热水管、燃气管、复合管与复合型材、各类保温材料、防水材料、墙体装饰材料、大型地下排污管道以及高档建筑装饰材料等。

山东省在汽车塑料配件产业发展上将重点抓好塑料件新工艺、新技术、新设备的开发、建设和使用，引导企业加快开发使用热塑性弹性体、玻璃纤维增强尼龙等耐老化、耐变形新材料，调整产品结构；积极推广使用低压成型、气体辅助注射成型等先进技术，加大轿车保险杠、仪表板、发动机罩盖、散热器隔栅、座椅、内饰件等塑料功能件的开发生产。山东省根据汽车工业发展意见和发展规划，确定了《2003年至2010年汽车原材料工业发展目标》。根据最新规划，山东将在济南建成中国最大的重型汽车生产基地，烟台、青岛将大力发展轿车、越野车产业，从而为山东的汽车用塑料开辟了广阔的市场。

塑料制品行业需要技术改造，需要扩大生产规模，需要调整产品结构，需要提高产品质量，而这些，都需要有一定的企业组织结构的调整。国外大公司和国内有实力的民营企业进入我省的塑料制品行业，必然会带来这一行业的改组、分化。可能会有一批企业被淘汰，但重新组合的企业将焕发出勃勃生机，在强化管理、降低成本、开发新品、开拓市场等方面迈出强有力的步伐，从而提高塑料制品行业的整体水平，以适应相关行业的需要。

2004年3月份，首届中国山东塑胶工业博览会在山东省会济南成功举办，取得了预期的效果，在塑料行业有了一定的影响。在总结首届“塑博会”经验的基础上，应广大生产企业和用户的要求，在社会各界的支持下，“第二届中国山东塑胶工业博览会”于2005年4月份在烟台举办，共有来自全国近100家企业参展，展出内容包括塑料机械及辅助设备、模具及模具配套技术设备、包装印刷设备及材料、塑料制品及半成品、塑料原料、助剂等。通过已经举办的两届展览会，增进了供需双方间的交流合作，在业界架起了一座沟通的桥梁，美中不足之处是外商招展力度不够，希望在以后的合作中加强外商招展工作，将其打造成区域性的行业盛会。

山东塑料制品业在考虑现有国企改造和改制、扶持民营企业的同时，将进一步扩大对外经济技术交流与合作。充分利用国际国内两个市场、两种资源，抓住国际产业转移的机遇，通过加强与国际大公司的合作，积极参与国际分工和竞争，推进技术与产业结构优化升级。坚持以利用外商直接投资为主，积极探索利用外资新形式。

随着山东塑料工业的发展，其在国民经济和社会发展中地位逐步增强，也得到了各级政府的高度重视。至2005年底，已有昌乐、费县等建立了县级塑料协会，运转情况良好。预计随着山东塑料工业的快速发展和国际经济一体化进程的加快，协会作为企业与政府间的桥梁和纽带，将会得到更多的认同，也将发挥越来越重要的作用。

（山东塑料工业协会刘丰田
王保民　潘庆功　赵红军）

福 建 省

【大事记】

1. 福建省召开福建塑胶行业产学研现场会

由福建省经贸委、省建设厅、省产学研协调领导小组办公室和福州市政府共同举办的福建省塑胶行业产学研现场会2005年6月19日在福建省福清市召开。现场会重点推介了省内外高校、科研单位47项科研成果和17位行业高级人才，发布了全省塑胶生产企业45项技术难题和30项人才需求，有23项产学研合作项目实现成功对接，并为亚通、振云、祥龙、恒杰等公司的10项重点合作项目举行了签约仪式。预计这10个项目投产后可新增产值近2亿元，新增利税近3 000万元。

2. 福建省塑胶管材行业技术开发基地成立

由福建省经贸委、省科技厅、省教育厅、省财政厅联合组建的福建省塑胶管材行业技术开发基地日前正式成立，该基地是为全省塑胶管材生产企业提供技术创新服务的产学研联合体，将组织力量研究开发并推广行业共性技术和关键技术，发挥龙头企业和高校科研单位的技术力量，帮助企业解决技术难题，组织开展专业技术培训，并为企业提供技术、信息、咨询等服务。该基地的设立对于提高福建省塑胶管材产业集群核心竞争力，促进塑胶管材产业技术升级，加快产品更新换代具有积极的意义。

3. 福建省经贸委确定福州为福建省塑胶产业集群

2005年福建省经贸委确定了32个省级产业集群，其中确定福州为福建省塑胶产业集群，该集群2005年完成产值57.7亿元，比2004年增长12.1%。

4. 福建省2家塑料制品企业获福建省名牌产品

福建泉州兴源塑料有限公司熊猫牌UPVC建筑用绝缘电工套管；给、排水用硬聚氯乙烯（U-PVC）管材（件）；PPR冷热水管材（件）、百花（福建）文具有限公司百花牌塑胶文件夹获福建省名牌产品。

【基本情况】

2005年福建省塑料制品业规模以上企业717个，比2004年增长12.9%，从业人员12.9万，比2004年增长7.5%。福建省塑料加工企业主要集中在福、厦、泉等沿海地区。

2005年福建省塑料制品工业总产值完成283.68亿元，比2004年增长14%，出口交货值139亿元，比2004年增长12%。全省塑料制品业产量完成86.2万吨，比2004年增长4.6%；其中：塑料薄膜12.8万吨，比2004下降8.5%；塑料板片材2.2吨，比2004年增长11.3%；塑料棒管材22.9万吨，比2004年增长19.7%；塑料丝及编织制品2.8吨，比2004年增长4%；塑料人造革1.2万吨，比2004年下降19.7%；塑料合成革0.69万吨，比2004年增长12.3%；泡沫塑料2.3万吨，比2004年增长5.3%；日用塑料制品15.36万吨，比2004年增长21%。

2005年福建省塑料制品总产量居全国同行第8位，比2004年下降3位，占全国比重3.9%，比2004年下降0.6个百分点。其中塑料薄膜产量居全国第9位，比2004年下降2位，占全国比重0.91%，比2004年下降0.9个百分点；塑料棒管材产量仍居全国第3位，占全国比重19.68%，比2004年提高了9个百分点；日用塑料制品产量仍居全国同行第4位，占全国比重4.62%。与2004年持平。

2005年福建省塑料树脂及共聚物完成33.79万吨，比2004年下降4.2%，其中：聚氯乙烯树脂11.8吨，比上年下降5.7%；聚丙烯树脂9.46万吨，比2004年下降1.3%。

【企业经营】

2005年福建省塑料制品业产品销售收入完成261.3亿元，比上年增长10%，其中塑料薄膜46.7亿元，增长43%；塑料板、管、型材27.7亿元，增长7.7%；塑料人造革、合成革13.1亿元，增长74.6%；日用塑料86.7亿元，下降1.2%；塑料鞋49.2亿元，下降16.6%。塑料鞋销售收入销售全国排名第一，日用塑料制品的销售收入全国同行排名第3，塑料人造革、合成革的销售收入全国销售收入全国同行排名第4。

2005年，国际原材料价格大幅攀升，带动石油的下游产品塑料原材料价格也大幅上涨，国内整个塑料制品加工行业所处的经济环境非常恶劣。企业克服了原材料涨价、能源供应紧张和国内外市场急剧恶化等带来营运上前所未有的种种困难，全省塑料制品工业总亏损额、资产负债率大幅度下降，利润大幅度增长。

2005年正处于国内前两年过度投资的产出顶峰期，盲目的产能扩张继而导致市场以产品价格恶性竞争为标志的“无序竞争”；另一方面，由于能源紧张，国内石化产能不足，原材料采购价格暴涨，导致资金周转不足，开机率偏低和投资回报率失衡。

2005年福建下列企业销售收入列入全国同行业前十名。薄膜类：福建明达塑胶（厦门）公司、太平洋塑胶（福建）有限公；塑料鞋类：莆田新飞天鞋业有限公司、福清宏太鞋业有限公司、福州叶下塑革有限公司、福清市永超鞋革制品有限公司。

随着塑料制品应用越来越广泛，社会对塑料制品的需求量的不断扩大，未来将不断会有新的企业加入到塑料制品行业中来，同时，又将有大批落后的塑料制品企业被淘汰，我们预计，未来两三年内，塑料制品行业将完成这一轮的洗牌，形成新的市场格局，产业集约度进一步增强，市场竞争程度会越来越激烈。福建省的一些重点企业无论是在资金、技术、工艺水平、市场营销等各方面都将有着较大优势，他们将在今后的发展中不断研发新的产品、提高产品质量、扩大市场分额，以继续保持在行业内的领先地位。

今后福建省塑料制品行业的发展，应根据国家“以塑代钢”、“以塑代木”的产业政策，以及环保、卫生、节能的需求，开发新产品。

（福建省经贸委轻纺处　许榕）

湖　南　省

湖南省塑料行业从20世纪60年代起步，经过40年的拼搏，特别是改革开放以来面临激烈的市场竞争，面对国际原油价格持续攀升，主要原材料价格长时间在高位运行的困难和外部环境，全行业开拓创新、顽强拼搏、主动防范和化解各种不利因素与风险，目前已形成了产品门类齐全、分布广泛、形式多样、初具规模、自成体系的行业格局。

2005年，湖南省塑料行业协会秘书处以湖南省统计部门的统计结果为基础，通过多种渠道，对湖南省塑料行业的情况进行调查，对全省塑料行业的企业总数、分布情况、重点企业及相关产业的情况进行了初步摸底。由于我省塑料行业的企业小而多，分布面广，给统计工作带来相当的难度，以致本次统计结果难免存在着不够精确和完整的地方。

【基本情况】

据调查结果显示，我省从事塑料产品生产及相关的企业已超过1 000家，年生产能力达100万吨，年产量超过40万吨，企业分布面广，覆盖了全省各地、县、市乃至乡镇，产品种类繁多，用途广泛。原辅材料的生产与销售、塑料模具设计制造、科研开发与检测伴随着塑料加工业的发展而不断发展完善，湖南省塑料工业的产业链已经形成。

1. 湖南省塑料制品加工企业按塑料产品的类型划分，大致可分为九类

（1）薄膜类　主要产品为农用薄膜、工业薄膜、包装薄膜、特种薄膜等类别，主要应用于农业、医药包装、食品包装、精密仪器包装和日常生活用品等方面，已了解到的从事该类产品生产的企业有70多家，主要分布在长沙、娄底、株洲、衡阳、湘潭、岳阳、益阳、常德、湘西等地，分布面广，其中规模较大的企业有湖南晶鑫科技股份有限公司，以生产制造复合膜食品软包装为主，是著名盐包装袋的生产企业，年生产能力达10亿只；浏阳市塑料厂、岳阳市塑料一厂是生产PE工膜和农膜的企业，年产能10 000吨；常德联友塑业有限责任公司，主要产品是塑料包装膜、防渗透膜、大棚膜等，年生产能力达7 000吨，产品最大幅宽达8米；湘西基信实业（香港）有限公司和常德基信实业有限公司，拥有双向拉伸聚丙烯（BOPP）薄膜、流延压光片材和五层共挤流延膜生产线等生产设备，年产能力10 000吨。塑料膜类产品在我省塑料行业属传统产品，发展相对较慢。目前，特种塑料薄膜如热收缩膜、多层复合膜、缠绕膜，需求量增大。

（2）塑料型材（含板、片材）　主要产品为PVC异型材，PVC塑钢型材，PVC软、硬板，PE板，铝塑复合板，PVC、PET、PP片材等。主要应用于工业设备、建筑材料、装饰材料、包装材料等，目前在我省从事该类产品制造的企业有40多家，主要分布在株洲、长沙，该类产品虽然生产企业数量不多，但企业规模较大，近年来发展迅速。其中规模较大的企业有：深圳石化塑胶集团株洲塑胶有限公司，主要产品是PVC硬、软板，PVC管材及管件，氟塑料制品，该公司生产装备能力25 000吨以上；湖南万容包装有限公司，主要生产塑料包装材料，年产量达8 000吨，是我国著名的乳品包装和塑料饮水杯生产企业；株洲湘瑞塑料建材有限公司，主要产品是PVC异型材、塑钢门窗、UPVC、PP-R管材，产品年产量超过1万吨；湖南华天铝业有限公司主要产品是铝塑复合板，年产铝塑板150万平方米，年消耗PE树脂达4 000吨；湖南长沙双龙塑料型材事业有限公司，主要产品是PVC异型材，年生产能力10 000吨。

（3）塑料管、棒材　主要产品为PVC系列管材及管件，PP-R管及管件，PE缠绕管，PE、ABS管材及棒材，主要应用于建筑工程、电信、电力、城市给、排水、燃气输送、化工、农作物排灌等。我省该类产品生产加工企业较多，已统计到100多家，主要分布在长沙、株洲、湘潭、常德等地，仅长沙地区就有50多家。随着我省城镇化建设的发展，需求量不断攀升，企业也随之迅速发展。其中规模较大的企业有湖南坤源塑化有限公司，是由台湾三大塑胶企业之一的上市公司——台湾大洋集团在湖南投资建立的第一家中外合资经营公司，年产规模达到12 000吨，专业生产PVC管材、管件和PVC胶粒；湖南电力路路通塑业有限公司主要产品是CPVC管材、PVC系

列管材及管件，产能达3万吨以上；常德七星泰塑业有限公司主要产品PVC系列管材、管件、电缆套管，年产能达7 000吨以上。湖南金大乘化轻集团、湖南振云塑胶公司、株洲金德塑胶管业有限公司、湖南省宏通实业有限公司等企业，塑料管道的年生产能力都在5 000吨以上。湖南省大口径缠绕管呈现发展较快的势头，初具规模的企业有湖南铭诚新型管业有限公司和长沙日松管业有限公司。

(4) 塑料丝及编织制品类　主要产品有塑料编织袋、编织彩条布、塑料网眼袋、高强丝、网等，应用于农产品和食品包装、工业包装建筑、体育、捕鱼业。据调查，我省从事塑料丝及编织制品的企业100多家，分布面广，主要分布在长沙、株洲、湘潭、岳阳、衡阳、永州、常德等地。该类产品属传统产品，发展历程较长，近年来发展速度不快，其中较大型的企业有：洞庭氮肥厂编织袋分厂，主要产品是编织袋、PE薄膜，年产能10 000吨；湖南大乘化塑有限公司，主要产品是编织袋、内膜袋、涂膜袋，年产能5 000万条。

(5) 泡沫塑料及人造革、合成革类　产品主要有PS、PU、酚醛泡沫塑料制品，PU、PVC革制品，应用于建筑、工业包装、汽车、家具及日常生活用品，已统计到的企业30多家，主要分布在长沙、衡阳、湘潭、株洲、永州，主要生产企业有湖南嘉瑞新材料集团股份有限公司，以制造高档PU革为主，年产量达1 800万平方米，产品有10大系列2 000多个花色品种；长沙市振雄川河泡沫塑料有限公司，以PS泡沫塑料和注塑制品为主，年产能6 000多吨；湖南中野高科技特种材料有限公司，以生产酚醛泡沫夹芯板为主，年产量达80万平方米；湖南长丰汽车沙发有限公司，主要产品为PU泡沫塑料制品，可为湖南长丰集团等配套10万台汽车沙发。

(6) 塑料包装箱及容器类　主要产品有塑料桶、塑料瓶、塑料壶、塑料包装箱等。据调查，我省从事该类产品的生产企业30多家，主要分布在长沙、株洲、湘潭等地，其中较大型的企业有：湖南太子奶生物科技股份有限公司，生产的塑料奶瓶，自产自用，年产量5 000吨以上；湖南金沙包装公司，生产塑料桶，年销售额2 000多万元。

(7) 塑料零、配件类　以注塑产品为主，主要是汽车、火车、摩托车、电器配件，已统计到的企业50多家，主要分布在长沙、株洲、湘潭、永州等地，其中较大型的、设备规格较齐全的有：株洲时代工程塑料制品有限责任公司，拥有规格齐全、较先进的注塑设备，年生产能力6 000吨以上；湖南长丰汽车塑料制品有限公司，拥有先进大型汽辅注塑机数台，设备最大的锁模力达2 800吨，是我省汽车塑料配件的主要生产企业，年产能10 000吨以上；湖南华良(中意)电器实业有限公司，主要产品是家用电器、注塑电器外壳及配件，年产量达6 000多吨。

(8) 工程塑料及功能性塑料专用料　主要产品有阻燃、增强、增韧、填充改性塑料专用料、塑料着色母料、塑料抗静电母料等。已统计到的该类产品的生产企业10多家，主要分布在长沙、株洲，其中湖南省塑料研究所是从事该类产品研发、生产的重要企业，已有阻燃、增强、增韧等塑料专用料、塑料着色母料成熟产品上百个品种，生产能力10 000吨以上，该所下属的湖南科天新材料有限公司、湖南省塑料研究所工程塑料分公司、湖南省塑料研究所色母料厂，长期以来从事该类产品的研发与生产，服务于塑料行业；株洲晶昱实业有限责任公司，生产橡胶、塑料改性胶粒，年产量4 000吨以上，主要用于制鞋业。

(9) 其他日用塑料制品类　产品有塑料鞋、塑料打火机、塑料雨衣、雨伞、塑料玩具及工艺品、塑料餐饮制品、塑料袋等，产品品种较多，在我省生产企业有100多家，分布在长沙、邵阳、常德、益阳、永州、衡阳等地。我省邵阳地区邵东县是我国较大的塑料打火机生产基地，产品不仅销往全国各大省、市，并出口国外。其他日用塑料制品由于受江浙、广东产品的冲击，目前不是十分景气。

另外，废旧塑料回收加工一直伴随着我省塑料制品生产与消费的增长而兴起和发展，并且随着石油的涨价，塑料原材料在高价位上徘徊，其发展势头越来越好，成为循环经济和节约型社会的一大亮点。目前，我省较著名的湖南益阳沧水铺废旧塑料回收加工基地，以回收膜类、编织袋、塑料日用品为主；湖南岳阳地区废旧塑料回收加工基地以回收PVC板、片型材，电器产品为主。全省塑料回收加工量数十万吨以上，较大规模的企业有：汨罗平桂制塑有限公司是以回收塑料为主，加工PVC板材及PVC胶料，产量1万吨以上；湖南株洲远大塑料制品有限公司废旧塑料的加工能力达1万吨以上。目前，湖南万容包装有限公司与湖南省塑料研究所合作，进行废弃热固性塑料制品回收利用的开发工作，旨在解决电路板一类的热固性塑料的回收和利用的问题。该项目是我国废旧塑料回收的难题，其开发具有较大的经济效益和社会效益，得到了省科技厅和中塑协的肯定与支持。

2. 塑料原辅材料生产与销售

据调查统计，我省塑料原辅材料生产及销售的企业30多家，长沙、岳阳、株洲等地较为集中，其中大型企业的有：巴陵石化，以生产聚丙烯、聚苯乙烯、尼龙、聚酯切片为主，年产量数十万吨；株洲化工厂以生产PVC树脂为主，年产量十多万吨；桃江向阳化工厂和湖南华西投资有限责任公司是我省较大的碳酸钙生产加工企业，年产碳酸钙达十多万吨，可作为塑料产品的填充改性剂。我省自产的原辅材料品种的种类和数量都远远不能满足本省的需求，需要从外地调入大量的原辅材料，以满足其需要。我省塑料原料大的经销商有湖南省新轻联工贸发展有限公司，主要经销中石油属下各石化厂产品；湖南省富源化工有限公司，主要销售上海石化、扬子石化、扬巴石化产品，是扬巴石化湖南、湖北地区总代理；湖南康弘经贸有限公司，主要经销中石油属下各石化厂产品，各大经销商塑料原料销售的品种主要以通用塑料原料为主。

3. 塑料机械及模具

湖南塑料机械制造业发展相对滞后，行业内不到10家的塑机厂，目前经营状态不佳，较老牌的塑机制造厂如长沙塑料机械厂、衡阳塑料机械厂，塑料机械业务目前处于停产或半停产状态。随着我省汽车、家电业的发展，塑料零配件需求量逐年上升，塑料模具制造业在我省塑料行业内崭露头角，目前，我省塑料模具设计、制造实力较强的企业有：湖南通用模塑有限公司、湖南亚太实业有限公司模具分公司、湖南南方模具公司、湖南利达实业发展有限公司，自行设计、制造塑料模具，并拥有塑料零、配件生产装备。

4. 科研开发与教育

我省塑料行业聚集了湖南省塑料研究所（湖南省高分子材料应用技术重点实验室、湖南省塑料产品质量监督检验授权站均设立在该所）、国防科技大学航天与材料工程学院、中南大学材料学院、湖南大学材料学院与工程学院、湘潭大学化学学院、湖南省科技职业学院、岳阳石油化工总厂研究院等实力雄厚的科研院所，全方位地为我省塑料行业服务、培养人才、科技攻关、新产品开发、产品检测，为我省塑料工业的技术进步，促进塑料行业发展，作出了卓越的贡献。为满足行业发展、企业与院所的联合是必然趋势，对促进产品结构的调整，技术水平的提高，有巨大的推进作用。

【调查分析】

湖南塑料行业从20世纪60年代起步，经过40年的发展，企业从无到有，从小到大，已经发展成为一个产品众多、门类齐全的一个新型行业，成为我省国民经济的重要组成部分，为我省国民经济的发展和人民生活的改善作出了重大的贡献。

通过调查我们认为我省塑料行业的现状呈现以下五个特点。

1. 具备了一定的规模

截止2004年，我省塑料行业产品年生产能力已达到100万吨，年产量达40万吨，企业数量超过了1 000家，年加工产值达50亿元，成为我省轻工业中规模较大、发展较快的行业之一。

2. 产业链基本形成

随着我省塑料制品加工业的发展，促进了相关产业的兴起与发展，塑料原辅材料的生产与经销，塑料机械与模具的加工，塑料产品的研究与检测，塑料专业人才的培养与教育这些相关产业亦随着塑料制品加工业的发展而发展。目前，我省塑料原辅材料年产量已接近30万吨，其中巴陵石化的PP和株化的PVC的生产都有具有较大的规模，在全国有一定的影响，我省从事高分子材料教学和研究的大学和科研院所有十余家，从事高分子材料研究和教学的人员达到了300余人，在校学生达到数千人。

3. 民营企业占主导地位

20世纪90年代以前，我省塑料行业国有企业和集体企业占主导地位，随着经济体制改革的不断深入我省塑料行业经济结构发生了巨大的变化。目前在我省1 000多家塑料加工企业中，民营企业的比重高达95%以上。民营企业在塑料行业中占有绝对主导地位。

4. 吸纳就业人员多

我省塑料加工行业中大部分企业属于劳动密集型的产业，特别是一些规模较小，装备较差的加工企业和一些从事废旧塑料回收加工的企业需要大量的劳动力，据初步测算我省塑料行业及相关产业共吸收各类就业达5万余人。

5. 产品应用范围广

我省塑料制品产品门类多，应用范围广，从国家的航天、国防建设到汽车、建筑、家用电器、食品包装这些新型领域以及与人民生活的衣、食、住、行相关的每一个领域和每一个环节都有我省塑料制品的身影。可以说我省塑料制品已经存在于国民经济的各个领域，服务于人民生活的各个环节之中。

通过调查我们可以得出这样的结论，在全省塑料行业及相关企业的广大职工的共同努力下，湖南塑料行业40年从无到有，从小到大，是发展的40年，是辉煌的40年。

【存在的问题】

站在全国的高度，与先进省市比较，我省塑料行业的发展速度和发展水平存在明显的差距，并且有扩大的趋势。这些差距集中表现在以下五个方面。

1. 发展速度不快

通过调查表明我省70～80年代塑料行业发展速度较快，1986年我省塑料产量已经达到93 872吨，当时我省塑料制品的产量占全国塑料制品产量的5%左右，在全国31个省市中排名第10位，进入90年代以来，我省塑料行业发展速度减缓，在全国的名次已经排到了15位以后，目前我省规模以上塑料制品企业产量所占的比重不到全国产量的1%，而在这个期间广东、浙江、江苏、山东发展速度加快，2004年广东、浙江两省规模以上企业塑料制品产量分别突破了400万吨，江苏省突破了200万吨，湖北、河南、安徽等省的产量也都大大超过了我省。

2. 大中型企业不多

据统计部门数据显示，我省规模以上企业只有103家，不到全省塑料制品企业的10%，仅占全国规模以上企业9 473家的1.1%，在规模以上企业中，年产量实际达到1万吨以上的企业不到10家。

3. 产品档次不高

我省塑料制品中传统产品多，附加值高的产品少，如食品包装薄膜中三层以上或者要求比较高的薄膜基材一般来源于外省，汽车塑料、电器塑料也大部分是外省的产品，虽然我省塑料异型材和管材产品中有一批水平较高、质量较好的产品，但由于宣传不够，湖南省塑料整体品牌形象影响不大，致使外省产品在我省的市场占有率也相当高。

4. 企业分布不均

据湖南省塑料行业协会秘书处对全省678家有一定规模企业的调查分析，其企业分布情况是长沙270家，株洲73家，湘潭58家、岳阳69家，长株潭和岳阳共计470家，占678家的69%，而永州、娄底、怀化、湘西和张家界五个地区总计才60家，仅为678家的8%，企业分布不均，地区发展不平衡已经成为我省塑料行业发展中存在的一个突出问题。

5. 总体装备水平低

改革开放以来，虽然我省塑料工业加快技术改进步伐，不断更新设备，从国外引进了许多先进设备，采用了一些新技术和新的管理方式，但拥有先进设备、先进技术和管理水平的新建和扩建的骨干企业，仅占全行业企业的10%左右，作坊式工厂和作坊式管理的企业在全行业超过40%，另外行业内优秀技术人才和管理人才也十分缺乏，自主研发能力弱和市场拓展能力弱也制约了行业的发展。

【发展趋势】

塑料行业是一个朝阳产业，随着我国和我省国民经济的快速发展，为我省塑料行业快速发展提供了巨大的发展空间。

首先，我省有6 500万人口，按目前我国人均消费塑料22kg计算，市场需求量达143万吨，目前我省每年仅生产40万吨产品，可以拓展的市场空间十分之大。另外，与发达国家人均消费塑料100多公斤相比我省塑料行业差距就更大，可以发展的空间也就更大，因此，无论从我省"十一五"期间国民经济的发展速度上看，还是从我省"2050"前景发展规划潜在市场上看，我省塑料制品生产和消费都将保持较快的增长速度。

其次，由于"十一五"期间我省城市化速度的加快，汽车产量的大幅度增加，农产品加工规模的扩大，人民生活水平的提高和消费观念的改变，对塑料建材、塑料保温材料、塑料节水材料、汽车塑料、包装塑料、电器塑料的需求将大幅度增加，为塑料行业发展提供巨大的商机。

第三，去年国家启动了泛珠江三角洲区域合作的机制，广东及沿海地区部分产业向内地转移已经成为发展趋势，省委、省政府为了抓住这一发展机遇，推动湖南工业化进程，提出了"筑巢引凤"的发展战略，把开发区和产业园的建设摆在了"十一五"期间的发展重点，省轻工行管办为了贯彻省委、省政府的发展战略，提出了在长沙市筹建湖南塑料产业园的重大举措，以接纳广东及沿海地区塑料制品企业向长沙转移，从而扩大湖南塑料行业规模，提升湖南塑料行业水平，促进湖南塑料行业发展。该项目已列入湖南"十一五"重点项目发展规划，产业园规划投资40亿，产值120个亿。目前，产业园的招商引资工作已经全面启动。

"十一五"期间我省塑料行业面临着国民经济持续增长，国家实施"中部崛起"战略，广东及沿海地区塑料制品企业向内地转移的重大发展机遇。我们应该振奋精神、开拓进取、统筹规划、扎实工作抓住这一千载难逢的发展机遇，促进湖南塑料行业跨越式发展，为湖南国民经济发展作出新的贡献。

湖南省塑料行业在近几十年得到了快速的发展，已初具规模，并形成了完整的产业链，但与发达省相比较还存在较大的差距。"十一五"期间，随着"中部崛起"战略的实施和湖南工业、农业的快速发展，作为配套产业的湖南省塑料工业也将迎来一个高速的发展期。

（湖南省塑料行业协会　蒯建政　潘小梅）

广东省

【基本情况】

广东省塑料工业经过20多年的发展，目前已成为广东省轻工行业支柱产业之一，目前在我国塑料行业中，广东省是塑料加工大省，塑料制品产量、加工技术、设备、行业经济效益等多年来在国内居前列，行业整体规模、水平也领先于国内。

据统计，2005年广东省规模以上塑料制品企业（以下均为规模以上企业）共有2 060个，约占全国20%，其中：国有及国有控股企业约占2%，集体企业约占8%，外资企业约51%，其他类企业约占39%，从业人数超过40万人。全省塑料制品企业主要集中在广州、佛山、东莞、深圳、中山等珠江三角洲区域和以汕头、揭阳为主的粤东一带。2005年广东省塑料制品产量为550万吨，占全国25%，总产值超1 100亿元，占全国25%，其中珠三角地区塑料制品企业1 500个，总产值800亿元，分别占全省规模以上企业的75%。广东省塑料制品产量连续多年居全国省区首位，约占全国总产量25%。

产品结构中，广东省塑料行业基本形成包装、建材、农业、工业配套、日用、人造革、合成革等比较齐全的产品结构体系，2005年广东省塑料产品产量见表1。

2005年广东省塑料产品的总产量及包装箱（容器）、日用塑料、其他塑料居全国第一；塑料薄膜、人造革、泡沫塑料、管棒材居第二，特别是塑料薄膜制品中，BOPP薄膜、BOPA薄膜、CPP薄膜、宽幅复合编织布多年以来产、销量均居全国前列；塑料型材、板、片材、合成革、编织制品未入前三名。

2005年广东省主要塑料制品情况表

单位：万吨

产品名称	全国总产量	广东总产量	同期增长/%	占全国/%
塑料制品总计	2 198	551	5.6	25.1
其中：塑料薄膜	442	92	5.7	20.9
塑料型材、板、片材	236	30	16.3	12.8
塑料管、棒材	196	32	41.9	16.6
塑料丝及编织制品	236	8.8	14.16	3.7
塑料人造革	67	11	−15.9	16.5
塑料合成革	51	5.7	7.8	11.1
泡沫塑料	111	26	11.5	23.6
塑料包装箱容器	109	23	11.9	21.7
日用塑料制品	332	152	2.3	45.8
其他塑料制品	414	168	1.4	40.6

广东省塑料行业同样受国内部分塑料产品开发过度投资，产能扩张过快，以致产品价格竞争的影响，加上能源紧张，原料价格上涨幅度大，时间长，因而企业经营效益普遍不高，2005年规模以上企业2 060个，产品销售总额1 100亿元，比上年增长16.5%，盈利企业约占85%，为1 750家，经营利润25亿元，利润率不高，可见企业经营效益受塑料原材料涨价及各种因素影响是比较明显的。此外，泡沫塑料、人造革、合成革产量、销售额增长幅度大，但效益不高，与产品结构和产品技术含量有关。

1. 合成树脂生产情况

广东省由于塑料制品制造业发达，与塑料制品加工相关的产业发展也较快。全省2005年树脂及共聚物产量约217万吨，占全国的10%，主要产品为聚乙烯54万吨，聚丙烯44万吨，聚酯52万吨，按省份统计，广东省共聚物及塑料树脂产量排名第三，聚乙烯树脂、聚丙烯树脂、聚酯均排名第四。根据广东省石化工业未来五年发展规划，广东省将加紧茂名石化、广州石化的扩建、改造和南海石化的建设及一些新项目的建设，随着以上项目的扩建改造和建设的完成，全省五大通用树脂产量将在2010年达到550万吨，这将为塑料制品产业提供强有力的支撑。

2. 塑料机械跨入生产大省行列

广东省也是塑料机械生产大省，2005年塑料设备产量为8.6万吨，占全国总产量的29.7%，排在浙江省之后，居全国第二。主要塑料机械仍为注塑、挤出、吹塑等几个主要塑料制品加工设备。有一批著名塑料机械制造企业均设厂广东，如生产注塑机械的震德公司、震雄集团、东华公司、力劲公司、利源公司、富强鑫公司、广东泓利公司等；生产吹塑、挤出设备的巴顿菲尔震雄公司、联塑机械公司、广东仕诚公司、广东金明公司、安富公司等，还有台湾著名立式注塑机企业台湾今机公司等。此外广东省塑料模具产业也在国内居领先地位，模具年生产能力及实际产量排全国前三名。

3. 珠三角塑料原料物流圈形成

与发达的塑料产品制造业配套的还有塑料原料市场的发展。广东省每年塑料原料消费量在600万～700万吨左右，由此带动了全省塑料原料物流业发展，近年中，在珠三角区域内建起数个大规模的塑料原料市场，如目前华南地区规模最大的顺德乐从塑料市场、东莞樟木头塑料原料市场，其经营面积均在三、四十万平方米，稳定经销商均达600家以上，塑料原料年销售量在80万～100万吨，销售额均在百亿元以上。深圳华南城超大型塑料原料市场一期已建成投入使用，东莞大京九塑料市场、南海厦西塑料市场、东莞黄江华南塑料市场都在建设中并部分投入使用，国内第一家大型现代塑料电子交易市场——广东塑料交易所也已开业运营，加上目前在建的以经营工程塑料为主的珠海远康科技塑料城，预计在近一、二年，广东将有6～7个年销售量在50万吨或超过百万吨的塑料原料市场及电子交易市场建成经营使用，经营地域将覆盖广东省及整个华南地区，形成独有的珠三角塑料原料物流圈。其中：乐从塑料市场和樟木头塑料市场正在组织申报塑料原料商贸区域经济称号。

全省塑料行业通过引进、吸收、改造，促进了行业技术水平提高，全行业目前有多项生产工艺、技术达到国内、国际先进水平，如双向拉伸、宽幅编织涂敷、流延成型、挤拉吹、注拉吹、共挤复合、精密注塑等工艺和技术，在国内居领先地位，有些达到上世纪末国际先进水平。全省塑料行业自“九・五”、“十・五”计划期间开始创立培育名牌产品和著名商标，并逐步形成广东省塑料行业的品牌、名牌产品集群，如农用 PE 大棚膜、包装用 BOPA、BOPP 薄膜和 PA、EVOH 多层高阻隔薄膜、医用 BOPET 薄膜、多层共挤 PP 流延膜、宽幅超透明 PVC 流延膜、PU/PVC 发泡人造革、PVC 多种系列平开塑料门、推拉塑料窗、PVC 给、排水管、UPVC 双壁波纹管、HDPE 大口径缠绕管、低烟难燃 PVC 电线、槽管、铝塑复合管等，其中的部分产品代表了行业产品的先进水平。近 3 年，全省创塑料制品类“广东省名牌产品”40 个，佛山塑料集团生产的农用聚乙烯大棚膜、广东南洋电缆集团生产的“南牌”电缆获得“中国名牌产品”称号、广东联塑集团的“联塑”商标获“中国驰名商标”称号。同时，在塑料原料、助剂、设备领域还有一批产品获“广东省名牌”、“广东省著名商标”称号。

【重点企业】

全省已形成一批年产量超万吨、销售额超 10 亿元或产量超 10 万吨、销售额超几十亿元的大型、超大型塑料加工企业集团。

佛山塑料集团（国内最大的以生产塑料包装材料）

珠海中富集团（亚洲最大的塑料饮料、啤酒瓶生产企业）

排名国内 PVC 管材生产企业前十名的广东顾地集团、广东联塑集团、广东雄塑集团，广东广洋公司（国内大型 PVC 板材及塑料家居制品生产厂家）；南海东兴制罐公司（华南地区大型的生产中空容器生产厂家）

生产日用塑料制品的广州振兴公司、揭阳顺胜公司

大型的双向拉伸塑料薄膜包装材料生产厂家中山永宁公司、顺德德冠公司；大型的电线电缆生产厂家广东南洋电缆集团

广东高明区形成 PVC、PU 人造革、合成革材料生产企业集群，2005 年已被中国轻工业联合会授予“中国合成革产业基地”称号

广东吴川市形成塑料鞋产业区域，有塑料鞋企业近千家，年产值近 30 亿元，正在组织申报“中国塑料鞋产业基地”

浙江著名的超大型 PE 管材生产厂商枫叶集团已在广州建设产能 5 万吨的生产基地，并于 2005 年 3 月投产

广东省已形成一批以生产包装塑料、建筑塑料制品及材料、日用塑料及其他塑料制品大型企业集团和多个塑料制品特色区域。

【存在问题】

广东省虽是我国塑料工业发达省份，但在加工技术、装备、产品应用领域等方面仍存在不足，原料的产量、型号均跟不上消费的增长。

1. 塑料行业企业布局和区域分布不匀

全省塑料制品占全国的比例很大，但全省塑料产业、企业集中在珠三角地区，也就是广州至珠江口的珠江东西两岸的区域和粤东地区，这一地区的一批规模企业代表了广东省塑料行业的水平，在全省塑料行业处于主导地位，而在广东经济相对不发达地区，塑料产业也相对不发达，因而珠三角地区与省内山区、偏远地区塑料行业存在较大差距，也就是说全省塑料工业虽然整体上具相当规模，但地区发展不平衡。

2. 原料生产滞后

塑料产业是综合行业，其制品生产涉及原料、助剂、设备、模具等多个产业，而塑料原料是重要环节。广东是塑料制品加工大省，但塑料原料生产相对滞后，每年自产合成树脂不足本省实际消费量的五分之一，而且品种仅限五大通用树脂中的 PE、PP、PS，用量大的 PVC、产品附加值高的 ABS 树脂在广东基本是空白。PA、PC、POM、MPPO、PET/PNT 五大通用工程塑料基本全部需要进口，而广东省石化工业今后五年发展规划尚未有工程塑料原料自主产品生产项目计划，相信在相当长时间内这一局面不会改变。而广东省又是汽车工业、家电产业、电子信息产业重要省份，广东省这几个产业十一五规划表明，2010 年，全省汽车产能达到 160 万辆，各类主要家电制品总产值达到 2 100 亿元，电子信息工业总产值达 2 250 亿元，工程塑料原料在这三个产业的应用空间巨大。塑料原料研发、生产的滞后，对全省塑料产业及相关产业持续发展的影响不容忽视。

3. 产品结构、生产工艺技术、装备问题

全省塑料行业仍存在产品结构不合理，中、低档产品比例大，高档产品、配套产品不足；通用技术产品多，高科技、高附加值产品不足。装备水平仍较低，全省技术装备虽在国内居前，但先进的、高精设备基本上大部分依靠引进，而自产设备在控制系统、精密度、速度、成套等方面仍嫌不足。

4. 科技、研发投入问题

全省自我研发的设备、工艺和产品始终与国外先进国家存在差距，企业科技进步主要出路仍在于向国外引进购买，自主研发及创新能力不够。省内中山大学、华南理工大学以及中科院广州化学所等均有我国著名高分子学科和科研机构，但企业与院校、科研所合作尽可能多、快地将科研成果产业化仍不够，行业科技进步未能完全得到广东塑料专业科研力量的支撑，雄厚的高分子材料、塑料加工科研资源未能充分利用，存在科研力量上的浪费。此外，企业创名牌产品意识仍不强，全省塑料行业名牌产品偏少，与塑料加工大省地位不相称。

【发展趋势】

2004 年，省政府组织制定的塑料产业结构调整方案确定，全省塑料产品 2006—2010 年平均增长预定为 8%。按此测算，广东省规模企业塑料产品产量、产值在 2005 年突破 500 万吨、1 000 亿元。在此基础上至 2010 年全省塑料产品产量将达 800 万吨、产值 1 500 亿元。全省塑料行业将根据经济发展及塑料行业发展趋势进行产业和产品结构调整，调整后在今后一个时期内，广东省塑料行业鼓励发展类的产品如下。

(1) 建筑塑料制品　重点发展新型节能塑料门窗、塑料埋地排水管、新型防水材料、隔热保温、装饰塑料材料、低发泡 PVC 型材、板材、噪声低的芯层发泡、内壁螺旋型 PVC 管以及各类铝塑复合、钢塑复合门窗型材、高耐候彩色塑料型材等。

(2) 工业、交通及工程塑料制品　重点为家电、汽车、交通运输、电信等行业配套。如汽车塑料、交联聚乙烯通讯电缆、计算机部件、冰箱、电视机等家用电器壳件，开发塑料合金及其他改性塑料制品应用领域。

(3) 新型包装薄膜及电子信息行业所需特殊塑料薄膜、医用塑料薄膜制品等。

同时，对省内具有优势及成熟的部分产品进行改造提高，如包装塑料制品，着重在节省资源、能源、环保等方面改造、提高，重点开发高机能性、多功能性，环保适性的塑料包装材料；大力发展技术含量高的湿法 PU 革和超细纤维 PU 革、合成革。

为解决部分塑料制品在使用过程或生产过程可能产生的环保问题，广东省将限制聚氯乙烯普通人造革生产线，超薄型塑料袋生产线的生产，根据国际履行国际公约总体计划要求，淘汰以氟氯烃（CFCS）为发泡剂的聚氨酯泡沫塑料产品、聚乙烯、聚苯乙烯挤出泡沫塑料生产工艺等。

广东是我国塑料产业大省，今后五年中培育一批代表广东塑料产业形象、水平、实力的在国内、国际有竞争能力的代表性企业十分重要。这批企业技术上应具备或接近届时国际先进水平和国内领先水平，规模、经济上应有与国际知名企业竞争的实力，逐步形成我省的产业优势。目前我省已有佛塑集团、中富集团、联塑集团等塑料包装材料、塑料建材大型企业，但与我国、我省塑料工业发展战略目标尚有很大距离。今后五年还要注意产业集群、产业特色区域的培植，以形成产品区域经济优势，带动全省塑料产业发展，提高竞争能力。我省目前已凸现以佛山、中山等地为主的塑料包装材料生产区域；以佛山顺德为代表的塑料建材产业集群；以高明为主的人造革、合成革产业区域；还有吴川的塑料鞋产区；广州、揭阳的日用塑料制品产区等。通过培植产业集群、区域，带动全省塑料产业持续发展。

广东省中山大学、华南理工大学设有高分子材料、塑料加工工艺、加工设备重点学科和国家重点科研所（室），高分子材料合成、塑料产品制造、加工技术和设备研究力量很强，条件也很好，加上近年我省一批大型企业自办研发中心，形成了广东塑料原料、产品、装备的研发队伍主体，要在这基础上创立新型产、学、研关系，加速科研成果在生产力和经济发展之间的互相转化，以创立广东省塑料产业科研、应用、产业化的优势。

今后五年全行业应注重发展高新技术，尤其发展创新性强，有自主知识产权的高新技术，要增强名牌战略意识，促使企业创造自己的品牌，逐步形成广东塑料产品的“品牌”效应，提升我省塑料产能在国内、国际上的竞争力。

鼓励、支持我省塑料行业大力发展与国民经济支柱产业密切相关的材料和产品，发现、培植塑料材料和产品新的应用、消费热点和领域，促进广东塑料新材料、新产品、新工艺、新技术的进步和发展。

（广东省塑料工业协会　符岸）

云　南　省

【大事记】

1. 召开云南塑协一届三次会员大会暨第五次理事会议。

2005 年 8 月 30 日，云南塑协一届三次会员大会暨第五次理事会议在昆明召开。会议主题是：审时度势、加快发展。会议主要内容有：①云南省经济形势分析和塑料树脂市场研讨；②协会工作和打算，部分理事单位的调整；③认真听取大家对协会如何更好为企业服务的建议。

大会通过了赵秉仁理事长“审时度势、加快发展”的书面报告，审议和通过了协会2003年度和2004年度财务收支报告，通过了秘书处关于2006年会费标准暂时维持2002年水平不变的动议，大会和理事会还分别就新增、增补会员、理事、常务理事、塑料建材、工程塑料专委会副主任委员进行了报告备案、选举和批准，同样对退会、自动退会企业报告备案，对自动弃职的理事和常务理事按协会章程审议批准等，顺利完成了会议全部议程，按时圆满结束。

省民政厅靳建新局长和省经委轻工业处武俊处长出席了会议，并作了重要发言。靳建新局长首先向大家介绍了行业协会的职能主要是提供服务、宣传行业反映诉求、规范行为，并就行业协会目前发燕尾服情况向大家详细讲解了行业协会的定位问题，怎么发挥协会作用、协会应该怎么开展工作和政府职能部门的关系等重要问题，对协会具有重要的指导性和启发性，最后靳局长表扬了塑料协会工作，活动情况良好、遵纪守法，年检顺利通过，鼓励塑料协会把工作开展得更好。武俊处长的讲话着重分析了云南省宏观经济形势和环境，从云南省近十年来经济社会发展的轨迹来说明走新型工业化道路的必要性和紧迫性，发展轻工业对于走新型工业化道路的重要性和省政府的新认识，希望企业和政府共同努力，推动轻工业的新发展。对于塑料行业发展，武俊处长抱有很大希望，他认为塑料行业是一个有光明前景的行业，要努力融入经济大潮的发展，抓好企业改革，加快行业整合。最后，对云南省塑料协会的工作提出了一些很好的建议和指导性意见，如会员单位和协会的互相理解、行业整体形象提升、向社会推荐塑料产品等。

2. 召开云南塑协薄膜专委会一届六次会议。

2005年11月4日薄膜专委会在昆明航天疗养院召开一届六次会议。会议主要议题是：①传达省质监局书面答复和有关精神；②研究如何采取行业自律措施保障微膜产品质量；③安排如何办理企业准备案手续。会后协会以正式文件印发了本次会议纪要和微膜企业标准备案工作办理程序，标志着企业标准备案工作进入实质性阶段。

【基本情况】

2005年，云南省经济和社会在克服严重干旱和煤电油运困难中胜利完成了“十五”计划确定的主要目标任务，全省生产总值比上年增长9.5%，人均生产总值超过900美元，人民生活实现了由温饱到总体进入小康的历史性跨越。

云南省塑料行业取得了可喜的进步，全年生产塑料制品14.37万吨（统计口径，即包括全部国有企业和销售收入500万元以上的非国有企业），比2004年增长17.9%，比同期云南省生产总值增长9.5%快了8.4个百分点，也比全国塑料制品增长12.9%快了5个百分点。

分类看，除泡沫塑料制品减产1.3%，日用塑料制品减产19.3%外，其他类塑料制品都实现了不同程度的增产，具体见表1。

表1　2005年1～12月云南省塑料树脂和塑料制品产量表

项　目	2004年产量/吨	2005年产量/吨	同比增减/%
塑料制品	121 819	143 662	17.93
塑料薄膜	66 237	69 456	4.86
其中:农膜	29 476	38 198	115.80
塑料板材、型材	3 165	6 830	16.27
塑料管及附件	6 455	7 505	48.11
塑料纺织制品	24 964	36 975	−1.34
泡沫塑料	6 569	6 481	55.61
塑料包装箱及容器	3 625	5 641	−19.32
日用塑料制品	207	167	0.08
其他塑料制品	10 523	10 607	13.29
聚氯乙烯树脂	27 008	30 598	

大多数骨干生产企业，如玉溪旭日塑料有限责任公司，曲靖塑料集团有限公司、昆明春叶塑料制成品有限公司、云南红塔塑胶有限公司，玉溪红塔新型建材有限公司、云南麒麟塑化集团有限公司、云南金潮塑胶有限公司、云南盐化股份有限公司等都实现了生产较大增长。

一批企业推动科技进步开发了塑料新产品，如玉溪红塔新型建材有限公司的推拉门，玉溪龙腾塑胶有限责任公司的碳素等、玉溪旭日塑料有限责任公司的纳米改性大棚膜，云南红塔塑胶有限公司的基膜、水晶膜，云南超微新材料有限公司的阻燃，耐候ABS粒料、PC、ABS含粒料，所以，玻纤PC粒料等。

采用先进理念管理制度，认真学习和执行ISO 9001:2000质量管理体系，在2004年已有九户塑料企业获得论证证书的基础上，2005年又有股通市盛祥塑胶有限公司，宣威市金叶资业有限公司和云南金潮塑胶有限公司开展了质量管理学习，贯彻和认证工作，企业经营管理水平稳步提高。

从多个视角看，云南省塑料行业在2005年生产增长较快、增长范围较广，科技进步显著，经营管理水平稳步提高，整个行业呈现蓬勃发展的好势头。但是我们不能过高估计这个成绩，作为西部地区的云南省，塑料行业和全省经济、社会的发展程度一样，与东部地截然存在很大差距，而且差距还有退渐扩大的势头，不充分注意到这个趋势，盲目乐观是不可取的。

“十五”期间，云南省省塑料制品产量（统计口径）从2005年的8.08万吨增加到2005年的14.37万吨，年平均递增速度9.21%，同期全国塑料制品产量年均递增速度达到16.25%，因此云南省塑料制品占全国产量的份额也从0.78%下降到仅有0.65。从绝对数量看云南塑制品产量居全国第17位，西部地区第3位，包括总产量的5.3%，而粤、浙、苏、鲁、翼、豫、辽、闽、沪九个省市塑料制品产量合计达到1 900多万吨，占全国产量的87%，构成统计学上所说“关键的少数”，我们不能盲目乐观。

从塑料制品的技术含量看，云南省的产品大部分都是低档产品，其中普通农膜和普通织袋占了总产量的52%，如果再加一普通塑料管，普通包装桶、普通PET瓶等产品，低档产品比例在75%以上，能够被称为中档产品的只有BOPP薄膜，功能农膜、部分异型材、部分铝塑复合管、硅芯客、七孔管和大口径聚乙烯双壁波纹管等不多的产品，可以说基本上还没有可称为高档的大批量生产的产品，云南省塑料行业提高自己的素质和提高产品技术含量的任务还很艰巨。

塑料制品是一个生产规模和经济效益显著相关的行业，云南省和全国平均水平相比同样存在很大差距，从表2、表3可以看出，按生产量计算云南省每个厂的平均规模在2000年和2004年分别是全国的82.30%和95.6%，规模已经接近平均水平，但是按产值计算的每个厂平均规模，同期只有全国的49.0%和50.4%。生产规模增加了13.3个百分点，产值规模只增加1.4个百分点，可以说增产不增收；云南省一个塑料厂的产值，只等于全国平均水平的一半，两个厂才抵一个厂。

表2 生产规模对比

每厂生产量	全国平均	云南	云南为全国的/%
2000年	1 663吨	1 369吨	82.3%
2004年	1 950吨	1 865吨	95.6%

表3 产值规模对比

每厂生产量	全国平均	云南	云南为全国的/%
2000年	2 995万元	1 468万元	49.0%
2004年	4 030万元	2 031万元	50.4%

经济效益指标和经济技术指标综合地反映了企业的生产、技术、经营、管理水平、从表4、表5我们可以看到，云南塑料企业的全员劳动生产率从为全国平均的91.1%（2000年），下降到81.6%（2004年），几乎下降了10个百分点；企业的盈利水平——资金利润率更从只有全国平均水平的1.4%，下降到19.3%，下降幅度高达52个百分点，按2004年水平全国塑料企业平均盈利是云南塑料企业的5.2倍。

表4 全员劳动生产率对比

年 份	全国平均	云 南	云南为全国的/%
2000年	16.8万元/人口年	15.3万元/人口年	91.1%
2004年	25.0万元/人口年	20.4万元/人口年	81.6%

表5 资金利润率对比

年 份	全国平均	云 南	云南为全国的/%
2000年	3.5%	2.5%	71.4%
2004年	4.1%	0.79%	19.3%

当然，云南省塑料行业在2004年经济效益严重下滑有一个重要原因——原料价格暴涨的冲击。这个冲击又重新扩大了云南省塑料行业与全国平均水平，与先进地区的差距，反映了云南省塑料行业大多数中小企业实力弱、抗风险能力差、经营不灵活，物流水平差，技术开发水平低的现实。

难得的是：云南省的主要塑料产品和产主要生产企业，在经受了原料暴涨的冲击后，2005年恢复了生机，实现了大幅度增长，增长速度居全国第14位，比全国平均增长速度快了5个百分点，取得较好的成绩，展开了云南省塑料行业顽强的生命力。我们证明过，云南省塑料行业是一个有光明前途的行业，云南省虽然是一个经济不发达的边疆省，云南省塑料行业基本上没有原料优势，使用者几乎是全国价格最高的合成树脂。

但是我们奋斗了，我们在快速成长，亚洲金融风暴和2004年原料暴涨之后又迅速崛起，成长的云南省工业经济领域有一定影响和地位的行业。

当前，我们面临难得的发展机遇，国家认真总结实施西部大开发的经验，进一步加大对西部地区的支持；中国——东盟自由贸易区建设前年已经启动，今年势头强劲；大湄云河次区域经济合作在《昆明宣言》推动下深入发展；孟中印缅《昆明合作声明》拓宽了与南亚国家友好交往的领域；“泛珠三角”区域合作更突出了云南作为国际大通道和走向东南亚、南亚桥头堡的作用，……在我们面前展开了一个空前宽广的发展天地，让我们赶上了难得的发展时机，一个以竞争图生存的世界就在我们眼前，经济一体化大潮已经滚滚而来，我们要抓住新的战略机遇，和兄弟省市一起趋势而上，实现新的发展。

（云南省塑料行业协会　詹家驹）

新疆维吾尔自治区

【基本情况】

随着我国市场经济体制逐步建立，特别是国家西部大开发战略实施和深入，新疆塑料行业在“十五”期间的特点可以概括为：发展平稳、结构调整、亮点纷呈。总体上看，“十五”期间的新疆塑料工业呈现平稳发展态势。全疆塑料制品总产量2000年为19.61万吨、2005年为39.17万吨。按可比价格（90不变价）计算，2000年工业总产值为16.47亿元、2005年为32.90亿元，年均增长速度均为12.2%。进一步分析可以看出有7个明显特征。

1. 三大支柱呈鼎足之势，产品结构不断优化

农用塑料制品、建筑塑料制品、包装塑料制品是当前我区塑料工业的三大支柱产品种类。农用塑料制品中，传统的农地膜产量一直稳定在9～10万吨左右；近年来农用塑料节水灌溉器材（包括：管材、管件、灌水器及配套件）异军突起，2005年产量达到10.3万吨，已与农地膜平齐，农用塑料制品仍位居总量第一；在建筑塑料制品中，PVC型材及门窗经过前几年的快速发展后，现已处于平稳发展和技术升级时期，而各类管材管件、以PE土工膜为代表的土工合成材料、PS和PU保温填充材料等又成为新的亮点，2005年产量为12.7万吨；在包装塑料制品中，主要是编织塑料、泡沫塑料、包装箱及容器，去年产量为6.14万吨；均比2000年有了长足发展。

2. 强者恒强，区域布局无大变

受“绿洲”经济特点的影响，长期以来新疆塑料行业的发展在区域结构上一直呈现出以北疆经济带和南疆阿克苏地区为重点的“一带加一点”状况，“十五”期间这种格局总体上没有明显的变化。

规模化发展较快的企业主要集中在北疆的石河子、克拉玛依、昌吉和南疆的阿克苏地区。“十五”期间，在新疆天业、屯河塑业、天利高新、永昌管道和塔农塑业等一批高成长性企业的拉动下，由天山北坡经济带和阿克苏地区构成的塑料行业“一带加一点”的增长优势更加突显，其塑料制品产量占到了全疆总量的74%以上，在技术创新、企业规模上对新疆塑料工业稳步发展起着重要支撑作用。

从“十五”期间北疆、乌鲁木齐、东疆、南疆四个大区的产量比重变化看，北疆地区的产量比重下降了5.3个百分点，而过去较弱的南疆和东疆地区的产量比重则分别上升了4个和1个百分点。这主要是因为一些技术成熟、投资规模不大的大宗产品的生产，正逐步向销售区域分散、转移。

3. 规模发展势头加大，企业结构趋于合理

“十五”初期，年产量过万吨的企业仅有天业集团、屯河塑业两家企业，到2005年，产量超过万吨的已有天业集团、屯河建材、天利高新、永昌管道、夏梦雅泰等5家企业（集团），其合计产量占到了总产量的30.73%，成为新疆塑料工业的第一集团。年产量在3 000～10 000吨的乌石化塑料厂、宝硕管材等18户企业产量也占到了总产量的21.48%，是我区塑料行业的中坚力量——前面这23户企业只占总企业户数的5.75%，而其产量合计已达20.45万吨，占总产量的52.2%。而产量在3 000吨以下的企业多达379户（统计口径），占企业总数的94.28%，其产量比重却不足总产量的一半。因此，量大面广的仍然是产量规模在千吨以下的小企业。

4. 有进有退新老更替，产业结构呈多元化发展

随着企业改革的深化和企业所有制结构的调整，大批老企业或转产、或转制，曾经为新疆塑料工业做出过重要贡献的骨干企业，大多数已经退出塑料行业，与此同时又有大量国内外知名企业、区内外民间资本正积极涌入，投资塑料行业，在企业规模、资本构成、行业布局等多方面形成了多元化发展的局面。

5. 科技创新层出不穷，技术结构水平明显改善

科技创新是经济发展的动力，近年来，各骨干企业率先加大技术创新与新产品开发力度，有效提升了塑料行业的技术水平。天业集团继续担当行业龙头作用，充分发挥其国家级企业技术中心，国家节水灌溉（新疆）工程技术研究中心，企业博士后科研工作站等企业研发机构的作用，在节水灌溉器材及其配套制品的核心技术研究、产品开发、市场拓展等取得了举世瞩目的成就。

屯河建材、天利高新、乌石化塑料厂等一批企业也设立了自治区级企业技术中心和研究所，积极开发与利用新材料、新工艺，进行产品结构性能的差异化研究，取得了良好的效果；独山子石化研究院在树脂改性技术的研究与开发工作中，积极与生产企业形成产研结合，有的放矢地开发和应用各种专用料、改性料，有效地推动了新材料、新技术在塑料行业的应用。“十五”期间，有数十个高水平项目先后列入了国家级和自治区级科技创新专项计划，这一切都显著地提升了新疆塑料工业的科技创新水平。

6. 以内为主面向周边，市场结构变化明显

随着对中亚各国的开放力度进一步加大和边贸经济的发展，对外出口已成为我区塑料工业新的市场指向。特别是本世纪以来，新疆塑料原料及制品的进出口业务几乎每年都在成倍地增加。2000年时，全疆塑料原料及制品的进出口总值仅为0.394亿美元，其

中进口总值为 0.261 亿美元（基本上是原料），出口总值为 0.133 亿美元。到 2005 年，全疆塑料原料及制品的进出口总值达到了 2.963 亿美元，其中进口总值为 0.283 亿美元（基本上是原料），出口总值为 2.68 亿美元；五年间分别增长了 6.5 倍、8.4%、19.15 倍。到去年底，塑料原料及制品进出口总值占全疆全部商品进出口总值的比重由 2000 年的 1.74%，提高到 3.74%，其中，塑料制品总值占全部商品出口总值的比重则由 2000 年的 1.11%，提高到 2005 年的 5.32%，但在出口塑料制品中，疆内塑料制品所占比重不足 20%（见表 1）。

表 1　2000～2005 年合成树脂生产企业与产能统计

序号	企业名称	2000 生产能力/kt		2005 生产能力/kt		主要品种
		分类	合计	分类	合计	
	合　计	—	310		980	
1	独山子石化分公司乙烯厂	120 70	190	240 120	360	PE PP
2	新疆天业股份有限公司	25	25	260	260	PVC
3	新疆中泰化学股份有限公司	25	25	140	140	PVC
4	新疆新峰股份有限公司	20	20	40	40	PP
5	新疆天利高新技术股份公司	30	30	30	30	PP
6	克拉玛依石化分公司	20	20	40	40	PP
7	新疆屯河聚酯有限责任公司	—	—	110	110	瓶级 PET
	合　计	—	310	—	980	

7. 从基础树脂到专用料，原料结构逐步优化

“十五”期间，我区的合成树脂生产和供应发生两个方面的明显变化。首先是基础树脂的总产能增幅明显，五年间增长了 2 倍多，达到了当前的 98 万吨/年的水平，树脂品种大幅增加，为新疆塑料制品加工业提供了丰富的原料资源。其次是各种专用料和改性料的开发力度加大，以独石化公司研究院相继开发并投产 PE 管材、PE 土工膜、PE 滴灌带专用料，天利高新股份公司先后研制投产 PP 汽车增强改性料，乌石化塑料厂的 PP 编织制品专用料、乌鲁木齐德美隆公司开发的 PP 高抗冲改性料、PS 母料、防老化母料等。各类专用料、改性料的开发，不仅方便了制品生产企业，更为新产品的研制以及提高制品的质量水平，奠定了良好基础。

从原料经营市场看，随着企业体制改革的深入，出现了更多的民营原料流通企业，到目前为止全疆有专业从事主辅原料经营的企业近百家，原料供应的市场化和供应渠道多元化已经形成。这些流通企业以灵活的经营机制和良好的服务，在原料供给、品种调剂、淡旺季平衡、价格信息、丰富市场等方面发挥着积极有效的作用。

一、2005 年行业经济运行总体平稳，内外形势依然严峻

2005 年是“十五”最后一年。在这一年里，全行业再一次经受了因国际石油价格的飙升、而导致的原料价格持续高位运行，制品价格上升滞后的严峻考验，实现了全行业平稳增长的局面，为“十五”划上了一个圆满的句号。

1. 主要制品生产态势平稳

据统计资料显示，2005 年全疆塑料制品总产量为 39.17 万吨，较上年的 35.55 万吨，净增 3.62 万吨，增长率为 10.18%；工业总产值现价为 38.58 亿元，较上年增长 11.88%。各类塑料制品产量分别为：塑料薄膜制品 11.42 万吨，占制品总量的 29.16%，较去年增长 29.53%（其中农地膜 10.31 万吨，较上年增长了 18.46%。）；管材制品（含节水器材）14.71 万吨，占制品总量的 37.56%，比上年略有下降；异型材及板片材制品 4.5 万吨，占制品总量 11.37%，较上年增长 48.95%；塑料丝及编织制品 4.41 万吨，占制品总量的 11.26%，较上年增长 29.87%；塑料泡沫制品 0.5 万吨，主要是 PE 发泡片、网，PS 板、PU 泡沫，较上年下降了 24.26%；塑料包装箱及容器 1.23 万吨，较上年下降了15.18%。

在各类制品中，增长幅度较高的是日用塑料和编织塑料制品，分别达到了 84.47%和 29.87%。前者主要是活跃的边贸使原来在内地生产的商家纷纷将设备迁入本地生产，以求得更大的利润；后者主要是本地的工农业商品的包装，更多地采用编织制品和外贸出口增加的缘故。

2005 年新疆塑料制品总产量占全国总产量比重为 1.8%，与往年基本相当。表 2 为 2005 年塑料制品产量 3 000t 以上企业统计。

据统计资料，2005 年万吨级企业数由上年的 6 家下降为 5 家，其产量合计占总产量比重为 30.73%。年产量在 3 000 吨以上的规模企业数达到 23 家，企业数比上年的 18 家增加了 5 家，增长率为 27.78%；其产量合计占总产量比重为 52.2%，比上年的 61.57%下降了 9 个百分点；3 000 吨以上企业的平均产量为 8 889 吨/年・家，比上年的 11 504 吨/年・家下降了 22.73%。年产 3 000 吨以下 2 000 吨以上企

表 2　2005 年塑料制品产量 3 000t 以上企业

序号	企业名称	产量/t	主要产品
1	永昌玻璃钢管道公司	42 500	玻璃钢管、钢塑管、PE、PPR 管
2	新疆天业股份有限公司	39 815	地膜、节水器材、管型材、包装膜
3	新疆夏梦雅泰装饰材料有限公司	13 723	装饰建材(铝塑料复合板)
4	新疆独山子天利高新技术股份有限公司	13 009	地膜、无纺布、编织袋
5	新疆屯河型材有限公司	11 297	型材及门窗
6	新疆克拉玛依市宝硕管材有限责任公司	7 763	各类管材
7	新疆润泽科技有限责任公司	6 991	地膜、节水器材、管材
8	新疆屯河节水科技有限公司	5 930	节水器材、管材
9	中国石油乌鲁木齐石油化工总厂	5 712	编织袋、防渗膜、土工格栅
10	新疆珠江塑料有限责任公司	5 423	地膜、注塑制品、节水器材
11	新疆德海塑业发展有限公司	5 203	各类包装容器
12	兵团农四师伊犁金边塑业有限公司	4 860	塑料编织袋
13	新疆石河子一四八团福利综合厂	4 852	地膜、节水器材、管材
14	新疆太湖装饰材料制造有限公司	4 542	型材、板材
15	新疆富成塑业有限公司	4 188	地膜
16	兵团农一师新农阿拉尔塑料制品厂	4 130	农地膜、节水器材、各类管材
17	兵团农六师芳草湖益民塑料化有限公司	3 972	地膜、节水器材、各类管材
18	石河子下野地天农塑料制品有限公司	3 918	地膜、节水器材、管材
19	新疆天山塑业有限责任公司	3 697	地膜、型材、管材
20	新疆南疆塑料工业总公司	3 481	地膜、管材、编织袋
21	伊犁团结塑业有限责任公司	3 246	编织袋
22	新疆奎屯文昌塑料制品有限责任公司	3 228	包装膜、手提袋
23	赛尔德塑胶制品有限责任公司	3 000	管材
合　计		204 453	注:占总产量 52.2%

业数达到 52 家，比去年的 47 家，增加了 5 家，增幅为 10.64%；其产量合计占总产量比重为 22.1%，比上年的 19.9%上升了 2 个百分点。

这些数据说明：总体上规模企业数量在增加——呈现出生产集中度上升特征；而高产企业的平均规模在下降，呈现出产量分散特征。或者说，一些中小型企业的经营规模在上升，而少数大型企业的经营规模（市场占用率）在下降，从这一个侧面也反映出业内企业规模结构正在加速调整。

2. 进出口呈现结构性变化

据海关统计，2005 年全疆登记经营单位的塑料原料及制品进出口总量为 15.22 万吨，其中各类树脂 4.12 万吨、制品 10.58 万吨。进出口总值 2.963 亿美元，其中各类树脂 4 052.4 万美元、制品25 446.9 万美元。

从商品结构上看，进口的主要是 PE、PP、PS 树脂以及少量的废旧塑料、泡沫制品等。出口的主要是建筑塑料制品（又主要是管材及装饰建材）、编织制品、日用制品以及少量的 PVC 树脂等。

从进出口商品各类分析，并与上年比较：原料类 PVC 树脂进出口增长最快，数量增幅达 11 倍还多，且均为出口；制品类管材管件进出口增长最快，数量增幅达 25 倍多；其次是丝及条状制品，数量增幅为 73.25%，且在本年几乎没有进口；位居制品进出口第三的是板片箔膜类制品，比上年增加了 47.31%。

出口塑料制品中建筑塑料制品特别是管材、装饰建材连续大幅上升的原因，主要是周边国家的经济复苏，其新一轮的投资建设工程项目增加。进口商品中主要是聚烯烃原料，与新疆及相近省区的塑料制品工业结构有关。

与全国比较，去年我区塑料制品进出口总量、总值均分别占全国总数的 0.75%、1.53%。表 3 为 2005 年新疆塑料原料及制品进出口情况统计。

3. 原料生产能力再上台阶

过去一年，我区的合成树脂产能继续保持着高速增长态势，到年底全疆总生产能力达到了 98 万吨，比 2004 年 78.4 万吨增加了 25.51%。其中 PVC、PP 树脂分别增加了 18 万吨、1.6 万吨，PE 和 PET 树脂在一年里没有变化，详见表 1。

4. 行业共性问题依然突出

新疆塑料工业虽然有了一个大的发展，但是长期存在的一些共性问题也十分突出，有些甚至已影响到行业的健康发展。主要表现在：

第一，结构优化任重道远。相当数量的企业和产品仍限于一些工艺简单、技术水平不高、结构单一的大宗产品，而且在地区分布上趋于雷同。少数骨干企业更是集中在沿天山北坡经济带的大中城市地区，大型企业中产品结构也相同或相似，在一些领域缺乏水

表 3　2005 年新疆塑料原料及制品进出口情况

商品名称	上年数量/t	本年数量/t	同比增加/%	进出口总值/千美元	进口总值/千美元	出口总值/千美元
全部进出口总计	211 745.42	152 278.82	−28.08	296 301	28 339	267 955
各类树脂	94 647.76	41 176.36	−56.50	40 524	24 290	16 232
其中：PE 树脂	80 151.42	21 080.57	−73.70	21 717	21 055	661
PP 树脂	1 738.90	1 440.21	−17.18	1 330	928	402
PS 树脂	902.30	1 769.18	96.07	2 627	—	2 627
PVC 树脂	1 218.55	14 953.52	1 127.16	11 604	—	11 604
废旧塑料	653.60	5 328.61	715.27	1 308	1 308	—
各类制品	116 444.07	105 773.84	−9.16	254 469	2 741	251 723
其中：丝及条状制品	3 553.75	6 156.81	73.25	9 043	7	9 036
管材管件制品	432.79	11 349.16	2 522.32	18 504	111	18 392
板片箔膜制品	4 364.93	6 429.79	47.31	11 913	216	11 696
泡沫制品	744.06	725.45	−2.50	2 898	1 523	1 374
箱包容器制品	6 803.25	9 684.88	42.36	16 562	569	15 992
建筑厨卫制品	90 950.80	61 576.23	−32.30	166 436	24	166 412
日用工业制品	9 594.49	9 851.52	2.68	29 113	291	28 821

注：资料来自海关，统计范围为全疆登记经营单位。

平高、效益稳定、竞争力强的龙头企业、特色企业。企业规模结构不尽合理，年产 500 吨以下的小地膜、小管材、小编织袋企业的比重过大。统计口径的 402 家塑料加工企业中，2005 年的平均年产量尚不足 1 000吨，年产量在 1 000 吨以下的企业数达 288 家，其产量合计仅占总产量的 18.8%，其平均产量仅为 260 吨。这种规模的企业很难有技术开发和创新能力。

第二，重复建设严重，市场秩序不规范。过去的地膜、编织袋等产品的产能严重过剩；而今节水器材、管材等制品似乎又在步其后尘，仅去年里就出现了相当数量的作坊式生产企业。不仅造成了资源严重浪费、原料单耗增加、产品质量混乱和行业效益下降，而且给行业发展和社会形象都造成了不良的影响。

第三，产品质量不容乐观。据自治区质监局的资料显示，2005 年主要监控制品的不合格品率仍然居高不下，且出现了全国通报的“和田管材事件”，这又一次给我们敲响了警钟。也说明塑料行业中还有相当一部分企业的质量意识淡薄，相当数量的产品质量问题是十分严重，因此必须下大力气予以纠正。

二、行业工作，特色明显；协会建设，稳健有序

（一）依托政府，着重开展行业发展工作

行业发展是行业协会的核心工作。多年来塑料协会始终把促进行业可持续健康发展列为协会各项工作的首位。主要有：

1. 配合政府部门，编制本行业发展规划。受特色轻工规划办公室的委托，上半年组织专家先后走访了南北疆兵团和地方 7 个地州市的 100 多个政府部门、科研院所、企事业单位，积累了大量第一手资料，完成了《新疆农用塑料节水器材发展研究报告》和《新疆塑料行业“十一五”发展规划》的编制工作，为《新疆特色轻工“十一五”发展规划及 2020 年远景展望》提供了支持性资料。

为促进规划的落实，先后多次将“专题报告”和“规划”中的重点项目推荐给有关部门列入招商引资项目指南。为引导业内企业充分利用政策资源，先后在在会刊《新疆塑料信息》、《新疆塑料》和新疆塑料信息网站上刊载多篇宏观政策信息或相关规划资料。

2. 重视行业交流，积极建立行业协会交流体系。一年来我们以日常通讯联系、相互赠阅会刊、参加相关行业活动等方式，积极建立了以同行和相关行业协会为主体的行业交流体系。中国塑料加工工业协会是我们密切联系的上级协会，建立了多方面的互动交流：完成了每年一度的《中国塑料工业年鉴》之新疆部分（2004、2005）的编撰工作；去年以来向《国外塑料》、《中国塑料加工工业协会通讯》等编撰或推荐了 10 多篇文稿；先后组织我区企业和专业技术人员参加了：2005 中国塑料制品交易会（台州）、2005 聚烯烃市场走势高层论坛（广州）、华南塑料工程研讨会、第十九、第二十届国际橡塑博览会等行业、专业会展，使疆内企业和专业技术人员能及时掌握当前国内外塑料行业的发展态势，从而把握技术和市场先机。因此，也多次受到中国塑料加工工业协会的赞赏，在今年的第四届中塑协理事会上新疆塑料协会被增补为中国塑料加工工业协会副理事长单位，并有 10名行业技术人员被聘为中塑协首届学术委员会专家。

3. 积极开展技术岗位培训工作，提高专业人才素质。为有效推动行业职业技术教育与职业技能鉴定考核工作，2004 年协会申请并获得批准设立了“自治区第 37 号国家职业技能鉴定站”，为提升塑料行业整体专业水平、顺利推行职业资格证书和就业准入制度搭建了平台。去年以来通过上门服务的形式进行了两期初级工培训和鉴定工作，有 58 人次获得全国通用的塑料加工专业初级职业资格证书。在培训教育中，结合实际情况还编撰了塑料挤出、吹塑薄膜等工种的培训教材、鉴定考试用题库等基础资料。最近，还将出台《新疆塑料行业“十一五”期间职业技术教育与职业技能鉴定工作实施意见》，以促使此项工作制度化地开展下去。

4. 参与自治区的名牌实施战略，推动行业科技进步。积极配合有关部门，组织行业专家参与新疆名牌产品行业评选、企业标准审查工作、新产品、科技成果的鉴定工作及有关技术改造、科技开发和新产品开发项目论证工作。还利用走访、调研等机会向业内企业宣传申报项目的意义，引导企业、特别是中小企业重视科技创新和技术进步；向有关部门推介业内企业，力图建立一个在市场经济环境中，以行业协会为中介的技术进步平台。

去年又有两家、3 个产品获得了新疆名牌产品称号。据不完全统计，一年多来通过协会参与的各类项目评选、审查会议多达 30 多人次，有 10 多个项目或列入了自治区级科技发展计划、或通过了自治区级科研成果与新产品鉴定验收。

5. 提倡诚信经营，积极引导业内企业走健康发展之路。部分产品的过剩产能、日益加剧的市场竞争，造成了一些企业以低质低价进行倾销，同行间相互拆台等不良现象或行为屡屡发生。如何规范市场行为，开展良性竞争，以获得合理的经营效益，是当前许多行业或企业的共同企盼。今年在协会的提议倡导下，以天业集团、屯河节水科技公司等 8 家 PVC 管材生产企业为主发起建立了“新疆 PVC 管材业诚信自律委员会”。经过多方努力，筹建工作基本顺利，于 5 月 26 日正式签署了《新疆 PVC 管材业诚信自律公约》，在前期的筹建期间，其自律建设活动已初见成效：PVC 管材质量已有明显提高、市场价格也较上年有所回升。按协会有关计划，还将在农地膜、建筑塑料等重点产品、领域开展相关工作，引导塑料行业规范发展，避免恶性竞争，提高行业素质。

(二) 关心焦点，及时向政府反映企业呼声

在近年来的经济体制变革过程中，新疆塑料行业比较突出的问题有：疆内市场上的 PE 原料销售价格，长期存在着不公平现象，中小企业流动资金贷款困难，地膜产品销售中所涉及质量标准执行与地方保护现象等方面的问题，给新疆塑料行业发展造成一定影响，为此协会多次进行专门调研工作，都形成专题调研报告向政府及有关部门反映情况，寻求解决。

特别是今年元月，新疆市场上的 PE 原料几天内急涨了 800 多元/吨，时值农地膜生产关键时期，为确保农地膜正常生产和开春的正常供应，协会立即停止所有工作、组织专门班子、进行专题调研，向自治区人民政府及有关部门提交的《当前塑料原料急涨对新疆农地膜和滴灌带产销市场的影响》的专题调研报告，及时反映了行业实际情况，针对有关具体问题提出了建设性意见，得到了政府部门的高度重视。

(三) 转变观念，热情服务于行业和社会

面向行业、社会，服务行业、服务社会，既是塑料协会的重要工作内容，也是日常工作的基本态度。十多年来我们始终以服务的态度、方式开展各项工作，也积极开展立足行业、面向社会各界的服务性业务。可以说，“服务”已成为了新疆塑料协会，尤其是秘书处各项工作的基点。

1. 长期坚持积极、热情地向会员单位、非会员企业和机构提供多种有效的日常性服务。协会秘书处的每一个人都能做到：热情地接听每一个电话，认真回答每一次问询，主动接待每一次来访。对于一些有困难的企业、会员单位还长期免费赠阅会刊、减免会费等，凡初次入行或与协会联系的单位或个人往往都提供的是无偿的服务。以做好每一件小事情，温暖每一颗心，使协会有了“企业之家”的称号。所以我们现在虽然只有 100 余家正式会员单位，但团结在协会周围的塑料加工企业达 300 多家，还不包括有长期且友好联系的各级政府管理机关、国内外科研院所、社会机构等。

2. 积极关注并参与国家和自治区的相关重点工程项目建设。仅 2004 年以来以协会牵头并参与的重点工程项目有：

(1) 由国家环保总局和中国塑料加工工业协会领导、受联合国环境开发计划署资助的泡沫塑料制品“CFC 替代改造项目”，组织疆内企业编制并申请了“新疆地区 PU 泡沫制品 CFC 整体淘汰改造项目”，该项目获得批准的赠款资金近 200 万美元，目前该项目已经加紧执行中。

(2) 自 2003 年以来，组织了专业技术人员参与自治区重点水利工程“引额济乌”项目建设和昌吉回族自治州“西延干渠近期”工程所用土工膜产品的生产监造。在三年多的监造实施期间，先后涉及到区内外企业四家，累计监造 PE 土工膜产品 1 300 万 m^2。此次土工膜监造，开创了国内塑料制品质量监造及行

业协会参与产品监造的先河，并制订和实践了监造实施规范——《PE土工合成材料监造手册》和《土工合成材料驻厂监造管理制度》等。我会监造工程师对业务工作的专业技术水平和对质量工作的认真负责态度，获得了建设单位的高度评价，在新疆水利工程建设上初步建立了良好信誉。

3. 一直坚持对农地膜、塑料节水器材等重点产品的生产监控，在每年的生产旺季期间，都对全疆各企业的开机、生产情况及产品市场价格进行专门的调研、统计，并将其汇总结果专门、定期向全行业通报，使各企业及时掌握这些产品的生产、销售、库存情况，为本企业的经营决策提供了重要的参考资料。

4. 积极拓展协会生存渠道，减轻会员单位的经济负担。新疆塑料协会与许多行业协会一样，虽说是社会团体类机构，但没有政府财政经费的支持，其业务经费的来源主要是会费收缴和咨询服务报酬。而以加工企业为主的塑料行业绝大多数是中小企业，其经营规模较小，一个企业也往往需要参加各类协会、商会，社会负担较重，会费收缴很困难。为此，多年来我们积极拓展协会生存渠道，通过以面向本行业以外的社会各界，广泛地开展各类有偿服务工作，其收入有效缓解了协会经费不足的问题。

5. 除调研工作外，我们还一直坚持定期上门拜访各副理事长、理事单位，掌握重点企业、重点领域技术和产品的发展动向。有代表性地参加一些如引资、新办企业的揭牌、投产活动；深入特色企业进行专题调研、研讨专项工作等。通过走进企业，积极参与企业重要业务活动等方式，贴近了协会秘书处与行业骨干企业的感情联系，为有效开展行业或协会工作奠定了良好基础。

（三）不断创新，努力建设行业信息交流平台

1. 努力办好协会的内部刊物《新疆塑料信息》。到上月已累计编印138期。去年以来，再次对采、编、印、发等方面进行综合性改进，主要有：加大宏观政策法规、热点焦点资讯、区内行业信息报道和专业技术论文编发，固定专栏，改黑白单色编印为彩色图文混排，增加向政府部门、业内专家和骨干专业技术人员、区外同行及兄弟协会免费赠阅等措施，使其已成为有关单位和个人了解新疆塑料行业发展态势的重点窗口。为使这个刊物最终成为省级专业性刊物，今年又将其改名为《新疆塑料》。

2. 坚持进行行业经济技术信息统计工作。累计编发了137期《新疆塑料行业经济信息交流统计报表》，做到了12年中每月一期。其统计面达到会员单位数的60%（目前协会会员单位数104家），占全社会总产量达到70%以上。协会的统计数据已成为轻工行办对塑料行业统计工作的重要支撑，也是自治区统计局重要参考数据。

3.《新疆塑料信息网》自创办以来已先后进行过三次结构性升级改进，使其更符合行业发展要求。自去年夏天开始，又设专人进行网站管理，以确保行业资讯、特别是市场信息得到及时更新。其目标是要成为我区唯一、有地方、行业特色的专业网站。

（四）不懈努力，积极推进行业科技进步

科学技术是第一生产力，已是不争的共识。以中小企业为主的塑料行业如何重视科技进步，是协会的重要工作之一。2005年以来，首先利用各部门都在编制“十一五”规划的机会，着重向有关方面推荐对本行业有重大影响的科技发展项目。到目前为止，通过协会向自治区发改委、科技厅等部门，已累计推荐了累计几十项塑料类重点科技发展项目。

其次，是继续开展“新疆塑料行业科技论文征集及优秀论文评选”活动。编辑出版了《新疆塑料行业文集（2005年度）》；有47篇论文获得2005年度协会评选的优秀论文奖；有24篇论文还分别在国家级专业期刊或在全国性专业会议上进行发表。

第三，坚持组织专业技术人员为业内企业提供各类专业技术服务，使协会的行业科技工作日常化、特色化。主要活动有：项目申报、成果鉴定、标准评审，技术诊断、专业咨询、市场调研等。

（五）持续改进，不断强化协会自身建设

由于行业协会是国内近十多年中的新生事物，而引进社会各界的重视则是本世纪以来的事。因此协会的自身建设是协会本身的头等大事。

1. 建立健全协会管理、工作制度建设。随着协会工作的拓展和行业发展的需要，近年来塑料协会秘书处的日常工作人员由当初的1人，增加到现在的4人；日常工作也由过去的“简单集散”过渡到现在的“深度集约”和“主动开展”。为确保协会工作的有序进行和持续改进，我们一直不断地进行管理制度和日常工作制度的及时建立和完善，基本做到了每有业务增加的同时，其相应的制度就同步完成，实现了制度化管理。

如在土工膜产品监造实施中，我们制订并严格执行了一整套《新疆塑料协会　驻厂监造管理制度》；在培训工作中也制订了《新疆塑料协会　职业技术培训与职业资格鉴定工作管理制度》；就是最近开展的PVC管材业诚信自律建设活动，在筹建工作期间也及时制订了《新疆塑料协会　PVC管材业诚信自律建设实施细则》等制度。

2. 继续完善《新疆塑料行业人才专家库》、《新

疆塑协会员单位基本情况资料库》,《新疆塑料行业经济技术信息资料库》建设工作。本着从简单入手,边建设、边使用、逐步完善的建设思路,并利用计算机和互联网技术使其信息电子化和数据化。“人才专家库”的建立,不仅使我们掌握了新疆塑料行业专业技术人员的构成情况,并将有水平、有特长的专家向社会推介,鼓励他们参加各类项目的评审、鉴定、交流活动,使其专业技术水平得到进一步提高,在今年我区就有10位专家选入了中国塑料加工工业协会的学术委员会,还有数十位专家分别选入自治区及各地科技、经济管理部门的专家。

【主要措施】

行业发展工作的许多方面都需要在协会各项具体工作中落实和体现,而协会工作的有效性是看行业的发展是否得到推动、发展质量如何。时值新的五年计划开局之年,结合我区塑料行业实际情况和“十一五”发展规划目标,当前及今后一段时期的协会工作思路仍然是:

以促进行业发展为目标,以面向行业服务为出发点,充分利用网站、期刊、报表和行业资源,努力做好:“十一五”规划宣传与重点项目实施推进工作,注重协会基础建设,加强行业信息交流和服务,加快推进岗位培训与职业技能鉴定工作,引导和促进企业走技术进步、外向发展之路。

主要应抓好以下8件事。

1. 开展政策研究,抓紧规划宣传和重点项目实施推进

以充分利用政策资源、促进行业健康发展为宗旨,重视政策研究工作,充分发挥会刊、网站平台,以及行业调研与交流、专业培训等机会,加紧对“新疆塑料行业‘十一五’发展规划”、“新疆特色轻工‘十一五’发展规划及2020年远景展望”等相关发展规划、政策措施的宣传、贯彻工作。使其成为全行业的行动指南,为“十一五”期间塑料工业的快速发展奠定基础。

特别强调的是,要充分考虑如何把握石油石化大发展后,给下游行业带来的机遇,引导行业积极利用充足的树脂及石化中间体资源,开发、生产及应用有更高技术含量、更大利润空间的制品,从而获得更强的市场竞争力,实现行业经济增长由量到质的转变。

2. 加快岗位培训、职业资格鉴定和专业人才队伍建设工作

俗话说,两军对垒,粮草先行。而人才就是经济市场上的主要“口粮”!为有效推进我区塑料行业的岗位培训进程,协会已于2004年申请并获得批准设立了国家第37号职业技能鉴定工作站,专门负责新疆地区塑料行业各工种、从初级到高级的职业技能鉴定考核工作,对鉴定合格者所颁发“职业资格证书”在全国塑料行业均有效。但是其进程与自治区有关要求、当前社会发展形势还有相当差距。

根据自治区的有关规划,到“十一五”期末要基本实现,实现非公有制经济从业人员全员持证上岗。也就是说自2010年开始,凡在包括塑料行业非公有制企业中的各工种人员,必须持有合法有效的《职业资格证书》,否则会有违法从业或用工之嫌。为有效推进此项工作,协会起草了《“关于全面推行职业资格证书和就业准入制度的通知”的实施意见》(简称:意见)。

该“意见”将突出以下两点,在今后五年中将在全行业全面推行。

第一,以提高行业从业人员素质为基本目标,以一线生产工人为主要对象,以岗位职业资格鉴定为主要形式的岗位职业技能教育工作。

第二,以提高中小企业科技创新和技术开发能力为目的,以企业科技工作者、专业岗位业务人员等为主要对象,采取各种适用的形式,开展专业技术培训教育。

第三,以建设一个专业领域结构、职业及岗位结构、年龄层次结构都基本合理的专家队伍为目的,以行业高级专业人才和学科带头人为主要对象,建立和培养一个对行业重大和前沿性课题有建设性作用的专家队伍。

3. 加快行业生产力促进中心建设

已有四十年历史的新疆塑料行业,虽初具规模并有一定的行业技术开发基础,但其创新能力还相当薄弱。当前行业发展中仍面临着一些突出问题:产品结构、技术结构不合理,高技术含量、高附加值产品少,工艺水平相对落后;产业配套性差,专业开发机构和专业人才缺乏,尚未形成新技术应用与推广体系等。而行业发展形势,迫切需要有一个可以整合社会资源、面向行业服务的科技服务机构。以协会为依托组建“新疆塑料行业生产力促进中心”就是在这种形势下提出来的,目前已先后得到了自治区轻工行办和科技厅的同意,申报手续正在办理中。

组建“新疆塑料行业生产力促进中心”的主要目的,就是面向新疆塑料全行业,整合行业科技资源和社会科技力量,依靠有关科技政策,为全行业特别是中小型企业,提供技术信息、技术咨询、技术转让和人才培训等方面的专业化技术服务,提高其技术创新能力和市场竞争力,从而提高全行业的生产力科技水平,使行业经济保持旺盛的活力和健康发展。

4. 积极推进行业诚信自律建设活动

行业诚信与自律建设是关系到该行业能否实现“长治久安”的大事。要以PVC管材业诚信自律建设活动为基础，在行业中大力宣传诚信自律建设的重大意义。做好该委员会的建设，为其各项工作提供必要的支持，使其尽快取得良好效果并形成一定的社会影响力。

5. 加快行业现代化信息交流平台与体系建设步伐

以协会会刊、网站和报表为主要载体，加快新疆塑料行业经济技术信息交流平台建设，建立健全沟通渠道，及时传递有效信息，提高信息质量水平，形成会刊、网站和报表相互关联、相对独立、各有所长的交流体系。

第一，尽快研究并解决市场经济条件下，具有实际操作意义和价值的行业经济技术统计指标体系和统计工作体系的建设工作。

第二，以网站为基本平台，以大中型企业为骨干，加紧建立起全疆性行业经济技术信息统计、汇算、发布网络系统，并以此促进塑料行业的信息化建设步伐。

第三，针对会刊、网站、报表不同特点，建立起高效、快捷的信息采集、汇编、服务网络，并探索面对行业和社会开展个性化服务机制。

6. 加强业内外联系，做好行业服务

开展行业内部联系和服务是行业协会的宗旨和重要职责。近期要做好以下几件事：

第一，开展区内塑料制品生产企业基本情况与专题调查研究。基本情况调研的重点是南疆地区，摸清“家”底；专题调研重点是农地膜、包装塑料、二次加工、改性及专用料等门类，既要搞清楚当前区内生产企业的规模，更要研究未来市场走势和有效的发展空间。

第二，进一步密切协会秘书处与会员单位间的日常联络，及时掌握企业动态，探索建立企业与协会的互动机制，做好沟通与服务工作。继续做好重点产品生产期的信息快报工作，其产品对象由地膜、节水器材、向管型材扩大，便于政府和企业及时掌握生产进度。

第三，积极协调行业关心的热点、焦点问题，向政府部门反映企业心声。及时向行业通报当前热点、焦点信息，为企业决策和行业发展服务。

7. 拓宽面向社会的联系与服务

塑料加工业是一个具有典型配套性特点的行业，与工农业各方面都有十分密切的联系。因此只有随时关注相关行业的态势，才能使本行业稳健地发展。

首先，要扩大协会与各级政府主管部门的联系，尽量多地掌握政府部门的政策信息，并使之成为本行业发展的有效资源。同时也要发挥协会的专业特点及时向有关部门提出建议，为行业发展创造良好的宏观环境。

其次，要重点关注各地园区经济建设，加强与其管理部门的联系，通过专业咨询、项目推介与对接，引导优势塑料类项目在园区落户，以园区经济带动行业经济的发展，重点园区是各化工原料园区和特色经济园区。

第三，加强与中国塑料加工工业协会及兄弟省区塑料协会的联系与合作，走出去、请进来，学习先进、交流经验，共谋发展。重点要与对行业发展有互补作用的机构和有指导性作用的专家的建立日常交流和联系。

8. 完善协会日常工作机制

根据行业发展要求和随着协会业务工作拓展，近几年来，协会秘书处的日常工作量都是每年成倍地增加。因此日常工作机制的建设一直是协会工作的重要内容。从业务出发要继续完善以“三库”和行业统计指标体系为代表等各项基础建设工作；从管理要求出发还需要重视有关规章制度的健全和完善，要形成一个管理规范有序、基础工作扎实、工作效率高的日常工作机制。

（新疆维吾尔自治区塑料协会　　孔德海）

主要制品行业情况

农用薄膜

【行业现状】

目前全行业拥有大小规模不等的农膜生产企业近千家，生产能力超200万吨，农地膜实际消费量已经超过110万吨。其中棚膜的耗用量达70万吨，地膜年销量45万吨，地膜覆盖面积在2.2亿亩以上，棚膜覆盖面积约2 600万亩。据农业部的统计，我国可覆盖的地膜面积和棚膜面积分别为5.5亿亩和5 000万亩，约需300万吨，可见农膜市场需求潜力巨大。但是，目前农膜企业的状况却不容乐观，主要是受2004年和2005年国际市场原油价格上涨的影响。2004年据不完全统计，由于农膜原料价格上涨，加重了企业成本负担，约203家年生产能力3 000吨以上的较大型农膜生产企业至2005年有110家企业已经相继停产、半停产或转产，占一半以上，剩余的92家企业开工率也普遍不足，产量有所下降，与需求形势形成很大反差。

国有大中型企业主导农膜行业的格局正被打破，民营企业将逐步的进入市场。

90年代初期骨干企业有：北京华盾、大兴雪花、石家庄东风、天津二塑、大连九塑、哈尔滨五塑、济南三塑、上海三花、河南塑胶、黑龙江五常等。

90年代末期骨干企业有：北京华盾雪花、白山喜丰、宝硕创业、图们燕子、青岛泰光、天津二塑、大连九塑、哈工大五塑、济南三塑、山东清源、兰州定元、山东齐大、长春福利、沈阳华龙。

20世纪初期骨干企业有：白山喜丰、北京华盾雪花、山东日信、寿光紫康、青岛泰光、宝硕创业、天津二塑、临淄天鹤、临淄万利、上海普拉斯克、长春福利、沈阳华龙、焦作咏春、长春信谊。

白山喜丰、山东日信、寿光紫康、青岛泰光等农膜企业正持各自在资金、技术、管理和品种的优势，发展顺利。而临淄天鹤、临淄万利、上海普拉斯克、长春福利、沈阳华龙、焦作咏春、长春信谊等民营企业在努力扩大经营范围和增长点，但是目前基本处于徘徊和略有增长状态。仅剩下的北京华盾雪花、宝硕创业、天津二塑三家国有企业都在发展资金上都遇到了重大困难。目前，济南三塑在积极引进新加坡的外资寻求发展新机；大连九塑积极转产太阳能领域寻求新的发展机遇；哈尔滨五塑利用国家振兴东北优惠政策，积极改制以求生存。

【专委会活动】

1. 2005年5月份在北京召开了第三届二次会员代表大会，76家从事农用薄膜加工企业、农用薄膜添加剂、塑料机械、农膜原材料供应以及科研、检测等相关单位，共计167位代表到会。应邀出席本次会议的领导有：国务院研究室侯云春副主任、张军立处长；中国轻工业联合会王世成副会长兼秘书长；国家发改委经济运行局柴开平处长；中国塑料加工工业协会廖正品会长、丁言行副秘书长。国内外有关专家、学者；中国化工报《塑料周刊》、农资导报、农民日报、农资杂志、化工贸易网等部分新闻媒体、网站代表列席了本次会议。

会议安排了国内外技术讲座共11个，内容包括农膜生产技术、设备、助剂、原料及母料等方面，受到代表们的欢迎。

会议认为，在市场经济大潮中，任何产业的发展都不可能是一帆风顺的。农膜行业目前所面临的困难，既有客观的外部因素，也有行业发展中自身的原因。问题的解决，既要寄希望于客观情况的改变、上下游产业的协调、市场的主动性调节，更要从自身着手，进行资源重组，调整产品结构，增加产品品种、开拓新领域新市场。要以积极平和的心态，沉着应对。

2. 根据第三届二次理事会议上决定，专委会工作人员在理事长的带领下就农膜行业的困境和解决办法，积极向有关上级部门和领导进行汇报。2005年5月份第三届二次会员代表大会后，专委会秘书处继续向国家有关部委反映情况，希望能采取有效措施，帮助农膜行业走出困境。

一是加大资金支持。目前由于受贷款限制，农膜企业原材料采购资金大幅减少。希望采取财政贴息的方式，建立农膜淡季商业储备制度。二是对农膜企业用电实行优惠。三是降低运输费用，开通农膜运输绿色通道。具体是在每年的2～3月份春耕及9～11月份秋种铺膜旺季，开通农膜运输的“绿色通道”，对农膜运输车辆实行优惠政策，并希望农膜能享受同化肥类似的优惠政策。四是遏制农膜生产的原料大幅涨价，从源头上解决使行业陷入困境的主要原因。

3. 2004年下半年至2005年农膜专委会理事长、秘书长等一行走访山东、河南、辽宁、陕西、甘肃、吉林、江苏、浙江等地农膜生产厂、助剂生产厂20多家，了解农膜生产发展现状，并应企业要求，针对每一地区具体情况进行了技术讲座和技术交流。所到各处可以感受到，整个农膜生产的发展是十分迅速的，农膜企业在促进当地农业发展中的作用功不可没。一些企业在当地发挥着示范和带头作用，成为农膜加工的主力军。不少企业积极引进国外技术，在产品升级换代方面成绩显著。有的企业认识到要生存和发展，必须走资源重组，优势互补，做大做强，组建集团之路，并做出有益的尝试。它们预示着整个行业的方向，是农膜行业发展的希望。调研中也看到不论是农膜生产发达地区，如山东、河南等，还是欠发达地区，如西北各地，整个行业普遍存在以下共性问题。

① 开工率不足。比如正是春耕前积极备料的时节，我们去了山东，尔后又到了东北，山东的开工率只有60%左右，东北地区不足50%。有的企业开工率更低，甚至处于停产、半停产状态。

② 装备水平总体看比较低，工艺技术相对落后，关系产品质量的测试手段不健全，多数小企业管理水平偏低，产品质量难以保证。

③ 产品结构不合理，大路货过剩而高档产品供不应求，各类功能膜和助剂的开发研制任重道远。

④ 特别是小型企业生产中暴露出能耗高，资源浪费严重，成本高，利润微，竞争能力十分脆弱。

⑤ 从地域上看，企业的分布不平衡，有的省上百家，有的省只有几家。发展也不平衡。

总结起来农膜行业存在着小企业数量多，形不成规模；资源分散，形不成拳头；技术和管理水平差，形不成竞争力的弊端，这种“多、散、差”的局面，与农业发展的要求，与市场经济的发展是极不适应的。

另外，民营股份制企业已逐渐成为农膜加工的主力军，国有农膜生产企业因为运行机制滞后，面临困难较多。由于原料价格持续上涨，各生产企业一般持观望态度，不敢提前生产备货，普遍开机较晚。部分企业以延伸产品链，调整产品结构，弥补农膜生产之亏损，维持企业经营。

4. 2005年10月10～13日在广东省汕头市召开了“中国塑料加工工业协会农用薄膜专业委员会第三届三次理事会议”。会议总结前段工作，对下步工作安排进行商讨，并重点研究如何防止和制止农膜市场出现劣质产品和不正当竞争，规范市场秩序，推动行业自律，维护合法权益，保护产品声誉。理事会一致通过了注册中国塑协农膜专委会标识的议题。目前已开展有关工作：上报中国塑协申请标识注册，修订标识具体实施方案、图标等。出席本次会议的有49家理事单位及相关企业，73位代表到会。国务院研究室刘健生副司长、中国塑料加工工业协会李国俊副理事长、广东金明塑胶设备有限公司马镇鑫总经理应邀参加会议并指导工作。

5. 组织建设

专委会不断发展新会员，目前会员的数量达到147家。扩大专委会领导班子，加强领导力量，理事会进行了适当的调整，解除9家理事单位资格，并批准4家会员单位加入理事会，调整后的理事会有副理事长单位14家，理事单位26家。

6. 创办专委会简报

为发挥专委会桥梁、纽带作用，推动行业内交流与合作，促进会员单位间互通信息，加强联系，创办了专委会《中国农用薄膜》简报，向会员单位提供国家有关政策、市场动态、原材料价格行情等，免费赠阅，按季发行，到目前已发行七期。

【存在问题】

2004年以来由于生产农膜的原料价格上涨50%以上，有的甚至高达100%，加重了农膜企业的成本负担，据国家统计局提供的数据显示，我国规模以上企业农膜产量2004年为72.87万吨，比2003年下降了3.28%，2005年比2004年产量虽有所回升，但不能完全反映整个行业的状况。

2005年，对于国内农膜企业来说很不平凡，受塑料原料价格因素影响，众多农膜企业都是在跌跌撞撞中走完全年，经历了许多严峻考验。大浪淘沙，有些实力较弱，又管理松散的企业在严酷的市场环境中已经惨遭淘汰。

从目前国内农膜销售服务现状来看，存在的问题主要是，农膜的生产销售与推广应用两条线相对独立，未能建立起一套相对完整的、联合的推广代理分销体系。农膜企业与技术推广系统的共同利益机制未能形成，企业往往各自为政，缺乏合作精神，沟通不够。这样的结果是使推广、销售成本都比较高。业内人士认为，这种销售模式既不利于提高国产农膜产品的市场竞争力，也不利于农塑新产品、配套应用技术的开发推广，无形中也增加了企业的经营风险。

国内农膜市场上按原材料划分的话，有PE、EVA和PVC三类，PE农膜市场上，有影响力生产厂家众多；EVA农膜是一个较新品种，以高档次功能膜为主，生产方式基本与PE膜相同，有生产能力的厂家也不少；由于2005年PE原料价格飞涨，PVC农膜抓住机遇占领了传统PE农膜的市场。一般情况下，PVC农膜的价格要在PE农膜之上，但在2005年下半年，PE农膜的价格罕见的超过了PVC农膜，这是PVC农膜之所以在去年极具竞争力的原因之一。

【发展趋势】

农膜行业中大多数企业对2006年农膜市场前景普遍看好，其中原因有以下几点。

① 从上游的原料市场来看，目前业内大多数人

认为 PE 价格会较去年稳定得多，这就降低了农膜企业的经营风险。

② 从农业发展角度看，今年农作物尤其是经济类作物的价格有走高的趋势，这势必会刺激农民朋友的种植积极性，加大对农膜产品的需求。

③ 目前使用的农膜大都进入了更换期，这是由于 2005 年农膜价高，农民推迟换棚，坚持使用旧膜造成的，这部分膜至 2006 年均已无法再用，必须更换。

④ 另外，国家调低了线型聚乙烯的进口关税，进一步的降低了生产企业的原料成本，也构成农膜生产企业今后的利好因素之一。

由于大面积推广蔬菜种植，山东寿光成为国内农膜消费最集中的地区。与其他地区农膜的低水平消费不同，寿光菜农对于农膜的消费水准出现了令农膜业欣喜的提升。据寿光市场农膜应用技术协会会长唐永生介绍，近两年来，寿光地区的菜农开始选用技术含量较高的聚乙烯功能性农膜。农民为此每亩要多投入 200～300 元。但由于相应的回报也要高一些，因此相关产品的销量还是一路提升。统计显示，在当地占总销量 50%的聚乙烯农膜市场上，中高档农膜已占据了 70%的市场份额。寿光地区菜农农膜消费的提升，是农业发展的必然结果，应引起国内农膜生产企业的重视。目前国内投资开发生产中高档次的功能性农膜产品的企业还不多。在寿光市场上，韩资或中韩合资的功能性农膜产品现已成为主流，目前的市场份额达到 70%。

据了解，韩国的农膜产品在国际市场上也仅仅是中档产品。其热销完全是由于与中国农膜消费发展现状相契合。目前，国内部分农膜企业也注意到源自寿光的市场新动向，并开始进行产品结构的调整。据悉，天津二塑、安徽国风塑业、北京华盾、中农化进出口公司和山东淄博天鹤也开发了技术含量较高的聚乙烯农膜，并且取得了较好的市场效果。

中国加入 WTO 后，所有的企业都面临着国内国外两个市场的激烈竞争。产品要换代，设备要更新，技术要进步，是我国农膜行业所面临的急需解决的问题。而我国大部分农膜企业在资金、技术、人才等方面的资源都十分有限，由于农膜产品是支农产品，多年来为支援农业生产，农膜定点企业长期让利于农民，做出了巨大的牺牲，一直处于微利、保本甚至亏损状态，导致行业发展后劲严重不足。今后的发展还须依靠自身的力量，农膜企业必须以创新求发展，形成自己独特的核心技术，尽快将品种新、性能优、质量高、成本低的农膜产品推向市场，同时大力倡导节约资源，有效利用资源，降低能耗，减少污染，走绿色持续健康发展之路。争取国家政策上的支持是农膜企业共同的愿望。

实践表明，农膜企业要生存发展，归根结底必须走企业间重组与强强联合之路，一定要实行规范化的现代企业管理制度，实现优势互补，并鼓励和促进企业跨行业、跨地区的资产重组、联合并购，合理配置资源，培育大型企业集团，改变我国农膜企业多、散、差的现状，从而提高企业的综合竞争能力和国际核心竞争力，通过农膜品质的提高，变农膜世界产量大国为农膜世界质量强国，使中国农膜能够立足于世界。这也正是我国农膜行业的出路和未来的发展方向。

【重点企业】

白山喜丰塑料股份有限公司

吉林白山市喜丰塑料股份有限公司是 1992 年由浑江第一塑料厂为主改组而成的大型跨行业经营的股份制企业。现公司下设 12 个分公司和子公司，主要生产经营塑料制品、汽车配套产品、化工产品、纸制品、建材制品、医用塑料制品、医药产品等七大系列 200 多个品种，主要生产农用薄膜，生产能力 8 万吨，公司现有总资产 5 亿元，职工人数 1 300 人，科技人员 196 人，年创产值亿元，创利税 1 500 万元，是目前亚洲最大的农用薄膜生产企业，列入全国 1 000家和吉林省 50 家重点工业企业之一。“喜丰”牌系列逐膜荣获中国名牌和吉林省著名商标等荣获称号，并荣获中华全国总工会颁发企业最高荣誉全国“五一劳动奖状”和全国首批“重合同、守信用”企业。产品主要销往山东、吉林、黑龙江、沈阳、大连、锦州、西安、江苏、河北等全国 24 个省市自治区。喜丰技术中心被列为省重点科研机构，曾代表国家起草 PVC 农膜行业标准。喜丰公司始终坚持“一切服从质量、一心为了用户”的质量方针。在全国农膜企业率先通过 ISO 9002 质量体系认证，农膜产销量连续多年在全国同行业名列前茅。

北京华盾雪花塑料集团有限责任公司

北京华盾雪花塑料集团有限责任公司成立于 1965 年，系国家经贸委农膜和土工膜定点生产企业，国家二级企业，北京市政府确定的重点扶植国有骨干企业。

主要产品为农用薄膜、土工膜、中空制品、包装材料四大类。产品曾获国家质量银奖、国家级新产品奖、部、市级优质产品称号，现为北京市名牌产品和国家技术监督局五年连续抽查质量合格产品。2000 年度被评为北京市质量管理先进单位。1999 年率先在国内同行业通过 ISO 9001 国际标准质量体系认证，2001 年实现了 ISO 标准转换的认证。华盾公司技术力量雄厚，设备精良。拥有目前国内最大的功能膜生产设备和国内一流的产品质量检测中心。

河北宝硕股份创业塑料分公司

创业塑料分公司隶属于河北宝硕股份有限公司，其前身是保定塑料总厂，成立于1957年，具有40多年的建厂史。河北宝硕股份有限公司是目前中国唯一以农膜生产为主业的上市公司。其下属骨干企业创业塑料分公司主要生产经营“宝硕”牌农用聚乙烯地膜、棚膜、功能棚膜及土工膜等产品，年生产能力7万吨，居全国同行业前茅，是国家重点支农产品生产基地。公司占地面积40 000平方米，拥有100多台套先进挤出设备，有40多年的塑料加工经验，技术力量雄厚。2003年创业公司总产量4.9万吨，总产值42 706.7万元。2004年引进美国D-S公司最新设计、代表当今国际领先水平的全自动电脑控制三层共挤复合功能膜生产线。公司本着“用户永远是正确的”宗旨，以稳定的质量、成熟的工艺和完善的售后服务积极开拓市场，产品覆盖华北、东北、西北及华南等地区。公司注重质量管理体系的建设，于2000年通过ISO 9002质量保证体系认证。公司产品在国家技术监督局历次抽检中均超过标准要求，企业多次被轻工部、省轻工厅授予“产品质量信得过企业”。

淄博天鹤塑胶有限公司

淄博天鹤塑胶有限公司是国内大型塑料制品加工企业。有着20年的生产和开发吹塑薄膜的丰富经验，为山东省最早从事塑编产品的企业，拥有很强的生产技术力量和产量开发能力，公司具有进出口自营权，可从事本企业使用的原辅材料机械、仪器仪表、零部件及资产塑料制品等的进出口业务。公司拥有先进的农地膜加工设备18套，日本秋原株式会社塑编生产线一套，其中拉丝及塑料制品加工能力逾20 000吨。生产的“天喜”牌农地膜被山东省寿光市消费者协会评为“二〇〇一年度优质农膜推荐产品。”公司下设生产部、技术开发部、质检部、销售部、进出口部等九大部门。公司依托齐鲁石化的优质塑料原料，为您提供优质的产品和完善的服务。

焦作咏春塑胶有限公司

焦作咏春塑胶有限公司成立于2001年9月，是中国塑料加工工业协会改性塑料专业委员会副理事长单位、中国农用塑料应用技术学会农用塑料制品分会常务理事单位、中国塑料加工工业协会农用薄膜专业委员会理事单位、中国管道专业委员会会员单位，河南省科技企业、河南省一级先进企业、河南省资金信誉AAA级信誉企业。企业拥有资产3 000多万元，各类机械设备90余台（套），其中各类塑料制品加工生产机械设备60余台（套），主要塑料制品加工生产设备技术水平达到国内外20世纪初先进水平，年加工生产塑料制品生产能力为20 000吨以上，其中聚乙烯农用薄膜的生产能力为12 000吨，主导产品有EVA三层共挤复合日光温室专用膜、转日光型聚乙烯高光效农用棚膜、EVA耐老化流滴膜、聚乙烯耐老化流滴膜、聚乙烯耐老化膜、除草地膜、黑色地膜等产品。

自20世纪90年代以来，焦作咏春塑胶有限公司始终坚持“以科技为先导，以市场为导向”，实施科技兴厂战略，不断加大企业新技术、新产品的研制开发和推广应用工作，先后研制开发了“农业用聚乙烯耐老化吹塑棚膜”、“农业用聚乙烯耐老化流滴吹塑棚膜”、“烟草育苗膜”、“农业用聚乙烯多种覆盖功能吹塑棚膜”和“转日光型聚乙烯高光效农用棚膜”等农用薄膜新产品，先后通过了由河南省科学技术厅和河南省经济贸易委员组织的新产品新技术鉴定，产品技术水平达到了国内同行业同类产品的先进水平，填补了河南省空白。并先后荣获“国家轻工业部科技成果奖”、“河南省科技成果奖”、“河南省优秀新产品奖”、“河南省优质产品奖”、“河南省轻工业科技成果奖”和“焦作市科技成果奖”等多项荣誉称号，创造了显著的经济效益和社会效益。

山东三塑集团有限公司

山东三塑集团1996年在原济南塑料三厂的基础上，组建成立的大型企业集团，有省级技术开发中心，在济南近郊崔寨镇青宁有占地面积200多亩工业园区，是国内大型塑料综合加工生产基地之一。集团公司2003年通过了ISO 9001:2000版质量体系认证连，续多年获山东省重合同守信用企业，是骨干企业，塑料行业50强之一，国家农地膜、土工合成材料产品生产定点企业，济南市重点扶持的十八家企业集团之一，主导产品其规模和市场占有率在全国同行业名列前茅。

从1954年建厂以来，三塑人发扬“拼搏奋斗、自强不息”的企业精神，始终坚持“以经济效益为中心，发展是硬道理，坚持以企业的根本利益、长远利益为企业的出发点和落脚点”的指导思想，不断自我积累，自我发展，集团的实力不断变强，企业连续多年列为全国同行业排头兵，并荣获“山东省经济效益排头兵企业”、“富民兴鲁”劳动奖状、“省级文明单位”、“山东省工交财贸系统经济效益排头兵”以及“全国优秀轻工业企业”等荣誉称号。

天塑集团第二塑料制品厂

天塑集团第二塑料制品厂始建于1956年，是国家轻工系统大型塑料薄膜专业生产厂家，主要生产经营“兰花牌”聚乙烯农用薄膜，年生产能力20 000

余吨。

作为国内最大的农用薄膜定点生产企业之一，企业曾自行研制出我国第一台宽幅农膜吹塑机组，填补了国内空白。在几十年的发展中，企业不断增加先进技术和装备的投入，确保了企业在国内同行业中技术水平和产销规模始终处于前列位置。近年来，企业通过品牌战略的实施，有效推动了产品技术、生产规模、市场扩展等各个方面的显著进步，其制品产量由2000年不足8 000吨发展到目前的15 000吨，并且全部增量依靠企业自身对设备的技术性改造取得，产品市场覆盖面涉及国内六大区域20多个省市自治区。企业通过了ISO 9001:2000质量保证体系国际标准认证，“兰花牌”农地膜产品先后获得国家银质奖、亿万农村消费者信得过产品金奖等荣誉，并首批获得国家质检总局颁发的国家免检产品证书，是天津市著名商标和天津市名牌产品，“十五”期间全国农膜行业中唯一获得国家五部委批准的少数民族产品定点生产企业。

第二塑料制品厂是中国塑协农膜专委会副理事长单位及天津市塑料加工协会副会长单位，数十年来始终致力于塑料加工行业的技术进步和发展，在农用薄膜行业具有举足轻重的地位。

（中国塑料加工工业协会　农用薄膜专业委员会　韩连贵　刘敏）

塑料节水器材

【行业现状】

通过近几年各塑料节水器材生产企业的不懈努力，我国的塑料节水器材产业有了长足的发展，在理论研究、规划设计、系统造型、设备生产、工程建设等方面与国外先进技术（设备）及产品的差距逐步缩小。目前，我国塑料节水器材品种达100多种，主要包括喷头、灌水器、各类管材与管件等价格均低于国外同类产品的价格水平。

我国从事节水设备和器材生产的企业约有500多家，加上技术咨询、贸易、服务等类型的企业，要超过1 300家，各种节水灌溉器材年产量已达40多万吨，占各类农用塑料器材总量的60%以上。

生产企业主要分布在我国西北地区如新疆、甘肃和其他干旱缺水地区。这些企业，在整体上主要呈现以下四个基本特点：一是企业数量发展迅猛，空前膨胀；二是多数企业规模小，以县、乡办企业居多；三是普遍技术含量不高，产品的技术、工艺及服务水平差异大；四是整体成长水平不高。经营规模超过5 000万元的企业不足15家，年产值过亿的企业不到10家，与实力较强的跨国公司相比，无论是在资金上还是在技术上，都还有很大的差距。

对我国企业来说，竞争对手主要是国外企业。现已有十几家国外节水灌溉专业企业进入我国市场，正千方百计扩大市场份额。为提高竞争力，国内企业要加强联合，加强新产品的研发。

【专委会活动】

经过中国塑协塑料节水器材专业委员会的多方努力，由国家质量监督检验检疫总局和国家标准化管理委员会于2005年8月31日的2005年第9号（总第83号）国家标准批准发布公告了两项塑料节水灌溉器材国家标准，分别为GB/T 19812.1—2005《塑料节水灌溉器材　单翼迷宫式滴灌带》和GB/T 19812.2—2005《塑料节水灌溉器材　压力补偿式滴头及滴灌管》。

中国塑协塑料节水器材专业委员会参加了全国农业技术推广服务中心节水农业技术处在北京组织召开的“滴灌设备企业座谈会”，参加了中国农业推广协会旱作节水农业专业委员会在天津的成立大会，积极有效的推动了农业部为启动对农民购买节水设备补助试点工作。

中国塑协塑料节水器材专业委员会支持中国国际贸促会农业行业分会举办了第五届中国国际灌溉展览会，并组织会员单位应邀参加了此次展览。

【重点企业】

新疆天业（集团）有限公司

公司现拥有8家分公司，13家控股公司，4家参股公司。新疆天业拥有外贸、外贸自营进出口权，拥有国家认定的企业技术中心、国家节水灌溉工程技术研究中心和博士后科研工作站。

新疆天业主要从事塑料制品、化工产品、建筑安装、种植业、养殖业及农业水土开发、农副产品深加工等科研开发、生产销售以及进出口贸易。

新疆天业在塑料加工产业有：农用及建材类塑料制品生产能力达7万吨，其中农用塑料薄膜2.5万吨，占新疆地膜市场份额的20%以上，各类塑料建材产品4.5万吨，在新疆塑料行业中生产经营规模名列第一。塑料节水滴灌器材的生产能力是全国第一，具有完整的生产、设计、安装、服务体系。2002年已达400万亩节水器材的供应能力。

新疆天业致力于开发“性能可靠、使用方便、农民用得起”的节水器材和节水技术，形成了自有知识产权的“天业滴灌系统”，承担863计划2项，国家科技攻关1项，国家技术创新3项，申报专利50多项，授权15项。产品被推广到新疆、甘肃、内蒙古、辽宁、北京、宁夏、陕西等地区推广应用面积达

1 000多万亩，受到了专家和广大农户的欢迎和肯定。

北京绿源塑料联合公司

北京绿源塑料联合公司是于1994年1月由北京雪花电器集团公司与水利部中国灌排技术开发公司共同合资创立的企业，是主要从事新型微灌器材的研制生产及推广应用的专业厂家。公司成立至今，历经股东三个阶段的投入，已经形成了年产1 400吨微灌器材的能力，固定资产4 000万元，成为国内微灌行业的龙头企业。在全体员工的努力下，绿源公司依靠其领先的技术优势、优质的产品质量及完善的售后服务赢得了客户的信赖，在全国微灌行业有着很大的影响力。公司先后在新疆、山东、东北、甘肃、浙江、云南等地区建立办事处。该公司产品主要销往干旱缺水地区。

杨凌秦川节水灌溉设备工程有限公司

公司占地20 000多平方米，工厂建筑面积9 000余平方米，总投资8 020万元。拥有3 000平方米汇集世界一流试验检测设备的试验中心和2 700平方米的灌溉演示区。是国内生产节水灌溉设备品种最齐全、规模最大的厂家之一。"秦川节水"以人为本、广聚贤才，拥有一支能科研、善经营、会管理、技术过硬的职工队伍。公司具有中级以上专业职称的占职工总数70%；技术委员中有中国工程院院士两人，研究员、博导13人，涉及农学、水利学、高分子化学、机械等学科。"秦川节水"共生产7大系列节水灌溉设备。有"秦川"内镶式滴灌管、"秦川"大棚喷头、"秦川"大田喷灌设备、"秦川"微喷带、"秦川"园林景观喷头、"秦川"节水灌溉首都工程系列和"秦川"节水灌溉自动控制系统；其中"秦川"内镶式滴灌管采用公司自行研制的高速生产线生产。目前、该公司产品主要面向西北等干旱缺水地区。

山东莱芜市节水灌溉设备有限公司

芜润丰节水技术设备有限公司主要从事大田、果树、园林、草坪及温室大棚等各种作物节水灌溉设备的研制开发和生产，并承揽相应的设计安装工程和各种塑料制品加工。

公司拥有一批多年来一直从事节水灌溉产品研究和开发的能力强、经验丰富的技术人员，他们承担完成了国家"八五"、"九五"重大科技攻关项目——新型微灌器材的研究与开发。本公司与中国农业大学、北京水科院、山东省水科院、水利部新乡灌溉研究所等多个大专院校、科研单位建立了长期的技术协作关系。主要面向华北地区、现市场逐步向西北、东北等地区扩展。

甘肃天辰节水灌溉设备有限公司

甘肃天辰节水灌溉设备有限公司（原甘肃省金鹰实业总公司）是研制、开发经济型节水灌溉设备专业企业，公司以科技创新为核心，以产品质量为生命，以诚信经营为准则，以服务社会为宗旨，靠丰富的科技管理经验和强烈的市场发展意识立企。十余年来，企业规模日益壮大，发展势头不断彰显，现以成为中国西部节水行业的领军企业。

注射试节水灌溉（简称注灌器）是公司研制、开发的经济型节水灌溉产品，包括可更换多针头农用注灌器，单针头农用注灌器，单针头林用多孔注灌器，单针头沙漠造林用注灌器等，为其配套的动力装置有机动泵、专用注灌手压泵等系列产品，均获得国家多项专利和大奖，产品技术处于国内领先水平。使用注灌器进行根下局部灌溉、造林绿化是节水、最经济的灌溉方式。此产品具有抗堵塞、出水均匀、使用寿命长、用工省、成本低、投资少的显著特点。是集雨水名优特新产品窖（柜）的最佳配套灌溉式设备，是功效优良的抗旱工具。公司产品主要面向甘肃、新疆、内蒙古、宁夏等干旱缺水地区。

北京胖龙灌溉技术有限公司

北京胖龙灌溉技术有限公司成立于2000年，是胖龙温室工程有限公司近十年来在这一领域探索、奋斗的结晶。

公司从成立开始就一直致力于中国的灌溉事业，以改善人民的生活和生存环境为目的，致力于高科技农业和环境治理事业，经过几年的发展，已列入国内本行业的前列。胖龙高素质的员工以及在国内的办事处，能够为客户提供优质的产品及服务。目前产量约3 000吨。产品主要用于农田城市园艺。

北京天正百润喷灌工程技术有限公司

北京天正百润喷灌工程技术有限公司是从事喷泉、喷雾和灌溉技术开发、系统设计、设备安装和产品销售的专业公司，1999年12月被北京市新技术产业开发区认定为新技术企业。我公司是美国TORO灌溉产品的特约代理，其产品通过了ISO 9000国际质量认证。

天正百润曾与国内多家甲、乙级设计院合作，参与市政、园林、住宅、企事业单位及农林场的上百个国家及地、市级重点项目配套工程的设计工作，独立承建的工程项目有近百个，其中包括中华世纪坛、北京前门箭楼、圆明园遗址公园、北京皇城根遗址公园、西安大雁塔、中国人民抗日战争雕塑园、国家建设部等项目的开发。

现代农装科技股份有限公司

现代农装科技股份有限公司是以中央直属大型科技企业——中国农业机械化科学研究院为主发起人，联合钢铁研究总院、清华紫光股份有限公司、北京首创资产管理有限公司和机械科学研究院共同发起设立的从事现代农业装备开发、生产及经营的高新技术企业。公司以原中国农业机械化科学研究院农业装备领域五个研发实力雄厚、经营业绩突出的研究所重组改制而成。公司注册地为北京市中关村科技园区。

同时产量较大的塑料节水器材生产企业有：新疆屯河节水科技有限公司、新疆石河子天露节水公司、河南省豫水灌排绿化有限公司、雨鸟贸易（上海）有限公司、新疆耐特菲姆现代农业灌溉系统公司、甘肃耐特菲姆亚盛高科技农业有限公司、福建亚通新材料科技股份有限公司、北京三通四联灌溉科技有限公司、北京顺义华霖灌排设备公司、廊坊市春源微灌工程公司、辽宁丰源节水灌溉技术开发公司、河北保定华宇塑料制品有限公司、水利部中国农科院农业灌溉研究所科技开发中心、天津英特泰克灌溉技术有限公司、河南省济源天龙灌溉有限公司等。

【新产品开发】

序号	产品名称	开发单位名称
1	纳米改性滴灌带	新疆天业（集团）有限公司
2	纳米改性PE输水软管	新疆天业（集团）有限公司
3	纳米改性连接管件系列	新疆天业（集团）有限公司
4	内镶式圆柱滴头滴灌管	杨凌秦川节水灌溉设备工程有限公司
5	绿水系列节水灌溉控制	国家农业信息化工程技术研究中心
6	外接式PE管件	山东莱芜市节水灌溉设备有限公司
7	注射式节水灌溉	甘肃天辰节水灌溉设备有限公司
8	纳安-帕兹滴灌管	北京胖龙灌溉技术有限公司
9	地埋式喷头	北京天正百润喷灌工程技术有限公司
10	全圆及可调扇形地埋式旋转喷头	雨鸟贸易（上海）有限公司
11	电动平移喷灌机	现代农装科技股份有限公司

【存在的问题】

随着我国对节水产业的不断重视，节水产业发展较为迅速。特别是近几年来，塑料节水产品的品种、数量和科技开发能力有了较大幅度的增长。但在发展中也出现了一些问题，制约了行业的发展。

1．产品数量、品种和质量与国外先进水平有差距

大力发展节水农业的关键在于合理采用现代灌溉设备，但目前节水器材在数量、品种和质量上都与国外先进水平还有一定差距，集中表现在产品品种单一，规格不全，相互配套水平低，标准不统一，制造偏差大，质量稳定性差，工作可靠性和耐久性等较低。而且，企业生产规模小，售后服务和回收工作均有较大差距，这些都直接影响到塑料节水灌溉产品的普及推广。要加速发展我国塑料节水器材，企业一定要以市场需求为导向，以科技进步为依托，在引进和消化吸收国外先进技术的基础上不断开发研制创新，提高产品质量，增加品种规格，降低成本费用，才能适应我国农业的特点和最大限度满足发展农业节水事业的要求，才能更好地为加快实现农业现代化提供有效服务。

2．生产企业规模小，生产集中度低，技术研发能力弱

我国塑料节水灌溉器材的生产企业存在生产规模小和生产集中度低等诸多问题。现有的30多家塑料节水器材生产企业只有极少数企业年实际生产量达万吨以上，而绝大多数企业都在1万吨以下。而发达国家同类生产企业的年生产规模较大，有的企业高达十几万吨。

生产企业的技术研发能力滞后。微灌产品流道设计是滴灌产品的核心技术，属微流态技术领域，我国此项技术研究还十分薄弱，甚至没有一家研究机构能够准确提供水在滴头流道内的流态参数分析。

3．配套能力差，缺乏周到的售后服务

企业生产的各种塑料节水器材配套能力不足。因标准不统一，而有的企业规格不齐全，制造偏差大，质量不稳定，产品品种选择余地小、价格又高，售后服务不到位等都存在这样那样的问题，直接影响到农用塑料节水灌溉产品的推广和普及。

4．市场竞争无序，产品未经检测就进入市场

塑料节水灌溉器材产品市场无序竞争混乱。由于没有建立有效的产品质量监督体系，产品质量良莠不齐，一些小企业用简单设备生产的滴灌产品不经检测就投放市场，以不正当的手段参与市场竞争，劣质产品低价销售，挤占市场。产品不要说在农业生产使用过程中的工作可靠性和耐久性能，就连一个生产周期都很难维持，损农、坑农的事情时有发生，给农民在经济上造成不应有的损失，而且在社会上也造成不良影响，使节水灌溉工程和国家投资不能发挥应有效益。

5．我国农业用水价格偏低

农业用水价格一直是靠国家政策保护的，没有按市场经济运作，从而不能引起广大农民对农业节水灌

溉的足够认识，误认为节水是政府的事。这样也给塑料节水灌溉产品的推广应用造成一定的消极因素。

【发展趋势】

节水，作为我国一项新兴的朝阳产业，随着我国“把推广节水灌溉作为一项革命性措施来抓”和节水灌溉事业的稳步推进，在产业化发展方面，节水设备的生产、销售、技术研究、推广、服务等从无到有，从小到大，已逐渐形成规模。建设节水型农业、节水型工业、节水型社会的提出，为我国的节水产业又提供了新的、更为广阔的发展空间。

解决我国水资源短缺的根本矛盾要靠建设节水型社会。通过建设节水型社会，促进经济增长方式转变，改善生态环境，增强经济社会可持续发展能力。

“十一五”期间我国将较大幅度增加农业综合开发投入，着力加强农业基础设施建设，改善农业生产基本条件，积极采用节水技术，提高农业综合生产能力。

（中国塑协塑料节水器材专业委员会
李双全　常军　邸红　姚琼　贾卫平）

塑料管道

【行业现状】

近几年来，在全行业克服了SARS危机、基础建设规模宏观控制、国际原油价格提升、各种塑料原料大幅涨价等诸多困难，在市场要求越来越高的环境下，仍然取得了较大的增长。2005年行业各种塑料管道应用量约在250万吨以上，比上年增长15%左右。行业的生产能力进一步加大，达到450万吨，其中万吨级产能的生产企业超过70家；5万吨级以上企业生产超过20家；10万吨级的企业也有10家左右。塑料管材出口仍保持快速增长的势头，2005年出口近10万吨，创汇约1.5亿美元，分别比上年同期增长约30%和45%。

2004年和2005年新增加生产能力主要有两个方向，一是一些已具有较大规模能力的企业加大扩张，增加品种、规格、能力和异地建厂，“销地产”方式受到重视，西部、北京、上海等地已成为许多企业的投资热点；二是一些PVC-U管材生产企业增加PE管材、波纹管等品种。

除传统的PVC-U、PE、PP材料外，一些新材料、新品种管道也有了较大的发展。应用领域进一步拓宽，除市政及建筑给、排水管道，农用（给水、灌排）管道继续增长外，市政排污、通讯、电力、燃气、供暖、医用等行业的应用比例大量增加。现塑料管道已普及应用到建筑给、排水，建筑供暖，城市燃气输送，城市自来水、市政排水、排污，农村人畜饮水改造，农业灌、排，电力，通讯，工业等许多领域，行业的发展蒸蒸日上。

近年来行业的科技进步速度明显加快，尤其是国际间交流的增加更加带动了水平的提高，许多企业重视国外先进技术，重视新产品的开发和新技术的引进，不断加强新产品的研发，目前国内塑料管道的技术水平与国外发达国家的差距正逐步缩小。塑料管道的新品种、新结构、新材料、新技术、新工艺及专利项目越来越多，除PE、PE-X、PB、复合管、波纹管等品种有长足的进步外，耐高温聚乙烯管道（PE-RT）、塑料复合管道（如HLDPE、静音排水管等）、塑料金属复合管道及各种材料和复合材料的波纹管、环形肋管、缠绕管等新型管道也发展很快，各种不同原料、品种、结构、类型的塑料管道在不同的用途中发挥各自的优势。

制品需求的增长也带动了树脂、助剂、加工设备等相关行业的发展，尽管有的产品技术水平、功能、质量稳定性等方面与国外发达国家相比仍有差距，但正在逐步缩小。PVC等树脂的生产能力进一步提高，聚烯烃管道专用料的研制也有了较大的进步，各种助剂的品种与功能有了增加，挤出机和扩口机、聚烯烃管件及连接用专用焊接机具等辅助设备在功能上也有了较大提高。

塑料管道标准化工作得到极大加强，近几年新制、修定相关国家标准几十个及一大批行业、地方和企业标准。在产品及相关方法标准不断完善的同时，设计、施工等应用标准、规程、规范也有了较大的进步。

【应用情况和发展前景】

国内塑料管道的品种已有多种，但目前PVC-U仍是最重要的品种之一。2005年全年行业各种塑料管道应用量约在250万吨以上，分析其中PVC-U管道占50%以上。行业的生产能力超过万吨级企业中，PE管材生产企业约有10家左右，其余绝大部分仍是PVC-U管材生产企业，5万吨级以上企业超过20家，其中60%以上为PVC-U管材生产企业。

目前PVC-U管道的主要应用领域为建筑物物内的排水、冷水的给水、电力等用途，小区、市政的埋地供、排水系统，市政的电力、通讯等设施，农用（给水、灌排）管道、工业用管道等方面。

尽管目前PE管材的发展速度已超过了PVC-U管道，但由于受目前国产原材料，尤其是专用料的条件的限制，配套产品、应用等标准、规程、规范的滞后，应用习惯，应用条件等方面的影响，可能PVC-U管道在各种塑料管道的比例在今后的几年中仍将占主导地位。

主要原因如下。

1. PVC 树脂是我国氯碱工业的支柱产品必须要发展。烧碱是重要的基础化工原料，烧碱的生产过程中有氯产生，要解决氯气的利用问题，必须要发展 PVC 树脂来消耗氯气，因此 PVC 是制约氯碱工业的支柱产业，还需进一步发展。

2. PVC 树脂消耗石油资源相对较少。每吨 PVC 树脂消耗 0.53 吨乙烯，而每吨 PE 树脂消耗乙烯 1.05～1.10 吨。这对于石油资源严重不足，而需求量不断提高的中国来说，是一个十分迫切的问题。从节约能源的角度看，多发展 PVC 也有很大的意义。

3. 国内 76 家 PVC 树脂生产企业中，有 50 多家扩大规模。仅在 2004 年和 2005 年中就新增产量约 452.5 万吨，到 2005 年底我国的树脂产量约达到 1 000万吨，成为世界第一生产大国。PVC 树脂产量的大幅度提高，将会有力推动 PVC 制品加工业的竞争能力和快速的发展。

4. PVC-U 塑料管道符合国家产业发展方向。与传统的铸铁管等管道相比，PVC-U 塑料管道具节约能源、保护自然生态环境等方面的优点，因而更加受到重视。根据《国家化学建材产业十五计划和 2010 年发展规划纲要》，塑料管道的推广应用将大力发展，重点品种以 PVC 和 PE 管为主。到 2010 年，全国新建、改建、扩建工程中，建筑排水管道 80%采用塑料管，建筑雨水排水管 70%采用塑料管，城市排水管道的塑料管使用达到 30%，建筑给水、热水供应和供暖管 80%采用塑料管，城市供水管道（DN 400mm 以下）70%采用塑料管，村镇供水管道 70%采用塑料管，城市燃气塑料管（中低压管）的应用量达到 60%，建筑电线穿线护套管 90%采用塑料管。从中可见 PVC-U 塑料管道已被列入国家产业政策的发展方向。

2004 年 3 月 18 日建设部发布了《关于发布〈建设部推广应用和限制禁止使用技术〉的公告》（建设部第 218 号），提出城乡供水塑料管系统、城镇排水塑料管道系统、建筑给水塑料管道系统和建筑排水塑料管道系统推荐采用包括 PVC-U 管道在内的塑料管道。

5. PVC-U 塑料管道以其相对低廉的价格和良好的性能，而具有较高的性价比。这也是 PVC 得到广泛应用的重要原因，使得其在建材、工业等方面成为理想的材料。

6. PVC-U 塑料管道生产和应用技术已基本完善。这一点也使得 PVC-U 塑料管道在一些发达国家的塑料管道总量中目前仍占最高的比例。我国经过二十年的工作，积累了大量的理论与实践经验，在产品的开发、生产、工程应用等方面，均积累了许多成功的经验。相关产品、设计、施工、验收等国家及部门标准、规程、规范等均已制定，并在实践中得到不断修改完善，PVC 管道产业的发展已经进入了成熟期，将在我国仍具有十分广阔的市场前景。

【存在问题】

塑料管道行业高速发展的同时也存在着一些问题和差距，我们还应看到行业的弱点，主要有以下几个方面。

1. 行业中具备规模经营、有影响力的企业数目相对较少

目前行业中具备较大规模的企业的数量还太少，相对于国外数家大企业占市场绝对份额、有很大影响力的现象还没有出现，而行业内中小型生产企业还是占绝大部分，甚至还有一、两条线的家庭作坊式的企业，存在着产量质量不稳定且不易保证，质量成本比相对较高的问题。

相对一些发达国家，国内大规模企业在好多方面仍存在着十分明显差距。仅产量、销量与欧洲大企业相比差距也非常大，如荷兰的瓦云公司年销售额 10 亿欧元，我国的几个大企业充其量也只有他们的十分之一。日本的聚氯乙烯管材产量约为 55 万吨，其中积水化学公司与三菱化学公司两家企业产量之和就达到了 24 万吨，占总产量的 40%以上，自然对行业就有了绝对的影响力。

2. 区域发展不平衡，产品生产的地域布局相对不合理

原来国内塑料管道的生产企业大多集中在沿海、中心城市和经济相对发达地区，生产布局不尽合理。东南沿海与西南、西北地区的差距不断扩大，南方比北方发达，沿海地区比内地发展快。有的地区同品质、同品种的生产过于集中，如浙、沪、闽、粤四省市总能力已占全国能力的三分之一以上。塑料管道的生产经营受运输距离的制约，尤其目前运输超载的管理力度加大，运输费用的增加更加明显。目前“销地产”的方式已被很多的企业认识，有的企业正准备采取措施，合理布点，相对不合理现象目前已相对好转。

3. 企业的技术水平、科技开发能力、产品更新速度等方面有待提高，行业中低档产品偏多

尽管近年的进步是很明显的，但技术水平、产品开发能力方面还有待提高，产品模仿的多，具有自主知识产权的新产品少，一般产品多，高技术、高附加值产品少，因此市场上相类似的大家都能生产的通用产品、中低档产品占大部分，高档产品及配套产品少。

有的企业未能长期立足于自主研制与开发，有的

企业技术力量、管理水平也不尽如人意。一些企业也就只能采用降低成本、降低售价的办法来参与市场的竞争。

4. 速度发展很快，但有些品种的能力目前已大于需求

塑料管道行业2004年和2005年的两年中增长依旧较快，在原有生产能力还没有得到充分发挥的同时，行业新增加的生产能力远大于销售量的增加。2005年全国行业设备生产能力估计为400万吨，而实际产量仅接近能力的一半，有的企业开工不足，能力发挥不到50%，个别好的企业可达70%～90%，差的企业很低。

国内其他行业曾经出现的不论条件是否具备，只要有机会大家都一哄而上的现象，又在塑料管道行业呈现。目前PE管、超大口径管等品种又成了许多人关注的共同热点，有的企业投资很大，生产能力得不到有效发挥，这种现象应引起行业的更多的冷静思考。在应用量没有很大拓展的情况下，能力的继续增加，只能加剧竞争的更加激烈。

塑料管道进入门槛相对较低，生产技术相对简单，产品的技术含量相对较低，投资相对较少，在市场需求还没有清晰时，相关企业应在上马前作好实事求是的市场预测和可行分析，避免盲目的投资。

5. 扩大应用领域、市场推广工作有待提高，应用和配套技术需进一步完善

近年来一些企业在积极作好市场的推广工作，国家、一些地方政府及相关部门也制定出台了推广包括塑料管道在内的化学建材的政策，扩大了行业和产品的影响。但宣传、科普等方面还不到位，一些用户到目前仍不了解塑料管道使用的优缺点，不同品种、结构管道的不同主要用途，如何按规程进行施工、监理等应该普及的知识。一些设计人员对产品也只有初步的了解，所有这些影响了塑料管道合理的使用和应用领域的扩大。推广宣传力度更需加强。

有的产品在连接、施工等方面的配套技术尚未完备，有的施工机具还处于落后状态，标准化工作相对滞后，一些产品的标准、规程、规范还没有出台。有的产品由于没有国家标准，生产企业按不同的标准执行，性能指标要求不一样，造成了混乱。

目前我们产品的应用市场还很集中，还有市场开拓的空间，但也要更加主动的开发更加广泛的应用市场，作好市场变化时的转移战场的准备工作，不要使企业和产品对一个市场的过分依赖。

6. 原料、助剂尚不能满足需求，加工设备与发达国家尚有差距，依赖进口增加了产品成本

近年塑料管道行业带动了树脂、助剂、加工设备等相关行业，但上游产品中的一些树脂存在着品种、数量的不足，专用料更少，有的目前还不能国产化，有的质量尚不十分稳定，有的技术性能达不到要求；有的管道需求的助剂国内还不能生产或性能不过关，管道制品进一步提高性能也受到制约。塑料管道加工设备、检测设备、模具在质量上、自动化程度、保证生产的连续性、保证制品质量、挤出量等方面，与发达国家的产品相比仍有较明显差距。所有这些客观的不足，也影响了塑料管道行业的发展。

国家相关部门在PVC-U给水管禁铅文件出台后，可以看到有的企业明显技术准备不足，工作滞后，也反映出我国助剂行业还有发展空间。

7. 原材料价格的大起大落，影响了塑料管道行业的稳定发展

2003年9月份，国家商务部公布了对进口PVC树脂反倾销调查的最终裁定，PVC、PE等塑料管道的主要原料价格随之出现大幅上升，各种助剂的价格也有增加。由于反倾销措施实施期限为5年，国际原油价格一直居高不下，因此预测聚乙烯（PE）树脂原料价格还将在未来较长的时间内保持其较高价位。PVC树脂在2003年上半年高位攀升后，由于产量的极度增加而导致价格大幅滑坡，加剧了塑料管道的竞争，国内塑料管道企业一半以上已处于亏损或亏损的边缘，许多企业经营步履维艰。从长远来看，此情况可能导致多方面的不利影响，大型企业很难在短期内通过扩大生产规模来降低成本以适应其变化，从而造成行业性亏损；一些中小生产企业为了生存，靠多加低廉的填充物来降低原料成本，这将会严重影响产品质量和行业声誉，担心可能会造成塑料管道行业的负面影响。

8. 市场不规范，有些产品质量情况令人担忧，极大影响着行业的健康发展

产品的相似性、供大于求造成竞争程度的加剧，很多企业把“价格战”作为参与竞争的杀手锏，带来后果令人担忧，一些公布的检测结果，影响了行业的声誉。有媒体披露，西安对当地市场上的塑料管材、管件产品抽检合格率仅分别为76.5%和50%。最近一期由国家质检总局部署，由国家塑料制品质量监督检验中心承担，对给、排水用硬聚氯乙烯管材进行的产品质量国家监督抽查中，排水管、给水管产品抽查合格率仅分别为65.0%和62.5%。有的企业采用偷工减料、以次充好等方法来参与恶性竞争，塑料管道行业的品牌的意识相对比较淡薄，市场缺乏管理和不规范，客观给粗制滥造、假冒伪劣产品留有了一定的生存空间，更加使市场上的产品质量难以保证，确有一些塑料管道的质量问题发生。

由于原料价格的上涨，个别企业打起了所谓“节约原材料”的算盘，减薄壁厚注明企标，甚至还有的根本就不注明；有的管材填加料高达几十份；有的品种不使用合格的原料，如有的PP-R管采用PP-B原料；有的燃气用PE管不使用PE80以上原料；有的铝塑复合管的铝带不合格等，成本是降下来了，如有的市场上标明同样原材料的管材价格竟相差4倍，但产品质量绝对不可能一样。

市场的不规范，给劣质、低价的产品带来应用市场。塑料管道市场的一个特点是一般的购买者并不一定是使用者，最终的用户并不一定清楚塑料管道质量的好坏。一些开发商、承包者在建材市场上购买产品时，并不是主要挑选品牌和质量，而是看重的是价格，因此有时低价管材反而更有市场。甚至有的政府部门的正规招标项目也是以最低价格中标，也不论是否低于产品成本。有的招标活动中，参与竞标的公司的产品报价竟明显低于同期的原材料的价格，其产品质量可想而知。这样带来的后果是竞争不是以质取胜，而是以低价取胜。

【发展趋势】

尽管有以上的不足，但塑料管道行业仍有十分难得的发展机遇和光明前景，“十五”规划、西部大开发、南水北调、北京奥运会、振兴东北、上海世博会、我国不断加速的城市现代化建设、农村的饮水改造和安全供水项目、城市采暖的管网改造、建筑物内增加中水管网设计等许多机会都会促进塑料管道的应用市场不断的加大。

2004年3月18日建设部发布了《关于发布〈建设部推广应用和限制禁止使用技术〉的公告》（建设部第218号），提出各种塑料管道的应用领域和发展方向。国务院办公厅今年5月发出了《关于开展资源节约活动的通知》，决定2004～2006年在全国范围内组织开展资源节约活动，全面推进能源、水等资源的节约和综合利用工作。推广应用先进高效的节能、节水设备和器具，加快大型灌区和北方缺水城市节水工程和城市污水再生利用设施建设，加大企业节水技术改造力度，推进城市节约用水。采取优惠政策，鼓励生产、销售和使用节能、节水设备（产品）。因此预测近年塑料管道在城镇化、城市新建住宅、旧房改造等建筑、燃气、供暖、城乡供水、排污、农用等方面都会有非常大的需求，将会以大于10%的速度增长。

随着国家对环境保护的日益重视，未来几年内国家将在许多城市污水处理场的建设、排水管网建设方面投入巨资，到2010年，全国所有城市的污水处理率将不低于60%，塑料埋地排水管的发展市场空间加大。

1. 随着市场竞争的进一步加剧，行业和企业将会更加注重自己品牌的建设，最后品牌的竞争将会逐步取代产品价格竞争，而行业的洗牌则可能会提早到来，优胜劣汰，行业资源重新组合，带来的结果是市场会逐步规范，产品质量会得到生产企业和用户的共同维护，PVC管道的推广使用中更要注意保证产品质量、严格按照国家规定的标准组织生产，杜绝片面降低成本，追求利润的行为。

2. 随着市场的进一步加大，需求的拉动可能会有一些外国公司、上市企业等加入国内的塑料管道行业竞争，新上项目和增加能力，一些重点企业的重心将会更加向市场需求倾斜，能力增加的布点将会趋于合理，趋向销定产的方式。但生产能力的增加将会逐步理性化，外方的介入也会促进新产品的开发能力的提高，追求产品差异性将是许多企业的目标，而只靠增加同质产品能力做法将会逐步减少。尤其是PVC-U塑料管道更应加大创新的力度，才能使生命力不断强大。

3. 国外公司进入的同时，产品销售走出国界。一些有眼光的企业在国内产品市场竞争激烈的形势下，积极拓展国际市场，充分利用国内产品质优价廉的优势，加大力度在国际市场站稳脚跟，在已有成绩的基础上增加占有率。

4. 由于原材料价格上涨最快及稳定剂等方面的影响，PVC管道的增长速度将可能会慢于PE等品种的管道，但仍有它的固有市场，PVC材料仍可能占管道的主导地位。借鉴欧洲的经验及人们生活水平、健康要求的提高和环保意识的增强，所有PVC管道用热稳定剂也将逐步向无铅化发展。国家相关部门PVC-U饮用水管材禁铅文件出台后，其他PVC制品使用铅盐稳定剂也将会出台逐步限用时间表，这个趋势也将会促进我国助剂行业的发展。

5. 具备更好功能的新材料出现速度将会更快，为发挥不同材料各自优异的特点，塑料管材将由单一材料加工更倾向复合材料应用，以提高管道的综合性能，管道性能要求的不断提高也同样会促进加工设备、原料、助剂的技术进步。

6. 根据需求，标准化工作及设计、施工应用等方面的配套技术会更加受到重视，施工、应用方法的培训、对应用者各方面的服务工作将会得到加强。

7. 产品结构将由单一的平壁管向波纹、加筋等结构壁管及缠绕管等方向发展，在节省原材料的基础上保证使用功能。产品设计将由企业生产向用户需求发展，用户不同的要求会成为企业开发的方向，而不是纯粹的由生产企业向用户推荐现有的产品，非开挖管道技术、配套阀门、大口径压力管道、复合管道等新产品将可能成为行业新一轮的研制方向。

我们要抓住机遇，迎接挑战，克服困难，解决存在的问题。经过不断努力，共同促进塑料管道行业持续、快速、稳定、健康发展！

（中国塑料加工工业协会塑料管道专业委员会　杨洪献）

塑料异型材和塑料门窗

【行业现状】

经过二十多年的发展，行业主产品——塑料异型材的产能布局已基本形成。在辽宁、河北、山东、北京、天津等省市形成了“渤海湾产能集结区”；在安徽、江苏、浙江、上海等省市形成了“长三角产能集结区”；在广东、深圳等省区形成了“珠三角产能集结区”。“渤海湾产能集结区”形成最早、规模最大，“珠三角产能集结区”初见规模。三个集结区域外，中西部产能呈点状分布，其中四川省会成都所具有的产能最大，除西藏省区外，全国其他省、市区域均有产能分布。

自1998年以后，国家出台了一系列的发展应用与推广化学建材措施，各地应用市场出现了强劲的需求，同时该产品还具有较高的利润，这种火暴的局面吸引了大批人士加入到这个行业中来，刺激了银行、投资机构和某些有雄心壮志的人，行业发展的不均衡现象显现出来。超大规模企业的诞生和不断扩大，使某一个地区的产能突然增加至数十万吨，全国范围内不均衡的产能布局也严重形成。急速发展的产能规模严重大于市场总需求，买方市场形成绝对优势，行业内激烈的竞争日益加剧，产品利润空间逐渐失去。2004年，我国型材总生产能力在350万吨左右，全年型材产量在180万吨上下，门窗加工制造能力可达4亿平方米/年，年应用量约2亿平方米/年，约占年需求总量的25%以上。

自2003年二季度以后，PVC树脂一路走高，进入2004年以后情况更加严峻。受国际石油价格走高的影响，国内PVC树脂价格最高峰曾突破每吨万元大关，大部分时间在9 000元/吨上下浮动。按惯例应水涨船高，但是型材价格始终处在成本价边沿状态，很难同步跟进，大部分企业处在无利或亏损经营。虽然到年底PVC树脂价格回落在8 000元/吨左右情况有所缓解，但是，长期超低价位运行已经耗尽了企业实力，不少中小企业已经无法维持正常经营，整个行业处在有史以来的最艰难时期。助剂企业也同样受到了冲击，他们应用的诸多原料接近成倍增长，由于型材企业的抵制，助剂价格也未能及时同步跟进，众多助剂企业出现了大幅亏损。在常规产品扁平的市场空间中企业看不到峰回路转，寻求差异化、开拓另类产品已被众多企业所关注，许多企业相继推出了彩色型材、围栏产品、结皮发泡产品、木塑产品等，有的企业抓住部分人员的消费心理，直接从欧洲进口型材制造一流精品窗户。有的企业在着眼于品牌，把型材与门窗结成一体品牌推向市场，努力打造市场形象。

进入2004年四季度以来，部分型材企业认真分析了当前形势和企业现状，相继提出了增扩产能规模的计划，努力打造区域龙头老大，创造区域知名品牌，使企业形成一定区域范围最合理的经济规模，牢牢占据自己的势力范围与外来产品进行拼争。从这种趋势看，今后跨区域销售将逐渐增加难度，长期以超低价位争取市场份额的做法只占据短时之利，此法的长期实施必将消耗其经济实力，今后，还要看其能否理性的调整自身战略。经历2003～2004两年多行业低谷的冲击，有近三分之一的中小企业处于关停状态，这些企业中，有的已经将设备转让、有的在封存、有的在等待时机。综合实力较差的中小企业被淘汰出局的可能性非常大，行业的大洗牌过程还将持续一定的时间。

2005年3月以后，PVC树脂价格大幅下滑，虽经几次反弹，但终因其近年的超速发展产能过剩已经显现，超高价位的时代已经成为过去，目前，基本在合理的价格范围内波动。受其影响，型材企业的利润空间已经回复正常。但是，因受损时间太长，至今元气尚未完全回复，许多企业仍经营艰难。我们应格外珍惜这期待已久的外部环境，抵挡住下游产品或终端的挤压，保持合理的价位，杜绝以前无利经营的行业局面，假如出现反复，行业很可能出现更严重的后果。

2005年以来，不少骨干企业在努力开辟国际市场，扩大外销份额。目前已有为数不多的企业基本已转向以为外销为主的企业。2005年型材（含门窗用型材）外销总量估计在3.0～5.0万吨左右，发展速度非常快，和去年相比，销量增加2倍以上。行业内模具的骨干企业产品出口占很大幅度，出口最多的企业已经实现年度对外销售模具200套，我国今年外销模具达400套以上，行业内相关产品出口已经位于领先地位。设备、配件等也相应在许多国家打开了销路，销量已经开始上升。

根据业内部分企业今年的经营情况分析，型材产业的经营状况回复较快，市场不太乐观。东北地区应用势头有增无减，华北地区尤其是北京地区的重要工程份额丢失较多，华东地区重要工程的份额丢失更严重。北方中小城市持稳步上升状况，西南、华南地区市场增幅较大，北方广大地区的旧房更换门窗市场占据了绝对优势。2005 年，国内市场需求总量比 2004 年略有上升，型材需求总量在 190 万吨/年左右。

塑料异型材产销量发展情况见图 1。

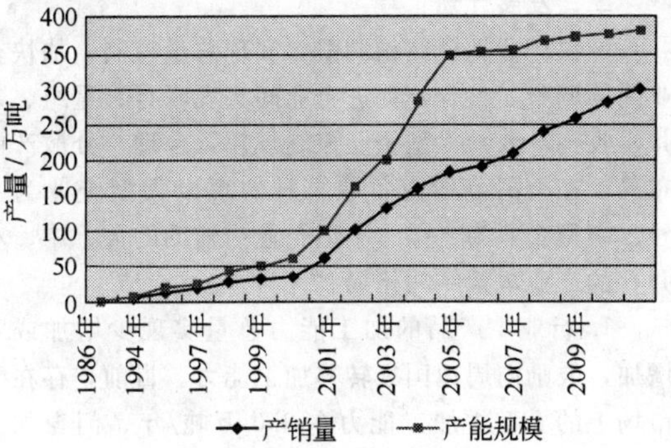

图 1　塑料异型材产销量发展情况

产品情况如下。

常规产品　从今年市场上看，白色常规产品主型材外壁厚小于 2.0mm 的型材，市场上已经很难见到，可以判定此类产品已经被市场淘汰；推拉窗的市场仍占据主要份额，平开窗主要用于北方的高寒地区约占总量的 30%以上；厚壁、大断面平开类产品，各骨干企业正在加紧开发和努力推广，并向重要工程力争市场份额；型材断面也在不断进行改进和提升设计，门窗性能、质量也在逐步提升。

彩色产品：彩色型材的试制和推广应用在全国范围内掀起了高潮，《彩色型材》行业标准也正在加紧编制过程中，目前彩色型材的市场需求约占总产量的 15%，市场需求与发展势头强劲。

其他产品：结皮发泡板材在南方的家具、装饰市场上已经逐步拓展，许多异型结皮发泡材相继问世并出口海外；平改坡共挤彩色屋顶瓦也投入应用；PVC 木塑发泡门、窗制品也已经大批量投入生产；多种木塑制品也相继投放市场；其他各类场所应用的挤出制品，不少厂家在进行研究、试制、推广之中。

【企业状况】

设备企业：整体情况不佳，主要加工能力向管材、膜或其他产品方面转移，2005 年比 2004 年略有好转，挤出设备需求有小幅上升。门窗加工设备出口份额提升较大。

原辅材料企业：受国际石油价格的影响，原辅材料企业的原料价格居高不下，售价提升艰难，有不少企业亏损严重，有些企业选用廉价替代材料但品质下降，有的企业为了避开传统产品的竞争，混入一些其他性能的材料来保本经营，但给下游制品企业造成混乱。

型材企业：2005 年，由于 PVC 树脂的价格步入正常偏低水平，型材制品企业有了一定的利润空间，整体经营状况有较大改善。但是，受损的元气尚未恢复，而价格已出现逐步下滑趋势，应引起各方面的关注，相关企业也应采取扼制措施。从经营个体来看，有一些中小企业的产销量提升很大，增扩计划也在加紧实施。个别去年已经关停的企业，今年也开始复苏。但也有一些企业的销售数量明显低于去年。少数企业未能渡过难关，已经完成了企业的最终寿命。

【专委会活动】

1. 贯彻 GB/T 8814—2004 型材标准，做好产品转型工作。反映实际问题，颁布了修改单，实施日期延期一年。

2. 组织并起草编制《彩色型材》行业标准。

3. 组织编写“行业自律”、“行业行为准则”在《塑料异型材》杂志上刊出并广泛征求意见。

4. 认真进行行业统计，获得了较为准确的产能基础情况。

5. 继续开展“中国名牌产品”的培育工作，争取早日诞生塑料异型材中国名牌产品。

6. 加强宣传介绍国际贸易中的法规、应对措施、规避技巧，为国内企业走出国门服务。

7. 组织成立了《沿海地区塑料门窗技术研究中心》，并开始工作。

8. 加强宣传“质量法”、“反不正当竞争法”，讲诚信、重质量、要有长远观念，反对一切短期行为，为整顿行业市场经济秩序做了大量工作。

9. 加强与政府间的联系，在产业保护、在产业政策、外贸进出口政策方面寻求支持和帮助。

10. 继续努力做好培育“产业支撑骨干企业”群体的工作。

11. 加强宣传介绍国际贸易中的法规、应对措施、规避技巧，为国内企业走出国门服务。

12. 在四川省成都市召开 2005 年行业年会、五届三次理事会。

13. 为稳定行业形势，缓解行业经济困境做出了巨大努力。

14. 为维护产业键的平衡发展，加强与上游主产品行业协会、企业的联系与合作。

15. 为组织成立专委会的各专业工作组进行前期工作。

16. 继续做好《塑料异型材》杂志、专委会网站的工作。

17. 编制行业“十一五”发展规划。

18. 编制出版第四集《技术交流》下册（门窗版）。

【存在问题】

1. 产业结构不合理。a. 企业规模结构不合理；b. 产能布局不合理，在个别省区高度集中；c. 跨区域销售比较普遍，有的企业在全国范围内销售。

2. 受PVC树脂年前超高价位的影响，行业尚未完全回复健康。

3. 型材价格又开始逐渐下滑，这种趋势应引起高度警惕，相关企业应考虑应对措施。

4. 市场竞争激烈。巨大的供需矛盾导致激烈的市场竞争，而在这巨大的市场压力面前，某些中小型企业为了保持利润和市场份额，采取了增加碳酸钙份额用来降低生产成本、降低销售价格，以牺牲质量来换取利益和市场的短期行为作法。但是，随着时间延长，有这种行为的企业越来越多，填料也越加越多，行业整体质量下滑。

5. 我国的某些地区近几年来钙塑型材的生产加工总量逐年大幅上升，2004年以来此种势头影响到北方一些地区的某些企业，也开始制造钙塑型材。这种劣质冒名材料给塑料型材及塑料门窗带来极大的声誉损害，为塑料门窗市场的发展留下了隐患。

6. 产品品种较少，大多数厂家的产品基本雷同。以中低档推拉窗占市场主要份额，花色品种少，市场总体认知、认可程度偏低。

7. 引进设备的优势发挥不明显。

8. 门窗的80％销售给房产商，只有不足20％的少量部分销售给城镇居民。作为中间商的房产商对门窗的性能、质量等关心不够，过多的是关心价格或其他条件。这种市场条件对门窗的质量、品位提升极为不利，导致质量与品位的不断下滑，最终影响市场的应用率，使众多的区域市场出现逆转。

行业超速发展所带来的一系列副作用。

型材与门窗行业	产能过剩浪费资金	同、低水平重复建设	全国范围恶性竞争	品质逐年降低	骨干企业无利经营	产品形象受损	核心竞争力难形成	产品创新速度慢
设备制造行业	超规模发展	作坊式企业增多	后期经营艰难	产业整合艰难	人才流失严重	品牌优势不明显	核心技术研发不力	产品科技进步较慢
模具制造行业	超规模发展	作坊式企业增多	后期经营艰难	产业整合艰难	人才流失严重	受需求冲击严重	拉大企业差距	核心技术研发不足
原料助剂行业	超规模发展	同、低水平重复建设	无利经营	竞争日益加剧	人才流动大	品质、质量差距大	衍生企业拉后腿	产品创新较差
附配件制造行业	超速不均衡发展	作坊式企业增多	同、低水平重复建设	劣质产品较多	品质、质量提升慢	配套发展不同步	加工制造手段原始	自主创新不够

【发展趋势】

塑料型材与门窗产业发展“十一五”计划。

一、指导思想与基本原则

1. 指导思想：以为国家经济建设服务为宗旨、以提高和满足市场需求为导向，坚持持续、稳定、健康的行业发展方向，促进行业进行适应国际化大市场的战略化调整，早日实现行业的由大转强。

2. 基本原则：①可持续发展原则；②质量领先原则；③科技进步与技术创新原则；④市场化原则；⑤整体进步原则。

二、发展计划

加快产业规模结构调整，实现总量控制，加快企业间的调整、整合，促进企业间实现联合、重组、兼并、收购，鼓励大型企业控制规模，合理、分散产能布局，在全国范围内争取早日实现以大型企业为主导、中型企业为支撑、小型企业为辅助的大、中、小并存的产业规模结构格局。

1. 行业主产品的加工能力总量实现少增加或不增加，鼓励向周边国家转移加工能力。目前，存在于市场上的异型材加工能力在350万吨/年、门窗加工能力在4亿平方米/年，市场实际应用量：异型材在180万吨/年、门窗在2.0亿平方米/年。由于供需差距巨大，引发了行业中恶性竞争、短期行为加剧、急功近利等多种不良行为。不切合行实际情况大量增加行业总生产能力时，势必造成低水平、同水平重复建设和有限资金的不良占用，更加拉大行业供需矛盾，激化各种关系，所以对总加工能力实现总量控制。力争“十一五”期间存在于市场上的异型材总产能控制在400万吨/年左右，门窗加工能力控制在4亿平方米/年左右，基本实现行业总体产能规模缓增加、少增加。鼓励有条件的大中型企业到周边友好国家建厂，转移国内省余加工能力，大力消融恶性竞争环境。

2. 企业在产品产地区域范围内的加工能力逐步实现总量控制。塑料异型材及门窗产品属于区域范围销售的产品，不适合跨区域远离产地长途运输销售。某个企业在某个省区或某个大经济区的规模应有一定的限制。受环境条件、企业自身条件等的限制，企业规模在适当数量以内是经济、合理规模，当远远超过这个规模后，产地区域不能消化巨大产能，势必造成区域内供需状况的恶化，增加企业的经营风险，所以企业要对规模总量实现控制。一般情况，在一个省区内某个企业的型材产能规模应控制在6万吨/年以内、门窗20万平方米/年以内；在应用较好、市场空间巨大的国家三大经济区域内，某个企业的型材产能规模也应控制在10万吨以内。企业现状如果已经超出上述总量，企业应考虑转移、分散高度集中的产能，达到产能的合理、分散布局。型材产品的销售半径尽量控制在500公里以内；门窗产品的销售半径应尽量控制在200公里以内。

加快企业间的调整、整合，促使在本计划年度内完成一次大的优胜劣汰过程，促进产业提升。在行业快速发展过程中，大批业外人士加入到这个行业中来发展，各自的起点水平不同、综合实力与能力也不同，企业间形成各不相同的多方面悬殊差距。在行业的产能已经远远超过了市场需求的现状下，企业的生存环境已经恶化到相当严重的程度。今后，企业要不断研究市场，进行提升变化，百倍精心以适应市场需求，同时，企业还要不断的进步、发展获取自己的生存空间。而对于那些不善经营、不思进取、投机钻营、不讲诚信等的企业，在今后的市场竞争中极有可能被淘汰出局。通过大浪淘沙，行业会不断得到提升、进步，将会更加适应行业国际化发展需求。在“十一五”期间，在全国范围内，约占总量1/5的产能将被兼并、整合、收购、重组。

【重点企业】

- 哈尔滨中大门窗型材厂
- 沈阳辽沈塑料型材有限公司
- 大连实德集团
- 大连金源塑料建材有限公司
- 柯梅令（天津）高分子型材有限公司
- 天津金鹏塑料异型材制造有限公司
- 北新建塑有限公司
- 宝硕新型建筑材料有限公司
- 邯郸力尔型材有限公司
- 芜湖海螺塑料型材科技股份有限公司
- 浙江中财塑胶有限公司
- 常州创佳塑料型材有限公司
- 上海龙桥塑业发展有限公司
- 安徽国风塑业集团公司
- 福建亚太建材有限公司
- 浙江华之杰塑料建材有限公司
- 浙江永高塑业发展有限公司
- 中标建材有限公司
- 西安高科塑业有限公司
- 四川华塑建材有限公司
- 株洲湘瑞塑料建材有限公司
- 湖北凯乐新材料科技股份有限公司
- 玉溪红塔新型建材有限公司
- 新疆屯河新型建材有限公司

【应对措施】

促进行业向适应国际化市场需求方向转变，适应国际化市场的分工变化，确立我国塑料异型材及门窗行业在国际化市场中的重要地位，以及主导产品的国际化市场份额。

1. 培育参与国际市场竞争的国际型现代化企业

促进培育一批企业为适应国际化市场需求，成长为国际型现代化企业。我国已经是世贸组织成员国，其市场经济地位已被众多世界国家认可，我国的国内市场目前已经国际化，同时行业中许多企业已涉足国外市场，今后的市场发展将是全球经济一体化总趋势，即使企业只在国内经营销售，所面对的市场也将是各国企业所共同拥有的国际化市场。研究国际市场、研究各国的对外贸易政策、研究国际市场发展方向，根据国际化市场的需求，建立、改进企业的管理体制，建立适应国际贸易符合国际规范的财务管理制度和生产经营管理体系，调整企业产品的品种、质量、与适用标准等，促使我们行业产生出一批国际型现代化企业，利用我国的各种优势参与国际分工，使我们行业中产生出一批国际一流知名企业，形成世界上一支强有力的产业队伍。实现我们行业内企业经营的国际化转变。

2. 培育发展适应国际化市场的跨国公司或跨国集团公司

3. 尽快实现专委会组织国际贸易、对外交流、中外合作工作重点的转移

专委会将组织行业内重点骨干企业，利用专委会“行业管理”平台，与世界各国广泛建立联系，充分宣传我国行业、重点骨干企业及其产品；将组织、带领一批重点骨干企业开展国际贸易；将在充分交流、合作的基础上开展对外技术服务或承揽工程。

在“十一五”期间，将逐步实现并达到型材与门窗综合出口量占型材年度总产量的15%。将逐步培育出一批以面向国际市场为主的原辅材料、设备、模具、型材、配件企业。

在充分交流、合作的基础上，逐步实现一批在国外投资建厂的外中企业。

适应我国市场发展总需求，调整产品品种与质量。在我国国民经济持续，稳定、健康发展的“十一五”期间，节约能源、合理利用资源、推广应用化学建材等仍将是国策，能源紧张是我国目前必需面对的现实。大力推广与应用节能产品，也必是“十一五”期间的必然需求，而且其节能的指标必将比“十五”

要有一定的提高。提高门窗保温系数，降低建筑物应用过程中的能耗，缓解能源紧张状况，节约有限的能源资源，必将是市场需求方向。

① 开发研制整窗保温系数 K 值小于 2.0 的高保温性能产品，带动市场推广应用。

② 推广应用密封效果好的平开窗逐步减少低性能推拉窗的应用量，加紧对推拉窗断面结构、型材结合形式、附配件功能型式等研究改进，促使推拉型式的门窗功能、品质实现大幅度提升。争取“十一五”期间实现 30%以上的高品位产品的应用转变。

③ 对配套应用的五金件、密封件、玻璃、密封胶等产品确保同步发展。

④ 增加彩色品种的开发，适应消费者个性化的需求，拓展产品品种类型。

⑤ 开拓其他种类产品，向其他应用场所、环境，其他应用市场寻求市场空间；向建筑应用、建材及装饰应用、家具家装应用、交通运输车辆船舶、重型产品外包装、工业环境等方面开拓应用产品。

⑥ 提升产品质量、寿命与耐用度，提高产品形象，开拓应用范围，增加市场占有率。争取在“十一五”末塑料门窗市场占有率达 35%以上。

⑦ 逐步淘汰主型材壁厚在 2.2mm 及以下尺寸的低品位产品，提升塑料门窗的档次。

⑧ 注重环保产品的更新换代，逐步减少产品中的重金属含量，做好向无铅配方转变的工作准备，实现逐步过渡。

⑨ 做好相关产品标准化及主产品逐步提升工作，引领行业产品稳步、健康发展。

【发展趋势】

推进科技进步和技术创新，大力提高可持续发展能力。目前，我们行业的主产品和国外先进国家相比具有不小的差距，与主产品相关的上下游产品与国外先进国家相比，同样存在着较多、较大的差距。首先，我们要争取各类产品在主要性能的技术指标上，跟住世界先进水平，努力缩小差距。各类产品要根据各自的优势，力争部分企业尽快达到国际先进水平，部分技术指标实现突破和超越。

以企业为技术创新主体，实现自主研究开发。企业对工艺、配方、工装潜心研究不断改进，提高产品质量；改进工艺装备实现节电、节水、节约资源、降耗；加强对门窗的系统研究，不断改进和提高现有产品的综合性能，在适应应用环境的需求性能，适应不同类型的建筑物的应用需求水平等方面，使之在建筑节能、环保、卫生、消防等方面更具竞争优势；在分析市场，把握市场需求方向的前提下努力开发有前瞻性产品系统，争取做到生产一代、储备一代、开发一代；大型企业或有能力的企业，应当对产品的加工理论、产品性能理论、系统设计理论等研究归纳整理，形成完整的有指导意义的系统理论性技术资料，辅助创新工作的深入开展。以协会为核心，组织若干个有积极性的企业、科研院所、检测机构等，设专题进行开发、研究、研制。这种方式可以克服单独企业的技术水平、财力、人力、设备等方面的不足，发挥群体优势共同解决难题。

大力培育各类高、精、尖专业技术人才和各专业工种的能工巧匠，为行业可持续发展提供技术支撑。企业要对专业技术人才的培育做出布置和安排，要善于发现有培养前途的人士，要给他们提供必要的条件，在时间、环境、工作条件、经济待遇上均要考虑周到。企业同时还要建立一套：鼓励个人技能提高与发展、聚积各类人才、发挥才能、留住人才的长期企业制度。行业协会要为行业的人才培育提供各种形式的“平台”，编制技术资料、组织技术交流、技术讲座、组织互讲互学的讲用会、组织专题研讨或联合解决实际难题；注重引进技术的消化吸收；加快国外先进技术知识的传播；利用专委会媒体大力进行技术交流、宣传科技知识、报道国外先进国家的科研动态。

继续组织赴先进国家的参观、学习的考察团，赴欧洲参观产品展览会、到同类产品企业参观考察学习，做到知己知彼，为我们的发展创新提供参照依据。

全行业共同行动，整治市场秩序。制定和完善维护市场秩序的规则，反对垄断和不正当竞争，保证市场竞争机制的有效运行。促进市场监管机制的完善，严厉打击制售假冒伪劣产品的行为，保护生产者和消费者合法权益。禁止价格欺诈、价格垄断、价格歧视、低价倾销等不正当价格行为。强化行业自律，强化信用意识，整肃信用秩序，建立严格的信用制度，依法惩处经济欺诈、逃废债务、不履行合同、约定、侵犯知识产权等不法行为。

开展“中国名牌产品”的培育工作，争取在“十一五”期能够诞生塑料异型材产品的“中国名牌”。在行业中实施名牌战略，是促进行业健康发展的重要战略布置，能够促使一部分企业尽快做大做强，带动一大批企业快速发展。名牌培育工作要作为行业中的首要工作来对待。

（中国塑协塑料异型材和塑料
门窗专委会　王存吉）

注塑制品

【行业现状】

1. 回顾“十五”期间行业生产形势

根据不完全统计，“十五”期间全国轻工注塑制品行业 32 家生产企业完成工业总产量 443 997 吨，其中周转箱产量 112 660 吨，汽车配件产量 34 334 吨，家电配件产量 32 370 吨，日用制品产量 50 539 吨，与“九五”期间比总产量增加 6.5%，周转箱增长 2.6%，汽车配件增长 212.7%，家电配件增长 52%，日用制品增长 46.3%。“十五”期间产量年平均增长率 6.38%，高出“九五”期间 5 个百分点。

从行业各企业“十五”期间产量完成情况排列看(见表 1)，常州巨力塑料集团有限公司总产量名次首位，其次广州洛民塑料有限公司和苏州富事达塑业有限责任公司。塑料周转箱产量依次广州洛民塑料有限公司 20 334 吨，顺德市大良塑料二厂有限公司14 012 吨，杭州万里塑胶有限公司 11 085 吨，苏州富事达塑业有限公司 8 795 吨，无锡市巨龙塑化有限公司 7 329吨，大连七宝塑料有限公司 4 993 吨。上述单位周转箱产量占行业年周转箱总产量 64.1%占全国塑料周转箱产量 32%。汽车配件产量依次浙江远翅塑料有限公司 12 816 吨，哈尔滨哈轻塑料有限公司 9 188吨，齐齐哈尔齐塑塑料有限公司 7 109 吨。三家企业汽车配件产量几乎垄断轻工注塑制品行业汽车配件产量。

表 1 “十五”期间轻工注塑制品行业主要技经指标汇总表（注塑专委会）

技术指标 \ 年份		2001 年	2002 年	2003 年	2004 年	2005 年
工业总产量/吨		80 010	87 988	87 096	86 432	102 471
其中	周转箱	20 997	20 133	20 182	23 332	28 016
	汽车配件	5 353	5 683	6 491	6 205	10 601
	日用制品	21 360	12 795	5 723	5 544	5 117
	家电配件	6 288	9 563	7 030	6 530	2 959
销售收入/万元		122 176	130 409	138 202	151 857	184 819
利润/万元		5 030	4 873	5 826	6 677	7 273
工业总产值/万元		129 085	123 201	126 469	134 077	163 094

2. 主要经济指标完成情况

“十五”期间，各成员单位克服原材料价格暴涨，能源紧缺以及生产成本提高等不利因素，在新的经济形势下，按照市场化运作，抓住机制、体制改革机遇、改变经营方式、增强市场竞争能力、发展规模化经营生产、经济形势逐步好转。“十五”期间全行业实现利润 2.96 亿元，销售收入 72.74 亿元，同比“九五”期间分别增长 38%和 39%。2005 年常州巨力、广州洛民、浙江远翅、哈尔滨哈轻、苏州富事达塑业、齐齐哈尔齐塑等六家企业销售收入超亿元，八家企业利润超百万，行业亏损额下降 45%。

总结行业生产经济形势好转条件如下。

① 国家宏观经济持续快速增长，国内市场需求量进一步扩大，应用领域不断开拓。

② 在原材料暴涨的冲击下，一些规模小，原靠低价维持生存的企业，逐步被淘汰出局，相对生存下来的企业，提高了生存的空间，发展新的机遇。

③ 近几年来，新旧体制大交替，行业大部分企业完成改制、改组，企业的自主权加强，经营灵活，逐步完成资本积累，为今后发展打下良好的经济基础。

【专委会活动】

1. 2006 年 5 月 11～13 日在江苏省无锡市召开了注射成型工艺材料模具设备技术交流暨中国塑协注塑专委会二届五次年会。21 个单位，共计 33 名代表出席了会议。中国塑料加工工业协会廖正品会长和中国包装联合会塑料包装委员会张大生出席了会议。

大会首先由中国塑料加工工业协会廖正品会长致欢迎辞，宣读中国塑协（2006）第 036 号“关于中国塑协注塑制品专业委员会第三届理事会主要领导成员推荐人选的函”。大会通过举手表决的方式一致同意无锡市巨龙塑化有限公司陆惠琴同志担任第三届理事会理事长，天津市塑料制品模具厂刘洪冀同志，杭州万里塑胶有限公司丁国荣同志，苏州市工业园区富事达塑业有限责任公司包建成同志和浙江远翅塑料有限公司孔小炎同志担任副理事长，无锡市巨龙塑化有限公司顾大全同志担任秘书长。廖会长作题为“团结奋进，重振雄风，再造辉煌”重要讲话，提出了注塑制品行业发展三点要求：①从注射成型技术，注塑机械设备的新特征，要不断提升大型、精密注射机及模具的制造水平，增强注塑制品设计研发能力，抓住行业技术发展热点，引导行业提高产品档次；②发挥协会专业委员会的作用，切实为行业和企业做好服务工作，加强行业调查研究，引导行业的发展方向，为行业发展争取新的空间；③中国塑协专家委员会成立是为了更好的推进和发挥行业协会的职能，贯彻产学研，科工贸一体化中起到桥梁作用，为我国注塑制品产业整体水平的不断提高做出新的贡献。无锡市巨龙塑化有限公司陆惠琴同志代表理事会做 2006 年二届五次年会工作报告，总结自 2001 年西安年会以后，专委会主要开展的各项工作，并确定了今后的任务。

① 继续不断发展新会员，扩大行业队伍建设，使专委会更具有普遍性，代表性和权威性，进一步增强行业的凝聚力，适应行业经济发展需要。

② 继续出版行业的“科技销售信息”刊物，行

业成员企业年度技术经济信息的汇总交流工作，不断增加信息量，服务行业单位。

③ 参照兄弟专委会做法，提高成员厂市场知名度，制作中国塑料加工工业协会注塑制品专业委员会成员单位，理事单位，产品研发中心单位铜牌，重新编印会员单位通讯录。

④ 根据中国塑料加工工业协会的安排计划，适当时期组织行业优质产品评定活动。

根据年会议程专委会秘书处向大会做中国塑协注塑制品专委会章程修改说明和第三届理事会选举结果公布。大会采用举手表决一致通过由行业23个单位组成的新的一届理事会，一致通过章程修改报告。

大会组织成员单位进行技术交流，四川大学高分子材料与工程学院吴智华博士作“注射成型新技术、新材料进展”科技学术报告；杭州万里塑胶有限公司陈锡洪高级工程师作“建立环境管理体系，保持可持续发展”企业ISO 14000认证介绍；浙江远翅塑料有限公司陈岳平技术部长作“立足新品出效益，机制创新增活力”产品市场开发经验交流；大会特邀请国内知名公司广州博创塑料机械有限公司姚启琛总工程师，上海日之升新技术发展有限公司陈晓东总经理和浙江宁波海天集团公司郑永齐经理作国内外先进注塑机发展动态及新技术新材料介绍，得到与会代表热烈欢迎。

最后，会议组织全体代表赴浙江杭州，实地考察学习先进企业杭州万里塑胶有限公司现场管理，受到该公司全体员工热情接待。

2. 编制中国塑协注塑制品行业第十个五年计划

根据中国塑协（2001）018号“关于编制‘塑料行业第十个五年计划’的通知”的要求，专委会于2001年5月21日在苏州市组织行业六家重点企业，10位专家参加行业第十个五年计划的编写工作。为制定行业产业发展目标提供参考资料。

3. 继续编辑出版《行业销售、技术信息》会刊；做好行业内部企业年度技术经济指标统计汇总交流工作，充分发挥专委会的信息功能。

从2001年截止2005年底，专委会秘书处共编辑出版《行业技术、销售信息》会刊21期，共计50万字；每年汇总编印“行业企业主要技术经济指标完成情况汇总册”共计6册。

4. 行业协会是成员单位自己的组织，专委会热情接待会员单位来访、咨询，组织行业单位之间开展互访互学交流活动。配合有关部门、组织成员单位参加国内外的各类塑料工业展览会、技术培训班、商务考察等项有利行业发展的活动。

5. 专委会大力支持，配合企业申报名优产品的资料证明工作；帮助企业科技人员职称评定学术论文的发表刊登工作；推荐成员单位加入中国塑料加工工业协会专家组的活动等。充分发挥行业与企业，与政府之间的作用。

【重点企业】

无锡市巨龙塑化有限公司

无锡市巨龙塑化有限公司（原无锡市塑料一厂），始建于1956年，50年来，公司从小到大，从生产塑料发夹、鞋底等日用小商品，发展形成拥有国内外先进80～20 000克注塑机群、塑料制品年加工能力7 000吨的专业化公司。年生产销售200万只/4 000吨八个系列，100多个品种规格塑料周转箱，系列大型塑料托盘和配套生产汽车、家电、电子、电器塑料配件以及高新技术工程塑料制品。公司现有员工250余人，其中工程技术人员占17%。产品荣获国家银奖质量，公司通过ISO 9000质量认证。

公司引进建立注塑模具CAD辅助设计系统和CAD/CAM模具加工中心，模具职工人均年创产值8万元，达到国内模具行业的先进水平。

公司是中国塑料加工行业的骨干单位。1990年以来一直担任中国塑料加工工业协会注塑制品专业委员会理事长和中国包协塑料制品的包装委员会箱包组组长的职务。是两个行业组织的所在驻地。

杭州万里塑胶有限公司

由原杭州万里塑料制品总厂改制成立的专业生产各种塑料制品的中型企业，现为中国塑料加工工业协会注塑制品专业委员会副理事长单位，浙江省塑料工业协会理事单位。公司地处杭州莫干山路方家塘路，紧邻杭州汽车北站，交通十分便利。公司拥有资产2 993万元，土地面积22 582平方米，建筑面积13 573平方米，职工人数171人，其中各类专业技术人员59人。公司有从80吨到1 250吨注塑机和从$\Phi45$到$\Phi160$的挤出机等塑料加工专用设备22台套（其中意大利和韩国进口设备5台套），塑料制品年生产能力9 330吨。各种塑料烫金、印刷、制版、加工辅助设备4台（套）。各种塑料性能检测和产品检测设备18台（套）。各种金加工设备15台（套）。

2005年公司工业总产值5 873万元，塑料制品总产量4 722吨，产品销售收入5 911万元，实现利税340万元。主要产品有啤酒周转箱、食品周转箱、饮料周转箱、活塞专用周转箱、扑克专用周转箱、各种规格的通用周转箱和多种规格的异型周转箱、周转筐等；各种规格的高发泡聚乙烯（EPE）片材、复合片材、管材、棒材；各种汽车和工业配套件；高档家电塑料件；中空制品和日用塑料制品等500余种。

公司质量管理体系完善，质量检测手段齐全。公司生产的产品在历年国家、省、市质量监督检查中所有指标全部合格，其中塑料饮料周转箱和食品周转箱被评为轻工部优质产品和浙江省优质产品。公司的“万里”商标是杭州市著名商标。公司重视企业形象，努力承担社会责任，在通过万泰认证 ISO 9001:2000《质量管理体系》认证的基础上，2005 年通过万泰认证 ISO 14001:2004《环境管理体系》认证，成为行业首家取得环境管理体系认证的单位。

公司十分重视技术进步和产品开发。近年来购入具有国际先进水平的全电脑控制注塑机 13 台套。2005 年公司开发了 Z043 型超强可口可乐专用周转箱、雪花啤酒专用 12 瓶周转箱、F118 型超市周转箱、酒瓶折叠架、豆腐干塑料模板，海鲜塑料模板和家禽塑料模板等新产品。这些产品进入市场后，深受用户欢迎，并取得了很好的社会效益和经济效益。

公司努力按社会主义市场经济要求完善内部管理，建立灵活、快速、以人为本的反应机制，提高生产效率，降低生产成本，提高产品质量，提供优质服务、增加经济效益。公司将积极努力加强与大专院校和科研单位的联合；重视和完善信息交流工作、完善公司网站；积极引进先进技术、加大技术投入、引进各类人才；不断调整产品结构、努力向高科技含量、高附加值、产品深加工和精加工的方向发展；积极寻求与社会各方面、多层次、多方位、多种形式的合作；为用户提供更加优质的多种类型的服务，成为用户最可信任的朋友。

浙江远翅塑料有限公司

地处风景秀丽的杭州市萧山区，于 20 世纪 80 年代中期步入汽车塑料零部件行业，是国内最早开发生产汽车塑料仪表板总成、彩色保险杠、软化包皮方向盘、豪华门内板、公交座椅、门侧条、内立柱包覆件等汽车内外饰件的企业之一。

公司总资产 3.53 亿元，本部占地面积 6 万平方米，建筑面积 4.5 万平方米。公司现有职工 1 111 人(其中本部 587 人，分公司 524 人)，工程技术人员 90 余人。公司技术中心为杭州市级技术中心，CAD、CAM 系统完善，有专业技术人员 30 余人，主要从事产品设计造型与模具开发。公司非常重视品牌建设，远翅商标 2005 年被评为浙江省著名商标。

公司拥有（1 100 吨/7 000）～(2 800 吨/20 000 克）的特大型注塑机 9 台，中小型注塑机 25 台，轿车外饰件喷涂线 3 条，内饰喷涂线 4 条，德国产及国产 PU 高压发泡机 4 台、德国产 KIEFL86/180 真空吸塑热成型机一台及国产吸塑设备 2 台。同时拥有 SM-3000G 龙门立式数控铣床、MAF-2000 镗铣床、DM 71125 大型电火花、X 2010C 龙门铣床等 30 余套模具加工设备。已形成产品设计、注塑、发泡、表面涂装及吸塑、模具加工等为主的多工艺生产能力。

公司于 1998 年通过 ISO 9002 认证，2001 年通过 ISO 9001—2000 认证，2004 年通过 QS 9000 标准，2006 年 3 月通过 ISO-TS 16949 认证。已形成了一套比较成熟的质量工作制度，从产品设计、模具开发、生产加工到包装运输等环节为客户提供全方位质量保障体系。

苏州工业园区富事达塑业有限责任公司（苏州塑料一厂）

专业生产工程注塑制品、波纹管、片板材和改性材料，积累了 50 年的塑料加工专业技术经验。是江苏省高新技术企业，拥有自营进出口权，名列国家统计局公布的中国塑料加工企业的前列。

公司现有员工 250 人，各类专业技术人员 100 多人，工厂占地面积 3.7 万平方米，建筑面积 2.5 万平方米，固定资产 3 900 万元。注塑生产基地位于苏州工业园区，挤出生产基地位于相城区。

追求质量零缺陷，满足并超越顾客的期望，是我们孜孜以求的目标，也是公司持续发展的基石之一。目前已通过了汉德 TUV 公司的 ISO 9001:2000、DVA6.1、QS 9000 的质量体系认证，2006 年完成 TS 16949 体系的转变。

公司实验室拥有研究分析测试设备近 40 台(套)，能按 ISO、DIN、ASTM、GB 等标准进行塑料理化性能测试。目前实验室通过了 CMA 认证，并被授权为江苏省塑料质量监督检测站苏州分站。

公司注重新品开发能力提升，引进了美国 UG 公司的 CAD/CAM/CAE，实现了设计无纸化，成型过程演示化，制模程序电脑化。同时不断完善创新机制，加入新品开发投入力度。特别是加强特种工程塑料制品的开发。研究所被批准为苏州市工程塑料应用和开发技术中心，是首批市政府批准的 10 家技术中心之一。

企业将逐步建成在工程塑料行业中规模适度、技术领先、管理先进、装备精良、员工优秀、产品适销，拥有自身核心竞争力众多比较优势的塑料加工企业，办成一个蕴含公司经营哲学及企业文化有相当个性特点的优秀企业。

天津市塑料制品模具厂

建于 1965 年 1 月，是国内著名的注塑机加工专业厂和塑料模具制造专业厂。现任中国模协理事长单位和中国塑料加工工业协会注塑制品专业委员会副理事长单位，中国包协塑料制品包装会箱包组副理事长单位。主要生产经营注塑、挤出、模具制造三大产品系列。

本厂是在20世纪70年代全国最早生产塑料周转箱的厂家，“冰山”牌塑料周转箱系列产品曾多次荣获市级及国家级优质产品称号。

本厂开发的塑料保温箱属于专利产品，这项产品的开发，当时填补了国内空白。多年来为本厂创造了稳定的经济效益，目前我们正致力于将该产品规格化、系列化。

近年来，本厂致力于外向型发展，在站稳内地市场的同时，我们积极拓展国外市场，通过各种渠道，与国外客户接洽，相继开发了晒鱼盘及大型花盆两项产品，在产品开发研制过程中，倾注了全体职工大量心血，使产品顺利进入国外市场，并为本厂争取了长年订单，成为我厂新的经济增长点。

现在我国已经进入“十一五”发展规划第一年，国民经济将进入新的发展阶段，党的十六届五中全会提出，把推进天津滨海新区的建设纳入国家总体发展战略，对天津经济发展起到强有力的作用，作为天津的企业我们要积极抓住这次机遇，谋求发展，寻找适合本企业实际的改制方案，因为作为国有企业只有改制才有出路。我们坚信塑料工业在国民经济中占有重要地位，塑料行业还要保持持续、快速、健康发展。我们要努力打造企业，使企业本身具有竞争力，在市场中站稳脚跟，在发展系列周转箱的同时开发大型周转箱，使周转箱技术水平上一个新台阶，并促使产品规格化、系列化。大力提高产品附加值和科技含量，在产品结构上力求新突破。我们要抓住机遇，积极应战，使企业稳定持续发展。

齐齐哈尔齐塑塑料制品有限公司

在原黑龙江齐塑塑料制品有限公司的基础上经过改制后创立的股份制民营企业。占地面积10.8万平方米，现有员工450人。其中，中高级技术人员44人，各类专业技术人员90人，资产总额8 631元。公司拥有门类齐全，配套的各种塑料机械设备及水平先进的检测设备，主要生产设备均从国外引进，现已形成注塑、涂装、压延等塑料制品生产加工体系。主要为哈飞汽车制造有限公司生产的中意车、路宝车、民意车、中意改型车、锐意等车型配套生产包括保险杠、仪表盘在内的整车内外饰塑料配件。同时，为一汽集团中卡汽车配套发动机冷却风扇、进气帽等20多种产品，公司开发的聚丙烯环保合成纸是具有自主知识产权的产品。

主要产品如下：塑料汽车配件，聚氯乙烯无滴防老化农膜、土工膜、防水卷材、盐池塑苫膜、聚丙烯合成纸、塑料周转箱、民用塑料制品、塑料下水管件、塑料装饰材料等。

近年来，公司积极推行现代化的企业管理制度，已实现微机Internet、Internet联网，达到了无纸化办公。现已通过ISO 9001质量体系认证和中国产品质量体系认证中心QS 9000认证。

哈尔滨哈轻塑胶有限公司

在原哈尔滨市塑料九厂的基础上重组的集团公司。

公司在各界朋友的支持下，经过四十余年的不断努力发展，现已成为黑龙江省最大的塑料注塑企业，有“龙江塑料注塑航母”之称。公司现有生产厂区三处，占地面积21万平方米，拥有资产总额2.2亿元。

公司拥有各类现代化塑料加工设备和生产线，注塑设备加工能力5～50 000克，年加工生产能力达28 000吨。并通过了ISO 9001国际质量体系认证。

公司主要产品：

- 汽车内、外塑料饰件（仪表板、同色保险杠、门内饰、门槛、立柱等饰件）；
- 塑料物流系列产品（注塑叉车托盘、周转箱、环保卫生清洁桶、清洁车）；
- 泡沫塑料制品系列；
- 家电、工程塑料功能件配套；
- 塑料材料改性、加工；
- 塑料管材系列（双壁波纹管、缠绕结构壁管）；
- 塑料轻包装膜、气垫膜；
- 塑料日用小商品、滑雪用具、安全帽及防护用品；
- 电器附件。

近年来公司逐步加大技术改造投入，不断开拓市场，调整产品结构，经济增长速度与企业生产规模有了飞速发展。从1997年至今，公司先后获得哈尔滨市“重合同守信用企业”；省市“名牌产品”；“百强明星企业”；哈尔滨市第二十八届、二十九届“劳模大会先进单位”；黑龙江省第九届劳模大会先进单位；哈尔滨市“质量效益型先进企业”；黑龙江省“科技创新先进包装企业”；2000年至今，各项经济指标在全国注塑制品行业排行榜中名列前三位。

四川广汉锐星塑胶有限公司

由四川省广汉塑料厂改制建立的塑料制品加工和塑料模具制造的股份制企业，与四川大学共同建立的塑料工程“科研生产实习基地”。公司位于美丽富饶的川西平原腹地——广汉市，占地4万平方米，距省会成都市30公里。处成绵高速公路，川陕大件公路，广金公路交汇点。西距宝成铁路广汉站3公里，南距中国民航飞行学院机场3公里，交通便利。

公司创建于1965年，经过多年的奋斗，公司已发展为具有吹塑中空容器、大型注塑制品、挤出板材、热成型工艺，以及塑料模具加工和塑料辅机制造的综合性塑料加工企业。公司通过“ISO 9001：2000质量管理体系”、“危险化学品包装物容器定点生产”认证，产品广泛服务于国民经济相关领域，主要系列有：塑料中空吹塑容器（容积2～200升）；塑料周转箱及日用品、塑料包装制品；塑料挤出板材及热成形制品；信息及家电产品塑料配件、工程塑料制品；CAD/CAM塑料模具、塑料辅机设计加工。

公司坚持“质量第一，持之以恒，优质产品＋优良服务”的经营理念，愿与相关企业和商家互利合作共谋发展，为我国塑料工业的发展做出贡献。

昆明民族塑料化工实业总公司（原昆明市民族塑料制品厂）

系股份合作制企业，云南省最大的注塑专业厂。现有职工170人，固定资产3 700万元，总资产4 100万元。主要设备有日本东芝公司的二万克大型注塑机，日本三菱公司的10 000克注塑机及日产4 000克等各种中、小型注塑机，有为塑料制品二次加工的日本喷涂烫印设备，年生产能力达3 500吨以上，年产值可达4 000万元左右。

现有产品五个系列三百多个品种：

•汽车配件系列，主要为一汽红塔汽车制造公司及二汽云南汽车公司配套；

•塑料周转箱系列有六十多个品种规格（其中最大容量300立升）；

•各种工业配件（塑料托盘等）；

•民用产品（包括环卫用垃圾桶系列、塑料家具、花卉产品）；

•药品包装产品。

目前，平均开机率在50％左右的情况下，我们每年实现产值500万～2 000万元，产量1 000吨左右，销售额1 500万～2 000万元，实现利税150万元左右。

随着科学技术的发展，塑料作为一种新型材料，越来越广泛地运用在国民经济各个领域，特别是纳米高新技术应用于塑料原料后，各种以塑代木、以塑代钢、以塑料代替玻璃等产品会得到更迅猛的发展，并逐渐向“轻量化、复合化和功能化”三个方面发展。由于云南工业基础比较薄弱，市场有限，我们多年来都是采取少批量、多品种的办法，努力提高开机率，降低生产成本。

产品是企业的生命。企业的发展源于产品的不断创新，多年来，企业一直坚持两条腿走路的方针，即一方面进行技术改造；一方面不断开发新产品，以多品种、小批量适应市场、占领市场。这一切使公司从小大到，不断发展，并具有较强的抗风险能力，在这几年市场低谷的情况下，能够正常运作，并逐步归还大部分银行债务，随着中央西部大开发的战略部署的落实，对企业发展的外部环境会越来越好。

西安市塑料制品四厂

始建于1955年，是由建厂初期的5人刻章小组逐步发展起来的，尤其是近几年来迅速发展，到目前为止，已拥有总资产600万元，2003年产值首次突破1 000万元；主要设备已全部更换为先进的电脑控制注射成型机（规格为200～850吨）。主要产品有各类塑料周转箱、工业配件。民用产品三大类，上百个品种，我厂的注册商量“丽丽”，“丽丽”牌塑料周转箱在西北地区有较高的知名度，1985年通用周转箱产品获得陕西省优质产品称号；2000年乳制品周转箱系列产品获西安市优秀新产品奖。

近年来，我们凭借自己雄厚的技术力量和先进的设备，不断的开发出适销对路的新品种，使我厂的产品多样化，系列化，满足广大用户的需求。2003年我厂开发新品种十多个（储物、整理系列箱；各种规格的桶产品等）2005年计划增加5～10个新品种（工位器具等）。

随着国家对西部政策的倾斜，西部大开发为西部塑料制品包装、储运业提供了更加广阔的发展前景，但市场竞争也会更为激烈，为了更多的占领市场份额，根据目前我厂现实，计划增添1 200～2 000吨大型注塑机，开发规格较大的周转箱及工业配件。

【新产品开发】

1. 包装物流仓储产品

新产品名称	开发研究单位
300立升塑料周转箱 垃圾分类和大型垃圾桶	昆明民族塑料化工实业总公司
系列塑料托盘	无锡市巨龙塑化有限公司
ZO43型超强可口可乐箱 雪花啤酒12瓶箱 F118型超市周转箱 酒瓶折叠架 豆腐干、海鲜、家禽塑料模板	杭州万里塑胶有限公司
塑料保温箱 晒鱼箱	天津塑料制品模具厂
地台板系列 密封包装桶系列	广州洛民塑料有限公司
多用周转箱	四川锐星塑胶有限公司

2. 汽车塑料配套件

新产品名称	开发研究单位
CA6371 仪表板 北汽福田皮卡门板 爱迪尔系列整车塑料内外饰件 CH7140 门内板 北汽福田方向盘 CH7101 整车塑料件 CV6 保险杆 CV7 轿车仪表板总成	浙江远翅塑料有限公司
哈飞三型轿车前后保险杠总成，内部装饰件总成，仪表板总成等	齐齐哈尔齐塑塑料有限公司
一汽红塔汽车配件 二汽云南汽车配件	昆明民族塑料化工实业总公司

3. 日用制品

新产品名称	开发研究单位
塑料家具系列产品	昆明民族塑料化工实业总公司
药品包装	
高档座厕板系列 塑料家具系列产品	广州洛民塑料有限公司
绿化托盘	苏州富事达塑业有限公司
电动自行车塑料配件	无锡市巨龙塑化有限公司
滑雪用具	哈尔滨哈轻塑股有限公司
大型花盆	天津塑料制品模具厂

【存在的问题】

1. 我国目前注塑制品专业化生产企业，大多数是原国家轻工部管辖下五、六十年代建厂塑料制品厂，其特点生产规模小、科技力量薄弱、中低档产品偏多，市场开发应变能力弱。单一注塑制品企业生存和发展、越来越困难。近几年来，中西部地区，中小型企业的改制，增大了在银行融资难度，资金紧缺制约企业的发展原因。

2. 重复建设、产能过剩，产品互相削价，致使经济效益大幅度滑坡。

3. 国内注塑制品企业整体技术、装备、工艺水平，特别是专用装备制造与发达国家比还处于比较落后状态，产品开发能力差、创新少、深度加工跟不上市场需要。全国模具厂缺乏龙头企业，模具开制能力不及先进发达国家。我国塑料模具制造企业设备数控化和 CAD/CAM 应用覆盖比国外低得多，特别 CAE 应用上对流体分析相对滞后，国产设备在精度加工表面粗糙度、刚性、稳定性、可靠性及刀具和附件的配套和精度保持性等方面与国外相比仍有较大差距。

4. 原材料供应方面。国内自己生产原料品种牌号少，选择余地小，不能满足加工厂需求，每年还需大量进口原材料。解决国内原材料供需矛盾。近期，原材料价格居高不下，降低了企业赢利能力。汽车功能性塑料材料开发迟缓，难以满足汽车塑料件的要求。

5. 加入 WTO 后，我国的市场将进一步开放，国外产品将大量进入国内市场，势必对我国经济带来一定的压力，总量减少导致国内注塑制品配套生产量减少，直接影响生产发展。特别是我国汽车行业加入 WTO 组织之后，各种非关税壁垒的逐步取消，将对我国零部件工业造成较大冲击。主要表现在：国际上汽车零部件实现全球化采购、系统配套、模块化供货方式的扩大，加入 WTO 之后，主机厂为了提高整车竞争力，会对质量和价格具有优势的国外零部件生产企业，合资企业的产品进行选购，这将对国内汽车零部件企业构成巨大威胁。同时企业因新品开发、技改投资费用增多而造成了企业资金的周转困难。

6. 人才竞争更加激烈。加入 WTO 后，国外的资金进一步可通过合资或独资形式进入中国市场，由于中外企业人才激励机制存在差异，外企可以用高薪聘用，委以重任，出国深造等优厚的条件以及科学的人才管理挖掘人才，造成行业人才的大量流失。同时，企业自我开发的专业人才缺乏，难以形成自主开发人才体系。

7. 生产总量不足，形不成大批量供货，产生管理弊病、成本上升、无法与国外专业化配套生产相比。例如：包装物流制品（周转箱）国内企业最高年生产 4 300 吨，国外 42 000 吨。

8. 目前塑料行业产品竞争激烈，存在一些假冒产品现象和不规范竞争的冲击影响企业的发展。

9. 由于我国国民经济的快速发展，部分地区电力能源供应偏紧，制约地区经济的发展。

【发展趋势】

1. 产品向功能化、节能、节料绿色环保、无污染、高效、高性能、高附加值产品发展。例如，包装产品中微孔材料、木塑复合材料、竹塑复合材料、废旧回收塑料、可生物降解材料在注射成型托盘，周转箱、盒、桶等制品中应用量更大；汽车配件方面，利用注塑复合技术、低压注塑技术、共注塑、气辅（水辅）技术以及新型的塑料合金，复合材料等改性技术，生产内装饰件、发动机部件、结构整件，逐步提高单台车的配套份额；电子电器零件方面，更多采用新型的热塑性弹性体、无卤阻燃塑料合金、无卤阻燃特种工程塑料材料，生产高性能，绿色环保的注塑制件；医用制品所用原材料种类和产量将有较大的增长，聚乳酸、聚氨基酸、聚碳酸酯等可生物降解聚合物的工业化及高分子微孔过滤材料的规模化生产将促进医用注塑制件的发展。

精密注射成型技术、聚合物形态控制技术，无内应力注射成型技术、超大型制品注射成型技术、多层复合注塑制品成型技术以及相应的成型设备将逐渐应用于工业生产之中，使注塑制品的应用领域迅速扩大，制品种类大大增加，制品质量大幅度提高。成型设备更新较快。

2. 国家鼓励和扶持注塑制品行业中高新技术单位的发展，给予优惠政策，向研究和开发，跟踪世界先进技术设备提供资助和奖励；建立能与国外模具竞争的模具制作中心，缩小与世界先进水平的差距。促进计算机信息处理技术，网络技术和电子商务在注塑制品行业生产经济管理和销售中的应用，减小企业生产管理成本。加强与其他行业（如电子、信息、汽车、包装）的交流与合作。

3. 行业协会规范企业生产经营管理活动，努力提高产品质量档次，骨干企业基本上通过 ISO 9000 质量体系认证；有条件的单位在改扩建和新建企业时采用 ISO 14000 标准组织生产。

4. 国家制定优惠政策支持行业生产环保制品，废旧制品的回收利用和可持性发展给予合作。大力支持，开发，推广应用环保型（绿色）注塑制品。

5. 企业通过改制，资产重组将进一步扩大企业生产规模，提升竞争能力。

6. 通过企业资产管理优化、技术革新、生产资质论证和市场的规范管理，逐渐形成注塑企业产品的专业化、规范化、规模化和效益化。

7. 企业改制，引资、合资将成为大中型企业迅速提高生产技术竞争力的重要途径，提升产品的市场竞争能力。

沿海和经济发达地区的资产部分向中西部地区转移，通过设立分公司、建分厂、设立全国销售网络，提高市场占有率和销售总额。同时，使注塑制品行业的区域分布进一步趋于平衡。

（中国塑料加工工业协会注塑制品专委会　顾大全）

附表：

2005 年全国轻工重点注塑制品企业主要技经指标完成统计表

省　市	企业名称	销售收入/万元	实现利润/万元	工业总产值/万元	工业总产值/吔						工业增加值/万元	出口商品交货总额/万元
					总产量/吨	其中周转箱/吨	汽车配件/吨	日用制品/吨	家电配件/吨	其他注塑制品/吨		
浙　江	浙江远翅塑料有限公司	22 589	1 137	17 716	3 911	363	3 548				3 437	
江苏	苏州工业园区富事达塑业有限公司	11 009	342	10 191	7 102	2 580			1 736	12	2 560	3 303
黑龙江省	哈尔滨哈轻塑胶有限公司	10 511	528	7 377	2 500	261	1 780	129		330	2 397	
黑龙江	齐齐哈尔齐塑塑料制品有限公司	10 348	506	8 607	4 000		1 800					
新疆	新疆珠江塑料有限公司	7 274	−226.5	6 077	5 109	892				4 280	872	
江苏	无锡市巨龙塑化有限公司	6 390	356.5	6 649.6	4 272	2 693	7		552	1 020.84	1 943.9	
浙江	杭州万里塑胶有限公司	5 911	133	5 873	4 722	3 328	7	19	595	773	1 292	
广州	广东顺德市大良塑料二厂有限公司	5 646	93	6 315	4 066	3 200					1 321	
天津	天津市津达塑料制品有限公司	5 500	690	5 600	1 450					1 450	2 100	
四川	四川广汉锐星塑胶有限公司	2 312	23	2 500	2 161	197				1 964	535	

编织制品

【行业现状】

截止“十五”期末，全国塑编生产企业约有5 000多家，共拥有各种规格圆织机15万多台，年综合生产能力约为540多万吨，2005年全国（包括年销售收入500万元以下企业）编织袋产量约为400多吨，其中规模企业产量为236.86万吨，比上年增长23.8%，产值420亿元，其中规模企业产值250多亿元，至目前为止塑编生产设备基本上都是国产设备，原来20世纪八、九十年代引进设备因国有企业改革，改制原有设备流失很大，遗留下来的在总量中占比例很小，产品质量、档次近几年来虽有较大进步，但与世界发达国家相比尚有一定距离，只有少数生产出口产品企业产品质量较高，而主要体现在价格上有较大优势，故在我国加入WTO后，编织袋出口有较大增长，随着我国工业认真贯彻科学发展观，塑编产品的质量档次将会逐步提高，赶上和接近国际先进水平，塑编产业将会高速、持续、健康发展。

【专委会活动】

1. 中塑协塑编专委会第二届第一次会员大会在温州召开

中国塑料加工工业协会塑料编织制品专业委员会第二届第一次会员大会于2005年9月21～22日在浙江平阳县鳌江镇国际大酒店胜利召开，这次会议在中国塑协和平阳县人民政府大力支持下，于22日中午结束，这次换届会议有140多家塑编企业重新登记申请入会，会上通过了专委会工作条例的修改草案，选出了新的第二届理事会成员。在二届一次理事会上浙江华庆集团有限公司董事长姜集康当选为会长，南塑集团有限公司（原浙江南塑包装有限公司）董事长林增标为常务副会长、温州晨光集团有限公司董事长王岳言等8位当选为副会长，温州市塑料工业协会常务副市长宋云鹤当选为常务副秘书长（秘书长暂缺），平阳县包协秘书长温积考，苍南县塑料工业协会秘书长刘德川等4人当选副秘书长，会议还决定将中国塑协塑编专委会秘书处从江苏省常州市迁至浙江省温州市马鞍池东路23号二轻大楼7楼，以上选举和决定都有已获中国塑料加工工业协会认可。会议期间中国塑协李国俊副会长、丁言行副秘书长、马占峰工程师、吕宗尹自始至终参加会议全过程，并对会议作了一系列重要指示。平阳县有关领导亲临会议并作了重要讲话，最后姜集康会长对专委会今后工作意见作了发言。

2.“全国塑编联谊会”胜利召开

由中国塑料加工工业协会和平阳县人民政府主办、北京纵与横塑编包装咨询服务部和平阳县高级人才联谊会等单位承办，温州市塑料工业协会、平阳县塑包协会、苍南县塑料工业协会协办的“全国塑编联谊会”于9月20～22日在浙江省平阳县鳌江镇国际大酒店隆重召开。

全国塑编各界600多人士出席了这次会议，这次会议是中国35年塑编史上的一次规模空前的盛会。

为了开好这次会议北京纵与横塑编包装咨询服务部经两年时间精心准备，确定这次会议内容以技术论坛形式，进行全国塑编生产技术交流，通过交流让与会的塑编企业开阔视野、学习交流经验、取长补短，提高技术、降低成本、增加效益、发展生产、推进我国塑编产业的发展。为了充实会议内容，服务部还着手编写了《圆织疑难杂症分析及处理》和《再生料的编织技术》两本书，每本书约40万字，内容全部是塑编生产实践的经验总结，也是针对当前塑编企业亟待解决的一些技术问题。会上还大力推广塑编生产中节能新设备——滚柱式小六梭圆织机和石英加热圈。由于会议内容丰富，收费低廉，使参加会议人数达到600多人，开幕式500多个席位的会议厅座无虚席，在两边过道加满椅子后，还有一部分人员没能进入会场，只能在门口旁听。

本次会议还邀请了中国科学院的研究员和全国很多著名的塑编专家参加会议，可说是专家学者云集。他们在会上发表了“国内外塑料加工工业的现状和发展趋势”、“塑料制品产业链延伸和扩展领域”、“几种高附加值塑包产品生产工艺和设备”，塑编专家王永仁先生在会上发表了“破解圆织机疑难杂症之谜”。专家们演讲时，全场鸦雀无声一片寂静，专家们还带来了不少塑料生产新技术、新成果转让。会上辽宁忠旺集团介绍了以人为本把企业做大做强，一些塑编设备生产企业在会上介绍了滚柱式小六梭圆织机和石英圈加热器等塑编生产节能设备。会议期间还同时举行了中国塑料加工工业协会塑料编织制品专业委员会第二届第一次会员大会，会上进行了专委会换届选举，平阳县还邀请全国各地塑编专家、学者，参加“平阳县塑编生产发展延伸研讨会”。

中国塑协十分关心这次会议，中国塑协李国俊副会长等4人自始至终参加会议，并发表了重要讲话，廖正品会长还专门召开会议听取会议筹备情况汇报，共同研究会议内容。平阳县县委和县政府十分重视这次会议，县委戴书记和仇县长在筹备组关于会议的报告上作了“全县全力办好这次会议提升平阳塑编产业”的批示，根据县委、县府领导批示，平阳县各部门，团体全力以赴为会议做好筹备工作，平阳县高级人才联谊会、平阳县塑包协会、苍南县塑料工业协会、平阳县企业家协会、萧江镇人民政府等单位为会议筹备做了大量工作，特别是平阳县高级人才联谊会，主要领导夜以继日、废寝忘食，工作人员全力以赴做好大会的服务工作。大会之前，平阳恰遭到连续几次台风袭击，全县经济损失严重的情况下，县委、县府领导仍大力支持帮助开好这次会议。县委戴祝水书记在百忙中抽出时间在开幕式上致辞欢迎辞。县委、县府、人大、政协四套班子领导都参加了开幕式。平阳县许多塑编生产企业和塑编设备生产企业还纷纷在经济上赞助会议的召开。会场内外张灯结彩，50多条条幅表示祝贺。

由于这次会议内容充实，主办和承办单位共同努力，当地政府和塑编企业的大力支持，使这次会议取得圆满成功。代表们普遍反映，这次会议是中国35年塑编史上空前的盛会，纷纷要求继续举办“第二届、第三届塑编联谊会”。

3. 中国塑协塑编专委会第二届第一次常务理事会在平阳召开

10月22日上午在平阳县萧江镇浙江华庆集团会议室召开了中国塑协塑编专委会第二届第一次常务理事会。本届常务理事16人，到会12人，会议由姜集康会长主持。会议主要内容是研究年内及2006年专委会工作及有关秘书处工作及财务审批制度等问题，宋云鹤常务秘书长介绍了专委会年内及2006年专委会工作要点（建议稿）秘书处工作及财务审批制度的初步意见，经到会常务理事讨论、补充后通过了专委会年内及2006年工作要点和秘书处有关制度。会上发言踊跃、内容丰富，常务理事们还提出针对我国目前塑编行业供大于需的现实情况，如何使我国塑编行业走向适度发展的方向。如何使用再生塑料原料生产编织袋企业能享受到国家鼓励的资源循环利用优惠政策，如何面对编织袋销售中出现的不诚信用户，如何协助企业申报办理名牌产品等方面意见和建议。并决定由姜集康、林增标、温积考常务理事组成财务审核小组，委托平阳县塑包协会负责收取平阳县会员企业会费及制作专委会会员企业铜牌及编印会员通讯录等事宜。会议在完成各项议程后于当天中午结束。

4. 中国塑料加工工业协会塑料编织制品专业委员会2005年底及2006年工作要点

（1）积极宣传政府有关政策、法令、法规，及时反映会员企业意见，做好桥梁工作。

（2）维护会员企业利益，积极做好内部协调、自律工作。

（3）编制中国塑料编织制品工业“十一五”发展规划（秘书处负责起草）。

（4）加强协会组织建设　积极发展会员；收缴会费。

（5）积极开展为会员企业服务　积极做好新技术、新材料、新设备的推广工作，特别是节能、降耗设备的推广应用；积极开展技术咨询服务；积极开展技术服务，如新产品申报，技改项目申报，协助企业解决生产经营中遇到的技术难题及技术纠纷。

（6）组织会员企业出国考察，参观展览活动　组织会员企业赴美国考察；组织会员企业参观第二十届国际橡塑展览会（上海）；筹备组织中国塑料编织工业设备、原料展览会。

（7）信息服务及其他　筹办“中国塑料编织简讯”；筹办“中国塑料包装”网；制作铜牌编印会员通讯录负责发给已缴纳会费的会员企业。

（8）开展人才培训　积极筹备举办第一期中国塑料编织制品专业技术人员培训班。

【重点企业】

浙江华庆集团有限公司

浙江华庆集团有限公司创立于1998年，下设15个分厂，12个子公司，坐落于平阳县萧江镇世纪大道，占地面积9万平方米，建筑面积6万平方米，现有职工2 008人，法人代表姜集康。该集团公司专业生产各类塑料编织袋，拥有65条拉丝生产线，近1 500台圆织机及彩印、复合等配套设备，是国内塑编行业规模最大企业之一。2005年完成工业总产值3.5亿元，销售收入30 693万元，上交税金1 900万元。

公司先后获“中国包装龙头企业”“中国塑编之都”龙头企业，2005年农业部“全国乡镇创业名牌重点企业”。公司先后通过了ISO 9001国际质量管理体系认证、ISO 14000国际环境管理认证，荣获“浙江省知名商号”、“浙江省三优企业”、“浙江省国家税务局认定纳税AAA级信用企业”、“浙江省工商企业AAA级守合同重信用单位”、“浙江省工商银行、农业银行AAA级信用企业及特优客户”等荣誉。2005年公司被列入温州市56家大集团大企业培育对象，董事长姜集康多次被评为温州市优秀企业家。

公司生产的各类编织袋遍销全国，远销埃及、澳大利亚、乌克兰、韩国，产品深受国内外用户欢迎。在2005年9月中国塑协塑料编织制品专业委员会第二届第一次会员大会上公司董事长姜集康当选为专委会会长。

南塑集团有限公司

南塑集团有限公司创建于1991年，下属5家子公司，占地面积1.26万平方米，建筑面积7万平方米，现有职工1 600多人，其中各种专业技术人员80

多人，公司专业生产各类塑料编织袋，拥有先进拉丝生产线19条，各类圆织机600多台及配套彩印机、复合机、镀铝机等专用设备。是国内塑编行业规模最大企业之一。是“中国塑编之都”的龙头企业。2005年生产各类编织袋2万多吨，销售收入2.32亿元，出口总额2 316万元，利税总额1 513万元。

公司已获得《中华人民共和国进出口企业资格证书》，浙江出入境检验检疫局的《出口商品包装容器质量许可证》，浙江省安全生产监督管理局的危险化学品包装物、容器定点生产企业，并通过ISO 9001：2000国际质量管理体系认证和ISO 14001国际环境管理认证，获省农行AAA级资信工业企业，省“三优”企业。公司注重技术创新，注重产品质量“真空镀铝编织袋获国家知识产局颁发的实用专利证书，填补国内空白。”南塑牌编织袋评为温州市名牌产品。产品畅销全国各地并出口美国、日本、南非、俄罗斯、澳大利亚、韩国、以色列、马来西亚、巴基斯坦等国家和地区，产品深受国内外客户青睐。2005年9月在中国塑协塑料编织制品专业委员会第二届第一次会员大会上公司董事长林增标被推选为常务副会长。

温州晨光集团有限公司

温州晨光集团有限公司创建于1997年公司总资产1.15亿元，厂区占地面积6万平方米，职工1 800余人，其中各种高级技术人员120人，下设16家子公司1家酒店，拥有45条编织袋生产线，各类圆织机435台。是国内塑编行业规模最大企业之一。公司专业生产各类塑料编织袋。2005年总产值20 656万元，销售收入20 310万元。

公司通过了ISO 9001国际质量管理体系认证、ISO 14001国际环境管理认证，“晨光商号”2005年被认定为浙江省知名商号，企业拥有进出口自营权。公司是中国包装龙头企业、“中国塑编之都”龙头企业、国家建材总局水泥包装袋定点生产企业、“浙江省三优企业”、“浙江省工商企业AAA级重合同守信用”单位、温州市轻工百强企业、浙江省AAA级信用纳税单位、浙江省AAA级资信企业，董事长王岳言多次被评为温州市优秀企业家。

公司坚持“以人为本、管理为先”原则，敬业诚信是晨光精神，优质高效是晨光宗旨。晨光集团竭诚为用户服务与用户携手共进，同创辉煌，2005年9月中国塑协塑料编织制品专业委员会第二届第一次会员大会上公司董事长王岳言被推选为副会长。

温州市华正塑业有限公司

温州市华正塑业有限公司创建于1985年，公司占地面积15.6万平方米，现有职工1 500多人，公司拥有国内先进水平的扁丝生产线20条，各种圆织机600多台。2005年塑编制品产量21 258吨，销售收入24 128万元，其中出口交货值3 659万元，是国内塑编行业规模最大企业之一。

公司生产各类塑料编织袋、纸塑袋、网眼袋、塑料篷布、手提袋、集装箱袋、超市购物袋及软包装等系列产品，广泛应用于洗衣粉、种子、面粉、大米、化肥、食品、化工材料及纺织品等产品的外包装。产品畅销全国，出口欧美、亚非等多个国家。

公司先后获“中国塑编之都”龙头企业、“浙江省三优企业”、“浙江省诚信示范企业”、“省农行AAA级资信单位”、市“五个一批”重点骨干企业、市纳税大户、市轻工百强企业、先进企业，县模范工业企业等荣誉称号。华正牌编织袋是温州市名牌产品。公司先后通过了ISO 9001:2000国际质量管理体系认证和ISO 14000国际环境管理认证拥有进出口自营权。中央政治局委员、原浙江省委书记张德江同志、浙江省省长吕祖善同志先后来公司视察。

公司始终遵循“质量第一、用户至上”的治厂方针，坚持“以质量为基石、以诚信为根本、以品牌为依托、以市场为导向”的经营理念，真诚地为国内外客户服务。2005年9月在中国塑协塑料编织制品专业委员会第二届第一次会员大会上公司总经理赵平被选为塑编专委会副会长。

温州广天集团有限公司

温州广天集团有限公司坐落于平阳县昆阳镇南平塔，公司占地面积2.29万平方米，现有职工1 154人，拥有22条生产流水线，737台圆织机，是国内塑编行业规模最大企业之一。2005年产值15 859万元，产量14 839吨，销售收入15 827万元，利税1 247万元。近几年来公司先后获“中国塑编之都”龙头企业、市轻工百强企业、县“明星企业”、“浙江质量信得过单位”、“浙江首批用户满意诚信企业”、广天牌编织袋为2002年度“浙江质量信得过产品”等荣誉称号。公司成功引进ERP信息管理系统，利用先进管理理念和手段，构成一套较为完整的适合塑编行业特点的信息化管理体系，不断提升企业沿科学发展观道路发展。公司董事长吴美秋获首届市“优秀创业企业家”省、市“巾帼建功”先进工作者。在2005年9月在中国塑协塑料编织制品专业委员会第二届第一次会员大会上公司董事长吴美秋当选为专委会副会长。

江苏常编塑业有限公司

江苏常编塑业有限公司（原工贸合营常州塑料编织总厂）是一家专业生产销售塑料编织制品及汽车内饰件的拥有自营进出口权的外向型股份制企业，公司位于常州市东南开发区，海陆空交通十分便捷。

公司成立于1965年，占地面积72 000平方米。作为中国塑料编织行业历史最悠久的企业及中国土工合成材料协会的创始单位之一，公司对中国的塑料编织行业和土工合成材料行业的发展做出了里程碑式的重要贡献。目前，公司除拥有从日本、奥地利、瑞士等国家引进的生产设备外，还具有保证产品质量的全套测试方法及设备，现有3台拉丝机、10台平织机、1台涂膜机、13台六到十梭圆织机和3台四梭圆织机。

多年来，公司一直恪守“锲而不舍、共创卓越”的原则，产品远销日本、东南亚、美国、欧洲及澳大利亚等国家和地区，深得用户信赖。同时公司连续多年获得中质协质量保证中心颁发的ISO 9001质量管理体系认证书。2005年年末公司有从业人员357人，主要制品产量10 683吨，年销售收入13 023万元，年产值14 476万元是国内塑编行业大型生产企业之一。2005年9月在中国塑协塑料编织制品专业委员会第二届第一次会员大会上公司董事长芮品钢被推选为塑编专委会副会长。

温州华利集团有限公司

温州华利集团有限公司创办于1994年，是“中国塑编之都”龙头企业，是苍南县塑编行业的首家集团化企业。公司注册资金3 040万元，总资产9 800万元，厂区占地面积4.2万平方米，现有职工2 800多人，拥有拉丝机12台，圆织机300多台，印刷机10台，公司主要生产各种塑料编织袋、彩印复合袋等产品，广泛应用于化工、建材、粮食、饲料、矿物等行业包装。2005年生产各类编织袋10 971吨，销售收入12 372万元，是国内塑编行业大型生产企业之一。

华利集团一贯注重科学管理和技术引进，采用国内先进设备和技术精工制作产品，公司在同行中率先通过了ISO 9001国际质量管理系统认证和ISO 14000国际环境管理认证。公司先后被评为“重点骨干先进企业”“浙江省重合同守信用企业”连续五年被评为“浙江省建设银行AAA级信用等级企业”，华利牌编织袋被评为“温州市名牌”产品。公司坚持“以质量求生存，以管理求效益”以“团结、奋进、务实、增效”的企业精神，努力打造华利品牌，目前公司朝着企业上规模、产品上档次、职工上素质方向前进。2005年9月在中国塑协塑料编织制品专业委员会第二届第一次会员大会上公司董事长苏立安当选为专委会副会长。

浙江立天实业有限公司

浙江立天实业有限公司总部坐落在温州萧江镇世纪大道，占地面积3.3万平方米，建筑面积2.6万平方米，职工300余人。总投资8 000万元，2005年产值1.1亿元，利税1 000多万元。本公司引进国内外行先进设备和精湛塑编生产技术，拥有拉丝机10台，圆织机300台，气流纺生产线8条及一套彩印设备，是国内塑编生产大型企业之一。公司生产各种规格塑料编织袋、纸塑二、三复合袋等产品，产品美观大方质优价廉，深受客户青睐，公司严格按照ISO 9001国际质量管理体系组织生产，把好每道关，使立天产品，得到社会认可。2005年9月在中国塑协塑料编织制品专业委员会第二届第一次会员大会上公司董事长杨学寿当选为专委会副会长。

温州华中塑业有限公司

温州华中塑业有限公司创建于2002年，专业生产各类塑料编织袋，公司占地面积1.4万平方米，建筑面积1.2万平方米，职工328多人，拥有大型拉丝生产线4条，各种圆织机200多台及彩印、复合等配套设备。是国内塑编生产大型企业之一。2005年生产各类编织袋5 000多吨，产值6 000多万元，销售收入5 500万元，税利600多万元。多次被评为县明星企业、县诚信企业、银行信用AAA级信用企业、银行优质客户等荣誉称号。2004年产品被评为中国轻工产品质量十佳品牌，深受国内外客户青睐。2005年9月在中国塑协塑料编织制品专业委员会第二届第一次会员大会上公司董事长陈均雪当选为专委会副会长。

宜昌双龙塑业有限公司

宜昌双龙塑业有限公司位于三峡明珠——宜昌，占地2.5万平方米，建筑面积2万平方米，拥有10条拉丝生产线，300台圆筒织机和彩印、涂复等配套设备，专业生产各种塑料编织袋，公司现有职工520人是国内塑编生产大型企业之一，2005年生产各类编织袋8 300万条，产量6 000多吨，实现销售收入5 000万元。公司秉承“真诚创造成功，质量成就未来”的经营理念，拓展市场，发展塑编生产。在2005年9月召开的中国塑协塑料编织制品专业委员会第二届第一次会员大会上公司董事长方跃进当选为副会长。

【存在问题】

当前我国塑编行业存在的主要问题表现在以下几个方面。

1. 企业规模偏小，分散经营，抗风险能力差。

2. 产品质量、档次低，装备质量较差，与世界发达国家相比有较大差距。

3. 全国分布不平衡、不合理，塑编企业大多数集中在山东、浙江、河南，这三省产量占全国一半以上，多数企业远离原材料产地和销售市场。

4. 盲目投资建厂，全国编织袋产能大大超过市场需求，不少企业为了生存采用低价竞争手段，使塑编市场处于无序竞争的状态。

【发展趋势】

塑料编织制品是塑料包装品中主要品种之一，由于其性能优越、价格低廉已成为大米、面粉、玉米、蒜头、大豆等农副产品，合成树脂、化肥等化工产品，水泥、等不可缺少的包装材料，其应用范围越来越广泛。并有大量出口，随着我国经济持续高速发展，近几年来GDP增长率都维持在10%左右，我国加入WTO后对外贸易快速增长，东、西欧国家对我国编织制品出口限制已经放宽。所以我国塑料编织制品国内外市场需求将继续增大，预计，每年递增幅度约可达10%以上的水平，呈现稳定持续增长的态势。

据国家统计局和国家发展改革委员会发布的信息，2006年制约我国工业发展的电力供应将有较大改善，加上我国政府开发大西北和振兴东北老工业基地政策的深入贯彻，我国西北、东北塑编生产将会有较快的发展，编织袋生产东南大、西北少的不平衡局面将会有所改善。在产品结构上随着我国对食品包装标准的实施和世界特别是欧盟对食品包装要求的提高，将促使我国塑编产品质量向高档次发展，耐老化、抗静电、抗菌、透明、无重金属等高功能编织袋的产量将会有较大增长。随着我国政府对环境保护的日益重视以利用废弃塑料生产编织袋将会受到重视和发展。塑编产品出口贸易将会进一步扩大和加强。

（中国塑料加工工业协会塑料编织专业委员会　宋云鹤）

复合膜

【行业现状】

经过20余年的年努力我国的复合膜制品已发展为技术较成熟的主要包装材料之一，广泛地应用于人民的衣、食、住、行诸多方面，为改变我国落后的包装面貌，做出了突出的贡献。目前已在我国的包装市场上占有重要的地位，对国民经济的发展起着积极的作用。

一、复合膜行业规模化企业正在脱颖而出

我国软包装生产企业多达4 000余家，其中绝大多数为中小型企业，甚至还有很多作坊式的小企业，而近几年来涌现出了一批年销售额超亿元的现代化软包装企业。其中还有少数企业年销售额超过了3亿元，甚至有的高达十亿元。企业发展模式正朝着规模化、特色化、专业化、品牌经营化发展，这些企业努力向现代化科学管理迈进，不断加大技改投入，学习先进的经营理念，努力健全技术研究和开发系统以提高自主创新能力，不断完善高效的、严格的质量管理保证体系，改进厂房建设，使其符合环保、健康、安全要求，从而全面提升了企业的整体水平和竞争力。为促进我国软包装行业的发展起了很重要的作用。特别值得一提的是，上海紫江彩印包装有限公司于2003年新建成了我国首家具有一流厂房设计水准的软包装企业，占地面积9.9万平方米，符合国际环保、健康、安全要求。由日本三菱化学工程设计株式会社进行概念设计，整个厂房采用中央空调系统，印刷车间全部以新风补充，不同于目前大多数企业，在有害气体下作业的状况。确保了优良的工作环境和制品质量的稳定，药包车间符合国家GMP十万级净化标准。

二、软包装加工工艺及装备改进日新月异

我国从“六五”规划以来引进软塑复合生产线400余条。其中约10%的设备属世界最先进技术水平。多数是近几年引进的，其中印刷机能完成9～10色印刷，甚至11色的印刷机也有多台，有的印刷机集印刷纸张、铝箔、复合膜、冷封胶、热熔膜、涂布等多功能于一体，国际上最先进的柔性版薄膜印刷机也在很多企业中应用；引进的共挤出吹塑设备可生产高达9层的复合膜，串联式挤出复合涂复机集高速与多功能为一体，最高复合速度可达600m/min，一次可完成7层无菌包装膜的复合。制袋机的型式多样化，这些都为行业开发高品质复合包装材料与高生产效率奠定了坚实基础。

加工软包装材料的国产设备经过20余年的发展，在软包装行业的带动下，不仅加工企业的数量有了快速增长，而且产品质量也有了“质”的飞跃，到目前为止已能制造生产速度为200m/min，宽度1 300mL以下的10色凹印机，生产速度为300m/min的无轴印刷机，干式复合机、挤出复合机、生产速度达150m/min的串联式挤出机一次可完成高达7层的无菌包装复合膜。分切机及各种袋形和宽度的制袋机，其技术水平已达到国外发达国家20世纪90年代初期甚至中期水平，为国内软包装复合膜行业的发展提供了大量的设备，形成了以陕西西安、广东中山、广东汕头、江苏无锡、浙江温州、浙江海宁、上海等几个较大规模的复合软包装设备生产基地。具备了逐步替代进口设备的能力，已能基本满足国内复合膜行业的需求。

近年来我国软包装行业的加工工艺路线呈现多样化的趋势发展，从而进一步提高了生产灵活性的选择，更有利于企业优化组合不同工艺提高产品质量与档次，增加品种与拓展应用领域。从80年代初开始我国加工复合膜的工艺路线是以干法复合为主，还有相当数量的挤出复合生产线在应用。由于行业开发产品的需要和全球对环境保护呼声日益提高，从1995年开始我专委会在行业逐步推广了国际上已成熟的具有节能、高效、环保、安全、卫生的无溶剂复合工艺，至今我国已引进近30条生产线。近年来由于适应共挤出加工工艺的原料品种日益增加，共挤设备改进不断取得新进展从而赋予了共挤出复合工艺诸多优点：工序少、成本低、效率高、环保、制品无溶剂残留及废气排放问题、安全、卫生性好等。特别是利用昂贵价格的特殊黏合树脂和高性能树脂生产时，具有减薄的独特性能，从而降低了原材料成本，吸引了越来越多的行业内领导和专业人士的高度关注。使近年来引进的共挤出生产线不断增多，目前共挤复合工艺正成为我国软包装行业发展中的一个显著特点。已有的共挤出复合工艺类型如下：共挤出吹塑复合工艺（多达9层）；平膜挤出复合工艺（多达5层）；平膜挤出串联复合工艺（多达9层）；共挤出双向拉伸管膜（3层）或平膜复合工艺（5层）。

三、产品品种迅速增加，质量不断提高，应用领域日益拓展

追溯20多年前，软包装行业刚起步之时，社会上对包装制品的质量抱怨漫天飞，流行着“一等的产品、二等的包装、三等的价格”，对包装行业极为不光彩的评价。经过20余年的发展，我国包装行业发生了翻天覆地的变化，而软包装行业的发展更是突飞猛进，已基本满足国内需求，在传统应用领域日臻成熟，也能生产很多国际上已有的软塑包装材料，其中有的产品并具独创性。2004年由杜邦中国有限公司主办，我专委会作为顾问单位共同举办了杜邦中国包装奖活动，从获奖的13个产品看，其中60%的产品已获得我国的发明专利、外观设计专利、实用新型专利证书，其中有的产品兼具功能、文化及审美价值。这13个获奖产品2005年代表我国软包装行业跨出国门参加了在美国举行的第18届享誉全球的杜邦包装奖的角逐，在评比中，来自中国、美国、英国、德国、西班牙、印度的包装产品分享了本届“杜邦全球包装奖”的所有奖项。中国作品首次参赛，就获得了一个金奖、一个银奖、和两项特别提名奖的优秀成绩。令包装界同仁备受鼓舞。目前我国已有很多企业生产的产品在质量和品种上可以满足众多著名跨国集团公司的需求。例如雀巢、玛氏、联合利华、宝洁、达能、柯达、汉高等一大批国外公司所需软包装材料均已实现了在我国本土采购。产品的应用领域也以食品、医药、日用品为主的行业向军工、航天航空、电子行业、化工、纺织工业、医疗服务等领域拓展延伸。

我国软包装袋发展趋势总体是：袋的形状向着新颖、多样化发展，结构设计向着功能化发展，图案设计朝着美观、更具文化特色发展，生产向高速、自动化发展。

四、软包装所用基材料数量增长迅速，品种不断增加，推进了我国复合膜行业向前发展

复合膜所需的量大面广的基材：BOPP、BOPET、BOPA、CPP等目前已实现了“量”的飞跃，有的基材已面临供过于求的忧虑，从“量”上而言，上述基材已能满足软包行业的使用要求。基材膜的品种：正从普通膜向多功能化、超薄型、高质量、特种膜、多层、非对称复合的方向发展，目前已开发出许多品种：

BOPP膜的种类有：抗静电膜、爽滑膜（纸巾高速包装膜）、热封型收缩膜、热封膜、镭射膜、消光膜、珠光膜、覆书膜、标签膜、防雾膜、易印刷膜、易撕膜、易封膜、拉线膜、高透明膜、高阻隔膜、紫外光降介膜、透气膜、镀铝膜、电工膜、高档香烟膜、激光刻画香烟防伪膜、胶带膜等。

BOPET膜的种类有：镀铝膜（印刷、卡纸复合电处或不电处）、高亮度镀铝基膜（镜面、防伪基膜、高档包装）、增强镀铝基膜（镀铝或干湿环境复合）、复纸镀铝基膜（涂覆面铝层牢度比电晕处处理膜提高）、双面处理印刷基膜（一层涂复印刷、一面电处复合）、反光印刷基膜（高亮度广告牌）、激光基膜（透明镀铝后亮度好、摸压性好）、阻氧基膜（预涂化学涂层与尼龙相当）、亚光膜、标签膜、有色系列（白、黑、蓝等）膜、香烟包装拆封拉线、可热封膜、护卡膜、离型膜、钢板膜、阻燃膜、电气绝缘膜、柔性电路版膜、高档电动机膜、超薄型电容膜、高光泽抗刮花收缩膜、胶带膜等。

CPP的种类：通用型、金属化型（镀铝用）、蒸煮型（煮沸、耐高温型）阻隔型（含EVOH、PA、PVOC等）、缠绕膜、自黏膜、防护膜（单、双面）、低温热封型等。

正是由于基材膜的数量及品种的迅速发展，从而加速了我国的复合膜制品在数量、质量、品种及应用领域，跃上了前所未有的新台阶。

五、坚持开展标准化工作，促进产品质量不断提高

制订好标准是开展标准化工作的首要任务，标准是指导企业生产的重要技术文件，是衡量质量的尺度，通过标准的实施建立正常生产秩序，谋求得到最好的经济效益和社会效益。因此复合膜专委会从成立以来就非常重视推行标准化工作的开展，为了满足行业产品质量的提高和生产发展的需求。将制订标准的工作列为专委会长期的重要工作之一。在专委会的领导下，依靠广大会员单位的通力合作，克服了制标经费的不足，认真组织制标工作班子开展了行标和国标的制修订工作。从1988年至今制订了如下标准：

1. 1988年制订的国标

（1）无锡国泰彩印厂负责起草了 GB 10004—88 PET/AL/G2P复合膜袋

（2）大连彩印厂负责起草了 GB 10005—88 BOPP/LDPE薄膜和包装袋

2. 1991年由成都塑料厂负责起草了行业标准 QBT 1871—93双向拉伸尼龙（BOPA）/低密度聚乙烯（LDPE）复合膜袋

3. 1995年浙江海宁塑料厂负责起草了行业标准 QB 2197—96榨菜袋包装用复合膜、袋

4. 1996～1997年承担了对GB 10004—88和GB 10005—88两项国标的修订工作

（1）由上海人民塑料印刷厂和上海申化科技公司负责起草了国家标准 GB/T 10004—98 耐蒸煮复合膜、袋

（2）由无锡国泰彩印有限公司负责起草了国家标准 GB/T 10005—1998 双向拉伸聚丙烯（BOPP）/低密度聚乙烯（LDPE）复合膜、袋

5. 2001年由上海人民印刷厂、上海紫江彩印包装有限公司、无锡国泰彩印有限公司、江苏彩华集团、复合膜专委会共同起草了“包装用复合膜、袋通则”国家标准，该标准由于一些客观因素的影响未能按进度完成，目前正在报批过程中。

【存在问题】

2004由于原辅材料价格上涨幅度很大，下游客户不同意涨价，企业面临着水涨船不能高的严峻形势。尽管企业采取内部挖潜降低成本等多种措施，但仍超出自身承受能力无法抵消原辅材料涨价带来的损失。加上市场竞争日趋激烈，高附加值软包装产品比例低，大路货产品仍靠低价抢占市场，造成市场无序竞争。整个行业经营不佳，经济效益普遍下滑，甚至很多企业有不同程度亏损，个别企业已导致破产，如何提高行业的竞争力已成当务之急。

目前复合膜行业生产工艺是以印刷、干法复合及挤出复合为主，在生产中排放出大量有害气体，绝大多数企业未加有效治理，造成工人生产环境恶劣，产品质量无保证。由于废气被直接排放到大气，导致对环境的严重污染和资源的浪费，已成为行业长期以来突出的严重问题。面对环保呼声日趋强烈，加大力度治理三废刻不容缓。

因为在生产中使用了大量有害的溶剂，任何一个生产环节失去严格的控制，都会影响产品的质量、安全、卫生、环保性能，从而使与人民健康息息相关的食品包装材料形成严重的安全隐患。目前复合膜行业加工企业数量较多，而技术水平、管理水平、质量控制体系之差异又较大，致使复合制品的质量难以控制，难以严格执行国家标准。近年来国内各级质量部门抽查产品质量，在“卫生性能”和“溶剂残留量”两项容易出现不达标现象，而“异味”一项用户及消费者不满意度较高，时有投诉。尤为严重的是2005年7月份央视“质量报告”栏目对兰州某彩印厂产品“异味”大，“溶剂残留量”超标严重进行了曝光，引起了社会及消费者极大关注。为了确保食品和医药包装的安全，为了对国民的健康负责，每个生产企业必须努力创造条件严格按国家标准进行生产。

目前我国有关标准中规定的“溶剂残留量”限值与国际先进水平尚有一定差距，要使该“限值”尽快与国际先进水平接轨，仅仅依靠复合膜生产行业的努力是不可能的，它涉及与之相关联的整个产业链的水平提高，即油墨、胶黏剂、生产技术装备以及终端客户等多个不同领域的协同公关。

中国的软包装行业历经20余年的努力奋斗，从无到有，从小到大，从大到强，已取得了辉煌的成就。但纵观全行业企业的进步与发展还是非常不平衡的，我们必须在已有的成绩上把握好机遇，以人为本全面落实科学发展观，扎实工作开拓创新，迎接一切挑战，推动我国的塑料包装事业向着更美好的未来迈进。

（中国塑料加工工业协会
复合膜专业委员会　文秀松）

可发性聚苯乙烯

2005年是充满生机活力的一年，通过大量而具体的工作，使可发性聚苯乙烯（EPS）专委会的作用真正得到凸显。大家充分认识到，只有进一步增强EPS行业上下游产业链之间的团结、互助、沟通和了解的重要作用，只有整个行业的健康、良性发展，EPS企业才能得到更好的发展，EPS行业才能创造出更加灿烂、辉煌的明天！

2005年，在中国塑协的领导下，积极发挥专委会常委会作用，进一步做好会员企业的服务工作，做好2006年世界EPS大会的准备及其他相关工作。不断的加强对外的合作和交流，更多地走访会员企业。

【行业现状】

2005年EPS行业得到了迅速发展，相当部分的

EPS制品企业更新了设备，扩大了加工规模；EPS树脂生产企业的生产能力也在大幅度增强，2005年达到了EPS树脂"零进口"，行业加工技术水平有所提高，整体行业产品质量大幅提高。

2005年全国有20余家EPS树脂生产企业，总产能达到230万吨，总消费量128万吨。这些生产企业主要分布在长江三角洲与珠江三角洲，其中无锡地区（含江阴）产能将近占全国的50%。天津成为北方地区重要的EPS树脂产基地。华东地区产能约为174万吨/年，占中国市场份额的75.7%，华南地区产能为46万吨/年，占20%。

中国有近4 000家制品厂分布在全国各地。主要集中在珠江三角洲地区和长江三角洲地区。2005年消费约128万吨，主要应用于包装、板材、保鲜箱等。珠三角地区约40万吨，长三角地区约25万吨，这两个地区约占全国总需求量的50%左右，主要以包装制品为主。板材制品主要分布在三北地区（东北、华北、西北），用于外墙外保温及彩板等，其中东北的吉林省长春市为外墙外保温的源地。保鲜箱主要分布于东南沿海、海南、昆明。可发性聚苯乙烯应用范围如下。

应用范围	数量/万吨	所占比例/%
包装	71.25	57
大板	43.75	35
保鲜箱	10	8

【专委会活动】

2005年，专委会在中国塑协的领导下，对内、对外的交流和联系等方面做了广泛而卓有成效的工作。专委会积极奔赴新疆、广东、江苏、东北、西北地区，对EPS企业开展调研和培训活动，赴山东海尔开展培训和专题技术研讨，组织专家参加南京"苯乙烯及其制品"论坛活动；参加中国塑协理事会议暨橡塑展览。

参加亚洲EPS联盟广东东莞会议，了解EPS世界发展趋势及申办世界EPS大会相关事宜；积极开展国内外交流活动，与亚洲EPS联盟和中国香港、台湾地区、美国、日本、印度等行业组织的协调工作，接待意大利、印度、巴基斯坦、奥地利、独联体等国家EPS协会代表和专家，作为兄弟单位参加了中国塑协滚塑专委会暨国际论坛的成立，并在会上发表了主题演讲。尽心尽力为会员企业服务，应邀参加了无锡兴达国贸公司成立大会。

6月底，在江阴召开了2005年第一次常委会扩大会议。讨论确定评选中国EPS行业先进事宜。会议还确定了2005年年会相关事宜，并决定于11月初在山东青岛召开年会。会议最后研讨了上半年原料市场情况及下半年原料行情预测及EPS企业应对上游原料价格波动经验，从而为下半年EPS原料市场的平稳发展打下了良好的基础。

7月份，由中国塑协EPS专委会、吉林省建筑节能学术委员会联合召开的座谈会上提出了"探索、友谊、沟通、发展"的中国EPS行业发展的八字方针。

2006年8月份起，成立了世界EPS大会组委会办公室，开展申办前准备工作。11月10日侯会长带领中国企业代表前往美国申办'06世界EPS大会并取得了举办权。

2005年11月1日，在青岛召开了05年第二次常委会会议。

2005年11月2～3日，在青岛召开了"EPS行业2005年年会"。来自全国200余代表参加了此次会议。

2005年12月19～23日，在长春大学召开了"2005年EPS企业免费培训班"，及长春大学EPS毕业生招聘会。近160人参加了此次培训。

为了满足广大企业的需求，专委会先后二次对www.worldeps.com网站进行了改版，并将开设了"06世界EPS大会专栏"，及时报道会议相关信息。

【重点企业】

2005年EPS行业重点企业相关状况如下。

企业名称	产品名称	产量	产值占本行业的百分比	企业地区	市场区域
见龙机构	EPS树脂	49万吨	38%(树脂类)	江阴,宁波,东莞	全国,国际
无锡兴达公司	EPS树脂	40万吨	31%(树脂类)	无锡,常州	全国,国际
清华公司	EPS板材成型机生产线	113套	53%(设备类)	江阴,吉林	全国,国际
海景集团	EPS包装制品	6 800吨	0.95%	合肥,青岛	合肥,青岛
深圳攀登发泡胶	EPS包装制品	6 000吨	0.84%	深圳	广东省
北京京佳	EPS板材制品	2 000吨	0.4%(板材制品类)	北京	北京,天津,河北
SCA公司	EPS包装制品	1 500吨	0.2%(包装制品类)	上海	上海

【新产品开发】

1. 低戊烷的EPS树脂，研发单位见龙机构

2. 仿型切割机，研发单位江阴清华泡塑机械有限公司

3. 可调尺寸板材成型机，研发单位江阴清华泡塑机械有限公司

4. 快速成型的EPS树脂，研发单位张家港泰来化工有限公司

【存在问题】

1. EPS价格受石油（主要是苯乙烯SM）价格影响而波动

由于油气资源的供不应求，而且石油价格不断创历史新高，随之而来的是苯乙烯价格高位运行且剧烈波动。EPS价格高位运行，国内价格脱离成本轨道，尤其是在煤炭、电力等能源和原材料价格上涨的情况下，全行业生产成本大增，但市场价格却呈下滑之势，市场形势不容乐观。总之，SM暴涨时EPS售价难于及时涨价到位。若SM跌价时，EPS售价超前跌，EPS生产厂家将亏本。EPS售价频繁波动，导致EPS制品的售价下滑，利润降低。

2. 从消费量中可以看出，目前EPS树脂产能远远大于消费量

即供大于求，换言之有近50%的工厂开工率不足且这种现象日趋严重。

【发展趋势】

随着国家建筑节能的要求，EPS墙体外墙外保温已在全国范围内展开，ICF保温系统也在中国逐步开始应用。家电行业的转移使用包装制品持续增长，EPS被广泛应用于高速公路，铁路建设，路桥施工及市政工程等。而且EPS需求增长大约按照10%的比例逐渐上升。

由于EPS在生产过程中污染少，EPS具有良好的保温隔热性能，在中国EPS具有90%的回收率，回收的EPS主要用于XPS板的生产及其他塑料制品。

综述，EPS在中国的使用日益广泛、继续发展、前景看好。

（中国塑料加工工业协会泡沫塑料专业委员会　侯树亭）

人造革合成革

【行业现状】

人造革合成革特色产业基地是在一定区域内，以人造革合成革企业和上下游企业，依当地市场特色资源优势建立起来的特色产业集群。这是人造革合成革行业社会化大生产客观存在，是科学发展，推进行业技术进步，促进行业可持续发展的重要经济形态。

自“七五”期间的合成革大型生产企业到2002年“中国合成革之都”在温州市诞生以来，已在浙江、广东、江苏、山东、福建、河北等6个省市的部分地区形成人造革合成革特色产业基地。大多数基地已形成或正在形成当地的优势产业，对地方经济发展发挥着越来越重要的作用。2005年的统计数据显示：8家特色产业基地共有企业近210家，800多条生产线，实现工业总产值两百多亿元，约占全国的70%。

1. 温州·中国合成革之都

20世纪90年代初以温州人造革有限公司为首的人造革合成革企业迅速发展。目前温州市拥有105家人造革合成革生产企业，50亿元固定资产，400多条生产线，4万名职工创造3 000多个品种，实现工业总产值达到120亿元，成为全国乃至全球最大的合成革生产基地。在人造革合成革企业聚集地，园区建设有着科学的规划利管理，人造革合成革已形成基地化生产，从生产人造革合成革制品，到生产人造革合成革所需化工材料，还有生产设备制造等，4 000多家的经销机构和用户，产品出口70多个国家和地区等，形成完整的人造革合成革产业链条。2005年9月经中国轻工业联合会、中国塑料加工工业协会复评，再次认定浙江“温州·中国合成革之都”。这是我国第一个人造革合成革产业聚集群，无论是制造总量、经济规模，还是装备水平、资源配置，在全国人造革合成革行业中都是名优在先，为我国人造革合成革产业基地的建设起到了引领的作用。

2. 高明·中国合成革产业基地

广东省是我国人造革合成革制造工业大省，也是我国最早生产人造革合成革的省份之一，经过几年发展，已经形成强劲的发展势头，其特点是合资企业多、新建企业多、出口企业多，与庞大的专业市场紧密配套。2005年12月20日中国轻工业联合会、中国塑料加工工业协会授予了佛山市高明区“中国合成革产业基地”称号，这是继浙江温州“中国合成革之都”之后全国第二个、广东省第一个同类产业基地。佛山市高明区合成革产业基地共有合成革生产企业26家，总产量每年增长30%，2004年合成革总产量达11.68万吨，占全国总产量11.6%，占广东省总产量的75.8%，当地人造革合成革的产量已跃居广东省首位，有近一半的同类产品达到了国际先进水平。高明区合成革产业基地在广东市场环境中发展迅速：首先是高明区塑料行业协会的凝聚作用，协会成立之后与区政府积极沟通制定行业发展规划、行业政策，团结会员单位，创造合成革区域品牌；第二是以

消费市场为指向与政府引导结合，打造链条经济，不仅是人造革合成革制造企业，同时与塑料加工行业整体运行，包括机器制造、原材料加工行业，相关的研究领域等共同发展，形成自己的专有技术实力；第三我们看到的环境治理基础相对比较好，有的企业使用环保型材料，产品出口达到欧盟标准等方面取得领先；还有比较重视和周边的几个相关专业市场有机结合，吸引客户整体发展。

3. 浙江丽水·合成革循环经济示范基地建设

浙江丽水工业开发区合成革园区，产业配套完备，符合专业化、协作化和现代化发展的合成革生产基地。目前丽水经济开发区认真落实科学发展观，全力培育产业优势的同时，制定了合成革生产规模控制、清洁生产、环境治理监控方案，在实践中形成了《合成革行业循环经济示范和建设大纲》，促进合成革园区走新型工业化之路，已被省经贸委批准为省级工业循环经济试点单位，规划总面积 2 500 亩，至 2005 年底，区内共有 26 家 PU 革生产企业投产，入园企业环评率达 100%，有 PU 革干湿法生产线各 98 条，革基布生产企业 9 家，起毛机 400 多台。已安排入区的色片、树脂、木质粉生产企业多家，合成革生产企业预留了较大的发展空间。

4. 华东地区人造革企业聚集产业区

江苏省的人造革合成革产量 2005 年达到 28.4 万吨，占全国的 24%，成为中国第二制造大省。其中华东地区最大的人造革生产基地在江苏省周庄镇，该镇工业经济发达，拥有纺织、轻工等十多个门类，产品覆盖全国并远销上百个国家和地区。其中塑料行业的橡塑制品、人造革、铝塑型材等产品在国内或华东地区已成为行业“单打冠军”。在周庄镇的 80 平方公里的土地上集聚了三十多家人造革生产企业，年销售收入三十多亿元，也已经占了镇工业产值的 10% 以上。他们称之为华东地区人造革第一镇的产品基本上以地板革、装饰革、箱包革、防水卷材等等为主体，而且品种花样繁多，特别是压延革高效率的生产速度。关键的还有一点是产品物美价廉，而且利用循环材料，降低成本创造了良好的经济效益。

5. 河北人造革制造与市场聚集区域

河北白沟和朱各庄革塑工业与市场集中区的压延制革业兴起于 20 世纪 80 年代中期。现有规模较大的压延制革企业 18 家，总投资 5 个多亿元，从业人员 6 000 余人，拥有生产线 40 多条，年产值 8 个多亿元，利税 8 000 余万元。主要产品有压延膜、人造革、合成革、灯箱布、高级透明膜、PVC 地丝垫、广泛应用于飞机及汽车的内部装饰、广告装潢、箱包、服装文具、雨具等领域。在河北高碑店白沟市场年需求人造革合成革 1.5 亿米，现在有几家企业已经形成了生产气候，去年高碑店白沟工业园区有的高档合成革项目的选址、立项、环保等审批手续已经组卷报批、有的合成革项目已经开工。他们依托现有市场和企业进行较大规模扩张，投资开辟了人造革合成革工业企业区域建设，街面自己已经打出“人造革之乡”巨幅横标。

6. 昆山推进生态合成革的基地建设

江苏昆山人造革合成革快速发展过程中十分注重生态环境的建设，整个城市迅速崛起成为现代工业制造加工基地，先后荣获国家环保模范城市、国家生态示范区等称号，成为国际资本和民间资本高密度集中地区。昆山绿色生态合成革建设突出特征是以昆山协孚集团为龙头的十几家人造革合成革企业。企业高度重视科技进步与技术创新，产品国际化程度高，积极投入新产品开发与环境保护工作，率先在全行业率先实现了清洁生产认证，资源的循环利用程度高。昆山生态合成革试验基地聚集了以协孚集团、阿基里斯有限公司、翔峰集团等著名品牌企业，设备制造和原材料也同样具有绿色名牌产品并成为行业发展的基础。以采用清洁生产方式生产“生态合成革”的龙头制造企业、率先通过了汽车行业 TS 16949 质量体系的严格认证，先进的合成革装备制造企业和优质的原材料生产企业，逐步推进生态合成革形成新的发展，为整个行业健康发展，向生态合成革方向先行做出示范。

7. 大型特大型企业的生产基地

烟台万华合成革集团有限公司在合成革行业一直处于领先地位，是国家“七五”计划重点投资的合成革生产基地，可称为我国最早的投资规模大、效益高的合成革生产与研发区域。具有国际先进水平的现代化装备与专有技术，其产品的研制开发，填补了我国合成革技术领域的空白，也大大拓宽了合成革的应用领域，在人造革合成革行业中走出了一条自主创新的路子。佛山塑料集团股份有限公司几年来创造了良好的人造革合成革及其他塑料制品业绩，拥有自己 600 多亩土地的佛塑工业园区；山东龙口的金锋集团、福建泉州天守集团等都是拥有五、六百亩土地的大型集中生产基地。山东昌邑同大集团等大型人造革合成革企业两千亩的合成革工业用地，四条超细纤维基材以及干湿法生产线，形成超细纤维基材的产业化基地。随着一批大型企业的生产规模的不断扩大增长，逐步形成自己的园区建设和人造革合成革上下游产业的聚集。还有江苏的宜兴市与辽宁等地都在策划、搭建人造革合成革工业平台。2003 年辽宁合成革工业园是按照辽宁省“十五”规划设想，在行业协会策划下，由政府立项组建的集生产、展示、销售为一体的合成革工业区，计划用地 1 000 余亩，吸纳数十家企业人园，打造老工业基地，也是一个很振奋的举措。

【发展趋势】

中国人造革合成革产业基地具有鲜明的产业集群区域发展特色。基本上是以人造革合成革消费市场型为指向，特色地域边界不断扩大外延，初步形成了人造革合成革的产业链，充满创新的动力与活力。

1. 区域性的人造革合成革产业群是行业发展的必然

通过分析研究我国人造革合成革形成产业聚集的原因，我们认为：第一点产业发展的有效集聚，成为一些地方政府集成市场、技术、人才的优势资源并成为区域优势产业的重要载体，工业群落已成为一个经济现象。改革开放之初的七、八十年代，我国人造革合成革产业的中心是在北京、上海和天津等大中城市，近年来不断向广东、浙江、福建、华北等地转移，并逐步发展成为现在的四大省区，即浙江、江苏、广东、福建等四省，成为我国最大的人造革合成革生产省份。其产值占全国的 80%以上，出口则占一半以上。第二点是人造革合成革企业做大做强是产业聚集的内在的动力。人造革合成革生产企业发展壮大，拥有了自己创新技术，具备扩展的能力。目前相当一部分人造革合成革企业的所有制结构发生了显著变化，而且区域集聚性很强。企业从原来以国有、集体所有制为主转变为以民营、中外合资为主体，如浙江省民营企业占有绝对数量，广东与福建两省中外合资合作企业比例占大部，它们均以旺盛的活力推动我国人造革合成革产业的发展。第三点是在人造革合成革产业集群内，由于上下游企业、配套企业同在一个不大的中小城镇区域里，产品的物流成本低，企业之间比较熟悉，诚信度高，交易风险也就很低。上下游产业专业市场的形成是产业聚集的市场基础。自 20 世纪 90 年代初以来，已形成了以广州、温州、白沟的人造革合成革专业生产与销售企业集聚地。在花都、龙山、顺德、温岭、成都、重庆等专业市场，聚集了数千家工商企业从事人造革合成革产品生产和销售，而且还有大量的从事不同原辅材料生产或经营的企业。他们之间的产品结构有着各自明显的特点：有的以 PVC 为主体，有的以 PU 为主体，还有以生产人造革合成革原辅材料，比如近年来，南平市 PU 革基布产业集群发展迅速，主要生产企业有南纺、金月、和丰、延嘉公司等，前年工业总产值达到 6.8 亿元、有的以从事人造革合成革设备专用件为特征，形成专业化生产，呈现企业共同开发国内外市场的局面。第四点就是以服务社会为中心的政府职能转变是促进产业聚集的推动力。各级政府积极为企业创造发展的平台，在政策支持与引导下，为社会经济组织发展提供良好的政治、经济环境，推进企业成为经济发展的主体。

2. 人造革合成革特色区域的发展，促进了行业的进步

中国人造革合成革区域经济发展，呈现出的特点：一是政府创造的是一个平台，而企业创造的是品牌；二是企业相对集中，各具特色，互相促动，共同发展。从我们这个行业看近年来出现了两大变化，即所有制和产业中心的转移，伴随着产业集聚的现象而进一步发展。其作用；从理论上分析，人造革合成革产业的集聚和由此产生的工业区的产业发展模式对我国人造革合成革行业的发展产生集聚效应。生产同一类型产品的企业、配套的企业、提供服务的企业，以专业化分工协作的方式，高密度集聚在同一区域，从而显著降低信息、技术开发、生产和交易成本，就可以使该地区的该产业具有极强的竞争力；人造革合成革特色区域经济的快速发展成为行业的新亮点，求质创新、诚信经营成为行业快速发展的一个重要标志，中国的人造革合成革行业正阔步走向世界。从推进和谐社会发展角度讲，人造革合成革行业的健康发展，对促进城市化的发展进程，带动劳动就业，为创造和谐的社会做出贡献。人造革合成革不是一种终端产品，它的产业链包括上游配套产业如基布纺织材料、化工助剂材料、专用机器制造业等，下游包括使用此类产品的箱包、服装、鞋类、家具和汽车内装饰等。人造革合成革产业的集聚必将产生新型的工业群或工业区以及庞大的专业市场，形成较完整的产业链，这也印证了三百多年工业革命的历史规律，即产业之间相互促动共同发展。工业产业聚集也是工业后时代必然的客观的经济规律。

从经济效益角度看，人造革合成革行业的健康发展，也为国家、企业、个人等创造了更多的税收、利润和收入。2005 年我国人造革合成革总产量为 120 万吨，从统计的 364 家规模以上的人造革合成革企业情况分析，从业人员持续增加，2005 年比上年增加了 16.12%。

（1）利税总额增加，亏损企业减少。2005 年规模以上企业利税总额 166 427.8 万元，人均利税 23 739.45元/人，比上年增加 2 800 元/人；利润总额 99 953.1 万元，亏损企业 38 个比上年下降了 32.14%，亏损额 7 172.5 万元比上年下降了 47.89%。

（2）高档产品产量增加而普通产品产量增长速度放缓，销售收入高速增长。2005 年规模以上企业人造革产量 67.33 万吨，比上年增长了 7.24%；合成革产量 51.42 万吨，比上年增长了 9.56%，增长幅度已经由持续多年的两位数字降了下来。但是工业总产值 310.49 亿元，同比增长 25.3%；实现销售收入 301.64 亿元，同比增长 24.21%。新产品产值 12.45

亿元，同比增长率为28.03%，以上数据说明目前人造革合成革行业产品结构发生了变化。

(3) 出口量值增长，进口数量减少，而进口值增加。2005年出口量与出口值增长比例差距增加，出口总量22.18万吨，同比增长15.65%；出口额64 201.4万美元，同比增长27.73%，二者增长幅度相差12个百分点。分别占了全国生产总量与销售额(量)的18%。进口量的增长与进口值的增长成反比。进口10.50万吨，同比下降了8.25%，进口值58 521.4万美元，同比增长了6.21%，说明高档人造革合成革的进口增加，低档产品进口减少。

综上所述，产业聚集加速了行业进步，也改变了企业单打独斗的局面，大大地提高了区域整体实力。

3. 加强行业特色区域品牌建设，加快人造革合成革强国建设步伐

人造革合成革是人们物质文化生活的重要产品，它的快速发展在我国轻工行业发展中占有重要地位。但是产业基地的发展也面临一些问题，主要是产业化基地资源集成、循环经济、清洁生产、有机整合未充分发挥。在一个产业带中一个企业生产出一个新产品，如果市场销路好，整个产业集群的同类企业会蜂拥而至可能会模仿或仿造，这将导致产业集群规模的支撑强度、先进技术整体带动性以及产业聚集资金、政策等扶持，集群特有的竞争优势逐步演变为风险，影响基地快速健康发展。此外生产能力过剩或有效需求不足、产业结构不适应问题、知识扩散的负外部效应性、缺乏系统和科学的集群创新政策等也是制约产业基地发展的重要因素。

(1) 加大自主创新，形成特色区域经济核心竞争力　2005年人造革合成革企业面对原材料价格增长与残酷市场竞争等多重压力，普通大路货已失去了竞争力，市场走俏的品种去年也显得很平淡，旺季不旺。有些企业开工不足，利润率下降，新投资的企业起步艰难、困难重重。可以做两点分析：一个是人造革合成革产品正在走向高品质阶段，在新产品新材料新市场方面发生着质的变化，市场对企业自主创新、拥有自主知识产权提出了不可置疑的要求。企业要生存、要发展，就要开发区别于他人的专有技术，创造出独家品牌。如具有透气透湿、防酶防水防辐射、自洁性等新品种的超细纤维合成革、特种功能合成革应运而生，应用领域逐步扩大。再一个就是高额利润时代成为过去，目前乃至今后要面对的是微利时代的人造革合成革产业。全国塑料行业平均利润率也已经从前年4.71%降下来，2005年最高的塑料零件制造的利润率6.93%也比前年的8.77%下降了，销售费用、管理费用、财务费用都分别提高了21.73%、20.52%、26.16%。人造革合成革全行业成本费用在增加，销售利润率仅为3.59%。

今后人造革合成革产业基地的建设，要努力把握国内外市场发展趋势，根据国家相关产业发展战略需要，以推进自主创新为主线，突出特色化、专业化和集群化，将产业化基地作为发展区域优势产业和推动传统产业升级的重要工作平台和抓手，力争把基地建成为内部交易成本最低、外部经济效益最大、上下游互联、产学研互动、专业分工明晰、特色产业与共享的供应商、用户、服务性企业等相对集中发展的创新型产业集群，使之成为“发展区域优势产业，提升自主创新能力”的示范区。

(2) 要充分发挥行业协会作用，做好区域经济规划　目前在我国已经形成了长江三角洲、珠江三角洲合成革产业带、环渤海人造革合成革经济圈，人造革合成革产业集群的优势已经显现，有力地推动了人造革合成革行业整体、有序、健康地蓬勃发展。2002年初，中国塑料加工工业协会根据我国人造革合成革工业的发展状况，为加快发展我国人造革合成革行业，进一步鼓励和规范人造革合成革行业特色区域经济发展，形成了《关于授予中国塑料行业特色区域荣誉称号的行业条例(试行)》。在条件符合的地区和企业创建新的具有不同特点的合成革产业基地，在培育和创建人造革合成革行业特色区域过程中坚持：着重特色区域的管理基础，推进循环经济发展前景水平；突出规模与经济、社会效益，推进区域品牌建设。鉴于目前缺乏系统和科学的集群创新政策，我们要抓好特色区域的分类指导，有计划的重点实施；今后还要培育昆山、江阴、丽水、义乌、晋江、高碑店等产业基地。加强集群的资源集成与合作能力，提升集群的竞争力，重视集群的产业结构，推进类似昆山地区这样的发展以先进技术、清洁生产、绿色生态为主的合成革集群。同时要更好地发挥行业协会的桥梁纽带作用，在当前国家深化体制改革、政府职能转变过程中，行业协会充分发挥行业自律的作用，规范行业发展的各种行为，引导企业健康有序发展，避免企业之间恶性相争，为创建和谐行业、和谐地区乃至和谐社会做出贡献。

(3) 积极引导产业有效聚集、企业自主创新，发展区域品牌　我们要积极出主意、想办法，采取各种措施引导产业有效聚集，把培育特色区域经济发展贯穿于行业的总体思路、总体规划、系统工作之中去。把建设特色区域与加强行业管理总体目标结合起来，坚持科学发展观，引领行业持续、健康、快速、有序发展。围绕争创名牌，促进中国市场的国际化和国际市场的中国化。实施名牌推进、专利推进战略，促进特色区域经济快速发展，逐步实现行业管理科学化、产品标准化、交流信息化。健全人造革合成革行业专

家队伍建设，理顺产品产业链的生产、标准、检测等系列体系；完善人造革合成革行业管理体系，科学技术研发体系、网络信息统计体系、专利保护体系、生产安全保障与国际同行业交流和反倾销预警机制等：加强沟通与联系，条件成熟或可能情况下，成立跨国、跨地区、跨行业等人造革合成革联盟，有效利用国际资源、地区资源，为发展我国的人造革合成革产业尽可能多地提供资源保证。

总之，我们要系统总结四年来人造革合成革行业培育特色区域的经验、教训和存在的问题，对特色区域的共性、个性等问题进行详细系统分析，进一步统筹规划，使其更加规范化、科学化。对特色区域的到期复审工作将提出总体要求，对发展不平衡或发展较慢的区域将采取分类指导，并提出建设性意见，使特色区域能够均衡合理、持续有序、稳步健康地向纵深发展。我们计划在适当时机组建推进中国人造革合成革特色区域经济工作指导委员会，汇编中国人造革合成革特色区域经济发展文件、报告、资料等，总结先进经验、加强组织指导。企业的科学发展要突出特色，抓住市场，培育特色区域产品的地方名牌、行业名牌、中国名牌、世界名牌。要发挥规模经济、群体优势，规范行业的经济秩序；不断增强科学发展意识、增强科技创新意识、增强品牌意识、增强特色区域的凝聚力，变地区优势为产品、行业、经济优势；要在地方政府支持下，解决行业发展中的重点、热点和难点问题，增强行业总体实力，为加快实现我国人造革合成革从大国到强国的总体目标打下坚实的基础。

（中国塑料加工工业协会人造革合成革专业委员会　冯庶君）

工程塑料

【行业现状】

中国工程塑料市场的发展虽然只有短短的20年，但其增长速度却是惊人的，几乎是以GDP 3倍的速度在逐年增长。与通用塑料相比，工程塑料具有更优异的机械性能、电性能、耐化学性、耐热性、耐磨性、尺寸稳定性、耐候性等优点，比金属材料轻，成型时能耗小，因此成为当今世界塑料工业发展中增长速度最快的材料。中国近年来工程塑料需求量见表1。

近年来，中国工程塑料工业虽然一直在快速发展，生产能力不断提高，品种也在增加，但仍然满足不了市场需求，大部分中高档产品仍然采用进口原料。国内工程塑料市场消费情况见表2。

表2　国内工程塑料市场消费情况

行业	汽车	电子电气	机械	建材	轻工	包装	光盘	其他
消费情况/%	10.18	29	12	11.75	9.65	6.58	11.9	8.94

汽车、电子电气是工程塑料应用的重要领域，2005年工程塑料的这两个应用市场获得了进一步的发展。同时，整个行业的市场竞争变得更加白热化和国际化，部分加工企业的盈利能力也不尽如人意。

1. 汽车领域应用

目前社会正朝着注重环保、安全、健康的方向发展，节能与环保成为汽车工业的两大课题。轻量化、舒适化、节能化是汽车发展的最新趋势，这一趋势加速了汽车塑料化的进程。塑料以其重量轻、设计空间大、制造成本低、性能优异、功能广泛，最终使汽车在轻量化、安全性和制造成本几方面获得更多的突破，从而成为了21世纪汽车工业最好的选择。国家发改委已制定相关政策，加速汽车零部件的国产化进程，同时也限定了汽车的燃油消耗标准，加之由于去

表1　中国近年来工程塑料的需求　　单位：万吨

品种＼年份	1998年	1999年	2000年	2001年	2002年	2003年	2004年	2005年	2010年	平均增长率/%
PA	6.2	6.7	8.32	12	13.8	16.11	19.22	22.5	50	22.85
PC	8.7	13	15.4	21.3	36	48.36	62.4	75	120	43.5
POM	6.6	8.3	9.6	10.7	13	15.84	18.7	21.8	30	18.65
PBT/PET	2.4	3.6	4.1	4.4	5.6	7.27	9.4	12	20	24.6
MPPO	0.57	0.9	0.98	1.5	1.8	2.4	3.3	4	7	25.6
合　计	24.47	32.3	39.4	50	70.2	89.98	113	135.3	227	30.3

年的原材料涨价，许多整车厂为了降低成本已放开了指定材料的限制。这无疑给零配件生产厂商和塑料供应商提供了一个绝好的发展机遇。

国内汽车零部件的加工水平正在迅速提高，新的加工设备、加工工艺被大量地采用，从而使工程塑料的应用水平和用量得以不断地提升。今后工程塑料行业不再只是单纯迎合汽车工业的发展，而是作为参与者要在汽车工业发展中发挥更重要的作用。

2. 电子电气领域的应用

电子电气向来是工程塑料的主要应用领域，其消耗量占到总用量的40%以上。随着中国电器产品出口量的逐年增加，工程塑料的用量呈上涨趋势中国是世界制造业大国，尽管国内产品的技术含量和附加值都还很低，但这并不影响制造业对工程塑料的巨大需求，特别是迫于成本压力，市场对材料本土化的要求越来越明显，这为工程塑料提供了广阔的应用前景市场竞争更加白热化和国际化。

近年来我国工程塑料需求量增长较快。2004年，五大工程塑料的市场需求量达到95万吨。其中尼龙（PA）20万吨，聚碳酸酯（PC）达46万吨，聚甲醛（POM）14万吨，聚酯（包括PET和PBT）达85kt，改性聚苯醚（mPPO）达30kt。2005年我国工程塑料的市场总需求量将继续增长，达到167万吨。其中PA将达40万吨，PC为78万吨，POM 25万吨，聚酯为18万吨，mPPO达60kt。

到目前为止，几乎所有国际性大企业都在国内建立了改性工厂和树脂厂，大量跨国公司登陆使市场竞争进一步加剧。由于看好中国国内巨大的市场需求，外国公司近来纷纷加强在中国进行本土化开发并不断扩大生产规模。这些举措都是跨国公司以强化市场地位、优化资源配置为目的的国际化运营。因此，国内工程塑料行业面临的是日益激烈的国际化竞争，这就迫使国内生产厂要整合资源，不断提升产品技术含量，加强服务意识与市场开发力度，增加研发力量的投入，避免由于低水平的重复投入与低价无序竞争造成有限资源的极大浪费。

2005年中国工程塑料市场需求火暴，但是企业利润微薄。能源和原材料涨价幅度大大超过了工业品出厂价格指数，影响了大部分加工工业的盈利能力。加之部分下游行业回款形势不好，使企业产成品资金占用增长幅度过大。2005年中国工程塑料消耗量同比只增长11.9%，低于前几年的增长幅度，主要原因在于原材料涨价。许多加工企业被迫减少了低利润的订单，同时也使用了部分再生料。尼龙和PBT使用再生料的情况较为普遍，而用于制作光盘的PC量至少降低了20%。

2006年受国家宏观调控和石油价格的影响，2006年中国塑料行业的发展速度将理性地减缓，消费增长速度会从过去几年的百分之十几下降为8%～10%，但生产能力还将维持两位数的增长。工程塑料市场也会不同程度受到影响，但增长幅度仍高于2005年。预计整体增长幅度为15%～18%。其中电子电气行业仍然是主要应用领域；汽车、建筑、高挡包装材料、体育健身器材和医疗器械行业将是增长幅度较大的市场；玩具行业由于PVC受到限制使用，有可能转为使用工程塑料；特种工程塑料用量会有所增加。

目前我国工程塑料生产规模小、品种少、产量低，自给率不到40%，性能也有待提高。预计到2010年我国工程塑料生产能力将达到390kt，产量达到237kt，市场占有率将达到43.2%其中PA、PBT两种工程塑料的生产能力将分别达到130kt/a和60kt/a，产量分别达到95kt/a和32kt/a。

【主要工程塑料的产销情况】

1. 尼龙

2006年用作工程塑料的尼龙预计在26万吨，其中PA6占65%，PA66占27%，长碳链尼龙和耐高温尼龙占8%。神马公司PA66年产5万吨装置已顺利开车，并有计划扩产到10万吨。目前有国内厂家正在开发PPA和长链尼龙。

2. PC

PC在消费增长率中是最高的，8年来的平均增长率超过了40%。2006年用量预计在86万吨。这主要得益于光盘、建材和包装市场。今后有潜力的市场应该是汽车、照明和建材。有人认为，今后一段时期内，中国市场需求将成为拉动世界PC增长的主要动力。目前中国已开发了分子量可控的全脂交换法生产工艺。在碳酸二苯酯的合成方面有了突破，总收率达到85%，催化剂寿命在3个月以上，综合经济指标优于目前所有工艺，并取得了专利。2006年拜耳在上海的PC工厂将开工生产，加上帝人在嘉兴的工厂，国内PC生产能力将达到15万吨/年。旭化成在大连的项目和三菱在上海的PC项目都在实施中；蓝星公司建厂计划也在逐步落实。

3. POM

2006年POM的用量预计超过24万吨。目前国内产能大约5万吨/年，杜邦、宝理在中国的工厂都计划将产能提高到6万吨；云天化计划分几步将产能扩至9万吨；新疆联合化工、蓝星公司也都有计划在近几年中建立POM生产装置。2010年国内有可能达到产需平衡。

4. PBT、PET

两者用量大约在 14～15 万吨之间。蓝星集团和台湾长春都有计划建立 PBT 树脂生产装置，建成后国内树脂也将达到产需平衡。改性装置新建的包括：朗盛公司里锡 4 万吨工厂和 Polyone 深圳工厂。

5. MPPO

需求量预计达到 4.6 万吨，目前主要依靠进口。2006 年有一套聚合能力 40 万吨/年、掺混能力10 000 吨/年的 PPO 工厂将在中国开工建设。

6. 特种工程塑料

◇ PPS　市场需求为 6 000 吨/年，国内生产不足 1 000 吨。目前一套 5 000 吨/年装置正在建设。最近有企业正在开发用于袋式除尘的 PPS 纤维。

◇ PI　2004 年国内生产 1 700 吨，主要是薄膜、覆铜箔和模塑料。一种最新开发的用途是用于保鲜膜。

◇ PEEK　吉林大学建成了 500 吨生产装置，并与德固萨进行联合开发。最近又相继开发了 PEEKK、PPES、PPEK、PPESK。

【工程塑料合金市场】

1. 国内市场分析及预测

我国对塑料合金的研究从 20 世纪 60 年代开始，2004 年我国已有 300 多家塑料合金生产企业，估计塑料合金（含改性粒料）生产能力 70～80 万吨/年，产量估计达到 60 万吨左右。但其中规模较大的只占 15%，而这 15%企业产量约占总产量的 70%以上。

主要合金品种有：PPO 类中的 PPO/PS，PC 类中的 PC/PBT、PC/ABS、PC/PA、PC/PE，PA 类中的超韧尼龙（PA/EPDM）、PA/PP、PA/SBS/石油树脂等。从整体结构看，目前我国 60 万吨塑料合金（含改性树脂）产品中阻燃树脂占 45%，增强树脂占 25%，增韧树脂占 15%。

主要应用于家电、电子、汽车、电缆等行业。目前我国塑料合金（含改性树脂）消费总量约为 120～140 万吨，国内供应量仅 60 万吨，每年进口量高达 90 万吨左右。

预计到 2008 年，我国五大通用工程塑料总需求量将达到 100 万吨，五大合成树脂的需求将达到 4 200万吨。随着科学技术的发展，高分子材料的应用领域不断拓宽，各行各业对材料的要求也不断提高，现有的合成树脂难以满足要求，塑料改性是提供新材料的最实际和经济的手段。未来塑料合金以其优异的性价比，将日益广泛地用于电子电气、汽车、航空、机械、通讯、家电、建材、包装、运动和休闲产品领域、日用消费品等领域。

在中国的市场刺激下，许多的世界巨头公司选择了进入中国市场，扩大在中国的生产能力，满足中国市场需要。

意大利 Radici 公司计划在 2005 年末在中国开始生产配混料，目前它在中国还没有尼龙生产装置。Radici 公司计划在中国生产 PA6 和 PA66 配混料，具体能力和产量未知，该公司计划在中国投资 2～3 套科倍隆公司挤出配混料生产线。Radici 塑料公司首席执行官 Luigi Gerolla 说，成立合资企业是一种选择，现在正与未来合作伙伴谈判，包括现在的 Radici 公司北京分销商。Radici 公司也许会决定自己干或与地方公司合作。

世界上最大的塑管研制与生产商德国索恩堡科技公司正式入驻广州南沙经济开发区。其独资子公司广州索特塑管科技有限公司在南沙举行了生产基地的奠基典礼。该项目投资总额为 2 000 万美元，2005 年 8 月建成投产。广州将成为塑管生产销售中心和世界最高水平的高挡塑管生产销售中心。

据欧洲塑料新闻网 2 月 24 日消息，巴斯夫公司计划通过对上海浦东和马来西亚 PasirGudang 装置的扩能提高其在亚洲的聚对苯二甲酸丁二酯（PBT）和聚酰胺配混的产能，从而满足亚太地区市场对工程塑料年均增长 8%的需求。巴斯夫计划在上海浦东公司现有工厂内新建一套 4.5 万吨/年的配混生产装置，工程在 2005 年首季开始进行，在 2006 年底完工。同时公司在马来西亚 PasirGudang 的配混生产装置产能在今年第二季度将从 3 万吨/年提升至 4.5 万吨/年。据巴斯夫公司称，这两个扩能项目的投资将达到数千万欧元。PBT 原料将由巴斯夫同日本东丽公司在马来西亚新建的合资工厂提供。这些扩能项目完成后，巴斯夫在亚太地区的工程塑料配混产能将超过 10 万吨/年。

三井化学日前宣布，2010 年前在中国的投资将超过 13 亿美元。其中，2007 年前将投资 3 亿美元，此后三年投资将达到 10 亿美元。该投资额包括先前宣布的 3 亿美元新建 60 万吨/年的精对苯二甲酸项目，以及之后的扩能投资，至 2010 年，该项目将扩产至 180 万吨/年。同时还包括先前宣布的与中国石化共同投资 3 亿美元新建 12 万吨/年的双酚 A 项目。三井计划在张家港新建一套 10 万吨/年的聚对苯二甲酸乙二酯生产装置。到 2010 年前，三井还准备与中石化合作投资 500 亿日元在中国新建一套 30 万吨/年的苯酚装置。

美国杜邦公司包装用塑料与工业用树脂业务部的黏合树脂生产工厂在深圳开业。据介绍，该生产线是杜邦在深圳一次性资金投入最大的项目。杜邦大中国区总裁唐博伟表示，杜邦在中国的业务一直是两位数增长，新的黏合树脂生产工厂是以杜邦在北美的工厂为标准建成的，将有利于对产品作出全球调配。

美国包装集团 Berry Plastics 已和南方包装集团签署一份意向书，准备在中国成立一家合资企业。该合资企业由 Berry Plastics 拥有 80%的股份，剩余 20%股份由南方包装集团的董事局主席彭顺铭拥有。产品主要供应中国市场和用于出口。此外，在另一份协议中，Berry Plastics 已通过新加坡证券交易所获得南方包装集团 10%的股份。

德国德固赛 9 000t/a 聚酯树脂项目在上海化工区动工。据悉，由德固赛特种化学（上海）有限公司投资的聚酯树脂项目的产品是高分子饱和聚酯树脂。这一产品因其对铝材、钢材和镀锌钢材等金属具有非常好的附着力，极佳的弹性、可加工性，以及良好的机械性、耐腐蚀性，且安全无味，被用作生产高性能卷材涂料、罐头涂料、工业涂料的重要原料，广泛应用于电器、交通工具、建筑材料、办公家具等制品。

帝斯曼公司 2005 年继续增加投资，强化对华业务。其下属的帝斯曼工程塑料公司将投资 1 000 万美元，将现位于江苏省江阴市周庄的厂房搬迁到江阴高科技发展园区，新厂区于 2006 年初开始生产运营。同时，帝斯曼工程塑料公司还将建设新的塑料混配物生产线。使其生产 Stanyl PA46、AkulonPA6 和 Armtc 聚酯能力提升一倍。这些高性能混配工程塑料被广泛应用于液晶显示器、电脑、游戏机、移动电话机和汽车制造中。帝斯曼合成树脂公司则将在现有厂址建造润湿剂工厂，以提升其在中国乃至亚洲地区的市场份额。中国市场在帝斯曼发展战略全局上占据重要地位，2004 年度帝斯曼在中国的销售业绩为 4.2 亿欧元。比 2003 年度增长了 25%。

2. 国外市场分析及预测

20 世纪 80～90 年代，塑料合金的年均增长速度为 10%左右，而工程塑料合金的增长速度更高达 15%左右。美国、欧洲、日本已工业化的塑料合金品种中，工程塑料系塑料合金占绝大多数，合金化已成为当前工程塑料改性的主要方法。

1997 年世界塑料合金市场消费量约 175 万吨，估计 2004 年世界塑料合金总消费量超过 260 万吨。从地区来看，北美是最大的消费地区，占 45%；其次是欧洲，占 34%；日本和太平洋地区占 21%。在北美，PPO 合金占塑料合金需求的 25%以上，其中尤以 PPO/PA、PPO/PET 和 PPO/PBT 的需求量最大；PC 合金占总需求量的 12%以上；用于汽车最终用途的 ABS 合金占 9.9%比例。

塑料合金的最大用户是汽车部件，其次是机械和电子元件。从日本主要工程塑料合金需求结构中可以看出，汽车用合金占 62%，电气、电子及办公自动化设备占 20%，一般精密机械占 6%，医疗、体育及其他占 12%。预计 2008 年前后世界塑料合金需求量将达到 350 万吨。

【新产品开发】

◆一种在汽车工业、电器工业和户外工程塑料上有着广泛用途的石化新产品——AAS 树脂，经中国石油兰州石化公司研究院攻关，取得了重要进展，日前，这一项目的中间试验研究和工业化技术开发工作在国内首次通过省部级技术鉴定。AAS 树脂是由丙烯腈（A）丙烯酸丁酯（A）和苯乙烯（S）组成的三元接枝共聚物，是一种新型树脂和新型树脂改性剂。由于 AAS 树脂无双键结构，这种新产品的耐候性要比 ABS 提高 10 倍，克服了 ABS 树脂长期露置室外机械强度下降，受日光分解而使颜色变黄等缺点。

◆索亚先进材料 LLC 公司（Al-pharetta 城，佐治亚州）研制了一种新级别 PAI（聚酰胺-酰亚胺）材料 Torlon 4435，该可取代不锈钢，制成高速工业纺织机和绣花机上的绕线筒和挂钩。与钢材比较，其优势是可减少对高张力条件下运行的零件的调整。用它制成的零件，最高缝合速度可达 12 000r/min，且无须定期润滑。现在，Bakron 公司（Buffalo Grove 城，伊利诺伊州）正在利用 Torlon 4435 新级别 PAI 材料制作绕线筒。

◆DSM Engineering Plastics 公司（Evansville 城，印第安纳州）介绍了一种 60%玻璃纤维增强的尼龙 46 复合物，可在高温结构的应用中与金属相媲美。它的第一个用途是替代铸铝，制造交通共聚的变速箱壳。Stanyl Tw241F12 是其中的一个品级，具有高流动性、低翘曲、热稳定性等特征。

◆巴斯夫公司在继 K2004 展览会上展出 Ultra-durHighSpeed 纳米高分子改性聚对苯二甲酸丁二醇酯（PBT）之后，日前已将这一产品首次应用于电话线插座的商业化生产。据悉，巴斯夫公司每年将生产几百万只电话线插座。据巴斯夫公司技术市场部负责人说，这种纳米高分子在 PBT 中充当内在的润滑剂，可以在不改变产品的机械性能的情况下将产品的流动性能提高 50%。这可以显著提高产品的合格率。这位负责人同时指出，巴斯夫公司正准备将这种技术应用到其他的聚合物中，如 ABS 和聚酰胺等。

◆仪征化纤瓶片生产中心 20 万吨/年瓶级聚酯装置成功生产出合格的塑钢带专用料 EP901 新品，标志着公司瓶级聚酯产品向工程塑料应用新领域迈出了坚实的一步，目前产品已开始发往澳大利亚。塑钢带专用料 EP901 是去年由瓶片中心、技术中心等自行研制，并在瓶片装置上一次成功开发并成功打进国际市场。当获悉首批600吨产品销往澳大利亚，用户使用满意的信息后，瓶片生产中心、进出口公司、营销中心等单位一起，加紧与外方用户联系，加紧大批量连续供货等事宜的商讨和合同的签订。

◆Ube下业公司推出的Terplex是包含PA、PA66和PA12单体的三聚物其收缩率较高，熔点较低（因此加压过程的热分解更少）、透明度更好、弯曲强度更高目标用途是肉类、粮食以及香肠的包装。Terplex的熔点为190℃而PA/PA66（共聚物的熔点为196℃，PA6/PA12共聚物的熔点为199℃。

◆Rhodia工程塑料公司采用TechnylStar支链技术开发的新系列长玻纤增强尼龙Technyl Force，具有极好的耐冲击强度和弯曲强度平衡性，特别为需要劲度高和吸能性好的结构件而设计新材料的缺口冲击强度比短玻纤增强级别提高100%以上，其耐冲击性能可与压铸铝和镁相比在碰撞试验中，由Technyl-Force模塑的结构棒对15km/h冲击的吸能是短玻纤增强料的两倍。此外，材料的高流动性可限制注塑过程的剪切效果，提高纤维长度保持率。

◆Degussa公司最近开发出新型抗冲击添加剂Degalan IM 2MD。该产品可用于汽车行业上使用的聚对苯二甲酸丁二醇酪（PBT）增强材料。该公司声称，Degalan IM 2MD通过反应性基团链接到PBT基体上，从而能够极大改进这种丙烯酸类添加剂同PBT之间的相容性、抗冲击性能以及熔融流动性。该公司开发出的另一种抗冲击添加剂Degalan IM 2D可以用于玻璃纤维增强聚酰胺，提高该材料在低温下的抗冲击性能，其应用包括制造车头、刹车和安全设备部件。

◆BASF公司推出了高流动性Ultradur PBT材料，经过旋转流动测试，其流动速率至少为Ultradur B4300（普通型PBT）的两倍，成型周期也缩短了近30%，而其他性能不受任何损失。这要归功于一种有机纳米级添加剂的加入，使熔体在冷却后形成了单独的纳米级微区结构。据BASF公司称，新材料的黏度曲线虽与普通级材料的黏度曲线形状相同，但是下移了一定距离。在使用该料注塑成型一种凉棚时，为了减少焊缝的数量，8个热流道的浇口中有4个可以被堵住，而这是Ultradur B4300所无法做到的。另外，使用玻纤含量分别为10%、20%及30%的高流速级Ultradur进行注射成型，与Ultradur B4300相比，其熔融温度全都降低了30℃，保压压力也都降低了50%。BASF公司还计划将高流速级Ultradur用于与ASA或PET的共混材料。在PBT材料方面，Lanxess公司也推出了高抗冲的Pocan DP 1105易流动型PBT。此外，该公司推出的其他新型PBT包括耐水解的Pocan KU2-7111，以及电器用Pocan DP2004。后者具有优良的韧性且不含卤素，CTI值为600 V，可满足灼热丝燃烧规范的要求。

◆Solvay Advanced Polymers公司推出的Supradel HTS工程塑料是一种全新透明的芳香类聚砜材料。它在所有透明的无定型聚合物中耐热性能最好，其玻璃化转变温度为265℃，264 psi负荷的热变形温度为255℃，此温度与该公司的Torlon聚酰胺/酰亚胺共聚物相同，但是后者是不透明的，需要加速固化才能达到最佳的透明性。Supradel HTS可以应用于既要求透明性，又要求只有像玻纤增强PEEK（聚醚醚酮）材料所能耐受的高温场合。

◆英国威克斯（Victrex）公司推出牌号为VICTREX 90的一系列高流动性品级聚醚醚酮（PEEK）树脂，其应用目标定位于注射加工薄壁、结构复杂的部件，以及无损树脂加工性能的高填充性部件产品。这些新品级树脂可取代热固性树脂、陶瓷及金属材料等用作工程构件，应用于加工电子消费产品、表面装配技术和微流体处理等应用领域。该公司出品的PEEK树脂材料当中，VICTREX 90品级系列树脂的分子量校对较低，但具有与其他品级树脂相同的力学性能、热性能、化学性能和电性能。可供应有未填充的纯树脂品级（呈粉状或颗粒状），另还供应有玻纤增强或碳纤维增强品级。在不影响加工性能、制品表面修饰性能和加工循环周期的前提下，纤维添加量最高可达60%的质量比。填充物添加量越多，可显著改善制品的模量、韧性和热膨胀系数等参数。

◆德国Lanxess公司开发了两种基于热塑性塑料的ABS树脂，可替代PC/ABS合金，主要应用于汽车内饰件的成型加工。其中牌号为Ultra4105的树脂，其耐热温度达103℃，高于普通级ABS树脂，稍低于PC/ABS合金；在室温下，同PC/ABS合金比较，Izod冲击强度为42kJ/m^2，即使在-30℃下，其冲击强度也能达到84kJ/m^2。应用主要包括：干燥箱、门板和中心支架等。与PC/ABS合金比较，Ultra4115的树脂，同样具有高的耐热性能（116℃）和高的冲击强度。尤其适用于汽车内饰件如后修饰制件、内门扶手等。

◆BASF公司开发的PA6树脂主要用于滚塑成型。新品树脂兼顾了PE和PA12两种树脂的综合性能即PE树脂的价格优势（力学性能有限），PA12树脂极佳的力学性能（价格昂贵）。牌号为Capron BR30HS，属未增强PA6，呈粉末状。主要应用在汽车工业用小型液体箱和空气供气导管等。

◆中国石油化工股份有限公司上海石油化工研究院发明涉及聚碳酸酯、橡胶和苯乙烯-丙烯腈-顺丁烯二酸酐共聚物合金。主要解决以往技术中存在制得的聚碳酸酯、橡胶和苯乙烯类共聚物合金综合力学性能和经济性还不够好，特别是缺口冲击强度和断裂伸长率较差以及聚碳酸酯用量多的问题。本发明通过采用丁二烯橡胶质量含量为20%～45%的ABS、顺丁烯二酸酐质量含量为5%～10%和丙烯腈质量含量为16%～20%的苯乙烯-丙烯腈-顺丁烯二酸酐共聚物与双酚A型聚碳酸酯混合的技术方案，较好地解决了该问题，可用于高分子塑料加工工业中。

◆美国Victrex公司推出一种新型的专为注塑薄壁和高填充部件设计的高流动PEEK树脂Victrex90品级。该树脂具有比其他PEEK树脂更低的摩尔质量，且具有同等的力学性能、热性能、化学性能和电性能。它们可用于设计以前只能采用低黏度材料如LCP、PPS和环氧树脂设计的部件。2mm深度的螺线流动度是普通Victrex产品的两倍。新材料可制成0.2mm薄的型材，未填充或采用玻纤、碳纤维填充的材料均可使用；如果没有加工、表面或循环时间的要求，纤维填充量达到60%也是可能的。应用前景为无铅焊接的电子市场。

◆中国科学院化学所工程塑料国家重点实验室研究员漆宗能率领的小组在塑料中添加我国生产的一种天然纳米材料——蒙脱土，利用插层复合技术，将我国丰产的这类天然黏土矿物均匀分散到聚合物中，从而形成纳米塑料。科研人员进而开发出以聚酰胺、聚乙烯、聚苯乙烯、环氧树脂、硅橡胶等为基材的一系列纳米塑料，实现部分纳米塑料的工业化生产，并获5项发明专利。

◆美国GE塑料公司开发出尼龙和PPO（聚苯醚）合金导电牌号Norvl GTX 973、976和979作为其Norvl GTX系列树脂新成员。目标应用为涂覆制品。新牌号开发采用了该公司的导电炭黑分散在尼龙/PPO合金的专门技术。因而树脂兼有静电涂覆要求的高耐热性和导电性，使用时不需要先涂底漆，并有良好的涂料转印能力。GE公司介绍说，使用Norvl GTX导电树脂有如下优点：不需涂料底漆，同一条生产线既可涂金属部件也可涂塑料部件，金属部件和塑料部件颜色匹配良好，总涂覆成本低。再加上其质轻和高抗冲击性使Norvl GTX树脂在许多应用中适于作为金属部件和其他材料部件的替代材料，包括做汽车体部件、室外交通车、园林设施、家用电器、办公室设备和轻质夹层。GE公司还指出，对不同粉末涂料的评估表明，Norvl GTX具有较好的粘接性、冲击强度和耐化学性因此是粉末涂料工艺过程的优先选用材料。大庆石化分公司塑料厂食品级中空容器树脂5000B和双峰高密度聚乙烯（HDPE）专用树脂6366M、5305E三个新牌号产品通过黑龙江省石化工业局的鉴定。

【专委会活动】

1. 传播信息，办好定期出版物

2005年《工程塑料通讯》出版了6期（总37～42期），共分八个栏目：政策法规要闻、行业动态及发展趋势、薄膜及包装材料、通用大品种塑料、通用工程塑料、特种工程塑料及复合材料、热塑性弹性体、加工助剂及其他。每期精选国内外20多种期刊杂志和网上信息的相关条目，以文摘的形式刊登，使读者便于了解当今国内外塑料产业发展的最新动态。出处明确，便于查找，对于众多企业提供了了解世界、发展自己的机会。受到了业内广泛的欢迎和好评。对会员单位免费寄送，也送上级主管单位和进行业内交换。

2. 好学术技术交流会，在科学家和企业家之间架起友谊的桥梁

2005年中国塑协工程塑料专委会第八次年会暨“2005年塑料高新科技成果交流会”在浙江省余姚市举办，应邀参与了余姚市第七届塑博会活动。塑博会期间，积极支持兄弟专委会的工作并且尽可能给会员单位以最大的支持和帮助。

2005年11月3日，中国塑料加工工业协会在宁波市金港大酒店举行了中国塑协专家委员会成立大会。中国科学院宁波材料技术与工程研究所承办了此次大会。大会宣读并通过专家委员会管理办法，介绍首届专家委员会领导结构成员，向专家委员会的首届聘任专家颁发了聘书。此次大会在全国塑料加工的重镇宁波召开，得到了全国塑料行业专家的热烈响应，共有一百三十余位专家、代表出席了会议。

【重点企业】

- 上海杰事杰新材料股份有限公司
- 海尔科化工程塑料国家工程研究中心股份有限公司
- 广州金发科技股份有限公司
- 龙口兴隆道恩化学有限公司
- 温州俊尔高聚物有限公司
- 常州丰盛塑料有限公司
- 南京聚隆工程塑料有限公司
- 辽阳市宏伟区康达塑胶树脂厂
- 湖南岳阳石化总厂
- 江苏联冠科技发展有限公司
- 科亚公司
- 南京橡塑机械厂
- 宁波大成新材料股份有限公司
- 顶山神马工程塑料有限公司

- 杭州中新化工有限公司
- 东莞市铭基塑胶原料有限公司
- 上海瑞驰实业有限公司
- 上海奔流化工技术有限公司
- 聚威工程塑料上海有限公司
- 北京华腾工程新材料有限公司
- 上海汇精工程塑胶改性材料事业部
- LG化学（天津）工程塑料有限公司
- 广州市石磐石阻燃材料有限公司
- 浙江众茂化工有限公司
- 允拓材料科技股份有限公司
- 必詮化學
- 宁波普力马弹性体技术有限公司

（中国塑料加工工业协会工程塑料专业委员会　曾琛）

聚　氨　酯

【行业现状】

2005年我国的聚氨酯制品产量210万吨，产值大约在540亿元。聚氨酯行业主要由以下子行业构成：聚氨酯软泡；聚氨酯硬泡；聚氨酯人造革浆料树脂；聚氨酯鞋底；热塑性聚氨酯（TPU）；聚氨酯浇注弹性体（CPU）；聚氨酯铺面材料；聚氨酯防水树脂；聚氨酯弹性纤维（氨纶）；聚氨酯黏合剂；聚氨酯涂料；聚氨酯密封剂。直接从事聚氨酯生产的人数为60万人。这包括聚氨酯原料、制品、助剂、机械设备等。聚氨酯行业企业在中国主要区域的分布大致如下。

(1) 主要原料（MDI、TDI、聚醚多元醇）生产　山东、江苏、浙江、辽宁、河北、上海等地。

(2) 聚氨酯软泡生产　广东、福建、四川、河南、河北、山东、江苏等。但是其他地区的分布也较广，只是不如以上区域更集中些。聚氨酯软泡行业（指的是大块软泡）主要企业（指的是产值在2 000万元以上的企业）56家，该行业的总产值180亿元，主要企业产值32亿元，占到18%。主要企业的从业人数（指的是专门从事软泡生产的人员）约7 000人。设备：该行业的主要生产设备几乎都是国产连续发泡生产线和少量的间歇式箱体发泡设备。切割设备中进口设备所占比例明显高于发泡生产设备。复合等深加工设备同样几乎都是国产涂胶和火焰复合设备。该行业由于运输等问题，大企业的比例相对较低。技术水平普遍较低。

(3) 聚氨酯硬泡主要产地　山东、江苏、广东、东北地区、北京、天津、河北、浙江等地。聚氨酯硬泡行业主要企业（指的是产值在2 000万元以上的企业）180家，该行业的总产值200亿元。其中主要企业产值68亿元。主要企业的从业人数约9 000人。该行业的主要设备有进口的连续板材生产线、喷涂机等，但大多是国内产的高、低压浇注机、喷灌机、喷涂机等。该行业的技术水平普遍较低，以小企业为主体，大多数产品都较简单和单一。硬泡应用最大的冰箱行业基本都是引进国外的生产线相配套的高压浇注机，连续化生产线对组合聚醚和MDI的稳定性要求都比较高。

(4) 聚氨酯人造革浆料及制品　主要集中在浙江、福建、山东、江苏、广东、上海等地。聚氨酯鞋底原液主要生产地区在浙江、福建、广东、山东等地。聚氨酯人造革浆料行业近年来由于竞争造成的格局是，生产聚氨酯人造革浆料的企业大都与聚氨酯人造革生产企业在同一区域或者是同一个企业。这一区域多集中在温州和晋江周边以及上海、广东地区。这些企业的产值几乎都在2 000万元以上，且多数都在亿元以上。规模企业大约30家。该产品的产值在60亿元以上。该行业由于许多发达国家及台湾相继将设备和技术输入到中国，因此，起点较高。设备和技术虽比不上日本等国，但是也并不落后。聚氨酯鞋底原液主要企业大约有20家，该产品总产值14亿元。由于技术的引进以及消化吸收，使得这一行业技术水平是比较先进的。

(5) TPU生产企业　主要集中在天津、山东、浙江等地。中国的TPU颗粒主要产在北方地区，但是应用加工主要在浙江、上海等南方地区。企业大都是比较小的企业，该产品产值15亿元。技术水平不高。设备虽然引进较多，但是国产和手工加工颗粒的企业仍占有较大比例。

(6) CPU生产企业　主要在浙江、江苏、山西、广西等区域。我国专业从事CPU产品的企业较多。年产值在2 000万元以上的企业大约只有不到20家。主要产品是矿山使用的聚氨酯筛板以及一些工业辊、轮等，用于耐磨、耐油的工业零件。该行业的产值为7亿元。该行业使用的主要设备是：大件产品（如筛板）仍以手工方式为主，包括：反应釜、真空系统、搅拌机等，生产方式简单。少数较大的企业拥有大型的弹性体浇注机。小件制品，如一些密封件等，有较多的浇注机。该行业因为国外已经将MOCA列入致癌性物质，而MOCA的替代品不理想，所以我国小型企业生产较多且有较多出口。技术简单，属于劳动密集型产业。

(7) 聚氨酯铺面材料　以下区域比较集中：江

苏、河南、山东、河北。该产品主要是跑道、体育场地、特种场所的地面等。行业总的产值为 20 亿元。年产值在 2 000 万元以上的企业大约有 8 家。该行业的全部企业有约 40 家。除少数几家拥有机械化铺设设备位，其他大多数企业采用的是简单的手工铺设方式。设备简陋，技术水平较低。

(8) 聚氨酯防水树脂　也经常被称作聚氨酯防水涂料，它属于冷涂树脂型防水材料，生产企业主要在河南、北京、山西、河北、山东。该产品的产值 10 亿元。产量大约 10 万吨/年，因为大多都含有溶剂，所以聚氨酯的量大约是 5 万吨/年。

(9) 聚氨酯弹性纤维（氨纶）　氨纶生产企业主要集中在浙江、山东、江苏、上海等地。该行业近年来新建装置剧增，已建和在建的装置大约有 30 家左右。利润大幅下降，现在的产值约 15 亿元。装置的引进和消化而使得该行业技术水平并不落后。

(10) 聚氨酯黏合剂、涂料、密封剂等产量较小　主要集中在华北和华南地区。该行业产品产值约 18 亿元/年。

(11) 聚氨酯助剂　主要产地在江苏包括聚氨酯催化剂、阻燃剂、发泡剂、稳定剂等。

(12) 聚氨酯机械设备　主要集中在浙江的温州、广东、上海等地。

【专委会活动】

中国塑料加工工业协会聚氨酯制品专业委员会是中国塑料加工工业协会下属专委会之一，目前会员单位主要是聚氨酯泡沫制品企业。2005 年专委会开展了一下几个方面的活动。

1. 召开了理事会换届会议

2005 年 3 月 29 日在杭州召开了中塑协聚氨酯制品专业委员会第二届理事会换届会议，会上选举了新一届理事会的理事长及副理事长单位，广东圣诺盟控股集团有限公司当选为理事长单位，广东圣诺盟控股集团有限公司董事局主席张志雄先生当选为理事长；成都锦江泡沫有限公司，南通馨源海绵有限公司等 14 家企业当选为副理事长单位。

2. 组织召开了“聚氨酯制品行业阻燃标准研讨会”

公安部组织制订《公共场所阻燃制品及组件燃烧性能要求及标识》（送审稿）涉及各种材料，聚氨酯制品行业对其中的“泡沫塑料”部分非常关注，为此，中国塑料加工工业协会聚氨酯制品专业委员会于 2005 年 3 月 30 日在杭州新侨饭店组织召开了“聚氨酯制品行业阻燃标准研讨会”。会议特别邀请了负责起草标准的公安部四川消防研究所卢国建副所长、中国阻燃学会周政懋秘书长、中国塑协改性塑料专委会刘英俊秘书长。公安部消防局科技处高伟副处长也向会议提交了发言稿。中国塑料加工工业协会廖正品会长、中国家具协会副理事长兼秘书长张冰冰女士、中国塑协聚氨酯制品专委会理事长张志雄先生出席了会议，来自聚氨酯泡沫塑料制品生产企业、研究单位、测试单位、国内外行业专家近 100 人参加了此次会议。会上与会行业专家和企业代表与卢国建所长就该标准的一些技术问题展开深入交流。会后，专委会根据会上代表所提意见整理了“关于《公共场所阻燃制品及组件燃烧性能要求及标识》（送审稿）的意见和建议”上报公安部消防局并抄送四川消防所及与会单位。针对聚氨酯制品专委会的意见，该标准起草单位四川消防研究所给专委会回函，对专委会提出的意见采纳与否给予答复及理由。此次会议引起行业内外的企业的广泛关注。

3. 组织并成功召开了“第一届中国聚氨酯行业发展国际论坛——加速淘汰 ODS 专题峰会”

2005 年 11 月 14～15 日在上海良安大饭店召开了“第一届中国聚氨酯行业发展国际论坛——加速淘汰 ODS 专题峰会”。会议分“行业政策及综述”、“聚氨酯应用技术及 ODS 替代技术”和“聚氨酯在建筑节能中的应用”三个聚氨酯行业比较关注的主题。中国塑料加工工业协会廖正品会长，国家环保总局外经办项目三处熊康处长祝辞。建设部建筑节能中心的杨西伟副处长首先做了报告，他介绍了我国建筑节能的形势和国家的对建筑物降低能耗相关政策指导；全国塑料标准化委员会秘书长陈家琪做了“CFC-11 替代品 PU 泡沫塑料 2003～2007 标准制修订计划”的报告；烟台万华聚氨酯股份公司副总经理郭兴田介绍了 MDI 产业现状及未来的发展趋势，圣诺盟控股集团董事局主席张志雄、锦化聚醚集团副总经理李德徽、中国建筑研究院材料所副所长郭延辉、国家防火质量监督检验中心副主任卢国建、中国阻燃协会秘书长周政懋、中环联合（北京）认证中心曹磊、金陵斯泰潘公司总经理郎嘉敏、巴斯夫、亨斯曼、加拿大安健能、康隆公司、哈尔滨天硕建材有限公司环球聚氨酯网的代表等诸多业内知名人士出席了本次会议，并作精彩演讲。

“聚氨酯在建筑节能中的应用”主题引起广泛关注。

聚氨酯硬泡热导率低，仅 0.018～0.025W/(m·K)，相当 EPS 的一半，是目前所有保温材料中热导率最低的，且热工性能好，还具有耐老化、化学稳定性好、防潮防水性优良、耐温不熔化，与建筑物基面黏结性能好等优点，目前在欧美等发达国家和地区，需求用量越来越大。据资料介绍，欧美发达国家聚氨酯硬泡用于建筑物保温的比例达到 50%以上，在我国这个比例不超过10%。随着我国建筑节能标准及相应设计施工规范的推出，作为一种优异的保温节能材料，聚氨酯硬泡在建筑节能方面具有巨大的发展潜力，中国建筑科学研究院建材所副所长郭延辉预计，未来3～5年聚氨酯保温体系将在我国总的外墙外保温体系中占有一席重要之地。

中国塑料加工工业协会副秘书长付永彬做了大会总结发言，他感谢与会各位专家代表对本届论坛的大力支持，并表示中国塑料加工工业协会聚氨酯制品专业委员会将继续为中国聚氨酯行业的发展建立一个交流的平台，为促进行业的健康发展提供力所能及的服务。

4. 继续参与泡沫行业淘汰ODS活动及管理工作

负责管理维护“中国泡沫行业淘汰ODS行动网站”。

【重点企业】

① **烟台万华合成革集团有限公司**主营聚氨酯合成革及MDI，2005年集团公司主营产品销售收入350 469万元，利税106 622万元。合成革产品由于市场竞争激烈，2005年亏损。烟台万华合成革集团公司下属上市子公司烟台万华聚氨酯股份公司生产经营销售保持良好的态势，2005年生产装置满负荷运转，MDI产量达到11.97万吨，销售收入327 358万元，利税109 766万元；利润连续4年实现超过30%的增长。在宁波大榭岛新建的16万吨MDI生产装置进展顺利，2005年10月下旬开始试运转，投料试车顺利，目前已经生产出质量优良的MDI产品。2006年1月19日国家科技部国家科技部委托山东省科技厅在北京组织有关专家对烟台万华聚氨酯股份有限公司承担的国家科技攻关计划引导项目“年产16万吨MDI制造技术开发”课题进行了验收和鉴定。国家科技部计划司、高新司，省科技厅、烟台市科技局有关负责人出席了会议。由中国科学院陈冠荣院士、中国工程院李俊贤院士、中国工程院金涌院士等9位专家组成的专家组一致同意课题通过验收，并对该课题取得的成果给予了高度评价：“该课题成果整体技术达到了国际先进水平，是我国化学工业引进、消化、吸收、再创新的典型”。

② **圣诺盟控股集团**主营给雷聚氨酯软泡，2005年销售收入89 000万元，利税8 000万元，集团主要产品聚氨酯软泡2005年实际生产量3.6万吨，销售额36 000万元，利税3 000万元；枕垫70万件，全部出口，销售收入53 000万元，利税5 000万元。从上面的数字可以看出产品的深加工带来高附加值。圣诺盟控股集团在杭州和上海以及浙江嘉定都建立了新的生产工厂，使圣诺盟生产的优质家具用聚氨酯软泡辐射的区域逐步进入长三角，进一步巩固了聚氨酯软泡亚洲第一的地位。

③ **绍兴恒丰聚氨酯实业有限公司**主营聚醚多元醇及组合聚醚，同时从事聚氨酯硬泡施工业务。绍兴恒丰聚氨酯事业有限公司2004年10月新建6万吨聚醚生产装置投入使用。2005年各类聚醚产量4万吨，销售收入48 000万元，利税7 005万元。出口聚醚多元醇1 200吨，创汇260万美元。

④ **江苏绿源新材料有限公司**主营聚醚多元醇及聚氨酯软泡，2005年聚醚多元醇和聚合物多元醇共计3.5万吨，销售收入36 000万元，利税495万元；海绵6 000吨，销售收入12 000万元，利税600万元。

⑤ **江苏友邦聚氨酯有限公司**主营单组分醚及聚氨酯软硬泡组合聚醚，公司主导产品难燃级聚醚多元醇被认定为江苏省高新技术产品，用本产品所生产的高回弹聚氨酯泡沫制品通过了国内多家行业权威质检部门的检测合格，达到GB 8624燃烧等级B1级标准。2005年生产各类单组分聚醚1万吨，销售收入14 400万元，软硬泡组合聚醚7 000吨，销售收入13 000万元。

⑥ **广州朗腾聚氨酯有限公司**主营聚氨酯硬泡组合聚醚，主要面向家电、喷涂、冷藏集装箱、地下热力管网、建材、家具、装饰等生产制造业，产品销售网络遍及全国、港澳地区与欧美发达国家。2005年公司销售组合聚醚7 400吨/年，年产值11 700万元。

⑦ **杭州萧山吉华聚氨酯染化有限公司**主营产品之一为聚氨酯软泡，2005年聚氨酯海绵1.2万吨，产值25 200万元，利税2 850万元。

⑧ **河南新乡鑫源化工实业有限公司**主营聚氨酯软泡，2005年产量10 260吨，销售收入11 400万元，利税449万元。

⑨ **成都锦江泡沫有限公司**主营聚氨酯软泡，2005年产量6 000万吨，销售收入7 000万元。

⑩ **湖南湘潭精正设备制造有限公司**是一家国有军工企业改制的公司。该公司是我国聚氨酯装备机械的骨干企业，2005年湘潭精正设备制造有限公司销售收入5 000万元，利税132万元。

【新产品的开发】

烟台万华北京研究院开发的MDI胶黏剂用于农作物秸秆制造各种装饰板，是绿色建材的一个新亮点，已经成功地用于流水线生产。企业使用农作物秸秆，农民种植水稻回收稻草每亩平均可增收50元。

广州朗腾公司开发生物能源，以植物油为原料生产多元醇，替代石油衍生物为原料的聚醚多元醇，用于聚醚多元醇硬泡组合料的配方研究、开发应用。由于石油资源的减少，引起了石油衍生物供应紧缺、价格上扬，对聚氨酯行业带来了冲击。使用天然植物油作为基础原料合成多元醇，以替代目前的聚醚多元醇，将是一种新的聚氨酯发展方向。虽然从上世纪90年代开始，国内外就有报道在开发这一多元醇品种，但如何将其与目前的应用市场接合在一起，目前仍未见使用。广州朗腾聚氨酯有限公司根据前人的研究报道，大力研究将这种新型多元醇应用在各种不同的硬泡应用领域，如冰箱、板材等，使这种产品达到或超过原有体系的各项泡沫性能。

江阴友邦聚氨酯有限公司研制的难燃级聚醚多元醇被认定为江苏省高新技术产品，用本产品所生产的高回弹聚氨酯泡沫制品通过了国内多家行业权威质检部门的检测合格，达到 GB 8624 燃烧等级 B1 级标准。

【存在的问题】

2005年存在的较大问题是主要原料的短缺和价格的居高不下，比如 MDI 虽然比2004年价格有所回落，但是仍较2004年的价格高出一倍左右。这对于聚氨酯应用仍然是制约的主要因素之一。长期以来对聚氨酯市场发展不利的影响因素仍然没有较大改善。这些问题是：首先，该行业缺乏科研、院校等技术后盾的支持作用。不重视技术进步，产品粗糙和单一现象严重。比如，在高等院校相关专业中极少涉及到聚氨酯的知识，且极少有院校和科研单位长期稳定地从事聚氨酯研究的课题。在大多数聚氨酯产品中都存在着低价位竞争的恶性循环局面。同样形成了我国是聚氨酯大国但不是强国的现实。其次，我国的聚氨酯行业缺乏行业的组织作用。专业协会并没有有效地把较散的聚氨酯行业组织起来，行业活动少，有效性差。以至于聚氨酯企业大都是参加自己下游产品的行业活动。这样就使得很多聚氨酯企业并不熟悉自己的行业情况，由此产生的盲目投资等现象比较严重。

【发展趋势】

预计在未来的几年中，聚氨酯行业仍然会保持着较高的增长。在软泡行业，产品会更加注重质量。密度会由此上升，回弹性会进一步提高，高回弹海绵会扩大应用空间。硬泡行业更进一步增加在建筑领域的应用，特别是在建筑节能方面的应用。PIR 体系也会有较大增长。低密度、环保型硬泡会进入建筑市场。聚氨酯人造革会持续发展，新品种将更加受到关注。手感、透气、耐形变、花色等仍是主要的变化趋势。聚氨酯鞋底原液将会朝着低密度、高强度发展，聚醚型聚氨酯鞋底原液有望有所突破，尤其是在运动鞋方面，聚醚型鞋底会是穿着性能更有优越。TPU 仍将是增长最快的品种之一。尤其是在医疗方面使用会有较大的增长。CPU 在工业品种的应用会进一步扩大其应用领域。聚氨酯跑道及其体育场地应用会有较大的增长。虽然上海有部分专家呼吁禁止使用聚氨酯跑道，但是由于它仍是国际田联认可的材料。且呼吁带有一定片面性，所以并不会造成它作为跑道的使用。只是在铺设过程中更注重材料质量。聚氨酯防水树脂由于是冷涂树脂，符合很多场合的使用的安全性，因此会得到更加重视和获得更多的建筑市场份额。氨纶的形势不容乐观，关键出路在于纺织品的出口。其他品种也会在今后有较大的发展。尤其是2006年，由于作为聚氨酯主要原料的大量投产，会给我国的聚氨酯行业发展带来新的刺激，相信会有更快的发展。

（中国塑料加工工业协会聚氨酯专业委员会　付永彬　刘卫东）

改性塑料

【行业现状】

多年来改性塑料行业始终保持强劲发展态势，在国际石油价格持续高位的背景下，相关各方对塑料改性的依赖和希望不仅没有减弱，反而有强化的趋势。迅速发展之中的改性塑料行业呈现如下特点。

1. 合成树脂价格进入持续高位期

聚乙烯、聚丙烯长期维持1.1万元/吨以上的售价。从塑料制品加工企业的角度，提高制品的售价固然可抵消原料涨价带来的不利因素，但提价面临着残酷的竞争，势必将注意力集中到降低制品原材料成本方面，给改性塑料行业带来发展机遇和前进的动力。

例如塑料编织行业从原料涨价的阴影下走向盈利期，2005年塑编产品达到310万吨，较2004年增长20%。该行业对改性塑料行业提出的要求不仅是数量上大幅度增加，也要求性价比进一步提高。在市场需求作用下，依托技术进步的低价位填充母料应运而生。由于一条生产线日产量可达到30多吨，加工成本下降到150元/吨，是传统工艺设备的1/3，因此其产品极具竞争力。

又如 ABS 是重要的塑料原料，2005年国产和进口的 ABS 的表观消费量达到近300万吨，而且售价始终在1.5万元/吨左右。许多使用 ABS 的企业都希望能降低成本，但多年来由于种种原因没有找到像在聚乙烯和聚丙烯里面使用的填充改性母料，给我们改性塑料行业提供了巨大的市场空间。目前已有全新的材料和配方可以制作出 ABS 塑料专用的填充改性母料，其应用正在逐步推开。

2. 石化企业打破计划经济部门分工的框框，纷纷酝酿延长产业链，向下游塑料制品加工领域发展，而首当其冲的就是改性塑料

一方面是出于获取最佳经济效益考虑，另一方面也是石化企业股份制改造后，分流人员的主要安置途径。还有一些国外企业在继续进军中国合成树脂原料市场的同时，也对投资塑料制品制造业产生浓厚兴趣。例如北欧化工是 PPR 等树脂的主要供应商，现在也在探讨在中国设立汽车、家电等零部件生产所需的专用料的加工生产线问题。

3. 已有的改性塑料行业步入扩能、提升的大发展时期

20 世纪 90 年代，一批以提高性能、增加功能为主要目标的改性塑料企业崭露头角，经历了从小到大、从模糊进入该领域到清醒认识发展前景的历程，现已成为具有相当规模、实力和水平的改性塑料名牌企业。

例如广州金发塑料科技有限公司成立 10 年已发展到产能 20 多万吨，产值 20 多个亿的龙头企业；浙江俊尔新材料有限公司在温州开发区新建现代化车间和办公楼，以高附加值、高技术含量的热塑性弹性体、无卤阻燃电器专用料等产品为主打产品，面貌焕然一新；山东道恩化学有限公司从经营塑料原料开始，十余年时间已发展成年销售收入 13 亿元的科、工、贸一体化的大型企业集团，其中改性塑料产量达 2 万多吨，形成汽车专用塑料、塑料合金 8 大系列 300 余种规格型号的产品。公司成立了山东省塑料工程技术研究中心，研制成功超高流动 PP 的熔喷无纺布专用料，其熔体流动速率达到 1 000g/10min 以上，在国内外市场上均具极强竞争力。

4. 无机矿物填料在聚乙烯塑料中的应用获得重要发展，其节约资源和环保方面的积极意义日益突出

碳酸钙、滑石粉等无机矿物填料在塑料中的应用已十分普遍，在降低成本、提高某些方面的性能两方面的作用得到认可并继续发挥作用的同时，无机矿物填料在节省石油资源和有利环保的作用日益凸显。在这方面福建师范大学化学与材料学院多年从事无机粉体材料改性塑料环保特性的研究，承担了国家科技部十五科技攻关产业化项目“可环境消纳聚烯烃塑料专用树脂研制及中试生产技术”。该项目已于 2005 年年底通过鉴定，其研究成果被认定为具有国际领先水平。

无机粉体材料改性塑料的环保特性使得解决部分塑料制品用后随意丢弃造成的“白色污染”问题出现新的曙光，必将在今后得到大力普及和发挥巨大作用。

5. 废旧塑料已成为我国塑料加工行业不可或缺的重要原材料

从海关统计数字看，2004 年共进口废旧塑料 490 多万吨，加之国内各地收集和再生利用的废旧塑料，预计有 1 000 万吨以上的废旧塑料重新成为宝贵资源，这不仅是对石油资源短缺的国情意义重大，而且从建设节约型社会，实施循环经济来看也是极其有价值的。由于废旧塑料来源复杂、成分和性能都十分不稳定，特别是在制品生产阶段对用后如何回收利用考虑不周，一些性质差别较大的不同品种的塑料复合在一起，如尼龙与聚丙烯（PA/PP）、聚酯与聚乙烯（PET/PE）等，尽管这些边角料没有受到任何污染，但要想再生利用，将其剥离开来几乎是不可能的，这方面就需要依靠增容改性技术，使其不经剥离就可混在一起使用。其他废旧塑料的合理使用，如木塑复合材料、聚碳酸酯（光盘）制品、聚酯（饮料瓶）制品等，要想得到性能好的产品，都离不开改性技术。

6. 科学技术的发展不可避免地对材料提出更为特殊、更为苛刻的要求，也在促进和推动改性技术的发展

汽车、家电、电子、电器等行业迅速发展，不仅在数量上需要更多的改性塑料材料，而且在功能上提出更为特殊和苛刻的要求。例如作为欧盟的“双绿指令”之一的 ROHS 指令，明确提出自 2006 年 7 月 1 日起禁止含有几种重金属或多溴联苯、多溴二苯醚的电子电气产品进入欧洲，实际上是将环保压力转移到材料工业上来。尽管十溴二苯醚被列入了 ROHS 指令豁免清单，但研制低成本的、高效的和确保卫生安全的新型阻燃材料已成为当务之急。又如手机外壳、电气面板等都已大量用上 ABS/PC 塑料合金，以该种塑料合金为代表的通过共混改性制得的新材料品种繁多，性能多样，满足着各行各业对塑料材料在电、热、光、磁、燃烧等各个方面的特定要求。

【专委会活动】

1. 搞好组织建设，在竞争中发展和壮大专委会

改性塑料专委会自 20 世纪 90 年代初成立以来，始终保持着二百多个会员的规模，一方面我们限于现实环境不可能吸纳所有的改性塑料及相关行业的企、事业单位，另一方面我们又要面临着相同业务内容的其他组织的竞争，因此在稳定队伍，适当发展的原则下，我们始终贯彻专委会会员要具有“普遍性”、“代表性”和“权威性”的指导思想，在激烈的竞争中，通过为企事业单位提供有效服务和搭建业务交流、拓展平台，吸引和团结改性塑料行业及相关行业的企事业单位，并有选择地动员符合普遍性、代表性和权威性要求的单位入会，并成为理事单位、常务理事单

位，从而实现了会员队伍的稳定，并做到了适度扩展。继2003年年底专委会换届为第五届理事会以来，不断有新的单位参加进来，2005年里又有五十余个单位成为专委会的新鲜血液，专委会会员单位总数达到230多个，而且除个别情况外基本上都按时足额交纳了相应的会费。

在2005年年会上增补了四川省宝兴县微纳粉体有限公司为专委会副理事长单位，增补了辽宁海城金昌科技开发有限公司等10个单位为专委会常务理事单位，进一步提高了专委会凝聚力，巩固了专委会骨干成员队伍。

2. 召开专委会年会及专题研讨会，为会员单位提供交流和展示的平台

(1) 2005年6月1～3日在辽宁省海城市召开“滑石粉在塑料中应用技术专题研讨会”，共有将近百名的滑石粉加工和应用企业参加。此次会议是滑石粉在塑料中应用技术的总结，也是塑料改性行业和滑石粉加工行业之间的直接对话，对正确认识滑石粉的特点，突出它在提高塑料材料刚性、耐热性等方面的优势，同时强调滑石粉在光学特性、可环境消纳性等方面新的研究成果，对推广滑石粉在塑料中更广泛、更具改性特色的应用具有重要意义。

(2) 2005年9月18～22日，在四川省成都市及雅安市召开专委会2005年年会，同期召开“无机粉体材料在塑料中应用技术进展研讨会”。在年会上通过常务理事单位和副理事长单位增补事项，宣读了将四川省宝兴县微纳粉体有限公司设立为“改性塑料超细重钙生产基地”的决定，并由协会和专委会领导颁发了铭牌。研讨会上众多科技人员介绍了最新研发成果，特别是上海高兴新材料有限公司和宝鸡云鹏塑料科技有限公司向代表们发布的“无机粉体填充改性塑料轻量化”和“纳米碳酸钙在全新理论指导下的分散技术”两方面的最新成果，引起与会代表的极大兴趣。

3. 开办以直接服务于企业的“改性塑料新技术、新产品（配方设计与加工）推广培训班”

企业的发展取决于技术进步和新产品投入市场赢得竞争主动权。专委会根据一些企业的提议，于11月份组织了为期六天的“首届改性塑料新技术、新产品（配方设计与加工）推广培训班”。由于内容安排恰当，收费合理，获得理想回应，共有山东、河北、福建、广东、广西、四川、辽宁、重庆、河南、江苏、浙江、江西12个省市的27家企业共40多位企业家和科技人员参加了培训。

4. 继续考察、设立“中国塑料加工工业协会改性塑料专业委员会科研试验开发生产基地”

根据往年经验，对具有一定经济实力和研发能力的企业经过考察确立为专委会“科研试验开发生产基地”，对树立企业形象，敦促企业走自主研发之路，建创新型科技企业，带动周边地区乃至整个行业技术进步具有重要意义。

在过去的一年里新设立为“科研试验开发生产基地”的有辽宁艾海滑石有限公司、台州市通力改性塑料制造有限公司和北京瀚仑工程塑料有限公司等3个企业，专委会分别颁发了基地铭牌。

5. 将四川省宝兴县微纳粉体有限公司设立为“改性塑料超细重钙生产基地”

四川省宝兴县微纳粉体有限公司依托“天下第一白”资源优势，采用先进的研磨和分级设备，达到年产6万吨超细重钙的生产规模，其中大部分产品直接用于全国改性塑料行业，质量稳定、性能上乘，获得用户一致好评和信任。为强化该公司与改性塑料行业上、下游供需关系，经研究决定将该公司设立为“改性塑料超细重钙生产基地”，并颁发铭牌。

6. 继续编辑出版会刊“塑料改性通讯”

2005年共出版“塑料改性通讯”四期，其中两期分别结合两次行业会议出版，四期总字数达五十余万字，深受会员单位和业内各界欢迎。

7. 积极参与有关单位组织的技术、经贸交流洽谈活动，积极参加社会热点问题研讨、企业成果鉴定、产品标准和技术规范制定、修订等活动，扩大专委会影响，同时竭诚为广大会员提供咨询服务

2005年以专委会名义分别参加“全国粉体设备-技术-产品信息交流会”、“全国塑料着色与色母粒学术交流会”、“塑料助剂生产与应用技术信息交流会”、“中国塑料工业与环境保护协调发展论坛”、“全国碳酸钙行业技术与市场信息交流大会”等兄弟行业的会议，加强了相互之间的了解，也学到许多搞好行业活动的经验。还参加了“高透光高保温可环境消纳塑料薄膜专用料”、“可环境消纳聚烯烃塑料专用树脂研制及中试生产技术”等国家和省级项目的鉴定工作。应当地政府邀请还分别参加了福建省和广西壮族自治区贺州市产业发展研讨与经贸洽谈活动。应国家发改委、国家环境保护总局的邀请还参加了有关强制回收包装制品（主要是塑料制品）条例的起草工作等，以及公安部关于《公共场所阻燃制品技术要求》的起草、审定工作。

在过去的一年来还以电话、邮件和面谈多种形式回复数百次各方面的咨询，还多次被邀请到企业考察，提出建议和发表意见，受到企业的欢迎。

8. 成立改性塑料专委会研究发展中心，更好地为行业的发展和技术进步打下坚实的基础

基于专委会的权威和在行业中的号召力，在行业中组织新技术推广和新产品产业化极为有利，但作为一个社团组织的分支机构，没有实质的运营部门，不利于好的想法、创意的落实和实施，经专委会理事长办公会议研究，决定成立行业发展指导部，对外称之为“中国塑料加工工业协会改性研究发展中心”，负责制定行业发展规划、组织技术推广、专业培训和技术咨询活动。在一无资金、二无人才、三无场地的情况下，研发中心的组建采取集中指导、企业加盟的办法探索进行。首批加盟的企业有北京聚英慧点塑料科技有限公司、北京华傲顺达塑料科技有限公司以及中国改性塑料网（www. cmpsc. com）和中国塑料改性技术咨询网（www. chemhello. com），并在北京工商大学校内租赁了办公室，以北京聚英慧点塑料科技有限公司为实体运作机构。

9. 中国改性塑料网改由北京聚英慧点塑料科技有限公司负责维护运行，迄今发展势头良好

中国改性塑料网于 2004 年 5 月开网，并委托北京逸心庭文化发展有限公司负责运行维护。2005 年 10 月因逸心庭公司并入北京聚英慧点塑料科技有限公司，该网的运行维护也转到聚英慧点公司。一年多来该网的影响日益扩大，其点击率也达到所有同类专业网站的首位。从反馈的信息看该网起到了专委会告示板和为会员企业宣传的作用。

【“十一五”规划要点】

1. 指导思想

全国科技大会于 2005 年 1 月 9 日召开，胡总书记发表了题为《坚持走中国特色自主创新道路，为建设创新型国家而努力奋斗》的重要讲话。在建设节约型社会，走可持续发展道路的战略思想指引下，胡总书记的重要讲话将极大地推动我国经济社会发展切实转入科学发展的轨道，成为我们各行各业（当然也包括我们塑料行业在内）在十一五期间指路明灯和行为准则！

改性塑料行业是最适合实施创新战略的领域，在过去二十多年中，塑料改性技术的进展是最迅速的，所取得的成果是最多的，它对塑料行业发展的贡献也是有目共睹的。同时与国外发达国家相比，在资金、设施和人才方面都很欠缺的国情下，唯有改性塑料的自主知识产权可以在国际与之抗衡，甚至处于领先地位。十一五期间我们要努力提高对创新型国家战略决策的认识，把数量增长型行业转变为效益增长型、高性能价格比型和资源能耗节约型的行业，自主创新、重点跨越、支撑发展、引领未来。

2. 国内外现状及发展趋势

在国外没有明确的专业划分，何谓改性塑料很难界定，但塑料改性的技术非常活跃，有的方面也很先进，还有一些领域我们还很难迎头赶上。反之国内改性塑料行业的概念也很含混，我们多年所坚持的改性塑料行业特指填充母料、功能母料和改性专用料的提法也没有得到尊重和认可。但对多数人认可的一些改性技术和改性产品等方面，我们仍有很多达到国际先进水平甚至领先水平，这和我们的国情有关，也和大的气候、形势有关。

（1）在专用树脂方面　国外强调由石化企业生产具有和专门用途相应特性的专用牌号树脂为主，而我国则以通用树脂为基础树脂，经过一定的改性使其具有与用途相应的特性的方法得到专用树脂更多一些，这是和国内大型石化企业不愿生产特定用途专用合成树脂的国情有关。

（2）在使用无机粉体材料（主要是非金属矿物材料）对基体塑料进行改性方面　我国的技术水平明显居于国际先进水平甚至领先水平。因为国外不把填料当成降低成本、提高竞争力的手段，只是应产品性能要求而使用填料，这在门窗异型材产品中体现得尤为突出。

（3）在对废旧塑料加以合理、科学的利用方面　我们具有绝对领先地位。国外对废旧塑料的态度一是抛弃外运，二是低档次加工使用，而在我国合成树脂国产化率始终保持在 50% 的情况下，废旧塑料往往成为合成树脂原料必要的补充，如 2004 年海关统计进口 409 万吨，在相当多的场合，这些废弃塑料经过改性加工，完全可以和全新的合成树脂一样作为塑料制品的原料使用，如阻燃 ABS、PC/ABS 合金等。由于废旧塑料同样是由宝贵的石油制成的，只要合理地、科学地使用是完全符合建设节约型社会，有效利用资源和能源的国策的。

（4）在改性用助剂和添加剂方面　我国在相容剂、功能助剂、功能树脂等方面还落后于国外，想用的没有人生产，从国外进口价格昂贵也供应不及时，这对研究开发过程中想使用到这些助剂、添加剂特别不利。另一方面很多改性助剂、添加剂的研发生产上，国内已取得重大进展，如偶联剂、抗静电剂、阻燃剂等，基本上可以达到使用要求，主要问题是有的厂家为追求利润，有意改变产品成分，造成质量下降，功能不稳定。还有些助剂、添加剂，如稀土偶联剂、成核剂、水镁石粉等由于我国具有资源优势，在国际上也处于领先地位。

（5）在改性塑料产业化过程中，机械设备制造行业的发展功不可没　改性塑料常用的高速混合机、平行双螺杆挤出机在使用功能上和连续运行寿命方面都已达到国际同类产品水平，但在价格上远远低于国际

市场相应平均价格，成为我国改性塑料行业大踏步发展的坚实基础。特别适合于对热剪切敏感的材料改性和混炼效果更优的往复式单螺杆挤出机也已经成批生产出来，打破了由国外一家公司一统天下的局面，也非常有利于改性塑料产品多样化和高性能化的发展。

(6) 改性塑料的发展趋势仍然是快速、持续地向多样化、高性价比方面发展 随之对改性用助剂、添加剂的研制生产也会不断提出更新要求。改性技术将面临着几个方面的重大突破，一是无机粉体材料填充改性轻量化问题，二是填充改性塑料成型加工尺寸变化率问题，三是纳米碳酸钙在基体塑料中的分散问题，四是阻燃塑料无卤化问题，五是环境友好塑料以及可环境消纳塑料将成为解决塑料产业与环境保护协调发展的有力武器的问题，这些方面的研究进展、突破和产业化将成为高分子材料成型加工领域的转折点和里程碑，在学术上、技术上和产业发展上都将起到重大推动作用。

3. 十一五期间改性塑料行业发展技术、经济目标

(1) 形成以广州金发科技有限公司为代表的龙头企业为第一台阶 以年产 1～5 万吨产品的改性塑料企业为第二台阶，以年产数千吨产品的改性塑料企业为第三台阶的金字塔形产业队伍，改性塑料企业达到千家，改性塑料产品达到五百万吨的产业规模。

(2) 在无机粉体材料填充塑料的填料表面处理、纳米尺度分散、成型尺寸收缩率缩小和用环境友好材料及可环境消纳材料解决“白色污染”等方面实现重大突破。

(3) 在纳米填料在基体塑料中分散问题上取得重大进展，打破无机纳米材料只能制造不能在塑料中应用的禁锢，为真正的纳米塑料开创新的技术途径。

(4) 在废旧塑料合金化技术方面取得突破，解决两种贴合在一起但不相容的废旧塑料（例如 PP 和 PET，PET 和 PA 等）的不剥离加工和应用难题，加强相容剂的研究和生产，做到可以合理利用废旧塑料又能保持较低的加工成本，以利于废弃资源的再利用。

(5) 在塑料合金的研究方面、通用塑料工程化方面以及塑料材料功能化方面加强科研工作，动员和引导高等学院和科研单位投入力量，解决现实生产中的关键问题。塑料材料的功能化不仅可以进一步满足各行各业对塑料材料多层次的要求，而且可以大大提高改性塑料企业的经济效益。

(6) 努力将改性塑料技术与国民经济发展最迫切的要求结合起来，一是自主创新，二是节约资源和能源，三是从生产到使用，直到用后处理都要符合环保要求，四是把废旧塑料用好，搞好循环经济，做到可持续发展。

4. 立足国内，放眼世界，进军国际市场

我国塑料机制造业已开始大踏步进入国际市场，塑料制品也早已行销海外，近年来改性塑料产品已初试牛刀，走出国门，取得良好效果。作为一项战略任务，改性塑料行业要寻求途径，解放思想，将技术和产品输出，进军国际市场，成为改性塑料行业在新的历史时期的一个重要的新增长点。

改性塑料行业要统一思想、坚定信心、奋发努力、扎实苦干，坚持走中国特色自主创新道路，以只争朝夕的精神为建设创新型行业而努力奋斗！

（中国塑料加工工业协会改性塑料专业委员会 刘英俊）

医用塑料

【行业现状】

21 世纪是世界医疗器械迅猛发展的时期，我国随着改革开放步伐加快和人民生活水平及生活质量的不断提高，人们对医疗卫生事业提出了更高的需求。这必然促进医疗器械市场的快速增长，也给我国医用塑料产业提供了广阔的发展空间。

塑料因性能优异、价格低廉以及加工容易等优势，在医疗领域获得了越来越广泛的应用，其重要性日渐凸现。最新统计数据显示，2002 年，我国医疗器械市场总容量约 600 亿元人民币，国内医疗器械产值近 500 亿元，国家规划“十一五”期间，产值将达 1 300 亿元。目前中国已经成为全球医疗器械十大新兴市场之一，是除日本以外亚洲最大的医疗器械市场。我们相信，随着与国际接轨步伐的加快，我国医疗器械市场容量将持续扩大。截止 2003 年底，全国已注册的医疗器械生产企业达 9 000 家，其中生产医用塑料的企业约 2 000 家，产值逾 200 亿元，占全国医疗器械总产值的 15%，而“十一五”期间产值将达到 500 亿元。

一次性医用塑料制品以其能提高医护水平、有效避免交叉感染以及制造成本低的优势而在全球广为推行。目前，在世界医用塑料应用市场中，美国的份额最大为 51%。整个欧洲医用塑料占全球市场的 24%，亚洲和太平洋地区为 20%。德国医用塑料产品约占全球市场份额的 15%，占欧洲市场的 41%，一半以上产品出口亚洲。可见，随着亚洲和太平洋地区经济的发展、医疗水平的提高，医用塑料市场在亚洲和太平洋地区具有广阔的发展空间。中国拥有 13 亿人口，

是世界瞩目的巨大潜在市场，炙手可热，吸引了众多跨国企业的进入，纷纷采取各种形式抢滩中国市场。如何抓住商机，应对挑战是摆在我国医用塑料产业面前的重要课题。

【市场情况】

医用塑料产品大致可分为两类。一类是作为人体体内置入物或器官代用品的产品；另一类则在市场用量和生产规模都在医用塑料产品中占主导地位的一次性医用塑料耗材。根据市场容量和生产规模情况，现简要介绍这一类的代表性产品。

一、输液、输血器具

1. 一次性输液器

由软质 PVC 管和塑料注塑件组装制成的一次性输液（血）器产品是临床普通应用的一次性医用塑料器具，国内每年消耗量为 40 亿支，用量非常可观。

据统计，目前国内生产此类产品的注册企业 400 余家，产品有相当一部分出口国外（东南亚、非洲）等。由于产品技术含量不高而市场容量诱人，致使国内企业竞争激烈，尤其是价格竞争，导致产品利润微薄。目前国内一次性输液器市场总的情况是通用型产品供大于求，趋于饱和。但带有功能性、质量上乘的产品（如避光式输液器、双腔或多腔式输液器、带精密过滤器输液器及灵敏回血式输液器等），仍有很大的伸展空间。例如用于化疗药物输注用的避光输液器，它的特点是管道呈深棕色透明，而国内部分产品因颜色浸出而不被用户接受，有待于提高和改进。

2. 血袋

由一定厚度的软质塑料薄膜，经热合成型并灌装抗凝剂而制成的一次性输血袋，是目前国际上普遍应用于采血、输血、血液成分分离的医用塑料制品。我国每年消耗的血袋总量约为 8 000 万只左右。

从目前市场情况看，是国内、国外产品共存的局面。国内很多厂家沿用传统的软质 PVC 膜制袋工艺，由于增塑剂的析出问题和 DOP 使用上的争议，产品的发展趋势是非 PVC 膜的推广应用。目前国外一些大的企业分支机构已在中国落户，如日本泰尔茂公司已在我国东北等地建厂生产。

3. 一次性注射器

国内的一次性注射器产品几乎全是采用聚丙烯材料注射成型，经装配而成。其生产和市场情况与一次性输液器相似，产大于销，国内市场基本饱和。不少厂家致力于开拓海外市场。面对大部分血源性传染是通过血液渠道所致，而一次性产品的复用和废弃注射器的管理不善导致的不安全注射是当前必须认真治理的社会问题。数据显示，因不安全注射使全球 130 万人提早死亡，其中我国占 29.4%。解决不安全注射的最好办法是使用自毁式注射器。对此，“自毁式注射器”（即一次使用后再无注射功能无法反复使用）产品应运而生。美国在 2000 年立法强制推行使用安全注射器，其显著特征是经过一次正常的注射后，注射针筒自行毁坏，失去使用功能，且针头被抽回到针管内，从而防止或减少因刺伤人体而造成的感染。国内北京、上海、浙江、广东一带的厂家也纷纷推出一次性自毁式注射器产品。目前已有 30 多家生产自毁式注射器的厂家，年生产能力达到 17 亿支。开工建设的北京某医疗器械公司计划五年后可生产 60 亿支自毁式注射器，届时占全国一次性注射器市场40%～50%的份额。

目前国内自毁式注射器面临的首先问题是推广应用。它在价格上要比普通注射器高出三分之一，正规企业生产的普通型一次性注射器供货价约为 0.45 元/支，而通用性较好的自毁型产品则在 0.6 元/支以上。市场开发因价格因素以及医疗费用管理限制的影响而存在一定难度。据报道国内目前年耗用自毁式注射器 1 亿多支，仅占我国一次性注射器产量的 2%左右。随着人们安全注射意识的提高以及政府在政策上的宏观调控，我国自毁式注射器全面推广应用将很快实现。专家估计，目前全球上千亿支注射器市场的大部分在 5～10 年内都会逐渐被安全注射器所替代。

其次，关于国内自毁式注射器的设计，专家认为重要的是解决好针头用后自毁问题，现在不少产品只考虑了注射器推杆用后无法回拨或是让胶塞脱离等措施，尚不能有效解决针头复用的隐患。

预装式注射器的需求将主要来自工业化国家，但中国的需求也呈高速增长。另外，选用新材料提高注射器透明性、开发定量注射器和贮药注射器都是国内企业今后发展要考虑的目标。

4. 真空采血器

真空采血器由真空采血管、采血针、持针器三部分组成，真空采血管是其主要组成部分。产品主要用于血液标本的采集和密封保存。真空采血管在生产过程中预置了一定量的负压，当采血针穿刺进入血管后，由于采血管内的负压作用，血液自动流入采血管内并达到一定容量。采血管内预置了各种添加剂，完全能够满足临床的多项综合的血液检测。真空采血器作为临床血液快速准确采集、检测方式，是对传统的注射器采血方式的一场革命。目前，国内部分大中城市的中型以上医院已普遍使用真空采血方式。是医院化验室大量使用的一种消耗品。国内市场需求量约为 10 亿套/年，全国有 40 余家企业生产。但是目前国内市场仍由进口产品主导。进口产品有日本 TERUMO、美国 BD 公司、奥地利 VACUTTE 公司，因价格昂贵致使产品的普及受到影响。2004 年 8 月，国内规模最大、现代化程度最高的一次性真空采血器生产基地在北京投产，年生产能力达 2 亿支，将有望替代同类进口产品。

传统真空采血管采用玻璃制造，今后有被塑料替代的趋势。

二、呼吸及麻醉用品

1. 一次性塑料气管插管

产品应用于各种全麻手术以及急症抢救中。由半硬质 PVC 材料挤出成管并与其他塑料部件组装而成。其生产工艺相对复杂一些，有一定的技术含量。例如管体挤出涉及到双腔管和双色料共挤技术、产品上的气囊加工需要软质 PVC 薄壁泡管成型的专用设备、产品组装时要配备管端斜口成型的专用装置。国内生产企业主要集中在广东、浙江、河南、江苏等地，年产量约 200 万套以上，基本满足国内市场的用量需求。但国内各厂家的产品水平接近、品种重复，大多为普通型气管插管。因此市场竞争激烈，造成产品利润不高。从临床提供的国外样品来看，异型气管插管、带金属内支撑的气管插管以及用于肺切除手术的多囊多腔气管插管等技术含量高、附加值大的产品，国产极为少见，市场被进口产品所垄断。

2. 用于呼吸支持的一次性塑料产品

这类产品除包括上面所提到的一次性气管插管以及气管切开插管、支气管插管等麻醉用品外，还有吸氧面罩、喉罩、吸氧管、吸痰管、一次性呼吸机连接管等产品，是医疗应用最密集的领域之一。其中一些已成为家庭护理的必备品。产品主要由聚氯乙烯、聚乙烯、聚丙烯等通用塑料制成。我国年均消耗该类产品的价值在数亿元人民币左右，市场十分巨大。目前我国已经能够自主生产呼吸机及其相关塑料耗材，但国产设备的精细度和稳定性方面尚有差距，因此大城市和大医院的呼吸设备主要还靠进口，这在一定程度上影响了与之配套的国产一次性塑料产品的提高和推广应用。

三、血液净化产品

据统计全国每年用于急、慢性肾衰竭透析治疗的配套管路近 200 余万套，价值约 3～4 亿元。用于血液过滤和吸附的配套管路约数万套左右，产值上千万元。在血液净化产品方面。目前市场应用量最大的还是血液透析器和配套管路，血液过滤和吸附产品次之，血浆分离产品多应用于手术的自体血回收，有很好的发展前景。

1. 血液透析器

作为血液净化产品主要用于急、慢性肾衰及尿毒症的治疗。据报道，我国因慢性肾衰需透析治疗的病人有 100 多万。而能得到正常透析治疗的病人约 20 万，年耗用血液透析器 200 多万支，业内专家预测未来几年内可能超过 400 万支。市场售价因规格不同在 120～300 元/支的范围内。血液透析器产品是由中空纤维和透明塑料外壳所组成，其中中空纤维材料是产品的关键。国内透析器生产厂大都采用进口中空纤维材料组装，只是我们在生产过程中不能有效排除人为因素影响以及对关键工序的在线检测和控制上尚存不足，使国产产品在性能稳定性上不如进口产品。目前国内临床使用的透析器 90%以上为进口产品，主要来自德国、美国、瑞典和日本。国内生产企业主要分布在山西、福建、浙江等地，产品的竞争力相对薄弱。

2. 血液灌流吸附器

产品是将吸附剂（主要是活性炭和树脂两种材料）装入聚碳酸酯外壳内制成。关键是通过吸附剂的不同处理，使之在血液接触时，既能对血液中有害物质进行广谱性性吸附清除，也能选择性对某些成分进行吸附清除。目前产品主要用于药物中毒的治疗，年用量约 3 万支。但该类产品的发展前景不容忽视，例如国内、外新开发的用于治疗高血脂、风湿性关节炎、系统性红斑狼疮以及应用于戒毒方面的血液灌流吸附产品，深受关注。

3. 血液净化用管路

一套由 PVC 软管和多种注塑件组装成的血液净化专用管路，分成动脉路和静脉路两部分。其用量与透析器和吸附器总量持平。每套管路售价在 30 元左右，国内市场的年销售额可达 6 千～7 千万元。近年来由于政策性推广管路的一次性使用，而使产品需求量激增。引起国内厂家关注并纷纷上马。也使原来市场上的进口管路受到国内产品低价格的强烈冲击。

4. 自体血回收装置

输血是临床医疗的常用手段，但是近年来国内外因输异体血液而感染血源性疾病呈显著增加趋势，如输血引起的丙型肝炎感染率为 20%左右，输血后感染艾滋病病毒也时有报道，在内地一些落后地区，因为血液交叉感染而造成的“艾滋病村”、“肝炎地区”的现状更是触目惊心！因此专家建议“能不输血就不输血，非要输血的最好采取‘自身输血’”。自身输血，被称为“最安全的输血法”。西方国家自体输血率一般在 50%左右，我国卫生部规定三甲医院的自体输血率应达到 20%。目前我国每年用血量约 1 300 吨，而自体输血仅占极小部分。

自体输血是利用血液回收机和自体血回收装置，将病人手术过程及术后的出血进行回收、分离，清洗，再回输到自身体内。它可节约宝贵的血资源，并有效杜绝通过血液途径传播疾病。其主要耗材均为塑料产品，由回收血器、血袋、废液袋及管路所组成。每套价格约800元左右。专家预测，自体血回收装的耗材有每年80亿元的市场潜力，国内目前仅3～4家生产此类产品，厂家主要集中在北京、上海和宁夏。目前国内自体输血不能大范围推广的重要原因之一是进口设备和进口塑料耗材价格太高。因此，产品的国产化有很好的市场前景。应该注意的是作为设备配合使用的一次性塑料产品必须和设备的国产化齐驱并进。

四、心脏体外循环产品

心血管疾病的外科治疗很大一部分依靠体外循环来完成，每例体外循环手术要耗用一套由氧合器和配套的回收血器、动脉微栓滤器、阻隔器、插管、管路等组成的一次性塑料产品，其费用从1 500～5 000元不等，我国年心脏手术约6～7万例，加上肿瘤治疗、脏器移植等手术，该类产品的年耗用量约8万套左右，产值上亿元。

1. 氧合器

氧合器是在心脏外科手术中，暂时替代人体肺脏功能，给血液进行气体交换的一种装置。它主要由PC或其他透明塑料注塑的外壳和许多部件所组成，其中关键元件，如鼓泡式氧合器的发泡元件为金属钛的微孔材料，膜式氧合器的气体交换是靠PP或PET中空纤维来完成的。国产鼓泡式氧合器的材料和元件已经全部国产化，而国产膜式氧合器使用的中空纤维基本依靠进口。

虽然目前临床应用的氧合器有70%左右是传统的鼓泡式氧合器，但膜式氧合器是今后的发展趋势，在未来10年内将逐步取代鼓泡式氧合器，占据主要的消费市场。国内氧合器的生产企业集中在西安、广东和天津。国产膜式氧合器生产处于起步阶段。临床每年应用的进口膜式氧合器约占该类产品总量的80%～90%。因此，膜式氧合器的国产化，提高市场占有率是国内相关生产企业当前的重要目标。

2. 插管类产品

品　名	材质构造	年均需求量	基本售价/元	
			进口	国产
静脉插管	软质PVC	20万支	400	100
主动脉插管	软质PVC管体和硬质塑料或不锈钢管端组成	10万支	400	100
心肌保护用各种灌注装置	由灌注穿刺针、变温器件和PVC软管组成	10万套	400	180
股静脉右房管	软质PVC钢丝内支撑结构，其特点是具有相同的内径，随着右房管长度的延伸其壁厚不断变化	1万套	4 900	1 640

动、静脉插管系列产品中，目前，管体带金属支撑、端部成各种形式、管体成角度的动静脉插管正受到临床医生的青睐。由于国产导管产品的质量和价格有很大优势，许多外国公司已丧失与国产品竞争市场的信心，转而积极谋取OEM形式，为其加工部件或半成品。国际市场空间较大，考虑我国产品的现时水平，只要重视技术投入、稳定产品质量，国产品完全可以打入国际市场。

五、介入治疗用导管类产品

导管介入治疗技术是近年发展很快的一种医疗新技术。它采用经皮穿刺插管术，借助X线、超声等仪器的监视，将特殊的导管插入人体病变部位，施行疾病的诊断、治疗及临床监护。目前应用最广的在心、脑、肿瘤疾病的诊治方面，由于这种疗法具有操作简单，对病人损伤小，危险性小等突出优点，已成为当前除手术、药物治疗以外，另一种有效的治疗方法。

据不完全统计，用于心血管、脑血管、肿瘤等疾病诊治的导管有一百余种，美国资料介绍各种导管产值已超过20亿美元。我国每年进口的各类导管超过1.5亿元。

这类导管加工精细，质量要求很高，目前还主要依赖进口，价格昂贵，每支从几十、几百甚至到上千美元。从我国医用导管市场看，介入治疗用导管目前虽然所占比例较小，但发展速度惊人，市场潜力巨大。国内现有专业生产企业5家，其产品与进口产品相比尚有相当差距。

主要代表产品、技术要求及市场售价见下表。

品　名	市场需求量	售　价	技术要求
PTCA导管（经皮穿刺冠状动脉血管内成型术导管）	3～4万套	1.0～1.2万元	由于技术、设备、材料等综合原因，且该类产品的配套使用性极强，临床要求必须是导引管、导引钢丝、扩张导管和支架配套供应，因此对企业的生产技术实力有较高要求
血管造影导管	15万套	300～400元	其技术关键是材料和二次成型工艺。通常采用两种以上的塑料合金材料或管壁加金属丝编织网方法解决

续表

品 名	市场需求量	售 价	技 术 要 求
导管鞘	10万套	100元	穿刺血管后短期留置,起着为导管、导丝出入建立通道的作用,一般采用氟塑料制造鞘管,以减少对导管的阻力
中心静脉导管（7F双腔导管）	200万套	200～300元	新型中心静脉导管产品由肘前部的外周静脉穿刺置入人体,到达上腔静脉中下1/3处,可避免使用普通中心静脉导管会有血胸、大血管操作等并发症发生

以产品中PTCA导管目前国内有7～8家单位在研制，多为海外归来的访问学者主持。以每年至少20万冠心病新患者需要得到治疗计，血管造影导管市场容量可逾5 000万元。中心静脉导管产品系列中有5F、7F、8F三种规格，其中以7F双腔导管用量最大，临床使用的大部分为进口产品，主要来自德国、美国、日本等国家。国内深圳、佛山、四川、北京、天津等地有厂家生产。除以上几种市场上常见的导管的产品外，下面两种是目前国内正在开发的重要产品。

1. 妇科用介入导管产品

用于介入治疗因输卵管堵塞而患不孕症的患者。产品的特点是带特殊气囊的塑料多腔导管。据有关资料介绍，患不孕症的妇女约占人口总数的0.5%～1%，其中80%属于输卵管堵塞的患者。由此估计，国内应有上百万女性患者可采用介入方法进行治疗，因此产品有很好的市场前景。

2. 脑介入微导管

颅内动脉瘤患者的平均发病率为5%，其中一半发生破裂，死亡率和致残率很高，采用介入治疗效果优于传统开颅手术。具体方法是通过股动脉或颈动脉插管，在电视监视下，将特制的微导管送至动脉瘤部位，通过导管内腔将不锈钢弹簧丝连接的铂弹簧圈送入瘤体内，利用电化学阳极溶解原理，使铂弹簧圈与不锈钢丝熔断，留在瘤内与血液发生凝固成血栓，使动脉瘤栓塞。这种方法是目前法、英、奥地利等欧洲国家治疗颅内动脉瘤首选方法。

临床介绍，我国每年约有12万患者发生动脉瘤破裂，脑系介入治疗导管及金属圈的全国年消耗量应在一万套左右，每套进口价格最低1.3万元，国产化价格约4 000元，市场容量4 000万元。

六、其他

护理用各种导管（如导尿管、引流管、吸引和排污器具、连接管等）各类医用塑料连接件：①主要为医用产品生产配套使用的各种连接件；②塑料二联通、三联通、多联通节门；③实验室用品，如各种试管、培养皿、移液管等，门类广、品种多、市场大，但技术含量、附加值都相对较低。这些低端普及型产品，国际上的许多跨国公司也在生产。而医用垃圾袋，齿科用一次性塑料产品、药品、输液塑料包材市场需长亦有正逐年递增趋势。

近年来国内随着糖尿病及癌症发病率的上升，带动了用于治疗用相应器材的迅速崛起，也伴随着其附属的塑料耗材市场也快速成长，如目前国内市场上新兴的医用器材胰岛素泵、麻醉镇痛泵及其耗材。

胰岛素泵及耗材：胰岛素泵是模拟胰岛工作，它大小如BB机，可以挂在腰间，通过一个细细的小软管将胰岛素输注到患者腹部皮下。它可以每次输注很微小的剂量，24小时连续输注。胰岛素泵分成三部分：主机、小注射器以及与之相连的输液管。目前国内市场上出现的胰岛素泵都是国外进口产品，美国和韩国的产品居多，胰岛素泵中由塑料制成的一次性小注射器及输液管路作为一次性耗材经销商推荐价格在80～100元/套。我国有6 000万人患有糖尿病，该产品的市场空间巨大。

麻醉镇痛泵及耗材：病人手术后镇痛和晚期癌症患者的镇痛问题一直是医疗机构重视而又棘手的问题。塑料制成的一次性镇痛泵实际是一个利用真空形成压力的输注装置。整个装置由聚丙烯及氯乙烯等材料制成。它的出现满足了不断提高的市场对高质量药物输注的需求，为患者提供精确和高质量的输注以及镇痛解决方案。目前市场上出现的大多为国外进口品，以美、韩两国产品居多；由于国外产品价格昂贵，我国一些企业，尤其是一些海归学者纷纷上马生产此种产品，不久的将来，国货定会占有一定市场并不断扩大。

【发展趋势】

我国一次性医用塑料产品市场发展呈现出以下趋势。

一、市场多元化、产品品种规格多元化，生产主体多元化

世界经济一体化是大趋势，开拓国际市场，融入世界经济是每个企业的必然选择。不断开拓多元化国际市场，同时与多个国家发展同一产品的贸易无疑将给我们提供更广阔的发展空间。这样既可避免单一市场造成的价格不利局面，又可分担风险还可防止倾销控诉。在2002年德国的杜塞尔多夫国际医疗器械展会上中国的参展商就达258家，这一数据足以表明中国的厂商已经把视线投向了世界。中国的医用塑料生产企业不仅要以质优价低的优势拓展欧美市场，更要努力开拓非洲、拉美、中东等新兴市场。

有资料统计表明，截止2003年底，已注册的医疗器械产品就达两万多，共核发医疗器械产品注册证28 043个，其中进口注册证6 510个，许字号注册证136个，国产三类注册证3 531个，国产一、二类注册证17 866个。生产企业主体多元化。跨国经营、中外合资经营、国、私企独资经营，市场分割呈多元发展。其中原医疗器械行业内国有企业占15%，乡镇集体企业占20%，中外合资企业占20%，科研及军工转型及民营占到50%。截至2003年12月底，我国共有一类医疗器械生产企业2 214家，二类医疗器械生产企业5 247家，三类医疗器械生产企业1 548家。被列为医疗器械重点产品生产企业的总数为1 240家，其中属国家重点监管的企业有624家。市场正逐步被细分。

二、生产过程、营销模式专业化

目前国际市场的竞争趋势是，生产过程专业化程度越来越明显。任何一家公司想要更有效更经济地生产一个产品，必须把这个产品拆开以后再进行专业化的生产。每一个生产程序由一家不同的企业按照最高效的方式来完成，可大大提高生产效率并保证质量，力求产品效益的最大化。目前国内成立许多专业化导管研发生产企业和镇痛、麻醉等专业化新品研发企业和多家自毁式注射器生产厂家形成专业化生产格局。

特许加盟或称特许经营，作为连锁经营模式的一种，是指特许者将自已拥有的商标、商号、产品、专利或专有技术、经营模式等以特许加盟合同形式授予被特许使用者，被特许使用者按合同规定。在特许者统一的业务模式下从事经营活动，并向特许者交付相应管理费用。风靡世界的麦当劳、肯德基无疑特许加盟的经营之杰作。在医用塑料制品行业这种经营模式未必适合厂商，而是适合专门从事医用塑料产品营销的专业化公司，在代理诸多品牌之后，对下游客户统一供货、统一管理、统一运作，建立加盟连锁店可以说将给行业带来营销经营模式上的突破。

三、规模化生产、规模化经营，我国医用塑料产品国际化势头明显

国内的许多生产企业已开始向规模化发展，如山东威高集团年销售额就达12亿元，江西洪达集团等产值超过几亿元的普通耗材生产企业国内已经有十几家，北京怀柔、密云、昌平等地的厂家林立，许多企业纷纷扩大生产规模，向规模化要效益。

连锁经营模式是被国内外知名企业所采用的全球公认的优良经营模式。建立分销经营网络各特许经营店将呈规模化、专业化、集中化、统一化跨区域连锁经营，将可获取丰厚的利润。

目前，我国医用塑料产品国际化势头明显。许多国外大的跨国公司的先进产品打入中国市场，而国内的许多广谱性产品，以其质优、价廉亦纷纷进军国际市场，逐步形成了你中有我，我中有你的市场格局。随着我国的入世，全球经济的一体化，这种局面必将持续并向纵深发展。时下，国外进入中国市场的产品多为技术含量高、附加值高的高端产品，如PTCA、多腔多囊或异型导管等，而我国的出品产品多为输液器、注射器、普通气管插管等低值产品。许多国际著名厂商现已纷纷抢滩中国市场，它们在我国以独资、合资的形式建立了许多企业，一是占领中国市场；二是利用中国资源产品返销国际市场，形成明显的国际化态势。他们不仅仅把中国看成单纯销售产品的市场，而是把中国看作创造更大客户价值的“风水宝地”。

【存在问题】

我国一次性医用塑料耗材的产业和市场经过近十几年的发展，已日渐成熟，但由于起步晚，加之相关技术领域和基础工业水平有限，还受到体制、机制等种种因素的制约，使我国的医用塑料产业水平与世界先进水平相比仍存在相当大的差距。主要问题表现在。

1. 我国的医用塑料产业的创新能力较弱，大多为跟踪研制和仿造。

我国本土企业所采取的技术引进方式多为仿制，并未做到真正消化吸收或掌握核心技术，致使产品技术档次较低，品种单一。例如一些关键产品，特别是如膜式氧合器、血液净化透析器PTCA导管等高端医用塑料制品仍主要由进口产品统领市场。

2. 企业的基本设施和管理水平较低，产品质量的可靠性、稳定性差。

国内大多数医用塑料生产企业规模小，基础设施落后，管理水平和生产集中度较低，虽然已经有规模化的趋势，但相当多产品仍未形成规模经济的产量，产业适应市场需求动态变化能力较差。这也是导致国内市场上需要的一些高档产品（甚至包括一些量大面广的产品）还依赖国外进口；国内市场上占有率超过60%的企业多数是劳动密集型企业或简单的易耗医用塑料制品生产企业，低水平和同质化现象严重；国内大型企业仅占5%，尽管已经开始努力打入国际市场，但产品较为单一，多是依靠产品的低价格进入，国际市场占有率很低，即便是国内市场占有率也无明显优势，销售额只占全国市场份额的35%左右。

3. 国外大公司纷纷进入中国采取本土化生产策略，加剧了国内市场的竞争，使得我国医用塑料制品产业面临更大挑战。

国外公司已不再仅仅追求推销原公司的高性能、高价格的高档医疗器材，同时也开拓中国市场上需求量大，应用面广的常规医疗器材市场。他们利用中国的市场，以极少的代价整合我们的传统企业，以及我们培养出来的专业技术人员和技工，利用这些资源为其生产可靠性好，性能高、价位低、适应中国市场的产品。

【专委会建议】

一、产业发展有赖技术提升

鼓励企业技术创新，加强技术储备，提高装备水平，促进技术进步。在进行前沿技术创新和产品更新的同时，应重视常规实用技术的换代研究以及可靠性的研究，包括加工工艺、过程管理及质量控制等。特别是一次性医用塑料制品的材料应用不能等待医用新材料的出现，而应积极开发新的加工方法，巧妙地利用市场现有的原料廉价地制造有特点的医用制品。同时还应注重利用技术外溢的方式，以国外先进技术的消化吸收，进行跟踪研究，并注重对现有技术的系统集成。建立自己的研发基地，提升企业产品的科技水平，加快对市场的反应速度。大力开发原创性产品有利于开拓国内外市场有竞争力的自主品牌。产业的发展，市场占有率的提高都必须有赖于技术提升。

二、建立品质形象，培养名牌企业，打造品牌产品

我国现有的医用塑料制品生产企业大都规模偏小，企业的基本设施和管理水平较低，产品质量的可靠性、稳定性差；为保证市场满意，为用户提供高质低价的产品，提供完善的服务，国内企业必须不断地改进业绩，应当尽快提高管理水平，生产环境要达到GMP标准要求，从而提高生产效率和产品的安全性可靠性、质量的稳定性。目前国家食品药品监督导管正在制定医疗器械GMP标准，各企业要认真对待，积极准备迎接新挑战。建立品质形象，打造名牌企业。

三、充分发挥我国生产成本低廉的竞争优势

无论是想在国内市场还是国际市场上提高竞争力首要解决的问题是降低生产成本，一个重要方面是降低投入成本包括劳动成本。国内企业间尽快建立有序的竞争和合理的分工合作，避免重复研究、投资重复造成生产和人才及资源上的严重浪费。在医用塑料产品这块市场上，要有大循环、大流通的概念，国内生产企业的眼光不仅要关注着国内的同行，更要紧盯国际的上竞争对手，在国际、国内市场上变竞争为深度合作实现双赢，谋求一个共同发展的目标加快市场多元化进程。

我国医用塑料制品行业起点较低，但发展很快，且是个新兴产业，以年均15%～20%的速度递增。目前，我国医用塑料产品的产值在世界医用塑料制品产值中也仅占2%～3%，国内人均消耗也是只有国外发达国家的1%～5%。分析家认为，医用塑料产业今后10年中将成为塑料工业最具发展潜力的领域之一，同时也是医疗器械市场竞争最具激烈变化的区域之一，随着医疗技术的发展和国民经济水平的提高，一次性医用塑料制品及耗材的应用将更加广泛，同时工业上各种高分子材料的大量生产和相应加工技术成熟配套。作为中国医用塑料市场的重要组成部分，可望在今后几年内有极大的增长，该领域值得全球商家的积极拓销，面对每年近几百亿元，并有持续增长态势的销售市场。

（中国塑料加工工业协会医用塑料专业委员会　何骏星　郑天禄）

多功能母料

【行业现状】

2005年6月，经民政部“民社登［2004］第491号文”批准，由中国塑协组建多功能母料行业专委会，正式名称为：中国塑料加工工业协会多功能母料专业委员会，简称中国塑协多功能母料专委会，以全面推动我国功能母料的发展。广州金发科技股份有限公司为理事长单位，广东盛恒昌化学有限公司、宁波色母粒有限公司等7家单位为副理事长单位；理事长和秘书长分别由广州金发科技股份有限公司总经理李建军和副总经理黄险波担任。

多功能母料专委会是中国塑料加工工业协会下设的专业委员会，由多功能母料生产加工企业、科研、检测单位及相关企、事业单位自愿结成的行业内服务性、公益性、自律性、非盈利性的社团组织。其成立目的是为了顺应我国国民经济发展进入战略机遇期对塑料工业发展的新要求，推动我国多功能母料研制、开发、生产、应用，推动我国塑料制品朝多功能性发展，提高塑料制品性能质量和效益，为我国塑料工业水平稳步发展做出贡献。

新产品的研发和生产将成为行业内的工作重点，汽车、包装以及电子、航空航天、信息技术等领域，对功能化、专用化、无毒、低污染的塑料制品和零配件的需求更加迫切，生产企业已逐步从以加工为重心转移到自主研制开发新品种上来。

1. 增塑类母料

增塑剂是塑料加工中产能和消费量最大的一类塑料助剂，目前，我国增塑剂的生产企业有130多家，总生产能力已突破了800kt/a，但每年仍需大量进口以满足市场需要，在产品结构中，邻苯二甲酸酯类占主导地位，而代表世界发展趋势的长碳链高碳醇酯类、直碳醇酯类增塑剂的产量偏低，一些耐热、耐寒、抗静电、耐抽出、阻燃的功能性增塑剂品种尚未形成大的生产规模，增塑剂的产品结构不合理。

应大力发展：复合型多功能增塑剂；无毒型增塑剂；提高现有产品质量；扩大生产规模，提高市场竞争力。

2. 加工和抗冲改性类母料

加工和抗冲改性剂是一种高聚物类助剂。其中，加工改性剂旨在促进树脂熔融，改变熔体的黏弹行为和强度，改善制品加工性能和表观性能，以丙烯酸酯类聚合物为主。抗冲改性剂是以弹性体增韧为基本原理的改性剂。

建筑用塑料制品，尤其是PVC型材、管材的市场需求快速增长，为加工和抗冲改性剂行业的发展提供了良好的机遇。今后将重点发展具有核-壳结构、综合性能优异的ACR、MBS、氯化聚乙烯（CPE）应加速开发与PVC的共混产品。

3. 热稳定类母料

热稳定剂抑制其在加工温度下降解的稳定化助剂。通常包括铅盐类、复合金属皂类、有机锡类、有机锑类、稀土和某些纯有机辅助热稳定剂。近年来，聚氯乙烯作为塑料建材的主体得到了迅速发展，热稳定剂的消费量呈现较快的增长势头。但铅盐类产品在热稳定剂中仍然居于主导地位，有机锡、稀土稳定剂等高效、无毒或低毒稳定剂的消费比例增幅较大。

进一步调整产品结构满足环保要求，降低PVC热稳定剂的毒性，开发无毒（低毒）、复合、廉价的PVC热稳定剂是未来热稳定剂行业发展的重要趋势。我国热稳定剂工业应顺应环保潮流、扩大生产规模，提高产品质量，增加钙/锌复合品种和有机锡等无毒产品的生产，尤其是适用于日用品中的无毒热稳定剂的生产，提高其在产品结构中的比例；利用我国丰富的稀土资源，生产与推广稀土类热稳定剂；注重开发高效多元复合型产品。

4. 阻燃类母料

阻燃剂是一类能够有效地抑制聚合物制品燃烧，降低烟雾和有毒有害气体的功能性助剂。无机阻燃剂以氢氧化铝、氢氧化镁、硼酸锌、三氧化二锑为主。有机类阻燃剂涉及卤系（含氯系和溴系）、磷系、氮系、硅系等。

近几年，我国阻燃剂的生产和消费形势持续发展，1999～2004年年均消费增长率达15%左右，远高于全球平均水平。但仍不能满足国内需求。近年，我国塑料制品产量年均增长率为10%，而且发展势头不减。塑料制品将会增加，而且将对其提出更严格的阻燃要求，所以阻燃塑料在塑料中所占的比例将有所增长，我国阻燃剂市场蕴藏着巨大的潜力。

我国阻燃剂的开发方向如下。①发展无卤、高性能无机阻燃剂。主要方向包括无机阻燃剂的表面处理技术开发与研究，尤其是微胶囊包裹红磷技术和氧化锑的母料制备技术；超细化、纳米化的研究与生产，大力发展性能更为优异的超细氢氧化镁产品；加快无机阻燃剂之间及无机与有机阻燃剂的复配研究；开发新型高效无机阻燃剂物等。②稳定化、多功能及低毒是磷系阻燃剂的发展方向。③高分子型溴系阻燃剂是今后更新换代的较好品种。④红磷包覆技术在国内外已成为一个研究热点。⑤膨胀型阻燃体系是新发展的一种无卤阻燃体系。

应该以环保型阻燃剂为追求目标，不断提高产品档次和开发新产品，尽快采取措施，减少卤系阻燃剂的用量，大力增加无机阻燃剂的用量，努力增加有机磷系、磷-氮系、氮系阻燃剂的用量，逐步改善我国阻燃剂的结构，赶上发达国家的水平。

5. 光稳定类母料

光稳定剂属于耐候性稳定化助剂，旨在通过屏蔽、吸收紫外线或猝灭紫外线激发的激发态分子能量、捕获自由基等方式达到抑制光氧化降解并延长制品使用寿命的目的。光稳定剂多用于户外制品，农用塑料大棚膜是国内最大的光稳定剂消费市场。

根据国家轻工总会的发展规划，2005年国内农膜行业对光稳定剂的需求量达到2 000吨以上，加上其他方面需求，2005年、2010年我国光稳定剂的需求量将分别超过2 500吨和5 000吨。

加强光稳定剂的基础研究，创新开发具有提高产品光、热稳定耐久性、耐水解及耐油性，降低挥发性、毒性，改善与聚合物相容性的新结构和新品种；加大受阻胺光稳定剂中间体的国产化力度，尽快实现具有代表性的重要品种的国产化；强化应用技术的研究，开发具有专用化、功能化的复合型光稳定剂品种将是今后我国光稳定剂行业的发展方向。

6. 抗氧类母料

目前抗氧剂存在的主要问题有：规模小，经济效益低下，产品质量较差，新产品开发缓慢，产品结构不合理，市场竞争激烈，许多专用高挡抗氧剂还需依赖进口，抗氧剂工业正在向专用化、系列化、复合化、高效化方向发展。

未来抗氧剂的发展趋势主要是：开发复合型抗氧剂，特别是要针对塑料加工行业中对不同性能要求的制品开发出专用型复合抗氧剂，根据当前对抗氧剂应用技术的要求，生产无尘和颗粒状产品特别是颗粒复合抗氧剂，不仅可提高配料的均匀性，而且还有助于协同效应的发挥。建议：①重视理论研究和应用技术开发；②适当调整抗氧剂产品的品种结构；③扩大生产规模，提高生产技术及产品水平。

7. 发泡类母料

发泡剂是一种轻量化助剂，能够使聚合物制品在加工条件下发泡，以求制得具有微泡结构的发泡制品。发泡剂依其结构可以分为物理发泡剂和化学发泡剂两大类型，化学发泡剂一般包括无机发泡剂和有机发泡剂，有机发泡剂在塑料加工中尤为关键和重要。使用的主要品种有发泡剂 ADC、DPT、OBSH 等，其中 ADC 在国外占化学发泡剂消费量的 90%，在我国占 95%以上。我国是全球最大的 ADC 生产国与供应国，生产能力达到 15 万吨/年，约占全球总生产能力的 50%左右。目前国内 ADC 发泡剂的消费结构为 PVC 占 40%、PE 占 35%、PP 占 12%、橡胶占 5%、其他占 8%。每年有 5 000t～6 000t 的出口量，产品主要出口到东南亚、日本、韩国、俄罗斯等地。

随着塑料建材、制鞋业等制品加工和应用技术的进步，发泡异型材、泡芯管等产耗量逐年增多，对发泡剂的需求趋旺，其中偶氮类发泡剂（发泡剂 ADC）及其改性品种的消耗量最大，约占化学发泡剂总需求量的 80%左右。

一个显著的变化是，发泡剂 ADC 不再仅仅以单一结构的商品形式应市，而以其为主要组分，配合不同的发泡助剂、成核助剂的专用化、精细化复合发泡剂品种开始抢滩市场。

8. 抗静电类母料

抗静电剂作为消除聚合物表面静电的功能化助剂，在矿用塑料、电子器械包装等领域具有重要作用。塑料制品用的抗静电剂包括涂敷型和添加型两种类型，工业上以添加型为主。矿用塑料和包装塑料制品是抗静电剂的主要应用领域，基于塑料制品加工温度的提高，对抗静电剂的耐热性提出了更高的要求。

预计未来几年我国抗静电剂需求将以平均10%～15%速度增长。主要发展方向：非离子型抗静电剂；复合型抗静电剂；多功能浓缩抗静电母粒；高分子永久性抗静电剂；纳米导电填料。在完善现有品种的生产工艺和质量的同时，重点发展耐久、耐热、功能性强、具有阻燃性和透明性等多性能、适用面广和品种系列化、专用化的新产品将是抗静电剂的发展趋势。

9. 抗菌类母料

抗菌剂是一类具有抑菌和杀菌功能的新型助剂，其作用是赋予聚合物制品卫生自洁性和防止由微生物引起的老化降解，又有微生物抑制剂之称。根据化学组成的不同，抗菌剂一般分为有机抗菌剂和无机抗菌剂。与有机抗菌剂相比，无机抗菌剂的耐热性高，抗菌持久性好，不产生耐药性，特别适合在聚丙烯、工程塑料等高温加工的塑料和化纤材料。近年来，基于人类社会活动的日益频繁，公共卫生安全越来越受到重视，抗菌剂正面临着一个快速发展的市场机遇。

10. 防雾滴类母料

防雾滴剂是适用于包装薄膜和农膜的功能化助剂，其作用在于消除和抑制由于被包装和农用大棚内部水分蒸发到薄膜表面而凝缩成雾滴的现象。根据防雾滴剂的功能，一般分为流滴剂和消雾剂。消雾剂是一种特殊的表面活性剂，分为含氟、含硅及含磷和硼的非金属有机化合物三大类型。

流滴剂实际上是表面活性剂的应用，涂覆或添加的流滴剂能够在薄膜表面形成一个极薄的取向分子层，降低聚合物薄膜的表面张力，使蒸发到表面的水分以水膜形式存在，有效地抑制水分凝缩成滴，避免水滴滴落对包装物和大棚植物造成危害，并改善其感官性能。目前农用大棚膜是流滴剂的最大消费领域，尽管近年来我国防雾滴剂技术开发取得了显著成效，但在防滴持久性、防滴性与消雾性的平衡方面仍存在一定的不足，解决上述问题是未来防雾滴剂开发和应用领域面临的主要课题。

总之，塑料用多功能母料是塑料工业的重要组成部分，其作用和功能不仅关系到制品的加工性，同时也关系到制品的稳定性、功能性。塑料品种的增加和塑料制品多方位实用性的要求，使塑料多功能母料的开发和应用对于塑料工业的发展和进步具有非常重要的作用。综上所述，一些新功能、高效能的母料品种正在开发和应用，中国塑料多功能母料工业的产耗结构开始趋向成熟。

【重点企业】

广州金发科技股份有限公司、广东盛恒昌化学有限公司、大连耐普特种塑胶有限公司、北京市化工研究院、广州合成材料研究院、广东炜林纳功能材料有限公司、宁波色母粒有限公司、北京崇高纳米科技有限公司、广州合诚实业有限公司、江苏省常州市改性塑料厂有限公司、浙江七色鹿科技发展公司、河北唐山市玉田县远宏塑胶有限公司、江苏连云港海水化工有限公司、东莞发成工程塑料有限公司、天津市辰光化工有限公司、广州市千色塑料色母有限公司、宁波金海雅宝化工有限公、山东省寿光市海洋化工有限公司、广州市源通宇星企业有限公司、常州市赫利来塑料有限公司、浙江大丰体育设备有限公司、常德辰州锑品有限责任公司、济南百彩工程塑料有限公司、湖北省汇金矿业黄石有限公司等已经成为我国多功能母料生产加工的主力企业。

（中国塑料加工工业协会多功能母料专业委员会　李建军　黄险波　周永良）

降解塑料

塑料自20世纪中叶发明以来，因为质轻、性能好，而被大量使用。2005年全世界塑料消耗量在2亿吨以上，而我国在3 000万吨以上。大量地使用塑料不仅消耗了大量的石油和能源，而且因为不能自然降解，燃烧时又释放出大量二氧化碳等气体，部分地造成和加重了“白色污染”和“温室效应”。

当人们将目光聚集到可再生的清洁能源和生物质能源时，降解塑料尤其是淀粉基降解塑料、微生物合成和化学合成等生物分解塑料重新受到关注，成为可持续和循环经济发展的亮点。我国石油储量是世界的2%，消费量是世界第二；二氧化硫和二氧化碳的排量分居世界第一和第二位；每年产生的有机垃圾在5 000万吨以上。石油进口由1994年的300万吨增加到2004年的1.4亿吨，进口依存度达46%。在我国，能源的多元化、可持续、与环境友好以及降低进口依存度已是大势所趋，有机垃圾堆肥处理和无害化再利用处理已是共识，降解塑料将扮演重要角色。

据有关部门统计，2005年中国塑料表观消费量已经超过了3 000万吨，塑料包装材料需求量已达到500万吨，按其中30%为难以收集的一次性塑料包装材料和制品计算，则废弃物产生量达150万吨；中国可覆盖地膜的面积为5亿多亩，加上育苗钵、农副产品保鲜材料等预计需求量将达到100万吨，由于塑料地膜较薄，用后破碎在农田中并夹杂了大量的沙土，很难回收利用；一次性日用杂品和医疗材料中一部分也是难以收集或不宜回收利用的，预计其需求量达100万吨。据此，难以回收利用的塑料废弃物将达到350万吨，由此引发的环境问题日益严重。若其中50%采用降解塑料替代的话，则可降解塑料的需求量将达到175万吨，因此降解塑料在中国具有较大的市场潜力。

降解塑料尤其是生物分解塑料既具有传统塑料的功能和特性，又可在土壤和水中的微生物作用下，最终以无毒形式重新进入生态环境中，回归大自然。世界上最大的生物分解生产商美国的Natureworks公司的Grapentiner调查统计表明，59%的欧洲消费者认为购买用天然材料或生物分解材料包装的食品“非常可取”。实际上，大约有72%的具有这个观念的消费者表示，他们愿意为采用生物分解材料进行保鲜食品包装付出0.1欧元甚至更多，67%的愿意为每袋食品多付0.2欧元。消费者积极响应的态度和消费市场的增长证实了生物分解包装材料由于有利于环境保护而受到人们的支持，消费者引领了使用生物分解包装材料的趋势。15年前就开始生物分解塑料的研究，很快就碰到了成本问题。但随着人们对环境问题及资源回收问题的日益重视，降解塑料的开发再一次引起人们的重视。降解塑料尤其是生物分解塑料，作为高科技产品和环保产品正成为当今世界瞩目的研究开发热点。

【历史回顾】

20世纪60年代初，中国开始采用塑料棚膜于稻田育秧，1979年又正是从日本引进并开始使用塑料地膜于蔬菜，随后，塑料农膜大面积推广应用，掀起了一场农业上的“白色革命”，对中国的“米袋子”和“菜篮子”工程做出了贡献。但是，不久，塑料农膜，特别是塑料地膜的大面积应用就带来了问题。至1985年，中国塑料地膜的覆盖面积达到2 400万亩，消费塑料68kt，由于不注重捡拾、回收使用后的塑料地膜，地膜开始在农田中累积，影响到植物的生长和机耕作业，随风飞扬的塑料残膜不仅影响景观，还造成牲畜误食导致死亡。“白色革命”转化成了“白色污染”。为了解决这一问题，开始研发可降解塑料地膜，当时开发的主要品种是光降解塑料——一类采用光敏剂添加于聚乙烯中的塑料。主要的研究和生产单位有：中科院上海有机化学研究所、上海塑料制品研究所、中科院长春应用化学研究所、天津轻工业学院、北京塑料研究所、营口石化研究所、大连塑料研究所、吉林塑料研究所、上海石化总厂塑料厂、上海解放塑料厂、天津塑料制品二厂、天津塑料研究所、天津益农可控降解塑料厂、新疆石河子塑料制品总厂、烟台塑料四厂、苏州塑料四厂等。

20世纪80年代中期至90年代初期，中国产业界对可降解塑料的研发逐渐集中到了淀粉添加型塑料方面，主要为聚烯烃类和聚苯乙烯中添加或共混入淀粉的品种。这一类添加淀粉的塑料，其开发的主要推动力有3个：一是，当时铁路两旁从路过的火车上倾倒于铁轨两旁的一次性聚苯乙烯餐盒形成的所谓“小白龙”，造成严重的景观污染，引起了社会极大的关注，迫使当时的铁道部为此专门成立了一个小组，以解决这一消费后塑料带来的环境污染问题；二是，用于地膜的光降解塑料，其土埋部分因无法接受光照不能及时降解，为此，有人在光降解塑料的基础上添加入可以生物分解的淀粉，试图解决埋土部分塑料地膜的降解问题，这就是当时在中国颇为流行的“光/生物分解塑料”；三是，当时欧美，特别是美国，为了解决一次性塑料包装制品造成的环境污染，在一些玉米商的推动下，一窝蜂推出聚乙烯中添加淀粉的所谓“生物分解塑料”。此风被个别人带到了中国，并在中国推出了约 10 条进口生产线。

20 世纪 90 年代中期，这些被冠上了“生物分解塑料”或“部分生物分解塑料”或“光/生物分解塑料”名称的降解塑料的研发和生产在中国达到了高峰，这一热潮一直延续到 21 世纪初，主要科研和生产单位有：四川大学、中科院长春应用化学研究所、天津大学、北京塑料研究所、营口石化研究所、华南理工大学、成都市柯力化工研究所、上海化工研究院、上海原子核研究所、大连理工大学、福建师范大学实验中心、青岛化工学院、甘肃省皮革塑料研究所、南京苏石降解树脂化工有限公司、蒙古中日满都拉降解树脂有限公司、上海三林降解树脂制品公司、山西省新奇特塑料制品有限公司、吉林省金鹰实业有限公司、长春春达塑料材料有限公司、安徽皖北降解树脂厂、厦门燕源降解树脂有限公司、北京华新淀粉降解树脂公司、温州三跃降解塑料制品厂、辽宁环瑞降解树脂有限公司、惠州市环美降解树脂制品有限公司、宁波市誉球降解母塑制品有限公司、山西光辉生物分解树脂开发有限公司、西安华源生态农业高科技有限公司、上海金丰塑料包装有限公司、深圳德实利（中国）集团、成都降解塑料厂、成都科强高分子公司、重庆化工研究所、河北沧州塑料二厂、保定雄县塑料制品有限公司、河北平乡县塑料制品厂、江苏无锡乾元降解塑料有限公司、浙江华江塑料厂、天津丹农降解塑料公司、天津丹海股份有限公司、山东禹城塑料总厂、上海鑫都塑胶制品有限公司、上海申悦降解塑料有限公司、四川省发林新型塑料（集团）有限公司、北京华盾塑料包装有限公司、郑州大学材料工程系、辽源塑料四厂、哈尔滨塑料五厂、河南花园塑料制品有限公司等，挤出造粒生产线达到了上百条，总能力超过 100kt/a。

在这段时间，推动上述降解塑料产品研发的力量还有国家和地方的科研行政管理机构，立项支持了淀粉添加型降解塑料和降解塑料地膜的研发，如国家“八五”攻关项目：降解塑料地膜（中科院长春应用化学研究所、北京塑料研究所、天津大学，四川大学）；国家“九五”攻关项目：降解塑料地膜。

此时，也有单位开展了合成光降解塑料的研究，如天津市自然科学基金资助天津大学的项目：一氧化碳与烯烃共聚物的合成。

从 20 世纪 90 年代后期和 21 世纪初开始，由于这类不能完全生物分解的塑料难于完全生物分解以及价格偏高等原因，市场始终未能有效打开，迫使许多生产企业先后下马，到目前为止，仅有少数几家淀粉填充型降解母料生产企业在维持订单生产。这期间，有些生产淀粉添加型降解塑料的企业转产生产碳酸钙填充的所谓环境友好材料，部分产品出口日本用于供焚烧的垃圾袋，部分在国内用于生产各种餐盒和包装袋。

这段时间，也有一些企业在原有光降解和添加淀粉的基础上研发具有热氧降解功能的品种，如深圳绿维塑胶有限公司、天津丹海股份有限公司、新鸿基地产发展有限公司所属力高环保服务有限公司等。

另一方面，由于考虑到上述含有相当比例人工合成的通用聚烯烃和聚苯乙烯的塑料实际上难于生物分解，所以，从 20 世纪 80 年代中期开始，中国的学术界已经开始转向全生物分解塑料的研发。为此，国家自然科学基金委员会组织、资助了一些全生物分解塑料的基础性研究，如国家自然基金委员会资助中科院长春应用化学研究所、广州化学研究所和浙江大学的二氧化碳/环氧化合物共聚物项目，中科院成都有机研究所的聚乳酸项目，江西省科学院应用化学研究所的热塑性淀粉项目，中科院微生物研究所、中科院长春应用化学研究所和清华大学共同承担的聚羟基丁酸戊酸酯项目。另外，还有天津市自然科学基金和国家教育部骨干教师基金资助天津大学的 PHB 共混改性项目等。

20 世纪 90 年代中期，在开展基础研究的同时，中国开始全生物分解塑料的产业化开发。科技部对生产聚羟基丁酸酯戊酸酯（PHBV）生物分解塑料的科研单位或企业给予了资金支持，中科院联合相关企业对二氧化碳/环氧化合物共聚合物的产业化进行了产业开发。一些民营企业参与了聚羟基丁酸酯戊酸酯、聚乳酸的产业化开发。

与产品研发同步，标准制定和建立评价体系的工作也按部就班地取得进展：轻工业塑料加工应用研究所国家塑料制品质量监督检验中心等单位开展了生物分解塑料检测和评价工作的研究和实验室的创建工作。

在降解塑料产品中，降解塑料地膜的推广应用曾经投入了大量的力量，在典型的产区，对棉花、甘蔗、玉米、烟叶、花生、西瓜，以及各种蔬菜等，利用不同类型的降解塑料地膜，进行了农田覆盖试验，参加工作的有：农业部全国农业技术推广总站、中国农科院土肥研究所、山西省农科院棉花所、农业部环保科研检测所、中科院沈阳林土所、新疆生产建设兵团农业局和新疆石河子棉花所、黑龙江省农科院、西安市青央农业局、中科院农科院蔬菜花卉所、北京市农业技术推广总站、上海市农业局和上海市蔬菜科学技术推广站、中国轻工总会甘蔗糖业研究所等。其中，农业部全国农业技术推广总站在新疆石河子地区累计进行了20多万亩棉花地的实际覆盖试验；中国轻工总会甘蔗糖业研究所于1995年立项，1996～1997年在不同气候条件的雷州半岛北部和中部对12种甘蔗用光降解塑料地膜进行了为期两年的覆盖试验。

在当时中国塑料加工工业协会和轻工总会科技司的支持下，于1993年6月29日成立了中国工程塑料学会降解塑料研究会，又于2002年6月成立了中国塑料加工工业协会降解塑料协会，有力地推动了中国降解塑料的健康有序发展。

经过20世纪80年代和90年代轰轰烈烈的时期，目前，中国研发降解塑料的热情大部已经消退，经过痛苦的市场洗礼，在国际上生物分解塑料占优势的现实影响下，中国已经将主要研究力量开始转向了生物分解塑料的研发。另外，随着近几年世界范围内能源尤其是石油资源的短缺，能源替代型的降解塑料如生物质塑料、淀粉基降解塑料也再次得到人们的关注和发展。

【行业现状】

国际上降解塑料的总量在50万吨左右，而生物分解塑料的生产和技术日趋完善。2005年利用上述生物分解材料为原料加工制品的企业，全世界加在一起超过了300家。按照有关资料的统计，2005年，全世界生物分解材料总的生产量在20万吨左右，其中日本和韩国生物分解材料的生产量在4～5万吨左右，美国和加拿大等北美国家在4～5万吨左右，欧洲在4～6万吨左右，中国在2万吨左右，其他国家2万吨左右。实现工业化生产规模较大的企业有美国Natureworks公司（生产聚乳酸，规模140kt/a）、意大利Novamont公司（生产淀粉共混型生物分解塑料，规模30kt/a）、德国巴斯夫公司（生产商品名为ecoflex，规模8kt/a）、日本三菱化学（规模1kt/a）、日本昭和高分子（规模3kt/a）、日本丰田（规模3kt/a）等。

目前，我国降解塑料行业处于国际同等水平。降解塑料生产企业生产的产品主要有几种类型光降解塑料、热氧降解塑料、生物分解塑料以及淀粉基降解塑料。总的产量在10万吨左右，其中淀粉基降解塑料产量在4万吨左右，光和热氧降解塑料在3万吨左右。生物分解塑料按照原材料来源可以分为四类，第一类是可再生的天然生物质资源如淀粉、植物秸秆、甲壳素等直接制得产品，第二类是由可再生天然生物质资源通过生物合成的聚合物如聚乳酸、聚羟基烷酸酯类等，第三类是利用石油副产品化学合成的聚合物如聚丁二酸琥珀酸酯等，第四类是以上三种材料互相之间的共混物。研发的产品多属中低档产品，能够批量生产，且质量稳定。

随着国内外降解塑料研究的深入与技术进步，以及国际上一些发达国家开始立法规定某些制品必须使用降解塑料，我国对环境污染问题的日益重视，特别是2008年北京奥运会和2010年上海世博会带来的绿色风潮，我国降解塑料也迎来了前所未有的发展机遇，各地对于降解塑料尤其是生物分解塑料的投资热情悄然升温。国际知名大公司对中国市场也是充满期待，并已经开始实施市场推广工作。同时，国内几家有实力的石化和制药企业也有意进军这一新兴的领域。目前无论是天然生物分解材料还是合成生物分解材料，国内的科研单位和企业都已经积累了丰富的经验，为其大规模应用推广奠定了基础。

目前光降解塑料生产单位主要有上海涵多功能材料有限公司等。

淀粉基塑料的生产单位有湖南科汛环保塑料有限公司、天津思态利降解塑料有限公司、烟台天润包装材料有限公司等。

热塑性淀粉或淀粉共混型生物分解塑料研究和生产的单位有江西科学院、中科院长春应用化学研究所、华南理工大学、天津大学、天津工业大学材料科学与化学工程学院、中科院兰州化物所、武汉华丽科技有限公司、浙江天禾生态科技有限公司等科研单位陆续推出了热塑性淀粉生物分解塑料的研究成果，制品包括薄膜、网、片材和发泡材料。其中产业化的单位有武汉华丽科技有限公司（规模10kt/a）、浙江天禾生态科技有限公司（8kt/a）、成都新柯力化工科技有限公司（规模2kt/a）、福建百事达生物材料有限公司（规模2kt/a）、肇庆华芳降解塑料有限公司（规模5kt/a）、烟台万利达环保材料有限公司（规模3kt/a）等。

我国开发的微生物合成生物分解塑料主要有聚乳酸（PLA）和聚羟基烷酸酯。开展聚乳酸研究工作的有中科院长春应用化学研究所、中科院成都有机化学研究所、中科院上海有机研究所、武汉大学、浙江大学、复旦大学、天津大学、南开大学、东华大学、华南理工大学、华东理工大学、北京理工大学、同济大学等，目前正在中试的单位有浙江海生生物分解塑料股份有限公司（规模30t/a，正在组建5 000t/a生产线）、上海同杰良生物材料有限公司、江苏九鼎集团等。

聚羟基烷酸酯（PHA）主要研究单位有中科院微生物所、清华大学生物系、中科院长春应用化学研究所、山东大学、无锡轻工大学、中科院成都生物研究所等，目前生产单位有宁波天安生物材料有限公司（规模1kt/a）、江苏南天集团股份有限公司、天津国韵生物科技有限公司等。

化学合成法开发的生物分解塑料的主要有各种脂肪族聚酯，前者主要品种包括聚己内酯（PCL）、脂肪族聚碳酸酯（二氧化碳和环氧化合物共聚物或称聚二氧化碳）等。另外，也在开始研究脂肪族聚酯和芳香族聚酯的共聚酯。主要的研究单位有中科院广州化学研究所、长春应用化学研究所、浙江大学、中山大学理工学院等。另外，中国台湾清华大学（Chung_SungTan）也在研发PPC。内蒙古蒙西集团公司采用长春应用化学研究所的技术，已建成年产3kt二氧化碳/环氧化合物共聚物树脂的装置，产品主要应用在包装和医用材料上；中科院广州化学研究所的技术已在江苏泰兴开始投产，品种是低相对分子质量二氧化碳/环氧化合物共聚物，用来作为聚氨酯发泡材料的原材料，用于家用电器等包装。中科院上海有机化学研究所在详细研究了聚丁二酸丁二醇酯（PBS）的耐水性、稳定性等的基础上，开发了高效催化体系，合成了高稳定性高相对分子质量的聚丁二酸丁二醇酯，重均分子量可达到250 000。四川大学化学学院低成本合成了对二氧环己酮，为制备聚对二氧环己酮创造了条件。他们的工作也涉及聚对二氧环己酮的接枝和共混改性。另外，中科院理化研究所也在进行聚丁二酸丁二醇酯共聚酯的合成研究。目前中科院理化研究所正在筹建年产万吨的PBS生产线、广东金发公司建成了年产1kt规模的生产线、武汉天生成公司建成了年产1kt规模的聚己内酯生产线等。

【技术进展】

生物基聚合物

2003年11月，第一届生物基聚合物国际会议在日本召开。与以往会议不一样的是，此次会议提出了可持续发展的生物基聚合物全新概念。会议对生物基聚合物定义为：生物基聚合物是由可再生资源（如淀粉、秸秆等）、二氧化碳、生物聚合物（核酸、聚酰胺、多糖、聚酯、聚异戊二烯类、多酚，及它们的衍生物、它们的混合物和复合物）。开发生物基聚合物的根本出发点，是因为目前大量使用的石化资源是有限的，而可再生资源却是可持续发展的。二氧化碳被生物处理器如植物光合作用等而转化成生物质或生物有机物质，生物质或有机物质在一定条件下又被转化成石化资源，而从生物质或有机物质转化成石化资源的过程一般需要10^6年以上时间；石化资源通过化学工业又可变为聚合物、化学物质及燃料等，而聚合物、化学物质及燃料等使用后变为二氧化碳的周期大概仅需要1～10年时间。显然，由化学工业形成的产物形成二氧化碳的速度远远超过了二氧化碳通过生物处理器再转化为石化资源的速度。如此过程反复进行，地球上的二氧化碳将为越来越多，石化资源的量也将越来越少，最终导致资源缺乏。而生物基聚合物，恰恰是从可再生的生物质或生物有机物质直接变为聚合物，缩短了从二氧化碳到聚合物的转化过程，从而使地球上的碳能维持在平衡状态。可见，从可持续发展的意义上分析，生物基聚合物是满足可持续发展要求的。

在日本，目前已经由农、林、水产省制定了日本生物物质（“Biomass Nippon”）的战略，其中包括了发展生物分解塑料与由再生资源得到的生物基聚合物。

在生物基聚合物的研究方面，中国也早已开展了多年的工作。所谓生物基聚合物是指由可再生资源（如淀粉、秸秆等）、二氧化碳、生物聚合物（核酸、聚酰胺、多糖、聚酯、聚异戊二烯类、多酚，以及它们的衍生物、混合物和复合物）等制得的聚合物。生物基聚合物与生物分解聚合物有区别，前者的设计出发点主要是基于可再生资源的可持续发展目的，而后者主要是考虑聚合物使用后的环境问题。由于都是具有环保功能的聚合物，也纳入本文介绍的内容。

中国生物基聚合物先后开展的工作有淀粉、葡萄糖和多糖的接枝改性研究，壳聚糖的生物发酵合成，天然蜘蛛丝的结构及仿制研究，纤维素的可塑化研究，以及模塑纤维素、木质素的应用研究等。由农作物秸秆制得的植物纤维模塑产品和由淀粉制得的模塑产品已经获得应用。

我国已经有一些此类材料在规模化生产如由农作物秸秆制得的植物纤维模塑产品或由农作物获得的淀粉制得的模塑产品，生物基塑料如聚羟基丁酸酯戊酸酯等也已经能规模化生产，并且具备了年产千吨的能力。而在日本召开的第一届生物基聚合物国际会议中，可以看出，国外除了聚乳酸塑料的生产规模化外，其他类生物基聚合物基本也只是在实验室或中试规模，而我国的一些企业如生产聚羟基丁酸酯戊酸酯的宁波天安生物材料技术有限公司已经有年产千吨的能力，因此在生物基聚合物的生产上，我国并不落后。但，不得不承认，国外在生物基聚合物的研发种类、程度上已经具备一定的水平，遥遥领先于国内的水平。

生物分解

1. 天然生物分解塑料

天然生物分解塑料是指以天然聚合物为原料，可通过各种成型工艺加工制成生物分解塑料制品的一类材料。这类材料包括由淀粉、纤维素、甲壳素、大豆蛋白等天然聚合物及其各种衍生物和混合物，其中，热塑性淀粉已经开始产业化，其他天然材料尚处于基础研究阶段。

（1）热塑性淀粉　热塑性淀粉是采用一定技术改性淀粉使其具有热塑性，再加入各种可在环境中降解的添加剂或与其他可生物分解塑料配混，通过挤塑、注塑、吹塑或发泡等工艺加工成型的材料。有几种淀粉塑料的制备方法：①淀粉可塑化改性并与少量添加成分挤出；②淀粉与生物分解聚酯共挤出；③改性淀粉与PVA共混，并使其具有热塑性。

也有利用反应挤出，在引发剂存在下，使淀粉与丙烯酸、丙烯酸酯、丙烯酰胺、顺丁烯二酸酐、醋酸乙烯酯、含磺酸基单体等接枝或交联，得到二元或多元可生物分解热塑性淀粉合金材料的方法。

20世纪90年代中期以后，江西科学院、中科院长春应用化学研究所、华南理工大学、天津大学、天津工业大学材料科学与化学工程学院、中科院兰州化物所、绿维新材料（深圳）有限公司、武汉华丽科技有限公司等科研单位陆续推出了热塑性淀粉生物分解塑料的研究成果，制品包括薄膜、网、片材和发泡材料，但尚未规范化进入市场。目前，武汉华丽科技有限公司已开始热塑性淀粉产品商品化生产，规模10kt/a。

（2）蛋白质　通过采用甘油等增塑剂增塑植物蛋白，可以制得可模塑的蛋白塑料。上海交通大学对大豆蛋白进行了研究，清华大学高分子材料研究所对鸡蛋膜蛋白进行了研究，但是，其实用前景还相当遥远。

（3）再生纤维素　武汉大学化学与分子科学学院和湖北纤维厂承担国家863计划，研发了一种新的廉价的纤维素溶剂体系——尿素和氢氧化钠体系，用于天然纤维素的湿法纺丝或流延法成膜，以制造纤维和薄膜。

另外，湖北工学院化工系采用生物发酵法合成了茁霉多糖（pullulan），并研究了它的成膜性及其膜性能，由于其极低的氧气透过率，适合用作食品保鲜包装材料，有望成为一种有前途的生物分解塑料。

2. 微生物合成生物分解塑料

（1）聚乳酸　聚乳酸（PLA）是以糖蜜等发酵制得的乳酸为原料，再通过直接缩合聚合法，或其二聚体丙交酯开环聚合法等方法化学合成的。

中国聚乳酸研发主要还处于研究阶段。聚乳酸的合成主要采用丙交酯催化开环聚合的路线。通过催化剂的研究，提高聚乳酸的分子量，降低聚乳酸的成本。目前，中科院成都有机所已经能合成分子量达到百万的消旋聚乳酸，这种高相对分子质量的聚乳酸有很好的力学性能。开展研究工作的有中科院长春应用化学研究所、中科院成都有机化学研究所、中科院上海有机研究所、武汉大学、浙江大学、复旦大学、天津大学、南开大学、东华大学、华南理工大学、华东理工大学、北京理工大学等。最近，中科院长春应用化学研究所和浙江海生生物分解塑料股份有限公司正共同进行中试研究，产品性能基本达到Cargill Dow公司产品水平，目前正在设计组建5 000t生产能力的示范生产线[2]。

另外，上海同济大学开发成功了乳酸一步法直接缩聚制备聚乳酸的工艺，并作为上海“科教兴市”重大科技产业化项目将建立年产千吨级的聚乳酸生产线。该项目是具有自主知识产权的项目。另外的研究单位还有浙江轻工业学院等。

北京理工大学和原轻工业学院联合研究过采用化学合成的方法制备聚乳酸。

在聚乳酸的应用方面中科院成都有机所、中科院长春应用化学研究所正进行聚乳酸在医疗方面的应用，制品包括医用片材、骨螺钉、手术缝合线等医用材料。

（2）PHB及其共聚物　中国PHA的研究最早开始于20世纪80年代中，武汉大学开展了生物合成PHB的研究，但是，工作未能进行下去，至20世纪90年代初，一些单位在国内不同部门的支持下，又开始了微生物发酵法合成PHA的研究工作。主要研究单位有中科院微生物所、清华大学生物系、中科院长春应用化学研究所、山东大学、无锡轻工大学、中科院成都生物研究所等，生产单位有广东江门生物技术开发中心、广东汕头华逸生物工程公司、宁波天安生物材料有限公司等。其中宁波天安生物材料有限公司已具备年产PHBV千吨的规模。

商业化生产PHBV的关键是降低成本，已有人开始利用植物的叶子或根来生产PHBV，如柳枝稷，如果这项技术成功，PHBV的价格有可能降低。

3. 化学合成生物分解塑料

用微生物等方法合成的生物聚酯价格较高，是目前难以普遍采用的主要障碍，化学合成便于批量生产，降低成本。化学合成法开发的生物分解塑料的主要有各种脂肪族聚酯，前者主要品种包括聚已内酯（PCL）、脂肪族聚碳酸酯（二氧化碳和环氧化合物共聚物或称聚二氧化碳）等。另外，也在开始研究脂肪族聚酯和芳香族聚酯的共聚酯。

脂肪族聚酯

① 二氧化碳/环氧化合物共聚物。当前，聚二氧化碳的合成研究是一个十分热门的环保课题，这一领域竞争非常激烈。中国从1985年由前期的国家自然科学基金开始立项研究，至今已近20年，主要的研究单位有中科院广州化学研究所、长春应用化学研究所、浙江大学、中山大学理工学院等。其中，中科院广州化学研究所主要采用聚合物负载的双金属催化体系（PBM），产品略带黄色，分子量较低。长春应用化学研究所以二氧六环作溶剂，采用三元混合稀土催化体系（稀土/烷基锌/甘油），得到了交替结构的产物，二氧化碳固定量接近50%，而且外观呈白色，硬度较大，催化效率高。浙江大学采用三元稀土催化剂（稀土/烷基铝/甘油），以二氧六环与甲苯作溶剂，得到分子量较高的无规共聚物，但二氧化碳固定量低。另外，中国台湾清华大学（Chung _ SungTan）也在研发PPC。

内蒙古蒙西集团公司采用长春应用化学研究所的技术，已建成年产3kt二氧化碳/环氧化合物共聚物树脂的装置，产品主要应用在包装和医用材料上；中科院广州化学研究所的技术已在江苏泰兴开始投产，品种是低相对分子质量二氧化碳/环氧化合物共聚物，用来作为聚氨酯发泡材料的原材料，用于家用电器等包装。

② 聚丁二酸丁二醇酯。中科院上海有机化学研究所在详细研究了聚丁二酸丁二醇酯（PBS）的耐水性、稳定性等的基础上，开发了高效催化体系，合成了高稳定性高分子量的聚丁二酸丁二醇酯，重均分子量可达到250 000。另外，中科院理化研究所也在进行聚丁二酸丁二醇酯共聚酯的合成研究。

③ 聚对二氧环已酮。四川大学化学学院低成本合成了对二氧环已酮，为制备聚对二氧环已酮创造了条件。他们的工作也涉及聚对二氧环已酮的接枝和共混改性。

④ 脂肪族/芳香族共聚酯。热塑性芳香族聚酯热性能稳定，力学性能优良，便于加工，价格低廉，自从工业化以来，已经发展成为一类用途广泛的树脂，但芳香族聚酯生物分解性很差，不能单独作为生物分解塑料使用，因此，设计合成了脂肪族/芳香族共聚酯（CPEs），使其既有脂肪族聚酯的可生物分解性和芳香族聚酯的力学性能。自20世纪80年代，尤其90年代以来，有许多科研工作者致力于此领域的研究，并取得了丰硕的成果。至21世纪初，一些世界著名的化学公司相继推出各种可生物分解的脂肪族/芳香族共聚酯商品。

脂肪族/芳香族共聚酯原料来源广泛，其中许多是大规模工业化原料，且整个生产过程不需要另外添置设备，在现有的条件下即可进行生产，所以，不仅生产技术较成熟，而且可获得廉价的产品，有利于生物分解塑料的市场化应用。

用于合成脂肪族/芳香族共聚酯的芳香族组分通常有：聚对苯二甲酸乙二醇酯（PET）、聚对苯二甲酸丁二醇酯（PBT）、聚对苯二甲酸丙二醇酯（PPT）、聚间苯二甲酸乙二醇酯（PEIP）和聚对苯二甲酸二甲酯（DMT）等；脂肪族组分通常有乙二醇（EG）、丙二醇（PDO）、1,4-丁二醇（BDO）、环已烷二甲醇（CHDM）等二元醇和琥珀酸（Succinicacid）、己二酸（Adipicacid）、癸二酸（Sebacicacid）、富马酸（Fumaricacid）、草酸等二元酸，乙醇酸（GA）、L-乳酸（LA）、二羧酸酰氯等双官能度单体及聚乙二醇（PEG）、聚四氢呋喃（PTMG）、PGA、PLA、PCL等聚合物。

合成脂肪族/芳香族共聚酯有3种常用的方法：a. PET等芳香族组分与PEG、PGA、PLA、PCL等聚合物直接在高温、高真空度下进行酯交换反应；b. 将二元醇、二元酸等与DMT一起投入反应釜中，先在相对较低的温度下进行酯交换反应，然后再升高温度、提高真空度，进行熔融缩聚反应；c. 将对苯二甲酸乙（丁）二醇酯或其衍生物与二羧酸酰氯等溶解在有机溶剂中，在适宜的温度下进行溶液缩聚。

中国脂肪族/芳香族共聚酯材料的研究单位有北京理工大学、成都有机研究所等，但目前还未见有商业化产品推出。

各种共聚酯都可以与其他生物分解聚合物共混，以降低成本、改善加工性。

各类降解塑料用途

降解塑料的准确定位、合理用材是降解塑料生产、应用、评价和推广发展的关键。降解塑料作为塑料的一种，其应保持塑料的使用性能，使用废弃后在自然环境中和/或在各种特定的垃圾处理方式中易消纳的材料。但是由于按不同降解途径设计的降解塑料，其应用也应该根据降解原理和最终垃圾处理方式来准确定位，反过来说，也可以根据产品以及产品最终垃圾处理的方式来设计降解塑料及其应用，例如对那些量大、分散、脏乱、难于收集或即使强制收集作为材料再生利用经济上不划算的一次性消费品就可以设计成降解塑料。表1是对各种不同类型的降解塑料的适合处理方式和用途的简单描述。

各种降解塑料按照降解途径、最终垃圾处理方式，其合理的应用可用表1来表示。

表1 各种类型降解塑料的合理用途

降解塑料类型	适合的最终处理方式	用途	备注
改性降解塑料和淀粉基降解塑料	光降解、堆肥、厌氧消化、填埋、焚烧	农业：地膜、育苗钵、苗床、绳网； 包装：购物袋、垃圾袋、堆肥袋、肥料袋、一次性餐盒、方便面碗、包装薄膜； 日用杂货：一次性餐具（刀、叉、筷、盘、碗、盒）、玩具、一次性圆珠笔、各种卡片、盖、罩、一次性桌布等；医用制品，如一次性手套、防护衣罩等	添加型塑料最大优点就是利用了再生资源或无机材料，从而连续了石油资源的使用。 如果降解后的产物不能完全生物分解，推荐其最终处理方式为焚烧或填埋
可光降解塑料	光降解、填埋、焚烧	农业：地膜，绳网； 包装：购物袋、垃圾袋、一次性餐盒、包装薄膜； 日用杂货：一次性餐具等； 医用制品，如注射器、一次性手套、防护衣罩等	光降解塑料只有在有光的条件下才能降解，如果最终垃圾不能见光或光降解后产物不能完全生物分解，推荐其最终处理方式为焚烧或填埋；如果降解的目的是为了其他特殊用途，建议最终的废弃物的处理方式为回收再利用或焚烧或填埋
可热氧降解塑料	自然环境（土壤、水、日光、空气、热、氧等）、热氧老化、填埋、焚烧	农业：地膜； 包装：垃圾袋、堆肥袋、肥料袋、包装薄膜； 日用杂货：一次性餐具等； 医用制品：如一次性手套、防护衣罩等	热氧降解塑料只有在有热氧的条件下才能降解，如果最终垃圾没有热氧条件或降解后产物不能完全生物分解，推荐其最终处理方式为焚烧或填埋；如果降解的目的是为了其他特殊用途，建议最终的废弃物的处理方式为回收再利用或焚烧或填埋
可崩解塑料	自然环境降解、堆肥化、填埋、焚烧	农业：地膜、保水材料、育苗钵、苗床、绳网、渔网、钓鱼丝、鱼饵容器、农药和化肥缓释材料； 包装：购物袋、垃圾袋、堆肥袋、肥料袋、一次性餐盒、方便面碗、化妆品容器、瓶类、标签、包装薄膜、发泡片材、缓冲包装材料； 日用杂货：一次性餐具（刀、叉、筷、盘、碗、盒）、玩具、一次性圆珠笔、各种卡片、盖、罩、一次性桌布等； 医用制品：如一次性手套、防护衣罩等	崩解后的塑料碎片如果不能最后生物分解，推荐其最终处理方式为焚烧或填埋
可水解塑料	自然环境（土壤、水、日光、空气、热、氧等）	农业：地膜、保水材料、育苗钵、苗床、绳网、渔网、钓鱼丝、鱼饵容器、农药和化肥缓释材料； 包装：购物袋、垃圾袋、堆肥袋、肥料袋、一次性餐盒、方便面碗、化妆品容器、瓶类、标签、包装薄膜、发泡片材、缓冲包装材料； 日用杂货：一次性餐具（刀、叉、筷、盘、碗、盒）、玩具、一次性圆珠笔、各种卡片、盖、罩、一次性桌布等； 医用制品：如一次性手套、防护衣罩等	如果可水解塑料的水解产物不能完全生物分解或被环境吸纳，建议应用过程中考虑废弃物的最终处理方式，并推荐对水解的产物进行再处理
生物分解塑料：可堆肥塑料	堆肥化、厌氧消化	农业：地膜、保水材料、育苗钵、苗床、绳网； 包装：购物袋、垃圾袋、堆肥袋、肥料袋、一次性餐盒、方便面碗、化妆品容器、瓶类、标签、包装薄膜、发泡片材、缓冲包装材料； 日用杂货：一次性餐具（刀、叉、筷、盘、碗、盒）、玩具、一次性圆珠笔、各种卡片、盖、罩、一次性桌布等； 医用制品：如一次性手套、防护衣罩等	最后形成的堆肥的重金属含量、毒性试验、残留碎片等必须符合相关标准的规定；如果不能满足这些标准的规定时，建议改变产品生产工艺或采用焚烧或填埋的垃圾处理方式
生物分解塑料：可土壤降解塑料	自然环境（土壤、水、日光、空气、热、氧等）	农业：地膜、保水材料、育苗钵、苗床、绳网、渔网、钓鱼丝、鱼饵容器、农药和化肥缓释材料； 包装：购物袋、垃圾袋、堆肥袋、肥料袋、一次性餐盒、方便面碗、化妆品容器、瓶类、标签、包装薄膜、发泡片材、缓冲包装材料	
生物分解塑料：可生物分解塑料	自然环境（土壤、水、日光、空气、热、氧等）降解、堆肥化、厌氧消化、填埋、焚烧	农业：地膜、保水材料、育苗钵、苗床、绳网、渔网、钓鱼丝、鱼饵容器、农药和化肥缓释材料； 包装：购物袋、垃圾袋、堆肥袋、肥料袋、一次性餐盒、方便面碗、化妆品容器、瓶类、标签、包装薄膜、发泡片材、缓冲包装材料； 日用杂货：一次性餐具（刀、叉、筷、盘、碗、盒）、玩具、一次性圆珠笔、各种卡片、盖、罩、一次性桌布等； 医用制品：如一次性手套、防护衣罩等	

【标准体系】

1. 国外标准现状

(1) 国际标准化组织生物分解材料工作组和国际标准　国际标准化组织（ISO）中从事生物分解材料标准工作的是 ISO/TC 61/SC 5/WG22 工作组。WG22 工作组由 ISO 技术委员会于 1993 年成立，专门从事生物分解有关的标准工作。

ISO 有关生物分解标准是在与 ASTM、CEN、JIS、DIN 等相关标准协调后，并在它们的基础上制定的标准。目前已发布了 7 个国际标准（见表 2），并有一些已纳入工作计划（见表 3）。

表 2　已发布的生物分解国际标准

标准序号	标准名称
ISO/TR 15462	水质量——用于生物分解能力的试验的选择
ISO 14593	水质量——水体系培养液中有机组分最终需氧生物分解能力的评价——通过分析密封容器中无机碳的方法(CO_2 顶部试验)
ISO 14851	水系培养液中需氧条件下塑料材料生物分解能力的测定——通过测定密封容器中氧气消耗量的方法
ISO 14852	水系培养液中需氧条件下塑料材料生物分解能力的测定——通过分析释放的二氧化碳的方法
ISO 14855	可控堆肥条件下塑料最终需氧生物分解能力和崩裂的测定——分析释放的二氧化碳的方法
ISO 16929	中试规模定义的堆肥条件下塑料材料崩裂的测定
ISO 17556	通过测量密闭容器里氧气消耗或释放的二氧化碳量来测定土壤里最终需氧生物分解能力

表 3　已纳入计划的生物分解国际标准

ISO FDIS 14853	水系培养液中厌氧条件下生物分解率试验方法
ISO FDIS 15985	在高固态厌氧消化条件下最终厌氧生物分解和崩裂的测定——分析释放生物气体的方法
ISO CD 17088	堆肥能力评价——最终验收的试验计划和规范
WD 20201(SC5N928)	在惰性、无碳固定床下模拟堆肥条件下塑料材料最终需氧生物分解能力的测定——通过分析释放的二氧化碳的方法
CD 20200(SC5N928)	在实验室里在定义的堆肥条件下塑料材料崩裂的测定
WD 20219(SC5N930)	在固体矿系下塑料材料需氧生物分解能力的测定

(2) 其他国外主要标准

① 美国材料协会（ASTM）标准。美国从事生物分解材料标准、推广和技术发展工作的是生物分解制品研究所（Biodegradable Product Institute，BPI）。BPI 与美国试验材料协会的塑料技术委员会（D20）成立了一个分技术委员会 D20.96，专门从事制定“环境降解塑料”的标准。此分委员会工作范围包括环境降解塑料的知识促进、标准的发展（分类、导则、实践、试验方法、术语和规范）。此分技术委员会目前有 170 个代表包括生产厂家、销售商、用户、消费者和感兴趣者，代表涉及工业界、政府、大学和国家实验室等部门。自 1989 年以来，美国材料协会（ASTM）先后共发布了 20 多项 ASTM 标准。有的用于测定城市污水淤泥环境中降解塑料的需氧生物分解性能和厌氧生物分解性能、有的用于测定堆肥化条件下降解塑料需氧生物分解性能、有的用于测定固体废弃物环境中塑料的可生物分解性能、有的采用特定微生物测定可降解塑料需氧生物分解性能等标准试验方法；也有塑料在海洋漂浮暴露条件下耐候试验标准准则、塑料暴露于模拟堆肥环境中的标准准则等。最近又发布了 ASTM D6400—99 可堆肥化塑料的标准。ASTM 相关的标准列于表 4。

表 4　ASTM 有关生物分解标准

标准序号	标准名称
ASTM G22—87	测试合成高分子材料抵抗细菌的标准操作法
ASTM G21—90	测试合成高分子材料抵抗真菌的标准方法
ASTM D3826—91	采用拉伸试验测定可降解聚乙烯及聚丙烯降解终点的标准规则
ASTM D5071—91	可光降解塑料暴晒用水氙灯弧型曝晒仪标准操作规则
ASTM D5152—91	降解塑料残余固体物水萃出物的毒性试验标准
ASTM D5208—91	可光降解塑料暴晒用(荧光)紫外线及冷凝仪标准操作规则
ASTM D5209—91	城市污水淤泥中,测定可降解塑料需氧生物分解性的标准试验方法
ASTM D5210—91	城市污水淤泥中,测定可降解塑料厌氧生物分解性的标准试验方法
ASTM D5247—92	采用特定微生物测定可降解塑料需氧生物分解性的标准试验方法
ASTM D5272—92	光降解塑料户外暴露试验标准规则
ASTM D5338—92	受控堆肥化条件下测定可降解塑料需氧生物分解的试验方法
ASTM D5437—93	塑料在海洋漂浮暴露状态下耐候试验标准规则

续表

标准序号	标准名称
ASTM D5509—96	塑料暴露于模拟堆肥环境中的标准规则
ASTM D5512—96	塑料暴露于采用外加热器的模拟堆肥环境中的标准规则
ASTM D5951—96	固体废弃物中的塑料可生物分解性试验方法
ASTM D6002—96	环境降解塑料堆肥性评价的标准准则
ASTM D6003—96	固体废弃物中的塑料经可生物分解试验方法进行毒性和堆肥质量试验后配制的剩余固体物的标准规则
ASTM D 6340—98	在水介质中或堆肥环境中测定需氧生物分解或自由标签的塑料材料的标准试验方法
ASTM D6400—99	可堆肥塑料的标准规范

BPI通过对树脂生产者、最终使用用户、堆肥所及学院8年的研究，把工作重点集中在堆肥过程中材料的降解能力。其中 ASTM D 6002—99 和 ASTM 6400 是主要的标准。ASTM D6002—96 是评价环境降解塑料堆肥能力的导则，试验范围决定于树脂和制品发展引起的产品范围成分，本方法成本较低，试验只针对最后的制品，试验不出合格或不合格的判断结论。ASTM 6400—99，是堆肥化塑料的规范，试验结果有合格或不合格的判断结论，结论包括可矿化、崩解和安全性，这个标准与欧洲及日本是一样的。可矿化试验方法按照 ASTM D 5338，60%的聚合物在180天内需转化为 CO_2；崩解试验后的尺寸在 2mm 以上的样品应少于10%；安全性试验按照 OECD 导则 208 应对植物无害。

② 日本工业标准（JIS）。日本从事生物分解材料标准、推广和技术发展工作的是日本生物分解材料协会（Biodegradable Plastic Society，BPS）。BPS 成立于1989年10月，现有80个成员，其中18个成员是GrennPla（环境友好材料）的供应商如 BASF，Cargill，DuPont and Novamont，and Planet Polymer Technologies 等（从1995年开始，在日本通称生物分解塑料为 Greenpla），其中58个成员为 GrennPla 的消费者如薄膜、片材、纤维、泡沫如 National Starch & Chemicals 等，其他11个成员是一些化学公司的下属单位。

BPS 的主要目的是推广生物分解塑料技术和促使生物分解塑料广泛地、商业化的应用。BPS 现在有三个委员会，分别为研究和计划委员会、技术委员会、认证体系委员会。研究和计划委员主要是制定战略性行动项目计划，技术委员会主要发展 GreenPla 的评价方法，而认证体系委员会执行 GreenPla 的认证和标签体系工作。

在1999年，BPS 推出了建立食品包装用 Greenpla 安全评价体系的计划。1994年，在有关 Greenpla 生物分解能力的大量试验基础上制定了一个日本工业方法标准 JIS K 6590，国际标准组织于1999年在这个标准基础上制定了 ISO 14851。

③ 欧洲标准。欧洲标准化委员会自20世纪90年代也积极参与降解塑料的标准的制定研究工作。比利时、德国、芬兰分别制定了各自生物分解材料的标准。

德国开展这方面工作主要为农业部消费和农业司，他们曾在德国卡塞尔（Kassel）城市进行了可堆肥化生物分解材料应用试验示范项目。生物分解材料应用于各种包装物如商场购物袋、餐具等以及农业上的一些应用如育秧钵、水果袋等。通过这些应用示范项目、调查及大量试验，他们发布了 DIN CERTCO 法令，并制定通过了全生物分解材料堆肥能力检测的标准 DIN V54900。其中国际标准组织在 DIN V54900、ASTM D 5338 基础上制定了 ISO 14855《可控堆肥条件下塑料最终需氧生物分解能力和崩裂的测定——分析释放的二氧化碳的方法》。

2. 国内标准现状

(1) 发展过程

国内有关降解塑料的标准起草工作的研究起步较晚，在20世纪90年代后期才开始制定相关的标准，而且制定的标准适用范围大多针对部分降解塑料。20世纪90年代后期制定有关降解塑料的标准如表5所示。

表5 国内有关生物分解材料标准

标准名称	标准号
包装用降解聚乙烯薄膜	QB/T 2461—1999
一次性可降解餐饮具通用技术条件	GB/T 18006.1—1999
一次性可降解餐饮具降解性能实验方法	GB/T 18006.2—1999
可降解塑料包装制品的技术要求	HJ/T 209—2005
一次性餐饮具的技术要求	HBC 01—2001

(2) 生物分解材料工作组和国家标准

对生物分解塑料标准的研究，于2000年才开始。2000年，国家质量监督检验检疫总局为了提高生物分解制品的质量，规范降解制品的市场，批准了四项有关生物分解试验方法的国家标准计划（分别等同采用 ISO 14851、ISO 14852、ISO 14855 及等效采用），全国塑料制品标准化技术委员会接到任务后，于2001年3月组织生产、使用、销售、科研院所等单位在北京成立了生物分解材料工作组（英文名为 Biodegradable Materials Group，BMG）。

BMG将国际标准化组织的方法标准 ISO 14851：1999《Determination of the ultimate aerobic biodegradability of plastic materials in an aqueous medium—method by measuring the oxygen demand in a closed respirometer》、ISO 14852：1999《Determination of the ultimate aerobic biodegradability of plastic materials in an aqueous medium—method by analysis of evolved carbon dioxide》、ISO 14855：1999《Determination of the ultimate aerobic biodegradability and disintegration of plastic materials under controlled composting conditions—method by analysis of evolved carbon dioxide》等同采用，转化为相应的国家标准：GB/T 19276.1—2003《水性培养液条件下材料生物分解能力的测定——采用密闭呼吸计测定需氧量的方法》、GB/T 19276.2—2003《水性培养液条件下材料生物分解能力的测定——采用测定释放的二氧化碳的方法》、GB/T 19277—2003《受控堆肥化条件下材料生物分解能力的测定——采用测定释放的二氧化碳的方法》；ISO 846:1997 修改采用为 GB/T 19275—2003 特定微生物条件下材料潜在生物分解能力的测定。

另外，完成并已经报批的标准有：GB/T 19811—2005《在定义堆肥化中试条件下塑料材料崩解程度的测定》（IDT ISO 16929:2002），QB/T 2762—2004《可堆肥塑料片材定义、标志和可堆肥性能要求》，QB/T 2760《降解塑料片材定义、分类、标志和降解性能要求》，QB/T 2761《生物分解塑料片材定义、标志和生物分解性能要求》；正在制定的标准有：GB/T 20197 降解塑料的定义、术语、标志和降解性能要求，土壤中塑料材料最终需氧生物分解能力的测定——采用测定密闭呼吸计中需氧量或测定释放的 CO_2 的办法。

相关标准的制定，有力地推动了生物分解塑料的开发工作。

迄今为止世界各国都在准备对区别绿色塑料、普通塑料和崩解型材料的识别表示制度。现在欧洲已经具有可以同有机废弃物一起压缩处理材料的识别表示制度。在日本也已经有可以确认生物分解性和安全性的制度。我国也在相关部门的努力下，建立了评价生物分解塑料生物分解能力的相关标准和检验方法，并已开始相关的认证。

【专委会活动】

1. 2005 年 5 月召开了专委会换届工作

2. 组建了专委会专家委员会，进行技术、产品、发展方向等的鉴定和评估等，编辑和发行《降解塑料》杂志

3. 组建了专委会网站 www.degradable.org.cn

4. 2005.6，配合北京奥科委召开了绿色塑料与绿色奥运国际研讨会

5. 2005.8，组团参观了日本世博会，考察了日本生物分解塑料生产、应用和市场情况

6. 2005.9，主办了生物基聚合物国际研讨会

7. 2005.9，参加了国际标准化组织 ISO TC61 塑料技术委员会年会

8. 2005.11，参加了国际标准 ISO 14855 第二部分标准草稿验证试验研讨会

（中国塑料加工工业协会降解塑料专委会　翁云煊）

滚　塑

【大事记】

2005 年对中国的滚塑企业来讲是极其不平凡的一年，在中国塑料加工工业协会的领导下、在支持和关心中国滚塑事业的企事业单位和各界同仁的共同努力下，中国塑协滚塑专业委员会于 2005 年 6 月 18 日正式宣告成立。中国塑协滚塑专业委员会成立以后，以服务会员为宗旨、以委员会章程为准绳，充分发挥专委会对滚塑行业的号召力和凝聚力，为推进中国滚塑行业的快速发展，为促进中国滚塑企业间的相互交流，做了大量的工作。

1. 筹备工作卓有成效

① 积极奔走，多方沟通。2004 年 9 月，在“中国塑协”和有关部门支持下，成立了中国塑协滚塑专业委员会筹委会。筹委会的筹备工作从一开始就得到了中国塑协领导的关心和指导，特别是廖理事长和吴方群同志，常在百忙中给予积极指导，使整个筹备工作获益匪浅，进展顺利，在最短的时间里得到了民政部批准成立中国塑协滚塑专业委员会的批文。

同时筹备工作还得到了张良凤等好几位老同志的鼎力相助，他们经常代表筹委会与有关单位联系，为筹备工作付出了巨大的心血。此外，筹委会还与众多高等院校取得了联系，得到了山东化工大学、华东理工大学、华南理工大学等高校科研部门在学术上给予的指导和帮助，为专委会进一步加强与大学、科研院所之间的合作与交流，协同促进我国滚塑工业理论研究水平和技术创新能力的发展奠定了基础。

② 争取会员单位和社会各界同仁的大力支持。上海技术交易所、普陀区科委、北京化工大学等政府、院校机构与筹委会携手合作，在筹备工作遇到困

难之时提供了强有力的支持和帮助。经费不足曾制约了筹委会的工作，经过积极努力，筹委会得到了上海三维塑料制品有限公司、慈溪德顺容器有限公司、骁马机械（上海）有限公司、上海双恒机电科技有限公司、宁国天迈塑胶有限公司、上海春旭模具工业有限公司、无锡市海溪防腐设备厂、武汉龙腾旋塑交通安全设施制造有限公司、黄岩辉达塑料模具厂、上海家泰广告有限公司等的大力支持，确保了筹委会的工作得以顺利展开。

2. 精心策划、周密组织，确保“2005中国国际滚塑论坛暨中国塑协滚塑专业委员会成立大会”成功举办

由中国塑料加工工业协会、北京化工大学、上海技术交易所共同主办的2005中国国际滚塑论坛暨中国塑协滚塑专业委员会成立大会于2005年6月18～19日在上海隆重召开，滚塑专委会为此做了大量细致的工作。

① 中国塑协滚塑专委会成立大会顺利召开。6月18日上午召开了塑协滚塑专委会成立大会，有来自美国、澳大利亚、挪威、印度、马来西亚、中国台湾等国家和地区的近20位滚塑行业的专家，各国协会代表，以及国内21个省、市、自治区的148家滚塑单位共250多人参加了本次会议。大会由中国塑协代表吴方群主持；上海技术交易所总裁王海生代表主办单位向参会代表致欢迎辞；中国塑协代表吴方群宣读民政部批准成立中国塑协滚塑专业委员会的批文；滚塑专委会主任，上海三维塑料制品有限公司总经理张明治向大会作专委会筹备工作报告；大会审议并通过了滚塑专委会章程，选举产生了19名新任理事单位。在随后召开的理事会上，众理事单位一致选举上海三维塑料制品有限公司为理事长单位，选举上海技术交易所为常务副理事长兼秘书长单位，具体主持专委会工作。会议最终取得圆满成功，与会代表认为，滚塑专委会的成立必将为滚塑行业的健康发展提供有力保障，对滚塑行业基础人才的培养和行业竞争的良性发展将起到积极的推动作用。

② 2005中国国际滚塑论坛成功举办。6月18日下午和19日，举行了2005中国国际滚塑论坛，近10家中外企业的代表在企业论坛上与同行们进行了交流，另外，大会共收到了30多篇高质量的参会论文，均已收录在了本届论坛文集中。北京大学的杨卫民教授、世界塑料工程学会旋转成型分会主席Paul Nugent先生以及其他滚塑界的专家学者在论坛上做了精彩的演讲。与会代表在认真听取了专家演讲后踊跃提问、各抒己见，纷纷表示此次论坛开得非常及时，希望经常召开类似的会议。会后，根据专委会秘书处问卷调查显示，90%的参会者认为会议程序安排有序，会议组织非常成功，使参会者获益匪浅，让每位参会者对中国滚塑事业的发展充满了更多的期待。

【专委会工作】

2005年，在中国塑料加工工业协会的关心和指导下，中国塑协滚塑专委会从成立以来，其工作重心就是围绕加快发展会员队伍规模，努力开拓，健全内部管理，提升服务质量宗旨来开展工作。

① 加快会员队伍建设。中国的滚塑工业起步较晚，行业规模较小，与发达国家相比，从原料、设备、模具到制品各方面存在较大的差距。中国滚塑行业的发展现状决定了专委会起步工作难度很大。但在广大关心和支持中国滚塑事业的同仁们的共同努力下，会员队伍从无到有，逐步发展，经一年的努力，目前的会员单位已达到了80家。

② 充分了解会员动态。专委会成立后，为了进一步提高服务会员的质量，专委会起草了“会员调查表”，在表中罗列了会员对协会的要求、意见和建议，“会员调查表”发出后，陆续收到了会员的反馈信息，专委会将进一步对这些反馈信息进行归纳和整理，落实相关工作，切实做好会员服务工作。

③ 组织参加“2005年国际滚塑展览会”。“2005年国际滚塑展览会”在美国芝加哥召开，专委会为此做了大量的宣传活动，鼓励会员参加。同时，专委会也积极与美国方面联系，为会员办妥了相关参会手续。

④ 健全各项规章制度。专委会成立后，起草了“理事单位任职资格标准”和“专家委员会任职资格标准”，并将这两个“标准”通过信函发给各理事单位，广泛征询各理事单位的意见，有两家理事单位提出了修改意见，专委会在归纳了这两家理事单位的修改意见后，正式制定了“理事单位任职资格标准”和“专家委员会任职资格标准”。

⑤ 完成“中国滚塑网”的过户。筹委会从筹建到2005年10月以前“中国滚塑网”一直由上海家泰广告有限公司运作和维护，专委会成立后，经相关同志的努力和多方沟通，“中国滚塑网”终于2005年9月底正式归专委会拥有，专委会可正常地在“中国滚塑网”上发布各种需求信息，为会员提供服务。

⑥ 想方设法，为会员提供需求信息。专委会成立以来由于会员发展还未达到一定数量，会费收入还相当有限，目前会费收入还不足以创办自己的杂志的情况下，专委会与秘书长单位进行沟通了，将“上海技术信息专递”作为专委会的杂志免费寄给会员，让会员及时了解国内外最新的需求信息。

⑦ 为企业提供展示自我的机会。在专委会的组

织下，共有10家国内滚塑企业和1家意大利企业参加了2005上海国际工业博览会滚塑展区，各种滚塑产品让参观者流连忘返，使更多的人了解了滚塑技术、工艺和制品，扩大了社会影响。

滚塑专委会的各项工作在紧张有序的过程中度过了2005年，取得了一定的成绩，但也还存在许多问题，在新的一年里，专委会希望继续得到中国塑协以及各理事单位的支持，调动一切积极因素，充分利用各种社会资源，为滚塑行业的发展壮大发挥更大的作用。

【发展方向】

2006年的工作目标是，依托中国塑协，发挥自身优势，健全各项规章制度，完善服务职能，发挥专委会的组织和协调功能。

1. 强化会员服务体系

滚塑专委会实行会员制，为会员服务是专委会的宗旨。在2006年中，专委会将进一步拓展会员队伍，加强制度建设，不断丰富会员服务内容，逐步使专委会的工作规范化制度化。

① 强化会员队伍的建设。2006年专委会将加强滚塑技术的宣传和推广，吸引更多的企业运用滚塑技术，从而进一步壮大会员队伍。

② 加强制度建设，完善机构职能。2006年，专委会将进一步建立和健全各项规章制度，包括制定会员管理办法，专家委员任职办法等，同时着手开展行业标准制定的前期调研工作。专委会还将不断完善机构职能，使专委会的工作逐步走上正轨。

③ 丰富会员服务内容。除了及时提供最新的国内外需求信息，收集国内外滚塑企业的相关资料，发布国外最新的技术动态外，专委会将继续加强与理事单位、会员单位的联系和沟通，了解会员需求，丰富会员服务内容，提高服务质量，加快会员企业的发展。

2. 建立信息交流平台

① 充实并完善“中国滚塑网”。作为中国滚塑界的专业网络——“中国滚塑网”是专委会向会员提供国内外最新信息手段之一，也是会员信息交流的重要途径。专委会将在2006年中，继续做好网站的正常运行和维护工作，加快网站内容更新，根据会员服务需要充实网站内容，加强网站与会员的互动，使“中国滚塑网”更加专业，更具实效。

② 设立“中国滚塑专栏”。在目前专委会比较紧张的情况下，专委会拟与秘书长单位进行协商，在现有的“上海技术信息专递”上开辟中国滚塑专栏，重点介绍国内外滚塑的最新动向、最新技术、加工工艺、原料、设备、需求信息等内容，方便会员了解与掌握。

③ 在2005年举办的第一届中国国际滚塑论坛的基础上，为了给会员提供更多的交流与合作的机会，专委会准备在2006年适当的时间举办第二届中国国际滚塑论坛，为进一步开展滚塑行业的理论研究，协助会员解决在产品开发、市场拓展等方面所遇到的问题提供机遇。

④ 组织会员、国外滚塑企业参与2006中国国际工业博览会，设立滚塑展区，宣传滚塑行业，拓宽会员对外交流渠道，让更多的人了解滚塑工艺，壮大滚塑企业队伍。

⑤ 增进国内外交流。在2006年中，专委会将进一步加强与各国滚塑协会之间的交流，强化与国外优秀滚塑企业之间的合作，引进国外先进的生产技术、原料、设备和模具，促进我国滚塑产业的发展。

⑥ 大力宣传滚塑，让更多的人了解滚塑，扩大滚塑产业在中国市场的辐射力。滚塑产业作为国内塑料行业中的一个新兴产业，目前了解的人并不多。因此，要扩大滚塑产业的影响力，提升滚塑工业在整个中国塑料界的发展空间，就必须加大滚塑产业的宣传力度，让社会了解滚塑。

3. 建立三个中心

为促进中国滚塑行业的发展，专委会在利用上海在技术、人才、信息等领域里的优势，拟定在上海建立滚塑材料研制、设备制造、产品开发的沟通交流平台，并逐步形成滚塑行业的三个研究中心。通过2005年下半年的调研，在2006年将分别计划建立滚塑产品原料的研发、生产中心；滚塑设备、模具的制造中心，以及滚塑产品的研发、制造中心，整体形成以滚塑技术工艺为核心的研发中心，为最终实现我国滚塑工业的完全国产化打下扎实的基础。

（中国塑协滚塑专业委员会）

专家委员会

中国塑料加工工业协会专家委员会成立

经过一年多精心筹备，中国塑协专家委员会诞生了。这对我国科技界、产业界从事塑料研发和规模生产的专家和企业家们是一件令人兴奋的大事。新世纪国际间经济竞争的焦点就是科技竞争。科学技术高速发展，市场竞争日趋激烈，孤军作战的时代早已过去。中国塑协吸纳了行业内许多优秀专家学者成立专家委员会，是为了能在贯彻产学研、科工贸一体化过程中起到桥梁作用，促进各有关方面发挥各自专长，同心协力，深入国际前沿领域，赶超世界先进水平。我国国民经济和高科技现已进入高速发展时期，在尖端技术、国防建设和国民经济各个领域，塑料已成为不可缺少的材料。中国塑协专家委员会任重道远。

中国塑料加工工业协会廖正品会长在中国塑协专家委员会成立大会上致辞

金秋季节，丹桂飘香，今天我们在美丽的海滨城市，我国塑料产业最发达的地区之一——浙江省宁波市隆重召开“中国塑协专家委员会成立大会”，首先我代表中国塑协对各位专家代表远道而来出席大会表示热烈的欢迎和衷心的感谢！

成立专家委员会是中国塑协为了更好的推进和发挥行业协会的职能，更好的贯彻“为行业服务、为企业服务”的宗旨，促进科技成果转化，在科学家和企业家之间架起一座金色桥梁的重大举措。经过一年多精心的筹备、广泛调研，得到了科技界和产业界的广泛认同，今天100多位方方面面的专家齐聚一堂，来自科技界和产业界的专家坐在一起共商兴塑大计，展示成果、交流经验、探讨塑料新材料、新技术的进展和科研成果的转化，创造了一种新的模式。我们要在实践中不断地总结经验、改进工作，使这种模式的内涵更加丰富，在促进科技成果转化、推动塑料产业的发展中发挥更大的作用。

这次大会，集中了国内一大批从事塑料应用开发研究和规模生产的最活跃的优秀专家，目前在册的应聘专家已达200人，今天一部分专家有事不能前来赴会，事先都请了假、打了招呼，体现了良好的团队观念。诸位有幸成为中国塑协的首批应聘专家，这既是一种荣誉，又是一种责任。我呼吁大家要珍视这种荣誉，积极支持专家委员会的各项工作，用自己模范的行动为这个组织增光添彩！

由于我们的工作还不够细，中国塑协和专家们的联系还不够普遍，致使专家委员会各个领域的专家分布还不够均匀，一些非常优秀的专家由于种种原因还没有进入专家委员会，我们对此表示歉意。将通过已经颁布的专家管理办法的程序，逐步地把这些优秀的人才吸纳进专家委员会里来。使我们的专家队伍更具有广泛性、代表性和权威性。

各位领导、各位专家，刚刚闭幕的中国共产党第十六届中央委员会第五次全体会议深入分析了今后一个时期我国经济社会发展面临的国际国内形势，强调在全面建设小康社会的进程中，“十一五”时期具有承前启后的重要历史地位。我们必须紧紧抓住机遇，应对各种挑战，认真解决前进道路上面临的突出矛盾和问题，立足科学发展，着力自主创新，完善体制机制，促进行业和谐，开创中国塑料工业的新局面，为后10年顺利发展打下坚实基础。让我们携起手来、与时俱进，不断创新，共同努力，为我国塑料产业更加辉煌的明天而努力奋斗！

最后，我代表中国塑协对这次会议成功召开付出辛勤劳动的所有人员、对宁波市政府和此次会议的东道主——中科院宁波材料技术与工程研究所对大会的支持表示真诚的感谢！

2005年11月3日于宁波

“中国塑料加工工业协会专家委员会成立大会暨2005年塑料新材料、新技术国际研讨会”召开

11月3～5日，“中国塑料加工工业协会专家委员会成立大会暨2005年塑料新材料、新技术国际研讨会”在浙江省宁波市和余姚市召开。全国人大常委、中国轻工业联合会陈士能会长到会看望了与会专家并合影留念。中国塑协廖正品会长在会上致辞。会议选举了专家委员会领导机构成员，确定了秘书处设在中国塑协，同时也对秘书处工作人员进行了聘任。会议还通过了《中国塑料加工工业协会专家委员会管理办法》，宣布和通过第一届专家委员会领导机构，颁发了专家聘任书。当选的王德禧秘书长介绍了专家委员会筹备情况。中国塑协专家委员会的成立是中国塑协为了更好的推进和发挥行业协会的职能，更好的贯彻“为行业服务、为企业服务”的宗旨，促进科技成果转化，在专家和企业家之间架起一座桥梁的重大举措。

来自科技界和产业界等方方面面的首批应聘的近200名专家和会议代表齐聚一堂，共商兴塑大计，展示成果、交流经验、探讨塑料新材料、新技术的进展和科研成果的转化。

“2005年塑料新材料、新技术国际研讨会”在余姚市召开，廖正品的2005年中国塑料产业发展概况、周一兵的我国汽车工业发展概述及对塑料的需求、高立新的我国塑料管道产业现状与发展、汽巴精化的世界塑料添加剂发展动向、贝尔斯托夫公司的挤出发泡技术和膜片加工技术的新进展、王德禧的2005年世界塑料新材料、新技术发展概况、崔福斋的可降解高分子医用植入支架材料、瞿金平的聚合物动态成型理论与技术进展、杨鸣波的超临界二氧化碳在聚合物加工中的应用、陈庆华的塑料产业与环境协调性、王小青的生物降解塑料PBS的发展概况、刘万蝉的聚乙烯醇加工应用进展及市场展望、赵东风的国外高性能聚丙烯的发展方向、蒯一希的钢丝网骨架增强PE复合管生产技术和工程应用、黄锐的我国塑料加工工业中几个问题的思考、于建的无机纳米粒子的高分子包覆与表面功能化、欧育湘的塑料抑烟机理与抑烟剂的最新研究进展、陈宇的聚合型溴系阻燃剂的应用与进展、孙卫东的我国集成电路产业发展、江波的新型混炼技术应用研究、雷湘军的具有发展前途的塑木复合材料、薛木庆的高阻隔多层共挤 PE-X 在线配混挤出技术、詹茂盛的不饱和聚酯和双马来酰亚胺整体模制复合材料的热机械性能、孟月东的等离子体应用研究进展、陈杰瑢的低温等离子体技术在塑料高分子材料工程领域中的应用、王琪的分子复合改性 MCA 阻燃聚酰胺的研究、吴驰飞的有机小分子接枝纳米炭黑的工业制备与应用探讨、李毕忠的银及银锌复合抗菌剂在塑料中的应用、申长雨的注塑成型过程中微结构的发展和计算、吴大鸣的原位气泡拉伸法制备聚合物及纳米复合材料的实验研究、张玉川的当前塑料管业研究开发的热点课题、王贵宾的聚芳醚酮的特性及应用、陈晋南的塑化过程螺杆计量段三维流动的数值模拟、林少全的新材料在塑料管道中的应用、郑德的无铅化稳定剂及应用研究进展、陈家琪的从塑料制品标准化看产业发展动向、苑惠林的聚乙烯醇缩丁醛薄膜加工工艺及性能的研究、赵洪的挤出式毛细管流变仪的测量原理与应用等 38 位科技界、产业界专家、学者等就目前国内外塑料行业在新材料、新技术、新工艺等方面关注的热点、难点等问题进行了交流与探讨。会议分别由严庆、李滨耀、杨为民、于建、刘万蝉主持。

中国塑协专家委员会领导机构设置及工作人员名单

名誉主任　全国人大常委、中国轻工业联合会陈士能会长、徐僖院士、卓仁禧院士

主任　廖正品

常务副主任　王德禧

副主任　李国俊、陈宇、符岸、高立新、李滨耀、吴耀根、于建、杨鸣波、严庆、周山、周一兵、朱复华、赵安赤

秘书长　王德禧

副秘书长　付永彬、陈宇、顾刘谦

秘书处工作人员　马占峰、曹剑奇、许琳、刘姝、吕宗尹、高坤光

中国塑料加工工业协会专家委员会管理办法

第一章　总则

第一条　宗旨

中国塑料加工工业协会专家委员会（以下简称：专家委员会）是中国塑料加工工业协会（以下简称：中国塑协）的下设结构，由全国性的跨行业、跨地区、跨学科的塑料行业相关专业人士组成。专家委员会成立的目的是为行业服务、为企业服务，促进塑料产业技术进步与发展。

第二条　任务

专家委员会的任务是：为中国塑料行业的发展提出意见和建议；为企业提供技术指导和推动科技成果产业化；加强国内外行业间的交流与合作。

专家委员会将充分发挥专家在塑料加工及相关领域多学科的优势，为企业提供指导性服务。

1. 接受委托制定行业发展规划；

2. 接受委托为工程项目和技改项目、技术引进项目等提供咨询、论证和可行性研究；

3. 对修订具体项目相关技术的国家标准、规范和推荐性标准及行业标准提供参考意见；

4. 接受委托对工程设计、产品生产和监督管理中急需解决的技术问题进行研究论证，对行业相关设备和产品进行评价，对科技成果进行评估与鉴定；

5. 组织开展相关领域行政法规、设计规范和技术标准的宣传贯彻和培训工作，培训相关行业技术管理人才；

6. 组织专业学术论坛、学术研究合作及国际间的学术交流，积极推动企业同国内外科研院所和国外企业集团的紧密联系。

第二章　责任、权利与义务

第三条　责任

1. 积极参与中国塑协有关工作，调查、了解行业情况，为塑料行业发展出谋献策、提出建议；

2. 积极参加中国塑协组织的技术交流、技术服务、技术咨询、培训等各项有关活动；

3. 认真完成中国塑协交给的各项有关工作；

4. 及时提供本行业领域内的新技术、新成果、新动态等行业所需的各种国内外信息资料；

5. 积极参与国际间行业交流，并做好先进技术、管理工作在国内的推广应用工作。

第四条　权利与义务

1. 专家委员会成员有选举权和被选举权；

2. 专家委员会的领导成员由专家会议选举产生任期五年；

3. 对专家委员会的各项工作有建议权、批评权；

4. 有开展有偿科技咨询活动的权力；

5. 对专家委员会组织的各项活动有参加的义务。

第三章　会员

第五条　会员条件

1. 热爱祖国、奉公守法的公民，热心于塑料行业发展与建设，遵守相关管理制度；

2. 在塑料加工及其相关领域有重要建树、在学术上有较深造诣、在所从事的专业具有权威性或贡献，具备一定实际工作经验和突出成果的，包括在华的专家学者或有关领导和企业家；

3. 身体健康，能够胜任技术咨询、服务、标准、

设计、政策及经营管理等有关方面的工作任务，积极参加专家委员会组织的各种科技咨询服务和有关会议活动等。

第六条　入会程序

1. 本人提出申请，由二名现任专家委员会委员联名推荐或地方协会推荐，并提交《中国塑协专家委员会委员登记表》；

2. 申请人申报资料提交中国塑协审议批准；

3. 同意聘任为专家委员会成员的将由中国塑协发放聘书。

第七条　退会、劝退和除名

1. 勿需申明理由，只要向中国塑协提出书面退会申请就算正式退出；

2. 无故三次不参加专家委员会组织活动者，委员会有权劝其退出；

3. 严重过失和违法乱纪者除名。

第八条　行为规范

作为专家委员会成员既是一种荣誉又必须承担一定责任。专家委员会成员在参加各项活动中，应该注意保持谦虚谨慎，时时、事事通过自己的言行维护委员会的声誉，为该会增光添彩。不允许其成员利用“中国塑协专家的名头”做任何违法乱纪的事情；不准为谋求个人利益做坑害企业和他人的事情，违者责任自负。

第四章　机构

第九条　机构设置

专家委员会隶属中国塑协，专家委员会设名誉主任若干名，主任、秘书长各一名，常务副主任一名，副主任、副秘书长各若干名。秘书处人员由主任聘任。秘书处设在中国塑协。

第五章　管理

第十条　组织管理

1. 受聘专家由中国塑协聘任，聘期五年；

2. 受聘专家聘任期满，经审定合格可进行续聘；

3. 专家委员会的各项服务工作，由秘书处负责安排和管理。

第十一条　活动方式

1. 专家委员会可根据情况聘请有关专家参加中国塑协的技术服务活动；

2. 受聘专家只有受专家委员会的委托或同意，方可代表本专家委员会参与行业技术服务工作。

第十二条　受聘专家的待遇

1. 可获得专家委员会印发的有关资料；

2. 可参加专家委员会组织的有关活动。

第六章　附则

第十三条　本办法自颁布之日起实行。

第十四条　本办法的解释权归中国塑料加工工业协会。

专家名单

姓　名	单　位	职务、职称
陈士能	中国轻工业联合会	会长
徐僖	四川大学	院士/教授
廖正品	中国塑料加工工业协会	会长/教授级高工
李国俊	中国塑料加工工业协会	常务副会长/高工
王德禧	中科院化学所	研究员
包建成	苏州工业园区富士达塑业有限责任公司	董事长/高级经济师
包燕敏	上海人民塑料印刷厂	副厂长/高工
蔡明池	中国包协塑料包装委员会	副主任/高工
曹常在	天津市塑料研究所	所长/高工
曹建芳	山东道恩集团	总工程师/高工
曹剑奇	中国塑料加工工业协会	高级工程师
陈宇	北京市化学工业研究院	副院长/研究员级高工
陈成泗	宁波大成新材料股份有限公司	董事长/总经理
陈家琪	全国塑料制品标准化技术委员会	主任/高工
陈杰瑢	西安交通大学	教授/博导
陈晋南	北京理工大学	教授
陈静波	郑州大学材料科学与工程学院	副院长/教授/博导
陈明辉	金鹏集团	副总工程师/高工
陈庆华	福建师范大学化学与材料学院	副院长/高工
陈学军	宁波天安生物材料有限公司	副总经理
陈学思	中国科学院长春应用化学研究所	研究员/博导
陈耀庭	北京化工大学	教授

续表

姓　　名	单　　位	职务、职称
陈一东	贝尔斯托夫橡塑机械	销售经理
崔平	中科院宁波材料技术与工程研究所	所长/研究员
崔福斋	清华大学材料物理与化学材料院生物材料室	教授/博导
冯庶君	中国塑协人造革合成革专委会	常务副理事长/高经
符岸	广东省塑料工业协会	理事长
傅永彬	中国塑料加工工业协会	副秘书长/高工
傅旭	中蓝晨光化工研究院	院长/教授级高工
傅志权	浙江枫叶集团	董事长
高春荣	北京塑料工业协会	高级工程师
高坤光	中国塑协工程专委会	秘书长/工程师
高立新	建设部科技发展促进中心	处长/高工
耿传智	同济大学	副教授
耿孝正	北京化工大学	教授
顾红庆	无锡国泰彩印有限公司	副总经理/高工
顾刘谦	南京橡塑机械厂有限公司	副总工程师
郭宝华	清华大学化学工程系高分子研究所	副所长/教授
国殿才	山东省塑料工业有限公司技术开发服务公司	经理/高工
何春雷	舟山市金海机械有限公司	董事长
何海潮	上海金纬机械制造有限公司	董事长、总经理
侯树亭	泡沫塑料专业委员会	会长/教授
胡建信	北京大学环境学院环境过程教研室	主任/教授
胡正华	一汽大众有限公司采购部	经理/高工
黄锐	四川大学	教授
黄步明	广东泓利机器有限公司	总经理/研究员级高工
黄汉雄	华南理工大学	教授
黄虹	广东金明塑胶设备有限公司	总工程师/高工
黄萍	北京市塑料研究所	总工程师/高工
黄险波	广州金发科技股份有限公司	副总经理/博士
黄学祥	江苏联冠科技发展有限公司	董事长/总经理/高经
黄志杰	浙江俊尔新材料有限公司	总经理/高工
季君辉	中科院理化技术研究所	研究员/博导
贾润礼	华北工学院塑料研究所	所长/教授
蹇锡高	大连理工大学高分子材料研究所	所长/教授/博导
江波	北京化工大学	教授
江梅	长春一汽汽研所	高工
姜振华	吉林大学化学学院	教授
金洪波	中国塑协农膜专委会	秘书长
金日光	北京化工大学生命科学研究中心	主任/教授/博导
靳树伟	玉溪市旭日塑料有限责任公司	董事长
瞿金平	华南理工大学	副校长/教授
蒯一希	成都金石东方工业有限公司	董事长/总经理
雷湘军	巴顿菲尔震雄塑料设备有限公司	经理/高工
李杰	北京市加成助剂研究所	所长/高工
李毕忠	中科院理化技术研究所工程塑料国家工程研究中心	副主任/研究员
李滨耀	(中科院长春应用化学所)浙江杉杉集团公司	付总/研究员
李晨曦	东莞德科摩华大机械有限公司	首席经理/工程师
李汉鹏	《国外塑料》杂志	主编/高工
李建军	广州金发科技股份有限公司	总经理/博士
李林楷	广东榕泰实业股份有限公司	总经理/高工

续表

姓　　名	单　　位	职务、职称
李树材	天津科技大学	教授/博导
李元珍	中航一集团北京航空材料研究院	高工
廖启忠	广州市冠誉铝箔包装材料有限公司	副总经理
林少全	广东联塑科技实业有限公司	主任/博士
刘鹏	兰州石化分公司石油化工研究院橡塑加工应用研究所	副所长
刘萍	北京东方石油化工有限公司助剂二厂	总工/高工
刘姝	中国塑料加工工业协会	统计师
刘春太	郑州大学材料科学与工程学院	教授
刘丰田	山东省塑料协会	会长/研究员
刘光知	科倍隆科亚(南京)机械有限公司	首席执行官
刘均科	全国塑料加工工业信息中心	常务副主任/高工
刘秋凝	轻工业塑料加工应用研究所	高工
刘万蝉	轻工业塑料加工应用研究所	所长/高工
刘英俊	中国塑协改性塑料专委会	秘书长/教授
龙云正	南京橡塑机械厂有限公司	董事长/高工
娄晓鸣	兰州兰泰塑料机械有限公司	总经理
卢灿辉	四川大学高分子研究所	教授/博导
卢秀萍	天津科技大学材料科学与化学工程学院	教授
吕宗尹	《国外塑料》杂志	记者
罗意自	南海东兴制罐有限公司	董事长
罗运军	北京理工大学材料与工程学院	教授
马永梅	中国科学院化学所	博士
马占峰	中国塑料加工工业协会	工程师
马镇鑫	广东金明塑胶设备有限公司	总经理
马之清	山东清源集团有限公司	董事长
孟杨	济南太亚聚氨酯有限公司	总经理/高工
孟月东	中科院等离子体物理研究所	研究员/博导
米永存	山东道恩集团有限公司	常务副总经理/高工
倪众勤	北京华盾雪花塑料集团有限责任公司	高工
欧阳荣	香港联塑集团有限公司	常务副总裁
欧育湘	北京理工大学	教授
潘庆功	山东省塑料协会	秘书长/高工
钱洪祥	圣诺盟控股集团有限公司	副总经理
钱耀恩	中国塑料机械工业协会	秘书长
秦立洁	北京华盾雪花塑料集团公司	高级工程师
邵佳敏	华东理工大学材料科学与工程学院	教授
申长雨	郑州大学材料科学与工程学院	教授/副校长
孙安垣	《工程塑料应用》杂志社	所长/研究员
孙福荣	温州市合成革商会	会长
孙天智	淄博天鹤塑胶有限公司	董事长/总经理
孙卫东	北京市塑料研究所	部长/研究员级高工
汤俊	天津市塑料集团有限公司	处长/高工
唐辉	合肥紫江包装有限公司	总工程师
田兴友	中科院固体物理研究所	博士
王存吉	异型材及门窗制品专业委员	秘书长/高工
王东川	上海汽车工业公司工程研究院	副总工程师
王贵宾	吉林大学化学学院	教授
王宏安	河北宝硕股份有限公司创业塑料分公司	副总经理
王珏	浙江申达塑料机械有限公司	总经理

续表

姓　　名	单　　位	职务、职称
王克智	山西省化工研究院	总工程师
王琪	四川大学	教授/主任
王清国	长春一汽汽研所	主任/高工
王文广	深圳市塑胶行业协会	秘书长/教授级高工
王新宇	美国加州大学洛杉矶分校	博士
王彦明	北京隆达轻工控股有限公司	部长
王玉忠	四川大学降解与阻燃高分子材料研究中心	教授/博导
王仲文	浙江七色鹿色母粒有限公司	董事长/总经理
魏若奇	建设部国家化学建材检测中心	主任/教授级高工
翁云煊	中国塑协降解塑料专委会秘书长	秘书长/高工
吴芬	南京聚隆工程塑料有限公司	总经理
吴驰飞	华东理工大学材料学院	教授
吴大鸣	北京化工大学机电工程学院	教授
吴宏武	华南理工大学工业装备与控制学院	教授
吴念	北京塑料集团公司	高级工程师
吴卫平	青岛天星高材科技有限公司	总经理
吴耀根	佛山塑料集团东方包装材料有限公司	副总经理/高工
吴忠文	吉林大学化学学院	教授
谢鸽成	汽巴精化(中国)有限公司	经理
谢世雄	广东顾地塑胶股份有限公司	副董/总经理/高工
徐蓓蕾	中国轻工业联合会北京来斯特科贸有限公司	董事长/教授级高工
徐同考	河北邢台东泰塑胶有限公司	董事长
徐卫兵	合肥工业大学化工学院	主任/教授/博导
徐迎宾	广州市花都科苑企业有限公司	总经理/博士
许琳	中国塑料加工工业协会	高级工程师
许国志	轻工业塑料加工应用研究所	教授
薛木庆	德士威塑料机械有限公司	高工
严庆	中科院宁波材料技术与工程研究所	副所长/博士
杨桂生	上海杰事杰杰新材料股份有限公司	董事长
杨洪献	管道专委会	秘书长
杨鸣波	四川大学高分子科学与材料学院	教授
杨宇明	中国科学院长春应用化学研究所	室主任
杨忠久	深圳市顺嘉高新建材有限公司	总工程师
杨力	全军包装工作办公室	教授
杨惠娣	《中国塑料》编辑部	主编/高工
杨明锦	北京塑料研究所《塑料》编辑部	主编/研究员级高工
杨升	佛山高明亿龙塑胶工业有限公司	董事长
杨卫民	北京化工大学	教授
杨小玲	《助剂》杂志编辑部	高工
于建	清华大学	教授
于文祥	烟台万华合成革集团	常务副总裁
俞建模	大连三垒机器有限公司	董事长/总工程师
喻建明	烟台万华聚氨酯股份有限公司	院长
苑会林	北京化工大学材料科学与工程学院	教授
严为群	江苏联冠科技发展有限公司	高级工程师
曾铁球	高明骏胜塑胶有限公司	董事长
詹茂盛	北京航天航空大学	教授
张春华	广东仕诚塑料机械有限公司	总经理
张红兵	北京三佳挤出技术有限公司	总经理

续表

姓　　名	单　　位	职务、职称
张华集	福建师范大学化学与材料学院	教授级高工
张其智	潍坊中云集团公司	董事长
张胜国	南京瑞亚高聚物装备有限公司	副总经理
张学仁	甘肃省皮革塑料研究所(公司)/甘肃省塑料协会	副所长/高工/秘书长
张玉爱	甘肃省皮革塑料研究所	高级工程师
张玉川	北京塑料工业协会	理事长/研究员级高工
张志平	中蓝晨光化研究院	高级工程师
章林伟	国家建设部	处长/教授级高工
庄甦	北京市塑料研究所	所长
赵安赤	清华大学	教授/理事长
赵东风	旺中催化剂有限公司	总经理
赵红玉	中国轻工业出版社	副编审
赵洪	哈尔滨理工大学	副校长
赵建华	南京橡塑机械厂有限公司	副总经理/高工
郑恺	国家通用工程塑料工程技术研究中心/中国工程塑料协会	副主任/秘书长/高工
郑德	广东炜林纳功能材料有限公司	总经理
郑天录	天津市塑料工业协会；天津市塑料集团公司	高工/秘书长
钟少锋	中科院等离子体物理研究所	博士
钟晓萍	《塑料工业》杂志社	副主编
周山	保硕集团股份有限公司	董事长/正高工
周南桥	华南理工大学工业装备与控制学院	教授
周一兵	中国汽车工业协会汽车相关工业分会	常务副理事长/教授级高工
朱复华	北京化工大学塑料工程研究所	所长/教授
朱康建	广州博创机械有限公司	总裁/工程师

（中国塑料加工工业协会　许琳）

上市公司

2005年塑料行业上市公司情况

一、上海证券市场部分塑料行业上市公司情况

公司名称:江苏中达新材料集团股份有限公司(中达股份)	证券代码:600074

基本情况

主营业务:生产销售双向拉伸聚酯薄膜、双向拉伸聚丙烯薄膜、多层共挤流延薄膜等

发行日期:19970605

上市日期:19970623

法人代表:张国伟

联系人:万文山

主承销商:申银万国证券股份有限公司

公司名称:江苏中达新材料集团股份有限公司

公司地址:江苏省江阴市申港镇镇澄路999号

公司电话:0510-6684039、6686352

本公司经批准,由南京塑料包装材料总厂、中国包装总公司内江包装材料总厂,申达集团公司、南京双惠新技术开发公司、北海中包工贸有限公司、江阴市黎明幕墙有限公司联合发起设立。前三家分别以所属聚酯薄膜一分厂,全资子公司万事达塑胶制品公司、聚丙烯车间和新乙烯车间评估后的净资产折价入股,后三家以现金出资投资入股,采用社会募集方式设立。1997年6月5～15日向社会公众公开发行股票,同年6月23日,"南京中达"(A股)在上交所上市交易。1998年4月,为适应公司经营发展需要,公司名称由"南京中达制膜股份有限公司"变更为"南京中达制膜(集团)股份有限公司"。2003年10月10日,公司名称变更为"江苏中达新材料集团股份有限公司",股票简称变更为"中达股份"。

注:以上公司基本概况数据截止日期:20050827

2005年经营情况/(每股收益/元)

年报	三季度季报	中报	一季度季报
0.21	0.15	0.10	0.05

近几年收益

每股收益/元			每股净资产/元			净资产收益率/%		
2005年末	2004年末	2003年末	2005年末	2004年末	2003年末	2005年末	2004年末	2003年末
0.21	0.24	0.34	0	0	3.37	6.19	6.74	10.05

中达股份(600074)财务指标变动

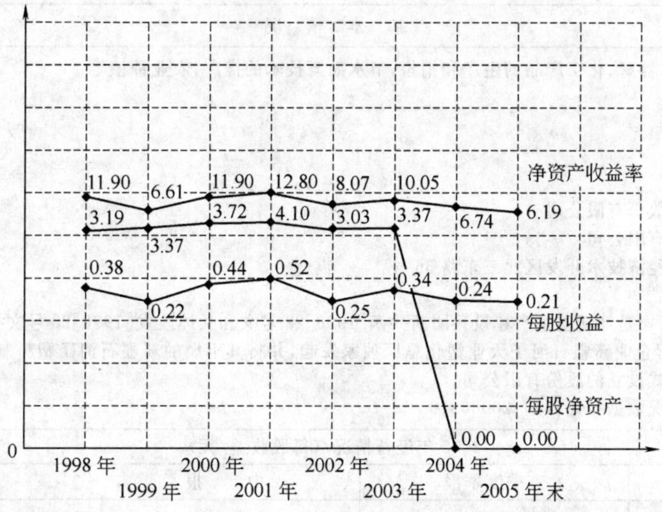

续表

公司名称:江苏中达新材料集团股份有限公司(中达股份)	证券代码:600074

股本结构/万股

变化日期	总股本	国家股	发起法人股	法人股	流通A股	职工股	流通B股	转配股	H股
20050630	37 540.80		18 295.20		19 245.60				

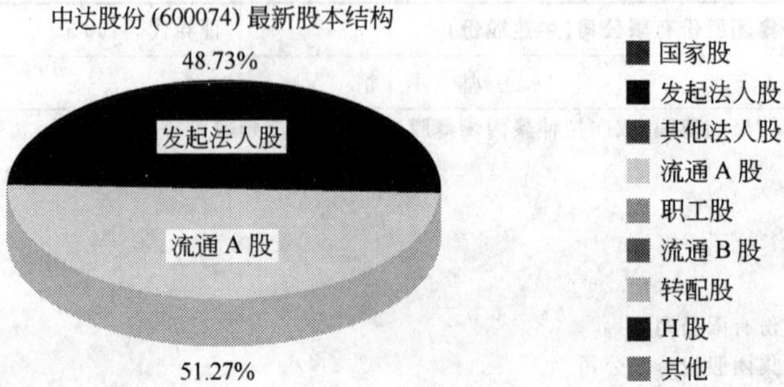

分红方案

年度	分红方案	配股方案
2005年末期		
2005年中期	利润不分配不转增	

特别提示

中达股份(600074)称,鉴于宏观政策及市场变化等因素的影响,决定终止对江阴金中达新材料有限公司进行增资。中达股份称,此事对其现有生产经营活动无直接影响。此前该公司原定与安恒实业有限公司共同对江阴金中达进行增资,增资规模为总投资2 980万美元扩大到8 600万美元,注册资本从1 500万美元增加到3 500万美元。(20050217)

日前,江苏中达新材料集团股份有限公司控股达75%的子公司常州钟恒新材料有限公司在江阴举行银团贷款信息发布会。中达股份控股股东董事长张国平在会上指出,此次针对中达股份子公司常州钟恒新材料有限公司的银团贷款,是一次实现双赢的银企合作,它标志着今后中达股份和银企之间的合作将会更加广泛和紧密。本次银团贷款的项目常州钟恒年产6万吨BOPET多功能新材料项目是由江苏中达新材料集团股份有限公司和香港鹏隆实业有限公司合资兴建的。(20051110)

公司主要经营业务橡胶塑料产品制造业(国际标准行业分类),经营收入比例100.0%,利润贡献100.0%。(注:以上经营业务数据截止日期为:20050630)

公司名称:新疆天业股份有限公司(新疆天业)	证券代码:600075

基本情况

主营业务:塑料制品、节水器材、化工产品的生产和销售,节水灌溉技术的推广;农业种植等
发行日期:19970523
上市日期:19970617
法人代表:郭庆人
联系人:沈　明
主承销商:申银万国证券股份有限公司
公司名称:新疆天业股份有限公司
公司地址:新疆石河子市经济技术开发区北三东路36号
公司电话:0993-2623118

新疆天业股份有限公司是经新疆生产建设兵团新兵函[1996]28号文和兵体改发[1996]20号文批准筹建,由新疆生产建设兵团农八师直属的国营企业新疆石河子天业塑化总厂独家发起,并将其下属的新疆石河子塑料制品总厂和新疆石河子化工厂部分改组,以募集方式设立的股份有限公司。

注:以上公司基本概况数据截止日期:20060316

2005年经营情况/(每股收益/元)

年报	三季度季报	中报	一季度季报
0.71	0.39	0.31	0.13

续表

公司名称:新疆天业股份有限公司(新疆天业)						证券代码:600075		
近几年收益								
每股收益/元			每股净资产/元			净资产收益率/%		
2005年末	2004年末	2003年末	2005年末	2004年末	2003年末	2005年末	2004年末	2003年末
0.71	0.33	0.26	0	5.24	5.01	12.00	6.29	5.21

新疆天业(600075)财务指标变动

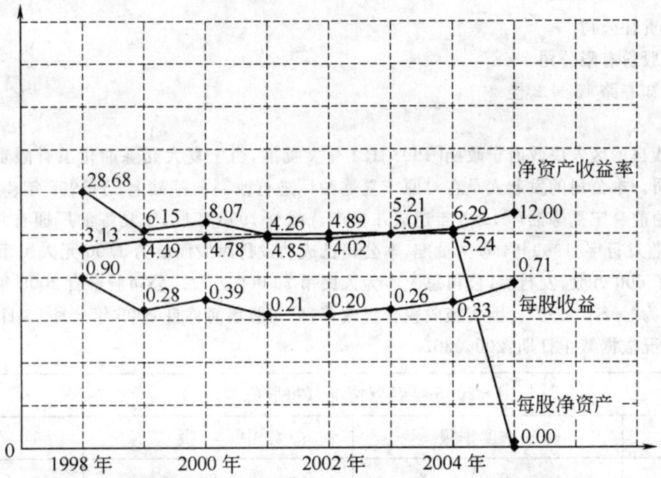

股本结构/万股

变化日期	总股本	国家股	发起法人股	法人股	流通A股	职工股	流通B股	转配股	H股
20060512	21 929.60	9 488.00			12 441.60				

新疆天业(600075)最新股本结构

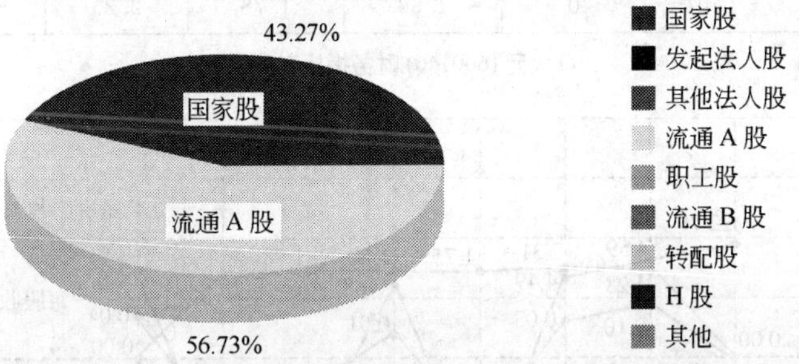

分红方案

年度	分红方案	配股方案
2005年末期	利润不分配不转增	
2005年中期	利润不分配不转增	

特别提示

新疆天业(600075)日前召开的董事会,通过了一项为新疆天融投资(集团)有限公司提供5 000万元借款的议案,而这笔借款的起因,根据公司公告所称,则与妥善解决农八师所属单位拖欠农民工工资及农户承包兑现等问题有关。新疆天业在公告中称,新疆天融投资集团为新疆生产建设兵团农八师石河子市国有资产经营公司(公司非关联方)。为妥善解决农八师所属单位拖欠农民工工资及农户承包兑现等问题,从维护本地区稳定大局出发,公司同意为其提供人民币5 000万元的借款,借款期限3个月,到期按同期银行借款利率收取本息。(20050105)

"天业大化工的近期目标已在第三季度提前实现!原计划今年10月完成的化工城二期项目8月25日就竣工投产了。具体情况让我们的总指挥说吧。"新疆天业董事长郭庆人对记者这样说。来到气势恢弘的天业化工城,总指挥吴斌告诉记者:"工程从2004年3月开始大规模建设,一期工程年产10万吨聚氯乙烯树脂、10万吨离子膜烧碱2004年11月建成投产,二期10万吨聚氯乙烯树脂和10万吨离子膜烧碱项目工程今年3月底开始建设,8月投产。至此,天业化工城已形成年产26万吨聚氯乙烯树脂、25万吨离子膜烧碱、25万吨电石、20万千瓦热电生产能力。"(20051026)

公司主要经营业务之一橡胶塑料产品制造业(国际标准行业分类),经营收入比例11.7%,利润贡献17.8%;化学药品和化学品制造业(国际标准行业分类),经营收入比例62.2%,利润贡献58.1%。(注:以上经营业务数据截止日期为:20051231)

公司名称:宁夏大元化工股份有限公司(G大元)	证券代码:600146

基 本 情 况

主营业务:生产销售工程用塑料板材、管线、异型材、电线、电缆
发行日期:19990614
上市日期:19990707
法人代表:徐　斌
联系人:李　云
主承销商:中信证券有限责任公司
公司名称:宁夏大元化工股份有限公司
公司地址:北京市海淀区知春路13号2楼
公司电话:010-82332716

本公司是经宁夏回族自治区人民政府宁政函[1998]121号文批准，由宁夏大元炼油化工有限责任公司独家发起以募集方式设立的股份有限公司。本公司的发起人是在对原宁夏炼油厂进行改制的基础上，于1998年4月21日成立的国有独资的有限责任公司。公司的前身宁夏炼油厂1991年建成并投产。截至1998年底，宁夏炼油厂拥有总资产9.20亿元，净资产5.21亿元。经证监会证监发行字[1999]64号文批准，本公司已成功发行每股面值为1.00元人民币普通股股票5 400万股，另向证券投资基金配售了600万股，发行后，公司总股本为人民币20 000万股。公司股票自2005年2月24日实施退市风险警示特别处理，简称变更为"＊ST大元"。因实施股权分置改革，公司股票简称自2006年2月23日起变更为"G＊ST大元"。

注:以上公司基本概况数据截止日期:20060307

2005年经营情况/(每股收益/元)

年　报	三季度季报	中　报	一季度季报
0.04	0.01	0.01	0.01

近几年收益

每股收益/元			每股净资产/元			净资产收益率/%		
2005年末	2004年末	2003年末	2005年末	2004年末	2003年末	2005年末	2004年末	2003年末
0.04	－0.18	－0.01	0	1.60	1.78	2.25	－11.54	－0.69

G大元(600146)财务指标变动

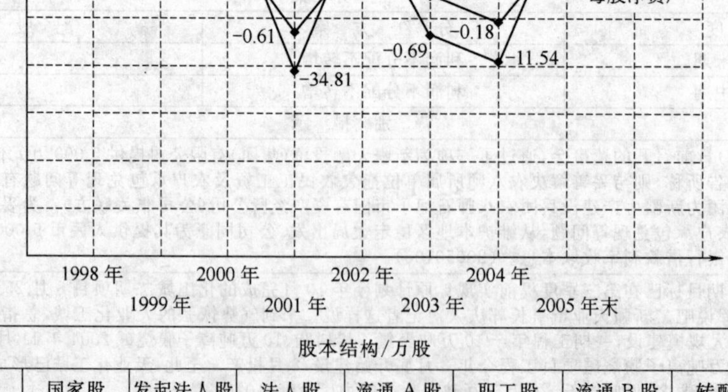

股本结构/万股

变化日期	总股本	国家股	发起法人股	法人股	流通A股	职工股	流通B股	转配股	H　股
20060223	20 000.00		12 080.00		7 920.00				

续表

公司名称:宁夏大元化工股份有限公司(G大元)	证券代码:600146

G大元(600146)最新股本结构

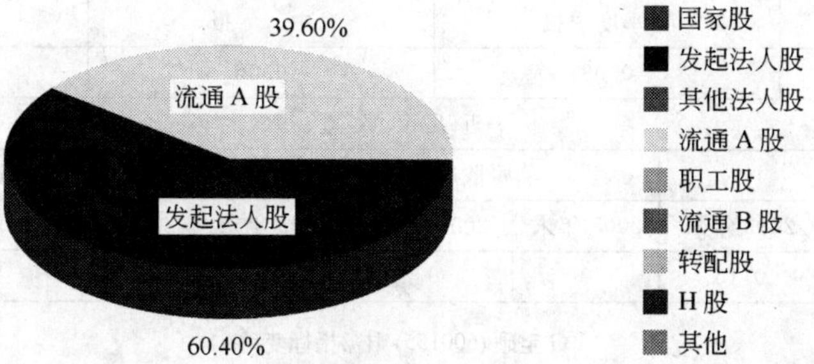

分 红 方 案

年　度	分 红 方 案	配 股 方 案
2005年末期	利润不分配不转增	
2005年中期	利润不分配不转增	

特 别 提 示

今日,＊ST大元宣布,接宁夏回族自治区综合投资公司通知,第一大股东宁夏回族自治区综合投资公司将其持有的公司14 000万股国家股(占公司总股本的70%)协议转让给大连实德投资有限公司事宜,已于2005年7月13日经宁夏回族自治区人民政府有关文件批准,现还需经国务院国有资产监督管理委员会批准后生效。此次,实德投资受让＊ST大元股权,是希望通过获得＊ST大元的控股权,对其现有业务的整合和规划,对＊ST大元的现有资产、业务等进行重组。(20050719)

11月底,＊ST大元(600146.SH)公布了一份较为独特的股改方案:送股＋无形资产重组的组合式对价。"至今为止,＊ST大元是A股市场第一家起用无形资产作为对价部分的上市公司,这种方式体现了管理层意愿下的上市公司未来业绩成长和价值增长能力模式,不过,把无形资产作为对价条件的股改必须符合一定条件,并非适合所有上市公司。"国泰君安有关人士表示。目前,对于公司而言,十分急迫进行二次经营性重组,摘掉ST帽子。"这是实德投资对大元股份的收购完成之后必定要实施的步骤。"＊ST大元常务副总裁、董秘李云解释。(20051204)

"对价水平提高到3.2股,大股东已尽了最大努力。"近日,＊ST大元(600146)常务副总、董秘李云在最新股改方案公布后表示,"这是对流通股利益的进一步保护"。李云解释说,自11月28日公布股改方案之后,公司与流通股东进行沟通,尽管最初考虑到实德投资进入大元时是以30%的高溢价购得70%的公司股权,成本已是比较高昂,还是制定了高于理论值的10送2.6方案。而经过此一阶段的再三沟通,经实德投资提议,公司决定提高对价水平到3.2股,送股数量由原来的1 560万股增加到1 920万股,送股量增加360万股。(20051209)

公司主要经营业务之一橡胶塑料产品制造业(国际标准行业分类),经营收入比例53.4%,利润贡献45.5%;化学药品和化学品制造业(国际标准行业分类),经营收入比例46.7%,利润贡献54.5%。(注:以上经营业务数据截止日期为:20051231)

公司名称:河北宝硕股份有限公司(G宝硕)	证券代码:600155

基 本 情 况

主营业务:塑料制品和化工产品的生产和销售
发行日期:19980629
上市日期:19980918
法人代表:周　山
联系人:何胜利
主承销商:中国经济开发信托投资公司
公司名称:河北宝硕股份有限公司
公司地址:河北省保定国家高新技术产业开发区朝阳北路175号
公司电话:0312-3109607

本公司发起人为河北保塑集团有限公司始建于1957年,当时为保定市细菌肥料厂。1959年改名为保定化工厂;1963年,改为保定塑料厂;1988年,与保定第二塑料厂合并为保定塑料总厂;1993年在保定塑料总厂的基础上组建河北保塑集团有限公司;1996年改制为河北保塑集团国有独资核心企业1998年,集团公司为独家发起人,以集团公司改组前的部分经营性资产及负债形成的净资产进行股份制改组,并以社会募集方式设立本公司,其余的净资产留在集团公司。

注:以上公司基本概况数据截止日期:20050204

续表

公司名称：河北宝硕股份有限公司（G宝硕）			证券代码：600155
2005年经营情况/（每股收益/元）			
年　报	三季度季报	中　报	一季度季报
0.10	0.08	0.06	0.05

近几年收益

每股收益/元			每股净资产/元			净资产收益率/%		
2005年末	2004年末	2003年末	2005年末	2004年末	2003年末	2005年末	2004年末	2003年末
0.10	0.15	0.15	0	0	2.15	4.36	6.79	6.95

G宝硕(600155)财务指标变动

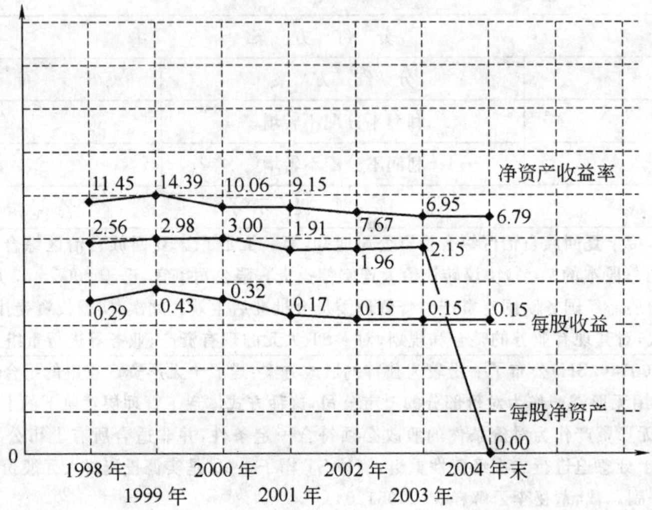

股本结构/万股

变化日期	总股本	国家股	发起法人股	法人股	流通A股	职工股	流通B股	转配股	H　股
20060426	41 250.00	22 399.15	2 770.85		16 080.00				

G宝硕(600155)最新股本结构

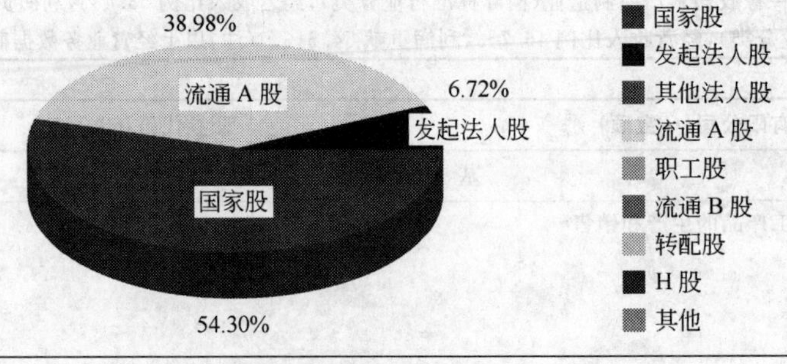

分红方案

年　度	分红方案	配股方案
2005年末期		
2005年中期	利润不分配不转增	

特别提示

公司主要经营业务之一橡胶塑料产品制造业（国际标准行业分类），经营收入比例67.2%，利润贡献50.6%；化学药品和化学品制造业（国际标准行业分类），经营收入比例32.8%，利润贡献49.4%。（注：以上经营业务数据截止日期为：20050630）

公司名称:中国玻纤股份有限公司(中国玻纤)	证券代码:600176

基 本 情 况

主营业务:玻纤及其制品、建筑塑料地板、PVC管材管件的生产和销售等
发行日期:19990305
上市日期:19990422
法人代表:曹江林
联系人:王志玉
主承销商:广发证券有限责任公司
公司名称:中国玻纤股份有限公司
公司地址:北京市海淀区西三环中路10号
公司电话:010-88028660

公司于1998年8月31日经国家经贸委国经贸企改[1998]544号文批准,由中国新型建筑材料公司,浙江永联集团公司和中国建筑材料及设备进出口公司四家企业联合发起,在对江苏常州建筑塑料厂、中新集团南京新型建材有限公司、江苏江阴化工塑料厂、巨石集团有限公司进行整体改组的基础上,加上中新公司将所持有山东烟台渤海钢铁建材股份有限公司的投资收益投入和中国建筑材料及设备进出口公司的现金投入,以募集设立方式设立。2004年12月15日,公司名称由"中国化学建材股份有限公司"变更为"中国玻纤股份有限公司",股票简称由"中国化建"变更为"中国玻纤"。

注:以上公司基本概况数据截止日期:20060224

2005年经营情况/(每股收益/元)

年 报	三季度季报	中 报	一季度季报
0.29	0.24	0.15	0.08

近 几 年 收 益

每股收益/元			每股净资产/元			净资产收益率/%		
2005年末	2004年末	2003年末	2005年末	2004年末	2003年末	2005年末	2004年末	2003年末
0.29	0.21	0.20	0	0	1.56	16.70	14.52	12.82

中国玻纤(600176)财务指标变动

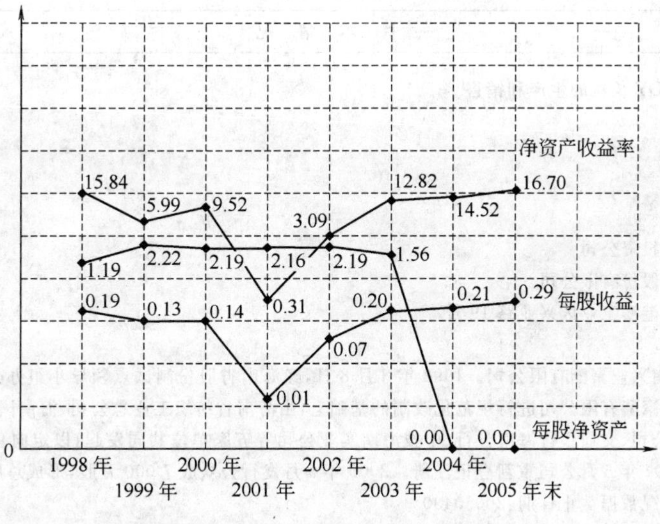

股本结构/万股

变化日期	总股本	国家股	发起法人股	法人股	流通A股	职工股	流通B股	转配股	H 股
20040701	42 739.20	18 978.24	9 514.56		14 246.40				

续表

公司名称：中国玻纤股份有限公司（中国玻纤）	证券代码：600176

中国玻纤 (600176) 最新股本结构

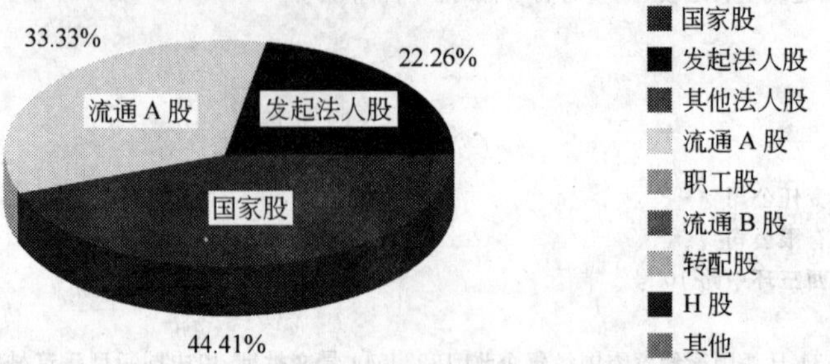

分 红 方 案

年　度	分 红 方 案	配 股 方 案
2005年末期		
2005年中期	利润不分配不转增	

特 别 提 示

中国玻纤(600176)两项投资：对巨石成都增资并建设年产四万吨中碱玻纤项目、巨石九江建设年产三万吨无碱玻纤项目。先交待一下这其中的母子关系：中国玻纤持有巨石集团 59.9%的股权，巨石集团持有巨石成都 57%的股权、持有巨石九江 99%的股权。再说一下这两大项目预计的年平均利润总额，分别是 6 111 万元、5 616 万元。按持股比例算下来，中国玻纤可以拿到手的年平均利润大约是 5 400 万元左右，而中国玻纤今年前三季度的净利润约 1 亿元左右，所以这两项目对其利润影响还是蛮大的。(20051228)

公司主要经营业务之一其他非金属矿产品制造业(国际标准行业分类)——玻璃纤维及制品，经营收入比例 100.0%，利润贡献 100.0%。(注：以上经营业务数据截止日期为：20050101)

公司名称：海南兴业聚酯股份有限公司（ST聚酯）	证券代码：600259

基 本 情 况

主营业务：聚酯切片及FDY长丝的生产和销售
发行日期：20000508
上市日期：20000525
法人代表：刘明贵
联系人：欧大潭
主承销商：中国东方信托投资公司
公司名称：海南兴业聚酯股份有限公司
公司地址：海南省海口市港澳工业区兴业路 19 号
公司电话：0898-68669470

本公司前身为原海南兴业聚酯有限公司。1992 年 8 月 8 日，经海南省股份制试点领导小组办公室琼股办字[1992]8 号文件批准，在对海南兴业聚酯有限公司进行规范化改制的基础上，由海南省纺织工业总公司、海南国际(海外)投资有限公司、中国银行海口信托咨询公司、交通银行海南分行、中技海南实业公司等五家单位共同发起，以定向募集方式设立本公司。总股本为 14 340 万元。1997 年 5 月公司重新登记注册。2000 年 5 月发行公众股 7 000 万股，形成总股本 21 340 万股。

注：以上公司基本概况数据截止日期：20050430

2005年经营情况/(每股收益/元)

年　报	三季度季报	中　报	一季度季报
−1.40	−0.38	−0.30	−0.18

续表

公司名称:海南兴业聚酯股份有限公司(ST 聚酯)						证券代码:600259		
近几年收益								
每股收益/元			每股净资产/元			净资产收益率/%		
2005 年末	2004 年末	2003 年末	2005 年末	2004 年末	2003 年末	2005 年末	2004 年末	2003 年末
-1.40	-0.37	0.01	0	0	2.07	-491.91	-22.02	0.64

兴业聚酯 (600259) 财务指标变动

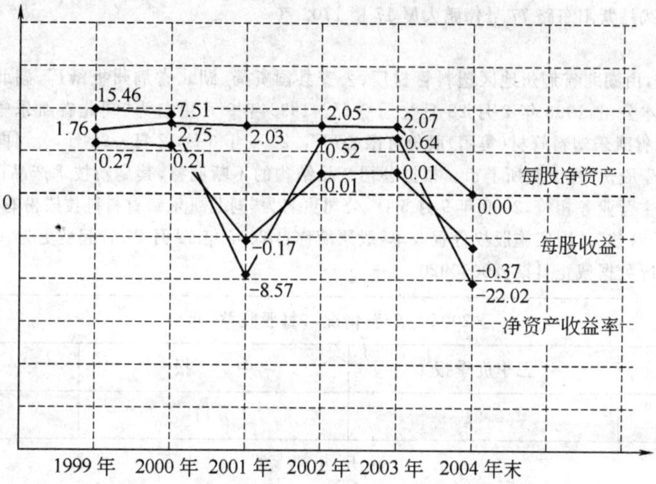

股本结构/万股									
变化日期	总股本	国家股	发起法人股	法人股	流通 A 股	职工股	流通 B 股	转配股	H 股
20030512	21 340.00	8 336.00	3 544.00		9 460.00				

*ST 聚酯 (600259) 最新股本结构

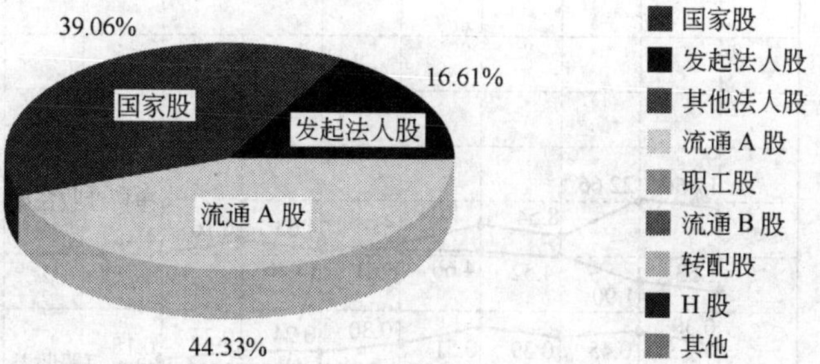

分红方案		
年　度	分红方案	配股方案
2005 年末期		
2005 年中期	利润不分配不转增	

特别提示

公司主要经营业务之一化学药品和化学品制造业(国际标准行业分类)——FDY 长丝及聚酯等,经营收入比例 100.0%,利润贡献 0.0%。(注:以上经营业务数据截止日期为:20050630)

公司名称：湖北凯乐新材料科技股份有限公司(G凯乐)	证券代码：600260

基 本 情 况

主营业务：邮电通讯、化工建筑、农田水利
发行日期：20000622
上市日期：20000706
法人代表：朱弟雄
联系人：陈 杰
主承销商：长江证券
公司名称：湖北凯乐新材料科技股份有限公司
公司地址：湖北省武汉市武昌紫阳东路77号伟鹏大厦17楼1702室
公司电话：027-87250890

1993年2月，经批准，由湖北省荆州地区塑料管材厂、公安县国资局、湖北省荆州板纸厂、湖北省公安县纺纱厂共同发起，以定向募集方式设立本公司，1993年2月28日注册登记。1995年9月更名为“湖北省凯乐塑料管材股份有限公司”。1997年6月更名为“湖北省凯乐塑料管材(集团)股份有限公司”。2000年6月12日～28日，公司向社会公开发行股票5 500万股，同年7月6日，“凯乐股份”在上交所上市。根据公司产品结构的不断调整，其高新技术产品已占公司产品销售业务的75%，为了使公司名称与主营业务相符，2000年9月5日，公司更名为“湖北凯乐新材料科技股份有限公司”。2001年2月19日，证券简称变更为“凯乐科技”。因实施股权分置改革，股票简称自2005年12月22日起变更为“G凯乐”。

注：以上公司基本概况数据截止日期：20050920

2005年经营情况/(每股收益/元)

年 报	三季度季报	中 报	一季度季报
0.18	0.21	0.11	0.05

近几年收益

每股收益/元			每股净资产/元			净资产收益率/%		
2005年末	2004年末	2003年末	2005年末	2004年末	2003年末	2005年末	2004年末	2003年末
0.18	0.23	0.24	0	0	5.26	4.48	6.16	4.63

G凯乐(600260)财务指标变动

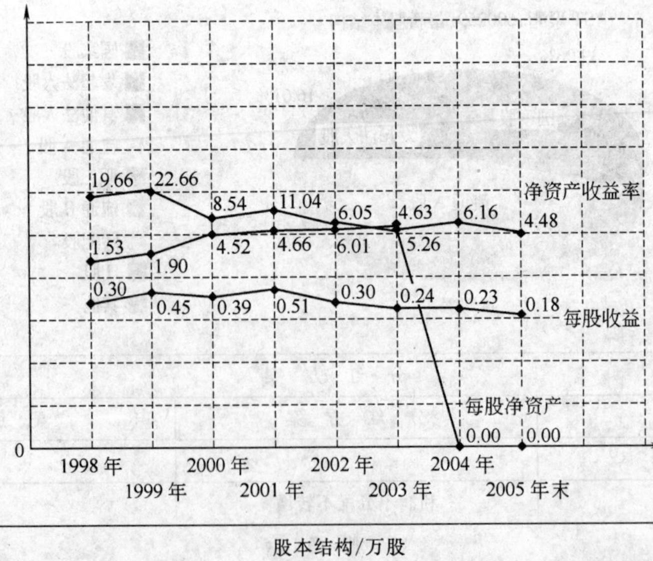

股本结构/万股

变化日期	总股本	国家股	发起法人股	法人股	流通A股	职工股	流通B股	转配股	H 股
20051222	26 382.00	1 513.13	8 241.91		16 626.96				

续表

公司名称:湖北凯乐新材料科技股份有限公司(G凯乐)	证券代码:600260

G凯乐(600260)最新股本结构

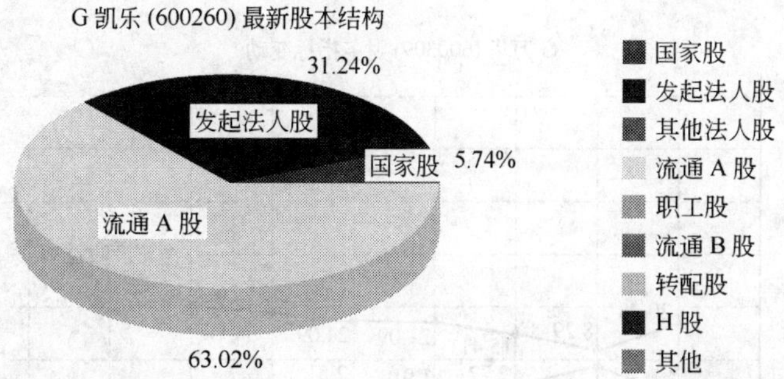

分　红　方　案

年　　度	分　红　方　案	配　股　方　案
2005年末期		
2005年中期	利润不分配不转增	

特　别　提　示

此次股改,凯乐科技将对价水平直接定在10送4的较高水平上,高于市场平均对价水平25%左右,高出第九批股改公司平均对价水平42%,30%的非流通股股东股份送出率也是送出率平均水平的2.2倍,显示了该公司大股东的诚意。(20051201)

公司主要经营业务之一橡胶塑料产品制造业(国际标准行业分类),经营收入比例40.2%,利润贡献32.9%。(注:以上经营业务数据截止日期为:20050101)

公司名称:烟台万华聚氨酯股份有限公司(G万华)	证券代码:600309

基　本　情　况

主营业务:聚氨酯及其助剂、异氰酸酯及衍生产品的开发、生产和销售。
发行日期:20001215
上市日期:20010105
法人代表:丁建生
联系人:郭兴田
主承销商:广发证券有限责任公司
公司名称:烟台万华聚氨酯股份有限公司
公司地址:烟台市幸福南路7号
公司电话:0535-6837888-8537

公司成立于1998年12月16日由万华集团为主发起人联合东方电子、烟台冰轮、氨纶集团和红塔兴业共同发起设立。注册资本8 000万元。主公司投入净资产11 474.46万元,其他以现金出资,东方电子307.63万元、烟台冰轮307.63万元、氨纶集团153.81万元、红塔兴业61.52万元。各发起人投入资产总额为21 395.88万元。净资产12 305.05万元按65%的折股比例折成相应股份。发行成功后总股本增至12 000万元。公司4 000万股A股于2001年1月5日上市流通。

注:以上公司基本概况数据截止日期:20050728

2005年经营情况/(每股收益/元)

年　　报	三季度季报	中　　报	一季度季报
0.73	0.57	0.39	0.24

近几年收益

每股收益/元			每股净资产/元			净资产收益率/%		
2005年末	2004年末	2003年末	2005年末	2004年末	2003年末	2005年末	2004年末	2003年末
0.73	0.62	0.60	0	1.98	2.51	34.73	31.26	24.09

续表

公司名称：烟台万华聚氨酯股份有限公司(G 万华)	证券代码：600309

G 万华 (600309) 财务指标变动

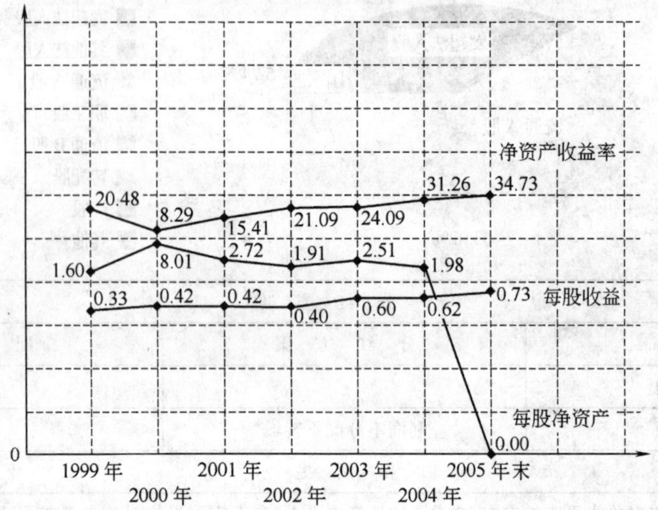

股本结构/万股

变化日期	总股本	国家股	发起法人股	法人股	流通 A 股	职工股	流通 B 股	转配股	H 股
20060424	84 864.00	50 748.67	1 301.25		32 814.08				

G 万华 (600309) 最新股本结构

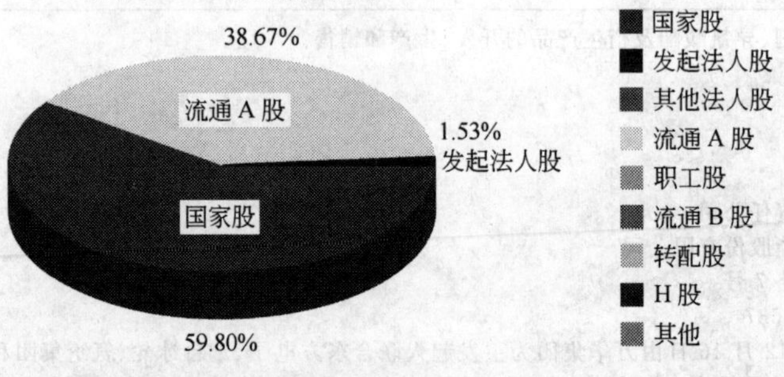

分 红 方 案

年 度	分 红 方 案	配 股 方 案
2005 年末期		
2005 年中期	利润不分配不转增	

特 别 提 示

公司主要经营业务之一化学药品和化学品制造业（国际标准行业分类）——化学原料及化学品等，经营收入比例 100.0%，利润贡献 100.0%。（注：以上经营业务数据截止日期为：20050630）

公司名称:潍坊亚星化学股份有限公司(G亚星)	证券代码:600319

基 本 情 况

主营业务:烧碱、聚氯乙烯、氯化聚乙烯及延伸化工产品的科研开发和生产、销售业务
发行日期:20010214
上市日期:20010326
法人代表:董顺兴
联系人:汪　波
主承销商:中信证券股份有限公司
公司名称:潍坊亚星化学股份有限公司
公司地址:山东省潍坊市奎文区鸢飞路899号
公司电话:0536-8667941

公司于2000年1月17日经亚星集团控股的中外合资企业——潍坊化工有限公司为改制主体,由亚星集团联合潍坊化工有限公司其他4家股东,香港嘉耀、厦门外贸、十六化建、大连实德将化潍坊化工有限公司整体变更为而来的股份公司。经山东省国有资产管理局确认,亚星集团、厦门外贸、十六化建所持股份合计15 360.7288万股被界定为国有法人股;大连实德23.559 4万股为法人股;香港嘉耀8 175.111 8万股为外资法人股。公司8 000万股A股于2001年2月14日上网定价发行。

注:以上公司基本概况数据截止日期:20050318

2005年经营情况/(每股收益/元)

年　报	三季度季报	中　报	一季度季报
0.12	0.10	0.07	0.04

近 几 年 收 益

每股收益/元			每股净资产/元			净资产收益率/%		
2005年末	2004年末	2003年末	2005年末	2004年末	2003年末	2005年末	2004年末	2003年末
0.12	0.13	0.17	0	3.38	3.35	3.50	3.72	4.98

G亚星(600319)财务指标变动

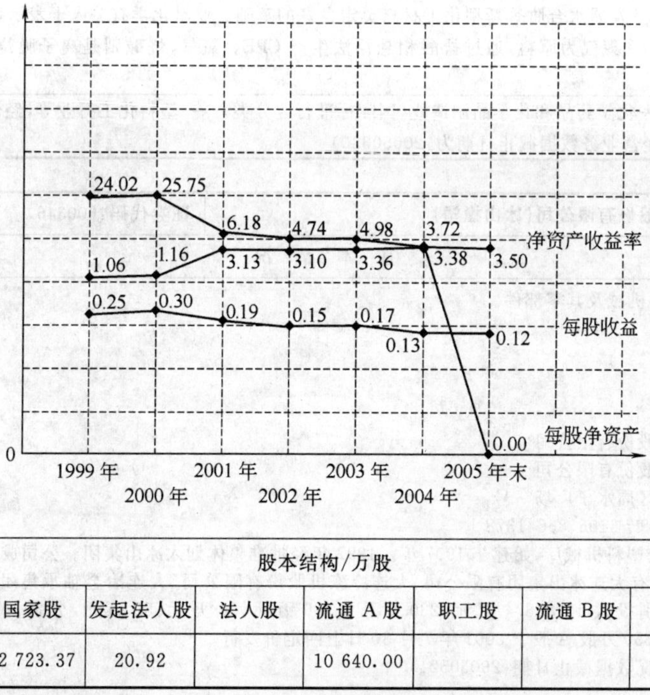

股本结构/万股

变化日期	总股本	国家股	发起法人股	法人股	流通A股	职工股	流通B股	转配股	H股
20060426	31 559.40	12 723.37	20.92		10 640.00				

续表

公司名称：潍坊亚星化学股份有限公司(G 亚星)	证券代码：600319

G 亚星 (600319) 最新股本结构

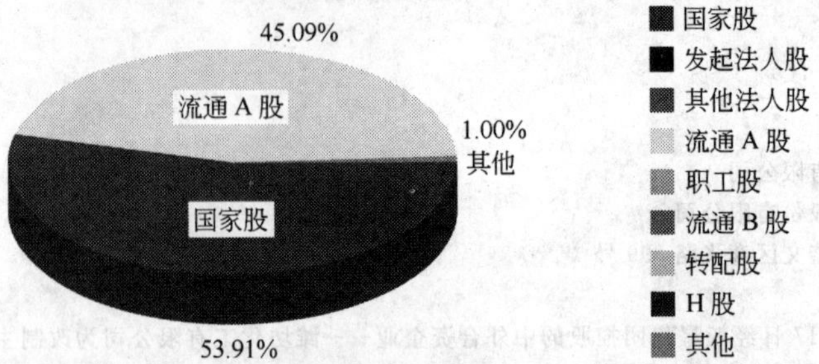

分 红 方 案

年　度	分 红 方 案	配 股 方 案
2005 年末期		
2005 年中期	利润不分配不转增	

特 别 提 示

随着与德国拜耳集团麾下企业共同投资建设的“水合肼”生产项目于近日在山东潍坊正式奠基，亚星化学(600319)5 个月前公告的投资项目已全面启动。这家多年来以多种方式同德国化工业巨擘谋求合作的中国化工企业，将通过今年年底投产的水合肼项目而位列全球规模最大、中国唯一能生产高品质水合肼产品的生产企业。此举表明亚星化学正通过调整产品和产业结构，来拉长产业链，进而增强其产品的市场竞争力。(20050304)

亚星化学为氯碱化工中 CPE 国际和国内最大的生产商，但由于产品的市场范围小，并没有成为强大的生产企业。目前公司逐渐依托氯碱产品，拉长产业链，产品由化工中游向终端产品靠拢，走化工精细化的道路。采用与国际知名企业合作的方式，利用国外企业的品牌、技术增加产品的种类和产品的国际知名度。今年 4 万吨品牌为乐天的橡胶型 CPE 项目投产和明年水合肼项目投产拉开了合作的序幕。虽然作为 PVC 的 CPE 产品需求减弱，但橡胶型的 CPE 市场潜力巨大，公司会逐渐增加橡胶型 CPE 的产量和这方面的有关合作，产品结构趋向多样化。(20050726)

亚星化学(600319)日前公告投产的 6 万吨离子膜烧碱项目引起市场关注。这不仅是由于公司烧碱年产能由此达到 18 万吨，将较原有生产规模提高 50%，直接形成新的利润增长点，更重要的是，该项目将为亚星化学进一步巩固其主导产品氯化聚乙烯(CPE)的竞争优势，以及发展水合肼等新型化工材料奠定良好的基础。亚星化学有关人士表示，公司目前主要产业链是以高密度低压聚乙烯(HDPE)和氯气为原料，通过盐酸相悬浮法生产 CPE。氯气、烧碱则是离子膜烧碱项目的两大直接产品。(20051104)

公司主要经营业务之一化学药品和化学品制造业(国际标准行业分类)——塑料化工行业等，经营收入比例 100.0%，利润贡献 100.0%。(注：以上经营业务数据截止日期为：20050630)

公司名称：大连冰山橡塑股份有限公司(冰山橡塑)	证券代码：600346

基 本 情 况

主营业务：橡胶机械、塑料机械及其零部件。
发行日期：20010730
上市日期：20010820
法人代表：穆传江
联系人：孙培德
主承销商：国泰君安证券股份有限公司
公司名称：大连冰山橡塑股份有限公司
公司地址：大连市甘井子区周水子广场一号
公司电话：0411-86641861 转 6106、86641378

公司前身是大连橡胶塑料机械厂，始建于 1907 年。1997 年经批准整体划入冰山集团。公司成立于 1999 年 3 月，注册资本为 7 000 万元。发起人有大连冰山集团有限公司、大连冷冻机股份有限公司、大连冶金轴承集团公司、大连金州区锻压件厂、烟台气动元件厂，分别投入 10 358.4 万元、230.8 万元、80 万元、50 万元、50 万元，分别占 96.2%、2.14%、0.74%、0.46%、0.46%。公司 3 850 万股 A 股于 2001 年 7 月 30 日上网定价发行。

注：以上公司基本概况数据截止日期：20050521

续表

公司名称:大连冰山橡塑股份有限公司(冰山橡塑)			证券代码:600346
2005年经营情况/(每股收益/元)			
年　报	三季度季报	中　报	一季度季报
0.03	0.03	0.02	0.01

近几年收益

每股收益/元			每股净资产/元			净资产收益率/%		
2005年末	2004年末	2003年末	2005年末	2004年末	2003年末	2005年末	2004年末	2003年末
0.03	0.05	0.04	0	3.04	3.04	0.85	1.51	1.45

冰山橡塑(600346)财务指标变动

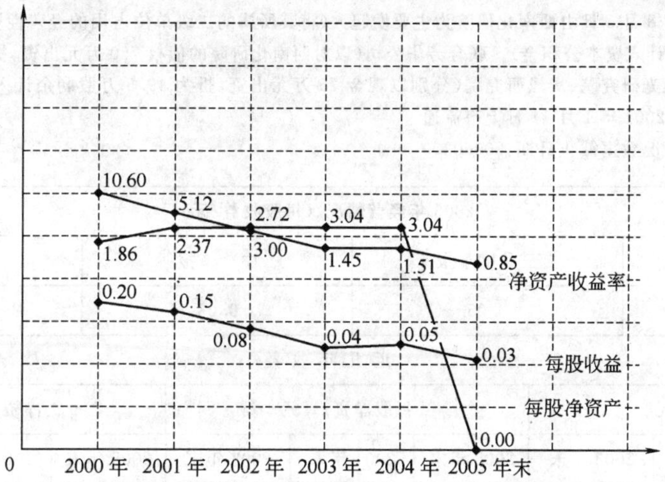

股本结构/万股

变化日期	总股本	国家股	发起法人股	法人股	流通A股	职工股	流通B股	转配股	H　股
20010820	10 500.00	6 383.00	267.00		3 850.00				

冰山橡塑(600346)最新股本结构

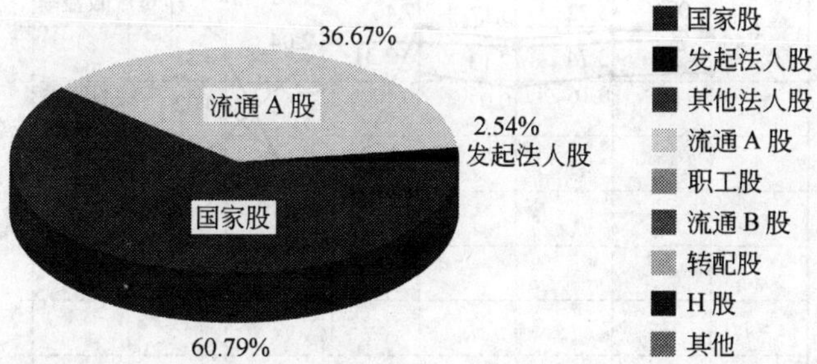

分红方案

年　度	分红方案	配股方案
2005年末期		
2005年中期	利润不分配不转增	

特别提示

公司主要经营业务之一其他未列入之机械设备制造业(国际标准行业分类)——橡胶机械、塑料机械等,经营收入比例100.0%,利润贡献100.0%。(注:以上经营业务数据截止日期为:20050630)

公司名称:四川天一科技股份有限公司(天科股份)	证券代码:600378

基 本 情 况

主营业务:碳一化学技术及催化剂、合成芳樟醇、工业气体的研制、开发、生产、销售
发行日期:20001225
上市日期:20010111
法人代表:陈 健
联系人:魏 丹
主承销商:国信证券有限责任公司
公司名称:四川天一科技股份有限公司
公司地址:四川省成都市机场路445号信箱
公司电话:028-85963417、85881997、85963659

公司成立于1999年8月5日由西南化研院为主要发起人(将其所属的二级单位占用的经营性资产9 740.74万元投入，折为6 428.89万股其于计入资本公积金)。联合芳华公司(以对西南化研院的债权750万元出资，折为495万股剩余计入公积金)、化工科技总院、晨光研究院、炭黑研究院(分别以现金75万元出资，折为49.5万股剩余计入公积金)共同发起设立。公司4 500万股A股于2001年1月11日上市流通。

注:以上公司基本概况数据截止日期:20060309

2005年经营情况/(每股收益/元)

年 报	三季度季报	中 报	一季度季报
0.02	0.05	0.03	0.02

近 几 年 收 益

每股收益/元			每股净资产/元			净资产收益率/%		
2005年末	2004年末	2003年末	2005年末	2004年末	2003年末	2005年末	2004年末	2003年末
0.02	−0.17	0.17	0	2.04	2.31	0.81	−8.29	7.46

天科股份(600378)财务指标变动

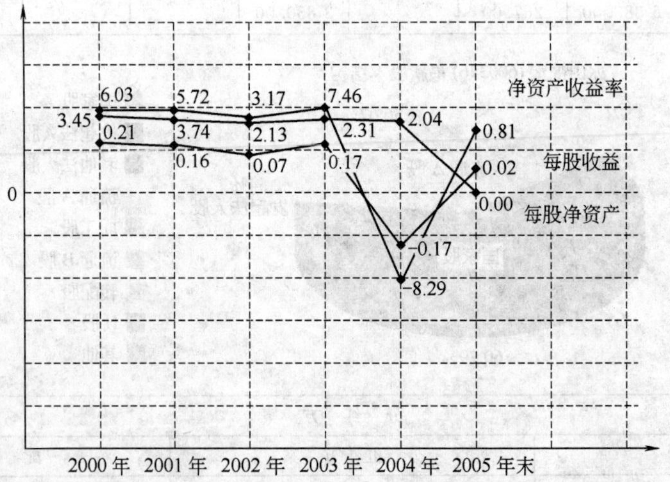

股本结构/万股

变化日期	总股本	国家股	发起法人股	法人股	流通A股	职工股	流通B股	转配股	H 股
20020517	19 557.34	11 115.79	836.55		7 605.00				

续表

公司名称:四川天一科技股份有限公司(天科股份)	证券代码:600378

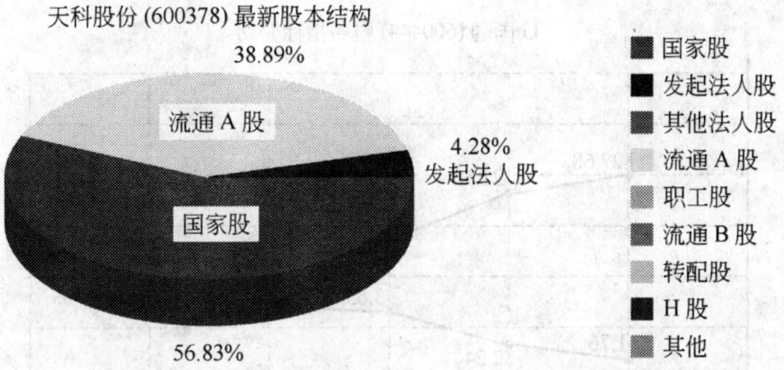

分 红 方 案

年　度	分 红 方 案	配 股 方 案
2005年末期		
2005年中期	利润不分配不转增	

特 别 提 示

就在国际油价高歌猛进之时,天科股份一举中标神华"煤变油"PSA制氢装置项目。深圳智多盈余凯表示,资料显示,"煤变油"科学上称为煤炭的液化,是指以煤炭为原料制取汽油、柴油、液化石油气的技术。为了克服进口石油的困难,南非自20世纪五十年代以来,已耗资70亿美元建成了3座"煤变油"企业,年产石油产品700多万吨。而中国已成为仅次于美国的世界第二大石油消费国,而且,石油进口的依存度将进一步加大。"煤变油"对我国经济发展和能源安全都有重大意义。由此,国家发改委正在考虑将"煤变油"列入"十一五规划"。(20050627)

公司主要经营业务之一化学药品和化学品制造业(国际标准行业分类)——化工产品等,经营收入比例100.0%,利润贡献100.0%。(注:以上经营业务数据截止日期为:20050630)

公司名称:安徽国通高新管业股份有限公司(G国通)	证券代码:600444

基 本 情 况

主营业务:大口径UPVC管、PE管、塑料管材、管件生产、销售;技术研究、开发
发行日期:20040204
上市日期:20040219
法人代表:肖　衡
联系人:邢红霞
主承销商:国元证券有限责任公司
公司名称:安徽国通高新管业股份有限公司
公司地址:安徽省合肥市经济技术开发区繁华大道国通工业园
公司电话:0551-3817388-8303

2000年8月25日,经批准,安徽德安制管有限公司依法整体变更为安徽国通高新管业股份有限公司。公司发起人共六家,分别为巢湖市第一塑料厂、安徽国风集团有限公司、合肥天安集团有限公司、北京风尚广告艺术中心、北京华商投资有限公司、合肥长发实业有限公司。2000年8月29日,公司在安徽省工商行政管理局登记注册,注册资本4 000万元人民币。公司于2004年2月4日向二级市场投资者定价配售发行3 000万股A股,价格5.03元/股。2004年2月19日,"国通管业"(A股)在上交所上市。因实施股权分置改革,公司股票简称自2005年12月26日起变更为"G国通"。

注:以上公司基本概况数据截止日期:20060328

2005年经营情况/(每股收益/元)

年　报	三季度季报	中　报	一季度季报
0.29	0.20	0.11	0.05

近几年收益

每股收益/元			每股净资产/元			净资产收益率/%		
2005年末	2004年末	2003年末	2005年末	2004年末	2003年末	2005年末	2004年末	2003年末
0.29	0.40	0.48	3.91	3.63	2.24	7.33	10.98	21.50

续表

公司名称：安徽国通高新管业股份有限公司（G国通）	证券代码：600444

G国通（600444）财务指标变动

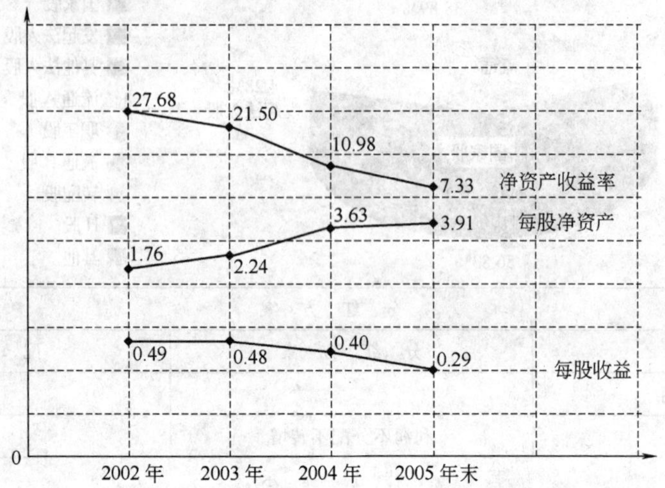

股本结构/万股

变化日期	总股本	国家股	发起法人股	法人股	流通A股	职工股	流通B股	转配股	H股
20051226	7 000.00	839.29	2 350.71		3 810.00				

G国通（600444）最新股本结构

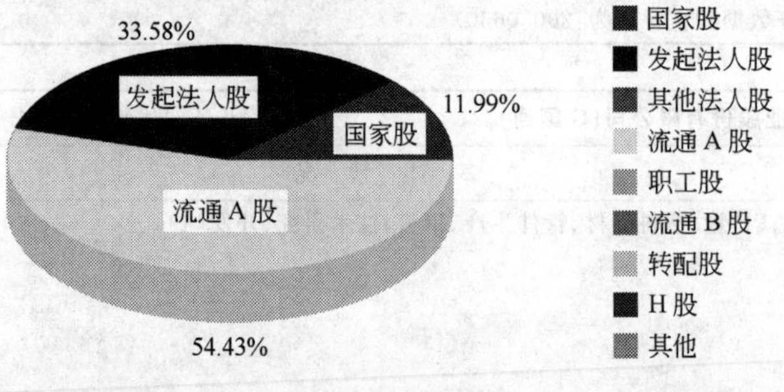

分红方案

年度	分红方案	配股方案
2005年末期	利润不分配不转增	
2005年中期	利润不分配不转增	

特别提示

近日，由安徽国通管业股份有限公司下属企业重庆国通新型建材有限公司投资兴建的新型塑料管材一期工程正式投产。（20050802）

在日前举办的国通管业（600444）股权分置改革投资者网上交流会上，公司董事长肖衡表示，股权分置改革后，非流通股股东和流通股股东双方的利益取向趋于一致，股改完成以后将更有利于公司更快地发展。谈到公司的发展战略，肖衡充满信心。他表示，未来国通管业将继续抓住机遇，努力提高公司综合经济实力和市场竞争力，铸造更为坚实、响亮的国通品牌，力争在2010年形成年产50万吨的总生产能力，将国通打造成全国乃至世界最大的新型塑料管材专业生产企业。（20051111）

公司主要经营业务之一橡胶塑料产品制造业（国际标准行业分类）——双壁波纹管等，经营收入比例100.0%，利润贡献100.0%。（注：以上经营业务数据截止日期为：20050630）

公司名称:凌云工业股份有限公司(凌云股份)	证券代码:600480

基 本 情 况

主营业务:汽车车身辊压件、冲压件的研制、生产和销售
发行日期:20030731
上市日期:20030815
法人代表:李喜增
联系人:张建华
主承销商:华安证券有限责任公司
公司名称:凌云工业股份有限公司
公司地址:河北省涿州市松林店镇
公司电话:0312-3951002

本公司前身为中外合资经营企业凌云汽车零部件有限公司。经批准,零部件公司以经审计的 2000 年 8 月 31 日净资产按 1∶1 比例折为 17 200 万股,依法整体变更为凌云工业股份有限公司。公司于 2000 年 11 月 10 日登记注册,注册资本为17 200 万元。公司于 2003 年 7 月 31 日向二级市场投资者定价配售发行 6 800 万股 A 股,价格 3.48 元/股。2003 年 8 月 15 日,“凌云股份”(A 股)在上交所上市。因实施股权分置改革,自 2006 年 3 月 1 日起公司股票简称由“凌云股份”变更为“G 凌云”。

注:以上公司基本概况数据截止日期:20060331

2005 年经营情况/(每股收益/元)

年　报	三季度季报	中　报	一季度季报
0.09	0.08	0.06	0.03

近 几 年 收 益

每股收益/元			每股净资产/元			净资产收益率/%		
2005 年末	2004 年末	2003 年末	2005 年末	2004 年末	2003 年末	2005 年末	2004 年末	2003 年末
0.09	0.20	0.12	1.50	2.03	1.83	6.08	10.04	6.51

G 凌云 (600480) 财务指标变动

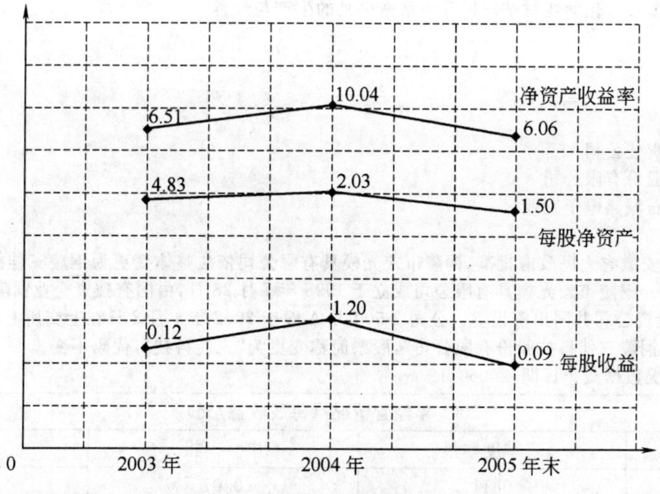

股本结构/万股

变化日期	总股本	国家股	发起法人股	法人股	流通 A 股	职工股	流通 B 股	转配股	H　股
20060301	31 200.00	12 054.54			11 757.20				

续表

公司名称:凌云工业股份有限公司(凌云股份)	证券代码:600480

G 凌云 (600480) 最新股本结构

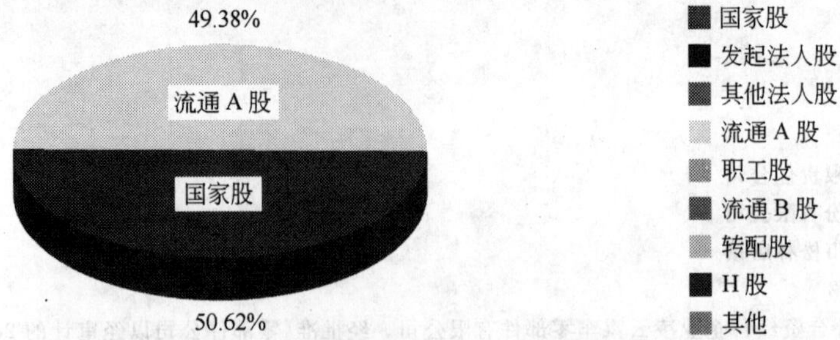

分 红 方 案

年 度	每股收益	分红方案	配股方案
2005年末期	利润不分配不转增		
2005年中期	利润不分配不转增		

特 别 提 示

凌云股份(600480)拟将 5 858 万元募集资金变更投资方向。其中的 1 754 万元,向原承诺的四个募资项目追加投资;将 2 073.5 万元增资深圳亚大塑料制品有限公司和上海亚大汽车塑料制品有限公司;剩余的募集资金 2 066.50 万元则用于补充流动资金。凌云股份于 2003 年 IPO,共募集资金 22 515 万元,招股书中原承诺的 8 个募集资金投资项目中,北京凌云塑料建材合资项目等四个项目已经于 2003 年度股东大会批准取消。截至 2005 年 11 月 30 日,该公司已累计使用募集资金 16 657 万元,尚未使用的募集资金总额为 5 858 万元。(20051222)

公司主要经营业务之一橡胶塑料产品制造业(国际标准行业分类)——PE 管道系统等,经营收入比例 31.7%,利润贡献 35.5%。(注:以上经营业务数据截止日期为:20050630)

公司名称:铜陵三佳科技股份有限公司(三佳科技)	证券代码:600520

基 本 情 况

主营业务:集成电路塑胶模具与化学建材挤出模具等精密模具的生产与经营
发行日期:20011219
上市日期:20020108
法人代表:周松波
联系人:谢乐平
主承销商:平安证券有限责任公司
公司名称:铜陵三佳科技股份有限公司
公司地址:安徽省铜陵市石城路电子工业区
公司电话:0562-2627520

2000 年 4 月 28 日经安徽省人民政府批准,铜陵市宏光模具有限公司依法整体变更为铜陵三佳模具股份有限公司,注册资本为人民币 3 780 万元。铜陵市宏光模具有限公司成立于 1998 年 7 月 28 日,由国有独资企业铜陵市三佳电子(集团)有限责任公司与安徽省信托投资公司共同出资设立。公司 2 500 万 A 股于 2002 年 1 月 8 日在上交所上市流通。从 2004 年 5 月 26 日起公司名称变更为“铜陵三佳科技股份有限公司”,股票简称变更为“三佳科技”,代码不变。

注:以上公司基本概况数据截止日期:20060119

2005 年经营情况/(每股收益/元)

年 报	三季度季报	中 报	一季度季报
0.02	0.11	0.07	0.02

近 几 年 收 益

每股收益/元			每股净资产/元			净资产收益率/%		
2005年末	2004年末	2003年末	2005年末	2004年末	2003年末	2005年末	2004年末	2003年末
0.02	0.17	0.15	0	2.55	2.38	0.86	6.71	6.34

续表

公司名称:铜陵三佳科技股份有限公司(三佳科技)	证券代码:600520

三佳模具 (600520) 财务指标变动

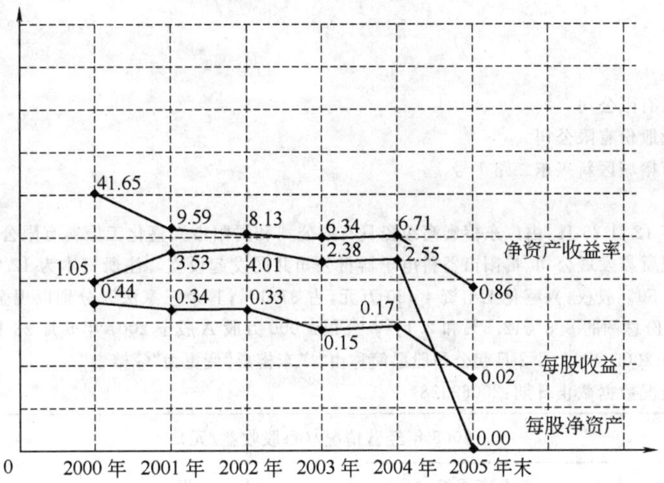

股本结构/万股

变化日期	总股本	国家股	发起法人股	法人股	流通 A 股	职工股	流通 B 股	转配股	H 股
20030617	11 304.00		6 804.00		4 500.00				

三佳模具 (600520) 最新股本结构

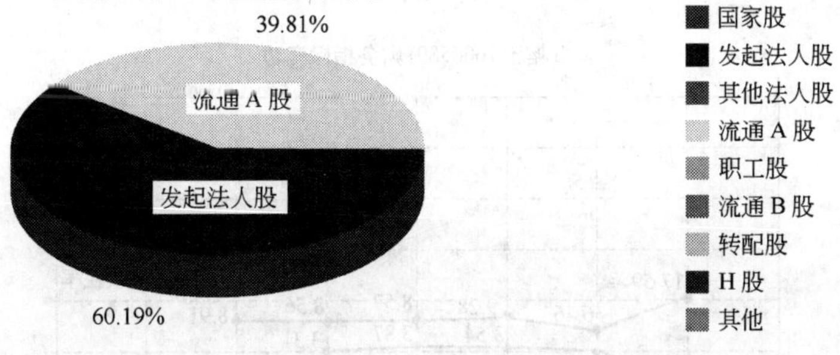

分 红 方 案

年 度	分 红 方 案	配 股 方 案
2005 年末期		
2005 年中期	利润不分配不转增	

特 别 提 示

公司主要经营业务之一构造性金属产品制造业,机械设备制造业(国际标准行业分类)——塑料异型材挤出机等,经营收入比例 70.6%,利润贡献 73.7%;其他未列入之电动机械仪器制造业(国际标准行业分类)——塑封压机、冲压件等,经营收入比例 29.4%,利润贡献 26.3%。(注:以上经营业务数据截止日期为:20050101)

公司名称：广东榕泰实业股份有限公司(G榕泰)	证券代码：600589

基 本 情 况

主营业务：生产、销售氨基塑料及制品和氨基复合材料及制品，甲醛及其辅产品等
发行日期：20010528
上市日期：20010612
法人代表：杨启昭
联系人：林岳金
主承销商：广东证券股份有限公司
公司名称：广东榕泰实业股份有限公司
公司地址：广东省揭阳市榕城区新兴东二路1号
公司电话：0663-8676616

公司成立于1997年12月25日，由广东榕泰高级瓷具有限公司和揭阳市兴盛化工原料有限公司作为主发起人，联合广东榕泰制药、揭阳市鸿凯贸易发展公司、揭阳市益科电子器材公司共同发起设立。注册资本为12 000万元。其中广东榕泰瓷具出资6 000万元，占50%股权；兴盛化工出资4 450万元，占37.1%；其余三家法人分别以现金1 000万元、300万元和250万元出资，分别占股份总额的8.3%、2.5%和2.1%。公司4 000万股A股于2001年5月28日上网定价发行。由于公司实施股权分置改革，自2005年11月2日起公司股票简称由"广东榕泰"变更为"G榕泰"。

注：以上公司基本概况数据截止日期：20060328

2005年经营情况/(每股收益/元)

年 报	三季度季报	中 报	一季度季报
0.30	0.25	0.16	0.07

近几年收益

每股收益/元			每股净资产/元			净资产收益率/%		
2005年末	2004年末	2003年末	2005年末	2004年末	2003年末	2005年末	2004年末	2003年末
0.30	0.28	0.33	0	3.31	3.87	8.91	8.56	8.57

G榕泰(600589)财务指标变动

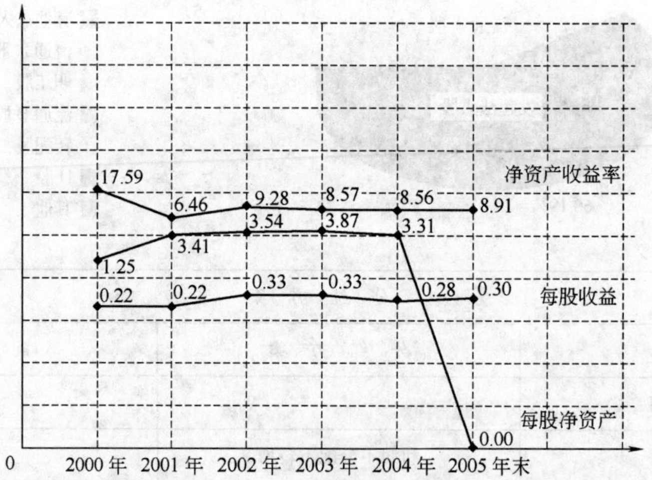

股本结构/万股

变化日期	总股本	国家股	发起法人股	法人股	流通A股	职工股	流通B股	转配股	H 股
20051102	19 200.00	339.20	12 380.80		6 480.00				

续表

公司名称:广东榕泰实业股份有限公司(G榕泰)	证券代码:600589

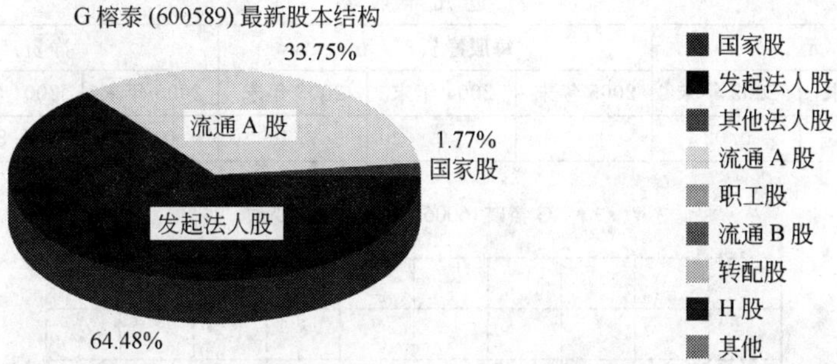

分红方案

年　度	分红方案	配股方案
2005年末期	每10股拟派1.00元(含税)	
2005年中期	利润不分配不转增	

特别提示

最近,广东榕泰(600589)生产的"榕泰"牌氨基复合材料获得"中国名牌"称号,这是国内同类产品中唯一获得此项殊荣的产品。这次荣膺"中国名牌"的榕泰牌氨基复合材料,是榕泰公司的主导产品,同时也是该公司与国内外科研机构技术合作、通过技术创新而成功开发的自主创新成果,该材料获国家知识产权局发明专利,具有自主知识产权,曾获得广东省科技进步一等奖、中国石油和化学工业科学技术二等奖;被评为国家重点新产品。(20050921)

广东榕泰氨基复合材料的国内市场占有率已超过50%。2004年,公司生产的氨基复合材料产量达60 168吨,销售收入达34 183万元,成为目前国内乃至亚洲氨基塑料类材料生产规模和销售量最大的企业。公司生产的"榕泰"牌氨基复合材料是国内同行中唯一获得"中国名牌"称号的产品。据介绍,在市场壁垒森严的欧美高端市场,"榕泰"牌氨基复合材料的制成品也畅通无阻,美国FDA、欧盟ESS、澳大利亚AS1647等苛刻的国际认证标准,对采用"榕泰"氨基复合材料生产的产品也大开"绿灯"。(20051024)

公司主要经营业务之一化学药品和化学品制造业(国际标准行业分类)——氨基复合材料等,经营收入比例87.9%,利润贡献86.1%;其他非金属矿产品制造业(国际标准行业分类)——仿瓷制品等,经营收入比例12.1%,利润贡献13.9%。(注:以上经营业务数据截止日期为:20050630)

公司名称:上海氯碱化工股份有限公司(氯碱化工)	证券代码:600618

基本情况

主营业务:聚氯乙烯、烧碱、氯系列基本化工原料及加工产品
发行日期:19920613
上市日期:19921113
法人代表:王　强
联系人:许沛文
主承销商:上海申银证券公司
公司名称:上海氯碱化工股份有限公司
公司地址:上海市龙吴路4747号
公司电话:021-64340601、64342640

公司前身上海氯碱总厂,1992年7月始进行股份制改组,以原公司净资产折为面值10元的国家股5 053.8万股,于1992年6月13日至1992年7月7日,发行法人股700万股,职工股32.8万股,公众股131.5万股,特种股2 400万股,总股份为8 318.10万股,股份总额8 3181.07万元,1992年7月14日,"上海氯碱化工股份有限公司"宣告成立。同年8月20日,"氯碱B股"在上海证券交易所挂牌交易,11月13日,"氯碱化工"(A股)上市。1992年12月10日,氯碱化工股票拆细为每股面值1元。

2005年经营情况/(每股收益/元)

年　报	三季度季报	中　报	一季度季报
0.00	−0.03	−0.03	−0.01

续表

公司名称：上海氯碱化工股份有限公司（氯碱化工）						证券代码：600618		
近几年收益								
每股收益/元			每股净资产/元			净资产收益率/%		
2005年末	2004年末	2003年末	2005年末	2004年末	2003年末	2005年末	2004年末	2003年末
0	0.05	0.02	0	0	2.46	0.14	1.84	0.87

G氯碱（600618）财务指标变动

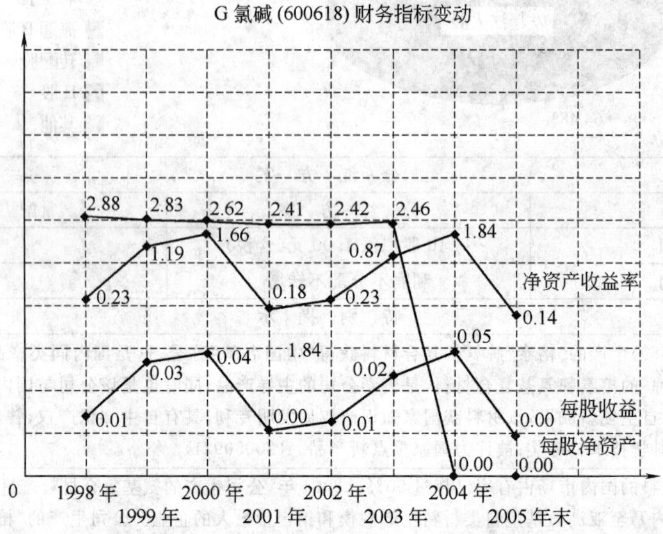

股本结构/万股

变化日期	总股本	国家股	发起法人股	法人股	流通A股	职工股	流通B股	转配股	H 股
20060111	116 448.31	59 954.27		11 858.00	3 980.04		40 656.00		

G氯碱（600618）最新股本结构

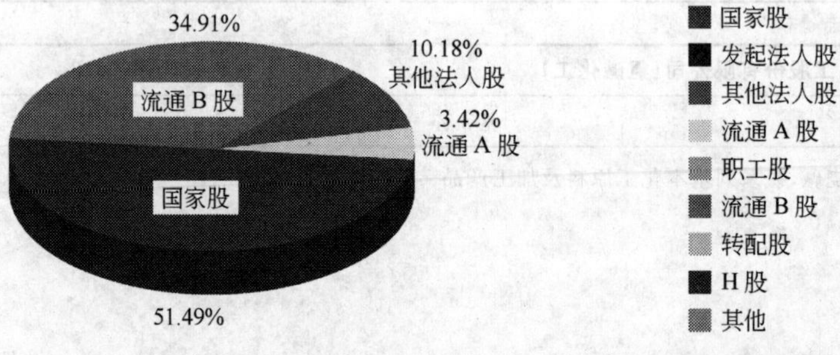

分红方案

年度	分红方案	配股方案
2005年末期	利润不分配不转增	
2005年中期	利润不分配不转增	

特别提示

氯碱化工主营聚氯乙烯（PVC）产品生产。由于国内PVC产能过剩，价格下跌，同时原材料乙烯却大幅上涨，今年上半年，氯碱化工入不敷出。昨日，氯碱化工公告，因公司主导产品价格大幅下降，导致毛利率为负值，加之4月份公司停车检修，经初步测算，今年上半年亏损额约为4 000万元。（20050708）

公司主要经营业务之一化学药品和化学品制造业（国际标准行业分类）——化工原料等，经营收入比例100.0%，利润贡献100.0%。（注：以上经营业务数据截止日期为：20050630）

公司名称:沧州化学工业股份有限公司(沧州化工)	证券代码:600722

基 本 情 况

主营业务:化工原料、塑料制品、建筑材料的批发零售
发行日期:19960604
上市日期:19960626
法人代表:周振德
联系人:邢金生
主承销商:南方证券有限公司
公司名称:沧州化学工业股份有限公司
公司地址:河北省沧州市南环中路18号
公司电话:0317-3030719

本公司由河北沧州化工实业(集团)公司独家发起并定向募集内部职工股的方式设立的股份有限公司。发起人以评估后经营性净资产20 468.3万元入股,折合为7 310万股,每股折合净资产为人民币2.80元。内部职工股以每股2.80元的价格对沧化公司募集,共募集188万股。1996年6月4日～6月17日公开发行A股2 312万股,发行价格9.18元,公司原有内部职工股188万股转为社会公众股,社会公众股共增加2 500万股。公司总股份数为9 810万股。96年6月26日公司2 500万A股(含内部职工股188万股)在上交所上市交易。

注:以上公司基本概况数据截止日期:20040818

2005年经营情况/(每股收益/元)

年 报	三季度季报	中 报	一季度季报
－1.08	0.01	0.01	0.02

近 几 年 收 益

每股收益/元			每股净资产/元			净资产收益率/%		
2005年末	2004年末	2003年末	2005年末	2004年末	2003年末	2005年末	2004年末	2003年末
－1.08	0.13	0.05	0	0	2.32	－70.94	5.11	2.05

沧州化工(600722)财务指标变动

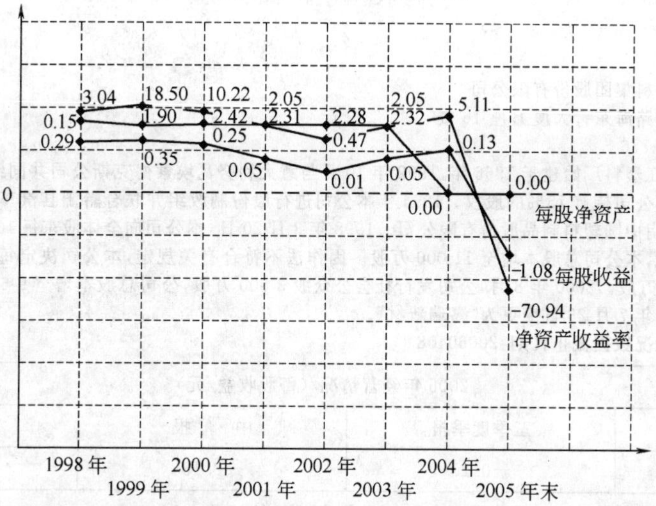

股本结构/万股

变化日期	总股本	国家股	发起法人股	法人股	流通A股	职工股	流通B股	转配股	H股
20000626	42 142.00	30 642.00			11 500.00				

续表

公司名称：沧州化学工业股份有限公司（沧州化工）	证券代码：600722

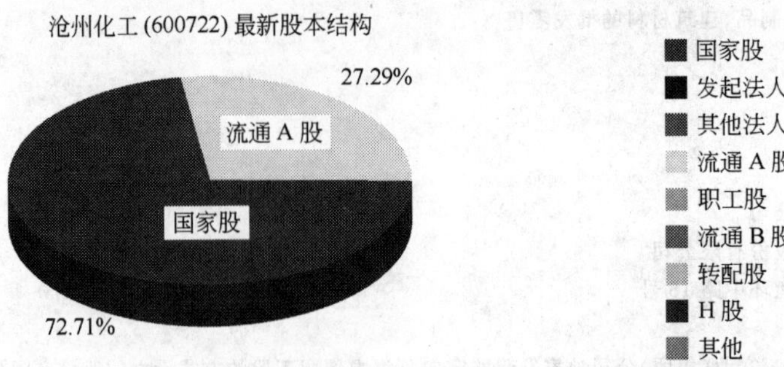

分红方案

年度	分红方案	配股方案
2005 年末期		
2005 年中期	利润不分配不转增	

特别提示

公司主要经营业务之一化学药品和化学品制造业（国际标准行业分类）——化工原料等，经营收入比例 100.0%，利润贡献 100.0%。（注：以上经营业务数据截止日期为：20050630）

二、深圳证券市场部分塑料行业上市公司情况

公司名称：湖南嘉瑞新材料集团股份有限公司（＊ST 嘉瑞）	证券代码：000156

基本情况

主营业务：PVC、PU 人造革、塑料制品的生产与销售，以及相关的进出口业务
发行日期：20000818
上市日期：20000906
法人代表：李 健
联系人：肖 伟
主承销商：湘财证券
公司名称：湖南嘉瑞新材料集团股份有限公司
公司地址：长沙市芙蓉中路海东青大厦 B 座 16 楼
公司电话：0731-4318808-776

本公司前身湖南安江塑料厂始建于 1966 年，1992 年 10 月与意大利努瓦埃索德克斯公司共同组建中外合资企业湖南金利塑料制品有限公司，本公司持有 75% 的股权。1994 年本公司进行股份制改组并联合黔阳县汽车配件厂、黔阳县电石厂等以定向募集方式设立湖南中圆塑料制品股份有限公司。1998 年 3 月 20 日，本公司向全体股东每 10 股送红股 1 股，另用资本公积金每 10 股转增 9 股，本公司总股本增至 11 000 万股。因作法不符合有关规定，本公司决定每 10 股冲回 4.5 股。冲回后，公司总股本为 6 050 万股。2000 年 8 月，公司发行社会公众股 3 600 万股，公司总股本增至 9 650 万股。经深交所核准，本公司证券简称于 2004 年 7 月 23 日变更为“嘉瑞新材”。

注：以上公司基本概况数据截止日期：20060408

2005 年经营情况/（每股收益/元）

年报	三季度季报	中报	一季度季报
−6.92	−0.20	−0.13	−0.06

近几年收益

每股收益/元			每股净资产/元			净资产收益率/%		
2005 年末	2004 年末	2003 年末	2005 年末	2004 年末	2003 年末	2005 年末	2004 年末	2003 年末
−6.92	−3.05	0.20	0	1.63	5.43		−186.52	3.66

续表

公司名称:湖南嘉瑞新材料集团股份有限公司(＊ST嘉瑞)	证券代码:000156

*ST 嘉瑞 (000156) 财务指标变动

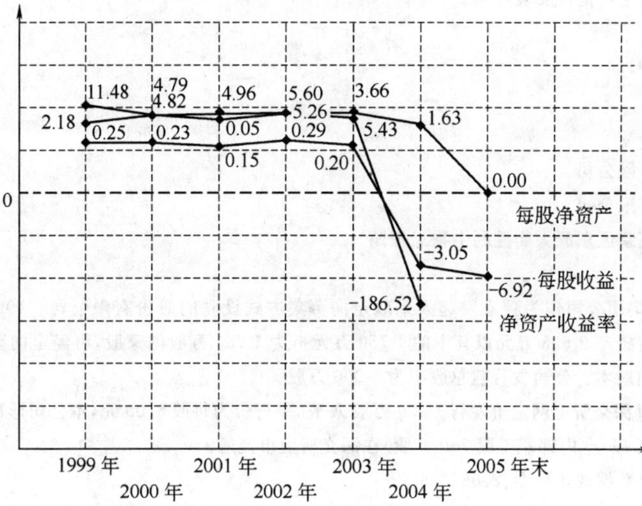

股本结构/万股

变化日期	总股本	国家股	发起法人股	法人股	流通 A 股	职工股	流通 B 股	转配股	H 股
20030819	9 650.00	194.70	3 780.70	1 524.60	4 150.00				

*ST 嘉瑞 (000156) 最新股本结构

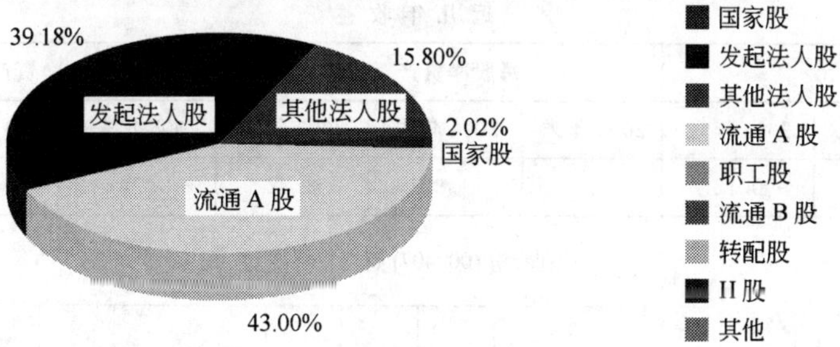

分 红 方 案

年 度	分 红 方 案	配 股 方 案
2005 年末期	利润不分配不转增	
2005 年中期	利润不分配不转增	

特 别 提 示

近日公布年报的嘉瑞新材一度登上年度亏损大户的榜首,并将其他亏损大户远远抛在后面。有业内人士分析,嘉瑞新材有借今年鸿仪系问题曝光之机,将历史问题"洗大澡"的嫌疑,通过更改会计政策,过度计提,并追溯调整前两年的净利润等方式,将所有亏损都在一年中解决。嘉瑞新材对公司业绩大幅下降的相关解释是:大股东资金占用直接影响本年度经营业绩;国际原油价格和金属材料价格的大幅上涨以及"电荒"影响仍然延续,且较去年更为严重,生产受到一定影响;公司本年计提了 1.2 亿元的坏账准备和因对外担保而计提的预计负债的影响。(20050324)

今日,＊ST 嘉瑞(000156)发布重大诉讼进展公告,共公告了 17 项诉讼判决结果,此外还有两项诉讼已获判决但公司尚未收到判决书。17 项判决结果触目惊心,从所负担的还款责任来看,＊ST 嘉瑞可能至少有 1.7 亿元要还。此外,公司还承担着与上海鸿仪投资发展有限公司、湖南国光瓷业集团股份有限公司等有关的上亿元连带责任;同时,公司几项股权资产也在判决中遭法院冻结。＊ST 嘉瑞曾于 2004 年 9 月 30 日发布了重大诉讼公告,披露了 10 项借款纠纷,截至当日,公司累计涉诉金额为 23 410 万元(本金),占 2003 年末经审计净资产的 44.64%。(20050524)

公司主要经营业务之一家具制造业、其他未列入之制造业(国际标准行业分类)——制革业等,经营收入比例 32.0%,利润贡献 9.3%;化学药品和化学品制造业(国际标准行业分类)——其他生物制品业等,经营收入比例 1.6%,利润贡献 2.4%。(注:以上经营业务数据截止日期为:20050630)

公司名称：山东胜利股份有限公司(胜利股份)	证券代码：000407

基 本 情 况

主营业务：塑胶产品的研制生产销售安装等

发行日期：19960619

上市日期：19960619

法人代表：王　鹏

联系人：刘志强

主承销商：中国国泰证券有限公司

公司名称：山东胜利股份有限公司

公司地址：山东省济南市高新区东辰大街胜利生物工程园

公司电话：0531-86920495

本公司由山东省胜利集团公司作为独家发起人采取定向募集方式设立的股份有限公司。1994 年 2 月，确认的净资产 3 894 万元中的经营性国有资产 2 625 万元以其中的 1 750 万元折为 1 750 万股国家股，再经定向募集法人股和内部职工股 3 250 万股形成公司发行前股本。公司发行前总股本为 5 000 万股。

1996 年 6 月 19 日通过深交所上网定价发行 1 050 万股 A 股，发行价为每股 6.00 元，本公司形成了 6 050 万股的总股本。同年 7 月 3 日公司 1 750 万股(含内部职工股 700 万股)在深交所上市流通。

注：以上公司基本概况数据截止日期：20060325

2005 年经营情况/(每股收益/元)

年　报	三季度季报	中　报	一季度季报
0.08	0.07	0.05	0.01

近 几 年 收 益

每股收益/元			每股净资产/元			净资产收益率/%		
2005 年末	2004 年末	2003 年末	2005 年末	2004 年末	2003 年末	2005 年末	2004 年末	2003 年末
0.08	0.06	0.12	0	1.95	2.32	3.71	3.11	5.24

胜利股份 (000407) 财务指标变动

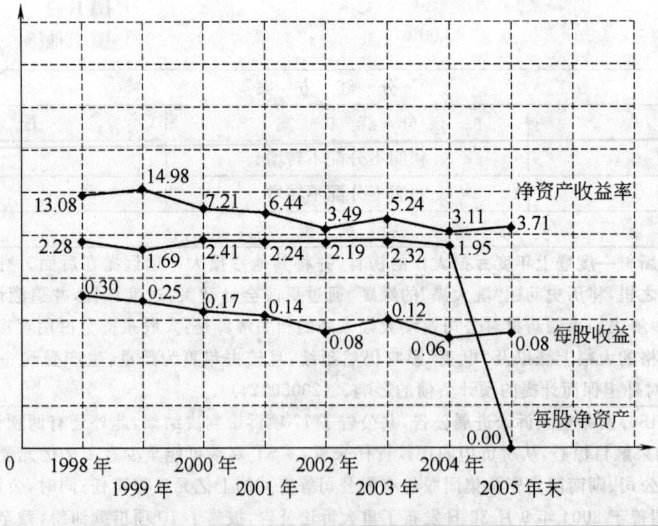

股本结构/万股

变化日期	总股本	国家股	发起法人股	法人股	流通 A 股	职工股	流通 B 股	转配股	H　股
20040609	28 750.65	120.00		11 327.05	17 303.60				

续表

公司名称：山东胜利股份有限公司(胜利股份)	证券代码：000407

胜利股份 (000407) 最新股本结构

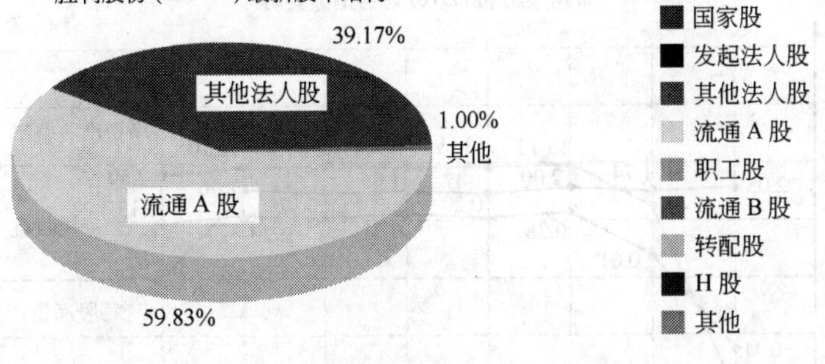

分红方案

年度	分红方案	配股方案
2005 年末期	利润不分配不转增	
2005 年中期	利润不分配不转增	

特别提示

公司主要经营业务之一橡胶塑料产品制造业(国际标准行业分类)，经营收入比例 24.0%，利润贡献 29.5%；化学药品和化学品制造业(国际标准行业分类)，经营收入比例 32.4%，利润贡献 51.2%。(注：以上经营业务数据截止日期为：20051231)

公司名称：四川金路集团股份有限公司(金路集团)	证券代码：000510

基本情况

主营业务：生产销售 PVC 树脂、烧碱、塑料制品、切割工具、人造革等
发行日期：19890920
上市日期：19930507
法人代表：何光昶
联系人：彭　朗
主承销商：自办发行
公司名称：四川金路集团股份有限公司
公司地址：四川省德阳市岷江西路二段 57 号金路大厦
公司电话：0838-2207936

四川省树脂总厂，成立于 1989 年 4 月。同年 9 月向内部职工和社会公众公开发售 803 万股面值 1 元的普通股，后经数次参股及配股，至 1992 年 12 月，总股份达 5 284.8 万股，并完成规范化股份改组。1993 年 5 月 7 日，“川金路 A”在深圳证券交易所上市交易。1996 年 8 月 30 日，经股东大会批准公司名称由“四川金路股份有限公司”更换为“四川金路集团股份有限公司”。

注：以上公司基本概况数据截止日期：20051021

2005 年经营情况/(每股收益/元)

年报	三季度季报	中报	一季度季报
0.13	0.12	0.08	0.05

近几年收益

每股收益/元			每股净资产/元			净资产收益率/%		
2005 年末	2004 年末	2003 年末	2005 年末	2004 年末	2003 年末	2005 年末	2004 年末	2003 年末
0.13	0.20	0.17	0	1.66	1.45	7.50	12.10	11.93

续表

公司名称：四川金路集团股份有限公司(金路集团)	证券代码：000510

金路集团 (000510) 财务指标变动

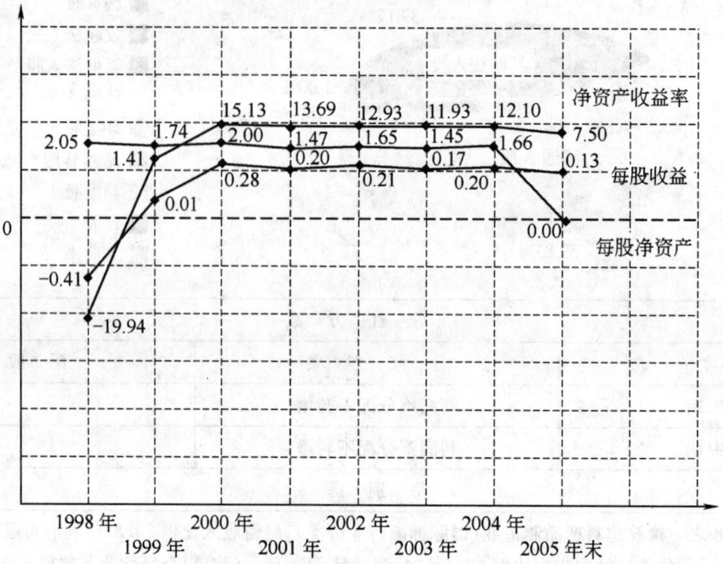

股本结构/万股

变化日期	总股本	国家股	发起法人股	法人股	流通 A 股	职工股	流通 B 股	转配股	H 股
20030605	60 918.23	8 124.01	1.34	12 600.92	40 184.55				

金路集团 (000510) 最新股本结构

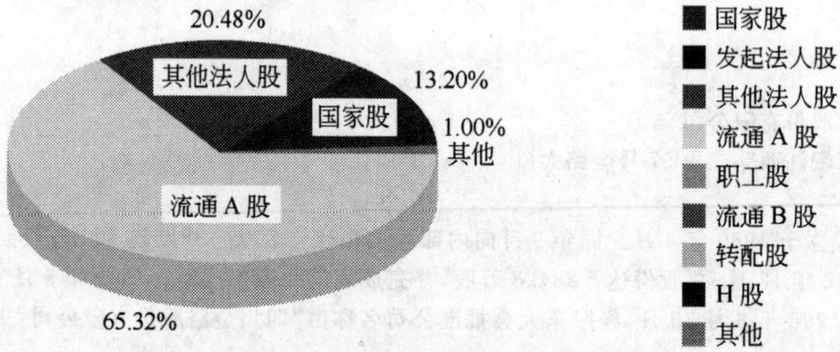

分 红 方 案

年 度	分 红 方 案	配 股 方 案
2005 年末期	利润不分配不转增	
2005 年中期	利润不分配不转增	

特 别 提 示

公司主要经营业务之一化学药品和化学品制造业(国际标准行业分类)，经营收入比例 81.3%，利润贡献 71.0%。(注：以上经营业务数据截止日期为：20051231)

公司名称:芜湖海螺型材科技股份有限公司(G 海型材)	证券代码:000619

基 本 情 况

主营业务:中、高档塑料型材、板材、门窗、五金制品的生产、销售和科研开发
发行日期:19960919
上市日期:19961023
法人代表:李顺安
联系人:明章春
主承销商:安徽省国际信托投资公司
公司名称:芜湖海螺型材科技股份有限公司
公司地址:安徽省芜湖市经济技术开发区港湾路 2 号
公司电话:0553-5840158,5840156

经安徽省人民政府皖政秘[1996]146 号文批准,由中国宣纸集团公司独家发起,采用募集方式设立的股份有限公司。经安徽资产评估事务所评估,国家国有资产管理局国资评[1996]572 号文确认,集团公司以其 542 厂和 312 厂的涉及宣纸生产的经营性资产投入到本公司。经安徽省国有资产管理局国资工字[1996]126 号文批准,评估后净资产 4 876.38 万元,按 67.67%折成 3 300 万股国有法人股。

安徽海螺建材股份有限公司协议受让中国宣纸集团公司持有的本公司 3 825 万股国有法人股,受让后安徽海螺建材股份有限公司成为本公司第一大股东。2000 年 5 月 9 日公司更名为"芜湖海螺型材科技股份有限公司"。

因实施股权分置改革,自 2006 年 3 月 17 日起公司股票简称由"海螺型材"变更为"G 海型材"。

注:以上公司基本概况数据截止日期:20051011

2005 年经营情况/(每股收益/元)

年 报	三季度季报	中 报	一季度季报
0.38	0.32	0.20	0.06

近 几 年 收 益

每股收益/元			每股净资产/元			净资产收益率/%		
2005 年末	2004 年末	2003 年末	2005 年末	2004 年末	2003 年末	2005 年末	2004 年末	2003 年末
0.38	0.16	0.16	0	3.57	3.41	9.75	4.52	4.73

G 海型材 (000619) 财务指标变动

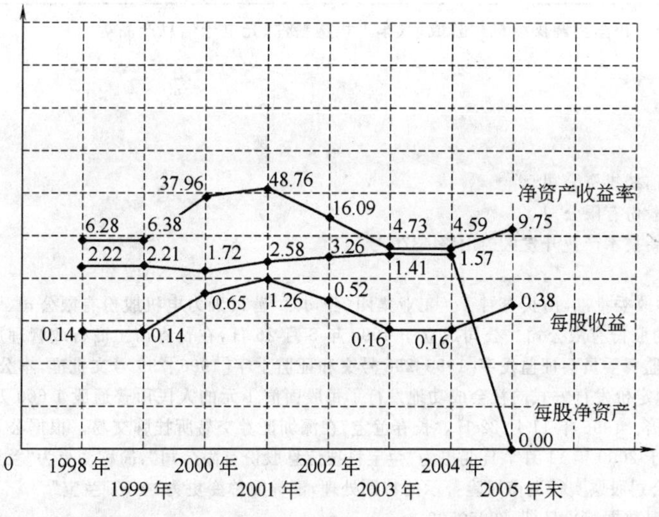

股本结构/万股

变化日期	总股本	国家股	发起法人股	法人股	流通 A 股	职工股	流通 B 股	转配股	H 股
20060317	36 000.00	11 544.55	3 395.45		21 060.00				

续表

公司名称：芜湖海螺型材科技股份有限公司(G海型材)	证券代码：000619

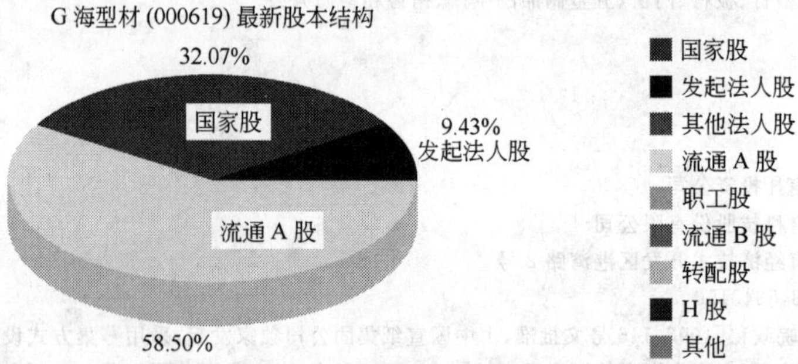

分 红 方 案

年 度	分 红 方 案	配 股 方 案
2005年末期		
2005年中期	利润不分配不转增	

特 别 提 示

海螺型材(000619)今日公司半年报显示：实现主营业务收入191 815万元，净利润7 220万元，每股收益0.2元，净利润同比增长了350.47%。从半年报来看，海螺型材行业龙头地位坚如磐石。董秘明章春向记者介绍了公司的销售战略：完善市场布局，深入市场细分，密集销售网络，最大限度地发挥规模效益。他说，虽然国家宏观调控政策使基础设施建设降温，建材需求减少，但从另一方面看，国家关于"加快经济适用房建设"的政策及让农民增产增收的"三农"政策、农村城镇化建设的不断推进给公司扩大市场份额带来了巨大商机。(20050809)

公司主要经营业务之一橡胶塑料产品制造业(国际标准行业分类)——塑料型材、板材等，经营收入比例100.0%，利润贡献100.0%。(注：以上经营业务数据截止日期为：20050630)

公司名称：兰宝科技信息股份有限公司(＊ST兰宝)	证券代码：000631

基 本 情 况

主营业务：轿车塑料保险杠、轿车空调操纵机构总成、汽车工程塑料件、光电子信息产品等
发行日期：19961107
上市日期：19961122
法人代表：刘铁杲
联系人：曹志伟
主承销商：中国经济开发信托投资公司
公司名称：兰宝科技信息股份有限公司
公司地址：吉林省长春高新技术产业开发区蔚山路4370号
公司电话：0431-5528289

本公司是经长春市体改委批准，由长春君子兰工业集团(公司)。营口天力电机股份有限公司、中轻贸易中心共同发起，采用定向募集方式设立的股份有限公司。公司成立于1993年5月26日，在长春市工商行政管理局登记注册，股本总额为3 600万股。经中国证券监督委员会证监发字[1996]298号文和证监发字[1996]299号文批准，本公司于1996年11月7日在深圳证券交易所以上网定价发行方式向社会成功地发行了每股面值1元的人民币普通股1 600万股，发行价为每股6.98元，发行市盈率为14.65倍。1996年11月22日，"长春兰宝"在深圳证券交易所挂牌交易。根据公司业务向高科技、信息领域拓展的需要，公司名称于2000年11月7日变更为"兰宝科技信息股份有限公司"，简称变更为"兰宝信息"。

2005年5月10日，公司股票实行退市风险警示的特别处理，证券简称变更为"＊ST兰宝"。

注：以上公司基本概况数据截止日期：20050509

2005年经营情况/(每股收益/元)

年 报	三季度季报	中 报	一季度季报
−0.53	−0.28	−0.21	−0.07

续表

公司名称:兰宝科技信息股份有限公司(*ST兰宝)						证券代码:000631		
近几年收益								
每股收益/元			每股净资产/元			净资产收益率/%		
2005年末	2004年末	2003年末	2005年末	2004年末	2003年末	2005年末	2004年末	2003年末
-0.53	-1.52	-0.28	0	0	2.80		-456.26	-10.11

*ST兰宝(000631)财务指标变动

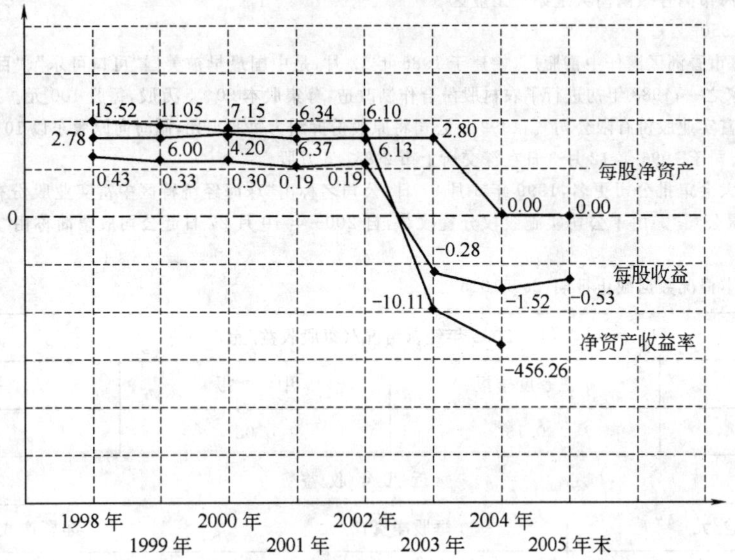

股本结构/万股									
变化日期	总股本	国家股	发起法人股	法人股	流通A股	职工股	流通B股	转配股	H 股
20010731	24 036.96		9 210.96	3 360.00	11 466.00				

*ST兰宝(000631)最新股本结构

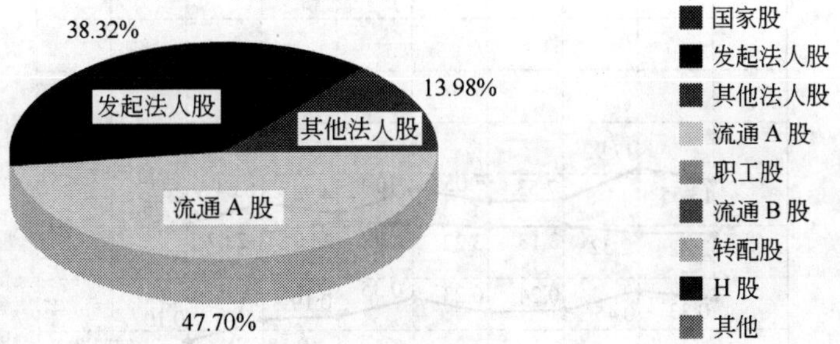

分红方案		
年　度	分红方案	配股方案
2005年末期		
2005年中期	利润不分配不转增	

特别提示

公司主要经营业务之一汽车、拖车和半拖车制造业(国际标准行业分类)——轿车塑料保险杠等,经营收入比例99.0%,利润贡献100.0%。

公司名称:珠海中富实业股份有限公司(G 中富)	证券代码:000659

基 本 情 况

主营业务:塑料 PET 饮料瓶、瓶坯系列,PVC、OPP 标签等产品的生产和销售

发行日期:19880301

上市日期:19961203

法人代表:黄乐夫

联系人:陈立上

公司名称:珠海中富实业股份有限公司

公司地址:广东省珠海市湾仔镇南湾大道第一工业区

公司电话:0756-8821350

公司前身是珠海市香洲区湾仔中富瓶厂,始建于 1985 年 12 月,是中国最早被美国“可口可乐”、“百事可乐”公司认可的 PET 饮料瓶生产厂家之一;1988 年初进行了农村股份合作制改造,募集股本 20.75 万股,每股 100 元。1990 年该厂正式改制为“珠海经济特区中富实业股份有限公司”。1992 年公司将原股份拆细为每股 1 元,同时向原股东以 10∶6.5 的比例配股,每股发行价 2.6 元。公司于 1996 年 12 月 3 日在深交所上市 2 887.5 万股。

1998 年度股东大会审批公司更名,1999 年 5 月 27 日,公司名称由“珠海经济特区中富实业股份有限公司”变更为“珠海中富实业股份有限公司”。由于公司实施股权分置改革,自 2005 年 10 月 27 日起公司股票简称由“珠海中富”变更为“G 中富”。

注:以上公司基本概况数据截止日期:20051015

2005 年经营情况/(每股收益/元)

年　报	三季度季报	中　报	一季度季报
0.10	0.13	0.08	0.04

近 几 年 收 益

每股收益/元			每股净资产/元			净资产收益率/%		
2005 年末	2004 年末	2003 年末	2005 年末	2004 年末	2003 年末	2005 年末	2004 年末	2003 年末
0.10	0.18	0.19	0	2.67	4.00	3.75	6.64	4.74

G 中富 (000659) 财务指标变动

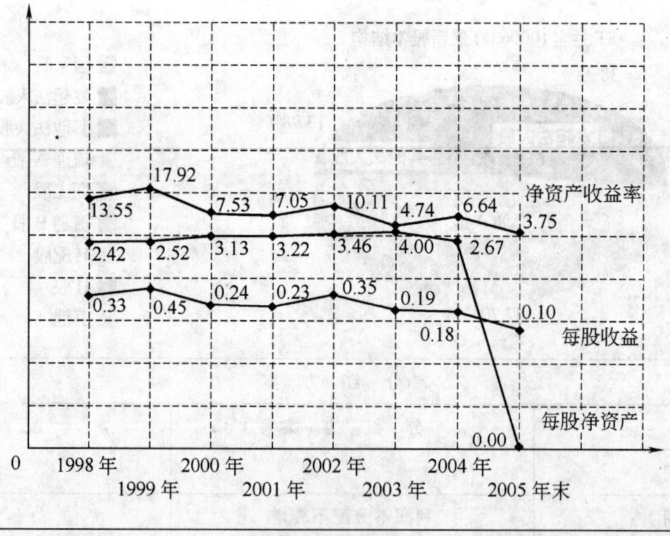

股本结构/万股

变化日期	总股本	国家股	发起法人股	法人股	流通 A 股	职工股	流通 B 股	转配股	H 股
20050912	68 829.56		24 289.61		44 514.40	25.55			

续表

公司名称:珠海中富实业股份有限公司(G中富)	证券代码:000659

G中富(000659)最新股本结构

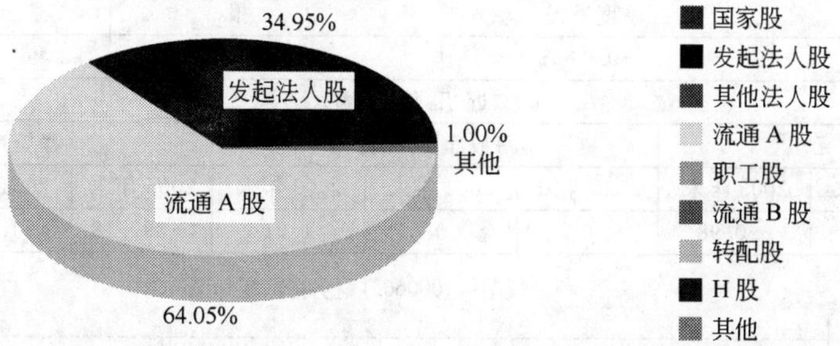

分红方案

年度	分红方案	配股方案
2005年末期		
2005年中期	利润不分配不转增	

特别提示

珠海中富是中国最大,世界排名第五的PET瓶专业生产企业,主要从事PET饮料瓶、瓶坯系列,瓶用标签,及其他配套产品的生产和销售。公司拥有年产50亿支PET瓶、40亿支瓶胚、50亿张瓶用标签、3 000吨LDPE、LLDPE塑料薄膜和收缩膜的生产能力。产品用于碳酸饮料、茶饮料、果汁饮料、瓶装水等饮料产品的包装,主要为可口可乐、百事可乐、统一等饮料生产商提供配套服务。得益于我国饮料行业二十余年的快速发展,公司已成长为极具竞争优势的行业龙头。随着我国饮料产品市场容量的增长、消费品类的拓展,公司未来将会拥有更广阔的发展空间。(20051012)

珠海中富三季报显示,三季度公司实现主营业务收入5.96亿元,比去年同期增长25.21%,净利润3 517万元,同比增长8.28%,遏止了今年前两个季度的利润下滑势头,业绩水平也高于今年前两个季度。这表明公司通过控制成本节约开支应对高油价的冲击取得了成效。公司董事、财务经理周毛仔说,由于石油等上游产品涨价,公司PET等原材料涨价幅度也比较大,公司今年经营的挑战确实比往年相对要大一些,但公司也积极通过挖掘生产潜力等途径来消化成本压力。公司今后将继续开拓新的利润增长点,主要包括PET塑料啤酒瓶和饮用水代灌装业务。(20051017)

近日,G中富(000659)主办了一场在业界颇有影响的国内饮料包装行业研讨会。G中富副总裁黄朝晖表示,PET啤酒瓶,并非想取代玻璃瓶,只是增加一个品种,让人们多些选择。目前,G中富已经和国内许多知名啤酒品牌签署了合作协议,今年销量会有可观增幅。他预计明年有望获得1%、约30万吨啤酒的市场占有率,差不多需6亿瓶子,在随后年份将逐渐增加,2010年这一比例应该可以占到7%,而G中富所有PET瓶总量也将超过150亿只,“相当于现在的三个中富”。(20051124)

公司主要经营业务之一橡胶塑料产品制造业(国际标准行业分类)——饮料包装制品等,经营收入比例95.7%,利润贡献97.5%。(注:以上经营业务数据截止日期为:20050630)

公司名称:武汉塑料工业集团股份有限公司(武汉塑料)	证券代码:000665

基本情况

主营业务:开发、制造、经营汽车零部件、高新科技工程塑料制品其他塑料制品等
发行日期:19890108
上市日期:19961210
法人代表:赵邵安
联系人:刘从友
主承销商:自办发行
公司名称:武汉塑料工业集团股份有限公司
公司地址:武汉市经济技术开发区沌阳大道156号武塑工业园1号楼
公司电话:027-59405215

1988年,本公司向社会发行股票,当时公司名称为“武汉塑料工业集团公司”,公司所有制形式为股份制企业,股本总额为2 644.85万股。同时取消各发起人的法人资格。

1992年2月公司增资扩股后股本总额为4 624.85万股。1992年10月,公司更名为“武汉塑料工业股份有限(集团)公司”。

1993年5月,将本公司经营性土地使用权价值折为国家股,此次股本变更后股本总额为5 009.33万股。

1993年12月,国家体改委同意本公司进行规范化股份制试点。1996年11月21日公司名称变更为“武汉塑料工业集团股份有限公司”。

注:以上公司基本概况数据截止日期:20051221

续表

公司名称：武汉塑料工业集团股份有限公司（武汉塑料）			证券代码：000665
2005年经营情况/（每股收益/元）			
年　报	三季度季报	中　报	一季度季报
－1.54	－0.03	0.01	0.01

近几年收益

每股收益/元			每股净资产/元			净资产收益率/%		
2005年末	2004年末	2003年末	2005年末	2004年末	2003年末	2005年末	2004年末	2003年末
－1.54	0.02	－0.98	0	0	1.91	－397.18	1.07	－51.12

武汉塑料（000665）财务指标变动

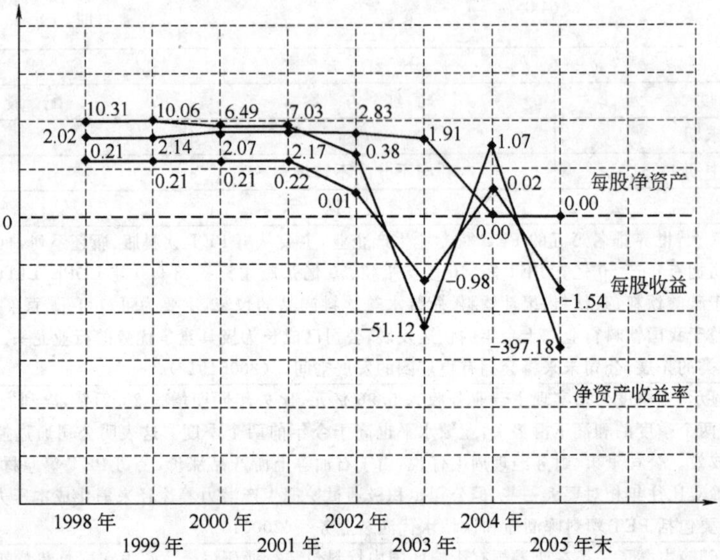

股本结构/万股

变化日期	总股本	国家股	发起法人股	法人股	流通A股	职工股	流通B股	转配股	H股
20000821	14 096.95	4 297.53	4 798.04		5 001.38				

武汉塑料（000665）最新股本结构

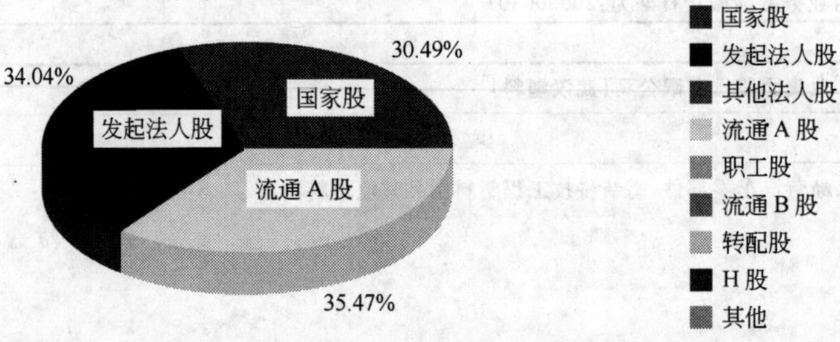

分红方案

年　度	分红方案	配股方案
2005年末期		
2005年中期	利润不分配不转增	

特别提示

公司主要经营业务之一汽车、拖车和半拖车制造业（国际标准行业分类）——汽车塑料零部件等，经营收入比例87.4%，利润贡献96.9%；橡胶塑料产品制造业（国际标准行业分类）——塑料原材料贸易等，经营收入比例12.6%，利润贡献3.1%。（注：以上经营业务数据截止日期为：20050630）

公司名称:沈阳化工股份有限公司(G沈化)	证券代码:000698

基本情况

主营业务:化工产品,化工设备,压力容器,PVC手套研制,开发,制造,施工等

发行日期:19970121

上市日期:19970220

法人代表:王大壮

联系人:杨志国

主承销商:国泰证券有限公司

公司名称:沈阳化工股份有限公司

公司地址:沈阳市铁西区卫工北街46号

公司电话:024-25553506

公司前身是始建于1938年的沈阳化工厂。1992年进行股份制改造,1996年5月更名为沈阳化工股份有限公司。曾连续三年被评为辽宁省先进外商投资企业和十大高销售额外商投资企业,连续五年名列100家最大合资企业;公司是国家在“九五”期间优先扶持的300家重点企业之一,公司1997年1月21日深交所,向社会公众公开发行8 000万股股票,发行价格为6.40元/股,形成总股本22 940万股。内部职工股已按要求集中托管,将在本次社会公众股发行后三年可方上市。每一个股票账户申购数量上限为80 000股。

因实施股权分置改革,自2006年3月22日起公司股票简称由“沈阳化工”变更为“G沈化”。

注:以上公司基本概况数据截止日期:20060314

2005年经营情况/(每股收益/元)

年报	三季度季报	中报	一季度季报
0.13	0.17	0.08	0.02

近几年收益

每股收益/元			每股净资产/元			净资产收益率/%		
2005年末	2004年末	2003年末	2005年末	2004年末	2003年末	2005年末	2004年末	2003年末
0.13	0.11	0.10	0	3.46	3.39	4.08	3.11	2.94

G沈化(000698)财务指标变动

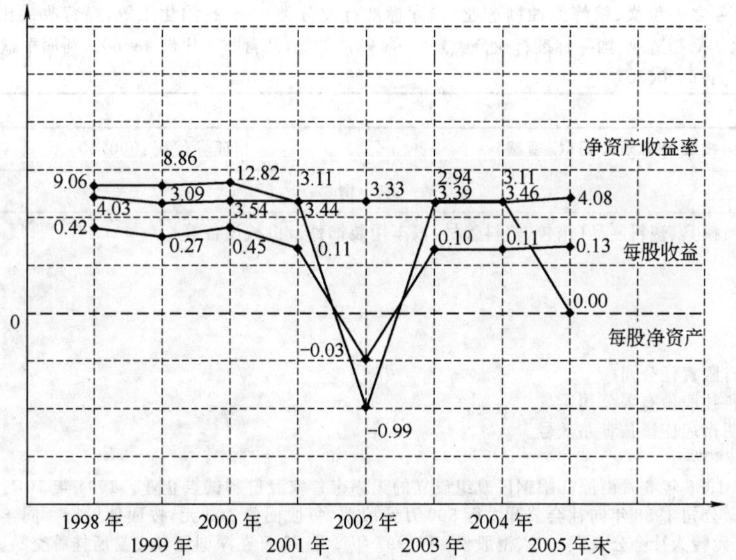

股本结构/万股

变化日期	总股本	国家股	发起法人股	法人股	流通A股	职工股	流通B股	转配股	H股
20060322	42 240.66	13 941.71	3 026.95		25 265.60	6.40			

续表

公司名称:沈阳化工股份有限公司(G 沈化)	证券代码:000698

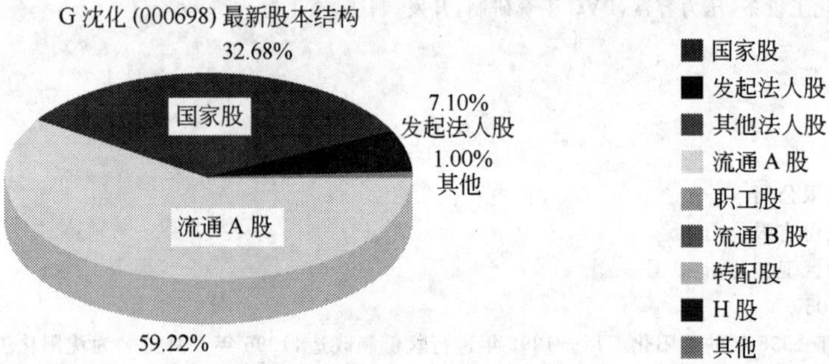

分 红 方 案

年 度	分 红 方 案	配 股 方 案
2005 年末期	利润不分配不转增	
2005 年中期	利润不分配不转增	

特 别 提 示

沈阳化工(000698)与控股股东沈阳化工集团签署《股权转让协议》,约定沈阳化工收购沈化集团持有的沈阳石蜡化工有限公司 10.15%股权,交易价格 8 280 万元。沈阳化工在本次关联交易前已持有该公司 78.59%股权。据称,沈阳化工集团在产权、业务、资产方面与沈阳化工完全独立,该公司法定代表人在沈阳化工担任董事长职务。截至 2004 年 6 月 30 日,该公司应付沈阳蜡化公司款项的余额为 8 032.2 万元,除此之外,沈阳化工集团与沈阳化工其他前十名股东在产权、业务、资产、债权债务、人员等方面没有任何关系。(20050216)

投资 36 亿元、年产 50 万吨热裂解(CPP)制乙烯项目合同签约奠基仪式 11 月 29 日在沈阳化工集团举行。该项目预计三年左右建成,届时沈化集团将新增销售收入 50 亿元。沈化集团是以沈阳化工(000698)和沈阳石蜡化工有限公司为核心的大型国有企业集团,主导产品为石油化工、氯碱化工等两大类 40 多个品种。其中聚氯乙烯糊树脂、气相法白炭黑等主导产品的生产能力和市场占有率在国内同行业中排名第一。昨天签约奠基的 50 万吨催化热裂解(CPP)制乙烯项目,是沈阳化工控股子公司沈阳石蜡化工公司的国债项目之一。(20051130)

公司主要经营业务之一焦炭、精炼原油制造业(国际标准行业分类)——石油化工等,经营收入比例 41.0%,利润贡献 11.9%;化学药品和化学品制造业(国际标准行业分类)——氯碱化工等,经营收入比例 48.6%,利润贡献 70.9%。(注:以上经营业务数据截止日期为:20050630)

公司名称:江南模塑科技股份有限公司(G 模塑)	证券代码:000700

基 本 情 况

主营业务:加工、销售:模具、塑料制品(箱包、塑料管材、汽车用装饰件)、机械设备等
发行日期:19881008
上市日期:19970228
法人代表:陶 炜
联系人:许 剑
主承销商:大鹏证券有限责任公司
公司名称:江南模塑科技股份有限公司
公司地址:江苏省江阴市周庄镇长青路 8 号
公司电话:0510-86242802

公司是经批准于 1988 年 6 月由原江阴钢厂改组设立的无锡市首家股份制试点企业。1994 年 10 月注册登记"江阴兴澄冶金股份有限公司"。公司 1988 年向社会公开发行 500 万元股票,每股面值 100 元,按面值发行。同年职工资款 291.66 万元也按每股面值 100 元转为社会公众股。"兴澄股份"于 1997 年 2 月 28 日在深圳证券交易所挂牌交易。

1999 年本公司第一大股东江苏兴澄集团公司与江苏江阴模塑集团总公司签订了《股份转让协议》,转让后,江苏江阴模塑集团总公司成为本公司的第一大股东。公司名称自 2000 年 5 月 18 日起由"江阴兴澄冶金股份有限公司"正式变更为"江南模塑科技股份有限公司"。2000 年 5 月 26 日股票简称由"兴澄股份"变更为"模塑科技"。因实施股权分置改革,公司股票简称自 2006 年 2 月 10 日起变更为"G 模塑"。

注:以上公司基本概况数据截止日期:20051213

续表

公司名称:江南模塑科技股份有限公司(G 模塑)			证券代码:000700
2005 年经营情况/(每股收益/元)			
年　报	三季度季报	中　报	一季度季报
0.03	0.08	0.06	0.03

近几年收益

每股收益/元			每股净资产/元			净资产收益率/%		
2005 年末	2004 年末	2003 年末	2005 年末	2004 年末	2003 年末	2005 年末	2004 年末	2003 年末
0.03	0.19	0.25	0	0	2.94	1.10	6.41	8.51

G 模塑 (000700) 财务指标变动

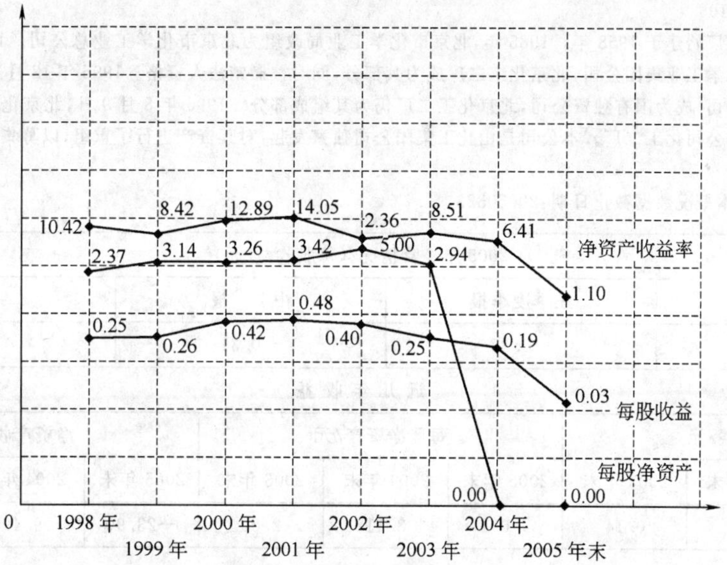

股本结构/万股

变化日期	总股本	国家股	发起法人股	法人股	流通 A 股	职工股	流通 B 股	转配股	H　股
20060210	30 001.36	12 401.60			18 502.76				

G 模塑 (000700) 最新股本结构

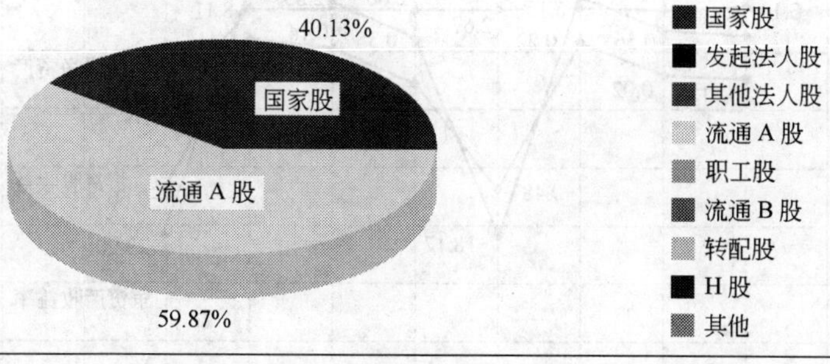

分红方案

年　度	分红方案	配股方案
2005 年末期		
2005 年中期	利润不分配不转增	

特别提示

公司主要经营业务之一橡胶塑料产品制造业(国际标准行业分类)——塑化制品等,经营收入比例 92.0%,利润贡献 96.0%;其他未列入之机械设备制造业(国际标准行业分类)——注塑机械等,经营收入比例 8.0%,利润贡献 4.0%。(注:以上经营业务数据截止日期为:20050630)

公司名称：北京化二股份有限公司（北京化二）	证券代码：000728

基 本 情 况

主营业务：聚氯乙烯，氯醋共聚物，烧碱，盐酸，液氯，二氯乙烷等产品的生产和销售等
发行日期：19970522
上市日期：19970616
法人代表：吕常钦
联系人：李崇华
主承销商：中信证券有限责任公司
公司名称：北京化二股份有限公司
公司地址：北京市朝阳区大郊亭
公司电话：010-67758106

公司前身化工二厂始建于1958年。1985年，北京市化学工业局改组为北京市化学工业总公司。1991年北京化学工业总公司组建为北京化学工业集团公司，北京化工二厂成为其部分，同时被撤销法人资格。1995年12月31日改制为北京化学工业集团有限责任公司，成为国有独资公司，北京化工二厂仍为其组成部分。1996年8月9日，北京化工二厂更名为北京化学工业集团有限责任公司化工二厂。本公司是由化工集团公司独家发起，对其资产进行了重组，以募集方式设立的股份有限公司。

注：以上公司基本概况数据截止日期：20050323

2005年经营情况/（每股收益/元）

年 报	三季度季报	中 报	一季度季报
－0.60	－0.37	－0.31	－0.04

近 几 年 收 益

每股收益/元			每股净资产/元			净资产收益率/%		
2005年末	2004年末	2003年末	2005年末	2004年末	2003年末	2005年末	2004年末	2003年末
－0.60	0.30	0.14	0	3.11	2.80	－23.90	9.49	4.83

北京化二(000728)财务指标变动

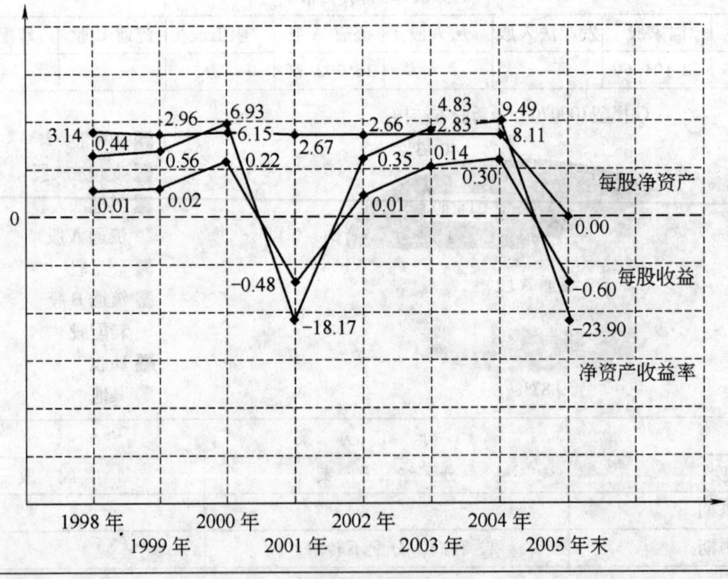

股本结构/万股

变化日期	总股本	国家股	发起法人股	法人股	流通A股	职工股	流通B股	转配股	H 股
19980909	34 521.00		24 121.00		10 400.00				

续表

公司名称:北京化二股份有限公司(北京化二)	证券代码:000728

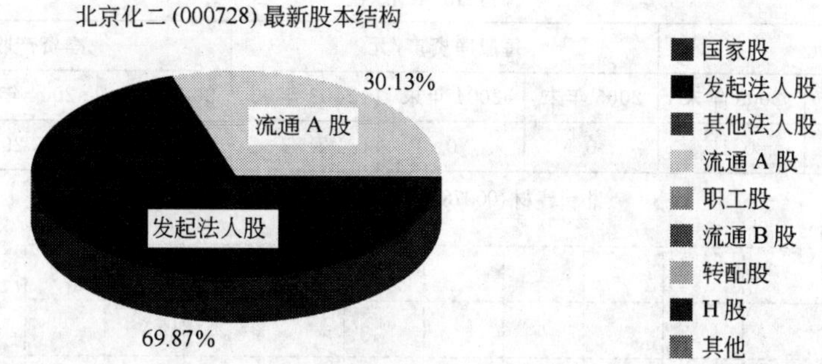

分红方案

年度	分红方案	配股方案
2005年末期		
2005年中期	利润不分配不转增	

特别提示

位于北京市东四环南段的北京化二(000728)聚氯乙烯的聚合装置,在昨日凌晨0点15分发生外部爆燃事故,火势虽然很快被扑灭,但事故造成了聚合装置部分损坏。同时为安全起见,公司生产装置现已全部停产。该公司表示,除了事故本身造成的直接损失外,停产还将给公司造成每天10万元的损失,并对公司一季度的经营业绩产生一定影响;但事故对周边环境不会造成污染。据估计,在进行安全评估后,公司将在一周内恢复生产。(20050119)

公司主要经营业务之一橡胶塑料产品制造业(国际标准行业分类)——塑料等,经营收入比例79.4%,利润贡献66.9%;化学药品和化学品制造业(国际标准行业分类)——烧碱等,经营收入比例20.6%,利润贡献33.1%。(注:以上经营业务数据截止日期为:20050630)

公司名称:北新集团建材股份有限公司(北新建材)	证券代码:000786

基本情况

主营业务:新型建筑材料、新型墙体材料、新型房屋、化学建材、装饰装修材料及配套产品等

发行日期:19970520

上市日期:19970606

法人代表:曹江林

联系人:贾建军

主承销商:南方证券

公司名称:北新集团建材股份有限公司

公司地址:北京市海淀区三里河路甲11号中国建材大厦16层

公司电话:010-88082395,82982787

本公司唯一发起人北新建材(集团)有限公司是1997年原国家建材总局投资兴建的国内规模最大的新型建筑材料生产基地。1996年12月经批准由中国新型建筑材料公司作为总厂的投资主体,将总厂改制为国有独资公司,更名为北新建材(集团)有限公司。经国家体改委"体改生[1997]48号文"批准,集团公司将三个厂的资产评估作价,折为国有法人股11 000万股,并向社会募集4 500万股社会公众股,募集设立本公司。

注:以上公司基本概况数据截止日期:20051024

2005年经营情况/(每股收益/元)

年报	三季度季报	中报	一季度季报
0.21	0.17	0.07	0.03

续表

公司名称：北新集团建材股份有限公司（北新建材）						证券代码：000786		
近几年收益								
每股收益/元			每股净资产/元			净资产收益率/%		
2005年末	2004年末	2003年末	2005年末	2004年末	2003年末	2005年末	2004年末	2003年末
0.21	0.15	0.12	0	0	2.32	8.17	6.29	5.27

北新建材（000786）财务指标变动

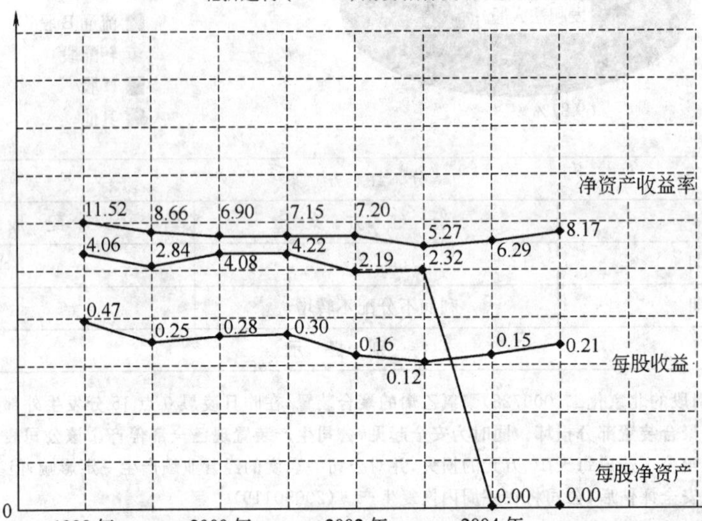

股本结构/万股									
变化日期	总股本	国家股	发起法人股	法人股	流通A股	职工股	流通B股	转配股	H股
20020607	57 515.00	34 700.00			22 815.00				

北新建材（000786）最新股本结构

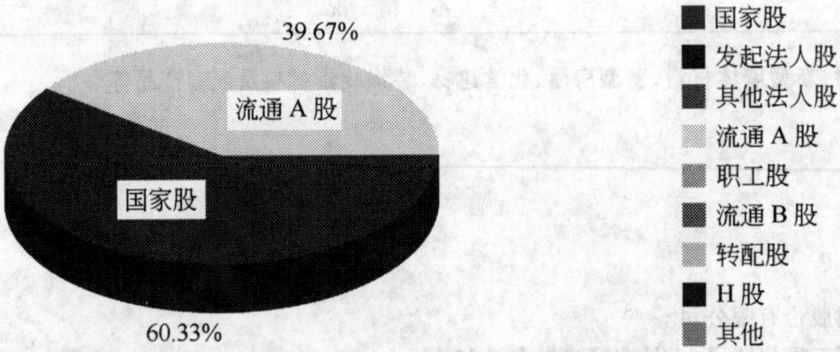

分红方案		
年度	分红方案	配股方案
2005年末期		
2005年中期	利润不分配不转增	

特别提示

北新建材（000786）拟以所持北新塑管公司60%股权和公司对北新塑管享有的3 218.98万元债权与北新建材（集团）公司所持中国联合水泥公司9.9%股权进行置换。（20050228）

公司主要经营业务之一其他非金属矿产品制造业（国际标准行业分类）——新型建材制造（包括化学建材）等，经营收入比例43.9%，利润贡献59.1%。（注：以上经营业务数据截止日期为：20050630）

公司名称:安徽国风塑业股份有限公司(G国风)	证券代码:000859

基本情况

主营业务:塑胶建材及附件,塑料薄膜,其他塑料产品,非金属新型材料及金属制品制造销售等
发行日期:19980827
上市日期:19981119
法人代表:郑忠勋
联系人:吴　亚
主承销商:安徽省国际信托投资公司
公司名称:安徽国风塑业股份有限公司
公司地址:合肥市马鞍山路1号
公司电话:0551-5336138

本公司是由注塑总厂作为唯一发起人,通过募集设立方式组建的股份有限公司。注塑总厂前身为合肥电冰箱配件厂,创建于1984年,1992年企业更名为合肥电冰箱配件总厂。1997年6月,企业正式更名为安徽国风注塑总厂。经评估注塑总厂投入本公司总资产为49 265.45万元,总负债为30 995.57万元,净资产值为18 269.88万元。评估后净资产按65.68%折成12 000万股国家股,由注塑总厂作为国家股的持有单位,其余6 269.88万元进入本公司的资本公积金。经证监会批准,本公司首次公开发行6 000万股A股(其中向本公司职工配售600万股)。因实施股权分置改革,公司股票简称自2006年2月10日起变更为"G国风"。

注:以上公司基本概况数据截止日期:20051029

2005年经营情况/(每股收益/元)

年　报	三季度季报	中　报	一季度季报
0.02	0.01	0.01	0.00

近几年收益

每股收益/元			每股净资产/元			净资产收益率/%		
2005年末	2004年末	2003年末	2005年末	2004年末	2003年末	2005年末	2004年末	2003年末
0.02	0.02	0.01	0	2.38	2.36	1.00	0.90	0.50

G国风(000859)财务指标变动

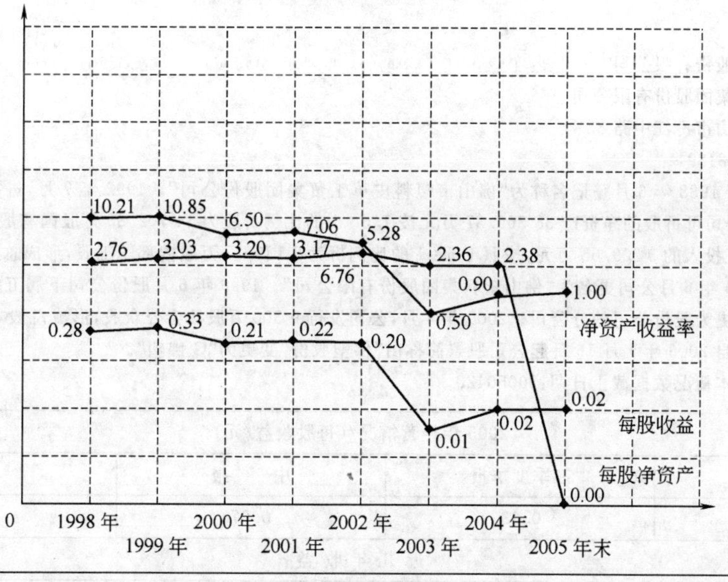

股本结构/万股

变化日期	总股本	国家股	发起法人股	法人股	流通A股	职工股	流通B股	转配股	H　股
20060210	42 048.00	16 401.60			25 627.95	18.45			

续表

公司名称：安徽国风塑业股份有限公司（G国风）	证券代码：000859

G国风(000859)最新股本结构

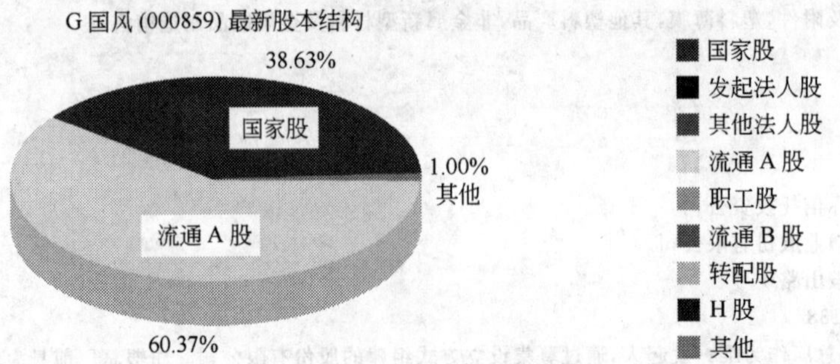

分 红 方 案

年 度	分 红 方 案	配 股 方 案
2005年末期		
2005年中期	利润不分配不转增	

特 别 提 示

公司主要经营业务之一橡胶塑料产品制造业（国际标准行业分类）——塑料加工业等，经营收入比例100.0%，利润贡献100.0%。（注：以上经营业务数据截止日期为：20050630）

公司名称：佛山塑料集团股份有限公司（G佛塑）	证券代码：000973

基 本 情 况

主营业务：各类高分子和化工新材料、塑料制品、包装及印刷复合制品、热缩材料等
发行日期：20000420
上市日期：20000525
法人代表：冯兆征
联系人：罗汉均
主承销商：广东证券股份有限公司
公司名称：佛山塑料集团股份有限公司
公司地址：广东省佛山市汾江中路82号
公司电话：0757-83988189

股份公司成立于1988年6月登记名称为"佛山市塑料皮革工贸集团股份公司"。1992年7月，进行了股份制规范化改造。将评估后股份公司可折股的净资产38 369.37万元按1.5：1的比例折股为14 702.85万股国有股及11 002.44万股法人股。同时内部职工投入的3 209.65万元，按照1.5：1的比例折为2 139.77万股内部职工股，形成总股本27 845.06万股，每股面值一元。1994年6月公司更名为"佛山塑料集团股份有限公司"。1999年6月股份公司下属五家全资子公司全部取消独立法人资格，变更为股份公司的分公司。2000年4月，公司发行9 500万股社会公众股，形成总股本7 345.06万股。因实施股权分置改革，自2006年1月16日起公司股票简称由"佛塑股份"变更为"G佛塑"。

注：以上公司基本概况数据截止日期：20050420

2005年经营情况/（每股收益/元）

年 报	三季度季报	中 报	一季度季报
0.01	0.03	0.07	0.03

近 几 年 收 益

每股收益/元			每股净资产/元			净资产收益率/%		
2005年末	2004年末	2003年末	2005年末	2004年末	2003年末	2005年末	2004年末	2003年末
0.01	0.17	0.32	0	3.61	3.42	0.29	4.58	9.22

续表

公司名称:佛山塑料集团股份有限公司(G佛塑)	证券代码:000973

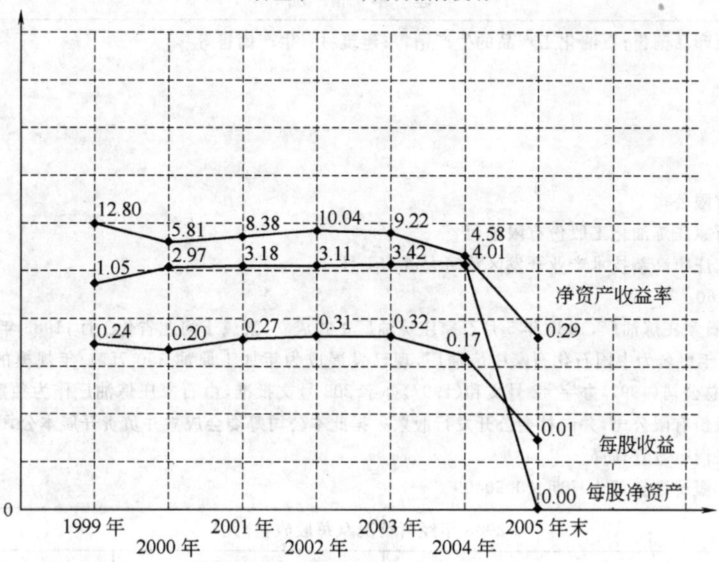

股本结构/万股

变化日期	总股本	国家股	发起法人股	法人股	流通A股	职工股	流通B股	转配股	H股
20060116	40 836.99	10 355.41	9 751.15		20 699.83	30.60			

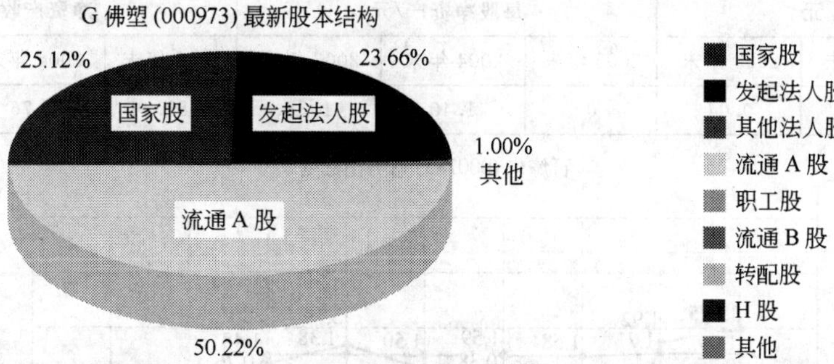

分红方案

年度	分红方案	配股方案
2005年末期		
2005年中期	利润不分配不转增	

特别提示

昨日,佛塑股份(000973)和国际上知名企业英威达公司正式联姻。双方合作成立的英威达纤维(佛山)有限公司签约仪式及厂房奠基仪式在佛塑股份的佛塑新材料工业园隆重举行。新项目投资1.28亿美元,是广东省编制纤维业迄今最大的一个外商投资项目。据了解,英威达纤维(佛山)投资总额为1.28亿美元,投资总额与注册资本之间的差额由公司自身贷款解决。该项目预计建设期为2年,达产后拥有氨纶纤维产品生产能力12 000吨/年。英威达纤维(佛山)公司主要生产可应用于成衣、内衣、运动服装和泳衣,足部服饰和职业装饰的弹性纤维产品。(20050224)

继与美国杜邦、日本住友、台湾亚化等国际知名企业合资合作之后,佛塑股份(000973)日前又攀上了全球最大氨纶纤维供应商英威达公司,进军国内高端氨纶纤维市场。佛塑股份董事长冯兆征表示,近年来,亚太地区尤其是中国的氨纶纤维需求量迅速增长,市场供不应求,高端产品的市场缺口需通过海外进口解决。公司与China Holdings,LLC共同投资生产经营氨纶纤维制品的项目,旨在通过高端氨纶纤维的国产化来弥补国内市场空缺,符合公司"发展高技术新材料"的发展战略。(20050302)

公司主要经营业务之一橡胶塑料产品制造业(国际标准行业分类)——塑料制品等,经营收入比例100.0%,利润贡献100.0%。(注:以上经营业务数据截止日期为:20050630)

三、我国证券市场部分化工行业上市公司情况

公司名称:石家庄炼油化工股份有限公司(石炼化)	证券代码:000783

基 本 情 况

主营业务:石油加工及产品销售;石油化工产品的生产销售;建筑材料生产销售等

发行日期:19970711

上市日期:19970731

法人代表:毕建国

联系人:滕峰阁

主承销商:国泰证券有限公司

公司名称:中国石化石家庄炼油化工股份有限公司

公司地址:河北省石家庄市高新技术产业开发区黄河大道151号

公司电话:0311-5161160

本公司发起人是石家庄炼油厂,1983年5月石家庄炼油厂正式成立,隶属于河北省化工厅;1983年7月总厂划归中国石油化工总公司。1994年更名为中国石化石家庄炼油厂,现已发展成为年加工原油350万吨/年规模的大型炼油化工企业。本公司是经中国石化总公司(1997)办字42号文和(1997)办字203号文批准,由石家庄炼油厂作为独家发起人,通过局部改制,以募集方式设立股份有限公司,并向社会公开发行股票。据此本公司筹委会成立并负责开展本公司筹备工作。1997年4月23日获得河北省工商行政管理局。

注:以上公司基本概况数据截止日期:20050409

2005年经营情况/(每股收益/元)

年报	三季度季报	中报	一季度季报
−0.63	−0.65	−0.27	−0.08

近几年收益

每股收益/元			每股净资产/元			净资产收益率/%		
2005年末	2004年末	2003年末	2005年末	2004年末	2003年末	2005年末	2004年末	2003年末
−0.63	0.01	0.04	0	1.40	1.38	−81.44	0.76	3.19

石炼化(000783)财务指标变动

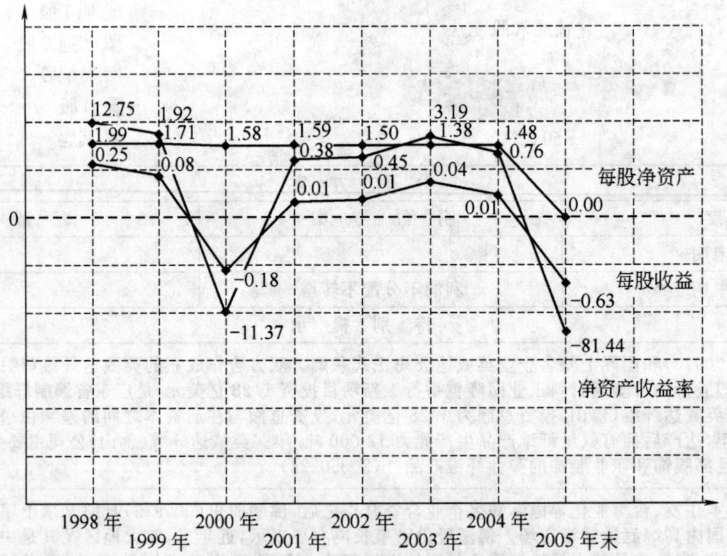

股本结构/万股

变化日期	总股本	国家股	发起法人股	法人股	流通A股	职工股	流通B股	转配股	H股
19991105	115 444.43		92 044.43		23 400.00				

续表

公司名称：石家庄炼油化工股份有限公司(石炼化)	证券代码：000783

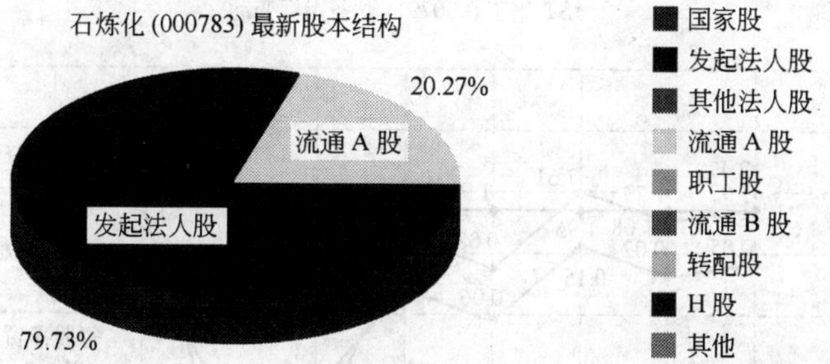

分红方案

年度	分红方案	配股方案
2005 年末期		
2005 年中期	利润不分配不转增	

特别提示

公司主要经营业务之一焦炭、精炼原油制造业(国际标准行业分类)——炼油产品等，经营收入比例 96.6%，利润贡献 0.0%；化学药品和化学品制造业(国际标准行业分类)——化工产品等，经营收入比例 3.4%，利润贡献 100.0%。(注：以上经营业务数据截止日期为：20050630)

公司名称：西北永新化工股份有限公司(＊ST 化工)	证券代码：000791

基本情况

主营业务：油漆、涂料和化工原料等的研制、开发、生产和销售

发行日期：19970829

上市日期：19971014

法人代表：魏其新

联系人：王志喆

主承销商：招银证券公司

公司名称：西北永新化工股份有限公司

公司地址：甘肃省兰州市东岗东路 1475 号

公司电话：0931-4862482

本公司是经批准由西北油漆厂作为独家发起人，采用募集方式设立的股份有限公司。本公司独家发起人西北油漆厂将其半成品车间、三个产成品车间、中试车间、溶剂车间、水汽车间、电仪车间、机修车间、罐装车间、检验科、机动处、供应处及研究所等单位的经营性净资产 9 296 万元，按 65.62%的比例，折为国有法人股 6 100 万股投入本公司。经证监会批准，本公司已向社会公众公开发行 4 500 万股人民币普通股(含公司职工股 450 万股)，并于 1997 年 9 月 23 日在甘肃省工商行政管理局注册登记。

2005 年 4 月 29 日，公司股票交易实行退市风险警示的特别处理，证券简称变更为“＊ST 化工”。

注：以上公司基本概况数据截止日期：20060325

2005 年经营情况/(每股收益/元)

年报	三季度季报	中报	一季度季报
0.02	－0.06	－0.04	－0.01

近几年收益

每股收益/元			每股净资产/元			净资产收益率/%		
2005 年末	2004 年末	2003 年末	2005 年末	2004 年末	2003 年末	2005 年末	2004 年末	2003 年末
0.02	－0.63	－0.18	0	0	1.72	2.18	－57.39	－10.62

续表

公司名称：西北永新化工股份有限公司（＊ST化工）	证券代码：000791

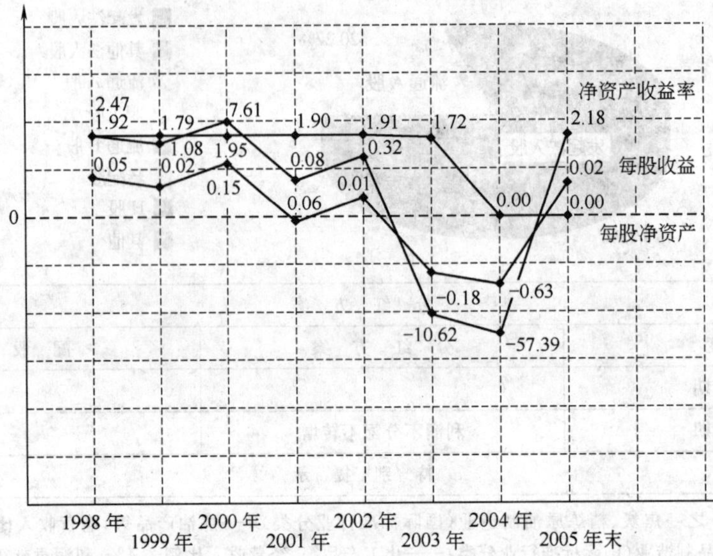

股本结构/万股

变化日期	总股本	国家股	发起法人股	法人股	流通A股	职工股	流通B股	转配股	H 股
19980805	18 900.00		10 980.00		7 920.00				

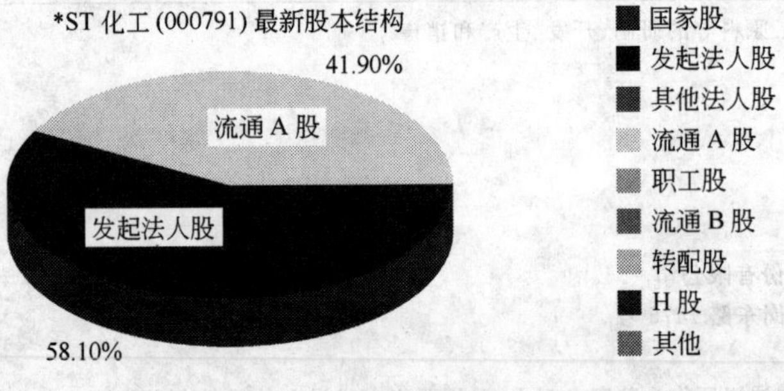

分 红 方 案

年　度	分 红 方 案	配 股 方 案
2005 年末期	利润不分配不转增	
2005 年中期	利润不分配不转增	

特 别 提 示

＊ST化工拟向控股股东西北油漆厂收购兰州金城油漆厂和西北油漆厂劳动服务公司，收购价格以审计确认的净资产327万为准。＊ST化工表示，此次关联交易是为了解决历史遗留问题，规范市场、整合油漆产业、重塑“永新”品牌而实施的。交易实施完毕后，兰州金城油漆厂和西北油漆厂劳动服务公司的资产及人员将纳入西北化工，对＊ST化工主营业务收入将产生一定的积极影响。另外，＊ST化工拟以每股1元的价格，受让北京华天神龙科技发展有限责任公司持有甘肃新东部置业有限责任公司900万股，占该公司总股本的30％，总价款为人民币900万元。（20051116）

公司主要经营业务之一化学药品和化学品制造业（国际标准行业分类）——油漆颜料等，经营收入比例100.0％，利润贡献100.0％。（注：以上经营业务数据截止日期为：20050630）

公司名称:山东鲁西化工股份有限公司(G 鲁西)	证券代码:000830

基 本 情 况

主营业务:尿素、硫酸氢铵化肥的生产及本公司产品销售;合成氨、复合肥等的生产销售
发行日期:19980525
上市日期:19980807
法人代表:张金成
联系人:杜凤莲
主承销商:山东证券有限责任公司
公司名称:山东鲁西化工股份有限公司
公司地址:山东省聊城市鲁化路 68 号
公司电话:0635-8332286

本公司是经山东省人民政府鲁政字[1997]95 号文批准并经山东省工商行政管理局(鲁)名称预核[197]第 1189 号预先核准,以集团公司作为独家发起人,对该集团公司的下属企业聊城地区鲁西化肥厂、东阿化肥厂进行改组,以向社会公众公开募集的方式设立的股份有限公司;公司于 1998 年 5 月 25 日在深交所首次向中国境内投资人发行人民币认购的内资股普通股 5 000 万股,并于 1998 年 8 月 7 日上市流通。因实施股权分置改革,公司证券简称于 2005 年 8 月 23 日变更为"G 鲁西"。

注:以上公司基本概况数据截止日期:20060224

2005 年经营情况/(每股收益/元)

年　报	三季度季报	中　报	一季度季报
0.35	0.28	0.19	0.11

近几年收益

每股收益/元			每股净资产/元			净资产收益率/%		
2005 年末	2004 年末	2003 年末	2005 年末	2004 年末	2003 年末	2005 年末	2004 年末	2003 年末
0.35	0.38	0.31	0	4.01	4.35	10.49	9.42	7.04

G 鲁西 (000830) 财务指标变动

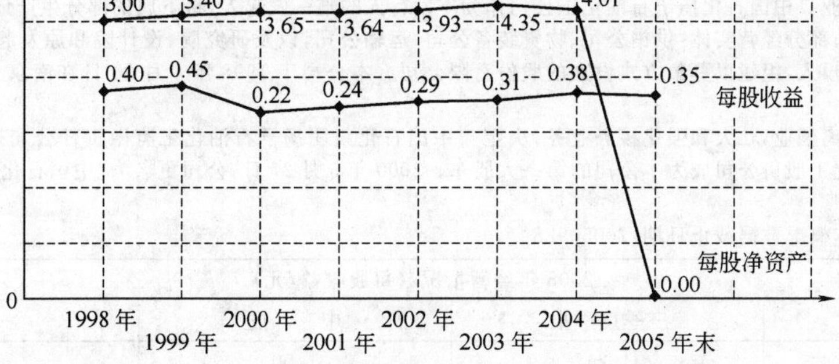

股本结构/万股

变化日期	总股本	国家股	发起法人股	法人股	流通 A 股	职工股	流通 B 股	转配股	H 股
20060421	81 123.33	45 709.63	46.07		35 367.63				

续表

公司名称:山东鲁西化工股份有限公司(G鲁西)	证券代码:000830

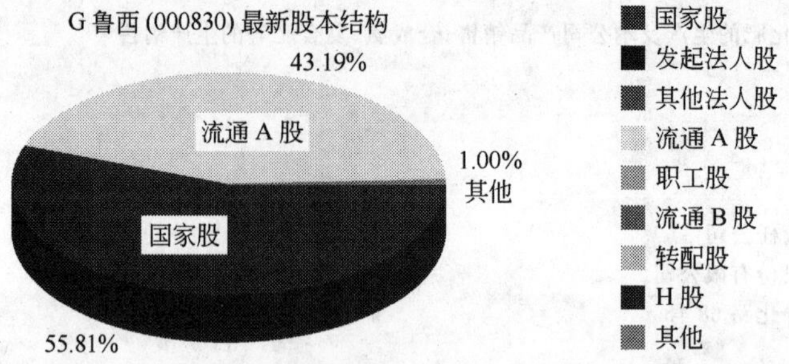

分红方案

年度	分红方案	配股方案
2005年末期	每10股拟送3.00股增7.00股,拟派1.00元(含税)	
2005年中期	利润不分配不转增	

特别提示

鲁西化工主导产品日前被国家质量检验检疫总局评为“中国名牌产品”,这项被称之为中国产品最高荣誉的奖项,标志着公司主导产品规模与质量被高度认可。获得这一称号的是鲁西化工主导产品“鲁西牌”三元复合肥,该产品每年产销量达百万吨,占公司产品总销量45%以上。这一称号的获得,对公司进一步提升产品市场占有率,扩大产品规模,具有重要的作用。(20050902)

公司主要经营业务之一化学药品和化学品制造业(国际标准行业分类)——化学品制造业等,经营收入比例100.0%,利润贡献100.0%。(注:以上经营业务数据截止日期为:20051231)

公司名称:中国石化扬子石油化工股份有限公司(扬子石化)	证券代码:000866

基本情况

主营业务:原油加工、石油加工、化学原料、化学制品、化学纤维等
发行日期:19980402
上市日期:19980512
法人代表:张大本
联系人:严　明
主承销商:中信证券有限责任公司
公司名称:中国石化扬子石油化工股份有限公司
公司地址:南京市六合区沿江工业开发区新华路777号
公司电话:025-57787735,57787739

中国石化扬子石油化工公司作为本发行人的唯一发起人,于1983年9月经江苏省人民政府、中石化批准成立,直属于中石化的国有特大型企业。中国石化扬子石油化工公司作为本发行人的唯一发起人,将下属的部分生产厂:炼油厂、烯烃厂、塑料厂、芳烃厂、贮运厂;部分经营实体:供销公司、物资装备公司、运输公司,以及研究院、设计院和原发起人机关12个处室的资产配比相应的负债投入,组建以募集方式设立的股份有限公司。本公司于1998年4月24日在南京工商行政管理局注册登记成立。

公司为进一步剥离辅业,壮大和强化核心业务,决定与中国石化集团扬子石油化工有限责任公司进行部分资产等值置换,置换后中国石油化工股份公司成为本公司的第一大股东。2000年5月27日,公司更名为“中国石化扬子石油化工股份有限公司”。

注:以上公司基本概况数据截止日期:20050928

2005年经营情况/(每股收益/元)

年报	三季度季报	中报	一季度季报
1.51	1.24	1.00	0.56

近几年收益

每股收益/元			每股净资产/元			净资产收益率/%		
2005年末	2004年末	2003年末	2005年末	2004年末	2003年末	2005年末	2004年末	2003年末
1.51	2.01	0.71	0	0	3.22	24.88	40.57	22.12

续表

公司名称:中国石化扬子石油化工股份有限公司(扬子石化)	证券代码:000866

扬子石化 (000866) 财务指标变动

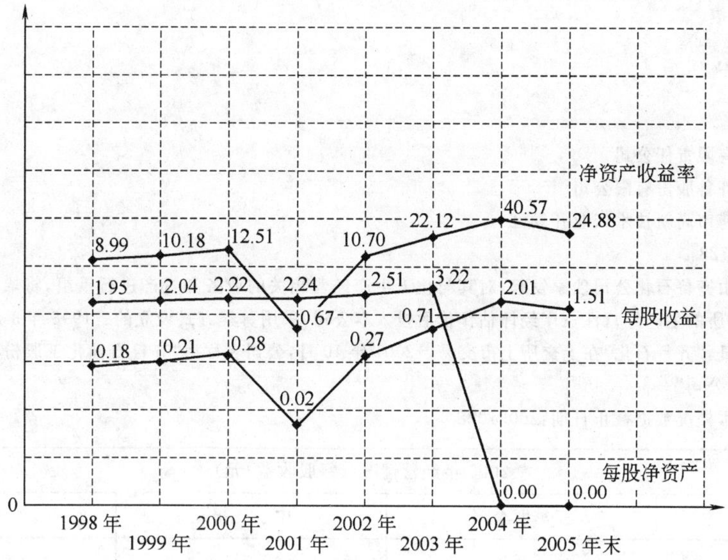

股本结构/万股

变化日期	总股本	国家股	发起法人股	法人股	流通 A 股	职工股	流通 B 股	转配股	H 股
19981112	233 000.00	198 000.00			35 000.00				

扬子石化 (000866) 最新股本结构

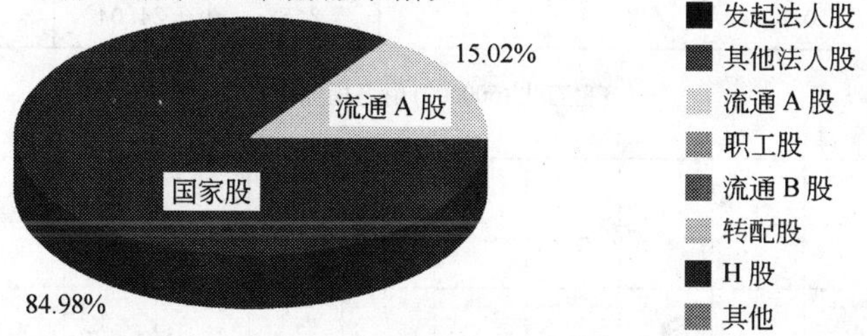

分 红 方 案

年 度	分 红 方 案	配 股 方 案
2005 年末期		
2005 年中期	利润不分配不转增	

特 别 提 示

扬子石化加工 800 万吨/年含硫原油改扩建工程近日全面建成投产。新建的国内第二套中压加氢裂化装置,顺利产出了合格的轻石脑油、柴油以及可用作乙烯原料的尾油等产品。据悉,加工 800 万吨/年含硫原油改扩建工程自 2000 年启动。工程包括 8 套主体装置的改、新建和 14 项配套项目的建设,采用了当今世界炼油行业的先进技术,投资少、能耗低。近年来,原油资源的日益紧张,国内对原油资源需求量的不断增加,多吃"粗粮",加工低成本的高硫原油,逐渐成为国内炼油企业降本增效的必然选择。(20050204)

长江南京段北岸,与扬子石化"隔路相望",一个占地 220 公顷、总投资约 29 亿美元的石化基地已然成型,这就是中国第一个完成审批程序、进入实施阶段的大型石化合资项目,也是目前国内最大的中德合资项目——扬子石化一巴斯夫一体化工程。1994 年 10 月,中石化扬子石油化工公司、巴斯夫股份有限公司及巴斯夫(中国)有限公司在南京合资成立了扬子巴斯夫苯乙烯系列有限公司(俗称"小扬巴")。"小扬巴"总投资 22 亿人民币,于 1997 年底建成投产。在"小扬巴"合作顺利的基础上,1996 年,"大扬巴"(即扬巴一体化工程)项目的合资被提上日程。(20050719)

公司主要经营业务之一焦炭、精炼原油(国际标准行业分类)——石油化工行业等,经营收入比例 100.0%,利润贡献 100.0%。(注:以上经营业务数据截止日期为:20050630)

公司名称：中国石化齐鲁股份有限公司(齐鲁石化)	证券代码：600002

基 本 情 况

主营业务：石油化工及无机化工产品的生产，加工，销售及科研开发和技术服务等
发行日期：19980303
上市日期：19980408
法人代表：张瑞生
联系人：李风安
主承销商：中信证券有限责任公司
公司名称：中国石化齐鲁股份有限公司
公司地址：山东省淄博市高新技术产业开发区
公司电话：0533-3583728

公司是经批准，由齐鲁石化公司独家发起，对其与化工生产经营相关的业务和资产进行重组，将烯烃厂、塑料厂、氯碱厂和树脂加工应用研究所的生产经营性资产经评估作价后投入本公司，采用募集方式设立的。1998年3月3日，公开向社会发行股票，同年4月8日，“齐鲁石化”在上交所上市交易。2001年10月，公司名称由“齐鲁石油化工股份有限公司”变更为“中国石化齐鲁股份有限公司”。

注：以上公司基本概况数据截止日期：20051028

2005年经营情况/(每股收益/元)

年　报	三季度季报	中　报	一季度季报
0.87	0.64	0.37	0.66

近几年收益

每股收益/元			每股净资产/元			净资产收益率/%		
2005年末	2004年末	2003年末	2005年末	2004年末	2003年末	2005年末	2004年末	2003年末
0.94	0.66	0.32	0	0	2.58	24.04	20.96	12.54

齐鲁石化(600002)财务指标变动

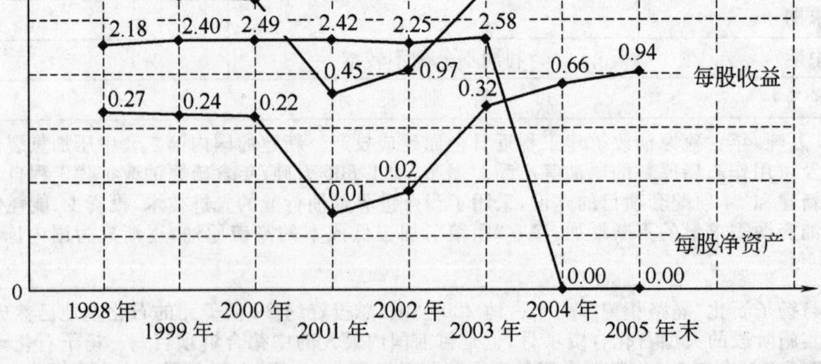

股本结构/万股

变化日期	总股本	国家股	发起法人股	法人股	流通A股	职工股	流通B股	转配股	H 股
19981008	195 000.00		160 000.00		35 000.00				

续表

公司名称:中国石化齐鲁股份有限公司(齐鲁石化)	证券代码:600002

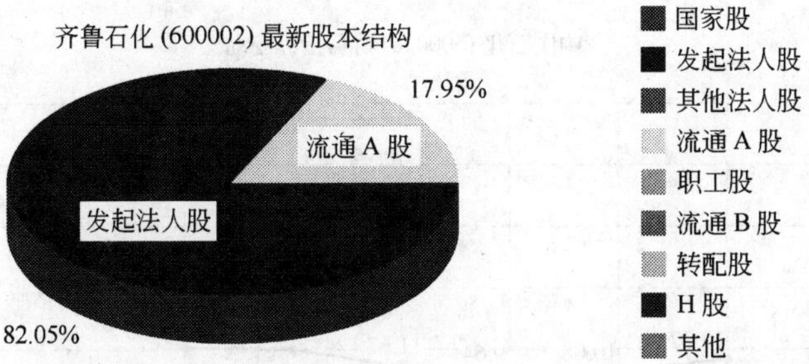

分 红 方 案

年　度	分 红 方 案	配 股 方 案
2005年末期		
2005年中期	利润不分配不转增	

特 别 提 示

目前流通股本:35 000万股;每股净资产:2.9元;2004年前三季度每股收益:0.36元,净利润同比增长:53.85%;2004年前三季度主营收入:64.18亿元,主营收入同比增长:−6.99%。新年元旦前一天,中国石化将通过全资拥有的子公司北京飞天吸收合并北京燕化的方式,对其进行整合,拟以38.48亿港元现金,回购北京燕化全部流通股。这是中国石化首次整合旗下大盘股,后续大动作更是成为人们关注的话题。近日本报传闻求证热线接到传闻,"齐鲁石化将会成为中国石化第二家吸收合并的目标。"(20050111)

公司主要经营业务之一化学药品和化学品制造业(国际标准行业分类)——石油化工产品等,经营收入比例100.0%,利润贡献100.0%。(注:以上经营业务数据截止日期为:20050630)

公司名称:中国石油化工股份有限公司(中国石化)	证券代码:600028

基 本 情 况

主营业务:石油、天然气勘探、开采、销售;石油炼制;石油化工;成品油销售等
发行日期:20010716
上市日期:20010808
法人代表:陈同海
联系人:陈　革
主承销商:中国国际金融
公司名称:中国石油化工股份有限公司
公司地址:北京市朝阳区惠新东街甲六号
公司电话:010-64990060

经国家经贸委2000年2月21日《关于同意设立中国石油化工股份有限公司的批复》的批准,由中国石油化工集团公司于2000年2月25日独家发起成立。注册资本8 670 243.9万元人民币。公司154 000万股A股将于2001年8月8日在上交所上市流通。

注:以上公司基本概况数据截止日期:20060403

2005年经营情况/(每股收益/元)

年　报	三季度季报	中　报	一季度季报
0.46	0.31	0.21	0.10

近几年收益

每股收益/元			每股净资产/元			净资产收益率/%		
2005年末	2004年末	2003年末	2005年末	2004年末	2003年末	2005年末	2004年末	2003年末
0.46	0.37	0.22	0	0	1.88	18.35	17.32	11.67

续表

公司名称：中国石油化工股份有限公司（中国石化）	证券代码：600028

中国石化 (600028) 财务指标变动

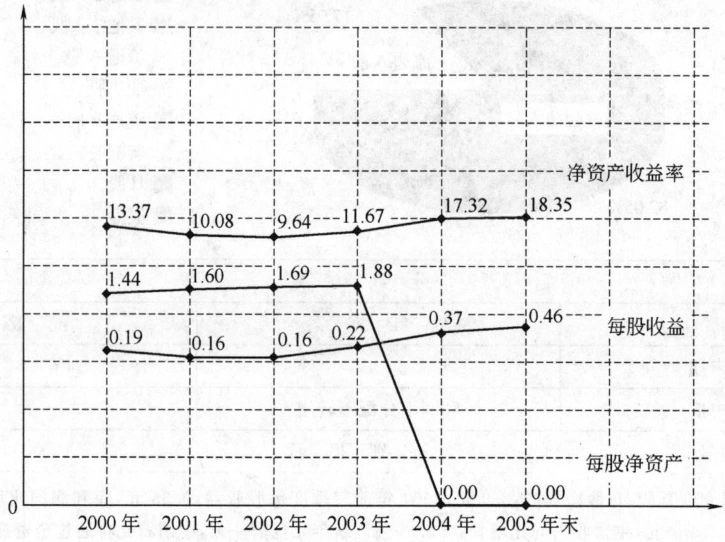

股本结构/万股

变化日期	总股本	国家股	发起法人股	法人股	流通 A 股	职工股	流通 B 股	转配股	H 股
20020408	8 670 243.90	6 712 195.10			280 000.00				1 678 048.80

中国石化 (600028) 最新股本结构

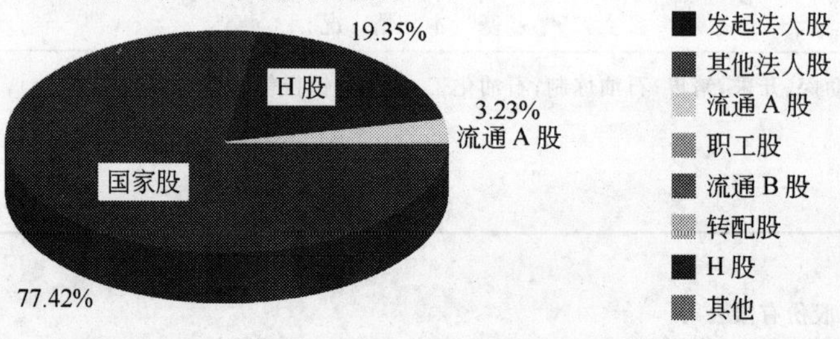

分 红 方 案

年 度	分 红 方 案	配 股 方 案
2005 年末期	每 10 股拟派 0.90 元(含税)	
2005 年中期	利润不分配不转增	

特 别 提 示

公司主要经营业务之一天然原油和天然气开采(国际标准行业分类)——勘探及开采等，经营收入比例 8.2%，利润贡献 40.1%；焦炭、精炼原油(国际标准行业分类)——炼油等，经营收入比例 38.4%，利润贡献 11.5%；化学药品和化学品制造业(国际标准行业分类)——化工等，经营收入比例 15.3%，利润贡献 22.4%。(注：以上经营业务数据截止日期为：20050630)

公司名称:海南兴业聚酯股份有限公司(*ST 聚酯)	证券代码:600259

基本情况

主营业务:聚酯切片及 FDY 长丝的生产和销售
发行日期:20000508
上市日期:20000525
法人代表:刘明贵
联系人:欧大潭
主承销商:中国东方信托投资公司
公司名称:海南兴业聚酯股份有限公司
公司地址:海南省海口市港澳工业区兴业路 19 号
公司电话:0898-68669470

本公司前身为原海南兴业聚酯有限公司。1992 年 8 月 8 日,经海南省股份制试点领导小组办公室琼股办字[1992]8 号文件批准,在对海南兴业聚酯有限公司进行规范化改制的基础上,由海南省纺织工业总公司、海南国际(海外)投资有限公司、中国银行海口信托咨询公司、交通银行海南分行、中技海南实业公司等五家单位共同发起,以定向募集方式设立本公司。总股本为 14 340 万元。1997 年 5 月公司重新登记注册。2000 年 5 月发行公众股 7 000 万股,形成总股本 21 340 万股。

注:以上公司基本概况数据截止日期:20050430

2005 年经营情况/(每股收益/元)

年报	三季度季报	中报	一季度季报
−1.40	−0.38	−0.30	−0.18

近几年收益

每股收益/元			每股净资产/元			净资产收益率/%		
2005 年末	2004 年末	2003 年末	2005 年末	2004 年末	2003 年末	2005 年末	2004 年末	2003 年末
−1.40	−0.37	0.01	0	0	2.07	−491.91	−22.02	0.64

*ST 聚酯 (600259) 财务指标变动

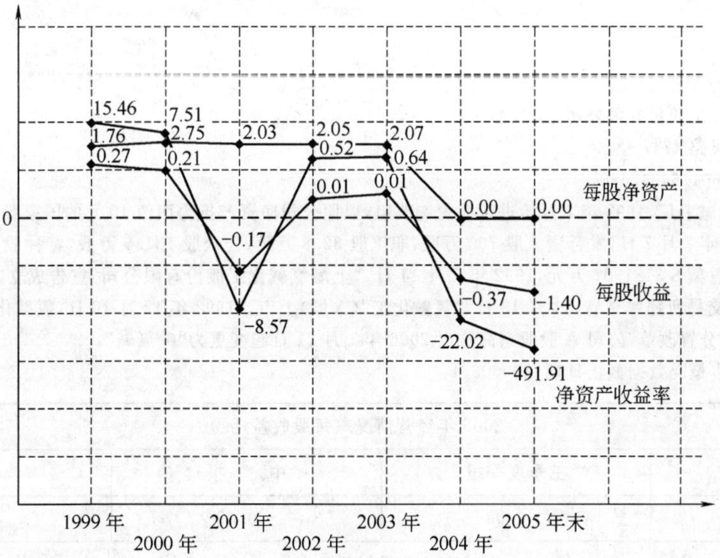

股本结构/万股

变化日期	总股本	国家股	发起法人股	法人股	流通 A 股	职工股	流通 B 股	转配股	H 股
20030512	21 340.00	8 336.00	3 544.00		9 460.00				

续表

公司名称：海南兴业聚酯股份有限公司（＊ST 聚酯）	证券代码：600259

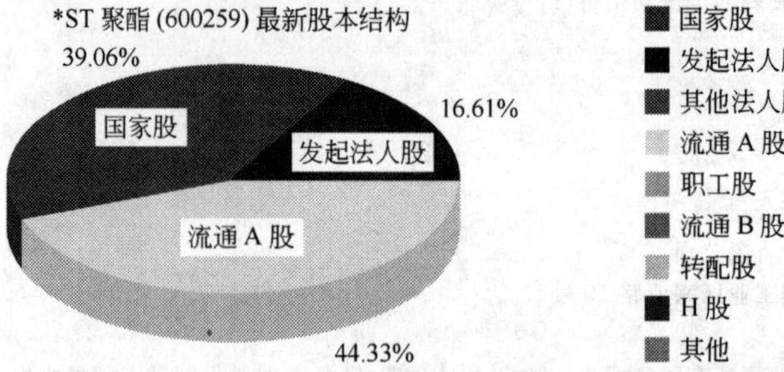

分 红 方 案

年 度	分 红 方 案	配 股 方 案
2005 年末期		
2005 年中期	利润不分配不转增	

特 别 提 示

公司主要经营业务之一化学药品和化学品制造业（国际标准行业分类）——FDY 长丝及聚酯等，经营收入比例 100.0%，利润贡献 0.0%。（注：以上经营业务数据截止日期为：20050630）

公司名称：上海氯碱化工股份有限公司（G 氯碱）	证券代码：600618

基 本 情 况

主营业务：聚氯乙烯、烧碱、氯系列基本化工原料及加工产品
发行日期：19920613
上市日期：19921113
法人代表：王 强
联系人：许沛文
主承销商：上海申银证券公司
公司名称：上海氯碱化工股份有限公司
公司地址：上海市龙吴路 4747 号
公司电话：021-64340601/64342640

公司前身上海氯碱总厂，1992 年 7 月始进行股份制改组，以原公司净资产折为面值 10 元的国家股 5 053.8 万股，于 1992 年 6 月 13 日至 1992 年 7 月 7 日，发行法人股 700 万股，职工股 32.8 万股，公众股 131.5 万股，特种股 2 400 万股，总股份为 8 318.10 万股，股份总额 8 3181.07 万元，1992 年 7 月 14 日，“上海氯碱化工股份有限公司”宣告成立。同年 8 月 20 日，“氯碱 B 股”在上海证券交易所挂牌交易，11 月 13 日，“氯碱化工”（A 股）上市。1992 年 12 月 10 日，氯碱化工股票拆细为每股面值 1 元。因实施股权分置改革，公司 A 股股票简称自 2006 年 1 月 11 日起变更为“G 氯碱”。

注：以上公司基本概况数据截止日期：20060331

2005 年经营情况/（每股收益/元）

年 报	三季度季报	中 报	一季度季报
0.00	−0.03	−0.03	−0.01

近 几 年 收 益

每股收益/元			每股净资产/元			净资产收益率/%		
2005 年末	2004 年末	2003 年末	2005 年末	2004 年末	2003 年末	2005 年末	2004 年末	2003 年末
0	0.05	0.02	0	0	2.46	0.14	1.84	0.87

续表

公司名称:上海氯碱化工股份有限公司(G 氯碱)	证券代码:600618

G 氯碱(600618)财务指标变动

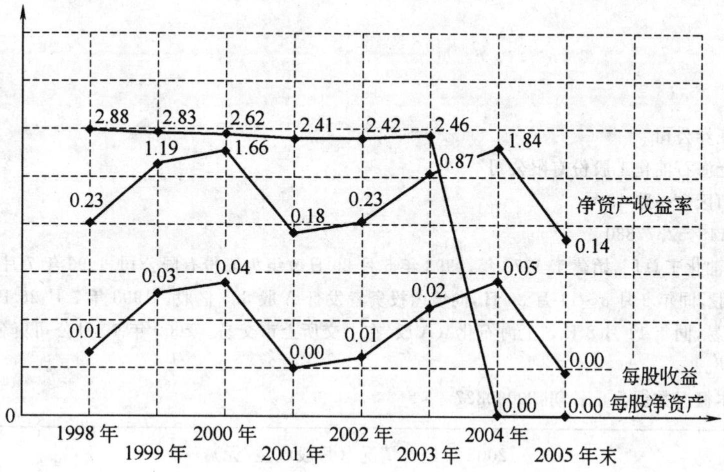

股本结构/万股

变化日期	总股本	国家股	发起法人股	法人股	流通 A 股	职工股	流通 B 股	转配股	H 股
20060111	116 448.31	59 954.27		11 858.00	3 980.04		40 656.00		

G 氯碱(600618)最新股本结构

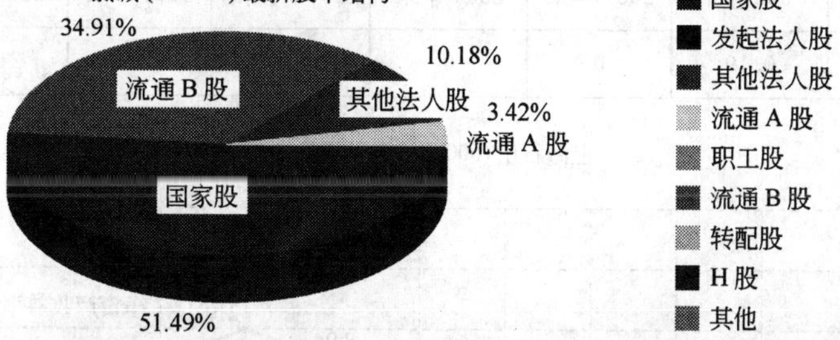

分 红 方 案

年 度	分 红 方 案	配 股 方 案
2005 年末期	利润不分配不转增	
2005 年中期	利润不分配不转增	

特 别 提 示

氯碱化工主营聚氯乙烯(PVC)产品生产。由于国内 PVC 产能过剩,价格下跌,同时原材料乙烯却大幅上涨,今年上半年,氯碱化工入不敷出。昨日,氯碱化工公告,因公司主导产品价格大幅下降,导致毛利率为负值,加之 4 月份公司停车检修,经初步测算,今年上半年亏损额约为 4 000 万元。(20050708)

公司主要经营业务之一化学药品和化学品制造业(国际标准行业分类)——化工原料等,经营收入比例 100.0%,利润贡献 100.0%。(注:以上经营业务数据截止日期为:20050630)

公司名称:中国石化上海石油化工股份有限公司(上海石化)	证券代码:600688

基 本 情 况

主营业务:原油加工,油品,化工产品,合成纤维,塑料及制品,针织原料等

发行日期:19930808

上市日期:19931108

法人代表:戎光道

联系人:张经明

主承销商:上海万国证券公司

公司名称:中国石化上海石油化工股份有限公司

公司地址:上海市金山区金一路48号

公司电话:021-57943143,52377880

公司前身上海石油化工总厂,始建于1972年,1993年6月29日改组为股份有限公司,1993年7月6～16日向境外投资者发行H股16.8亿股,同年8月8～11月30日,向境内投资者发行A股5.5亿股。1993年7月26日,"上海石化"(H股)在香港联交所挂牌交易,同年11月8日,"上海石化"(A股)在上交所上市交易。2000年10月公司更名为"中国石化上海石油化工股份有限公司"。

注:以上公司基本概况数据截止日期:20060327

2005年经营情况/(每股收益/元)

年　报	三季度季报	中　报	一季度季报
0.24	0.24	0.23	0.15

近几年收益

每股收益/元			每股净资产/元			净资产收益率/%		
2005年末	2004年末	2003年末	2005年末	2004年末	2003年末	2005年末	2004年末	2003年末
0.24	0.55	0.19	0	0	2.15	8.89	21.01	8.94

上海石化(600688)财务指标变动

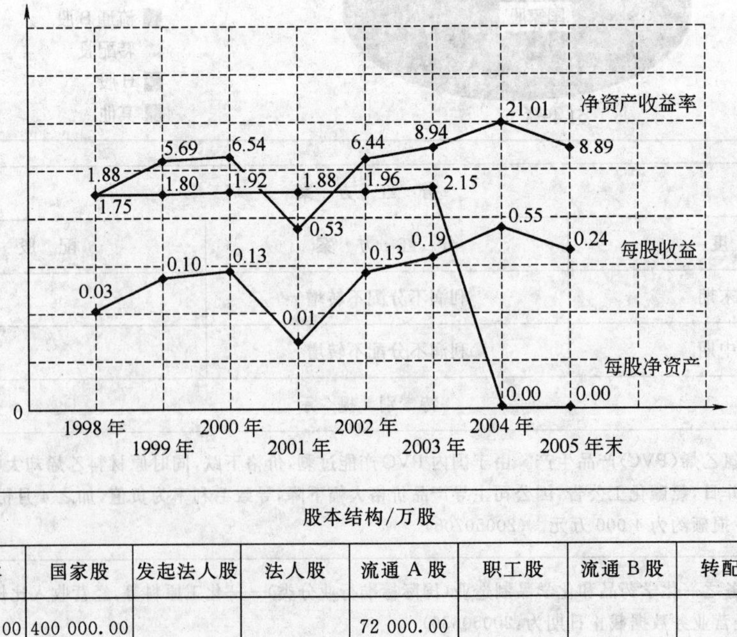

股本结构/万股

变化日期	总股本	国家股	发起法人股	法人股	流通A股	职工股	流通B股	转配股	H　股
19970114	720 000.00	400 000.00			72 000.00				233 000.00

续表

公司名称:中国石化上海石油化工股份有限公司(上海石化)	证券代码:600688

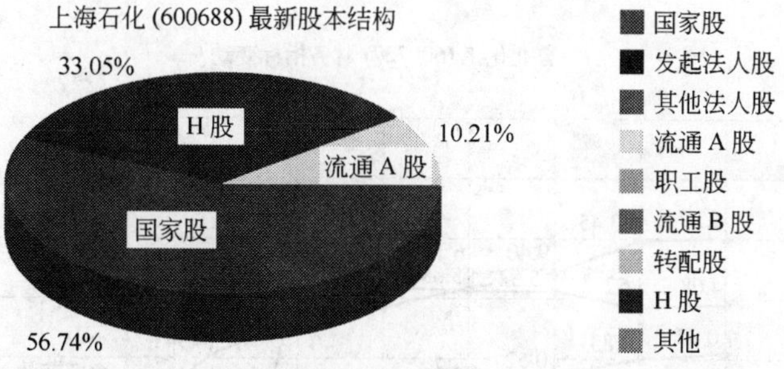

分 红 方 案

年 度	分 红 方 案	配 股 方 案
2005年末期	每10股拟派1.00元(含税)	
2005年中期	利润不分配不转增	

特 别 提 示

公司主要经营业务之一化学药品和化学品制造业(国际标准行业分类)——合成纤维等,经营收入比例11.2%,利润贡献10.7%;橡胶塑料产品制造业(国际标准行业分类)——树脂及塑料等,经营收入比例31.7%,利润贡献49.2%;焦炭、精炼原油(国际标准行业分类)——中间石化产品等,经营收入比例54.1%,利润贡献37.2%。(注:以上经营业务数据截止日期为:20050630)

公司名称:山东鲁北化工股份有限公司(鲁北化工)	证券代码:600727

基 本 情 况

主营业务:磷铵、水泥、硫酸、溴素、NPK复合肥、烧碱等产品的生产和销售
发行日期:19960527
上市日期:19960702
法人代表:冯久田
联系人:田玉新
主承销商:中信证券有限责任公司
公司名称:山东鲁北化工股份有限公司
公司地址:山东省无棣县埕口镇
公司电话:0543-6451265

公司由集团总公司作为独家发起人,并以集团公司核心企业山东鲁北化工总厂的10 338.46万元的净资产折成7 000万股作为国有法人股。1996年5月27～30日,本公司向社会公开发行社会公众股2 700万股,每股面值1元,发行价6.28元。本次发行采取"全额预缴,比例配售,余款即退"的方式,发行后本公司总股本为1亿元。1996年7月2日,公司2 700万股A股在上交所上市交易。

注:以上公司基本概况数据截止日期:20050406

2005年经营情况/(每股收益/元)

年 报	三季度季报	中 报	一季度季报
0.01	0.05	0.04	0.01

近几年收益

每股收益/元			每股净资产/元			净资产收益率/%		
2005年末	2004年末	2003年末	2005年末	2004年末	2003年末	2005年末	2004年末	2003年末
0.01	0.06	0.16	0	0	6.04	0.14	0.94	2.67

续表

公司名称：山东鲁北化工股份有限公司（鲁北化工）	证券代码：600727

鲁北化工（600727）财务指标变动

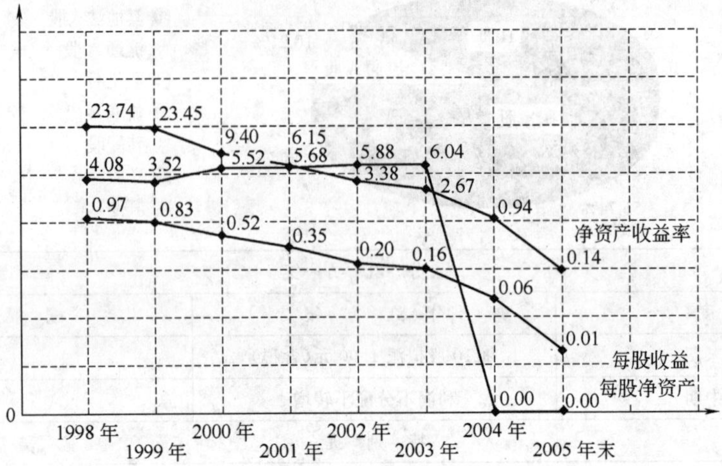

股本结构/万股

变化日期	总股本	国家股	发起法人股	法人股	流通 A 股	职工股	流通 B 股	转配股	H 股
20000828	37 930.00		22 720.00		15 210.00				

鲁北化工（600727）最新股本结构

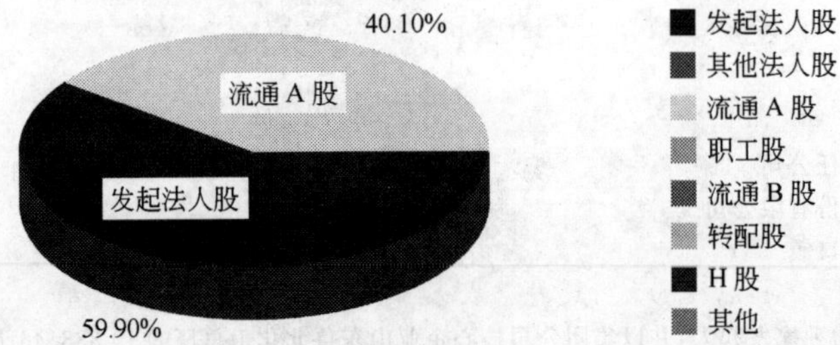

分 红 方 案

年 度	分 红 方 案	配 股 方 案
2005 年末期		
2005 年中期	利润不分配不转增	

特 别 提 示

公司主要经营业务之一化学药品和化学品制造业（国际标准行业分类）——化工行业等，经营收入比例 88.5%，利润贡献 85.1%。（注：以上经营业务数据截止日期为：20050101）

公司名称:中国石化仪征化纤股份有限公司(仪征化纤)	证券代码:600871

基本情况

主营业务:生产及销售聚酯切片及涤纶纤维
发行日期:19950118
上市日期:19950411
法人代表:徐正宁
联系人:吴朝阳
主承销商:上海申银证券公司
公司名称:中国石化仪征化纤股份有限公司
公司地址:中国江苏省仪征市
公司电话:0514-3231888

仪化公司之前身为由前纺织部直接管辖的国家特大生产企业。1981 年 12 月正式成立为有限责任公司。1993 年 12 月 31 日,经批准,仪化公司进行重组,以仪征化纤工业联合公司为唯一发起人,以发起设立方式改组为“仪征化纤股份有限公司”。1994 年 3 月,公司溢价发行 H 股 100 000 万股,同年 3 月 29 日在香港联交所挂牌上市交易。1994 年 10 月向社会发行 A 股 20 000 万股,1995 年 4 月 11 日,“仪征化纤”(A 股)在上交所上市。2001 年 2 月 27 日,公司名称变更为“中国石化仪征化纤股份有限公司”。

注:以上公司基本概况数据截止日期:20060403

2005 年经营情况/(每股收益/元)

年 报	三季度季报	中 报	一季度季报
－0.24	－0.17	－0.12	0.00

近几年收益

每股收益/元			每股净资产/元			净资产收益率/%		
2005 年末	2004 年末	2003 年末	2005 年末	2004 年末	2003 年末	2005 年末	2004 年末	2003 年末
－0.24	0.06	0.06	0	0	2.28	－11.60	2.49	2.63

仪征化纤 (600871) 财务指标变动

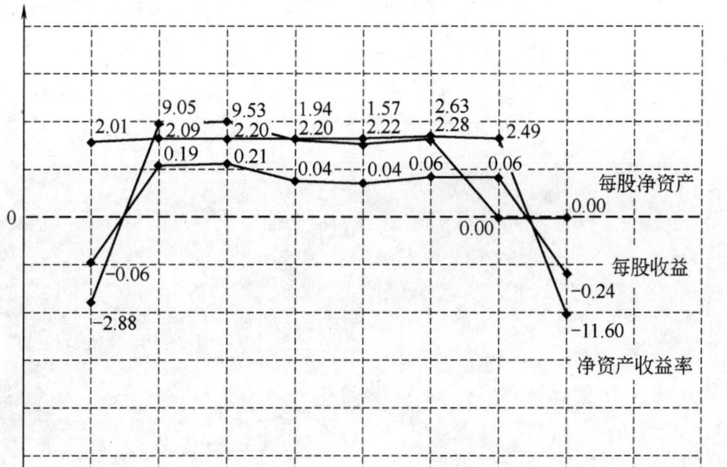

股本结构/万股

变化日期	总股本	国家股	发起法人股	法人股	流通 A 股	职工股	流通 B 股	转配股	H 股
19960426	400 000.00	168 000.00	72 000.00		20 000.00				140 000.00

续表

公司名称:中国石化仪征化纤股份有限公司(仪征化纤)		证券代码:600871

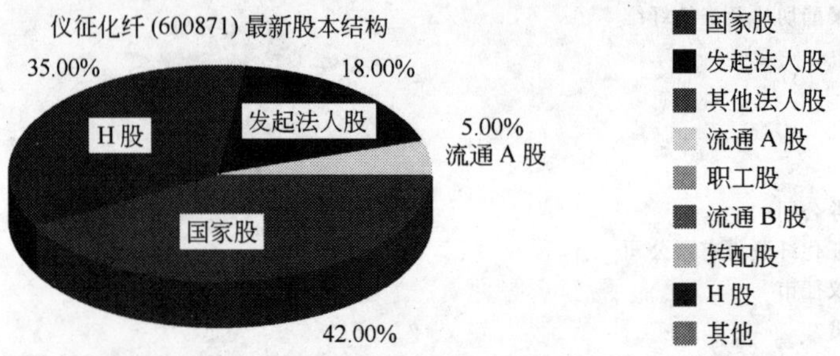

分红方案		
年度	分红方案	配股方案
2005年末期	利润不分配不转增	
2005年中期	利润不分配不转增	

特别提示

公司主要经营业务之一化学药品和化学品制造业(国际标准行业分类)——聚酯产品等,经营收入比例100.0%,利润贡献100.0%。(注:以上经营业务数据截止日期为:20050630)

（中国塑料加工工业协会　史立科）

专利技术

2005年公开的部分专利

【名称】 利用废旧塑料和植物纤维制作的新型材料及其制作方法

【公开（公告）号】 CN1594438

【公开（公告）日】 2005.03.16

【申请（专利权）人】 袁学发

【地址】 116033 辽宁省大连市甘井子区辛寨子镇胡家大岭子村

【发明（设计）人】 袁学发

【摘要】 本发明公开了一种新型材料及其制作方法，它包括废旧塑料、植物纤维，份数配比为废旧塑料：植物纤维＝1：(1～2)。制作步骤如下：对废旧塑料进行分捡、清洗；对清洗后的废旧塑料进行造粒，其粒径为3～6mm；对植物纤维进行粉碎，其目数为(2～100)目；将废旧塑料与植物纤维混合均匀；利用挤出机将混合后的原料进行送料、加热、挤出；利用压力机及模具进行压制成材。与现有技术相比具有如下优点：充分利用了目前工农业生产中的废旧塑料，杜绝白色污染，同时可大量减少对天然材料的利用，一定程度上保护了有限的木材、钢材资源，保护环境，有利于生态平衡，本发明的产品强度高，质量好，易加工，可刨可钻，具备了天然木材的特性，根据模具的设计，也可用于制作仿古木制品，本发明的方法工艺简单，易操作，生产成本低，效率高，设备结构简单，耗能少。

【名称】 用于生产可溶于塑料的着色剂的颗粒制剂的方法

【公开（公告）号】 CN1575321

【公开（公告）日】 2005.02.02

【申请（专利权）人】 西巴特殊化学品控股有限公司

【地址】 瑞士巴塞尔

【发明（设计）人】 P·巴利罗 W·迪姆勒

【摘要】 本发明涉及生产可溶于塑料的着色剂颗粒制剂的方法，该方法包括在水中悬浮从着色剂制备获得的滤饼，向其中加入相对于着色剂质量为0.1%～5.0%的聚乙烯吡咯烷酮或者十二烷基硫酸钠，以及根据需要的其他助剂，然后将该含水悬浮体干燥以形成颗粒，涉及按照该方法制备的颗粒制剂，以及其在生产着色塑料或者着色聚合物颗粒中的用途。

【名称】 注塑件上的金属贯通嵌件与塑料之间的密封方法

【公开（公告）号】 CN1594924

【公开（公告）日】 2005.03.16

【申请（专利权）人】 曲阜天博汽车零部件制造有限公司

【地址】 (273100) 山东省曲阜市经济开发区天博路1号

【发明（设计）人】 丰宗举

【摘要】 本发明涉及注塑件上的金属贯通嵌件与塑料之间的密封方法，注塑时金属贯通嵌件与塑料注塑为一体，金属贯通嵌件的两端部露出塑料本体，金属贯通嵌件嵌入部分周围有用于密封作用的热缩材料和金属贯通嵌件一体嵌入塑料中，热缩时热缩材料渗出密封胶，密封胶牢固填充热缩管和金属贯通镶嵌件之间的缝隙，使二者密封问题彻底解决。该密封方法工艺简单、密封性能好，密封成本低。

【名称】 金属管道内覆塑料膜的工艺方法

【公开（公告）号】 CN1586871

【公开（公告）日】 2005.03.02

【申请（专利权）人】 新兴铸管股份有限公司

【地址】 (056300) 河北省武安市2672工厂钢研所

【发明（设计）人】 范英俊 王黎晖 申勇 叶丙义 刘延学 段欣 朱伟

【摘要】 本发明属于复合管技术领域，特别涉及一种金属管道内覆塑料膜的工艺方法。首先将截面形状与金属管相同但外径比金属管内径稍小的塑料管膜外壁涂胶，对金属管进行内表面除锈等预处理，将外壁涂胶的塑料管膜插入金属管内，一端利用翻边机翻至金属管的端头上，实现该端与金属管之间的密封，然后从另一端对金属管与塑料管膜之间形成的空间抽真空加负压，对塑料管膜内部施加正压，然后对金属管外壁加热，塑料管膜在压力、温度的作用下与金属管内壁复合。它生产的复合管卫生性能好，不会造成二次污染，彻底消除了针孔缺陷，抗腐蚀和耐老化性能优异，不论其口径大小都能保持较低的价格。

【名称】 双点拉伸强化塑料膜的生产方法

【公开（公告）号】 CN1586867

【公开（公告）日】 2005.03.02

【申请（专利权）人】 南京工业职业技术学院

【地址】 (210016) 江苏省南京市中山东路532-2号

【发明（设计）人】 李彩虹

【摘要】 本发明公开了一种具有两个拉伸工位且拉伸工艺可调节的双点拉伸强化塑料膜的生产方法，首先将基膜安装到放卷机上；并通过预热机对基膜进行预热；然后由两个拉伸机对基膜进行双点拉伸，且各个拉伸工位和拉伸比均可调节；再通过定型机对拉伸后的基膜进行热处理和电晕处理，最后经过冷却后由收卷机牵引收卷。与现有技术相比，本发明可适用于各种薄膜的二次拉伸与定型，拉伸的薄膜强度高、透明度和光泽度好、耐温性和阻隔性强；具有优良的包裹性能，在塑料薄膜二次加工工艺中具有广阔的市场前景和经济价值。

【名称】 无烟型再生塑料造粒机

【公开（公告）号】 CN1586856

【公开（公告）日】 2005.03.02

【申请（专利权）人】 竺绍平

【地址】 （315500）浙江省奉化市锦屏街道中塔路27-50号

【发明（设计）人】 竺绍平

【摘要】 本发明涉及一种挤出型塑料造粒机械，尤其指在熔炼造粒过程中没有烟雾和有害气体排出的无烟型再生塑料造粒机。其特征是在现有的再生塑料造粒机的排气口上方连接一个烟雾消除装置，将其排出的可燃气体、水蒸气和其他有害气体通过收集，再回流到高温加热区“烧掉”，因此整个再生造粒过程没有烟雾排出。对保护操作人员的身体健康和防止大气环境的再次污染都有很大的好处，的确是一种值得推广的环保型再生塑料造粒机。

【名称】 塑料注射-压制复合成型工艺及其模具

【公开（公告）号】 CN1586874

【公开（公告）日】 2005.03.02

【申请（专利权）人】 广东工业大学

【地址】 （510643）广东省广州市天河区广东工业大学五山校区

【发明（设计）人】 李江平

【摘要】 本发明是一种塑料注射-压制复合成型工艺及其模具。本发明的塑料注射-压制复合成型工艺，包括有加热塑化、模具一级合模、熔融塑料注入到模具的封闭型腔、型腔加热保温、模具二级合模、型腔冷却定型、塑件脱模的步骤。本发明塑料注射-压制复合成型模具包括有凹模、凸模、合模导向机构及两级闭模开模机构，本发明的注射-压制复合成型工艺可改善生产环境，使之与塑料注射模塑成型工艺一样具有良好的生产环境。本发明的注射-压制复合成型模具，不仅能生产形状复杂的精密大型塑件，有利于流动性差黏度大的塑料的加工，而且生产效率较高的塑料注射-压制复合成型模具，其设计巧妙，结构简单，装配容易，性能优良。

【名称】 热熔卡压式复合管件及其制造方法

【公开（公告）号】 CN1594955

【公开（公告）日】 2005.03.16

【申请（专利权）人】 阎凤明

【地址】 （030401）山西省清徐县王答（208国道3号）山西新超管业股份有限公司

【发明（设计）人】 阎凤明

【摘要】 本发明公开了一种热熔卡压式复合管件及其制造方法，包括金属外壳和与金属外壳连为一体的塑料内层，在该管件的每端金属外壳与塑料内层之间均开有环形凹槽，环形凹槽的宽度与复合管材的壁厚相匹配，环形凹槽的外侧壁为金属外壳，内侧壁为塑料内层，在环形凹槽的里端内侧壁上设置加强圈；金属外壳每端设置为环形凸起，塑料内层内壁每端设置衬圈。制造时先用金属平板制作金属外壳，再将注的成型的塑料内层装入外壳中，然后抱圆包覆、焊接即成。本发明与复合管材连接时，塑料与塑料热熔连接，金属与金属卡压连接，具有密封性好、连接强度高等优点，并且其制造方法解决了带壳注塑因塑料收缩造成内层与外壳之间间隙过大的问题。

【名称】 脱模剂和生产塑料模塑件的方法

【公开（公告）号】 CN1596178

【公开（公告）日】 2005.03.16

【申请（专利权）人】 拜尔材料科学股份公司

【地址】 德国莱沃库森

【发明（设计）人】 C·西克斯　M·施奈德

【摘要】 本发明涉及一种用于生产塑料模塑件的脱模剂，它能减少模塑件边缘区和表面不希望的、潜在地有害健康的物质的浓度。本发明还涉及采用所述脱模剂生产低有害物质含量塑料模塑件的方法。

【名称】 生产具有导电结构的塑料材料的窗玻璃的方法以及具有埋入的导线的塑料材料窗玻璃

【公开（公告）号】 CN1596180

【公开（公告）日】 2005.03.16

【申请（专利权）人】 弗里格拉斯有限责任两合公司

【地址】 德国斯韦克海姆

【发明（设计）人】 G·埃恩根海斯特　L·H·布兰歇

【摘要】 在生产一种装备了埋入的电导线的塑料材料窗玻璃的方法中，特别是这样一种窗玻璃，其中这些导体与塑料材料板的一个表面连接，该窗玻璃随后在后面接收注射另一层塑性材料，以便形成窗玻璃主体，其中塑料材料板的材料和注射的塑料材料通过彼此黏结被连接在一起，并且该塑料材料板的表面位于这些导体的对面，该塑料材料板的表面构成了最终的窗玻璃的外表面中的一个，根据本发明，这些电导体是通过用至少一个金属线填充待暴露与从后面进行的注射的塑料材料板的表面而被形成。

【名称】 用于以旋转工艺制造塑料空心体的方法

【公开（公告）号】 CN1596179

【公开（公告）日】 2005.03.16

【申请（专利权）人】 法格达拉德国有限公司

【地址】 德国奥尔德鲁夫

【发明（设计）人】 埃伯哈德·朗 迈克·齐格勒 于尔根·布鲁宁 彼得·尼斯托姆

【摘要】 本发明涉及一种用于制造塑料空心体的方法，它至少局部地用泡沫材料颗粒填充。该塑料空心体通过旋转成型制造并在旋转模具中至少局部地填充泡沫材料颗粒。为了简化再回收而使用泡沫材料颗粒，它由同一种类型的聚烯烃塑料制成，也由聚烯烃塑料制造出空心体壁。

【名称】 一种聚丙烯废塑料降解制燃料油的方法

【公开（公告）号】 CN1613972

【公开（公告）日】 2005.05.11

【申请（专利权）人】 中国科学院山西煤炭化学研究所

【地址】 (030001) 山西省太原市165信箱

【发明（设计）人】 毕继诚 张荣 苏晓丽 赵玉龙

【摘要】 一种聚丙烯废塑料降解制燃料油的方法是按水填充率20%～40%，水与聚丙烯废塑料的质量比(1～10)：1的比例将水与聚丙烯废塑料加入反应器中，在氮气氛下，以10～15℃/min的升温速率使反应温度达到380～450℃，反应压力达到30～48MPa后，反应1～60分钟，冷却至室温，气液产物进行分离；液相油水乳浊液用四氢呋喃萃取进行油水分离，分离出的四氢呋喃可溶物加入无水Na_2SO_4除去其中的微量水，四氢呋喃萃取油经过在常压，60～70℃条件下旋转蒸发获得油品。本发明具有基本无渣、无有害气体排放、水可循环使用的环境友好工艺，反应速度快，停留时间短，产油率高；油品组成以侧链烃、环烃和芳烃为主的优点。

【名称】 混纤纱热塑性增强筋专用模具

【公开（公告）号】 CN1597303

【公开（公告）日】 2005.03.23

【申请（专利权）人】 南京玻璃纤维研究设计院有限责任公司

【地址】 (210012) 江苏省南京市雨花西路安德里30号

【发明（设计）人】 费传军 赵东坡 邓洪 彭基成 江兴 夏涛

【摘要】 混纤纱热塑性增强筋专用模具，涉及塑料模具领域，尤其涉及热塑性塑料模具领域。它包括模腔、模体，模体由加热模和冷却模合模而成，在加热模的模体外设有加热套，在冷却模的模腔外设有冷却腔，在加热模和冷却模模体的合模缝面上设有绝热垫。采用本发明制得的混纤纱热塑性增强筋专用模具，可使增强筋在模具内得到快速冷却，在短时间内形成大量界面结晶，从而提高了混纤纱增强筋的机械强度。由于缩短了冷却时间，提高了产品的生产效率。

【名称】 全生物降解塑料原料及其制备方法

【公开（公告）号】 CN1597751

【公开（公告）日】 2005.03.23

【申请（专利权）人】 王茜；原敏昭

【地址】 (300221) 天津市河西区解放南路瑞江花园兰苑10-2-302

【发明（设计）人】 王茜 原敏昭

【摘要】 本发明涉及一种生物降解工程系列，尤其涉及一种全生物降解塑料原料及其制备方法。一种全生物降解塑料原料，其组成为：(按质量百分比) 淀粉30%～60%、润滑剂5%～20%、乙烯-丙烯酸共聚物5%～25%、流滴剂0～5%、聚乙烯醇0～5%、尿素0～5%、乙烯-乙烯醇共聚物10%～30%、相容剂5%～60%、增塑剂1%～3%、偶联剂0～6%、增强纤维3%～8%、交联剂0～3%；一种全生物降解塑料原料的制备方法，其特征是：它包括高速混合、冷混及造粒工序。本发明的有益效果是：制作工艺简单，其制造设备与制造通用塑料的设备相同，可用普通设备连续生产；产品的力学性能接近普通塑料；可完全降解，有利于环保。

【名称】 薄膜的热活化

【公开（公告）号】 CN1615349

【公开（公告）日】 2005.05.11

【申请（专利权）人】 汉高股份公司

【地址】 德国杜塞尔多夫

【发明（设计）人】 迈克尔·克雷布斯 乌韦·弗兰肯 霍斯特·霍夫曼

【摘要】 以聚（甲基）丙烯酸酯为基础的耐风化和耐UV的薄膜越来越多地应用于层压的塑料型材中，尤其是由热塑性材料、木板或木料制成的型材中，但由于薄膜聚合物的玻璃化转变温度较高的原因，其难于用常规方法黏合。本发明涉及一种在薄膜黏合前进行热活化的方法，从而在层压方法中可以快速可靠地进行黏合。

【名称】 用于通过激光射线加热塑料的方法和装置

【公开（公告）号】 CN1616218

【公开（公告）日】 2005.05.18

【申请（专利权）人】 莱斯特加工技术公司

【地址】 瑞士萨尔嫩

【发明（设计）人】 陈杰伟

【摘要】 一种用于通过激光射线通过聚焦面上的多个激光点加热塑料的方法和装置，其中激光点通过一个具有一个多重楔板的光学装置实现。该装置可以组合在一个加工头里面并能够由此对于任意轮廓的透辐射焊接改善焊接过程。

【名称】 塑料消泡母料的制备方法

【公开（公告）号】 CN1616533

【公开（公告）日】 2005.05.18

【申请（专利权）人】 闫万琪

【地址】 （050091）河北省石家庄市汇宁街尹泰花园7号楼4单元201室

【发明（设计）人】 闫万琪

【摘要】 本发明涉及一种塑料消泡母料的制备方法，它由氧化钙、低密度聚乙烯、高密度聚乙烯、硬脂酸钙、液体石蜡经搅拌、双螺杆挤出造粒而成，本消泡母料的加入，保证了塑料制品不疏松，没有蜂窝状，物理强度提高，表面没有水泡现象、没有鱼鳞状且光泽度很好。

塑料消泡母料的制备方法，其特征在于：制备方法步骤如下：①取质量份数比的氧化钙25～100份，低密度聚乙烯5～20份，高密度聚乙烯17.5～70份，硬脂酸钙1.5～6份，液体石蜡1～4份；②将上述质量份数比的原料放入搅拌混炼机中，搅拌原料温度到100～130℃时，成为预混合料，然后将预混合料放入同向双螺杆挤出造粒机中热切，即制成塑料消泡母料。

【名称】 难燃复合塑料及其制造方法

【公开（公告）号】 CN1597761

【公开（公告）日】 2005.03.23

【申请（专利权）人】 王志勇

【地址】 （110034）辽宁省沈阳市皇姑区三台子经济技术开发区方溪湖

【发明（设计）人】 王志勇

【摘要】 一种难燃复合塑料及其制造方法。该难燃复合塑料选用以下原料，即基料PVC、填料轻质碳酸钙、超细石棉粉、抗冲改性剂CPE、加工改性剂ACR、表面处理剂硬脂酸、热稳定剂三盐、硬脂酸钙、硬脂酸铅、光稳定剂钛白粉、内润滑剂液体石蜡、外润滑剂固体石蜡、抑烟阻燃剂氢氧化镁、持久性阻燃剂磷酸三（2,3-二氯丙基）酯，将所述各组分按配方量称取后，加入到热混捏合机中，进行机械共混改性，然后出料至冷混机中冷却至常温，即得成品。它具有原料混配合理，制备工艺简便的优点，用其制成的绝热垫（托）等产品，承压强度高，耐老化、难燃，与氟塑料制成的同类产品相比，显著降低成本，完全满足中央空调系统工程的钢制管道施工的综合要求。

【名称】 高自润滑、高耐磨、增强聚甲醛工程塑料合金及制造方法

【公开（公告）号】 CN1597771

【公开（公告）日】 2005.03.23

【申请（专利权）人】 林安良

【地址】 （201203）上海市浦东张江高科技园区科苑路299号

【发明（设计）人】 林安良

【摘要】 本发明涉及一种塑料合金，特别涉及一种高自润滑、高耐磨、增强聚甲醛工程塑料合金。解决单一的聚乙醛无法满足高速、高压、高温等条件下应用的缺陷。技术解决方案是：高自润滑、高耐磨、增强聚甲醛工程塑料合金，其组成成分的质量配比为：聚甲醛70～100份，聚氨酯或聚酯弹性体一种或两种2～30份，马来酸酐接枝体0～5份，增韧母料A或增韧母料B 0～40份，玻璃微珠5～30份，钛酸钾晶须5～30份，超高分子量聚乙烯5～15份，硅油1～8份，聚四氟乙烯5～20份，石墨/二硫化钼2～5份，偶联剂0.5～1.0份，成核剂0.1～1.0份，抗氧剂0.2～1.0份，潜稳定剂0.1～1.0份。主要可用于高速、高压、高热条件下动力传动传导零部件。

【名称】 一种聚酰胺热熔胶及其制备方法

【公开（公告）号】 CN1597826

【公开（公告）日】 2005.03.23

【申请（专利权）人】 中国石油化工股份有限公司　中国石油化工股份有限公司抚顺石油化工研究院

【地址】 （100029）北京市朝阳区惠新东街甲6号

【发明（设计）人】 王崇晖　高大成　张艳丽　宋喜军

【摘要】 一种聚酰胺热熔胶，其特征在于含有以下共聚单体：A. 己内酰胺、氨基己酸、11-氨基十一酸和十二内酰胺中的一种或多种；B. 一种或多种C_4～C_9的脂肪二羧酸与一种或多种C_2～C_{12}的脂肪二元胺等当量混合形成的混合物或它们的尼龙盐；C. 一种或多种C_{10}～C_{15}的长碳链脂肪二羧酸与一种或多种C_4～C_{12}的二元胺和/或乙烯胺类化合物等当量混合形成的混合物或它们的尼龙盐；其中A的加入量为15.0%～49.0%（质量百分数），B加入量为45.0%～75.0%（质量百分数），C加入量为5.1%～15.0%（质量百分数）；该聚酰胺热熔胶具有以下性质：熔点为161～230℃，在温度为240℃、压力为0.216MPa条件下测定的熔融指数为6.0～50.0g/10min。

【名称】 废塑料裂解生产燃油的工艺方法

【公开（公告）号】 CN1597848

【公开（公告）日】 2005.03.23

【申请（专利权）人】 合肥来发环保科技开发有限公司

【地址】 （240061）安徽省合肥市临泉路华府嘉园11-501号

【发明（设计）人】 林青　陈发来　刘春和　朱恩阔

【摘要】 本发明涉及废旧塑料裂解生产燃油的工艺方法。特点是：预热送料、催化、裂解和分馏，其催化剂为Y型沸石分子筛，填料为瓷球。本发明工艺方法生产，催化裂解充分，出油率高可达60%～85%，油品质量好，汽油90号，柴油0号～负20号。整个生产过程为全封闭洁净化连续生产，废塑料原料无需分类、清洗、烘干，采用碱洗方法实现自动中和，无二次污染；降低了生产成本。

【名称】 大口径塑料钢带复合缠绕管型材

【公开（公告）号】 CN1598385

【公开（公告）日】 2005.03.23

【申请（专利权）人】 云南德政塑业有限公司

【地址】 (650200) 云南省昆明市官渡区日新小区48幢1单元302室

【发明（设计）人】 刘德政

【摘要】 本发明提供了一种大口径塑料钢带复合缠绕管型材，其型材基底部钢带及其上的钢带、塑料和塑料组成，钢带和钢带用滚轮氩氟焊接，挤塑对钢带包覆时塑料通过钢带孔连接点将型材内外塑料和钢带连为一个整体，解决两种材料的连接，将该型材进行螺旋缠绕成缠绕管时，型材的左右两端相互搭，用滚轮氩氟焊接将搭接处进行焊接，再挤塑对焊接处进行塑料包覆。用该型材缠绕成的大口径塑料钢带复合缠绕管是用小机器生产大管材，技术易于控制，制造简单方便，缠绕的大口径塑料钢带复合缠绕管具有很高的抗压强度和密封防渗漏性能，且节约材料，成本较低。主要用于市政顶管、水泥管道修复、给水、排水、排污、化工防腐、泄洪、农田灌溉、远距离引输送水、输油、输气管。

【名称】 抗静电阻燃聚乙烯组合物

【公开（公告）号】 CN1616531

【公开（公告）日】 2005.05.18

【申请（专利权）人】 中国石化齐鲁股份有限公司

【地址】 (255400) 山东省淄博市临淄区124信箱

【发明（设计）人】 张新华　李静　王文清　张学明　李淼　李晶　王海波　孙祖德

【摘要】 抗静电阻燃聚乙烯塑料组合物，其质量组成为：高密度聚乙烯20～45份，聚乙烯抗静电母料40～30份，聚乙烯阻燃母料40～25份，其中聚乙烯抗静电母料采用两种不同比表面积的导电炭黑，用处理剂对导电炭黑进行处理，抗静电和阻燃协同效应好，加工和力学性能优良。聚乙烯阻燃母料使用复合阻燃剂，以含卤素的有机化合物十溴苯联醚为主阻燃剂，三氧化二锑为增效剂和消烟剂，与抗静电剂的协同作用好，使制品的性能稳定并易于加工。本发明的组合物具有优良的抗静电性、阻燃性、加工性能及力学性能，用于制备煤矿井下用各种用途管材。这种管材具有优良的综合性能，并满足煤炭部行业标准MT558.1的要求。

【名称】 利用纳米二氧化硅原位制备快速结晶型聚酯的方法

【公开（公告）号】 CN1616518

【公开（公告）日】 2005.05.18

【申请（专利权）人】 上海交通大学

【地址】 (200240) 上海市闵行区东川路800号

【发明（设计）人】 杨永喆　徐宏　古宏晨

【摘要】 一种利用纳米二氧化硅原位制备快速结晶型聚酯的方法，用于复合材料领域。方法如下：采用纳米二氧化硅为结晶成核剂，首先对其进行有机包覆表面改性，使其能均匀分散在聚酯聚合的单体之一乙二醇中，将配好的纳米二氧化硅/乙二醇浆料再经过高温预处理，保证纳米二氧化硅的平均粒径小于100nm，最后在酯化过程中加入反应釜内，与聚酯其他单体进行聚合或者共聚，在聚合过程中原位得到纳米二氧化硅/聚酯复合材料。由含有1%（质量百分数）纳米二氧化硅的复合材料非等温结晶熔融峰温度提高到213.4℃，185～200℃等温结晶速度提高了4～8倍。该复合材料可用在工程塑料领域，具有优良的加工性能和力学性能。

【名称】 耐低温聚丙烯抗菌塑料及制备方法

【公开（公告）号】 CN1616538

【公开（公告）日】 2005.05.18

【申请（专利权）人】 上海清川塑胶制品有限公司

【地址】 (201201) 上海市浦东新区王港镇西首

【发明（设计）人】 李臣明　蒋大陆　方伟立　李远勇

【摘要】 本发明涉及抗菌塑料，特别是一种聚丙烯抗菌塑料及其制备该产品的方法。按照质量百分比在聚丙烯母粒70%～86%中加入银系抗菌母粒0.5%～5%，达到20～50纳米级，再加入聚烯弹性体13%～25%；该过程中采用三级逆次加热，挤出机温度为，一级：160～170℃、二级：170～180℃、三级：190～210℃。可以解决现有聚丙烯塑料低温下易脆化及破裂，在一定时间内可产生细菌并繁生，影响容器和管件内物质的卫生及水质状况的技术问题，使得聚丙烯塑料具有耐低温可抗菌的功能。

【名称】 供制造生物芯片用的塑料载片

【公开（公告）号】 CN1616672

【公开（公告）日】 2005.05.18

【申请（专利权）人】 先进基因股份有限公司

【地址】 台湾省台中市工业区七路2-1号

【发明（设计）人】 徐立伟 张素真

【摘要】 本发明有关一种表面经化学处理的塑料载片，用于在其表面上固定蛋白质、肽或小分子化合物以制造生物芯片。本发明还有关一种表面经处理的聚苯乙烯材质的塑料载片，用于在其表面上固定寡聚核苷酸或聚核苷酸以制造DNA芯片。

【名称】 薄膜下软管定量滴灌设备及使用方法

【公开（公告）号】 CN1600072

【公开（公告）日】 2005.03.30

【申请（专利权）人】 吴祥云 栾清杨

【地址】 （123000）辽宁省阜新市中华路47号辽宁工程技术大学资源与环境学院

【发明（设计）人】 吴祥云 栾清杨

【摘要】 一种薄膜下软管定量滴灌设备及使用方法，其软质主水管一端捆扎连接在水源流量表下端阀门出水口上，并铺设于田间地头上，末端捆扎住，若干个带阀门变径三通均匀布置捆扎连接在软质主水管上，若干个软质支水管铺设在两垅地中间位置，一端和变径三通变细的出水口相连接，末端捆扎住，在软质支水管上部中间位置均匀扎透1～2mm圆孔至支管内，圆孔的间距根据植物不同株距而设置，植物种植时覆盖塑料薄膜的同时把软质塑料支管覆盖在两垅地中间位置内，浇灌时水的压力使水沿支管上部的圆孔喷涌而出，经覆盖的薄膜阻挡后滴落于土壤内。优点比漫灌节水一半以上，成本低，水量可控，适合各种植物浇灌，磁化水有利于植物生长。

【名称】 一种低温水速溶性纳米复合塑料薄膜及制备方法

【公开（公告）号】 CN1600804

【公开（公告）日】 2005.03.30

【申请（专利权）人】 西北师范大学

【地址】 （730070）甘肃省兰州市安宁东路805号

【发明（设计）人】 王云普 王利平

【摘要】 本发明涉及在0℃或0℃以上温度水中能迅速溶解的一种低温水速溶性纳米复合塑料薄膜及制备方法，它是由下述质量份数的原料组成的：聚乙烯醇（100）、十六烷基三甲基溴化铵有机化蒙脱土（0～10）、消泡剂（0.2～2）、流平剂（0.2～2）、水（1 000～6 000）、增塑剂（0～30），所述聚乙烯醇聚合度为2 400～2 500；其制备方法如下：将有机蒙脱土、聚乙烯醇、水按比例混合后搅拌均匀，进行微波辐射，微波辐射一定时间后，冷却至室温，再加入消泡剂和流平剂，以及适量增塑剂，搅匀后制膜。本发明塑料薄膜具有力学性能优良，低温水溶性好，原料廉价易得，制备工艺简单，反应时间短等特点。

【名称】 含颗粒填料和热致液晶聚合物的复合材料及制法和应用

【公开（公告）号】 CN1600813

【公开（公告）日】 2005.03.30

【申请（专利权）人】 中国科学院化学研究所

【地址】 （100080）北京市海淀区中关村北一街2号

【发明（设计）人】 何嘉松 丁艳芬 陈鹏

【摘要】 本发明公开了一种颗粒填料和热致液晶聚合物的混杂复合材料、制备方法以及用途。该复合材料以质量份计，由以下组分和含量组成：30～85尼龙6，5～70颗粒填料，1～20热致液晶聚合物。所述颗粒填料为空心玻璃微珠（GB）、实心玻璃微珠、二氧化硅（SiO_2）或碳酸钙（$CaCO_3$），填料平均颗粒直径在1～100μm范围内。所述热致液晶聚合物（TLCP）为主链型芳香共聚酯，熔融范围为190～360℃。用熔融共混的方法制备。本发明混杂复合材料具有优异的流动性能和尺寸稳定性，在制备大型薄壁塑料制件及结构精细的塑料制件时具有潜在的优势。

【名称】 制造模塑料树脂片的方法及用其制造发光二极管的方法

【公开（公告）号】 CN1618845

【公开（公告）日】 2005.05.25

【申请（专利权）人】 三星电机株式会社

【地址】 韩国京畿道

【发明（设计）人】 尹晙晧 李善九 安斗勋

【摘要】 在此公开一种制造用于波长转换的模塑料树脂片的方法。该方法包括下述步骤：将磷光体粉末湿分散进半透明液体树脂以形成磷光体粉末分散在其中的模塑料树脂主体；研磨该膜塑料树脂主体成粉末状并向树脂粉末施加预定压力。还公开了一种通过传递模塑工艺制造利用该膜塑料树脂片的白色发光二极管的方法。

【名称】 热塑性淀粉材料的制备方法

【公开（公告）号】 CN1618851

【公开（公告）日】 2005.05.25

【申请（专利权）人】 天津大学

【地址】 （300072）天津市南开区卫津路92号

【发明（设计）人】 于九皋 马骁飞 黄明福

【摘要】 本发明公开了热塑性淀粉材料的制备方法，包括如下步骤：按质量比1：（0.25～0.4）的比例，将淀粉与塑化剂加入到高速混合机中混合2～3min，将混合物封闭放置8～12h，经螺杆塑料挤出机挤出，制成热塑性淀粉颗粒，或将该颗粒与2-氨基乙醇活化蒙脱土或β-羟基丙三羧酸活化蒙脱土按质量比为1：（0.02～0.1）充分混合，经过螺杆塑料挤出机再次挤出，制成性能更好的热塑性淀粉材料。本发明没有淀粉重结晶现象，对于甲酰胺和尿素塑化热塑性淀粉加入2-氨基乙醇活化蒙脱土或β-羟基丙三羧酸活化蒙脱土体系的拉伸强度明显提高了，断裂伸长率有所下降，杨氏模量提高，耐水性能提高，同时仍然可以抑制淀粉重结晶现象。

【名称】 可生物降解塑料容器

【公开（公告）号】 CN1618871

【公开（公告）日】 2005.05.25

【申请（专利权）人】 上海紫华容器包装有限公司

【地址】（201111）上海市闵行区北松路888号

【发明（设计）人】 顾俊明

【摘要】 以高密度聚乙烯等高分子材料、淀粉为主要成分的生物降解母料以及弹性体、线性低密度聚乙烯等辅料经混合后组成的可生物降解塑料，克服了目前含淀粉的可生物降解塑料材料的加工性能较差，加工工艺困难，制品的抗冲击强度、抗压强度下降的缺点。采用挤出吹塑成型，所获得的容器制品符合使用的要求，完全达到国家制定的有关标准，具有可生物降解的性能。对减轻白色污染、保护环境具有积极意义，可以应用于农用制品、日用品、化妆品、药品、洗涤剂等包装材料上。

【名称】 用于高密度聚乙烯用途的聚乙烯熔体混合物

【公开（公告）号】 CN1620476

【公开（公告）日】 2005.05.25

【申请（专利权）人】 媒体普拉斯股份有限公司

【地址】 美国俄亥俄州

【发明（设计）人】 M·G·哈里斯 J·M·斯塔里塔

【摘要】 提供了一种聚乙烯组合物，其密度约为0.945～0.960g/cm³，熔体流动指数约为0.1～0.4g/10min。所述组合物是线性低密度聚乙烯树脂和/或线性中等密度聚乙烯树脂与高密度聚乙烯树脂的熔体混合物。所述组合物的一个特征是树脂可独立地选自新树脂、回收树脂、碎料树脂和宽规格树脂及它们的混合物。还介绍了制备所述组合物的方法，以及由所述组合物生产挤塑、模塑和成型塑料制品的方法。

【名称】 具有空气缓冲功能的塑料薄膜制袋子

【公开（公告）号】 CN1620392

【公开（公告）日】 2005.05.25

【申请（专利权）人】 石崎资材株式会社 株式会社柏原制袋

【地址】 日本大阪府

【发明（设计）人】 石崎昭

【摘要】 一种具有空气缓冲功能的塑料薄膜制袋子，包括：将塑料薄膜制的复数个长尺状隔室沿其短边方向连设的袋状坯料在长边方向的大致中间部折返而将两端部熔接的、由表面部和背面部组成的袋本体；从该袋本体的背面部的开口端部延伸、可通气地与隔室连通的复数个隔室的集合而组成的袋盖；以及设置于袋本体、用于向所述隔室注入空气的注入装置。将物品（A）收纳在袋本体中，在向隔室注入空气时，袋盖压接在被收纳的物品与利用空气膨胀的表面部之间，不容易脱出。

【名称】 特别的塑料成型的喷射装置

【公开（公告）号】 CN1603085

【公开（公告）日】 2005.04.06

【申请（专利权）人】 H·施雷克

【地址】 德国布格瓦尔德

【发明（设计）人】 H·施雷克

【摘要】 本发明涉及一种特别的塑料成型的喷射装置，其中模具中形成的待填充的至少一个模腔侧向排列，与中心喷嘴体邻接，至少一个喷嘴尖端布置在喷嘴体中和/或布置在喷嘴体上，所述至少一个喷嘴尖端向外伸出喷嘴体的圆周表面，并在模具的凹孔中和/或喷嘴体中形成模腔的注射通道，其特征在于至少一个另外的凹孔布置在喷嘴体的底部区域中，其中该凹孔具有至少一个通孔，将凹孔连接到喷嘴体的圆周表面，并且喷嘴尖端能通过凹孔插入通孔中，并可拆卸地固定在此处。

【名称】 塑钢川字型托盘及其制造方法

【公开（公告）号】 CN1603084

【公开（公告）日】 2005.04.06

【申请（专利权）人】 上海瑞奇尔塑料制品厂

【地址】（201507）上海市金山区漕泾镇共建路138号

【发明（设计）人】 王宝庆；陈桂华

【摘要】 一种塑钢川字型托盘，含有三条平行的长脚，三条长脚内分别包裹至少一根金属管，金属管两端部外露。其制造方法是在川字型托盘的模具内川字型长脚上分别开有凹槽，将金属管置于该凹槽内，金属管两端部分别与模具紧配合；注塑时间均分为6段，第二段注塑速度为75～95L/min；托盘在模具中的冷却时间为105～115s。本发明由于一次成型注塑，在上货架承载量为1吨时，下挠只有0.7mm，不产生脱落现象。既安全又可靠。注塑成型后，虽然塑料和金属管受热冷却后的收缩率不同，但由于托盘在模具中冷却，金属管两端部外露，解决了托盘塑料开裂的问题。

【名称】 具有酯基的树脂用耐水解稳定剂及热塑性树脂组合物

【公开（公告）号】 CN1603357

【公开（公告）日】 2005.04.06

【申请（专利权）人】 日清纺绩株式会社

【地址】 日本国东京都
【发明（设计）人】 高桥郁夫　饭田浩贵　柳泽健一
【摘要】 一种耐水解稳定剂以及含有该耐水解稳定剂的具有酯基的树脂或生物降解性塑料的热塑性树脂组合物。该耐水解稳定剂可提高以往成问题的、作为混合在具有酯基的树脂或生物降解性塑料中的耐水解稳定剂的耐热性，消除黄变引起的着色问题，而且进一步提高耐水解性。耐水解稳定剂，是由脂肪族系碳化二亚胺化合物（A）和磷系抗氧化剂（B）形成的碳化二亚胺组合物构成的，优选的是通过在合成脂肪族系碳化二亚胺化合物（A）时混入磷系抗氧化剂（B1)，由此分散存在的碳化二亚胺组合物构成。具有优良的耐水解稳定性的热塑性树脂组合物是在易水解性树脂（C）中混合该耐水解稳定剂得到的。

【名称】 注塑机锁模机构
【公开（公告）号】 CN1621216
【公开（公告）日】 2005.06.01
【申请（专利权）人】 蔡桂森
【地址】 (318020) 浙江省台州市黄岩区黄轴路47-1号宏振聚酯机械模具有限公司
【发明（设计）人】 蔡桂森
【摘要】 注塑机的一种锁模机构，涉及安装在机座上的定模板、动模板和后模板，各模板由拉杆串联连接，在后模板的外壁安装开合模油缸，开合模油缸的活塞杆连接顶出油缸，顶出油缸安装在动模板上，其特征在于后模板中安装四只增压油缸，各只增压油缸中的活塞制有中空，在中空活塞外侧安装立柱挡板，立柱挡板制有穿孔，立柱挡板由升降机构所带动，在动模板上安装四根锁模立柱，合模状态锁模立柱与立柱挡板相接触，开模状态锁模立柱与中空活塞的内孔和立柱挡板的穿孔相配合。由于后模板上的增压油缸是四只与动模板的四根锁模立柱配合，使立杆间距大，模板各处受力均匀，锁模平稳，不偏离，塑料制品合格率高。

【名称】 新型塑料管材铣削破碎机
【公开（公告）号】 CN1605441
【公开（公告）日】 2005.04.13
【申请（专利权）人】 梁勇
【地址】 (221151) 江苏省徐州市徐州华鑫橡塑机械制造有限公司矿山医院东隔壁
【发明（设计）人】 梁超　梁勇
【摘要】 一种新型塑料管材铣削破碎机属于塑料机械中的破碎设备。它解决了现有管材破碎机破碎前需预先分割，功率消耗大，产量低，噪声大、易卡机、粉尘多等缺点。其主要特点是，采用铣削原理，再长的塑料管材也不需预先分割，并且产量高，能耗低、噪声小，无粉尘。

【名称】 超疏水的多孔聚氯乙烯膜及其制备方法
【公开（公告）号】 CN1621434
【公开（公告）日】 2005.06.01
【申请（专利权）人】 中国科学院化学研究所
【地址】 (100080) 北京市海淀区中关村北一街2号
【发明（设计）人】 李新红　马永梅　王佛松　江雷　赵洪志
【摘要】 本发明属于多孔聚氯乙烯膜材料领域，特别涉及超疏水的多孔聚氯乙烯膜及其制备方法。采用溶剂-沉淀剂的相转化法，制备出表面微观结构为微米和纳米级颗粒堆砌的多孔疏松聚氯乙烯膜，该种膜与水的接触角大于150°，水滴在材料表面的滚动角小于15°，具有很好的超疏水性能。这是一种使通用塑料在无任何低表面能物质（含氟材料）修饰下，实现聚合物膜的超疏水特性的新方法，它为拓展通用塑料的应用领域提供了一种新的制备途径。该方法操作简便、设备简单、可规模化生产，具有很好的工业化应用前景。

一种超疏水的多孔聚氯乙烯膜，其特征是：所述的膜是表面呈球形颗粒的疏松结构的多孔膜，球形颗粒直径100nm～1μm，孔隙为10nm～1μm，膜与水的接触角在150°～172°，水滴在膜材料表面的滚动角小于1°～15°。

【名称】 塑料扁丝牵引定型装置
【公开（公告）号】 CN1605453
【公开（公告）日】 2005.04.13
【申请（专利权）人】 李新忠
【地址】 (515000) 广东省汕头市长厦村东二直巷8号
【发明（设计）人】 李新忠
【摘要】 一种塑料扁丝牵引定型装置，其各牵引辊的两端都支承在支座体上，至少有一侧的各支座体独立分开，且有部分支座体位于相应牵引辊的下方并将牵引辊向上承托固定，而另外的支座体则位于相应牵引辊的上方并将牵引辊向上吊拉固定，且上述两种形式交替出现，形成了波浪形的连续空间，该连续空间正好为手工牵引塑料扁丝穿梭绕过牵引辊的动作提供工作面。本发明的牵引辊受力结构形式简单、合理，安装容易，对安装节点的制作精密度和材质要求大大降低。

【名称】 高自润滑、高耐磨、增强尼龙工程塑料合金及制造方法
【公开（公告）号】 CN1607219
【公开（公告）日】 2005.04.20
【申请（专利权）人】 林安良

【地址】（201203）上海市浦东张江高科技园区科苑路299号

【发明（设计）人】林安良

【摘要】本发明涉及一种功能塑料合金，特别涉及一种高自润滑、高耐磨、增强尼龙（PA）工程塑料合金及其制造方法。解决了单一尼龙无法满足高速、高压、高温等工况的缺陷。高自润滑、高耐磨、增强尼龙工程塑料合金，其组成成分的质量配比为：尼龙70～100份，聚乙烯5～15份，（乙烯/丙烯酸）共聚体0～6份，接枝三元乙丙胶0～6份，接枝聚烯烃0～10份，玻璃微珠10～35份，晶须或纤维5～20份，聚四氟乙烯5～15份，超高分子量聚乙烯0～10份，石墨0～15份，硅油1～5份，分散剂A 0.2～1.0份，分散剂B 0.2～1.0份，热稳定剂0.2～1.0份。主要可用于高速、高压、高热条件下动力传动传导零部件。

【名称】塑料木化板材及其制备方法

【公开（公告）号】CN1621440

【公开（公告）日】2005.06.01

【申请（专利权）人】俞立群

【地址】（200120）上海市浦东新区商城路511弄1号203室

【发明（设计）人】俞立群

【摘要】本发明涉及一种塑料和植物纤维的复合材料及其制备方法，特别涉及一种塑料木化板材及其制备方法。解决了现有塑料和植物纤维的复合材料强度等性能不佳，产品质量不稳定的缺陷。一种塑料木化板材，其组成成分的质量配比是：塑料45%～70%，植物纤维10%～45%，填充剂3%～10%，发泡剂1%～2%，助剂3%～15%。制备方法，首先将植物纤维进行微波脱水、细粉，同时将塑料进行常规粉碎干燥处理；按上述配比将各组分在高速混合机内混合均匀；然后采用挤出机进行挤条冷却造粒；最后进入螺杆挤出机挤出成型后，进行定型、冷却、牵引、卷曲切割得到成品；控制植物含水率为0.5%。加料段温度和挤出段温度控制在100～250℃。螺杆挤出机螺杆压缩比为2～5。可用于替代木材制作各种制品。

一种塑料木化板材，其组成成分的质量配比是：塑料45%～70%，植物纤维10%～45%，填充剂3%～10%，发泡剂1%～2%，助剂3%～15%。

【名称】一种金属塑料复合冷热水管及其制造方法

【公开（公告）号】CN1621725

【公开（公告）日】2005.06.01

【申请（专利权）人】李西海

【地址】（200436）上海市场中路3430号

【发明（设计）人】李西海　顾忠康　梁俊豪

【摘要】一种金属塑料复合冷热水管，外层金属管为不锈钢管，耐腐蚀性好，装饰性强，美观，内层塑料管为改性线性高压聚乙烯，具有优异的抗冻耐温性能，零下50℃严寒不冻裂，95℃高温不软化，卫生无毒，不产生水质二次污染，符合食品卫生要求，而且安装方便。制造这种金属塑料复合冷热水管的方法是冷拔缩径，使外层金属管内壁与内层塑料管的外壁紧密贴合，与现有技术相比，因为省却了金属管与塑料管之间的涂胶黏合，所以简化了操作，降低了成本，而且复合效果好。

【名称】塑料光纤、塑料光纤预制棒以及用于制造预制棒的方法

【公开（公告）号】CN1621870

【公开（公告）日】2005.06.01

【申请（专利权）人】三星电子株式会社

【地址】韩国京畿道

【发明（设计）人】吴成国　李载昊　李丞熙

【摘要】本发明提供了一种能够容易地调整其折射率分布的塑料光纤以及一种制造塑料光纤预制棒的方法。所述塑料光纤预制棒包括具有一个或多个孔的基材，以及设置在所述孔中的一种或多种用于折射率调整的材料。通过调整形成在基材中的孔的排列类型、分布和数目以及用于折射率调整的材料的折射率来控制所述光纤预制棒的折射率分布。

【名称】聚二甲基硅氧烷微流控芯片复型光固化树脂模具制作方法

【公开（公告）号】CN1621945

【公开（公告）日】2005.06.01

【申请（专利权）人】西安交通大学

【地址】（710049）陕西省西安市咸宁路28号

【发明（设计）人】段玉岗　徐书洁　丁玉成　卢秉恒

【摘要】一种聚二甲基硅氧烷微流控芯片复型光固化树脂模具制作方法，以石英或玻璃为基片，以环氧类光敏树脂配制的液态光刻胶为材料，采用光刻工艺制作用于聚二甲基硅氧烷微流控芯片复型的微模具；其特征在于，包括以下步骤：①基片预处理在基片上涂覆一层硅烷偶联剂，置入烘箱在120℃下烘烤40min；②铺胶用塑料薄片粘贴在经预处理后的基片周围，使塑料薄片和基片形成一个空腔，将液态光刻胶注入该空腔中，液态光刻胶厚度通过更换不同高度的塑料薄片控制；③曝光在液态光刻胶表面覆盖一层保护膜，并在保护膜上覆盖光刻掩膜，再覆盖一片石英玻璃，夹紧后在紫外光源下曝光45～50s，即可得到厚度大于300μm、侧壁陡直的聚二甲基硅氧烷微流控芯片微结构；④显影曝光后揭掉光刻掩膜和保护膜，将基片

及其上的光刻胶完全浸入无水乙醇显影液中，显影过程中对显影容器进行手工振荡2分钟，显影后取出吹干；⑤二次光固化将显影后的基片放置在紫外光源下进行2min的二次曝光，使液态光刻胶完全固化即可获得干净清晰的聚二甲基硅氧烷微流控芯片结构轮廓的微模具。

【名称】 一种可降解的覆膜包装材料
【公开（公告）号】 CN1607230
【公开（公告）日】 2005.04.20
【申请（专利权）人】 李恩辉
【地址】 （570000）海南省海口市金盘金濂路1号锦绣京江别墅区二区十三栋
【发明（设计）人】 李恩辉
【摘要】 本发明一种可降解的覆膜包装材料，是将一种可降解的塑料母粒添加于涂膜树脂材料中，淋涂在各种包装基材表面，再根据需要制作成各种功能和用途的包装产品，用毕经堆腐后可被环境消纳。

【名称】 用于成型薄壁产品的方法和设备以及由此制造的产品
【公开（公告）号】 CN1608000
【公开（公告）日】 2005.04.20
【申请（专利权）人】 喷泉专利国际组织公司
【地址】 荷兰艾瑟尔河畔卡佩勒
【发明（设计）人】 亨德里克斯·安东尼厄斯·霍格兰
【摘要】 一种用塑料在模具中成型薄壁产品的方法，其中，一定量的所述塑料经加热后被引入型腔，同时所述型腔至少部分开启，之后模具关闭，以便型腔中的塑料被型腔壁部件压开，从而使所述型腔被完全充满。

【名称】 塑料膜的彩色染色系统
【公开（公告）号】 CN1608158
【公开（公告）日】 2005.04.20
【申请（专利权）人】 贝克特股份有限公司
【地址】 比利时茨维夫格姆
【发明（设计）人】 X·杨 R·B·特纳
【摘要】 塑料膜如聚对苯二甲酸乙二醇酯的连续染色方法，其特征在于让膜穿过由溶解、悬浮或分散在液体载体中的染料组成的染色浴，该液体载体包括至少部分的聚合物，优选多元醇，该聚合物具有至少一个游离羟基和在大约200～600范围内的分子量。由羟基提供的氢键作用，连同多元醇的高分子量和高沸点，减轻了染料从膜中的迁移，即膜的褪色，和使膜具有持久的色牢度。染色浴进入膜中的快速扩散可通过染色浴的热和超声波激励来增强。

【名称】 无纺布复合塑料薄膜的打孔方法及其设备
【公开（公告）号】 CN1608813
【公开（公告）日】 2005.04.27
【申请（专利权）人】 谢继华 谢继权
【地址】 （361009）福建省厦门市莲前西路451号202室
【发明（设计）人】 谢继华 谢继权
【摘要】 本发明公开了一种无纺布复合塑料薄膜的打孔方法及其设备，其方法为：将无纺布经导辊引入复合辊上，与位于复合辊上方的模头挤出的热塑性塑料复合，形成无纺布复合塑料薄膜，该无纺布复合塑料薄膜在网笼的支撑下进入打孔区，在流体及真空负压下打孔，形成表面层为无纺布，底层为塑料膜的复合打孔薄膜。由于本发明将无纺布与热塑性塑料在进入打孔区前进行复合，再进行打孔，在一道工艺流程中完成了复合、打孔的工序，因而，具有加工简单、生产效率高的优点。

【名称】 一种模压复合材料托盘的制造方法
【公开（公告）号】 CN1608822
【公开（公告）日】 2005.04.27
【申请（专利权）人】 山东伟佳玻璃钢制品有限公司
【地址】 （271000）山东省泰安市西南工业区复合材料工业园
【发明（设计）人】 张志法 张瑞跃 原德君 戚德海
【摘要】 一种模压复合材料托盘的制造方法，其特征在于：通过模压、一次成型的方法，在模压温度80～140℃，压力200～500吨，保压时间2～6min的工艺条件下，将塑料、木屑、玻璃纤维、高分子添加剂由储料器、经过称重装置计量，再进入匀料器和螺杆挤出机进一步混炼匀化，形成均匀的混合料，然后经计量进入模具铺层，最后经过压机热压成型而制得成品。

【名称】 注塑式钢骨架增强塑料复合管材
【公开（公告）号】 CN1608823
【公开（公告）日】 2005.04.27
【申请（专利权）人】 山东胜利东泰管道工程有限公司
【地址】 （257082）山东省东营市东营区南一路203号
【发明（设计）人】 陈成华 郑子元
【摘要】 复合管材是近年来国内生产的一种新型管材，在防腐、耐温方面应用较多。该管材目前多为挤出方式生产。管材通过电熔管件连接。本专利产品针对挤出方式生产的复合管材连接时连接部位的可靠性有缺陷而设计的。骨架增强体、塑料、端面连接体通过注塑熔为一体，避免了脱层、剥离现象的发生。端面连接体采用技术较成熟的热熔方式连接，可靠性大大提高。本发明产品具体实施方式主要分为两个部分。①管材成型：首先预制钢骨架增强体放入模具型腔内，由于模具型腔流道较长，注塑量较大，可用多台注塑机注塑，以保证融体的温度及流动性。②管材连接：成型管材端面连接体为纯塑料材质，可通过热熔焊机加热连接体，充分冷却后连接为一体。

【名称】 用激光光束掩膜焊接移动塑料薄膜的方法和装置

【公开（公告）号】 CN1608829

【公开（公告）日】 2005.04.27

【申请（专利权）人】 莱斯特加工技术公司

【地址】 瑞士萨尔嫩

【发明（设计）人】 陈杰伟

【摘要】 本方法和装置允许在结构环状塑料薄膜的高速焊接方面以在线的位置调节来进行动态掩膜焊接。使用布置在被动压滚中、设置有掩膜的透明受驱掩膜滚轮，可进行光检测，使得掩膜滚轮与薄膜速度、从而掩膜与薄膜速度同步。该调节可脱离薄膜传送机构而不影响焊接过程、特别是速度。本发明能够以薄膜传送速度高达每秒1000mm被使用。

【名称】 阻燃的聚碳酸酯树脂/ABS接枝共聚物共混物

【公开（公告）号】 CN1622978

【公开（公告）日】 2005.06.01

【申请（专利权）人】 通用电气公司

【地址】 美国纽约州

【发明（设计）人】 K·J·布拉克博恩　R·R·加卢茨　E·M·乔吉夫

【摘要】 一种热塑性树脂组合物，含有一种芳香族碳酸酯树脂，一种包含一个分散于一个连续刚性热塑性塑料相中的不连续橡胶相的橡胶改性接枝共聚物，其中该刚性热塑性塑料相的至少一部分化学接枝到该橡胶相上，和阻燃量的烷基苯磺酸碱金属盐或碱土金属盐阻燃剂。

【名称】 以关闭状态制造的塑料封盖及制造该封盖的注模和方法

【公开（公告）号】 CN1622901

【公开（公告）日】 2005.06.01

【申请（专利权）人】 特克索公开股份有限公司

【地址】 瑞士韦齐孔-肯普腾

【发明（设计）人】 维尔纳·弗里茨·杜巴赫

【摘要】 生产塑料封盖的核心问题是成本。塑料封盖的下部和盖子借助卡扣铰链彼此连接，如果该盖子和下部在关闭的状态下制造，则塑料封盖就可以以特别有利的方法制造。根据本发明，所发明的封盖这样构造，即该卡扣铰链的所有元件均设置在该封盖的侧壁区域，其与注模开启和闭合的运动方向（D，K）平行的延伸。这样，大大地缩短了周期，并且该注模可以以经济的方式制造。

【名称】 一种纤维编织层加强的农用薄膜及其制备工艺

【公开（公告）号】 CN1608834

【公开（公告）日】 2005.04.27

【申请（专利权）人】 佛山塑料集团股份有限公司

【地址】 （528000）广东省佛山市轻工三路11号

【发明（设计）人】 李永鸿　赵照

【摘要】 一种纤维编织层加强的农用薄膜，所述的农用薄膜包括上膜层与下膜层，所述的上膜层与下膜层为相同材质或不同材质，在所述的上膜层与下膜层中间夹有与上膜层和/或下膜层的材质相同或不同的芯层，其特征在于：所述农用膜还包括芯层，所述的芯层包括至少一层由纤维材料双向交叉地编织而成的编织层，该编织层的面密度为25～120g/m^2；所述编织层的两面与芯层的其他结构或者上膜层和/或下膜层相粘接，上、下膜层的面密度分别为10～50g/m^2；所述的纤维材料为聚合树脂的拉伸丝，在同一编织层中，平行相邻的拉伸丝的边缘相互紧贴。

【名称】 一种可降解的复塑膜包装纸

【公开（公告）号】 CN1608955

【公开（公告）日】 2005.04.27

【申请（专利权）人】 李恩辉

【地址】 （570000）海南省海口市金濂路1号锦绣京江别墅区二区十三栋

【发明（设计）人】 李恩辉

【摘要】 本发明一种可降解的复塑膜包装纸，是将一种可降解的塑料母粒添加于涂膜树脂材料中，或添加于涂膜黑色母粒和涂膜树脂混合材料中，淋涂在各种纸基表面，再根据需要制作成各种功能和用途的包装产品，用毕经堆腐后可被环境消纳。

【名称】 具有降低的可燃性的聚甲基丙烯酰亚胺泡沫塑料及其生产方法

【公开（公告）号】 CN1610719

【公开（公告）日】 2005.04.27

【申请（专利权）人】 罗姆两合公司

【地址】 德国达姆施塔特

【发明（设计）人】 P·施泰因　W·盖尔　T·巴特尔

【摘要】 本发明涉及用于生产具有降低的可燃性的聚（甲基）丙烯酰亚胺泡沫塑料的组合物，该组合物包含多磷酸铵和/或硫化锌。此外，本发明还提供聚（甲基）丙烯酰亚胺模塑料，以及可以从上述组合物和模塑料获得的聚（甲基）丙烯酰亚胺泡沫塑料。本发明还涉及用于生产具有降低的可燃性的聚（甲基）丙烯酰亚胺泡沫塑料的方法。

【名称】 塑料吹瓶机合模机构

【公开（公告）号】 CN1611344

【公开（公告）日】 2005.05.04

【申请（专利权）人】 蔡桂森

【地址】 （318020）浙江省台州市黄岩区黄轴路47-1号宏振聚酯机械模具有限公司

【发明（设计）人】 蔡桂森

【摘要】 塑料吹瓶机合模机构，是安装在机架上的固定模板，固定模板经上、下导杆连接活动模板，固定模板上安装开合模气缸，气缸的活塞杆连接活动模板，其特征在于所述的固定模板是对称的甲固定模板和乙固定模板两块，在两块固定模板上分别安装甲开合模气缸和乙开合模气缸，甲乙两开合模气缸的活塞杆分别连接甲活动模板和乙活动模板，在活动模板的外侧连接立柱升降固定板，立柱升降固定板上安装顶模立柱，在固定模板的内侧连接增压板，顶模立柱的另一头与增压板相接触，在机架的下部安装底模气缸，底模气缸的活塞杆带动升降板，升降板安装升降横杆，升降横杆带动立柱升降固定板，在甲、乙固定模板中分别制有增压气缸腔，增压气缸腔中安装增压活塞，增压活塞与增压板相接触。

【名称】 以半硬质聚氨酯泡沫塑料为夹芯的彩钢板及其生产方法

【公开（公告）号】 CN1623752

【公开（公告）日】 2005.06.08

【申请（专利权）人】 杭州华东板材有限公司

【地址】 （311200）浙江省杭州萧山区萧然东路318号浙江华东钢业基团

【发明（设计）人】 沈东明

【摘要】 本发明公开了一种以半硬质聚氨酯泡沫塑料为夹芯的彩钢板的生产方法，包括一个四周密封的模具，在模具的上表面放置一块彩钢板，在模具的下表面放置一块彩钢板、塑料板或木质板，将半硬质聚氨酯泡沫塑料浇注到模具中，然后自然冷却；半硬质聚氨酯泡沫塑料是由包括100份（质量份）的聚醚多元醇与10～300份的异氰酸酯均匀搅拌、进行合成反应所得，聚醚多元醇是同一种羟值的聚醚多元醇、或两种、两种以上不同羟值的聚醚多元醇的混合物。本发明还公开了一种按照上述方法生产的彩钢板。本发明的生产方法工艺简单，所生产的以半硬质聚氨酯泡沫塑料为芯材的彩钢夹芯板具有优良的抗弯曲强度和一定的压缩回弹性。

【名称】 一种塑料吹瓶机的射料方法及实施该方法的吹瓶机

【公开（公告）号】 CN1623758

【公开（公告）日】 2005.06.08

【申请（专利权）人】 郭锡南

【地址】 （528305）广东省顺德市容桂镇朝阳区环翠巷二号

【发明（设计）人】 郭锡南

【摘要】 一种塑料吹瓶机的射料方法，挤出机将塑料溶化后经模头由射料油缸射出，其特征在于：该射料油缸的射料过程按瓶体形状分成若干区间，每一区间对应射料油缸的射料速度，瓶体上按照周长相同的一段设为均速段，周长渐变的一段设为渐变速段，均速段与渐变速段设置成参数输入控制电脑，控制电脑令相邻的两区间对应射料油缸的射料速度发生变化。

【名称】 长效抗菌塑料容器盖及其制造方法

【公开（公告）号】 CN1623862

【公开（公告）日】 2005.06.08

【申请（专利权）人】 东莞市金富实业有限公司

【地址】 （523915）广东省东莞市虎门镇博涌村博美工业区

【发明（设计）人】 沈揆生　雷谦　陈金培

【摘要】 本发明涉及一种长效抗菌塑料容器盖及其制造方法，其特征是：由纳米级金属离子混合塑料颗粒与塑料原料注塑而成；混合塑料颗粒由纳米级金属离子银、铜、钛、锌、镍中的一种或二种以上均匀地熔入塑料原料中并充分混合后制成，其中金属离子所占的质量百分比为20%～30%，塑料占总质量的70%～80%；长效抗菌塑料容器盖由混合塑料颗粒与塑料原料混合，经注塑机配上各种不同规格、各种形状的模具注塑而成，其中混合塑料颗粒占总质量的5%～10%，塑料原料占总质量的90%～95%。本发明涉及的抗菌塑料容器盖，其有效抗菌时间可以与抗菌塑料容器盖的寿命同步。抗菌塑料容器盖及其制造方法，工艺简单，加工制作容易，成本低廉，具有良好的经济效益。

【名称】 聚碳酸酯、橡胶和苯乙烯-丙烯腈-顺丁烯二酸酐共聚物合金

【公开（公告）号】 CN1611547

【公开（公告）日】 2005.05.04

【申请（专利权）人】 中国石油化工股份有限公司　中国石油化工股份有限公司上海石油化工研究院

【地址】 （100029）北京市朝阳区惠新东街甲6号

【发明（设计）人】 王荣伟　王玮　王芳　章瑛虹　傅荣政

【摘要】 一种聚碳酸酯、橡胶和苯乙烯-丙烯腈-顺丁烯二酸酐共聚物合金，以质量百分比计包括以下组

分：①50%～78%的双酚A型聚碳酸酯；②20%～40%的丙烯腈-丁二烯-苯乙烯的共聚物，其中丁二烯橡胶含量以质量百分比计为10%～40%；③2%～10%苯乙烯-丙烯腈-顺丁烯二酸酐共聚物，其中以质量百分比计丙烯腈为15%～20%，顺丁烯二酸酐为5%～10%。

【名称】 用于塑料成型加工的消湿剂及其制备方法

【公开（公告）号】 CN1611534

【公开（公告）日】 2005.05.04

【申请（专利权）人】 丁少忠

【地址】 （350003）福建省福州市湖东路168号宏利大厦25楼C区

【发明（设计）人】 丁少忠

【摘要】 本发明涉及一种用于塑料成型加工的消湿剂及其制备方法，所述消湿剂由固体无机氧化物、润滑剂、偶联剂、稳定剂、交联剂组成，其制备步骤为：①混合；②挤出造粒。本发明所述用于塑料成型加工的消湿剂及其制备方法具有组分简单，制备方法简单，消湿效果好，能满足使用变性淀粉生产可生物降解塑料在成型加工过程中对除湿的要求，极大程度地推广了使用变性淀粉生产可生物降解塑料技术的应用。一种用于塑料成型加工的消湿剂，其组成按质量份计为：固体无机氧化物100份、润滑剂3～30份、偶联剂1～12份、稳定剂1～15份、交联剂10～100份。

【名称】 基于聚合物塑料的绝缘材料

【公开（公告）号】 CN1613899

【公开（公告）日】 2005.05.11

【申请（专利权）人】 尼克桑斯公司

【地址】 法国巴黎

【发明（设计）人】 弗里德里克·米勒　克里斯托夫·丁克尔迈耶　艾尔弗雷德·格默尔

【摘要】 本发明涉及一种基于聚合物塑料的绝缘材料，其中加入了玻璃颗粒以在燃烧状况下达到稳定性，所述玻璃颗粒由具有不同软化温度的玻璃类物质组成。为了确保非常宽的温度范围，使用了至少三种具有不同软化温度的玻璃颗粒，即第一种玻璃类物质的软化温度低于约470℃，第二种玻璃类物质的软化温度高于约470℃并低于约620℃，第三种玻璃类物质的软化温度高于约760℃。

【名称】 POL生物降解塑料及其制备工艺

【公开（公告）号】 CN1624034

【公开（公告）日】 2005.06.08

【申请（专利权）人】 沈阳爱丽善绿环科技有限公司

【地址】 （110002）辽宁省沈阳市沈河区十二纬路99号

【发明（设计）人】 赵海宴　赵韬　印琇焕

【摘要】 本发明属生化领域，特别涉及生物降解塑料及其制备工艺领域，其特征在于，含有下列组分：LDPE 4%～14%、甲基丙基醋酸甲酯2%～8%、醋酸乙烯酯1%～5%、变性淀粉25%～35%、玉米原粉5%～15%、玉米淀粉20%～30%、高分子蜡0.5%～2%、增塑剂2%～8%；其制备工艺，按如下步骤依次进行：①将天然高分子淀粉经120目以上筛选后与LDPE、甲基丙基醋酸甲酯、醋酸乙烯酯、高分子蜡、增塑剂按上述百分含量进行初级混炼聚合；②将A步骤所得材料再进行二级共混、共聚，经挤出机造粒；③将B步骤所得材料再进行三级共混、共聚、挤出，吹膜。

【名称】 室温硅烷交联聚乙烯塑料及其制备方法

【公开（公告）号】 CN1624038

【公开（公告）日】 2005.06.08

【申请（专利权）人】 上海高分子功能材料研究所

【地址】 （200090）上海市杨树浦路1578号

【发明（设计）人】 穆肖斌　项华丽　张建萍

【摘要】 本发明涉及一种用于电线电缆绝缘层、低中高密度管材的室温硅烷交联聚乙烯塑料。其组成包括：聚乙烯树脂100质量份，硅烷交联剂0.8～2.5质量份，金属钝化剂0.05～1.0质量份，交联催化剂0.05～6质量份，助剂载体1.0～20质量份，抗氧剂0.02～3质量份。其生产工艺为二步法，包括硅烷接枝料A料的制备和催化剂母料B料的制备，使用时A料和B料充分混合，经挤出机制成电缆或管材产品，在室温下放置1～3天，完成交联过程。本发明克服了以往硅烷交联塑料只有在温水或蒸汽环境下才能交联的缺陷，提高了聚乙烯塑料的机械强度和耐温性能。

【名称】 用酞菁颜料无变形着色部分结晶塑料的方法

【公开（公告）号】 CN1625584

【公开（公告）日】 2005.06.08

【申请（专利权）人】 科莱恩有限公司

【地址】 德国法兰克福

【发明（设计）人】 H·J·梅茨　T·洪茨多夫　K·布里奇　A·斯托尔

【摘要】 一种用于无变形着色部分结晶塑料的方法，特征在于它采用一种作为在无酸基团的有机介质中的悬浮液在碱存在下被加热至不低于80℃的酞菁颜料。

【名称】 发光体上的二氧化钛光触媒感光型薄膜制备方法

【公开（公告）号】 CN1626276

【公开（公告）日】 2005.06.15

【申请（专利权）人】 道麒科技股份有限公司

【地址】 台湾省台北县

【发明（设计）人】 张道光 张智丰 张志荣 洪英俊

【摘要】 一种发光体的二氧化钛光触媒感光型薄膜制法，其实施方法步骤如下：配制光触媒感光型浆液：以每1 000g的二氧化钛光触媒溶液与50～200g感光型溶液互相混合均匀制成光触媒感光型浆液；发光体外缘面涂布光触媒感光型浆液：是将玻璃或塑料材质的发光源外缘面上采以光触媒感光型浆液喷涂或浸涂方式而披覆形成二氧化钛光触媒感光型薄膜；低温烘干制出二氧化钛光触媒感光型薄膜：是将发光源外缘面披覆一层二氧化钛光触媒感光型薄膜以1～3min的低温烘干成形，促使发光源外缘面永久附着一层二氧化钛光触媒感光型薄膜。

【名称】 废旧聚苯乙烯塑料生产防水防腐涂料的方法及防水防腐涂料

【公开（公告）号】 CN1626589

【公开（公告）日】 2005.06.15

【申请（专利权）人】 吴恩廷

【地址】 （255000）山东省淄博市张店区兴学街41号院3号楼三单元二楼东

【发明（设计）人】 吴恩廷 吴海

【摘要】 利用废旧聚苯乙烯塑料生产防水防腐涂料的方法，废旧聚苯乙烯泡沫塑料经过蒸馏收集其气相组分，冷却后得到的母液中加入占母液质量的30%～60%的干净聚苯乙烯泡沫塑料进行改性得到聚苯乙烯树脂，然后加入含有松香、铅丹的辅料搅拌均匀即成，其中松香的加入量为聚苯乙烯树脂质量的3%～10%，铅丹的加入量为聚苯乙烯树脂质量的1%～5%。辅料中还可加入填料、邻苯二甲酸二辛酯或SBS。本发明100%利用废旧聚苯乙烯泡沫塑料，不使用价格较高的溶剂性化工原料，工艺条件合理简单，容易操作，得到的产品价格低，防水效果好，施工方便。

【名称】 一种PVC铝塑共挤型材及其制备方法

【公开（公告）号】 CN1631648

【公开（公告）日】 2005.06.29

【申请（专利权）人】 云南德恒钢塑共挤材料有限公司

【地址】 （650031）云南省昆明市东风西路280号文贸大厦10楼

【发明（设计）人】 张永明 丁伟

【摘要】 本发明公开了一种PVC铝塑共挤型材，它是由有色金属内衬包覆PVC塑料构成。它的制备方法包括下述步骤。①配料上料：按配方将PVC树脂、助剂混合，从加料斗均匀流入挤出机；②内衬处理：内衬表面涂粘胶剂后，加热，由输送带进入挤出机共挤模具；③共挤、真空定型、冷却定型：PVC混合料在挤出机内经加热塑化后和内衬同时通过共挤模具，PVC混合料热挤压到内衬表面，通过真空定型、冷却定型、牵引制成。它在保持了刚性之外，由于采用有色金属如铝或铝合金内衬，使其重量轻，内衬永不生锈，真正做到了无毒、环保，并且可设计多腔室断面，铝塑共挤门窗不易变形、扭曲、下垂。

【名称】 氯乙烯/纳米碳酸钙原位聚合树脂的制备方法

【公开（公告）号】 CN1631920

【公开（公告）日】 2005.06.29

【申请（专利权）人】 上海氯碱化工股份有限公司

【地址】 （200241）上海市龙吴路4747号

【发明（设计）人】 王彤 袁茂全 周大民 缪晖 谢雷

【摘要】 一种氯乙烯/纳米碳酸钙原位聚合树脂的制备方法，包括如下步骤：将包括氯乙烯单体、引发剂、分散剂、水、pH调节剂和纳米碳酸钙填料的聚合原料采用常规的方法进行聚合反应，其特征在于，所说的纳米碳酸钙填料是经过表面处理的，制备方法如下：将纳米碳酸钙乳液、PVC种子乳液混合均化再加入分散剂，然后均化，即获得过表面处理的纳米碳酸钙填料；PVC种子乳液的干重：纳米碳酸钙的干重＝1～(1：30)；PVC种子乳液是以包括如下组分和重量含量的原料制备的：氯乙烯100份乳化剂0.5～5份引发剂0.5～5份，pH调节剂0.01～0.2份，水115～125份，乳化剂选自烷基醇硫酸盐类、烷基醇磺酸盐类或烷基萘磺酸盐类中的一种或多种；PVC种子乳液平均粒径为50～100nm；引发剂选自过硫酸铵、过硫酸钾或有机过氧化物。

【名称】 热塑性塑料管口扩口加工方法

【公开（公告）号】 CN1628953

【公开（公告）日】 2005.06.22

【申请（专利权）人】 柳歧华

【地址】 （061000）河北省沧州市大化集团化肥厂老工人办公室

【发明（设计）人】 孙学廷

【摘要】 本发明涉及一种塑料管口扩口加工方法。其技术要点是：把塑料管端需要扩口部分加热到热塑状态，然后套入模体内，对其端部进行扩口，模体在塑料管内受压膨胀，促使塑料管壁产生达到热塑变形的环向拉应力。同时保持扩口后管壁厚度不变薄。本发明的加工方法可以对PE、PP塑料管材进行扩口而保持其强度等性能不变，从而可以使PE、PP管在使用中具有和PVC管相同的橡胶圈密封承插连接形式。

【名称】 一种高淀粉可降解塑料薄膜
【公开（公告）号】 CN1631986
【公开（公告）日】 2005.06.29
【申请（专利权）人】 林侠
【地址】 （317000）浙江省临海市白云小区 2-17 幢西单元 502
【发明（设计）人】 林侠
【摘要】一种高淀粉可降解塑料薄膜，目的在于提供一种厚度薄、降解快的薄膜，是将淀粉干燥脱水，加入增塑剂，与塑料颗粒用挤出机熔炼混合，粉碎后通过高压电场作用，再次用挤出机混合均匀，最后用吹膜机吹膜。利用高压电场的作用，将淀粉中的碳链打断，使支链转为直链，并降低分子量，再结合增塑剂的作用，增加淀粉的塑性，有利于吹膜加工。

【名称】 聚乙烯纳米抗菌及可控光、生物双降解塑料薄膜及其制备方法
【公开（公告）号】 CN1631958
【公开（公告）日】 2005.06.29
【申请（专利权）人】 沈阳化工学院
【地址】 （110142）辽宁省沈阳市沈阳经济技术开发区 11 号街
【发明（设计）人】 李三喜　刘旭燕　许巍巍　伞小广　张翀
【摘要】 本发明公开了一种聚乙烯纳米抗菌及可控光、生物双降解塑料薄膜及其制备方法。它包括的下述组分按质量份数构成，淀粉：光敏剂：抗菌剂：抗氧剂：增塑剂：钛酸酯偶联剂：聚乙烯：改性剂＝（10～100）：（0.1～30）：（0.5～30）：（0.3～35）：（0.1～10）：（0.5～25）：（130～260）：（1～53）。本发明取代了传统易耗塑料的新型环保产品，较好的抗菌和杀菌效果，在自然条件下，通过光和生物双降解的作用，能较快地被分解掉。本发明产品解决了不能降解的普通塑料薄膜污染环境的问题，有利于环境的保护。它克服了已有降解塑料薄膜制备时选用材料的缺陷，材料易得，简化了制备工艺。成本低。

【名称】 一种复合防水板材及其制备方法和用途
【公开（公告）号】 CN1640640
【公开（公告）日】 2005.07.20
【申请（专利权）人】 中国科学院过程工程研究所
【地址】 （100080）北京市海淀区中关村北二条 1 号
【发明（设计）人】 任天瑞　夏萱
【摘要】 本发明涉及一种复合防水板材，是由 20～70 质量份的植物纤维、10～60 质量份的粉煤灰和5～40 质量份的黏合剂通过共混模压聚合制成。其中的植物纤维包括农作物的秸秆等制成的纤维粉末；所述的粉煤灰包括了各行业的烧失量低于 10％的燃煤粉体；所述的黏合剂为由顺丁烯二酸酐、邻苯二甲酸酐、多元醇、苯乙烯或其同系物的混合物，还可包括三聚氰胺、丙烯酸、或松香和双环戊二烯。本发明提供的复合防水板材的组分还可包括 10～40 质量份的新、旧塑料。该复合防水板材高强度、防水性能好，并且采用的原材料大部分是工农业的废弃产品，降低了对环境造成的污染。该复合防水板材可以广泛地应用于板制造业、家具制造业、装修建筑材料行业以及制造汽车内饰材料。

【名称】 热塑性塑料基材的模塑涂布用涂料组合物及其用途
【公开（公告）号】 CN1637089
【公开（公告）日】 2005.07.13
【申请（专利权）人】 日本碧化学公司
【地址】 日本大阪
【发明（设计）人】 北村明弘
【摘要】 本发明提供热塑性塑料基材的模塑涂布用涂料组合物，其具有相对于非极性的热塑性塑料基材的优异的密着性和适度的流动性，即使在模具温度高的状态下开模涂膜也不会剥离，并且不使制备的涂膜产生浑浊。本发明所涉及的热塑性塑料基材的模塑涂布用涂料组合物，其以特定的配合比含有丙烯酸改性不饱和二羧酸（酐）接枝化聚烯烃（A）、选自反应性低聚物和反应性单体的至少一种（B）、自由基聚合引发剂（C），其特征在于：上述丙烯酸改性不饱和二羧酸（酐）接枝化聚烯烃（A）的熔点为 92～112℃，并且其结构中所含来自不饱和二羧酸（酐）的结构单元的比例为 5％～15％（质量百分数）。

【名称】 一种高固低黏的纳米复合聚酯树脂涂层材料及其制备方法
【公开（公告）号】 CN1637091
【公开（公告）日】 2005.07.13
【申请（专利权）人】 复旦大学
【地址】 （200433）上海市邯郸路 220 号
【发明（设计）人】 武利民　陈永春　游波　周树学　顾广新
【摘要】 本发明涉及一种高固低黏的纳米复合聚酯树脂涂层材料及其制备方法。本发明采用表面带羟基的粒径 10～150nm 的二氧化硅溶胶，与多元醇、二元羧酸共混后采用熔融原位聚合法合成分子量 1 000～5 000、羟值 80～200mgKOH/g、固含量大于 95％、黏度 800～2 000mPa·s 的高固低黏的纳米二氧化硅复合聚酯树脂，纳米二氧化硅含量是纳米二氧化硅复合聚酯树脂量的 1％～15％，再用聚酯树脂与多异氰酸酯或氨基树脂反应制备高性能纳米复合聚酯树脂涂层材料。采用本发明提供的制备方法可以得到高固低

黏纳米二氧化硅复合聚酯树脂涂料，涂层透明性好，拉伸强度、硬度、耐磨性、耐候性均有较大提高，可以应用于耐磨汽车涂层材料、卷材涂层材料、塑料涂层材料、金属涂层材料等。

【名称】 一种塑料复合管材及其装配工艺
【公开（公告）号】 CN1638946
【公开（公告）日】 2005.07.13
【申请（专利权）人】 索尔维公司
【地址】 比利时布鲁塞尔
【发明（设计）人】 P·马茨　F·伯勒肯斯　C·德昂诺
【摘要】 本发明涉及一种使用IR激光辐射熔焊方式装配多层塑料带材的方法，所述带材包括一定向辐射透明层以及一辐射吸收层。使用相同的工艺将前述带材焊接到塑料预成型支撑件上。本发明也涉及通过将所述带材焊接到一塑料芯上生产而成的复合管材。

【名称】 高抗冲建材制品专用聚氯乙烯树脂的生产方法
【公开（公告）号】 CN1640902
【公开（公告）日】 2005.07.20
【申请（专利权）人】 上海氯碱化工股份有限公司
【地址】（200241）上海市龙吴路4747号
【发明（设计）人】 缪晖　袁茂全　周大民　刘松涛　沈青
【摘要】 一种高抗冲建材制品专用聚氯乙烯树脂的生产方法，其特征在于，包括如下步骤：①以至少包括如下组分和质量份数的原料进行乳液聚合反应，获得一种核壳结构的复合胶乳，其中，核部分为聚丙烯酸酯，壳部分为聚烷基丙烯酸酯：组分质量份数去离子水100，丙烯酸酯30～45，烷基丙烯酸酯5.0～20，交联剂0.10～2.00乳化剂0.10～2.00，引发剂0.05～0.75；其中交联剂选用马来酸多烯酯，用量为0.5～2.0%（以丙烯酸酯核单体质量计）。②在上述复合胶乳中加入碱性溶液，调节pH值至6.0～9.0；③以至少包括如下组分和质量份数的原料接枝聚合：组分质量份数氯乙烯单体100，去离子水150～250，步骤②复合胶乳15～30，引发剂0.020～0.10，分散剂0.10～0.60，反应结束后，离心、干燥后即得到氯乙烯接枝共聚物。

【名称】 无污水排放耐磨酚醛树脂及其制备方法
【公开（公告）号】 CN1640904
【公开（公告）日】 2005.07.20
【申请（专利权）人】 西北工业大学
【地址】（710072）陕西省西安市友谊西路127号
【发明（设计）人】 黄英　齐暑华
【摘要】 本发明涉及耐磨酚醛树脂的制备方法，特别是一种无污水排放酚醛树脂的制备方法，特征在于：采用苯酚、固体多聚甲醛、聚酰胺、催化剂为原料，通过共缩聚反应来制备。该无污水排放耐磨酚醛树脂的特点：①不需抽真空，制备过程中无污水排放；②固体含量在75%～85%之间，在成型温度下固化快速；③采用高耐磨树脂聚酰胺，相容性增加，界面强度高，使其耐磨性好。采用无污水排放耐磨酚醛树脂制备的滑轮标准件，使军用飞机滑轮的耐磨性能达到了俄标准OCT 100628—73、OCT 100629—73的要求。此种无污水排放的酚醛树脂可用于制备模塑料、胶黏剂、泡沫塑料、涂料、复合材料构件、蜂窝塑料、绝缘材料、离子交换树脂等。

【名称】 无污水排放的耐磨酚醛模塑料及其制备方法
【公开（公告）号】 CN1640930
【公开（公告）日】 2005.07.20
【申请（专利权）人】 西北工业大学
【地址】（710072）陕西省西安市友谊西路127号
【发明（设计）人】 黄英　齐暑华
【摘要】 一种无污水排放耐磨酚醛模塑料，其特征在于：模塑料的组分为：无污水排放的耐磨酚醛树脂100份、增韧剂10～20份、防霉剂3～5份、偶联剂3～5份、棉布（棉纤维）60～65份、溶剂300份。

【名称】 一种塑木地板及其生产方法
【公开（公告）号】 CN1640940
【公开（公告）日】 2005.07.20
【申请（专利权）人】 蓝天旭
【地址】（200063）上海市中山北路2550号1523～1525室
【发明（设计）人】 蓝天旭
【摘要】 本发明公开了一种塑木地板，其特征在于，所述的塑木地板的组分如下：塑料粒20%～70%，木粉或木屑20%～70%，木质素3%～10%，石蜡1%～1.5%，聚乙烯蜡1%～1.5%，酸酐0.5%～1%，镁盐晶须2%～5%，硬脂酸0.5%～2%，以上所有百分比为质量百分比。使用本地板铺地，在走路时感觉好像装有龙骨一样有弹性；另外配方中使用的原料大都是工业废弃物，如废塑料、木粉等，可有效保护生态环境，又可再生利用，大大节约了现有资源，而且外形美观，价格低廉，安装方便，不必再安装龙骨，也提高了工作效率，室内室外都可以使用，社会效益与经济效益十分明显。

【名称】 含有氟塑料和黏合剂树脂的滑动材料
【公开（公告）号】 CN1641003
【公开（公告）日】 2005.07.20
【申请（专利权）人】 大丰工业株式会社
【地址】 日本爱知县

【发明（设计）人】 袴田光昭 壁谷泰典 金山弘

【摘要】 包含氟塑料和黏合剂树脂的滑动材料的滑动特性得到改善，使得它能承受高速度和高载荷并且能够将滑动条件从无润滑油状态改变到含有润滑油状态，反之亦然。一种新颖的滑动材料，包含在平均纵横比方面扁平物比值为1.5～10的氟塑料颗粒和黏合剂树脂。

【名称】 含有中空玻璃球的透明热塑性组合物

【公开（公告）号】 CN1639248

【公开（公告）日】 2005.07.13

【申请（专利权）人】 阿托菲纳公司

【地址】 法国普托

【发明（设计）人】 Y·埃德勒 J·M·布吕诺

【摘要】 用于散射光的成型制品的热塑性组合物，该组合物一方面基于由（甲基）丙烯酸类（共）聚合物形成的热塑性透明塑料，另一方面基于散射光的颗粒，所述组合物的特征在于，它含有中空玻璃球颗粒，或者中空玻璃球颗粒与无机和/或有机化合物颗粒的混合物作为散射光的颗粒，所述散射光的颗粒：具有0.5～200μm的平均尺寸；具有与热塑性透明塑料差至少±0.05%的折射率；相对于组合物整体的用量为（5～1 000）$\times 10^{-6}$。

【名称】 锥形四螺片往复式销钉螺杆挤出机

【公开（公告）号】 CN1644352

【公开（公告）日】 2005.07.27

【申请（专利权）人】 杭州中法化学有限公司 曹建新

【地址】 （310011）浙江省杭州市北大桥化工区

【发明（设计）人】 曹建新

【摘要】 本发明公开了一种锥形四螺片往复式销钉螺杆挤出机，包括挤压系统和传动系统，螺杆为前小后大的锥形螺杆，螺杆挤出段和混合段的螺棱沿圆周螺旋升角被周期性地分割成四个螺片并交错排列；每两个螺片中间的空隙作销钉通道；机筒为侧向剖分式；传动系统包括传动箱，传动箱包括输入轴、齿轮组、斜角轮、连杆和摆动轴，斜角轮与摆动轴倾斜成一定角度并带动连杆一起转动，由齿轮组带动摆动轴转动，同时带动斜角轮作圆周运动，斜角轮受到连杆自由度的限制使摆动轴做周期性的往复位移。本发明物料流态稳定、高效低耗；可以实现低压力、低剪切、低温升、高分散或高填充料的加工；特别适用热敏性塑料、涂料、食品、药片及特种含磁、含石墨、硅烷交联、高浓度色母等材料的挤出加工。

【名称】 纤维增强塑料制管状体的制造方法

【公开（公告）号】 CN1642718

【公开（公告）日】 2005.07.20

【申请（专利权）人】 三菱丽阳株式会社

【地址】 日本东京都

【发明（设计）人】 中川重忠 伊吹努

【摘要】 一种纤维增强塑料（FRP）制管状体的制造方法，其特征是，通过将贴合了2枚或其以上纤维增强塑料中间材料层的纤维增强塑料中间材料，放入袋状膜材中进行密封，对内部进行减压处理后，从袋状膜材中取出，卷绕在金属芯上，由此成型纤维增强塑料中间材料。以及一种具有复数层纤维增强塑料中间材料层的FRP制管状体，其长度为750～1 500mm，扭曲强度为1 800N·m度或其以上。

【名称】 塑料的循环利用系统、ABS树脂和再生ABS树脂的再处理方法

【公开（公告）号】 CN1646280

【公开（公告）日】 2005.07.27

【申请（专利权）人】 索尼株式会社

【地址】 日本东京都

【发明（设计）人】 长谷川大辅 稻垣靖史 渡辺春夫 泽口雅弘

【摘要】 一种用于循环利用塑料的系统，该系统能够提供具有循环利用产品所要求的稳定质量的循环利用塑料。一种用于将使用过的塑料材料当作树脂材料进行循环利用的系统，该系统具有（a）按照循环利用的目的将使用过的塑料材料进行分类的手段；（b）将分类的使用过的塑料材料进行碾碎和熔化的手段；（c）用于恢复物理属性的再生效手段；（d）为质量保证而测量再生效的再生塑料的物理属性和显示测定物理属性的手段。

【名称】 热塑性树脂组合物及工程塑料组合物

【公开（公告）号】 CN1646588

【公开（公告）日】 2005.07.27

【申请（专利权）人】 三菱丽阳株式会社

【地址】 日本东京都

【发明（设计）人】 锅岛泰彦 小白井厚典

【摘要】 本发明提供的热塑性树脂组合物的特征是，在聚碳酸酯树脂中、在非相溶性聚合物的存在下，在聚碳酸酯树脂中构成具有相溶性或者亲和性的聚合物的单体接枝聚合而得到的、溶解于氯仿的可溶成分的重均分子量是10 000～100 000。在同时使用该热塑性树脂组合物和工程塑料的情况下，不损害工程塑料的特性，能够改善流动性。本发明的工程塑料组合物，良好地适用于各种OA设备、信息·通信设备、家庭电气化设备的外壳或各种部件，汽车部件等领域。

【名称】 可卷绕形成螺旋管的合成带及其方法

【公开（公告）号】 CN1646298

【公开（公告）日】 2005.07.27
【申请（专利权）人】 里洛克澳大利亚有限公司
【地址】 澳大利亚南澳大利亚
【发明（设计）人】 伊恩·罗格·巴特曼　古拉齐·乌伊萨尔
【摘要】 公开了一种可卷绕成螺旋管的复合带。所述复合带包括：具有底部和至少一个从所述底部向上直立的纵向延伸的肋部的伸长的塑料带；以及纵向延伸的伸长强化带，其侧向被所述肋部支撑，所述强化带具有至少三比一的高度对厚度比，并且其位置基本上与所述底部垂直。当卷成一螺旋管时，所述强化带增强所述管承受的径向断裂载荷。圆筋将强化带密封起来与外界环境隔绝。期望的所述复合带进一步包括：纵向延伸且与所述底部连接的平面薄层，所述薄层比所述塑料带具有更高的杨氏模量和屈服强度。所述薄层极大改善了由所述带卷绕成的管的压力等级。

【名称】 一种木塑复合材料及其制备方法
【公开（公告）号】 CN1648158
【公开（公告）日】 2005.08.03
【申请（专利权）人】 华南理工大学
【地址】 （510640）广东省广州市天河区五山路381号
【发明（设计）人】 何慧　贾德民
【摘要】 一种木塑复合材料的制备方法，其特征是，包括如下步骤和工艺条件：第一步将质量配比为30～70份热塑性塑料、30～70份植物纤维、5～10份聚烯烃与多单体固相接枝共聚物在高速混合机中预混合，温度30～60℃，时间20～30min；第二步将预混料加入到双螺杆挤出机中进行挤出，挤出机主螺杆转速80～150r/min，螺杆温度160～200℃；第三步挤出产物经口模定型并经水冷却、切粒，即得所述一种木塑复合材料。

【名称】 高韧性聚对苯二甲酸丁二酯共混材料及其制备方法
【公开（公告）号】 CN1648164
【公开（公告）日】 2005.08.03
【申请（专利权）人】 中国科学院长春应用化学研究所
【地址】 （130022）吉林省长春市人民大街5625号
【发明（设计）人】 张会轩　孙树林　徐新宇
【摘要】 本发明涉及一种高韧性聚对苯二甲酸丁二酯共混材料及其制备方法。该共混材料包括：聚对苯二甲酸丁二酯70～90质量份，抗冲击改性剂10～30质量份。本发明采用环氧官能化核壳结构抗冲击改性剂，其核为丁二烯聚合物，占改性剂总质量的60%，壳层塑料为苯乙烯，丙烯腈，甲基丙烯酸环氧丙酯共聚物，占改性剂质量的40%。采用乳液接枝聚合法制备的环氧官能化核壳结构抗冲击改性剂可以成功实现对聚对苯二甲酸丁二酯的增韧。当冲击改性剂的质量份数占共混材料的30%时，聚对苯二甲酸丁二酯共混物的冲击强度可达到860J/m，比纯聚对苯二甲酸丁二酯提高20倍左右，具有极佳的增韧效果。

【名称】 释放负离子的抗菌纳米负载材料及其制备方法和用途
【公开（公告）号】 CN1664020
【公开（公告）日】 2005.09.07
【申请（专利权）人】 中国科学院理化技术研究所
【地址】 （100101）北京市朝阳区大屯路甲3号
【发明（设计）人】 唐芳琼　孟宪伟　王鹏　张琳
【摘要】 本发明属于无机纳米改性功能材料及其应用领域，特别是涉及释放负离子的含硝酸银、二氧化钛、电气石复合抗菌材料及其制备方法和用途。以纳米或亚微米电气石颗粒作为内核，在电气石颗粒表面吸附硝酸银，与二氧化钛颗粒进行掺杂，然后包覆有二氧化硅或氧化铝层，得到具有多孔性质的释放负离子的抗菌纳米负载材料。得到的释放负离子的抗菌纳米负载材料的尺寸在52～4 050nm之间。该复合体具有释放负离子、抗菌等作用，所述的材料可掺杂在纺织品、涂料、陶瓷、塑料、橡胶、纸或化纤材料中作为抗菌保健材料使用。

【名称】 高分子聚合物合金及其制备方法
【公开（公告）号】 CN1664013
【公开（公告）日】 2005.09.07
【申请（专利权）人】 何光临
【地址】 （300381）天津市南开区水上公园东路宁乐西里4-3-401
【发明（设计）人】 何光临
【摘要】 本发明公开了一种高分子聚合物合金，按质量份数包括下述组分组成：热塑性高分子聚合物A 1～30，热塑性高分子聚合物B 0.3～10。高分子聚合物A和B为塑料或橡胶。本发明还公开了一种不含相容剂并合骤变制备高分子聚合物合金的方法，包括下述步骤：聚合物A和聚合物B分别溶解成真溶液；将上述两种真溶液在并合釜中并合成为真溶液；将上述真溶液预热后进行第一次平衡蒸馏脱出部分溶剂，再预热后进行第二次平衡蒸馏脱出部分溶剂，之后通过微闪蒸挤出机挤出后得到高分子聚合物合金。由于不使用相容剂，制造成本大大降低。特别为制造要求不含相容剂的材料提供了新的途径。合金的纯度高，颗粒分布均匀，合金的质量好。设备通用性强。

【名称】 一种混杂塑料垃圾再生处理工艺
【公开（公告）号】 CN1648206

【公开（公告）日】 2005.08.03
【申请（专利权）人】 杜克诚
【地址】 （261400）山东省莱州市沙河镇东杜村
【发明（设计）人】 杜克诚
【摘要】 本发明涉及一种废旧能源再生处理工艺，属于废旧能源再生处理工艺技术领域。包括工序：①粉碎、挤出、解聚、冷凝、缓冲；还可以分别包括工序：②在缓冲塔底部的液态重油、石蜡可以另行加工处理，也可打入裂解釜进行催化裂解、冷凝、缓冲；③裂解后常温下不能被液化的5个碳原子以下的碳氢化合物经入洗气罐洗气、干燥滤毒罐滤毒，然后进行裂解气的吸气压缩、储存；④吸气压缩、储存得到的可燃碳氢化合物可作为解聚工序中加热器加热源。本发明能解聚不同解聚温度塑料，实现零压力解聚、零压力自动排渣，消除漏气或满渣现象，工艺操作简化，维修方便，釜底直接受热区无烧蚀，可以做到釜内结焦及时清理干净，保证连续生产和正常解聚。

【名称】 合成树脂复合材料井盖
【公开（公告）号】 CN1648355
【公开（公告）日】 2005.08.03
【申请（专利权）人】 崔珪东
【地址】 韩国忠北忠洲市
【发明（设计）人】 崔珪东
【摘要】 本发明公开了一种合成树脂复合材料井盖，该井盖包括由钢制外围及内部钢制网状结构构成的井盖框架，在所述框架中填充有合成树脂；其中还可设置贯通所述主体框架内部的通孔使合成树脂与主体之间的结合更为牢固；所述的网状结构可制成适合批量生产的蜂窝状，在合成树脂中可追加夜光塑料以便于夜间识别。本发明所述的井盖能够在保证强度的情况下，使井盖自身重量变轻，以便于安装和维护，并有效地避免在施工时发生安全事故。

【名称】 一种具有充气结构的铝塑复合型材及其生产方法
【公开（公告）号】 CN1648397
【公开（公告）日】 2005.08.03
【申请（专利权）人】 陆中选
【地址】 （530031）广西壮族自治区南宁市江南路17号国际经贸大厦28层A、B座
【发明（设计）人】 陆中选
【摘要】 本发明涉及一种新式充气结构的铝塑复合型材，其结构特点是该充气铝塑复合型材在门窗铝合金型材一侧设至少一凹槽沿断面形状长度分布，在塑料型材一侧设与门窗铝合金型材上的凹槽数量和形状相对应的凸头沿断面形状长度分布，并设计若干个可充气的封闭空腔，然后通过连接后压制得到的型材，以门窗铝合金型材作为建筑门窗外侧承载构件，以内充气体塑料型材作为建筑门窗内侧隔热保温装饰面料，塑料型材封闭空腔内外壁可以喷涂涂料或者喷涂反射层，使铝合金、塑料、气体三者合成一种受力合理、强度高、质感好，避免老化、变形的新式复合型材，是一种建筑门窗技术性能可靠，隔音、隔热节能环保型复合型材。

【名称】 可结晶树脂的制造方法及由此制造的制品
【公开（公告）号】 CN1665669
【公开（公告）日】 2005.09.07
【申请（专利权）人】 BP北美公司
【地址】 美国伊利诺伊州
【发明（设计）人】 伊萨姆·戴拉尼 斯特凡诺斯·L·萨克拉里兹
【摘要】 热诱导结晶度为约4%～40%的无取向可结晶热塑塑料的制造方法，所述方法包括在最低为（$T_g * 45$℃）的温度下对包括所述热塑塑料的预型件拉伸取向，从而提供总结晶度为约20%～60%的取向结晶化热塑塑料制品，其中T_g为所述热塑塑料的无定形玻璃化转变温度。

【名称】 多层塑料管
【公开（公告）号】 CN1648507
【公开（公告）日】 2005.08.03
【申请（专利权）人】 TI汽车传动股份有限公司
【地址】 德国富尔达布吕克
【发明（设计）人】 F·法赫伦赫尔兹 W·齐默
【摘要】 一种多层塑料管，特别地多层汽车管线，其含有从外部到内部提供的如下层：聚酰胺和/或含有聚酰胺的共混物组成的基材层，由选自“乙烯-乙烯醇共聚物（EVOH）、聚偏二氟乙烯（PVDF）、乙烯-四氟乙烯共聚物（ETFE）”的阻隔层塑料或由金属箔组成的第一阻隔层，至少一个分隔层，由选自“乙烯-乙烯醇共聚物（EVOH）、聚偏二氟乙烯（PVDF）、乙烯-四氟乙烯共聚物（ETFE）”的阻隔层塑料或由金属箔组成的第二阻隔层。

【名称】 钢塑复合管
【公开（公告）号】 CN1648508
【公开（公告）日】 2005.08.03
【申请（专利权）人】 甘国工
【地址】 （610100）四川省成都市龙泉驿区经济技术开发区星光中路东泰（成都）工业有限公司
【发明（设计）人】 甘国工
【摘要】 本发明提供了一种钢塑复合管，包括聚合物塑料外层和内层管壁，在外层和内层管壁之间包覆有带孔网结构的筒形金属骨架增强体，在复合管外表面复合有具有防静电性能或防静电和阻燃性能兼备的热

塑性塑料层。复合管具有防静电性能或防静电和阻燃性能兼备，适合于矿井等需具有防静电性能或防静电和阻燃性能兼备的场合，复合管口径为30～1 000mm，压力等级为0.6～3MPa，输送介质温度最高可达110℃，应用范围广。

【名称】 煤矿用聚乙烯抽放瓦斯管的材料

【公开（公告）号】 CN1667035

【公开（公告）日】 2005.09.14

【申请（专利权）人】 煤炭科学研究总院重庆分院

【地址】 （400037）重庆市沙坪坝区上桥

【发明（设计）人】 刘罡　黄声树　李天明　唐良忠

【摘要】 本发明公开了一种煤矿用聚乙烯抽放瓦斯管的材料，其特征在于聚乙烯抽放瓦斯管的化学成分为：（以下为质量份）聚乙烯45～60份；乙烯-醋酸乙烯酯5～12份；三元乙丙胶5～15份；接枝聚乙烯1～6份；溴系阻燃剂15～25份；炭黑8.5～17份；碳酸钙4～10份；抗氧剂0.1～0.5份和0.3～0.6份；偶联剂0.5～1份。本发明耐冲击、耐腐蚀、阻燃和抗静电特性好，用本材料制作的塑料管道其机械性能和阻燃抗静电性能好，并且质量轻、成本低、使用寿命长。

【名称】 塑料容器

【公开（公告）号】 CN1649772

【公开（公告）日】 2005.08.03

【申请（专利权）人】 毛瑟工厂责任有限及两合公司

【地址】 德国布吕尔

【发明（设计）人】 D·普日图拉　E·范登伯格尔德　A·Y·M·迪尔文

【摘要】 本发明涉及用于贮存和运输特别是有爆炸危险的装料的、至少具有两层塑料的多层容器，其中内层不导电，而外层导电。为防止塑料容器或/和内装料有爆炸危险的静电充电，在内装料和竖立塑料容器的底板之间形成持久的电连接，这种电连接保证将塑料容器体或内装料的静电充电可靠地排放到底板中。

【名称】 透明复合材料组合物

【公开（公告）号】 CN1649966

【公开（公告）日】 2005.08.03

【申请（专利权）人】 住友电木株式会社

【地址】 日本东京都

【发明（设计）人】 柴原澄夫　冈涉　下边安雄　仓本洋光　中尾俊夫

【摘要】 本发明的目的在于得到一种使用一般的玻璃填料，在很宽的波长范围内具有高的透过率，能够适用于透明板、光学透镜、液晶显示元件用塑料基板、滤色器用基板、有机EL显示元件用塑料基板、太阳能电池基板、触摸板、光学元件、光波导路、LED封装材料等上，可代替玻璃的光学材料。利用由透明树脂和玻璃填料组成，透明树脂的阿贝数为45或者45以上的透明复合材料组合物，可以得到上述光学材料。

【名称】 具有视觉效果的模塑塑料制品

【公开（公告）号】 CN1668685

【公开（公告）日】 2005.09.14

【申请（专利权）人】 通用电气公司

【地址】 美国纽约州

【发明（设计）人】 P·肖特兰德

【摘要】 本发明提供了塑料制品，即聚碳酸酯制品，由于在用于制造所述制品的聚碳酸酯中引入了光致发光材料，在由所述制品的表面中切除部分和/或突起部分限定的位置上，其提供了彩色发光形式的有吸引力的美学外观。所述切除部分和/或突起部分限定了图形图像，例如一个或多个字母（即字首或名称）、抽象设计、绘画或商标或标志。进入所述塑性体的环境光导致从所述光致发光材料发光，由于塑性体内的内反射，该发光被导向塑性体表面中切除部分的边缘。

【名称】 一种加工包覆式塑料门窗型材的装置

【公开（公告）号】 CN1669772

【公开（公告）日】 2005.09.21

【申请（专利权）人】 保定宝硕新型建筑材料有限公司

【地址】 （071051）河北省保定市朝阳北大街169号

【发明（设计）人】 王志斌　苑克立

【摘要】 一种加工包覆式塑料门窗型材的装置，构成中包括芯材挤出机、芯材模头和面材共挤机，其特征在于：所述芯材挤出机和芯材模头之间设有连接套，所述连接套上设有芯材主流道和面材共挤机连接口，芯材主流道左端与芯材挤出机机筒连接；右端与芯材模头连接，环绕芯材主流道设有与其相通的共挤流道，共挤流道由导流道与连接口连通。

【名称】 制造增强复合塑料管材的方法及装置

【公开（公告）号】 CN1651219

【公开（公告）日】 2005.08.10

【申请（专利权）人】 甘国工

【地址】 （610100）四川省成都市龙泉驿区经济技术开发区星光中路东泰（成都）工业有限公司

【发明（设计）人】 甘国工

【摘要】 制造增强复合塑料管材的方法，包括挤出聚合物或硅烷交联聚乙烯芯管或挤出聚合物或硅烷交联聚乙烯芯管同时在芯管表面共挤出一层黏结剂层或黏结剂与聚合物的共混物层，在冷却定型的芯管表面左右交叉螺旋缠绕或编织钢丝或螺旋缠绕钢带，挤出复合聚合物外层管，并经冷却定径、牵引切割制造出螺旋缠绕或编织钢丝增强复合塑料管材，其特征在于在冷却定型的芯管表面和/或在芯管表面左右交叉螺旋缠绕或编织钢丝或螺旋缠绕钢带之后在其表面覆盖用黏结剂或黏结剂与聚合物的共混物组成的能将聚合物外层与芯管和钢丝紧密复合黏结的黏结塑料薄膜层。

【名称】 一种热塑性塑料的焊接方法
【公开（公告）号】 CN1651224
【公开（公告）日】 2005.08.10
【申请（专利权）人】 上海汽车工业（集团）总公司汽车工程研究院
【地址】 （200437）上海市逸仙路50号
【发明（设计）人】 王东川　柯枫　刘启志　王旭平　罗思东
【摘要】 一种热塑性塑料的焊接方法，将已预埋焊料的热塑性塑料制品置于两电极板之中，在所述两电极板上通入高频交流电，产生稳定的电场，焊料中的热塑性塑料基体与欲焊接塑料内表面熔融后，对欲焊接的热塑性塑料制品施加压力使焊料埋入其中，断开高频交流电，完成焊接。由于采用热塑性塑料作为焊料的基体材料，而且磁性物质和填料的加入也不影响塑料的回收，因此，整个焊接制品包括焊料都是可以回收的。本发明采用电场加热，焊接质量稳定，耗能少。本发明的焊接方法，应用广泛，不受与欲焊接材料的大小、形状限制，可以用于汽车保险杠、仪表板等部件的焊接，尤其适合于大面积、多部件、整体一次性焊接。

【名称】 可生物降解餐饮具及其制备方法
【公开（公告）号】 CN1651494
【公开（公告）日】 2005.08.10
【申请（专利权）人】 陈明忠
【地址】 （350001）福建省福州市817北路133号
【发明（设计）人】 陈明忠
【摘要】 本发明涉及一种可生物降解餐饮具及其制备方法，它解决了现有的塑料快餐饮具降解难的问题。本发明的制作配方为淀粉基可生物降解母料100份，聚烯烃树脂0～100份，塑料填充母料0～100份，色母料0～12份，润滑分散剂0～3份，助降解剂0～2份，吸湿剂0～10份。制备方法：①物料倒入该设备后经加温一次挤出膜片并在其尚为熔融状态时就引入吸塑模具马上进行吸塑并冷却成型；②物料先通过片材挤出机经加温挤出、压光、冷却定型、收卷成片材，再用此片材送入吸（冲）塑机中，再经加温成熔融状、然后送进吸（冲）塑模具区进行吸（冲）塑。本发明能被微生物吞食，降解速度快的生物降解餐饮具。

【名称】 快速原型注模制造方法
【公开（公告）号】 CN1652915
【公开（公告）日】 2005.08.10
【申请（专利权）人】 斯特拉塔西斯公司
【地址】 美国明尼苏达州
【发明（设计）人】 史蒂文·斯科特·克伦普　威廉·R·J. 普列德曼　杰弗里·J·汉森
【摘要】 一种用于制造原型塑料注模部件的方法，包括如下步骤：提供一个非传热的塑料模具，所述塑料模具限定一个模具腔体；以小于35MPa的压力向模具腔体内注入塑料材料的液化带，直到所述材料填满模具腔体；固化模具腔体内的塑料材料以形成原型部件。

【名称】 用于注塑单元的配量装置
【公开（公告）号】 CN1652918
【公开（公告）日】 2005.08.10
【申请（专利权）人】 卡劳斯-马菲塑料工业股份公司
【地址】 德国慕尼黑
【发明（设计）人】 马丁·艾希尔塞德
【摘要】 本发明涉及一种用于精确地分配待注射塑料的量之比例的配量装置，以便利用注塑单元制造塑料制品。该配量装置包括一个前室和一个配量室，它们通过一个连接通道彼此连接。在前室和配量室之间设置一个可移动的置换元件。前室和配量室在配量阶段中通过连接通道彼此连通。配量室充满塑料材料，此时置换元件朝向一个止挡运动而一个注射通道被封闭。在一个注射阶段中，连接通道是封闭的而注射通道是敞开的，并且塑料材料通过一个热通道被注射到前室中。置换元件朝向止挡运动，然后一个精确限定的塑料材料量就被注射，这个量由配量室的容积V确定。

【名称】 增强型塑料手提袋及其制作方法
【公开（公告）号】 CN1672612
【公开（公告）日】 2005.09.28
【申请（专利权）人】 浙江诚信包装材料有限公司
【地址】 （314423）浙江省海宁市农业对外综合开发区启潮路12号
【发明（设计）人】 宗宇后　王猛
【摘要】 本发明公开了一种增强型塑料手提袋及其制作方法。它具有手提袋，在手提袋上端设有手提边，在手提边内设有增强衬垫，在设有增强衬垫的手提边上设有手提孔。制作方法：它包括对一面热封，一面印刷的塑料薄膜的印刷面进行电晕处理，在印刷机上印刷，收卷，经中折机对折，使热封面在内侧，印刷面在外侧，裁切底边，制成了手提袋的预制件，然后利用机械手或者自动喂料装置在手提袋预制件的手提边的两层薄膜中间加入增强衬垫，三边热封，对手提边进行冲孔，形成手提孔。本发明的手提边有相当大的强度，手提袋仅在手提边进行衬垫，这样既可以提高手提部位的强度，缓解手指拎取重物的疼痛感，又不会大幅度地增加衬垫材料的使用，节省了改进成本。

【名称】 一种焊封塑料容器的方法

【公开（公告）号】 CN1672905

【公开（公告）日】 2005.09.28

【申请（专利权）人】 柯曾平

【地址】（110101）北京市朝阳区小营路育慧西里22楼1908

【发明（设计）人】 柯曾平

【摘要】 一种焊封塑料容器的方法，技术方案包括，采用其横截面的内形与需焊封的塑料容器的开口部位外形相吻合的工装、加热板为主要焊封设备，将需焊封的塑料容器盖上塑料密封盖后再用工装将盖上塑料密封盖的塑料容器的开口的外周箍住，然后盖上加热板，再加热加热板，加热的同时，将塑料容器盖有塑料密封盖的开口端与加热板压紧，待塑料密封盖的被加热面与塑料容器开口处的塑料熔化并混合后，保持塑料容器盖有塑料密封盖的开口端与加热板压紧并迅速冷却加热板，待熔化的塑料冷却后移开加热板或打开工装，将密封好的塑料容器从工装中取出，焊封完成。

【名称】 导电性复合塑料片

【公开（公告）号】 CN1672907

【公开（公告）日】 2005.09.28

【申请（专利权）人】 大赛璐高分子株式会社

【地址】 日本东京都

【发明（设计）人】 胁田直树

【摘要】 一种导电性复合塑料片，其是包括：含热塑性树脂的片基材和在该片基材表面形成的导电性树脂层的复合塑料片，其中该片基材含有苯乙烯系树脂，该导电性树脂层是由导电性树脂组合物构成的层，所述导电性树脂组合物含：苯乙烯系树脂、炭黑和由乙烯和可与乙烯共聚的其他单体所得的一种共聚物，或者含有二种或二种以上的共聚物的混合物，所述共聚物中可与乙烯共聚的其他单体的含有率按质量平均计为6%～14%，该片基材与导电性树脂层的厚度比为4/1～20/1的范围，导电性复合塑料片的总厚度为0.1～1.0mm的范围。

【名称】 一种超高分子量聚乙烯的成型加工方法

【公开（公告）号】 CN1654192

【公开（公告）日】 2005.08.17

【申请（专利权）人】 杜建国

【地址】（412000）湖南省株洲市天元区珠江南路珠江花园65号

【发明（设计）人】 杜建国

【摘要】 本发明涉及一种聚乙烯的成型加工方法，尤其涉及一种超高分子量聚乙烯的成型加工方法。本发明的目的是提供一种新的超高分子量聚乙烯成型加工方法，该方法不仅能加工不含任何助剂的纯高分子量聚乙烯制品，而且不受分子量大小的影响，从而克服了现有诸多方法的不足。本发明的特征在于以下步骤：①把超高分子量聚乙烯原料装进包套内，然后把包套放进热等静压机中，在温度180～280℃、压力为1～50MPa的条件下进行烧结；②烧结完成后，待工件在热等静压机中冷却至60℃开始降压至常压，然后取出工件，剥离包套即得超高分子量聚乙烯制品。本发明的方法主要用于塑料行业加工超高分子量聚乙烯或管、棒、板等型材及机械零件。

【名称】 PET-PVC复合钢化玻璃板

【公开（公告）号】 CN1654201

【公开（公告）日】 2005.08.17

【申请（专利权）人】 王欣南

【地址】（215005）江苏省苏州市干将东路636号丽景苑A-604室新燕企业集团有限公司

【发明（设计）人】 王欣南

【摘要】 一种PET-PVC复合钢化玻璃板，其特征在于：所述玻璃板的表面复合有PET塑料膜，PET塑料膜的表面复合有PVC塑料膜。

【名称】 回收吹塑PET为基材的超韧工程塑料

【公开（公告）号】 CN1654521

【公开（公告）日】 2005.08.17

【申请（专利权）人】 华东理工大学

【地址】（200237）上海市徐汇区梅陇路130号

【发明（设计）人】 郭卫红　吴驰飞　高原冀　李滨耀　殷国蓉　汤先文　张喜亮　李慧

【摘要】 一种工程塑料，包括，回收吹塑聚对苯二甲酸乙二醇酯、聚碳酸酯和苯乙烯/乙烯/丁二烯/苯乙烯共聚物为原料，在机械剪切力场作用下，于60～240℃固相反应挤出制得；其中：以100质量份数的回收吹塑聚对苯二甲酸乙二醇酯为基准，聚碳酸酯的用量为5～15质量份数，苯乙烯/乙烯/丁二烯/苯乙烯共聚物的用量为10～20质量份数；所说的机械剪切力场的剪切强度为1～30MPa。

【名称】 玻璃纤维增强塑料

【公开（公告）号】 CN1675291

【公开（公告）日】 2005.09.28

【申请（专利权）人】 拜尔材料科学股份公司

【地址】 德国莱沃库森

【发明（设计）人】 T·里舍 J·魏卡德 T·费勒 E·吕曼 K·瑙约克斯

【摘要】 本发明生产玻璃纤维增强塑料的方法。所说的方法特征在于上浆型组合物被涂覆到玻璃纤维上，除去水，通过高能辐射进行辐射，并且，在第二步中，涂覆的玻璃纤维被加入到塑料中并在150～300℃下进行热固化，伴随着通过解封端的多异氰酸酯的释放。

【名称】 农用薄膜

【公开（公告）号】 CN1675985

【公开（公告）日】 2005.10.05

【申请（专利权）人】 恩膜可伟公司

【地址】 日本东京

【发明（设计）人】 德永一丸 高泽孝 大林厚

【摘要】 本发明提供用于塑料棚中栽培、塑料隧道栽培等的内铺或外铺用的、防雾性和透湿性优异的农用薄膜。本发明涉及农用薄膜。其特征在于；具有在热塑性树脂薄膜上利用具有刺状突起的针进行穿孔加工而得到的多个微细孔；或者其是具有多个微细孔的热塑性树脂，所述微细孔的形状是具有刺部的有刺形状，并且优选具有多个该微细孔的薄膜在555nm处的总透光率大于等于70%。

【名称】 一种一次成型的中空塑料产品的分级吹制方法及吹制模具

【公开（公告）号】 CN1676308

【公开（公告）日】 2005.10.05

【申请（专利权）人】 江阴市农业药械厂

【地址】 江苏省顾山镇

【发明（设计）人】 吴晓龙

【摘要】 一种一次成型的中空塑料产品的分级吹制方法，包括以下步骤：①将待加工筒状胚料放入模具腔内；②在一定温度下，合模，并往待加工胚料内注入高压气体，吹胀；③胚料被吹胀至相应于产品的局部加厚的复杂部位的位置时进行预定形，其中预定形胚料与未定形胚料为一整体；④继续往所述整体胚料内注入高压气体吹胀，直至胚料与模具内型面完全贴合；⑤降温，冷却凝固后成型；⑥脱模。

【名称】 具有连续电通路的碳纤维增强塑料双极板

【公开（公告）号】 CN1656635

【公开（公告）日】 2005.08.17

【申请（专利权）人】 阿尔巴尼国际纺织技术有限公司

【地址】 美国新罕布什尔州

【发明（设计）人】 让·弗朗索瓦·莱考斯托维克

【摘要】 一种用于燃料电池单元或电池的双极板，其呈现复合结构的形式，具有含碳纤维的塑料基体而碳纤维是导电的并以一定方式取向以优化导电性。

【名称】 分体结构塑料门窗型材

【公开（公告）号】 CN1676851

【公开（公告）日】 2005.10.05

【申请（专利权）人】 保定宝硕新型建筑材料有限公司

【地址】 (071051) 河北省保定市朝阳北大街169号

【发明（设计）人】 王志斌 苑克立

【摘要】 一种分体结构塑料门窗型材，属建筑材料技术领域，用于解决塑料门窗型材保温、抗老化的问题。其特别之处是：它由型材基体和塑料扣板组成，塑料扣板附着在型材基体室外部分的表面上，两者为可拆卸连接，塑料扣板与型材基体之间设有空腔。本发明在不改变或很少改变现有型材结构的基础上加装塑料扣板保护层，可提高门窗的保温抗噪声能力，并根据建筑色彩的需要选择扣板颜色，表层和芯材可采用不同配方的原料，有利于提高生产效率和降低成本，特别是无筋扣板更容易得到漂亮的外观；当表层塑料扣板老化变色或需要更换表面花色时不必拆掉原来的门窗，只需更换扣板即可。基于上述特点，本发明有望成为现有塑料门窗型材的换代产品。

【名称】 香型塑料地砖及其制作方法

【公开（公告）号】 CN1680478

【公开（公告）日】 2005.10.12

【申请（专利权）人】 王敏

【地址】 (200335) 上海市长宁区剑河路602弄1号501室

【发明（设计）人】 王敏

【摘要】 一种香型塑料地砖，由底层塑料基片、中层印花膜和表面透明耐磨层组成，其特征在于：所述的表面透明耐磨层为香型表面透明耐磨层，它由以下物质按所附质量份配方制备而成：聚氯乙烯树脂100份；邻苯二甲酸二辛酯20～200份；稳定剂2～10份；香型物质0.5～10份。

【名称】 荧光塑料地砖及其制作方法

【公开（公告）号】 CN1680477

【公开（公告）日】 2005.10.12

【申请（专利权）人】 王敏

【地址】 (200335) 上海市长宁区剑河路602弄1号501室

【发明（设计）人】 王敏

【摘要】 一种荧光塑料地砖，包括塑料基片底层、中白片中层和表面透明耐磨层，还包括贴合在中白片和表面透明耐磨层之间的荧光层，该荧光层由聚氯乙烯树脂100质量份、邻苯二甲酸二辛酯20～200质量份、稳定剂 2～10 质量份和荧光粉 5～150 质量份混合制备而成。一种荧光塑料地砖的制作方法，包括采用前述配方制作荧光片材和采用常规塑料地砖的生产方法制作荧光塑料地砖两个步骤。本发明荧光塑料地砖由于在中白片和表面透明耐磨层之间设置了荧光层，因而在接受光照一定时间后，能在黑暗环境中持续发光。

【名称】 可定型塑料条及其生产方法
【公开（公告）号】 CN1680473
【公开（公告）日】 2005.10.12
【申请（专利权）人】 程前珍
【地址】 （201203）上海市浦东孙桥乡沔北村颜家队颜家宅 20 号
【发明（设计）人】 程前珍
【摘要】 本发明公开了可定型塑料条，其特征为：可定型塑料条，其特征在于：所述塑料条的组分质量百分比为，聚乙烯 74%～93%，碳酸钙 5%～15%，聚乙烯色母 1%～8%。本发明的塑料条由于可定型，可替代内部采用金属丝外包塑料的现有塑料条，破除了现有塑料条中一定需采用金属丝进行固定定型的习惯，且可避免金属丝生锈，表面塑料变色，甚至金属丝刺伤人体的情况，而且减少了生产工序，使整个生产工艺较为简单，减轻了产品的重量，降低了生产成本，亦使与其相关的产品的外表更为美观，同时给在处理或回收口罩、食品袋时带来了方便，是一种较为理想的符合环保的塑料条替代产品。

【名称】 抗菌塑料地砖及其制作方法
【公开（公告）号】 CN1680479
【公开（公告）日】 2005.10.12
【申请（专利权）人】 王敏
【地址】 （200335）上海市长宁区剑河路 602 弄 1 号 501 室
【发明（设计）人】 王敏
【摘要】 一种抗菌塑料地砖，由底层塑料基片、中层印花膜和表面透明耐磨层组成，其表面透明耐磨层为抗菌表面透明耐磨层，它由聚氯乙烯树脂 100 质量份、邻苯二甲酸二辛酯 20～200 质量份、稳定剂 2～10 质量份和纳米抗菌材料 0.1～10 份质量份混合制备而成。一种抗菌塑料地砖的制作方法，包括采用前述配方制作抗菌透明耐磨片材和采用常规塑料地砖的生产方法制作抗菌塑料地砖两个步骤。本发明抗菌塑料地砖由于在其表面层的材料中加入了纳米抗菌材料，因而表面具有持久抗菌功能。其对大肠杆菌、金黄色葡萄球菌、革兰氏菌等病菌的抗菌率达到 99.9%以上。

【名称】 结构型阻燃塑料的制备方法
【公开（公告）号】 CN1680488
【公开（公告）日】 2005.10.12
【申请（专利权）人】 西北工业大学
【地址】 （710072）陕西省西安市友谊西路 127 号
【发明（设计）人】 黄英　郑亚萍　谭卫红　高月静　李郁忠
【摘要】 本发明涉及一种结构型阻燃塑料的制备方法，特征在于：采用胺化聚羟甲基芳烷基酚树脂为该结构型阻燃塑料的基体树脂。其制备方法为首先采用聚芳烷基酚与甲醛进行反应制得聚羟甲基芳烷基酚树脂，然后再与双氰胺进行反应制得结构型阻燃树脂胺化聚羟甲基芳烷基酚树脂。用该树脂与添加剂六次甲基四胺、硬脂酸锌、沉淀法白炭黑及无碱玻璃纤维等充分浸渍和干燥后即制得结构型阻燃塑料胺化聚羟甲基芳烷基酚塑料。其氧指数可达 53，垂直燃烧级别为 FV-0 级。

【名称】 经激光构图的塑料表面处理方法
【公开（公告）号】 CN1680621
【公开（公告）日】 2005.10.12
【申请（专利权）人】 恩通公司
【地址】 美国康涅狄格州
【发明（设计）人】 马克·彼得·席尔德曼
【摘要】 本发明涉及一种处理经构图的塑料基板表面的方法，该表面借助激光制成了合适的晶粒构图用于随后进行的金属化，本发明提出一种方法，其特征是，为了清除在经激光构图时生成不希望存在的沉积物，将基板在激光构图后与合适的操作溶液相接触，令人惊喜地表明，经激光构图的基板在进行金属化前，用一种由湿润剂和有助于清洗的物质组成的混合物处理，能充分清除不希望存在的沉积的金属晶粒，而对计划构图的印制导线却保持无损害。

【名称】 大口径塑料排污管道专用料
【公开（公告）号】 CN1657562
【公开（公告）日】 2005.08.24
【申请（专利权）人】 青岛科技大学
【地址】 （266042）山东省青岛市高新开发区四方区郑州路 53 号
【发明（设计）人】 李伟　刘光烨　李荣勋　冯绍华　李超芹　刘莉　黄兆阁
【摘要】 本发明涉及大口径塑料排污管道专用料及其制备方法，它包括首先按以下组分及含量（质量份）备料：高密度聚乙烯 30～60、增韧剂 10～30、填充剂 15～45、偶联剂 1～10、抗氧剂 0.1～2、润滑剂 1～10，然后首先将填充剂、偶联剂、抗氧剂、润滑剂、增韧剂共混挤出造粒，得到填充增韧母粒，再将填充增韧母粒和高密度聚乙烯经分散共混后，通过双螺杆挤出机熔融、混炼、挤出、冷却、干燥、切粒和包装后，得到产品。与现有传统技术相比，本发明通过选择合适的材料配方和工艺技术条件，不仅得到具有极低的成本和较高环刚度的排污管道专用料，而且可以对电厂的大量粉煤灰等工业废弃物进行废物利用，消除环境污染。

【名称】光控制塑料透镜、该透镜制造用涂膜片状光控制体及光控制塑料透镜的制造方法
【公开（公告）号】CN1657975
【公开（公告）日】2005.08.24
【申请（专利权）人】富士化成株式会社　三菱瓦斯化学株式会社
【地址】日本埼玉县
【发明（设计）人】河合良三　青木良行　高桑恭平　增本光彦　广田俊积　竹内基晴
【摘要】本发明提供了光控制塑料透镜、涂膜片状光控制体及光控制塑料透镜的制造方法，特别提供了采用铸型聚合法的高折射率的偏振光及/或调光塑料透镜这样的光控制塑料透镜、用于该透镜体的制造的涂膜片状光控制体及光控制塑料透镜的制造方法。本发明的光控制塑料透镜是包含至少具有光控制片的片状光控制体的光控制塑料透镜，该透镜的特征是，由片状光控制体、被层叠在该片状光控制体的至少一面的固化性树脂层及至少被层叠在该固化性树脂层上的透镜用聚合性树脂层构成。

【名称】二步法多线连续化学交联电线电缆生产线
【公开（公告）号】CN1681049
【公开（公告）日】2005.10.12
【申请（专利权）人】沈煜伟
【地址】(201204)上海市花木路718弄13号701室
【发明（设计）人】沈煜伟
【摘要】一种直接应用于多线连续化学交联电线电缆生产线，由“人”字形交联管道，牵引装置，特殊水气平衡装置，恒定张力导向装置，主动放线架，主动收线架组成，其特征在于：塑料挤出机或橡胶挤出机与交联管道分离，塑料挤出机或橡胶挤出机与交联管道是分开设置的；在电线电缆生产过程中，挤包好绝缘或护套的电线电缆不直接进入交联管道连续交联。

【名称】工程塑料瓦楞纸板
【公开（公告）号】CN1681645
【公开（公告）日】2005.10.12
【申请（专利权）人】名古屋油化株式会社
【地址】日本爱知县
【发明（设计）人】小川正则　伊藤邦矩
【摘要】本发明的目的是提供一种耐热性优良的工程塑料瓦楞纸板。该工程塑料瓦楞纸板是由芯材和覆盖于该芯材的一面及两面的覆盖材料所构成，其中至少芯材是以聚苯醚等工程塑料，或者工程塑料和聚丙烯等热塑性树脂的聚合物合金作为其材料。

【名称】制造塑料、橡胶薄片的方法
【公开（公告）号】CN1683150
【公开（公告）日】2005.10.19
【申请（专利权）人】刘坤钟
【地址】台湾省台中县
【发明（设计）人】刘坤钟
【摘要】一种制造塑料、橡胶薄片的方法，是针对一标签片的前置作业而预先制备，所制成的塑料、橡胶薄片是可被压切成数色片，且使至少一个色片与一背胶版热压固结，制成该标签片，其特征在于该方法包含下列步骤：①制备一辊轧单元，该辊轧单元具有二可产生相对转动的辊轧轮，至少一个辊压轮具有一围绕一轴线所形成的外周面、数个由该外周面向内凹设的凹槽及数个由凹槽所围成且对应于外周围的平滑区域；②原料混炼，将塑料、橡胶原料置入一混炼装置中进行混炼；③辊轧作业，将已混炼完成的原料朝一辊轧方向通过该辊轧单元的二辊轧轮之间，且经该辊轧单元辊轧后，就可形成该塑料、橡胶薄片，该塑料、橡胶薄片具有二相背设置的侧面，至少一个侧面上形成有数个对应于凹槽的补强肋部及数个对应于平滑区域的平面部，该平面部可供压切成色片。

【名称】真空灭弧室一次外包封硅橡胶绝缘层的方法
【公开（公告）号】CN1681063
【公开（公告）日】2005.10.12
【申请（专利权）人】厦门华电开关有限公司
【地址】(361004)福建省厦门市湖滨北建业路3号吉祥花园11层A、B室
【发明（设计）人】庄顺
【摘要】真空灭弧室一次外包封硅橡胶绝缘层的方法，其特征在于其步骤为：①将真空灭弧室装入模具中，并加热，温度为110～250℃；②将液体硅橡胶与固化剂的混合物注入模腔中；③固化后脱模，制成一次外包封硅橡胶绝缘层的真空灭弧室，固化温度为110～250℃；④液体硅橡胶与固化剂按质量比的含量为1∶(0.8～1.2)。

【名称】用LCST和/或UCST聚合物加以表面改性的效应颜料
【公开（公告）号】CN1681892
【公开（公告）日】2005.10.12
【申请（专利权）人】默克专利股份有限公司
【地址】德国达姆施塔特
【发明（设计）人】A·休伯　M·恩藤曼　T·绍尔

【摘要】本发明涉及基于薄片状基材的表面改性效应颜料，所述基材的特征在于，它们由一层或多层被固定的LCST和/或UCST聚合物包覆。本发明进一步涉及所述表面改性效应颜料的制备方法，及其用于表面涂料、水性涂料、粉末涂料、油漆、印刷油墨、安全印刷油墨、塑料、混凝土中，用于化妆品配制剂中，用于农业覆膜和防水布中，用于纸张和塑料的激光标记，用作光防护，用作防腐蚀用颜料，和用于颜料组合物及干制剂的制备的用途。

【名称】塑料光纤

【公开（公告）号】CN1682134

【公开（公告）日】2005.10.12

【申请（专利权）人】旭硝子株式会社　小池康博

【地址】日本东京

【发明（设计）人】小池康博　石樽崇明　室伏英伸　渡边勇仁　大西状

【摘要】本发明提供一种高次模传递损失和模色散都小的塑料光纤。该光纤是至少具有核芯部以及该纤芯部外周的包层部的塑料光纤，其特征在于，从纤芯中心向外侧，上述纤芯部的折射率沿上述塑料光纤的径向从纤芯中心朝外侧逐渐降低；上述包层部的折射率低于上述纤芯中心的折射率，并且高于芯周边的折射率。

【名称】用于震动敏感装置的震动吸收托盘

【公开（公告）号】CN1660677

【公开（公告）日】2005.08.31

【申请（专利权）人】皮克国际有限公司

【地址】美国加利福尼亚州

【发明（设计）人】罗伯特·J·小怀特

【摘要】本发明涉及一种具有涂覆有震动吸收材料的复数个凹穴的塑料托盘，用于输送震动敏感装置，塑料托盘的尺寸允许涂覆特定厚度的震动吸收材料，使得托盘的整体尺寸符合JEDEC（电子装置工程联合会）标准的尺寸，制造托盘基座的材料选自下列工程塑料组成的群组，其包括（但不限于）丙烯腈-丁二烯-苯乙烯、通用聚苯乙烯、聚碳酸酯、聚丙烯、PPE、聚砜、PAS、聚苯醚或者类似的热塑塑料、或者热固塑料材料、或者金属型材料，震动吸收材料选自下列弹性材料组成的群组，其中包括（但不限于）橡胶、复合橡胶、热塑合成橡胶和/或硅基材料，可用多种方法中的任何一种来制造托盘，其包括模具出塑料托盘后接着通过喷涂或浸渍或覆盖成型来涂覆震动吸收材料。

【名称】具有高热变形性能的PVC改性塑料及其制备方法

【公开（公告）号】CN1660931

【公开（公告）日】2005.08.31

【申请（专利权）人】同济大学

【地址】（200092）上海市四平路1239号

【发明（设计）人】浦鸿汀　陈国荣

【摘要】一种具有高热变形性能的PVC改性塑料，其特征在于原料的组分按质量份额计如下：PVC 100份，ABS 20～100份，热稳定剂0～10份，润滑剂0～10份，填充剂0～50份，抗氧剂0.1～20份，其中PVC是指聚氯乙烯塑料原粉，ABS是指由丙烯腈、丁二烯、苯乙烯组成的三元共聚物，其维卡软化温度大于90℃。

【名称】能长周期满负荷运行的废塑料裂解制汽油柴油装置

【公开（公告）号】CN1660966

【公开（公告）日】2005.08.31

【申请（专利权）人】严绥

【地址】（100013）北京市东城区和平里6区3号楼1606

【发明（设计）人】严绥

【摘要】能长周期满负荷运行的废塑料裂解制汽油柴油装置，包括1个以上串联连接的热裂解反应釜，在最后一个热裂解反应釜的液相物料输出处设有能控制渣油的滞留时间并将渣油中的炭黑及固体杂质与油分离的渣罐，与各热裂解反应釜及渣罐的气相出口相接的气相主流程设备及管道为一套以上，并且套与套之间是并联连接，使其中的一套始终能处于备用或清理堵塞；热裂解反应釜及渣罐及所有的液相联结管道内与液相物料接触的内壁设有刮壁机构。本发明气相侧的堵塞可明显减缓，出现堵塞后也可以在全系统生产不受影响的同时进行清除堵塞物的处理；液相始终不会出现堵塞，所以工厂能长周期运行；由于传热面不再结垢，传热效率不会降低，工厂还能在长周期运行的同时，满负荷地运行。

【名称】多组分纤维增强成型件的注塑方法和设备

【公开（公告）号】CN1662356

【公开（公告）日】2005.08.31

【申请（专利权）人】卡劳斯-马菲塑料工业股份公司

【地址】德国慕尼黑

【发明（设计）人】埃尔温·比尔克勒　克里斯托弗·朗格　海因茨-沃尔夫冈·拉辛格

【摘要】本发明涉及一种用于制造多组分塑料成型件的方法和设备。为了通过注塑工艺制造多组分塑料成型件，按本发明建议，在使用一台模内配料挤出机的情况下制造至少一个组分。为了制造具有由纤维织物或纤维网构成的核心或者层的多组分件，按本发明建议，使用一台具有两个工作区（A、B）的转台式造型机。其中，纤维材料在工作区A内在一个模具空腔内成型成一个预制坯料，并且同时在工作区B内用塑料对一个在前一工步中制成的预制坯料进行注塑包封或者将塑料注塑于其上。紧接着，绕着一根轴线旋转转台，使得工作区A中的预制坯料被输送到工作区B中，将制成的塑料成型件被取出，并且从头开始制造工步。可选择性地设置一个另外的注塑单元，在构成预制坯料时通过该注塑单元可以在需要时将一种如硬化剂、黏结剂等的添加剂注射到空腔内。

【名称】 增韧尼龙组合物

【公开（公告）号】 CN1683453

【公开（公告）日】 2005.10.19

【申请（专利权）人】 中国石油化工股份有限公司 中国石油化工股份有限公司上海石油化工研究院

【地址】（100029）北京市朝阳区惠新东街甲6号

【发明（设计）人】 傅荣政 王芳 章瑛虹 王玮

【摘要】 一种增韧尼龙组合物，以质量份数计包括以下组分：①数均分子量为5 000～30 000的尼龙树脂55～94份；②甲基丙烯酸甲酯-丁二烯-苯乙烯接枝共聚物5～30份，其中丁二烯含量以质量百分比计为50%～90%；③苯乙烯-顺丁烯二酸酐-第三单体共聚物1～15份，其中以质量百分比计顺丁烯二酸酐含量为1%～25%，第三单体含量为0～40%，第三单体选自丙烯腈、甲基丙烯酸甲酯或丁二烯；④选自抗紫外线稳定剂、抗氧剂、阻燃剂、矿物填料、玻璃纤维、颜料或润滑剂中至少一种助剂0.01～5份。

【名称】 具有改进的低温冲击强度的热塑性组合物

【公开（公告）号】 CN1662604

【公开（公告）日】 2005.08.31

【申请（专利权）人】 拜尔材料科学股份公司

【地址】 德国莱沃库森

【发明（设计）人】 M·瓦陶尔 H·瓦斯

【摘要】 本发明涉及聚碳酸酯模塑组合物，该组合物用具有特殊规格的硅灰石强化并包含基于AES的树脂和其他在低温范围内具有改进的冲击强度的热塑料，还涉及它们的生产和由其可获得的模制件。含下列成分的组合物：①聚碳酸酯和/或聚酯碳酸酯；②基于作为接枝基的乙烯-α-烯烃橡胶的接枝聚合物；③相对于硅灰石具有大于0.1%的碳含量的硅灰石，通过元素分析测定；④至少一种添加剂，选自甘油三酯，脂族饱和和脂族不饱和烃。

【名称】 改进的用于制造模制鞋底的连接装置及方法

【公开（公告）号】 CN1663494

【公开（公告）日】 2005.09.07

【申请（专利权）人】 康弗特技术公司

【地址】 美国佛罗里达州

【发明（设计）人】 埃杜阿多·J·比安奇 阿曼多·S·帕加尼利

【摘要】 一种连接装置，用于可分离地将鞋面连接到鞋底，以使用户能随意组装和拆开鞋子，其中，该连接装置被模制到鞋底中，而且该连接装置包括：①插座，具有穿过插座的轴隧，而且包括设置在轴隧中的舌，该舌具有多个棘齿，如果压下固定到舌上的按钮，这些棘齿可以从未偏压啮合位置和偏压松开位置移动，其中，按钮穿过插座中的开口；②插头，具有可以固定到鞋面的上部和至少一个可以插入插座而且具有多个互补的棘齿的叉，如果将插头插入插座，这些棘齿便可分离地与处于未偏压啮合位置的舌的棘齿啮合；③插座罩，构成可以包围插座和按钮的结构，而且在模制鞋底期间，可以防止流动树脂进入插座和按钮周围的气室。

【名称】 一种多层塑料玩具的制造方法及玩具

【公开（公告）号】 CN1663768

【公开（公告）日】 2005.09.07

【申请（专利权）人】 陈传荣

【地址】 台湾省新竹县竹北市新社里12邻18之7号

【发明（设计）人】 陈荣辉

【摘要】 本发明涉及一种多层塑料玩具的制造方法及其所得玩具，制造方法包含如下步骤：配制至少两种所需硬度的塑料乳液；选取一种硬度的塑料乳液，注入玩具模具内，加热旋转，直到塑料乳液附着在模壁上凝结，然后取出模具，得单层塑料壳；选取另一种硬度的塑料乳液适量，注入所述单层塑料壳内，加热旋转，直到塑料乳液胶化完全，然后取出模具，得双层塑料壳；用同样方法制作其他层，最后得到具有不同硬度层次的玩具制品。一种塑料玩具，其特征在于，所述玩具中，至少一部分有至少两层组成，所述至少两层中的各层具有不同的硬度。用本发明制造的玩具，具有多层结构，而且至少有两层各有不同的硬度，其手感丰富，能满足人们对玩具逼真的感觉。

【名称】 废旧编织袋回收料制造模压聚丙烯（PP）管材

【公开（公告）号】 CN1663770

【公开（公告）日】 2005.09.07

【申请（专利权）人】 武汉化工学院 湖北元浩科技有限公司

【地址】（430073）湖北省武汉市洪山区卓刀泉路366号

【发明（设计）人】 袁军 杜元浩

【摘要】 本发明涉及一种利用废旧编织袋生产聚丙烯回收料以及利用此回收料生产制造模压聚丙烯（PP）

管材的方法。其主要技术要点是将废旧编织袋经过切碎清洗、烘干、熔融、造粒的工艺制备聚丙烯（PP）回收料，并利用此回收料添加一定的增强剂、改性剂、抗氧剂和新鲜聚烯烃原料，通过液压式塑料注射成型机制造内径在 200～1 500mm 之间的聚丙烯（PP）管材。此模压聚丙烯（PP）管材可用作埋地用排水管（自流式）。该方法对减少由废旧编织袋带来的环境污染开创出一条新路子，具有广阔的市场前景。

【名称】 树脂内衬钢管及其制造方法

【公开（公告）号】 CN1684820

【公开（公告）日】 2005.10.19

【申请（专利权）人】 新日本制铁株式会社

【地址】 日本东京都

【发明（设计）人】 船津真一　三村博幸　仮屋园义久

【摘要】 本发明提供的树脂内衬钢管，其特征在于，在钢管的内面具有黏合层，在其内侧还具有塑料层，所述钢管与所述塑料层的初期剪切黏合力大于等于2.0MPa，钢管是预先底面处理过的钢管，作为底面处理，实施了进行过结晶粒微细化处理的磷酸盐化学转换处理膜，优选的是在钢管与黏合层之间具有环氧底层涂料层。本发明的树脂内衬钢管的制造方法，其特征在于，在钢管中插入比进行过底面处理的钢管内径还小的外径的外面具有黏合层的塑料管，缩小该钢管的外径、使塑料管与其紧密黏合，在高于黏合层的熔融结束温度且低于塑料管的开始熔融温度的温度下进行加热。

【名称】 注塑机高效混炼挤压筒机构

【公开（公告）号】 CN1663772

【公开（公告）日】 2005.09.07

【申请（专利权）人】 覃通衡

【地址】 （516006）广东省惠州市惠环骏洋塑胶有限公司

【发明（设计）人】 覃通衡

【摘要】 一种注塑机高效混炼挤压筒机构，包括：由料筒和锥形螺杆构成的锥形挤压筒，其特征在于：锥形挤压筒出口端设有由混炼转子和混炼套构成的混炼头装置；混炼套与混炼转子活动相套；混炼转子周壁和混炼套内周壁分别均布有前后位相错的凹坑。利用螺杆外径的变化使流道截面积由大变小，使流道内的胶状塑料压力增大、流速加快；利用设置在混炼转子外壁凹坑与混炼套内周壁凹坑相互间的错动，形成了众多个剪口对料筒压入的胶状塑料进行多道切割和混炼，进而提高胶状塑料的分布和分散混炼能力。它可大大提高注塑机的塑化质量和产量，尤其适用于对加工添加剂含量高的塑制产品。

【名称】 一种含除草剂的农用塑料薄膜

【公开（公告）号】 CN1663988

【公开（公告）日】 2005.09.07

【申请（专利权）人】 黄沙舟

【地址】 （650034）云南省昆明市安康路153号

【发明（设计）人】 黄沙舟

【摘要】 一种含除草剂的农用塑料薄膜，本发明采用在塑料薄膜的一面或双面涂敷或在塑料薄膜中融合进除草剂，本发明的目的正是为了克服现有农用塑料薄膜存在的除草耗时耗力，而且效果不理想的缺陷，而发明一种在遮盖土壤的同时具有除草性能、能极大的为作物种植人省时、省力，且除草效率高的含除草剂的农用塑料薄膜。

【名称】 耐热瓶全自动吹瓶工艺和实现该工艺的吹瓶机

【公开（公告）号】 CN1686701

【公开（公告）日】 2005.10.26

【申请（专利权）人】 蔡佳翰

【地址】 （318020）浙江省台州市黄岩区黄轴路478号

【发明（设计）人】 蔡佳翰

【摘要】 耐热瓶全自动吹瓶工艺和实现该工艺的吹瓶机，属于塑料瓶制造工艺及其设备技术领域。瓶坯进料后经加热装置加热，再经中温吹塑结晶预成型、高温吹塑结晶预成型、中温吹塑结晶成型，制得耐热瓶。包括相互连接的机架、进料装置，机架上设置环形输送轨道及配合连接的加热装置、脱瓶机构，环形输送轨道上设置滑板，滑板上安装内夹头，其特征在于机架上加热装置后部依次配合设置中温模具、高温模具、中温成型模具。该工艺及其设备，简单合理、操作方便，解决了现有产品存在的耐热温度低和热稳定性能差的问题，吹制而成的塑料瓶在90℃以上的茶、果汁等热装罐饮料使用时，瓶身不会变形，显著提高了生产效率、降低了生产成本低。

【名称】 外涂防雾膜及其制备方法

【公开（公告）号】 CN1687199

【公开（公告）日】 2005.10.26

【申请（专利权）人】 华东理工大学

【地址】 （200237）上海市徐汇区梅陇路130号

【发明（设计）人】 赵敏　张振峰　徐亦秋　李志祥　罗小伟

【摘要】 一种外涂防雾膜，其特征在于，所述的防雾膜为双涂层结构，包括：基膜、涂布在基膜上的第一、第二层多组分涂层，其涂层的组分质量配比如下，各组分以硅烷偶联剂为基准：第一涂层：硅烷偶联剂10份，水10～50份，正硅酸乙酯1～20份，钛酸丁酯1～10份，溶剂少量化学添加助剂0.1～5份，盐酸1～5份，光引发剂0.01～2份；第二涂层：硅烷偶联剂10份，水10～50份，正硅酸乙酯1～30份，钛酸丁酯1～25份，化学添加助剂0.1～5份，盐酸1～5份，光引发剂0.01～2份。

【名称】 船用电缆模塑料填料函
【公开（公告）号】 CN1665090
【公开（公告）日】 2005.09.07
【申请（专利权）人】 渤海船舶职业学院
【地址】（125000）辽宁省葫芦岛市海星路11号
【发明（设计）人】 冯洪仁　张德孝
【摘要】 本发明公开了一种船用电缆模塑料填料函，该填料函是由制作电器和电子元器件外壳所用的材料模塑料制成的。由于该种材料具有耐热性、耐燃性、耐腐蚀性、耐冲击性、电绝缘性、耐电弧性、耐漏电性等特点，所以应用模塑料制成的船用电缆填料函防腐性能好、寿命长，相对铜件价格低得许多，解决了长期以来人们所不能解决的船用电缆填料函易腐性、寿命短、造价高的不足。从而在造船工业中可获得很好的经济效益，具有十分广阔的发展空间。

【名称】 一种具有驱虫功能的塑料农用薄膜母粒的制备方法
【公开（公告）号】 CN1687214
【公开（公告）日】 2005.10.26
【申请（专利权）人】 福建师范大学
【地址】（350007）福建省福州市仓山区上三路8号福建师范大学
【发明（设计）人】 张华集；张雯；肖荔人
【摘要】 本发明涉及一种具有驱虫功能的塑料农用薄膜母粒的制备方法，它是以驱虫剂（4%～5%的氟虫隆、2%～3%的乙虫脒、2%～3%的双甲脒）、1.4%～1.8%的PE蜡、36%～42%的硅酸钙、0.6%～0.8%的硅烷偶联剂、44%～50%的EVA和0.8%～1.2%的紫外光吸收剂UV531为材料，经包覆分散、偶联处理、密炼塑化、挤出切粒加工而成。该塑料农用薄膜母粒以3%～4%的比例添加到LDPE树脂中，通过吹塑制成厚度50～80μm薄膜，用于农田覆盖种植蔬菜瓜果类作物。由于薄膜中驱虫剂的缓慢释放，与覆盖同等厚度的LDPE薄膜相比，可有效地驱逐飞虫、叶蝉、卷叶虫、菜青虫、食心虫、红蜘蛛等害虫、达到不用或少用农药的目的，大幅度减少作物中农药残留量，有利于改善和提高作物的营养品质，促进作物早产增收。

【名称】 一种耐寒、抗冲击和高强度聚酰胺复合材料及其制造方法
【公开（公告）号】 CN1687232
【公开（公告）日】 2005.10.26
【申请（专利权）人】 上海塑料制品十八厂
【地址】（201612）上海市松江区卖新公路458号
【发明（设计）人】 夏灵　陈耀华　吉莉娟　张榕生　奚文义
【摘要】 本发明公开了一种耐寒、抗冲击和高强度聚酰胺复合材料及其制造方法一种，各原料组分及质量份数如下：聚酰胺单体100份，表面处理剂0.05～1份，SiO_2单体1～5份，分散介质20份，增韧剂5～15份。聚酰胺单体为ε-已内酰胺或己二酸己二胺盐；复合表面处理剂是含抗氧剂即四［β-(3,5-二叔丁基-4′-羟基苯基)丙酸］季戊四醇酯和复合偶联剂即氨丙基三乙氧基硅烷和异丙基三异硬脂酰基钛酸酯经酒精溶解后的有机溶液，浓度为10%；分散介质为水；增韧剂为经改性具有与聚酰胺接枝反应基端的EVA或POE或EPDM增韧剂。本发明具有耐寒抗冲高强特性，原材料广泛易得、制造成本低、生产周期短的优点；适用于在低温恶劣环境下的使用，如东北、大西北等寒冷地区、山区小半径区间等地区的铁路轨道事业、室外工程塑料工件、工具、汽车、电器以及机械零部件等的应用。

【名称】 碳酸钙填充母料及其生产工艺
【公开（公告）号】 CN1687245
【公开（公告）日】 2005.10.26
【申请（专利权）人】 何沛跃
【地址】（201602）上海市松江区佘山镇辰山村辰北工业区（上海飞腾弹簧厂内）
【发明（设计）人】 何沛跃
【摘要】 本发明涉及一种碳酸钙填充母料及其生产工艺。其特点是，包括由碳酸钙、塑料树脂、助剂、分散剂组成，该助剂为石蜡，其中，在碳酸钙100kg内加入塑料树脂1～10kg、石蜡1～10kg、硬脂酸0.06～0.6kg。该工艺流程为：配料、混炼、热切、冷却后人库。简化了生产工艺，碳酸钙不需要干燥、活化、不需要偶联剂，加料不需要排序，直接将碳酸钙粉体及树脂、助剂、分散剂一块放入高速混合机混合，一次性加料混合，节约了劳动力，用电量少，树脂可用再生树脂，节约成本，具有市场的竞争优势和价格优势。

【名称】 高分子聚合物合金及其制备方法
【公开（公告）号】 CN1664013
【公开（公告）日】 2005.09.07
【申请（专利权）人】 何光临
【地址】（300381）天津市南开区水上公园东路宁乐西里4-3-401

【发明（设计）人】 何光临

【摘要】 本发明公开了一种高分子聚合物合金，按质量份数包括下述组分组成：热塑性高分子聚合物A 1～30，热塑性高分子聚合物B 0.3～10。高分子聚合物A和B为塑料或橡胶。本发明还公开了一种不含相容剂并合骤变制备高分子聚合物合金的方法，包括下述步骤：聚合物A和聚合物B分别溶解成真溶液；将上述两种真溶液在并合釜中并合成为真溶液；将上述真溶液预热后进行第一次平衡蒸馏脱出部分溶剂，再预热后进行第二次平衡蒸馏脱出部分溶剂，之后通过微闪蒸挤出机挤出后得到高分子聚合物合金。由于不使用相容剂，制造成本大大降低。特别为制造要求不含相容剂的材料提供了新的途径。合金的纯度高，颗粒分布均匀，合金的质量好。设备通用性强。

【名称】 煤矿用聚乙烯抽放瓦斯管的材料

【公开（公告）号】 CN1667035

【公开（公告）日】 2005.09.14

【申请（专利权）人】 煤炭科学研究总院重庆分院

【地址】 （400037）重庆市沙坪坝区上桥

【发明（设计）人】 刘罡　黄声树　李天明　唐良忠

【摘要】 本发明公开了一种煤矿用聚乙烯抽放瓦斯管的材料，其特征在于聚乙烯抽放瓦斯管的化学成分为：（以下为质量份）聚乙烯45～60份；乙烯-醋酸乙烯酯：5～12份；三元乙丙胶5～15份；接枝聚乙烯1～6份；溴系阻燃剂15～25份；炭黑8.5～17份；碳酸钙4～10份；抗氧剂0.1～0.5份和0.3～0.6份；偶联剂0.5～1份。本发明耐冲击、耐腐蚀、阻燃和抗静电特性好，用本材料制作的塑料管道其机械性能和阻燃抗静电性能好，并且重量轻、成本低、使用寿命长。

【名称】 一种无毒全降解塑料及其制备方法

【公开（公告）号】 CN1667031

【公开（公告）日】 2005.09.14

【申请（专利权）人】 杨凌沃林国际降解树脂发展有限公司　李郁忠

【地址】 （710072）陕西省杨凌示范区产业路1号

【发明（设计）人】 李郁忠　彭祖辰　谭卫红　王廷瑞

【摘要】 一种无毒全降解塑料，其特征在于：采用淀粉、植物蛋白粉、聚乙烯醇、聚谷氨酸、木糖醇、丙三醇为原料；其配比为淀粉50～60份、植物蛋白粉5～10份、聚乙烯醇10～20份、聚谷氨酸5～10份、木糖醇5～8份、丙三醇8～12份。

【名称】 具有视觉效果的模塑塑料制品

【公开（公告）号】 CN1668685

【公开（公告）日】 2005.09.14

【申请（专利权）人】 通用电气公司

【地址】 美国纽约州

【发明（设计）人】 P·肖特兰德

【摘要】 本发明提供了塑料制品，具体地聚碳酸酯制品，由于在用于制造所述制品的聚碳酸酯中引入了光致发光材料，在由所述制品的表面中切除部分和/或突起部分限定的位置上，其提供了彩色发光形式的有吸引力的美学外观。所述切除部分和/或突起部分限定了图形图像，例如一个或多个字母（即字首或名称）、抽象设计、绘画或商标或标志。进入所述塑性体的环境光导致从所述光致发光材料发光，由于塑性体内的内反射，该发光被导向塑性体表面中切除部分的边缘。

【名称】 POE弹性复合材料及其制造方法和设备

【公开（公告）号】 CN1693063

【公开（公告）日】 2005.11.09

【申请（专利权）人】 杨毅

【地址】 （325007）浙江省温州市仰义渔渡工业区温州市特康妇幼卫生材料有限公司

【发明（设计）人】 杨毅

【摘要】 本发明涉及一种POE弹性复合材料及其制造方法和设备，该复合材料的里层由两层POE压模构成，里层的正反两面复合复合层，复合层为无纺布或塑料膜。该复合材料可以通过以下方法制造：①将POE粒子经塑料挤出机构制成圆筒形气膜后再经吹膜机构进一步吹大圆筒形气膜；②将从吹膜机构吹膜口出来的POE圆筒形气膜由输送带送入压膜机构，通过压膜机构将POE圆筒形气膜挤压成双层POE压膜，与此同时，将无纺布或塑料膜之类的外复层与双层POE压膜复合；将复合有无纺布或塑料膜外覆层的双层POE压膜经热压成型机构热压成型。

【名称】 球形有机硅橡胶制品及其制造方法

【公开（公告）号】 CN1693340

【公开（公告）日】 2005.11.09

【申请（专利权）人】 陈俊光

【地址】 （510235）广东省广州市滨江西路136号701室

【发明（设计）人】 陈俊光　林博

【摘要】 一种球形有机硅橡胶制品的制造方法，其特征在于包括以下步骤：①甲基含氢硅油与端乙烯基硅油按（2～35）∶100质量比混合得到硅油混合物；非离子表面活性剂与水按1∶（0.6～90）质量比混合得到乳化剂液；所述甲基含氢硅油是指结构为Me_3Si-$[OSiMe_2]_m$-$[OSiMeH]_n$-$OSiMe_3$、$m=40\sim60$、$n=40\sim60$的化合物，所述端乙烯基硅油是指结构为$ViMe_2Si[OSiMe_2]_nOMe_2Vi$、$n=70\sim140$的化合物，所述非离子表面活性剂是指具有亲水基团和亲油基团的非离子化合物；②步骤①制备的硅油混合物与乳化剂液按1∶(1～10)的比例加入反应釜中，投入硅氢化催化剂10×10^{-6}（以铂计），在30～100℃下聚合反应20～24h，降至常温，加入占总反应物质量1%～5%的乳化剂液，在30～40℃搅拌3～5h，得到预聚物乳液；③步骤②得到的预聚物乳液与阴离子表面活性剂按100∶(1.5～4)质量比混合，在30～40℃下搅拌2～3h，用盐酸或氢氧化钠10%水溶液调节反应物的pH值为7～7.5，得到球形有机硅橡胶乳液，所述阴离子表面活性剂是指具有亲水基团和亲油基团的阴离子化合物。

【名称】 具有抗紫外阻燃性能的聚烯烃塑料

【公开（公告）号】 CN1693351

【公开（公告）日】 2005.11.09

【申请（专利权）人】 上海农园绿色工程有限公司

【地址】 (200092) 上海市大连路1548号513室

【发明（设计）人】 沈黎明

【摘要】 一种具有抗紫外和阻燃性能的透明聚烯烃塑料，包含抗氧剂，其特征在于：添加有受阻胺阻燃剂116、191或680和受阻胺紫外线吸收剂111、119或622，它们的添加量分别为：受阻胺阻燃剂的用量为全部材料质量的0.5%～5%，受阻胺紫外线吸收剂的用量为全部材料质量的0.1%～3%。本发明解决阻挡紫外线和阻燃的添加剂不含磷、卤素的技术问题。

【名称】 离型涂布膜及其制造方法

【公开（公告）号】 CN1693395

【公开（公告）日】 2005.11.09

【申请（专利权）人】 海南赛诺实业有限公司

【地址】 (570125) 海南省海口市龙昆北路2号帝都大厦19楼

【发明（设计）人】 谢文波 王恩飞

【摘要】 本发明公开了一种离子型涂布膜及其生产方法，由基材及基材表面涂覆的离型涂料层构成，其特征在于，所述的基材为塑料薄膜，所述的离型涂料层由溶剂型有机硅涂料涂覆并烘干及固化形成，所述的溶剂型有机硅涂料通过含有下述质量含量的原料配制成：有机硅树脂涂料10%～70%，有机溶剂29.5%～89.5%，催化剂0.03%～0.1%，锚固剂0.03%～0.1%架桥剂0.1%～0.7%。这种离型涂布膜成本低，可用于快速包装机。

【名称】 一种激光血管内照射塑料光纤针

【公开（公告）号】 CN1669600

【公开（公告）日】 2005.09.21

【申请（专利权）人】 黄益富

【地址】 (541004) 广西壮族自治区桂林市高新区高新创业大厦A座二楼

【发明（设计）人】 黄益富

【摘要】 本发明将公开一种激光血管内照射塑料光纤针，它包括光纤针头，光纤针头由光纤包层和包裹于其内的光纤芯组成，光纤针头前端的光纤芯露出光纤包层外，因此激光功率的密度可通过光纤芯外露的长度来调整和控制。为达到最佳的血管内照射效果，露出光纤包层外的光纤芯的长度为0.3～6mm，这样即可使光纤针头前端的光纤芯在通光后从原来的端面发光变为整个端头发光，使激光在血管内对循环血液的照射更均匀，有效照射治疗面积增大，从而更充分有效地照射到血管中循环的血液，使治疗效果更加显著。

【名称】 含氟梯度折射率光学塑料预制棒、制备方法和用途

【公开（公告）号】 CN1669759

【公开（公告）日】 2005.09.21

【申请（专利权）人】 中国科学院上海有机化学研究所

【地址】 (200032) 上海市徐汇区枫林路354号

【发明（设计）人】 卿凤翎 周春才 许建明

【摘要】 一种梯度折射率光学预制棒，其由外壳和内芯组成，外壳为含氟甲基丙烯酸酯类化合物的聚合物，内芯为含有1%～20%（质量）的高折射率的惰性分子的掺杂剂的含氟甲基丙烯酸酯类化合物的聚合物，所述的含氟甲基丙烯酸酯类化合物的聚合物是甲基丙烯酸三氟乙酯、甲基丙烯酸四氟丙酯或甲基丙烯酸六氟丁酯，所述的掺杂剂为苯甲酸苄酯、苯甲酸乙酯、溴苯、邻苯二甲酸正丁酯甲酯、邻苯二甲酸苄酯、苯硫醚、甲基丙烯酸苄酯、磷酸三苯酯或联苯。

【名称】 全降解聚甲基乙撑碳酸酯发泡材料及其制备方法

【公开（公告）号】 CN1670080

【公开（公告）日】 2005.09.21

【申请（专利权）人】 中山大学

【地址】 (510275) 广东省广州市新港西路135号

【发明（设计）人】 孟跃中 关丽涛 肖敏 李秀华 诸泉 舒东 陆夏莲

【摘要】 一种全降解聚甲基乙撑碳酸酯发泡材料，其特征是该材料各组分的质量份数如下：聚甲基乙撑碳酸酯树脂100，增塑剂2～40，发泡剂1～20，交联剂0.1～5，匀泡剂0～10，填料0～50，热稳定剂0.5～10。

【名称】 导电塑料组合物

【公开（公告）号】 CN1670075

【公开（公告）日】 2005.09.21

【申请（专利权）人】 奇菱科技股份有限公司
【地址】 台湾省台南县
【发明（设计）人】 黄奉仁 朱志南
【摘要】 本发明提供一种导电塑料组合物，其包含：①包含苯乙烯嵌段和共轭二烯嵌段的共聚物；②包含苯乙烯嵌段和丙烯酸酯类嵌段的共聚物；③炭黑；所述组合物每含有100质量份的包含苯乙烯嵌段和共轭二烯嵌段的共聚物①中含有0.1～50质量份的包含苯乙烯嵌段和丙烯酸酯类嵌段的共聚物②；且每含有100质量份的包含苯乙烯嵌段和共轭二烯嵌段的共聚物①中含有5～50质量份的炭黑③。

【名称】 塑料与锯末复合材料及其加工工艺
【公开（公告）号】 CN1670082
【公开（公告）日】 2005.09.21
【申请（专利权）人】 苏宇
【地址】 （150038）黑龙江省哈尔滨市太平区红旗老区八栋722信箱
【发明（设计）人】 苏振生
【摘要】 塑料与锯末复合材料及其加工工艺。以有的锯末制品因其强度低，易断、裂，不宜承受较大的力作用，而废旧塑料为废弃物，形成白色污染。塑料与锯末复合材料，其组成包括：塑料，所述的塑料与锯末混合制成复合材料，其质量份数为塑料40～60、锯末60～40。本产品用于制作管材、板材、型材等多种制品，并可应用于工业、建筑业等多种行业领域。

【名称】 用于从挤压机中移除塑料剂料的装置
【公开（公告）号】 CN1694790
【公开（公告）日】 2005.11.09
【申请（专利权）人】 萨克米伊莫拉机械合作社合作公司
【地址】 意大利伊莫拉（博洛尼亚）
【发明（设计）人】 法布里齐奥·普奇 费奥伦佐·帕利内罗
【摘要】 一种借助于至少一个移除元件从挤压机中移除塑料剂料的装置，该移除元件相对于所述挤压机是可移动的，并且其设置有容器，以用于接收从所述挤压机的流出孔移除的剂料，其特征在于：所述移除元件包括切断元件，其适合于沿着切割边切割由所述挤压机分配的塑料，该切割边穿过该材料从所述孔的一个侧边前进到另一侧边，所述容器被形成，以便容纳所述剂料并允许其基本上沿所述切割边的方向被排出。

【名称】 包含聚硅氮烷的涂覆溶液
【公开（公告）号】 CN1694936
【公开（公告）日】 2005.11.09
【申请（专利权）人】 克拉里安特国际有限公司
【地址】 瑞士穆腾茨
【发明（设计）人】 铃木直 舟山彻 A·迪尔多夫 H·列毕
【摘要】 一种涂覆溶液，其包含0.1%～35%（质量）具有如下通式所示的重复单元并可溶于溶剂中的无机或有机聚硅氮烷和以纯的聚硅氮烷含量为基准计的0.1%～10%（质量）催化剂［如4,4′-三亚甲基双(1-甲基哌啶)］。借由将涂覆溶液施用到基材（如金属、塑料、玻璃、陶瓷、木材、水泥、灰浆、砖等）的表面上，可形成强黏合到基材上的二氧化硅涂层，其在耐腐蚀性和抗擦划性方面优异，同时在特征（如耐磨性、持久防污性、水润湿性、密封性能、耐化学品性、抗氧化性、物理阻隔效果、耐热性、耐火性和抗静电性）方面优异。

【名称】 具有消音特性的型材
【公开（公告）号】 CN1671572
【公开（公告）日】 2005.09.21
【申请（专利权）人】 法国圣戈班玻璃厂
【地址】 法国库伯瓦
【发明（设计）人】 M·雷菲尔德 B·莫特莱特 D·勒鲁瓦 F·德鲁永
【摘要】 一种型材，该型材插入两个部件之间，可达到衰减通过至少其中一个部件传播的噪声，该型材由至少一种塑料基的消音材料构成，其特征在于型材的每单位长度等效真实硬度至少等于25MPa，等效损失系数至少等于0.25。

【名称】 一种利用废旧塑料生产可控光-生物双降解纳米抗菌塑料及制备方法
【公开（公告）号】 CN1702110
【公开（公告）日】 2005.11.30
【申请（专利权）人】 沈阳化工学院
【地址】 （110142）辽宁省沈阳市沈阳经济技术开发区11号街
【发明（设计）人】 李三喜 刘旭燕 周杨 曲阳 温祥
【摘要】 本发明涉及一种可控光-生物双降解纳米抗菌塑料及制备方法，特别是利用废旧塑料将生产可控光、生物双降解、纳米抗菌有机地结合在一起的利用废旧塑料生产可控光-生物双降解纳米抗菌塑料及制备方法。本发明是通过以下技术方案来实现的：一种利用废旧塑料生产可控光-生物双降解纳米抗菌塑料，其特征在于它主要是由下述成分构成：废旧聚乙烯塑料、改性纳米TiO_2、改性淀粉、碳酸钙、光敏剂。本发明的优点和效果：本发明以废旧塑料为原料制成了可控光-生物双降解纳米抗菌塑料，解决了废旧塑料污染环境的问题，将废旧塑料进行充分利用避免了资源浪费，并且使生产出的新塑料制品具有抗菌和双降解性。

【名称】 聚氯乙烯珍珠装饰板及生产工艺

【公开（公告）号】 CN1696448

【公开（公告）日】 2005.11.16

【申请（专利权）人】 李凤文

【地址】（130031）吉林省长春市经济开发区福州街1号

【发明（设计）人】 李凤文

【摘要】 本发明提供一种聚氯乙烯珍珠装饰板及生产工艺，采用常规的聚氯乙烯装饰板生产工艺，将聚氯乙烯、MBS、ACR助剂、钙粉、石蜡、高分子蜡混合均匀作为底料；将PVC、MBS、钡、镉、锌复合稳定剂、抗氧化剂与粒度为0.001～0.08mm的反光颗粒混合均匀作为面料；将上述底料与面料按比例加入塑料挤出机，通过双机共挤工艺，在装饰板模具中挤压成型，制成本发明装饰板。面板中添加反光颗粒材料层，产品具有立体反光效果，增加了装饰板的装饰效果，更加美观实用，工艺简单，一次成型，为装饰板材料提供了新颖的装饰品种。

【名称】 一种钢带增强塑料排水管道及其制造方法和装置

【公开（公告）号】 CN1702242

【公开（公告）日】 2005.11.30

【申请（专利权）人】 哈尔滨工业大学星河实业有限公司

【地址】（150001）黑龙江省哈尔滨市南岗区西大直街92号逸夫楼512号

【发明（设计）人】 何轶良

【摘要】 本发明涉及一种钢带增强塑料排水管包括一个塑料管体和与管体成一体的加强肋，加强肋内复合有钢带。本发明还涉及制造这种钢带增强塑料排水管的方法，包括步①将钢带与塑料复合形成具有钢带加强肋的异型带材；②将异型带材运送到安装现场；③缠绕并熔焊异型带材形成钢带增强塑料排水管；④在排水管的端口设置塑料承插接头并将其熔焊连接形成连续的排水管道。本发明提供了制造这种钢带增强塑料排水管的装置。

【名称】 红外反射、透明、多层的塑料层压制品

【公开（公告）号】 CN1703316

【公开（公告）日】 2005.11.30

【申请（专利权）人】 拜尔材料科学股份公司

【地址】 德国莱沃库森

【发明（设计）人】 R·戈尼　S·安德斯　W·尼辛

【摘要】 本发明涉及具有高红外反射和高光泽的多层塑料产品。所述产品包括A、B和C三层。按照本发明，A层含透明热塑性塑料；B层含透明热塑性塑料和由透明载体材料和其上的厚度150～200纳米的二氧化钛层构成的颜料，和C层含透明热塑性材料。

【名称】 抗老化PVC地面管

【公开（公告）号】 CN1699052

【公开（公告）日】 2005.11.23

【申请（专利权）人】 河北宝硕管材有限公司

【地址】（071051）河北省保定市高新区化纤北路33号

【发明（设计）人】 刘卫政　刘铁成

【摘要】 一种抗老化PVC地面管，属塑料管材技术领域，用于解决PVC地面管材质易降解、老化问题。改进后构成PVC地面管的原料中包括下述质量单位的原料：聚氯乙烯树脂150，硬脂酸铅稳定剂2.3～2.5，二碱式亚磷酸铅0.9～1.2，氯化聚乙烯4.5～5.0，烯酸酯共聚物0.6～0.8，紫外线吸收剂0.1～0.25，轻质碳酸钙5.0～8.0。本发明针对农田地面灌溉专用管设计，它在塑料母体材料中加入折光性比较好的紫外线吸收剂、耐候性比较好的二碱式亚磷酸铅及金红石型钛白粉等配料，可有效延缓材质降解，提高管材的使用寿命。通过在管材内壁增设梯形加强筋，增强管材的抗变形能力，降低管材弯曲度。

【名称】 玻璃纤维增强热塑性复合材料制成塑料门窗型材的方法

【公开（公告）号】 CN1699046

【公开（公告）日】 2005.11.23

【申请（专利权）人】 山东伟佳玻璃钢制品有限公司

【地址】（271000）山东省泰安市西南工业区复合材料工业园

【发明（设计）人】 张志法　杨义平　戚德海　郭广远

【摘要】 一种由玻璃纤维增强热塑性复合材料制成塑料门窗型材的方法，其特征是：以PP、PVC塑料为基材，以玻璃纤维无捻粗纱及其织物作为增强材料，玻璃纤维中无捻粗纱及其织物各占15%～25%，PP、PVC热塑性塑料各占60%～70%；玻璃纤维在牵引机的作用下前进，牵引速度0.3～1m/s，在粉末流化床中与热塑性塑料形成预浸纤维，再通过集束板后成束，并在加热箱中将树脂基体加热至200～240℃黏流态，然后进入成型模具成型，制得PVC、PP热塑性材料的弹性体；该弹性体在冷却箱中经冷却定型后，从而制得玻璃纤维增强热塑性塑料门窗型材。

【名称】 高分子化合物环保降解塑料薄膜

【公开（公告）号】 CN1704444

【公开（公告）日】 2005.12.07
【申请（专利权）人】 菏泽德信印刷物资有限公司
【地址】 （274015）山东省菏泽市开发区丹阳工业园松花江路西段
【发明（设计）人】 徐锋 吴海山
【摘要】 一种高分子化合物环保降解塑料薄膜，其特征在于以乙烯琥珀酸淀粉酯、可降解树脂、EVA、充分混合，添加 NH_4OH、碳酸铵、松香树脂、微晶石蜡及各种助剂配制而成，其质量配比为：乙烯琥珀酸淀粉酯 70%～72%、可降解树脂 10%～11%、EVA 15%～17%、NH_4OH 1.9%～2.5%、碳酰胺 1.8%～2.2%、松香树脂 0.5%～1.0%、微晶石蜡 0.3%～0.8%、抗氧剂 0.2%～0.7%、润滑剂 0.1%～0.3%、紫外线吸收剂 0.1%～0.2%、水 0.1%～0.2%。

【名称】 硅烷交联低回缩聚乙烯塑料及其制备方法和应用
【公开（公告）号】 CN1699457
【公开（公告）日】 2005.11.23
【申请（专利权）人】 上海新上化高分子材料有限公司
【地址】 （200090）上海市杨树浦路 1578 号
【发明（设计）人】 肖明宇 诸仲良
【摘要】 本发明公开了硅烷交联低回缩聚乙烯塑料及其制备方法和应用。组分包括：线性低密度聚乙烯、低密度聚乙烯、高密度聚乙烯、乙烯共聚树脂、硅烷交联剂、过氧化物交联剂、加工助剂、抗氧剂、金属钝化剂和催化剂。本发明完善了硅烷交联聚乙烯绝缘塑料的品种，很大程度上提高了硅烷交联聚乙烯绝缘电缆的绝缘收缩试验性能，特别使采用挤管式模具快速生产的硅烷交联聚乙烯绝缘电缆绝缘收缩试验指标合格。

【名称】 可过氧化交联的塑料模制件的挤塑
【公开（公告）号】 CN1708390
【公开（公告）日】 2005.12.14
【申请（专利权）人】 雷奥两合股份公司
【地址】 德国雷奥
【发明（设计）人】 K·温特 G·东克尔 G·泽瓦尔德 H·茨维林
【摘要】 一种用于挤出过氧化交联的塑料模制件、优选管子的方法，其中可交联的塑料在一挤塑机中加热并连续供给一挤出模具以生产模制件，而且在挤出模具中通过对塑料超过一交联温度的加热实现塑料的至少部分的交联；其特征在于，通过一温度调节装置将在挤塑机中引导的未熔化的塑料加热到一高于塑料的晶粒熔化范围的温度值，但低于交联温度，并且只在进入挤出模具以后才将温度升高超过交联温度。

【名称】 一种工业化废塑料油化装置
【公开（公告）号】 CN1709948
【公开（公告）日】 2005.12.21
【申请（专利权）人】 姜皓
【地址】 （100024）北京市朝阳区管庄北京科技大学管庄校区教学科研办公室金小华转
【发明（设计）人】 姜皓
【摘要】 本发明涉及一种工业化废塑料油化装置，它包括供料系统、加料系统、反应系统、油气焦砟分离系统、排渣系统、油品分馏系统和冷凝冷却油气分离系统，其特征在于：所述反应系统包括一连接所述加料系统和油气焦砟分离系统的反应管，所述反应管的外壁环设有加热装置。本发明由于设置了一连接加料系统和油气焦砟分离系统的管道反应系统，特别是在将反应系统的反应管设置为转动的，并固定设置通长的刮焦板，或者设置固定的反应管，在反应管内设置转动的旋转轴和反应驱动叶片，因此不但结构简单，节省占地面积，而且工艺操作简单，可以较方便地实现废塑料油化生产过程的连续化和自动化。

【名称】 一种“塑料木材”的制备方法
【公开（公告）号】 CN1709970
【公开（公告）日】 2005.12.21
【申请（专利权）人】 华东理工大学
【地址】 （200237）上海市徐汇区梅陇路 130 号
【发明（设计）人】 郭卫红 汤先文 吴驰飞 彭勇 张喜亮 李慧 韩炜 殷国蓉 张洪生
【摘要】 一种“塑料木材”的制备方法，其特征在于，所述的方法包括如下步骤。步骤一：稻谷壳或者米糠的预处理①热处理，在高温 150℃左右下，将稻谷壳或米糠加热烘 1 小时；②碱处理，将经过热处理的稻谷壳或米糠，在 23℃下用质量百分比为 10%的 NaOH 溶液浸泡 48h，随后在 110℃烘干 5 小时至干燥；③表面改性：在以上烘干的谷壳或米糠每 100 质量份中加入苯甲酸或者冰醋酸 1～6 份，硬脂酸 1～10 份，硅烷偶联剂 1～5 份后经高速混合机混合备用；步骤二：将稻谷壳或米糠与热塑性塑料混合处理后，加入双螺杆挤出机挤出，其中，原料的质量配比为稻谷壳或者米糠：热塑性塑料＝(30～60)：(40～70)。

【名称】 SMC 不饱和聚酯玻璃纤维增强模塑料及其用途
【公开（公告）号】 CN1709971
【公开（公告）日】 2005.12.21
【申请（专利权）人】 李树本
【地址】 （265701）山东省龙口市黄城西环北首烟台丰和塑业有限公司

【发明（设计）人】 李树本

【摘要】 本发明涉及一种SMC不饱和聚酯玻璃纤维增强模塑料及其用途，属于玻璃纤维增强模塑料及其用途技术领域。SMC不饱和聚酯玻璃纤维增强模塑料，其特征在于：它是由下列物质按质量份组成，不饱和聚酯树脂25～40份，悬浮聚苯乙烯6～8份，6～10mm无碱无捻玻璃纤维粗纱21～29份，按1∶1混合的500目和150目的碳酸钙30～40份，过氧化苯甲酰丁酯0.3～0.5份，硬脂酸锌1～1.7份，活性氧化镁0.2～0.6份；用途特征在于：SMC不饱和聚酯玻璃纤维增强模塑料为应用于乒乓球台面上。具有抗老化、抗冲击、耐候等性能，坚固、可全天候使用的特点。

【名称】 无卤膨胀型阻燃聚烯烃复合物

【公开（公告）号】 CN1709968

【公开（公告）日】 2005.12.21

【申请（专利权）人】 四川大学

【地址】 （610064）四川省成都市武侯区九眼桥四川大学化学学院

【发明（设计）人】 王玉忠　胡小平

【摘要】 本发明公开的无卤膨胀型阻燃聚烯烃复合物，该复合物含有热塑性聚烯烃基材50～90份，无卤膨胀型阻燃剂10～50份，均为质量份，且无卤膨胀型阻燃剂是由无卤成炭型阻燃剂、无卤含氮阻燃剂和聚磷酸铵组成，三者的质量比含量为（1～6）∶（0.5～2）∶（0.5～2）。该复合物不仅具有高氧指数、抗熔滴、低热释放速率、无卤、低毒、低烟尘排放和对基材力学性能影响较小等优点，可用于各种阻燃材料领域，特别适合用于电线电缆、通讯电缆及船泊、汽车等行业，还具有优异的模塑性，因而可利用双螺杆挤出机、双辊混炼机、注塑机及平板硫化机等加工设备，采用传统的如挤塑、压延和注塑等塑料加工技术将其加工成片材、板材和管材等模制品。

【名称】 塑料瓶表面电晕改性处理机

【公开（公告）号】 CN2675387

【公开（公告）日】 2005.02.02

【申请（专利权）人】 志圣科技（广州）有限公司

【地址】 （510850）广东省广州市花都区狮岭镇第二工业区利和路6号志圣科技（广州）有限公司

【发明（设计）人】 梁茂忠

【摘要】 一种塑料瓶表面电晕改性处理机，包括电晕室、输送带，其特征在于：所述的输送带设置在电晕室底部，在输送带上间隔设置有塑料瓶固定头；在电晕室内设有活动支架，在活动支架下部设有1个以上的电浆头；电浆头位于输送带侧并与固定头相对应。

【名称】 塑料磁力泵

【公开（公告）号】 CN2675909

【公开（公告）日】 2005.02.02

【申请（专利权）人】 蔡国华

【地址】 （215400）江苏省太仓市体育西路口太仓磁力驱动泵有限公司

【发明（设计）人】 蔡国华

【摘要】 塑料磁力泵，包括泵壳，电机，托架，泵轴，分别安装在泵轴上的叶轮和内联轴器，以及外联轴器，内联轴器、外联轴器之间设有隔离套，其特征在于所述泵壳的后端面上安装有中体，中体的另一端安装有悬架，所述泵轴能转动地安装在中体的腔室内，泵轴位于所述悬架的一端安装有所述内联轴器，悬架安装固定在所述托架上，所述叶轮采用金属材料制成，其外表面包覆有纤维增强树脂层，所述隔离套采用纤维增强树脂制成，其上设有金属加强网，所述泵轴采用金属材料制成，其外表面包覆有纤维增强树脂层。

【名称】 一种螺纹膨胀塑料管卡

【公开（公告）号】 CN2675991

【公开（公告）日】 2005.02.02

【申请（专利权）人】 沈阳建筑工程学院

【地址】 （110168）辽宁省沈阳市浑南新区沈阳建筑工程学院

【发明（设计）人】 苏锦明　周晴

【摘要】 一种螺纹膨胀塑料管卡，属于建筑小五金技术范畴，这种螺纹膨胀塑料管卡包括有螺丝、管卡盖、管卡底座和铁钉，管卡中还设有一个塑料膨胀体，该塑料膨胀体与管卡底座相连接，该塑料膨胀体由铁钉预留渐变腔体和塑料膨胀杆体组成，其中所述的铁钉预留渐变腔体为一逐渐缩小的锥形腔体，腔体前端尺寸略大于所用铁钉的钉体直径，腔体长度至少为所用铁钉的钉体长度的1/2；所述的塑料膨胀杆体上至少有两条对称分布的膨胀分离线，膨胀分离线为膨胀杆体长度的一半，从其中部至其末端。本实用新型具有结构简单、成本低、美观实用和安装方便的特点，适宜于家庭居室、商店酒店、办公娱乐场所及医院等建筑物中铺设管路时采用。

【名称】 聚酰亚胺薄膜及其制造方法

【公开（公告）号】 CN1711308

【公开（公告）日】 2005.12.21

【申请（专利权）人】 日东电工株式会社

【地址】 日本大阪府

【发明（设计）人】 坂本亨枝　西小路祐一　村上奈穗　林政毅

【摘要】 本发明提供一种具有双轴的光学各向异性、且耐久性优良的聚酰亚胺薄膜。将酰亚胺化率为

98%～100%的聚酰亚胺溶液涂覆在塑料基材上，进而使前述溶液干燥而形成聚酰亚胺涂膜。然后，前述聚酰亚胺涂膜连同前述塑料基材一起拉伸以使 $n_x > n_y > n_z$。其中，n_x 和 n_y 为在平面内折射率最大的方向以及与之垂直的方向上的折射率，n_z 为厚度方向上的折射率。在聚酰亚胺中，氟类聚酰亚胺因光透过性和溶解度优良而比较理想，重均分子量优选 50 000～180 000。此外，在大气压为 0.1MPa、大气温度为 25℃的测定条件下测定的前述聚酰亚胺溶液的溶剂的溶解度参数优选在 17～22 的范围。

【名称】 紫外线固化型防静电性硬涂层树脂组合物

【公开（公告）号】 CN1711326

【公开（公告）日】 2005.12.21

【申请（专利权）人】 电气化学工业株式会社

【地址】 日本东京

【发明（设计）人】 後藤慶次　風見淳一　入内岛邦夫

【摘要】 树脂组合物，它是经紫外线照射可固化的防静电性硬涂层树脂组合物，其特征在于，含有作为A成分的一次粒子平均粒径在 0.05μm 以下的导电性氧化锌、作为B成分的分子内至少具有一个以上的（甲基）丙烯酰基的紫外线固化型（甲基）丙烯酸酯、作为C成分的光聚合引发剂；对于上述A、B和C成分的总量，上述A成分的含有比例为 50%～95%（质量）。

【名称】 两侧可降解的塑料地膜

【公开（公告）号】 CN1711829

【公开（公告）日】 2005.12.28

【申请（专利权）人】 解景勋

【地址】 （102600）北京市大兴区黄村镇佟场东洋塑料制品厂

【发明（设计）人】 解景勋

【摘要】 本发明涉及一种用于农田培育与种植蔬菜、瓜果秧苗的两侧可降解的塑料地膜，包括有不可降解塑料膜，其主要是不可降解塑料膜的两侧边连接有可降解塑料膜，可降解塑料膜的宽度为 2～10cm。该发明既具有不可降解塑料膜日光照度好、经久耐用、保温性强的功能，又具有可降解塑料膜不破坏土壤结构的优点，因而深受农户使用。

【名称】 快速自熔融结塑料管箍

【公开（公告）号】 CN2676002

【公开（公告）日】 2005.02.02

【申请（专利权）人】 夏丙忠

【地址】 （064100）河北省玉田县玉田镇梁各庄村后1街81号

【发明（设计）人】 夏丙忠

【摘要】 本实用新型涉及供水管路安装中使用的管件，特别是一种快速自熔融结塑料管箍。该塑料管箍的箍体呈短节状，箍体内壁嵌入有环绕箍体的呈螺旋状的电热丝，该电热丝的电源端子由箍体两端引出。使用时将本管箍套装在对接的两管材接口处，通电加热，即可将本管箍与接口处两管材迅速熔化结合在一起，增加了接口处管壁厚度。本管箍可与国内各国标和企标塑料管材配套使用，可使同等型号管材的压力利用率上升 1.2～1.5 倍，具有使用方便、自熔融结速度快、技术要求低等特点。

【名称】 塑料薄膜或塑料板材生产设备的风刀移动装置

【公开（公告）号】 CN1712206

【公开（公告）日】 2005.12.28

【申请（专利权）人】 洪培冬

【地址】 （515041）广东省汕头市翠园3栋502房

【发明（设计）人】 洪培冬

【摘要】 一种塑料薄膜或塑料板材生产设备的风刀移动装置，其特征在于：包括固定机构和风刀轴向移动机构，固定机构设在生产设备上，风刀轴向移动机构包括驱动件、往复运动机构、移动杆和两个移动杆座；两个移动杆座分别设在固定机构上，移动杆座上设有限位孔；驱动件固定在固定机构上，驱动件的输出端通过往复运动机构连接移动杆；移动杆依次穿过两个移动杆座上的限位孔，移动杆中部固连风刀。本发明对照现有技术的有益效果是，由于设有风刀轴向移动机构，因此风刀可以左右往复运动，对气流起到补偿作用，减少了风刀出来的气流不均匀对产品平整度、厚薄度的影响。

【名称】 一种改进的纤维增强塑料及其制备工艺

【公开（公告）号】 CN1712440

【公开（公告）日】 2005.12.28

【申请（专利权）人】 上海温兴生物工程有限公司

【地址】 （200042）上海市长寿路1118号金源国际大厦A楼1807室

【发明（设计）人】 陈宏强　王耀庭

【摘要】 本发明属于材料和资源回收领域，公开了一种改进的纤维增强塑料，包括聚丙烯 35%～55%，高密度聚乙烯 30%～45%，纤维 10%～30%，其他材料（如橡胶和/或纸）1%～3%。本发明还公开了利用工业废塑料制备所述的改进的纤维增强塑料的方法。本发明的纤维塑料制品拉压抗性强，密度轻，弹强度高，是一种不可多得的再生材料。

【名称】 一种内外防腐钢塑复合管的生产设备

【公开（公告）号】 CN2681889

【公开（公告）日】 2005.03.02

【申请（专利权）人】 广州励进新技术有限公司
【地址】 （510665）广东省广州市天河区中山大道西高新科技工业园建工路9号6楼
【发明（设计）人】 李志雄　马东生　何永刚　王骥骥
【摘要】 本实用新型涉及一种内外防腐钢塑复合管的生产设备。包括有上管平台、预热装置、钢管内除锈装置、加热装置、钢管内喷涂装置、外除锈机组、挤压胶层装置、挤压塑料层装置、冷却装置，其中预热装置置于上管平台与钢管内除锈装置之间，钢管内喷涂装置置于加热装置的旁侧，挤压塑料层装置置于挤压胶层装置的旁侧，外除锈机组及冷却装置分别置于挤压胶层装置、挤压塑料层装置的前侧及后侧。本实用新型结构简单、安装容易，使用方便。用本实用新型可生产外壁采用2PE或3PE防腐层、内壁采用环氧粉末涂层的复合管，钢管的内外防腐层是最佳的内外防腐层组合方案，其防腐效果极佳，且生产工艺简单、成本低，经济效益好。

【名称】 一种废塑料处理装置
【公开（公告）号】 CN2682080
【公开（公告）日】 2005.03.02
【申请（专利权）人】 曾树和
【地址】 香港新界元朗横洲东头围四巷123号
【发明（设计）人】 曾树和
【摘要】 一种废塑料处理装置，其特别之处在于主要由带有密封盖的罐、设置在罐周壁内的加热装置、设置在罐内的搅拌器构成，罐的顶部设有排气口、罐的底部设有带有阀门的废渣排放口。本实用新型与已有技术相比，能不受废旧塑料品质限制的、将废旧塑料变废为宝的、不会造成二次污染的优点。

【名称】 建筑用塑料平面模板
【公开（公告）号】 CN2682143
【公开（公告）日】 2005.03.02
【申请（专利权）人】 周忠玉
【地址】 （266314）山东省青岛市胶州马店经济技术开发区
【发明（设计）人】 周忠玉
【摘要】 本实用新型是一种建筑用塑料平面模板，它的顶面为一块长方形塑料平板，后者的四边固定金属条片，该顶面下固定一中空的框架，该框架下固定一层保护片，在框架的边缘上固定一L形定位角钢件。所述的平板与框架之间通过鱼尾形埋植螺丝连接。本模板的优点是平面光洁，易安装和拆卸，质量轻，便于操作，稳定性好，周转率高，造价低，使用省工、省料，耐磨擦、耐腐蚀，抗冲击强度高，在施工中能增加室内空间，可与工程支撑系统配套使用，且能提前工期。

【名称】 一种抗静电塑料复合管的原材料及其制备方法
【公开（公告）号】 CN1712442
【公开（公告）日】 2005.12.28
【申请（专利权）人】 哈尔滨工业大学
【地址】 （150001）黑龙江省哈尔滨市南岗区西大直街92号
【发明（设计）人】 徐用军　张威震　王福平　张密林　张克军　林宝清
【摘要】 一种抗静电塑料复合管的原材料及其制备方法，本发明涉及改性的聚乙烯原材料及该原料的制备方法，解决了塑料复合管原料不具备抗静电和降低管材的物理性能的问题。按质量百分比由聚乙烯60%～88%、导电炭黑5%～10%、导电碳酸钙5%～15%、树脂1%～20%、抗静电剂0.2%～2%组成。制备方法：①导电炭黑、导电碳酸钙和抗静电剂放入高混机中冷混；②将聚乙烯、树脂放入高混机中搅拌、加热，将①获得的粉末加入高混机中预混后获得粒状混合物；③将②的粒状混合物料送入双螺杆挤出机中挤出颗粒状的原材料。本发明的原材料生产的复合管具有优良、耐久的导电性能及管材的抗开裂性能，其耐压性、稳定性都有所改善，它还具有耐腐蚀性强、使用寿命长的特点。

【名称】 直接聚合的低分子量粒状聚四氟乙烯
【公开（公告）号】 CN1714109
【公开（公告）日】 2005.12.28
【申请（专利权）人】 纳幕尔杜邦公司
【地址】 美国特拉华州
【发明（设计）人】 R·A·摩根
【摘要】 一种通过在搅拌反应容器中使加压四氟乙烯进行悬浮聚合生产低分子量粒状聚四氟乙烯或改性聚四氟乙烯的方法。所述聚合在水介质中在自由基引发剂和调聚剂存在下进行。所述反应容器在聚合期间进行充分搅拌，以便使聚四氟乙烯或改性聚四氟乙烯凝结。熔体黏度为约1×10^6Pa·s以下的低分子量粒状聚四氟乙烯或改性聚四氟乙烯粉末，直接从反应容器中离析出。按照本发明的低分子量聚四氟乙烯或改性聚四氟乙烯粉末具有熔体黏度约1×10^6Pa·s以下，比表面积约8m^2/g以下，可萃取氟化物含量约3×10^{-6}或更低（按质量计），以及由多分散指数为约5或更低所表明的窄分子量分布。低分子量粉末粒子具有重均粒度约2～约40微米，所述粉末基本不含粒度小于约1微米的粒子。如此生产的低分子量材料适于用作诸如油墨、涂料、润滑脂、润滑剂和塑料等其他材料的添加剂。

【名称】 装软质物后可直立的塑料包装袋
【公开（公告）号】 CN2668534
【公开（公告）日】 2005.01.05
【申请（专利权）人】 魏文昌
【地址】 （518029）广东省深圳市福田区八卦路512栋2楼万达杰公司
【发明（设计）人】魏文昌
【摘要】 一种装软质物后可直立的塑料包装袋，包括袋身，袋身包括前面和背面，其特征在于，袋身还包括底部与前面和背面连为一体的内折底面，内折底面分别与前面和背面形成一条外折线，内折底面中间形成一条内折线，在袋身两边各设有贯穿前面、背面和内折底面的侧封线。与现有技术相比，本实用新型包装袋，由于上述的内折底面结构，包装物品时，特别是包装软质或液体物质包装商品时，能形成规则的四方形平底，可以直立，有利于袋装商品的展示；并且便于包装袋的自动化批量生产，提高生产效率。

【名称】 一种双层承口结构的塑料管件
【公开（公告）号】 CN2668980
【公开（公告）日】 2005.01.05
【申请（专利权）人】 李耀东
【地址】 （200091）上海市杨浦区眉州路988弄4号402室
【发明（设计）人】 李耀东
【摘要】 本实用新型属塑料管道技术领域，塑料管件由承口和管件本体所组成，长管件的承口处有内外两层，有两层中间形成一个能将复合塑料管的内外层同时热熔插入的环形空间。其是采用与复合塑料管内外层同种塑料加工成管件，该管件具有双层结构的承口，复合管可通过热熔方式插入两层中间，使管材与管件熔为一体，使连接牢固，不渗漏，无腐蚀，较金属管件生产成本降低，经济效益大大提高。

【名称】 塑料复合膜用节能熟化室
【公开（公告）号】 CN2683357
【公开（公告）日】 2005.03.09
【申请（专利权）人】 刘中立　苏士恩　王力
【地址】 （112000）辽宁省铁岭市银州区工人街四委十五组
【发明（设计）人】 刘中立　苏士恩　王力
【摘要】 本实用新型是一种塑料复合膜用节能熟化室，它充分地利用了太阳光，保温和节能效果好。它包括墙壁、隔热层、透光玻璃和挂料杆，温室的墙壁内装有泡沫板（苯板），温室上方用透光玻璃做1～3个隔热层，透光玻璃与水平面的倾斜角度应大于3°，隔热层最上方的玻璃采用钢化玻璃，挂料杆固定在四周的墙壁上，温室内可放有加热器。本实用新型结构简单，实现容易，降低了能耗，减少了熟化成本，增强了复合膜的市场竞争力。

【名称】 多层结构的复合薄膜
【公开（公告）号】 CN2670110
【公开（公告）日】 2005.01.12
【申请（专利权）人】 佛山塑料集团股份有限公司
【地址】 （528000）广东省佛山市汾江中路82号
【发明（设计）人】 李永鸿　赵照
【摘要】 本实用新型涉及一种多层结构的复合薄膜，该复合薄膜包括二或多层结构的膜层，各膜层为相同或不同材质，其特征在于：在所述膜层表面上或不同膜层之间还贴合有编织层；所述的编织层为一层或多层，所述的编织层是由纤维材料双向交叉地编织而成。本实用新型提供一种其增强层能柔顺贴合各复合膜层、能使复合膜的整体机械强度大幅提高、且能保持其所贴附的塑料膜的原有功能的多层结构的复合薄膜。

【名称】 一种塑料密炼机的止漏装置
【公开（公告）号】 CN2685050
【公开（公告）日】 2005.03.16
【申请（专利权）人】 上海泓阳机械有限公司
【地址】 （201808）上海市嘉定区徐行镇澄浏路783号
【发明（设计）人】 林培辉　秦长林　沈克波　殷昌浩　沈建华
【摘要】 一种塑料密炼机的止漏装置，它包括：搅拌轴、传动销、车壁、耐磨钢圈（由耐磨钢环、钢圈组合成）、止漏铜环、聚四氟乙烯密封条、固定块、支撑螺栓、压板和油缸等组成，其特征在于所述的传动销嵌入搅拌轴端面凹槽中；所述的耐磨钢圈左端面的两只小孔套在传动销上，所述的止漏铜环穿过车壁上的孔，滑套在固定的耐磨钢圈的钢圈上，所述的耐磨钢圈通过固定块用螺钉轴向固定在搅拌轴上。

【名称】 塑料射出机的控制系统
【公开（公告）号】 CN2671791
【公开（公告）日】 2005.01.19
【申请（专利权）人】 黄湛铧　陈新楼
【地址】 （310012）浙江省杭州市翠苑5区20幢1406室
【发明（设计）人】 黄湛铧　陈新楼
【摘要】 本实用新型的一种塑料射出机的控制系统，该系统控制多个塑料射出机的工作站、一个移动式料斗和一个液压站，它包括：一个总控制柜、多个分布式控制箱和网络总线，一个分布式控制箱至少与一个工作站的现场信号线相连，分布式控制箱通过网络总线与一个总控制柜相连，使用本实用新型的塑料射出机的控制系统，可以降低了塑料射出机的成本，提高了塑料射出机的可靠性，并且大大地减少了塑料射出机的维修的工作量，提高了塑料射出机的整体效率。

【名称】 热熔黏合塑料排水带专用滤膜

【公开（公告）号】 CN2685397

【公开（公告）日】 2005.03.16

【申请（专利权）人】 龚国兴

【地址】 （210008）江苏省南京市湖北路18号甲楼501室

【发明（设计）人】 龚国兴

【摘要】 本实用新型涉及一种用于排除软基地层水的塑料排水带的滤膜，特别是热熔黏合塑料排水带专用滤膜，由高熔点的聚酯纤维强力层和作为低熔点表面热黏层的烯烃类纤维层复合而成一体。本滤膜的表面低熔点烯烃类纤维层与塑料排水带的带芯材料的熔点相近，因此可将本滤膜复于含有排水槽的热塑态塑料芯带的幅面上，通过热辊加热并压延而制成热熔黏合塑料排水带。由于本滤膜湿强力高于干强力，强度高，透水性好，孔径均匀细小，而且它与芯带之间可通过热熔的方式可多点均匀牢固黏合，结合面大，二者不易脱落分离，使排水带使用寿命延长。

【名称】 塑料管道双向承插连接装置

【公开（公告）号】 CN2685691

【公开（公告）日】 2005.03.16

【申请（专利权）人】 蒋继恩　吕雪山　范文宪　张可定

【地址】 （310014）浙江省杭州市大关南二苑六幢四单元301室

【发明（设计）人】 蒋继恩　吕雪山　范文宪　张可定

【摘要】 本实用新型主要涉及一种塑料管道双向承插连接装置，主要包括一用于连接二个塑料管道的承接套，该承接套的两端开有环槽，该环槽内置有弹性密封圈；承接套的中部固定连接有挡板。因为两端的密封圈是弹性密封圈，塑料管道可从承接套的两端插入连接。挡块用于控制对两端管道的定位。所述的环槽可以开于承接套的内侧，挡板固定连接在承接套的内侧壁上。环槽也可以开于承接套的外侧，挡板固定连接在承接套的外侧壁上。弹性密封圈可以采用中空的圆形橡胶密封圈或多齿状橡胶密封圈。本实用新型有益的效果是：可双向承插，连接塑料埋地排水管道施工方便，密封可靠，还能消除塑料管道由热膨胀引起的内应力。

【名称】 塑料密炼机电流过载保护电路

【公开（公告）号】 CN2686179

【公开（公告）日】 2005.03.16

【申请（专利权）人】 上海泓阳机械有限公司

【地址】 （201808）上海市嘉定区徐行镇澄浏路783号

【发明（设计）人】 林培辉　魏昱进　张政联　耿志林

【摘要】 一种塑料密炼机电流过载保护电路，是由该机的电气控制回路和过载保护电路组成，其特征在于所述的过载保护电路是由一只比流器、一只电流继电器、一只辅助继电器的继电器线圈及继电器常开触点和一只电磁阀组成，其中：比流器检测电机输入侧三相中一相的电流，并把信号输入到电流继电器，当比流器检测的信号超过电流继电器面板设定电流值时，该电流继电器动作，即输出接点信号让辅助继电器线圈得电，随之，它的常开触点闭合，让过载释压用的电磁阀也得电。

【名称】 双层充气式保温塑料膜

【公开（公告）号】 CN2686310

【公开（公告）日】 2005.03.23

【申请（专利权）人】 马永政

【地址】 （155626）黑龙江省宝清县852农场6分场7队

【发明（设计）人】 马永政

【摘要】 本实用新型涉及的是一种双层充气式保温塑料膜，它包括两层塑料膜，在两层塑料膜之间设置有与两层塑料膜相连的定形隔膜。两层薄膜与若干个定形隔膜组成若干个纵向条形气室。使用时截取所需长度，将一端封闭，从另一端充气，充气后将充气端封闭，即可用于建造大棚、畜禽舍等。具有成本低，保温、采光效果好、使用方便等优点。

【名称】 塑料定位钉钢骨架增强塑料复合管件

【公开（公告）号】 CN2672410

【公开（公告）日】 2005.01.19

【申请（专利权）人】 大庆油田长垣管业有限公司

【地址】 （163458）黑龙江省大庆市让区远望邮局6-6信箱

【发明（设计）人】 林宝清　杨青超　王学钢

【摘要】 一种塑料定位钉钢骨架增强塑料复合管件。主要解决现有不锈钢定位钉成本高、加工工艺复杂及不锈钢定位钉与塑料不相融的问题。其特征在于：钢骨架壁上均开有若干个过流孔，钢骨架上间隔的过流孔内镶嵌有若干个塑料定位钉。该塑料定位钉钢骨架增强塑料复合管件具有成本低、加工工艺简单及塑料定位钉易与塑料本体相融的特点。

【名称】 一种塑料编织袋印刷机的收袋机构

【公开（公告）号】 CN2673649

【公开（公告）日】 2005.01.26

【申请（专利权）人】 汕头市欧格包装机械有限公司

【地址】（515021）广东省汕头市护堤路10号
【发明（设计）人】陈鸿奇
【摘要】一种塑料编织袋印刷机的收袋机构。结构包括转轴、固定在转轴上的若干根翻袋板、气缸、气缸活塞杆外端的齿条、固定在转轴上并与齿条啮合的齿轮，翻袋板的静止状态为倾斜状、其上端靠近于印刷机出袋输送带、其下端靠近于收袋平台，气缸的进出气管接往压力气源，特征是若干根翻袋板相互之间的间隙上设有二根或二根以上的传送带，传送带循环套设在二个传送带辊上，有一个为传送带驱动辊、与印刷机动力作驱动连接。本实用新型可使从出袋输送带下来的编织袋被传送带以设定速度输送至翻袋板中下部，不论是在什么印刷输送速度下，前后的编织袋都不会相互碰挤而拱起，使叠放在收袋平台上的编织袋整齐而不混乱，也不会产生收袋机构的动作故障，能很好适应高速印刷作业需要。
【名称】废塑料热裂解油化装置
【公开（公告）号】CN2687127
【公开（公告）日】2005.03.23
【申请（专利权）人】王际平
【地址】（030800）山西省太谷县任村乡西贾村
【发明（设计）人】王际平
【摘要】废塑料热裂解油化装置，包含用于加热的外炉、位于外炉上的裂解炉，裂解炉上设有进料口、排渣口和废塑料可油化蒸发物的导出管，在裂解炉上支撑有由位于裂解炉外的电机驱动的搅拌器，其特征为：裂解炉内包含相通的主裂解内腔和副裂解内腔。
【名称】塑料成形编织状结构
【公开（公告）号】CN2687146
【公开（公告）日】2005.03.23
【申请（专利权）人】杨登任
【地址】台湾省台中县
【发明（设计）人】杨登任
【摘要】一种塑料成形编织状结构，主要由一第一塑料组件与一第二塑料组件透过射出成型方式一体成型，该第一、二塑料组件上具有多数结合条，而该第二塑料组件的各结合条于第一塑料组件的多数结合条之间呈上下起伏状，使第一塑料组件与第二塑料组件相互交织一体成型成编织状结构，并可大量生产；另外，于第一塑料组件的结合条上成型有凹槽，于第二塑料组件的结合条具有曲部，即由第一塑料组件的凹槽与第二塑料组件的曲部相对应成形预设的图样造型，因此，该第二塑料组件与第一塑料组件结合后除了具有编织状结构外，更具有造型变化的一体成型图案，且第一塑料组件与第二塑料组件的各结合条依所需而选用不同色系的原料，使第一塑料组件与第二塑料组件所制成的商品具有视觉上的美感。
【名称】一种遮蔽保护膜
【公开（公告）号】CN2680361
【公开（公告）日】2005.02.23
【申请（专利权）人】蔡海彬
【地址】（351162）福建省莆田市城乡区东海镇海头村325号
【发明（设计）人】蔡海彬
【摘要】本实用新型公开了一种油漆喷涂用遮蔽保护膜。一种遮蔽保护膜，呈卷式筒状，保护膜的一卷边黏有胶带，且胶带的待黏部分伸出保护膜卷边外；胶带是有一定吸水性的美纹胶带；保护膜是塑料薄膜，采用耐温、耐腐蚀材料制成。使用时，宽度可做成不同尺寸的多种规格，长度可以根据需要剪取。使用这种方式，由于该产品卷成筒状，体积小，携带方便；可广泛应用于装修喷漆，汽车喷漆等，胶带有一定的吸水性，防止油漆沾污。
【名称】一种塑料薄膜回收造粒机
【公开（公告）号】CN2680436
【公开（公告）日】2005.02.23
【申请（专利权）人】许晓峰
【地址】（528000）广东省佛山市忠义路79号403
【发明（设计）人】许晓峰
【摘要】一种塑料薄膜回收造粒机，其特征在于包括带出料口的机箱、机箱下部安装有电机，机箱上部依次安装有送料机构、纵向压料装置、横向压料装置、传送装置、剪切装置，所述的送料机构包括连接在机箱上的支承架，支承架上安装有传送薄膜的导轮，纵向压料装置为左右两个纵向的压紧块，横向压料装置包括由电机带动的上压紧滚轮、通过上压紧滚轮带动的下压紧滚轮，传送装置包括由电机带动的主动轮和由主动轮带动的从动轮，剪切装置由电机带动的切料转刀和与切料转刀相配合的切刀组成。
【名称】废旧塑料袋专用回收机
【公开（公告）号】CN2677134
【公开（公告）日】2005.02.09
【申请（专利权）人】尚占领
【地址】（250022）山东省济南市市中区白马山办事处袁柳庄袁西
【发明（设计）人】尚占领 朱世星
【摘要】一种废旧塑料袋专用回收机，包括有一炉具及一电源控制柜，该电源控制柜上设有温度显示器、高温调节器、低温调节器、自动开关及功率调节器，其特征是：该炉具包括有一外壳及一内衬筒，该外壳及内衬筒之间为绝缘保温层，保温层外设有隔热层，该保温层圆周上设有多个上下贯穿的通孔，该些通孔中装设有上下贯穿的电炉丝，该些电炉丝相互串联，其首尾两端固定于炉具下盖盘的电极柱上，并与电源控制柜输出端连接；该炉具上端设置有上盖盘，该上盖盘与外壳、内衬筒之间设有上隔热绝缘环，该上盖盘中部开设有进料孔，该进料孔上方设有进料仓，该进料仓口设有进料封闭挡板，该进料封闭挡板上端以一转轴与进料仓仓口顶端连接；该炉具下端设置有一下盖盘，该下盖盘与外壳、内衬筒之间设有下隔热绝缘环，该下盖盘中部开设有出料孔，该出料孔下方设有出料仓，该出料仓口设有出料封闭挡板，该出料封闭挡板上端以一转轴与出料仓仓口顶端枢接；该炉具下盖盘底端设有多个支撑柱；该内衬筒下端内壁架设有一转轴，该转轴上同定有一翻板；该炉具上开设有一通孔，该通孔安装有一温度探头，该炉具外装设有多个方便搬运的把手。

【名称】 塑料复合管用的倒角整圆器

【公开（公告）号】 CN2688431

【公开（公告）日】 2005.03.30

【申请（专利权）人】 佛山市日丰企业有限公司

【地址】 （528000）广东省佛山市祖庙路16号日丰大厦

【发明（设计）人】 梅荣裕

【摘要】 一种塑料复合管用的倒角整圆器，包括有多边形的握体，该握体由对称的上握体和下握体组成，所述握体至少有一个向外延伸的整圆杆，该整圆杆前端部设有圆锥面和与之相连的凸环，其特征在于：还设有一刀片，该刀片形状与所述握体形状相吻合，其位于所述整圆杆中轴水平面的上握体和下握体之间并相互紧固连接，所述刀片在所述整圆杆与所述握体相交处设有钝角刃口。

【名称】 用于塑料板材挤出成型的专用模具

【公开（公告）号】 CN2688481

【公开（公告）日】 2005.03.30

【申请（专利权）人】 王贤新

【地址】 （322100）浙江省东阳市吴宁镇东岘新村210幢6号

【发明（设计）人】 王贤新

【摘要】 本实用新型涉及一种模具，尤其是涉及一种对用于塑料板材挤出成型的专用模具等结构的改良。本实用新型主要是解决现有技术所存在的板材滚压容易变形，边缘不整齐，材料浪费较大等的技术问题。它包括出料口，设在出料口处的若干辊筒，其中模具出料口为扁长方形，所述的出料口为冷却口，其两侧各设有一个锯齿型模边。

【名称】 塑料挤出机节能加热装置

【公开（公告）号】 CN2688482

【公开（公告）日】 2005.03.30

【申请（专利权）人】 黄福照

【地址】 （546100）广西壮族自治区来宾市沙来二路六巷16号

【发明（设计）人】 黄福照

【摘要】 本实用新型提供了一种塑料挤出机节能加热装置，沿挤出机料筒需加热部分的表面轴向分段安装有供油流动的中空加热层；加热层的进油口通过导油管连接控制阀门、油气分离器及储油罐并与热油炉连接，出油口通过导油管连接热油泵及热油炉，形成油循环回路。本加热装置具有如下优点和积极效果：强制流动热交换，热能利用率高。高温承载力强，常温至350℃之间无级调节，完全能适应塑料加工温度要求。低压液态输送热能，安全性好。多区多段多距离输送热能，运行控制精度高、操作简便，无需专人看守。加热环境清洁卫生。充分利用热能，节能效果显著，与电加热相比，节约加热成本可达90%。

【名称】 制造径、轴双向拉伸或径向单向拉伸塑料管的装置

【公开（公告）号】 CN2688483

【公开（公告）日】 2005.03.30

【申请（专利权）人】 甘国工

【地址】 （610100）四川省成都市龙泉驿区经济技术开发区星光中路东泰（成都）工业有限公司

【发明（设计）人】 甘国工

【摘要】 本实用新型提供了一种制造径、轴双向拉伸或径向单向拉伸塑料管的装置，包括依次排列的至少一台塑料挤出机，含至少一个流道的挤出管模头，定径套，冷却箱，其特征是装置中设置了管的扩拉机构，管的扩拉机构包括位于塑料管材壁外的至少一组磁性外环或钢环、位于塑料管材壁内的至少一组外径大于从模头挤出的坯管内径0.3～10倍的且磁性与磁性外环相反的径向扩拉磁性柱塞或钢柱塞、输送压力气体的空心管、加热箱及牵引机构，牵引机构包括管坯牵引机和/或拉伸牵引机。本实用新型结构简单，生产效率高。

【名称】 一种复合塑料螺旋增强模压排水管

【公开（公告）号】 CN2688778

【公开（公告）日】 2005.03.30

【申请（专利权）人】 罗茂生

【地址】 （430012）湖北省武汉市江岸区工农兵路109号

【发明（设计）人】 罗茂生

【摘要】 一种复合塑料螺旋增强模压排水管包括管插接口，管承接口管体密封圈，其特征在于管插接口与管承接口为阶梯式结构密封配合，管插接口与管承接

口之间的管体外表面有螺旋环绕的增强筋。

【名称】 聚乙烯薄膜压边装置

【公开（公告）号】 CN2677142

【公开（公告）日】 2005.02.09

【申请（专利权）人】 山东清源集团有限公司

【地址】 （255410）山东省淄博市临淄区金岭镇中路2号

【发明（设计）人】 马之清

【摘要】 一种聚乙烯薄膜压边装置，属于吹塑机附件。包括中空的聚乙烯薄膜吹塑机导引辊及与之配套的固定机架，其特征在于该导引辊其中一端的机架上设置转动压辊，转动压辊与导引辊紧密接触对压在一起，并在其中的转动压辊或导引辊上固定设置与之等径的环状电加热器，该环状电加热器通过设置在辊空腔中的导线与套装在转动压辊或导引辊机架外侧转动轴上的导电滑环相连。本实用新型的应用，具有能够与现有生产设备配套使用，而且能够与现有生产设备完全同步工作，对塑料薄膜的压边规整，不损伤塑料薄膜的优点。

【名称】 能消除注塑有孔制品外观熔接痕的模具

【公开（公告）号】 CN2690138

【公开（公告）日】 2005.04.06

【申请（专利权）人】 海尔集团公司青岛海尔模具有限公司

【地址】 （266101）山东省青岛市海尔路1号

【发明（设计）人】 周利民　杨晓志　郭汉翔

【摘要】 本实用新型公开了一种能消除注塑有孔制品外观熔接痕的模具，其包括，上、下半模体。在上、下半模体制品型腔的两背侧面设定有孔的位置上，分别设置与该孔形状匹配的、同轴线的镶芯和镶芯，在设有镶芯的半模体上设有镶芯的驱动机构，该机构是驱动该镶芯完成沿其轴线方向，对制品型腔内的较软注料熔体进行切割设定制品孔动作的。本模具具有技术成本低，操作简单，应用范围广泛的特点，可用于表面有各种类型孔的塑料制品，完全消除制品孔处的熔接痕，以提高产品表面质量。

【名称】 塑料正压成型机

【公开（公告）号】 CN2678864

【公开（公告）日】 2005.02.16

【申请（专利权）人】 刘秋明

【地址】 （515000）广东省汕头市潮汕路金园工业区3A5－6片区明发机械有限公司

【发明（设计）人】 刘秋明

【摘要】 一种塑料正压成型机，包括送片机构、加热机构、合模冲剪机构、吹杯机构，在送片机构前面还设有塑料片材挤出装置，该塑料片材挤出装置包括进料斗、机筒、挤出机头。该塑料正压成型机在塑料片材挤出、成型后，可以随即将塑料片材送进加热机构，这样能充分利用塑料片材挤出后的余热，节省后续加热所需的电能，减轻塑料片材加热后各部位温度不均匀的程度，并提高塑料容器制品的卫生水平。

【名称】 塑料袋重复使用存取器

【公开（公告）号】 CN2679050

【公开（公告）日】 2005.02.16

【申请（专利权）人】 窦建英

【地址】 （510095）广东省广州市东山区麓苑路4号301房

【发明（设计）人】 窦建英

【摘要】 塑料袋重复使用存取器，它是由后壁、前壁和底面构成的筒状体，且前壁上开设有多个塑料袋抽取孔。它具有在塑料袋重复使用时便于根据人们所需进行挑选，且所存塑料袋不易发霉生味的优点。

【名称】 一种可观测塑料件的改进结构

【公开（公告）号】 CN2679870

【公开（公告）日】 2005.02.16

【申请（专利权）人】 戴增实

【地址】 （362000）福建省泉州市鲤城区北峰镇群石村高厝

【发明（设计）人】 戴增实

【摘要】 本实用新型公开了一种可观测塑料件的改进结构，包括显示杆、色球和套设于显示杆T形端的固定套，上述固定套的内衬设有卡住上述显示杆T形头的卡肩，上述显示杆与上述固定套通过相适配的环形凹槽和凸环扣合连接；且上述显示杆T形头的肩部与上述固定套内衬卡肩之间垫设有密封圈。本实用新型中的显示杆和固定套通过相扣合的环形凹槽和凸环进行连接，既保证了连接的可靠性又不易损坏显示杆和固定套。且显示杆的T形头肩部与固定套内衬卡肩之间挤压垫设有密封圈，加强了显示杆与固定套之间的密封性。

【名称】 一种抗菌复合塑料管

【公开（公告）号】 CN2690702

【公开（公告）日】 2005.04.06

【申请（专利权）人】 广东顾地塑胶股份有限公司

【地址】 （528303）广东省佛山市顺德区容桂街环安路9号

【发明（设计）人】 林伟雄　谢世雄　赵劲松　王文治

【摘要】 本实用新型涉及一种抗菌复合塑料管材，更具体地说涉及一种适用于城镇供水系统等场所使用的抗菌塑料给水管材，该管内壁层为抗菌复合塑料层，中间层为普通给水管的塑料层，外壁层可以是普通给水管的塑料层，也可以是抗菌复合塑料层，所述抗菌塑料层在加工过程中加入塑料抗菌剂制备而成，所述抗菌剂为无机抗菌剂或有机抗菌剂或天然抗菌剂，无机抗菌剂可以是 $AgNO_3$ 抗菌剂，也可以是 Ag 或 Cu 或 Zn。本实用新型的抗菌塑料复合管，既满足了抗菌给水管对抗菌性能的要求，又大大降低了产品的制作成本。

【名称】 一种分离塑料瓶片和纸片的除杂装置

【公开（公告）号】 CN2696733

【公开（公告）日】 2005.05.04

【申请（专利权）人】 宁波大发化纤有限公司

【地址】（315323）浙江省慈溪市胜山工业园区宁波大发化纤有限公司

【发明（设计）人】 杜国强　周文德

【摘要】 本实用新型涉及一种分离塑料瓶片和纸片的除杂装置。该装置由高压风机、进料斗、风送管道、旋风分离器和重力分离器组成，高压风机与风送管道相连接，风送管道的另一端连接旋风分离器，旋风分离器的下料口悬对着重力分离器上开口。重力分离器外围设有罩子，重力分离器外壁上倾斜地镶套着一个纸片回收斗。本实用新型较好地解决了塑料瓶片中纸片的分离问题，分离过程中无过渡带现象，分离效果好，对环境影响小，并且装置结构简单，在整个过程中无须人工操作，减轻了劳动强度，降低了生产成本。

【名称】 塑铝纸复合板

【公开（公告）号】 CN2691845

【公开（公告）日】 2005.04.13

【申请（专利权）人】 赵振宁

【地址】（266100）山东省青岛市李沧区毛杨路中段青岛迈斯克新材料有限公司

【发明（设计）人】 赵振宁

【摘要】 本实用新型涉及一种用作电冰箱后背板、顶板、底板的塑铝纸复合板，名称为塑铝纸复合板。为解决现有的电冰箱后背板、顶板和底板所采用的材料价格高、加工工艺复杂、绝热性能差的技术问题，本实用新型采用以下技术方案：塑铝纸复合板，包括阻燃纸板层和塑料层。在阻燃纸板层和塑料层之间具有铝膜层 3。本实用新型主要用作电冰箱后背板、顶板、底板，它绝热性能好，价格低。

【名称】 新型高强复合板、管

【公开（公告）号】 CN2692242

【公开（公告）日】 2005.04.13

【申请（专利权）人】 苏宇

【地址】（150038）黑龙江省哈尔滨市太平区红旗老区八栋 722 信箱

【发明（设计）人】 苏宇

【摘要】 新型高强复合板、管。现有的建筑用材料考虑轻体和保温的较多，由于材料质地软，强度低，表面装修困难。新型高强复合板、管，其组成包括：金属网，所述的金属网的两面具有塑料与粉煤灰合成材料层。本产品用于建筑、市政建设等领域上。

【名称】 手持式塑料焊机

【公开（公告）号】 CN2698573

【公开（公告）日】 2005.05.11

【申请（专利权）人】 姜凌云

【地址】（620860）四川省眉山市彭山县城南经济开发区华西路 80 号

【发明（设计）人】 姜凌云

【摘要】 本实用新型公开了一种手持式塑料焊机，包括传送电机、前机体、吹风机、预热热风器、控制盒，传送电机与前机体后端连接，传送电机带动前机体中的螺杆转动，推动焊料从接在前机体前端的挤出焊嘴挤出；前机体外部有焊料加热器，用以加热前机体内的焊料；吹风机将吹入的风送入预热热风器加热后从预热热风器的热风嘴吹出，热风嘴与挤出焊嘴置于一起；控制盒用于调节焊料加热温度、预热热风器吹出的热风温度以及焊料出料速度等参数。本实用新型的手持式塑料焊机具有整机体积小、质量轻，焊料材料能充分塑化，挤出速度可调，被焊接面能达到充分预热，塑化后的焊接材料能顺利黏到被焊物上的特点，因而，实现了提高焊接质量，操作方便、实用的设计目的。

【名称】 塑料波纹管双层承插口在线成型装置

【公开（公告）号】 CN2700091

【公开（公告）日】 2005.05.18

【申请（专利权）人】 大连高新园区三垒塑料机械工程有限公司

【地址】（116024）辽宁省大连市高新园区火炬路 36 号

【发明（设计）人】 任忠恩　于淑翠　邓学忠

【摘要】 一种塑料波纹管双层承插口在线成型装置，主要包括有循环运行的成型模块，双壁波纹管挤出机头，其特征在于：双壁波纹管挤出机头上设有的内壁熔料挤出模口与外壁熔料挤出模口的距离缩短到该两模口紧邻的位置。本实用新型的优点是：由于双壁波纹管挤出机头上将波纹管的内壁熔料挤出模口与外壁熔料挤出模口的距离缩短到最近的位置，这样可以缩短内外壁熔料冷却的时间差，提高波纹管内外壁的熔接质量，使内外壁双层贴合紧密，力学性能好，在线制造双层承插口质量稳定，生产效率高，并且双壁波纹管挤出机头结构简单，运行可靠。

【名称】 免充气保温塑料棚膜
【公开（公告）号】 CN2694740
【公开（公告）日】 2005.04.27
【申请（专利权）人】 申泽刚
【地址】 （830009）新疆维吾尔自治区乌鲁木齐市西山路155号
【发明（设计）人】 申泽刚
【摘要】 本实用新型属于温室大棚保温塑料薄膜的改进，特别是免充气保温塑料棚膜，包括双层塑料薄膜，由双层塑料薄膜构成具有中空夹层的保温膜，在保温膜的中空夹层内均布设置着支撑连接上层和下层塑料薄膜的支撑杆连接装置。本实用新型透光性能好，不易变形，保温性能好。在使用过程中，若出现局部破损或孔洞，由于支撑杆连接装置支撑着均布的中空夹层网格，使用时，不会产生变形，仍然保持比较好的保温效果。本实用新型提高了产品的使用寿命和保温效果。本实用新型可以折叠，便于运输，其重量轻，安装方便。

【名称】 一种锯齿形连栋塑料温室
【公开（公告）号】 CN2694739
【公开（公告）日】 2005.04.27
【申请（专利权）人】 江苏大学
【地址】 （212013）江苏省镇江市学府路301号
【发明（设计）人】 毛罕平 胡建平 胡永光 王新忠 左志宇 赵玉国
【摘要】 本实用新型涉及一种锯齿形连栋塑料温室。其由立柱、天沟、主拱架、副拱架、天窗、天窗卷膜机构、外遮阳网、内保温膜等组成，温室屋面及四周用塑料薄膜覆盖。屋顶曲面由两段圆弧组成，短圆弧在天窗一侧，长圆弧在天沟一侧，短圆弧的宽度不超过单个跨度的二分之一，从而使温室屋面总体呈锯齿形；主拱架为一桁架结构，上圆弧拱杆与屋面形状相同，下支撑杆倾斜布置，两杆之间用钢管焊接；在每跨天沟上方，靠近短坡一侧的垂直墙上设有通风天窗，天窗封闭时用卷膜覆盖，通风时由卷膜机构卷起；天窗卷膜机为固定式，其底座直接固定在天沟上，采用双坡不等宽屋面，可降低温室的高度，减小了屋顶的风载，提高抗风能力。

【名称】 一种温室侧窗电动卷膜装置
【公开（公告）号】 CN2694741
【公开（公告）日】 2005.04.27
【申请（专利权）人】 江苏大学
【地址】 （212013）江苏省镇江市学府路301号
【发明（设计）人】 毛罕平 左志宇 胡永光 王新忠
【摘要】 一种温室侧窗电动卷膜装置，主要由卷膜轴、万向节、减速装置、电动机、支撑杆和底座顺序连接组成。电动机转动，通过减速装置减速，经万向节带动卷膜轴转动，由于限位压杆的限制，卷膜轴转动的同时将薄膜垂直向上卷起；电动机反向转动，则带动卷膜轴垂直向下卷动，放下薄膜。采用支撑杆绕底座摆动，万向节一端和减速装置连接，另一端和卷膜轴连接，或采用支撑杆和底座为一个整体，底座通过螺栓和温室立柱固定连接结构时，万向节的中间轴为滑动套筒方式，达到侧窗薄膜的整齐开闭的目的。本实用新型采用电动机构，便于控制系统根据温室环境条件，完成对侧窗开闭的参数控制，具有结构简单，卷膜整齐，密封性能好，适合于各类塑料温室使用。

【名称】 塑料管材、管件耐压试验用密封接头
【公开（公告）号】 CN2702297
【公开（公告）日】 2005.05.25
【申请（专利权）人】 贾来友
【地址】 （067000）河北省承德市双桥区一市场2号楼2单元104室
【发明（设计）人】 贾来友
【摘要】 本实用新型公开了一种塑料管材、管件耐压试验用密封接头，它是针对GB/T 6111—2003标准设备中的密封接头在实际应用中密封不严的问题而设计的。其特征是：它由封头和压盖通过螺纹连接构成，其中，在封头的侧端面设有密封圈，压盖下部内侧面呈倒圆锥状，并连结一倒圆锥型钳口，在钳口的上端面设一压圈，压圈的上端面与密封圈相触接。该接头可通过旋转螺丝扣使密封圈随之变形，从而越压越紧，而且试件的内压越大接头的密封效果越好。这样就能充分保证接头不会发生液体泄露现象，由此既可提高设备性能，保证试验效果，又可延长设备的使用寿命。此外，本实用新型还具有装卸容易，使用方便等优点。

【名称】 PE塑料管防脱防漏连接件
【公开（公告）号】 CN2695759
【公开（公告）日】 2005.04.27
【申请（专利权）人】 魏正勤
【地址】 （454650）河南省济源市火车站北200米塑料快接管件厂
【发明（设计）人】 魏正勤
【摘要】 本实用新型是一种在PE塑料管的连接中，能够防止PE管在高水压或压力变化的频繁冲击下而不被撑断开的防脱防漏连接件。其采用了双防脱装置，首先是在PE管端头打入防脱环，使其镶嵌在PE管内，使PE管硬度加强，圆度更好，管径加大，呈龟头状，并有自防脱离的功能，因龟头管径大于管

夹内径，故不易脱出，为一防脱离；其次是管夹用硬塑料制造，内径上设置凸棱牙，可咬合在 PE 管上，可为二防 PE 管的脱离。管件本体端口与橡胶密封圈的接触面，均采用锥面密封，加大了密封的接触面积及强度，故不易渗漏。PE 塑料管防脱防漏连接件，其特征是：在塑料管上依次套上螺母、管夹、平垫、橡胶密封圈，防脱环镶嵌在塑料管的端头内，塑料管端头呈龟头状，龟头状的端头伸入在管件本体的空腔内，螺母与管件本体螺纹的螺纹连接。

【名称】 全自动塑料吹瓶机的气体控制器

【公开（公告）号】 CN2703638

【公开（公告）日】 2005.06.08

【申请（专利权）人】 侯龙华

【地址】 （061001）河北省沧州市运河区南陈屯乡赵庄北队

【发明（设计）人】 侯龙华　侯振国

【摘要】 一种全自动塑料吹瓶机的气体控制器，它包括气体控制阀及进气接嘴、出气接嘴，其特征在于气体控制阀为机械的机功阀，机功阀阀体的一侧装有进气接嘴、另一侧装连有 2 个出气接嘴，机功阀阀体的前头部装设有开关触轮，机功阀的阀体上部由连接螺丝固连着联座，联座上制有滑道并有横穿螺丝为联轴配合连接着竖连杆，竖连杆底滑座上制有滑动配合连接联座滑道的凸滑轨、连杆顶部制有凸台和螺丝并装有连接螺母。

【名称】 废旧塑料瓶碎料与瓶盖料分离输出机

【公开（公告）号】 CN2704417

【公开（公告）日】 2005.06.15

【申请（专利权）人】 纪洪民

【地址】 （163453）黑龙江省大庆市昆仑公司商贸中心

【发明（设计）人】 纪洪民

【摘要】 一种废旧塑料瓶碎料与瓶盖料分离输出机。主要解决塑料瓶与瓶盖通过人工分离工序复杂、工人劳动强度大、工作效率低及成本高的问题。其特征在于：电机的输出轴与固定有螺旋形翅片的轴相连，轴置于侧壁开有筛孔且与进出口相通的外筒内。该废旧塑料瓶碎料与瓶盖料分离输出机具有工序简单、省时省力、工作效率高及加工成本低的特点。

【名称】 中空壁管缠绕大口径排水塑料管

【公开（公告）号】 CN2713270

【公开（公告）日】 2005.07.27

【申请（专利权）人】 朱应凯

【地址】 （271100）山东省莱芜市文化南路 134 号山东华冠股份有限公司研究院

【发明（设计）人】 陈庆敏　朱应凯

【摘要】 本实用新型公开了一种中空壁管缠绕大口径排水塑料管，由矩形空心管按同一直径等螺距连续缠绕而成，在螺距缝隙内填设塑料胶条黏合层，在矩形空心管的两侧面上设有燕尾形槽，同一个螺距缝隙内的燕尾形槽对扣，塑料胶条黏合层在对扣的燕尾形槽内形成一个双面蝶形楔。该中空壁管缠绕大口径排水塑料管，不仅具有质量轻、容易运输及施工安装、设备投资小、生产成本低等优点，而且还具有不易开裂、不易渗漏、拉伸强度和环刚度高、内压承载能力强等优点，可实现流体介质的低压输送，拓宽了应用范围。

【名称】 透明塑料件内应力检测仪

【公开（公告）号】 CN2713464

【公开（公告）日】 2005.07.27

【申请（专利权）人】 深圳职业技术学院

【地址】 （518055）广东省深圳市南山区西丽湖深圳职业技术学院制造系

【发明（设计）人】 朱光力　李继中

【摘要】 本实用新型涉及一种透明塑料件内应力检测仪，为解决现有的检测仪的观测效果并不理想等问题，该检测仪中除包括光源、起偏镜和检偏镜外，还包括机柜、摄像镜头和加载机构；所述光源、起偏镜、加载机构、检偏镜以及摄像镜头沿同一直线依次装在所述机柜中。另外，还可在起偏镜与加载机构之间及加载机构与检偏镜之间各增设一块 1/4 波片。其中的摄像镜头通过相应的电缆线与外部计算机相连，通过该计算机可对摄像镜头进行控制并实现图像采集功能。本实用新型的检测仪将各组件集成在一个机柜中，可在计算机显示器上提供直观的透明塑料件残余内应力的分布图像，既可对透明塑料件制成品的残余内应力进行检测，也可对试件进行加载并实时检测其内应力变化情况。

【名称】 一种塑料管材切割机

【公开（公告）号】 CN2710853

【公开（公告）日】 2005.07.20

【申请（专利权）人】 冯德富

【地址】 （529724）广东省鹤山市雅瑶直水工业区德塑实业有限公司

【发明（设计）人】 龙国才

【摘要】 一种塑料管材切割机，其特征在于：包括机架，安装在机架上并由气缸带动的升降平台，升降平台固定连接有垂直刀架，垂直刀架上斜向固定安装有切割刀片，所述的升降平台下方安装有管材定位压紧块，所述的切割刀片的运动轨迹通过管材定位压紧块的出口，所述升降平台的四个端角上分别安装有伸缩定位杆。

【名称】 一种内置加强钢管的塑料托盘
【公开（公告）号】 CN2706414
【公开（公告）日】 2005.06.29
【申请（专利权）人】 上海派瑞特塑料托盘制造有限公司
【地址】 （201505）上海市金山区亭林镇兴工路1号
【发明（设计）人】 张纪明
【摘要】 本实用新型涉及一种内置加强钢管的塑料托盘，包括边框、支架、加强筋，其特征在于：边框和支架内设有加强钢管，各钢管连接成网，边框与支架间以及支架与支架间的加强筋网为斜方格网。在塑料托盘内加入钢管时先将钢管镶嵌在托盘模具中，然后再注塑，这样保证了钢管全部埋入塑料托盘中，可以避免因钢管生锈而带来的诸多不利的影响。本实用新型的优点是承载力大且成本低。

【名称】 具有自动整理功能的塑料瓶输送装置
【公开（公告）号】 CN2706437
【公开（公告）日】 2005.06.29
【申请（专利权）人】 上海衡仪器厂有限公司
【地址】 （201101）上海市中春路6978号
【发明（设计）人】 王沪育
【摘要】 本实用新型涉及具有输送带的物体输送装置，特别是一种具有自动整理塑料瓶功能的输送装置。它包括机架和输送带，机架上安装有第一夹瓶输送带和第二夹瓶输送带，该夹瓶输送带是各由二根的平皮带组成；第一夹瓶输送带和第二夹瓶输送带之间设有一竖瓶撞块，第一夹瓶输送带一端设有一头部圆滑且能自动复位的翻瓶拨杆。借由上述结构主要解决孔穴理瓶速度慢的技术问题，提供一种具有高速自动理瓶功能的塑料瓶自动输送装置，以确保整理后的塑料瓶，瓶底向下，瓶口向上。

【名称】 易拆卸塑料地板
【公开（公告）号】 CN2706541
【公开（公告）日】 2005.06.29
【申请（专利权）人】 魏启定
【地址】 （318000）浙江省台州市椒江开发区云峰电器有限公司
【发明（设计）人】 魏启定
【摘要】 一种易拆卸塑料地板，由塑料制成的连接板条和地板所组成，其所述的板条中制有地面固定孔和与板所连接的连接孔，在地板的底部制有连接榫，地板的连接榫与板条中的连接孔插接相连。本实用新型板条与地板由塑料制成加工方便，不易碎，不怕水，运输轻，特别是安装时无需二次加工，连接机构是预制的榫与孔，通过插接相连，十分省力，板条与地面也仅由螺钉等经过地面固定孔安装，可以拆掉，尤其适用于浴室、阳台和临时性装修场所。

【名称】 一种提高塑料齿轮箱使用寿命的结构
【公开（公告）号】 CN2706629
【公开（公告）日】 2005.06.29
【申请（专利权）人】 陈安南
【地址】 （421004）湖南省衡阳市珠晖区：272厂55楼10号
【发明（设计）人】 陈安南 陈云康
【摘要】 一种提高塑料齿轮箱使用寿命的结构，该结构包括齿轮箱外壳和电机，电机通过用来阻止热能传导的内固定板和外固定板用螺丝安装在塑料齿轮箱的外壳上，即内外固定板用固定螺丝安装在塑料齿轮箱外壳上。本实用新型不仅能有效阻止热能传导，防止塑料齿轮箱的外壳受热变形，使齿轮中心距改变，传动失效，齿轮破裂而导致塑料齿轮箱的使用寿命提前终止，同时还能有效地固定电机，使得塑料齿轮箱外壳受热时电机的固定位置也不会发生改变。甚至电机发热使电机焊片的焊锡脱落电机停止运行时，仍然能够保持正常的中心距而不发生变化。从而大幅度延长塑料齿轮箱的使用寿命。

【名称】 一种PET塑料啤酒防滑瓶
【公开（公告）号】 CN2711047
【公开（公告）日】 2005.07.20
【申请（专利权）人】 珠海保税区中富聚酯啤酒瓶有限公司
【地址】 （519030）广东省珠海市南湾南路中富第一工业区
【发明（设计）人】 黄朝辉
【摘要】一种PET塑料啤酒防滑瓶，在瓶底底部，设置有多根加强筋，每条加强筋从底部凹口边缘延伸至瓶身与瓶底的交接处。本实用新型通过加密设置加强筋，加大了瓶底与接触面之间的摩擦系数，起到防滑的作用，有效提高灌装的速度和效率。

【名称】 氟塑料复合尼龙管
【公开（公告）号】 CN2711493
【公开（公告）日】 2005.07.20
【申请（专利权）人】 济南奥凯氟塑料有限公司
【地址】 （250100）山东省济南市槐荫区道德北街192号
【发明（设计）人】 冉旭
【摘要】 本实用新型涉及一种氟塑料复合尼龙管，特别涉及一种内衬氟塑料管的尼龙管。本实用新型的种氟塑料复合尼龙管，其特别之处在于：所述复合尼龙管的内层为氟塑料层，外层为尼龙层。本实用新型具有优异的耐渗透性、耐腐蚀性、耐高低温、不黏性及承压强度高的综合性能。本实用新型主要用于汽车燃油管、化工腐蚀性气体或液体的输送、线缆的穿线管等。

【名称】 异型塑料瓶管加热装置
【公开（公告）号】 CN2707478
【公开（公告）日】 2005.07.06
【申请（专利权）人】 蔡桂森
【地址】 （318020）浙江省台州市黄岩区黄轴路 47-1 号宏振聚酯机械模具有限公司
【发明（设计）人】 蔡桂森
【摘要】 一种异型塑料瓶管加热装置，涉及生产中空塑料容器技术，是加热器的机架，有安装在机架上的塑料瓶管输送机构，输送机构有运行瓶管的输送道，与塑料瓶管输送机构相配套的电加热源，其所述的电加热源是分段或分侧安装的电热管和电加热板，电加热板是金属电加热板或者陶瓷电加热板，电加热板中有发热电阻和绝缘装置。有了电加热板，作用于塑料瓶管的热量均匀或超保温作用，克服了已有技术仅是电热管对瓶管加热，存在着上、下段不均匀，加热不均匀，影响产品质量的问题。并且电加热板可直接安装热电源探头，有利于测温，可控制加热温度误差少于 0.5℃，达到恒温并且上下各段均匀加热的要求。

【名称】 可变微孔曝气软管
【公开（公告）号】 CN2714554
【公开（公告）日】 2005.08.03
【申请（专利权）人】 上海万森水处理有限公司
【地址】 （200050）上海市安西路 35 号
【发明（设计）人】 沈志昌
【摘要】 一种可变微孔曝气软管，由一个化纤增强改良 PVC 塑料软性管体构成，管体的管壁的厚度小于 2 毫米，管壁中垂直设置有至少两个微孔，微孔的长度大于宽度，微孔间隔均匀排列，管壁外侧覆盖有一层纳米层状银系无机抗菌涂层。管体为软性结构，在曝气时可鼓胀而在不曝气时受静水压力作用被压扁，有助于避免污泥进入管体，管周径表面的微孔可以曝气，空气压力增大时，微孔直径增大，可在水中分别产生中直径、或气泡直径小于 3mm 的微直径气泡，气泡上升速度慢，布气均匀，氧气利用率高，气道短直，气压损失小，节约能源，管体表面的纳米层状银系无机抗菌涂层可使管体表面光滑，不易固着生物膜，保持气道通畅。

【名称】 可塑型弹性气管插管引导管芯
【公开（公告）号】 CN2708925
【公开（公告）日】 2005.07.13
【申请（专利权）人】 李明强
【地址】 （441021）湖北省襄樊市襄城区荆州街 39 号
【发明（设计）人】 李明强
【摘要】 一种可塑型弹性气管插管引导管芯，采用无毒医用塑料制成，内置有铜芯，具有一定的弹性和柔韧性，可灵活地改变方向插入气管，将气管导管套在外面可引导气管导管准确地置入气管，是呼吸道管理与急救、全身麻醉和人工通气中临床治疗的辅助器械，有利于临床上困难气管插管的处理。

【名称】 分体式废旧塑料再生机
【公开（公告）号】 CN2709142
【公开（公告）日】 2005.07.13
【申请（专利权）人】 赵勇
【地址】 （455000）河南省安阳市滑县上官镇兰三村
【发明（设计）人】 赵勇
【摘要】 本实用新型属于塑料机械领域，涉及一种用于废旧塑料再生还原的分体式双螺旋废旧塑料再生机。包括电动机、减速器、联轴器及塑化、挤出部分的套筒、螺杆、模头，由相互独立的塑化部分和挤出部分构成；塑化部分的模头伸入挤出部分的螺杆套筒内，模头前部的塑化出口与挤出部分的挤出进口相通。设置有塑化和挤出两个分体螺杆套筒，缩短了关键部件螺杆和螺杆套筒的长度，加工简便，不易变形，延长使用寿命；使推力轴承受力状态得到改善，降低维修成本；使塑化产生的水蒸气充分释放，提高再生塑料的品质；采用多头矩齿型，提高工效；本实用新型适用于可经加热塑化还原的废旧塑料的再生利用加工。

【名称】 可预铺自黏防水卷材
【公开（公告）号】 CN2709552
【公开（公告）日】 2005.07.13
【申请（专利权）人】 深圳市卓宝科技股份有限公司
【地址】 （518036）广东省深圳市福田区莲花北村富莲大厦 3-304
【发明（设计）人】 李忠人　江河
【摘要】 本实用新型公开了一种可预铺自黏防水卷材，是以塑料片材作为防水主体层，在该防水主体层上涂覆有自黏胶材料的胶料层，在胶料层上可以覆盖有防护层。本实用新型可以直接铺设在基面上、施工方便；由于防水主体层以塑料片材为材料，抗穿透能力强，在防水主体层上涂覆有胶料层，具有很好的黏合修复能力，即使发生渗透，也不会造成水在防水层间窜流，防水效果好。

【名称】 大口径组装式塑料管材
【公开（公告）号】 CN2709753
【公开（公告）日】 2005.07.13
【申请（专利权）人】 李文贤
【地址】 （255400）山东省淄博市临淄区齐鲁石化医院集团五分院李鹏转

【发明（设计）人】 李文贤 李登峰

【摘要】 大口径组装式塑料管材，其特征在于由单元型材组装而成，所述单元型材具有所要制造的管材相同的圆周曲率。由于单元型材在模具中热成型时已具有要求的曲率，装配时不再承受弯曲应力，所以可将结构壁厚增至理想尺寸；而且防止了因材料在应力下的应变而导致刚度变化、断裂失效的弊病，使用寿命长。本实用新型不受口径和壁厚的限制，尤其适合大口径（直径 500～3 000mm）管材的生产，生产设备投资减少，解决了产品难运输的问题。单元型材间可以通过黏结、焊接或扣接方式组装在一起。

【名称】 太阳能真空集热管漏水保护膜

【公开（公告）号】 CN2709878

【公开（公告）日】 2005.07.13

【申请（专利权）人】 郎续银

【地址】 （064400）河北省迁安市昌盛大路北段

【发明（设计）人】 郎续银

【摘要】 一种太阳能真空集热管漏水保护膜，由外径略小于太阳能真空集热管内径、长度适中且具有一定韧性的塑料袋子和圆管状接头组成，组装太阳能热水器时先将该保护膜的接头装入水桶，然后再把真空集热管套在保护膜上，使真空集热管的管口插入保护膜接头的凹槽内，即固定了真空集热管又固定了保护膜，真空集热管破裂时水桶内的水不会流出，将新管子套在保护膜上快速修复太阳能热水器，实现不浪费水源和方便修复的目的。

【名称】 塑料机械用石英管加热圈

【公开（公告）号】 CN2715962

【公开（公告）日】 2005.08.10

【申请（专利权）人】 曾昭承

【地址】 （362700）福建省石狮市新华路新源巷 35 号

【发明（设计）人】 曾昭承 曾昭海

【摘要】 本实用新型提供一种塑料机械用石英管加热圈，包括两端面具有中心开孔的中空筒状外罩，位于外罩内两端面之间的一对绝缘骨架，两端固设在绝缘骨架上、且沿所述中心开孔圆周均布的多个石英管，环绕在石英管后部的反射层，电热丝设置于石英管中，且相互之间电连接，在绝缘骨架、反射层与外罩之间设置有隔热层。本加热圈的热量集中在中心开孔内不被散发，与现有加热圈相比具有明显的节能效果，维修安装也十分方便。

【名称】 多工位行星式注射成型中心

【公开（公告）号】 CN2715964

【公开（公告）日】 2005.08.10

【申请（专利权）人】 孙耀清

【地址】 （214200）江苏省宜兴市人民南路 1 号（宜兴宾馆门卫）

【发明（设计）人】 孙耀清

【摘要】 一种多工位行星式注射成型中心。它由内设行星式分布 1～N 个注射筒的模缸和相应的模板，模具的外转盘和驱动注射筒活塞的凸轮内转盘组成。凸轮内转盘旋转转化为注射筒高速连续注射。多注射筒，多工位，结构紧凑，小容量成型大产品，易多色成形。该多工位行星式注射成型中心兼容性好，可广泛用于塑料、橡胶、陶瓷、玻璃、金属等的成形。

【名称】 无烟型再生塑料造粒机

【公开（公告）号】 CN2712592

【公开（公告）日】 2005.07.27

【申请（专利权）人】 竺绍平

【地址】 （315500）浙江省奉化市锦屏街道中塔路 27-50 号

【发明（设计）人】 竺绍平

【摘要】一种在熔炼旧塑料再生造粒过程中没有烟雾排出的无烟型再生塑料造粒机，其特征在于：在现有挤出型塑料造粒机的排气口上方连接一个烟雾消除装置，包括烟雾收集箱、进气管和回流管，所述烟雾收集箱底部设有一个进气孔，并焊接有一段进气管，与塑料造粒机的排气口密封对接，侧面设有排气孔，连接有排气用的回流管。

【名称】 塑料回收机的强制加料装置

【公开（公告）号】 CN2712593

【公开（公告）日】 2005.07.27

【申请（专利权）人】 新疆天业（集团）有限公司

【地址】 （832000）新疆维吾尔自治区石河子市经济技术开发区北三东路 36 号

【发明（设计）人】 李双全 万锡涛 许洪振 尹浩 李建卿

【摘要】 本实用新型涉及一种塑料回收机的强制加料装置，包括减速箱、螺杆外筒和强制螺杆，强制螺杆沿物料输送方向呈锥形并位于螺杆外筒内，螺杆外筒的内壁与强制螺杆的外形相配，螺杆外筒上设有进料口。它解决原有塑料回收机因没有强制加料装置致使低体积密度的松散物料输送效率低造成主机生产能力不足、效率低下、成本高和经济效益差的问题。本实用新型还具有结构简单、造价低、便于安装和使用以及易于推广的优点，可用于各种塑料回收机。

【名称】 塑料管材热熔对接焊机用加热装置

【公开（公告）号】 CN2712615

【公开（公告）日】 2005.07.27

【申请（专利权）人】 浙江枫叶集团有限公司

【地址】 （311814）浙江省诸暨市店口镇湄池

【发明（设计）人】 张文龙 朱世民 吕仲法 杜建

伟 张树峰 吴昶 傅铖

【摘要】 一种塑料管材热熔对接焊机用加热装置，属塑料管材焊接设备的制造领域，主要由上机架和下机架，置于上机架上的上滑座，置于下机架上的下滑座，置于上滑座和下滑座之间带加热板架的加热板架滑动体，置于加热板架上带加热板的加热板油缸等构成。本实用新型设计合理，整体结构紧凑，能实现对塑料管材自动加热及与切削系统的自动切换，缩短切换时间且能保证每次焊接切换时间不变，从而保证焊接质量稳定。适用于各类塑料管材的热熔对接，特别适用于 ϕ800～ϕ2 000mm 大口径热塑性塑料管材及管件的热熔对接的塑料管材热熔对接焊机用加热装置。

【名称】 塑料管材热熔对接焊机用切削装置

【公开（公告）号】 CN2712616

【公开（公告）日】 2005.07.27

【申请（专利权）人】 浙江枫叶集团有限公司

【地址】 （311814）浙江省诸暨市店口镇湄池

【发明（设计）人】 张文龙 朱世民 吕仲法 杜建伟 张树峰 吴昶 傅铖

【摘要】 一种塑料管材热熔对接焊机用切削装置，属塑料管材焊接设备的制造领域，主要由机架，置于机架上带翻转油缸的滑动座滑轨，置于滑动座滑轨上带平移油缸的滑动座，置于滑动座上带减速箱的切削马达，置于减速箱的输出轴上带车刀的刀板等构成。本实用新型设计合理，整体结构紧凑，能自动连续完成对塑料管材管端的切削，实现和加热系统的自动切换，减轻劳动强度，提高焊接质量，适用于各类塑料管材热熔对接时的端面切削，特别适用于 ϕ800～ϕ2 000mm 大口径热塑性塑料管材及管件热熔对接时的端面切削。

【名称】 多工位清洗机

【公开（公告）号】 CN2717547

【公开（公告）日】 2005.08.17

【申请（专利权）人】 河北省自动化研究所

【地址】 （050081）河北省石家庄市友谊南大街 46 号

【发明（设计）人】 何谓 刘振国 冯建斌 卢海龙 马宝秋 冯会志 李丽华 郑金芝 耿建忠 耿振鸿

【摘要】 一种多工位清洗机，属清洗机械技术领域，用于克服现有清洗机处理量小、流程耗时长、工效低的缺陷。构成中设有清洗箱、喷淋头、机架，清洗箱数量多个，形成多个清洗工位，各清洗箱箱口形状和大小一致，带有吻合的通用箱盖，通用箱盖底部悬挂器械筐。本实用新型可在多个清洗工位上同时进行清洗、消毒，从而缩减整个流程，提高工效；各清洗箱的功能、排布顺序可依据技术要求而定，产品适应性好，形式多样；可通过行走架、提升臂实现通用箱盖及器械筐的提升、换位，机械化程度高；适宜作为各种金属、塑料器械、尤其是手术器械的清洗消毒设施使用。

【名称】 一种注射成型机的喷嘴接触结构

【公开（公告）号】 CN2717656

【公开（公告）日】 2005.08.17

【申请（专利权）人】 大田油压机工业股份有限公司

【地址】 中国台湾

【发明（设计）人】 田文森

【摘要】 一种注射成型机的喷嘴接触结构，其特征在于：一喷嘴套件，设于该注塑成型机的射出单元的喷嘴外部，其一端设一圆球状的接合部；该喷嘴套件中央轴向贯通设一出料孔；一对合套件，呈半球壳状，合径套配于该圆球状接合部外，其外表面沿着其中心轴线向外设一凸块，该凸块外端为一平面，该凸块中心设一贯通出料孔；一固定套件，其一端固定于上述射出单元的端面，内部供该对合套件以及喷嘴套件穿合，并在另一端形成一个供该凸块以及平面凸出于该固定套件的直径较该凸块略大的透孔。

【名称】 汽车内饰件板低压注塑成型模具

【公开（公告）号】 CN2717657

【公开（公告）日】 2005.08.17

【申请（专利权）人】 李春华

【地址】 （215134）江苏省苏州相城区渭塘镇渭南路 2 号

【发明（设计）人】 李梅生 李洪福

【摘要】 本实用新型公开了一种既一次成型又降低成本的汽车内饰件板低压注塑成型模具，包括动模和定模，与高压注塑模具不同之处是，将凹模作为定模，且在定模上安置多个点浇口，将凸模作为动模；使用本实用新型生产的产品所达到的技术效果为：将凸模作为动模，即可在动模表面安置表皮，在模腔里可一次成型为终端产品，另外定模上安置多个点浇口，即在产品生产中可使塑料熔体通过多个点浇口均匀地注入模腔里，使出来的终端产品饱满、质地好，采用本实用新型进行终端产品生产，明显简化了工序，直接降低了成本；本实用新型广泛运用于生产汽车仪表板、车门板内护板等汽车零部件。

【名称】 PET 塑料容器坯

【公开（公告）号】 CN2719728

【公开（公告）日】 2005.08.24

【申请（专利权）人】 珠海保税区中富聚酯啤酒瓶有限公司

【地址】 （519030）广东省珠海市保税区珠海保税区中富聚酯啤酒瓶有限公司

【发明（设计）人】 黄乐夫　黄朝晖

【摘要】 本实用新型涉及一种PET塑料容器坯，由底部往上依次包括坯底、坯身和坯口构成，所述坯身可分为若干段组成；所述坯身的最上段为连接坯身和坯口的过渡段，采用圆锥台管状结构；所述PET塑料容器坯的坯身由上往下，坯体壁厚逐段增加；在所述坯口外周螺纹牙体处，还设置有排气槽。本实用新型的有益效果是，由于从所述PET塑料容器坯的坯身上部往下直至坯身的下部，坯体壁厚逐段增加，因此，便于塑料软化延伸，适合用于吹制外形突变的容器瓶，例如罐装啤酒的、具有啤酒坯外形的香槟底容器瓶，容器瓶可保持均匀的壁厚。在所述坯口外周，还设置有排气槽，确保使用者在打开内装盛啤酒的PET瓶子的瞬间，不会由于瓶内压力的作用，被瓶盖冲出击伤，使得容器瓶能够满足安全的需要。

【名称】 废旧塑料炼油装置

【公开（公告）号】 CN2723457

【公开（公告）日】 2005.09.07

【申请（专利权）人】 严国斌　严威

【地址】 （250002）山东省济南市市中区八里洼南路10号玉函东区17号楼5单元101室

【发明（设计）人】 严国斌　严威

【摘要】 废旧塑料炼油装置，包括裂解机构和分馏机构，其特征在于裂解机构是由裂解釜、催化反应塔和冷却器组成，在裂解炉膛上方的裂解釜中开通有主走火道，主走火道通过上端的分支走火道连接到分馏釜外侧的环形走火道，在环形走火道上设置有排烟口，设置在裂解釜上方的催化反应塔中设置有催化室托盘，冷却塔设置在催化反应塔的右侧并与分馏机构中的油气分离器相连，裂解釜的左上侧设置有进料口，出渣口设置在裂解釜的下端两侧，分馏机构是由分馏釜、防沸腾装置、油气分离器和汽油轻质汽塔组成，内壁设有防沸腾隔板的防沸腾装置设置在分馏釜的上方，分馏釜的四周设置有烟火道并且与分馏釜下方的分馏炉膛相通，防沸腾装置的上方为汽油轻质汽塔，汽油轻质汽塔中设置有托盘，油气分离器设置在防沸腾装置的左侧，在防沸腾装置上还可以设置柴油轻质汽塔。

【名称】 塑料管材热熔对接焊机用圆盘刨刀传动装置

【公开（公告）号】 CN2723768

【公开（公告）日】 2005.09.07

【申请（专利权）人】 浙江枫叶集团有限公司

【地址】 （311814）浙江省诸暨市店口镇湄池

【发明（设计）人】 张文龙　朱世民　吕仲法　杜建伟　张树峰　吴昶　傅铖

【摘要】 一种塑料管材热熔对接焊机用圆盘刨刀传动装置，属塑料管材焊接设备的制造领域，主要由带减速箱的电动机，刀架，置于刀架上带刀盘的转轴，置于减速箱上的小齿轮，置于小齿轮与转轴之间互相啮合连接的过桥齿轮和大齿轮，置于刀架和转轴之间的轴承等构成。本实用新型采用齿轮啮合传动，设计合理，具有整体结构紧凑、传动扭矩增大、使用寿命长、使用过程中维护少等突出优点和积极效果，能自动连续完成塑料管材切削，适用于各类塑料管材热熔对接时的端面切削。

【名称】 可连续工业化大规模生产的废塑料油化装置

【公开（公告）号】 CN2730881

【公开（公告）日】 2005.10.05

【申请（专利权）人】 姜皓

【地址】 （100024）北京市北京科技大学管庄校区教务处金小华转

【发明（设计）人】 姜皓

【摘要】 本实用新型涉及一种可连续工业化生产的废塑料油化装置，它包括：反应釜，连接所述反应釜的进料装置，供所述反应釜反应的加热装置，设置在所述反应釜底部的排焦装置，依次连接在所述反应釜之后的分馏-汽提-冷凝冷却装置，油气分离-气体吸收装置，油品萃取精制装置，以及由油气分离-气体吸收装置引出的液化气回收装置；其特征在于：它还包括由具有烟气脱黑除尘和废油废水处理回收功能的三废处理装置，所述烟气脱黑除尘装置连接所述加热装置的烟道出口，所述废油废水处理回收装置连接所述油品萃取精制装置；所述进料装置包括热压增密轧辊装置和高温密封加料装置两部分；所述加热装置为非明火辐射式加热装置，所述排焦装置至少包括三个互锁排焦滑阀。本实用新型既可用于废塑料裂解油化，又可适用于各种废润滑油重质油裂解轻质化生产高质燃油或汽油柴油馏分，回收液化气等。

【名称】 可以调节温度的塑料片材三辊压光机辊筒

【公开（公告）号】 CN2732474

【公开（公告）日】 2005.10.12

【申请（专利权）人】 上海金纬机械制造有限公司

【地址】 （201804）上海市嘉定区黄渡镇方黄公路7735号

【发明（设计）人】 何海潮　缪志庆

【摘要】 本实用新型涉及一种可以调节温度的塑料片材三辊压光机辊筒，包括三根辊筒，其特征在于：辊筒内为空腔，其两端接有软管，在进口处的软管上接有冷却器的出水口，冷却器的入水口接电加热器出水口，在冷却器的端面上装有供热交换的进/出水管，在电加热器的进水口接有水泵，水泵的进水管并接辊筒出口处的软管及补水管。在辊筒的软管接冷却器出水口的管道上接有排气阀。补水管由球阀及止回阀连接到水泵的进水管上。热交换用进水管由电磁阀及球阀连接到冷却器的入水口上。本实用新型的优点是能高效、节能调节塑料片材三辊压光机辊筒的辊筒温度。

【名称】一种用于塑料薄膜生产的辊筒间隙的微调器

【公开（公告）号】CN2732475

【公开（公告）日】2005.10.12

【申请（专利权）人】上海金纬机械制造有限公司

【地址】（201804）上海市嘉定区黄渡镇方黄公路7735号

【发明（设计）人】何海潮　缪志庆　刘红彬

【摘要】本实用新型涉及一种用于塑料薄膜生产的辊筒间隙的微调器，包括箱体、顶块，其特征在于：在箱体上有丝杆，丝杆贯通于箱体，在丝杆的前后端上有方向相反的螺纹，在丝杆的前后端上套有锁顶块，锁顶块内有与丝杆上螺纹相对的内螺纹，在箱体的底部有一圆弧槽，在箱体顶部的通孔内有顶块，顶块的内侧底部有圆弧槽，在锁顶块的内侧面上有两个圆弧槽，两个圆弧槽分别与箱体底部的圆弧槽和顶块底部的圆弧槽相对，在箱体底部的圆弧槽上有两根撑杆，两根撑杆的另一端分别与丝杆上的两个锁顶块上的圆弧槽相对，撑杆的两端为圆弧面。本实用新型的优点是不需打开辊筒就能调节辊筒间隙，可以在线进行调整，避免断板发生。

【名称】塑料耐腐水环真空泵

【公开（公告）号】CN2725587

【公开（公告）日】2005.09.14

【申请（专利权）人】方樟林

【地址】（311600）浙江省杭州新安江桥南工业区杭州新安江工业泵厂

【发明（设计）人】方樟林

【摘要】塑料耐腐水环真空泵。一种具有流体环的旋转活塞式泵，尤其是一种在流体接触面上设有塑料耐腐层的单级或双级水环式真空泵。它可用于化工、冶金、制药、环保等行业抽腐蚀性气体。它含有以铸铁或铸钢制成的吸气托架和排气托架、泵体、叶轮、吸气盖板、排气盖板，以及轴、轴封装置、轴套和轴承架，其特点是：吸气托架、排气托架、泵体、叶轮、吸气盖板、排气盖板在流体流经的壁面上均带有工程塑料层，该工程塑料层可以是一层涂层，也可以是一层衬里层，其厚度为0.1～30mm。本实用新型解决了现有铸铁或铸钢制的水环真空泵或现有的不锈钢在使用中不耐酸、碱腐蚀，或现有不锈钢水环真空泵的加工麻烦、成本高等问题。

【名称】具有高耐候保护层的塑料型材

【公开（公告）号】CN2725478

【公开（公告）日】2005.09.14

【申请（专利权）人】胡大忠

【地址】（150078）黑龙江省哈尔滨市开发区迎宾路集中区崂山路4号

【发明（设计）人】胡大忠

【摘要】具有高耐候保护层的塑料型材，它涉及一种塑料型材的改进，具体是一种具有高耐候保护层的塑料型材。本实用新型由塑料型材、高耐候保护层组成；高耐候保护层固定连接在塑料型材组装后的外表面上。本实用新型有如下优点：它保持了型材的结构强度、力学性能，提高了型材表面的耐候性，也自然的增加了它的使用寿命。是型材的换代产品，具有广泛的发展空间；所述塑料型材是框型材、梃型材、扇型材、压条型材、辅助型材等。

【名称】具有加热功能的连续增强塑料复合管

【公开（公告）号】CN2725681

【公开（公告）日】2005.09.14

【申请（专利权）人】长春高祥特种管道有限公司

【地址】（130033）吉林省长春市蒲东路25号

【发明（设计）人】李诗春

【摘要】本实用新型提供一种具有加热功能的连续增强塑料复合管，其特征在于：复合管本体主要由内层、加热电阻层、增强层及外部保护层构成层状结构。在加热电阻层的两端设有导电接线端子与加热电源连接。加热电阻层选自网状电阻丝、电热薄膜、缠绕的电热带等一种或多种的结构形式。导电接线端子选自金属导电环、金属接线柱结构。本实用新型可实现单管集输原油、水、气等介质，降低了输送管线造价，节约了输送成本。另外，可以对于冻结的管道进行加热解堵，解决了输送管道的凝管、冻管难题。

【名称】高阻燃清洁型塑料电线（缆）

【公开（公告）号】CN2726070

【公开（公告）日】2005.09.14

【申请（专利权）人】特变电工（德阳）电缆股份有限公司

【地址】（618000）四川省德阳市旌阳经济开发区东海路东段

【发明（设计）人】周厚强　周志宇

【摘要】本实用新型公开了一种高阻燃清洁型塑料电线（缆），包括单芯电线、多芯扁电缆、多芯圆电缆，特点是用低烟无卤硅烷交联聚乙烯挤塑绝缘层，并设有用低烟无卤高阻燃材料制作的阻燃层，缆芯间隙中用低烟无卤高阻燃材料填充，耐火阻燃，电缆的工作温度由聚氯乙烯的70℃提高到90℃；内部结构致密，没有间隙，不会储存空气，在环境着火时，电线电缆不易被引燃，更不助燃，可有效地避免二次火灾；且不含卤素，无毒，减轻受灾人群的危险，利于消防人员救灾。

【名称】 可弯成弧缘的塑料制品桌缘或塑料制品边框
【公开（公告）号】 CN2726400
【公开（公告）日】 2005.09.21
【申请（专利权）人】 胜全环保工程股份有限公司
【地址】 中国台湾
【发明（设计）人】 许坤胜
【摘要】 本实用新型是一种可弯成弧缘的塑料制品桌缘或塑料制品边框，其主要于该第一塑料板面一端延设有一边缘面，又该边缘面另一端延设有第二塑料板面，且该边缘面的厚度较薄于该第一塑料板面及第二塑料板面的厚度，借以增加该边缘面的可塑性，排除该边缘面弯折时所产生的龟裂现象；此外，该边缘面于第一塑料板面及第二塑料板面的落差间皆设有一阶梯状的侧壁，通过该阶梯状的侧壁，使其减低该边缘面弯折时的压力，以避免该塑料制品的桌缘及边框，受迫弯曲而产生表面延展的纹路，达到该桌面的整体坚固性。

【名称】 塑料瓶商标纸分离机
【公开（公告）号】 CN2726749
【公开（公告）日】 2005.09.21
【申请（专利权）人】 王立泉
【地址】 (072250) 河北省保定市顺平县蒲上乡白庙村
【发明（设计）人】 王立泉
【摘要】 一种塑料瓶商标纸分离机，其特征它包括商标去除筒、进料口、出料口、鼓风机、电机；进料口位于商标去除筒的前端，出料口位于商标去除筒的后端，商标去除筒内有一横穿其内的主轴，主轴上前部固定有一圈刀片，后部固定有一圈绞齿，主轴连接电机；出料口有上走料口和下走料口，其在两走料口之间斜向上开有进气口；鼓风机的出口有管道引出，管道出口密封连接在出料口的进气口上。

【名称】 双阶注射装置
【颁证日】
【优先权】
【申请（专利权）人】 宁波海天集团股份有限公司
【地址】 (315821) 浙江省宁波市北仑小港江南出口加工贸易区
【发明（设计）人】 竺诗昌
【摘要】 本实用新型涉及注塑机的双阶注射装置。双阶注射装置，包括主塑化组件，所述的主塑化组件的前部设置前体，前体上连接辅助塑化组件，辅助塑化组件由支撑组件支撑，前体上带由流道控制机构控制开和关的与主、辅助塑化组件流道相通的流道。本实用新型的优点在于在原有一阶注射装置的基础上，通过增加辅助塑化组件，增加了注塑装置的最大注射量，扩大了注塑装置的注射量范围，从而可以应用到各种不同注射量的注射机中，特别适用于超大注射量的塑料制品的生产，如大型化工管，可用较低的成本达到生产目的，具有较好的经济效益。

【名称】 用于塑料回收机中的螺杆
【公开（公告）号】 CN2744504
【公开（公告）日】 2005.12.07
【申请（专利权）人】 南京工业职业技术学院
【地址】 (210016) 江苏省南京市中山东路 532-2 号
【发明（设计）人】 李彩虹 屠岭
【摘要】 本实用新型公开了一种用于塑料回收机中的大长径比内冷却双排气回收单螺杆，它包括加料段、熔融压缩段和出料段，在加料段内设有冷却槽；熔融压缩段由压实部分、排气部分和分流带组成，压实部分的一端与加料段连接，另一端通过分流带与排气部分连接，排气部分的内径由分流带开始逐渐增大；等内径、等螺距的出料段与排气部分连接。该螺杆加压充分，塑化质量好，挤出量稳定，在高效单螺杆聚酯塑料回收机中具有广泛的应用。

【名称】 一种防雨防旱保温多功能升降式塑料薄膜大棚
【公开（公告）号】 CN2733871
【公开（公告）日】 2005.10.19
【申请（专利权）人】 吴怀崇
【地址】 (350103) 福建省闽侯县大湖乡大湖街 93 号转
【发明（设计）人】 吴怀崇
【摘要】 本实用新型提供一种防雨防旱保温多功能升降式塑料薄膜大棚。其结构为连体式，包括棚架、立柱、支撑柱和间隔连接板槽，升降式支撑柱对称设在棚架的两侧，立柱与棚架之间的位置可以相对移动；棚架前后和两侧的拱杆为横向安装并可装卸；在棚架的顶部设置可随意启闭的天窗作为排湿换气散热的道口；在相邻的两个中棚或小棚之间设有间隔连接板槽。

【名称】 垃圾压缩车塑料垃圾桶举升架
【公开（公告）号】 CN2747189
【公开（公告）日】 2005.12.21
【申请（专利权）人】 广州市锋鑫环保科技有限公司
【地址】 (510095) 广东省广州市先烈中路 84 号之二 702 室
【发明（设计）人】 梁哲文
【摘要】 本实用新型公开了一种垃圾压缩车塑料垃圾

桶举升架。它有一外门架，外门架上设有一可于其上作平面上下移动的内门架，内门架上设置挂齿，且外门架及内门架之间设置一液压举升机构。本实用新型由于采用上述结构，将其装置在垃圾压缩车的翻转机构上，并在原有垃圾压缩车的液压系统和翻转机构的配合下可方便地将塑料垃圾桶内的垃圾倾倒进垃圾压缩车的进料斗里。本实用新型实用可靠，安全运作。

【名称】 承插自紧式锥形塑料染色筒管

【公开（公告）号】 CN2747248

【公开（公告）日】 2005.12.21

【申请（专利权）人】 金国周

【地址】 （312085）浙江省绍兴市斗门镇菖二村

【发明（设计）人】 金国周

【摘要】 本实用新型的承插自紧式锥形塑料染色筒管，是管壁分布有通孔的锥形筒管，在锥形筒管大头的内壁有一段供相邻锥形筒管小头置入的扩展部，在扩展部的内壁与筒体的内壁间形成限位台阶，该扩展部具有与小头形成承插自紧式配合的锥度。该锥形塑料染色筒管采用承插自紧式结构设计，染液密封性好。使用方便，只要将相邻两筒管套置利用台阶定位即可，无需金属垫片，因而可避免金属垫片引起的染色不均匀质量问题。染色后也不需要络筒，可保持纱线纤维结构完整，不起毛起球。

【名称】 垃圾压缩站塑料垃圾桶翻桶架

【公开（公告）号】 CN2747190

【公开（公告）日】 2005.12.21

【申请（专利权）人】 广州市锋鑫环保科技有限公司

【地址】 （510095）广东省广州市先烈中路84号之二702室

【发明（设计）人】 梁哲文

【摘要】 本实用新型公开了一种垃圾压缩站塑料垃圾桶翻桶架。它包括一固定架；一翻转架，其两侧枢接于固定架上，且翻转架与固定架之间设置至少一个液压举升机构；一举升架，设置于翻转架上并可在翻转架上作平面上下移动，且举升架与翻转架之间设置另一液压举升机构及举升架上设置挂齿；及液压举升机构的操控装置。本实用新型由于采用上述结构，与塑料垃圾桶配套使用于垃圾压缩站中，降低了环卫工人的劳动强度，保障了垃圾压缩站的高效安全运行。

【名称】 铝塑木复合节能隔热保温型材门窗

【公开（公告）号】 CN2734944

【公开（公告）日】 2005.10.19

【申请（专利权）人】 郭佰达

【地址】 （163312）黑龙江省大庆市萨尔图区中兴北街16

【发明（设计）人】 郭佰达

【摘要】 本实用新型是这样构成实现的：由门窗外框、中梃、开启扇、组角码等构成。所述铝塑木复合节能隔热保温型材均由铝合金型材、塑料型材、实木或低发泡型材相互连接组合而成。所述铝塑木复合节能保温门窗型材属多腔室结构，塑料型材与实木型材之间均由铝合金型材相互连接，所述铝合金型材为单腔室长方形结构，塑料型材为单腔室方形结构，实木为实体结构，组合后成五个大小不等腔室。所述本实用新型的三种型材连接点均采用燕尾形插角及扣角所组合构成方式。所述本实用新型开扇与框之间采用三层密封装置，使之形成两腔室，能更有效的阻隔冷热空气的对导，并抗风压，防沙尘。所述铝塑木复合隔热保温门窗型材，凡是阳光能直射的部位，均由铝合金型材覆盖，把易老化变形，但隔热性能优良的塑料型材包含在内侧，然后再用铝合金型材把塑和木型材连接组合成一整体，室内的装饰面为木型材，增强隔热保温性能的同时，更具有了优雅的装饰性，完美实现了实用和时尚的统一结合。

【名称】 一种再生塑料托辊

【公开（公告）号】 CN2748419

【公开（公告）日】 2005.12.28

【申请（专利权）人】 黄九万

【地址】 （641400）四川省简阳市简城镇安象街31号

【发明（设计）人】 黄九万

【摘要】 本实用新型公开了一种再生塑料托辊。该种再生塑料托辊包括辊体、轴。辊体的两端通过轴承与轴连接，轴承在轴向由轴的轴肩和外侧的轴挡固定，而轴挡的外侧设有防护盖。该再生塑料托辊运转灵活并具有良好的防尘效果。它主要用于皮带输送机的支撑和传动部件。

【名称】 卧式废塑料油化主体反应装置

【公开（公告）号】 CN2748457

【公开（公告）日】 2005.12.28

【申请（专利权）人】 韩伟

【地址】 （161435）黑龙江省黑河市九三农垦管理局七星泡农场

【发明（设计）人】 韩伟

【摘要】 卧式废塑料油化主体反应装置。现有废塑料油化主要有热裂解与催化裂解两种方法，有分用或合并使用，反应设备各不相同，热裂解主要是高温使废塑料反应裂解，催化裂化是用催化剂使废塑料裂解。卧式废塑料油化主体反应装置，其组成包括：热风炉和冷风机，所述的热风炉与传热式螺带刮壁气化排渣反应器相连，所述的传热式螺带刮壁气化排渣反应器通过熔料分筛封闭阀门与渐进式排水热熔进料器相连，所述的渐进式排水热熔进料器与水循环式进料器冷却管相连，所述的水循环式进料器冷却管与柱塞式进料器相连，所述的传热式螺带刮壁气化排渣反应器与油气滤排管相连。本产品用作废塑料资源化利用。

【名称】 塑料气压热成型机的动力传动装置
【公开（公告）号】 CN2736156
【公开（公告）日】 2005.10.26
【申请（专利权）人】 徐仙富
【地址】 （318000）浙江省台州市椒江东山九洲大道181号台州市椒江富兴机械厂
【发明（设计）人】 徐仙富
【摘要】 一种塑料气压热成型机的动力传动装置，包括主机支撑座、主轴和变速箱，其中主轴设置在主机支撑座上的轴承座内，变速箱输出端和主轴同轴。通过采用上述结构，主轴和变速箱的动力输出端同轴，直接带动主轴的转动。这样的方式摒弃了链条受力不均的缺点，可以使得主机工作的时候，减少了震动，减低噪音，同时延长了主轴的使用寿命。

【名称】 竹塑层板
【申请（专利）号】 CN200420061369.5
【申请日】 2004.09.23
【颁证日】
【优先权】
【申请（专利权）人】 钟成元
【地址】 （618300）四川省广汉市新丰镇大山村竹塑层板厂
【发明（设计）人】 钟成元
【摘要】 本实用新型公开了一种竹塑层板，可广泛用于水下作业、汽车底板、建筑水泥模板等领域。本实用新型以竹材和回收旧塑料为主要原料，经热压机压制而成，各层之间采用酚醛树脂粘接，表面上粘贴有复模纸。本实用新型由于增加了塑料层，并经热压合成，使其具有密度大、防水、防湿、绝缘性能好、强度高、耐冲击、表面平整、长期浸泡不脱层、使用年限长等优点，从根本上弥补了竹胶合板存在的缝隙大、易透水、分层的缺陷，是水下作业，汽车底板、建筑水泥模板的理想代木代钢板材。

【名称】 复合塑料管
【公开（公告）号】 CN2748731
【公开（公告）日】 2005.12.28
【申请（专利权）人】 赵振儒
【地址】 （065500）河北省固安县渠沟乡南一路口塑料管厂院内
【发明（设计）人】 赵振儒
【摘要】 本实用新型所述的复合塑料管，包括基层管，所述基层管的内、外侧壁上设有至少1层附层管，基层管和附层管分别采用不同基质的PVC塑料或CPVC塑料通过模塑成型挤压成一体。本实用新型的复合塑料管，由于基层管和附层管分别采用不同基质的PVC塑料或CPVC塑料通过模塑成型挤压成一体，在降低产品造价的同时，可大大的提高管壁的环刚度，生产出来的复合塑料管用作电力电缆保护套管、下水管或污水管时，具有综合性能好，管壁强度高、成本低的特点。其目的在于提供一种综合性能好，管壁强度高、成本低的复合塑料管。

【名称】 环保节能型五层钢塑复合管材
【公开（公告）号】 CN2748733
【公开（公告）日】 2005.12.28
【申请（专利权）人】 杨国忠
【地址】 （030001）山西省太原市双塔南巷64号化工市场西区10号
【发明（设计）人】 杨国忠
【摘要】 一种环保节能型五层钢塑复合管材，包括从外至内依次排列的不锈钢层、粘接层、塑料层、抗涌变增强层和多功能塑料层。所述的抗涌变增强层由塑料和填充材料组成。所述的多功能塑料层可采用纳米抗菌材料、抗磨材料、耐腐蚀材料、耐高温材料或发泡中药塑料渗出保健材料制成。本实用新型的抗涌变增强层通过添加价格低于普通塑料的填充材料，不仅明显提高了抗热涌性能和强度，而且大大降低了生产成本；通过改变最内层的多功能塑料层的材料性能，可以满足各种用途的需要，大大扩展了应用范围。

【名称】 一种塑料推拉窗
【公开（公告）号】 CN2739326
【公开（公告）日】 2005.11.09
【申请（专利权）人】 连云港杰瑞模具技术有限公司
【地址】 （222006）江苏省连云港市海连东路42号
【发明（设计）人】 陈明辉　杨宁
【摘要】 一种塑料推拉窗，它设有由单导轨框型材构成的窗框、设置在窗框内的推拉扇，推拉扇安装在窗框的上、下两框材的导轨之间，在窗框内竖向设置有至少一个中梃，中梃安装在上、下框型材的导轨外侧，在窗框内还设有至少一个固定窗，所述固定窗由固定安装在中梃与窗框型材所构成的四边形内的玻璃组成。单导轨框型材形成室内侧高于室外侧的开放式排水结构，使得排水系统简单、自平衡、流畅。利用中梃的位置和数量变化可制成二等分单推拉窗、大固定小开启单推拉窗、中间固定两侧开启双推拉窗、两端固定中间开启单推拉窗或整体排窗等窗型。本专利的塑料单推拉窗有着较好的经济性，和较高的抗风性能、水密性能和气密性能。

【名称】 单螺杆聚酯塑料回收机
【公开（公告）号】 CN2740378

【公开（公告）日】 2005.11.16
【申请（专利权）人】 南京工业职业技术学院
【地址】（210016）江苏省南京市中山东路5322号
【发明（设计）人】 李彩虹 屠岭 蒋彬 孙礼勇 吴红峰 徐峰
【摘要】 本实用新型公开了一种运行可靠、能够生产高质量聚酯再生粒料的高效单螺杆塑料回收机，挤出机一端与电机连接，另一端通过换网器与模头连接；压实机设置在挤出机的进料口处；模头的出口与水槽连接，水槽的另一端通过干燥装置与切粒机连接；切粒机的另一端通过振动装置与风送装置连接，在挤出机内设有大长径比内冷却双排气回收单螺杆，压实机采用离心式切割喂料装置。与现有技术相比，本实用新型回收粒料的产量和质量好、能耗低，它在塑料薄膜加工中具有极大的经济价值和实用价值。

【名称】 一种节能灯塑壳及节能灯
【公开（公告）号】 CN2742566
【公开（公告）日】 2005.11.23
【申请（专利权）人】 厦门通士达照明有限公司
【地址】（361026）福建省厦门市海沧新阳工业区霞飞路18号
【发明（设计）人】 林良东 孔鹏
【摘要】 一种节能灯塑壳，包括塑料上壳、塑料中壳以及塑料底座；塑料上壳的顶部设有连接金属灯头的连接部；塑料中壳具有固定连接于塑料上壳下边缘的连接座、横隔板以及连接座下边缘向下延伸而成的裙边，横隔板的周缘固定连接于连接座的下周缘边缘，横隔板上开有线路通孔；塑料底座具有底壁以及底壁周缘向上延伸的侧壁，侧壁上边缘固定连接于裙边内，底壁上开设有灯脚通孔；所述横隔板、裙边以及塑料底座构成一个可容置灯管芯柱的容置空间；其特征在于：所述裙边上开设有散热孔槽，散热孔槽连通于容置空间。

【名称】 翻转式双工位塑料片材收卷机接线电刷
【公开（公告）号】 CN2742637
【公开（公告）日】 2005.11.23
【申请（专利权）人】 上海金纬机械制造有限公司
【地址】（201804）上海市嘉定区黄渡镇方黄公路7735号
【发明（设计）人】 何海潮 缪志庆 刘红彬
【摘要】 本实用新型涉及一种翻转式双工位塑料片材收卷机接线电刷，包括电刷支架、卷筒轴，其特征在于：在卷筒轴上有若干个铜滑环，在铜滑环间有绝缘圈，在电刷支架上有若干个电刷接头与卷筒轴上的铜滑环相对应。电刷接头由碳滑块及压簧构成，碳滑块接触于卷筒轴上的铜滑环，碳滑块下有压簧。本实用新型与传统的抱紧滑环的结构相比，具有结构紧凑，使用可靠的优点。

【名称】 环保塑料包裹式渔网垂块
【公开（公告）号】 CN2742752
【公开（公告）日】 2005.11.30
【申请（专利权）人】 曾明辉
【地址】（515429）广东省揭西县五经富镇北中路揭西县钟山工贸有限公司转
【发明（设计）人】 曾明辉
【摘要】 本实用新型涉及一种用于捕鱼（或养鱼）的渔网垂块，尤其是一种表面为环保塑料包裹式复合结构的渔网垂块。其特征是在铸铁件内核的表面上设置包裹式塑料层，所述包裹式塑料层可为模压含注层，也可以为浸塑层。由于采用塑料表层包裹复合结构，内核采用铸铁件，在满足使用功能（渔具加重）的前提下，避免其对环境的污染以及防止锈蚀渔网。具有结构合理、成本适中、保护环境等特点。

【名称】 塑料薄膜袋加套夹的轻便防雨靴套
【公开（公告）号】 CN2742792
【公开（公告）日】 2005.11.30
【申请（专利权）人】 马捷
【地址】（200030）上海市徐汇区广元西路50弄4号303室
【发明（设计）人】 马捷 王慎清 沈高
【摘要】 一种塑料薄膜袋加套夹的轻便防雨靴套，它由塑料薄膜袋（或塑料薄膜靴型袋）和马蹄形内外两个套夹组成，套夹内圈的宽度比套夹外圈略宽，套夹内圈的上下边缘为稍向外翻卷的造型，以确保套夹外圈能夹紧套夹内圈而不移位。优点是使用容易方便，轻巧便携，既可以利用大量废弃的塑料薄膜购物袋做到废物利用经济实惠，也可以用塑料薄膜定制而成的靴型袋，美观优质，满足不同消费层次，适于不同场合使用。

【名称】 废旧塑料生产高分子聚合物防水材料的装置
【公开（公告）号】 CN2740608
【公开（公告）日】 2005.11.16
【申请（专利权）人】 曹新治
【地址】（461511）河南省长葛市南席镇
【发明（设计）人】 曹新治
【摘要】 一种废旧塑料生产高分子聚合物防水材料的装置，含有裂解炉和加热机构，裂解炉由炉体、密封加料机构和密封排渣机构组成，其特征是：在裂解炉的炉体顶部、中部和下部分别设有一个裂解气连通管，顶部的裂解气连通管与中空的膨胀降温箱连通，该膨胀降温箱的底面上设有两个裂解气排出管，其中一个排出管的上端管口位于膨胀降温箱内腔的上部，另一个位于膨胀降温箱内腔的底部，所述裂解气排出管、炉体中部和下部的裂解气连通管均与冷却机构的输入口连通，冷却机构的输出口通过排液管与搅料器的上部连通，搅料器的下部设有成品排出管，搅料器的上部设有二次密封进料口，排液管的一侧面与排废气管连通，在裂解炉的炉体内设有搅拌器，搅拌器的转动杆贯穿并固定在炉顶，转动杆的上端与操作手柄连接。

【名称】 可点焊热融连接的纳米抗菌钢塑复合连接管件

【公开（公告）号】 CN2740871

【公开（公告）日】 2005.11.16

【申请（专利权）人】 杨国忠

【地址】（030001）山西省太原市双塔南巷 64 号化工市场西区 10 号

【发明（设计）人】 杨国忠

【摘要】 本实用新型公开了一种可点焊热融连接的纳米抗菌钢塑复合连接管件，包括由外侧的不锈钢层和内侧的塑料层构成的管体，在所述的管体的两端端面均设有凹环，该凹环的外套与所述的不锈钢层为一体，其直径略大于所述管体的外径。用于钢塑复合管材之间的连接。本实用新型与钢塑复合管材连接时，管材的两端插入连接管件两端的凹环，并采用专用点焊机将两者的不锈钢层进行多点焊接，两者的塑料层热融连接，这样就使两者的内外都连接成为一个整体，连接强度高，不会松动和渗漏，内外强度一致，不会产生钢层脱节或由于压力过大造成断裂的现象。连接的操作简便，利于推广应用。连接处的外形平整美观。

【名称】 塑料果蔬包装箱

【公开（公告）号】 CN2743277

【公开（公告）日】 2005.11.30

【申请（专利权）人】 刘洪祥

【地址】（265300）山东省栖霞市华飞印刷厂

【发明（设计）人】 刘洪祥　衣德胜　柳光胜

【摘要】 塑料果蔬包装箱，它公开了一种作于盛装果品、蔬菜及其他物品的塑料包装箱，它由箱体和盖体等构成，箱体和盖体均为长方体网状结构，箱体的一端面外侧固定设置有提手，其两端面的外侧均设置有锁扣；盖体两端面与箱体上的提手和锁扣对应处设置有提手孔和锁孔，以便使箱体和盖体紧密地结合在一起并便于携带。它克服了现有包装箱质量大、不耐压、不耐折、造价高、不美观等缺点，具有质量轻便、美观大方、便于携带、使用寿命长等优点，箱体和盖体之间夹缝中还可放置标贴等宣传品。

（全国塑料加工工业信息中心
刘均科　王晶）

塑料制品国家标准
及行业标准

2003～2005年新修订国家标准及行业标准

塑料品种较多，生产及应用部门广，标准制修订归口部门较分散，如包括石化、机械、轻工、建设、建材、卫生、环保、公安等多个部门。现将收集到我国近三年来（2003～2005）公告的塑料制品有关的国标、行标汇总如下，以供有关部门参考。

1. 2003年发布标准

2003年发布塑料及其相关的国家标准、行业标准

标准代号	标准名称
GB/T 8804.1—2003	热塑性塑料管材拉伸性能测定　第1部分:试验方法总则
GB/T 8804.2—2003	热塑性塑料管材拉伸性能测定　第2部分:硬聚氯乙烯(PVC-U)、氯化聚氯乙烯(PVC-C)和高抗冲聚氯乙烯(PVC-HI)管材　试验方法总则
GB/T 8804.3—2003	热塑性塑料管材拉伸性能测定　第3部分:聚烯烃管材
GB/T 9647—2003	热塑性塑料管材环刚度的测定
GB/T 15000.4—2003	标准样品工作导则(4)标准样品证书和标签的内容
GB/T 15000.8—2003	标准样品工作导则(8)有证标准样品的使用
GB/T 18991—2003	冷热水系统用热塑性塑料管材和管件
GB/T 18922.1—2003	冷热水用交联聚乙烯(PE-X)管道系统第1部分:总则
GB/T 18922.2—2003	冷热水用交联聚乙烯(PE-X)管道系统第2部分:管材
GB/T 18993.1—2003	冷热水用氯化聚氯乙烯(PVC-U)管道系统第1部分:总则
GB/T 18993.2—2003	冷热水用氯化聚氯乙烯(PVC-U)管道系统第2部分:管材
GB/T 18993.3—2003	冷热水用氯化聚氯乙烯(PVC-U)管道系统第3部分:管件
GB/T 18998.1—2003	工业用氯化聚氯乙烯(PVC-U)管道系统第1部分:总则
GB/T 18998.2—2003	工业用氯化聚氯乙烯(PVC-U)管道系统第2部分:管材
GB/T 18998.3—2003	工业用氯化聚氯乙烯(PVC-U)管道系统第3部分:管件
GB/T 12586—2003	橡胶或塑料涂覆织物　耐屈挠破坏性的测定
GB/T 19023—2003	质量管理体系文件指南
GB/T 19089—2003	橡胶或塑料涂覆织物　耐磨性的测定　马丁达尔法
GB/T 2546.2—2003	塑料　聚丙烯(PP)模塑和挤出材料　第2部分:试样制备和性能测定
GB/T 6594.2—2003	塑料　聚苯乙烯(PS)模塑和挤出材料　第2部分:试样制备和性能测定
GB/T 17037.2—2003	塑料　聚苯乙烯(PS)模塑和挤出材料　第2部分:试样制备和性能测定
GB/T 17037.3—2003	塑料　热塑性塑料材料注塑试样制备　第3部分:小方试片
GB/T 17037.4—2003	塑料　热塑性塑料材料注塑试样制备　第4部分:模塑收缩率的测定
GB/T 18964.2—2003	塑料　抗冲击聚苯乙烯(PS-I)模塑和挤出材料　第2部分:试样制备和性能测定
GSB 15-1313—2003	测定聚丙烯树脂熔体流动速率用标准样品…
GSB 15-1160—2003	测定聚乙烯树脂熔体流动速率用标准样品
GSB 15-1528—2003	测定聚苯乙烯树脂熔体流动速率用标准样品
YS/T 451—2002	塑复铜管
GB/T 18997.1—2003	铝塑复合压力管　铝管搭接焊式铝塑管
GB/T 18997.2—2003	铝塑复合压力管　铝管对接焊式铝塑管
GB/T 12586—2003	橡胶或塑料涂复织物　耐屈挠破坏性的测定
GB/T 5009.58—2003	食品包装用聚乙烯树脂卫生标准的分析方法
GB/T 5009.59—2003	食品包装用聚苯乙烯树脂卫生标准的分析方法
GB/T 5009.60—2003	食品包装用聚乙烯树脂、聚苯乙烯树脂、聚丙烯树脂卫生标准的分析方法
GB/T 5009.61—2003	食品包装用三聚氰胺树脂卫生标准的分析方法
GB/T 5009.67—2003	食品包装用聚氯乙烯树脂卫生标准的分析方法
GB/T 5009.68—2003	食品容器内壁过氯乙烯涂料卫生标准的分析方法
GB/T 5009.69—2003	食品罐头内壁环氧酚醛涂料卫生标准的分析方法

续表

标准代号	标准名称
GB/T 5009.70—2003	食品罐头内壁聚酰胺环氧树脂涂料卫生标准的分析方法
GB/T 5009.71—2003	食品包装用聚丙烯树脂卫生标准的分析方法
GB/T 5009.80—2003	食品罐头内壁聚四氟乙烯涂料卫生标准的分析方法
GB/T 5009.98—2003	食品容器及包装材料用不饱和聚酯树脂及其玻璃钢制品卫生标准的分析方法
GB/T 5009.99—2003	食品容器及包装材料用聚碳酸酯树脂卫生标准的分析方法
GB/T 5009.100—2003	食品包装用发泡聚苯乙烯成型品卫生标准的分析方法
GB/T 5009.101—2003	食品容器及包装材料用聚酯树脂及其成型品中锑的测定
GB/T 5009.122—2003	食品容器、包装材料用聚氯乙烯树脂及成型品中残留量1,1-二氯乙烷的测定
GB/T 5009.125—2003	尼龙6树脂及成型品中己内酰胺的测定
GB/T 5009.127—2003	食品包装用聚酯树脂及成型品中锗的测定
GB/T 5009.152—2003	食品包装用聚苯乙烯-丙烯腈共聚物和橡胶改性的丙烯腈-丁二烯-苯乙烯树脂及成型品中残留丙烯腈单体的测定
GB/T 5009.156—2003	食品用包装材料及其制品的浸泡试验方法通则
GB/T 5009.166—2003	食品包装用树脂及其制品的预试验
GB/T 5009.178—2003	食品包装材料中甲醛的测定
GB/T 5566—2003	橡胶或塑料软管　耐压扁试验方法
SC/T 19250—2003	聚氨酯防水涂料
SC/T 19278—2003	热塑性塑料管材、管件及阀门通用术语及其定义
GB/T 19279—2003	聚乙烯管材　耐慢速裂纹增长锥体试验方法
GB/T 19280—2003	液体输送用热塑性塑料管材　耐快速速裂纹扩展的测定　小尺寸稳态试验
GB/T 19274—2003	土工合成材料　塑料土工格室
SC/T 5003—2002	塑料浮子　实验方法
SC/T 5021—2002	聚乙烯网片　经编型
GB/T 10002.1—2003	给水用硬聚氯乙烯(PVC-U)管材
GB/T 12000—2003	塑料暴露于湿热、水喷雾和盐雾中影响的测定
GB 15558.1—2003	燃气用埋地聚乙烯管道系统第一部分:管材
JC/T 482—2003	聚氨酯建筑密封胶
GB 10002.2—2003	给水用硬聚氯乙烯(PVC-U)管件

2. 2004 年公告

2004 年公告塑料及其相关的国家标准、行业标准

标准代号	标准名称
GB 17931—2003	瓶用聚对苯二甲酸乙二醇酯(PET)树脂(3号公告)
YD/T 1281—2003	适于宽带应用的铜心聚烯烃绝缘铝塑综合护套市内通信电缆
HG/T 3704—2003	氟塑料衬里阀门通用技术条件
HG/T 3705—2003	金属网聚四氟乙烯复合管与管件
HG/T 3706—2003	工业用孔网钢骨架聚乙烯复合管
HG/T 3707—2003	工业用孔网钢骨架聚乙烯复合管件(行标4号公告)
GB/T 19466.1—2004	塑料　差示扫描量热法(DSC)第1部分:通则(国标4号公告)
GB/T 19466.2—2004	塑料　差示扫描量热法(DSC)第2部分:塑料玻璃化转变温度的测定
GB/T 19466.3—2004	塑料　差示扫描量热法(DSC)第3部分:熔融和结晶温度及热焓的测定
GB/T 19467.1—2004	塑料　可比单点数据的获得和表示　第1部分:模塑材料
GB/T 19467.2—2004	塑料　可比单点数据的获得和表示　第2部分:长纤维增强材料
GB/T 19470—2004	土工合成材料　塑料土工网
GB/T 12027—2004	塑料-薄膜和薄片-加热尺寸变化率试验方法
GB/T 8814—2004	门、窗用未增塑聚氯乙烯(PVC-U)型材、
GB/T 19471.1—2004	塑料管道系统　硬聚氯乙烯(PVC-U)管材弹性密封圈式承口接头　偏角密封试验方法
GB/T 19471.2—2004	塑料管道系统　硬聚氯乙烯(PVC-U)管材弹性密封圈式承口接头　负压密封试验方法

续表

标准代号	标准名称
GB/T 19472.1—2004	埋地用聚乙烯(PE)结构壁管道系统　第1部分:聚乙烯双壁波纹管材
GB/T 19472.2—2004	埋地用聚乙烯(PE)结构壁管道系统　第2部分:聚乙烯结构壁缠绕管材
GB/T 19473.1—2004	冷热水用聚丁烯(PB)管道系统　第1部分:总则
GB/T 19473.2—2004	冷热水用聚丁烯(PB)管道系统　第2部分:管材
GB/T 19473.3—2004	冷热水用聚丁烯(PB)管道系统　第3部分:管件
GB/T 1634.1—2004	塑料　负荷变形温度的测定　第1部分:通用试验方法
GB/T 1634.2—2004	塑料　负荷变形温度的测定　第2部分:塑料、硬橡胶和长纤维增强复合材料
GB/T 1634.3—2004	塑料　负荷变形温度的测定　第3部分:高强度热固性层压材料
QC/T 703—2004	汽车转向盘聚氨酯泡沫包覆层技术条件(行标5号公告)
QC/T 704—2004	汽车转向盘聚氨酯泡沫包覆层整体硬度试验方法
BB/T 0025—2004	30/25mm 塑料防盗瓶盖
JT/T496—2004	公路地下通信用管道　高密度聚乙烯硅心塑料管
GA 406.1—2004	居民身份卡体材料及打印薄膜技术规范　第1部分:制卡用垫平层白色 PETG 薄膜
GA 406.2—2004	居民身份卡体材料及打印薄膜技术规范　第2部分:制卡用印刷层白色 PETG 薄膜
GA 406.3—2004	居民身份卡体材料及打印薄膜技术规范　第3部分:制卡用保护层白色 PETG 薄膜
GA 406.4—2004	居民身份卡体材料及打印薄膜技术规范　第4部分:制卡用模块、线圈承载层白色 PETG 薄膜
GA 406.5—2004	居民身份卡体材料及打印薄膜技术规范　第5部分:打印薄膜
CJ/T 189 —2004	钢丝网骨架塑料(聚乙烯)复合管
CJ/T 190 —2004	铝塑复合管用卡压式管件
JT/T 513—2004	公路工程土工合成材料　土工网(2004年6月行标6号公告)
JT/T 514—2004	公路工程土工合成材料　有纺土工织物
JT/T 515—2004	公路工程土工合成材料　土工膜袋
JT/T 517—2004	公路工程土工合成材料　土工加筋带
JT/T 521—2004	公路工程土工合成材料　塑料排水板(带)
JT/T 525—2004	公路水泥混凝土纤维材料　聚丙烯纤维和聚丙烯腈纤维
JT/T 526—2004	路面沥青改性材料　苯乙烯-丁二烯嵌段聚共物(SBS)
JT/T 527—2004	路面沥青改性材料　苯乙烯-丁二烯橡胶 1502(SBR 1502)
GB/T 19532—2004	包装材料　气相防锈塑料薄膜(2004年8月国标7号公告)
GB/T 19590—2004	超微细碳酸钙(2004年12月国标10号公告)
YD/T 1319—2004	通信电缆-无线通信用于50Ω泡沫聚乙烯绝缘编织外导体射频同轴电缆(2004年12月行标10号公告)
YD/T 1021.1—2004	电缆光缆用防蚁护套材料特性　第1部分:聚酰胺
YD/T 1020.2—2004	电缆光缆用防蚁护套材料特性　第2部分:聚烯烃共聚物
JC/T 783—2004	玻璃纤维增强改性酚醛塑料球阀
WJ/T 783—2004	塑料导爆管(2004年11月行标11号公告)

3. 2005 年公告

2005 年公告塑料及其相关的国家标准、行业标准

标准代号	标准名称
GB/T 4085—2004	半硬质聚氯乙烯块状地板　(2005年2号国标公告)
GB/T 11982—2004	聚氯乙烯卷材地板　第1部分:带基材聚氯乙烯卷材地板(2005年2号国标公告)
GB/T 20000.5—2004	标准化工作指南　第5部分:产品标准中涉及环境的内容(2005年1号国标公告)
JB/T 10491.1—2004	额定电压 450/750V 及以下交联聚烯烃绝缘电线和电缆　第1部分:一般规定(2005年1号行标公告)
JB/T 10491.2—2004	额定电压 450/750V 及以下交联聚烯烃绝缘电线和电缆　第2部分:耐热105℃交联聚烯烃绝缘电线和电缆(2005年　1号行标公告)
JB/T 10491.3—2004	额定电压 450/750V 及以下交联聚烯烃绝缘电线和电缆　第3部分:耐热125℃交联聚烯烃绝缘电线和电(2005年　1号行标公告)

续表

标准代号	标准名称
JB/T 10491.4—2004	额定电压450/750V及以下交联聚烯烃绝缘电线和电缆　第4部分:耐热150℃交联聚烯烃绝缘电线和电缆(2005年　1号行标公告)
QB/T 1868—2004	聚对苯二甲酸乙二醇酯(PET)碳酸饮料瓶(2005年4月行标3号公告)
QB/T 1916—2004	硬聚氯乙烯(PVC-U)双壁波纹管材
QB/T 2665—2004	热灌装用聚对苯二甲酸乙二醇酯(PET)瓶(2005年4月行标3号公告)
QB/T 2666—2004	双向拉伸聚丙烯包装标签(2005年4月　行标3号公告)
QB/T 2667.1—2004	埋地通信用多孔一体塑料管材　第1部分:硬聚氯乙烯(PVC-U)多孔一体管材(2005年4月　行标3号公告)
QB/T 2667.2—2004	埋地通信用多孔一体塑料管材　第2部分:聚乙烯(PE)多孔一体管材(2005年4月　行标3号公告)
QB/T 2668—2004	超高分子量聚乙烯(PE)管材(2005年4月　行标3号公告)
QB/T 1869—2004	泡沫塑料吸水性试验方法(2005年4月　行标3号公告)
QB/T 2670—2004	降解塑料片材定义、分类、标志和降解性能的要求(2005年4月　行标3号公告)
QB/T 2671—2004	生物分解塑料片材定义、分类、标志和生物分解性能的要求(2005年4月　行标3号公告)
QB/T 2672—2004	可堆肥塑料片材定义、分类、标志和可堆肥性能的要求(2005年4月　行标3号公告)
CJ/T 123—2004	给水用钢骨架聚乙烯塑料复合管(2005年4月　行标3号公告)
CJ/T 124—2004	给水用钢骨架聚乙烯塑料复合管件(2005年4月　行标3号公告)
JC/T 944—2005	彩喷片状模塑料(2005年4月　行标4号公告)
YD/T 1324—2004	地下通信管道用硬聚氯乙烯(PVC-U)多孔管(2005年4月　行标4号公告)
JB/T 20065.1—2005	塑料瓶瓶装联动线(2005年4月　行标4号公告)
JB/T 20065.2—2005	塑料瓶理瓶机(2005年4月　行标4号公告)
JB/T 20066—2005	易折塑料瓶口服液剂灌封机(2005年4月　行标4号公告)
DL/T 935—2005	铝塑复合管和管件(2005年4月　行标4号公告)
SN/T 1504.1—2005	食品容器、包装用塑料原料　第1部分:聚丙烯均聚物中酚类抗氧化剂和芥酰胺爽滑剂的测定方法　液相色谱法(2005年4月　行标4号公告)
SN/T 1504.2—2005	食品容器、包装用塑料原料　第2部分:线性低密度聚乙烯中酚类抗氧化剂和芥酰胺爽滑剂的测定方法　液相色谱法(2005年4月　行标4号公告)
SN/T 1504.3—2005	食品容器、包装用塑料原料　第3部分:乙烯聚合和乙烯-醋酸乙烯酯共聚物中丁基-羟基甲苯的测定　气相色谱法(2005年4月　行标4号公告)
SN/T 1504.4—2005	食品容器、包装用塑料原料　第4部分:高密度聚乙烯中酚类抗氧化剂的测定方法　液相色谱法(2005年4月　行标4号公告)
SN/T 1504.5—2005	食品容器、包装用塑料原料　第5部分:聚烯烃中杂质元素含量的测定　X射线荧光光谱法(2005年4月　行标4号公告)
SN/T 1513—2005	聚乙烯和聚丙烯树脂密度的测定　常温浮定法(2005年4月　行标4号公告)
QC/T 641—2005	汽车用塑料密封条(2005年4月　行标4号公告)
GB/T 19687—2005	闭孔塑料长期热阻变化的测定　实验室加速测试方法(2005-6-6 6号国标公告)
GB/T 19701.2—2005	外科植入物　超高分子量聚乙烯　第2部分:模塑料(2005-6-6 6号国标公告)
GB/T 19701.1—2005	外科植入物　超高分子量聚乙烯　第1部分:粉料(2005-6-6 6号国标公告)
GB/T 19647—2005	农田排水用塑料单壁波纹管(2005-6-6 6号国标公告)
GB/T 19712—2005	塑料管材和管件　聚乙烯(PE)鞍形旁通抗冲击试验方法(2005-6-6 6号国标公告)
GB 15558.2—2005	燃气用埋地聚乙(PE)管道系统　第2部分:管件(2005-6-30 7号国标公告)
GB/T 1446—2005	纤维增强塑料性能试验方法总则(2005-8-3 8号国标公告)
GB/T 1447—2005	纤维增强塑料拉伸性能试验方法(2005-8-3 8号国标公告)
GB/T 1448—2005	纤维增强塑料压缩性能试验方法(2005-8-3 8号国标公告)
GB/T 1449—2005	纤维增强塑料弯曲性能试验方法(2005-8-3 8号国标公告)
GB/T 1450.1—2005	纤维增强塑料层间剪切强度试验方法(2005-8-3 8号国标公告)
GB/T 1450.2—2005	纤维增强塑料简支梁式冲击韧性试验方法(2005-8-3 8号国标公告)
GB/T 1462—2005	纤维增强塑料吸水性试验方法(2005-8-3 8号国标公告)
GB/T 1463—2005	纤维增强塑料密度和相对密度试验方法(2005-8-3 8号国标公告)
GB/T 2572—2005	纤维增强塑料平均线膨胀系数试验方法(2005-8-3 8号国标公告)

续表

标准代号	标准名称
GB/T 2576—2005	纤维增强塑料树脂不可溶分含量试验方法(2005-8-3 8 号国标公告)
GB/T 2577—2005	玻璃纤维增强塑料树脂含量试验方法(2005-8-3 8 号国标公告)
GB/T 3139—2005	纤维增强塑料导热系数试验方法(2005-8-3 8 号国标公告)
GB/T 3140—2005	纤维增强塑料平均比热容试验方法(2005-8-3 8 号国标公告)
GB/T 3355—2005	纤维增强塑料纵横剪切试验方法(2005-8-3 8 号国标公告)
GB/T 3362—2005	碳纤维复丝拉伸性能试验方法(2005-8-3 8 号国标公告)
GB/T 3854—2005	增强塑料巴柯尔硬度试验方法(2005-8-3 8 号国标公告)
GB/T 3855—2005	碳纤维增强塑料树脂含量试验方法(2005-8-3 8 号国标公告)
GB/T 3856—2005	单向纤维增强塑料平板压缩性能试验方法(2005-8-3 8 号国标公告)
GB/T 3857—2005	玻璃纤维增强热固性塑料耐化学介质性能试验方法(2005-8-3 8 号国标公告)
GB/T 4550—2005	试验用单向纤维增强塑料平板的制备(2005-8-3 8 号国标公告)
GB/T 4944—2005	玻璃纤维增强塑料层合板层间拉伸强度试验方法(2005-8-3 8 号国标公告)
GB/T 5349—2005	纤维增强热固性塑料管轴向拉伸性能试验方法(2005-8-3 8 号国标公告)
GB/T 5350—2005	纤维增强热固性塑料管轴向压缩性能试验方法(2005-8-3 8 号国标公告)
GB/T 5351—2005	纤维增强热固性塑料管短时水压失效压力试验方法(2005-8-3 8 号国标公告)
GB/T 5352—2005	纤维增强热固性塑料管平行板外载性能试验方法(2005-8-3 8 号国标公告)
GB/T 6011—2005	纤维增强塑料燃烧性能试验方法炽热棒法(2005-8-3 8 号国标公告)
GB/T 7559—2005	纤维增强塑料层合板螺栓连接挤压强度试验方法(2005-8-3 8 号国标公告)
GB/T 8237—2005	纤维增强塑料用液体小饱和聚酯树脂(2005-8-3 8 号国标公告)
GB/T 8924—2005	纤维增强塑料燃烧性能试验方法　氧指数法(2005-8-3 8 号国标公告)
GB/T 9979—2005	纤维增强塑料高低温力学性能　试验准则(2005-8-3 8 号国标公告)
GB/T 14206—2005	玻璃纤维增强聚酯波纹板(2005-8-3 8 号国标公告)
GB/T 19787—2005	包装材料聚烯烃热收缩薄膜*(2005-8-3 8 号国标公告)
GB/T 19789—2005	包装材料塑料薄膜和薄片氧气透过性试验库仑计检测法(2005-8-3 8 号国标公告)
HG/T 3791—2005	氯乙烯-纳米碳酸钙原位聚合悬浮法聚氯乙烯树脂(2005 年 8 月　行标 8 号公告)
HG/T 3792—2005	交联型氟树脂涂料(2005 年 8 月　行标 8 号公告)
HG/T 3793—2005	热熔型氟树脂(PVDF)涂料(2005 年 8 月　行标 8 号公告)
HG/T 2339—2005	二盐基亚磷酸铅(2005 年 8 月　行标 8 号公告)
HG/T 2340—2005	三盐基硫酸铅(2005 年 8 月　行标 8 号公告)
QB/T 2479—2005	埋地式高压电力电缆用氯化聚氯乙烯(PVC-c)套管(2005 年 9 月　行标 9 号公告)
QB/T 2734—2005	聚酯(PET)瓶装饮料生产线(2005 年 9 月　行标 9 号公告)
SY/T 0603—2005	玻璃纤维增强塑料储罐规范(2005 年 9 月　行标 9 号公告)
SY/T 4105—2005	钢制储罐无溶剂聚氨酯涂料内防腐层技术规范(2005 年 9 月　行标 9 号公告)
SY/T 4106—2005	管道无溶剂聚氨酯涂料内外防腐层技术规范(2005 年 9 月　行标 9 号公告)
JB/T 5419—2005	塑料挤出干法热切造粒辅机(2005 年　行标 11 号公告)

(中国塑料加工工业协会　曾家华)

国家公告废止的塑料标准目录

GB 9644—88　硬聚氯乙烯（PVC-U）饮水管材和管件铅、锡、镉、汞的萃取方法及允许值

GB/T 10805—89　食品包装用硬质聚氯乙烯薄膜

GB/T 10902—89　塑料混合机

GB/T 10903—89　塑料混合机检测方法

GB/T 12024—89　改性聚丙烯层压板材

GB/T 12555.14—90　塑料注射模大型模架衬套

GB/T 12555.15—90　塑料注射模大型模架　限位块

GB/T 13018—91　聚乙烯（PE）管材外径和壁厚极限偏差

GB/T 13019—91　聚丙烯（PP）管材外径和壁厚极限偏差

GB/T 13020—91　硬聚氯乙烯（PVC-U）管材

外径和壁厚极限偏差

GB/T 13527.1—92　软聚氯乙烯管（流体输送用）

GB/T 13527.2—92　软聚氯乙烯管（电线绝缘用）

GB/T 14483—93　塑料负载变形试验方法

GB/T 14485—93　工程塑料硬质塑料板材及塑料件耐冲击性能试验方法落球法

GB/T 14572—93　热塑性塑料树脂产品检验规则及标志、包装、储运规定

GB/T 15585—95　热塑性塑料注射成型收缩率的测定

GB/T 6668—94　聚氯乙烯针织布基发泡人造革

GB/T 7155.1—87　热塑性塑料管材及管件密度的测定　第1部分：聚乙烯管材及管件基准密度的测定

GB/T 7155.2—87　热塑性塑料管材及管件密度的测定　第2部分：聚丙烯管材及管件密度的测定

GB/T 9642—88　聚乙烯（PE）管材和管件　根据聚乙烯公称密度和熔体流动速率命名的方法

GB/T 9643—88　聚乙烯（PE）管材和管件　熔体流动速率试验方法

GB/T 9645—88　硬聚氯乙烯（PVC-U）管材吸水性试验方法

GB/T 9646—88　硬聚氯乙烯（PVC-U）管材耐丙酮性试验方法

废止的国标、转行标目录：（过渡期1年）

GB/T 16419—96　塑料弯曲性能小试样试验方法

GB/T 16420—96　塑料冲击性能小试样试验方法

GB/T 16590.1—96　消防用不可折叠型橡胶和塑料软管　第1部分：定位应急设施用轴卷半硬性软管

GB/T 16741—97　双面涂覆聚氯乙烯阻燃防水布、篷布

GB/T 19165—2003　日光温室和塑料大棚结构与性能要求

GB/T 2409—80　塑料黄色指数试验方法

GB/T 8805—88　硬质塑料管材弯曲度测量方法

2005年化工行业标准项目计划（塑料标准项目）

项目名称　标准类别　制、修订　完成年限　技术归口单位　主要起草单位　采用国际国外标准　代替标准

氯乙烯单体有机杂质含量的测定　方法　制定　2006　全国塑料标准化技术委员会锦西化工研究院、上海氯碱化工股份有限公司　ASTM D5507—99

聚氯乙烯树脂　甲苯含量的测定　方法　制定　2006　全国塑料标准化技术委员会　锦西化工研究院、上海氯碱化工股份有限公司

聚氯乙烯树脂腈基团含量的测定　方法　制定　2006　全国塑料标准化技术委员会　锦西化工研究院、上海氯碱化工股份有限公司

聚氯乙烯树脂　重金属含量的测定ICP法　方法　制订　2006　全国塑料标准化技术委员会　锦西化工研究院、上海氯碱化工股份有限公司

硫醇酯甲基锡热稳定剂TM18　产品　制订　2005　全国橡胶与橡胶制品标准化技术委员会　深圳泛胜塑胶助剂有限公司

硫醇酯甲基锡热稳定剂TM19　产品　制订　2005　全国橡胶与橡胶制品标准化技术委员会　深圳泛胜塑胶助剂有限公司

改性丙烯酸酯胶黏剂　产品　制定　2005　全国胶黏剂标准化技术委员会　上海橡胶制品研究所等

单组分室温固化有机硅胶黏剂　产品　制定　2006　全国胶黏剂标准化技术委员会　上海橡胶制品研究所等

已二酸二辛酯（DOA）　产品　制定　2005全国橡胶与橡胶制品标准化技术委员会　淄博蓝帆化工有限公司

耐化学腐蚀改性聚丙烯储槽　产品　制定　2006　全国非金属标准化技术委员会　建德市三耐防腐钢结构有限公司

耐化学腐蚀现场缠绕玻璃钢大型容器　产品　制定　2006全国非金属标准化技术委员会　连云港中复连众复合材料集团有限公司

塑料衬里复合钢管和管件　产品　修订　2006　全国非金属化工设备标准化技术委员会　温州市东方防腐设备有限公司HG/T 2437—93

聚四氟乙烯波纹管膨胀节　产品　制定　2006　全国非金属化工设备标准化技术委员会　温州市东方防腐设备有限公司

塑料塔填料技术条件　产品　制定　2006全国非金属化工设备标准化技术委员会　萍乡市环球化工填料公司

不透性石墨材料抗拉强度试验方法　方法　修订　2006全国非金属化工设备标准化技术委员会　天华化工机械及自动化研究设计院ASTM C567—1998

HG/T 2642—1994

氟塑料衬里反应釜　产品　制定　2006 全国非金属化工设备标准化技术委员会　温州赵氟隆有限公司

抗氧剂 TPP　产品　制定　2005 全国橡胶与橡胶制品标准化技术委员会　深圳泛胜塑胶助剂有限公司

抗氧剂 TNPP　产品　制定　2005 全国橡胶与橡胶制品标准化技术委员会　深圳泛胜塑胶助剂有限公司

抗氧剂 618　产品　制定　2005 全国橡胶与橡胶制品标准化技术委员会　深圳泛胜塑胶助剂有限公司

硫酸酯甲基锡热稳定剂 TM17　产品　制定　2005 全国橡胶与橡胶制品标准化技术委员会 深圳泛胜塑胶助剂有限公司

（中国塑料加工工业协会　曾家华）

重点企业介绍

佛山塑料工贸集团公司

佛山塑料工贸集团公司（下称佛塑集团）成立二十多年来以平均每五年翻两翻的滚动发展态势在行业内迅速崛起。2005年公司销售额达75亿元。因而曾被中国塑料加工工业协会誉为“中国民族塑料工业成功发展典范”：1996年被国家经贸委确定为全国512家重点扶持的大型国有企业；1997年被国家科委认定为“国家火炬计划重点高新技术企业集团”；1998年被广东省经委列为首批技术创新优势企业之一；2000年被广东省政府确定为工业龙头企业中唯一的战略产业类型材料企业；佛塑股份2003年被广东省科技厅再次认定为广东省高新技术企业；2004年起连续两年被中国企业家联合会和中国企业家协会评定为“中国企业500强”之一。

2000年5月，佛塑集团控股的“佛山塑料集团股份有限公司”（简称佛塑股份）获准在国内发行A股上市。如今，佛塑股份已从一般加工制造行业跨进以大规模生产涵盖工业、农业、现代科技、交通、通讯等领域的塑料薄膜、人造革、编织制品、光电材料等现代新材料为主业的高新技术产品制造企业行列。并先后以独资和与国际知名企业合资合作等方式投资在国内建成多个主业产品生产基地，拥有自己的省级技术开发中心和多个高新产品的核心制造技术，旗下的“汾江”、“双象”“双龙”等已经成为备受国内外用户青睐的著名品牌，成为名副其实的国内行业龙头企业。

“十一五”期间公司将以在佛山市三水区投资建设占地近一平方公里的“佛塑新材料工业园”为载体，加快实施“向高新技术材料工业领域拓展计划”的步伐，坚持“一业为主，相关多样化发展”的方向，立足于国内市场，开拓新的应用领域，并进一步加强与国内、国际间的经济技术合作，积极推进高新技术成果的应用，带动产品结构向高新技术含量扩大和延伸，把公司建成塑料新型材料工业的重要基地。

宝硕集团

宝硕集团是以河北宝硕集团股份有限公司为核心企业，以分、子公司为成员，以产权为纽带，集科、工、贸、金、农为一体的大型综合性企业联合体，是全国规模最大的综合性塑料加工企业集团之一。目前，集团总资产38亿元，拥有48个成员企业，员工10 000余人。现有塑料加工能力40万吨，主要产品包括：BOPP、CPP包装薄膜、PE农地膜、大棚膜、PVC异型材、PVC-U系列管材等；基础化工加工能力30万吨，主要产品包括：离子膜烧碱、PVC树脂、木糖醇、糖醇等。

“十五”期间，宝硕集团按照“宝硕名牌化、股份多元化、产业专业化、经营国际化”的发展战略思想，以市场为导向，以经济效益为中心，重点完善了“塑料建材、软包装材料、农用塑料、基础化工”四大产业基础建设，逐步完成了产品结构调整。初步形成了国内几大生产基地的战略布局，通过销地产战略，把宝硕事业做大做强。

塑料建材生产基地 在“十五”期间，管材分公司配套开发了全系列PVC-U、PVC-C工业管道系统、热水管道系统、全系列HDPE燃气给水管材、管件，矿用抗静电管道系统，建筑内冷热水用PP-R管材、管件以及玻璃钢储罐、玻璃钢管道系列产品。各种产品的产能已由2000年末的2.5万吨/年发展到2005年的6万吨/年。

“十五”期间，型材分公司依据质量优势和规模效益，扩大PVC型材产量，产销量从2000年的4 000吨上升到2005年的30 000吨，实现了“高开车率、高市场占有率、高现金率”的战略目标。

软包装材料生产基地 “十五”期间，富太公司、宝来公司的BOPP包装膜的年产能力由2000年的1.4万吨达到2005年的3.6万吨；CPP包装膜的年产能力由2000年的3 000吨达到2005年的5 000吨。宝源公司的POF系列多层共挤热收缩膜，年产能力由2000年的4 000吨达到2005年的1.2万吨；PE包装膜年产能力由2000年的4 000吨达到2005年的10 000吨。

农用塑料生产基地 “十五”期间，创业公司农用薄膜产销能力不断提高，年增长率为16%，总产能已由2000年的3万吨/年达到2005年的6万吨/年，真正做到了最大市场占有率、最大开车率、最大现金流、最大效益。

基础化工生产基地 “十五”期间化工分公司通过几年的发展，PVC树脂的产能已由2000年的1.6万吨/增加到13万吨/年，离子膜烧碱产能由2000年的2.2万吨/扩产到11万吨/年。

技术创新完成情况 “十五”期间，集团公司开发和实施新产品、新技术、新工艺400多项；5项科技成果获得河北省“优秀新产品”或“科技进步技术”奖；2项获得保定市“优秀新产品”或“科技进步技术”奖；自主研发的新产品“新型缠绕包装膜”

荣获河北省优秀新产品一等奖；“新型高保温高光效温室膜”获河北省优秀新产品二等奖；申请发明专利10项，实用新型专利34项，外观设计专利21项，共有22项专利获得了国家的知识产权局的授权。

“十一五”期间，宝硕集团的发展速度计划以平均增长12%的速度递增（比“十五”期间的年平均增长22.7%有所降低），到2010年实现销售收入50亿元，实现利税8亿元。主要产品生产能力：PVC树脂20万吨/年，离子膜烧碱20万吨/年，糖醇1.5万吨/年，呋喃树脂1万吨/年，木糖醇4 000吨/年，山梨醇1万吨/年，PVC-U管材10万吨/年，PVC型材20万吨/年，PVC门窗70万平方米，农膜10万吨/年，BOPP、CPP包装膜达到10万吨/年，POF热收缩膜3万吨/年，各种吹膜、彩印膜3万吨/年。主要产品市场占有率居国内同类产品前列，新产品产值率达到50%以上，资产保值增长率达到120%。完善四大事业部建设，调整理顺产品结构，继续创造宝硕名牌，使“宝硕”牌商标真正成为中国名牌，使“宝硕”名牌这个无形资产仓库变成一个巨大的能量反应堆，建立起具有宝硕自己特色的宝硕模式。

新疆天业（集团）有限公司

新疆天业（集团）有限公司组建于1996年6月，是国有控股大型企业集团，核心企业新疆天业股份有限公司于1997年6月在上海证券交易所上市，2006年2月28日股份公司控股的新疆天业节水灌溉股份有限公司在香港成功上市。公司主要从事煤电、化工、塑料、节水器材、建材、食品、建筑与房地产开发、贸易等业务。截至2005年底，公司在册员工5 824人，其中各类工程技术人员2 000余人。公司拥有9家分公司，14家控股公司和6家参股公司。目前主要拥有20万千瓦热电、25万吨电石、26万吨聚氯乙烯树脂和配套23万吨离子膜烧碱，600万亩塑料节水灌溉器材，8万吨番茄酱，1.6万吨柠檬酸生产能力。新疆天业在“十五”的发展历程中，公司始终坚持循环经济的发展理念。在产业布局上，注重各大产业循环式组合，通过产业链的大循环，从根本上提高公司的整体竞争力。同时，加强产业内部的小循环，通过实施清洁生产和资源的循环利用，走出了一条具有自身鲜明特色的循环经济发展之路。截至2005年底，公司总资产为58.5亿元，是2000年的3.29倍，年平均增长26.91%；净资产达到13.49亿元；销售收入为29.96亿元，是2000年的3.02倍，年平均增长10.96%；实现利润2.59亿元，是2000年的7.35倍，年平均增长49.03%；实现国内生产总值（GDP）8.37亿元，是2000年的5.04倍，年平均增长38.2%。公司先后荣获国家“九五”优秀科技创新项目奖和国家高新技术产业化示范工程奖，“全国农产品加工示范企业”、“新疆工业30强企业”、“2005年中国制造业企业500强”等荣誉称号。

“十一五”期间，公司将充分依托新疆资源优势，以塑料节水器材产业发展为龙头，构筑煤电化、节水器材、塑料建材等环经济产业链，建成1 000万亩塑料节水器材生产、回收装置和120万吨聚氯乙烯煤电化、建材一体化装置，继续保持公司在国内外滴灌节水器材产业的领先地位，成为具有核心竞争能力的节水器材和聚氯乙烯树脂生产与加工企业。实现销售收入160亿元，国内生产总值55亿元，资产总额达到230亿元。

浙江大东南集团有限公司

浙江大东南集团有限公司地处“西施”故里——浙江省诸暨市。企业创建于1975年，在塑料制品行业奋发拼搏已达30年，现有职工1 200余人，总资产达296 043万元，2005年实现总产量33.43万吨，销售总额510 166万元，利税34 083万元。公司生产的主要产品有LDPE、HDPE、PP、CPP、BOPP、BOPET薄膜及包装制品，其中双向拉伸聚丙烯（BOPP）薄膜、双向拉伸聚酯（BOPET）薄膜的生产能力达17.5万吨/年。近年来，该公司先后被评“国家重点高新技术企业”、“全国出口创汇先进企业”、“浙江省高新技术企业五十强”、“浙江省重点培育发展大型企业集团二十六强”、“浙江省诚信企业”，产品先后由国家质监总局确认为“国家免检产品”，由浙江省科技厅认定为“浙江省高新技术产品”。该企业之所以能够在激烈的市场竞争中得到快速发展，关键在于：

该公司创建30年来，由于企业决策者的经营理念和经营目标始终定格在“立足主业，做强做大”，所以从未涉足房地产和其他行业的投资，而是努力适应国内外市场的发展趋势，不断进行技术改造和技术创新。在“九·五”～“十·五”期间，先后投入技术改造和技术开发资金达25亿元，从国外引进了一系列先进的技术设备，开发生产了功能性BOPP薄膜、功能性CPP薄膜、功能性超微孔聚乙烯薄膜等新型包装材料，使产品的市场竞争能力和市场占有率不断增强。

“质量为本、信誉至上、科技领先、开拓创新”，既是企业长期坚持的经营理念，又是企业内部贯彻ISO 9001—2000质量体系，加强产品质量管理的方针目标。长期来，该公司始终视产品质量为企业生命，努力塑造良好的社会形象，使产品在国内外市场中享有较高的知名度和美誉度。

福建亚通新材料科技股份有限公司

福建亚通新材料科技股份有限公司是一家专业从事高分子材料及其制品的研究开发和生产制造的国家级重点高新技术企业，现系中国塑料加工工业协会塑料管道专委会理事长单位，建设部全国唯一塑料管道科技产业化基地，全国化学建材骨干企业，全国化学建材工作先进集体，国家级博士后科研工作站，科技部、建设部联合定点的国家科技成果推广示范基地。

公司创立于1994年，现已发展成为拥有资产3亿多元、职工近1 000人（其中具有大专以上学历的员工占职工总数的35%以上）的高新技术企业。公司研发和生产具有国际先进、国内领先水平的工程塑料管道系列产品、新型高分子功能复合材料、高效农业节水灌溉系统等，产品广泛应用于建筑、高速公路、水利、通信、电力、农业排灌、城市给水、排水、污水处理、现代园艺等领域，产品种类及配套之全居全国同行业之首。

1998年1月公司在全国同行业率先通过了ISO 9001国际质量体系和产品质量双认证。“亚通”版系列产品荣获“国家免检产品”与“福建省名牌产品”称号，注册商标“亚通”被评定为福建省著名商标。公司依托质量和品牌优势，在北京、内蒙古、河北、河南、重庆、湖北、贵州、甘肃等地区建立了生产基地，并在北京、天津、沈阳、上海、武汉、广州、成都、乌鲁木齐等二十多个城市设立了销售分公司或办事处，构建起遍及全国的生产、销售和服务网络。

科技是第一生产力。亚通公司现拥有省级企业技术中心一个，与中科院成都有机化学研究所、福建省二轻工业研究所、福州大学、四川大学、中国农业大学、北京化工大学、国家节水灌溉杨凌工程技术研究中心以及欧洲相关企业联合开发高技术含量、高附加值、高市场占有率的新产品20多种（类），共有15项科技成果通过省级技术鉴定，获得国家专利局授予专利权的有12项。目前共承担国家级火炬计划项目1项，国家级重点新产品项目2项，国家级技术创新项目2项，科学技术型中小企业创新基金1项，国家高新技术产业化推进项目1项，国家重点技术改造项目1项。

公司将持续贯彻“丝丝入扣、滴水不漏、顾客满意、永创新高”的质量方针，研发和制造一流产品，提供一流服务，为中国现代农业、水利、电力、交通、通信、石油、化工、城市建设、环境保护和其他工业事业作出贡献；以振兴中国新材料产业为己任，秉承“以人为本、追求卓越”的企业精神，不断加大科技和人才投入，领导中国新材料产业向更高、更新水平迈进！

地址：福建省福清市镜洋工业开发区
邮编：350304
电话：0591-85311061，85311062
传真：0591-85311143
E-mail：crm@atontech. com. cn
aton88@pub2. fz. fj. cn
http：//www. atontech. com. cn

湖北凯乐新材料科技股份有限公司

“十五”期间，湖北凯乐新材料科技股份有限公司秉承创业之处的精神，继续坚持“自主创新、资助研发、自我完善、自我发展”的技术创新的“四自”精神。在基础应用技术的研发上加大投入，自投资金建立起了工程塑料研究所、土工合成材料研究所，广招人才，自主研发，取得了一批应用技术研究成果。使公司的主导产品以技术优势、质量优势和性价比优势成为国内市场占有率较高、用户评价较好的产品代表。

“自主创新”是公司的发展之本。在公司创业之初，从德国引进的克劳斯玛菲公司大口径PVC管材生产线。由于设备模具选型不是十分合理，公司大胆创新，在洋设备上进行改进，在配方上进行改进，使引进设备由生产单一品种扩展到给排水多个品种的系列产品。适应了市场需求，为公司的发展奠定了基础。

HDPE硅芯管是应用在国家骨干通讯网络、城际间通信主干线上的通讯护套管，它实现了光电缆快速吹缆施工。公司技术研究部门深入生产一线，研究出一套公司特有的共挤复合技术，以优良的产品性能和30条硅芯管生产线，日产量达到30多万米的规模优势，战胜了主要竞争对手外商独资、合资生产企业。现在“凯乐”牌硅芯管成为全国产销量第一，品牌最响的产品，并且成功地使这一产品走向世界，仅2005年硅芯管总产量达到3.6万吨，出口8 400

万元。

土工格栅是凯乐坚持自我创新，走技术研发道路，成功开发的又一类产品。继2003年公司完成双向土工格栅设备自主研发后，又同科研院所合作进行材料改性研究，成功地开发出高强度35～35kN的产品。此后在此基础上开发出了60～60kN双向焊接格栅，和120～120kN钢丝增强双向格栅等新品种，形成了胆、双向格栅不同强度等级的系列产品。现在共有8条格栅生产线，年生产能力1.8万吨，2005年产销12 050吨，国内市场占有率达15%以上，成为国内土工格栅产品的主导企业。

“十一五”期间，我公司将继续坚持自主创新的发展机制，不断开拓新产品。在2005年基础上将硅芯管、土工格栅作为拳头产品出击国际市场，努力拓展国际市场份额，为我国民族工业的发展壮大做出应有的贡献。

广州金发科技股份有限公司

广州金发科技股份有限公司成立于1993年，是一家从事高性能改性塑料研发、生产和销售的国家火炬计划重点高新技术企业。公司注册资本2.275亿元，净资产逾9亿元，拥有两个子公司——上海金发科技发展有限公司和绵阳长鑫新材料发展有限公司，年销售收入逾40亿元，是国内最大的改性塑料生产基地。

十几年来，公司始终坚持“市场＋技术”双轮驱动的互动发展之路。在产品研发方面，公司以市场为先导，在充分发挥公司内脑——国家级企业技术中心的作用的基础上，还借用外脑，与高等院校、科研机构广泛合作，与华南理工大学合作建立了“金发高分子材料研究中心”，与中山大学合作建立了“金发改性塑料实验室”，与中国科学院合作建立了华南地区第一个“企业院士工作站”，充分地发挥了产、学、研互动整合的优势。公司先后自主开发的主要产品包括阻燃树脂、增强增韧树脂、塑料合金和功能母粒四大系列100多个品种3 000多个牌号，这些产品广泛应用于汽车、家电、灯饰、IT、军工等行业。

在市场拓展方面，公司坚持“诚信赢得市场”的理念，不仅向客户提供高品质高性能的产品，同时还以强大的技术支持和超前的服务理念赢得客户的信赖。目前，公司已与菲利浦、松下、索尼、三洋、夏普、LG、长虹、海尔、美的、科龙、格力、格兰仕、TCL、康佳等国内外知名企业建立了良好的战略合作关系，与大众、通用、福特、丰田、三菱、标致、雪铁龙、华晨、奇瑞等汽车生产厂商的合作使公司拓展了汽车市场。另外，公司在马来西亚、泰国、美国、日本、加拿大等国申请注册了KINGFA商标，不断地加快国际化进程。

公司飞速发展的根本原因是通过构建“以人为本”的企业文化，凝聚了一大批行业内优秀的人才，并充分地发挥了他们的能力。目前，公司已经拥有了由1名博士后、20名博士、50名硕士、100多名工程师组成的稳定的高素质团队。今后，这个团队将不断壮大，为公司的发展提供智力支持。

2004年6月23日，“金发科技”A股在上交所成功上市，成为中国改性塑料行业第一股，为公司的发展提供了资金支持。2005年8月1日，公司在证券市场上又稳稳地迈出了继上市后的第二步——股权分置改革，成为了广东省首家G股。通过股改，公司树立了良好的社会形象，实现了员工未来价值和企业未来价值的统一，为公司的长远发展打下了坚实的基础。

“创世界品牌、建百年金发”是公司的宏伟目标。当前，公司正以“规范化、信息化、国际化”为途径进行二次创业，不断完善企业管理模式，提高企业竞争力，从而实现公司持续、快速、健康发展。

利时集团

利时集团成立于1993年，是一个以制造业、商业、置业和投资四大产业结构为核心、资本运营与实业经营互动发展的现代企业集团，拥有2 500多名职工、50万平方米厂房和15亿元总资产。下设有利时美国有限公司、利时香港有限公司、宁波利时塑胶有限公司、宁波利时进出口有限公司、宁波华兴模具制造有限公司、宁波利时置业有限公司、宁波利时经贸发展有限公司、宁波新江厦股份有限公司、宁波新江厦超市连锁有限公司、广西南宁百货有限公司等多家子公司。

利时集团坚持稳健务实的发展战略，建立了一系列适应市场激烈竞争的营销网络和激励机制。连续多年荣获“全国民营企业500强”、“全国出口创汇先进企业”等称号。在海外市场，利时产品已外销至欧美、澳洲、中东等100多个国家和地区，并设立了5家子公司。随着利时品牌国际化战略的推进，利时的海外市场版图还在进一步扩张当中。2002年开始，利时逐步加强了国内市场营销攻势，产品已全部进入沃尔玛等大型连锁超市。

在精神文明建设方面，利时集团也取得了卓越成效，先后建立了党群组织系统，积极推动企业文化建设的开展，为中国民营企业的党群工作起到了表率作用。2000年11月，时任中央政治局常委、书记处书记尉健行在原浙江省委书记张德江的陪同下考察了集团下属的宁波利时塑胶有限公司，并对其党群工作给予了充分的肯定。

万华集团

烟台万华合成革集团有限公司（简称“万华集团”），是国家“六五”计划期间重点投资兴建的以研制和生产聚氨酯基本原料及其制品的为主业的国有大型轻化工联合企业，业务主要涉及聚氨酯基础原料和技术开发、聚氨酯树脂和人工制革等领域，是当前国内唯一能够配套生产MDI、合成革和聚氨酯产品的企业，并在国内化工行业首家通过ISO 9001、ISO 14001和OHSMS 18000“三证一体”贯标认证。集团主导产品异氰酸酯（MDI）、聚氨酯（PU）合成革、聚氨酯树脂等生产技术和实力都居国内领先水平，其中下属的烟台万华聚氨酯股份公司（简称“烟台万华”）为A股上市公司。

公司组建以来，在不断消化吸收引进技术的基础上，走自主创新之路，抢占核心技术高端，冲破国际行业寡头（德国BASF、BAYER、美国DOW、Huntsman、日本三井）的垄断封锁，掌握了MDI制造核心技术，使万华集团成为全球第六家拥有MDI核心生产技术的企业。同时开发成功的超细纤维合成革制造技术，实现了我国人工制革业的技术突破，巩固了国内行业的领先地位，并在国际制革领域赢得一席之地，这两项技术均为自主知识产权。

在掌握核心生产制造技术、形成自主知识产权的基础上，企业不断加大有效投入，对主体装置、配套装置和安全环保工程实施了持续、系统、大规模的技术改造，使生产规模、产品质量、技术水平和配套能力实现了根本性的跨越。“十五”期间，万华集团累计改造投入35亿元建设资金，使主导产品能源单耗下降50%以上；MDI产能扩大了10倍，合成革产能翻了两翻。同时投资25.8亿元在宁波建设16万吨MDI项目及其配套的热电联产工程和12万吨氯碱工程，装置于2005年投入正式运营，现已成为亚太最大、全球第五的MDI生产制造商。

万华集团目前是科技部火炬计划重点高新技术企业，设有国家级企业技术中心，下设万华北京研究院、异氰酸酯研究所、人工制革研究所、聚氨酯树脂研究所等，并建有博士后工作站。现有专职科研人员近300人（其中博士16人、硕士100余人），形成了自主研发实力和研发平台。公司先后完成了一系列具有战略价值的研发项目，包括国家重点科技攻关计划项目3项，国家火炬计划项目4项，国家级重点新产品项目2项，省级重点新产品项目3项，共获国家科技进步二等奖1项，三等奖1项，20多项科研成果获得了专利，近20项科研成果获得省部级奖励。特别是“16万吨/年MDI制造技术开发”制造技术项目的完成和应用，标志着中国民族异氰酸酯产业技术已开始走向成熟，对促进国内聚氨酯行业的发展和提升聚氨酯行业在国际上的战略地位将起到重要作用。

“十一五”期间，万华集团将以提高运行质量、资产质量、增长质量、增强盈利能力、偿债能力、成长能力、延长产品生命周期、经济增长周期、企业寿命周期为经营理念，以培育、提高和增强企业核心竞争力和可持续发展的目的，以“把万华发展成为具有自主知识产权、具有国际竞争实力的国际化跨国公司”为愿景目标，继续增强技术创新力度，培育拥有自主知识产权的核心技术专长，大力推动和发展循环经济，实现装置系统优化、能量集成和梯级利用，打造“诚信万华、平安万华、清洁万华、节约万华”，促进万华集团持续、有效、跨越发展。

重庆顾地塑胶电器有限公司

重庆顾地塑胶电器有限公司是广东顾地六大生产基地之一，历经数载风雨，现已成为一家拥有国际先进水平生产线、模具、配方及检测仪器的现代化优秀企业，重庆顾地年生产塑胶建材能力达2万余吨，年产值超2亿元，是目前西部最具规模和影响力的塑胶建材制造商之一。重庆顾地曾先后荣获“国家产品质量免检证书”、“中国塑胶最有价值品牌”、“全国产品质量售后服务满意企业”、“全国消费者质量信得过产品”、“中国质量万里行定点示范单位”、“重庆市优秀私营企业”、“重庆塑胶建材重点推广单位”、“高新技术企业”、“重庆名牌产品证书”等光荣称号，目前“顾地”、“得亿”产品已成为业内有口皆碑的知名品牌。

重庆顾地秉承“追求品质卓越、尽显顾地精华、锐意创新进取、至诚高效服务”的信念，凭借集团公司的先进技术与品牌优势，切入市场变化之需求，执著于潮流产品的研制与开发，以驰誉品牌引导现代消费观念，推动“以塑代钢新潮流”。

目前，公司已建立起一套完整的质量保证体系和良好的产品售后服务保障体系，拥有雄厚的技术力量及高素质的营销队伍，公司主要产品有替代穿线钢管、木线槽的“顾地”、“得亿”牌难燃环保 PVC 电线槽管、PVC-U 环保给排水管、抗菌 PP-R 给水管、PE 给水/燃气管、大口径双壁波纹管、HDPE 缠绕管、优质塑钢门窗等，其产品迅速在中国西部地区占据了相当的市场份额，广泛应用于诸如万州新田污水处理厂、重庆长安园区排污管网、重庆光华水城排污管网、重庆同兴水厂、重庆地王广场、重庆锦绣山庄、重庆龙湖花园、重庆綦江人畜饮水改造工程、重庆西永镇排污管网工程、爱丁堡花园、重庆鹅公岩长江大桥、成都新时代广场、兰州市国际博览中心、甘肃省多个人畜饮水改造工程、乌鲁木齐国际会展中心等各地区数以千计的重点工程项目，重庆顾地现已成为角逐中国西部塑胶行业的强劲之旅。

展望未来，作为植根于中国西部的先行者，重庆顾地塑胶电器有限公司将沿着产业化、科技化的发展道路，坚持“以人为本，科技第一”的理念，苦练内功，规范管理，全面实施 ISO 9001 国际质量认证体系，在环保建材领域谋求更大发展，为中国塑胶工业的发展奉献自己的一份力量。

地址：重庆市壁山青冈工业园区
邮编：400060
电话：023-66137859
http：//www.qwbiz.com

深圳市志海实业有限公司

深圳市志海实业有限公司是一有从事研究，生产，销售高分子塑胶新材料的民营高科技企业。下设塑胶材料研究中心、塑胶助剂研究中心、宝安塑胶材料厂，厂房面积 3 000 平方米，设备加工能力 5 000 吨/年。在透明 PVC 塑胶助剂、PVC 塑胶玩具料、电线电缆料、工程塑料改性、热塑性弹性体等到方面具有专长产品。产品广泛应用于电子电器、电脑 IT、电线电缆、汽车建筑、玩具礼品等领域。

企业公司创始人严一丰有二十余年高分子、塑胶加工、塑胶助剂，研究开发实践经验。并与海内外，各大公司、学术研究团结成研究智囊顾问团。中国工程塑料工业协会会员；塑料助剂专业委员会会员香港塑料科技中心工业会会员。可为客户提供开发各种特定要求的产品和服务。

地址：深圳宝安区福永镇白石厦东区华中路 10 号
电话：0755-27307651
传真：0755-27308077
http：//www.aimsea.com

成都康乐塑胶有限公司

康乐塑胶（集团）公司是一家专业生产、经营建筑用硬聚氯乙烯（UPVC）给、排水管材、管件及绝缘电工套管及配件等系列产品的中国塑胶建材行业的知名企业。集团下属重庆、四川、石家庄、江西四大子公司，共有员工 1 200 余名，年生产能力 3.0 万吨以上。

四川康乐塑胶制品有限公司是康乐塑胶（集团）公司下属的骨干子公司之一，地处风景秀丽的四川省崇州市，占地面积 32 700 平方米，建筑面积 18 800 平方米，现有员工 400 余名，其中高级专业人才 11 名，中级、初级工程技术人员 85 名。拥有国际先进水平的全自动电脑数控管材挤出生产线 12 条，全自动电脑数控注塑机 48 台及配套齐全的各种模具和辅助设备，国际先进的电脑分析、理化数控检测实验设备 3 套，年生产能力 1.5 万吨以上。

我公司产品均按国家标准组织生产，由四川省产品监督检验所定点检验，其性能指标均达到国家的要求。公司通过了 ISO 9002 国际质量认证，被中国质量万里行组委会授予“质量定点单位”，先后荣获“99 跨世纪质量承诺单位”和“质量十佳”荣誉称号，并入选《中国建筑装饰企业》一书，被中国农业银行四川省分行授予“AAA”特级信用企业，取得四川、云南、新疆、西藏等 20 多个省、市、自治区建委或建设厅颁发的建设工业产品准用证或推广证，销售网络遍及全国各地。

电话：028-84613830
传真：028-8413830
联系地址：四川成都市成都市龙泉驿区十陵镇

石家庄开发区中实检测设备有限公司

石家庄开发区中实检测设备有限公司是非金属材料试验机的专业制造商，是集产品研发，生产，销售，服务为一体的高新技术企业（计量证书号冀制 00000115 号）。

公司自成立以来，始终以“诚信”、“追求卓越”为经营宗旨；以“成为最具客户导向、最具服务意识与责任的非金属材料试验机的制造和供应商，永远保持行业领先水平”为公司使命，不断发展壮大。

公司紧紧跟随行业发展方向研制出了一大批具有自主产权、高品质的拳头产品。产品行销全国各地，并远销亚洲、非洲、欧洲等地，受到广泛好评，用户遍布包括生产厂家、质量检测站、材料检测中心、材料研究院所、大专院校等在内的各个相关领域。注册商标“中实”在业内享有盛誉。作为全国塑料制品标准化委员会委员单位，公司承担了部分塑胶行业国家标准的修订及新课题的研发工作。

公司还是劳动与社会保障部举办的《全国管材试验室检验员职业资格鉴定》工作的培训基地。

公司主要产品有：电子拉力、电子万能试验机系列；热变形、维卡软化点温度测定仪系列；摆锤冲击试验机系列；熔体流动速率测定仪系列，包括非金属材料通用试验机；塑料（复合）管材、管件专用检测设备；塑料异型材（门窗）专用检测设备；制样设备等四大门类，20多个系列，100多个品种。产品型号齐全，性能可靠，可满足不同客户对产品全方位的需求。

电话：0311-83812634
传真：0311-83805354
电子信箱：zhongshi@zhongshi-test. com. cn
MSN：yuchao97@hotmail. com

河北阜城县劳动服务公司知青塑料厂

注册商标：龍騰。2002年中国农村能源沼气行业优秀产品，2003年通过ISO 9001:2000质量管理体系认证执行标准：GB/T 13527.1—92。生产规模：年生产力3 000吨。现有职工40余人，大中专以上学历的技术人员8人，自有资金260余万元，管件生产线9条。经过多年的精心研制，产品配方更科学、更合理。沼气专用塑料软管使用后不变色、不变质、耐老化、寿命长。广西、湖南、四川等农村能源服务公司都多年使用该厂产品，有的省（自治区）农村能源办公室还发文推荐使用该厂产品。龙腾牌沼气专用软管、塑料管件、ABS阀门经农业部沼气设备质量监督检验中心检验合格，PE管经河北省产品质量监督检验院检验合格，被中国农村能源行业协会列入推荐产品名单。2002年和2003年连续在农业部（户用沼气池配件配套供应项目）招标中配合北京合百意公司、湖南迅达集团公司成功中标。为方便南方各地用户购货联系方便和售后服务，该厂在南宁市明秀西路22号设有技术服务部。

地址：河北省阜城县码头镇
电话：0318-4868650
传真：0318-4868650

北京加成助剂研究所

北京加成助剂研究所是由从事化工科研、设计、生产、检测、开发、营销、管理的专业人员及北京爱邦科技发展有限公司等出资组建的股份制科技企业。现有人员中，教授级高级工程师、高级工程师约占33%。约40%的人员为部级、北京市级科技成果奖、科学技术进步奖、新产品奖获奖者或国家发明专利拥有者。

拥有较强的新技术、新产品开发能力，有较强的工业性中间实验和将成果转化为工业生产的能力。

现有气相色谱仪、液相色谱仪、红外色谱仪、热老化试验机、全自动紫外光老化机等化工分析及产品应用测试仪器。完备规整的技术数据和严格的企业管理制度，一方面实现了对科研试验的指导，另一方面保证了生产及经营产品的质量。

在具备现代化企业制度的同时，继承了国有企业的技术实力和人才优势。以“技术创造助剂产品、产品支持塑料技术”为企业宗旨，愿与原料供应商、同行、产品用户及所有致力于发展中国助剂产品的企业同仁成为朋友。

将以先进的技术、高质量的产品、良好的售后服务、适宜的产品价格为您的事业提供支持。

电话：010-87203408，87205856，67276837，87206270
传真：010-87206270，67621503
手机：13701223460，13641117756
E-mail：jiacheng@mx. cei. gov. cn

山西化工研究所

山西省化工研究所成立于1964年，前身为化工部太原化工研究所。该所占地107亩，拥有科研生产、办公用建筑面积18 800平方米，固定资产原值约1 500万元。现有在册职工530人，科技人员比例为66%，其中高级工程技术人员78人，教授级高工7人，享受政府特殊津贴7人，国家级专家2人，出国深造回国归所人员6人。现下设精细化学品研究部、聚氨酯研究部、分析测试中心、合成材料厂、聚氨酯橡胶厂、橡塑助剂厂，在省内外有四家技术入股合作企业。科技体制改革以来初步形成了“科研—生产—市场”的良性循环发展态势和“以市场为导向、以科研为基础、以生产为支柱、以三产为补充”的发展模式。具有较强的科研开发实力和较完善的科研基础设施，在国内同行业中享有较高的声誉，是山西省成立较早、实力较强、规模较大的科研单位之一。特别是近五年来，加快了科技成果转化和实施产业化的步伐，相继建成了山西省聚氨酯和合成材料助剂两个中试基地和一个精细化工重点实验室，经济收入由科研一元化向科研、生产、贸易三产多元化发展。

山西省化工研究所一直从事聚氨酯合成材料及其制品和聚合物化学助剂两个领域的研究与开发工作，是我国聚氨酯弹性材料的发祥地，也是我国橡塑助剂最早的专业科研单位。建所三十多年来共取得130多项科研成果，获国家各级各类奖励的项目有60多项。所研制的新型材料和科研成果在太平洋通讯卫星和东风五号导弹上的成功使用，受到中共中央、国务院和中央军委的贺电嘉奖。自改革开放以来，科研成果转移辐射全国二十多个省市自治区近六十个企业。

在国内，山西省化工研究所主要承担的行业工作有：化工部助剂质量监测中心、化工部化学助剂信息中心站、全国橡胶标委化学助剂分技术委员会主任、全国聚合物添加剂协作网理事长单位、化工部化学助剂标准化技术归口单位、山西省化工产品质量监督检验站、中国聚氨酯工业协会副理事长并兼任中国聚氨酯工业协会聚氨酯弹性体专业委员会主任、化工部聚氨酯弹性材料技术情报咨询服务站等。

地址：山西省太原市河西区义井
电话：0351-6070854
传真：0351-6071741
E-Mail：spici@public. ty. sx. cn

海纳模具塑料厂

海纳模具塑料厂以海纳科技为依托，汇集了浙大相关领域内的众多专家和技术人才，与各同仁一起致力于我国塑料行业的成熟与发展。

本厂的主营项目为塑料挤出模具。本厂在研制、生产各类塑料挤出模具时采用先进的CAD/CAM设计、加工技术，并积极引进国外的先进经验，开发新产品。现生产的模具种类已有各种管材、各类门窗异型材，装饰材料、低发泡、片材、微滴管等。

本厂可以提供：

1. 各类管材模具包括：通信用一体栅格方管、一体方圆管；通信用PE、PVC梅花管（3、4、5、6、7孔）；通信用蜂窝管（3、4、5、7孔）；大口径PE，PVC给水、排水（上水、下水）管；芯层发泡管；内、外螺旋管煤气、天然气输送管；多层复合管；PE碳素螺旋管，硅芯管；特殊的工程管材；发泡螺旋、中空螺旋管；

2. 各种系列、各种规格的塑料门、塑料窗异型材模具；

3. 各种形状的塑料可控发泡仿木装饰型材料模具；

4. 各类通信用宽带线槽，天线罩模具；

5. 多色共挤、软硬共挤、不同材质共挤、一模多腔模具；

6. 特殊挤出类模具的设计的开发

地址：余姚市中国轻工模具城金盛一路199号
邮编：315400
电话：0574-62639728，22655166
传真：0574-62639707

沧州美耐尔公司

美耐尔公司是沧州的一家大型民营企业。是以生产高档通底地垫为主的生产型企业，拥有固定资产2 000万元人民币员工100余人。产品已销往美国、韩国、日本、意大利、法国、俄罗斯等三十多个国家。公司管理严格，规章制度健全，设备先进，技术精湛。公司自通过2000年通过ISO 9001认证以来，销售额以每年20%的增幅高速增长，已成为沧州地区的知名企业。

公司位于河北沧州，西依京沪铁路，东临天津港，交通、通讯便利。沧州人以诚实好客誉满神州大地，美耐尔人愿广交天下朋友。

总经理：王宏晖
电话：0317-4320009
传真：0317-4320008
手机：13903274852
E-mail：manier@hbmanier. com
http：//www. hbmanier. com

广东联塑科技实业有限公司

联塑集团始创于1986年，是中国最大的塑料管道及塑料挤出生产设备的制造企业之一。集团国内总部位于广东省佛山市顺德区龙洲路龙江段联塑工业村。集团的经营项目横跨塑料管道、塑料机器、化工原材料、建筑电器和国际投资等领域，业务和服务网络遍及中国各大城市和世界30多个国家和地区。

2005年6月“联塑”商标被认定为塑料管道行业首个“中国驰名商标”，同期联塑企业被认定为“国家重点高新技术企业”，2004年联塑集团获得了

"国家免检产品"的荣誉并通过"国际质量 ISO 9001、环境 ISO 14001、职业健康安全 OHSAS 18001 管理体系"认证，这些荣誉的取得见证了联塑辉煌的发展历程。

为了增强自主研发能力，与世界同步发展，联塑投入巨资修建了具有国际水准的研发中心，拥有一支由博士、硕士、中高级工程师、常驻顾问专家等 100 多人组成的科研队伍，投资 1 500 多万元从美国、德国、英国购入先进的科研设备，研究和发展塑料行业的最新技术，确保联塑在行业中的领先地位。2004 年 12 月"联塑研发中心"被批准组建为"广东省塑料管道工程技术研究开发中心"。

联塑集团拥有广东顺德、广东鹤山、广东郁南、贵州贵阳、湖北武汉、河北任丘、黑龙江大庆及越南河内八大生产基地。集团的营销服务网络遍及全国各大城市和世界各地，能及时为客户提供周到的技术支持及服务。

联塑集团始终坚持"以质量为生命，以科技为龙头，以顾客满意为宗旨"的经营方针，力图通过促进塑料及相关产业的发展，为改善中国乃至世界人民的生活环境和提高他们的生活品质作出贡献。

生产基地： 广东省佛山市顺德区龙江镇联塑工业村
服务热线： 0757-23888333，23888588
电子邮箱： Liansu@Liansu. com
传真： 0757-23888555
邮编： 528318

大连橡胶塑料机械股份有限公司

始建于 1907 年的大连橡胶塑料机械股份有限公司是中国橡胶塑料机械行业主导厂和出口基地；在行业中率先获得 ISO 9001 质量体系认证，是行业唯一的国家一级计量单位；产品获得 CE 认证。公司股票于 2001 年 8 月成功上市，成为中国橡塑机械第一股。

公司凭借雄厚的技术实力，瞄准世界先进水平，运用 CAD、CAPP 等先进手段，层出不穷地推出高效、精密、高自动化的产品；以数控加工中心为代表的百余台大型、精密的加工设备，保证了高等级橡塑机械产品生产制造的需要；完整的质量保证体系和完备的检测手段，确保了产品质量稳步提高；作为国家 CIMS 示范企业，随着信息化建设水平的不断提高和完善，企业管理水平不断提高；以合资合作为重心的新一轮发展，提升着企业产品水平和管理水平。半个多世纪的不懈努力，公司相继荣获国家"五一"劳动奖状、国家级企业技术进步奖和国家级"重合同、守信用"等荣誉称号；公司产品先后荣获科技进步奖 59 项，其中国家级 7 项，省部级 28 项，使公司成为中国橡塑机械的摇篮，行业科技创新的前沿。

公司生产的橡胶密炼生产线、橡胶（塑料）压延生产线、塑料挤出生产线、各种开炼机、胎面复合挤出机、轮胎定型硫化机等橡胶通用设备、子午胎成套设备、轮胎翻新设备及塑料加工、辅助加工、二次成型加工设备等高附加值产品有 150 多个品种，300 多个规格，产品销往全国（包括港、澳、台）34 个省、市、自治区，远销欧、美、亚、澳、非等 60 多个国家和地区。

地址： 辽宁省大连市甘井子区周水子广场 1 号
邮编： 116033
电话： 0411-86641861
传真： 0411-86641645

上海康复达机械制造有限公司

上海康复达机械制造有限公司是中国与加拿大在材料科学应用领域中合作，独树一帜的高新技术企业。该公司专业制造注射机、挤出机的新一代心脏部件双金属溶胶机筒和双金属螺杆，以及高产量、高寿命的双金属单螺杆挤出机。公司并以专科双金属特殊工艺，制造材料独特、耐磨性优异的平行双螺杆挤出机各类组合筒体及组合螺纹块，其耐磨性受到业内人士广泛好评。公司的单螺杆挤出机，由于选材优良，螺杆设计独特，使机器的名义比功率、比流量大大高于行业机关标准，其极强的塑化能力以及比普通挤出机高出一倍左右的产量更令同业刮目相看。该公司技术人员消化吸收并改造了引进的 LDPE 发泡材料生产线，在提高产量和降低能耗上做文章，为我国的包装行业做了贡献。

地址： 上海普陀区桃浦工业区真陈路 406 号
邮编： 200331
电话： 0021-62544342
传真： 0021-62578124
邮箱： alphawu@online. sh. cn
http： //www. alpha-mach. com

广州托普仪器有限公司

托普仪器有限公司创建于 1994 年，是一家专业的代理美国检测仪器的公司，公司所代理的仪器拥有国际试验机的先进水平，紧跟世界先进技术发展步伐。

主要产品有：美国 Computrac MAX-1000、MAX-2000XL、MAX-5000 & Vapor Pro、Vapor Pro Fx、Vapor Pro Rx 微量水分测定使用水分感应尖端技术，测量精度达 0.1μg，无需使用对人体有害的卡氏化学试剂，其结果优于烘箱法及卡氏法。其中 MAX-2000XL & Vapor Pro 是国际标准 ASTM D6980-04 & D7191-05 塑料水分测定所使用的型号。

托普仪器有限公司会在不同需求的情况下，力求发展，努力把一流的机器引入国内领域。

地址：广州市荔湾路小梅大街 33 号皇上皇大厦 A506 室
电话：020-81266503
传真：020-81266502
网址：www. topper-instrument. com
E-mail：topper21@china. com
北京联络处；
电话：010-68988057，68988029
传真：010－68985546

上海长风化工厂

上海长风化工厂始建于 1960 年，是上海华谊集团上海涂料有限公司所属的骨干国有独资企业，是国内生产环烷酸、环烷酸盐、异辛酸盐和稀土催干剂最早、最大的厂家之一。从专业生产油漆涂料助剂开始，经过长期持续稳定的发展，长风已经形成了以催干剂为龙头的八大产品系列，涉及涂料助剂、油漆油墨催干剂、塑料助剂、橡胶助剂、复合材料助剂、顺酐、蒽醌、分子筛等领域。

近十年，长风步入了高速增长的快车道。立足国内、辐射海外，内外贸易额连年翻番。在涂料助剂领域赢得了市场的良好口碑，确立了“长风”的品牌地位，完全满足了用户高效、环保的要求，真正实现了用户和本企业更高的盈利目标。这些都源于公司长期坚持致力于持续不懈服务于客户的长远目标，坚持提供绿色、健康、安全、环保的产品和技术，坚持环境友善的可持续发展。

2004 年，我们的产量超过 17 000 吨，销售额达到 1.85 亿元人民币。

长风坚持“人才是最宝贵的资源”这一理念，倾力打造了自己的营销团队、研发团队。以技术服务促销售，结成了分布全国的销售网络。

企业发展前景广阔，具备完善的质量保证体系（ISO 9001）、雄厚的技术力量、优良的生产设备工艺和先进的产品检测手段，其产品的性能达到国外同类产品的水平，其中精制高纯环烷酸被评为九五年度国家级新产品，不饱和树脂促进剂被评为上海市新产品，2004 年金属羧酸盐类产品被评为上海市高新技术产品，“畅飞”牌被评为上海市名牌产品。

展望未来，将以国际涂料助剂前沿技术，先进的工艺设备，生产符合时代潮流和环保要求，具有一流品质保障的高科技油漆涂料助剂产品；以质量第一、信誉第一为宗旨，对技术交流和业务合作有广泛兴趣，竭诚欢迎国内外客户及同仁真诚合作，携手共谋发展。

地址：上海市云岭东路 971 号
邮编：200062
总机：021－52810768
电话：021-52500717
传真：021－52500717（市场部）
http：//www. shcfc. com
信箱：zhy@shcfc. com

承德市金建检测仪器有限公司

承德市金建检测仪器有限公司（原承德市金建检测仪器制造厂）是专业制造高分子材料试验机及化学建材检测仪器的生产企业。公司创建于 1994 年，位于承德市高新技术开发区。公司占地十亩，建筑面积 6 000 平方米，总投资上千万元，分别在北京、上海、广州等地设有办事处。

公司本着以科技为先导、市场为依托的原则和以诚为本的经营理念，使企业发展为具有先进管理制度的现代化企业。公司曾荣获多项省部级奖项，连续多年被评为省级守合同重信用企业，公司生产的热变形维卡软化点温度测定仪、拉力试验机、熔体流动速率仪等产品已达到国际水平，现有产品 30 多个系列，100 多个品种，并获得了多项国家专利，造就了具有自主知识产权特色拳头产品。公司具有自营进出口贸易权，产品遍及全国并远销美国及亚洲地区。

公司始终紧跟世界先进技术发展方向，引领国内试验机技术发展的潮流，促进了国内行业的发展。公司技术力量雄厚，有强大的技术开发及创新能力，可为客户的不同需求提供相应的技术支持。

金建公司本着以基于整个产品全方位的服务体系、以技术和管理创新为基础的坚实服务体系、以用户满意为最高服务宗旨的服务体系来提供给用户优质的检测仪器。

地址：河北省承德市高新技术产业开发区西区 14 号
邮编：067000
电话：0314-2121111，5925555，2296011
传真：0314-2121898
公司邮箱：jinjian@jinjian-test. com. cn

江西威科油脂化学有限公司

江西威科油脂化学有限公司是国内精细化学品生产百强企业，江西省百业龙头企业，经工商部门登记注册和科技部门批准的科技型“民营企业”，主要从事石化、塑料、油墨、涂料、纺织和橡胶等功能助剂、油脂精细化学品、工业表面活性剂等研发、生产和销售。国内首家自主开发新催化剂催化合成和分子蒸馏分离提纯新工艺，连续化、规模化生产高纯油酸酰胺、芥酸酰胺、硬脂酸酰胺、乙撑双硬脂酸酰胺、乙撑双油酸酰胺、十八烷基芥酸酰胺系列产品。是中石化、中石油炼化“三剂”一级供应商，以多品种，多规格，质优价廉的产品满足客户需要。

公司曾获两项省科技进步奖，一项市科技进步一等奖，四项国家重点新产品，两项国家星火计划重点项目，五项省优秀新产品一等奖，多项国家发明专利。

地址：吉安市高新技术产业开发区拓展大道 02 号
邮编：343100
电话：0796-8403339，8403336
传真：0796-8402567

淄博天鹤塑胶有限公司

淄博天鹤塑胶有限公司地处人杰地灵的齐国故都——临淄，与特大型石化企业齐鲁石化公司毗邻，是国内重点塑料制品加工企业。公司创建于 1999 年，前身系齐鲁石化职工大学齐大实业公司，于 2000 年购买国有淄博塑料五厂全部资产，改制为民营有限责任公司，占地面积 150 亩，现有员工 238 人，固定资产 3 300 万元，具有自营进出口权。

公司拥有实力雄厚的技术研发能力，成立了仪器较齐全的技术开发和检测中心，具有完善的质量管理体系，产品有三大系列几十个品种，一是聚乙烯系列土工膜、复合土工膜产品；二是聚乙烯系列包装制品如热收缩膜，缠绕膜，保鲜膜，工业用重包装膜产品；三是聚乙烯、EVA 农用吹塑功能性薄膜产品。现有塑料加工设备 68 台/套，年生产能力 50 000 吨，其中土工膜系列产品 30 000 吨/年；农膜 10 000 吨/年；包装膜系列 10 000 吨/年。2005 年上述产品产量分别为 15 000 吨，8 000 吨，3 000 吨。其中自主开发的聚乙烯土工膜已出口到中东、东南亚及非洲等国家，出口量居国内同行业第一；热收缩包装膜和其他工业用包装膜产品产销量国内位于前茅；EVA 阳光系列农膜性能、技术指标国内领先，畅销全国；天鹤牌聚乙烯工业工业工程用膜产品认定为山东省名牌产品。

公司拥有完善的售后服务队伍，从设计、生产、运输、培训、施工等方面均严格按照 ISO 9001:2000 标准规范管理和服务。公司一贯秉承“质量第一、效率第一、客户至上、服务至上、不断满足用户需求”的服务宗旨，确保合作者获得精美的产品和满意的服务。

公司利用自身的技术、人才、管理、资源优势，经过几年跳跃式发展，在业内取得了骄人的成绩。现为中国塑料加工工业协会常务理事、中国塑料加工工业协会农膜专委会副会长、中国农用塑料应用技术学会农塑制品分会理事、中国土工合成材料工程协会会员。获得“中国土工合成材料聚乙烯土工膜出口生产基地”和淄博市“重合同守信用企业”等光荣称号。

公司自创立之初即确立了打造“科技创新型”企业的奋斗目标。“十一五”期间公司将集研发与生产为一体，以市场需求为导向，增加产品品种，扩大生产规模，计划到 2010 年：建成年产量 10 万吨聚乙烯系列薄膜及高分子防水卷材、片材生产基地；建成一个中型塑料机械厂和检测手段齐备的塑料制品测试中心；加强与高等院校、国内外科研机构、著名原料供应商的合作，采用新材料、新技术、新工艺开发新产品和新用途，新增 20 个产品品种；加强品牌建设，打造若干个中国名牌和山东名牌产品。我们真诚的欢迎国内外客商的垂询与合作。

地址：山东省淄博市临淄区南一路 2 号
邮编：255400
电话：0533-7118378，7119278
传真：0533-7118318，7118328
Email：tianhe@tianhesd. com

湖北鄂丰模具有限公司

湖北鄂丰模具有限公司是中国模具工业协会理事单位，湖北省高新技术企业，通过 ISO 9001/2000 质量体系认证。从事设计、开发和制造各类管件模具

14 年，共计 560 多种规格品种，以其独有的技术与经验服务于国内外广大客户。

我们的管件模具产品遍及国内以及欧洲、南美、东南亚和非洲。国际国内著名的公司如厦门南亚、成都多联、顾地塑胶、PIPELIFE、DYKA、OMNIPLAST、TIGRE 等成为长期技术合作伙伴。

博采众家之长，贡献行业精品，提供周全服务，是鄂丰模具始终不渝的目标。

产品及服务

• PVC/PPR/PP/PE/CPVC 各类给水、排水和电气管件模具

• 独特的扩口抽芯技术和预制部件

• 高效率的内螺纹抽芯技术和模具

• 塑料阀门模具和生产控制技术

• U 型和 S 型管件及立体顺水四通抽芯技术和模具

• 满足注射机群高效率的注塑模具组合和配置技术

地址：湖北省鄂州市站前路 8 号
邮编：436003
电话：0711-3350266，3350566
传真：0711-3350299
Email：market@efeng. com

广东顾地塑胶股份有限公司

广东顾地塑胶股份有限公司是一家大规模、实力雄厚的专业生产建筑用绿色 PVC 电线槽管、环保 PVC-U 给排水管、PE 管和抗菌 PP-R 供水管、通信电缆管、燃气管、农业灌溉管等各类塑料管材、管件的外商投资股份有限公司。

公司总部设在广东省佛山市顺德区，是国内最早生产塑料管材的企业之一，发展至今已成为中国塑胶建材行业的龙头企业。我们的战略思想是：以质量锻造品牌、以品牌拓展市场、以市场扩展企业规模、以规模和技术参与国际竞争。

公司通过实施名牌战略，依靠完善的公司化管理、过硬的产品质量、良好的品牌优势、超群的塑料管材专家实力以及完善的售后服务，实现了公司的发展壮大。先后在广东顺德、高明、重庆璧山、湖北鄂州、北京建立了五大生产基地。拥有规范建设的厂区总面积达 1800 亩，先后引进了德国克劳斯玛菲和巴登菲尔德、奥地利辛辛那提等国际国内先进自动化生产线近 400 条，年产能超过 25 万吨。生产的各种规格管材、管件达 3000 种，品种齐全。

近年来，公司生产的塑料管材包括 PVC-U 落水管、排水管、给水管、通讯电缆套管，PVC-C 高压电力电缆套管，HDPE 给水管、排水管、燃气管、通讯电缆套管、PP-R 冷热水管、农用灌溉管等多种规格的系列产品，广泛应用于建筑内、外的排水、给水、市政工程用的给水、排水、供燃气及通讯电缆敷设和农用灌溉等。在生产规模、产品质量、技术优势、品牌建设、市场占有率、经济效益、推放市场的产品规格、型号等方面一直处于国内管材行业的领先地位。由于公司产品质量过硬，在很多国家重点工程和大型建筑项目上使用。如北京钓鱼台国宾馆、大亚湾核电站、北京葡萄牙大使馆、北京地铁工程、广州新白云国际机场、三峡移民工程、深圳大学城大厦、沈阳 SR 国际工程、河北省会展中心等，在用户中享有很高的声誉。

顾地以“追求品质卓越，尽显顾地精华”为质量方针，先后通过了 ISO 9001 质量管理体系认证及 ISO 14001 环境体系认证，建立了科学完善的质量保证体系。2002 年，公司就设有博士后工作站，共获专利 23 项，其中发明专利 2 件、实用新型专利 11 件、外观专利 10 件，国家重点新产品 2 项。

“顾地”塑胶先后被授予“广东省著名商标”、“广东省名牌产品”、“重庆市名牌产品”、“湖北省名牌产品”、“广东省质量管理先进单位”、“外商投资先进技术企业”、“国家重点新产品”和“国家免检产品”等荣誉。公司现为中国塑胶加工协会副理事长单位、中国塑协会管道专委会理事单位、广东省土木建筑学会单位成员、广州市建筑学会团体会员。

顾地公司的控股公司伟雄集团还拥有“松本电工”、“正野电器”、“鄂丰模具”和“威利坚机器”等多个全国知名品牌。“顾地塑胶”、“松本电工”及“正野电器”三大品牌围绕着建材行业发展，形成了伟雄集团在建材行业综合的品牌优势，提升了整体的竞争力。

人物风采

吴忠文

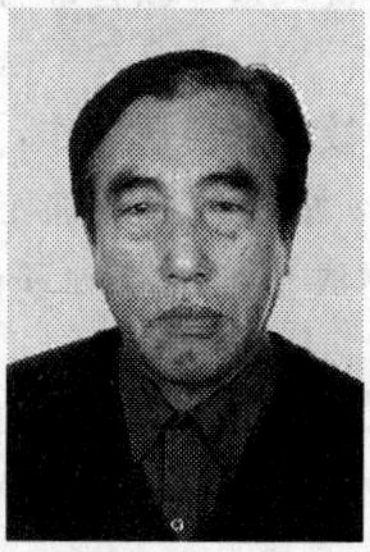

1931年9月24日生。1964年吉林大学研究生毕业。1987年获日本东京大学博士学位。高分子化学与物理专业，现为吉林大学化学学院教授、博士生导师。

从20世纪70年代开始从事耐高温高分子材料的基础理论和应用开发研究。自“七·五”至今作为项目负责人先后承担国家重点科技攻关项目、国家“863”高技术项目等十多项。共取得省、部级鉴定成果二十几项，申请国家发明专利近二十项，在国内外刊物发表相关论文二百余篇，半数以上为SCI收录。上述成果已获得集体奖有国家发明奖，“八·五”国家科技攻关重大成果奖等七项。个人奖有光华基金一等奖等三项。现为长春市特等劳模、首批省管优秀专家。

近年来为实现上述科技成果的转化，与企业合作组建了长春吉大高新材料有限责任公司。现已建成聚醚砜树脂300t/y和聚醚醚酮树脂500吨/年的生产线。

欧育湘

1936年2月出生于江西吉安，1959年毕业于北京工业学院（现为北京理工大学）化学工程系，1979年～1982年在英、美两国从事物理有机化学研究。现任北京理工大学材料学博士点首席教授，中国阻燃协会主任委员，我国著名含能材料及阻燃材料专家。他长期致力于含能材料和阻燃材料的研究，成果卓著，已出版著作20多部，发表论文300多篇，参与负责编写我国多部大型百科全书及词典中的含能材料和阻燃材料部分，七次主编有关国际会议论文集。作为第一获奖人或第一发明人，获国防科技进步一等奖一项及其他奖多项，发明国家专利七项。作为博士生导师，已培养博士生近30名。从1992年起享受政府特殊津贴，2003年及2005年两次被推荐为中国工程院院士候选人，2001年被英国剑桥国际传记中心收录入《世界杰出科学家名录》。

黄绍钧

汉族，湖北省武汉人，1932年7月生，中共党员。现任广东省塑料皮革工业研究所所长、广东省塑料工业协会副理事长、宝天高科（广东）有限公司高级顾问。

黄绍钧教授1954年8月毕业于华南工学院化学工程系并留校工作。1960年11月至1961年12月在北京外国语学院学习。1961年12月至1964年1月在前苏联莫斯科精细化工学院聚合物合成专业进修。回国后继续在华南理工大学（原华南工学院）工作。1982年12月至1984年1月在美国阿克隆大学聚合物研究院做访问学者，从事高分子合成与改性的研究工作。回国后在华南理工大学重化系高分子化工专业、材料科学研究所从事教学和科研工作，历任教研组主任、系主任、材料科学研究所所长等职。1987年被聘为教授，1992年起享受国务院政府特殊津贴。

黄绍钧教授毕业至今一直从事高分子材料的教学和科研工作，讲授的专业课程包括生橡胶工艺学、橡胶制品工艺学、高分子物理学、高分子物理化学、高分子结构与性能、高分子现代测试方法等。科学研究的主要领域为高分子材料的合成与改性、高分子充填共混改性、高分子热稳定性与稳定剂、高分子材料表面力化学改性、高分子材料粘接与胶黏剂等。

黄绍钧教授在科学研究中获得省、部级的奖励成果有：“聚丙烯热熔性黏合剂”1981年获广东省科学大会奖；“改性U-PVC异型材研制”1987年获广东省科技进步三等奖；“填充氟塑料表面处理研究”1988年获广东省科技进步三等奖；“电子电器耐高温绝缘密封胶研制”1992年获国家教委科技进步三等奖；“无毒硬聚氯乙烯（U-PVC）饮用水管的研制”1992年获中国轻工总会优秀产品二等奖；“稀土多功能复合稳定剂的研制”1999年获广州市人民政府颁发的科技进步二等奖；广东省材料技术专著获广东省1990年科技进步二等奖。在国内外学术刊物和学术会议上共发表学术论文50余篇、发明专利一项。

周　山

汉族，大学学历。1944年12月出生，河北宝硕集团有限公司党委书记，董事长兼总经理、教授级高级工程师。

河北宝硕集团在周山董事长的领导下，通过技术创新、管理创新、技术改造、加强资本运营、战略重组，仅用十几年时间，使只有200万元固定资产的小型塑料厂发展成为拥有38亿元总资产，职工万余人。2005年完成销售收入23.1亿元，实现利税1.78亿元，其中利润7342万元，同比增长4%；国有资产的保值增值率为101.08%，主要经济指标连续八年位居全国塑料行业前茅。集团47个成员企业，集科、工、贸、金、农为一体，从事塑料制品加工和基础化工的国有特大型综合性企业集团，河北省30家大型支柱性企业集团之一。国家520家重点企业之一，是原国家经贸委认证批准的特大企业集团。2005年获得了中国制造业企业500强单位、“宝硕”牌商标被评为“中国驰名商标”、中国轻工业诚信经营示范企业、技术中心被授予国家级技术中心称号、河北省知识产权（专利）工作先进单位、河北省企业文化建设先进集体等多项荣誉称号。

近年来，在“三个代表”重要思想的指导下，周山认真实践“科学发展观”，以建立现代企业制度为根本，以强化管理为重点，坚定走资本运营之路，带领宝硕全体员工，坚定不移地走技术创新、研发制胜之路，紧密围绕“引进、消化、吸收、改造、提高”，先后引进具有国际先进水平的塑料产品生产线，在引进过程中，他大胆创新开发出十余种新型产品，填补了国内产品的空白。周山坚持“发展才是硬道理”的观念，在改革中求发展，在发展中深化改革，坚持规范运作，坚定不移地走资本运营之路，并于1998年完成了“宝硕股份”上市，开通了一条在资本市场直接融资的渠道。继而又通过承债式兼并重组数家大中型企业，有效地壮大了企业集团的实力。

在长期的企业管理中，周山始终坚持“以人为本”、“业绩报国”的企业经营理念，创造性地把政治思想工作融入了现代企业管理中，从而构建了有宝硕特色的企业文化，从而为企业发展战略的实现起到了强有力的作用。

几年来，周山同志先后荣获省科技进步一等奖、河北省劳动模范、省管优秀专家、省长特别奖、省十大优秀人民公仆，中国包装企业十大杰出人物、政府特殊津贴，并连续多年获得全国五一劳动奖章，被推选为全国人大代表的企业家，他以锐意进取、开拓创新的奋斗精神，获得了各界领导及企业界同仁的认可和好评。

杨鸣波

1957年10月生。1991年6月毕业于成都科技大学高分子材料成型加工专业，获工学博士学位。1996年12月至1998年12月在澳大利亚悉尼大学作高级访问学者和博士后研究工作。现为四川大学高分子科学与工程学院院长、教授、博士生导师，中国工程塑料协会加工应用技术专业委员会副主任委员，四川省学术和技术带头人后备人选，教育部骨干教师。

长期从事聚合物加工工程的教学和科研工作，主要研究领域为：高分子材料成型加工方法及加工工艺；高分子共混新材料；聚合物成型加工基础理论；聚合物材料与制品的破坏特性。

负责和承担了“国家973项目”，“国家自然科学基金重大、重点和面上项目”，“国家经贸委产学研项目”，“教育部骨干教师项目”，“四川省应用基础研究项目”，以及一些工业合作项目的研究工作。获中国石化科技进步一等奖、四川省科技进步三等奖、四川省有突出贡献博士学位获得者等奖励。

主要著作有《塑料成型工艺学》（第二章），《塑料工程手册》（塑料加工基础），《简明材料科学词典》（高分子材料），《中国材料工程大典》（高分子材料工程主编）等；译著《聚氯乙烯大全》（第二卷），《塑料包装》等。近五年已发表学术论文六十余篇，近三十篇被SCI、EI收录。

吴耀根

1956年8月生于广东，华南理工大学硕士研究生毕业，中共党员，高级工程师。广东省有突出贡献专家、国务院特殊津贴突出贡献专家。

吴耀根同志从事科研及管理工作多年，先后任佛山塑料集团股份有限公司技术员、科长、厂长、副总经理和总工。

具有较强的理论功底和丰富的实践工作经验。成功主持研制了填补国内空白的双面PVDC涂布香烟膜、BOPP消光膜和热封型BOPP收缩性薄膜；达到国际先进水平的BOPP覆书膜；组织开发出N-CO型小包烟膜以及达到国内先进水平的BOPP珠光膜等。

吴耀根同志主持和参加了多项新产品、新技术的研究开发，获得多项省部级科技进步奖。

（1）“双轴拉伸聚丙烯薄膜生产线消化吸收和工艺改进”

（2）“双轴拉伸聚丙烯三层热封型香烟包装膜”

（3）“双面PVDC涂布香烟、食品包装薄膜”

（4）“双向拉伸聚丙烯珠光膜”

（5）“双向拉伸聚丙烯消光薄膜”

（6）“双向拉伸尼龙薄膜”

（7）“热封型双向拉伸聚丙烯收缩薄膜”

（8）“高适性热封型双向拉伸聚丙烯薄膜”

（9）“双向拉伸聚丙烯覆书膜”

(10) 香烟包装用高光泽耐磨双向拉伸聚丙烯薄膜

(11) “同步双向拉伸技术的研究及其在同步双向拉伸平衡型尼龙薄膜的应用”

组织承担了企业 BOPA 项目及 R 膜项目的攻关工作，取得重大突破，创造了良好的经济效益和社会效益，为企业及社会作出了突出贡献。其业绩被收录在《国家级科技成果研制功臣名录》一书内。

王乐智

1959 年 9 月出生，大学学历，工程技术应用研究员，现任山东同大海岛新材料有限公司总经理，1982 年毕业于山东农学院机械设计与制造专业。先后担任过纺机厂技术员、无纺布厂筹建办公室主任、厂长。自 1984 年从事针刺无纺布的研究，积累了丰富的实践和理论技术，先后主持过八项山东省科技攻关项目，作为主要人员，荣获三项省科技进步二等奖，一项省科技进步三等奖、五项潍坊市科技进步一等奖。承担的科技部国家火炬项目“束状超细纤维聚氨酯服装面料”项目 2000 年 10 月获山东省科技进步二等奖，获国家发明专利一项，实用新型专利一项，同北京服装学院合作的“PA6/PE 共混海岛法超细纤维及人造麂皮的开发和产业化”项目 2005 年获中国纺织工业协会科技进步一等奖。有多篇论文发表。被选拔为山东省千名知名专业人才、潍坊市技术拔尖人才、2005 年度中国纺织工业十大创新人物之一。担任中国产业用布行业协会副理事长、中国塑料加工工业协会人造革专业委员会副会长。

马之清

1955 年出生，山东淄博人，大学学历，中共党员。现任中国塑料加工工业协会副理事长、山东清源集团有限公司董事长。

1993～1995 年，任淄博市临淄清源物资储运有限公司总经理；1995～1997 年任山东清源重交沥青厂总经理；1997～1998 年，任淄博齐能清源塑膜厂总经理；1998 年 3 月份至今任山东清源集团有限公司董事长。马之清长期致力于农用塑料薄膜的生产研发及吹塑膜机械的研究工作，积累了丰富的经验，荣获国家发明、实用型性以及外观设计专利 21 项，其中大部分已实现工业化生产，并多次为国内同行业作机械设备专利技术改造。在他的带动下，公司生产的“清田”牌农膜被评为“国家免检产品”和“中国名牌产品”荣誉称号。2005 年作为特邀嘉宾在人民大会堂出席“第四届中国科学家论坛”。曾多次荣获“优秀企业家”等荣誉称号。

徐同考

1955 年 6 月生于河北省平乡县。无党派，自学成才，教授级高级工程师，现任河北邢台东泰塑胶有限公司董事长，河北省平乡县政协副主席，兼任：中国塑料加工工业协会改性塑料专业委员会副理事长、河北省中小企业协会副会长、邢台市工商业联合会副会长、平乡县工商业联合会会长。

徐同考同志依靠科技，顽强拼搏。1985 年创办了河北省平乡县东风塑料厂，主要生产塑料打包带、塑料改性母料、塑料填充母料、防雾滴耐老化薄膜母料、PE 管材、包装薄膜等产品。产品销往全国各地，并出口东南亚。企业管理科学效益显著，多次荣获省级科技示范企业、河北省先进企业、省科技型企业等多项奖励。

徐同考同志刻苦钻研，自学成才。徐同考同志投人超常的精力，坚持刻苦学习，认真钻研。购买了技术书刊和企业资料。并拜全国有名的专家教授为师，虚心请教，在塑料改性方面有较深的造诣。先后发表专业技术论文 30 余篇；编纂出版、合作著写《塑料基础与加工工艺》、《塑料机械使用与维护》、《塑料填充改性》等四部专著。是国家级专业技术期刊《国外塑料》编委会委员。

徐同考同志知识渊博，硕果累累。徐同考同志坚持科技创新，不断研制开发新产品，先后研制开发《塑料填充改性母料》、《远红外加热牵伸箱》、《高透光高保温塑料薄膜专用料》等新产品、新技术 16 项，获专利 1 项，荣获国家星火奖，省、部级科技进步奖 20 余项，载入《世界名人录》、《中国科技名人录》等书。

徐同考同志胸怀坦荡，无私奉献。徐同考同志从不讲条件，从不计较报酬，他的足迹遍及全国，无私地将自己研制的新技术、新产品奉献给社会，为全国 20 余个省、市、自治区近百家企业进行技术服务，解决技术难题，培训人才。徐同考同志带领当地发展塑料工业，几年来河北省平乡县新建塑料企业近百家，形成年产塑料改性母料 8 万吨，生产塑料制品 10 余万吨的重点县，塑料工业已成为成为全国改性母料生产基地，是当地五大支柱产业之一。徐同考同志积极参与全国塑料行业的各项活动，十几年来亲自组织全国改性行业技术论坛及各种会议。徐同考同志为中国塑料行业的发展发挥了积极作用，受到国家塑料行业领导和有关专家的赞誉，被评为中国塑料加工工业协会首届专家。

徐同考同志刚正不阿，淡泊名利。徐同考同志是中共河北省委经济咨询员、河北省邢台市政协常委、平乡县政协副主席，积极参政议政、建言献策，他的建议和提案观点鲜明，针砭时弊，很有见地，受到党政领导和有关部门的重视，为当地社会全面发展做出了积极贡献。

徐同考同志先后被评为全国星火科技先进工作者、全国优秀青年乡镇企业厂长、全国青年带头人十杰、河北省自学成才奖、全国自学成才奖、中国优秀民营科技企业家、国务院政府特殊津贴专家、河北省优秀科技专家、河北省有突出贡献的中青年专家、河北省十大杰出科技青年、河北省十大民营科技企业家，三次授予河北省劳动模范。三次在北京人民大会堂和中南海受到胡锦涛、江泽民等党和国家领导人的亲切接见。

王贵宾

1967年3月12日出生，教授，博士生导师。1988年6月毕业于吉林工学院轻化工程系高分子专业，并被遴选入吉林大学化学系工作，从事特种工程塑料聚醚砜、聚醚醚酮的合成、改性及成型加工工艺的研究工作。1996年7月毕业于吉林大学研究生院并获得理学硕士学位，2000年6月毕业于吉林大学研究生院并获得理学博士学位。2001年4月至2002年4月，被学校公派到日本千叶工业大学进行学术交流和合作研究。曾先后承担和参加了20项国家和地方有关部门资助的科研项目，其中作为项目负责人承担了国家军工配套计划项目3项，国家自然科学基金项目1项和吉林省重点科技项目3项的研究工作，作为主要参加者先后参加国家“七·五”，“八·五”和“九·五”重点科技攻关项目、国家“863”高科技项目、国家军工配套计划项目及吉林省科委的基础和应用项目的研究工作。在国内外学术杂志及会议上发表了研究论文60余篇，承担和参加的科研项目先后有近16项科技成果得到鉴定，其中有5项已经取得经济效益，申请相关发明专利12项（6项已授权）。

主要研究方向为功能高分子材料、塑料改性及加工和耐热性高性能高分子材料的研究。

季君晖

1969年10月出生，研究员，博士。1997年毕业于天津大学化工学院，获工学博士学位，1997～1999年在中科院化学研究所做博士后研究。现为中国科学院理化技术研究所工程塑料国家工程研究中心总工程师。主要从事高分子材料和微生物关系（包括微生物降解塑料、抗菌塑料、耐微生物老化塑料等）、塑料改性和功能塑料、医用塑料等领域研究，主持各种科研项目十余项，在国内外杂志发表论文30多篇，授权专利10多项，鉴定科技成果5项，出版专著1部，主持或参加制定国家标准、行业标准多项。成功开发了并产业化了系列改性塑料、抗菌材料、菲可斯系列消毒杀菌材料、消毒洗衣机、不用洗衣粉洗衣机等数十个多个产品，其中抗菌母粒、纳米PET工程塑料获国家重点新产品称号。获国家科技进步二等奖1项，省部级科技进步一等奖1项，2000年获科技部刘永龄科技奖，获其他科技奖多项。

袁志敏

汉族，1961年3月出生，广东省阳江人，北京理工大学应用化学硕士，中山大学高级工商管理硕士，高级工程师。2001年至今任广州金发科技股份有限公司董事长。

1993年，北京理工大学硕士毕业的袁志敏和几个同学依靠2万元借款，创立了广州金发科技股份有限公司。金发科技是一家从事高性能改性塑料研发、生产和销售的民营高科技上市公司，也是国家火炬计划重点高新技术企业。在袁志敏的带领下，金发科技经过十三年的飞速发展，现已成为国内最大的改性塑料生产基地和全球改性塑料品种最齐全的企业之一。公司从创立至今，销售收入年均增长速度超过120%，2005年达40.42亿元。目前，公司总资产逾21亿元，市值近60亿元。

自主创新，硕果累累。袁志敏始终坚信自主创新是企业发展的源动力，是企业的灵魂。在他的发展思路的指引下，公司逐步搭建了一个以市场为龙头，以国家级企业技术中心为主体、以省级重点工程技术研究开发中心、院士工作站、博士后工作站、产学研合作中心为依托的自主创新平台。

依靠这个平台，公司已形成了四大系列专利技术和专有技术构成的塑料改性技术体系，自主开发了4大系列70多种3000多个牌号的产品。由袁志敏亲自主持研发的环保型多功能阻燃抗冲聚苯乙烯树脂、纳米碳酸钙透气复合物、完全生物降解塑料包装材料等产品技术达到国内领先、国际先进水平，填补了15项国内空白，获得国家、省、市各级科技奖励数十项，其中，国家科技进步二等奖1项，省级科技进步一等奖2项，中国专利优秀奖1项，申请发明专利68多项，编著出版了《阻燃聚苯乙烯系塑料》等5部专著。

特色激励，价值趋同。在公司发展初期，袁志敏同志就毅然放弃绝对控股，创造性地提出“与其要一个完整的大蛋糕，不如要一个大蛋糕的一小份”的“蛋糕理论”，也就是“如果金发科技只是一个人的，公司也许能做到10个亿，如果把公司变成大家的，使大家都成为公司的主人，公司就有可能做到100个亿甚至1000个亿”。在这个理论的基础上，他摸索出了一套鼓励员工与企业共同成长的个性化激励机制，使得公司的股份得到了动态的调整，使越来越多的人成为了公司的“主人”。2005年6月，袁志敏又借股权分置改革的机会，将1 690万股转让给核心技术、市场和管理人员，使公司的“主人”由26人剧增到125人。2006年5月，袁志敏又推出了股权激励计划，公司的核心技术、市场、管理人员获得了2 275万份股票期权。袁志敏根据公司的发展情况，不断地对激励机制进行调整与创新，保证了企业的未来价值与员工的未来价值实现趋同，从而为公司未来的持续、快速、健康发展打下了坚实的基础。

心怀感激，不忘回报。袁志敏同志获得的成绩得到了社会各界的广泛认可，先后被评为广州十佳青年、南方人才贡献精英奖、广东省劳动模范、优秀中国特色社会主义事业建设者。袁志敏始终把荣誉看成责任，在忙于经营企业的同时，还出任了中国阻燃材料学会副秘书长、广东省人大代表、中国民营促进会副会长等社会职务，积极地为社会服务。

袁志敏在致富思源的同时，也不忘回报社会，积极支持国家的扶贫政策和社会公益事业。当选为广东省人大代表后，他积极为民营企业的发展和劳工权益维护献计献策，还主动为政府排忧解难，优先招收下岗职工和贫困地区的劳动力，累计解决了5 000多个劳动力的就业和再就业问题。2000年以来，他先后为希望工程、南亚海啸、贫困山区修路、残疾人事业等公益事业捐款500多万元。

挑战自我，永无止境。袁志敏同志经常教导公司的干部，不能因目前取得的小小成绩而沾沾自喜，任何时候都不能满于现状，要不断地挑战自我，追求更高的目标。2005年，他雄心勃勃地制定了公司的阶段性目标，那就是到2008年实现销售收入100亿元，成为世界改性塑料行业十强企业。

“路漫漫其修远兮，吾将上下而求索”。金发人在袁志敏同志的带领下，将矢志不渝地坚持以敬业报国、追求卓越为己任，努力将金发科技建设成为全球最大的改性塑料企业，领跑世界改性塑料产业发展，谱写“创世界品牌，建百年金发”的宏伟篇章！

张建均

1961年出生，大专学历，工程师，高级经济师，公元塑业集团公司董事长兼总经理，中国塑料加工工业协会副理事长。

张建均同志系我国塑料管道界知名企业家，1993年开始从事塑料管道产品的开发研究和生产经营，十多年来，他带领科技人员先后投入5亿多元资金，相继开发了建筑用PVC给排水管材管件、绝缘电工套管及配件、塑胶阀门及配件、PP-R冷热水管材管件、PVC和PE大口径加筋管波纹管等系列产品，并全部通过省级新产品鉴定，并投资上海、南京、深圳、广州等地，建立了塑料管道生产基地。目前，公元集团拥有浙江永高、浙江公元电器、浙江公元太阳能科技、上海公元建材、上海公元电器、南京公元建材、深圳永高和广东永高等10家子公司，年塑料管道生产能力达15万吨以上。

张建均创办企业以来，抓质量，创名牌，努力开拓国内外市场，打造诚信企业。1998年以来，“公元”牌产品和“公元”商标先后获得“建设部科技成果重点推广项目，国家小康住宅建设推荐产品”、“浙江名牌”、“浙江省著名商标”、“上海名牌”和“国家免检产品”等称号。企业被评为“浙江省首批诚信示范企业”、“上海市建筑塑料管道产品质量诚信企业”和“全国诚信守法乡镇企业”。目前公司产品销售网络覆盖国内26个省市和地区，特别在华东经济发达的省市，具有较高的市场占有率和品牌知名度。“公元”牌产品已广泛应用于国内大城市许多重点建设工程（如“上海东方巴黎”、“北京世纪城”、“南京奥体中心”等）。“公元”品牌已成为国内化学建材市场用户中的首选，成为知名的民族品牌。

由于张建均同志开拓创新，工作突出，对我国化学建材事业作出了显著贡献。先后获得“浙江省科技进步二等奖“（第一受奖者）、“浙江省乡镇企业创业标兵”、“全国化学建材工作先进个人”、“浙江省优秀私营企业家”、“浙江省企业科技创新先进工作者”、“第四届全国乡镇企业家”和“浙江省建材行业优秀企业家”等光荣称号。

“十一五”期间，张建均正满怀信心，带领公元集团员工，朝着新的发展目标迈进。他将进一步扩大企业规模，加大技术改造力度和品牌建设力度，推进技术进步和产品创新，提升企业核心竞争力，努力把“公元”产品推向更广阔的国内外市场。

饶启琛

1955年9月出生，汉族。1982年毕业于华南理工大学，中共党员，高级工程师。中国塑料机械工业协会理事会常务理事，中国橡塑设计技术中心技术委员，《橡塑技术与装备》编委。

自1982年2月起，在轻工业部无锡塑料机械厂工作，曾担任产品开发科副科长，从1987年7月以后，先后任恩港恒生机器厂有限公司厂长、东华机械有限公司副总工程师兼工程部经理、震德塑料机械厂有限公司总工程师。目前，担任广州博创机械有限公司总工程师。20多年来，饶启琛同志参与了多项注塑机的研发，取得了丰硕的成功。

在轻工业部无锡塑料机械厂工作期间，参加在SZ-200/100注塑机设计，运用“流量比例二通技术”，使注塑机具备多级变换注射速度，适应性强，整机性能好。全面负责轻工业部项目SZ-2500/500注塑机的设计及制造工作，担任项目负责人，为我国大型注塑机的研制开创了新路。该机在吸收国内广大用户的意见的基础上，采纳国内外各注塑机公司之长，吸取和应用国外先进技术，达到国际上同类产品的先进水平，该机1989年正式通过部级鉴定，获江苏省优秀新产品奖、轻工业部部优产品奖。在东华机械有限公司工作期间，参加国家级新产品TTI-2500特大型注塑机的设计，该产品经机械部塑料机械产品质量监督检测中心检测及评定，各项性能指标均达到优等品水平。经专家鉴定，该机的设计制造成功是我国注塑机设计制造技术的重大突破，并填补了我国特大型机的空白，性能已达到20世纪90年代初国际同类机水平。该产品获东莞市科技进步特等奖和广东省科技进步二等奖。参加省级新产品TTI-63F～400F注塑机的设计，该系列产品获广东省电子机械厅科技进步一等奖。

自1998年以来，共主持和参加了多个系列机型的开发及试制工作。任职期间，以合理的组织构建与产品结构调整、领先一步的技术前瞻性和果断的决策为震德公司技术的发展、壮大作出了贡献。2003年3月，主持开发BTV系列注塑机成为广州博创公司的主导产品，2005年5月，该项目荣列国家火炬计划；2004年，主持开发BT180MI-320MI双物料精密注射成型设备，该产品的特点是双色成型，节能、高效、精度高，噪声低等；2005年，该产品荣列国家级新产品。2005年，主持开发BTM150VI三物料高精密注射成型设备，该产品的特点是三色成型，精度高、生产周期短、效率高、稳定性高；技术水平先进，国内现无同类产品的生产；荣列广东省技术创新项目。

全国塑料加工工业信息中心

Information Center of National Plastics Processing Iudustry

全国塑料加工工业信息中心是塑料行业的市场和技术信息中心，成立于1985年。在国家有关部门的大力支持下，在中国塑料加工工业协会、中国轻工业信息中心的直接领导下，一直从事塑料工业市场和科技信息的收集、分析和传播工作，在全国塑料行业享有良好的声誉，具有较大的影响。参与了我国塑料工业的中长期发展规划的制定和相关行业发展战略的研究，长期为众多企业提供市场和技术信息服务，承担了多项市场咨询和调研工作。

培训　我国塑料制品产量已达3000多万吨，提高现有技术人员的业务水平对于提高产品质量、增强企业市场竞争力具有现实意义。全国塑料加工工业信息中心常年开展技术培训活动，聘请行业著名专家授课，培训对象为塑料行业的技术人员，以提高技术水平为宗旨。已开展的专题培训有塑料产品配方设计、注塑技术和工艺、塑料回收和改性技术、塑料产品性能检测等。由于紧密结合生产和行业实际，参加学习的学员普遍感到很有收获。今后除办好现有专题外，还将根据行业需要开设新的课程，欢迎垂询。

网站　全国塑料加工工业信息中心主办的专业网站中国塑料工业信息网（www.chinaplastics.com.cn），面向整个塑料工业界。向所有从事和涉及塑料工业的公司、企业、商务机构及研究单位，准确、及时、全面地提供最新的市场和科技信息，帮助您了解市场行情和行业动态，捕捉商机，把握塑料行业的发展方向。中国塑料工业信息网以丰富的内容成为塑料行业最有影响的网站之一。在全球著名的搜索引擎google的“塑料工业”搜索中，排名第一。中国塑料工业信息网还可为企业提供域名查询、建站和网站推广的一条龙服务。

年鉴　中国塑料加工工业协会和全国塑料加工工业信息中心组织编辑出版《中国塑料工业年鉴》，已出版2001版、2002/2003版、2004版、2005版和2006版。记录中国塑料工业发展历程，全面反映我国塑料工业的生产现状和发展趋势。全国各省市自治区塑料协会、塑料公司和行业主管部门，中国塑料加工工业协会各专业委员会及国内著名专家参与编写，数据准确可靠，内容丰富，具有权威性和较高的使用价值，受到读者的广泛好评。

地址：北京阜成路11号　全国塑料加工工业信息中心

邮编：100037

电话：010-68988056　68988057　68984136

传真：010-68985546

http://www.chinaplastics.com.cn

E-mail:cp21@263.net